中国新闻年鉴

1990

中国社会科学院新闻研究所
中国新闻学会联合会 编

中国社会科学出版社

中 国 新 闻 年 鉴 (1990)

Zhong Guo Xin Wen Nian Jian

中国社会科学院新闻研究所
中 国 新 闻 学 会 联 合 会 编

中国社会科学出版社 出版发行
新 华 书 店 经 销
河北邢台市彩色印刷厂印刷

787×1092毫米 16开本 44.5印张 8插页 1780千字
1991年1月第1版 1991年1月第1次印刷
ISBN 7-5004-0876-5/Z·219 定价:25.00元

下：记者在提问
徐建中　摄

上：1989年11月13日上午，邓小平同志会见日中经济协会访华团的外宾后，与中国记者合影

人民日报记者　徐建中　摄

中：1989年9月26日，中共中央政治局常委召开中外记者招待会。总书记江泽民和其他常委在回答记者的提问　　徐建中　摄

上：1989年11月28日，江泽民总书记在全国省、市、自治区党报总编辑新闻工作研讨班上讲话

新华社记者

刘建国 摄

右：1989年，杨尚昆主席和中央电台、新华社、中新社记者在一起

刘建国 摄

左：1989年11月25日，政治局常委李瑞环在全国省、市、自治区党报总编辑新闻工作研讨班上讲话

新华社记者

李平 摄

右：1989年国庆之夜，江泽民、李鹏同志在天安门城楼上同新华社四任社长合影。从左至右：吴冷西、朱穆之、江泽民、李鹏、穆青、曾涛

新华社记者 王敬德 摄

左：1989年10月1日，江泽民、李瑞环同志到广播电影电视部慰问坚持节日工作的职工

王敬德 摄

右：1989年10月7日，李瑞环同志和天津市新闻、文艺工作者座谈

天津日报记者 于嘉祯 摄

右：1989年9月1日，李鹏总理会见法国费加罗报编辑委员会主席佩雷菲特

新华社记者　王传国　摄

上：1989年5月，戈尔巴乔夫在北京举行的中外记者招待会上回答记者提问

新华社记者　汤孟宗　摄

上：1989年3月，美国总统布什在中央电视台接受记者党冰采访

左：1989年12月，泰国副总理乃披猜·叻达军和人民日报代表团团长邵华泽亲切交谈

上：献身中国人民解放事业的世界著名记者汉斯·希伯同志雕像在山东临沂落成。1989年9月15日中顾委黄华（左）、政协常委沈其震（右三）和希伯夫人秋迪女士参加了揭幕式

大众日报记者　杜宗河　摄

上上：1989年2月9日，贵州电视台记者在惠灵顿机场采访新西兰总理朗伊

上：1989年10月20日，应邀来访的苏联真理报副总编辑，将苏联记者协会的会徽赠送中宣部副部长李彦同志

中国记协　朱　东　摄

上：1989年4月，中国记协副主席谭文瑞，应全苏记协邀请访问苏联时，与记协主席、真理报总编辑阿法拉西耶夫等交谈

右：1989年5月，中国摄影展在日本东京展出。左起：日本共同社社长原寿雄、中国驻日本大使馆文化参赞章金村、陕西日报总编辑张光等在开幕式上剪彩

胡武功　摄

左：1989年9月，海峡两岸新闻教育座谈会在中国人民大学新闻学院举行。台湾参加座谈的有王洪钧、李瞻、赖光临、潘家庆、皇甫河旺、杜东泰等教授

右：1989年5月6日，以常铁铮为团长的北京广播学院代表团访问苏联基辅大学新闻系。这是与该系系主任等在校门口合影

上：1989年9月，台湾新闻教育代表团团长王洪钧在北京接受新华社记者采访

方汉奇　摄

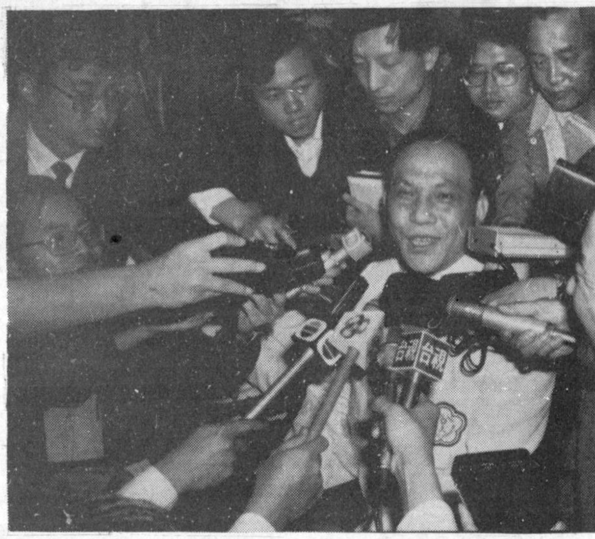

上：1989年4月17日，中国台北体育界第一个到大陆参加亚洲青年体操锦标赛的体操代表团抵达北京时，团长詹德基在首都机场接受中外记者的采访

人民日报记者　缪　鲁　摄

左：1989年7月12日，出席国际旅游研讨会的各国代表和记者在天安门广场参观。记者正在采访美国圣弗兰西科竹林旅行社经理何思理先生。他已是第37次来中国　　人民日报记者　徐建中　摄

右：1989 年 7 月 5 日，全国报纸文艺副刊首届好作品评奖会议在张家口举行
张家口市报摄影科

下：1989 年 8 月 29 日，第四届全国新闻期刊经验交流会在辽宁兴城举行
孙京华　摄

下：1989 年 7 月 27 日——31 日，全国地市报“新时期如何抓典型、抓问题”新闻研讨会在张家口召开
张家口日报

下：1989 年 10 月，中国新闻年鉴全国资料中心工作会议在福建厦门召开　胡文新　摄

左：1989 年 11 月 17 日，中国记协主席吴冷西与参加中宣部举办的全国省、市、自治区党报总编辑新闻工作研讨班的总编辑们欢聚在中国记协　　　朱　东　摄

右：1989 年 1 月 27 日国务院发言人袁木、农业部长何康、新华社社长穆青与中外新闻界人士在中国记协举行的迎春茶话会上　　　朱　东　摄

下：1989 年 1 月 18 日，首都女新闻工作者协会，举办纪念彭子冈同志座谈会。这是会长汪溪看望子冈同志家属

朱　东　摄

右：1989 年 1 月 18 日，中国残疾人基金会举行新闻发布会。邓朴芳正在回答中外记者的提问

朱　东　摄

右：1989 年四川电视台《长城向南延伸》剧组在南极

下：出身藏族牧民家庭的记者益西加措，回到家乡采访

尼玛次仁　摄

上：1989 年 9 月，四川通信报社与人民邮电报四川记者站组织了为期 44 天的川藏通信线全程采访活动。这是记者们在越过 32 公里的大塌方区

左：1989 年 11 月，出席“闽浙赣皖地市报附报、副刊联席会议”的记者在桔乡衢县石梁镇采访　　陈　康　摄

下：1989 年 3 月 16 日“活雷锋”朱伯儒，应邀到长江日报与记者座谈

长江日报　胡　谋　摄

左：1989年7月，重庆市发生了760年以来的特大洪灾。这是重庆电视台记者在江北县龙王乡拍摄灾后现场

重庆日报　罗昌林　摄

右：1989年3月4日，云南日报、法制日报、春城晚报等报记者，在云南开远市人民法院审判一贪污案的休庭间隙，对群众进行采访　　陈寿康　摄

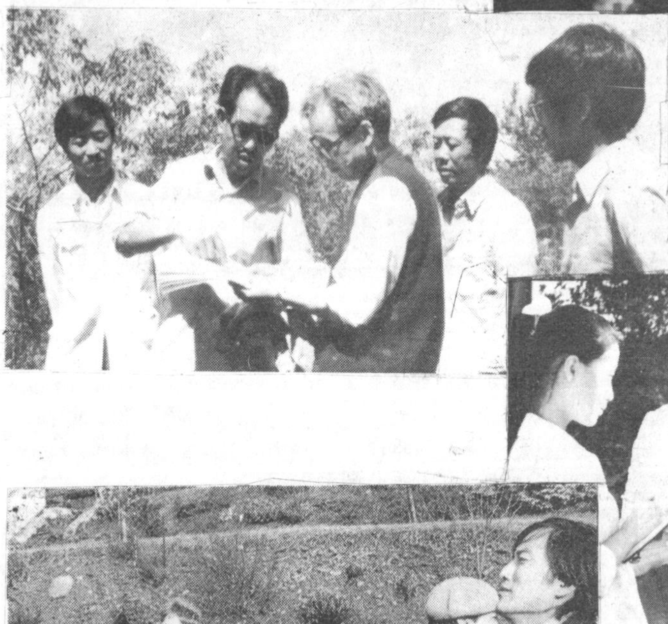

左：陕西农民报的老记者（中）深入省边界农村采访　　闫志林　摄

上：1989年7月，黔西南报举办了“小记者”新闻采访培训班。这是社长胡宗裕带领小记者采访黔西南原州委书记仪邦钦（左二）

下：1989年11月，四川电视台记者在西德亨德堡公路上拍摄

右：黑龙江日报社从1989年10月16日开始，将40岁以下的编采人员近150人，分五期送省委党校学习马克思哲学原理等，以提高政治素质和理论水平。这是第一期学员在听课　　　　黑龙江日报　毕　强　摄

左：甘肃酒钢报社为提高编采人员的业务素质，经常开展业务研究。这是他们与兰州大学新闻系主任刘树田在一起座谈

曹太和　摄

下：西藏大学新闻班的学生在西藏日报社参观胶印　　　　西藏日报　丹　多　摄

下：贵州省卫星广播电视地球站，1989年10月3日正式开通。该站是采用我国发射的实用通讯卫星转发器，传送贵州广播电视节目。全国各地也能用卫星地面接收站收到贵州广播电视节目。这是地球站外景

庞永芬　摄

右下：西安新闻大厦外景

周定元　摄

邓小平同志为大众日报创刊50年题词

大众日報五十年

邓小平同志为《中国女记者》题写的书名

中國女記者

李鹏同志为新疆日报题词

发扬党的光荣传统，办好新疆日報。

李鹏

一九八九年十一月二十五日

关于党的新闻工作的几个问题

——在新闻工作研讨班上的讲话提纲

(1989年11月28日)

江　泽　民

中宣部举办这个新闻工作研讨班，很及时，很必要。今后，我们各条战线，都可以定期举办这样的研讨班，理论联系实际，及时总结经验，研究一些问题，这对于改进我们的工作，是很有益处的。

小平同志在6月9日的讲话中，要求我们“很冷静地考虑一下过去，也考虑一下未来”。他说：“要认真总结经验，对的要继续坚持，失误的要纠正，不足的要加点劲。总之，要总结现在，看到未来。”

在这次新闻工作研讨班上，大家结合近几年来特别是这次动乱和反革命暴乱中的经验教训，就如何改进新闻工作，讲了不少好的意见，提出了不少好的建议。瑞环同志在讲话中，对新闻如何搞好正面宣传，提出了许多重要观点，讲得很明确、很具体。今天，我想着重就几个问题和同志们一起商讨。这些问题，大家都谈到了，有的再强调一下，有的再补充讲点意见。

一、新闻工作的地位和作用问题

我们党历来非常重视新闻工作。始终认为，我们国家的报纸、广播、电视等是党、政府和人民的喉舌。这既说明了新闻工作的性质，又说明了它在党和国家工作中的极其重要的地位和作用。

为什么我们的新闻工作会具有这样重要的地位和作用呢？这是因为，它作为现代化的传播手段，能够最迅速、最广泛地把党的路线、方针、政策贯彻到群众中去，并变为群众的实际行动；能够广泛地反映群众的意见、呼声、意志、愿望；能够及时地传播国内国际的各种信息，直接影响群众的思想、行为和政治方向，引导、激励、动员、组织群众为认识和实现自己的利益而斗争。

大家都知道，毛泽东同志早在1948年《对晋绥日报编辑人员的谈话》中就说过：“报纸的作用和力量，就在它能使党的纲领路线，方针政策，工作任务和工作方法，最迅速最广泛地同群众见面。”他还说：“善于把党的政策变为群众的行动，善于使我们的每一个运动，每一个斗争，不但领导干部懂得，而且广大的群众都能懂得，都能掌握，这是一项马克思列宁主义的领导艺术。”“群众知道了真理，有了共同的目的，就会齐心来做。”“群众齐心了，一切事情就好办了。”

十一届三中全会以来，我们的新闻事业同建设和改革的各项事业一样，发展很快。新闻界为拨乱反正、纠正“左”的错误，把党的工作重点转移到经济建设上来，坚持四项基本原则，坚持改革开放，推进社会主义现代化建设作出了很多贡献，在宣传贯彻十一届三中全会以来的路线和一系列重大方针政策方面发挥了重要作用。十年来我们取得的举世瞩目的成就中，包含着广大新闻工作者的劳动和心血。对此必须充分肯定。

但是，我们要清醒地看到，近几年来资产阶级自由化思潮泛滥，直到今年春夏之交发生动乱和反革命暴乱，暴露出新闻界存在不少问题，有的还相当严重。当然，有表现得很好的，如《解放军报》和《北京日报》以及许多省、市、自治区的报纸，但确有不少动动摇摇的，还有转向的。特别是中央一级的一些主要新闻单位和上海的《世界经济导报》，一段时间以来，散布了不少资产阶级自由化观点，在动乱期间更是愈走愈远。不但不宣传中央正确的声音，反而违背中央的正确方针和决策，公开唱反调；不但不去揭露和批判资产阶级自由化，制止动乱，反而为动乱、暴乱的策划者和支持者提供舆论阵地，对动乱的形成和发展起了煽风点火、推波助澜的作用，在群众中造成极大的思想混乱。影响很坏，教训深刻。这也从反面说明了新闻工作的极端重要性，说明新闻宣传一旦出了大问题，舆论工具不掌握在真正的马克思主义者手中，不按照党和人民的意志、利益进行舆论导向，会带来多么严重的危害和巨大的损失。

可以这样说，在这次严峻考验面前，多数新闻单位是好的，但有些新闻单位是考试不合格的，有的甚至可以说是溃不成军。当然，我这里说的"考试不合格"，不是说这些新闻单位的新闻工作者都不合格，他们中的大多数同志也是好的，而是说这些新闻单位在舆论导向上发生了严重的错误。

出现这些错误，发生这些问题，主要责任在中央的主要领导同志。从这些新闻单位来说，那里的负责同志，也有自己的一份责任。

这场风波已经过去了。十三届四中全会以后，新闻战线的形势是好的。广大新闻工作者，积极宣传党和政府的方针、决策，为迅速稳定全国局势，推进各项工作，作出了自己的贡献。那些在舆论导向上曾经发生过错误的单位，也已经转过来了。但还不能估计过高，思想的转变不是一朝一夕之功。要真正解决思想问题，需要做大量深入细致的工作。

现在的问题是要继续冷静反思，认真总结经验，吸取教训。走了弯路，打了败仗之后，最重要的是能够吃一堑长一智。这个总结经验的工作还需要深入，千万注意不能走形式，不能浮皮潦草。这次教训太深刻了，对我们党和国家的事业危害太大了，今后决不允许再重演。

二、新闻工作的基本方针问题

社会主义的新闻事业同社会主义的文学、艺术、出版等事业一样，虽然各有自己的特点和具体发展规律，但是它们作为意识形态领域的组成部分，都要为社会主义服务，为人民服务。尽管服务的具体形式、内容、方法不尽相同，但都必须遵循这个基本方针。

我们党指导新闻工作，还有许多其他的方针、政策、原则。这些方针、政策、原则，都是体现和服从党的路线和这个基本方针的。

我们常讲，全心全意为人民服务，是党的根本宗旨。我们党领导广大人民群众，在新民主主义革命时期，推翻三座大山，实现人民的民族解放和社会解放；在新中国成立后，进行生产资料私有制的社会主义改造，消灭剥削制度；在社会主义制度建立以后，努力进行经济建设，特别是十一届三中全会以来，集中力量发展社会生产力，完善社会主义制度，不断改善人民的物质文化生活。这些都是在不同的历史阶段，为人民的最高最根本的利益服务。所以，现在为社会主义服务同为人民服务，是完全一致的。离开了社会主义道路，也就从根本上脱离了人民，违背了人民的最高利益。

在新的历史时期，新闻工作坚持为社会主义服务，为人民服务，就要坚定地全面准确地宣传党的基本路线，宣传建设有中国特色的社会主义的理论和决策，宣传全国各族人民在现代化建设和改革开放中的业绩和经验。当前，广大干部和群众都在贯彻四中全会、五中全会精神，各新闻单位要紧紧围绕维护和发展安定团结的政治局面，推进治理整顿和深化改革，实现国民经济持续、稳定、协调发展，加强社会主义精神文明建设，来部署和开展新闻宣传工作。

国际敌对势力对社会主义国家正在加紧推行"和平演变"的战略。东欧好几个国家急剧动荡。西方一些国家继续对我国实行"经济制裁"，我们的国民经济面临不少困难，一些顽固坚持资产阶级自由化立场的人还在伺机活动，有的还没有停止活动。面对这样错综复杂的国际国内形势，小平同志一再提醒我们：最重要的是国家的稳定，稳定是压倒一切的。我们要保持清醒的头脑，稳住自己的阵脚，沉着对待各种问题。坚持社会主义道路，要非常明确，非常坚定。要象毛泽东同志讲的那样，在困难的时候，要看到成绩，看到光明，提高我们的信心和勇气。当前要特别注意在全社会进行爱国主义、社会主义、集体主义、独立自主、自力更生、艰苦奋斗、勤俭建国的教育，激励人民群众的民族自尊心、自信心，振奋精神，同心同德，战胜困难，把我国的建设和改革不断推向前进。在这方面，中央对广大新闻工作者寄予厚望，希望大家充分发挥积极性、创造性，贡献自己的聪明才智。

三、新闻工作的党性问题

我们的新闻工作是党的整个事业的一个重要组成部分。因此不言而喻，必须坚持党性原则。这本来是新闻战线的同志特别是老同志都熟知的。但是，近几年来，有的人在这样根本性的问题上竟然发生了疑问，有的甚至主张所谓人民性高于党性。

我们党是工人阶级的先锋队，代表工人阶级和最广大人民群众的根本利益，除了工人阶级和人民群众的根本利益以外，没有自己的任何私利。坚持党性原则，也就是坚持工人阶级和人民群众的根本利益的原则，两者是完全一致的。提出“人民性”高于党性，实质就是要否定和摆脱党对新闻事业的领导。如果说以前我们有些同志对这种观点的实质还看不太清楚的话，那么经过这次动乱和反革命暴乱就洞若观火、昭然若揭了。

在动乱中，极少数顽固坚持资产阶级自由化立场的人打着“人民性”的旗号，以人民的代表自居，以此抵制、反对党中央制止动乱和平息反革命暴乱的正确决策。事实上，被坚持搞资产阶级自由化的人所把持的新闻单位，根本不是代表人民利益、传播人民的声音的喉舌，而成了违背人民意志，制造反对党、反对社会主义制度的舆论的工具。

坚持党性原则，就要求新闻宣传在政治上必须同党中央保持一致。各级党报要这样，部门的和专业性的报纸也要这样。虽然有许多新闻本身不带政治性质，但是，从任何一个报纸、电台、电视台的总的新闻宣传来说，都不可能脱离政治。这几年新闻界出现了所谓“淡化”政治的提法。但是事实上极少数人并没有“淡化”他们的政治，而是在那里强化资产阶级政治观点，加紧进行否定四项基本原则的活动。新闻宣传在政治上同党中央保持一致，决不是机械地简单地重复一些政治口号，而是站在党和人民的立场上，采取多种多样的方式，把党的政治观点、方针政策，准确地生动地体现和贯注到新闻、通讯、言论、图片、标题、编排等各个方面。

坚持党性原则，就要求新闻工作者必须同人民群众保持最广泛最深刻的联系，从群众的实践中汲取智慧和力量。这几年，许多优秀的新闻工作者，正是这样做的。他们写出了大量反映人民群众历史创造活动的好作品，受到了群众的赞扬。但是，也确有一些新闻工作者，不去努力反映在建设和改革中忘我工作、无私奉献的广大工人、农民、知识分子和解放军指战员的可歌可泣事迹，甚至连文风和语言也追求诡谲怪异，越来越脱离群众。

我想借此机会向全体新闻工作者提出一个殷切的希望：到生活中去，到群众中去。归根到底，物质财富的创造者是群众，精神财富的创造者也是群众。群众进行社会主义现代化建设和改革的伟大实践，是新闻作品写作的原料、灵感、思想和艺术技巧的无尽源泉。我们的新闻工作者要老老实实地向群众学习，学习他们的优秀品质、宝贵经验、丰富知识、生动语言，努力成为深受群众欢迎的新闻工作者。

坚持党性原则，就必须在新闻宣传中旗帜鲜明地坚持不懈地反对资产阶级自由化。这一点决不能含糊。前些年，这场斗争曾经几起几落，结果使自由化思潮愈演愈烈，最后酿成了这场动乱和反革命暴乱。殷鉴不远，我们的新闻工作者和全党同志务必牢牢记取这个血的教训，决不能再蹈覆辙。意识形态领域，社会主义思想不去占领，资本主义思想就必然去占领。这是一个真理，应该成为我们所有新闻工作者和宣传工作者的座右铭。我们的报刊、广播、电视，今后决不允许再为资产阶级自由化提供阵地。对于这些年来极少数人所散布的资产阶级自由化观点，比如所谓政治多元化、经济私有化、中产阶级论、全盘西化论、马列主义过时论等等，各新闻单位都要认真地积极地组织力量，根据自己的读者对象，写出一批有说服力的高质量的批判文章，以澄清那些反动的错误的观点在人们头脑中造成的思想混乱。马克思主义是在斗争中坚持和发展的。只有克服错误的东西，才有利于树立和发展正确的东西。只有进行这种严肃的科学的批判，才能统一认识，增强团结，稳定大局。

四、"新闻自由"问题

这些年来，"新闻自由"成了极少数顽固坚持资产阶级自由化立场的人同党和人民进行斗争的一个重要口号。他们深知，如果他们有了这种"自由"，就可以不受限制地攻击党、攻击社会主义，放肆地宣传他们的政治主张，搞乱人们的思想，搞乱我们的国家，达到他们的政治目的。

任何自由从来都不是抽象的而是具体的，不是绝对的而是相对的。在任何一个国家中，都不存在绝对的毫无限制的"新闻自由"。在国际上还存在社会主义和资本主义的对立，在国内阶级斗争还在一定范围内存在的情况下，自由就不能不带有阶级性。

西方国家标榜的"新闻自由"，实质就是资产阶级的新闻自由，是为维护资产阶级利益和资本主义制度服务的。西方国家的法律对新闻活动有许多限制，比如规定不得登载国家军事机密；不得煽动暴动或叛乱；不准危害社会秩序；不得诽谤他人等等。西方国家的新闻事业，不论是由政党、政府举办，还是由私人举办，都有财团或政治集团为背景。新闻从业人员的活动，如果违背了他们所从属的财团或政治集团的意志、利益，就会被解雇。对劳动群众来说，即使法律条文上有办新闻事业的自由的规定，事实上也是不可能实现的。在那里，说到底，是有钱就有自由，没有钱就没有自由，有多少钱就有多少自由。有时报刊上也登载一些资产阶级内部互相攻讦、互相争吵的东西，给人以新闻自由的假象。其实这种自由也不是无限度的，仍然是以不损害资产阶级的整体利益为前提的。对于试图改变资本主义制度的新闻活动，法律从来没有放弃过惩罚。

在社会主义制度下，新闻不再是私有者的事业，而是党的事业，人民的事业。我们的宪法规定，言论、出版自由是中华人民共和国公民的基本权利。广大人民群众享有依法运用新闻工具充分发表意见、表达自己意志的权利和自由，享有对国家和社会事务实行舆论监督的权利和自由。正是为了维护人民的根本利益，对于一切企图改变社会主义制度的违法新闻活动，不但不能给予自由，而且要依法制裁。

国际敌对势力和国内顽固坚持资产阶级自由化立场的人，把"新闻自由"作为实现"和平演变"的一个重要手段。在这个问题上，特别是我们的新闻工作者，必须有清醒的认识，必须保持高度警觉，毫不留情地揭穿他们的骗局。

在这里，我还想说一下曾经风行一时，提出所谓"透明度"的问题。对这个问题要作具体分析。有些应该透明而且必须透明，有些不能马上透明，要到时机成熟才能透明，有些就是不能透明。有些事情，只限于一部分人员知道和掌握，并不意味着他们有什么特权，而是工作的需要，事业的需要。在军事方面、外交方面、政治方面、经济方面、科技方面等等，都有一些东西属于国家机密，不能见诸报纸、广播、电视。这在任何国家都是如此的。要求任何事情都透明，以为这样才是民主、自由，不是幼稚无知，就是别有用心。什么可以透明，什么不能透明，什么可以增加一点透明，都要以党的利益、国家利益、民族利益、人民利益为标准，要看是否有利于社会的稳定、政局的稳定、经济的稳定、人心的稳定。

五、新闻的真实性问题

新闻的真实性，就是要在新闻工作中坚持党的一切从实际出发、实事求是的思想路线。我们坦率地指出新闻工作的阶级性和党性原则，因为我们新闻工作的阶级性和党性同新闻的真实性是一致的。

社会主义作为人类历史上新生的社会制度，它在前进的道路上难免会遇到困难，遭受挫折，但是它能够克服任何困难，战胜任何曲折，不断向前发展，显示出不可战胜的生命力。通过建设和改革，我们的社会主义物质文明和精神文明会越来越发展，我们的社会主义制度会越来越完善，越来越显示出优越性。我们党和国家事业是蒸蒸日上的。这就要求新闻宣传从各个方面努力揭示这样一个基本事实。正如瑞环同志在讲话中所强调的，要以正面宣传为主。要满怀热情地宣传人民群众在实践中的新成就、新创造、新经验，让群众看到自己的智慧和力量，提高他们的社会主义积极性。要经常地反映群众的意见和要求。要保持各种民主渠道的畅通，不能堵塞言路。

现实生活是复杂的，要找几个事例来证明某个观点并不难。一叶障目，不见泰山，抓住一点，不及其余，尽管这一叶、这一点确实存在，但从总体上来看却背离了真实性。所以我们的新闻工作者要做到真实地反映生活，就要深入进行调查研究，不仅要做到所报道的单个事情的真实、准确，尤其要注意和善于从总体上、本质上以及发展趋势上去把握事物的真实性。要防止搜奇猎异，防止捕风捉影。要在保证真实、准确的前提下，讲求时效。

社会生活中有光明面，也有阴暗面，阴暗面的情况、性质也各不相同。对于企图颠覆我们社会主义共和国、推翻共产党领导的带有阶级斗争性质的问题，必须旗帜鲜明地予以揭露，目的是打击敌对势力；对于人民内部的缺点错误，也应进行揭露和批评，但这种揭露和批评是“恨铁不成钢”，目的是以同志式的态度帮助克服缺点、纠正错误。对于党和政府工作中的缺点、错误的批评，只要是善意的、有益于改进工作的，我们都应该热忱欢迎。重要的批评报道，要同有关的主管单位联系，听取他们的意见。批评报道发表后，还要报道处理的结果，这也有利于提高报纸的威信。

六、党对新闻工作的领导问题

加强党对新闻工作的领导，主要是要抓好新闻宣传的政治方向，抓好新闻改革，抓好新闻工作的经验总结，抓好新闻队伍的建设、特别是领导班子的建设。当前要认真搞好清查清理工作，特别是要把领导班子和要害部门的干部情况考察清楚。领导权一定要牢牢掌握在马克思主义者手中。要团结绝大多数同志。

各级党委要经常研究讨论新闻工作。比如每一段时期的宣传方针、指导思想、报道重点、宣传效果等等，都应该在党委会上讨论。党委主要负责同志要亲自过问新闻宣传。要及时向新闻单位通报情况，下达任务，提出要求，并亲自审阅重要的社论、评论、新闻稿。对新闻单位在工作中遇到的困难，要十分关心，帮助解决。要和新闻单位的同志一道，研究如何不断提高新闻宣传的水平和效果，把报纸、广播、电视办得有吸引力、感染力，使读者、听众、观众爱读、爱听、爱看。

几十年来，党领导新闻事业，积累了丰富的经验，有着自己的优良传统和优良作风。我们要根据今天实际生活的变化情形，把这些好经验、好传统、好作风历史地继承和发扬下去。我们的新闻改革还面临许多新任务。改革的目的，正是为了使新闻更好地成为党、政府和人民的喉舌，更好地在社会主义现代化建设中发挥积极作用。我希望同志们正确审视国际国内的新形势，在实践中不断加强马克思主义理论学习和新闻业务学习，使我们的社会主义新闻事业越办越好。

（原载《求是》1990年第5期）

坚持正面宣传为主的方针

——在新闻工作研讨班上的讲话

(1989年11月25日)

李 瑞 环

中宣部举办的新闻工作研讨班,很好。大家认真学习了党的十三届五中全会精神,围绕如何改进新闻工作展开了讨论,在一些重要问题上提高了认识,统一了思想。这次研讨活动,对于我国新闻事业的发展必将产生积极的影响。

我们的党和国家正处在一个非常重要的时刻。党的十一届三中全会以来,我们以经济建设为中心,坚持四项基本原则,坚持改革开放,成绩是很大的。十三届四中全会以来,以江泽民同志为核心的中央领导集体采取了一系列果断措施,全国的局势日益稳定,各项工作都有进展,赢得了全国人民的信任。但是,我国经济在前进中也存在着许多问题和困难。十三届五中全会正确地分析了形势,决定用三年或者更长一点时间基本完成治理整顿的任务,实现经济持续、稳定、协调的发展。解决多年积累下来的问题需要有一个过程,实行财政、信贷"双紧"方针,进行经济结构调整,也会带来一些新的困难。特别是在制止动乱和平息反革命暴乱之后,一些思想认识问题的深入解决还需要做许多工作。西方一些国家对我国的经济"制裁"仍在继续。近几个月来东欧一些国家政局出现的动荡和变化,也需要我们冷静对待。总之,形势很好,问题不少。我们既要充满信心,又不可掉以轻心。当前压倒一切的是稳定。我们要进行多方面的努力,充分发挥我们的政治优势,稳定经济,稳定政治,稳定社会,在巩固改革开放成果的同时,实现治理整顿的目标。完成这一任务,虽不能说主要依靠新闻宣传,但确实需要新闻宣传的紧密配合。新闻宣传如何按照中央的精神把工作做好,做到有利于稳定,有利于鼓劲,只能帮忙,不能添乱,确实是一个值得重视和研究的大问题。

当前,改进新闻工作需要研究和解决的问题很多。无论是从新闻工作的一般意义上讲,还是从当前各方面的实际情况来讲,或是从稳定是压倒一切这个大局来讲,关键的问题是新闻报道必须坚持以正面宣传为主的方针。我认为,这是社会主义新闻事业必须遵循的一条极其重要的指导方针。坚持这个方针,就是要准确、及时地宣传党的路线、方针、政策,实事求是地反映社会现实生活的主流,让人民群众用创造新生活的业绩教育自己,形成鼓舞人们前进的巨大精神力量,在当前就是要造成一个有利于稳定局面的舆论环境。下面我想就这个问题以及与此有关的问题,谈一些看法和意见,以求教于在座的行家们。

一、认真总结历史经验

回顾我们党的新闻事业的发展历史,至少可以得出两个鲜明的结论:一是我们党历来十分重视新闻工作;二是坚持对人民革命和社会主义事业以正面宣传为主。

我们党的许多老一辈革命家,从党的创建时期直至全国革命胜利以后,不仅亲手创办了一批宣传革命真理的报刊，而且亲自动手写评论、写消息。毛泽东同志早年主办《湘江评论》、《政治周报》，后来在延安领导创办《解放日报》和新华广播电台，周恩来同志抗日战争期间在重庆亲自领导《新华日报》的工作，这些都是大家所熟知的。毛泽东同志的《对晋绥日报编辑人员的谈话》，刘少奇同志的《对华北记者团的谈话》，以马克思主义观点阐述了党的新闻工作的性质和任务，至今仍是我国新闻工作者的必读文献。邓小平同志建国初期所作的《在西南区新闻工作会议上的报告》，强调"拿笔杆是实行领导的主要方法"，"出报纸、办广播、出刊物和小册子""在贯彻实现领导意图上，就比其它方法更有效、更广泛，作用大得多"；指出办好报纸必须有结合实际、联系群众、批评和自我批评三个条件，以及要大家办报等。这些意见，对今天改进新闻工作仍有着十分重要的现实意义。在粉碎"四人帮"之后，小平同志支持报刊开展真理标准的讨论，恢复和发展了党的实事求是的思想路线，为制定和贯彻党的十一届三中全会以来的路线、方针、政策奠定了思想理论基础。总之，党中央的关心和重视，正是我们党的新闻事业从无到有，不断发展壮大的根本保证。

就新闻战线自身的发展来说，是否正确地、全面地理解和执行以正面宣传为主的方针，直接关系到舆论作用的发挥，也关系到社会主义新闻事业的成败。一般说来，新闻舆论作用发挥得比较好的时期，也正是这个方针贯彻得比较好的时期；反之亦然。50年代，关于中国共产党30年伟大、光荣、正确历史的宣传，抗美援朝、保家卫国的爱国主义宣传；黄继光、邱少云等战斗英雄的宣传和孟泰、马恒昌、李顺达、郝建秀、王崇伦等劳动模范的宣传，以及大规模有计划的社会主义经济建设的宣传；60年代，关于独立自主、自力更生、上下一心克服暂时困难的宣传，大庆油田创业史、"铁人"王进喜、雷锋精神和焦裕禄事迹的宣传；十一届三中全会以来对拨乱反正、经济建设和改革开放的宣传，所有这些，都曾对我国人民发挥了巨大的鼓舞作用，对我国社会主义建设事业起到了积极的推动作用。在坚持这个正确方针的过程中，也锻炼和培养出一大批知名度较高并且深受党和人民信任的新闻工作者。在"文化大革命"期间，全局性的"左"的错误使新闻事业遭到了严重的干扰和摧残。那种"假、大、空"的所谓"正面宣传"使新闻在广大群众中丧失了信誉，那种揭批"走资派"的宣传给党和革命抹了黑。这个沉痛的历史教训，人们永远不会忘记。

再从今年的情况来看，可以说，我们的新闻战线既有成功的经验，也有失败的教训。在今年春夏之交的风波中，新闻界有少数同志背离了党和人民的立场，几乎到了是非混淆、敌我不分的地步。有的报刊对动乱和北京的反革命暴乱起了推波助澜的作用。可以说，这一段时间内新闻工作的教训是十分深刻的。在四中全会以后，由于中央和地方采取了一系列重大措施，整个新闻战线发生了可喜的变化。在揭露反革命暴乱真相，反对资产阶级自由化，宣传建国40周年的巨大成就，宣传先进模范人物的事迹，宣传廉政建设，宣传加强和改进思想政治工作，以及开展"扫黄"斗争等方面，新闻界的同志们做了大量工作，取得了很好的效果，新闻舆论对稳定大局起到了很好的促进作用。中央和地方的新闻舆论机构(包括报纸、通讯社、电视台、广播电台)关于建国40周年成就的宣传，搞得有声有色，电视节目"弹指一挥间"等更是受到全国上上下下的好评。可以说，这一段时间内新闻工作的成绩是非常显著的。总之，历史经验证明，新闻工作必须坚持而绝不能背离正面宣传为主的方针。

二、增强新闻宣传的党性

社会主义新闻宣传的党性，概括来说，就是无产阶级的阶级性和马克思主义的革命性、科学性的集中表现。这是区别于资产阶级新闻宣传的最显著的标志。我们说报纸是党、政府和人民的耳目喉舌，就是对新闻工作党性的一种鲜明的、形象的和科学的表达。它的主要内容是：公开声明自己站在党和人民的立场上说话，在政治上同党中央保持一致；坚持实事求是，说真话，不说假话；密切联系人民群众，真诚地和人民同呼吸，共甘苦，齐爱憎，正确地反映他们的愿望、呼声和要求；服从党的领导，遵守宣传纪律。

坚持新闻宣传的党性，就是要旗帜鲜明地宣传真理，宣传现实生活中进步的、光明的、先进的、积极的东西，揭露和批评反动的、黑暗的、落后的消极的东西。必须准确地、坚持不懈地向广大群众宣传党的基本路线，宣传建设有中国特色的社会主义理论，宣传党和政府的方针、政策和法规。新闻报道必须注重社会效果，以社会效益为最高准则。在报刊、广播、电视的宣传中，决不允许发表违反宪法和法律的主张，决不允许发表诋毁、否定党的领导和社会主义制度的报道和言论，决不允许散布错误舆论、动摇人们对社会主义的信念，决不允许利用精神鸦片毒害人们的灵魂。不能因为新闻报道的失误影响社会的稳定。

我们的新闻事业是党的新闻事业，是社会主义国家的新闻事业，新闻的党性同新闻的人民性，两者是统一的。我们党的宗旨是全心全意为人民服务，除了人民的利益以外，党没有自己的私利。党是人民利益的最集中的代表者。因此，党的耳目喉舌当然是人民的耳目喉舌。新闻工作对党负责与对人民负责是完全一致的。前几年新闻界曾有过党性与人民性的争论，有的人主张人民性高于党性，报纸应当跟人民走，而不应当跟党走。这种将人民性和党性对立起来的观点是根本错误的，是十分有害的。在今年春夏之交发生的动乱和反革命暴乱中，新闻界极少数人正是以“人民性”为幌子，与党分庭抗礼，兴风作浪，起了很坏的作用，既危害了党的事业，也损害了人民的利益。在新闻战线工作的同志应当从这次血的教训中警醒。

既然我们在理论上和实践上承认并坚持新闻宣传的党性，那么在新闻报道中坚持正面宣传为主的方针就是题中应有之义了。我们所说的“正面”，所说的“为主”，就是要着力去宣传报道鼓舞和启迪人们发展社会生产力的东西，鼓舞和启迪人们坚持四项基本原则、坚持改革开放的东西，鼓舞和启迪人们加强社会主义民主和法制建设的东西，鼓舞和启迪人们推进社会主义精神文明建设的东西，鼓舞和启迪人们热爱伟大祖国和弘扬民族文化的东西，鼓舞和启迪人们维护国家统一和民族团结的东西，鼓舞和启迪人们为推动世界和平与发展而斗争的东西。总之，一切鼓舞和启迪人们为国家的富强、人民的幸福和社会的进步而奋斗的新闻舆论，都是我们所说的正面，都应当努力加以报道。

三、讴歌人民的英雄业绩

列宁说过，生气勃勃的创造性的社会主义是人民群众自己创造的。我们党领导人民建设具有中国特色的社会主义，不管这一事业有时会经历怎样的曲折和失误，但从根本上说，从长过程说，这一事业无疑是我国历史上最壮丽、最伟大的事业，人民群众创造历史的主流总是健康的，光明面总是占主导地位的。无论是这一事业本身还是投身这一事业的人民群众，都是值得讴歌的。这是辩证唯物主义和历史唯物主义的基本观点。坚持正面宣传为主的方针，理直气壮地宣传人民群众创造历史、改造社会、建设新生活的英雄壮举，宣传社会主义在中国不断前进的历史真实，正是新闻工作者义不容辞的历史责任。

人民群众自己教育自己，是推动历史发展的基本方式之一。人民群众在创造历史的进程中，总是有所发现，有所发明，有所创造，有所前进。加强正面宣传，用人民群众自己创造的英雄业绩来教育人民，是最有说服力、最能鼓舞人心的。这本来是我们的一条成功经验。近十年来，我们的新闻机构对“四化”建设与改革开放的成就、经验和先进人物也作了不少报道，但是从总体上说还不够充分，不能与时代的前进步伐相呼应，还没有形成一种振奋精神、艰苦创业、励精图治、无私奉献的社会舆论环境。应该说，这是小平同志指出的这些年来思想政治工作薄弱、艰苦奋斗的教育进行得不够这个最大失误在新闻工作中的一种反映。我们之所以强调坚持正面宣传为主的方针，就是为了改变这种状况。在目前我们遇到暂时困难，不少同志信心不足的时候，坚持这一方针尤为必要。

坚持以正面宣传为主的方针，用人民群众自己创造的英雄业绩来教育人民，实质上也是我们党实现领导的一种重要方式。因为人民群众在创造历史的过程中，总有一部分先进的人走在前头，他们创造的较高劳动生产率、先进工作方法，他们在这种创造过程中表现出来的高尚的精神境界、道德风貌，无疑具有极大的示范和引导作用。领导者的责任，就在于把他们的经验和事迹加以总结、推广，使他们的先进经验和先进思想逐步成为全社会的共同财富。对于一个领导者来说，这是提高自己领导水平的一条重要途径。

四、注重舆论的导向作用

新闻舆论对人们的思想和行动具有迅速、广泛而深刻的导向作用。人们常说，报纸是“射程最远的大炮”。特别是在今天，随着科学技术的进步、人民群众物质生活条件的改善和文化水平的提高，看电视，听广播，读报纸，已经成为人们日常生活的重要组成部分。新闻舆论随时随地都在影响着人们的思想和行动。一条新闻，可以启迪人民奋发进取，也可能混淆视听，涣散人心。还必须看到，随着改革开放的深入，国外境外的大批记者进行采访，国外境外的各种声音也通过种种渠道迅速地传递进来，其中有许多新闻报道，或由于作者的政治偏见，或是有意造谣歪曲，往往造成错误的舆论影响。利用舆论蛊惑人心，进行颠覆煽动，已成为敌对势力实行“和平演变”战略的一个重要手段。因此，正确发挥新闻舆论在当代社会生活中的导向作用，既是正确引导人民群众的需要，也是反对敌对势力反动宣传的需要。对此我们必须有新的足够的认识。

新闻报道只有坚持以正面为主的方针，才能正确地、充分地发挥引导社会舆论的作用，才能有助于大局的稳定和各种社会问题的解决。党的方针政策是人民群众眼前利益与长远利益、局部利益与整体利益相结合的集中体现，新闻引导社会舆论，要坚持用党的政策主张引导群众，把党的政策化为群众的自觉行动。党的十一届三中全会以来的路线方针政策，实践证明是正确的，全面地准确地宣传“一个中心，两个基本点”，做到不偏颇倾斜，始终是新闻舆论工作的一个重大问题。有关党和国家方针政策的宣传要保持稳定性和连续性，防止由于宣传不当影响经济稳定和社会稳定。对于在小范围内进行的试验，宣传上要取谨慎态度，不允许公开宣传与现行政策相抵触的东西，防止造成干部、群众的思想混乱。

新闻引导社会舆论，要注意防止片面性。新闻宣传提倡什么、反对什么，旗帜要鲜明；在具体掌握上要防止“刮风”。当我们宣传某项工作时，要讲清具体情况、政策界限；当我们表扬先进人物、先进经验时，要讲清不同的条件，留有余地；当提倡某种做法、形式时，不要贬低另一种可行的做法、形式；在强调宣传这一面时，对允许存在的另一面也要作适当报道；当社会舆论过分集中在某些“热点”问题时，要注意适当分流。解决好这个问题，要靠记者有高度的责任心和政治敏感，更要靠总编辑掌握全局，统筹安排。新闻宣传领导机关也要从宏观上及时加以指导。

坚持四项基本原则、反对资产阶级自由化，是新闻战线一项长期而重要的任务。我们强调正面宣传为主的方针，正是实现这个任务的迫切需要和实际步骤。极少数顽固坚持资产阶级自由化的人，否定四项基本原则，在新闻报道上的惯用手法，就是夸大渲染我们社会的消极现象和阴暗面。这些人之所以那么起劲地要办同人报、同人电台，之所以那么狂热地鼓吹所谓的“新闻自由”，无非是要同我们争夺社会主义的舆论阵地，以便毫无顾忌地“揭露”共产党的“腐败”和社会主义的“失败”。这是资产阶级自由化在新闻领域的一个要害。我们之所以要坚持正面宣传为主的方针，大张旗鼓地宣传共产党领导的必要性和社会主义制度的优越性，宣传党的正确领导和社会主义的现实成就，正是和资产阶级自由化针锋相对。正面宣传搞得越生动、越丰富，对自由化思潮的抵制、揭露和反击就越有力。

五、重视和改进批评报道

坚持正面宣传为主的方针，不是不要批评报道。重视和改进批评报道，同样是新闻事业的社会主义性质和党性原则决定的。批评与自我批评，包括新闻批评，是我们党的建设的重要法宝之一，是我们党克服消极思想侵袭、保持健康肌体的有力武器。正因为如此，我们党历来重视在报刊上开展批评。早在建国初期，中央针对我们党处于执政地位“容易产生骄傲情绪，在党内党外拒绝批评，压制批评”的新情况，专门作出了《关于在报纸刊物上展开批评和自我批评的决定》。1954 年 7 月 17 日，《中共中央关于改进报纸工作的决议》又进一步明确规定：“把报纸是否充分地开展了批评、批评是否正确和干部是否热烈欢迎并坚决保护劳动人民自下而上的批评，作为衡量报纸的党性、衡量党内民主生活和党委领导强弱的尺度”。十一届三中全会以后，针对“文革”中党的这一传统遭到严重破坏的情况，1981 年 1 月 29 日在《中共中央关于当前报刊新闻广播宣传方针的决定》中再次重申：“各级党委要善于运用报刊开展批评，推动工作。”开展批评，是我们党领导的事业及自身建设的需要，也是我们党有自信心、有力量的表现。因此，批评报道不是要不要的问题，而是如何坚持和改进的问题。

报纸、通讯社、广播、电视有没有严肃认真的批评，关系到新闻机构的形象和新闻宣传的效果。新闻报道经常有一点严肃认真的批评，提倡什么，反对什么，态度鲜明，就显得有生气，有战斗性。群众的愿望、意见、要求得到了反映，心情就舒畅，积极性就高涨。群众的情绪能够通过正当渠道得到疏解，就不至于来个“总爆发”，也有助于整个社会的稳定。反之，如果没有一点批评，新闻报道就会显得沉闷、呆板，缺乏生气，缺乏战斗性。这里的关键在于正确处理好正面宣传与批评报道的关系，处理好歌颂与揭露的关系。新闻既要讴歌伟大的成就，也要对存在的问题展开批评；既要赞颂时代的壮举，也要对消极丑恶现象进行揭露。当然，正面宣传必须占主导地位，批评与揭露性的报道只能占次要位置，并且要十分注意把握分寸。批评的东西太多、太集中，连篇累牍，效果肯定不好。我们的批评报道，不是为批评而批评，不是为了展示和渲染落后现象，而是为了改进工作，解决问题，增强人们前进的信心。批评报道要有下文，有实际效果，以充分显示党和人民克服消极现象的决心和力量，从而进一步团结、鼓舞和激励人民，为实现建设有中国特色的社会主义宏伟目标努力奋斗。无论是表扬还是批评，最后都要给人以力量，给人以信心，给人以勇气，给人以希望。对消极的东西如果处理得当，也可以起到积极的作用。这就是我们追求的目的。

从目前批评报道的实际状况看，既有新闻单位不大善于批评的问题，也有被批评者包括一些领导机关、领导干部不习惯不适应批评的问题。有些被批评的部门、单位认为“家丑不可外扬”，于是就到处说情，或设置障碍，使健康的批评报道也难以正常进行。这种状况应当通过各方面的努力，逐步加以改变。从新闻单位来说，发表批评性报道要站在党和人民的立场上，以热情帮助解决问题的态度，选择具有普遍教育意义的、有代表性的典型事例。不仅要注意问题的合理性，而且要注意问题解决的可能性。同时，批评报道的事实一定要准确，对问题的分析要客观。凡涉及重大问题的批评报道，要同有关上级或主管部门联系，并听取被批评者的意见，核查事实。中央新闻单位在批评报道中涉及到地方时，要多与地方党政领导机关通气、协商，多尊重他们的意见。新闻工作者不要把自己放在“裁判官”的位置。批评报道出现失误应公开更正。从被批评者来说，尤其是作为领导干部和领导机关，要充分理解、积极支持来自新闻单位的批评，增加对新闻批评的承受能力，自觉地拿起批评的武器，依靠舆论的力量，弘扬正气，打击邪气，推动工作。

六、正确实行舆论监督

坚持正面宣传为主的方针与正确地实行舆论监督是一致的。新闻舆论的监督，实质上是人民的监督，是人民群众通过新闻工具对党和政府的工作及其工作人员进行的监督，是党和人民通过新闻工具对社会进行的监督，不应仅仅看成是新闻工作者个人或者是新闻单位的监督。舆论监督包含批评报道，但不是简单地等同于批评报道，它在我国已成为人民群众行使社会主义民主权利的一种有效形式。人民的利益和愿望，人民的意志和情绪，人民的意见和建议，都是党和政府所必须时刻重视和考虑的内容，通过新闻报道把这些反映出来，形成舆论，也就是舆论监督。新闻舆论监督是通过新闻工作者的努力来实现的。新闻记者不是党和政府的负责干部，一般说不大会囿于某个单位、团体的具体立场，看问题比较容易超脱一点；他们生活在群众之中，比较容易听到真实情况；他们大都有较高的政治水平和文化素养，能比较敏感地发现和提出问题；他们所处的工作岗位，有条件方便地、无所顾忌地向领导机关直至最高决策层反映问题。因此，我们必须充分重视新闻舆论的监督作用，必须充分重视发挥新闻工作者在新闻舆论监督中的作用。

搞资产阶级自由化的头面人物所鼓吹的新闻舆论监督，同我们所说的根本不同。他们是要凌驾于党和政府之上，站在党和人民的对立面来进行所谓"监督"，这种"监督"往往是他们或他们的小集团对党和人民不满情绪的宣泄，甚至是对党和政府的进攻。人民群众根本不需要这样的"监督"，而且坚决反对这种所谓"监督"。

新闻的舆论监督既是人民的监督，新闻工作者就要千方百计地深入实际，扎根于人民群众之中，细心地体验、洞察、反映群众的呼声、愿望和要求。我们的新闻报道，必须增加来自下面的声音，代表广大群众讲话，下情上达，在广大群众同党、政府之间，在各部分人民群众之间，架起相互沟通理解的桥梁，为人民群众实现对党和政府工作的监督作出贡献。

总结近几年来的经验，正确地发挥新闻舆论的监督作用，应当把握好这么几条：第一，新闻工作者必须坚定地站在人民利益的立场上，也就是站在党的立场上，反映广大人民群众的呼声、愿望和要求，这是舆论监督的根本前提和出发点。第二，新闻单位通过内部参考、内部简报向上反映问题，必须力求准确，不得掺假，以免提供错误信息。第三，要充分发挥新闻的能动作用。要选择那些人民群众普遍关心而又有条件解决的问题作公开报道。舆论监督有了满意的结果，群众就能从中受到党的路线、方针、政策的教育。第四，党和政府要支持和善于利用舆论监督来改进和推动工作。这是舆论监督取得实际效果的关键。第五，新闻舆论监督必须在宪法和法律的范围内进行，新闻单位和新闻工作者也应接受党和人民的监督。

七、必须讲求宣传艺术

要使正面宣传为主的方针取得良好效果，必须努力提高宣传艺术。读者、听众、观众是报纸、广播、电视的服务对象。全心全意为他们服务，首先就要让他们想听、爱看，尽量满足他们的不同需要。有些正面宣传内容是很积极的，但不讲究报道的方式、方法和技巧，不研究读者的心理和接受能力，人们就不愿听、不愿看。因此，如果不下功夫提高宣传艺术，不增强新闻对人们的吸引力、感召力和说服力，坚持正面宣传为主的方针就是一句空话。

提高宣传艺术首先是内容问题。如果没有引人注意的内容，报道的事实没有典型意义或深刻的内涵，而片面地去追求写作或表现技巧，那只能是矫揉造作。反之，有了好的内容，但不讲究表现的方式方法，不讲究技巧，干干巴巴，枯燥乏味，也不会收到好的宣传效果。我们要求的是内容与形式的统一，思想性与知识性、趣味性的统一。当然，这很难全部做到，但实践证明，只要态度端正，肯花气力，一定会有所收获。

提高宣传艺术，还有个承认不同新闻单位的差别性或特殊性的问题。像其他任何事物一样，新闻工具都有各自的特殊性。就报纸来讲，也都各有分工，不是按专业分工，就是按地区分工，或是按日报、晚报来分工，因而也就各有自己的特定任务和服务对象。报纸的名字就是特殊和一般的统一。讲求艺术性就必须把握特殊性，党报与专业报，中央报与地方报，以及不同的地方报之间，在报道的内容、方式、方法等方面都应当有所区别，都应发挥各自的优势，办出自己的特色。

提高宣传艺术，关键在总编辑、记者、编辑要振作精神，充分发挥自己的主动性和聪明才智，刻意求新。只要广大新闻工作者以满腔的热情对待自己的读者、观众和听众，向人民群众多多奉献精神佳品，就一定会赢得他们的信赖和赞许。

八、注意新闻工作特点

坚持正面宣传为主的方针并不否认新闻的特点。新闻的特点，人们可以作多种概括，但照我看，除了前面谈到的党性以外，还要注意真实性、时效性和可读性。首先，新闻的生命在于真实，离开了真实，新闻就失去了存在的意义。所以我们要像爱护眼睛一样，维护新闻的真实性原则，坚决防止和杜绝弄虚作假、任意拔高和凭空杜撰等不良现象。要把坚持真实性提高到坚持党性原则、坚持新闻工作职业道德的高度来认识。

强调正面宣传为主，是以真实性为基础的。早在 1925 年，毛泽东同志在《〈政治周报〉发刊理由》一文中就明确主张："我们反攻敌人的方法，并不多用辩论，只是忠实地报告我们革命工作的事实。敌人说：'广东共产'，我们说：'请看事实'。敌人说：'广东内哄'，我们说：'请看事实'。敌人说：'广州政府勾联俄国丧权辱国'，我们说：'请看事实'。敌人说：'广州政府治下水深火热民不聊生'，我们说：'请看事实'。"用事实说话，这是我们新闻报道的基本原则。新闻的真实性不仅要求每一篇具体报道的新闻要素必须真实准确，而且要求从新闻宣传整体的把握上做到真实、客观、全面。如果把阴暗面集中起来，每天八个版都登不完，其中每件事都可能是真实的，但从整体上看完全不符合我们的真实情况。批评性报道，固然要实事求是，完全真实；正面报道，歌颂性的，表彰性的，也要实事求是，完全真实，否则不但起不到鼓舞人心的作用，而且可能产生相反的效果。"文革"中盛行的"假、大、空"，为了某种政治需要，没有的事实也硬加上去，这种恶劣作风必须禁止。在新闻实践中，故意造假的不能说没有，但毕竟是极个别的。但由于政治水平低，调查不深入，或者因粗疏操切而造成失实的现象倒是屡见不鲜。所以治本的方法，是提高新闻队伍的马克思主义水平，提倡深入实际、调查研究和艰苦细致的工作作风及严肃认真、一丝不苟的工作态度。编辑部要把这件事当成大事，每年抓它几次。否则，我们的新闻在人民群众中就没有信誉，没有权威，党和政府的威信也会因之而受到影响。

新闻姓新。要新就要讲时效。慢三拍，时过境迁，就没有新闻可言了。特别在当今社会，传播工具、通讯手段日益现代化，情况瞬息万变，我们又处在一个开放的条件下，信息四通八达，竞争日趋激烈。新闻的战斗性、吸引力如何，很大程度上取决于传递的速度。一些重大事情和突发事件，如果我们在报道上动作迟缓，往往陷于极大的被动。"美国之音"在这次动乱和反革命暴乱中起了极其恶劣的作用，除了它大量造谣以外，一个重要原因就是它的报道快，利用了人们"先入为主"的心理。我们要从增强新闻的战斗力、吸引力、竞争力的高度来认识时效性的问题，尽可能快地提供大量人们迫切需要了解的信息，先声夺人。这就要求我们眼观六路、耳听八方，洞察天下风云；同时又有争分夺秒的工作作风和精神状态。与此同时，也要注意掌握新闻报道的时机。快是相对概念，新并不是猎奇。讲求时效必须从维护国家、人民利益的需要出发，慎重考虑报道的时间、口径和效果，不能为快而快，不仅要善于抢，有时也要善于压。如遇到重大的突发事件，一时情况还不很清楚，决不能仅仅因为担心外国人同我们抢新闻便草率发稿，以至报道失实，危害党和人民的利益，甚至严重影响安定团结的大局。有时为了尽快提供信息，可先发简单消息，随后再进一步加以报道。有些事情可以多做少说，有的则只做不说，不该报的坚决不报。总之，我们追求的应当是符合党和人民根本利益的高时效，是在服从党和政府领导机关有关规定下的高时效，是准确、真实前提下的高时效。

增强新闻的可读性，是为了让尽可能多的人入耳、入眼、入脑、入心。为此，要大力改进文风，克服八股腔调，把形式多样、生动活泼的新闻奉献给广大读者，让人们喜闻乐见，成为良师益友。我们共产党人靠真理吃饭，靠真理服人。要让人们从大量的新闻中自己得出结论，不要指手划脚，强加于人。凡是可读性强的新闻，大多具有贴近群众、贴进生活的特点。人们不仅要工作、学习，同时也要吃饭、娱乐。人的需求是多方面的，我们的报道面也应当是广阔的，无论是八小时以内，还是八小时以外，人们都应能从新闻报道中找到感兴趣的东西。因此，只要是有益的知识，是健康的趣味，就应该提倡和传播。

九、继续坚持新闻改革

我们已进入社会主义现代化建设和改革开放的新时期，新闻宣传所处的国内外社会环境，宣传报道的内容、手段和服务对象，都发生了很大的变化，新闻必须适应形势，进行深刻的改革。新闻改革如同其他方面的改革一样，不是要不要改的问题，而是怎样改的问题。应该指出，这种改革必须坚持社会主义方向，必须有利于加强和改善党对新闻工作的领导。私人办报、办台这个口子不能开。不能用资产阶级新闻观对待新闻改革，也不能照搬西方的新闻体制和模式。我们社会主义新闻改革的目的，就是使新闻工作更加符合新闻的党性原则，更好地遵循新闻的规律，发挥现代化舆论工具的功能，发挥新闻作为党、政府和人民的耳目喉舌作用。新闻改革搞好了，也有助于把正面宣传为主的方针落到实处。当前新闻改革要做好的工作可以考虑以下几点：

——要完善新闻单位内部的领导体制。实行总编辑(社长、台长)负责制的单位，总编辑应有职有权。他们对自己职权范围内的工作，要敢于负责，果断处理，充分发挥自己的聪明才干，发挥主动性和创造精神。地方党委对此要充分理解和大力支持，不应过多地干预。总编辑对一些重要言论和敏感问题，应及时请示中央或地方党委，以避免和减少失误。在报社内部要完善记者、编辑对部主任，部主任对总编辑的分级负责制。

——要把新闻报道的立足点真正转移到面向群众上来。要把办好报纸、电视、广播提高到全心全意为人民服务、满足人民精神生活需要的高度上来认识，充分利用有限的版面、画面和时间，尽量多提供一些广大群众所需要的信息，反映他们的呼声和要求，为群众提供多方面的优质服务。要从群众关心和需要了解的角度，进一步拓宽报道面，对国内外各方面新发生的事实作广泛报道；要继续压缩各级领导干部一般活动的报道，需要报道的领导干部的活动，除重大的国事活动和国务活动外，要着眼于密切干群之间的联系与沟通。要多侧面地宣传人民群众在四化建设和改革开放中的创造性活动，使之在我们的报纸、电视和广播中得到充分的反映。

——要改革新闻宣传内容。要加强和改进经济宣传，为经济的决策、生产、经营、管理提供广泛的信息。要加强科学技术的宣传，通过各种形式普及科技知识，促进科技进步。要加强社会主义民主和法制建设的宣传，普及法律知识，增强人们的法制观念。这些宣传，特别是经济宣传，要改变艰涩乏味的状况，搞得生动活泼，深入浅出，尽可能与人民生活紧密结合起来，使更多的人喜闻乐见。

——要改革新闻宣传的形式。报纸是报道新闻。要增加报纸上的信息量，就必须多报道短新闻。我们的新闻要短些、短些、再短些，改变目前报纸上大块文章、长篇讲话过多，专版过多，会议报道、领导人一般活动的新闻过多的状况。领导同志的一般性讲话、文章，凡篇幅过长的应摘要后再送报纸发表，或者只在消息中提及。内容重要而篇幅过长的通讯、调查报告，可采取分日连载的办法。报纸刊登的学术研究和理论宣传文章篇幅一般不宜过长，有些很有新意的长篇文章可送刊物发表，报纸刊登摘要。至于那些虚张声势、言之无物的文章，报纸有权拒绝发表或转载。报纸的标题制作必须有内容，要切题、醒目和传递尽可能多的信息，版面设计要重点突出，新颖别致。

在新闻改革中，要注意正确处理社会效益和经济效益的关系，始终把社会效益放在首位。广告不要过多过滥，不要助长社会上推崇洋货和追求高消费的不良风气。严格禁止“有偿新闻”。对新闻单位的各种“创收”，要认真整顿。在整顿后，他们的经费收入可能会减少，政府有关部门应设法帮助他们解决困难。

十、提高新闻队伍素质

建国40年来，特别是改革开放十年来新闻工作的成就和贡献，说明我们的新闻队伍总体上是好的，是跟着党走的，是可以信赖的。我们党在领导社会主义建设过程中有过失误，受过挫折，党对新闻工作的指导有时也有失当之处。广大新闻工作者在困难的条件下，勤奋工作，任劳任怨，这种精神是值得称赞的。在我们的中青年记者、编辑队伍中，已经有一批政治上强、业务上精、作风过得硬的后起之秀脱颖而出，我们应当继续对他们严格要求，精心培养。必须指出，在这次动乱、反革命暴乱中新闻舆论导向的一度失误，各单位情况不同，应当分别吸取教训，但从总体看，主要责任在中央主要领导同志。新闻队伍中出现了个别败类，但大多数同志是经受住了考验的，特别是不少新闻单位的主要负责人，在极为复杂困难的情况下，明辨是非，站稳立场，为党和人民做了大量工作。

但是，由于近年来新闻队伍发展太快，培养教育工作没有跟上，加上资产阶级自由化及社会上不正之风的影响，新闻队伍中也存在着不少的问题。相当多的同志马列主义理论水平不高。党的新闻工作的优良传统在我们的队伍里没有得到很好的继承和发扬，资产阶级新闻观点还有一定的市场。一些同志工作作风不深入，编采写作的基本功不扎实，有的甚至违背新闻工作者的操守和职业道德，把新闻商品化，以稿谋私。这种状况说明，如不下大力量抓紧提高新闻队伍的素质，新闻工作的改进就无从谈起，正面宣传为主的方针也不可能得到正确有效的贯彻。

提高新闻队伍的素质，是新闻战线一项战略性的任务。当前，首先要继续认真搞好清查清理工作。要充分估计资产阶级自由化对新闻队伍影响的严重性，联系思想实际，深入批判资产阶级新闻观并肃清其影响；对顽固坚持资产阶级自由化的人要调离新闻工作岗位。与此同时，要切实抓好新闻单位领导班子的建设，把一些政治上强、有一定理论水平和业务能力的同志充实到领导岗位上来。新闻战线的领导人员必须善于从全局和从政治上观察分析形势的变化，掌握好宣传的政策和策略，坚持“政治家办报”。要切实加强新闻工作人员的培训工作。要组织大家认真学习马克思主义理论，加强职业道德教育和文化业务培训，并通过社会实践和新闻实践提高大家的思想政治水平和新闻业务水平。对缺乏实际经验的年轻记者，要创造条件让他们经常接触实际，乃至把他们派到基层做一段实际工作。新闻队伍要精干。新闻单位要严格编制，人员能进能出。要注意选拔一些有实践经验而又熟悉新闻业务的同志充实到新闻队伍中来。

十一、严格新闻宣传纪律

新闻工作者必须模范遵守宪法、法律和认真贯彻党的方针政策。在这个前提下，新闻工作者有着纵横驰骋的广阔天地，可以充分发挥自己的聪明才智，把新闻报道搞得生动活泼、丰富多采、各具特色。当前之所以特别强调新闻宣传纪律，不仅考虑到这是新闻党性原则的要求，新闻工作者必须同党中央在政治上保持一致，同时也是考虑到新闻队伍素质的提高需要一个过程。由于新闻从业人员各自的工作经历、政治素质、政策水平和业务水平的差异，工作中出现这样那样的差错是难以完全避免的。在这种情况下，强调严格新闻宣传纪律，有助于减少差错，也有助于新闻工作者在严格要求中得到锻炼和提高。

党领导下的报刊必须宣传党的路线、方针、政策和决定，这是纪律。个人如有不同看法、不同意见可以保留，或按照一定的组织程序提出，但是绝不允许利用自己掌握的舆论工具发表同中央决定相抵触的意见，绝不允许利用新闻舆论工具任意表达个人或小团体的主张、意志和感情。

对于西方和港台反共报刊发表的对我进行攻击、挑拨的文章，不得随意转载。党员和干部也不得私自同境外反共报刊建立联系，或向他们提供党和政府的内部材料。绝不允许在那些反动报刊上发表反对党的主张的文章。

新闻单位要加强保密观念，严格保密纪律，健全保密制度。对中央授权有关新闻单位发布的重要新闻，其他新闻单位不得抢先。要注意内外有别，新闻从业人员在工作中了解的机密，绝不准向无关人员透露，更不得传播各种小道消息。对违背新闻宣传纪律者，一定要认真追查，并根据不同情况给以批评教育或党纪、政纪处分；触犯刑律的还要追究其刑事责任。非如此，不足以改变一些单位长期纪律松弛的状况。

十二、加强党委对新闻工作的领导

毛泽东同志指出:“办好报纸,把报纸办得引人入胜,在报纸上正确地宣传党的方针政策,通过报纸加强党和群众的联系,这是党的工作中的一项不可小看的、有重大原则意义的问题。”各级党委必须高度重视,切实加强对新闻事业的领导,特别是在当前形势下,应该比以往任何时候更重视新闻工作,把舆论工具牢牢掌握在自己手中。

党委加强对新闻工作的领导,主要应抓大的问题、方向性问题。包括:选派忠于党的事业的优秀干部担负新闻单位的领导工作;定期研究宣传工作;吸收社长、总编辑列席党委有关会议,创造条件让他们早一点了解领导机关的决策、决定,多熟悉一点全局的情况;对正面宣传特别是重大问题的宣传适时提出指导性意见;对舆论导向可能发生的问题要及时提醒以至进行必要的把关;督促新闻单位领导人抓好内部思想教育工作;帮助新闻单位解决他们自身无力解决的实际困难等。至于报刊的日常宣传报道业务,包括日常的版面安排,各级党政领导可放手让新闻单位的同志自行妥善处理。

党委主要负责同志要亲自抓新闻工作,善于运用舆论工具推动全局工作。利用舆论工具动员群众、传播经验、指导工作,应成为领导者的一项基本功。大量事实表明,在关键时刻,新闻舆论能否保持正确导向,党委的坚强领导是决定性因素。因此,对于那些影响全局的言论、消息和文章,党委主要负责同志应切实负起政治把关的责任,必要时应亲自动手起草或修改。只要各级党委真正重视新闻宣传,切实加强领导,我们的新闻事业一定会生机勃勃,越办越好。

以上各点,意在对当前新闻宣传工作中的一些主要问题,有个较为明确的说法,有个可资遵循的依据。能否达到这个目的,希望大家广泛发表意见,进行补充修正。

(原载《求是》1990年第5期)

编　辑　说　明

一、《中国新闻年鉴》坚持以马克思主义、毛泽东思想为指针，正确把握舆论导向，为社会主义事业服务，为改革、开放事业服务，为我国新闻事业的不断发展服务。本期年鉴针对1989年春夏之交在首都发生动乱和反革命暴乱期间新闻舆论所出现的问题，在“新闻学专论”和“典型经验”两个栏目中，着重从理论与实践两个方面探讨和总结了其中的经验教训，以端正新闻舆论导向。

二、本年鉴仍贯彻“六坚持”：坚持记录“昨天”、启示“明天”，贯彻为现实服务的思想；坚持“古为今用”、“洋为中用”，努力弥补历史资料上的空白；坚持条目不断线、资料不间断，保持资料的连续性；坚持不断开拓新领域、力求内容丰富多彩，保证资料翔实新鲜；坚持纵收横集，资料、信息一齐抓，保证资料的完整性；坚持广选精编、细审细校，保证资料的准确性。本期年鉴适逢中华人民共和国建国40周年，特对各新闻机构重新全面介绍一次，并对40年来我国新闻事业发展概况分类进行介绍，以示我国新闻事业发展之新貌。

三、本年鉴是一部以资料为主，贯彻指导性、学术性、权威性并重的工具性质的大型辞书类年刊。每年一期，每期120万字左右。本期年鉴仍为12大部分，采取条目、图表、文章三结合的形式，并以条目为主。在学术观点和经验介绍方面，为了资料的全面、完整性，正反两面的观点、经验都予以适当归类收集，希望广大读者注意鉴别吸收。

四、本年鉴编辑委员会属于咨询性质的组织，主要任务是审议编辑部每期提出来的编辑要目，提出建议，由编辑部承担实际责任；本年鉴编辑部在各省、直辖市（含计划单列市）、自治区和中央各新闻单位分别设资料中心、资料负责人，是本年鉴在各地区和中央各新闻单位的代办机构或代办人。

五、本年鉴已是第九期，即将开始收集第十期年鉴的资料。希望广大读者对本年鉴的编辑工作多提宝贵意见，以便在第二个“十期”年鉴编辑工作中有更大的进步。

目　录

新闻学论文摘要

新闻学论文简介

专题讨论综述

新闻改革典型经验

新闻工作的经验

重要报道的经验

自身建设与经营管理的经验

优秀栏目(节目)介绍

读者、听众、观众调查

中国重大新闻和重要评论

1989 年中国重大新闻

1989 年重要评论

1989年重要评论名录

中国新闻界记事

中国好新闻评选

1988年全国好新闻入选作品名录

参加全国好新闻评选者谈感想

中国新闻机构

中央及各省、市、区新闻机构

报　纸

国内统一刊号报纸

中央及中央所属部门

北京市

天津市

上海市

吉林省

黑龙江省

陕西省

甘肃省

青海省

宁夏自治区

新疆自治区

山东省

江苏省

浙江省

安徽省

福建省

江西省

河南省

湖北省

湖南省

广东省

广西自治区

海南省

四川省

江苏省

省、地(市)广播电台

省(市)广播电台

省、地(市)电视台

县(市)电视台

浙江省

省、地(市)广播电台

县(市)广播电台

省、地(市)电视台

县(市)电视台

安徽省

省、地(市)广播电台

县(市)广播电台

省、地(市)电视台

县(市)电视台

县(市)广播电台

省、地(市)电视台

县(市)电视台

广东省

省、地(市)广播电台

县(市)广播电台

省、地(市)电视台

县(市)电视台

广西自治区

区、地(市)广播电台

县(市)广播电台

区、地(市)电视台

县(市)电视台

海南省

省、地(市)广播电台

省、地(市)电视台

四川省

省、地(市)广播电台

县(市)广播电台

省、地(市)电视台

县(市)电视台

贵州市

省、地(市)广播电台

县(市)广播电台

省、地(市)电视台

县(市)电视台

云南省

省、地(市)广播电台

时事政治刊物

画报、图片社

新闻专业刊物

国内统一刊号刊物

内部刊号刊物

香港、澳门新闻机构

香港

报纸

广播电视

杂志

新闻教育

澳门

报纸

广播电视

解放前我国解放区广播电台简介

中国报纸出版发行简目

中国新闻学书目及新书选介

中国新闻界名人

附　录

广　告

中国新闻事业发展概况

·新中国建立40年来的新闻事业发展概况·

新中国建立40年来的报纸事业发展概况

伴随着新中国前进的步伐，中国报业走过了40年的不平凡的历程。这是光辉夺目的40年，又是艰苦曲折的40年。新中国报纸记载了中国人民在中国共产党和人民政府领导下为社会主义祖国献身的伟大精神和不朽的业绩，成为共和国40年光辉历史的忠实记录。

新中国的报纸事业是在继承解放区报纸事业和国民党统治区进步新闻事业传统基础上发展壮大的。在抗日战争和解放战争时期，解放区的报纸约有700余家，在长期的革命实践中，报纸积累了丰富的经验，形成了党报的优良传统，培养出一大批新闻干部。在国民党统治区，从事新闻工作的中共地下党员和爱国民主人士冒着生命的危险，冲破反动派的新闻管制，向人民群众报道革命信息，为新中国的诞生作出了具有历史意义的贡献。到1947年，人民解放军转入大反攻，一批又一批城市相继解放，随军进入城市的新闻工作者与原国统区进步新闻工作者相汇合，创办了人民自己的报纸，组成了新中国报纸工作的基本队伍。华北重镇石家庄解放后，立即创办了新石门日报，这是关内的第一家大中城市报纸。此后，南京新华日报、上海解放日报、武汉长江日报、西安群众日报、天津天津日报、济南大众日报等大中城市报纸纷纷创刊。东北日报早在1948年由哈尔滨迁沈阳出版。被国民党反动派查封的上海新民报、文汇报等报迅速复刊。当1949年新政治协商筹备会议在北平开幕时，中国民主同盟主办的光明日报、中华全国总工会主办的工人日报相继创刊，中共中央把华北人民日报定为中央机关报。一个从中央到地方的全国报纸事业系统的骨干已经形成。1949年10月1日，伟大的中华人民共和国诞生，中国报业完成了从战争时期到和平时期的伟大转变，开创了人民报纸事业的新纪元。

在40年的发展历程里，我国报业经过了不同的发展阶段。1950年到1957年，这是新中国报纸在清理、接管旧中国报业基础上开始发展的时期。在1950年2月，全国报纸共281家，其中通过邮局发行的报纸140家，每期发行总数230万份。在全国各种报纸中，日报144家，双日刊13家，3日刊20家，5日刊14家，周刊21家，其他刊期的69家。从报纸所有制来看，国营报纸116家，人民团体报纸58家，私营55家，部队33家，其它18家。为了顺利地接管旧中国的新闻事业，中共中央规定了明确政策，坚持保护人民言论出版自由，剥夺反人民的言论出版自由，采取既严肃又慎重的态度，按照各报的不同情况进行处理。到1952年，为了进行有计划的经济建设，根据中共中央关于“整顿、巩固、提高质量，重点发展，稳步前进”的方针，国家对私营性质的报纸也进行了改造。一些私营报纸实行了公私合营，一些民营报纸因为不同原因而停办，一些公私合营报纸改为国营报纸。1952年全国邮发报纸236家，至1955年报纸略有增加。随着国民经济的发展，到1957年报纸在两年中增加到1325家。

1958年到1959年是报业骤然大发展的时期。1958年全国报纸发展到1776家。报纸在大跃进的浮夸风中匆匆上马，又为浮夸风推波助澜。报纸发展过快，缺少必要的条件，没有巩固的经济基础，以后报纸大幅度下跌成为必然趋势。

1960年到1965年是我国经济由困难到发展的时期，也是我国报纸从调整充实到稳步发展的时期。在3年困难时期，全国报纸在1962年压缩到308家。国民经济恢复后，报纸有所增加，到1965年增至413家，每期发行总数达2784.8万份。

1966年至1976年是“文化大革命”对报业造成极大摧残的时期。这个时期大量报纸被迫停刊，党报的优良传统被破坏，全国报纸“小报抄大报，大报抄梁效”，一些报纸成为打击迫害群众和干部，推行反革命路线的工具。到1976年全国报纸只有236家，但每期发行总数为4403.1万份。

1976年粉碎“四人帮”后，特别是1978年中共十一届三中全会以后，政治、经济的发展促进了报业的蓬勃发展，成为我国报业发展的黄金时代。品种繁多的报纸在各地如雨后春笋般创刊。全国报纸基本情况调查表明，自1980年1月1日至1985年3月1日，平均每一天半有一家新的报纸问世。1985年全国邮发和非邮发报纸共2191家，其中日报227家，占10.36%；非日报1964家，占89.64%。每期发行总数为20722万份，分别是建国初期邮发报纸总数的15.65倍、每期发行总数的90.09倍。在这些报纸中全国平均每5人拥有一份报纸，每千人拥有日报40份。日报后来有所增加，至1987年全国日报255家，每千人拥有日报期发量49份。

1987年，为了提高报纸质量，使报纸布局合理，国家新闻出版署对全国报纸重新办理登记。当年登记公开发行的报纸1482家，期发总数18600万份。截止1988年底，全国登记公开发行的报纸1628家，期发总数13789万份。到1989年全国登记公开发行的报纸1618家，期发总数15148万份。除公开发行的报纸外，还有大批办理了内部准印证的报纸，在厂矿企业或一定范围内发行。目前登记内部发行的报纸数目可观，据1989年对27个省、自治区、直辖市统计，共4014家。1989年9月中共中央办公厅、国务院办公厅就压缩整顿报刊和出版社发出通知。新闻出版署根据通知的精神部署了压缩整顿工作，强调关键是要坚持一个中心、两个基本点，目的最终是要促进报业更健康地发展。

随着报纸事业的日益壮大，我国已建立起一支宏大的报业队伍。现有报业从业人员已达十万余名。比1983年增加了58%，其中包括编辑、记者、行政管理人员以及经营管理人员。这是一支政治上可以信赖、业务上有一定素养、有实践经验的报业主力军。但是，报业队伍的素质需要进一步提高，培养人才的速度还要加快，才能跟上报业发展的要求，更好地为社会主义现代化建设服务。

新中国报纸的发展道路表明，政治经济的发展是社会主义报纸事业发展繁荣的基础。报纸要为社会主义经济服务，同时报纸发展的速度和规模必须以经济的发展为前提，离开经济水平不可能使报纸事业巩固发展。1958年报纸的急骤增长以及其后的猛然下跌就是典型的例证。报纸又是政治的晴雨表，为社会主义事业服务是其根本的任务，它的发展与政治密切相关，路线、方针、政策的正确是社会主义事业发展的根本保证。“文化大革命”时期报纸事业的衰败没落，近十年报纸事业的繁荣，以至我国报纸数量、期发总数历年变化描绘出的发展、下降、曲折、发展的轨迹，有力地从反面和正面证明了社会主义报纸事业的发展与政治、经济休戚与共的发展规律。我们要认真总结这条根本经验，自觉地促进我国报纸事业健康成长。

近10年来，在我国新闻事业中占有重要地位的报纸发展得最快，其规模之大，种类之多，在我国历史上都是没有过的(见附表)，促使我国报纸在结构和布局方面发生了重大变化。

当代中国报坛开始形成了一个以党报为主导的多品种、多层次、多文种、多特色的社会主义报业结构。既有全国性的，又有地方性的；既有综合性的，又有专业性的；既有报道时事政治性的，又有报道学术性的。据1987年底统计，在全国正式登记公开发行的1482家报纸中，全国性报纸132家，占报纸总数的8.9%；中国共产党机关报426家(包括省、自治区、直辖市机关报35家，地、市机关报330家，县、市机关报61家)，占28.74%；早报、晚报34家，占2.29%；政协报14家，占0.94%；工人报18家，占1.21%；农民报37家，占2.49%；青年报20家，占1.35%；少年报30家，占2.02%；妇女报3家，占0.2%；老年报12家，占0.81%；侨务报6家，占0.4%；经济报119家，占8.03%；政法报59家，占3.98%；教育报59家，占3.98%；体育报13家，占0.88%；科技报107家，占7.22%；文化艺术报54家，占3.64%；人口、卫生、医药报46家，占3.1%；环境保护报9家，占0.61%；社会、生活报26家，占1.75%；广播电视报61家，占4.11%；书讯报16家，占1.08%；文摘报18家，占1.21%；行业报92家，占6.20%；企业报58家，占3.91%；高校校报3家，占0.2%；军队报10家，占0.67%。各类不同功能的报纸组成了中国社会主义报纸体系，而每一类报纸又适应不同读者需要形成不同的信息层次。各种报纸都拥有自己的读者群，在内容、专业、地域上各有分工，风格各异。它们相互配合，互相补充，互相竞争，以千姿百态的生动形式实现自己的社会功能，五彩缤纷地展现着社会主义新中国的社会风貌。

我国当代报纸拥有多种民族文字出版物。我国是一个统一的、多民族国家，除了汉族以外，还有55个少数民族。党和政府注意培养少数民族的新闻干部，发展少数民族地区的新闻事业。全国报纸95.2%用汉文字出版，4.8%用少数民族文字出版。据1989年统计，我国少数民族报纸已有76家，用13种文字出版，分布于11个省、自治区。这13种少数民族文字是：维吾尔文、蒙古文、藏文、哈萨克文、朝鲜文、傣文、傈僳文、柯尔克孜文、锡伯文、彝文、景颇文、壮文、纳西文。这些报纸保持各自的民族传统，民族特色鲜明，深受少数民族读者的欢迎。

我国注意同各国人民进行友好交往，发展外向性报纸。除50年代以各种外国文字出版的《中国建设》、《人民中国》、《北京周报》等刊物继续向国外发行外，1981年创办了英文版《中国日报》。在1986年，已有269家报纸向国外发行。

在我国报业的发展中，经营管理占有重要地位。但是在新中国建立以后的30多年里，被长期忽视了。1978年以后，在经济体制改革的推动下，报业经营管理发生了根本性变化，开始从以往的报纸生产型向生产经营型转变，走事业单位企业化管理的道路。很多报社一改过去完全躺在国家身上依靠供给、依靠补贴的做法，积极开展经营管理工作，加强了对经营管理的领导，既抓好办报，又抓好经营管理，使报社经营管理也逐步把工作重点从报纸的印刷和后勤转向全面强化经营管理，开展多种经营，为自力更生发展报业提供了物质条件。

报社加强经营管理后，健全了规章制度，建立了管理体制，提高了管理水平，在经营中增强了创收能力。据1988年新闻出版署对北京、湖北、广东、山西、青海等15个省、自治区、直辖市的175家报社调查统计，已经开展多种经营的报社有95家，占54.2%，没有开展多种经营的报社74家，占42.3%，正在筹备开展经营活动的报社6家，约占3.5%。报社靠在国家身上吃大锅饭和报社职工靠在报社身上吃大锅饭的情况开始发生可喜变化。一部分在经营活动中起步早的报社，增强了报纸自我发展能力，不同程度地减轻了国家负担，同时改善了传播技术和职工的工作、生活条件。大部分报社的地方财政补贴加上多种经营收入后，做到了收支基本平衡，而没有开展多种经营活动的报社，因纸张价格猛涨和发行费率、印刷成本提高，经济相当困难。但是总的来说，加强报业经营管理标志着报业在改革开放中进入了一个新的时期。1988年开展的全国报业经营管理先进报社的评选活动对这几年工作做了很好总结。经过认真评议，大连日报、四川日报、湖北日报、解放日报被评选为经营管理先进报社，为更好地发展社会主义新闻事业拓开了新路。

适应两个文明建设和人民生活的需要，当前我国报纸在发展趋势上呈现出以下几个特点：

(一)中国共产党机关报在当代中国报纸事业中起着主导作用，是党和政府的耳目喉舌，也是人民群众的耳目喉舌，这是我国社会主义报纸结构的一个重要特色。各级党委机关报在新闻改革中加强了舆论引导，增加了信息量，更加密切了与群众的联系，在人民群众中享有很高的威信。党报的发行量比较稳定，影响很大，在全国报纸总发行量中占有重要地位。1984年党报的期发数比1980年增加6%。此后，从1985年至1988年党报期发总数一直稳定在2800万份左右。1988年共产党机关报407家，占全国公开发行报纸总数的25%，期发总数占全国公开发行报纸期发总数的17.33%。党报要在我国社会主义报业结构中处于核心地位，努力提高质量，突出党报的优势，才能更加充分地在政治思想上发挥应有的作用。

(二)专业性报纸，特别是经济类报纸的迅猛发展，是我国报业进入20世纪80年代后的一大特点。各种经济报纸大量涌现，既有发布宏观经济信息和报道经济政策、法令的全国性经济报纸，又有众多发布微观经济信息、沟通产销渠道的地方性经济报纸；既有以对内搞活为己任的经济报纸，又有以对外开放服务为重点的经济报纸；既有反映不同经济领域活动的行业报纸，又有大胆探索经济理论的报纸。而且一批广告信息报也先后创刊。在经济类报纸发展的同时，科技类、教育类、政法类等专业报纸，也成为我国报业的重要力量。大量科技报主要面向农村，全心全意为农民服务，为农村商品经济发展服务，成为广大农民发展生产力的参谋，有些报纸期发一、二百万份之多。

(三)报纸的分工已成为报纸发展的一种趋势。为适合读者对象和地域的需要，对象报、地区报蓬勃发展。对象报不仅品种增加，发行数量也不断增加。少年儿童报、青年报、老年报、妇女报、工人报、农民报、侨报等对象报，各为某一特定的读者阶层而创办，注重报道自己的读者关心的新闻。地区性报纸也由于自己的接近性，在一定区域吸引着更广泛的读者，发行量不断上升。以1980年至1984年的地、市、州、盟及县报为例，期发数除1981年下降外，每年都以20%以上的速度递增，1984年比1980年增加74.42%。从1985年到1989年在不少大报的发行量下降幅度较大的情况下，地、市、州、盟及县、市报纸的总发行量却有所上升，期发总数保持在1000万份以上。这说明报纸在地域上要合理分工，除全国性报纸外，办好本地域的政治、经济、科技、文化等报纸是报纸发展的必然。重视对象报、地域报的发展，这是完善我国报纸结构的一个十分重要的课题。

(四)社会生活类报纸的出现，更好地反映了群众生活和为群众生活服务。这些报纸在人们劳作之余，以生动的事实陶冶人们的思想情操，传播知识，给人们以美的享受，为增进人的身心健康，提高人的素质服务。这是报业中不可忽视的耕耘者。

新中国成立前夕，毛泽东同志在1949年3月召开的党的七届二中全会为新中国新闻工作规定了基本方针和基本任务。他在报告中指出：“从现在起，开始了由城市到乡村并由城市领导乡村的时期”，“从我们接管城市的第一天起，我们的眼睛就要向着这个城市的生产事业的恢复和发展”，城市的各项工作，包括通讯社、报纸、广播电台的工作，“都是围绕着生产建设这一中心工作并为这个中心工作服务的”。这是代表党中央为我国新闻工作确定的正确方针，有力地推动了报纸工作的开展。但是这一方针在很长时期内未能很好地贯彻执行，直到1978年党的十一届三中全会以后，随着改革的开展和深入，报纸工作才真正开始实现从宣传政治为主向报道物质文明建设和精神文明建设为中心的转变，使我国报业呈现出发展和兴旺的景象。

(贾培信)

附表　全国报纸历年家数、期发总数统计表

年　度	报纸家数	期发总数(万份)
1950	140	230
1951	214	514.3
1952	236	803.1
1953	247	797.7
1954	237	927.5
1955	249	1200.5
1956	1236	1537.8
1957	1325	1508.6
1958	1776	4473.1
1959	1390	3237.1
1960	1274	2104.1
1961	451	1285.9
1962	308	1342.8
1963	*289	1946.5
1964	*329	2454.8
1965	*343	2784.8
1966	*49	2519.3
1967	*43	2309.3
1968	*42	2136.4
1969	*42	2327.7
1970	*42	2722.4
1971	*195	3249.3
1972	*185	3305.7
1973	*192	3442
1974	*189	3728
1975	231	3998
1976	236	4403.1
1977	238	4340.7

年　度	报纸家数	期发总数(万份)
1978	253	5542.5
1979	283	6288.8
1980	382	7415.4
1981	451	7996
1982	538	8437.1
1983	604	10416.8
1984	714	13202
1985	944	14500
1986	984	20722
1987	1482	18600
1988	1628	13780
1989	1618	15148

说明:此表数字1986年前系邮局发行报纸数,1987年以后系邮局发行和自办发行报纸数。因邮发历史资料不全,还采用其他统计数字,带*号的数字系文化部出版事业管理局统计数。

此表未包括大量获内部准印证的报纸。

新中国建立40年来的广播事业发展概况

40年来,我国的广播事业虽也走过一些曲折的道路,但从整体上看,发展迅速,雄伟壮丽,令人振奋。

新中国成立前后的广播事业

中国人自己办的第一座广播电台是1926年10月开播的哈尔滨广播无线电台,创办人是哈尔滨无线广播电台台长刘瀚。到1947年时,国民党当局所辖的电台有41座,发射总功率421千瓦。我国的人民广播事业诞生于1940年12月30日。到新中国成立前夕,有人民广播电台近40座。广播系统职工1800人左右。全国约有收音机100万台,半数以上集中在东北、上海和其他沿海城市。这就是新中国广播事业开始迈步前的状况。

经过30多年的艰苦奋斗,到80年代末期我国已建成一个规模相当大的具有中国特色的社会主义现代化广播网。其特点是:中央和地方相结合,无线和有线相结合,城市和农村并重,对国内广播和对国外广播并重。到1988年底,全国共有无线广播电台461座(不包括台湾,下同),平均每天播音4,968小时,人口覆盖率70.6%,全国拥有收音机26197万架,国内听众来信4977154封,国外听众来信近17万封。有线广播站2521个,平均每日播音14746小时,广播喇叭8206万只,听众来信549516封。制作录音制品7329.50万盘,发行6692.97万盘。听广播已成为人民群众日常生活的一个重要组成部分。

党和政府历来重视广播事业

我国的广播事业是在党和政府的关心和领导下发展起来的。1949年9月29日中国人民政治协商会议通过的《共同纲领》第49条,明确规定"发展人民广播事业"。1950年3月,政务院新闻总署为广播机构规定了如下三项职能:发布新闻,传达政令;社会教育;文化娱乐。1950年4月,新闻总署决定在全国建立广播收音网。1955年10月11日,毛泽东同志在党的七届六中全会上提出"发展农村广播网"。1956年5月28日,刘少奇同志代表党中央对广播工作作了十点指示。1983年10月26日,中共中央在批转广播电视部党组《关于广播电视工作的汇报提纲》的通知中指出:"广播电视是教育鼓舞全党、全军和全国各族人民建设社会主义物质文明、精神文明的最强大的现代化工具,也是党和政府联系群众的最有效的工具之一","国内外形势的发展,迫切要求广播电视事业有个大的发展,质量有个大的提高。"随着广播事业的发展,中央和地方各级政府相应地逐步建立和健全了领导、管理机构。党和政府的这一系列重要指示和决策,保证了我国广播事业的迅速发展和广播工作的不断提高。

我国广播事业发展历程

从新中国成立到1956年,主要是根据1952年12月召开的第一次全国广播工作会议确定的方针,集中力量建设中央人民广播电台(以下简称中央电台,包括对外广播);在全国建立收音网;开办少数民族语言广播和对台湾广播;努力加强对外广播。1956年7月25日至8月16日召开了第四次全国广播工作会议,会议决定从1957年起,除继续重点建设对外广播外,将原来的先中央后地方、集中力量建设中央电台的方针,改为中央和地方并举,这一调整大大加快了地方广播事业的发展。关于广播宣传,这次会议提出,广播新闻要做到又多又快又短,广播节目要更接近人民生活,要让听众听到更多的节目,要在广播中开展批评。

从1957年到1966年,中央和地方的广播事业都得到了发展。中央广播大楼于1958年12月建成并投入使用;不久,中国人自己设计、自己制造的第一部500千瓦大功率中波发射机也投入使用;1959年,培养高级广播电视专业人才的北京广播学院正式成立。到1960年底,全国广播系统共有职工44080人。由于"左"的错误和三年经济困难,从1962年开始,广播事业被迫实行调整和精简,这次共精简了14208人。这个时期,对国外广播有所发展,到1966年底,对外广播的语种由1956年底的16种增加到33种,每天播音时间比1957年增加4.16倍,发射功率也有所增加。

从1957年夏开始的三、四年时间里,广播宣传出现了一些偏差和失误,对阶级斗争扩大化和浮夸风、"共产风"起了推波助澜作用。1965年9月,毛泽东、周恩来、刘少奇、朱德、邓小平、陈毅、彭真等党和国家领导人,为纪念人民广播事业的创建题了词,毛泽东同志的题词是:"努力办好广播,为全中国人民和全世界人民服务"。这个题词是中国广播工作的宗旨和行动准则。

在"文化大革命"的十年中,广播电台的发射功率增长了95%,但许多工程质量不高,留下后遗症不少。这个时期的对外广播语种增加到44种。有线广播站达到2503个,广播喇叭发展到一亿多只。在十年动乱中林彪、江青两个反革命集团改变了广播的根本性质，广播宣传颠倒是非，假话、大话、空话、套话泛滥成灾，在中央和地方，广播都成了报纸的有声版，严重损害了广播的声誉。

1976 年粉碎江青反革命集团后，特别是党的十一届三中全会以后，于 1980 年和 1983 年先后召开了第十次全国广播工作会议和第十一次全国广播电视工作会议，我国广播电视事业进入了大发展时期。其特点是：规模大，速度快；中央和地方都得到发展，地方比中央快；广播电视都有发展，电视发展更快；广播电视的传送手段有了很大改进，设备开始得到更新，技术水平进一步提高，广播电视的人口覆盖率大大提高，收听广播、收看电视的人空前广泛，广播电视的影响和作用明显增大。

中央人民广播电台

当代中国的广播电视事业是从对国内广播开始逐步发展起来的。对国内广播包括无线广播和有线广播两个方面。中央电台是国内规模最大的无线广播电台，它是中华人民共和国的国家电台，是党和政府的喉舌，是党和政府同全国各族人民保持联系的重要桥梁。1949 年时中央电台只有一套节目，每天播音 5 小时，1988 年时已有两套面向全国的综合性节目，一套面向北京地区的调频广播节目，一套对少数民族广播节目，两套对台湾广播节目，每天播音 106 小时 25 分。中央电台的节目由新闻性、教育性、文艺性和服务性四类节目构成。新闻性节目一直处于主导地位，重点是早晨的《新闻和报纸摘要》节目(简称“新闻报摘”)和晚间的《全国各地人民广播电台联播节目》(简称“全国联播节目”)。“文化大革命”以前，各地电台先后在这两个节目前后，分别安排了本省、自治区、直辖市的《新闻报摘》和《联播节目》，从而在一早一晚形成了具有全国影响的两组重点新闻节目。

地方广播电台

我国的地方广播电台是经多种途径发展起来的。1949 年底，全国有地方电台 48 座，到 1988 年底，全国共有省级广播电台 34 座，地市级广播电台 179 座，县级广播电台 246 座，一共开办有 562 套节目，每天播音 4,722 小时，其中转播中央电台节目 630 小时。地方电台除用普通话广播外，还用 33 种方言和少数民族语言广播。各省广播电台担负着向城镇和农村宣传的双重任务，一般都着重面向农村，为农民服务。地市县广播电台都把转播中央电台和省(自治区)电台节目作为重要任务，同时大都有一套地方特色较浓的自办节目。

对少数民族广播

少数民族语言广播是对国内广播的重要组成部分。1950 年 5 月 22 日，中央电台的藏语广播正式播音，这是中央电台开办的第一个少数民族语言广播。1950 年 8 月 5 日、1956 年 7 月 6 日和 12 月 10 日，中央电台又有蒙古语、朝鲜语和维吾尔语节目先后开播。1960 年 12 月，中央电台的这四种少数民族语言广播停止播音，经周恩来总理多次过问，又于 1971 年 5 月 1 日至 1973 年 1 月 1 日先后恢复，并创办了哈萨克语广播。一些少数民族听众称它为中央电台的“五朵金花”。中央电台开办少数民族语言广播，是中华人民共和国作为平等、团结、统一的多民族国家的标志之一。中央电台民族语言广播的主要任务是，报道全国全世界的重大新闻和在民族地区具有普遍意义的新闻。从 1983 年 1 月 1 日起，中央电台还设立汉语普通话的《民族大家庭》节目，以汉族听众为主要对象，主要任务是向汉族同胞宣传民族政策，介绍少数民族情况。一些省、自治区的少数民族语言广播是在新中国成立后相继开办起来的。到 1984 年底，包括省、自治区、市州盟广播电台在内，全国共有 24 个地方电台有民族语言广播，设有蒙古、藏、朝鲜、维吾尔、哈萨克、壮、彝、傣、傈僳、景颇、拉祜、哈尼、苗、瑶、柯尔克孜等 15 种民族语言广播节目。

对台湾广播

早在 1949 年 8 月，华东人民广播电台即开办了对台湾广播的闽南话节目，直到 1954 年 8 月 14 日。1954 年 8 月 15 日，中央电台的对台湾广播开始播音。开始时每天为一小时综合节目。1988 年，中央电台有两套对台湾广播节目，普通话广播设有新闻、服务、文艺各类节目和专题节目，另有用闽南话和客家话广播的综合、专题和文艺节目。福建电台和江苏电台也分别于 1950 年 8 月 1 日和 1952 年 7 月 1 日开办了对台湾广播节目。设在厦门的人民解放军福建前线广播电台——海峡之声广播电台，开始播音时间是 1958 年 8 月 24 日。这些对台湾广播，在促进海峡两岸同胞的相互了解、增强台湾同胞对祖国的凝聚力方面起了重要作用。

有线广播

这是一种区域性广播，广播节目由传输分配网路直接传送到用户。我国的有线广播网是在收音网的基础上建立和发展起来的。1952 年 4 月 1 日，吉林省九台县第一个把收音站发展为以一个县为区域范围的农村有线广播站。这一年召开的第一次全国广播工作会议，肯定了吉林省九台县发展农村有线广播的经验。1965 年召开的第九次全国广播工作会议，作出了面向农村、发展农村广播网的决定。这两次会议对农村广播网的建设起了重要作用。到 80 年代中期，我国农村的有线广播网已基本建成。它是以县广播台(站)为中心，以乡(镇)广播站为基础，以专线传输为主，并与多种传输手段结合，连接千村万户的广播网。它是全县各种新闻信息的传播中心，向农民普及科学技术知识的学校。

我国城市有线广播在新中国成立后发展迅速。它是以市或区广播台(站)为中心，连接各厂矿企业、街道和居民住宅的有线广播网。大型工矿企业和农林牧场也建立了相应区域的有线广播。车站、码头、旅客列车、轮船也有自己的专业有线广播。有线广播和无线广播相结合，组成了具有中国特色的社会主义广播宣传网。

对国外广播

1947 年 9 月 11 日，设在太行山东麓的河北省涉县沙河村的陕北新华广播电台，正式播出了第一篇英语广播稿，中国共产党领导创办的对外广播从此开始。1949年3月25日开办了第二种外语广播——日语广播。1950年4月1日，中央广播事业局成立了负责对外广播的国际广播编辑部，并于同一天开办了越南语、泰语、缅甸语和印度尼西亚语广播，同原有的英语、日语一起，用“北京电台”的新呼号开始播音。1950年7月1日又开办了朝鲜语广播。1978年5月，对外广播的机构改名为中华人民共和国国际广播电台(以下简称国际电台)。到1988年底，国际电台共有38种外语、1种汉语普通话和4种汉语方言的广播，每天播音140小时，广播方向包括亚洲、非洲、拉丁美洲、北美洲、欧洲和大洋洲等世界大部分地区。广播语种和播音时间在世界各国对外广播中居第三位。有38个国家的70多家电台接收中国国际电台的寄送和传送节目。据统计，1965年国际电台收到国外听众来信286163封，“文化大革命”期间国外听众来信大大减少，1970年只有21833封，1978年后逐步回升，1988年增加到169046封。

中国国际电台历来把忠实地介绍中国的历史和现状，中国对内、对外的政策和主张，帮助各国人民全面地了解中国，作为自己的首要任务；报道国际新闻、评论国际事务，也是对外广播的重要内容。

对华侨广播是对外广播的一个重要组成部分。在世界各地居住的华侨和外籍华人约3000万人，其中90%住在东南亚。我国先后开办有对华侨的广州话、潮州话、厦门话、客家话广播和汉语普通话广播。到1984年底，对华侨广播每天播音已达到23小时。

广播艺术团体和出版事业

为适应广播电视宣传的需要，我国广播电视系统先后组建了一批具有相当实力和较高水平的艺术团体，中国广播艺术团是其中规模最大的综合性艺术团体。新中国成立后唱片事业发展很快。1954年生产的唱片就相当于解放前41年唱片总和的4倍多。40年来，中国唱片在记录、传播和保存文化艺术声音资料方面作出了特殊贡献。1979年1月，中国第一个使用现代化设备录制并出版盒式有声磁带的厂家成立，它是广东省广播电视厅所属太平洋影音公司。1980年，中国唱片公司开始出版中国牌盒式声带。到1984年，中国唱片公司和广州太平洋影音公司的盒式声带遍布全国，并远销亚洲、欧洲、美洲、大洋洲许多国家和港澳地区。

录像带的生产在我国刚刚兴起，最早生产录像带的也是太平洋影音公司。

我国广播电视系统还出版图书、报纸和刊物。成立于1980年8月20日的中国广播电视出版社，是广播影视部直属的综合性出版社，以听众、观众和广播电视工作者为服务对象。此外，还有中国国际广播电台的中国国际广播出版社、北京广播学院出版社。

以刊登广播电视节目表、介绍广播电视节目为主要任务的广播电视报，到1988年底，全国共有104家，每期总发行量近4000万份。上海、广东、四川、浙江、湖北、辽宁、天津、河南、湖南、北京等10个省、直辖市广播电视厅(局)的广播电视报每期发行量超过100万份。

办广播的主要经验

中央电台和地方电台的共同经验是，要做好广播宣传工作，必须坚持全心全意为人民服务的宗旨，坚持无产阶级新闻学的党性原则和真实性原则，自觉地做党和政府的喉舌，自觉地维护社会主义制度；注意弘扬民族文化，增强民族凝聚力；重视广播特点，按广播规律办事，努力自己走路；注意扬独家之优势，汇天下之精华，搞好同社会各方面的协作；密切联系实际，广泛听取各方面听众的意见，不断改革、开拓、创新。除上述的共同经验外，实践证明，充分发挥地方优势，突出地方特点，是地方电台办好节目的关键。

(何　光)

新中国电视事业30年来的发展概况

我国的电视新闻是社会主义新闻事业的一个重要组成部分。已经成为广大人民获得新闻的重要渠道之一。调查资料表明：《新闻联播》是中央电视台拥有数亿观众、收视率最高的节目。

我国的电视新闻创办于1958年。它的发展经过了艰苦创业、曲折发展和全面振兴三个阶段：

(一)艰苦创业阶段：

从1958年到1965年，是中国电视新闻创业时期。中央电视台(当时叫北京电视台)初建时，创办电视新闻只有十来个人，用于制作电视新闻的器材只有几部16毫米摄影机和少量的黑白反转胶片。记者们买来几只大缸，自制了几个木架，利用一个盥洗间作为“洗片室”。他们白天采访、拍片、冲洗、剪辑、写稿，晚上参加摄像、播出。初期的报道形式有图片报道、电视新闻和口播简明新闻等。

图片报道是我国电视新闻的最初形态，即利用新闻照片的屏幕图像，由播音员解说图像内容。1958年5月15日中央电视台第一次播出的电视新闻——《图片报道》，报道了上海制造出东风牌小轿车的新闻。这种形式在初创时期经常采用。

电视新闻片是电视新闻主要的报道形式。我国第一部电视新闻片是《中共中央机关刊物〈红旗〉杂志创刊》。电视片是无声片，播出时由播音员看着画面配音。

口播新闻又称简明新闻，类似广播新闻。1958年11月2日开办，由中国第一个电视播音员沈力播报。每次约5分钟，安排在晚间电视节目的最后播出。

此外，还有电视纪录片和实况转播等。

电视纪录片是中国电视节目的重要形式之一，其中有一些具有新闻属性。1958年7月拍摄的《英雄的信阳人民》是我国第一部电视纪录片，它真实地纪录了河南信阳地区人民抗旱夺丰收的情景。以后又摄制了《大庆铁人》、《党的好干部焦裕禄》、《三口大锅闹革命》、《壮志压倒万重山》、《太行山下新愚公》等一批优秀的电视纪录片。

实况转播是广播、电视特有的一种报道形式。它能使听众和观众在事件发生的同时就听到或看到现场发生的实际情况。一般用于重大政治活动的报道。新中国成立九周年时,中央电视台首次在天安门广场转播了阅兵式和群众游行的实况。当电视屏幕上出现了毛主席在天安门城楼向群众挥手致意的镜头时,转播工作人员激动得热泪盈眶。他们曾度过了几十个不眠之夜,才在技术设备上解决了实况转播的难题。

中央电视台创办初期,《国际新闻》主要是苏联和东欧一些国家提供的电视新闻片和纪录片。一般按国家分别编成专辑播出,如《苏联新闻》、《罗马尼亚新闻》、《民主德国新闻》等。1960年中央电视台开始订购并选用英国维斯新闻社的新闻,并先后同日本电波社、阿联、古巴等国电视台签订了交换电视新闻片的协定。1964年至1966年有了相对固定的《国际新闻》节目,每周播3次,每次15——20分钟。

50年代末到60年代初,上海、哈尔滨、天津、长春、广州、西安、沈阳、太原、南京、合肥、济南、武汉、成都、昆明等省、市电视台相继成立。这些台大多数在建台初期就开办了新闻节目,一般每周播一次5——10分钟的当地新闻。三年经济困难时期,一批新建不久的地方电视台先后停办,只保留了上海、天津、广州、哈尔滨、沈阳、长春、西安等电视台,电视新闻仍然保留并有所发展。

(二)曲折发展阶段:

十年动乱时期,我国电视新闻事业受到严重干扰和破坏。电视新闻的内容和表现形式出现了严重的概念化、公式化、口号化。单调枯燥的画面,配以假、大、空的解说词,成为电视新闻的基本模式。每条电视新闻都必须有学习——批判——生产三项内容。形式主义十分严重。

这一时期,由于全国人民的斗争和努力,电视事业建设取得了一些成绩。60年代末到70年代初,电视台已发展到30多座。我国彩色电视试验工作取得成效,北京、上海、天津、四川建立了4个彩色电视试播台。1972年尼克松总统访华时,我国首次用彩色反转片拍摄了《毛主席会见尼克松》的电视新闻片。1973年,中央电视台和上海、天津先后开始试播彩色电视节目,中国电视开始实现由黑白向彩色过渡。

(三)全面振兴阶段:

80年代初,电视新闻事业进入一个新的发展时期,主要标志是以《新闻联播》为代表的电视新闻节目内容日益丰富,时效明显提高;各种新闻专栏节目相继开办;连续报道、系列报道、现场报道显示出强大威力;电视新闻采集、录制和传送设备迅速更新,电视新闻传送网已经形成;电视新闻工作者队伍逐步扩大。

1、以《新闻联播》为代表的电视新闻节目不断发展。

《新闻联播》于1978年1月1日正式开办。当时只有国内新闻,只在微波干线沿线的十多个省、市电视台同时转播。1980年4月1日,中央电视台开始通过国际通信卫星收录英国维斯新闻社和美英合资的合众独立电视新闻社的国际新闻。世界上发生的新闻事件,中国电视观众第二天就能从荧屏上看到。此后,中央电视台把《国际新闻》并入《新闻联播》,使之成为一个比较完整和系统地对国内、国际的重要事件进行形象化报道的新闻节目,时间由15分钟增加到30分钟。

创办时,每年约播出5000多条新闻,到1988年增加到25000多条,增加了4倍。中央电视台还增加了台湾新闻和港澳新闻以及亚洲、太平洋广播联盟部分国家和地区的新闻。随着电视事业的不断发展,地方电视台向中央电视台提供的新闻越来越多。中央电视台从1984年起,先后增办了《午间新闻》、《晚间新闻》、《早间新闻》、《英语新闻》、《体育新闻》。1989年播出各类新闻4万多条,比10年前增加8倍。

地方电视台的新闻节目也迅速发展。各地电视台除了转播中央电视台的新闻节目外,都办有当地的新闻节目。到1989年,全国各省、自治区、直辖市和计划单列市都开办了本地的新闻节目,一般为每天一次,上海、广东等台每天有4——5次不同形式的新闻节目。少数民族地区的电视台除把《新闻联播》译成本民族语言播出外,还开办了当地民族语言的新闻节目。如内蒙古电视台有蒙古语新闻,新疆电视台有维吾尔语新闻,西藏电视台有藏语新闻等。一部分计划单列市和省辖市电视台也办起了本地新闻节目。少数县级电视台也开办了新闻节目。

时效性强、报道快是电视新闻的特点之一。初创时期,由于受到条件限制,电视新闻时效性赶不上广播和报纸。从80年代初开始,电视新闻的摄制逐渐使用先进的电子新闻采访设备(ENG)和电子编辑机,减少了洗印胶片这个中间环节,从拍摄到播出,一般只需1——2小时。各地电视台可以利用微波线路或通讯卫星向中央电视台传送新闻,使新闻时效大大提高,重要新闻一般都可在当天播出,甚至在新闻事件发生半小时后即可播出。一些重大政治活动,如七届全国人大三次会议的开幕式,国庆35周年首都举行的盛大阅兵式和群众游行活动等,则采用实况转播方式,使观众能与事件同步看到现场情况。近三年来,还对一些重大突发事件采用"字幕新闻"的方式向观众报道最新消息。例如第24届奥运会在汉城举行女子高台跳水比赛时,中国运动员许艳梅获得金牌,从消息宣布到中央电视台通过"字幕新闻"报道出去,只有10秒钟的时间差。

2、开办了一批新闻性专栏节目

在兴办电视初期,各电视台曾办过少量新闻性专题和评论节目。有《新闻专辑》、《国际知识》《电视台的客人》《电视评论》等。80年代初,据不完全统计,仅中央电视台和省级电视台开办的栏目就有40多个。这些栏目从不同方面、以不同形式丰富了新闻性节目,并出现了一批影响很大的节目。如《审判林彪、江青反革命集团专题新闻》,对一个多月的审判过程作了较详细的报道，在亿万观众中产生了强烈反响。大型电视系列片《让历史告诉未来》，再现了我军60年的历史风云和光辉业绩，是一部思想性和艺术性达到比较完美统一的纪实性巨片。《一个盲姑娘的追求》、《胡耀邦同志重访长征路》、《红旗插上乔治王岛》、《祖国不会忘纪》、《红水河畔女财神》、《返乡梦初圆》等一批优秀新闻专题节目，均在全国电视新闻评比中获奖，有的在全国好新闻评比中名列榜首。在表现形式上，逐步摆脱了以往摄制纪录片的旧套路，不断探索具有时代特色和电视特点的新的表现方法。

电视评论主要有三种形式：一是电视台直接就某一新闻事件发表评论；一是举办评论性专栏；一是请社会有关人士就某件事或某个问题发表评论。

评论性专栏主要有《观察思考》、《电视论坛》、《社会瞭望》、《新闻透视》、《记者新观察》等。

《观察思考》是中央电视台1980年7月创办的第一个评论性栏目，其宗旨是通过对具有普遍意义或群众关心的事件、问题和人物进行分析和研究，说明某种道理，引起观众思考。影响较大的节目有《包产到户之后》、《有这样两个县委书记》、《冯大兴的下场》、《菜篮子里看改革》、《从一家工厂停产所想到的》等。近年来，该栏目由节目主持人主持，主持人起到引导、启示和评论的作用，有利于缩短节目和观众之间的距离。

国际问题的评论性栏目有《今日世界》、《国际瞭望》、《国际纵横》等。这些栏目对近期发生的重要国际事件进程及其背景、前因后果作综合报道和分析评介。

请领导人、专家、学者、知名人士或群众到电视屏幕上发表评论、讲话或对话，也是电视评论性节目的一种形式，有的称之为《电视论坛》，有的叫《群众论坛》或《电视专访》，内容一般是对大多数群众关心的问题进行论述。李先念、彭真、胡耀邦、乌兰夫、江泽民、李鹏等中央领导同志都曾在中央电视台发表过讲话或接受记者采访。

3、连续报道、系列报道、现场报道显示出强大威力

连续报道、系列报道和现场报道是80年代逐步发展起来并日益显示出强大威力的报道形式，能够充分发挥电视新闻的新、快、短、活、真等特点，影响大，效果好。连续报道以报道事件性新闻为主，随着事件的发生、发展和变化进行追踪报道。如对大兴安岭发生的特大森林火灾的连续报道，在一个多月内共播发100多条新闻，这在我国电视发展史上是罕见的。《长江漂流探险活动纪实》是四川电视台记者历尽艰险、跟踪采访拍摄的连续报道，它以强烈的现场感把观众的注意力牢牢地吸引到长漂健儿身上，热情讴歌了中华健儿不屈不挠顽强拼搏的大无畏精神。

系列报道是围绕某一问题或主题进行的多角度、多侧面的报道。这种报道形式有利于深化主题，使报道有一定深度。近几年来影响较大的系列报道有《改革在你身边》、《弹指一挥间》、《看今朝》等。如《弹指一挥间》是为庆祝建国40周年而精心组织和制作的大型系列报道节目。它以大量事实把新中国成立40年来各条战线取得的成就系统地、具体生动地展现给观众，内容充实，气度恢宏，宛如一幅瑰丽的历史画卷，热情赞颂了共产党的领导和社会主义制度。从1989年9月10日首次播出到11月7日结束，共播出180条新闻，总长500分钟。这是中央电视台建台以来新闻节目中时间最长、内容最丰富、反响最强烈的一次系列报道。

现场报道是记者在新闻事件的现场采访当事人或目击者，由记者直接向观众进行的报道。这种报道具有强烈的现场感和感染力，真实可信。近几年，我国电视记者的现场报道逐渐增加，也积累了一些经验。山西电视台记者高丽萍等同志采制的《辞烧土旧业，开煤气新篇》、《重访大寨录》，浙江电视台的《省长解决农民卖蘑菇难》，中央电视台的《江泽民等领导同志慰问节日在岗职工》，河北电视台的《元氏县农村出现广告征婚热》等新闻和专题，都不愧为现场报道的佳作。但我们现在仅仅是开始起步。

4、采用先进技术，传输网络形成

进入80年代后，我国摄制电视新闻的技术设备逐步更新和改善，从国外引进一批电子新闻采集设备(ENG)和电子编辑机，大大简化了电视新闻制作过程，缩短了制作时间，提高了新闻时效，丰富了表现手段，集声画于一体，使电视新闻质量大为提高。

十年来，我国的微波线路建设发展很快，微波干线由北京通向28个省、自治区、直辖市，有的省、市、自治区还建成了本地的微波线路(支线)。这些省、市、自治区电视台既可收看中央电视台的节目，也可向中央电视台传送本地节目。新疆、西藏也可通过通信卫星接收或传送电视节目。这样，全国各地既可收看中央电视台的节目，也可及时地把本地的新闻传送给中央电视台。现在，一个以北京为中心，联通全国各省、自治区、直辖市的电视新闻传输网已经形成，为提高电视新闻时效提供了可靠的技术手段。

5、电视新闻工作者队伍逐步成长壮大

中央电视台建台初期，只有十几个人从事新闻工作，往往一人身兼数职，既是记者，又兼做编辑、剪辑、摄像、洗印。到70年代末，中央和省两级电视台的新闻工作人员增加到400多人。80年代电视新闻工作人员迅速增加，据统计，1984年全国已有1300多人，还有数以千计的通讯员。到80年代末，全国已发展到2500多人，通讯员近万人。在这支队伍中，年轻人约占2/3。为了提高他们的素质，除采取以老带新、边干边学的办法外，中央电视台同一些省、自治区、直辖市电视台联合举办了几期编辑记者培训班，并选派一些人出国考察、学习，了解国外电视新闻发展状况，学习先进技术和管理方法。一支年轻的、生气勃勃的电视新闻队伍正在茁壮成长。

(章壮沂)

新中国建立40年来的新闻通讯事业发展概况

我国两家通讯社——新华通讯社和中国新闻社，在社会主义道路上并肩前进，健康发展。

新华通讯社经过40年的努力，已由一个国内通讯社成长为具有中国特色的社会主义现代化的世界性通讯社；由单一的新闻发布机构壮大为拥有报纸刊物、信息网、出版社、科学研究、新闻教育和其他多种经营的综合性的全国最大的新闻集团。

40年来，新华社作为中华人民共和国的国家通讯社，向全国和全世界发布了大量的政治、经济、军事、文化等大量新闻，宣传了党和国家的路线、方针、政策，反映了新中国的各项成就和人民的精神面貌，报道了我国在国际事务中的影响和作用，介绍了世界政治风云、经济发展、科学文化进步和各国人民的斗争与胜利。它在推动我国社会主义事业，提高人民的政治觉悟和文化素质，促进中国人民了解世界、世界人民了解中国和世界人民了解世界等方面，发挥了巨大作用。正如李先念同志在庆祝新华社建社50周年纪念会上说的："我国革命斗争和建设的胜利，同我们的宣传工作是分不开的，同我们新华社的工作是分不开的。"

新华社的前身是1931年11月7日创建于中央苏区首府瑞金的红色中华社（简称红中社）。当时，它是中华苏维埃共和国临时中央政府的机关通讯社。1937年1月，全国抗日民族统一战线开始形成，为适应新的形势，红中社改名新华社。在长期的革命斗争中，新华社在党的领导下，带领广大新闻战士转战南北，坚持不懈地宣传革命真理，歌颂人民的英雄业绩，教育人民，打击敌人，为中国人民的解放事业做出了贡献。

中华人民共和国成立后，新华社事业获得空前发展。建国初期，它在短短几年内就结束了战争年代国内分支机构的分散状态，完成了组织上和工作上的集中统一，成为国家集中统一的新闻发布机关和全国的"消息总汇"。1956年，新华社根据党中央的指示，加快了国外事业的步伐，到1966年，国外分社已发展到49个。十年动乱，新华社的发展计划受到严重干扰和破坏。粉碎"四人帮"后，特别是党的十一届三中全会以后，新华社进入了新的发展时期。1983年1月，党中央批准新华社提出的建设具有中国特色的社会主义现代化的世界性通讯社的目标和任务，为新华社迈开脚步，奋勇向前，创造了极为有利的条件。

现在，新华社的工作人员由1949年10月的800多人，发展到6000多人。它既有一支政治坚强、业务熟练的新闻骨干队伍，又有一个遍及国内外的庞大的分支机构网。在国内，除台湾省外，在30个省、市、自治区设有分社，有些省辖大城市还建有支社。在人民解放军中设有分社，在海军、空军和各大军区建有记者站。国内各分社、支社、记者站的总人数已达1500人。在海外，除香港、澳门设有分社外，在世界各地建有分社94个，总分社4个，派出人员400多人。有些国外分社还兼管驻在国临近国家的采访报道任务。随着记者网的扩大，新华社记者遍布五大洲。哪里斗争最激烈，哪里为世人所瞩目，哪里就有新华社记者的足迹和声音。

由于新华社已经建成了一个能够及时搜集全国和全世界新闻的比较完整的体系，所以它完全可以依靠自己的新闻渠道和来源，迅速掌握国内外动向，并基本上做到当天发生的重大事件当天发出消息，有时还配有评论和图片。随着事业的发展，报道力量的壮大，新华社已成为国际新闻战线上的一支重要力量，参与各种活动，并与世界上几个大的通讯社相竞争，因此国际上一些新闻组织把它列为世界六大通讯社之一。

新华社是为报纸、电台、电视台服务的，它的发稿工作正在不断完善和扩大。在国内，它已用四条不同的线路，分别向首都新闻单位，省、市、自治区报纸，地、县报纸，晚报、专业报和电台、电视台供稿，发稿字数由1949年的1500字增加到4万至5万字。同时，每月向报纸、刊物等发专稿10万字左右，尽量帮助各种新闻媒介办出特色，满足其需要。对国外，由建国时的只有英文一种文字对外发稿，增加到五种（英、法、俄、西班牙和阿拉伯文），每天发稿150条以上。亚太、中东、非洲、拉美总分社还分别向所属地区直接发稿，发稿量在不断增加。同时，开设了通往香港、曼谷、纽约等地的中文发稿专线，向当地华文报纸、广播电台供稿。此外，还用多种文字向100多个国家和地区的报刊供应特稿，尽量满足海外读者的需要。

新华社是全国最大的新闻照片发稿中心。从这里发出的国内、国际方面的新闻照片，由1962年的75万张增加到近几年的500万张以上。它发行的照片已遍及世界120多个国家和地区，并且越来越受到欢迎，许多外国报刊辟出专栏，一次次刊用新华社发出的中国照片。另外，它还和世界上一些大的图片社、图片集团建立合作关系，向他们提供专稿，有利于占领国际新闻图片市场。

新华社每天通过43条线路抄收34家通讯社和电台的电讯130万字到150万字，比建国初期每天抄收20万字外电，增加了五至六倍。同时，订有世界各地各种文种的报刊近500种。每天，它从来自海外的大量材料中，选译、编辑各种参考资料和参考消息，供各级领导、广大干部和人民群众阅读，成了他们及时了解世界各地动向和信息的重要渠道。

在新闻传播手段和通讯技术方面，新华社在近几年取得了突破性的进展。建国初期，它使用的是战争年代缴获的收发报机。如今，它拥有大量的先进设备和技术，初步形成了以北京为中心的比较畅通、比较可靠、能担负多种业务传输的国内外通讯网络。由于稿件传递、业务往来主要是通过国际卫星线路和微波有线话路进行，发稿时效显著提高。同时，在一些编辑部和国外分社开始用终端设备处理稿件，正在改变单纯用笔编写稿件的历史。此外，图片自动传递系统也开始建立，为发展对外图片供稿业务提供了有利条件。

为了加强与世界新闻界的联系和合作，新华社同国际性的新闻组织和许多国家的新闻机构进行了广泛的接触和友好往来，并同58家外国通讯社签订或达成协议，在平等互利的基础上相互无偿地交换文字和图片新闻。

在发展通讯社事业的同时，新华社依靠自己的消息总汇和资料总汇的优势，发挥记者、编辑、翻译、研究和资料人员的潜力，正在向多层次、多渠道、多功能的经营方向发展。经过近十年的努力，新华社在多种经营方面，初步形成了以下一些系统：

报刊系统：现有报刊50多种，发行量大，品种齐全。其中有日报（参考消息、经济参考）、日刊（中、英、法文《新华社新闻稿》和《参考资料》等），周二、周三刊（各种专题资料），周刊（《嘹望》、《新闻业务》等），半月刊（《半月谈》），月刊（《环球》、《摄影世界》、《世界经济》、《中国记者》等），双月刊（《农村大世界》），季刊（《中国季刊》）和多种年鉴。报刊中，《参考消息》和《半月谈》期发行500万份左右，分别居全国报纸、刊物发行量之首。

经济信息系统：现已初步形成由国内外分社联合经营的经济信息网。在国内，除向经济部门、工商企业提供综合信息外，还向机械、化工、纺织、服装、冶金、电子、轻工、建材等行业提供专题信息。有的分社还与工厂企业建立专线，定向提供信息。对海外，已通过专线向香港、日本、北美、联邦德国等一些新闻机构和经济部门提供包括金融、行情在内的中国经济信息，获得了较好的效益。

图片系统：中国图片社是全国规模最大、设备精良的图片制作中心，它每年光制作各种类型的展览图片就数以千万计。新华社还拥有其规模世界少有的新闻摄影底片库，它保存的包括革命战争年代在内的100多万张各类底片，在继续发挥作用，为国内外广大用户服务。

出版系统：新华出版社从成立以来，每年都出版新闻、时事、政治、经济、文化等方面的图书100多个品种，500万册以上。其中有的图书销售300多万册，居各家出版社同类读物销数的首位。出版社出版的《世界工商名录》和《货币》等大型画册，也取得了较好的社会效益和经济效益。

教育系统：新华社所属的中国新闻学院是培养国际新闻和国内新闻的双学士学位生的新闻学府，它正在用理论和实践相结合的方法培养着新闻人才。同时，它办有新闻进修班、新闻管理班，为各新闻单位培训业务骨干。新华社教育培训中心所属的新华社——汤姆森基金会，除举办国际新闻培训班外，还举办过英文预科班和培养驻外首席记者为目标的高级班。新华社的教育系统，不仅为新华社服务，还面向新闻界，为兄弟单位服务。

科研系统：除新闻研究所从事新闻业务、新闻理论和新闻史研究，出版《新闻业务》、《中国记者》等刊物和《新闻论丛》等书籍外，新华社还有两个研究机构：一是新闻通讯技术研究所，一是新闻摄影研究室。前者为新闻传播技术的现代化做出了贡献；后者提供了大量的新闻摄影理论和实践经验，为发展新闻摄影事业发挥了作用。

此外，新华社还有由三个设备比较先进的印刷厂组成的印刷系统；有以新闻发展公司为中心的经营系统。后者通过广泛开展的经济咨询、广告业务和组织产品展销、国内外工商界联谊等各种活动，使新闻事业的领域不断扩大，经营管理经验不断丰富。

40年来，新华社在党的宣传事业中发挥了重要作用，在自己的事业建设上也取得了重大成就。但是，在前进道路上，新华社也经历过多次曲折和失误。其中包括大跃进时期和“文化大革命”期间在宣传报道上的严重错误。历史事实表明：新华社同党和国家是共祸福同命运的。党和国家兴旺发达，新华社的发展就顺利；党和国家受到挫折时，新华社就易于犯这样或那样的错误。在失误之后，新华社都认真总结经验教训，明确方向，坚定信心，向更高的目标前进。现在，新华社正在继续向世界性通讯社进军，任务是艰巨的，责任是重大的，但它一定能迈着坚定的步伐，开创新的局面，让社会主义中国的声音响彻五洲四海。

中国新闻社是由新闻界著名人士发起创立、专门为海外华文传播媒介服务的新闻通讯社。它自1952年9月14日在北京成立以来，已经历了将近四十个春秋。其间虽有包括“文革”十年在内的一些干扰、曲折，但与初创时期相比，中国新闻社的事业有了很大发展。尤其是1978年恢复建制以来，无论在人员、规模、技术设备方面，还是在新闻报道业务方面，都进入了一个新的、更大的发展时期。

中国新闻社（以下简称“中新社”）最初是为了适应海外华侨和海外华文报刊的需要而成立的。1949年新中国成立时，海外华侨约有两千多万人，海外华文报刊有97家。广大华侨为中华人民共和国的成立而欢欣鼓舞，迫切要求了解祖国的各项方针政策和各方面翻天覆地的变化，其中包括与他们切身利益相关的侨务政策和侨乡建设成就。但是由于历史和现实的诸多因素，大多数海外华文报刊不能正确报道新中国的情况，加之一些反动报刊的造谣污蔑，在华侨思想上造成混乱。少数华文报刊虽想正确报道祖国情况，但缺乏中国新闻的直接来源。抄收当时国内通讯社的英文电讯，又存在着政治上和技术上的困难。因此，新闻界著名人士金仲华等发起创立了中国新闻社，直接向海外华文报刊提供稿件，向华侨读者报道祖国日新月异的变化。

后来，随着国内外形势的发展，中新社服务的对象，扩大为海外华侨、港澳同胞、台湾同胞和外籍华人。对港、澳、台胞的报道成为中新社的特色。

中新社成立时，只有47名工作人员。1989年底，中新社干部、职工已增加到450人，其中采编人员266人，有高级编辑、记者8人（其中离退休2人），主任编辑、记者52人（其中离退休11人），记者、编辑92人。

中新社最初只有一个华侨广播编辑部，现在（1989年底），总社设有总编室、国内新闻部、港台海外部、专稿部、摄影部、体育组、研究部和电影声像部。在国内，设有广东、福建、上海、广西、海南五个分社。在北京、天津、江苏、浙江、江西、山东、辽宁、陕西、云南、四川、湖北等十多个省市设有记者站。在香港和澳门地区，设有香港分社和澳门记者站。在美国、日本、法国设有分社，在纽约、曼谷、马尼拉有出稿代理机构。

1952年10月1日“中国新闻广播电台”正式开始播音时，每天播发口语纪录新闻5000字。80年代以来，中新社每天发新闻稿30条左右，约1.3万字。通过文字传真或其他方式接收、采用这些稿件的，有13个国家和港澳地区的108家新闻机构。同时，每周有6天(星期日除外)在北京和香港同时出版《中国新闻》刊物。

中新社每月发专稿、专电、专栏稿和专刊副刊稿300篇左右，约30万字，向港澳和海外华文报刊提供《大陆报刊文选》约50篇。

中新社每月发新闻照片约500幅，其中一部分通过传真发稿，并向画报提供彩色图片、编印展览图片。1989年，编辑出版了大型画册《锦绣中华》。

中新社的电影声像产品，在港澳地区和海外广泛发行。

中新社还编辑出版《对外报道》双月刊，公开发行。

据1986年底的不完全统计，中新社已同160多家港澳和海外华文传播媒介建立了业务联系。仅1986和1987两年，中新社就接待来访94人次，出访92人次。

综上所述，中新社已成为一家为海外华侨、港澳同胞、台湾同胞和外籍华人服务的综合性新闻、文化事业单位。在联合国科教文组织1982年关于全世界174家通讯社的五级统计中被列为B级。

作为为海外华文传播媒介和海外读者服务的通讯社，中新社根据我国对外宣传总方针和海外读者的实际，以民间通讯社的风格和特色，积极开展宣传报道工作。这就是：坚持以正面报道为主，全面、客观、准确地报道中国，以团结和影响最大多数的海外读者。

中新社的长远目标，是要建设成为世界华人的信息中心和服务中心。

(成　一、刘正荣)

新中国建立40年来的新闻教育事业发展概况

一、我国新闻教育事业的发端和回顾

我国新闻教育的发端可远溯到1918年北京大学新闻学研究会的成立。当时蔡元培亲自拟定的该会宗旨是“灌输新闻智识，培养新闻人才”，延请北京《晨报》主笔徐宝璜和《京报》社长邵飘萍主持“新闻讲座”。1920年，北京大学政治系正式开设了新闻学选修课程，从此新闻学走上了我国大学讲坛，产生了我国新闻教育事业。此后，上海圣约翰大学、福建厦门大学、北京平民大学、国际大学、上海南方大学、光华大学、国民大学等都先后创办了新闻学系或报学系；1935年，中国国民党主办的中央政治大学，也开设了新闻学，并于1943年扩建为新闻学院，掀起了一股办新闻教育的高潮。其中最为著名的、直至中华人民共和国成立后尚有很大影响的，一是燕京大学新闻系(创办于1924年，除1927—28年曾停办2年，一直至1952年全国院系调整时并入北京大学中文系改为新闻专业)；二是复旦大学新闻系(1924年开设“新闻学讲座”，1926年扩大为中文系新闻学组，1929年正式成立新闻系，迄今已有整六十年历史了)。此外，还成立了一些新闻专科学校，较著名的有成舍我创办的“北平新闻专科学校”和顾执中创办的上海“民治新闻专科学校”。但在当时的社会条件下，上述新闻教育基本上只能是照搬西方资产阶级新闻学原理和模式。

中国共产党历来十分重视新闻工作和新闻队伍建设。1923年毛泽东创办自修大学设新闻学科，这是党领导的新闻教育的开端。抗日战争时期，党的决议文件曾一再强调通过正规化的教育来培养和训练党的新闻干部。以后，在环境允许和革命形势需要下，解放区陆续办了一些短期的新闻训练班和新闻学校，如延安中国女子大学新闻系，延安大学文学系设有新闻课程，华中建设大学文教班办有新闻训练班。党领导下的中国青年记者学会办有桂林战时新闻工作学习班，重庆新闻学术讲座等。解放战争时期，党领导的新闻教育事业进一步发展，相继创办了华中新闻专科学校、中原大学新闻系、华东新闻干部学校等。在解放前夕和建国初期，为适应革命形势发展的需要，党加强新闻干部培训工作，曾在北京、华东、华中等地开办新闻学校，知名的有设在无锡的苏南新闻专科学校(校长徐进)、上海的华东新闻学院(院长恽逸群)和北京新闻学校(校长范长江)等。它们不仅为党和人民新闻事业培养了一定数量的新闻干部，同时也为新闻干部培训工作提供了宝贵的经验，形成了党的新闻教育的优良传统。

二、建国后新闻教育事业的成就和挫折

新中国成立后，我国新闻教育随着政治经济的深刻变革和新闻事业的发展也进行了卓有成效的改革，并取得了一定的成果。但是，同整个文化教育事业一样，新闻教育的发展也经历了一条曲折的道路。

解放以后，在党的正确的教育方针和新闻政策指引下，新闻教育事业的发展比较顺利，例如1949年10月创办的北京新闻学校(它的前身是新华社的新闻训练班，从第三期改名为北京新闻学校，隶属于中央人民政府政务院新闻总署)，开始“改变过去短期新闻训练班所实行的实质上(不是名义上)是政治理论教育与思想改造为主，业务为辅的教育方针，而采取理论与业务并重的教育方针”(校长范长江的开学讲话)，也即试验从短期训练班方式向正规的学校教育方式过渡。而1955年中国人民大学新闻系的成立则标志着新型的社会主义新闻教育制正在我国建立。1958年，北京大学中文系新闻专业合并到人大新闻系，师生人数曾达800余人、成为当时人民大学最大的系。除培养新闻本科生外，还增办了二年制的新闻专修科及各种不同类型的新闻培训班。以后又承担了培养硕士研

究生和博士研究生的任务。1988年被国家教委评为全国唯一的新闻学专业的重点学科点，又扩建为人民大学新闻学院，在我国新闻教育史上占有重要位置。

建国初期，我国新闻教育取得的成就还表现在对旧中国遗留下来的新闻教育进行了调整与改造。如将暨南大学新闻系、圣约翰大学新闻系，民治新闻专科学校等并入复旦大学新闻系。1952年又将燕京大学新闻系并入北大中文系，改设新闻专业。社会教育学院新闻系随学校并入文化教育学院后停办。至于国民党的中央政治大学新闻学院则被撤消。对保留下来的新闻院系的教学内容也进行了初步改造。除组织师生参加政治运动改造思想外，还开设马列主义政治理论课，并抽调一批有经验的新闻干部到新闻教育单位任职或讲课，使之迅速为培养社会主义新闻工作者服务。

1954年《中共中央关于改进报纸工作的决议》中专门就培养和训练新闻干部问题作了具体规定。同年中央高级党校设立新闻班，负责培训省市委机关报的总编辑等主要负责干部。不少省市委党校也调训各级党委的新闻干部。

1958年以后，随着全面建设社会主义的开始，新闻教育事业曾有一个较大的发展。从1958年到1960年，新创办的新闻教育单位有：江西大学新闻系、南京大学附属新闻学校、西安政法学院新闻专业、杭州大学新闻系、暨南大学新闻专业、山东大学新闻专修科、安徽大学新闻专业、江苏省新闻专科学校等。此外，中国记协和各地报社还成立了不少"新闻红专学院"，广泛组织在职新闻干部学习政治理论，时事政策和文化业务知识。但是由于这些新建的新闻教育单位不少是仓促上马，严重缺乏合格的师资和必要的图书设备，难以保证教学质量，不久以后，大都相继下马。只有1959年创建的北京广播学院在艰苦的条件下坚持下来。到"文革"时被迫停办前，北京广播学院已设有新闻、外语和无线电三个系，在校学生近千人。恢复后至今已发展为8个系、17个专业，承担起了全国广播电视事业培养大专生、本科生和研究生的任务，成为我国唯一的一所师资比较雄厚、设备相当完善、学科较为齐全的专业性的广播电视最高学府，这也是我国新闻教育事业成长和发展的又一标志。

总之，建国后的十七年间，我国新闻教育工作的成绩是显著的，培养和造就了一批新闻干部，他们大多数已成为新闻战线的中坚和业务骨干。但是，新闻教育和全国其他战线一样也受到"左"倾错误的干扰和影响。1957年反右斗争扩大化和以后的反右倾运动以及在教育科学文化问题上的过火政治批判，都使新闻教育队伍和新闻理论研究遭到不同程度的损伤和挫折。"大跃进"运动和强调学生"以阶级斗争为主课"的口号，都严重破坏了正常的教学秩序。在"文革"中，大学新闻系属于"彻底砸烂"之列，新闻教育事业更是遭到了严重的摧残和破坏。

三、党的十一届三中全会后新闻教育事业蓬勃发展

粉碎"四人帮"后新闻事业的复苏和繁荣迫切需要大批新闻人才。1977年北京大学、复旦大学、北京广播学院和广西大学新闻系或新闻专业开始正式招生。1978年人民大学复校，新闻系也恢复招生。然后，一些曾经设立过新闻系或新闻专业的省属大学，如郑州大学、江西大学、杭州大学等相继在中文系恢复了新闻专业。此外，在高等学校里新增设新闻系或专业的还有北京国际政治学院、四川大学、河北大学等。1978年，中国社会科学院建立新闻研究所和研究生院新闻系，立即开始招收新闻硕士研究生。1981年，中国人民大学和复旦大学还开始招收新闻博士研究生。截止到1982年，全国高等学校新闻院系、专业点已有16个，在校生1585人(包括专科生)，专业教师364人。这表明我国新闻教育在"文革"以后已经完全恢复并有新发展。

1983年中宣部和原教育部联合召开建国以来第一次新闻教育工作座谈会。根据对新闻队伍现状和需求的调查，提出《关于加强新闻教育工作的意见》。在这以后六年来，我国新闻教育有了迅猛的发展。据1989年12月的统计，全国普通高校设有新闻学专业点33个，在校生3800多人；国际新闻专业点5个，在校生380多人；广播电视专业点5个，在校生240多人；新闻摄影专业点3个，在校生330多人；广告学专业点2个，在校生120多人；播音专业点2个，在校生180多人；广播电视管理专业点1个，在校生80多人。共计51个专业点，在校生5000多人。另外还有一些成人高校设立的专业点。专任教师共880多人。与1982年底相比，专业点增加35个，在校生增加3600多人，教师增加520多人。已经初步形成了多种层次、多种形式、学科专业门类比较齐全的新闻学专业教育体系。

此外，新闻函授、广播电视大学新闻专业和新闻自学考试等培养新闻人才方式已成为高等院校新闻教育的一个重要补充。培训在职新闻干部的工作也取得了不少成果，1984年中宣部新闻局和全国记协联合召开了全国新闻干部培训工作经验交流会，印发了中宣部新闻局提出的《新闻队伍建设规划设想》。同年还成立了以交流和总结研究新闻教育经验为主要任务的群众团体——中国新闻教育学会。

为了培养现代化建设需要的新闻人才，各新闻院系都积极进行了新闻教育改革的探索和实践。首先是加强政治理论教育，提高学生的思想政策水平；二是引导学生关注社会现实，加强业务实践的锻炼，提高其动手能力；三是改革课程体系，增加选修课，扩大学生的知识面，并尽可能教会学生使用与新闻业务有关的现代化工具。招收非新闻专业的毕业生再学习新闻专业取得第二学士学位(即实行"双学位"制)，在新闻教育中已越来越受到重视，并有较大发展。新华社主办的中国新闻学院就着重培养这方面的人才。加强文理渗透，华中理工大学新闻系从学理工专业的学生中招生，使毕业生更符合当前新闻工作的实际需要。总之，大多数新闻院系都在新闻教育改革中注意

提高学生的政治素质和业务素质。

新闻师资队伍建设也取得较大成绩。经过半个多世纪的努力，我国高等学校已经聚集了一支有丰富教学经验和在新闻理论、新闻史及新闻业务的研究方面取得了丰硕成果的教师队伍。据不完全统计，其中有教授 40 多人，副教授 240 多人，讲师 300 多人，助教 260 多人。

新闻教材建设是提高新闻质量的重要基础，现已列入国家教委“七五”计划期间教材编写规划的新闻教材共 40 种(其中人民大学编写的 22 种，复旦大学编写的 16 种)。这些教材已陆续出版，加上其他已经出版的教材，目前新闻学科主要课程的教材和参考资料已相继配套，并有数十种新闻学术著作和译著问世。

总之，四十年来我国新闻教育在发展规模、教育改革、师资队伍、办学条件等方面都已取得了显著的成绩。为我国的社会主义现代化建设培养了大量合格的新闻人才。

目前需要认真对待的有以下几个问题：

1、进一步深化教育改革，首先要端正办学方向，坚持以马克思主义为指导，牢牢掌握社会主义办学方向，大力加强思想政治教育和德育教育，把树立学生坚定正确的政治方向放在第一位，培养德智体全面发展的新闻人才。

2、坚持理论联系实际，切实解决好学生的社会实践问题。新闻是一门应用性，实践性很强的学科。这几年很多学校已在这方面作了许多努力，在校内外开展了多种形式的社会实践活动，取得了较好效果。但还存在着经费、体制等许多问题需要积极设法解决。

3、进一步拓宽专业口径，扩大学生的知识面，使学生在学校学习期间能够打下比较扎实的基础，毕业后有较大的适应能力和后劲。不少院系已经在这方面作了尝试，如采取淡化专业、分段教学、强化基础、按需分流的办法，今后新闻专业是否可试行推广。

4、改革招生办法，逐步增加招收有实践经验的在职人员入学。最好能像艺术院校一样，笔试合格后还要进行面试，以保证新闻专业对学生的特殊要求。为了解决边远地区和基层单位对新闻人才的需要，还可实行定向招生和分配办法。

5、调整师资队伍结构，大力提高教师水平。要积极帮助解决教师理论脱离实际的问题，增加有新闻实践经验的教员的比重。鼓励教师更新教材，改革教学方法，用他们的科研成果为新闻改革提供咨询和参谋，发挥高等院校新闻系既是教学基地又是科研基地的两方面职能。

6、正确处理发展速度与办学质量的关系，适当调整新闻专业的规模和布局，以保证新闻教育事业沿着正确健康的轨道发展前进。

在党的领导和新闻事业单位的支持下，通过深化新闻教育改革，我国新闻教育事业必将为我国社会主义现代化建设作出更大的贡献。

(洪一龙)

新中国建立 40 年来的新闻研究事业发展概况

新中国建立 40 年来，新闻研究事业取得了很大的成绩。新闻研究著作果实累累。新闻专业期刊百花齐放。新闻研究机构和新闻学会普遍建立。新闻学术研究活动广泛开展。有中国特色的马克思主义新闻学正在逐渐建立起来。但是，新闻研究事业的发展道路是曲折的。

从新中国建立至 1966 年“文化大革命”爆发这十七年间，我国新闻研究事业取得了初步成绩。

新闻研究的指导思想和内容，建国初期主要是继承了解放前中国共产党的新闻思想，并开始初步与新中国的实际结合起来。党和人民政府作出一系列有关新闻工作的重要指示，主要是强调了新闻工作要加强党性，密切联系实际，密切联系群众，正确开展批评与自我批评，要为生产建设这个中心服务。这些指示对当时的新闻研究具有重要指导意义。当时还强调学习苏联的新闻工作经验，这是有益的，但我们在学习中犯有教条主义的错误。1956 年上半年，党中央提出“双百方针”以后，新闻思想活跃起来。《人民日报》7 月改版，促进了新闻思想的解放。同年，复旦大学新闻系教授王中撰写《新闻学原理大纲》，提出了报纸具有政党宣传工具和商品这“两重性”的观点，颇有影响。1957 年 5 月，第一次全国新闻工作座谈会在北京召开，鸣放空气热烈，对新闻工作提出了许多重要意见。总的来说，这些意见是有益的，值得进一步研究，但也有少数意见是资产阶级新闻观点的反映。6 月，反右派斗争开始。下旬，召开了第二次全国新闻工作座谈会，开展了新闻界的反右派斗争，对第一次座谈会进行了批判。《人民日报》发表社论《文汇报的资产阶级方向应当批判》，这对新闻界反右派斗争是极重要的指导思想。新闻界的反右派斗争，对极少数资产阶级右派分子进行批判是必要的，但是斗争严重地扩大化了。反右派斗争的扩大化对新闻研究产生了严重的“左”的影响，使得刚刚活跃起来的新闻思想被压了下去。特别是在社会主义建设时期，把“报纸是阶级斗争的工具”这一观点绝对化，片面地强调报纸阶级斗争的职能，而把其他种种提法都加以批判，这在以后新闻研究中造成了新闻思想的僵化和失误。1958 年毛泽东写了《给刘建勋、韦国清的信》，提出了有关全党办报和报纸作用的问题，这是当时新闻研究的重要思想和课题，但研究中又受到了“大跃进”年代“左”的错误影响。1961 年刘少奇对新闻工作发表了两次重要讲话，强调了中央提出的大兴调查研究之风的精神，提出报纸工作人员是调查研究的专业工作人员，并对“大跃进”以来新闻宣传工作中的主要错误总结了经验教训。这对指导新闻研究的健康发展是十分有益的。60 年代前几年，新闻思想又活跃起来，邓拓提出新闻工作要“努力打开一条新路”，就是这种思想活跃的表现。但由于当时“左”的错误未得到彻底纠正，新闻研究中“左”的错误仍相当严重，再次活跃起来的新闻思想没能继续发展，终于被“文化大革命”扼杀了。

建国后十七年间，我国新闻学书籍共出版约250种。其中许多是有实际经验的新闻工作者的研究成果。如陈笑雨的《新闻杂谈》、田流的《怎样写通讯报道》、石少华的《新闻摄影与摄影记者》、潘梓年等的《新华日报的回忆》等。还有些新闻工作者发表的重要文章，如胡乔木的《关于改进报纸工作问题》、吴冷西的《对新闻写作的八条要求》、朱穆之的《关于先进人物先进经验》、邓拓的《关于报纸的社论》等。这些书籍和文章，注重理论联系实际，都是新闻研究的宝贵成果。关于学习苏联新闻工作经验的书籍，主要有《联共（布）关于报刊书籍的决议》、《布尔什维克报刊文集》、《联共（布）中央直属高级党校新闻班讲义汇编》、《学习〈真理报〉的经验》等。当时我国比较系统的新闻研究工作主要是在高等院校的新闻系（或专业）结合新闻教学进行的。中国人民大学新闻系、复旦大学新闻系、北京大学中文系新闻专业、北京广播学院新闻系和中共中央高级党校新闻教研室等编写了一批内部的新闻学教材，包括新闻理论、新闻业务和新闻事业史等方面。如中国人民大学新闻系编的《马克思、恩格斯论报刊》、《列宁论报刊》，复旦大学新闻系编的《中国报刊研究文集》等，为开展新闻研究提供了重要的学习研究文献。这些教材为进一步开展系统的新闻研究打下了良好的基础。

建国后十七年间，新闻专业刊物初步创办起来。50年代，《人民日报》曾辟有《新闻工作》专刊，新华社创办有《新闻业务》，新华社新闻摄影部创办有《新闻摄影》。1957年12月，中华全国新闻工作者协会、人民日报社和新华社共同创办《新闻战线》，后与《新闻业务》合并。当时，在全国公开发行或内部发行的新闻专业刊物只有几种，主要是全国性新闻单位创办的。它们为数不多，但具有权威性，在发表新闻工作评论、交流新闻工作经验、促进新闻研究等方面发挥了重要作用。

建国后十七年间，新闻研究机构主要是几所高等院校新闻系（专业）的教研室。它主要是教学机构，也是科研机构。教研室的新闻研究工作主要是为教学服务的，研究成果主要是新闻学教材。新闻单位设立的新闻研究机构主要有人民日报的新闻研究室、新华社新闻摄影部的理论研究组等。新闻学会为数很少，有江西省新闻学会、河北省新闻学会。它们初步开展了一些新闻研究活动。

“文化大革命”十年间，新闻研究事业受到占统治地位的极左思潮的严重损害，新闻思想一片混乱，研究园地一片凋零。林彪、“四人帮”炮制的纲领性文章《把新闻战线的大革命进行到底》，彻底否定新中国新闻事业的成就，彻底否定刘少奇的重要新闻思想，特别是提出新闻事业要“对资产阶级实行专政”，使新闻事业为他们的反革命政治服务，这使得当时的新闻思想是非颠倒，在极左的歧路上发展到了无比荒谬的地步。这十年间出版的新闻学书籍很少，大约只有40种，深受极左思潮的影响。新闻专业刊物、新闻研究机构和新闻学会纷纷被迫停止活动或停办。正常的新闻研究事业被扼杀了。

粉碎“四人帮”以后，特别是党的十一届三中全会以后，迎来了我国新闻研究事业的黄金时代，新闻研究事业获得了空前的大发展。

新闻研究的指导思想和内容，首先是通过揭批林彪、“四人帮”的反革命新闻思想，进行了拨乱反正，并贯彻了实事求是的思想路线，新闻研究摆脱了过去“左”的错误的严重束缚，获得了很大的解放，争鸣气氛空前活跃起来，为建立有中国特色的马克思主义新闻学做出了很大成绩。1980年春，中共中央为刘少奇平反昭雪，新闻界彻底批判了林彪、“四人帮”对刘少奇新闻思想的种种歪曲和诬陷，充分肯定了刘少奇新闻思想的正确和重要意义。还对“报纸是阶级斗争的工具”这一极重要的观点进行了讨论和重新评价。普遍认为，在社会主义建设新时期，以经济建设为中心，继续强调这一观点是很有害的。讨论中对新闻事业性质的提法有各种主张，如：党和人民的耳目喉舌、阶级舆论工具、社会舆论工具、新闻传播媒介等。还对其他许多重要问题进行了论述和争鸣，如关于新闻工作的党性和人民性、报纸的性质和作用、新闻的真实性、新闻的指导性、新闻观念的更新、新闻改革、新闻价值、新闻与宣传的关系、新闻立法、新闻批评与舆论监督以及西方“传播学”，等等。对这些问题的探讨，大大丰富了我国新闻研究的内容，活跃了新闻研究思想。但是，也出现了一些资产阶级新闻观点，出现了新闻领域的资产阶级自由化思潮。这主要有所谓人民性高于党性、宣扬抽象的新闻自由、抹煞新闻事业的阶级性、否定新闻工作的党性原则等。这些观点给我国新闻研究事业造成严重的损失，也给我国新闻工作带来严重的危害。1989年春季以前，在讨论和争鸣中，对这些错误的观点也进行过批评，但很不够有力。6月，中共十三届四中全会以后，才对这些资产阶级新闻观点和自由化思潮进行了有力的批判。这种批判对于推动我国新闻研究沿着马克思主义的轨道前进具有重要意义。

粉碎“四人帮”以后，我国新闻学著作空前繁荣，共出版约1050种（截至1988年止），是“文化大革命”前十七年的4倍多。从内容上看，总的来说，无论在广度或深度方面，都在很大程度上超过了以前新闻学著作的水平。1983年，《毛泽东新闻工作文选》出版，是新闻研究事业方面的头等重大事件，对建立有中国特色的马克思主义新闻学具有特别重要的意义。中国社会科学院新闻研究所编的《中国共产党新闻工作文件汇编》，为学习研究中国共产党的新闻思想和新闻事业史提供了宝贵的历史资料。一些老中年新闻工作者出版了一批较受欢迎的新闻理论、业务和史论专著。有些关于新闻心理学、新闻美学等新闻边缘学科的著作也问世，开拓了我国新闻研究的领域。还翻译出版了一些外国新闻学著作，给我国新闻研究带来了借鉴。

新闻专业刊物也获得了空前的大发展。全国各省、市、自治区都办有新闻专业刊物。有全国性的，有地方性的。有公开的，有内部的。有新闻单位办的，有大学新闻院系办的，有新闻团体、新闻研究机构办的。总计有一百几十种(不包括地、市以下新闻单位办的)。《新闻战线》、《新闻业务》先后复刊。新创办的有如《中国记者》(《新闻业务》等改组而成)、《中国新闻年鉴》、《新闻与成才》、《新闻与写作》、《新疆新闻界》、《新闻研究资料》、《新闻大学》、《新闻广播电视研究》、《国际新闻界》,等等。这些新闻专业刊物在推进新闻改革,交流新闻工作经验,进行新闻理论研究,反映新闻界实际,传播新闻学知识,积累新闻研究资料等方面,都做出了重要贡献。

新闻研究机构和新闻学会也蓬勃发展起来。中国社会科学院新闻研究所1978年成立,是新中国第一所全国性的新闻研究机构。一些省、市也成立了新闻研究机构。全国性的新闻单位如新华通讯社设有新闻研究所,人民日报社设有报纸研究会,中央人民广播电台设有研究室。许多省、市的主要新闻单位普遍设有新闻研究机构。1984年还成立了中国三S研究会,专门纪念和研究美国著名记者和作家史沫特莱、斯特朗和斯诺。一些高等院校也设有新闻研究机构,如中国人民大学舆论研究所、北京广播学院新闻研究所、复旦大学新闻系新闻学研究室等。1980年,北京新闻学会成立(1984年改名首都新闻学会),并创办了《新闻学会通讯》。以后各省、市、自治区也成立了新闻学会。一些地、市、县也成立了新闻学会。还成立了一些专业的、专门的新闻学会,如中国新闻摄影学会、中国广播电视学会、中国新闻教育学会、新华日报暨群众周刊史学会等。在全国各种新闻学会广泛建立的基础上,1984年成立了中国新闻学会联合会。该会与中国社会科学院新闻研究所办有新闻学术期刊《新闻学刊》。新闻研究机构和新闻学会开展各种新闻研究活动,组织学术讨论和国内外学术交流,为繁荣我国的新闻研究事业作出了重要贡献。

各种新闻研究活动广泛开展起来。全国好新闻评选活动从1980年开始举行,每年一次。这对推动新闻改革和提高新闻质量很有作用。还进行了大规模的新闻事业调查,如读者、听众、观众的调查,全国报纸基本情况的调查等。这对了解新闻事业的状况,对新闻事业的改革和进步都很有帮助。我国与外国的新闻学术交流活动也开展起来。1981年在北京召开中澳新闻界人士新闻讨论会。这是新中国新闻界人士第一次同资本主义国家的新闻界人士一起探讨新闻报道问题。1985年在北京举行关于世界新闻新秩序讨论会,中国有近20篇论文在会上交流。还有许多外国新闻学者、新闻界人士来中国访问,举行新闻学术座谈会和讲学。我国也派出新闻学者到国外访问,参加有关新闻学术的会议。这些交流对我国新闻研究提供了借鉴。

长期以来,我国有一种"新闻无学"的观点。我国新闻研究事业的空前大发展,雄辩地说明了这种观点是不符合实际的。

1989年11月,江泽民、李瑞环在全国省、自治区、市党报总编辑新闻工作研讨班发表重要讲话,论述了社会主义新闻事业的方针和一系列根本问题,为我国新闻事业指明了正确的方向。这两个讲话也是今后进一步反对资产阶级新闻观点和资产阶级自由化思潮在新闻领域中表现的有力武器。我国新闻研究事业在党的领导下必将取得更大的成绩。

(陈业劭)

新中国建立40年来的新闻摄影事业发展概况

1839年,摄影术在法国公布。

1870年,新闻摄影在中国出现。

中国新闻摄影事业的真正发展,则是在新中国成立之后的40年。

1949年初,从各解放区入城的新闻摄影工作者约300人,在上海、重庆、桂林、昆明、北平等原国民党统治区报纸、通讯社的摄影记者大抵也是这个数字,二者相加不超过千人。40年后,新闻摄影的从业人员急剧增长了,据统计,现在全国约有4000人。

全国没有统一的新闻摄影机构。但各报纸、通讯社、杂志、甚至是文化部门,都有自己的摄影记者。新闻摄影在中国已基本普及。

新中国建立之后不久,1950年4月,中央人民政府新闻总署以《东北画报》、《华北画报》的新闻摄影力量为主、吸收一部分刚参加革命的青年大学生,组成了以萨空了为局长的新闻摄影局。局内包括有新闻摄影处、《人民画报》、研究室、经理室。它们负责拍摄各方面的重大新闻,诸如抗美援朝战争、中央人民政府的政务活动,等等,向报刊发布新闻图片,还出版一本摄影刊物《摄影工作》。

1951年底,新闻总署撤销,所属的新闻摄影局即随之分开,《人民画报》划归外文出版局,其余部门划给新华社。新华社即以此为基础于1952年4月成立了新闻摄影部,同时在新华社的华北、华东、西北、西南、中南、东北等六个总分社内设立摄影组,并为此从各分社抽调一批青年干部,培训成摄影记者。到1956年,新华社全国29个分社全部配备了摄影记者。新闻摄影业务的建立,是新华社事业向前发展的重要标志,它结束了只有文字报道的历史。为推动新兴的新闻摄影工作,新华社还先后出版过《摄影业务》《新闻摄影》《对摄影报道的意见》等刊物。到1959年,新华社的国内图片供稿对象就发展到2500家,同时还逐日向莫斯科、平壤、河内、东京、香港等地播发传真照片。

与此同时,全国许多报纸、特别是省、市、自治区首府的报纸,改善或加强了自己的新闻摄影报道工作,刊登新闻照片,出版画刊,并为此增添人力、增添设备。

同新闻摄影事业的迅速发展相适应,邮电部积极筹建传真设施,到1959年,北京、上海、天津和各省、自治区首府全部开了传真业务。再者,国产胶卷、放大纸、冲洗放大药粉等陆续研制出来并投入生产,改变了建国初期摄影器材全部依赖进口的局面。1956年,北京、天津先后制成了我国第一台135相机和120相机。在摄影记者手里,出现了国产照相机。

新中国的新闻摄影事业得到了毛泽东、周恩来的关心、支持。1962

年6月24日毛泽东接见当时的新华社副社长兼新闻摄影部主任石少华时说："底片是党和国家的珍贵资料，一定要保管好。"周恩来关于新闻摄影的谈话多达70余次。他说："报纸不单是文字，也要有图片。报纸没有图片就不生动。"他要求摄影记者加强学习，锻炼基本功，克服老一套，多角度地拍摄生动、自然的活的形象，力戒弄虚作假。

1951年，中国的新闻摄影作品开始参加国际展出。陈勃在十三陵水库施工现场拍摄的《雨越大干劲越足》在匈牙利国际新闻摄影展览会上得奖。随后，在国际上得奖的中国新闻摄影作品还有《引洮上山》(茹遂初摄)、《巧绣大地》(王瑞华、王今甫摄)、《墨鱼丰收》(张申明摄)、《探索冰川的奥秘》(马竞秋摄)、《飞机施肥》(刘志伟摄)，等等。

1950年起，北京不断举办以新闻照片为主体的摄影展览，1964年5月还举办过一次全国新闻摄影作品展览，摄影画册和书籍的出版也开始繁荣起来。建国初期在培养摄影记者工作中作出过贡献的摄影专家张印泉、魏南昌、我党老新闻摄影工作者郑季康等都将自己的教学材料整理出版，如《摄影原理与实用》(张印泉)、《暗室技术》(魏南昌)、《摄影创作初步》(郑季康)，都很受摄影记者们欢迎。1959年新中国建立10周年时，廖承志主编以新闻照片为主要内容的《中国》大型画册，选登了172位作者的463幅摄影作品，毛泽东、周恩来以此作为重礼赠送给参加庆典的外国朋友。

新中国高等院校也为培养新闻摄影人才作出很大努力。上海复旦大学曾经在1930年设过新闻摄影课，后停止。1952年秋复设新闻摄影与画刊编辑课，1953年正式成立新闻摄影教研室。北京大学中文系新闻专业也在50年代初设过新闻摄影课。人民大学新闻系1957年成立新闻摄影教研室。1958年北京大学新闻专业并入人民大学新闻系，1964年设立新闻摄影专业。江西大学新闻系也在1962年设过新闻摄影课。

新华社主要是采用训练班的形式培养采、编、译人员的新闻摄影业务能力。新华社新闻摄影研究室的专家们还于1958年至1961年先后协助13个省、市、自治区举办新闻摄影训练班。此外，还有一些省区、解放军部队自办新闻摄影训练班。当年参加过以上各级训练班的学员不少人后来都成了名记者、权威图片编辑。

但是，新中国的新闻摄影事业的发展也出现过曲折，主要表现在人们没有正确认识新闻摄影规律，以导演、摆布、组织加工的办法拍摄虚假的新闻照片。50年代初期，中国新闻摄影工作者在"一边倒"的大背景下，受《苏联画报》和塔斯社新闻照片的影响较大。1957年反右派运动之后，直至"文化大革命"的10年，一些人更是极力强调新闻摄影是"阶级斗争的工具"，为了"强化宣传效果"，"'组织加工'是一种多快好省的创造方法"。尽管新华社在反右派运动后在全国新闻摄影界组织了新闻摄影真实性大讨论，批判了虚构、摆布、组织加工，提出了"新闻摄影的特性与新闻形象的采摄规律"、"新闻摄影是新闻形象的现场纪实"……等新闻摄影学理论。周恩来1958年在观看新闻纪录电影《祖国颂》后指出："纪录片要真实地反映时代的历史的特点，不能脱离历史，弄虚作假，不能以虚假的东西欺骗群众。新闻片要真实、自然。各新闻摄影单位要讨论一下什么是真实？什么是社会主义的美？是不是穿得漂亮就是美？什么是典型？新闻摄影应该从生活中选择典型的东西，而不能去塑造。"新华社、解放军总政治部都为贯彻周恩来的指示做了大量工作，确定了诸如"深入生活，观察体会，比较选择，现场抓取"的实践方法。但到了"文化大革命"，上述理论被江青等人统统推翻，提出"事实为政治服务"、"不受真人真事限制"、"运用一切手段塑造英雄形象"等谬论，一刹时，假照片满天飞。毛泽东和周恩来在一起的照片被拚上了王洪文；江青照片上的许世友被换作张春桥；毛泽东1958年和彭真在十三陵水库劳动的照片1976年再用时抹掉了彭真。南非《星》报搞到了毛泽东和彭真在一起、之后被抹的前后两张照片一并发表，说明文写道："红色中国是欺骗宣传的能手"，"精于制造混乱和作假。"1976年4月5日首都百万人到天安门人民英雄纪念碑悼念周恩来，声讨四人帮，使新闻摄影的发展出现了转机。尽管四人帮极力进行新闻封锁，自造假新闻，不允许新闻单位的摄影记者拍照，但是，众多的新闻摄影爱好者突破了封锁，抓取广场上的生动场景，真实地纪录下中国历史转折关头的一幕。

1978年12月中共十一届三中全会确定的改革开放政策，促进了国家的繁荣，也促进了新闻摄影事业的发展。中宣部副部长朱穆之在随后不久的一次对外宣传和摄影报道的会议上，提出了总结教训、培养记者、新闻摄影的改革等问题，他要求新闻摄影"打开一个新的局面"，"真正反映我们的实际生活"，照片要"有趣"，能"传播知识"。1979年4月，新华社摄影部恢复了新闻摄影理论研究组，就新闻摄影的特性、基本规律，新闻摄影与政治的关系等问题数次召开专题讨论会。他们把讨论结果概括为新闻摄影三原则，即：

求新(题材的新闻性，报道角度性)，

求真(事实与形象都必须真实)，

求活(形象生动活泼，有现场生活气息)。

与此同时，以蒋齐生同志为首的一批老新闻摄影工作者发起举办《老战士摄影作品展》，展出1937——1950抗日战争和解放战争期间的优秀作品，目的在于发扬传统，推动新时期的新闻摄影在正确的道路上发展。

1981年1月15日，应首都各报纸、通讯社、画报的摄影记者的要求，首都新闻学会设立了"新闻摄影学术组"，以广泛讨论新闻摄影的作用、价值。学术组受托组织1980年度好新闻照片的评选。他们的评选标准是：新闻性强，事实准确，题材新鲜，角度新颖，主题鲜明，形象生动自然、有现场气氛及生活气息，有说服力和感染力，文字说明简练，有新闻要素。各报总编、副总编参加了复评。

1981年7月起，中国日报、人民

日报带头刊用大尺寸新闻照片，重要照片在版面上也占据了应有的重要位置。

1981年11月25日至12月10日，新闻摄影学术组联合中国社会科学院新闻研究所、首都新闻学会、中国摄影家协会共同举办"首都新闻摄影展览"。评委有当时的经济日报总编安岗、国家体委副主任兼体育报总编徐才，以及蒋齐生等55位同志。徐才在总结这次评选工作时说：新闻摄影不仅限于求新（新闻性）、求真（真实性）、求活（生动性），还要求情（表达人物的真实感情）、求意（思想性和意境）。这就使人们对新闻摄影的认识标准更加趋于完善、准确。特别是，首都一些重要报纸总编辑们参加评选，使他们亲身感受到新闻摄影的价值、形象新闻的感染力，为在报纸上扩大新闻照片的版面、发挥新闻摄影的社会功能，起到了积极作用。

此后，由于首都新闻摄影学术组的推动，天津、安徽、河北、山西、河南不久也成立了新闻摄影学会或研究会。

1983年5月，当时主管中共中央宣传工作的胡乔木、邓力群参观了18日在中国美术馆开幕的《全国新闻摄影1982年作品展览》。胡乔木要求新闻摄影反映中国社会生活的各个方面，其中包括科学家、先进人物的活动。他特别强调"不要因为求全而弄虚作假。"他说："摄影记者的工作是很艰苦的劳动"，"对于新闻记者、摄影记者艰苦甚至危险的采访活动，新闻摄影也要表现。"

经中共中央宣传部新闻局批准，中国新闻摄影历史上第一次"全国新闻摄影理论年会"于1983年10月10日至20日在天津召开，中宣部新闻局长钟沛璋在会上讲了话。来自全国各地的新闻摄影工作者及论文作者130多人在会上就新闻摄影的形势和任务，新闻摄影的特性、社会功能、基本规律，新闻摄影工作人员的素质，等等，进行了热列的讨论。年会期间，成立了中国新闻摄影学会，选举蒋齐生为会长，韩荣志、李瑞峰为副会长。从那时到1989年底，中国新闻摄影学会已拥有31个团体会员。1984年12月当中国新闻学会联合会成立时，中国新闻摄影学会就成了她的第一批团体会员。中国新闻摄影学会和各省、市、自治区的新闻摄影学会每年举办一次新闻摄影作品评奖并展览，两年召开一次全国新闻摄影理论年会。东北三省、广东、湖北等学会还组织区域性新闻摄影理论讨论会，出版论文集。全国新闻摄影界出现了空前的学术研究气氛，近10年发表于报刊的文章达500多篇，出版新闻摄影书籍40多种。其中，中国新闻摄影学会编辑的《中国新闻摄影年鉴》和蒋齐生担任主编的《摄影史记》，十分醒目。中国新闻摄影学会成立后召开了3次理论年会，总结新闻摄影的采、编经验，研究中国和世界的新闻摄影史料；同时还积极开展与国际新闻摄影界的交往，1988年，荷兰基金会和中国新闻摄影学会交换了《世界新闻摄影》——《中国新闻摄影50年》影展。当代摄影学会也举办了《世界新闻摄影30年回顾展》。1989年，中国新闻摄影学会在北京举办纪念摄影术发明150年大型影展《摄影的贡献》，受到好评。

正是由于这些新闻摄影理论上的探讨、吸收外国新闻摄影的有益经验，给予我们新闻摄影事业不少推动，出现新的气象：

一是新闻摄影的思想性加强了。一批年轻的摄影记者一改要么是摆布、组织加工，要么是被动纪录的手法；从现象中去观察、去选择典型瞬间。曾经在1986年度、1987年度两次名列中国青年报举办的"全国十佳新闻摄影记者"首位的青年摄影记者郑鸣，以他的《倒闭后的滋味》、《看长城内外》引人注目，他把人物的心态表现得唯妙唯肖。1988年8月在北京举办的《新闻摄影改革探索展览》是年轻的摄影记者们对中国改革事业中的矛盾和冲突、难点和热点的报道手法上的创新，他们尝试着以新闻摄影参与改革，以新闻摄影激发读者进行改革。

二是新闻摄影在报纸版面的地位加强了。从1981年首都部分报纸总编辑们参加优秀新闻照片的评选，中国日报和人民日报带头扩大照片尺寸，新闻摄影在新闻界的影响增大了。过去人们口头上常说的图文并茂开始走向实践，中国日报总编辑冯锡良为此获得了中国摄影学会颁发的第一个"慧眼奖"，经济日报总编辑范敬宜、中国环境报总编辑杨矛、新华社社长穆青也都先后得了此奖。在中国新闻摄影学会的团体会员中，有18个省、市、自治区的学会是由报纸总编辑或副总编辑担任会长，或名誉会长。穆青也担任了中国新闻摄影学会的名誉会长。

40年来，中国新闻摄影事业取得了长足的进展，但是，不论是从新闻照片的质量、摄影记者的素质，或是报刊对新闻照片的刊用、新闻界对新闻摄影的重视程度，与世界、中国的新闻事业发展的潮流都是不相适应的。这些问题，都有待我们去努力解决。

（许必华）

新中国建立40年来的新闻纪录片事业发展概况

新闻纪录电影是时代的镜子，是历史的实录，是电影艺术花丛中芬芳的一枝。

我们的党和政府一贯重视新闻纪录电影的作用。1938年，在延安八路军总政治部属下就成立了电影团（简称"延安电影团"），开始了新闻纪录片的摄制。抗日战争胜利后，延安电影团的人员到了长春，参与了建立东北电影制片厂，并在该厂内成立了新闻片组。同时，在党的领导下，在华北、西北等地也开始了专门从事新闻纪录片的摄制。后来，随着解放战争的胜利，新闻纪录片的摄制从东北移到北平。1949年4月20日，成立了北平电影制片厂，同年10月1日改为北京电影制片厂，简称北影。北影厂内设立了新闻处。

在党的关怀和指导下，北影新闻处在短短的三年间，在解放全中国和抗美援朝的伟大进军中，在建国初期各条战线的火热斗争里，摄制了一大批影片。这些影片，思想明确，形象生动，气势磅礴。《百万雄师下江南》《红旗漫卷西风》《大西南凯歌》《大战海南岛》《解放西藏大军行》，表现了中国人民解放军的雄威，表现了军民的鱼水情，表现了人民的大翻身。《新中国的诞生》，纪录了天安门前的开国大典，纪录了全国各地，边疆、海港、高山、草原，普天同庆新中国的成立。《抗美援朝》第一部和第二部，在极其艰险的条件下，在枪林弹雨中，纪录了我中国人民志愿军和朝鲜人民军并肩战斗的英雄形象。《伟大的土地改革》，描绘了翻身农民的喜悦。《一定要把淮河修好》，纪录了数十万民工治理淮河的动人情景。和苏联合作摄制的《中国人民的胜利》、《解放了的中国》两部影片都获得了斯大林奖金一等奖。这个时期的不少新闻纪录影片，受到广大群众的热烈欢迎，产生过广泛的影响。

为了加强党的新闻纪录电影事业，1952 年 4 月 4 日，政务院第 131 次会议决定：成立专业新闻纪录电影制片厂。经过一年多的筹备，1953 年 7 月 7 日，中央新闻纪录电影制片厂（简称“新影”）正式成立。

40 年来，中央新闻纪录电影制片厂继承和发展了延安电影团开创的事业。在党和政府的关怀下，在人民的哺育下，新影全厂同志艰苦奋斗，共同努力，摄制了不少好影片，造就了一批优秀的专业人才，养成了自己的战斗风格，成为我们伟大时代形象的历史实录，成为我们国家的珍贵史料。

从 1953 年到 1989 年，新影共摄制了长短纪录片 2311 部（5862 本）。摄制了《新闻简报》、《世界见闻》、《今日中国》、《祖国新貌》和译制片等各种类型的杂志片共 12716 本，合计 18578 本。这些影片中有 79 部影片获政府优秀影片奖，有 10 部影片获金鸡奖，9 部影片获百花奖，有 45 部影片在国际电影节上获奖。

新影所以能够比较好的肩负起自己的职责，为人民做了一些工作，最根本的原因是党的领导和关怀。

1953 年，党中央宣传部指示我们：“要利用新闻纪录电影的一切多种多样的形式，来迅速而真实地反映当前国家建设的生动面貌，和全国人民为过渡到社会主义而作的斗争，以鼓舞和教育人民”。1953 年 12 月，政务院关于加强电影制片的决定也指出：“新闻纪录影片应更及时地、真实地报道我国人民在国家社会主义工业化和社会主义改造事业中的成就和保卫世界和平中的贡献，并有计划地拍摄祖国的美丽河山、名胜古迹，重要特产和文物”。

关于新闻纪录电影的创作原则，党中央、周恩来总理多次向我们指出：“新闻纪录片要真实地反映人民的生活，反映客观现实的情况。这样，对人民才能起宣传作用”。“无产阶级电影工作者要深入到工农兵火热的斗争中去，要跟上时代前进的步伐，要反映时代的精神面貌”。“新闻片要有头有尾，层次清楚”。

对于新闻纪录片思想性、艺术性的提高等问题，陆定一、周扬、夏衍、陈荒煤、王阑西以及其他领导同志，也多次给予具体指导，使新闻纪录电影沿着健康的道路发展。

新影建厂以后，事业的规模很快得到了扩大和发展。新闻纪录电影的创作，稳步走向繁荣。从 1953 年到 1966 年，新影的创作人员足迹遍及全国。同时，到了世界许多国家。我们摄制了数百部为广大观众喜见乐闻的纪录影片。这些影片有《六亿人民的意志》《反对细菌战》《交换病伤战俘》，有《万象更新》《五亿农民的方向》，有《鞍钢在建设中》《第一辆汽车》《草原钢城》《长江大桥》，有《百万农奴站起来》《中印边界问题真相》《解放大陈岛》，有《两种命运的决战》《第十个春天》《欢庆十年》《祖国颂》，有《黄河巨变》《人定胜天》《千锤百炼钢铁社》《劈山引水》，有《西南高原的春天》《欢腾的西藏》《苗岭欢歌》《美丽的西双版纳》，有《亚非会议》《非洲之角》《亚洲风暴》《战斗的古巴》《尼罗河颂》《不屈的阿尔及利亚》，有《青春万岁》《征服世界最高峰》《27 届世界乒乓球赛》，有《在激流中》《邻里之间》《失物招领》《当人们熟睡的时候》，有《画家齐白石》《诗人杜甫》《梅兰芳》，有《顾客的烦恼》《华而不实》《工地的浪费》，还有《黄山似画》《雁荡山》《颐和园》《杏花春雨江南》和《北京紫禁城》《地下宫殿》《人间彩虹》，这些影片都受到广大观众的喜爱和欢迎。

这个期间，为了加强影片报道的及时性，从 1955 年到 1959 年，《新闻简报》曾从七天一期改为五天一期，内容力求短小精练，丰富多彩，在十分钟内，使人看到祖国许多地方许多方面的新人新事。与此同时，还陆续摄制过杂志片《新农村》《农村简报》《少先队》《体育简报》《科学珍闻》《解放军简报》《世界见闻》等。还摄制了定期的杂志片《今日中国》，在国外观众中，产生了较好的影响。

这个期间，新影和苏联、波兰、匈牙利、南斯拉夫、古巴、日本、西德、法国、比利时、美国、几内亚等许多国家的影视单位，建立了交换新闻影片素材的关系，又和苏联、民主德国等国家，合作摄制了一些纪录影片。

建设社会主义是史无前例的事业。在贯彻总路线的过程中，出现了一些失误。新闻纪录电影也曾把浮夸的东西当作正面的典型。1959 年初和 1961 年初，新影两次检查一些影片没有正确体现和宣传党的政策，在报道上有严重浮夸和不真实的缺点。1961 年 6 月 1 日，中共中央宣传部批转新影的检查报告时作出了必须维护新闻纪录电影真实性的“六·一”指示。新影对全体创作人员进行了教育，收到了一定的效果。十年浩劫，“四人帮”利用新闻纪录电影为他们服务，损害了新闻纪录电影在群众中的信誉。但是不少新闻纪录电影工作者仍然深入到工农业建设前沿，去纪录我们国家建设的一些重大成就，反映工农群众建设社会主义的热情。这个期间摄制的一些影片，如《南京长江大桥》《成昆铁路》《红旗渠》《韶山银河》《海河战歌》《黄河万里行》等，反映了人民群众的勇敢、智慧和创造精神。唐山震灾后，摄影人员当天就赶到了现场，摄制了感人的影片《英雄战震灾》。周恩来总理逝世，摄影师们不顾“四人帮”的压力和阻挠，到天安门前，到十里长街上，拍下了群众送葬的动人情景，忠实地纪录下人民和总理心心相连的深厚感情，后来编成了大型彩色文献纪录片《敬爱的周恩来总理永垂不朽》，表达了全国人民对总理的热爱和崇敬。

党的十一届三中全会以后，新闻纪录电影工作者为建设社会主义的精神文明和物质文明作出新的贡献。十年来，我们摄制的好的或比较好的影片，有《敬爱的周恩来总理永垂不朽》《莫让年华付水流》《扬眉剑出鞘》《中国面向未来》《决定命运的时刻》，有《先驱者之歌》《毛泽东》《周恩来》《好在历史是人民写的——刘少奇生平》《朱德》《邓颖超——我们的邓大姐》《革命先行者孙中山》《国之瑰宝宋庆龄》《回忆李大钊》《鲁迅传》《四十年前这一天》《难忘的日子》以及系列影片《近代春秋》，有《金凤凰飞进光棍堂》《春蕾》《美的心愿》《一瞬与十年》《在这块黄土地上》《苏醒的太行山》，有《美的呼唤》《阳早与寒春》《仙人掌精神——生理学家张香桐》《奉献在红绿灯下》《桔姑娘和她的女伴》《巴金》《网上群星》，有《黄山观奇》《园林妙观》《土林探奇》《三清山》《天子山》《九寨沟梦幻曲》《自古华山一条路》《蓝天抒情》《一段奇妙的长城》《雨西湖》《竹》和系列影片《紫禁城》《愉快的旅行》，有《漫游柴达木》《延边之春》《云山深处》《湘西风采》《滇藏路纪行》《左江揽胜》《阿尔泰散记》《草原儿女》《民族之歌》，有《零的突破》《美的旋律》《拼搏》《新起点》《在冰雪的峡谷里》《飞毽》《民族体育之花》《向命运挑战》等；我们还拍摄了系列影片《漫游世界》：有《加拿大纪行》《澳洲行》《西德见闻》《美国走马观花》《我们看到的日本》《非洲行》《威尼斯之梦》《奇城掠影》《今日波兰》《香港一百天》《澳门沧桑》等。

从1978年开始，原来的《新闻简报》改版为《祖国新貌》，十天一期，彩色片，内容则不再包括时事政治新闻，而是更广泛地反映国内各方面的新人新事新风貌。多年来，《祖国新貌》的作者们努力在思想性、艺术性、知识性、娱乐性更好的结合上下功夫，使影片既有健康的思想，又能给观众以感染、启示，让观众能有回味、欣赏的余地，成效是显著的。现在，《祖国新貌》已成为思想性、艺术性较强，放映时效较长，内容丰富，形式吸引人的杂志片。

近年来，我们还加强了对外宣传影片的摄制。除杂志片《今日中国》外，我们摄制了纪录片《中国风貌》《锦绣中华》《中国》《金陵春暖》《新会新貌》《台山纪行》《今日西安》《自行车的王国》等。最近，我们又为《中国》系列纪录片摄制了《改革开放的中国》《华夏风采》《生存的一个难题》《北京的早晨》《欢乐的苗家》《北大素描》《陕西民间艺术》《西藏今昔》《中国风筝》《王亚妮》《天安门》等。对外宣传的影片，翻译成八种语言的版本，发行到140多个国家和地区。

1983年11月，新影参加了“国际新闻电影协会”，这个协会有40多个正式会员国和通讯会员。1987年9月，这个协会的第32届年会在北京举行。作为年会主席，新影厂长主持了这次有许多国家的代表参加的盛会。

目前，新影全厂职工920人，其中创作人员300多人，工程技术人员419人。年轻一代的新闻纪录电影工作者已日趋成熟，逐渐成为我厂的主力，他们中间许多人较出色地完成编辑、摄影任务，拍出了一些较好的影片。

新影的生产技术部门有了很大的发展。建厂初期，只能加工黑白35毫米的影片，现早已能够加工制作35毫米彩色影片，16毫米影片生产线已于1983年12月建成，1984年1月投入生产。每年可以摄制各种影片300本左右，可以印制35毫米发行拷贝600——700万米，16毫米发行拷贝100万米。

在50年代，新影制作的黑白和彩色影片，技术质量就达到了很高水平，在国际交流和评比中获得很高评价。在80年代，摄制加工彩色高温快速影片也保持国际水平。

新影的录音技术由光学录音发展为磁化录音后，又迅速发展为窄磁化。在电影录音方面是走在前列的。

照明技术由建厂初期使用的灯具，改为炭精弧光灯，接着又开发了碘钨灯、镝灯、氙灯等新式光源。同时，研制了银锌电瓶作能源，制作了各类实用灯具，形成了系列的既亮又轻的新闻照明电瓶灯，普及到全国影视界。

为了保证影片声画质量，工程技术人员还研制了许多测试调整仪器，如光学交叉调幅仪、抖动仪、互调失真仪、光量检测仪、测光表校对仪等。其中“房间频响均衡器”、“声音预报器”、“摄影用标准灰板及色板”等项曾获文化部颁发的科技成果奖。

新影还设有录像工作间。1982年开始录像带的制作和供应。主要供给旅游部门，在宾馆及大饭店的闭路电视上播出。使用单位对录像带的艺术、技术质量以及外语解说配音，反映较好。

新影自建厂以来，行政管理措施不断完善，力求管理的科学化。我们试行了胶片节约和前期摄制费节约奖励制，努力节约成本。此外，还主动积极开展对外服务，以增加收入。

在90年代的新形势下，我们将充分发挥新闻纪录电影能真实及时地反映现实生活的特性，使影片成为富有感染力的艺术品，为社会主义、为人民作出自己的新贡献！

（辛　颖）

新中国建立40年来的产业报纸事业发展概况

我国的产业报纸，现在共有49家，分属机电、交通、能源、城建、化工、农林、轻工、财贸、冶金等9个行业系统，期发行总量347万份，已形成我国报业结构中的一个层次，是我国经济类报纸的重要部分。

产业报纸的产生与发展，有近百年的历史。大量出现并形成规模，是在党的十一届三中全会之后。

产业报的萌芽是旧中国为数不多的商业报。1902年，天津出版了第一张反映经济活动的商务日报，紧接着创办了大公报。后来，浙江创办了浙江工商报，上海出版了商报。抗日战争时期，西安创办了工商日报。

新中国成立之后，创办最早的产业报，是中国人民革命军事委员会铁道部创办的人民铁道报。在全国胜利前夕，为了推动铁路在支援前线、保证军运和恢复发展国民经济中发挥最大的效用，当时的铁道部决定创办这张报纸。毛泽东同志亲笔为报纸题写了报头，第一任铁道部长滕代远写了发刊词。报纸于1949年5月1日在北京正式创刊，为四开四版五日刊。到1951年7月，这家报纸就形成了具有铁道业务、政工、时事、读者来信、美术、通联、资料等分工的机构框架，并向各地铁路管理局派遣了驻地记者，报社工作人员达到40人。紧接《人民铁道报》创办的，是1950年5月15日出版的《邮电工人》报。这家报纸起初是中国邮电工会全国委员会机关报《华北邮电》。1959年10月，正式改名为人民邮电报。1954年2月26日，商业部创办了《商业工作》月刊，1956年改为周报，文化大革命前夕，更名为人民商业报，即今中国商报前身。由于第一位冶金工业部长王鹤寿和其它几位副部长对舆论宣传的重视，1954年2月还创办了《冶金报》，副部长高扬文兼任总编辑，周恩来总理题写了报头。1959年创刊的《国际经贸消息报》，是经贸部研究所主办的报纸，是我国最早出现的一张对外贸易报纸。

上述几家50年代创办的报纸，在其后的历次政治运动中先后中途停办，以后陆续恢复。粉碎"四人帮"以后最早创办的产业报，是1977年创刊的中国地质报。产业报的大量出现，是在党的十一届三中全会之后。随着全党工作重点的转移，国务院一些经济部、委、局为了更快更好地指导本系统的工作，纷纷办报。1979年和1980年，国家旅游局、中国民航总局、原机械工业部和原农业机械部，先后创办了中国旅游报、中国民航报、中国机械报和中国农机化报。中国乡镇企业报、中国水利电力报（现改为中国水利报和中国电力报）和中国环境报，于1981、1982、1983年陆续创刊。1984年到1988年，是我国产业报纸创办最多的时期，达33家。1989年，又新创办了中国土地报、中国专利报、中国海洋报。1988年创办的中国计划生育报改名为中国人口报。据参加首都产业报协作会的42家报纸的不完全统计，产业报社从业人员已达2600多人，其中编辑记者1500余人。地方记者站870多个，专职和兼职记者2500多人。拥有行业读者和社会读者两亿多人。产业报对我国的经济生活、行业职工的政治生活和生产经营，正在显示出越来越大的作用。

产业报纸由小到大，从少到多，日趋完善和稳定。从布局上看，国务院各经济职能部门都有了自己系统的行业报，显得比较均匀。除了个别部门有2张或3张报纸外，大都是一部一委一局一报，有各自的报道范围、办报宗旨和读者群。从体制上来说，产业报纸大都是主管部门的二级事业单位，业务上归口办公厅、政策法规司或宣传部领导，由一名副部长（或副局长、副主任、副总经理）分管。产业报大都实行社长或总编辑负责制，领导班子成员一般是3——5人，行政和业务分工比较明确，党委书记（或党总支书记）由一名领导班子成员兼任。抓业务的总编辑和副总编辑，其中有一部分是受过专门的新闻业务训练和具有较长时间的报纸工作实践。据30家产业报领导班子文化水平调查，118名领导成员中，具有大学以上学历的占65.5%，其中新闻专科毕业的15人，占13.2%。从事20年以上新闻工作的41人，占35.8%。产业报社内部的机构设置，各报不尽统一，大体上是两种模式：一是实行编采合一，按版设部，版部一体；一是实行编采分开。49家产业报，都是全国性报纸，其中一些产业报还对外发行。产业报从本行业实际情况出发，在行业系统各级部门（或所属企事业单位）成立记者站。记者站行政领导归地方，业务领导归报社。记者编制在地方，经费、办工用房、通讯工具均由地方提供，报社只给一小部分补贴。各记者站人数，1——3人不等，其中一人是专职，其余为兼职。也有少数成立较早的报社，在全国的一些大区或计划单列市派出了专职记者。

产业报社办公和印刷条件，40年来有了不少改善。开始，这些报纸大都没有自己的印刷厂和国家办公用房，条件十分困苦。在办报过程中，主管部门逐渐重视，或个别解决，或拨款兴建，增加了一些基础设施，改善了办报条件。有10家产业报搞起了电子照排车间，不少报社都有了电脑微机接收，微观通讯等设备。中国乡镇企业报、国际经贸消息报采用了彩色印刷。参加首都产业报协作会的42家产业报中，已有4/5的报社结束了铅字排版，实现了胶版印刷。

我国产业报的迅速发展，是改革开放的产物，适应了发展社会主义有计划商品经济的需要。在这些产业报没有大量出现以前，国务院各经济职能管理部门的方针政策和重要决策，大都是通过发文件、开会、打电话以及中央一级新闻媒介进行传播的。产业报的大量出现，报纸发行到班组，使处于宏观、全局位置的部门的方针政策以及要求、措施，可以直接与广大干部职工见面，不仅能有针对性的作出具体的宣传解释，而且更加接近实际，贴近生活，各地贯彻落实的情况，存在的问题和成功的经验等，也能及时反馈到领导部门，从群众中来，再到群众中去。产业报的这种作用，是公文函件所无法替代的，也是大报、电台所不及的。因此，它的出现和发展，深受欢迎。

产业报这一新的报业层次的形成，繁荣了我国的新闻事业。通过长时间的实践和探索，产业报纸在众多的报纸群中寻找到了自己的位置，找到了前进的轨道，办出了自己的特色。概括起来，有以下几个方面：

（一）由单一的机关报向综合性的行业经济报转变。产业报创办初期，实际上履行的是党政机关工作报的职能。机关文件、领导讲话、会议宣传、工作安排、表彰先进等方面的内容，报纸不仅一定要登，而且要占相当的比重。这就使得报纸的宣传内容比较单一枯燥。在改革开放新形势下，各产业报在坚持四项基本原则的前提下，逐步调整和完善办报宗旨，跳出单一的机关报的小圈子，扩大报道面，特别是扩大经济报道面。在继续努力宣传好行业方针政策同时，把提供行业经济信息，为生产和流通服务，为发展生产力服务，作为报纸的中心任务，把目光投向市场、投向商品交换、分配、消费、流通领域。中国轻工业报为了适应消费者需求的需要，1987年更名为《消费时报》，办报宗旨确定为“指导生产，引导消费”。并据此调整了版面，增加了周末刊。要闻版上，增加了“社会一瞥”、“消费面面观”等10多个栏目，二版变为科技信息版，三版作为专版，集中报道企业的产、供、销活动。这样，报道内容由领导机关扩大到基层，由生产扩大到流通，由行业扩大到社会。《消费时报》的发行量也由原来发行不足10万份扩大到20万份。

（二）注重加强深度报道。产业报大都是周二刊或周三刊（个别报纸是周四刊或周一刊），加上通讯手段差和人员少等因素制约，在新闻的时效性上往往处于劣势。产业报从实践中逐步摸索到一条扬长避短之路：在多发北京新闻的同时，于深度报道上作文章。这就是在综合性经济报或电台、电视台一条新闻发布以后，产业报在翔实、背景、连续报道方面下功夫，发挥产业报的独特优势，充分利用产业报对本行业的情况比较熟悉，采编人员有较多的专业知识，同行业主管部门与企事业单位联系比较密切，报纸内部层次少，决策快，版面比较宽松的有利条件。秦皇岛港煤三期工程，是党中央、国务院十分关注的重点工程。中央电台、电视台和人民日报只是在开工、初验收和国家验收时发个消息。中国交通报为了宣传好这个工程，在国家验收之前，派出采访组，在要闻版上拿出一整版篇幅，用各种新闻文体，开展多层次、多视角报道；在第四版上，又辟出一整版摄影专刊，反映建设者的丰姿。这种报道，上下左右都十分满意，说在重点工程报道上实现了“新突破”。

（三）由宣传型向宣传服务型扩展。产业报在新闻改革中，很快调整自身功能，转向以经济建设为中心的轨道。除了大量提供多种多样的经济信息以外，还在专业技术、家庭生活、文化娱乐等方面开展咨询服务活动，为不同层次的读者群排忧解难。据不完全统计，42家产业报上的各种服务性专栏（包括固定栏目和浮动栏目），共有300多个，五彩纷呈，各具特色。人民邮电报长期在版面上开辟《学业务》专栏，具体指导邮电职工的业务和技术。读者调查反映，70%以上的基层邮电职工喜欢这个栏目。国际商报经常为读者提供进出口贸易、洽谈方式、引进技术、劳务合作、多边经济技术合作等信息和业务知识，成为中外客商和企业家的好朋友。

（四）从宏观全局的高度报道行业经济。初创时期的产业报，几乎都把自己的读者对象限制在本行业之内，报道方法也是就行业谈行业。为适应社会主义现代化建设的需要，产业报突破了这种封闭式、局部意识的办报思想。从1985年开始，陆续提出“立足本行业，面向全社会”的报道方针，边探讨，边实践，在报道内容上打破本行业的界限，把视野扩展到社会发展需要；写作上立足全社会俯视本行业。中国商报提出：中国商报既是商业部的机关报，又是面向全社会商业的一张报纸。1987年，在全国物价上涨成为群众舆论中心时，中国商报第一个报道了上海手表降价，引起全社会的关注。

随着产业报纸的大量出现，产业报的理论研究被提了出来。1986年，首都30余家产业报成立了首都产业报协作会和首都产业报研究会，开始就产业报实践中提出的问题以及产业报今后的发展问题开展研究。在几年当中，就写出了10余篇论文，内容涉及产业报的性质、宗旨、方针、体制、业务指导思想等方面。1987年，首都产业报研究会第一次派人参加了中国新闻学会的第二届年会，提交了3篇论文。从1986年开始，首都产业报协作会开始评选首都产业报好新闻，并开始参加全国好新闻评选。1989年，首都产业报研究会又成立了要闻版研究、经济信息版研究、副刊研究、通联工作研究和企业文化研究等5个分会。开始分专题回答产业报办报过程中存在的问题。经济信息版研究分会和副刊研究分会已召开了第一次年会，提交论文20余篇。产业报的兴起和产业报理论研究的开展，已经并将对我国社会主义物质文明和精神文明建设，发挥重要的作用。

（戴松成）

·1989年我国新闻事业发展概况·

1989年我国报纸事业发展概况

1989年是我国各项工作都在贯彻治理整顿和深化改革方针的一年。报纸工作有如下特点：

（一）进行了全国性的整顿压缩

1989年初，随着经济“过热”，我国报纸发展也出现了“过热”现象，全国已有各类正式登记的报纸1628种。速度发展过快，带来了结构重复，人力物力不足，特别是编采队伍的培养提高很难短时内跟上，造成一部分报纸质量偏低。因此，中央决定在全国范围内进行一次整顿压缩。10月4日，中央办公厅、国务院办公厅联合发出《关于压缩整顿报刊和出版社的通知》，到年底整顿压缩报纸的工作基本结束，共压缩报纸190家，压缩比例为11.6%。这次压缩的重点及其压缩比例分别是：广播电视类压缩

34%;教学辅导类压缩33%;文化艺术类压缩46%;经济信息类压缩19%。

(二)中央领导对报纸工作作了重要指示

1989年11月,中宣部举办了有各省党报总编辑参加的新闻工作研讨班。28日江泽民总书记到会发表了重要讲话,指出:“近几年资产阶级自由化思潮泛滥,直到今年春夏之交发生动乱和反革命暴乱,暴露出新闻界存在的问题,有的还相当严重。”有些“新闻单位在舆论导向上发生了严重错误。”江泽民同志讲了六个问题:新闻工作的地位和作用、新闻工作的基本方针、新闻工作的党性、新闻自由、新闻的真实性和党对新闻工作的领导。在这篇讲话中,江泽民同志对近几年新闻界议论较多的问题,如人民性与党性的关系、报道透明度等问题都作了新的明确的阐述。李瑞环同志也在这个研讨班上作了题为《坚持正面宣传为主的方针》的长篇讲话。这两个重要讲话,对报纸工作中的一些混乱思想进行了澄清,为指导报纸工作提供了新的理论根据。是新时期进行新闻改革和建设社会主义新闻事业的纲领性文件。

(三)进行了报价调整

根据国务院文件规定,1989年1月1日起进行了全国范围内的报价调整。这次调整共分三个档次:一是《人民日报》、《解放军报》、《光明日报》、《经济日报》、《工人日报》、《中国青年报》、《参考消息》,由国家有关部门定价,一般的对开四版报每份0.13元,提价幅度为原订价的一倍;二是各省、自治区、直辖市和中央国务院各部门办的报纸价格,由各省、自治区、直辖市和中央国务院各部门自行确定。每份对开四版报也由原7分左右提到每份0.15元左右;三是各种小报、专业报的订价放开,由报社自行确定。

这次调价后基本上改变了我国报纸普遍亏损的局面,特别是发行量较大的各级党委机关报,经营情况迅速好转。这一改革对巩固社会主义报纸阵地起到了积极的作用。同时,调价后报纸发行量相对下降,各报一般下降10——20%,再加部分报纸的压缩,使长期持续高涨的新闻纸价开始回落,为报纸生产出现了良性循环的新转机。

总之,1989年报纸事业的特点是:经过整顿、压缩、调整,克服了过热现象,纠正了办报方针上的错误,出现了新的生机、新的平衡。

(梁　衡)

1989年我国新闻通讯事业发展概况

1989年,新华社的报道业务和事业发展均取得了很大成绩。

(一)国内报道方面,顺利完成了发布国内各类新闻的任务,同时向中央提供了大量调查研究的材料。发稿情况如下:

通稿(大广播):全年共播发17565条,日均48.1条。报纸采用13617条,采用率为77.5%。在播发的各类稿件中,政治民族稿4224条,采用3637条,采用率为86.1%;科技稿901条,采用704条,采用率为82.1%;港台稿822条,采用657条,采用率为79.9%;军事稿1086条,采用864条,采用率为79.6%;文教稿2677条,采用2018条,采用率为75.4%;财贸稿2084条,采用1516条,采用率为72.7%;工业稿3768条,采用2735条,采用率为72.6%;农村稿2003条,采用1450条,采用率为72.4%。

在通稿中,属于“今日新闻”的,有4443条,属于“昨日新闻”的,有673条,合计5116条,占播发总数17565条的29.1%。采用情况为,“今日新闻”3871条,采用率为87.1%;“昨日新闻”588条,采用率为87.4%。

全年共发晚报稿564条,采用488条,采用率为86.5%;发通讯稿278条,采用121条,采用率为43.5%。

专稿:全年共来稿1465条,发稿1359条,总社采用率为92.8%。其中国内各分社来稿1104条,发稿998条,总社采用率为90.4%;总社及其他单位来稿361条,全部采用。

内参稿:全年共来稿8527条,日均23.4条。其中国内各分社来稿7241条,日均19.8条;总社各部门来稿1286条,日均3.5条。采用情况:全年共发6005条,其中国内各分社来稿采用4781条,采用率为66%;总社各部门来稿采用1224条,采用率为95.2%。

(二)国际报道方面,重点报道了苏联从阿富汗撤军、柬埔寨问题国际会议、第九次不结盟国家首脑会议、李鹏总理出访南亚三国、杨尚昆主席访问中东四国、美军入侵巴拿马、44届联大、苏联东欧局势、纳米比亚独立大选等重大事件和突发新闻。它们报道量大,政策性强,时间紧迫,由于前方记者的积极努力和后方编辑部的紧密配合,较好地完成了报道任务,稿件被国内外报纸广泛采用。

发稿情况如下:英文通稿,全年共发49436条,日均135.4条;法文专线,共发33286条,日均91.1条;西班牙文专线,共发39263条,日均107.5条;俄文专线,共发7139条,日均19.5条;阿拉伯文专线,共发15271条,日均41.8条;中文通稿,发14555条,日均39.8条;香港中文专线,发9024条,日均24.7条;国内电台、电视台专线,发20598条,日均56.4条;国内各省报专稿,发8653条,日均23.7条;北京火车站大屏幕,发11911条,日均32.6条。

(三)对外报道实现了“稳定数量、提高质量”的目标,增加了花色品种,坚持以编为主、采编结合的方向,地区专线的特色得到加强。全年用英、法、西、阿、俄、中六种文字共发稿62860条,日均172条。其中英文通稿15108条,日均41.4条;法文专线8530条,日均23.4条;西班牙文专线11315条,日均31条;阿拉伯文专线8772条,日均24条;俄文专线6255条,日均17.1条;中文广播(香港线)12882条,日均35条。此外,还以中国特稿社名义,用英、法、西、阿、俄五种文字发特稿356篇,对象为世界140多个国家和地区的报纸杂志，采用率在75%以上，国庆专稿采用率为100%。

（四）在摄影报道方面，全年共发稿27813底，其中国内照片3661底，国际照片8320底，对外照片11270底，新闻中心4562底。其中不少稿件为国内外报刊广泛采用，特别是质量较高的专题照片，受到首都和各地报纸以及港澳报纸的欢迎。据不完全统计，全年首都各报采用总社新闻图片共出辟栏110个，画刊32个，创造了采用画刊稿近几年的最高纪录。此外，还编发《北京平息反革命暴乱》展览照片稿，共15000多套，照片450000余张。配合建国40周年大庆，向国内外报刊和订户发出关于宣传我国社会主义现代化建设成就的照片稿35组共300余底，庆祝活动照片143底，同时还编发了《共和国40年》、《庆祝中华人民共和国成立40周年》、《欢腾的节日》、《当代中国》等多套展览照片，供国内外各地和我驻外使馆展出。

（五）1989年新华社新开辟了对新加坡、以色列、汉城和台湾四处供稿业务，从而使总社的电传供稿的国家和地区的总数增加到54个。全年新发展的直接订户达39家，其中拉美地区15家，亚太地区10家，非洲7家，西欧3家，中东2家，北美2家。同时，由于用户经济困难或认为我新闻不适合等原因，同我中止供稿关系的28家，其中报社关闭或报纸停刊的15家。至年底，新华社在国外和海外的新闻稿直接订户共292家。

（卫元理）

1989年我国地方广播电视事业发展概况

1989年，全国各地广播电视厅、局、台继续认真学习、贯彻党的十三届三中全会精神，广播电视宣传紧紧围绕进一步稳定经济、稳定人心、稳定社会，振奋民族精神，增强社会的凝聚力这个指导思想。深入开展形势教育，统筹安排，集中精力，精办新闻。在搞好治理整顿，深化改革的舆论引导中，发挥了积极的作用。在春夏之交的风波中，地方广播电视坚持正确的舆论导向，旗帜鲜明地反对动乱，经受了考验，他们尽心尽职，努力工作，为稳定全国局势，做出了贡献。在宣传、贯彻党的十三届四中、五中全会精神的过程中，充分发挥了广播电视的宣传优势，创造了一个较好的宣传舆论环境，取得了新成绩。

进一步深化新闻改革，加强新闻，精办专题，丰富文艺，扩大服务。

今年上半年，各省、自治区、直辖市的电台、电视台相继进行节目改革，重点突出新闻节目，增加播出次数，扩大信息量。四川省电台的新闻节目由原来的7次增加到9次，时间由65分钟增加到80分钟；藏语增加了3次“国际新闻”，开设了彝语“新闻节目”。山西省电台从1月3日起，除《新闻半小时》和《联播》节目外，又增办了《午间新闻》、《经济新闻》和《报刊新闻集锦》，两套节目共有17次新闻，其中整点新闻有12次。山东省电台自3月13日起调整节目时间，早上以新闻为主，中午以综合性板块及其它专题节目为主，晚上以文艺为主。部分节目设立主持人，改变编排形式和播音方式。

浙江省电台为了考查节目调整改革后的社会效益，开展了“万人评广播”活动。仅20天时间，收到选票35100多张，评选出一批名牌节目。

上海电视台的《新闻透视》专栏，是全国第一家杂志型电视新闻专栏节目，它以独特的风格，及时地对重大新闻和群众关注的热点，进行大容量、多侧面、多角度地报道。收视率名列第一。该节目已向日本、美国等地传送。

广东省电台《全省新闻联播》节目中，有一个小评论性专栏《长空短语》很有特色，每天播出一题，每一题一分钟左右。天津电视台自2月27日始，推出新栏目——《神州博览》，介绍祖国的锦绣河山，少数民族的风土人情，华夏千年的珍宝文物以及当今改革开放中涌现的新人新事等。还增辟了《环球二十分钟》等新栏目。

坚持正确的舆论导向，旗帜鲜明地反对动乱。

在春夏之交制止动乱和平息北京反革命暴乱期间，各厅、局、台坚持稳定经济、稳定人心、稳定大局的宣传基调，立场坚定，旗帜鲜明，与党中央、国务院保持了同一个声音，坚持了正确的舆论导向，较好地发挥了喉舌作用。

各厅、局、台采取有力措施，对中央两台节目，进行了安全、及时、优质和高密度的转播。他们利用一切渠道千方百计，争分夺秒地传播中央有关制止动乱、平息暴乱的指示、要求和有关情况。云南省电台还及时用民族语言向全省广播。

人民日报4·26社论发表后，天津、上海、河南、海南等厅、局党组明确提出：以社论精神为准，坚持新闻工作的党性原则。重申广播电视是党、政府和人民的喉舌。上海电视台立即撰写了《大家都来维护安定团结》的本台评论，向全市人民表明了坚决反对动乱的鲜明立场。河南新闻中心为制止动乱，稳定河南大局，从4月30日至5月4日连续编发了3篇评论，宣传坚持一个中心，两个基本点的思想。

首都的动乱发展到反革命暴乱以后，北京市电台在交通瘫痪等极端困难的情况下，坚持每天及时、反复播送有关制止动乱和平息反革命暴乱的消息、评论、文稿、通告等，有时两套节目24小时播音，昼夜不停。

6月8日晚，上海电视台在播放朱熔基市长电视讲话的同时，积极收集社会各方面的反映，并于晚间新闻中两次插播了社会各界支持朱市长讲话的反应，对稳定人心、稳定上海起到了积极作用。上海市电台发挥效率高、速度快的优势，及时采编和抢发了大量揭露暴乱真相、上海工人纠察队清除路障、维护交通秩序、各条战线坚持生产的报道，帮助群众分清是非，维护社会安定。电台还会同电视台、解放日报、文汇报、新民晚报等新闻单位，发起组织了《上海不能乱！

我们怎么办?》的大讨论。当北京部分地区实行戒严,不少人对解放军不理解时,上海电视台"当代军人"栏目,一连推出了5档歌颂解放军和武警部队的节目,宣传人民军队爱人民的思想,都收到了很好的社会效果。

成都电台、电视台在4·26社论发表后,连续几天集中报道成都各界人士、单位反对动乱的情况。5月20日到6月3日,成都市两台的宣传都是旗帜鲜明地与党中央保持一致,为稳定成都地区社会、经济秩序,制止动乱,统一思想,起到了积极的作用。

山东及各市、地电台、电视台根据形势需要,普遍加大了新闻播出密度和份量,延长了播出时间,从6月9日到7月1日的20多天里,地方新闻的播出时间一般延长了1/3到1/2,反映平息暴乱的内容占整个新闻节目内容的2/3左右。山东省电台、黑龙江电台在没有新华社电讯稿的情况下,每晚将电视新闻中的讲话录音,整理出来,在次日早晨6时的新闻节目中播出。山东电视台还及时汇编了《暴乱真相》、《平息反革命暴乱资料》两个录像资料片,发到全省15个市、地和20所大专院校作教育片播用,收到了较好的宣传效果。

广东省厅注意正确宣传党的形象,五月份以来,他们开辟了《祖国万岁》、《祖国新一代》等征文、专题、系列节目,以加强正面的社会舆论。

经过这场制止动乱和平息反革命暴乱的严肃的政治斗争,各级党政领导更加关心和重视广播电视工作。各省、自治区、直辖市党委和政府向各厅、局及时传达党中央、国务院的指示,提出宣传报道思想和具体要求,使各厅、局、台较好地掌握住宣传口径,保证了正确的舆论导向。

坚持党性原则,发挥喉舌作用,坚持正面宣传,振奋民族精神。

春夏之交的风波平息之后,留给人们的是深深的思索。各厅、局、台都认真组织职工学习讨论有关文件,进行回顾和反思,进一步清除资产阶级自由化对广播电视队伍的侵蚀。认真学习贯彻党的四中全会和邓小平同志的讲话精神。坚持党性原则,发挥喉舌作用。精心组织各级党组织加强思想政治工作的报道,突出搞好爱国主义、集体主义、社会主义、独立自主和艰苦奋斗的教育以及其他有关国情问题的教育报道,报道动乱过后各界的反思,强调必须坚持立国之本,走好强国之路。

广东电视台根据烟台会议精神,制定了新的节目改革计划:加强电视作为党、政府、人民的喉舌、耳目的功能,努力发挥舆论导向和社会风气导向的作用。为了加强新闻的深度报道和舆论引导,增辟了评述性的新闻节目——《社会聚焦》《越秀桥》,以"一个中心,两个基本点"为准则,对群众关心的社会话题,为党和政府与人民群众之间架起一座互相沟通的"电视桥梁",密切社会各方面的关系,进行正确的舆论引导和心理疏导。哈尔滨市电台《千家万户》节目11月中旬,播出5集连续报道《白求恩精神在这里闪光——哈尔滨市第二医院医德医风纪实》后,引起社会各界强烈反响,从市政府领导到医生护士,从市人大、政协领导到千家万户的听众,纷纷发表广播讲话,寄来医德医风讨论稿件,为呼唤白求恩精神出主意、想办法,显示出一种高尚的追求。

今年"十一"是建国40周年大庆,又是制止动乱、平息反革命暴乱胜利后迎来的重大节日。各厅、局、台为抓好国庆期间的宣传报道,按照"宣传成就、鼓舞人心、丰富多彩、好戏连台"的精神,对庆祝建国40周年的宣传报道工作都坚持了正面宣传为主。北京市电台、电视台分别举办《四十春秋话北京》征文活动和《国庆巡礼》专栏,系统宣传报道40年来,各条战线、各行各业所取得的巨大成就。天津台增设《海河巨变》专栏。湖北省电台在早新闻中开辟"群英赞"专栏;电视台开办了《湖北奋进四十年》专栏。内蒙古电视台从9月15日起,开辟《从自治区变化看祖国40年》专栏,用一个月时间,集中报道各条战线的伟大成就。上海电视台播出了专题系列片《中华之最》30集,《瞬间》、《我们走过四十年》各9集;新闻节目播出了《上海:四十年回响》系列报道,还采访拍摄了英雄、劳模的人物片。河南电视台在国庆期间播出了电视系列节目《我说河南》(40集)。国庆期间,青海省电台的藏语广播临时开办了国庆专题,连续播出两台文艺联欢晚会:《节日礼物》、《雪域歌手迎国庆》,其中大多数歌曲是藏语部和藏语广播说唱团的同志自创自演的。北京市电视台举办了"建国40周年优秀影片展",播出了《共和国不会忘记》、《长征组歌》、《革命家庭》等20部优秀影片,还播出了六台具有民族特色的综合文艺晚会。天津电视台播出了电视剧《龙嘴大铜壶》、《轱辘老转儿》等。

从总体上看,今年的国庆文艺节目突出了社会主义时代的主旋律,反映了我国40年来文艺取得的显著成果。对群众进行了坚持四项基本原则,反对资产阶级自由化,爱党、爱社会主义的教育。宣传了爱国主义,弘扬了民族文化,振奋了民族精神,提高了民族自尊心、自信心、自豪感。

地方广播电视事业建设稳步发展

1989年全国广播电视事业有了新的发展。据统计,全国有广播电台累计531座,比1988年增加70座,人口覆盖率达到73%,比上一年扩大了2.4%;各级电视台累计469座,比1988年增加47座,人口覆盖率达77.9%,比上一年扩大了2.4%。

全国农村有线广播得到了稳定的发展,截止到1989年底,县级广播台站2525座,乡以下广播线路2795593杆公里,用户喇叭8237万只,入户率为38.3%。

存在的问题

地方广播电视宣传从思想政治教育角度考虑不够,从经济信息传递角度出发多些。各种新闻节目、专题节目数量增多,但注重提高节目的质量不够。个别厅、台的少数广播电视工作者,在短期内发生了错误的舆论导向,片面要求新闻"自由"等。

（杜雪良）

1989年 中央人民广播电台发展概况

1989年，中央人民广播电台的广播宣传工作，除在北京动乱和反革命暴乱期间一度出现局部的失控外，基本上坚持了四项基本原则，坚持了正确的舆论导向和以正面宣传为主的方针，继续进行新闻改革和广播节目的改革，取得了一定成绩，某些方面有新的突破。

（一）在平息反革命暴乱的宣传中，中央台打破常规，增加了新闻节目的次数和时间，严格按照中央的部署，充分揭露动乱、暴乱真相，揭露鼓吹资产阶级自由化"精英"们的真面目；热情歌颂戒严部队、公安干警平息暴乱，保卫社会主义和人民共和国的不朽功勋和英雄事迹；报道人民群众拥护中央决策，为恢复秩序、稳定局势所作出的努力。充分发挥了广播作为现代化宣传舆论工具的强大作用，受到中央和广大群众的好评。

（二）集中力量，抓好重点深度报道。从年初确定选题，以饱满的政治热情和严谨的工作态度，排除动乱的干扰，在国庆40周年期间，制作播出了长篇录音报道《重唱创业歌》（10集）、农业系列报道《深情的黄土地》（8集）两个大型节目。《重唱创业歌》用丰富的历史音响和实例从各个侧面宣传了建国40年来各地、各方面的伟大成就，讴歌和颂扬了中国人民的创业精神，展现了中华民族奋发图强的传统美德。《深情的黄土地》热情讴歌了40年来的我国农业所取得的伟大成就，颂扬了10年农业改革的功绩，分析国情，研究问题，和大家一起探讨具有中国特色的社会主义农业的发展之路。两个系列报道气势宏大，主题好，立意新，制作精细，既理直气壮地讲成绩，又不回避问题和失误，实事求是，具有较强的说服力和感染力，得到社会各方面的广泛重视和好评，取得了较好的社会效果，多次受到中央领导同志的肯定和表扬。两组报道收到听众来信400多件，他们说：国家建设需要艰苦奋斗精神，人民群众欢迎多广播这样的好节目。新闻界的同行们说，中央台这两组系列报道在广播新闻表现手法上是重大突破，是为改变广播宣传一般化状况和现有节目形式的局限，探索广播新形式，发挥广播优势，提高广播报道深度的一次成功尝试，是一次具体的新闻改革，在舆论导向上发挥了重大作用。两组报道安排在最好的时间播出（《午间半小时》和18：30的《各地人民广播电台联播》节目），也是历史上少有的。

（三）大张旗鼓地、理直气壮地宣传了建国40年来特别是改革开放10年来我国社会主义建设各方面取得的伟大成就，宣传了只有社会主义才能救中国，才能发展中国的真理。

从8月中旬到11月，新闻节目、专题节目和对台湾广播、对少数民族广播，采用各种方式，大量播发了宣传成就的稿件和节目。如《国际新闻与时事》节目从1月起连续播出了《中国外交40年》和《中国经贸40年》，系统介绍了40年来我国外交、对外经贸的巨大成绩。《午间半小时》从8月到11月开辟《可爱的中华》专题系列广播，每天播出，结合伟大祖国的政治、经济、山川、地理、文化、历史，介绍了40年来各方面的变化。在专题新闻节目里播出了《环境保护在中国》系列报道（共5篇），系统介绍了我国环保事业在周恩来总理倡导下，开拓前进所取得的成就。《科技与社会》节目介绍了40年来21项重大科研成果。对台湾广播举办了《新中国40年》专题报道，共播出60个节目。《对少数民族广播》和《残疾人之友》节目分别举办了《国庆40周年民族团结进步》和《在五星红旗下》征文活动，共收到征文1500多件，从不同角度反映了我国各族人民和残疾人热爱党、热爱社会主义祖国的心声，反映了40年来民族地区和残疾人事业的发展。

（四）把工、农、兵、知识分子作为宣传的主体，大力宣扬他们的先进模范事迹。9月28——30日全国劳动模范和先进工作者表彰大会在北京举行。中央台连续三天现场转播了大会开幕式和两次经验交流会的实况，共5小时50分钟。并在《新闻和报纸摘要》（以下简称《新闻报摘》）、《各地人民广播电台联播》（以下简称《全国联播》）节目中开辟了《英模谱》专栏，《青春年华》《对农村广播》《法制园地》《午间半小时》《科技与社会》十点新闻等节目中，共介绍劳动模范、先进工作者150余人。根据中央关于提倡无私奉献精神的要求，11月18日开始，在《新闻报摘》中开辟了《奉献者之歌》专题报道，有组织有计划地介绍具有无私奉献精神的先进人物的事迹，到年底，共播出14次。

（五）重大活动的报道中有新的突破。

1、在七届全国人大、政协二次会议的报道中加强了小组讨论的深度报道，共采编播出了7篇有关问题的新闻分析，从宏观角度探讨，有一定深度，反映较好。

2、在国庆40周年报道中，打破常规，反复播出江泽民总书记在庆祝大会上的讲话和李鹏总理在全国劳模大会、国庆招待会上的讲话。这几个讲话全都安排在《新闻报摘》《全国联播》中全文播出，必要时延长节目时间。其中播江泽民总书记的讲话时，把18：30和20：00两次《全国联播》节目打通，成为一次节目。这种做法是过去没有过的。这有利于树立新的党中央领导核心的威望。

3、为充分及时反映全国各地人民欢庆国庆40周年的热烈气氛，打破过去一般在当晚播出一个首都白天庆祝活动的约20分钟左右现场报道的传统做法，组织播出了8个现场报道，除报道北京天安门广场、中山公园、劳动人民文化宫以外，还报道了上海、天津、广州、沈阳、西安等五大城市"十·一"当天庆祝活动情况。从10月1日上午11点到下午6点，每个整点播出一个，每个10——20分钟，共105分钟。这8个现场报道气氛热烈，轻松活泼，既独立成章，又由一个主持人串联衔接，成为一个整体。听众称之为"一次成功的报道"。

4、国庆40周年首都群众焰火联欢晚会的现场转播，内容上突出了节日的欢乐气氛，改变了过去标语口号多，过分强调政治内容的做法。对礼花的解说有了新的突破，一是介绍的品种多，二是做到了与现场施放同步，解说与礼花爆开的形态吻合，三是不仅在收音机里能听到，同时送入广场上的扩音系统，使在场联欢的领导和群众都能听到，引起了阵阵的鼓掌和欢呼。大胆起用年轻同志参加大型转播工作取得成功，新老结合，以青为主，培养锻炼了一批新生力量。这些，都比国庆35周年时有了新的提高。

(六)提高宣传艺术，丰富广播节目。坚持正确的舆论导向，同时要丰富广播节目，各个节目都在这方面做出了努力。从7月1日开始，恢复了《每周一歌》节目，在每天6:30的《新闻报摘》之后播出，播出的第一首歌是《没有共产党就没有新中国》。根据中央领导关于国庆40周年主要靠广播电视造气氛、树正气的指示精神，精心编制了大量唱民族新声、颂中华正气的优秀文艺节目。如，与全国31家电台联合编制的系列音乐节目《可爱的中国》(31集)；全国近50家电台举办的《庆祝建国40周年特别征歌》评选活动；29家电台《为全国听众编排的音乐节目》；从建国以来大量歌曲中精选出100首优秀歌曲，举办了《40年广播金曲评选》活动，28首歌曲获奖；与全国38家电台一起，举办了《40年全国戏曲节目展播》活动及《名家名唱段集锦》等；还有《40年相声精选》、《传统相声选编》，以及一批反映历史和现实生活的广播剧、诗歌、小说、评书等。《今晚八点半》等节目仍以内容的丰富多彩，形式生动活泼吸引着广大听众。另外，加强了各种活动和体育比赛的实况转播，全年共转播近60场。各种吸引听众的活动，，如征文、征春联、回答问题、专题讨论、知识竞赛、猜谜语等，也较活跃。全年共收到听众来信108万多封，比1988年的36万多封增加2倍。

(栗国安)

1989年中央电视台发展概况

1989年，电视宣传历经重重复杂困难的局面，在上级领导下，经过全台同志不懈努力，坚定不移地把握住坚持四项基本原则，坚持正面宣传为主的宣传指导思想，充分发挥电视这一现代传播工具的特长，做党和人民的喉舌，较好地完成了各项宣传任务。

全年三套节目共播出10804小时36分钟，平均每天播出29小时36分钟，自办首播节目量为每天5小时。

新闻作为电视宣传的骨干，其作用和影响在本年度得到了充分的体现。平息北京反革命暴乱之后，电视新闻打破常规，延长播出时间，增加播出次数。《新闻联播》节目由原来的30分钟延长到一个多小时，最长达到107分钟；新闻播出次数达到每天十几次；遇到重要新闻，中断节目随时插播；电视新闻成了人们了解形势的最主要渠道。戒严部队指挥部新闻处提供的《暴乱真相》及本台采录的新闻大量及时地播出，对稳定局势，澄清事实起到了巨大的作用。对此，中央领导同志给予了高度评价。

为配合国庆40周年，在《新闻联播》中开辟了反映建国40年来各地、各条战线发展成就的大型系列报道《弹指一挥间》和介绍各行各业兢兢业业为祖国建设作出贡献的先进人物的新闻专栏《祖国在我心中》，还有介绍发展对比数的《共和国之最》。这组报道规模空前，对比强烈，调动了全国各电视台的力量，是电视新闻工作者献给祖国的一份生日礼物，播出后受到各界观众的一致好评。这组报道在选题、采编等方面都有创新和突破，为电视新闻改革闯出了一条新路。

这一年中，重大政治活动的新闻采访和现场直播任务繁重，国家领导人出访，布什、戈尔巴乔夫访华，人大、政协会议，党的十三届四中、五中全会，全国劳模大会，胡耀邦治丧活动，以及动乱、暴乱及平息暴乱后的大量重要采访报道等。尤其是戈尔巴乔夫访华期间，学生游行、静坐，使接待工作不能照计划进行，时间、地点不断变化，给新闻采访带来许多困难。这次采访又多次采用现场直播方式，困难更大，但是参加报道的同志想方设法，保证了任务完成。动乱期间记者冒着指责、谩骂甚至生命危险，到现场采访，现场记录下了真实情景。

从1989年元旦开始，新开办了《体育新闻》栏目，每周播出6次，每次5分钟。对国内外重大体育赛事，均以现场直播或实况录像方式进行转播。其中有世界乒乓球锦标赛、四国女排赛、世界羽毛球锦标赛、世界杯足球预选赛、中日围棋擂台赛等，受到了广大体育爱好者的欢迎。为迎接1990年亚运会召开，还制作播出了《亚运会筹备情况》、《走向亚运联欢会》等节目。

根据工作需要设立了新闻中心。新闻中心下设六部一组：新闻采访部、新闻编辑部、国际新闻部、军事部、体育部、新闻制作部和评论组。新闻中心的主要任务是在台编委会领导下，统一组织领导新闻宣传。

全年共播出国内新闻21033条，国际新闻5963条。

1989年社教部节目调整压缩了部分栏目，增加了自办节目的比例，根据实际情况，改变了以往战线过长的状况，集中人力物力办好栏目。三月份开办了新栏目《神州风采》，每次5分钟，选题内容广泛，寓知识性、教育性、趣味性为一体，很受观众欢迎，到年底共播出266期。

国庆40周年前夕播出的七集系列电视片《共和国之恋》，反映了新中国诞生以来在科技战线上献身的科技工作者，受到广大科技工作者和各界观众的称赞。专题系列片《在共和国史册上》以纪实手法介绍了各业劳动模范、先进单位的事迹。

各类专题节目、讲座节目在精办栏目的方针指导下，力求办出特色，节目质量有所提高，内容形式多，积极探索为观众喜闻乐见的节目样式，努力为不同需求爱好的观众服务。

少儿部过渡到青少部，开办了青年节目。少儿节目除保证每天正常栏目播出外，还在寒暑假为中小学生安排了丰富多彩的假期节目。春节期间播出的“田野在闪光”少儿晚会节目，是在农村录制的，使农村的孩子也有机会上电视。"六一晚会"播出正值动乱高潮，困难重重，仍然排除干扰如期现场直播。国庆前配合青年进行爱国主义教育，组织了三场国际知识竞赛，反映很好。还举办了全国儿童电视小品展播和有44个国家和地区参加的首届国际儿童电视节目展播。

经济节目播出各类经济信息3千多条，对于社会主义经济发展起到了一定的作用。通过大量经济报道宣传了改革开放给城乡经济带来的巨大变化；在反映我国经济调整政策，引导合理消费等方面也做了大量工作。下半年经济节目作了调整，将原来每天40分钟的《综合经济信息》改为《经济半小时》，调整后的经济节目质量有明显的提高。

1989年共播出电视译制片275部集，首次通过卫星直播了《维也纳新年音乐会》。配合友好国家国庆日、建交日和外国元首来访编播了一批配合节目，系列片《卢浮宫》、《人和音乐》格调高雅、欣赏性强，受到观众欢迎。另外，还推出了《中国野生动物》系列片的首批节目。

为丰富电视屏幕，本年初开办了专门播出地方电视台节目的专栏《地方台50分钟》，一年中共播出29集。国庆40周年期间，还组织了地方电视台参加的"全国电视专题文艺展播"活动，共播出地方台选送的50多台专题文艺节目。其中长春台的《中国风》、山西台的《黄河一方土》、湖南台的《一方山水养一方人》、安徽台的《土地、人、乐园》获得一致好评。

电视广告制作水平有所提高，并且严格按照有关方面的要求，在内容上严格掌握，不播那些有崇洋媚外、宣传高消费倾向的广告。宣传精神文明和社会公德的《广而告之》栏目，本年度共制作了32条，内容更加广泛，主题鲜明，针对性强，得到各界好评。

电视文艺在电视节目中所占比例很大，深受观众喜爱。在电视文艺节目的选择上，我们始终坚持高标准，注重弘扬民族文化，一年来共首播文艺节目185台，总长为9709分钟，为广大电视观众提供了健康有益、丰富多彩的文艺节目。

1989年春节联欢晚会，大胆启用年轻编导，加强组织领导，克服许多困难，终于取得了成功；在民族音乐受到轻视的情况下，举办了"全国部分民族器乐大奖赛"，为振兴民族音乐作出了贡献；按照计划完成了"五一"、"五四"文艺晚会；平息暴乱后以"庆祝七一晚会"为主，组织和转播了一大批歌颂党、歌颂祖国、歌颂人民军队的文艺节目，包括总政主办的"七一"、"八一"、"十一"三台大型文艺演出，及时有力地配合当时的政治形势，播出后受到广泛的好评；为庆祝建国40周年而采制的大型电视文艺节目《我爱你——中国》在表现形式上作了一些有益的尝试；国庆之夜现场直播了国庆焰火晚会，另外还录制了第二届中国艺术节和第三届全军文艺汇演的20多台节目，丰富了国庆期间的电视屏幕。

1989年，首次以亚广联成员国身份组团参加了在马来西亚吉隆坡举办的"金风筝"世界歌曲节；组织"中国民歌演唱团"赴港澳地区演出，取得圆满成功；派电视小组赴泰国拍摄了"中国文化在泰国"，增进了中泰两国人民的了解和友谊。

1989年全国各地方电视台、电影厂及社会团体共向本台送来电视剧1973部集，经审定修改后播出1189部集，总计59450分钟；转录各类电影197部(故事片48部，科教、美术、纪录片149部)。

1989年播出的电视剧质量与上年相比虽没有明显的突破，但总体来讲是健康的。质量较好的电视连续剧有《家教》、《师魂》、《那五》、《篱笆·女人和狗》、《湖南和平起义》等。国庆前后组织了"全国电视单本剧、短剧、小品展播"，共收到送展剧目131部198集。从中选出20部(34集)单本剧，24个(组)短剧小品在国庆期间播出。其中《一个叫姚金兰的人》、《樱花梦》、《过了这个村》等被评为优秀剧目。

1989年，还举办了"首届全国电影厂优秀电视剧评奖"活动，进一步调动了电影厂家生产电视剧的积极性，同时也促进了合拍电视剧工作的进展。

1989年，我台共向外国电视台、海外华人电视台及我驻外使馆提供各类电视节目945个，总长度为5632小时。向亚广联提供新闻371条。

平息暴乱后，根据中央领导同志的指示，我台对外部于6月9日晚连夜编制了《北京暴乱真相》录像带，于次日中午发往世界各地，对澄清舆论起到了关键作用。此后，又连续向国外发送了大量新闻，对于国外及时了解中国的情况起到了重要作用。另外，还专门摄制了《风波之后——北京之夏》、《六·四天安门广场当事人访谈录》，及时送往国外。

国庆40周年向国外发送了一批重点宣传节目，主要有《弹指一挥间》选编、《共和国之恋》、《江泽民等中央领导人举行中外记者招待会》等……。

这一年对外宣传还开辟了一些新的渠道。西欧《同一世界》卫星报道经常性地播出我台提供的节目；向美国电缆电视网(CNN)提供专稿；5月8日——5月13日我台与英国电影协会在伦敦举行中国电视周。

1989年共收到观众来信156176封，在这些来信中观众对电视节目提出了很多有益的批评建议。一年中为观众解答了许多问题，加强了与观众的联系。

1989年，中国电视报发行量有所下降，但平均每期发行量仍在130万份左右。中国电视报密切配合电视宣传，及时向广大读者和群众介绍电视节目，注意加强与读者的联系，解答观众的问题，同时也反映广大电视观众的意见和要求，成为电视宣传的有力帮手。

电视理论研究和学术研讨活动一年中也大有成绩，举办了节目主持人等多次研讨会，组织了优秀电视节目评选，编辑出版了一批电视理论书籍，图书资料部门也为电视宣传提供了大量的资料，努力为电视宣传服务。

(穆晓方)

1989年 中国国际广播电台发展概况

1989年，我们继续贯彻执行党的十一届三中全会以来以经济建设为中心，坚持四项基本原则，坚持改革开放的方针，锐意改革，促进对外广播事业不断发展。

（一）一年来，我对外广播努力贯彻为党的基本路线服务，为党的对外路线服务的方针，实事求是地向各国听众介绍中国的情况，树立社会主义中国的形象；宣传我国的政策和主张，增进各国人民对中国的了解，发展我国同各国人民的友谊，支持各国人民的正义斗争，反对霸权主义，维护世界和平，赢得了广大听众的信赖。特别是在北京平息反革命暴乱以后，在我国其他对外宣传媒介传递途径大都受阻的情况下，我国际台发挥了对外广播的优势，及时传播了党和政府的声音，帮助广大听众了解平暴真相。尽管美国和西方国家对我平暴进行歪曲宣传，对我国进行所谓“制裁”，但许多听众继续同我台保持着友好的联系，全年共收到听众来信17.2万多封，继续保持了连续6年上升的态势。许多听众把收听我国际台的广播当成“了解中国平暴真相的主要渠道”，他们说：“不管发生什么情况，对中国国际电台的信赖毫不动摇。”

（二）国际台从只有对外的外语广播发展到开办对内的外语广播。现已开办了英、日、德、法、西语对内广播。每天共播出14.5小时，其中英语广播还在北京、沈阳、西安、南京、广州、上海转播。

（三）努力开辟稿源，全国各省、区、市有32个记者站，一些站还有专职对外记者。在国外16个国家和地区已建立17个常驻记者站，包括：日本、南斯拉夫、巴基斯坦、泰国、法国、美国、联合国、比利时、澳大利亚、津巴布韦、墨西哥、埃及、阿根廷、苏联、联邦德国和香港。1989年共发回稿件11129篇（条），其中中文新闻8796条，外语新闻954条，专稿614篇，参考稿765篇（条），大大扩宽了我台国际问题的报道面。同时，国际台还拥有自己的评论队伍和时政记者，还有为数众多的直接用外语采访的记者，扩大了信息量，提高了新闻时效，加强了针对性。

（四）积极开展同外国电台互转节目的工作，改善了我远距离广播的收听效果。其中包括瑞士国际广播电台每天转播我台8种语言节目，共4小时；法国国际广播电台转播我台9种语言节目，每天6小时；加拿大广播电台转播我台2种语言节目，每天2小时；并在马里租用发射机转播我台节目，每天13小时。这是我对外广播事业新发展的重要方面。

（五）我国同外国电台的节目交流不断发展，寄送、传送节目逐年增加。1989年我台向国外39个国家和地区的61家电台传、寄送节目567小时13分45秒。我台每天向《美加华语广播网》传送10分钟的“中国新闻”，每周向澳门电台传送6分钟的“一周新闻综述”。我台还同美国公共事务卫星电缆电视广播公司签署了协议书，拟向该公司70万订户中每天转播我台一小时的英语节目。

（六）技术建设发展较快。新研制的主控制室广播节目自动切换系统于1989年7月正式投入使用，实现32个节目源的自动切换和48路线放大器电源自动开关机控制。此系统由两台微型计算机、四台单板机、两台电子开关和22种电子线路控制板组成两套计算机控制。这一年，全台改造了录音机房，更新了19种语言录音室，以及一台大型录音车和二台中型录音车，首都英语播出机房改造成高质量的立体声播出机房。

播出方面，换用了一台新型数字石英报时钟系统装置。更新了四部新型线路放大器立柜，具有8路输入（立体声时为4路）和32路输出（立体声时为16路）。全年完成的技术改造项目改善了广播节目的质量，提高了设备运行的可靠性和稳定性，适应了立体声节目的录制和播出的需要。

在发稿系统和编辑工作自动化方面也有新的进展。建立了一套国际报房系统，包括传真接收稿件系统、录音系统和通信系统。保证了我台驻国外记者站能及时传回新闻稿件、音响效果和口头报道。同时还新建立了图文同报发稿系统，包括一台高速发稿传真机，80部高速收稿传真机，每发一页稿件最短时间为20秒。国际台信息管理系统一期工程已投入使用，已用于英语部的英文稿件编辑工作，国际新闻部的中文稿件编辑工作和办公室机关办公事务处理工作。日语部、英语部对听众来信的处理、研究室每天编印《收听外台快报》，以及人事、财务管理也都运用了计算机。

1989年，我台还研制成功A80录音机双声道立体声磁头并投入使用；研制成功的自动扫频仪，已用于生产高质量放音校准带，并已生产了20个品种2000余盘高质量校准带；此外，技术部门还拟定了《广播声频通路电性能运行指标测量方法》《广播声频通路电性能运行指标等级》《广播调音台电性能运行指标测量方法》《广播调音台电性能运行指标等级》《广播录音机运行技术参数等级》五项部颁标准；我台的两项成果：《国际台信息管理系统以及大网开发应用》和《高质量校准带和自动扫描仪》获广播电影电视部科技进步四等奖。

（曾　平）

1989年 我国新闻摄影事业发展概况

1989年，是我国建国40周年，改革开放10周年，还是摄影术公布150周年。在这一年间，我国新闻摄影事业在宣传报道和学术研究上，有这样一些重要特点。

一

摄影报道贯彻正面宣传为主的方针，以多种侧面形象地反映了我国各条战线取得的成绩和变化。

中国新闻摄影学会与吉林新闻摄影学会在吉林省粮油进出口公司的支持下，在吉林市举行的第九届全国新闻摄影作品评选中，共收到1513名作者在1989年拍的新闻照片4052幅（组），评出展览作品300

幅(组),金牌奖4个,银牌奖11个,铜牌奖20个,总编辑摄影奖5个,最佳奖和慧眼奖空缺。新华社记者安克仁的《总书记在农家做客》,把9月12日江泽民同志在延安窑洞和农民闲话家常的情景,表现得富有情趣和生活气息,获得了4块金牌的第一名。另外3块金牌的得主是:中国环境报记者高光德的《四十年大庆》(国庆之夜天安门广场欢庆场面)、解放军画报记者李靖的《不要砸了》(6月3日晚北京发生反革命暴乱中,一位女青年阻止暴徒攻击戒严部队的情景)、山东省公安厅王学军等的《黄岛壮歌》(8月12日扑灭黄岛油库大火剪影)。它们显示的重要新闻价值和强烈视觉效果,代表了我国这一年新闻摄影水平。

新华社的摄影报道在这一年中取得了新成绩,较好地完成了全国人大二次会议、全国政协二次会议、党的十三届四中全会和五中全会、北京平息反革命暴乱、国庆40周年、党和国家领导人出访、美苏等国领导人访华、国际重大事件和国内重要建设成就、人民生活变化等报道任务。全年共发新闻照片27813张底片。仅建国40周年的报道,即发出有关建设成就照片35组300多张底片,庆祝活动照片143张底片,还发了《共和国四十年》等6套大型图片展览稿,供国内各地和驻外使馆展出。

在五、六月间北京发生的政治风波中,首都各新闻单位的许多摄影记者拍摄的纪实照片,反映了风波的发展变化过程和平息这场风波取得的胜利,也有的报刊发表的新闻照片起到了错误导向作用。风波平息后,解放军画报在北京举行了大型摄影展览,新华社编发了发往各地的展览照片15000多套,在帮助人们了解北京政治风波真相中起了形象见证作用。

二

报纸运用摄影报道新闻有重大改进,几家报纸头版或二版以整版或较大篇幅刊用新闻照片,图文并重,为我国报业史上所少见,令人耳目一新。这是新闻改革的一个重要成果。

以往,我国报纸刊用整版照片的版面有之,但大都是副刊上的“画刊”,内容多是新闻性不强或没有新闻性的艺术照片。1989年,首都和外地几家报纸大胆革新,推出了一些头版或二版以新闻照片为主、图文并茂的新版面。仅9月11日这一天,北京日报第一版全是照片,光明日报第二版照片占2/3,中国青年报头版中心位置刊用两幅大照片。北京日报看到11日的头版版面社会效应好,于18日又在头版刊用了整版照片。这两版头版照片,每版各用10幅,大的有10吋,小的也有6吋,分别以“京城四角”和“北京人今与昔”为题,以同一地方、同一内容的40年前和40年后的不同照片,报道首都40年的变迁和新貌,令人振奋,给人联想,告诉人们“认清奋进的轨迹和方向,去创造更加美好的明天!”

7月14日,经济日报用头版头条的近1/2的版面,发表了“新华社供本报专稿”、新华社记者时盘棋的《重访重庆》的系列摄影报道之一。该报总编辑范敬宜以本报评论员的名义,为这组系列摄影报道的发表写了“没有共产党就没有新中国”的短评,说“我们献上这组摄影报道,最大的愿望是为大家提供一面明治乱、辨是非、知根本的小小镜子”。中央人民广播电台和中央电视台分别在当日早晨和晚间新闻联播节目中介绍了这个版面的摄影报道。紧接着,该报在15日、17日、18日、19日的二版上,以近1/3的版面,连载了这组系列摄影报道。作者时盘棋当年以战地记者身份随第二野战军进军西南,留下了不少珍贵的历史镜头,40年后重访重庆,又在原地摄取了许多今日的新貌。“今昔相照,对比鲜明,比任何语言更有说服力量”。

10月3日,浙江日报的第二版,以整版篇幅发表了著名跟踪摄影记者徐永辉的《一户农家四十年》,他拍的11张今昔对比照片,和写的一篇充满感情色彩的通讯,真实地介绍了农民叶根土一家三代经历的40个春秋。这是徐永辉对这个普通家庭的继“一户人家十年间”(1959年国庆)之后的第三次跟踪报道。中共浙江省委书记李泽民看到这组摄影报道称赞:“它反映的是一个普通农民的家史,实际上却是新中国四十年历史的一个缩影,是党领导下的中国人民走社会主义道路的一曲颂歌。”

加重新闻照片在报刊上的地位,提高摄影报道的质量,强化形象新闻的作用,这是当今世界新闻事业的必然走向。7月14日,解放日报社与《上海投资》编辑部在联合举办新闻摄影大赛期间,召开了有总编辑、总编室主任、版面编辑、摄影记者共30余人出席的研讨会,专就新闻照片在报纸上的作用与运用等经常发生矛盾的问题,进行了直率地热烈地讨论,结论是:“思想沟通,取得共识,采编携手,发展摄影”。

三

新闻摄影展览、出版及学术研究活动,以回顾摄影术公布150年来和新中国新闻摄影发展40年来、新闻摄影改革10年来的历史为主要内容,探讨摄影文化和新闻摄影对人类文明的意义及其发展规律,取得良好社会效果。

这一年,新疆、青海、河北、四川、上海、河南等地新闻摄影学会和有关单位,分别举办了新闻摄影大赛、新闻摄影展览,以纪念建国40周年和改革开放10周年。1月,新疆《边疆风云录》影展,再现了新疆和平解放40年来的风云历程。6月,河北举办的首届新闻摄影大赛,参赛作品有250幅选登在报纸上。10月,四川的《优秀新闻摄影作品展览》,得到省委书记杨汝岱的称赞:“这次影展,真实地反映了我省40年来的建设成就,300多幅作品中有许多珍贵的历史镜头,看后很亲切,使人不忘历史,引人奋发向上”。10月,在上海举行的《中国农村40年》大型影展,作品来自28个省、市、自治区,生动反映了中国农村发展的各阶段面貌和人民生活的深刻变化。12月,在郑州评选揭晓的“中原油田杯全国摄影大赛”中,一幅《摄下英雄的风采》新闻照片得票最多,作者是中原油田井下作业公司的28岁摄影干事王建明。这幅被人民摄影报称为“迟到的金牌”的作品,是1986年9月6日王建明和他摄下的英雄陈辉同在中原油田发生的特大井喷事故现场采访，他摄下陈辉在现场拍照的镜头之后，陈辉不幸牺牲了，他也身受重伤住进医院。他的这批胶卷过了几个月才冲扩出来，直到这次评选才得以和评委见面。王建明冒着生命危险拍摄这幅照片，所表现的摄影英雄陈辉抢拍救火现场的风姿令人感动。

在国际新闻工作者协会和朝鲜新闻记者联合会组织的第14届国际新闻摄影比赛中，吴学华的《上海3·24火车事故》、候艺兵的《毛泽东的女儿李敏》和陆元敏的《协力》均获得了铜牌奖。这次比赛，共有44个国家的642位摄影记者参加，收到照片3522张，中国有81人的作品参赛，占参赛者的1/8。

这一年，出版的新闻摄影画册和书籍，主要有：罗光达主编的《巾帼英豪——抗日战争中的晋察冀妇女儿童摄影集》（辽宁美术出版社出版），《历史的脚印——高粮摄影作品选集》（辽宁美术出版社出版），徐肖冰、侯波的大型历史文献摄影集《路》（浙江美术出版社出版），乔天富的《中国军队十年大观》（四川美术出版社出版），王立行主编的大型精美摄影画册《北京》（北京出版社出版），新华社摄影部与吉林教育出版社联合编辑、王洪珠和徐佑珠主编的反映建国40年历程的大型摄影画册《永恒之日》（邓小平题写书名，吉林教育出版社出版），以及蒋齐生写的摄影史专著《新闻摄影140年》（新华出版社出版）。这些摄影画册和书籍，以珍贵的镜头和翔实的史料，客观地再现了我国革命战争、社会主义革命和建设、新时期改革开放的光辉而艰难的发展历程，以及摄影自身的发展历史。

这一年，中国新闻摄影学会和它的40个团体会员（团体会员中于1989年成立的有江西、浙江、内蒙古、地市州盟报及农垦等5个新闻摄影学会）、1328名个人会员，采取多种方式和途径，学习与研究摄影历史，撰写文章，参与摄影术公布150年纪念活动。8月19日摄影术公布这一天，天津新闻摄影学会等单位举办了“8·19一日摄影”比赛。10月25日，蒋齐生抱病主持编辑的《贡献——纪念摄影术公布150年》大型摄影回顾展，以420幅照片和5万文字资料，系统地介绍了1839年8月19日法国公布达盖尔摄影术时起，150年来世界和中国的摄影发展过程，阐明了摄影术以其纪实性特征对人类文明所作出的重大贡献。这个影展以其学术性、知识性和科学性受到普遍欢迎。山西一观众写道：“展览极好，应出资料及作品集。”为了满足广大读者学习摄影知识的要求，中国新闻摄影学会将这个展览的全部内容制成了幻灯片，并在展览基础上扩编成图文并重的画册式的大型摄影史书《摄影史记》，将由吉林教育出版社出版发行。

为了研究摄影术和摄影文化对人类的意义、作用、发展趋势和我国新闻摄影改革，中国新闻摄影学会在10月27日召开了学术座谈会。

时代在发展，社会在前进，新闻摄影也必须紧跟时代步伐不断开创新局面。我们要开创的是符合时代潮流、符合中国国情、符合中国在世界上的地位、符合新闻摄影规律的新闻摄影新局面。只有如此，我们的新闻摄影，才能达到为时代纪实、为历史留篇、为人民传情、为生活添彩、为报刊宣传服务的目的。

（胡　颖）

1989年
我国军事报纸事业发展概况

1989年是解放军报由内部发行改为公开发行的第3年。军队系统各大军区和海空军均出版内部发行的四开四版报纸，每周三期，主要对象是基层广大指战员。

1989年解放军报和军队系统报纸最突出的特点是：在中央军委、解放军总政治部的直接领导下，经受住了春夏之交严峻的政治风波的考验，坚持正确的舆论导向，发挥了党报应有的喉舌作用，很好地完成了制止动乱、平息反革命暴乱的宣传任务。1989年春夏之交发生的政治风波，是一场背景复杂的、严重的政治突发事件。解放军报的宣传报道是在十分紧急、十分困难的情况下进行的。宣传分为三个阶段：

第一阶段，从4月下旬学潮开始至5月19日。军报对罢课、游行、绝食、声援的消息，采取低调，淡化，不发的做法，基本上在四版和一版下部处理，表示报纸不支持学潮，反对动乱的态度。

第二阶段，从5月20日宣布戒严到6月3日。这段时间，军报遵照军委和总政治部关于要承担起传达好党中央声音的责任的指示，旗帜鲜明地报道了5月19日中央召开的党政军干部大会。从5月24日起军报打破常规办报，宣传戒严部队制止动乱的报道，覆盖了一、二、三、四全部四个版面。引导广大指战员正确理解和贯彻中央的指示和决策。

第三阶段，从6月4日平息反革命暴乱后至6月底。军报按照党中央，中央军委和总政领导的指示，及时编发消息、言论、文章，揭露反革命暴乱真相，揭露暴徒罪行，批判资产阶级自由化的种种谬论，回击境外敌对势力对我们的攻击和制造的种种谣言，宣扬戒严部队平暴事迹，宣传邓小平等中央领导同志讲话。

各军区、军种报纸在春夏之交的政治风波中，也顶住了错误舆论导向的干扰，做到了“四个坚决”：对宣扬资产阶级自由化的文章，坚决不登；对非法游行的报道，坚决不写；对绝食请愿的消息，坚决不发；对支持动乱的言论，坚决不转。参加戒严部队所在军区、军种的报纸，都用大量篇幅突出报道了戒严部队坚决执行党中央、中央军委的命令，圆满完成戒严任务的事迹。北京军区战友报，仅在戒严以后的两个多月时间内，就编发160多个版，并派出记者采写了一大批有影响的稿件。不少稿件时效快，旗帜鲜明，立场坚定，感情充沛，其中一些被中央报刊电台转载和播发，《共和国不会忘记他们》这篇通讯，先后被人民日报等十多家报纸刊登。

在国庆40周年之际，突出宣传我军建设成就，这是军队系统报纸1989年宣传报道中的又一特点。解放军报于 8 月 20 日开始宣传，持续时间 40 多天。共计发稿 40 多万字，以大量的事实，阐明只有社会主义能够救中国，只有社会主义能够发展中国，军队建设的成果都是在党的领导下取得的。各军区、军种的报纸也大都开辟了宣传本系统建设成就的专栏专版。如人民海军报开辟了迎国庆专题报道《不平凡的航道》专栏，空军报开辟了《人民空军和共和国一起成长》专版等。

1989 年军队系统的报纸还结合部队的中心工作抓了一些对军队和社会有影响的工作报道和典型报道。战旗报对执行拉萨戒严任务的部队作了集中宣传。解放军报在平息反革命暴乱后突出宣传了刘国庚、崔国政等许多英雄人物的事迹，在全国引起很大的反响，后来大都被中央军委授予"共和国卫士"荣誉称号。解放军报开辟了《我们身边的好党员》、《机关按〈纲要〉指导基层，基层按〈纲要〉建设连队》、《当代戍边人》、《学习雷锋好榜样》、《现场见闻》等专栏，受到广大指战员欢迎。总政宣传部和各军区、军种报纸及首都部分军事新闻单位联合举办的《基层人物风采》征文比赛，报道了 500 多位基层先进人物的生动事迹和他们的精神风貌，对基层指战员献身国防起了很好的宣传鼓舞作用。

（杨玉辰、郭向星）

近两年我国工人报纸事业发展概况

我国的工人报纸，除全总机关报工人日报外，各省、自治区、直辖市和一些工人比较集中的城市工会主办的报纸有 39 家。它们是：上海劳动报、四川工人日报、河北工人报、山西工人报、新疆工人报、陕西工人报、贵州工人报、浙江劳动时报、天津工人报、安徽工人报、江苏工人报、甘肃工人报、山东工人报、广西工人报、湖南工人报、沈阳工人报、厦门特区工人报、汕头工人报、大连工人报、现代工人报、南昌工人报、成都工人报、鞍山工人报、本溪工人报、抚顺工人报、开封工人报、郑州工人报、平顶山工人报、南阳工人报、义马工人报、职工之友报、石首工人报、株洲工人报、石化工人报、邯郸工人报、百色工人报、朝阳工人报、三门峡工人报、工人音乐报。这些报大多数是周二、三、四刊，其共同特点是：

一是以经济建设为中心，围绕生产建设进行宣传报道。工人报与企业生产关系密切，能够及时地反映企业的生产经营情况，客观地报道企业的生产发展形势，经常介绍企业生产的先进经验和先进人物，并动员和激励职工群众投身于生产劳动竞赛。为此，工人报还开设了一些专栏，如《企业志》《企业家园地》《假如我是厂长》《劳动竞赛园地》《劳动比武园地》等等。在治理整顿和深化改革中，工人报开设了不少新的栏目，在社会上颇有影响，如四川工人日报开展的"国家有困难，巴蜀职工怎么办"的讨论，在四川的广大职工中形成了一种人人想形势，人人议形势，人人出主意，人人关心国家、企业发展，群策群力，同担重任，共渡难关的社会氛围。

二是注意坚持了四项基本原则，反对资产阶级自由化。工人报是党的宣传舆论阵地的重要部分。在思想政治工作一度被削弱、对四项基本原则宣传不够一贯的情况下，尤其在 1989 年春夏之交发生的动乱和首都反革命暴乱过程中，工人报坚持自己办报宗旨，对资产阶级自由化思潮进行了抵制，没有给搞资产阶级自由化的人提供舆论阵地。他们积极主动地号召职工群众坚守生产岗位，为稳定职工队伍，稳定社会秩序，支持党中央制止动乱和平息反革命暴乱做出了贡献。

三是坚持改革开放，及时揭示、报道改革中的新情况、新问题。工人报对党和政府关于改革开放的新的方针政策给予了及时宣传，并为贯彻落实到基层企业作出了努力。为深化企业改革，工人报开设了诸如"企业改革""市场"的专栏，开展了"企业承包"和"企业分配"的讨论，并及时报道了企业租赁承包中的各种经验和问题。

四是坚持宣传工人阶级的先进思想和模范事迹，为建设有理想、有文化、有道德、有纪律的"四有"职工队伍作出了贡献。工人报积极宣传职工中的先进模范人物的先进思想和事迹在全国各报中尤为突出，许多全国劳动模范都是由工人报首先报道的。党的十三届四中全会以来，工人报为宣传全心全意依靠工人阶级的思想作出了努力。

五是面向广大职工群众，维护和表达职工群众的利益。"维护"是工会的社会职能之一。工人报在维护全国人民整体利益的同时，积极准确地维护和表达职工群众的具体利益，为职工群众解决了不少实际问题。工人报为此开设了不少常设专栏，如"鼓与呼""职工论坛""读者来信""为您说话办事""维护与监督""监督岗"等等。工人报利用这些栏目进行了大量的卓有成效的工作。

六是为工会工作服务，当好工会和职工群众的耳目喉舌。工人报大多数是各地工会组织的机关报，因此，工人报都积极宣传上级工会工作的方针，贯彻上级主管工会组织的具体精神，面向职工和工会干部，为他们服务。如工人报开办的"工会工作""工运研究""工会工作信息""兄弟省市工会工作""班组园地""工运纵横"等栏目，就是直接为工会工作服务的。

（贺　冰）

1989 年我国农民报纸事业发展概况

1989 年是我国农民报纸事业继续稳定发展的一年。

到年底为止，全国农民报纸共 24 家，比上年减少一家。农民日报原属中共中央农村政策研究室、国务院农村发展研究中心领导，由于这两个部门于年底前相继撤消，该报成建制划归农业部领导，其办报宗旨，宣传任务，编辑方针均保持不变。年初，各报由于提高售价，发行量普遍下降，幅度在 30%左右，最高达 50%；其后逐月回升，到年底普通上升 10——20%。但总的发行量尚未恢复到上年水平。

通过春夏之交那场政治风波，各报在总结经验教训的基础上，办报方向更加坚定，旗帜更加鲜明，特色更加显著。出现了下列特点：

(一)农村精神文明建设的宣传报道进一步加强。各报普遍突出抓了先进人物的宣传报道。8月至10月，北京日报郊区版与市属几家新闻单位联合举办了“难忘的两个月”征文活动，大量报道了党和共和国经历难忘岁月中涌现的先进人物和先进事迹。随后，该报又配合郊区开展社会主义教育活动，在一版辟“在农村社会主义教育中”专栏，对农村先进集体和先进个人热爱党、热爱社会主义、热爱集体事业的事迹进行了系列宣传报道。四川农村报设“劳模赞”专栏，对本省出席劳模大会的劳动模范进行系列介绍，还辟“共产党员”专栏，对优秀基层党员进行了系列报道。山东农村大众开辟“公仆赞歌”、“廉洁篇”、“防腐篇”介绍先进基层干部。农民日报配合全国农村政治思想工作会议和农村组织工作会议，对农村先进党支部和优秀党员进行了系列报道。此外，各报还结合本地情况配合学雷锋、学赖宁活动进行了大量的宣传报道。

1989年是建国40周年，也是农村改革10周年。各报都以庆祝这两个周年纪念为题，对广大农村干部、群众进行了社会主义教育、爱国主义教育、国情教育和形势教育。农民日报连续发表了40年来农民生活巨大变化、农村经济全面发展、农村社会事业欣欣向荣等专文，还同中央有关部门联合组织了“纪念农村改革10周年纪念理论讨论会”的征文活动和庆祝建国40周年有奖征文活动。为了系统地进行这方面的宣传报道，福建富民报设了“社会主义事业在前进”专栏，安徽日报农村版设了“安徽农村40年”专栏，广东农民报设了“从数字看广东”专栏，山东农村大众设了“农村改革10年间”专栏，甘肃农民报设了“话说家乡”专栏。江苏致富报还刊出套色专版，对江苏农业和乡镇企业进行了全面介绍。

各报还用大量篇幅配合农村“扫黄”工作，对农村大吃大喝、大操大办，封建迷信活动，以及原已绝迹又复发了的社会丑恶现象和犯罪活动进行了揭露和批判；同时也用了相当版面来宣传介绍广大农村干部、群众勤俭持家，艰苦创业，学科学，学文化，爱集体，树新风等。总之，这一年，各报宣传精神文明建设的篇幅大大增加，在版面的处理上也比过去更加突出、醒目。

(二)在坚持为人民服务办报宗旨上，继续突出抓了政策和科技兴农宣传。平暴后，针对广大农村干部、群众心中的疑虑：党的农村政策会不会变？家庭联产承包责任制还实行不实行？乡镇企业和个体经营还让不让发展？农民日报8月初发表《家庭联产承包责任制全国大部地区仍适宜》的评论。当天中央人民广播电台转播了。引起各地很大反响。其后，又在一版刊登了邓小平、江泽民、李鹏等中央领导同志近期关于农村政策讲话的摘要，以及《政策的威力》《不信谣言，信政策》等评论。福建富民报，也发表评论：《现阶段农村政策不会变》。四川农村报针对本省情况，先后以答记者问形式发表了省委书记杨汝岱、副省长刘昌杰关于联产承包制不能变，继续鼓励和引导乡镇企业健康发展，坚持公有制为主体发展多种经济成分，以及鼓励农民勤劳致富和保护专业户合法利益等问题的讲话。山西农民报和湖北农民之友报分别在一版设信箱专栏，以编者答读者问形式，从农村工作方针到具体政策、措施、办法进行有针对性、深入浅出的解答。

1989年，各报在宣传中另一个突出的题目是：全党抓农业和农业升温要落到实处。农民日报配合五中全会的宣传，及时发表了农业部长何康撰写的题为《加强农业基础，保持国家经济持续稳定协调发展》的长篇专论，和《使全党全国集中力量办农业》的系列评论。接着又发表了八省省长谈农业，五市市长、书记谈开发农业，以及国家七部委领导纵谈支持和开发农业等专访。湖南农村报发表了32位县委书记在该报召开的座谈会上，呼吁稳定农业政策，放手发展农业经济的长篇报道。还连续发表了10篇加强农业基础地位的系列评论。

1989年，各报还普遍加强了科技兴农的宣传，而且形式多种多样。农民日报先后发表了《农业最终是科学解决问题》《农业技术推广面临困境——有钱养兵无权打仗现象透视》《农技推广步履艰难症结何在》等评论或述评。黑龙江农村报、湖北农民之友报和四川农村报分别发表《科技兴农的有效途经》《唱好科技兴农的大戏》《办好农技站》等评论。湖北日报农村版在一版辟“科技兴农”专栏，介绍各地的实用技术、增产措施和先进经验。福建富民报在科技致富版，用读者点题的方式介绍农业技术。值得特别指出的是，先进农技人员的介绍上了报纸版面的显著位置。北京日报郊区版在一版设了“农村科技尖兵”专栏。湖北日报农村版则开展了“科技兴农排头兵”征文活动，并在一版设了相应的专栏。

这一年，各报继续拓宽报道面，除加强政策服务，经济信息服务，科学技术服务，律法咨询和文教信息服务外，随着农村电视机的增多，有10来家报纸增辟了一周电视节目专栏，受到读者的欢迎。

(三)新闻改革的方向更加明确，步子更加坚实。各报通过对新闻舆论导向问题的总结和学习，进一步明确新闻改革必须坚持四项基本原则，必须坚持为社会主义服务、为人民服务的基本方向。为了更好地为广大农村干部、群众服务，各报都在贴近读者，通俗化方面作了很大努力，特别在“短”、“活”二字上下功夫。

文章短小精悍是农民报纸的一大特色。但近年来，深度报道增多，长文越来越多。为了改变这一状况，各报都注意精编稿件，压缩篇幅，必要的长篇报道也多采取分期分题刊登。一些报纸还增设有特色的小专栏，如吉林农民报设“当代农民”，贵州农民报设“山村广播”，江苏致富报设“新鲜事”，湖北日报农村版设“一期一鲜”，湖南农村报设“一代骄农”等。这些小专栏，形象生动地介绍了农村的新人、新事、新信息、新经验。“一句话新闻”也受到重视。如四川农村报的“一目了然”，黑龙江农民报和湖南农村报的“标题新闻”，安徽日报农村版的“无标题新闻”等，都办得很有特色。

这一年，各报刊登照片和漫画增多，是另一个新的特点。一些报纸突破了每版放一两张小方块照片的老格局，出现了集纳式的新闻照片。吉林农民报的“欢乐的节日”和“白山粮库热心服务”集纳照片，甘肃农民报的“临洮农村能源建设剪影”的集纳照片，都很生动。安徽日报农村版的“农村百相”系列漫画和北京日报郊区版的“福大叔趣事”系列漫画以及四川农村报的“每期一画”，引人注目。吉林农民报还在法制专版上刊登出“从案说法”连环画，在副刊上刊登“农村小景”国画和风俗画。使报纸增添了色彩。

应该特别指出的是，新闻改革与加强队伍建设密切结合起来。福建富民报在一版设“住村三昼夜”专栏，组织记者到村庄住3天以上，深入调查研究，然后写出报道，或反映农村新人、新事、新经验，或揭露问题和矛盾，受到读者欢迎。黑龙江农村报8月份抽出11名记者组成5个组，深入边疆县乡进行采访，并在一版设“今日边疆”专栏，在二版设“市县书记话边疆”专栏，刊登了几十篇有关报道。陕西农民报继1988年组织“八百里秦川”自行车采访之后，1989年夏季到冬季又组织了“省界纪行”采访并进行了系列报道。先后出动记者24人次，跑了本省与邻省交界的46个县，发“纪行”稿46篇，每县一篇。这一活动，不但加强了老区的报道，而且转变了记者热心跑先进地区，不愿跑老少边区的风气。

（四）中华全国农民报协会的作用进一步发挥。这一年10月协会年会上，认真总结了经验教训，进一步明确了方向。协会照常进行了一年一度的好新闻评选，加强了信息网的工作，定期出版了会刊，并基本上按计划进行了易地采访活动。协会还受全国记协委托进行了主办亚洲农业记协北京年会的筹备工作。这些活动，加强了各报的联系，沟通了情况，交流了经验，对各报的业务建设，队伍建设，以及推动新闻改革，都起到了一定的作用。

（黄　实）

1989年我国青年报纸事业发展概况

经历了1989年春夏之交的政治风波的锻炼后，我国的青年报纸政治上更加成熟，办报方针更加明确。

在这场风波中，除了少数几家报纸由于受当时中央某些领导人错误导向的影响，在宣传报道上一度曾发生某些偏差外，大多数青年报纸都做到了与党中央统一步骤，严格遵守宣传纪律，北京、河南、江西、安徽、四川等不少家青年报都由此受到当地党委或主管部门的表扬。在1989年12月召开的全国青年报刊第8届年会上，团中央书记处书记李源潮把办好青年报刊的基本原则归纳为“四个不动摇”：首先，宣传报道“以经济建设为中心，坚持四项基本原则，坚持改革开放”的基本路线不能动摇；其次，坚持团结、教育、引导、提高青年的基本任务不能动摇；第三，坚持社会主义舆论阵地的坚定立场和鲜明态度不能动摇；第四，坚持为青年思想教育工作服务，为共青团组织服务，为广大青年的进步服务的特点不能动摇。

经过这场风波的锻炼后，我国青年报纸更加自觉地做好对青年读者的舆论引导工作。针对部分青年思想上的疑虑，中国青年报接连发表了《中国虽穷，但分量很重——访前联合国副秘书长唐明照同志》、《站在历史的高度沉思——访北京市体委主任林炎志》、《怎样做一个中国人——访成都光明眼镜行经理杨伯银》等有份量的专访及思想评论《你究竟要什么？》、《我们今天的信心所在》、《看得远一点》，获得较好的社会效果，其中有的被人民日报等报刊及电台摘发。北京青年报在风波后一段时间里，每期用二个到四个版的篇幅刊发潜涵导向的报道和专文，如姚望写的《风波后的思考》、林炎志的《从大学生的一些特点看学潮》、团北京市委理论组的《精神涅槃》等，引人深思。

风波后，各青年报都自觉加强了正面的宣传报道。新中国建立40周年前后，为讴歌各条战线的巨大成就、颂扬人民群众艰苦创业、锐意改革的革命精神，中国青年报在一版设“祖国颂”专栏，以大量篇幅连续刊登了19篇通讯，题目有：《比一千颗原子弹更眩目——记中国第一个自力更生建设的核电站秦山核电站》、《中国第一商品——我国纺织品在国外》、《走向大洋——人民海军八十年代的雄姿风采》、《中国绿色旋风——我国杂交水稻居世界领先地位》、《大漠魂——献给酒泉卫星发射中心的英雄们》等，其中有14篇被中央人民广播电台摘要转播。

用英雄模范人物的感人事迹和优秀品德感染、激励青年，是我国青年报纸的传统。平息风波后，各地青年报都突出报道了一批青少年中的英模事迹。四川青年报最先发表了介绍“英雄少年”赖宁的长篇报告文学，连续报道了四川各地青少年开展学赖宁活动的情况并发表几篇评论，推动了学赖宁活动的发展。上海青年报和生活周刊6月份后相继发表了30多篇人物通讯，如《情系共和国的后代》（写全国劳模、松江县聋哑学校教师朱秋云）、《为了国徽的尊严》（写全国检察系统一等功臣王卫）、《生命的核裂变》（写交通大学已故年轻副教授唐坤发）等。青年报还与上海20所高等院校联合发起评选“八十年代我心中的卓越青年”活动，于12月15日揭晓。选出的14名“卓越青年”全部是雷锋式的人物，无私奉献的先锋，其中，高位截瘫的张海迪由于战胜厄运、自强不息而荣膺榜首；双目失明的史光柱因为英勇作战、展示民族尊严的革命英雄主义而名列第二；孙晋芳为中国女排赢得一系列国际殊荣而名列第三。以下依次为“共和国卫士”刘国庚；首创商业租赁群体的关广梅；勇于抵制不正之风的青年厨师陈爱武；中国长江漂流第一人尧茂书；舍身救人的大学生张华；自学成才、勇攀世界理论数学高峰的王建磐；服务社会、勤劳立业的个体劳动者辛福强；放弃高薪学成归国的中国第一位指挥博士陈佐湟；立足纺机的劳动英雄叶惠英；自愿向国家上交10万元遗产的杜芸芸；见义勇为与歹徒殊死搏斗的记者安珂。名单公布的当日，中国青年报发表了特约评论员文章：《雷锋精神的火炬永不熄灭》。这篇文章被人民日报等报台转发。

在加强正面宣传的同时，不少青年报还辟专栏、发专文，全面、系统地向青年读者介绍和剖析中国的国情。中国青年报12月5日至23日连续发表了5篇“国情系列专访”：《人口：经济发展的第一制约因素》、《粮食：必须面对的严峻挑战》、《资源：减轻压力刻不容缓》、《生态环境：未来的警告》、《改革开放：中国未来的希望所在》。辽宁本溪市科协主办的《青年知识报》也有计划地采写、发表了《中国国情面面观》、《环境污染到了非治理不可了》等一系列文章，以具体事实帮助青年读者认识中国的社会主义现代化建设既有光辉的前景，又面临错综复杂的矛盾和各种困难，需要上下同心艰苦奋斗才能达到预定目标。

由团中央宣传部、国家新闻出版署报纸司、期刊司和中国青年报刊工作者协会联合举办的1987——1988年度全国青年报刊好新闻好作品好活动评选，在1989年11月揭晓。18家青年报纸参加了评选。经新闻出版界专家学者组成的评选委员会评定，消息《贵州8名干部承包盖公章》、通讯《命运备忘录》、系列报道《30万临时工在深圳》等10篇被评为报纸好新闻一等奖；中国青年报的“报刊团校活动”、北京青年报的北京市中学生第二届“希望之星”评比、上海青年报的“华东六省一市作文比赛”获青年报纸“好活动”奖。1989年内各家青年报都根据本地区形势和青年的要求开展了丰富多采的活动。河南青年导报开展的“我为省长献良策”活动，一年内收到各阶层、各行业青年写给省长的建议近万条，报纸择优选登，在政府与广大青年之间架设了一座沟通的“桥梁”，受到各界好评。青年知识报通过举办“青年硬笔书法大奖赛”，从5000多幅参赛作品中发现了很多有才华的书法人才。

（尤 畏）

1989年我国妇女报纸事业发展概况

1989年，我国妇女报纸新增加了江苏省无锡市妇联、无锡市女知识分子联谊会主办的无锡妇女报（周刊），其他各报在规模上没有大的变化，是继续巩固提高的一年。他们遵循共同的宗旨，向妇女宣传社会，向社会宣传妇女，推动促进妇女解放事业和妇女工作的开展，在办报实践中又有新的发展，具体体现在以下几个方面：

（一）为庆祝中华人民共和国成立40周年，向读者介绍我国妇女在各条战线做出的卓越贡献以及妇联工作取得的丰硕成果。

中国妇女报从9月起开辟了“中国妇女四十年”专栏，先后刊登了7篇综述，从历史的高度，以翔实的材料介绍了40年来，随着新中国经历的风雨里程，我国女性地位历史性的变迁；介绍了我国维护妇女合法权益不断健全、完善所走过的不平坦的道路；介绍了我国妇联开展“三八”红旗手（集体）评选活动以来，日益产生的巨大作用；介绍了我国妇幼保健事业从幼稚逐步到成熟的概况以及我国女农民、女科学工作者、女作家、女体育健儿在各条战线上为国增光所作出的历史贡献，向社会展示了：新中国的女性已成为伟大的社会变革中不可忽视的“酵素”。

与此同时，各妇女报围绕着自尊、自信、自立、自强的精神，大力宣传报道了富有时代精神的妇女先进人物。中国妇女报在“三八”国际劳动妇女节期间，报道了一批被授予全国“三八”红旗手的人物事迹。在国庆节前后，开设了“劳模礼赞”栏目，以突出的篇幅介绍了10位全国劳动模范的事迹。他们中有：扎根边陲，在寸草不生的盐碱地垦荒种粮的新疆生产建设兵团种稻女状元刘焕奎；为美化城市市容而增光添彩的天津市模范清洁工孙丽华；一心为着广大乘客服务的长春市公交总公司售票员姜桂凤；为培养我国三个乒乓球女子世界冠军的教练冯梦雅；向世俗挑战，为社会奉献的河北省沽源县火化场火化工王贞琴等。湖南妇女报、山西妇女报、江西妇女之声报分别设置“企业家之星”、“巾帼风采”、“当代女性”栏目，着力报道了本省出类拔萃，卓有建树的先进妇女的模范事迹。

（二）发挥报纸的舆论监督作用，突出地报道了一些危害妇女儿童利益的社会现象和社会问题。

中国妇女报于5月专门派出一个记者调查组，到河北保定地区实地调查了1989年1月5日两名妇女被绑架拐卖一案，并由此深入调查了该地区多年来存在的拐卖妇女儿童的严重问题，在一版以“来自保定的呼救”为题，发表了由本报记者采写的6篇“严厉打击拐卖妇女儿童犯罪行为”的专题系列报道，配发了“要重视贩卖人口愈演愈烈的原因”的本报评论员文章。这组报道引起了社会各界的普遍关注，促进了当地公安部门破案工作的顺利开展，使受害妇女儿童得到了解救。山西妇女报4月到7月就本省社会上存在的“黄色书刊泛滥，儿童辍学，溺弃女婴”等影响儿童少年健康成长的三大危害，采用言论、消息、通讯、来信等体裁，以3个整版的篇幅进行集中的宣传报道。这一报道触及时弊，针对性强，省人大常委会作为议案提交大会审议，省教委、省公安厅、省出版局还就这一问题制定了对策。

5月到6月，为了配合有关部门对书刊市场的整顿，中国妇女报派记者对北京个体书摊的现状进行了追踪调查，连读刊登了5篇系列报道，反映了格调低下以及黄色书刊严重污染社会环境的问题，分析了几年来为什么屡禁不止、禁而不绝的原因，探讨了对个体书摊加强管理的办法。为了配合全国范围内开展的“除六害”的行动，该报还在一版设置了“除六害”专栏，持续三个多月，突出地报道了北京、天津、上海、云南、江苏等16个省市在这场斗争中的动态、成效和经验。

此外，江西妇女之声报为适应广大妇女走上商品经济大舞台的形势，在“妇女与法”的专版中，开辟了《经济合同法讲座》，历经4个月，陆续刊出14篇，针对性强，有实用价值，受到广大农村妇女的欢迎。湖南妇女报还发表了珠江三角洲“打工妹”追踪采访的系列报道，多侧面地反映了“湘妹”在南国工作生活的情况和心态，有拚搏的艰辛，有成功的喜悦，有难言的苦衷，也有堕落的悔恨，对当地政府和有关部门做好外流女工工作提供了决策依据。

(三)弘扬文明进步的婚姻家庭观，促进我国婚姻家庭的和睦稳定，为四化建设创造良好的家庭环境和社会环境。

婚姻家庭是一项涉及多方面的社会系统工程，美满的婚姻生活，既是个人生活中重要的追求和极大的幸福，还有着积极的社会意义。因此，各妇女报都把它作为报道的主要内容，也视为自己的特色，所有妇女报都设置了婚姻与家庭的专版，也成为广大读者最喜爱的专版之一。1989年各报进一步围绕“家”字做文章，指导妇女正确处理恋爱、婚姻以及家庭人际关系，促进精神文明建设。中国妇女报以10个月的时间举办了“全国金婚佳侣评选记念活动”，陆续在三版刊登了《金婚之路》征文35篇。在金婚佳侣中，有并肩走过二万五千里长征的老红军战士；有国家和军队的高级领导干部；有献身事业，共同奋斗的科学家；也有在各条战线默默奉献的工人、农民和知识分子，还有少数民族、归侨和一方从台湾回归大陆、几十年后又重新团聚的夫妇，这些报道引起了良好的社会反响。

在家庭婚姻的专版中，各报还辟有各具特色的栏目，中国妇女报有“秋明信箱”，湖南妇女报有“幸福之家”；妇女之声报有“家庭琐事录”；山西妇女报有“写写我的家”。这些栏目有的针对事业与家庭的矛盾进行讨论；有的帮助妇女树立新的婚育观，传播婚育知识；有的倡导婚事新办，和睦相处的社会风尚。这些报道对进一步发展我国社会主义的新型的婚姻家庭关系起到积极的促进作用。

(四)为了总结改革开放以来妇女报刊的发展变化，探讨妇女报刊的主旋律，全国妇联所属的妇女报刊于11月下旬在浙江绍兴召开了研讨会。

会议认为，妇女报纸与其他报纸一样，都是社会主义性质的报纸，是党的事业的一个组成部分。她的宗旨是教育、引导妇女坚持党的路线，投身两个文明建设，维护妇女儿童的合法权益，促进妇女解放。“妇女的进步、发展与解放”是它的主旋律。要解决好这一主旋律，必须坚持一个原则，处理好五个关系。一个原则，这就是党性原则，一定要在思想上政治上与党中央保持一致，全面、准确地宣传党的方针政策，传播党中央的声音。五个关系，这就是社会效益与经济效益的关系；思想性与可读性的关系；歌颂与暴露的关系；选择与引进的关系；自由与纪律的关系。

（刘永祥）

1989年
我国法制报纸事业
发展概况

1989年是我国法制报纸事业发展不平凡的一年。由于报纸发行费率及纸张、印刷价格的调整，各报报价上涨幅度较大，发行量受到很大影响。法制日报期发行150万份，比1988年的206万份下降28%(仍居全国大报第三位)。由各省、自治区、直辖市及重点城市主办的34家法制报纸期发行约600余万份，均有不同程度下降。1989年下半年开始的报刊清理整顿中，法制报纸除个别外，绝大多数被允许继续出版。

1989年春夏之交的动乱和反革命暴乱及其后，法制报纸从整体上看，听从党的召唤，紧跟中央部署，与党同心同德，经受住了这场政治考验。绝大多数报纸没有受错误舆论导向的影响，而是积极宣传中央制止动乱，平息暴乱的方针、政策，宣传在这场斗争中取得的胜利和稳定社会治安，维护安定团结政治局面所作出的实绩。法制日报与公安部联合举办了《金盾在危难中闪光》征文，集中反映了首都及其它地区公安干警、武警官兵在制止动乱、平息暴乱中的英雄模范事迹，以及人民群众对他们的理解与热爱。增强了警民团结，鼓舞了斗志。

建国40周年前后，各报以大量篇幅回顾总结了我国社会主义民主与法制建设的成就和经验教训，着重宣传了党的十一届三中全会以来政法战线坚持“一个中心，两个基本点”所取得的辉煌胜利。法制日报开辟了《40年法制纵横谈》专栏，连续发表了“访民政部长崔乃夫，民政工作40年综述”、“改造诗篇——我国‘两劳’工作成就”、“公安法制工作纵横谈”、“人民检察40年兴衰”、“法院工作40年回顾”等一批回顾总结政法战线各部门40年成就的专访、综述。

在全国劳模表彰大会期间，各报热情讴歌了政法系统出席大会的99名劳模秉公执法、廉洁奉公、艰苦奋斗，全心全意为人民服务的崇高情操和优秀品质。

在日常报道中，各报从稳定大局出发，宣传近年来执法部门配合治理经济环境、整顿经济秩序，全面深化改革中取得的成就，以及配合监察、纪检等部门推进廉政建设，惩治腐败的实绩；报道了政治战线及经济行政执法部门努力适应时代需要，发扬开拓与创新精神，加强自身改革与建设的典型；配合普法工作，对十法一例进行深入浅出的宣传，大量登载了广大干部和人民群众通过普法教育，增强法律意识，树立良好社会风尚，推进社会主义精神文明建设的典型；针对法学领域出现的否定马克思法学、否定阶级性是法的本质属性、否定民主的阶级性、否定刑法的专政性质以及反对四项基本原则作为宪法的总的指导原则等等资产阶级自由化观点，积极组织理论文章进行批驳，正本清源。

在报道中，各报坚持了以正面宣传为主的方针，同时根据法制报的特点，对反腐败、扫黄、严厉打击刑事犯罪以及其它有关社会阴暗面的典型报道，除必要的揭露外，着重反映党和政府惩治腐败、治理整顿的决心和行动，提高人民群众的信心，增强对党和政府的信赖，激发了人们奋发向上的精神。

（吴慎宗）

1989年 我国体育报纸事业发展概况

1989年是中国体育报刊宣传继续取得进步的一年。内容更为丰富多采，形式更加生动活泼，社会影响愈来愈大。

1989年，是吹响“亚运”前奏曲的一年。

新春伊始，中国体育报率先刊出第11届亚运会会徽。从此，亚运会的筹备情况，成为热门话题。三万多建设者战斗在北京亚运场馆设施工地上。成为中外体育记者采访的热点。累计采访亚运会工程和筹备情况的记者达400多名。各报都开辟迎亚运的专栏，如“亚运前奏曲”“亚运之窗”“亚运舞台礼赞”等等。成了1989年体育报道的显著特点。

这仅仅是一个方面。在这一年里，体育报纸同样经历了锻练与洗礼，从而增强了掌握舆论导向的坚定性。在把体育报纸办成准确宣传党的方针政策，为广大读者喜闻乐见的专业报纸方面，又前进了一步。“牢牢把握大方向”，对于体育专业报也是不能“特殊”的。河北《体育之声》坚持正确舆论导向，加强思想政治工作的宣传，进行“四有”教育，经常发表以实际行动为国争光的典型与经验，从正面宣传了坚持党的四项基本原则，受到上级的表扬。同样，安徽体育报、山东体育报、浙江体坛报都有类似的体会。

在第24届奥运会后，社会上议论纷纷，出现了“兵败汉城”一类的说法。这是1989年体育报纸面临的一个问题。许多报纸从总结经验教训着手，摆事实讲道理，实事求是地宣传得与失、成绩与不足的辩证关系，坚持正面宣传的方针。事实证明，中国体育健儿还是有志气、有能力跻身于世界强手之林的。在1989年的重大国际比赛中，共获得82个世界冠军和125个亚洲冠军，创造了34项世界纪录和18项亚洲纪录。正像国家体委主任伍绍祖在回顾这一年的情况时所说的：“1989年初，我开始步入体育战线时，社会上有一股批评体育工作之风，亚运会的筹备工作也进入关键阶段。由于体育战线广大干部、职工、运动员、教练员的共同努力，我觉得这一年过得十分充实，是体育战线摆脱困扰稳步前进，取得可喜成绩的一年。”

1989年，《中国体育报》已迈出31年的战斗历程。改出日刊后，刷新版面、充实内容、增出星期刊等为读者所喜闻乐见的报道与栏目，逐步形成自己的风格与特点，拥有相当的读者群，产生良好的社会影响。《足球》报也满十岁，以进击无止境自勉，肩负起为中国足球腾飞而呐喊的光荣使命，为体育事业贡献自己的力量。

广州《珠江体育报》，立足粤穗，面向国内外，为群众服务，为发展体育事业服务，努力成为审美高尚，格调健康，内容丰富，形式生动的综合性多功能可读性强的体育报纸，逐步形成人无我有，人有我新，人新我深的独特报道风格。创刊一年来，出版36期报纸，发行总数为126万份。这份套红对开四版的报纸编排新颖，为读者所喜爱。

湖南《体坛周报》主张以软新闻为主，注重动态，述评，人物介绍，及时提供背景材料。省内新闻和省外、国外新闻在版面上互相渗透，根据具体情况灵活调整报道重点，突出热门话题，如足球专版、体坛沙龙、起跑线等栏目。同时还开办月末版，发表专稿与文摘，如：汉城探秘、苏少泉传奇等文章，增加可读性，受到读者的欢迎。

现在，多数省、市、自治区均有一份体育报刊。而坚持出体育报纸的则占少数。辽宁体育天地报“坚持自力更生，不吃‘皇粮’，不要国家补贴一分钱。”也有因不能自负盈亏如浙江体坛报在年末停刊了。然而，就在这一年，也有迎着困难上的。上海体育导报、贵州体育报相继出版了。上海体育学院试办体育新闻专业。年末，体育记者、编辑汇集广西桂林共同研讨体育的社会功能和体育记者的素质。这些，一定会为推动体育事业的发展，为提高体育报刊的吸引力做出新的贡献。

（马信德、张振亭）

1989年 我国卫生医药报纸事业发展概况

1989年，我国卫生医药报纸经受住了政治风波的考验，没有发生导向错误。在全面贯彻党的基本路线，推动治理整顿、深化卫生医药改革，进行健康教育等方面做出了积极贡献，新闻学术研究和报业整顿建设，也有新的进展。

坚持党性原则，把握正确导向

在春夏之交的那场政治风波期间，健康报、中国中医药报、中国医药报和各地300多家卫生医药专业报，在新闻宣传中自觉坚持党性原则，同党中央在政治上保持一致，反对资产阶级自由化，做到了始终坚持正确舆论导向。它们一方面及时刊登党中央的指示，以统一广大读者认识；一方面紧紧围绕指示精神组织正面宣传报道，并严格把关，不给声援、支持动乱的稿件以见报机会。

健康报4月29日以消息形式转发4月26日人民日报社论，突出中央“必须旗帜鲜明地制止动乱”的号召；5月18日以后，连续4次报道李鹏总理和国务院关于首都医药界“不惜一切代价，全力抢救绝食学生”的指示，体现党和政府对青年学生的关心爱护；6月8日刊载《党中央、国务院告全体共产党员和全国人民书》，帮助读者理解动乱性质和平暴必要性。同时，在5月18日到月底、6月8日到22日两段时间内，组织刊登各类文稿60多篇，集中持续报道首都医务人员全力抢救绝食学生9300多人次无一伤亡的事实，保护与救治戒严部队伤病员和军民互慰互谢等情况，发扬拥军爱民优良传统。因而，受到广大医务人员和新闻界同行的称道。中国医药报和福建卫生报因坚持正确报道方向，顶住外单位的“串联”

活动，而分别受到国家医药管理局清查领导小组的表扬和中共福建省直机关工委的通报表彰。

加强爱党、爱国主义宣传教育

为了改变近几年来"一手软，一手硬"的状况，加强热爱中国共产党，热爱社会主义祖国，自力更生、艰苦奋斗的教育，激励民族自尊心、自信心，克服困难，继续前进，1989年冬健康报联系卫生系统实际，刊发了两组报道。其一，从12月16日到年底，围绕江泽民给北医大学生布仁巴雅尔的复信，连续发表《这是党对全体大学生的关怀》、《坚定信念，为共产主义奋斗到底》等8篇文稿，从不同侧面反映了北医大和各地医学院校师生，联系思想实际学习复信和以实际行动重塑大学生形象的决心。健康报首发后，首都新闻单位立即转发或追踪报道，引起社会各界，特别是高校的较大反响。

其二，是以消息《我国具备运动兴奋剂检测能力》(载11月14日)和通讯《他们领到了合格证》为代表的一组反映中国医科院兴奋剂检测人员，克服困难忘我工作，在短时间内通过国际考核，为祖国赢得检测资格的报道。这是一项具有国际先进水平的医技成果，目前世界上只有19个国家拥有这一资格；是中国人民有自立于世界科技之林的能力和白衣战士热爱社会主义祖国，迎亚运、做贡献的又一真实写照。

推动治理整顿和深化改革

中国医药报、医药信息报等在加强医药信息和知识传播的同时，都把介绍医药、器械行业在产、供、销方面的整顿经验作为主要报道内容。健康报、中国中医药报和各地卫生专业报，则一方面大力报道各地医疗单位整顿经验，一方面发表言论、组织活动加以指导推动。

8月19日，针对整顿中出现的"卫生事业应该靠国家投资，不必进行改革"这一片面认识，健康报发表评论员文章，阐明治理整顿与深化改革的关系。指出：总结经验，兴利除弊，加强管理，使改革措施逐步配套完善；加强医德教育，防止医疗服务质量下降，这既是治理整顿的主要内容，也是深化卫生改革的需要。同时，围绕11月12日白求恩逝世50周年纪念活动，从7月下旬到11月上旬，以弘扬白求恩精神，加强医德建设为中心，发稿30多篇，深入进行宣传教育。7月22日评论《做白求恩式的革命家》，重点阐发邓小平1989月6月关于医务工作者要"做白求恩式的革命家，做白求恩式的科学家"这一题词的现实指导意义；国庆社论《尽心尽力为人民群众服务》，呼吁发扬白求恩精神，狠刹不正医风；11月11日重登毛主席的《纪念白求恩》并配发评论《白求恩精神永放光芒》，披露不正医风的种种表现，进一步激励医务人员切实贯彻《医德规范》，力争医德医风的根本好转。此外，在1988年组织全国优秀院长评选活动的基础上，1989年12月中旬又同山西省卫生厅一道，组织召开优秀院长座谈会，交流整顿经验，统一对"努力提高医院社会效益"的认识。与会的60多位代表，还就此向全国医务人员发出了倡议。

加强医法宣传和健康教育

1989年是全国卫生法规体系初步形成的一年。各地医药卫生报一边继续反映《食品卫生法(试行)》《药品管理法》和《国境卫生检疫法》执行情况，一边对年内新颁布实行的《传染病防治法》、《环境保护法》(正式)和《化装品卫生监督条例》《精神病司法鉴定暂行规定》等10余个法规、制度进行报道宣传。健康报、中国中医药报等还大力宣传了卫生部《关于严禁开展胎儿特别鉴定和严格管理人工授精技术的紧急通知》及国家中医药管理局《关于加强气功医疗管理的若干规定》。前者，旨在保证计划生育政策的贯彻执行，严防出现伦理、道德、法律和遗传性疾病等问题；后者，旨在严防气功外气疗法的滥用和出偏。

1989年是我国继续贯彻"预防为主"方针，向"2000年人人享有卫生保健"目标不断迈进的一年。1988年我国已实现以省为单位儿童四苗预防注射率达85%的"七五"规划要求，1989年开始朝1990年实现以县为单位达到85%的目标前进。这一年，结合1月29日国际麻风日、中国麻风节，4月份全国第一个卫生月、4月7日世界卫生日：大家谈健康，4月14日全国11亿人口日，5月31日世界无烟日：女性吸烟更危险，6月26日国际禁毒日，9月20日全国第一个爱牙日：刷牙、保洁，12月1日世界艾滋病日：青年自爱自律，全国卫生医药报同其他新闻单位一起，围绕上述活动，开展了全民性的健康教育，在帮助人们提高自我保健能力，掌握科学的生活方式和饮食安排，防止性病传染，增进优生优育意识等方面，发挥了积极作用。

报纸整顿发展和新闻研究活动

1989年9月底，根据四川省新闻出版局关于"成都地区只能保留1份卫生报纸"的整顿要求，原成都市卫生局主办的大众健康报和卫生厅主办的健康生活报合并，改由厅局合办，以大众健康报为名继续出版发行。以介绍我国传统医药政策、信息和知识为主要内容的中国中医药报，经过4个月的试办于1989年元月2日在北京正式出版发行。民族医药报也于元月5日在南宁市创刊。健康报和中国医药报均已着手报纸编排、印刷技术的更新换代。到年底，健康报已完成激光照排车间和树脂版照印车间的筹建，只待1990年初开机使用。

1989年，全国卫生新闻"两会"在组织发展和学术活动方面又有新的进展。吉林、安徽两省卫生记协的成立，使全国省、区、市卫生协会发展到15个。全国医药院校校报记协和研究会元月份成立后，也加入全国卫生新闻"两会"。在这一年里，还完成了季刊《卫生新闻界》的编辑出版工作，组织了第4届(1988年)全国卫生好新闻评选和第10届全国好新闻参评活动，并取得可喜成效。

(刘俊琪)

1989 年
我国科技报纸事业发展概况

1989 年，全国各地的科技报都经受了一场严峻的考验。在全国各种报刊发行量普遍下降的情况下，以面向农村为主的科技报，还保持了相当的发行份数，期总发行量 360 万份左右。

1989 年中国科技报研究会的会员单位有 67 家(不包括县办科技报)，共计 78 种报纸。其中，对开大报 8 种，省级报纸 36 种，周二刊报纸 15 种，其它为周刊、旬刊。期发行量超过 10 万份的有 11 种，最高的 3 种分别是：山东科技报：32 万份；湖南科技报：21 万份；浙江科技报：19 万份。

据统计，1989 年全国报刊期发行总数比上年同期下降了 1/3 左右。科技报下降幅度较大，有的跌到历史最低数。发行量下降的主要原因是由于纸张价格上涨，邮发费率和印刷费的提高，导致了报价上调造成的。尤其是面向农村的科技报，报价上调导致了发行量的大滑坡。其它原因主要有三点：一是由于近年来报刊种类的增加，加剧了报纸间的竞争，“科技热”的兴起，使面向农村的报刊逐渐增多，各种报刊都加强了科技方面的报道，读者选择的对象多了。同时，随着这些年人民文化素质的提高，经营范围的扩大，对报纸的需求面也大大拓宽。而少数科技报质量不高，文章粗浅，版面不活，竞争力不强，渐渐丧失了读者。二是近几年农村的形势发生了较大变化。第一步改革的成功，“科学热”的兴起，使农村的产业结构由单一的种植业向多元化产业过渡。据资料表明，已有 35%以上的农户转向乡镇企业、商业和其它职业。科技报原来单一化的读者群在向多元化转变，面向农村以普及种植、养殖业为主的科技报，已经不能再满足这部分读者的要求了。三是由于科技报的读者以农民为主，读者群的分布相对来说比较分散，很多偏远、闭塞地区，邮电部门也是鞭长莫及，再加上有时受气候条件的限制及其它各种原因，订购的报纸不能按时到达读者手中，这就给报纸的发行工作带来很大困难，使这部分地区的读者很不稳定。

然而，各科技报社的编采人员，经过这十来年的锻炼，业务水平与科技报肩负的任务日趋适应。由于随新闻纸涨价而来的报纸提价，使得报纸发行量下降，在短时期内不能恢复的条件下，各报社更注重报纸的质量，使长期停留在理论上的提高报纸质量问题，今年落实到实际。这从三个方面可以看出：一是各科技报普遍都强化了读者意识。请读者评选好文章、好专栏，以检验办报方针。开展多种形式的调查，了解报纸读者群的变化，从而不断提高报纸的质量。中国科技报研究会好新闻评选已经举办了两届，这对增强科技报编采人员的好新闻意识，提高稿件的质量，起了很大的推动作用。二是针对读者群的变化，一些科技报对版面进行了调整，改变了以往单纯普及科学技术知识的做法，加强与经济的结合，增加信息量，增强指导性，把握准确性。另外，还把与人民生活息息相关的专栏放到重要位置(如医药卫生方面的专栏)。三是改变印刷手段，提高报纸印刷质量，少部分科技报社走上电脑照排的道路。

大部分科技报社是在 1985 年前后实行的自负盈亏，而由于报纸成本价格的提高和各种支出的增加，给各科技报社带来了难以承受的经济亏空，建立科技报的经济基础就更受到各报社的重视。在这几年的经营创收中，各报都有了一定的经验和成绩。1989 年 8 月召开了全国科技报经营与创收经验交流会，彻底摆平了报纸与经营的关系，在办好报纸的前提下，积极开展多种经营，明确了经营创收的六条途径：①办好报纸，做好成本核算和发行工作，依靠推销报纸来增加收入。②在读者能够接受，版面和发行部门也许可的前提下，适当多刊登一些广告。③设立读者服务部，为读者提供力所能及的各种服务。④配合报刊的有关内容，举办各种培训班。⑤围绕报刊的宗旨，为有关部门或单位编辑出版专刊、专版、专栏。⑥有条件的地方可以举办科技开发实体。

一段时期以来，由于错误地认为专业报没有政治宣传报道任务，削弱了思想政治工作。在今年春夏之交发生的动乱和北京反革命暴乱的过程中，有的科技报也在舆论导向或行为导向上出现了偏差。这之后，各报社认真学习了中央在这时期的文件，加强了政治学习，认真领会中央精神，及时纠正偏差，保持了和党中央的一致。

这次国家压缩整顿报刊，研究会的会员单位中有 6 家地、市级科技报被压缩掉了，这样避免了重复，可以集中财力、物力把保留下来的报纸办得更好。

1989 年 12 月 9 日，国务院《关于依靠科技进步振兴农业，加强农业科技成果推广工作的决定》中写道：“各地创办的面向农村的科技报是传播推广农业科技成果的重要宣传工具，各级政府和有关部门应予支持，充分发挥其作用”。国务院肯定了科技报的工作和作用，也为科技报指明了发展方向。

(王安宁)

1989 年
我国侨务报纸事业发展概况

1989 年，我国的侨报事业在较困难的情况下发展。一是办报经费紧张，二是政治风波的影响，给侨报的宣传报道带来一定难度。在这种情况下，我国的侨务报纸事业还是得到稳步发展。

(一)侨报份数有所增长。截止到 1989 年底，全国的侨务报纸除原有的华声报、广东侨报、福建侨报、广西侨报、云南侨报、上海侨友报、浙江侨声报、宁波侨报、温州侨乡报、嘉应乡情报、江门侨报等十余家全国性和省、市级侨报外，又新创办了海南侨报、梧州乡情报、惠州乡情报三家省、市级侨报，使全国的侨报达到 14 家。与此同时，福建侨报在上年四开四版的基础上扩大为对开四版。同时，各地侨报设法扩大发行渠道，增加读者订阅份数，使侨报在国内外发行总份数比1988年略有增长。

（二）**在政治风波中把握方向**。政治风波期间，政治形势错综复杂，新闻界也受到不同程度的影响。在此种气候下，我国的侨务报纸保持了比较冷静的头脑，基本上未登与中央步调不一致的文章。在北京市部分地区实行戒严至六·四平暴后，当时许多人对中央采取的措施不理解，特别是一些海外侨胞在对"六四"真相了解不清的情况下产生一些疑惑，继而对中国的对外开放政策和侨务政策是否继续贯彻执行表示担忧。为此，全国各地的侨报在当时较为困难的情况下作了大量艰苦细致的工作。组织力量积极采编反映中国政局稳定，对外开放政策不变，包括侨务政策也不变的文章。通过大量事实报道澄清"六四"真相，为海外侨胞释疑解惑。同时还采访报道"六四"后回大陆探亲观光的侨胞的真实观感，来反映中国政局的稳定和对外开放政策不变，有针对性地澄清一些被歪曲了的事实真相，使许多原对我国平暴不理解的侨胞慢慢转过弯来。在当时我国对外宣传一时显得薄弱的状况下，我国的侨报在对外宣传报道中起到了积极的独特的作用。

（三）**积极宣传报道建国40周年和改革开放以来的大好形势**。各地侨报根据自己的特点和本地的实际情况积极宣传报道建国40周年的巨大成就及侨乡经济建设的巨大变化，在海外树立中国的光辉形象。一些侨报还辟出专栏、开设栏目，以专题、系统的报道，从多方面向海外侨胞宣传介绍中国的成就和变化。华声报、广东侨报、福建侨报还举办一些征文活动，讴歌改革开放给侨乡物质文明和精神文明建设带来的新风貌。

（四）**1989年，中国的侨务界重大活动较为频繁，重大事件引人瞩目，侨务工作呈现出勃勃生机**。各地侨报积极配合国务院首次侨务工作会议和全国第四次侨代会的召开，报道党和国家对侨务工作的重视，宣传我国侨务工作近年来取得的巨大成就，以及侨务工作在四化建设、改革开放事业中的地位和作用。并大量系统地报道了奋战在各条战线上的归侨知识分子为祖国的四化建设所作的突出贡献和动人事迹。

（夏春平）

1989年
我国企业报纸事业
发展概况

1989年，我国企业报在各自企业党委的领导下，坚持无产阶级新闻事业的党性原则，坚持反对资产阶级自由化和僵化保守思想，及时准确地宣传党的路线、方针和政策，反映了企业改革的成就。

（一）**企业报特点更加突出**。企业报具有与社会报刊不同的特点。1989年，在全国工业生产大滑坡的形势下，企业报发挥自身的作用，紧紧围绕企业生产实际进行宣传报道，收到了良好的效果。首钢报社在本企业遇到了原材料短缺、能源动力涨价的困难，在报上开辟了"振奋精神，在新起点上发展改革成果"专栏，集中宣传职工自觉为改革多做贡献的事迹和经验。还开设了"创纪录榜上有名"、"拼搏精神赞"等十几个专栏，号召全体职工为完成全年任务和实现第11年利润递增20%而奋勇拼搏。鞍钢日报为了配合公司在企业内部施行职工工资"信用卡"，连续在报上发表"信用卡"知识，使广大职工提高了对"信用卡"的了解和认识，积极使用"信用卡"，增加了企业内部流动资金的数量，对稳定生产形势起到了宣传鼓动作用。中原电子报为了增强职工完成1989年利税660万元的任务，连续发表了"同心同德，完成660万"，"再论同心同德，完成660万"和"三论同心同德，完成660万"的言论文章，从不同角度分析了完成660万的有利条件，从而增强了全厂职工完成任务的信心。诸如今日杭齿报、扬子报、燕山油化报等也在这方面做出了自己的努力。

（二）**坚持正确的舆论导向**。1989年春夏之交，我国新闻界经受了一场特殊的政治考验。企业报也不例外。然而，在这场支持与反对动乱的斗争中，企业报大都旗帜鲜明，没有被当时错误的舆论导向所左右，始终坚持以经济报道为主，及时传达党中央的指示精神，统一职工思想，保证了企业生产的正常秩序。燕山油化报顶住各种压力，劝导职工坚守岗位，坚持生产，维护安定团结。他们发表了《分清是非，坚守岗位，反对动乱》的评论，旗帜鲜明地反对动乱。在此期间，他们还配合公司一年一度的设备大检修，抽出4个人办了20多期（每天一期）检修快报，稳定了公司的安全生产，保证了北京市100多万户居民的液化气供应。扬子报积极宣传中央的重大决策，大力宣传企业的中心工作，他们专刊专版集中力量报道生产设备大检修中的先进人物、先进事迹，树立了正气，稳定了职工思想。大钢报更是恪守党的新闻纪律，不听、不信、不传谣，始终把握住正确的办报方向，他们紧紧围绕工厂的改革，报道工厂的大好形势，受到了各级领导和广大职工高度赞扬。新疆铁道报、马钢工人报、湘纺报、首钢报等也都坚持了正确的舆论导向，大张旗鼓地宣传改革，抵制了资产阶级自由化倾向。为此，首都新闻界人士对企业报评价很高。解放军报副总编辑扬子才在全国企业报主编、企业宣传干部研修班上说："全国大多数企业报在动乱中表现是好的，整体合格"。

（三）**发挥了舆论监督作用**。企业报作为企业的机关报，它既宣传党的路线、方针、政策，宣传企业的改革、生产形势，宣传职工在两个文明建设中做出的成绩，又对企业的改革和发展以及职工的生活福利等起着舆论监督作用。如：大连渔业工人报协调、督促、联系、促进有关单位部门，使公司投资50万元为大连湾千余户职工盖小仓库；为北山、元宝山家属区铺柏油马路、安路灯、砌花墙，在元宝山建起了商业街，为三四千户职工送液化气到家门，解决船员乘车难，技校教师吃水难，小学校舍维修难等问题。企业的生产和经营离不开企业报的及时宣传鼓动作用，同时，企业报的舆论作用又促进了企业的进一步发展和完善。

（四）**自身改革不断深入**。全国上千家企业报是我国报业中数量很大的一支力量。搞好报纸的自身改革，是摆在企业报面前既现实又长远的永久课题。1989年，我国企业报在这方面做了诸多努力。中原无线电厂是一个技术密集型的电子企业，职工文化素质较高，青年职工占全体职工的一半。中原电子报为了把报纸办得层次高、质量好、有特色，不仅在报纸版面上做文章，而且注意培养素质好的新闻从业人员和作者队伍。他们的副刊，格调高雅，尤受职工青睐。萍矿工人报在自身改革中注重抓报纸质量，他们开设了120个小专栏，图文并茂，发行量一直保持在万份以上，全局平均每4个职工自费订阅一份报纸。鞍钢日报为了提高报纸质量，不惜投资，从五月起改铅版为胶版印刷。首钢报由年初的23人增至48人，由周2刊改为周3刊，对编采校人员的工作进行严格考核，一年中报纸未出任何政治错误。佳纸厂报充分调动编采人员的创造性、积极性，一年中总计有21篇(个)获市、省、部好新闻，篇数在全国同类规模企业报中属上乘。

总之，1989年我国企业报事业继续蓬勃发展。同时，当前企业报的社会地位与社会独立新闻单位比较，仍有相当差距。这除了各级领导重视与否之外，还受到企业条件和企业报本身作用发挥程度的制约。

(郑 虹)

1989年
我国产业报纸事业
发展概况

1989年我国产业报纸的发展情况是：数量增加不多，门类趋于齐全；经济报道份量加重，产业报特色逐渐明显；理论研究引起重视，初步出现一些成果。

产业报纸发展最快、创办最多的时期，是1984年到1988年的五年间。到1988年底，我国的产业报纸已有40多家。国务院绝大部分的经济部、委、局(包括一些国家专业性公司)，都有了自己行业的报纸。1989年，新办的产业报计有5家，即中国人口报、中国土地报、中国专利报、中国海洋报和中国气象报。需要说明的是，随着国务院机构的调整和1989年第四季度全国报刊整顿，产业报纸发生了一些变化。其中，中国煤炭报、中国石油报、中国电力报分别由原来的煤炭部、石油部、水利电力部的机关报变成了行业报。中国水利电力报变成了两张报，即中国水利报和中国电力报。中国机械报改名为中国机电报，成为国家机电部的机关报。原电子部的机关报中国电子报也变成了一张行业报。原来的航空时报和航天报，合并成为中国航空航天报。原中外产品报的主管单位有所变化，成为国家专家局的机关报，报纸改名为中国引进报。原中国农村经营报改名为中国经营报。国务院综合经济部门没有办自己系统报纸的，大概只有新组建的能源部、国家烟草专卖局、外汇管理局、测绘局和海关总署了。据新闻出版署的最新统计，产业报在北京已有51家，发行量将近400万份。因此可以说，产业报的规模已正式形成，分布比较均匀，门类比较齐全。

1989年，产业报虽然数量增加不多，但报纸质量的变化却十分明显。除少数创刊较早的报纸外，大部分产业报经过几年的艰苦探索，报社内部机制已建立健全，报纸逐步走上规范化。在完成了这些打基础工作之后，许多产业报都集中力量上质量，上水平，争创产业报纸特色。各报在研究提高报纸质量时，明确两条宗旨：其一，产业报是经济报纸类别中的一个重要层次，经济报道必须放重要位置，占大量篇幅。其二，面对日报、电视台、电台的新闻竞争，产业报的经济报道要发挥独家新闻和深度报道两大优势。为了强化经济报道，不少报纸在以下几个方面进行了有益的探索：

(一)千方百计拓宽经济报道题材。产业报的经济宣传，在很长的一段时间内存在着报道面狭窄、题材单调的毛病，要闻版和经济版上大量的报道是机关文件、领导人讲话、工作部署、生产进度、完成任务等方面的内容。为了改变这种状态，产业报都先后调整了办报宗旨和版面分工，把提供经济信息，为生产和流通服务作为报纸宣传的中心内容，把目光投向市场，投向商品交换、分配、消费、流通等领域，使报道面越来越宽。据首都产业报研究会的不完全统计，这两年，有20多家报社先后调整了版面，除了在要闻版上用大量篇幅报道经济活动外，二版和三版有的变成了经济专版，有的辟有许多经济专栏。消费时报在"指导生产、引导消费"的办报宗旨下，在要闻版上开辟了"消费面面观"、"观察哨"等十多个有关生产、经营、消费等内容的专栏。二版改为科技信息版，三版集中报道企业的产、供、销活动。为了突出经济宣传，产业报还努力改进会议报道，从会议中提取经济新闻和观点新闻。发挥行业报先知先觉优势，及早抓取独家新闻。与此同时，还积极稳妥地开启封闭题材，涉足交叉题材，抓住鲜活题材。打开现在的产业报纸，会立即感受到强烈的经济气息。

(二)增强全局意识，站在国家宏观经济的高度报道产业新闻。产业报都是行业经济报。由于受习惯势力的影响和其它一些制约，在办报过程中，产业报的有些报道很容易出现片面性，与行业利益有利的话就说，无利的话就不说。同一件事情，在与此有关的产业报上，就会出现各说各的话的现象。这种情况，在过去的产业报上时有发生。在实践中，大家都意识到这个问题，认识到产业报要拓宽发展道路，要办得有生机有前途，必须树立"全国经济一盘棋"思想，破除"条条意识"，站在全社会的高度俯视本行业。不少产业报在这两年改进报纸工作时，都明确提出了"立足本行业，面向全社会"的指导思想，并在报纸上进行了许多尝试，收到了十分显著的社会效益。中国电子报从1988年底，组织了一次规模较大的发展我国通讯事业的报道，站在电子技术的角度，以大量的数据，勾勒出我国通讯事业的现状，运用对比的手法从纵横两个方面进行剖析，把发展我国通讯事业已刻不容缓的问题提了出来，为促使我国产业结构的调整出谋划策。文章发表后，内行外行都深受启发，机电部、邮电部等部门领导和专家都给予好评，而且引起了国外有关专家和公司的关注。

1989年，也是我国产业报的理论研究和探讨收获较多的一年。由40多家产业报社组成的首都产业报研究会先后成立了5个研究分会，即要闻版研究分会、经济新闻研究分会、副刊研究分会、通联研究分会和企业文化研究分会，加强了产业报的专题研究。经济新闻研究分会召开了第一次年会，提交出14篇产业报经济报道研究的论文。与此同时，对产业报的领导体制问题、产业报的专业性和社会性问题、产业报的深度报道问题等，都有人写出了论文，产业报研究会准备明年召开一次学术年会，对产业报在办报过程中提出的有关问题进行学术交流。

（戴松成）

1989年
我国商业报纸事业发展概况

到1989年底，我国（未含港澳台）已有商业报纸135种，比1988年底的99种增加了36种。其中：1989年新创刊的10种，停刊2种，1988年未计入的社会商业报纸28种。1989年底报社编采人员（均不含兼职人员）1557人（不含1988年未计入的28家报社的1084人），比1988年底的1442人增加115人。平均期发行量287万份（不含1988年未计入的28种报纸的129万份），比1988年减少28万份；年发行量20412万份（不含1988年底未计入的28种报纸的15383万份），比1988年减少1996万份，下降8.9%。

总的来看，商业报纸仍呈发展势头，品种增加，发行量下降低于各报平均下降量。1989年，新创刊的商业报纸有：工商时报、中国物资报、浙江商报、商品信息报（天津）、福州商报、三明商报、深圳商报、长治粮食报、巢湖供销信息等10种。停刊的有：北京商业报和消费导报（河南）两种。1988年未计入现统计进来的社会商业报纸主要有：国际经贸消息、中国贸促报、中外产品报、中国食品报、中国纺织报、中国医药报、中国化工报、中国煤炭报、中国石油报、中国石化报、中国机电报、中国电子报、中国汽车报、渤海商报、农民之友报、农家信使报等。活跃的商业新闻为启动市场、稳定经济、促进生产、治理整顿、深化改革等起了积极作用。

这一年，商业报纸的发展特点是：

（一）加强了为活跃市场、疏导流通的服务工作。1989年，在市场疲软、资金紧缺的情况下，商业报纸大力加强了服务功能。中国商报和陕西供销合作、焦作供销信息等报纸为代表，积极推广供销社实行农民扩股的做法，为供销社解决资金困难的问题大力宣传。全国供销合作社系统1989年社员股金扩大了9亿多元，占1988年底社员股金总额的34%，部分地克服了流动资金不足的困难，减少了商业部门向农民收购粮食、棉花、油料等农副产品时打白条的现象。在企业之间接连发生商品出去后收不回钱，造成“三角债”、“多角债”的严重情况下，商业报纸也反复帮助呼吁，引起了金融部门的重视，银行主动帮助企业清理三角债，中央领导还下决心，在国家紧缩银根的情况下，增加了收购资金的投放，对启动市场、搞活流通起了很好的作用。中国商报对北京市商业部门与河北霸县联合起来搞工业品下乡的“京霸模式”进行了连续报道，在全国也产生了较好的影响。

（二）加强了稳定经济生活的思想工作。在春夏之交的那场政治风波中，社会一乱首先要冲击商业，市场就会先乱起来，人们的经济生活就会困难。中国商报连续发表了全国商业职工要坚守岗位，为稳定市场、稳定社会努力工作，以实际行动支持中央决策的报道，还大量宣传了北京商业职工坚守岗位、支持戒严部队，做好后勤服务工作的先进事迹。《江西粮食》作了紧急动员，调粮支援北京，还宣传了江西省粮科所一批知识分子积极申请入党的先进事迹。

就1989年全年而言，我国经济生活也是不寻常的。面对1988年的抢购风，1989年初，中国商报、广西商报等组织了“今年生意怎么做?”的讨论。7月，中国商报在上海市召开了大型座谈会，中国商报、上海商报、广西商报等又进行了“下半年生意怎么做”的讨论和连续报道。《湖南商业信息》等开辟了商业局长谈市场，浙江的《供销合作报》开辟了献计台，《北京粮食报》、《山西粮食》等面对农业人口转入务工、经商，对粮食体制改革，供应政策的调整作了探讨。中国商报为农资专营发表了“实行专营不是走回头路”的论述。对彩电实行专营和增加税收、对企业承包后的短期行为、柜台出租后无人管理等问题，各家商报都进行了讨论和呼吁……这对进一步完善制度、深化改革、稳定市场、繁荣经济都起了很好的促进作用。

（三）加强了在竞争中为消费者服务的宣传工作。国营商业在人们社会经济生活中仍起主导的主渠道作用。胡平部长在全国商业院校座谈会上提出国营商业这块金字招牌不能丢，中国商报以此为题发表社论，大大鼓舞了国营商业职工的士气。1988年假冒伪劣商品在个体经营市场上泛滥，1989年部分国营商业企业经营的产品中也出现了假冒伪劣商品。中国商报在报道中不仅及时批评了一些基层单位的错误做法，正面讲述了其危害，最后又提出防止的办法——把好进货关。强调这是稳定社会的重要问题。《山东供销行情》1989年8月8日揭露长清、平阴两个县供销社经销假商品案，并配发了言论，使责任者受到应有的处罚。郑州亚细亚商场一个售货员错把0.17元的不锈钢刀片的标准放到0.10元的普通刀片上了。顾客提出了意见。商场认真查处了商品部和责任人，并奖给提意见者10元。后来商场办了一份企业报，名为《亚细亚人》，在创刊号的报眼处还登了“向您致谢”的检讨稿。

（四）商业报道受到社会各界的普遍重视。1989年，100多家商业报纸刊登的新闻被中央或当地电台、电视台、报纸转述、转载的几乎每家都有。仅中国商报的稿件就被中央人民广播电台选播76篇次，被中央电视台选播62篇次，被中央级报刊转载208条。李鹏总理在中央办公厅编发的《每日汇报》信息资料上看到“吉林省化肥专营第一年效果显著”的信息上批示：“请纪云、俊生同志对农资专营做一次深入的调查，必要时开一次会议，交流一下经验，兴利除弊，坚定不移地把专营搞下去。”

商业新闻的社会化，引发了社会各界重视商业报道和商业信息，还表现在多种联合办商报的方式增多上。主要形式有4种：一是综合新闻单位积极参与办商报。这种办报形式以《市场》报（人民日报主办）、市场信息报（山西日报与山西省供销社主办）、农家乐（河北日报与河北省供销社主办）、南方市场信息（南方日报、广东省人民广播电台、广东省电视台、广东省商业厅等20家单位联合主办）和陕西农家信使报（省农办、供销社等24家单位主办）为代表。

二是多地域联合办商报。为扩大物资交流和开展商业活动，1980年底西南各省市首先联合办起了《西南物资商业报》；1988年武汉市中原电子信息产业发展公司联合中南一些单位办起了《中原适用信息》；济南市财委办的《市场导报》于1989年又扩大到全省十个地市财办联合办这张报纸；1989年底，华东六省市物价局将原来的《东南行情》改办成《华东物价报》。

三是上下联手办商报。1984年江苏省商业厅与镇江市商业局合办了《商业文摘》；中国物资信息中心与河北省物资局联办了《物资供求信息报》；甘肃省商业厅与兰州市商业局联办了《信息导报》；中国医药公司北京市公司与北京市医药公司合办了《北京医药商报》等。

四是行政与团体联合办商报。1989年福建省三明市商业局与市商经学会联办《三明商报》。

（曾伯生）

1989年 我国教育报纸事业发展概况

1989年，我国教育报纸较好地经受了动乱和反革命暴乱的考验，并取得了稳步发展。

旗帜鲜明反对动乱

在春夏之交的政治风波中，当首都一些主要新闻单位的舆论导向一度发生错误时，教育领域的报纸较好地坚持了正确的政治方向，在大风浪中没有迷航。

中国教育报从1983年创刊以来，对精神污染和资产阶级自由化思潮的泛滥，一直采取抵制和批判态度，较好地发挥了党和人民的喉舌作用。1989年学潮一起，编辑部就在国家教委党组的领导下，对大学生采取规劝和疏导态度，组织编发了一系列关于正确理解“五四”精神和发扬“五四”传统的文章和新闻报道。动乱伊始，该报对游行、罢课、绝食等活动采用“淡化”处理办法，尽量少报道或不报道。针对某些中学生开始卷入动乱的苗头，4月29日及时发表了评论《维护中学安定团结的局面》。并及时转发了党中央、国务院、国家教委、首都戒严部队指挥部等方面的有关指示和宣传材料，选登了邓小平同志关于必须坚持四项基本原则、反对资产阶级自由化的论述，摘编并发表了关于禁止非法游行的法律条文，组织编发了揭露西方“新闻自由”真相的专文。在动乱和反革命暴乱形势最严峻的时期，编辑部克服市内交通断阻等重重困难，保证了报纸按时正常出版。暴乱一平息，该报连续发表揭示事实真相和批驳谣言的报道和言论，在新闻界较早地载文抨击了严家其之流的言行；较早展开了对《河殇》的批判；发表了《关于这场动乱的10个为什么》一文，从政治上澄清重大是非问题。中国教育报在此期间的宣传报道，受到了中央领导同志的表扬。

省级教育报在那场政治风波中也坚持了正确的舆论导向。除及时转载中央和所在省的有关指示外，还及时自行组织编发了一些正面报道和文章。例如：山西教育报在人民日报“4·26”社论发表后，立即邀请山西大学10位著名教授、民主党派人士座谈，5月1日在《祖国需要稳定，人民需要稳定，改革需要稳定》的通栏标题下以半版篇幅发表了座谈发言摘要，旗帜鲜明地反对动乱，在社会上产生了较大反响。河南教育时报5月4日在头版头条位置发表了题为《发扬“五四”精神，维护安定团结》的评论，明确指出“少数人唯恐天下不乱……制造谣言，蛊惑人心，利用大、小字报谩骂、攻击党和国家领导人……这一切，都是党纪国法所不能允许的。”陕西教师报在动乱期间以《不为动乱所惑，坚持正常教学》为题表扬了稳定教学秩序的学校和教师。甘肃今日教育报5月10日在头版头条位置载文号召认真学习人民日报“4·26”社论，制止和反对动乱。四川教育导报发表了《坚持教育的社会主义方向》、《在严肃的政治斗争面前绝不能糊涂》等评论员文章，举办了“只有社会主义才能救中国”等时事讲座，组织了一批“爱我中华”方面的报道。这些省级教育报纸在动乱期间的宣传报道工作，几乎都受到所在省教委的表扬。

分散在全国各高等学校的750多家校报，在动乱和首都反革命暴乱中处在前沿阵地，也经受了严峻的考验。据悉，它们绝大多数都在学校党委领导下，坚持了社会主义的办报方向，积极组织师生员工撰写坚持四项基本原则、反对资产阶级自由化的文章，针对动乱中的问题发表反思文章，揭露学校里所谓“精英”的真面目，为促进学生思想转变，稳定学校局势发挥了重要作用。

大力加强正面报道

1989年教育报纸日常宣传报道的显著特点，是更加重视正面报道，大力宣传教育战线的成就和经验、先进单位和优秀人物，起到了指导工作和鼓舞人心的作用。

中国教育报1989年继续大量报道了山东多渠道集资改善办学条件的成功经验，以系列报道形式介绍了湖南省郴县“三教统筹”全面发展教育事业的经验，介绍了珠江三角洲地区教育和经济齐发展的成就、贵州贫困山区安顺县的教改成绩、山西柳林县前元庄使教育与建设相结合的经验、东北师大教改成果、“小学德育工作的一面红旗”——吉林省浑江市建国小学的经验、石家庄陆军学院对北大新生进行军政训练的成绩等。在人物报道方面，以系列报道方式连续一个多月报道了教育战线新秀——北京119中优秀年轻班主任任小艾的事迹，还着重报道了天津十九中优秀班主任郭雅素(全国劳模)、河北香河县梁家乡岭子小学优秀教师武兴元(全国优秀班主任)、在历史教学中取得优异成绩的北京三中教师朱尔澄、在北大荒成功培育和种植葡萄的齐齐哈尔铁五中特级教师李文福(全国劳模)、被誉为“蜂王”的浙江农大教师陈盛禄和林雪珍夫妇等数十位优秀人物的事迹，在读者中引起较大反响。该报还率先揭露了书刊市场被严重污染的情况，引起了党和政府的重视，成为“扫黄”的前奏曲。

省级教育报1989年也发表了许多影响较大的作品。教育导报7月7日推出大型报道《水晶少年——赖宁》，成为全国第一篇关于赖宁的全面报道(比中国少年报早半年)；10月13日又推出关于全国十佳队员、无臂少年成佳的通讯报道，关于中小学生流失的系列追踪报道和揭露四川彭水县捣毁校舍、殴打教师事件的报道，也引起较大反响。今日教育报早在7月28日就通过报道定西地区中小学生“学雷锋活动经久不衰”，倡议再学雷锋，推动甘肃省委在定西召开现场会议并作出了学雷锋的决定。教师报颂扬了为抢救落水儿童而牺牲的陕西富平县一中青年教师鲁建荣和全国先进工作者、献身山区教育事业的城固县付家坪小学教师禹长荣等一大批优秀教师，还以《关心教师的好县长》为题表扬了陕西佛坪县副县长李加典等。教育时报就加强德育工作、调整中等教育结构、发展职业技术教育、多方集资改善办学条件等作了大量报道，引起了有关方面的重视。浙江教育报报道的贫困山区衢州等地改造校舍危房工作经验、永康县和浦江县开办农村初中班的经验，以及为中学课程改革开辟的专栏讨论，都对教育工作起了促进作用。

高等学校校报根据学校特点，继续为学校坚持社会主义办学方向和培养“四有”人才服务，进一步加强了思想政治教育工作的宣传，并以多种形式报道了本校师生员工中的优秀人物和先进集体。

克服困难稳步发展

在纸张紧缺、印刷和邮寄费用上涨的情况下，教育报纸仍有所发展。

这一年，中国教育报的北京印刷点和其他三个分印点(上海、成都、长沙)都改成了胶印。编辑部年初迁至北京四中院内后，办公条件得到初步改善。

这一年，省级教育报由6家增加到10家。除原有的教师报(陕西)、浙江教育报、今日教育报(甘肃)、教育时报(河南)、山西教育报和教育导报(四川)以外，(注：1988年试刊的江西教育报1989年停办)，又增添了4家。它们是：

广西教育报，广西壮族自治区教委主办，对开四版，周报；

江苏教育报，江苏省教委主办，四开四版，周报；

云南教育报，云南省教委主办，四开四版，周报；

新疆教育报(试刊)，新疆维吾尔自治区教委主办，对开四版，周报。

(王子英　潘　铭)

1989年我国社会生活服务报纸事业发展概况

我国社会生活服务报纸是中共十一届三中全会以后，伴随改革开放方针逐步发展起来的。据统计，“改革”前这类报纸仅阳泉报周末刊一种，它是由中共阳泉市委1952年8月创办的具有市报特点、晚报色彩的综合性报纸。到目前为止，这类报纸已增至63种，基本上是近10年来创办的。其中70年代创办的有中国旅游报和车城周末报(由湖北省二汽建设报社主办)2种。80年代后，特别是1984年以后，城乡人民生活有较大改善，思想情趣广泛提高，为适应读者的需求，社会生活服务报纸犹如雨后春笋，很快发展起来，遍布全国各省。

社会生活服务性报纸主要分为三大类：一是社会福利、保险类，代表为《中国社会报》(原社会保障报)，包括消防与保险、人民保险报、人民保险等。中国社会报是带有部门特色的综合性报纸。除了报道民政工作经验信息外，还设有“社会新闻”、“社会杂谈”栏目和“社会服务”“社会生活”专版，密切民政与社会的联系，增强其社会影响。

二是旅游知识性报纸，代表为中国旅游报，包括列车之声、列车旅游、海上旅游、江南旅游报、旅游晨报、长江旅游报(此报另有英文版双月刊)、旅行之友报、旅行报、铁道旅行等十几种，旨在为广大旅客、游人服务，介绍风景名胜，文化古迹，异国风土人情等，集文学、历史、地理和自然科学知识，为游人提供信息和服务。

三是家庭生活知识性报纸，约占整个社会生活服务报纸的60%。有家庭报、周末、星期天、家长报以及花卉、美、食报等数十种。其中广东的食报，向群众普及食品科技，宣传食品卫生，传播食品信息，指导消费。家长报旨在当好家长参谋，作好学校助手，传递最新教育信息，交流家教经验，反应家长要求和解答疑难，普及科学育儿知识，探求成才奥秘。花卉报介绍花鸟鱼虫知识，陶冶人的性情。月老报为广大青年男女牵线搭桥，指导青年正确处理恋爱、婚姻和家庭问题。这些报纸深受群众欢迎，在社会上较有影响。

社会生活服务报纸的特点可概括为：

(一)内容丰富，知识面广，有生活气息。

丰富多彩的家庭生活，五花八门的嗜好兴趣，为社会生活服务类报纸提供广阔的报道天地，使社会生活服务类报纸内容充实，与每个家庭、个人紧密相连。这类报纸以思想性，知识性、实用性、娱乐性见长，集晚报和专业报之特色，接近社会、接近基层、接近家庭，从群众的实际需要出发，反应群众的经济生活、社会生活和日常生活中的新问题，研究提示解决办法，并通过传播市场、科技信息及各种兴趣知识，为读者解疑释惑，丰富日常生活。

(二)订户少、零售多、发行量大、竞争性强。

从社会生活服务报纸的发行状况看，特点突出的最受欢迎。食报、周末期发行在40——50万份之间；中华花木报、月老报、家长报期发行在20——30万份之间。社会生活服务类报纸多数为周刊小报，读者完全凭爱好取舍，因此零售多，竞争力强。

社会生活服务报纸对陶冶人们的志趣、性格，提高人们的思想修养，起着积极的作用。但也存在一些问题，主要是互相联系不够，没有横向联合，不能取长补短。

(张晓仑)

1989年 我国晚报事业发展概况

1989年，全国晚报由原来的39家增加到43家。新增加的晚报是：西宁晚报、长春晚报、银川晚报、申城晚报(信阳)。由于西宁晚报的创办，全国所有省会都有了自己的晚报。

截止到1989年，有6省、区创办两家晚报，即内蒙古、四川、黑龙江、吉林、辽宁、福建；有2省创办了3家晚报，即贵州、湖南；创办4家晚报的有河南省。

有两家晚报除以汉文出版外，还以少数民族文字单独出版，他们是：藏文拉萨晚报、维文乌鲁木齐晚报。

1989年，发行100万份以上的晚报有两家：新民晚报，最高达184万份；羊城晚报，最高达172万份。其次是北京晚报，90万份；今晚报，45万份；成都晚报，38万份；扬子晚报，30万份；西安晚报，28万份。此外，钱江晚报、武汉晚报、新晚报均突破20万份。还有16家晚报发行10万份以上。

1989年，全国晚报日总发行量达1000万份左右。

全国晚报于1988年参加中国晚报工作者协会主办的头条新闻大赛后，又于1989年参加了该协会主办的全国晚报社会新闻大赛。大赛从1989年1月1日开始，6月30日结束，历时半年。共发参赛稿件2015篇。许多稿件在弘扬正气，弘扬社会道德风范，发扬社会生活的积极性，培养公正健康的社会舆论上下功夫，同时鞭挞了各种不良、丑恶现象，博得公众的好评。这次大赛，大大拓宽了晚报社会新闻的报道面，增强了晚报社会新闻的指导性，推动了晚报的新闻改革。

1989年5月，中国晚报工作者协会组织全国晚报派人赴遵义地区集体采访，由80岁高龄的会长赵超构亲自带队，共发采访稿300余篇。整个活动贯彻廉政精神，受到当地人民好评。

1989年春夏之交北京发生动乱和反革命暴乱期间，包括北京晚报在内的全国晚报，立场鲜明，反对动乱，反对资产阶级自由化，大多数晚报都受到省、市委表扬与肯定。

1989年9月，全国晚报代表齐集哈尔滨，参加全国晚报会议。会议着重研讨反对资产阶级自由化的舆论导向和晚报如何开展社会新闻报道。经过讨论，与会代表一致认为晚报首先姓党，然后姓晚。无论在什么情况下，都应该旗帜鲜明地站在党的立场上，宣传党的主张，坚持正确的舆论导向。同时强调，要努力增强晚报报道的可读性与可信性，把报纸办得生动活泼，有声有色。此次会上，与会同志一致倡议，将全国晚报社会新闻大赛的部分奖金及活动结余一万元，捐献给为国捐躯的“共和国卫士”烈士家属。这一行动，得到解放军总政治部的高度评价。

1989年，全国30多家晚报参加了中国晚报工作者协会主办的杂文大赛。全国晚报还参加了中国晚报工作者协会所属体育、摄影、科技三个学会分别主办的征文和评好新闻等活动。

(刘孟洪)

1989年 我国对外报道事业发展概况

人民日报·海外版的对外报道

1989年，遵照中央对外宣传方针和人民日报编委会关于海外版宣传报道的要求，针对海外版主要读者对象的特点，在宣传报道工作中围绕贯彻党的十三届四中全会和五中全会精神，在报道内容、文风等方面注意作了一些改进和加强。

针锋相对同国内外敌对势力进行斗争，用事实澄清某些西方舆论制造的谣言，帮助海外人士消除误解。平息北京反革命暴乱以后，以美国为首的西方舆论以及港台新闻工具掀起反华反共浪潮，一时谣言四起，给中国的声誉和形象造成严重损害。针对这一情况，本报组织撰写和转载兄弟报刊文章澄清事实真相，揭露少数人策划暴乱，颠覆合法政府的阴谋和罪行。依据事实，回答“为什么说中国发生的是少数人策动的反政府动乱和暴乱，而不是和平民主运动”，“中国在首都部分地区实行戒严，出动军队是在当时唯一可行的办法”等问题。

与此同时，充分报道平息反革命暴乱后中国社会秩序的恢复，经济的稳定发展，以及在新的、经过调整的党中央领导下，全国人民振奋精神，团结奋斗，在各个领域取得的进展与成就。

我们经济是否稳定是国外各界人士最为关心的问题，也是某些海外舆论对我进行歪曲宣传的一个重要方面。本报优先安排版面突出报道治理整顿与深化改革的关系；各项经济政策的稳定性和连续性；对外开放是一项基本国策等。帮助海外读者正确理解和认识通过治理整顿和深化改革，将使我国经济更健康地稳定地向前发展。在报道经济稳定，治理整顿取得成效的同时，实事求是地说明经济上还面临着困难。并注意宣传我国人民不畏任何外来压力，自强不息的精神和自力更生、艰苦创业的事迹，说明中国人民有能力解决自己面临的问题。

十年改革开放的实践和1989年

春夏之交那场政治风波的教训，进一步证明，坚持四项基本原则是我国立国之本。本报通过多种形式报道建国四十周年，改革开放十年和治理整顿深化改革两年来取得的重要成就，帮助读者了解我国的过去和现在，用具体事实说明只有社会主义才能救中国，只有社会主义才能发展中国的道理。同时刊登文章深入宣传四项基本原则，批判资产阶级自由化观点(包括资产阶级新闻观点)，澄清自由化思潮泛滥造成的思想、理论的混乱。结合动乱前后的国际大气候，用事实戳穿西方一些人推进“和平演变”的策略和手段，揭露西方以“民主、自由、人权”为旗号，鼓吹西方“自由世界”的社会观、人生观、道德观、价值观的欺骗性和危害性。

鉴于国内外形势和内地与香港，中国与英国关系的现状，继续加强了对香港问题的宣传，稳定香港、繁荣香港，增强港人对“九七”年后的信心。重点宣传香港特别行政区基本法起草工作的进展情况以及她的现实意义和深远的历史意义；宣传香港与内地在经济上密不可分的联系；以及内地经济建设对香港繁荣的影响，宣传香港有识之士为香港稳定、繁荣作出的贡献和他们致力于与内地在经济文化等方面进行的交流与合作；揭露外国敌对势力插手香港问题，制造香港问题国际化，瓦解港人信心，妄图把香港变成反共基地的阴谋。

1989年对台宣传着眼于推动海峡两岸关系的进一步发展。揭露台湾当局制造“两个中国”或“一中一台”的阴谋，批评台湾当局僵守“三不政策”，阻挠两岸交往和双向联系，公然违背台湾人民意愿的行径；注意报道台湾当局竭力推行“弹性外交”和“双重承认”以及对“台独”采取怂恿态度，致使“台独”日趋猖獗的动向。对台湾现状的报道，着重揭露其政治的反民主性，经济的衰弱和局限性，社会的腐朽性。同时报道岛内人民争取民主，维护自身权益的斗争。

扩大对华人世界和侨乡的报道。报道世界各地“唐人街”的情况，反映华侨、华人在所在国工作、生活情况(包括华人社团如同乡会、联谊会的活动)和事业上的成就以及对当地经济发展，促进人民友谊作出的贡献，报道华人华侨在国外社会地位的提高以及他们心向祖国、热爱祖国的事迹。通过报道侨乡实行改革开放以来发生巨变的信息，充分反映侨乡社会稳定、经济发展和人们的精神面貌。用一定篇幅、版面报道归侨热爱祖国、热爱家乡，为四化建设作出的贡献。

1989年，本报增加篇幅，多侧面报道留学生。通过新闻报道和“海外学子”专栏，用较多篇幅宣传我国的留学生政策和党对留学人员的关心、重视；报道留学生的爱国热忱和他们在国外刻苦学习、努力工作等方面的情况；报道留学生、访问学者、进修生等学成回国，学有所用，在科研、教学、生产等工作岗位发挥作用，报效祖国的先进事迹。根据读者的文化心理和欣赏习惯，本报通过多种形式(文学作品、美术摄影、戏曲等)传播、介绍具有浓郁民族色彩和地方特色的传统文化，弘扬民族优秀文化，批判民族虚无主义，增强中华民族自尊心和自信心。

海外版的宣传任务和读者对象有其特殊性，在宣传报道中注意增强海外读者意识至关重要。本报在坚持大方向的前提下，力求宣传报道内容生动、灵活一些。各版不仅在稿件的选择，报道内容注意“内外有别”，而且在写作角度、语言运用、稿件加工和版面编排、风格等方面，也在适应海外读者方面作了努力和探索。

(哈　凡)

新华社国内新闻对外报道

1989年是不寻常的一年，我国经历了一系列举世瞩目的重大事件，包括春夏之交的政治动乱和平息暴乱，戈尔巴乔夫访华，中共中央四中、五中全会等。新华社向国外比较充分地报道了这些重大事件，报道了坚持四项基本原则和坚持改革开放两个基本点，报道了治理整顿和深化改革的方针、政策和成就，报道了建国40年来，特别是改革开放10年来的伟大成就，在国际上维护了社会主义中国的形象。这一年来，新华社对外报道在困难复杂的情况下仍然取得了成绩和进步。主要是：

(一)保持了比较充分、稳定的信息量。

充足的、合理的数量，与时效、深度结合，才能产生全局报道质量。在取得1988年发稿量比1987年增长30%的基础上，1989年新华社对外部确定了“稳定数量，提高质量”的方针。全年英、法、西、俄、阿、中六个文种共发稿62863条，日均172条，与1988年相当。其中向全世界普遍播发的英文稿15108条，日均41.5条，比1988年少4.6条；向港澳台和国外华文报纸播发的中文稿(以香港线为例)共计12882条，日均35条，比1988年增加1.5条；向法国和非州法语地区播发的法文稿8530条，日均23.4条，比1988年少3.4条；向拉美和西班牙播发的西文稿11315条，日均31条，比1988年略有增加；向苏联和东欧国家播发的俄文稿6255条，日均17.1条，比1988少0.9条；向阿拉伯国家播发的阿文稿8772条，日均24条，与1988年持平。向国外报纸、杂志直接投寄的特稿，以英文稿计356条，超额完成了任务。

(二)重大报道完成出色。

1989年有一系列重大政治事件和外交活动的报道，包括中共十三届四中全会、五中全会、七届人大和七届政协二次会议、动乱和平息暴乱、戈尔巴乔夫访华、布什访华、建国40周年以及亚行年会和纪念“五四”70周年等。这些重大报道都具有发稿量大、题材品种多样、时效好、针对性强的特点。

如：参加戈尔巴乔夫访华报道的中外记者1200多人，竞争十分激烈，又值动乱，采访十分不便。对外部组织了40人的班子，按英文线路、俄文线路、中文线路、国内日报、晚报、芬兰共产党机关报、台湾“自由时报”等不同要求分层次发稿。其间，英文线发稿101条，俄文线91条，对内中文稿36条，对外中文稿132条。由于对外报道数量多，时效快，当时外国记者称新华社是“第三新闻中心”。

七届人大和政协二次会议的报道，仅英文线就发稿388条。据不完全统计，香港和菲律宾的华文报纸采用率高达80%。两会报道的特点是：介绍国内情况和回答海外疑问相结合；抓住热点问题和突出事件主动做文章；突出反映议政深度和民主气氛。

1989年国庆是建国40周年，又是平暴后的一次国庆。根据中央关于要理直气壮地宣传建国40年来，特别是改革开放10年来的伟大成就的要求，对外部拟订了一大批报道题目。从八月中到九月底，仅英文线就发稿165篇，采用率35%；中文稿采用率达90%。此外，还发了26篇多文种特稿。

(三)突发性事件报道进一步积累经验。

近几年，新华社对外部在突发性事件的报道方面取得了突出的进步。1989年在拉萨骚乱等事件的报道上又获得新的成功。1989年3月5日至7日，拉萨发生大规模骚乱，8日国务院发布戒严令，这一国际瞩目的事件在国际舆论界反应强烈。为了及时澄清事实真相，回击某些国际舆论对我国的污蔑，总社派人与西藏分社共同组成报道组，同时实行地方采访和中央采访相结合，形成一场颇有声势的报道。短短一个星期，对外英文发稿26条，中文33条，80%为外电、外报采用。一位在华工作的专家评论说：“这次是新华社多年来关于西藏问题报道最成功的一次。消息发得快、信息量大，当地官员、老百姓和外国人的反应都报了，效果很好，值得庆贺”。香港英文《南华早报》也刊文，认为新华社这次报道“及时、客观、内容翔实，反映了中国官方通讯社在处理国内新闻上的新趋势”。

对班禅大师逝世、南京海河大学因校内治安问题触发的“非洲留学生事件”和春夏之交的那场政治风波等事件的报道，也都有比较成功的做法。

(四)加强了配合报道。

为了使重大报道更丰满，收到更好的宣传效果，1989年注意加强了配合报道。如在平息西藏上层反动集团发动的武装叛乱30周年之际，对外部同西藏分社、青海分社合作，共采写了20多篇配合报道，其中《阿沛·阿旺晋美谈武装叛乱真相》、《达赖家族的今天》、《在打响第一枪的地方》、《流亡者的亲属们》、《从叛军司令到爱国者》等稿件颇具特色，为海外报纸以显著地位刊登。这些报道的发稿时间正值少数分裂主义分子在拉萨制造骚乱的时候，对海外读者了解骚乱的本质，有积极意义。

为配合人大和政协“两会”召开，在会前和会议期间，首都采编室、中文采编室和北京分社合作，以“中国公民议政录”为题，以普通人为采访对象，采写了21篇议论两会的稿件，包括人们对两会的期待，对政府工作报告评价，对人民代表议政的看法，以及物价、腐败现象、农业、教育等人们普遍关心的问题。

为了宣传好中共十三届四中、五中全会精神，在下半年十分注重宣传平暴的意义，中国继续坚持改革开放、各条战线成就、政府惩治腐败厉行廉政的措施，以及社会稳定、人心思定。

(五)地区专线特色进一步加强。

增加地区专线特色，是1989年新华社对外报道的重要目标之一，也是各语文线业务改革的中心内容。法、西、阿、俄、中几种语文线都增加了各自语文地区感兴趣问题的自采和自编稿件的数量，逐步建立起自已特有的采访网络，做到自采自编稿件比例、采访力量和组织指挥三落实。

以阿文线为例，这条专线去年自采稿108条，大都是反映中国与阿拉伯世界的友好交往，经济与技术合作以及文化关系。他们把新疆、宁夏以及历史上和当前与阿拉伯国家有关系的地区作为经常性采访和约稿地区。如派专人到秦皇岛采访了“中阿化肥公司”、“姐妹城——秦皇岛市和科威特市”等七篇稿，派人到山东采访了“山东穆斯林今日”、“山东利用科威特贷款建机场”等几篇稿件。北京第三世界发展战略讨论会期间，特地派人采访了阿拉伯经济学家，发稿数篇。还通过中国纪念埃及大文学家诞辰、艺术团访问、中国举办阿拉伯文化周、中国成立一家高科技穆斯林公司、陕西向阿联酋出口汽车等新闻事件向阿拉伯地区发稿。为配合杨尚昆主席访问中东四国，还派人专访了阿联酋和阿曼苏丹驻华大使。自采稿加上从报刊上挑选的大量自选稿，阿文专线在很大程度上改变了过去长期在英文稿范围内选稿的局限。

有60多家海外直接订户的对外中文线，1989年除北美线外，从发稿数量、采用率和专稿数量都创造了新纪录。以香港线为例，日均发稿35条。向一些报纸发专稿已成为中文线的一项经常性业务，月均45篇。

(六)新闻落地有新进展。

尽管海外对我国平暴产生一些误解，使中国对外新闻落地受到影响，但总的来说，这一年新闻落地情况仍然是比较好的，在某些方面还有新进展。

除六、七、八月外，西方四大通讯社对我社英文广播的转播率都在30%左右。沙特阿拉伯的《阿拉伯新闻》1989年首次直接采用带‘新华社’电头的中国国内新闻。中国国内新闻在墨西哥的落地情况一直比较稳定。

中文香港线采用的绝对条数超过1988年，采用率达75%，只比上年低约1%。随着海峡两岸关系的发展，台湾报纸通过香港大量接收新华社新闻。

1989年还增加了若干新订户，其中两家法文订户——法国国防部新闻中心和巴黎《百花出版社》；一家中文订户——新加坡《联合早报》，这是新华社在该国的第一个用户。

(七)对外书刊的发展，丰富了对外宣传的形式和内容。

近几年来，新华社对外部在任务重、人手紧的情况下，克服许多困难，编辑、出版了几种对外宣传书籍和刊物，包括《新中国季刊》(英文版)、《中国年鉴》(中、英文版)、《经济世界》(英国“南方”杂志经济部分的英译中版加若干页中国经济报道)、《中国工商名录》(中、英文版)、《对外宣传参考》(中文版)及“世界报”英译中版。这些书刊是近几年来新华社对外文字宣传报道的延伸和发展，体现了宣传形式的多样化，对介绍我国改革开放成就，增进新华社与海外新闻机构联系，扩大其影响，起了很好的作用。

《中国工商企业名录》出版了《贵州工商企业名录》、《仪器仪表企业名录专册》、《中国制药企业概况》，汉、藏、英三种文字的《西藏工商企业名录》、中、英文两种版本的《水产专册》、《化工出口专册》亦将出版。到1989年底，对外部共出名录书55种。

《中国年鉴》在国内发行近一万册，在海外发行近3000册。去年3月在墨西哥城首次参展40本英文版被抢购一空，在45个国家、1500家出版社参展的5万种书中被列入最畅销书之列。在海外发行的《新中国季刊》也得到巩固和发展。

新华社对外部与英国《南方》合办的《经济世界》自1988年9月创办以来，受到很高评价，有的读者来信说："这本刊物是目前国内不可多得的优秀期刊"，"融经济问题于科学性、趣味性之中，新奇、易读、适用面广"。目前正加强发行工作，努力把这本有价值的新刊物介绍给国内关心经济问题的人们。

《对外宣传参考》从1973年创办以来，一直是一本专门研究对外宣传和报道问题的综合性刊物，很受全国各条战线负责对外宣传的干部们的欢迎。1989年发行7000册。从10月份起，这本刊物由中宣部外宣局委托新华社对外部主编，并要求这本刊物在交流对外宣传工作经验方面发挥更大、更好的作用。

（徐学江）

中国日报的对外报道

1989年，中国日报在克服困难的条件下前进，并取得新的进展。

从1981年创刊以来，报纸拥有的读者逐年增多，每年的发行数以百分之十几的比例上升，到1988年底，已达15万份。从1982年至1988年，广告收入增加5.6倍，发行收入增加8.5倍。

报纸稳步进入了1989年春天。2月把原来面向国内华东地区、每周一版的上海专页，扩大为面向国内外、每周四版的《上海新闻》，主要报道上海经济区的经济新闻，包括上海市和江苏、浙江、安徽、福建四省的综合消息。《上海新闻》和《商业周刊》一起共八版，作为星期日刊发行（国外为星期一刊），结束了中国日报星期日无报的状态。

1989年春夏之交发生的政治风波，使承担对外报道任务的中国日报，面临着八年来最严峻的考验。发行骤降，广告大减，财政困难……，但中国日报始终没有中断出版。报纸工作人员坚守对外报道的岗位，帮助外国读者了解动乱真相，了解我国将更好地坚持社会主义和改革开放。经过全体职工将近半年的艰苦努力，到年底时报纸发行数又恢复到接近15万份，财经状况也有好转，恢复了稳定的局面。

由于动乱的影响，中国日报面临采访、编译、转发信息来源减少的困难。经过年轻的记者们积极主动，埋头苦干，使自采稿件和独家新闻的比例不断上升。在1985年前，国内要闻以编译转发新华社英文电和国内报纸新闻为主；1988年的本报采访增加到占国内要闻的1/3；1989年12月，"本报讯"的比例已上升到近2/3。尤其是头版头条，90%以上属本报专访和独家新闻。这些专访，针对外国读者的需要和特点，直接使用现代英语新闻文体，采自中国有关权威部门或权威人物的最新消息，信息量大，可读性强，深受国外读者欢迎，几乎每天都被新华社或路透、美联、合众国际、法新等通讯社转发，并被世界各地英文报所采用。如11月26日商业周刊上"中国涉外经济立法"一文，为记者袁舟对人大常委会立法委员会副主任顾明的采访，文中披露了我国正在制定对外贸易法、海商法等四项对外经济法规，对1979年制定的《中外合资经营企业法》的重要修改内容，以及10年来我国制定了20多条法律、200多项规章，从而构成了对外经济法规的框架等，有力地反映了我国对外开放政策向法制化的发展。1989年11月9日记者曲莹璞采访的"中外合资汽车业清除了库存"一文，及时报道了由于我国政府采取了放松汽车消费的控制，查禁了各个中间环节的不合理收费等措施，上海、北京、广州的几家中外合资汽车公司的库存2700多辆汽车已经销售出去，文章还分析了国内汽车市场的巨大潜力和发展前途。美联、法新等通讯社纷纷转发。12月31日记者汪东台采访的头条新闻"明年粮食产量的计划指标"一文，独家报道了1990年粮、棉、油、肉、鱼等的增产指标，以及国家为达到上述指标所采取的增加农业投资、保证化肥、农药、农用塑料薄膜等供应的措施。受到国际的广泛关注，外电纷纷转发。

中国日报还发表了一些有深度的评论及分析性文章。如12月26日的"经过十年努力才实施的集会游行法"一文，叙述了该法早在1978年开始酝酿，十年来经过人大常委三次重大修改，广泛吸收各级组织、各党派、群众团体和四百多封个人来信的意见，才于1989年7月公布实施。文章还分析了从1986年到1989年，五百多起登记集会游行的申请，经过有关单位认真细致的处理，妥善解决了群众的大量合理要求，证明集会游行法具有保证人民权利，抵制官僚主义和腐败现象的积极作用，而并非仓促出台的权宜之计。

近年来报纸还新辟了"园林"、"时装"、"食品"等专版、专栏，增添了文教特写的民族特色。如：专家们认为饮茶有利于健康、能防止心血管疾病和癌症等（1989，11，22，杨晓萍），"推荐一本研究我国明代家具的专著"（1989，12，14，晓晓）等文，吸引着喜爱中国民族文化的读者们。

中国日报能在1989年战胜严重困难，得到恢复发展，是由于它坚持执行了创刊以来，按照中央对外宣传要求制定的办报方针。它准确、及时的新闻报道，丰富充实的经济信息，广泛切实的社会舆论，富于民族特色的文教、生活特写，生动翔实的抓拍图片和讽刺漫画，以及对读者的诚恳服务和友好交往，真实地反映社会主义中国的现实，反映以我国现行政策为中心的社会舆论和人民要求，因而始终吸引着关心和要求了解中国的西方读者。当六月间欧洲版的合作者停止发行中国日报时，欧洲的许多读者纷纷来信要求报社直接航寄。

1989年底，在北京樱花园东街北口新建的中国日报新社址已接近竣工。它包括国内第一家按照现代报纸需要建设起来的编辑楼，和装备胶印机及配套设备的印刷厂。近年来，报社在原有电子照排系统基础上，建立了我国第一套英文报的计算机编辑系统。

（葛嫱月）

中国新闻社的对外报道

1989年是很不寻常的一年。

中国新闻社与国家同命运，上半年经历了政治风波——由学潮引发的动乱、暴乱——的严峻考验，下半年在“外有压力，内有困难”的情势下坚持工作，整体业务仍呈发展势头。总的说来，中新社坚持了以正面报道为主的方针，四、五月份一度出现的舆论误差，及时得到纠正；并立即转入针对境外反动舆论的造谣污蔑及海外同胞中的误传误解，进行澄乱释疑解惑的报道，全面、客观、准确地宣传我国各方面建设的成就及局势的稳定，改革开放政策的继续不变，在港、澳、台及海外华人、华侨中的影响继续扩大。

经统计，1989年中新社发出的各类稿件计有：通稿10950条，400多万字；专稿2681篇，289万字；专电2660条，80万字；图片4290底。海外共有108家报纸、期刊、电台、电视台等长期采用中新社稿件。其中，香港41家，美国23家，台湾7家，泰国6家，日本6家，澳门5家，菲律宾5家，法国3家，加拿大3家，新加坡2家，巴西2家，英国、秘鲁、荷兰、马来西亚、澳大利亚各1家。除美国有几家中文报纸停刊外，其他地区的中文报刊仍呈稳定和略有发展态势，绝大部分订户继续与中新社保持稳定的用稿关系。

现将1989年主要的业务发展情况，简述如下：

首先是抓紧了国庆40周年的报道。中新社专门辟出“国庆40周年特稿”栏，总共发通稿、专稿89篇，采用率超过64%。其中“‘一国两制’是发展两岸经贸的现实之路”“于艰难中崛起的中国飞弹部队”、“振兴中的中国房地产业”、“中国文物工作取得举世瞩目的成就”、“荣毅仁和他的中信公司”、“粤港合作十年回顾”等，从不同侧面实事求是地介绍我国的建设成就，取得了较好的宣传效果。中新社又编选了一本含450幅反映大陆、台、港、澳风光、名胜及风情的精美大型画册《锦绣神州》；此外还摄制了反映华侨、华人庆祝国庆40周年的电视片《欢庆的时刻》，向海外发行后，反响甚佳。

经济报道在中新社的业务中，居于主导地位，其发稿约占总量的1/4。除了日常对各项建设成就、政策措施的报道外，更注重通过专访、综述、评论等，阐析治理整顿的必要性及无可逆转的改革开放形势。诸如“中国外债不会发生危机”、“中国宣布经改重点”、“李鹏说，中国不会出现经济萎缩”、“叶选平说，广东不走回头路”，“许士杰说，洋浦开发并未刹车”、“高尚全谈改革是必然趋势”等等，均广泛为港澳及海外报刊所采用，向海外读者提供了正确了解国情和社会主义计划经济与市场调节相结合的前景。

“六·四”以后，海外多次出现所谓中国局势不稳的谣传。中新社在坚持四项基本原则的前提下，采取既严谨而又灵活、既准确而又生动的为外报外刊所喜闻乐见的形式，经常性地报道我国党、政、军的重要会议与决策，主要领导人的外事活动与讲话，以及各地政治、经济、社会、人心日趋稳定的形势。特别是一些有针对性的独家采访稿如“王光英谈中资机构和光大”、“徐信上将辟谣‘军队火并’”、“与迟浩田总参谋长一席谈”、“地震专家认为北京近期不会发生大震”、“东深供水工程按协议对港供水”等，非但被广泛采用，还对于“澄乱、释疑、破怕”起到了积极的作用。

1989年是治理整顿初见成效的一年。同时又显露出困难和矛盾。中新社本着“稳定、鼓劲、团结、爱国”的精神，在发稿时注意控制数量，严格选择，加以必要的背景说明及介绍相应的解决措施。如调整经济结构、清理整顿公司、增拨骨干企业资金、扩大农业投资、加强廉政建设、扫除“六害”等等。对于山东黄岛油库失火、上海虹桥机场飞机失事、重庆及山西大同地震、泉州警方拘捕诈骗少女偷渡台湾罪犯、梁湘撤职、林贤顺驾机归返大陆、班禅及胡耀邦逝世一类突发事件，中新社都专门派出记者，深入采访，及时作出比较准确完整的报道。既说明了真相，也澄清了外间的一些谣传。

至于人大、政协、党派、团体、文化、教育、科技、卫生、体育、旅游、社会治安、公共交通、人民生活等等，历来是中新社报道的重要内容。1989年有不少稿件在各专业部门评选中获奖。

1989年是海峡两岸的关系发展得到拓展的一年。上半年台湾体育团体赴大陆参赛，台湾当局官方代表郭婉容率团到北京参加亚银年会，大陆人士赴台探亲、访问、定居者渐次增加。台湾星云法师、谢学贤、费希平等率团访问北京，台当局开放记者赴大陆采访、演艺人员赴大陆拍片、允许部份公务员赴大陆探亲，以及年底的三项选举，中新社均作了比较翔实的报道。同时，针对台岛的一些谣传，采写独家新闻如“大陆警方反驳台湾诽谤大陆向台走私贩毒”，以及有关权威人士的对台政策讲话。这一年中新社的对台报道突出在综述、评论上取得了明显的成效，全年共发稿40多篇。其中“隔岸观选战”被台湾《联合报》头版头条刊出，“反对台独是海峡两岸的共同责任”见载于港、台、美多家报刊后，还引起海外数家报纸的关注与评论。

中新社在九月间还举办了“海峡两岸关系40年研讨会”，并将与会的一些著名专家、学者的发言向外转发，广为采用，引起台湾当局的重视。

1989年是香港基本法草案经过4年周折接近完成的关键一年。《基本法》的起草、征求意见和广泛讨论，中新社针对港人的“信心问题”加强了有关报道，如“全国人大常委就香港基本法草案进行座谈”、“李鹏飞谈稳定港人信心”，“施伟富说汇丰银行对香港充满信心”、“今年中国内地供港副食品充裕”、“中银集团今年首四个月工业贷款续增”等，取得了好的效果。

专稿一向是中新社最具特色的报道方式之一。近年来，经济、政治时事的综述、评析更显示其独特的作用和影响力。外刊编辑称“这些报道与评论，大有助于海外读者客观全面地认识中国政局走向，澄清了一些不实的传言。”此外，还创先在海外报纸上开辟专版进行专题报道，如农业、教育、市场、故宫、三峡工程、两岸关系、人体摄影、大学生军训等。继续尝试发英文专稿，这一年中新社向香港一英文月刊发了22篇稿件。

1989年，中新社平均每天发3.3张传真新闻图片，全年共发1190个底，比上年增加13%。彩色图片比上年有成倍增加，共发125组，1000个底。新开辟的《大陆影视明星》系列彩色专题稿，图文并茂，在香港受到欢迎，还转发到新加坡、澳门的报纸。航寄黑白专题新闻图片780组、2100个底，虽然数量减少，但采用率由77%上升到83%，其中有1/5的专题图片，为5家以上外报采用。这一年，中新社增设了彩色图片制作车间和制作广告、画册的摄影室，为改进对外图片报道提供有利的技术条件。

中新社的电影声像业务在1989年因与辽宁电影制片厂合拍《春桃》荣获百花奖、政府奖和最佳男女主角奖。该片还参加在纽约举办的首届海峡两岸电影展和加拿大电影展。此外，为《中国》系列片拍制《我的动画梦》、《怪才王鲁恒》两集，与香港银都机构合拍《横断山脉》。电视片摄制了《五邑人》、《翱翔的白鹭——厦门经济特区》、《闽南雄风》、《物华天宝话清源》、《锦绣中华》、《欢庆的时刻》、《北京风波五十天》、《舞人话舞》、《紫气东来》(与美国合作)。还与安徽台合作拍摄了6集电视剧《廖承志在追忆着》，并协助台湾艺人凌峰制作电视片《八千里路云和月》，协助香港徐小明制作《霸王卸甲》。

1989年海外华文报刊，北美地区的变化较大，尤其是美国，接连有洛杉矶《论坛报》、纽约《美洲华侨日报》、华盛顿《华府新闻》、旧金山《东西报》及美国《中报》停刊，加拿大多伦多《加华日报》也改为星期刊。而香港的报刊仍有发展势头。其他地区的华文报刊一般比较稳定。针对海外华人社团所办的周报、乡讯之类较多的特点，中新社加强了海外专稿的发稿量；同时，鉴于华人后裔懂中文的越来越少的状况，增多编发英文稿。

近些年由于移居澳大利亚的华人越来越多，中新社于1989年3月在悉尼正式成立澳大利亚分社，派出首席记者方远生。该分社设有文传机，4月份即开始发稿，内容涉及澳洲的经济与移民政策、社会问题、华人及中国留学生动态、澳国与中国及港台关系等，全年发稿45篇。至此，中新社在海外共设有香港分社、美国分社、法国分社、东京分社、澳大利亚分社、澳门记者站。

（王瑾希）

中国国际广播电台的对外报道

1989年，中国国际广播电台遵照中央有关对外宣传的方针，以及“平暴”后中央采取的一系列决策精神，充分发挥国际广播的独家优势，为在国际上创造有利于我国经济建设的大环境，为全面介绍新中国成立40年来取得的伟大成就，正确树立社会主义中国在世界的形象，做出了积极的努力，取得了显著的成绩。

(一)发挥国际广播的独特优势，积极搞好“平暴”宣传，成效显著

1989年春夏之交，北京发生了由学潮、动乱到反革命暴乱的政治风波。西方一些国家不仅宣布对我国进行经济制裁，而且还开动全部舆论工具对我党和政府大肆攻击、诬蔑，制造谣言，蛊惑人心，掀起反华浪潮。中国国际广播电台作为党和政府的喉舌，充分利用广播时效快、“穿透力”强的独特优势，充分反映党中央采取果断措施的必要性和重大意义，有说服力地报道动乱和暴乱的事实真相，戳穿西方舆论制造的种种谣言，起到了解疑释惑，争取人心的作用。

从6月12日到7月1日短短20天里，中国国际广播电台就采访、编写有关消息166条(其中国内95条、国际71条)，专稿(包括评论)23篇(平均日发有关新闻11条，有关专稿1.5篇)。全台43种语言广播共播出1933篇次。成为国外人民“了解中国‘平暴’真相的唯一渠道”。东南亚华侨听众沈慧争来信说：“学潮以来，我们在业余时间都守在收音机旁收听您们的广播。从广播里，我们了解了真实情况，觉得党中央与国务院的果断决策是完全对的(指“平暴”)，完全应该的”。尼泊尔中国国际广播电台友谊俱乐部在发表的声明中说：“在这特殊情况下，我们更加欢迎贵台广播的新闻，感谢提供有关消息的舆论工具——中国国际广播电台”。西德听众哈里·尼伯尔来信说：“在中国发生反革命暴乱期间，以及平息暴乱之后，中国国际广播电台的德语广播一直是我了解中国政府及其人民立场的主要信息渠道”。有的听众来信说，正当他“迷惑不解时”，是中国国际广播电台使他“从迷惑中清醒过来”。

(二)开设建国40周年专题介绍栏目，举办“新中国知识竞赛”活动，受到听众普遍欢迎

庆祝中华人民共和国建国40周年的宣传是中国国际广播电台1989年的中心任务。但是由于发生了动乱和反革命暴乱，不得不进行调整，实际上是从8月下旬正式开始。在一个多月的时间里，全台采编有关国庆宣传新闻261条，专稿171篇。全台有15种语言广播举办了《新中国40年》专题节目，有9种语言广播向国外32个国家和地区寄送了介绍新中国的专题节目，共46小时10分钟。此外，中国国际广播电台英语部现场直播了9月26日江泽民总书记和常委举行的记者招待会实况；华侨部向“美国、加拿大华语电台”(网)传送了招待会的全部实况。1989年我台刚刚成立的广州工作站从9月29日开始一连三天制作《国庆40周年特别节目》(每次10分钟),直接向"美加华语电台"(网)传送,10月1日还向澳门电台传送了国庆新闻综述。

为配合建国40周年的宣传,中国国际广播电台从1989年4月至12月举办了"新中国知识竞赛"活动,全台39种语言广播邀请国外听众参加了这一活动。共收到104个国家和地区的听众参赛答卷21300份,创中国国际广播电台近年来举办类似活动的新纪录。此外,中国国际广播电台同浙江绍兴平绒布厂联合举办的"新中国40周年对外贸易成就'幽兰杯'知识竞赛"活动也取得圆满成功。

(三)加强国际间合作,改善收听效果

1989年中国国际广播电台在加强国际间合作方面取得新的进展。

从4月2日开始,中国国际广播电台和加拿大国际广播电台正式开始互转对方的对国外广播节目。至此,中国国际广播电台已同瑞士国际台(1987年11月1日)、西班牙国家电台(1988年1月1日)、法国国际台(1988年11月10日)、加拿大国际台4家电台互转节目。这4家电台转播中国国际台节目后,中国国际广播电台对北美、拉美、欧洲的10多种语言广播节目的收听效果有了明显改善,解决了长期以来我对外远距离,特别是对美洲、西欧地区广播收不到或收听不好的难题,受到这些地区广大听众和我国驻外机构的热烈欢迎,在国际广播界也引起了强烈反响。现在,美国、加拿大、以及中美、南美北部均可以从法、加、西台转播中清楚地收听中国国际广播电台的英语、西班牙语、汉语普通话广播;欧洲听众可以从瑞士转播中清楚地收听到中国国际广播电台的英、法、德、西等8种语言的广播,从法国国际广播电台转播中清晰地听到我台的波、捷、罗、匈、保、阿等6种语言广播。

1989年12月6日,美国全国电缆卫星公司根据该公司同中国国际广播电台签订的协议,将正式开始每天播出我对北美广播的一小时英语节目。该公司广播网经理贝丝·格拉特给中国国际广播电台台长崔玉陵的信中说:"我们的电缆系统保证提供70万订户收听贵台节目。我预计这个数字在新的一年里会迅速增长"。

1989年,中国国际广播电台向39个国家和地区的61个电台提供了传送、寄送节目。总时间达567小时13分45秒。受到合作者的欢迎。纽约《美国加拿大广播网》董事长说,播出中国国际电台的节目,曾遭到一些人的杯葛,但喜欢收听的人更多了。美国圣荷塞东城广播公司负责人在收到第一批寄送节目后来信说,这些节目"音质音量皆为上品"。他的电台在旧金山地震时遭到破坏,刚一修复,立即来电话催要节目。

(四)广播节目不断改进,国外听众来信突破17万封

1989年,中国国际广播电台使用43种语言广播,累计每天播音146小时(其中使用英语、西班牙语、法语、日语和德语对境内外国人播音4.5小时)。各语言广播节目不断改进,针对性明显加强,听众队伍不断扩大。中国国际广播电台1989年收到来自六大洲143个国家和地区的信件达171975封,保持了连续第6年来信增长的好势头,和10年前比较,几乎增加了一倍。广播节目的改进,主要表现在以下两个方面:

1. 各语言广播节目日趋"规范化",节目形式多样化。现在全台各语言广播新闻播出时间相对固定,专题节目更加丰富多彩。1989年全台合计办有固定专题节目369个,平均每种语言每周固定播出8.5个固定栏目。受欢迎的听众"参与性"专题栏目明显增加。其中全台开办固定时间播出的"听众信箱"节目的语言部、组就达32个。带有广播特点的录音报道、录音新闻、时事报道、录音专访、特别节目等显著增多。在对象语言国家领导人来访,我国领导人出访,对象国家的节日等期间,有关语言广播都及时开办特别节目,这对于增进中国和其他国家人民间的了解和友谊都产生了很好的效果。1989年是我台日语广播开办40周年,印地语、马来语开办30周年,蒙语、世界语开办25周年,上述语言广播都举办了特别专题节目,进一步在听众中扩大了影响。

另外,中心发稿部门为配合我国经济建设,增设了介绍有关改革开放系列栏目。如"经济建设与改革"、"经济交流与合作"、"中国名优新产品"等。

2. 自采自编稿件数量增多,针对性加强。1989年中国国际广播电台自采自编新闻达7935条;专稿达7130篇。1989年11月我台在肯尼亚建立记者站后,使驻外国和地区记者站的总数达到17个。全年驻外记者站发回新闻9875条,专稿617篇。不仅扩大了本台的新闻来源,而且有些稿件也被国内兄弟新闻单位采用。据不完全统计,中央人民广播电台采用2518条(次)、中央电视台采用276条,上海解放日报采用760条,天津日报采用550条,广东人民广播电台采用800条。

(陈敏毅)

1989年我国新闻传播手段现代化的发展概况

新华社通信技术建设

1989年新华社通信技术建设以完成新华社新闻大厦信息处理和通信工程的技术开发和施工安装任务为中心,在实现通信技术现代化和早日建成具有中国特色的世界性通讯社方面取得了可喜的成绩。

(一)基本完成新闻大厦通信工程的技术开发和施工安装任务

被列为国家重点工程的新华社新闻大厦已于1989年10月基本竣工。但是,这座矗立在北京城南雄伟壮观的新闻大厦要真正投入使用并运转起来,还要依赖于大厦的信息处理和通信技术装备的施工、开发和安装。这项通信技术工程包括2个开发项目、35个大小不等的设计施工项目(含利旧项目),其中主要有:新闻编辑处理系统、新闻通信处理系统、中文发稿系统、图片编辑传真系统、程控电话交换系统、通信控制调度系统、新闻电视系统、闭路电视系统、业务监视电视系统、有线广播系统、微波通信系统、移动通信系统、短波遥控收讯系统、保密电话系统、会议电话系统、通信电力系统以及电缆管道工程等等。

承担这项工程任务的新华社技术局的工程技术人员，在国外有关公司和国内科研设计、施工单位的密切合作下，经过几年来的技术调研、实地考察和反复的科学论证，于1988年确定了工程的总体方案和设计施工计划，并着手引进国外部分技术设备、软件开发和工程设计工作。这项工程的施工是从1989年春季开始与土建工程交叉进行的。参加工程的全体人员在动乱、暴乱期间交通受阻、外国公司技术人员撤走、进口设备交货拖延等极其困难的条件下，冒着盛暑高温，工作在空调尚未开通的封闭机房，发扬了敢于拚搏、艰苦奋斗的奉献精神，取得了可喜的成绩。截止到1989年底，他们基本完成了这项工程的主要技术开发和机房布线、设备安装等任务。大厦的2套500KVA的UPS通信电力系统已经投入试运行，开始向大厦各个计算机系统供电；程控电话交换系统亦已开始割接入网，投入试用。

这里着重介绍一下大厦的程控电话交换系统。这套从加拿大北方电讯公司引进的5000门SL—1/XL程控交换系统，采用中国一号信令，并将以DID即直接拨入的方式、通过光缆汇接到两个市话局(301局和801局)，加入北京市公用市话网，从而保证了新华社电话通信安全可靠、不中断。目前在国内采用这种两个局向的方式入网者新华社是第一家。在该系统交付使用后，新华社的电话交换系统将相当于北京市一个独立的电话分局(新华社307局)。这套系统的安装、调试和入网工作是在新华社技术人员与加拿大北方电讯公司专家和邮电部有关设计施工单位密切协作下完成的，并得到了北京市电信局、北京市电话局的大力支持。1989年12月22日，新华社程控电话307局开始试开通，新老总机割接工作全面铺开。自此，新华社电话通信告别了使用33年之久的第一代步进式交换机，跨越了第二代纵横式交换机而直接进入具有80年代先进水平的第三代程控交换机，它标志着新华社电话通信实现了现代化。

新闻大厦的信息处理和通信系统在全部投入运行后，新华社的新闻编、发、收、存主要环节将基本实现计算机化，大大提高了新华社同西方主要通讯社新闻竞争的实力，标志着新华社在加速建设现代化的世界性通讯社的进程中又跨出了一大步。同时也将推动我国新闻技术现代化建设的进程。

(二)新华社中文广播的技术建设又有了新的发展

新华社对全国各地报社、电台(电视台)的中文新闻广播是新华社整个宣传报道业务工作中一个重要的组成部分，也是报社、电台(电视台)的重要信息来源之一(每天发稿量约5至6万字)。1989年新华社又对12家报社进行了技术改造，建立了远程微机工作站，使这些报社、电台抄收稿件的质量有了明显改善。截止到1989年底，全国已有103家中央和省市报社、电台(电视台)使用上微机抄收新华社中文广播。

1989年新华社又为27家地市报社安装了抄收新华社中文广播的卫星数据接收小站。据统计，从1988年7月洛阳日报建立全国第一家卫星数据接收站以来，到1989年底新华社共为46家地市报社建立卫星数据接收小站，每天抄收新华社新闻1万多字。

另外，从1988年9月以来新华社还开辟了专对部分电台(电视台)播发适合口播特点的短新闻，每天4万字左右，目前有6家电台抄收这种短新闻；从1988年开始试播的新华社大屏幕新闻快讯系统，已于1989年11月正式通过了验收，这是新华社在人烟稠密的北京火车站开辟的一种新闻落地的新方式，每天播放12小时，约1万5千字。

(三)新华社建立了初具规模的国际新闻通信网

随着我国国际地位的提高和新闻事业的发展，新华社国际新闻通信网络的建设近年来有了较大的拓展。到1989年底，国际通信电路已由1983年前的10条发展到53条，其中包括卫星话路5条(北京——香港、北京——巴黎、北京——纽约、北京——东京和北京——莫斯科)、报路48条，初步形成一个以北京为中心、通过49个国家或地区(其中亚洲15国、拉美12国、非洲10国、中东4国、欧洲7国和美国)、初具规模的多级汇接的星形国际通信网。新华社总社至香港分社的14.4KBPS时分制高速数据电路，经过1988年的技术改造和试用，已于1989年初正式投入使用。另外，新华社和苏联塔斯社合作开通了北京——莫斯科9.6kbps中速数据电路，这条电路同时可以进行电话、数据传输、电传通报以及文字传真等多种业务的通信。这条电路自1989年3月开通以来，对加强新华社对苏联和东欧的报道工作发挥了较大作用。

(四)新华社的技术人员在1989年中还开发了新华社经济信息发稿的试验系统

北京、辽宁、湖北三个分社通过这个系统，经专线电路用计算机抄收总社信息部播发的经济信息稿件，然后，再将抄收下来的信息和分社自己采集的信息提供给当地的用户，这个系统每天发稿1万多字；为了建立新华社自己独立的卫星广播通信系统，筹建新华社卫星发射主站的工作在1989年有了较大的进展，这个卫星主站可望在1990年中建成；由新华社和北京信息工程学院合作开发的“新闻资料检索实验系统”，经过三年的开发和研制，于1989年4月通过了部级鉴定，为推进新华社新闻资料检索系统的实用化和建立全国新闻资料检索中心奠定了技术基础。

(张廷翰)

广播电视传播手段现代化概况

1989年我国广播电视节目传送网的建设又有新的发展，传输技术系统不断完善，基本上形成了中央台广播电视下行节目（从北京到全国各地）以通信卫星传送为主，微波传送为辅；各省、自治区下行节目（从省会到全省各县市）以微波传送为主，以差频接力转播链路传送为辅；全国上行节目（从全国各地到北京）均以微波传送为主的格局。同时开始出现了卫星和有线电视结合的传输覆盖网络，并以惊人的速度延伸扩展。

（一）*通信卫星传送*。中央广播电视节目利用通信卫星向全国各地传送实现后，新疆自治区紧随其后，于1987年利用通信卫星实现了对自治区内的广播电视节目传送。到1989年又有云南省、贵州省、西藏自治区分别于春节、7月和11月将电视广播节目送上通信卫星，形成了本省、区的卫星电视广播节目传送系统。由于我国有的省、区地域辽阔、地形复杂，建设地面节目传送网难度很大，对于这些省区利用卫星来给本省、区传送节目将是加速广播电视节目覆盖的有效途径。这些省、区正在计划于近期内建立卫星电视广播上行发射站，把广播电视节目送上卫星，传送到各地。

广播电视节目送上卫星后，各地抓紧卫星地面收转网的建设，到1989年底全国已建成卫星地面接收站12658座。云南省建设速度最快，到1989年底，已建成卫星地面收转站1250座，他们计划在1990年再建600座，实现全省乡乡都有卫星电视广播地面收转站，使全省人民都能听到和看到中央和省的广播电视节目。

（二）*微波线路建设进展迅速，设施进一步配套*。到1989年底，全国各省、自治区已建成微波站1401座，微波线路总长已达45388公里。各省的微波线路与邮电部建设的国家微波干线相结合，形成了全国性的微波技术网络。各省的电视广播节目主要靠微波传送到各市、县。同时它又有回传节目的双向功能，各地的重大活动主要通过微波网络直接传送到省会、直接传送到北京。微波网络具有容量大、功能多的优点，利用这个优点，广播系统利用全国微波网络建立了联通全国各省、市、自治区广播电视厅（局）的通讯技术系统。内蒙古自治区充分利用贯串全区东西的3000余公里微波线路，联通各地、市、州、盟，召开各种会议，发布各种指示和信息，使党和政府的各项方针政策在全区迅速传播和贯彻落实，充分发挥了投资效益。

（三）*差频转播接力链路继续扩展*。调频广播和电视差转都分别构成连续地接力转播的链路。目前虽然接力转播的作用在逐渐减弱，但它是电视广播覆盖的主要手段之一。特别是广播电视节目由通信卫星传送后，全国各地的信号源基本解决，所以，差频转播台的建设速度加快，到1989年底，已建成电视差频转播台22139座，使全国电视的人口覆盖率上升到77.9%。

（四）*有线电视的崛起*。有线电视在80年代初期还是鲜为人知，然而，短短几年的研究试验、工业和技术上的准备后，这项技术日趋成熟，并且很快地从为解决收看质量而建立的共用天线系统发展成为有线电视广播系统，成为广播电视节目的一种有效的节目传送和覆盖的技术手段，其发展速度超出人们的预料。从目前的发展趋势看：①将从小型分散的共用天线系统发展成为以行政区域范围的中小城市联网；②将从单一转播功能发展成为转播和自办节目兼有的多通道、多功能，并包含电视、广播兼容的技术系统；③将从城市向农村集镇发展。到1989年底，有线电视超过万户的系统有近百个，有线电视用户接近800万户。预计今后的发展速度将以每年300万户以上的速度迅猛发展。特别是卫星节目传送与有线电视网的结合，大大丰富了有线电视台的节目内容，这将促使有线电视网向更大规模发展。如广东佛山市已形成71000用户的大型网络，福州市和湖南衡阳市将建成10万以上用户的大系统。不久的将来将形成与无线广播电视系统相辅相成、互为补充的全国性的有线电视广播网。

（五）*亚洲第一塔和国际广播电视交换中心开始兴建*。举世瞩目的亚运会将于1990年9月22日在北京举行，为向亚洲和世界各地报道好这次亚运盛况，座落在北京西郊玉渊潭公园的中央电视台385米发射塔于1989年正式动工兴建，并将于1990年8月建成，在亚运会期间投入使用。落成后将成为亚洲最高的多功能电视广播发射塔。与此同时，国际电视广播新闻中心也开始兴建，预计将于1990年8月落成。这座现代化的建筑将成为国际新闻中心，各种新闻、消息将通过这里源源不断地传送到世界各地。

（周才夫）

1989年
我国邮政发行报纸事业发展概况

（一）

1989年邮政部门发行报纸工作，根据中共中央、国务院关于全面整顿报刊文化市场的指示精神，继续贯彻“计划发行、区别范围、扩大零售、发展代办”的业务方针，以“扫黄”为中心，进行整顿报（刊）零售工作，提高报（刊）封发质量，积极改善服务，取得了较好的效果。由于受清理整顿报刊、报纸价格上调和报刊社自办发行的影响，邮政发行报纸数量有较大幅度的下降。

1989年邮政部门发行各种报纸964种（中央级125种，地方级839种），比1988年减少20种，减少2%，其中新交邮发78种，报刊社收回自办98种。报纸每期发行份数8312万份，比1988年下降39.7%，其中，中央级报纸每期发行2616万份，下降24.7%，地方级报纸每期发行5696万份，下降44.8%。报纸全年累计发行1509898万份，比1988年下降35.2%。

中共中央、国务院发出《关于检查整顿书报刊文化市场的决定》后，各地邮政部门根据邮电部的部署，在当地党委、政府的领导下，积极行动，立即开展了检查工作，进行自查并与当地新闻、出版、文化、公安、工商等部门密切配合接受检查。对查出禁止出售的书报刊主动上缴有关部门销毁处理；对部分内容一时拿不准的，先行封存，然后送样书请有关部门审定。由于各级领导重视，行动快，措施有力，不少邮电部门受到当地党委、政府的赞扬。据统计，在这次“扫黄”中全国邮政报刊零售部门共查封收缴违禁书报刊340万册，净化了邮政渠道。

各级邮政部门继续扩大报（刊）零售业务，加强业务财务管理，端正经营思想，积极开拓社会效益好、行销快的报（刊）货源，尽管受到报（刊）调价和社会动乱、暴乱的严重影响，报（刊）零售业务仍有较大发展。1989年报纸零售额15273万元，比1988年增长35.7%，活跃了文化市场，方便了群众购买。

1989年报纸的年度收订工作，由于多方面原因收订量有较大幅度下降，各级邮政部门克服困难，努力改善服务，认真办理破月、破季收订，方便订户订阅报纸，并建立投递责任制，使订户能够及时看到报纸，使报纸发行数量逐月有了回升。人民日报和省级党委机关报，1989年12月比1月增长6%。

各地邮局采取各种措施改进报纸封装质量，进一步综合治理报刊短缺，提高了发行质量。1989年全国报刊损失率12月份比1月份下降了39.8%，反映报刊短缺的群众来信1989年比1988年减少了27%。

（二）

各类报纸发行情况如下：

1、各级党委机关报232种，占报纸种数的24.1%。每期发行数1733万份，占报纸总期发数的20.9%。其中，省、自治区、直辖市党委机关报1158万份，地、市、县报575万份。

2、政法类报纸47种（中央级4种，地方级43种），占报纸种数的4.9%，每期发行数431万份（中央级174万份，地方级257万份），占报纸总期发数的5.2%。

3、经济类报纸133种（中央级15种，地方级118种），占报纸种数的13.8%。每期发行数626万份（中央级266万份，地方级360万份），占报纸总期发数的7.5%。

4、科技类报纸64种（中央级7种，地方级57种），占报纸种数的6.6%，每期发行数254万份（中央级18万份，地方级236万份），占报纸总期发数的3.1%。

5、文教体类报纸84种（中央级20种，地方级64种），占报纸种数的8.7%。每期发行数660万份（中央级228万份，地方级432万份），占报纸总期发数的7.9%。

6、社会类报纸66种（中央级12种，地方级78种），占报纸种数的6.8%。每期发行数524万份（中央级176万份，地方级348万份），占报纸总期发数的6.3%。

7、对象类报纸214种（中央级25种，地方级189种），占报纸种数的22.2%。每期发行数1875万份（中央级756万份，地方级1119万份），占报纸总期发数的22.6%。

8、广播电视、文摘、晚报和行业性报纸124种（中央级40种，地方级84种），占报纸种数的12.9%。每期发行数2209万份（中央级701万份，地方级1508万份），占报纸总期发数的26.6%。

（李　滨）

1989年我国报社自办报纸发行概况

我国报纸自办发行事业（即非邮政发行），是近几年报刊发行体制改革中出现的新生事物。由于它的社会效果和经济效益显著，所以许多区域性、行业性报纸争相效仿，不再依赖几十年沿用的“邮发合一”发行体系，而是因地制宜、自己组建投递队伍，设站、联网进行搞发行。据统计，1989年全国已有自办发行的省、地市、县级机关报、专业报490家，约占我国正式出版的1600种报纸总数的1/3。

党的十一届三中全会后，我国新闻出版事业空前繁荣，各种新创办报刊，如雨后春笋。报刊都涌到了单一的“邮发合一”发行渠道里，使本来邮量邮能就已超负荷运转的邮电部门，更加重了负担。因此，有条件的行业性报纸即利用行业管理优势，自己搞起发行业务。但是因为这些报纸的读者面较窄，发行量不大，没有引起人们广泛关注。

1985年，洛阳日报社率先亮出城市报纸自办发行旗号。4年来，各级日报、晚报又因新闻纸价格猛涨，发行费率上调，纷纷加入自办发行队伍。1986年有5家6种，1987年增加到16家17种，1988年达到31家34种，1989年更进一步发展到99家108种，约占全国280多种地市县机关报的1/3。在108种自办发行的报纸中，分布情况是：辽宁省11种，江苏省12种，河北省8种，河南省7种，广西自治区7种，四川省8种，湖北省8种，山东省5种，黑龙江省8种，浙江省5种，山西省5种，吉林省5种，安徽省3种，福建省2种，广东省2种，湖南省2种，陕西省2种，内蒙古自治区1种，甘肃省2种，新疆自治区1种，贵州省1种，江西省1种，天津市2种。同经济文化发展情况相适应，我国东北、东南、中南、西南地区自办发行的报纸基本达到点片相接。由此将报纸发行体制改革推向新高潮。

城市报纸自办发行管理方法虽无法与主渠道邮发相比，但具有比交邮局发行的明显优势。主要的是：(1)投递时间提前。市区订户上班前能收到报纸，投递时间比邮局约早2小时，郊县要快半天至一天。(2)投递质量提高。由于投递质量与投递员的经济收入挂钩，有的投递员还做到“进院到户”，对少数病、残、孤、寡户甚至“送报到人”，很受读者欢迎。(3)发行数量普遍增加。由于报社自己掌握发行业务，征订方式灵活，读者随时可以订阅，加上服务比较周到，发行量都呈上升趋势。(4)节省发行费用。自办发行平均费率低20%，加上读者订报费一次付给报社，使报社集中了大量流动资金，减少了银行贷款和支付利息，增强了报社自主经营能力。

为了加强自办发行报纸间的横向联系，打破区域、行业界限，扩大报纸覆盖面，实现自办发行报纸联网协作目标，推动报纸发行体制改革，全国城市报纸、广播电视报系统曾多次举行座谈会、经验交流会，探讨适合我国国情的多渠道发行新路子。1988年4月在广西柳州召开的第3次全国城市报纸自办发行经验交流会上，经过与会代表充分酝酿，决定成立全国报纸自办发行联合会。

1989年4月，第4次全国报纸自办发行经验交流会在天津召开。国家新闻出版署、全国报协、人民日报、新华社、经济日报、洛阳日报、太原日报、柳州日报、合肥晚报等131家报纸和新闻单位的238名代表参加了会议。大会总结交流了报纸自办发行的经验，探讨了报纸多渠道发行的途径，分析了全国报纸自办发行趋势，强调在1989年，要进一步发展各地日报、晚报的自办发行业务，不断探索邮发和自办发行协调配套的新路子，更好地为读者服务。

（孟繁六）

近年台湾新闻事业发展概况

自台湾当局1988年1月1日正式解除报禁之后，报社由1987年底的31家激增至1989年2月的144家，到1989年年底台“新闻局”登记备案成立的报社累计达275家。扣除变更名称、另发新证、发行中断六个月，以及登记逾三个月未发行者，实际报社数目为192家，能正常如期印刷发行者约50家，其他百多家则在报刊市场不见踪影。报纸张数每种由3张扩增为6张，甚至7—8张。1989年，台湾每百个家庭平均阅读173份报纸。1989年2月通讯社由39家扩增为132家，到同年9月激增为163家。杂志社由3354家增加到3801家，到1989年9月发展到3963家。1989年底出版社为3393家。

三家电视“中视”“台视”“华视”，仍由台湾国民党当局、台湾省“政府”、“国防部总政战部”垄断控制。台湾当局官办的“公共电视”筹设工作加紧进行，已制作一批有别于商业电视的节目在三家电视台播放，现已进入培训人员、择地建台阶段，由于频道限制未能开放。民间第四点当局屡禁不止，民进党为抗衡台湾当局对电视频道垄断，自建“民主之声”电视台，在1989年竞选中播放，但器材部分已为当局没收。

（一）

在报禁开放前，报纸执照不过31家。这种据有主导舆论力量稀少资源拥有者，几乎全是国民党政治势力的拥有者（包括国民党党报及国民党高官权要所办的报纸）或政府委托、军方系统及执政党外围系统。由于国民党实行政治上严密控制与握有经济上的分配机制，报纸扮演如蒋介石所说的“宣传员”角色。

随着报禁的开放，国民党的政治控制力被削弱；党派林立，国民党内革新派和党外民主势力发展；并由农业社会转变为现代工商社会，经济向国际化自由化发展；加之人口出生率降低，教育程度提高，服务业迅速发展等等，使报刊读者激增。据调查，报纸也由过去的卖方市场转变成现在的买方市场，读者的喜好将更受到报社重视。尤其新报对于报道内容走势及阅听人的定位，无不挖空心思，发展最有利的开拓方式及市场区隔，不少新报择定专业路线，如财讯快报、交通报、儿童日报、佛报、贸易时报等等。

全球性电磁通讯的结构性变化，快速的电视传讯设备，资讯的扩张与普及等，又受美国新闻理论影响，使得台湾传播媒体日趋活跃。台湾当局从恐惧动荡、畏怕根基倒塌，面对中国共产党强大的政权压力，前途不确定性，从而由强调安定的一元统治心态转向较能包容异己的开放路线，长期以来被赋予政治使命的传播媒体也因而解严，开放报禁、党禁。在强调民主与多元的新闻理想中，过去不敢回望的历史事件可以重新提出来讨论，对当前的政治局势与人物的嘲讽，以及社会病态的评击，都渐获得表达空间。如台湾国民党当局镇压台湾人民“二·二八”起义历史事件，自1987年2月13日由医师陈永兴主导“二·二八和平促进会”正式见于新闻报道，至今成为台湾报刊抨击台湾当局的重要话题。但“台独”纲领和言论，也借国民党控制力、公信力的减弱，而得到刊登和蔓延。

同时，台湾经济的相对发展也促使台湾新闻事业竞争加剧。报纸、电视、杂志广告投资上升，为新闻媒体发展提供财源，1988年1月至11月电视广告就达1028亿6千余万元。巨额广告投资成为传播媒介赖以生存的动力，反过来又扩大了消费对象。钱潮泛滥，诸如炒股票、金钱赌博游戏盛行。1987年股票交易开户为14.5万户，1988年剧增为97.5万户，而1989年高达380万户。上市公司家数1987至1989年分别是141家、163家、185家，1989年每日一、二十亿元的成交量。证券公司370余家，比上市185家多，是全世界第二大股市，仅次于东京，几乎等于纽约和伦敦之和，几乎达到台湾生产总额的5%。于是几家理财投资性报纸，包括财讯快报、财星日报、及略逊一筹的产经新闻报均乘股市热潮兴起，中时晚报、联合晚报、新闻晚报等增幅设股市专业报，刊登每日股市走势，出现股票族读者群。

三家电视台早、中、晚新闻中必报股市行情，并请证券所专家分析股市涨落原因和趋势，由证券公司提供资讯。

随着台湾投资环境恶化，资金外流，台湾每年有上百万人（占台人口的1/20）出外旅游、办业务，台湾报纸又把触角伸向海外。如联合报报系迁厂到台北东区创办民生报，十年前就推行电脑化，在美洲、东南亚、欧洲设分支机构办世界日报、泰国世界日报、欧洲日报、纽约世界电视公司等；中国时报报系原来在美国办美洲时报，因登江南命案，被台湾当局责令停办，电脑起步较晚，后来办起时报杂志、投资情报，成立时报资讯公司，推出财经电子速报，领先于联合报进入加值型网路的市场，引起其他较小加值网路资讯公司恐惧。中国时报报系的时报周刊还出周刊美洲版。

（二）

台湾报业的特点和问题是：

1、联合报报系、中国时报报系维持垄断地位，新报夹缝中生存。

联合报报系属家族报系企业。董事长王惕吾共有五个子女，各执联合报系下不同报刊事业。长子接联合报、历史月刊、美国与世界新闻报道周刊的发行人；二女儿 1978 年接民生报社长，目前也兼任欧洲日报的发行人；三子 1977 年接经济日报的发行人，目前兼掌联合晚报、世界日报、泰国世界日报、纽约世界电视台、美国世界书局和联经出版公司；四女儿任欧洲日报的总经理；五女儿任女性杂志发行人。长媳张宝琴任联合文学发行人。三子还是经济杂志发行人，下编经济年鉴、证券年鉴。联合报系还开设联经资讯公司、中国经济通讯社和办中国论坛杂志。联合报报份大，全报系的印刷业务、后勤资源都集中于联合报。1989 年联合报系将各报刊人事及财务分别，由各公司自负盈亏。

中国时报董事长余纪忠共有四个子女，其中长子及一女定居美国，志不在报业，次女(国民党中委)任工商时报、中时晚报的发行人，创办投资情报，为时报资讯公司董事长。中时晚报着眼于顺应台湾经济自由化、国际化潮流的转变，力图打下午后财经读者市场。

两大报系在台湾文字媒体中仍稳居垄断地位。据不完全统计，联合报每日印 98 万份，订户 82%，零售占 17.6%；中国时报印 83 万份，订户仅 40%，零售比率高，占 37%。联合报系的联合报、联合晚报、经济日报、民生报发行量占报业市场 52%，连同中国时报系的中国时报、中时晚报、工商日报，两大报系发行量合计占全台文字媒体的市场八成。联合报系董事长王惕吾任过总统官邸护卫团团长，中时报系董事长余纪忠是国民党政战系出身，1988 年前都是国民党中常委。国民党十三大前夕，因为解严后读者开始要求舆论保持中立，两大报系老板发现国民党中常委反成为报社的负担，就由子女或所属主管竞选国民党中委。联合报与军方、保守派及官邸派结合得较紧。也因此许多独家新闻多由联合报先出。如俞国华下台、沈昌焕辞职、郝柏村出任“国防部长”等新闻皆由联合报独家披露。同时，台湾工商财团与两大报系的密切关系，也影响了新闻取向。

三家晚报鼎立。原来有自立晚报、民族晚报、大华晚报，后两者先后为联合晚报、中时晚报取代，自立晚报也失去晚报独大的局面。联合晚报读者 2/3 为该报证券版而买，因其出报早，欲知当天股市行情动态、投资人都不吝惜花 5 元钱买一份报纸。自立晚报报系由台南帮即南纺集团环球小泥等占 6 成股分，许金德集团占 2 成，其它股东占 2 成。1981 年吴丰山任社长。1988 年 1 月 20 日该报系由 1 亿元增资到 3.6 亿元办自立早报，但亏损甚巨。报禁开放前自立晚报是反对党唯一可以发言的媒体。

高雄是台湾中南部报业中心。高雄市人口由 1982 年的 123 万余人，到 1989 年激增为 136 万余人。高雄是拥有台湾重化、钢铁、造船、汽车制造等现代工业的城市，又是台湾外贸最大港口。台湾全岛性大报及党营、官营的报纸多在台北市建立了雄厚的基础，新报不易插脚建立自己的地盘，其他城市市场有限，且有一、二家在地报，不容再增新报，所以人口增加迅速、工商业飞快发展的高雄便成为新报优先抢占的滩头重镇。

高雄原来有：台湾省“政府”的台湾新闻报(相关的事业有台湾新生报、新闻晚报)，欣然天然瓦斯公司支持的民众日报(属民营)，澳门马会支持的中国晚报(属民营)，华荣铜铁、联宏建设资金作后盾的台湾时报。台湾新闻报、新闻晚报以中上阶层的非六合彩族及分类广告为主要读者，后新闻晚报改为股市专业版，刊登每股每日走势图为特色，每份售价 20 元台币，尚能维持。民众日报、中国晚报靠扩大报道赌博性六合彩新闻和广告大发利市，置产又添印刷设备。中国晚报系还在 1988 年 6 月 21 日增办中国晨报，并拟于 1990 年元月办中国午报，成为在高雄市与台湾时报争霸的报系之一。中国晚报系至今出报时间包括早上、中午、下午时段。台湾时报创办人王玉云原为高雄市市长，家族企业有华荣铜铁公司、第一钢铁公司、国际拆船公司和美达牧业公司，靠王玉云为官使得产业及报业稳定发展。后来王玉云调任台湾国营事业委员会副主委、台湾肥料公司董事长，把台湾时报交其弟王玉发掌管，1987 年因产业纠纷王玉云辞去公职，为台湾国策顾问。台湾时报除登六合彩图利外，还靠登广告获得生机，广告收入由原每月 1000 万元加码到最近 9000 万元台币。发行量约 13 万份。它标榜无党派民营报，新闻常受家族政治经济利益左右。

1988 年以来高雄市新增的报纸，除中国晚报系的中国晨报、中国午报外，还有澎湖同乡会支持、由东南水泥陈江章任董事长，股东包括味全、长荣、养乐多、国产、国泰等台湾知名财团，合资办的太平洋日报，以财经新闻为主导，读者为社会中低收入的广大劳动群众。盛余钢铁、安统建设投资的环球日报，该报获“监委”宋安雄、“立委”吴德美支持。

2、财团以雄厚财力支持办新报。

除太平洋日报、环球日报外，财团办的报纸还有康宁祥发行的首都早报，1989 年 6 月创刊。此报由东英建设公司等一些房地产、中小企业者合资经营，以中产阶级为销售对象。世界论坛报为段宏俊所创，因作家、评论家李敖定期写稿而打响了知名度。大成报是三重帮宏国建设继自由时报的第二份报纸。财团办报大都难逃失败，如郑再兴的交通报、袁希光的财经时报、洪启嵩的福报、以客家为对象的中华时报、由富尔投资机构投资的中国镜报、以及数家证券公司联合投资的天道盟公论报都是无法与大报系竞争，昙花一现的。只有几家理财投资性的专业报纸如财讯快报、财星日报、产经新闻报乘股市热潮兴起，稍有盈余。这类报纸读者明确—— 股票族，单份售价高约 30—— 40 元台币，出刊时间为当天晚上。

3、国民党官办报纸渐趋没落。

国民党党营的中央日报进入 80 年代后，乏人问津，每年巨额亏损，鲜有起色。另一家中华日报台北版，于 1987 年 8 月关闭。党营的商工日报，虽改为现代日报，走专业化路线，增升学版，也打不开销路而休刊。台湾省“政府”的新生报在市场上处于边缘角色，无足轻重，年年亏损，积弱不振。属于“国防部总政治作战部”的青年日报、军方控制的台湾日报,一贯以粗暴原始的手段围剿异已,因系军方庞大财政支持,摊派军人订购阅读,还能维持。

4、**对大陆的报道激增**。

国民党政府撤退到台湾,数十年满纸多是反共叫嚣。自解严、尤其是开放大陆探亲后,两岸同胞的接触,大陆文化资源涌入,台湾报刊向大陆人士邀稿交换文章,使台湾对大陆做客观报道的文章增多起来。

1989 年 4 月 17 日台湾开放记者前来大陆采访,写下两岸新闻关系史的又一页。6 月 11 日,台湾开放对大陆直接通话,与简化两岸通讯同步实施,40 年两岸通讯禁令正式解除,使得两岸资讯能快速沟通。"六·四天安门事件"虽然台湾报刊借机歪曲大陆的对台政策,但随着大批台胞回大陆探亲、旅游,以及投资者络绎不绝于两岸之间,民众所见所闻和台湾有正义感的新闻记者的客观报道,有助于制衡那些歪曲宣传。一些报纸为了避免公信力降低影响发行的收益,对大陆也开始作客观的介绍,内容包括大陆对台政策,大陆经济、社会、文化诸多方面。

5、**新闻道德沉沦**。

台湾承袭美国黄色新闻的遗风,有的记者依自己的想法或固有立场,作臆测、推论与评判,制作耸人听闻的新闻,违背新闻报道客观负责的原则。由于长期戒严,使许多记者仍处于自我设限,由于报系主事立场,记者也卷入政争漩涡。台湾特殊的政治环境,使部分记者学会以"见仁见智"等理由,隐瞒事实。甚至为了派系斗争,还无中生有"制作新闻"。部分记者接受采访对象的邀宴、礼物、金钱,而胡作非为。证券公司提供给证券记者垫款,炒股票,彼此勾结操纵股票行情也有所闻。

(三)

台湾的电视广播由于频道限制未能开放新设,但也积极从事软硬体方面的调整、改进。80 年代初期,录影播出成为电视的稳定播出模式。到 1989 年,一吋带的广泛使用又使外景录影及播出画面品质提高。电视播出时间也大幅提高。1981 年平均每周播出不过 57 小时,1985 年开辟了晨间及上午时段,播出时间增加为每周 74 小时,到 1989 年已增加到 100 小时以上。

随着社会多元化,经贸行情瞬息万变,中国电视公司(中视)、台湾电视公司(台视)、中华电视台(华视),为了提高资讯的时效性和增加讯量,力求节目花样翻新,在电视新闻上作了较多的改进。

1、**首先,三台感觉到了新闻竞争的压力,纷纷扩充新闻部人事编制,更新机器**。如更换 Beta Cam 摄影系统,加强卫星传送技术。在软体方面亦多方购买世界各国的新闻节目,不断扩充报道内容。

2、**三台纷纷增辟新闻时段**。随着观众对资讯需要量的增加,"华视"1988 年 5 月 20 日推出晨间新闻节目《早安今天》,"台视"也在同年 10 月推出晨间新闻节目《早安您好》,"中视"则在周一至周五连线播出午夜新闻节目《今夜》。到 1989 年 9 月 4 日"中视"在晚上 7 点时段推出《中视全球报道》,报道最新最快的外电新闻。"华视"在 9 月 18 日晚上九点半播出《华视夜间新闻》,由李庆安(她是台湾"行政院院长"李焕的女儿,原是"华视"驻美特派员)主持专为台湾观众制作、台湾纽约卫星同步连线的"华尔街财经报道"。这样,形成了三家电视台在早晨、中午、晚间或夜间都有新闻播出,另各加 20 分钟闽南语新闻供观众选择。

寻求国际性节目型态与技术上的合作,是 1989 年台湾电视媒体在发展上的重要趋势。"台视"与美国有线电视新闻网(CNN)合作,每天接收三、四次 CNN 卫星转来的电视新闻,另外还购买美国 ABC(美国广播公司)、NBC(国际广播公司)、CBS(哥伦比亚广播公司)的新闻节目,经常派摄制组到世界各地采访,使观众及时了解世界上发生的重大新闻、科技发展等。"中视"与美国 American Today 合作,"华视"夜间新闻与美国连线卫星主播对话,等等。然而三家电视台对国际化合作的拓展,还是局限在"美国化"的阶段。"美国化"不仅在反应主播体制或节目型态上,连外电新闻也以美国国内报道或美国观点的通讯社为主。为试图摆脱美国媒体势力的左右,以求新闻的多角化,"华视"也与日本 NHK 签约合作和交换新闻节目。

三家电视台还纷纷谋求跨媒体的合作,如"台视"的《早安您好》与商业周刊、《台视新闻世界报道》与中时晚报合作,"华视"的综艺节目《连环泡》与民生报合作。

3、**拓展海峡两岸电视文化双向交流**。台湾开放台胞回大陆探亲前后,台湾民众就已经通过日本 NHK 的电视节目了解大陆政治社会经济发展的情况,又从流行的电视片录像带《丝绸之路》、《大黄河》、《桂林山水》、《长江万里》、《珠江情》《西藏高原》等了解祖国大陆锦绣河山风俗民情。1988 年 9 月 2 日,台"新闻局"公布了《电视台播映大陆资讯原则》,对诸如有大陆运动员参加冠亚军比赛的,可以全场播出,每周播放大陆资讯不得超过 2 小时。自立晚报记者徐露、李永德到大陆采访后,台湾有的电视台记者也通过第三个地区转到大陆采访拍电视片。1989 年 4 月 17 日台湾当局允许台湾影视人员到大陆拍片、采访,三家电视台到大陆拍外景的电视剧有《妈祖外传》、《芙蓉镇》("台视"),《风云时代》、《塔里的女人》("中视"),"华视"平鑫涛、琼瑶夫妇带摄制组拍《六个梦》。综艺新闻节目多播映大陆经济、社会的落后面,对动乱、暴乱的报道更是充满着反共说词,把小道消息、推测当做重要新闻播放,沦为笑柄。

"台视"凌峰拍摄的《八千里路云和月》,是较能真实地传达大陆人民各个层面生活的一个节目。在 700 多卷选辑播映的节目中,台胞可以从中看到大陆辽阔壮丽的山河,和五千年文化对大陆炎黄子孙的生活影响,使台胞感受到血浓于水的民族感情。该片自 1989 年 6 月每星期五 9:30 时段开播以来,一直保持着同时段三台电视节目中的最高收视率。

同时,台湾一批电视连续剧如《星星知我心》、《昨夜星辰》、《京华烟云》、《几度夕阳红》等在大陆播放,也沟通了两岸电视界的联系。

4、台湾电视呈现现代化多元化趋势。

台湾电视机超过每家一台的水准，彩色电视机的普及率为95.8%。

台湾台北、高雄等城市有的商人设地下有线电视台，称“第四台”，擅自铺电缆到订户家，播映盗录的日本电视连续剧，香港武侠电视或中外电影名片。台湾当局几经查禁但成效甚微。台北东区地下有线电视且有从地下转公开的趋势。有的业者利用有线电视输送股票行情。由于有线电视为电视台兼营未来发展趋势，“中视”早在1988年参与投资“台湾电讯网络股份有限公司”的筹划，“台视”也于1989年10月29日研定投大笔资金经营有线电视。

台“行政院新闻局”于1989年6月成立“广播电视未来发展研究会”，研定官办公共电视台。几年来已制作大批非商业性节目在三家电视台插播，现进入培训人员，择地自建新台阶段。去年台湾民进党在台北县自设“民主之声”电视台，部分设备虽遭当局没收，但未停止播放。台湾当局宣布五年之内开放频道，不久台湾又要增加新电视台。

台湾开始普遍收看日本NHK卫星电视，现有20多万个碟型天线装置，接收日本NHK卫星电视两个台的几乎全天候的节目。NHK是日本公共电视，与世界各大广播网，如CNN、ABC、BBC、ITN，及纽约、伦敦、巴黎连接的Word Nens新闻节目，每天播6次，时间长达13小时。台湾虽然是弱信号区，但装直径120cm的碟盘都可清晰收看。收看日本电视相当盛行。而且台湾与日本电视彩色系统相同，接收日本电视比收看大陆电视容易。

台湾广播电台仍为33家，但电台增为188座，发射机379部，电功率11325.2千瓦，收音机超过1848.8万台，AM调幅电台改建立体发声，有线广播电台如有线音乐电台、区域广播电台建立，以及“火腿族”（业余无线电台）具有小众与强烈个性化特点，在广播频道开放之前，与正规广播电台争夺听众。台湾60年代电视的兴起，使得广播的传统优势迅速瓦解，至今成为传播媒体弱势。虽然调节些节目，增设午夜节目，24小时服务，“中广”电台也一改反共叫骂喊话方式，但都无法挽回其弱势的状态。

（陈飞宝）

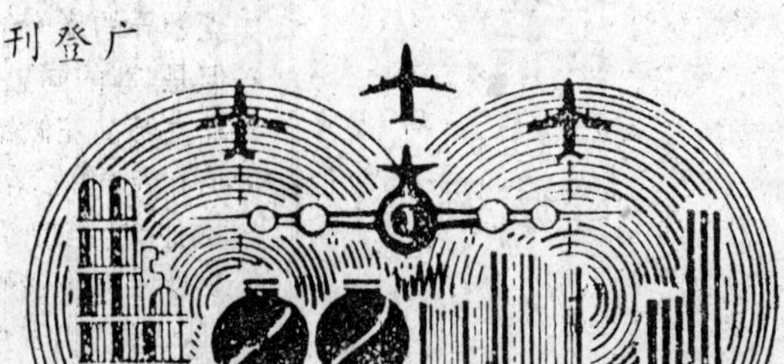

新闻学专论

·新闻学论文选登·

（按：本部分论文按问题性质排列）

保持国家稳定是全国人民的根本利益

王忍之

党的十三届五中全会已于昨天闭幕。会议上通过了《中共中央关于进一步治理整顿和深化改革的决定》，江泽民、李鹏同志作了重要讲话。我们要认真学习有关文件，深刻领会精神实质，统一思想认识，坚决贯彻执行。下面围绕保持国家稳定谈点学习体会。

今年春天，在动乱和反革命暴乱发生之前，邓小平同志就强调指出：压倒一切的是稳定。最近，他在讲话中又反复强调了保持国家稳定的极端重要性。只要我们自己不乱，保持长期的稳定，中国是有希望的。现在，国际上反共反社会主义的敌对势力正在加紧推行"和平演变"战略，我国经济在前进中存在着许多问题和困难，社会生活中还有不少不稳定因素。因此，致力于保持国家稳定，是关系全局的重要指导思想，是全国人民的根本利益。不稳定，发展经济建设，推进改革开放，改善人民生活，等等等等，都无从谈起。

为了保持国家的长期稳定，重要的是：

第一，要巩固和发展安定团结的政治局面

春夏之交发生的政治风波虽已过去，但是对于动乱、暴乱的根源和性质，对于中央采取果断措施的正确性，并不是所有的人现在都真正认识清楚了。动乱暴乱是资产阶级自由化思潮泛滥造成的恶果。要保持政局的稳定，就必须旗帜鲜明地把坚持四项基本原则、反对资产阶级自由化的教育和斗争长期进行下去，决不能半途而废。

十三届四中全会以来，我们在报刊上、广播电视里、基层的思想政治工作中，都进行了坚持四项基本原则、反对资产阶级自由化的教育，但是应该说这只是个开端。这几年资产阶级自由化思潮泛滥所造成的思想上和理论上的严重混乱，远远没有澄清。人们的思想认识不可能一下发生一百八十度的大转弯。那些顽固坚持资产阶级自由化立场的人并不甘心失败，他们还在等待时机，以求一逞。我们决不能放松对资产阶级自由化的批评和斗争。我们的报纸、刊物、广播、电视，无论如何不能再给资产阶级自由化提供阵地。对于前一阶段散布的反对四项基本原则的种种资产阶级自由化的观点，对于资产阶级的政治学、经济学、哲学、法学、文艺理论，以及资产阶级的人生观、价值观和腐朽的生活方式等等，都要加以深入剖析，进行有说服力的批评。

江泽民同志在中央工作会议上谈到实现当前经济任务的政治保证问题时，强调"要搞好清查工作，巩固和发展安定团结的政治局面"。对于有一般错误言行、参加过游行的群众和工作人员，主要是进行教育。我们要始终注意团结绝大多数，通过认真学习和热情帮助，提高人们的认识和思想觉悟。对于领导机关和领导干部，当然也包括宣传和意识形态部门的领导机关和领导干部在动乱中的问题，一定要坚决查清楚，并按有关政策规定严肃处理。在这件事情上来不得半点马虎，要防止走过场，否则就会养痈遗患。当我们以更多的精力来解决和克服面临的经济问题和困难时，这方面的工作也丝毫不能放松。

第二，要通过治理整顿、深化改革，使国民经济持续、稳定、协调发展

经济是基础，政治是经济的集中体现。经济如果长期不稳，政治局面也不可能稳定。平息反革命暴乱后一段时间，国际敌对势力首先指望中国政府无力稳定政局。当这一期望破灭后，它们更多地把希望寄托于中国国民经济出现"危机"。这从反面说明，稳定经济是多么重要。对于前几年积累下来的问题，诸如社会总需求超过总供给，通货膨胀加剧，重大比例关系失调，中央掌握的财力物力不足，宏观调控能力削弱，等等，如不采取措施努力解决，我们的建设和改革都不能顺利进行。

十三届三中全会提出治理整顿、深化改革的方针后，经过一年来的工作，取得了初步成效，经济形势明显好转。过高的工业发展速度降了下来，固定资产投资有所控制，物价上涨势头趋于缓和，农业也取得了丰收。总的说来人心比较稳定。与此同时，也出现了一些值得注意的情况，比如市场疲软，产品积压，资金紧张，工业增长速度下降过猛，有些不该停产的企业也停产或半停产。对于这种情况，要作正确分析。有些是多年积累下来的问题和矛盾，在条件变化后以新的形式表现了出来；或者说是实行正确的方针政策在产生积极效果的同时，不可避免会发生的一些负效应。对于这种负效应，应当认真重视，尽量设法减轻，但切不可惊惶失措，以致对治理整顿、深化改革的方针产生动摇，改变初衷。如果那样，就会带来更大的困难。前几年，我们在这方面是有教训的。

我们必须坚定不移地贯彻执行治理整顿、深化改革的方针，采取果断措施来解决多年积累下来的问题；同时又要考虑到各方面的利益关系，考虑到地方、企业和群众的承受能力，步子要稳妥，措施要得当。正如李鹏同志指出的：建设不能急于求成，改革不能急于求成，治理整顿也不能急于求成。为什么不能急于求成？就是要稳定，避免发生震动。要努力掌握好“度”，以便在促进稳定的条件下，解决经济生活中那些错综复杂的问题，使国民经济走上健康发展的轨道。

第三，要自觉地维护中央领导集体的权威，这是保证国家稳定的又一个重要条件

以江泽民同志为核心的中央领导集体是坚定的、团结的，几个月来深入基层，调查研究，对一系列重大问题作出了正确决策，工作有条不紊，富有成效。四中全会以来，社会秩序恢复正常，人心趋向稳定，政局稳定了，顶住了国内外的压力。党风和社会风气开始好转，群众对党和政府的反映也开始转变。这就给全国人民战胜各种困难增添了信心。事实表明中央领导集体是可以信赖的，我们要紧紧团结在中央周围，自觉地维护中央的权威，同心同德，步调一致，加强纪律，令行禁止。这样，我们就必定能克服艰难险阻，取得新的胜利。

目前，美国和西方一些国家还在对我国实行“制裁”。只要我们把自己的事情办好，保持和巩固全国的稳定，什么“制裁”我们都不怕。我国是一个社会主义大国，过去没有、今后也决不会屈服于外来的压力。越压，我们越有精神，越能激发全国各族人民的民族自尊心，激发对社会主义祖国的热爱，激发对一贯坚决维护国家和民族利益的共产党的热爱。我们自己不乱，团结一致，谁也搞不垮我们。

宣传工作，包括报刊、广播、电视宣传，在保持国家稳定方面有着其他部门的工作无法替代的作用。搞得好，可以起到鼓舞人心，稳定局势的积极作用；搞得不好，可以起到涣散人心，诱发和增加不安定因素的消极作用。在贯彻五中全会精神时，宣传工作一要着眼于稳定，二要着眼于鼓劲。

要稳定地保持前一段舆论宣传的态势。这种态势是什么呢？就是坚持正面宣传为主的方针，理直气壮地宣传40年来社会主义建设取得的成就，十年来实行改革开放政策取得的成就，一年来治理整顿取得的成就。用大量确凿的事实说明在共产党的领导下，中国人民坚持走社会主义道路，依靠自己的力量，在不太长的时间里，使一个一穷二白的中国发生了举世瞩目的变化。中华民族摆脱了受帝国主义列强奴役、欺压的命运，屹立于世界民族之林。同时，要继续大力弘扬正气，满腔热情地表彰无私奉献、忘我劳动、奋力拼搏的先进人物和事迹，提高人们的思想道德水平。

要宣传改革开放政策的连续性、稳定性。治理整顿是要巩固、扩大改革开放的成果，进一步充实、完善改革开放的方针政策，而不是否定改革开放的总方针、总政策。农村的家庭联产承包责任制，过去起了很好的作用，现在也适合绝大多数农村的情况，仍然具有旺盛的生命力，应该继续坚持。同时，也要看到它需要完善、发展。有些地方，“双层经营”只剩“一层”，“统分结合”也只剩下“分”而没有必要的“统”。长久如此，并不利于农业生产的进一步增长。现在有的乡政府，只有一张桌子，一个戳子。而没有一定的集体经济，基层政权的建设就缺少依托，党组织活动的开展就缺少凝聚力。所以，要努力发展产前、产中、产后的服务体系；在有条件的地方，还要发展适度规模经营，发展一些集体经济。当然，这务必要从实际出发，尊重农民的意愿，而不能勉强，不能不顾条件急切从事。工业企业的承包经营责任制，过去对促进生产的发展，当前对克服经济困难，都有重要作用，也要坚持。对于承包中国家、企业和职工之间利益关系处理不尽恰当，企业之间苦乐不均，企业有短期行为，则应逐步改进。还有对个体经济、私营经济的政策等等，都必须坚持，也都要总结经验，进一步完善。报纸、广播、电视要通过具体事例的报道，体现改革开放方针政策的连续性、稳定性和在实践中的进一步发展。

要宣传振奋精神，艰苦奋斗，齐心协力去克服困难。对国民经济中存在的困难，首先要正视、讲清，否则就不足以说明治理整顿的必要性。但同时要科学分析造成困难的原因，坚定广大群众克服困难的信心。要鼓劲，而不能泄气。困难不是改革开放造成的，也不是社会主义制度带来的，通过治理整顿、深化改革是可以克服的。在讲问题和困难的同时，要努力宣传解决问题、克服困难的好办法和好经验。实际生活中有大量这样的事例和材料，新闻工作者要深入基层去发现它，推广它。

总之，我们的新闻工作，要吸取动乱期间舆论导向发生错误的教训，坚持正确的政治方向，宣传贯彻好五中全会精神，努力对治理整顿、深化改革起促进作用，对解决问题，克服困难起促进作用，对保持国家的稳定起促进作用。

（此文是作者1989年11月10日在全国省报总编辑新闻工作研讨班上的讲话，后发表于《坚持宣传舆论的正确方向》一书）

（作者单位：中共中央宣传部）

深入学习贯彻江泽民李瑞环有关新闻工作的重要讲话

徐惟诚

江泽民、李瑞环同志在新闻工作研讨班上的重要讲话，对我国新闻工作一系列重要原则问题作了全面、深刻、精辟的论述，是指导我国新闻工作的重要的纲领性文件。这两个讲话总结了新闻工作几十年正反两方面的经验教训，有很强的针对性，回答了新闻实践和新闻理论中一系列迫切需要解决的问题。当前要在新闻战线认真贯彻。新闻工作是种脑力劳动，做得好，就要新闻工作者在认识上与党中央一致。这样才能自觉地、不勉强地把中央的方针政策在实际工作中创造性贯彻执行。这就需要反复地学习，要创造更多的条件，使大家在学习和实践过程中，不断提高自己的认识。大家的认识越提高，心情越愉快，也就越自由，创造性越多，新闻事业就越加蓬勃发展。

各新闻单位要针对自己不同的特点，抓住不同的题目来深入讨论。但是，共同的必须弄清楚的是，我们是为中国人民的利益而工作的。中国人民长期受到帝国主义、封建主义的奴役，吃了很多苦头。只是在中国共产党的领导下，人民团结战斗，才得到解放，才得到创造自己幸福生活的自由。今天中国在世界上有这样的地位，人民安居乐业，得来是不容易的。人民得到的利益决不允许丧失，不允许别人把自己的利益抢走，不容许任何人把中国人民重新打到被奴役的地步。我们今天坚持四项基本原则，坚持改革开放，一心一意建设有中国特色的社会主义现代化事业，都是为了中国人民的利益。人民的利益需要新闻工作者为实现、发展这个利益服务。那些鼓吹“人民性高于党性”的人，实际上是背叛人民利益，或者说实际上是损害人民利益的，也是违背中国绝大多数人民意愿的。11亿人中有几个人愿意中国动乱？搞动乱的结果只能是内战不休，四分五裂。但现在确实有人向中国人民利益进攻，所以必须坚持新闻工作的党性原则，用好舆论工具。我们的新闻舆论工具是属于人民的，要尽可能为广大人民群众利用。这样一种过程，就是社会主义新闻出版自由的发展过程。不允许任何人用个人的、主观的想象，甚至从属于帝国主义利益的需要来运用舆论工具，损害人民的利益。新闻工作者是为实现中国人民的新闻出版自由而工作的，这种新闻自由很重要的一个方面就是不让新闻工具被金钱所奴役，不能谁有钱就有权说话。美国人就是比我们钱多，决不能天下就只有美国人的声音，所有被压迫的人民都争取有自己的声音。

新闻工作者必须与人民群众有密切的联系，深入实际，了解工人、农民和劳动知识分子的生活、学习、工作和创造，了解他们的思想感情。要帮助人民群众之间相互了解，相互沟通，增进人民的团结。人民只有团结一致，才能实现并保住自己的国家主人的地位。只要人民分裂了，人民的事业就保证不了。中央非常强调各部门干部深入实际。新闻工作者本来是应该深入实际的，但这几年在这方面有相当大的弱点，不了解实际，不了解国情，不了解人民群众的生活和愿望。这样，想问题，出主意，办报纸，办广播电视，就办不好，对马克思列宁主义的新闻路线就不容易深刻理解。所以要把学习和深入实际结合起来，并在这个过程中把新闻报道搞得有声有色。通过这样的实践，使我们的队伍得到提高并成为符合党和人民期望的队伍，产生出许多优秀的新闻工作者来，也会在报道中创造许多先进经验。

（本文是作者在首都新闻界一次座谈会上的讲话，后作为《坚持宣传舆论的正确方向》一书的“代前言”发表）

（作者单位：中共中央宣传部）

新闻舆论界的作用令人深思

吴冷西

这次从动乱到反革命暴乱过程中间，新闻界、舆论界的作用非常令人注目，令人深思。

李鹏同志六月十三日在党中央和国务院各部门负责人会议上的讲话里讲到，这次新闻舆论界对平息反革命暴乱，总的来讲，做了很多工作。他表扬了一些新闻单位，立场坚定，旗帜鲜明；但同时，也指出了一些新闻单位，在一段时间里迷失了方向。

现在我就来谈一谈这个问题。

（一）本来，从悼念胡耀邦同志活动起，学潮一开始，就表现了它的复杂性，而且带有强烈的政治倾向性，他们所提出的问题就超出了悼念的范畴。

四月十八日，耀邦同志逝世不过两三天，在天安门，在北大，在北航大，就出现政治性的宣言和告同胞书，要求为胡耀邦同志平反，要求为精神污染和自由化平反，要求取消报禁，要求新闻自由，这就超出了悼念的范围。在一些大专院校的大字报、小字报中，还出现了反动宣传和口号。我们的报刊、电台、电视台对这些没有反映，有的只片面地渲染了大学生的爱国热情。但是，四月二十日，新华社有一篇关于大学生冲击新华门的报道，其中讲到里边有人喊出“打倒共产党”的反动口号，这篇报道就受到攻击。

四月二十一日，高校行动委员会非法成立（后来改称“高自联”），当晚进驻天安门广场。同日，严家其等所谓“知识界精英”发表致中共中央和人大常委会的公开信，声援学潮。

四月二十二日，十万人在天安门游行示威。

四月二十三日，二十四日，38所高校六万大学生开始宣布罢课。

这时新闻界是逐渐报道了示威游行，但是，只是反映大学生爱国热情的一面，而对学潮中间出现的种种动乱迹象则既没有揭露，更没有批评。这就在读者、听众、观众中间造成一种错误印象，似乎大学生学潮无非是反对腐败、反对官倒、要求民主，是爱国的。

因此，人民日报四月二十六日发表社论，指出学潮实质上是否定共产党的领导和否定社会主义的“动乱”，许多人对这一点毫无思想准备，也就不能接受。这不能不是在动乱初期舆论导向的失误。

(二)但更严重的失误还在后头。这就是赵紫阳同志继五月四日对亚行理事会谈话之后,五月六日发表关于新闻自由的谈话。六日上午,他跟胡启立、芮杏文两位同志谈了,他们下午就向首都主要新闻单位负责人传达了。我没参加听传达,至今还不知道详细内容。但是,当天晚饭的时候,胡启立同志打电话给我,要我召开全国记协主席团会议,讨论新闻改革问题。他电话里着重谈到新闻改革已到非改革不可的时候,新闻的自由度可以放大些。中国记协是群众团体,可作为记者、编辑同党和政府之间的桥梁。你们代表记者的声音,可以同党和政府不同。他提出要同新闻界对话,用召开各种座谈会的形式,他亲自参加。

我还听到,赵紫阳同志还说,目前新闻自由是个焦点。他说,前一段控制严一些,后一段放开了一些,报道了游行,也没有什么了不起。看来公开程度增加一点,风险不大。新闻自由放开,没什么风险,这一段时间内,新闻报道实际上已有了很大突破,可以据此总结一些经验。

赵紫阳这些话,实际上是向新闻界烧了一把火,或者说打开了闸门,新闻战线从此决了口。在动乱中间,学生、知识分子、新闻记者的游行队伍中,都提出取消报禁、要新闻自由等口号标语,这就适应了动乱中策划者们提出的绝对新闻自由的要求。

这也就是李鹏同志说的:"我们党中央的一些同志在这场动乱中没有完全站在党的立场上发挥新闻作用,反而进行了错误的导向。"

从此以后,首都新闻界出现了两极化:一方面以解放军报、北京日报,北京电视台为代表,立场坚定,旗帜鲜明,宣传党中央的方针政策;另一方面以人民日报为代表,群众说,党中央机关报同党中央唱对台戏。

本来,新闻界在五月四日已有少数人(据说只有四、五百人)第一次参加示威游行。在赵紫阳同志谈话之后,参加游行的记者、编辑、广播电视工作人员越来越多。到五月八日就有上千名记者、编辑,有青年的,有中年的,甚至有老记者,在呼吁书上签名,声援学潮。

动乱的策划者们本来就要争取新闻界的声援与参加,严家其等就在公开声明中这样说过,在美国成立的中国民联分子胡平、刘晓波等在纽约也这样出主意。

但是他们的阴谋并没有完全得逞。中国新闻界有优良的革命传统,许多同志坚持党性原则,坚守岗位,为贯彻执行党中央的方针政策,坚决斗争,作了大量工作,尽了最大的努力。

然而,也无庸讳言,首都新闻界中也确实有许多人一时迷失了方向,对动乱起了推波助澜的作用。这个教训是沉痛而又深刻的。

(三)冰冻三尺,非一日之寒。在这次从动乱到反革命暴乱中,不少新闻单位一时迷失方向,这是长期以来资产阶级自由化思潮泛滥的结果。在整个思想领域自由化思潮日益猖獗的情况下,新闻领域的气候也受到严重的污染。

新闻领域的资产阶级自由化思潮最早发端于党性和人民性的争论。

本来从革命根据地起,向来是党报为主体,向来是党报为党的耳目和喉舌,向来是强调党报要坚持党性原则,准确、全面、充分、及时宣传党的路线、方针、政策。这是党报的任务,不得另作主张,不得闹独立性。这是我们党领导的新闻工作的好传统。

但是,有的同志错误地总结文革教训和文革前左倾错误的教训,提出一个奇怪的理论,说"人民性高于党性",说什么"坚持党性会犯错误,坚持人民性不会犯错误。"他认为,文革中间"四人帮"代表党领导新闻界的,讲党性,听他们的话,就犯错误。"四人帮"哪里是代表党性呢?那是反党性。但他却由此得出错误的结论,认为坚持党性就会犯错误,坚持人民性就不会犯错误(主席台上有同志问:你指的是胡绩伟吧?答:那是代表人物之一)。他把自己吹得比党要高明得多,可以自行其是。不少人接受这种极其错误的观点,因此,在新闻界刮起了一股不当党的喉舌的歪风。这是新闻界自由化思潮泛滥的主要理论根据,也是这次从动乱到反革命暴乱中某些新闻单位犯方向性错误的思想根源。

其实,这是极其荒谬的邪说。人民性是什么?谁来确定什么合乎人民性?说穿了还不是他自己。党性是人民性的最高体现,党性就代表了人民根本的和长远的利益,怎么可以说人民性高于党性呢?所以,讲穿了他的所谓人民性就是他自己爱怎么样就怎么样。一个记者、一个编辑,一个编辑部,怎么可以把自己看得比党的集体智慧高明呢?这不过是西方资产阶级学者的"无冕之王"论的变种,他们其实并不是什么"王",而只是金融垄断资产阶级的奴婢,是他们中这个政治集团或那个政治集团的奴婢。

当时,许多人反对这种邪说,指出它的危险性。但是鼓吹者固执己见,甚至成帮结伙地鼓吹并在他们力所能及的范围内推行这种谬论。

这就引起了当时党中央的干预。小平同志在1980年初就明确提出党报党刊一定要无条件宣传党的主张。党中央在1981年1月间专门为这个问题作出了决定。1981年1月29日中央关于报刊新闻广播宣传方针的决定中强调:必须坚持四项基本原则,批评各种背离四项基本原则的错误思想;必须增强党性,反对借口中央过去的错误而不服从目前中央领导的错误倾向;必须加强宣传纪律,不允许违反中央决定,自行其是。

但是,那些反对党性原则的人,根本不理会党中央的告诫和指示,依然自行其是。在改革大潮中,那些反对党性原则的人又借口新闻改革,鼓吹资产阶级自由化。他们大量引进西方资产阶级新闻理论,大肆鼓吹所谓"新闻自由",抹煞新闻事业的阶级性。

三次反自由化,在新闻领域都夭折了。第一次没有解决根本问题;第二次只搞了28天。我记得耀邦同志访问日本回来,专门找中央三个主要新闻单位的负责人到玉泉山谈话。他颇为得意地讲,他访日之前,就布置了一家报纸并采取了一些措施,防止反精神污染"扩大化",结果28天就把反精神污染制止了。第三次反资产阶级自由化，是 1986 年底 1987 年初，批评胡耀邦同志的时候，我记得当时赵紫阳同志批评胡耀邦同志时提问题很尖锐，说当前主要危险是右倾，对反自由化软弱无力。可是他当上了党的总书记没几天，就在一月份，在中央书记处一次会议上说：讲四项基本原则，只讲坚持党的领导就行了。后来他又说要淡化党的领导。再往后，他又说，只讲改革就行了，不要老讲四项基本原则。后来，他就只强调反对僵化了。关于新闻工作，耀邦同志发表过一篇讲话，还是讲党报是党和政府的喉舌，也是人民的喉舌。尽管他反自由化软弱无力并因此辞去了总书记的职务，但我多次讲过，耀邦同志这句话还是对的，不要因人废言。但赵紫阳同志却不愿意讲报纸是党和政府的喉舌。他在一篇为纪念中国记者协会成立五十周年的题词草稿中偏偏删去了"报纸是党和政府耳目喉舌"这句话，这就说明他是反对报纸的党性原则的。

鉴于新闻领域三次反自由化的教训，希望这次重申坚持四项基本原则，反对资产阶级自由化，不要虎头蛇尾，不要半途而废，只搞那么几天、几十天，一定要按照邓小平同志的话去做，要讲几十年，一直讲到底。

（四）新闻界搞自由化有两个特点。

*一个特点是搞多元化。*他们鼓吹报刊、通讯社，广播、电视的功能或任务是多方面的：宣传政策，反映舆情、舆论监督、传播知识，交流信息、娱乐消遣，提供服务、介绍商品等等。他们这样讲，你不能说这样多种功能和任务没有道理，确实有多种功能、多种任务，也确实应当发挥多种作用。但问题在于他们这样做的目的和结果，就是把报刊、广播、电视等的主要任务，主要功能即宣传党和政府的路线、方针、政策，都冲淡以至冲掉了，淹没在多种功能和多种作用的汪洋大海中了。你提要加强党性，他提要加强可读性、知识性、娱乐性、趣味性等等；你提要办好党报，他提要团体办报、民间办报、个人办报；你提要同中央在政治上、思想上保持一致，他提要反映多种声音。总之，他们的目的是用多种多样的要求和功能来冲淡以至淹没党领导下的报纸、通讯社、广播电台、电视台的主要性质、主要任务和主要作用。美其名曰多元化，实际上是取消新闻工具的主要任务。他反对报纸是党的喉舌，连报纸"是党和政府的喉舌，也是人民的喉舌"的提法也不接受。对广播电视也是这样。

*第二个特点是搞中性化。*这是种虚伪的手法。他们宣扬一种理论，给新闻事业定出一个定义，既不是酸性，也不是碱性，而是一个中性的定义。具体说，把报纸、通讯社、广播电台、电视台通通叫做"传播媒介"。你不能说这些新闻工具不是"传播媒介"。这个中性定义是各种不同阶级、不同利益集团、不同政治集团都可以接受的。这么一个定义，能解决什么问题呢？这等于说报纸是新闻纸一样，它不能解决任何问题。它只能说明，这个中性定义是为了回避新闻工具的阶级性和政治倾向性。因为问题的实质在于，传播什么，为谁传播，由谁传播，怎样传播。这里不可避免地因立场不同而不同，因阶级、阶层、社会集团的不同而不同。不同的阶级、阶层、社会集团，不可避免地表现不同的政治倾向性。

那些"传播媒介"的鼓吹者，虚伪地掩盖他们的目的，宣扬所谓"真实性"、"客观性"、"公正性"，来欺骗群众。

什么是"真实"？美国之音和许多台港报刊说"血洗天安门广场"是"真实"；我们说天安门广场清场没有死一个人才是真正的真实。

什么是"客观"？美国之音说解放军乱杀群众是"客观"，我们说反革命暴乱分子打伤和杀害解放军官兵后，解放军被迫还击才是真正的客观。

什么是"公正"？美国之音把动乱和反革命暴乱说成是"爱国学生运动"或"民主运动"叫做"公正"，我们说政治阴谋分子煽动、策划和操纵的反党反社会主义的动乱以及后来发展为反革命暴乱，这才是真正的公正。

可见所谓"真实"、"客观"、"公正"，不同阶级、不同社会集团是有不同标准的。

我们共产党人毫不隐瞒自己的立场和观点。我们是从辩证唯物主义的世界观和历史唯物主义的历史观出发来看待真实、客观、公正的。我们讲的是本质的真实，是事物本来面目的客观，是以人民利益为准绳的公正。

以上两个特点，也在相当程度上反映了整个意识形态领域自由化的特色。拿多元化来说，有些人在经济上以多种经济成分并存为理由来鼓吹私有制；在政治上他们以经济上多元化为理由鼓吹没有共产党领导的多党制；在思想上，他们以经济上多元化为理由鼓吹否定马列主义、毛泽东思想为指导思想的自由化。拿中性化来说，他们在经济上鼓吹商品经济无社会属性，在政治上鼓吹国家机构（政府、军队、警察、法庭、监狱）没有阶级属性，在思想上鼓吹"非意识形态化"。这些都是欺骗群众的谬论。

（五）由于长期受资产阶级自由化思想的侵袭，不少新闻单位几年来表现了消极对待四项基本原则的宣传，发表了许多宣扬自由化的东西。

有同志说，枪杆子是牢牢掌握在共产党手中的，但笔杆子不都是在共产党手中，甚至可以说相当一部分不在共产党手中。这在新闻界相当突出。

仅就近年的情况来说，去年三中全会以后，有些报刊就叫喊防止倒退。中央说要治理整顿，他们说治理整顿会引起经济改革倒退和政治体制改革停顿，并公然提出所谓要防止"用非程序方式改变领导人"。提出这个观点的就是严家其，他是这次从动乱到反革命暴乱公开露面的策划者之一，原来是中国社会科学院政治所所长。他研究什么呢？研究政变学，可以说他是一个政变学专家，有他写的《首脑论》为证。这样的人居然当了我们社会科学院政治所所长，所研究的是怎样搞政变。这的确令人深思。当然他现在已经逃到外国，狗屎不如的了。他在学潮之前提出防止用"非程序"方式改变领导人，提出防止政变，在策动动乱之后又提出召开人大紧急会议罢免现政府，都是一脉相承的。

党中央说，民主建设要逐步来，要服从全国安定团结的大局。他们说，要团结稳定就要加快政治民主化，就要加快新闻改革。这是那些搞自由化的人去年下半年到今年上半年反复这样公开讲的。

中央说，纪念“五四”运动，要强调宣传爱国主义精神和科学、民主精神。他们偏要加以歪曲，强调科学与民主，少讲或不讲爱国主义。就有那么一些人一直反对宣传爱国主义，现在看来是有背景的，是同他们要全盘西化有密切关系的。有不少反对四项基本原则、主张自由化的人，也有不少这次动乱和暴乱的策划者、组织者，纷纷逃到外国去，也从另一方面说明了问题。

社会上就有那么一批人，很早以前就准备借纪念“五四”70周年和法国革命200周年，大干一场，为此做了相当大量的舆论准备。他们也懂得，凡是要推翻一个政权，必须先做舆论准备。这是毛主席讲过的话。这个道理，他们也是懂得的。

有两件事，在新闻界是非常突出的。一件是所谓“蛇口风波”。大家记得，去年八月间《人民日报》曾在第一版下半版登了所谓“蛇口风波”长篇报道并组织了讨论，这篇报道和后来的讨论貌似“公正”、“客观”，实际上是给优秀的思想政治工作者李燕杰、曲啸等同志抹黑，反对所谓说教灌输。《人民日报》这样做，实际上全盘否定思想政治工作，反对宣传社会主义，反对宣传爱国主义，同赵紫阳同志提出的对思想政治工作进行所谓的“改造”相呼应。这件事震动全国，尤其引起了广大思想政治工作者的强烈不满，但是，最后就以所谓“淡化”为理由，不了了之。

还有一件事情，就是电视片《河殇》事件。这部长达六集的电视片，恶毒地攻击中国民族文化，狂热地鼓吹全盘西化。这不是真正灌输吗？这不是彻头彻尾的说教吗？这是强奸民意的灌输，胡说八道的说教。但是这部电视片被吹捧为所谓“精英杰作”，中央电视台一次播了还不够，还特意安排重播，流毒全国。王震同志狠批一顿，赵紫阳却说不错，说它宣传了改革。他还把这部片子送给新加坡总理李光耀。这实在是有失体统，给中国人丢脸。因李光耀在新加坡恰恰号召发扬东方传统文化，抵制西方的腐朽文化。当时国内许多同志强烈反对这部电视片。但是，这些意见好象是耳边风，被置之不理。一直到美籍华人讲话了，才在报上登了一点反对的意见，但很快的又以“淡化”为由不了了之。前面宣传一大阵了，而且把这些人捧为精英，当批评一来，就叫暂停，不了了之，这叫公正吗？（有人插话：因为《河殇》是宣传赵紫阳的，他当然欣赏）关键在这里。支持什么，反对什么，不是很清楚吗？

所以在这次动乱、暴乱之前舆论准备早就做了，新闻界在这次动乱暴乱中间的表现不是偶然的。当然，总的来讲，整个新闻界，大多数同志表现是好的，表现不好的很恶劣的是少数。我离开新闻工作第一线时间很长了，究竟思想状况怎么样，我也不完全清楚。就是从最近一个时期报纸、广播电视上看，可以做这样的估计。

（六）这次北京动乱以至反革命暴乱事件给新闻界以极其沉痛、极其深刻的教训。

我们应当牢牢记住，在意识形态领域，特别是在新闻这个很敏感的领域，无产阶级思想不去占领，资产阶级思想就去占领。新闻舆论阵地，必须坚定不移贯彻四项基本原则，贯彻始终地反对资产阶级自由化。在这里我想讲三点意见：

1、新闻队伍需要整顿，需要从政治上、思想上、组织上加以整顿，我们新闻队伍的素质要大大提高，首先是政治素质，特别是领导核心必须是坚定的马克思主义者。这几年，因新闻队伍迅速扩大，报刊的出版从种类到数量，广播电台、电视台的数量和规模这十年里发展了几十倍，这当然是个好现象，但其中也带来很多问题。我们的队伍迅速扩大了，坚强的骨干力量也稀释了。有大批青年人参加我们的队伍，这增加了新鲜血液，是好事，但也同时带来他们涉世未深、立场不稳的问题。过去强调了技术业务，放松了思想政治工作。这些都要努力加以改进。要加强马列主义、毛泽东思想的教育，要加强共产主义、社会主义、爱国主义、集体主义的教育，要加强宣传纪律、职业道德的教育。新闻队伍要搞廉政建设，要采取有效措施，抵制“一切向钱看”的思想腐蚀和资产阶级腐朽生活方式的侵袭。克服搞“广告新闻”、“有偿新闻”以及种种卖版面、卖节目的腐败行为，保证新闻队伍的廉洁。

2、各高等学校的新闻教育工作，要进行大幅度的改革。要坚持马列主义、毛泽东思想为指导的中国新闻学理论，强调继承和发扬人民新闻事业和革命新闻工作者的光荣传统，抵制和批判西方资产阶级反动的新闻思想。要建立有中国特色的社会主义国家新闻教育体系，要突出中国国情，强调新闻理论和新闻实践相结合。

3、新闻改革，首先是要贯彻三大作风（即理论联系实际、密切联系群众、批评与自我批评），保证成为党、政府和人民的耳目、喉舌。新闻自由，总要有利于坚持四项基本原则，同时又有利于改革开放。双百方针要贯彻执行，既要保证宣传四项基本原则、反对自由化，又要保证宣传改革开放，克服旧思想、旧观点、旧方式。新闻工具的各种功能，首先是保证以宣传党的路线、方针、政策为主要任务；反映各种信息和各种声音，沟通社会对话，实行舆论监督，都是为了更好地宣传四项基本原则，更好地宣传改革开放，而不是助长资产阶级自由化。传播知识、娱乐消遣、提供服务，是为了提高人民群众的文化、道德和健康水平，而绝不是散布资产阶级的腐朽思想和生活方式。

五六年来，我因心脏病频频发作，长期处于病休状态，孤陋寡闻，难免错漏不少，希望各位委员批评指正。

（此文系作者1989年7月7日在全国政协常委会上的发言，后《人民政协报》《人民日报》摘要发表，本刊发表的这篇文章是发言原文）

（作者单位：中国记协）

严峻的考验　深刻的教训

艾知生

在今年春夏之交，北京发生的动乱和反革命暴乱期间，广播电视部门经受了严峻的考验。动乱初起，我们部领导就曾多次在会上强调，广播电视是党、政府和人民的喉舌，必须同党中央保持高度的一致，必须严格遵守宣传纪律，只能传播党和政府的声音。回顾从动乱到反革命暴乱近两个月的广播电视宣传，从总体上看，广播电视传播了党和政府的声音，特别是在平息暴乱期间，宣传党和政府的政策，发布党、政府和戒严部队的命令，揭露反革命暴乱的真相，团结和动员广大人民群众迅速平息暴乱，坚决镇压暴乱分子等方面，广播电视都发挥了自己的特长，起了积极的作用。与此同时，我们也看到，由于赵紫阳同志关于舆论导向的错误讲话，以及新闻界资产阶级自由化长期自由泛滥的结果，中央的广播电视在一段时间内(主要是 5 月 15 日到 5 月 18 日和 6 月 4 日到 6 月 6 日)发生了严重的失控。正如李鹏同志在国务院的干部会议上对广播电视宣传所做的估计，他说，“广播电视宣传总的是好的，起了好的作用，但在一段时间里有错误的导向。”我认为很符合实际。

前事不忘后事之师。总结这段时间广播电视宣传工作上的错误，将会为我们今后改进广播电视的宣传，加强队伍建设提供重要的借鉴。

这段时间的经验教训主要有以下四个方面。

第一，社会主义广播电视是党和人民的喉舌，宣传党的路线、方针和政策是广播电视的基本任务，对此，任何时候都不能动摇。

社会主义的国家电台、电视台，首要的和基本的任务是要坚定不移地宣传党的路线、方针和政策，形象的说法就是要做党、政府和人民的“喉舌”。这点本来是很清楚的，但近几年却成了争论不休的问题。尽管部里每次会议的文件都强调了喉舌的观点，但在部系统的各种刊物、各种研讨会上这个问题依然成为时髦的议题。这几年在广播电视界，大体上是：第一线讲喉舌，从部长、厅局长到台长在工作会议上都强调广播电视是党的喉舌；但在理论探讨上，个别人就大谈新闻自由，有些人举出似是而非的理由来否定广播电视是喉舌。最主要的有两种：一种是孤立地、片面地强调所谓纯客观的报道，片面地强调广播电视是“传播媒介”，还有一种认为广播电视有“多种功能”，宣传党的方针政策是其中的一种功能，有意无意地否定“喉舌”这个最基本的最主要的功能。

这次从动乱到反革命暴乱的全过程，充分说明，全党和全国人民事实上是把广播电视看作是党和政府的喉舌的。报什么，不报什么；宣传什么，不宣传什么；批评什么，不批评什么，事实上就是对听众、观众的思想感情和行动起着引导的作用。毫无疑问，不往正确方向引导，就是往错误方向引导。不做无产阶级的喉舌，就要做资产阶级的喉舌。从 4 月 15 日到 5 月 14 日这一个月，中央的广播电视坚持同党中央保持一致，只传达党和政府的声音，对学潮不做纯客观的报道，这本身就是一种态度，对此，一些非法组织头头和极少数顽固坚持资产阶级自由化的人就围攻我们，污蔑我们“颠倒黑白”，“不讲真话”。事实上，我们的报道是真实的。但是，在我们内部也有一些同志片面地强调纯客观的报道，于是一度接连作了一些纯客观的报道。这些报道有利于动乱，正好迎合了一小撮搞动乱人的愿望。如 5 月 15 日，中央电视台在午间新闻中转播了报纸上刊登的严家其等 12 人的呼吁，对动乱起了推波助澜的作用。这种纯客观的报道，实际上充当了资产阶级自由化的喉舌。有些外地的同志反映：当地学生就是看了电视后上街游行的。6 月 4 日，有个别播音员播音穿黑衣服，调子低沉，有气无力，引起全国人民的义愤，连续几天全国各地电报雪片飞来，强烈抗议。这些电报中明确指出：“你们是党、政府和人民的喉舌，你们播音员不要把电视台当作表现个人天才的舞台”，“我们讨厌你们的资产阶级思想感情”。在社会主义的广播电视的根本性质问题上，广大群众的认识是正确的，我们一些同志却犯了错误，当了资产阶级自由化思潮的俘虏。

有些同志举出一些似是而非的“理由”来否定广播电视是党的喉舌这一根本思想，理由之一就是广播电视中有多种内容，占比例最大的是文艺而不是新闻，新闻以外的节目并不直接传播党和政府的政策、法令，怎么能把整个广播电视看成是党的喉舌？是的，直接发布政令的只是新闻节目中的一部分。新闻在广播电视节目中也不是比例最大的，但是在全部广播电视节目中，新闻是骨干，是灵魂，是最重要的，它的收视率比其他节目要高几倍，十几倍，甚至好几十倍。比如，新闻联播的收视率大约在 50%左右；较好的电视剧约在 10%，教育节目及重要的球赛也在 10%，大量的节目不到 1%。虽然一些节目不是直接传播党的方针政策，但是它们却是广播电视节目的组成部分，它们都应该充分体现或至少不能违背党的路线、方针、政策。当然，我们不能说唱一首歌曲，赛一场球就是传播党的声音，但就整体来说，广播电视节目都应该体现党的路线、方针、政策，就整体来说，广播电视是党、政府和人民的喉舌，这一根本性质绝不能否定。

近几年，在实际工作中，我们反复强调过广播电视的根本性质问题，但在某些学术研究刊物和研讨会上不同程度地否定新闻以及广播电视是党的喉舌的各种理论观点却甚嚣尘上，甚至颇为时髦。这次动乱中个别人在关键时刻犯了错误，就充分说明，有什么理论观点，关键时刻就会有什么样的行动。为此，对学术阵地、理论阵地应进一步加强领导。

第二，必须坚持新闻工作的党性原则，彻底批判资产阶级的新闻观点，特别是所谓“人民性高于党性”的观点。

党的新闻工作者，必须坚持党性，这是因为共产党是工人阶级和全体人民利益的忠实代表，离开了工人阶级和全体人民的利益，我们没有什么特殊的利益。全心全意为人民服务就是我们党的唯一宗旨。对于共产党员，党性和人民性是完全一致而不是相互对立的，这也是毛主席一贯讲的：“向人民负责和向党的领导机关负责的一致性，这就是我们的出发点。”作为共产党员，党的新闻工作者在原则问题上都要站在党的立场上，站在党性和党的政策的立场上。我们认为党性原则和新闻的客观性、真实性是完全一致的，因为无产阶级和全体人民的利益，需要公开揭示而不是掩盖真理。我们党的新闻工作传统，历来反对客里空，反对主观主义，反对片面性。而资产阶级的新闻口口声声讲“客观公正”，实际上是虚伪的，是彻头彻尾地代表资产阶级利益，体现资产阶级的党性。在这次动乱中，以美国之音为代表的海外敌对势力的宣传机构做了充分的表演，他们的“客观公正”实际上就是造谣、诽谤、污蔑，甚至连美国报刊和政府中一些人也不能不承认他们对中国动乱的报道是“有选择的”，“无代表性的”，而且还“夸大了这些事件的影响”。

动乱期间，有些人由于受资产阶级新闻观点特别是所谓“人民性高于党性”的毒害，主张“客观公正”地报道，结果是颠倒是非，美化动乱。其中一个典型的事例，就是电台曾经转播过一篇《北京市民的公德意识》，讲的是动乱中警察没有了，“人民”自动维持秩序，交通事故和犯罪案件在减少……，事实上当时北京已经陷入严重的无政府状态，党和政府已经不能正常工作，公共交通业已瘫痪，搞动乱的人随意拦截、检查汽车，情况已经非常严重，在这种情况下却要报道什么“北京人的公德意识”，很明显，这类报道是在美化动乱，为动乱分子拍手叫好。

新闻报道一定要坚持党性原则和党的政策的立场，一切从党和人民的利益出发，要考虑引导作用和社会效果，这是我们从动乱中吸取的重要教训。西方资产阶级所谓“只有坏事才算新闻”的观念对我们影响不小，比如，某地发生了天灾人祸就马上报道，当然这些事情不能一律不报，新闻要讲时效也是对的，但是一定要从总体上考虑对党和国家的社会主义建设事业，对团结和教育全国人民，巩固发展安定团结的政治局面是否有利。要坚持正面宣传为主的原则，过多地纯客观地揭露消极面的倾向应该坚决纠正。

第三，必须彻底肃清资产阶级的“新闻自由”观点对我们队伍的影响。

资产阶级的“新闻自由”观点是资产阶级自由化思潮在新闻界的主要表现之一。新闻自由是有阶级性的，新闻自由是相对纪律而言。一些资产阶级自由化严重的人，以为新闻自由就是为所欲为，不受任何限制，不受任何约束。在这次动乱中可以清楚地看到，有极少数顽固坚持资产阶级自由化的人搞动乱的自由，就没有无产阶级和全体人民的自由。“新闻自由”这个口号，是煽动这次动乱的基本口号之一，新闻界一部分人卷入动乱也是被这个口号煽动起来的。现在很清楚，所有国家搞动乱的人都要首先抓住舆论工具，同样都提出“新闻自由”的口号，而在我国，当时提这一口号的实质是夺取党和政府对新闻工作的领导权。

我们一贯认为，自由是相对纪律而言，自由和纪律是对立的统一。资产阶级的“新闻自由”是维护资产阶级利益的自由。在资产阶级新闻事业中也同样是有纪律的，他们的工作人员要听老板的话，听垄断资本家的话，否则就要解雇。我们新闻队伍中高喊“新闻自由”的人实际上是向无产阶级闹独立，是要摆脱党对新闻事业的领导，他们也要在社会主义新闻事业中搞无政府主义，取消无产阶级的宣传纪律，要求绝对的个人自由，这种自由事实上在我国是绝对行不通的。就在这次动乱中，中央三个台都发生了严重的违犯宣传纪律的行为，个别人利用自己掌握的一部分职权和技术手段，或擅自播出未经领导审批的稿件，或传播谣言和反对观点，或肆意篡改节目。这不仅严重违反了党的宣传纪律，而且是严重违反法律。

要批判资产阶级的新闻自由，不等于我们主张新闻不要自由，我们要的是社会主义的新闻自由，无产阶级的新闻自由，为人民服务、为社会主义服务的新闻自由。从马克思主义的观点看，自由是对必然的认识，我们要取得社会主义的新闻自由，首先要努力认识掌握社会主义新闻事业的客观规律，只有认识了这一规律，才能有真正的自由。社会主义的新闻自由与新闻纪律是相辅相成的，是对立的统一。我们党的新闻工作者还必须严格遵守党的政治纪律和组织纪律，遵守民主集中制的原则。对于我们中央一级的新闻单位，全党服从中央这一条尤为重要，这是我们坚持正确导向，防止并且及时纠正重大错误的保证。

第四，必须从根本上加强队伍建设，加强新闻宣传队伍的马克思主义教育。

这次动乱暴露出的一系列问题，归根到底是由于新闻宣传队伍一部分同志的马列主义、毛泽东思想水平不高，理论阵地太薄弱，资产阶级自由化思想泛滥，队伍受到资产阶级新闻观的腐蚀、毒害太深，加之近几年我们抓思想工作治标多，治本少。现在，广播电视队伍中青年人占了很大比例，一些大学的新闻系专业成套地引进西方新闻理论，每年还有不少人到西方国家去进修、培训，这样，西方资产阶级的价值观、新闻观潜移默化，影响很深。动乱中，如果我们队伍的马克思主义理论水平高一些，有更多的记者、编辑掌握马克思主义的立场、观点、方法，深入实际，发挥积极性、主动性、创造性，同党中央保持一致，不仅可以防止和克服错误的舆论导向，而且还能掌握更多、更深刻反映动乱和暴乱本质的音像资料，对于揭露动乱、暴乱的真相，会做出更大的贡献。所以，吸取这次动乱的教训，从现在起切实加强新闻队伍建设，加强队伍的理论建设，把具备马克思主义理论修养作为干部革命化的标志之一。采取措施，建立制度，从根本上改进新闻干部的培养，切实防止和克服西方资产阶级新闻观点的影响，努力建设有中国特色的社会主义广播电视理论。

必须彻底清除资产阶级新闻观点的影响和继续新闻改革的问题。

平暴以后，党中央加强了对思想工作的领导，近一时期特别强调新闻宣传要以正面宣传为主。中央宣传工作领导小组认为，前一段的宣传取得了很好的成效。特别是围绕国庆宣传的报道，广播电视播出了几个栏目，像中央电视台新闻联播中的“弹指一挥间”、“祖国在我心中”两个专题；中央人民广播电台的“英雄谱”、“重唱创业歌”、“深情的黄土地”等专题，播出后，在广大观众、听众以至海内外都引起了强烈的反响。一些听众、观众写信，希望电台、电视台不仅要把重唱创业歌唱好，而且要把一代又一代的创业精神和辉煌业绩搬上广播电视节目。学生对“弹指一挥间”反映尤为强烈，有的学生讲，参加了动乱，再来看“弹指一挥间”感到十分惭愧，过去在一起讨论最多的是中国什么地方不如发达国家，现在通过电视节目，看到我们国家有这么多值得自豪的成就。香港观众来信说，看了这个节目后感到分享了祖国的骄傲。中央领导同志对“弹指一挥间”也给了极高的评价。

过去我们也经常讲要以正面宣传为主。但实际上没有完全做到，至少是没有做好。对一些宣扬资产阶级自由化的东西，虽然有所警惕，但是消极防御多，主动出击不够。正面宣传也是一般化的东西多，讲大道理多，真正摆事实宣传党的路线、方针、政策的正确很不够，没有像国庆宣传那样，主要用事实，用群众喜闻乐见的、生动的音像手段去宣传，因此，问题不在于该不该以正面宣传为主，也不在于群众愿不愿意接受我们的正面宣传，而在于我们能不能把正面宣传搞好。在当前形势下，用成就来宣传社会主义制度的优越性，尤其有特别重要的意义，正面宣传为主应成为我们宣传工作长期的基本方针。江泽民同志在国庆讲话中提到的对群众进行爱国主义、集体主义、社会主义、自力更生、艰苦奋斗和革命传统五个方面的教育也要通过新闻宣传进行。

对过去的新闻改革的成绩应该肯定。改革以来，新闻的时效确实提高了，信息量确实增加了，发挥广播电视声像的优势，也比过去前进了，一些现场报道，实况转播，直播等都是进步。但是，新闻改革也同经济改革一样有个方向问题。改革要体现在内容上，社会主义新闻应是党的思想政治工作，是社会主义精神文明建设的一个组成部分，新闻改革还要面向群众、要为观众、听众服务得更好，要多增加来自实践的报道，要多报道第一线工人、农民、知识分子、解放军战士，以及领导深入群众的活动。对于会议报道，我认为重点不应当放在哪些人到会上，要把重点放在会议的内容上，放在这个会和人民群众有哪些关系上。

最近关于五中全会的宣传问题，一要有利于稳定，二要有利于鼓劲。整个报道都要以正面宣传为主，以鼓劲为主，无论如何不能再在舆论导向上发生问题。要宣传新中国40年的建设成就，十年改革的成就以及近一年来治理整顿的初见成效。要加强艰苦奋斗的教育，对有些容易引起高消费的宣传，要注意避免从一个极端走向另一个极端。总之，舆论要保持稳定，保持协调。

（根据作者1989年11月在全国省、市、自治区总编辑新闻工作研讨班上的讲话整理，后刊于《坚持宣传舆论的正确方向》一书）

（作者单位：中国广播电影电视部）

新闻改革要坚持正确的方向

邵华泽

今天中宣部召开这个座谈会，是我们新闻界按照小平同志的要求，冷静地考虑过去，冷静地考虑未来的一个好的开端。这一次制止动乱和平息反革命暴乱的斗争，确实给了我们很多的教训。冷静地思考过去，冷静地思考未来，对我们新闻工作者来说特别重要。我感到，好像现在全民都在议论这个问题，思考这个问题，都在研究和反思这次事件中新闻舆论的作用，议论新闻舆论导向发生错误以后所造成的危害，由此而议论到新闻舆论阵地的重要性，也可以说是一次新闻学的大普及。不用办报的人自己去解释，一些不是很内行的人，比如我们的一些工人、农民、战士、普通干部，对前段时间里舆论导向上的问题，都看得很清楚，有的来信分析得非常有道理，我看可以把这些来信编印成册，当成新闻学教学的辅助教材。当然，新闻学是一门科学，但也不像过去有些人那样，把新闻学说得很玄，好像只有少数新闻工作者才懂。这次有些群众来信，尽管字写得歪歪扭扭的，但他们提的意见许多都很中肯。对动乱期间新闻宣传中编辑的意图，为什么刊登、播发这样的稿子，做这样的标题，为什么登这样的照片，版面为什么这样安排，以及标题字号的大小等等，看得很透，很有见解。

我们新闻界本身更要很好地反思，要把这次事件中舆论导向的经验教训作为一种财富，接受下来。我个人感觉，反思的核心问题是新闻改革要不要坚持四项基本原则。看来，要进行新闻改革，谁都没有意见，凡是从事新闻工作的同志，好像没有人说新闻不需要改革的。广大的读者、听众、观众要求改革，我们党和政府也要求进行新闻改革，上下的意见是一致的。而且，新闻改革确实是我们整个社会主义改革的一个部分，一个内容。新闻改革搞好了，我们的宣传会更有针对性，更有力量，这对于我们社会主义建设，对于我们坚持四项基本原则，实行改革开放，会起很大的促进作用。所以，党、政府和人民都寄希望于我们搞好新闻改革。新闻改革的旗帜什么时候都不能丢，这是毫无疑义的。但是，由谁来领导这个改革，以什么思想来指导改革，沿着什么方向去改革，改革要达到一个什么样的目的，在这些问题上，通过几年来的实践，以及这次事件中的舆论导向，我们已经看得很清楚，确实存在着根本的分歧。这些根本分歧，实质上就是小平同志所说的是四项基本原则与资产阶级自由化的对立。这不是无限上纲，而是事情本来就是这样，我们应该这样来认识。我们绝不能低估资产阶级自由化思潮对我们新闻战线和在我们新闻改革实践中的影响。一段时间里，谁要强调新闻改革必须坚持正确的方向，坚持四项基本原则，很容易就会被扣上保守、僵化，甚至是反对改革的帽子。形成了这样一种气候，所以有些人就感到不好讲话。

我这绝不是说这几年的新闻改革没有成绩，就是在这样的情况下，还是应该充分肯定我们新闻改革的成绩。在党的领导下，经过广大新闻工作者的努力，我们的新闻改革是有进展、有成绩的，这一点不能否定。但是，通过这一次严峻的斗争，我们也看出问题是严重的。最大的问题就是方向问题。确有少数人所讲的新闻改革，是要按照资产阶级的新闻观点去改。他们的心目当中所要达到的目标，就是使我们的报纸逐步摆脱党的领导，脱离四项基本原则。你这样跟他们讲，他们也许不会承认，但是用马克思主义作武器仔细分析一下他们的观点、他们的主张，再回头看一看某些新闻宣传的实际情况，特别是联系这一次出现的舆论导向的错误，就可以了解问题的实质，应该说不是冤枉他们的。本来这一次的斗争是很特殊的斗争，在这样一场关系到党和国家命运的斗争中，大家多么希望我们的舆论阵地发挥积极的正确的作用。而恰恰在这个时候，有些舆论工具使大家失望，使人民失望。在那些日子里，我们看到广大读者、听众、观众的情绪很焦急，失望、不满甚至气愤，这些情绪交织在一起。

当然，这次舆论导向的错误，原因很复杂。有的同志说，这次斗争这么复杂，情况非常特殊，是从来没有遇到过的，新闻单位内外压力也很大，作为舆论工具怎么办好，是个很大难题。这有道理。所以我们今天冷静地思考，要把产生问题的原因分析得很透，很具体，这才便于吸取教训。我想，主要的原因，根本的原因，还是赵紫阳同志的严重错误。他作为党中央的总书记，支持这个动乱，分裂党，当然对这个舆论导向错误要负主要责任。但是，也不可否认，这次舆论导向的失误同我们多年来新闻工作队伍自身存在的问题有很大关系。这里也有两层意思，一层是赵紫阳同志消极地对待坚持四项基本原则、反对资产阶级自由化的方针，自然也影响到我们新闻界，使一些人四项基本原则观念非常淡薄。一层是我们队伍中有些人鼓吹错误的东西，散布资产阶级的新闻观点，未得到有力的抵制和批判，长期积累下来，一旦出现如这次这样复杂的斗争，势必出现思想混乱，导致舆论导向的错误。由于指导思想发生了错误，有些宣传真令人难以置信。我只讲一个例子，就是戒严这件事，是我近来反复思考的一个问题。戒严令是李鹏总理签署的，是国务院的命令，国务院就是我们的中央人民政府，是全国人民代表大会选举产生的。戒严的命令是符合宪法的规定的。本来，戒严、宵禁之类是许多国家处理特殊情况下的问题的一种通用的办法。5月19日那次首都党政军干部大会，政治局常委四位同志到了，国家主席、副主席也到了。就在那次会上，杨尚昆同志讲了为什么要从外地调一部分部队进城，部队进城的任务是什么，还专门说明部队进城绝不是针对学生的，希望社会各界和广大人民群众对此给予充分的理解和支持。这说明派部队实行戒严是党中央、国务院、中央军委一致作出的决策。这是一。第二，发布戒严令，也是当时事态发展所需要的。因为动乱愈演愈烈，天安门广场被长时间占领，连庄严的国事活动都受到严重干扰。动乱的力量已经组织起来，成立了什么"高自联"、"工自联"，有纲领，有计划，有人操纵、指挥，扬言不达目的决不罢休。北京交通堵塞，生活和工作秩序被破坏，已陷于严重的无政府状态，许多社会渣滓乘机出动搞破坏活动。首都的这种动乱还在向全国蔓延，许多城市出现仿效北京的办法搞动乱、骚乱。像北京这样一个首都、大城市，这么多首脑机关、重要部门，这么多外国使馆和各种驻华机构，如不采取断然措施，让这种混乱事态发展下去，后果不堪设想。所以，戒严确实是势在必行。第三，由谁来实施这个戒严呢？是人民解放军、武警和公安干警，其中主体是人民解放军，而人民解放军并不是今天才冒出来的，这支军队已经有60多年的历史，同人民群众有血肉的联系，这支军队究竟是干什么的，宗旨是什么，应该说大家都是很清楚的。这几年抢险救灾、对越自卫作战、南沙斗争等等的宣传，都集中在一点上，就是这支军队是全心全意为人民服务的，是不惜一切去维护、保卫人民利益的。这样的军队会不会去镇压群众、镇压学生，有没有一个指挥员譬如我们的团长、连长、排长，敢于下命令要士兵向着普通群众、普通学生开枪，这应该也是清楚的，而且是属于一般的常识范围的事情。这支队伍就是在文化大革命中，也号召和要求士兵打不还手，骂不还口。可令人不解的是，就这样一件戒严的事情，一时闹得满城风雨，当然有极少数人是极力反对和破坏解放军部队进城戒严的，那是出于反革命的意图，这我们不去讲它。在少数人造谣、煽动的情况下，一些不明真相的学生、群众对戒严存有某些惧怕心理，这也可以理解，因为过去没有遇到过这些事嘛，心里没有底嘛。那么，我们新闻舆论界应该持什么态度呢？有的舆论工具为什么对政府颁布的戒严令不很好宣传，不站在党和政府一边引导群众正确地认识、对待戒严，支持人民解放军和武警部队、公安干警执行任务呢？有的甚至采取各种手法，抵制、反对戒严，这就很难令人理解。我遇到一些战士，他们就很难理解，他们说，部队的领导告诉我们，执行戒严任务是维持首都治安，保卫重要目标，还要我们热爱首都，热爱首都人民，热爱青年学生，要我们发扬雷锋精神，为人民群众做好事，结果却说我们是来镇压学生的，连党的新闻工具也千方百计引导人们去反对戒严，反对解放军进城，所以很难理解。再退一步讲，就是有的从事新闻工作的同志对这个戒严思想上也不通，但这终究是政府的一个非常严肃的命令，你个人不理解，但怎么宣传，怎么反映到版面上，那还有个组织纪律性嘛，还有个大局嘛，还有个坚持党的领导、坚持原则的问题嘛。你至少在版面上不要采取这样那样的方式反对这个戒严嘛。你处理消息、社论，安排版面，至少按常规来嘛，按一贯的正常的原则，该怎样处理就怎样处理，该放什么位置就放什么位置嘛。但是我们有的报纸连这一点也做不到，就是说有相当的失常。而这些实际上又往往是以新闻改革作理由的，以所谓真实、客观、公正，所谓反映民意、坚持人民性为理由的。可见，我们的新闻改革确实有个坚持什么方向，代表什么利益，以什么思想为指导的问题。这个事情确实应该反思一下，如果连党的决定、政府的命令都不听，你还怎么能搞好宣传呢？怎么能取得广大群众的信任呢？

由此可以引伸出有关新闻工作、新闻改革的一系列带根本性的问题。譬如：

我们的新闻改革要不要加强党的领导。党的领导不是抽象的东西，包括政治思想领导，组织领导。新闻改革是为了更生动有力地宣传贯彻党的路线、方针、政策，是为了更好地体现党报的党性原则，而不是相反。这一点必须毫不含糊，毫不讳言。

我们在新闻改革中要不要坚持马克思主义对新闻工作的指导，坚持马克思主义的世界观，坚持马克思主义关于新闻学的一些根本原则。我感觉到，这次事件中的舆论导向提出一个很大的问题，就是新闻工作、新闻改革是坚持马克思主义的辩证唯物主义和历史唯物主义的世界观、方法论，还是坚持主观主义、实用主义的问题。有的人口口声声讲什么新闻的“人民性”，但是什么是人民的利益，怎样宣传才代表广大人民的根本利益，用什么来检验这种宣传是否代表了人民的利益，在这些根本问题上，是带有很大的主观随意性的，他可以不顾客观实际，认为他想的、做的就是最能代表人民利益的，就一意孤行，置党和政府的指示、决定于不顾。

如何对待党的新闻工作的传统。我们党建立以来，就十分重视新闻工作。在党领导的新闻工作中不能说没有这样那样的缺点、失误，但不可否认，在长期的革命斗争实践中，我们党的新闻事业确实形成了有自己鲜明特色的优良传统，包括新闻工作的理论、方针、作风等等。我们党老一辈的新闻工作者在极端艰苦的条件下为创建新中国英勇奋斗，又为建设和保卫社会主义事业辛勤耕耘，许多同志为人民的事业牺牲了，他们留下了很多宝贵的东西。可现在这些好传统没有多少人讲了，谁要讲传统好像就是落后了，保守了。这也是一种不正常现象。我认为新闻改革和继承发扬我党新闻工作优良传统是一致的，不能理解为新闻改革就是与过去一刀两断。特别是现在，新闻队伍正处在新老交替时期，大量新人充实到新闻战线上来，如何使他们了解我们好的传统，珍惜和继承这些传统，了解我们过去的失误，正确接受历史的经验教训，非常必要。我们确实需要解放思想，勇于创新，需要继续反对“左”的僵化、保守的观点，不断丰富、发展我们的新闻理论和新闻实践，同时也要继承发扬我们的优良传统，这两者应该统一而且也是能够统一的。

如何对待舆论监督。舆论监督是重要的，我们的报纸、广播、电视还要继续发挥舆论监督的作用。但是，如何认识舆论工具的监督作用，怎样来进行监督，舆论工具本身要不要受监督，由于新闻观点不同，在对这些问题的看法上，也是有很大分歧的。

如何对待新闻自由。世界上没有绝对的自由，任何一家舆论工具都要受这样那样的约束，都有这样那样的纪律。资本主义国家的新闻工具都有财团作为背景，也有政治背景，《美国之音》就不会播发人民日报和新华社揭露我国反革命暴乱事实真相的东西。你说它自由，你投稿去，不合它的胃口，它能播吗？

建立一支什么样的新闻队伍。新闻改革还是要靠新闻队伍，要靠人来改革。那么对新闻工作者的素质要求是什么，这里也就涉及到新闻教育。新闻教育要不要坚持四项基本原则，这也是一个根本的问题。我们培养人才既要讲业务素质，更要讲政治素质（包括立场、思想、作风、组织纪律性等等）。我们有些青年同志，有一定的专业知识，改革热情很高，这一点应该肯定，但是也存在一些弱点，比如马克思主义的理论基础不够，实际磨炼不够，对人民对社会了解不够，对实际工作部门的困难体验不够，等等。带根本性的弱点是在复杂的情况下缺乏政治上辨别是非的能力，因而往往容易被感情、气氛、别人的舆论所左右，用感情代替理智，根据个人感觉和得失去判断大局，可还又特别主观、意气用事，对别人、对领导上正确的见解很不容易听进去。这恐怕是个比较严重的问题。当然，对我们的新闻队伍要作实事求是的分析，总的说这支队伍是好的，大多数同志是经得起考验的。有的有这样那样的一些思想认识问题，甚至说过一些出格的话，做过一些过激的事，也还是个学习、教育、总结、提高的问题。我这里是就培养新闻队伍的角度，就总结新闻教育的经验教训来讲的。

总之，一是新闻要改革，二是新闻改革要坚持四项基本原则，把这两个方面也就是两个基本点统一起来。这样，我们的改革就可以沿着正确的方向健康地发展。我相信，强调坚持四项基本原则，反对资产阶级自由化，绝不会妨碍改革，而只会促进、推动新闻工作更好地改革。通过改革，使我们的新闻舆论更受人民欢迎，更有利于宣传、贯彻一个中心两个基本点，在建设有中国特色的社会主义事业中发挥更大的作用。

（根据作者在 1989 年 6 月 30 日一次座谈会上的发言整理，后刊于《新闻战线》1989 年第 7、8 合期）

（作者单位：人民日报社）

新闻工作新闻改革必须坚持四项基本原则

范敬宜

这两个月，对我们新闻工作者来说，是不平凡的两个月，毕生难忘的两个月，作为新闻工作者，经过这一事件，应该考虑些什么？需要考虑些什么？真是千头万绪，这几天我想来想去，觉得最重要的是，党的新闻工作者怎样做一个反对和抵制资产阶级自由化的清醒、自觉、坚定的战士。这是这场动乱、暴乱向我们提出的严峻课题，也是时代向我们提出的严格要求。

这次动乱，对新闻战线的每一个同志，都是一次严格的考试。建国40年来，新闻工作者经历的风波不少，但是哪一次也没有这次厉害，没有这次深刻。同以往相比，这次风波具有好几个特点：(一)斗争来自党内最高层，中央有两种不同的声音，使我们一度感到无所适从；(二)党的主要领导人赵紫阳同志，在关键时刻多次讲话，对新闻舆论工作作了错误导向；(三)卷入这场风波的新闻工作者数量很多，使人产生某种错觉；(四)新闻单位普遍受到内外很大压力，大部分负责人受到不同程度的冲击，处在内外交困、十分孤立的地位。

但是，在同样的气候条件下，各个新闻单位的表现也不完全一样。有的单位头脑比较清醒，立场比较坚定，旗帜比较鲜明，克服了很大困难，坚持了正确的方向，如李鹏同志表彰的几家新闻单位。有的则不那么清醒，不那么坚定，不那么鲜明，甚至一度迷失了方向，对动乱暴乱起了推波助澜的作用。回顾一下经济日报，面对这场动乱，有时还比较清醒，有时就不那么清醒；有时还比较坚定，有时就不那么坚定；有时还比较主动，有时就不那么主动。同表现突出的新闻单位相比，我们有很大差距，应当很好向他们学习。我感到，这里有许多深刻的教训。当然，从总体上看，新闻舆论导向错误的总根子在赵紫阳同志，但是作为新闻单位，还应当更多地总结自身的教训，因为上面的错误导向是外因，而外因是通过内因起作用的。

那么，我们自身最深刻的教训是什么呢？我认为是近几年来新闻战线普遍出现了放松坚持四项基本原则的教育、放松或放弃对资产阶级自由化作斗争的倾向。从历史上看，我们党的新闻工作队伍是一支在政治上比较坚强的队伍，但是，近几年这支队伍同样受到资产阶级自由化思潮的严重侵蚀，发生了许多我们不希望看到的变化。老实说，对这一点，我过去是不大承认的，对反对自由化的必要性也是认识不足的。然而，经过这场动乱，特别是学习了小平同志的讲话，对几年来新闻战线的状况进行了初步的反思，我不能不承认这样一个严酷的现实，尽管承认这个现实是很令人痛心的。这几年，由于放松了党对新闻工作的领导和严格要求，我们确实淡忘了许多不应该淡忘的东西，丢掉了许多不应该丢掉的东西，接受了许多不应该接受的东西。现在我们已经很少听到讲党报、党性原则，很少听到讲新闻的喉舌作用，很少听到实事求是、深入实际、艰苦奋斗的优良传统，很少听到讲廉洁奉公、遵纪守法的职业道德，很少听到扎扎实实、一丝不苟的严谨作风。谁要讲这些，往往被视为“僵化”、“保守”、“极左”，自己也会觉得不那么理直气壮。向来受人尊重的党的新闻队伍，在群众中的威信正在下降。在新闻队伍里，弄虚作假、以稿谋私、以版面谋私的丑恶现象已成为公开的秘密。特别是资产阶级新闻观点的泛滥，更是严重地腐蚀和影响了新一代新闻工作者。新闻改革，是政治体制改革的一个重要组成部分，党的十三大对新闻改革也提出了具体要求。几年来，应该说新闻改革是有成效的，打破了不少陈旧的新闻模式和表现方法。但是，也不能讳言，在一段时间内，在一部分地方，新闻改革的正确方向遭到歪曲，有些人热衷于鼓吹“客观”、“公正”，提出所谓要“从根本上改革”，实际上是要按照西方资产阶级的模式来改造我们的新闻舆论工作，摆脱甚至取消党对新闻工作的领导，削弱新闻作为党和人民喉舌的功能，实行资产阶级的“新闻自由”。所有这一切，在这次动乱中得到了合适的气候，终于来了个总爆发。

现在，大气候发生了根本变化，大家都开始冷静地反思过去，痛定思痛，如梦方醒，这是从根本上解决问题的新的转机。我们希望党中央能够抓住这个有利转机，趁热打铁，对新闻队伍进行一番思想、作风、组织整顿，建设起一支能够真正坚持四项基本原则、能够自觉地反对和抵制资产阶级自由化的社会主义新闻队伍。

加强党对新闻工作的领导，特别是加强对新闻队伍反自由化斗争的领导，需要解决的问题很多，我想中央一定会有统盘的考虑和部署，这里仅就我想到的，提出一点粗浅的意见：

（一）要普遍进行马克思主义新闻学的教育，从理论上把新闻队伍重新武装起来。在这次动乱中，暴露出部分新闻工作者、特别是青年新闻工作者在政治上“底气不足”，在资产阶级自由化思潮面前缺乏抵抗能力。尤其是在新闻观点方面，受西方资产阶级新闻学“客观”“公正”那一套影响很深，因而在实践中，对极少数人提出的各种自由化的口号，不但缺乏鉴别能力，而且在感情上很容易接受。有些大学里的新闻教学，马克思主义新闻学已经被放在无足轻重的位置，大量地搬用的是资产阶级新闻观点。这就造成了一大批新闻专业毕业的学生在基本观念上“先天不足”的状态。这种状态不能再继续下去了。

（二）要普遍进行国情教育，使新闻工作者想问题、办事情都不离开11亿人民这个大局。这次动乱，有这么多青年新闻工作者一时迷失方向，原因之一就是普遍脱离实际，对国情很不了解。不了解人民，不了解实际，不了解基层，因而也就不了解为什么中国必须走社会主义道路，为什么中国不能建立资产阶级共和国，为什么中国的改革不能操之过急，急于求成。有些同志一方面对国情的知识缺乏，对这块黄土地上的人民缺乏感情，另一方面学了一些外国的皮毛，便目空一切，鄙薄一切，否定一切。这样下去，极容易成为资产阶级自由化的俘虏。因此，应该采取各种形式，组织大家深入到实际中去，到群众中去，让大家看看九百六十万平方公里上的人民是怎样劳动、生活的，看看哺育我们的父母在想些什么，做些什么。我们党是为广大人民群众的利益服务的，不了解人民，也就不了解党，不了解为什么不能没有中国共产党。在这次风波中我们报社有的年轻同志思想比较坚定，主要原因是在动乱开始以后下了一次乡，听了不少农村基层干部对学潮的看法，觉得和在天安门广场听到的完全不同，思想就发生了变化。这件事很能说明，了解实际，了解群众，对新闻工作者是多么重要。

(三)要普遍进行新闻工作者的职业道德教育，提高荣誉感和责任感。因为时间关系，这一点就不多谈了。

(四)对新闻单位的领导班子，要加强党性教育，增强其革命坚定性。目前新闻单位的领导成员，多数是受过党的多年培养教育，有比较丰富的经验，素质是比较好的。可是在这场斗争中，在当时某种压力和气氛下，对有些应该顶住的事情却没有顶住。我自已就有这样的教训，有的事情只要再坚持十分钟也就顶住了，但是到最后一分钟退让了。这说明，面对逆流，光是头脑清醒还不够，更需要有顶逆流的胆量和勇气，也就是党性修养。

最后，我想提一个建议，就是对新闻队伍的现状和问题要作进一步的、实事求是的具体分析。从总体上说，我国的新闻队伍是一支比较好的队伍。在这场风波中所以出现这样那样的问题，除了前面讲到的这次风波的特点、资产阶级自由化思潮的影响之外，还要考虑它的一个特殊性，那就是几乎天天要公开自己的立场、观点，并且影响亿万读者、听众、观众。正因为其影响之大之广，人们对新闻队伍的问题看得重一点，是可以理解的，也说明人们对新闻舆论工作的要求之高，期望之切。但是对于领导，则希望能全面考虑新闻工作的特殊性和他们的难度，严格地区分两类不同性质的矛盾，团结大多数同志共同前进。建设社会主义新闻事业，需要造就一支宏大的新闻队伍，而这支队伍必须在斗争的风雨里才能锻炼成长。我想只要加以正确的引导，年轻一代也一定能继承老一辈党的新闻工作者的传统，成为能够坚持四项基本原则、自觉地反对和抵制资产阶级自由化的战士。

坚持新闻舆论的正确政治方向

余自牧

制止动乱、平息反革命暴乱的重大胜利，对于党的新闻工作者来说，感到由衷的喜悦，同时也痛感错误的舆论导向对党的事业造成的危害。今天当我们重新获得安定团结局面的时候，为了新闻事业的未来，不能不对过去进行深刻的反思，并探讨一下形成错误舆论导向的思想理论方面的缘由。

(一)

新闻报道的倾斜，应该说从学潮一开始就产生了。有些新闻报道在肯定多数学生爱国热情的同时，没有指出动乱的明显迹象。而舆论导向的明显错误，则是突出宣扬赵紫阳同志5月4日会见亚行会议客人的讲话开始的。赵紫阳同志的这个讲话，采用突然袭击的方式，否定了人民日报“4·26”社论关于动乱的论断，实际上向群众表明，对待这场动乱，中央内部有两种不同声音。接着，赵紫阳同志5月6日找中央主管宣传工作的负责同志谈话，说目前新闻自由是个焦点。他肯定前一段对学潮的报道放开了一点，游行作了报道，看来新闻公开程度增加一点，风险不大。他的这个再开放的方针，同他把当时已经形成的动乱和国际反社会主义逆流联系起来，说成是“国际进步潮流”、“国内人心所向”，很明显是动员新闻舆论界出来支持动乱。

当着中央领导核心出现不同声音的情况下，我们有些新闻工作者不能清醒地辨别，舆论导向的错误愈益明显。一段时间，对步步升级的游行、静坐、绝食等动乱事态，连篇累牍地加以片面报道和夸大渲染；极少数“动乱精英”们纷纷在新闻报道中公开亮相，严家其、包遵信、苏晓康等人的“紧急呼吁”和《5·16声明》等都在有的报纸上公开发表。这种背离中央正确决策的报道，完全被错误的立场和偏激的情绪所左右，绝不是有些人所标榜的“客观”、“公正”、“讲真话”。

5月19日，中央召开首都党政军干部大会，宣布了进一步采取果断措施制止动乱的决策，并于5月20日由李鹏总理签署了在首都部分地区实行戒严的命令。至此，发生在中央领导层内部的斗争已经明朗化，赵紫阳同志支持动乱、分裂党的事实已经表露出来。就在这种情况下，仍有某些新闻舆论消极对待中央的正确决策，甚至采取种种手法，宣传与中央决策对立的声音，制造反对戒严的舆论气氛。例如借报道国际新闻，标出诸如《×××总理说不准用军队解决内政问题》这样的大字标题，进行旁敲侧击。有的还采用“春秋笔法”，写“花边新闻”，隐晦曲折地表达自已的观点和情绪。如读者反映强烈的《北京戒严第×天》《天安门广场一瞥》《当今北京人的公德意识》《北京这一夜》等等报道，竟把极少数人正在制造暴乱、处于严重无政府状态的北京城，歪曲描绘成社会秩序井然、人们道德升华的宁静世界；把一些人践踏天安门广场使少年儿童无法欢度节日的情况，歪曲描绘成大学生与少年儿童在天安门广场联欢合影的节日景象；把平息反革命暴乱的正义斗争涂抹得一派悲惨、恐怖。

新闻舆论的错误导向，产生了极为严重的恶果，对这场旨在推翻中国共产党的领导，颠覆社会主义的中华人民共和国的动乱和反革命暴乱，起了推波助澜的作用，助长了极少数动乱策划者的反动气焰，搞乱了广大群众的思想，使人们不能正确认识动乱的实质，正确理解中央的精神。而且，为动乱向全国的蔓延起了恶劣作用。

（二）

新闻舆论导向的错误，根子是在赵紫阳同志的严重错误，但在同样的情况下，舆论表现是不同的。这就说明，还需要从新闻队伍自身、从新闻指导思想上找原因。

资产阶级自由化在新闻领域有两个突出表现：一是把“人民性”同党性分割开来、对立起来；二是宣传抽象的新闻自由，实质上是资产阶级的新闻自由。这两个方面表现不同，其结果都是否定新闻工作的党性原则，否定党对新闻工作的领导，从而改变新闻工作的正确政治方向。

关于新闻工作的党性、“人民性”问题，最早是在1979年由胡绩伟同志提出来的。当时提出的问题是：多年来的事实表明，我们党是犯过严重错误的，新闻工作本身也是犯过严重错误的，今后怎样防止类似的错误再度发生呢？于是认为在强调党性的同时，要强调新闻工作的“人民性”。胡绩伟同志关于党性、人民性的说法，虽然经过几次修改，但基本思想是认为党是会犯错误的，人民不会犯错误，当党犯错误的时候，新闻工作者就要站在人民立场上，反映人民的要求，才能避免跟着党犯错误。他的这个基本思想是反复表达过的，而且在新闻界产生了广泛的影响。

对于党性、人民性问题上的错误观点，邓小平同志在十二届二中全会讲话中曾经指出，有人“把民主同党的领导对立起来，在党性和人民性的问题上提出违反马克思主义的说法。”这就把问题的实质清楚地揭示了出来。按照马克思主义关于政党、阶级、群众关系的观点，党的领导与人民民主应该是统一的，党性与人民性（这里只是借用这个概念表达新闻要反映人民的利益和要求）也应该是统一的。我们知道，人民内部分为不同的阶级、阶层、利益群体，他们的利益和要求如何体现，是一个复杂的问题。只有以马克思主义武装的、全心全意为人民服务、为最广大人民谋利益的共产党，才能代表人民的利益。这正是党性和人民性统一的根据。把党的领导和人民民主对立起来，把党性和人民性对立起来，以为人民可以离开党，可以单纯依靠群众的自发行动就能正确地决定问题，结果只能摆脱党的领导，陷入无政府状态。有些着意强调人民性的同志，正是把“人民性”作为党性所不能包容的概念来使用的。似乎讲党性，就只能对党负责，就不能同时对人民负责；注重宣传党的主张，就不能同时反映人民的要求，因而他们主张，当着党犯错误的时候，就要强调人民性，用人民性来“补充”党性的不足。这种把人民性和党性分割开来的观点，必然引出这样两种情况：一种是，党的政策、决议正确与否，不是经过社会实践检验，经过党的集体来判断，而是要由新闻工作者来判断，把新闻工作者放在了真理裁判官的位置；另一种是，新闻工作者对于党的政策决议，自以为正确的就宣传，自以为不正确的就不宣传，甚至宣传同党的决定相反的声音，还自认为这是在替人民讲话。这两种情况都可能导致一种错误的结论：党会犯错误，新闻工作者则不会犯错误，能够始终正确地反映人民的根本利益。这是很难设想的。我们的新闻工作者，即使是很好的同志，很难保证自己对于党的路线正确与否的判断都是正确的，自己认为好的意见都是代表人民的。而且，党会犯错误，新闻工作者同样会犯错误，如果离开了党的领导，将会犯更大的错误。新闻工作者如果自以为党犯了错误就不执行党的决定，并且自以为代表了人民，其结果势必脱离党的领导，把新闻舆论引向错误的方向。这次某些舆论导向的错误，可以说就是自觉不自觉地在这种错误思想影响下发生的。有些同志确实认为，中央关于动乱性质的判断是不正确的，国务院关于在首都部分地区实行戒严的决定也是不正确的，他们要坚持所谓的“人民性”，要反映人民的声音。胡绩伟同志授意四通社会发展研究所策动人大常委签名事件，不是也说：“现在大家对党中央失望了，对政府失望了，寄希望于人大了”。其实他们所说的反映人民的声音，并不代表工人、农民、知识分子的大多数，他们反映的不过是极少数动乱制造者的要求和那些不明真相的群众的一时偏激情绪，而党中央的正确决策，才是真正反映了人民的根本长远利益的。

坚持党性，是党的新闻工作的根本原则。共产党的党性，不但集中表现了无产阶级的阶级利益，也反映了人民群众的根本利益。全心全意为人民服务，一切从人民的利益出发，在新闻舆论工作中要正确地反映人民群众的意愿、呼声和要求，同时用马列主义、用党的路线、方针、政策引导群众，这些都是坚持党性原则的题中应有之义。党性原则既规定了党的新闻事业与党的关系，也规定了党的新闻事业与人民的关系，体现了新闻工作对党负责和对人民负责的一致性。那种认为党性只讲与党的关系，人民性才是讲与人民的关系的看法，是错误的。把党性和人民性分割开来，实质上是宣扬人民性高于党性，党性要服从人民性。其结果只能是削弱、动摇甚至取消党性原则，那也就违背了人民的根本利益。

（三）

我们看到，这次极少数动乱策划者就是用抽象的新闻自由，来煽动新闻界一些人支持动乱的。例如当《世界经济导报》因发表要求为反对资产阶级自由化翻案的文章受到处理时，严家其、包遵信、戴晴等人4月28日写了致上海市委的公开信，口号就是

"捍卫新闻自由"。新闻舆论导向的错误，也正是受到了这种抽象的新闻自由鼓噪的影响。

新闻自由，同其他民主自由权利一样，都是具体的，不是抽象的；都是相对的，不是绝对的。不同的社会制度有不同的新闻自由。超阶级的、抽象的新闻自由是不存在的。谈论社会主义条件下的新闻自由，不能离开社会主义的经济基础，不能离开无产阶级和广大人民的根本利益，不能离开新闻事业的社会主义性质和作用。在社会主义社会，新闻自由不仅要遵守宪法和法律，而且要遵守必要的宣传纪律，维护社会的安定团结。这都是维护无产阶级和广大人民群众的利益所必需的。同时，从根本上说，只有在社会主义条件下，才有最广泛的、日趋发展的新闻自由。

需要指出的是，就在动乱不断升级的时候，胡绩伟同志5月8日在《世界经济导报》发表了《没有新闻自由就没有真正的安定》的文章。这篇文章发表在4月26日以后，他只字不讲动乱的性质，不讲极少数人破坏民主法制、根本否定社会主义制度，反而强调没有新闻自由就没有安定团结，认为新闻自由只要不违法就可以了。在这个限度内，什么文章都可以登，什么意见都可以发表。这篇文章的意图何在，不是值得深思吗？

认为新闻工作只要不违法就可以了，这种说法和看法是很不够的，不仅不能说明社会主义新闻活动的现实，同样也不能说明资本主义新闻活动的现实。诚然，新闻活动不能违法，必须遵守法律，这只是一个方面。还有另一方面，不论在社会主义社会还是在资本主义社会，制约新闻活动的，不仅有法律手段，而且有具体的现实的阶级利益和政治要求。就拿资本主义国家来说，一些由政府或政党举办的新闻事业，总是要维护政府或政党的利益，宣传政府或政党的主张，是很明显的。就是众多的属于私人财团举办的新闻媒介，它们可以批评政府官员，揭露某些官员的丑闻，但从来不敢触动他们的后台老板的分毫利益，不敢得罪他们的广告商，否则立刻就会被敲掉饭碗。哪里有什么充分的普遍的新闻自由呢？然而资产阶级思想家总是把这种以钱袋为转移的自由，宣扬为普遍的自由形式，似乎他们的新闻自由是抽象的、超阶级的，而将其阶级实质掩盖起来。这就是资产阶级新闻自由虚伪性的所在。世界各国新闻的现实状况是，由于社会制度不同，各国的历史传统、国情不同，对于新闻活动的调节方式与手段也不会相同。除了使用法律手段调节外（当然法律也体现一种阶级意志），还要受其他利益的、政治的调控。不管是社会主义还是资本主义，新闻舆论总要为一定的阶级利益服务的。只讲新闻自由的相对性，不讲新闻自由的阶级性，模糊不同社会制度下新闻自由的不同性质，是一种资产阶级也可以接受的观点。

胡绩伟同志关于新闻自由的说法影响了不少人，使他们陷入对抽象自由的迷恋中而迷失方向。如果按照这种新闻自由去实践，是不可能有真正的社会安定的。新闻违法，固然会影响社会安定，而如果不遵守宣传纪律，违背人民的根本利益，同样会影响社会安定。我们从动乱期间的某些新闻实践和街头行动可以看出，某些人所提倡的新闻自由究竟包含着一些什么内容呢？这就是要有反对中央重大决策的自由，甚至包括辱骂党和国家领导人、煽动推翻合法政府的自由等。很明显，如果听任这种新闻自由发展，就不可能有安定团结的局面。这样的新闻自由，绝不是社会主义的新闻自由，而是资产阶级所鼓吹的新闻自由。

新闻舆论必须坚持正确的政治方向，是由新闻舆论工具的社会主义性质和重要作用所决定的。作为党的新闻舆论工具，应当成为党、政府和人民的耳目喉舌；它的报道和言论，必须无条件地宣传党的路线、方针、政策和政治观点，有利于社会安定团结，有利于社会生产力的发展，有利于人民精神文明水准的提高。

强调坚持新闻工作的正确方向，并不是说新闻不需要改革了。应该说，端正政治方向与推进新闻改革是统一的。坚持正确的政治方向，绝不是限制新闻改革，而是要使新闻改革沿着正确的轨道前进。新闻不论如何改革，社会主义新闻事业的根本性质不能改，党对新闻事业的领导这条原则不能改。我们不能脱离中国的国情，去照搬西方的新闻制度、新闻模式。新闻舆论界应该深入开展反对资产阶级自由化的斗争，从根本上端正新闻宣传的政治方向，并且力求在坚持正确方向的前提下发挥创造性，在鲜明的主旋律中提倡多样性，不断改进宣传艺术，提高宣传效果，保持新闻报道生动活泼的气氛，更好地为建设有中国特色的社会主义服务。

（原载《人民日报》1989年9月3日）

（作者单位：中共中央宣传部）

坚持党报的党性原则

高　狄

我到人民日报还不到5个月。50年代，我在地方报纸做过一段领导工作，后来不做报纸工作了，但经常看报。正反两个方面使我们深深认识到，报纸工作实在是太重要了。任何一种舆论，如果没有新闻作媒介，是很难传播出去的。毛主席曾经讲过，凡是要推翻一个政权，总要先造舆论，革命阶级是这样，反革命阶级也是这样。干革命一靠笔杆子，一靠枪杆子，笔杆子是为枪杆子开路的，是为革命服务的。舆论先行，攻心为上，如果没有舆论支持，什么事情都难以办成。

今年春夏之交，我国发生了动乱，最后在北京发展成反革命暴乱。这场动乱和反革命暴乱为什么会发生在现在，会发生在中国，正像邓小平同志讲的，这是国际大气候和中国自己的小气候所决定的，是一定要来的，是不以人们的意志为转移的。国际反动势力亡我之心不死。自从十月革命胜利出现第一个社会主义国家之后，资本主义反动势力一直企图消灭社会主义。这说明了一个问题，就是他们害怕社会主义，他们认为社会主义对他们是一种致命的威胁。帝国主义为了搞垮社会主义，一向是软硬兼施。开始搞"热战"，花了几千亿美元打朝鲜战争、越南战争，没有成功。后来又搞"冷战"，搞军备竞赛，花了几万亿美元还是没有解决问题。后来他们总结了教训，改过去以硬的办法为主为以软的办法为主，即以和平演变为主，叫做打一场没有硝烟的世界战争，以求"不战而胜"。他们打出的旗号就是自由、民主、人权，办法就是培植和收买他们的代理人，像方励之、严家其之流。国际反动势力的代理人在中国为数很少，可是为什么他们会掀起那么大的风浪呢？一个十分重要的原因，就是大造舆论。首先是"美国之音"，它专门造中国的谣，煽动人们推翻共产党的领导，颠覆社会主义制度。其次国内的一些报纸，最典型的就是《世界经济导报》。凡是反马克思主义、反社会主义的东西，在《世界经济导报》都能找到。还有些报纸起的作用也很坏，刊登了许多宣传资产阶级自由化的东西，报纸天天讲话，发行几十万份、几百万份。我们的报纸有一个好的传统，就是党的喉舌，传播党的声音，说真话。几十年来，在人民群众中形成一种观念：报纸上的东西就是正确的，是反映党的观点的。因此，我们的报纸在舆论导向上犯了错误，影响特别大。国际大气候影响了国内的小气候，如果没有报纸在那里呼风唤雨，是掀不起大的风浪的，错误的、反动的东西传播不了那么快、那么广，那么迷惑人，报纸，可以说是国际大气候和国内小气候的联结点，起了极其恶劣的作用。

最近，翻看香港《明报》月刊，有一篇文章说，国民党在大陆失败，不是由于腐败，不是由于经济没搞好，也不是由于军事上打败仗；虽然这些都是事实，作者认为，主要的原因是被共产党的笔杆子打败的，败在宣传上、舆论上。当然，这是一种表面现象，实质是人心向背。但它在说明舆论的重要上，还是有一定道理的。舆论作用确实不可低估。"四人帮"有什么本事？无非是控制了舆论工具。这次动乱和反革命暴乱，有人说是笔杆子惹的事，枪杆子解决的问题。这不能说没有一点道理。当然，根本的是以小平同志为代表的老一辈革命家支持党中央政治局常委多数人的正确决策。问题很清楚，学生是被利用的。群众是被蒙蔽的。幕后是些什么人？就是方励之、严家其这些所谓知识分子的"精英"。其实他们根本不是什么"精英"，而是知识分子中的败类，是祖国的叛徒。

问题就在于，我们的舆论工具相当一个时期，为这些人提供了宣传资产阶级自由化的阵地，使少数人的思想影响了许多人。当然，提供阵地的还有讲坛，但作用和影响最大的是论坛，首先是报纸。过去的不说了，就说在"两乱"期间吧，人民日报起的作用就相当坏。从动乱一开始人民日报就有错误，随着动乱的不断升级，错误越来越严重。

小平同志讲，这场风波迟早要来。那些煽动动乱的、别有用心的人，原来打算利用"五四"70周年，法国大革命200周年时闹事。胡耀邦同志逝世，把他们的计划提前了。他们煽动闹事的办法之一，就是造谣。他们没有真理，除了造谣，没有别的办法。胡耀邦同志一逝世，他们就造谣说："胡耀邦是被李鹏气死的"，"是被邓小平的警卫员打死的"等等。正在这个时候，人民日报在4月17日一版登了一幅有人向天安门广场人民英雄纪念碑送花圈的照片。就是这张照片，把人们引导到天安门去了。许多人悼念胡耀邦同志是假，要借机闹事是真。4月18日，王丹在天安门广场，提出九条要求，第一条是正确评价胡耀邦同志的是非功过，肯定胡耀邦提出的"宽松、民主"的主张；第二条是彻底否定清除精神污染、反对资产阶级自由化，为所谓蒙受不白之冤的公民平反。这两条实际上是一条，就是否定反对资产阶级自由化。胡耀邦同志的重要错误，正是他在反资产阶级自由化斗争中软弱、退让。这里就提出一个问题：王丹是北大一年级学生（应当是二年级，学习成绩不好留级了），吾尔开希是北师大的一年级学生，他们怎么知道1983年清除精神污染是怎么回事？怎么知道胡耀邦同志的是非功过？显然，这是幕后策划者的主意，是他们被人利用的一个明证。5月18日他们向人大递交"请愿书"，20日凌晨冲击中南海，提出的要求主要都是这两条。

4月22日开完胡耀邦同志追悼会后，悼念活动应该结束了。可是一些人没完没了，到各地串联，甚至到中学、工厂去串联，提出了许多攻击党、攻击社会主义、攻击党和国家领导人的煽动性口号。4月26日人民日报发表了《必须旗帜鲜明地反对动乱》的社论。这个社论是完全正确的，反映了政治局常委多数同志和小平同志的意见。之后人民日报应当连续报道社论的精神如何贯彻，揭露少数别有用心的人的阴谋，教育和争取受蒙蔽的群众。但人民日报没有这样做。实际上，人民日报的许多人不同意这篇社论的精神，游行时喊的口号，就有"4·26社论不是我们写的"。

"4·26"社论是起了积极作用的。4月27日搞了一次规模很大的游行，那是以攻为守，然后他们就组织撤退，各校纷纷复课。5月4日游行规模小得多了，游行组织者宣布，游行示威告一段落，5月5日开始复课。如果没有赵紫阳5月4日的"亚行讲话"，事态本来可以平息下来了。赵紫阳同志讲话后，闹事的人知道中央内部不一致，赵紫阳是支持他们的，就又重新大闹起来。这时人民日报完全站在闹事的人一边，从5月5日开始，连篇累牍地报道游行、静坐、绝食、声援，到5月18日，报道"首都百余万人游行，强烈要求立即对话，救人救国"。事情搞得这么大，由北京波及到全国，人民日报起了煽风点火、推波助澜的作用。从当时报道看，好像谁不上街游行，谁就是不爱国。

人民日报最严重的错误，是在戒严之后进行了一系列的反对戒严的报道。用春秋笔法写的《北京戒严第一天》到《北京戒严第十天》，是代表作。那时北京本来处于无政府状态了，人民日报却说北京一切都正常，交通事故都比过去减少了，人们的公德意识增强了，社会风气比以前好了，以此来说明戒严根本没有必要。人民日报还不加批评地报道群众怎样设置路障，堵截军车。不批评，就是肯定，纯客观的报道是没有的。

6月3日北京发生了反革命暴乱。人民日报发表的《北京这一夜》，含沙射影但又直言不讳地告诉人们：解放军是开着枪打进北京的，一直“突进”到天安门，死伤了很多人。这就给敌人造谣说解放军“屠城”、“血洗天安门”作了印证。人民日报对支持动乱和反革命暴乱的报道可以说是很积极的，各种报道手段都用上了，但平暴以后，骤然消极起来了，不仅自己没有搞什么，就连新华社发的稿子不是不发，就是完全用中性标题，不表明自己的态度。

人民日报为什么发生这样严重的错误？当时编委有个指导思想，就是要站在闹事的人那一边，但又不能让党抓住辫子。所谓“春秋笔法”就是这样来的。可以说，“两乱”报道是胡绩伟同志的资产阶级新闻观点的一次实践。胡绩伟同志说来说去，实际上是说人民性高于党性。他认为党是会犯错误的，而人民是不会犯错误的，当党犯错误的时候，报纸要站在人民一边，纠正党的错误。在这种错误思想影响下，戒严之前，公开支持动乱；戒严之后，不敢明目张胆地支持，就用影射、用编排、用版面语言来顽强地表示对戒严和平暴的不满和反对。人民日报这一次在错误的道路上走得这么远，有这么多人卷进了错误的旋涡，与胡绩伟同志的资产阶级新闻观念长期影响报社编辑部，又从没有得到清算有很大关系。

党会犯错误，人民不会犯错误，这个观点是完全违反马克思主义的。按照马克思主义的观点，共产党是无产阶级的先锋队，无产阶级只有解放全人类才能最后解放自己，所以，共产党作为无产阶级的政党，除了人民的利益，没有自己特殊的利益。党性是无产阶级阶级性的集中体现，无产阶级报纸的办报原则，就是党性原则。党性原则就包括了人民性，没有什么离开党性之外的人民性。党是为人民服务的，党报当然也要为人民服务，为社会主义服务。我们的报纸是党报，因而当然也是人民的报纸。严格地说：“人民性”这个概念，是不准确、不科学的。人民是分为阶级和阶层的，谁代表人民？党不能代表人民，只有报纸才能代表人民？你代表的是哪一部分“人民”？凡有人群的地方，都有左中右，或者说都有先进、中间、落后之分。在任何时候真正先进的，总是少数，但他们代表着历史的发展方向。正是这少数先进分子，带领广大群众推动历史前进。这就是党的领导作用。按照辩证唯物主义观点，任何政党，任何个人，错误是难免的。主观同客观总是有矛盾的，任何时候人们只能接近真理而不能穷尽真理。人无完人，事无完事。尤其中国，情况太复杂了，在中国搞革命，搞建设，一点错误都不犯，是不可能的。我们党犯过错误，甚至犯过严重的错误，但是我们党的错误，从来都是我们党本身，而且是中央本身纠正的，不是别的什么力量纠正的。毛泽东同志说过，我们有批评和自我批评这个马克思列宁主义的武器，我们就能够去掉不良作风，保持优良作风。这就是我们党之所以能够消除腐败现象和各种错误的内在根据。党报是党领导下的，如果认为党报比党还高明，党犯错误要报纸来纠正，那是一种无知的狂妄。当然，党报有时在某些方面可能比中央多了解一些情况，那就应该按照党章的规定，向中央反映情况，提出建议，供中央参考。党的群众路线，就是从群众中来，到群众中去，集中起来，坚持下去。党报是党的耳目喉舌，耳目就要按照组织原则向党反映群众的意见和要求。党报决不能凌驾于党委之上，这是一条不可动摇的原则。党报是党委的机关报，报社是党的工作部门，是受党的委托办党报的。报纸不是报社的，更不是某个总编辑或者某个记者的。党报必须说党的话，不能把与党不一致的观点反映在报纸上。如果谁不同意这一点，那就请谁离开党报编辑部，党报编辑部不能存在反对党的人，不能有“不同政见者”。中国能不能办民间报纸，能不能办“同仁报”？不可能。中国没有办“同仁报”的社会基础。党报可以反映全体人民的利益。不同的社会集团又有它自己的报纸，比如工人有工人日报，农民有农民日报，青年、妇女都有自己的报纸，等等。而这些报纸都要在共产党的领导下，都要按照党性原则办报。没有必要，也没有可能，办一个与党唱对台戏的报纸。世界上所有的报纸都是为了宣传，都代表某个阶级、阶层或集团的利益，都需要某种社会力量的支持。资产阶级的报纸只是不公开承认这一点就是了。这就是他们的虚伪性。办报搞宣传，是要花钱的。我国的报纸一般都赔钱，靠国家财政补贴。外国的报纸赔钱靠资本家，资本家不支持，报纸就办不成，报社的工作人员要得罪了他的老板，那就只好滚蛋。我们有些同志不了解社会主义与资本主义的根本区别，不了解社会主义报纸与资本主义报纸的根本区别，必然要犯立场的错误。有人主张依法办报。报纸当然不能违法，但如同党员不仅不能违法，还必须遵守党章一样，党报除了不违法，还要严格遵守党性原则。

党报在宣传中要贯彻“百花齐放，百家争鸣”的方针。这是毫无疑问的。但是，“双百”方针是以坚持四项基本原则为前提，以马克思主义为指导的。在大是大非问题上，党报立场必须与党一致。

对“两乱”的导向错误，有人说是客观报道。什么叫客观？按照辩证唯物主义的观点，客观就是如实地反映实际情况。要如实反映实际情况是很不容易的。比方说，学生游行开始打着悼念胡耀邦的旗号，但实际上在很早之前，就已经筹划和酝酿要借“五四”70周年、法国大革命200周年之际闹事。游行有时也喊拥护中国共产党，拥护社会主义，拥护四项基本原则的口号，可是没有看到他们实质是反党反社会主义，只看现象，不看本质。对于《北京这一夜》，发稿的副总编辑说有根据，记者亲自看到开枪打死人，脚还带着血，可是他们没有看到，在这之前，是反革命暴徒首先打死打伤解放军，解放军在不得已的情况下，采取了必要的自卫措施。你写《北京这一夜》为什么不写“北京这一天”呢？如果说是有意歪曲，有些人可能感到委屈，说这种报道有主观性、片面性、表面性，我看这是无论如何也不能否认的。对无产阶级报纸来说，客观性同真实性、同党性是一致的，党性原则就包含了一切。只有站在无产阶级立场上，用辩证唯物主义和历史唯物主义的观点、方法组织报道，才能做到客观和真实。记者应该认真地学习马克思主义的哲学，坚持唯物论，坚持辩证法，反对唯心论和形而上学。不懂得马克思主义，就办不了党报。

动乱期间人民日报许多人去游行，喊有这样一个口号：“我们有笔不能说真话”。真奇怪，谁不让你说真话？我们党什么时候让记者说假话？恰恰相反，说假话的倒是那些口口声声喊反对说假话的人。5月18日人民日报自己写的消息报道说，本报职工有1000多人上街游行，查的结果，8次游行才570多人次。我说不是清理不彻底，就是记者说了假话，有关记者承认数字夸大了。这一天人民日报的大标题是首都百余万人游行，实际也没有那么多。有些人所要的“新闻自由”实际上就是这种说假话的自由。资产阶级新闻记者是以说假话为生的，《美国之音》就是代表。《美国之音》的报道多少是真的？即使实有其事，也被歪曲、被夸大了，变成了本质上的不真实。大家都看到电视上有这样一个镜头：有一个人站在坦克前面，这个人总左右走动，坦克也就总躲着这个人，尽量避免伤害这个人。这表明了解放军的克制。可是外国电视台硬说这个人是英雄，把坦克挡住了，可见他们的反动立场是多么鲜明。最近还有一件事：北京今年白菜丰收，卖不了，这本来是好事，可香港有的报纸硬说北京市民抵制买白菜。这叫什么客观、真实？是明明在说假话。资产阶级的“新闻自由”，就是可以任意歪曲和曲解事实的自由，说假话的自由。事实是客观存在。如何观察、如何判断、如何反映事实，决定于记者的立场。资产阶级记者的资产阶级立场是十分坚定的，可是我们有些人尽力淡化党报的党性原则，淡化党报工作者的无产阶级立场，这是我们的报纸在关键时刻犯政治错误的重要根源。

人民日报“两乱”期间犯了严重的错误，不是偶然的，是资产阶级自由化长期泛滥的结果，是资产阶级新闻观点长期泛滥的结果。中央党报同党唱反调，同党对着干，问题是极其严重的，损失是不可估量的。痛定思痛，人民日报的同志正在党中央的领导下，进行认真的检查和总结，吸取沉痛的教训。应当说，人民日报的绝大多数同志是好的和比较好的。犯了错误，对多数人来说是认识问题，思想问题。所以，我们的方针是立足于教育。我们要求犯错误的同志，第一要承认错误，第二要认识错误，第三要吸取教训，第四要努力改正。要求人民日报的全体工作人员，必须在思想上、政治上，与党中央保持完全的一致。不然，一有风吹草动，有人还会兴风作浪。今后要系统地进行无产阶级新闻观的教育。人民日报的问题是严重的，工作是艰巨的，但不管怎样，必须以清理“两乱”为契机，一定把反资产阶级自由化的斗争进行到底，让人民日报成为党中央得心应手的舆论工具，较好地完成党和人民交给我们的任务。

（根据作者1989年11月在全国省、市、自治区总编辑新闻工作研讨班上的讲话整理，后刊于《新闻战线》1990年第1期）

（作者单位：人民日报社）

党性是社会主义新闻事业的灵魂

吕　梁

江泽民总书记在新闻工作研讨班的讲话中明确指出，为社会主义服务和为人民服务是新的历史时期新闻工作必须坚持的基本方针，这既是对我党新闻事业历史经验的科学概括，又是对当前和今后的新闻工作具有重要的指导意义。以此为标准来回顾和总结1989年春夏之交首都制止动乱和平息反革命暴乱中的新闻宣传，许多问题也就更容易看得清楚了。

这场惊心动魄的斗争，对每个新闻工作者都是严峻的考验。在极少数阴谋分子煽动群众、制造反党反社会主义的过程中，党中央和广大人民、人民解放军迫切希望党的新闻工具迅速地传达党中央的声音，旗帜鲜明地报道事实真相，团结全党和全国军民，为制止动乱、平息暴乱而斗争。但是，在党和国家处境危急的紧要关头，在赵紫阳同志的煽动下，舆论导向却没有完全按照党和人民的要求去做。这次事件使我们更清楚地看到长期以来资产阶级自由化思潮对新闻界的严重影响，到了非彻底清理不可的时候。下面，我就感受最深的两个问题谈点看法。

（一）十年前，有的同志错误地总结“文革”的经验，提出了所谓人民性高于党性的理论，说党是会犯错误的，而人民是不会犯错误的，坚持党性就会跟着党犯错误，所以要强调人民性，要由报纸代表人民来监督党，似乎党不能代表人民，只有报纸才能代表人民。他把党性和人民性对立起来，甚至把人民性凌驾于党性之上，说穿了，就是要报纸与党分庭抗礼，要用所谓的人民性取代党性。对于这个错误理论，许多同志是不同意的。但是由于提出这一理论的同志是新闻界的重要人物，有些刊物也热衷于宣扬这种观点，因而其影响几乎遍及全国。可以说，人民性高于党性这个错误观点，成了新闻界资产阶级自由化思潮的主要理论基础。在这种理论的影响下，强调党性被看作僵化，党报受到“贬值”；党性成了亟待摆脱的紧箍咒，而强调某些人所标榜的“人民性”，企图摆脱党的领导则成了时髦。由于赵紫阳同志对资产阶级自由化采取纵容、支持的态度，这次又作了对学潮的报道要“放开”的错误指示，造成新闻舆论的错误导向，为动乱推波助澜，并使一些同志特别是年轻的同志迷失方向，甚至犯了错误，教训是十分沉痛的。

从学潮开始，一直到暴乱平息，我们办报的同志天天面临一个尖锐的问题，就是作为党的报纸和党的新闻工作者，要不要听党的话，要不要讲党性。究竟是党代表人民，还是主张人民性的某些同志代表人民？通过两个来月的实践，我们深深体会到，真正代表人民群众的只能是党中央，是以邓小平同志为代表的老一辈无产阶级革命家，而不可能是别的什么人，或者某一些新闻工作者自己。这次制乱平暴斗争的铁的事实做出了无可辩驳的结论，对人民性高于党性的错误理论给予了无情的批判，从而也为党性和人民性这场长达10年的争论做了总结。

毛泽东同志说过："共产党人的一切言论行动，必须以合乎最广大人民群众的最大利益，为最广大人民群众所拥护为最高标准。"这可以说是对党性的最好概括。因此，党性和人民性两者在本质上是统一的，绝不能对立起来，更不能把人民性置于党性之上。人民当然是伟大的，但是从历史的范畴来说，人民是由一定时代的不同阶级、不同阶层的人组成的。所谓人民利益，主要的是指最大多数人民的根本利益、长远利益，而不是少数人的不合理的利益要求。在这场关系到党和国家生死存亡的严峻斗争中，如果我们都象赵紫阳同志鼓吹的那样，放开来宣传游行和绝食，放开来报道那些反对四项基本原则的政治主张，那就只能是火上加油，为国内外敌对分子颠覆中华人民共和国的阴谋提供可乘之机。

党性原则的基本内涵是中国共产党对新闻事业的领导作用，以马克思主义的世界观、方法论为新闻工作的指导思想，党的理论与实践相结合，密切联系群众的作风和批评与自我批评的方法在新闻工作中的贯彻和运用。恪守党性原则才能保证我国新闻事业为社会主义服务和为人民服务的方向。在多门类、多层次的新闻事业结构中，由于分工不同，各个新闻单位都应当从自己的工作对象和业务特点出发，努力办出特色。但是特色绝不能偏离方向，而是在坚持四项基本原则的方向下，在宣传内容上有所侧重，在宣传方法上勇于创新。因而党性不仅是党报的工作指导原则，而且是社会主义新闻事业结构中包括各级、各类报纸、以及广播、电视等所有新闻手段的共同指导原则。

这场惊心动魄的斗争告诫了我们：舆论导向举足轻重。坚持党性原则，坚持党性人民性的统一，进行正确的舆论引导，就能够在维护党的领导和国家安宁，坚持社会主义，团结人民为实现"四化"而艰苦奋斗的过程中起向心作用，形成凝聚力；否则就只能起离心作用，造成不堪设想的后果。正象刘少奇同志说过的那样：报纸办得好，就能引导人民前进，引导人民团结，引导人民走向真理。如果办得不好，就存在着很大的危险性，会散布落后的错误的东西，而且会导致人民分裂，导致他们互相摩擦。……就要受历史的处罚。40年前的这些话，今天听来还是那么中肯！总之，坚持党性原则，是进行正确的舆论导向的保证，是社会主义新闻事业的旗帜和灵魂。我们绝不能忘了这个拿血换来的教训。

（二）这次动乱中，少数躲在幕后指挥的组织者打出了"新闻要讲真话"的口号。现在可以看得很清楚，他们的罪恶用心，是妄图煽动新闻界为他们撑腰，欺骗更多的群众起来跟着他们推翻党的领导，颠覆我们的国家。

实事求是，历来是我们党的传统，说真话，一向是我们新闻工作的基本要求。新中国成立后，在"左"的路线影响下，特别在"文革"中，这种传统受到了损害。但是，十一届三中全会以来，党一直在为新闻工作者准确、全面、充分、及时地宣传党的方针政策和广泛地反映社会生活，提供越来越好的环境和保证。党要求说真话，人民希望听真话，新闻工作者应当说真话，这本来是一致的。问题在于究竟什么才是真话。在这一点上，我们和西方资产阶级的标准截然相反。我们说北京发生的是一场政治动乱和反革命暴乱，《美国之音》却说是"民主运动"；我们如实地报道了戒严部队开进天安门清场的经过，《美国之音》却说什么"血洗天安门广场"。现在真相大白了，他们所标榜的真话，是不折不扣的煽风点火，彻头彻尾的造谣惑众。

搞资产阶级自由化的人所鼓吹的说真话，是要人们不顾人民利益，肆无忌惮地去揭露阴暗面，丑化党的领导，丑化社会主义，丑化人民，丑化解放军，为他们否定四项基本原则，实现西方资本主义化的目标服务。他们千方百计地寻找符合自己观点需要的某些现象，攻其一点，尽情描绘，甚至不惜歪曲真相；而对不符合自己观点需要的客观事实，则视而不见，充耳不闻，闭口不谈。

我们共产党人以辩证唯物主义和历史唯物主义的世界观看待一切事物。我们要求的真实，应当是透过现象反映和揭示事物的本质。只有揭示事物本质的真实，才是最大的真实，才是经得起历史检验的真话。象这次事件，究竟一针见血地指明其为"动乱"是说的真话，还是看作"爱国民主运动"是说的真话？事件发展的过程证明，只能是前者而不是后者。

根据这个要求，我们新闻工作者的最大责任，就是要保持清醒的头脑，对各种社会现象，注意弄清事情的本质。尤其象这次极端尖锐复杂的政治斗争，更应当冷静、深入地去仔细观察思考，把真相告知广大学生和群众，引导他们明辨是非，沿着正确的方向前进；而决不能盲目地去赞扬和歌颂，给错误的行动壮胆、打气。经过这次痛苦的教训，我们对于什么叫真话，应该有清楚的认识，不为表面现象所迷惑。不能认为只要是自己亲眼看到的东西，就反映了本质的真实；只要是自己亲耳听到的，写出来就算是说了真话。切不要任凭片面的直觉和感情的冲动，模糊了理智的眼睛，上了资产阶级自由化的当。

（原载解放军报1989年8月7日一版，收入本刊前作者有增改）

（作者单位：解放军报社）

略论无产阶级新闻工作的党性原则

何光先

在有阶级的政党新闻时期，新闻工作既具有社会性，又具有党性。前者是由新闻事业的共同属性——社会舆论工具的性质所决定的，后者是由新闻事业的特殊属性——政党喉舌的性质所决定的。新闻工作是社会性最强、公开性最大的工作，它以广泛的社会实践作为活动对象，从而最大限度满足社会交流的需要；同时，新闻工作又是政治性最强、实践性最大的工作，它以广泛宣传政党的路线、方针、政策为主要目的，从而最大限度维护本阶级的利益。两者并存，相互依存，互相制约，不容排斥，既不能否定社会性而只承认党性，也不能否定党性而只承认社会性。因为，离开了社会性就失去了新闻工作的基本对象，而脱离党性则会失去政党新闻工作的基本目的。

不同的阶级有着不同的新闻工作党性原则。资产阶级的新闻工作党性原则，是由资产阶级的世界观、方法论和为财团服务的目的性所构成的；无产阶级的新闻工作党性原则，则无疑是以马克思主义理论为指导的无产阶级世界观、方法论和全心全意为人民、为社会主义事业服务的目的性所构成的。

坚持新闻工作的党性原则，是政党新闻时期所有新闻工作者必须遵循的共同准则。资产阶级的新闻工作者必然遵循资产阶级的党性原则，无产阶级的新闻工作者也必然遵循无产阶级的党性原则，无论哪一个阶级的新闻工作者，谁要违背了这个原则，谁就必然受到惩罚，这是历史教训，也是客观现实。但在我国新闻界，尤其在新闻研究工作者中，有的只承认新闻工作的社会性，而忽视甚至否定新闻工作的党性，这是完全错误的。它使新闻工作者丧失目标，迷失方向，造成新闻舆论导向的错误。然而，这只是个别的、少数的情况，更多的人则是在承认新闻工作的党性原则的情况下，也往往犯了同类错误。这又是为什么？原因就在于他们对新闻工作的党性作了片面的理解。

什么是无产阶级的新闻工作党性？这一直是个有争议的问题，也是一个在实践中酿成过错误的问题。有的人认为，无产阶级的新闻工作党性只是个阶级性的问题，“党性是阶级性的集中表现。”他们从这种认识出发，推论出无产阶级新闻事业的性质是“阶级专政工具”、“阶级斗争工具”或“阶级舆论工具”，并以此作为新闻工作党性原则的唯一检验标准，从而否定了新闻工作的社会性，否定了新闻受众中的不同阶级、不同阶层人员的不同需要，乃至否定社会主义的四化建设任务，实际上也否定了无产阶级新闻工作党性的自身。就象“文化大革命”那样，把新闻工具只当成“阶级斗争讲台”和“大批判牌”，天天杀气腾腾地喊阶级斗争，就是不讲或很少讲社会主义经济建设及其社会交流的种种需要。这当然是一个严重的历史教训，已经从党的十一届三中全会以来得到了纠正，但如不予注意，不克服这种“左”的片面的认识，也还有重蹈覆辙的可能。另一种看法则认为无产阶级的新闻工作党性只是个科学性的问题，“党性是科学性的集中表现。”他们从这个认识出发，推论出无产阶级新闻事业的性质是“明辨真理的工具”，并以此作为检验新闻工作“党性”的唯一标准，从而否定了无产阶级新闻工作的特性——喉舌的性质，否定了无产阶级新闻工作的基本目的性，同样也否定了无产阶级新闻工作党性的自身，使新闻工作党性变成了超阶级性的代名词。在这次学潮、动乱乃至北京的反革命暴乱中，有的新闻报道之所以出问题，主要原因也正在此。这两种对于无产阶级新闻工作党性的片面理解，给新闻舆论导向已造成的严重错误的教训告诉我们：必须正确理解无产阶级的新闻工作党性，才有可能正确执行无产阶级新闻工作的党性原则。

无产阶级新闻工作的党性应该既包括阶级性也包括科学性，这才是无产阶级新闻工作党性的完整概念。我们之所以要首先承认无产阶级新闻工作党性中的阶级性，是因为：一定的党性是由一定的阶级性决定的。在有阶级的社会里各种牌号的新闻工具是很多的，都有各自的党性，要从根本上弄清他们不同党性的性质，就在于弄清它属于哪一个阶级，是资产阶级还是无产阶级，抑或别的什么阶级；不同的新闻工作党性必然反映出不同阶级的倾向性，代表不同阶级的利益，因此在新闻实践中，无产阶级新闻工作者一定要维护无产阶级及其政党的利益，这是无产阶级新闻工作者的使命。我们之所以又要承认无产阶级新闻工作党性中的科学性，则因为：(一)无产阶级的党性是马克思主义的集中体现，而马克思主义又是反映了社会发展必然趋势的真理，这就是她的科学性所在，无产阶级新闻工作的党性正是这一科学性的具体体现。(二)无产阶级新闻工作党性中的科学性的基本点和核心，还体现在实事求是的思想中。要实事求是地反映社会发展的必然，实事求是地反映一切客观新近发生的事实的发展趋势。邓小平同志指出：“实事求是，是无产阶级世界观的基础，是马克思主义世界观的基础。过去我们搞革命所取得的一切胜利，是靠实事求是；现在我们要实现四个现代化，同样要实事求是。”无产阶级新闻工作的党性要求我们无产阶级新闻工作者必须把实事求是作为自己行动的准则。只有用科学的观点去理解无产阶级的党性，才能正确理解和把握无产阶级新闻工作的党性。任何只强调无产阶级新闻工作党性中的阶级性而忽视科学性，或只强调无产阶级新闻工作党性中的科学性而忽视阶级性，都是片面的。

有人提出：党的新闻工具需要坚持无产阶级新闻工作的党性，那党的新闻工具以外的属于民主党派和社会团体主办的新闻工具以及各种非政治性的专业报台也要坚持无产阶级新闻工作的党性吗？回答应该是肯定的。因为，在社会主义中国的各种新闻工具——包括党报党台、非党报党台，虽然性质不同，但宗旨是一致的——都必须遵循四项基本原则，为社会主义事业服务，为人民服务，离开了这个宗旨则是社会主义制度所不容的；社会主义中国的各种新闻工具，虽然属于各种不同性质的部门所领导——有党委机关直接领导的，还有民主党派领导的，但均需接受马克思主义的指导，而不能接受其它任何思想的指导，这是宪法所规定的；我国诸新闻工具的具体任务虽然也不同，但它无论报道什么，都必须有利于国家、有利于人民，不能也不允许危害国家的利益，这也是宪法所规定的。一句话，各类新闻工具尽管性质有别，任务不同，但均须在政治上同党中央保持一致，而这个政治上的一致性也就是无产阶级新闻工作党性的集中表现。

要正确认识和把握无产阶级新闻工作的党性，需要遵循各种原则。如要遵循社会发展的必然和新闻传播规律，去决定报道什么与不报道什么；要根据党的路线、方针、政策和人民的根本利益，去决定什么时候报道什么与什么时候不报道什么；还要依照当时的客观形势和事实的本来面貌，去决定怎样报道和不怎样报道；如此等等。最要紧的是要正确处理好几个关系。一是实事求是与“政治需要”的关系。讲究实事求是，讲究真实性，是无产阶级新闻的生命和传统。有人借口“政治需要”而任意杜撰事实，这是新闻工作党性不纯的表现。因为，事实只可选择，而绝不能杜撰、捏造。二是遵循新闻传播规律与坚持四项基本原则的关系。坚持四项基本原则是无产阶级新闻工作党性的必然要求，遵循新闻传播规律则是新闻工作的共同准则，我们必须使这两者结合起来、一致起来，而绝不允许把它们割裂开来、对立起来。否则，也是新闻工作党性不纯的表现。三是社会需要与阶级利益的关系。新闻要满足社会需要，是指社会经济发展的需要、人民群众利益的需要和社会舆论监督的需要，以反映社会主义发展的必然。在社会主义条件下，这种社会需要与无产阶级的阶级利益是完全一致的，既不能因为强调阶级利益而排斥社会需要，也不能因强调社会需要而排斥阶级利益。四是舆论监督与党的领导的关系。舆论监督是新闻的基本功能之一，是在党的领导下人民群众通过报刊、广播、电视等工具监督党政工作人员行为的一种民主权利，也是保证党和政府的纲领、法令得以正确执行以及人民的根本利益不受损害的一种有效措施；它既揭露、批判那些坏人坏事，也歌颂、表彰那些好人好事。有没有这种舆论监督，这是无产阶级政党同一切剥削阶级政党的根本区别之一，也是无产阶级新闻工作党性的重要标志。那种以为强调新闻舆论监督就可以排斥党的领导和以为强调党的领导就可以否定舆论监督的看法，都是绝对错误的，十分有害的。五是言论开放与资产阶级自由化的关系。以经济建设为中心，坚持改革、开放、搞活与坚持四项基本原则、反对资产阶级自由化，是党的十三大所确定的基本路线，其正确性是无可怀疑的。在新闻传播中，开放言论、实行民主政治，重大情况让人民群众知道，重大问题经人民群众讨论，这是无产阶级政党的一贯主张，也是新闻的基本特点之一——公开性的必然要求；同样，摧毁包括资产阶级在内的一切剥削阶级制度，实现“世界大同”，这是无产阶级政党的最高目标，也是无产阶级新闻工作者的历史使命。这两者相辅相成，它同言论开放与资产阶级自由化并无必然因果关系，那种因反对资产阶级自由化而否定言论开放、民主政治固然是缺乏理论根据的，那种借言论开放、民主政治之名而搞资产阶级自由化则完全是错误的，也是徒劳的。六是遵循价值规律与注重宣传效果的关系。新闻传播必须遵循价值规律，才能获取新闻的良好社会效果。在社会主义的历史阶段中，新闻传播必须遵循的价值规律包括两个方面：一是新闻价值，二是宣传价值。在新闻实践中，必须把这两者结合起来、一致起来，实现新闻与宣传的双重价值。这是新闻传播特殊规律的必然要求，也是无产阶级新闻工作的党性原则所在。那种排斥宣传价值或新闻价值的作法都是错误的。七是创新与继承的关系。无产阶级的新闻工作从理论到实践有着许多优良传统，需要予以继承，这是应该首先肯定的；同时，随着社会经济、科学技术的发展，传播技术的进步，特别是当前改革的深化，从理论到实践提倡创新，也是必须肯定的。没有继承就无所谓创新、发展，没有创新和发展就谈不上继承。继承和创新是一切事物发展的必然。那种只要继承不讲创新、发展固然是错误的，那种只讲创新、发展不要继承也是错误的，尤其是有的人借创新、发展之名，不加分析地大搬大套西方新闻理论中的那些东西，则更是错误的。

这些关系的正确认识和把握，是正确贯彻无产阶级新闻工作党性原则的保证。在正确把握这些关系中，核心问题是“两点论”，切忌形而上学式的“一点论”；同时，又要审时度势，在不同的情况下有所侧重。当然，能否正确坚持无产阶级新闻工作的党性原则，最根本的一条还在于全面提高无产阶级新闻工作者的基木素质，包括政治素质和马克思主义新闻理论、业务素质，这是摆在我们全体新闻工作者面前的一个严肃课题，也是一个永恒的课题。

（原载《新闻前哨》1989年冬季号，并载《新闻出版报》）

（作者单位：中国社会科学院新闻研究所）

坚持党性原则　发扬优良传统

杨子才

在北京发生的由学潮到动乱，由动乱到反革命暴乱的严重政治斗争中，由于赵紫阳同志在党和国家的生死存亡关头，在事态急剧恶化的情况下，不仅没有做他应当做的工作，反而煽动新闻界，进行错误的舆论导向，公然把反社会主义的逆流称之为“国内人心所向”和“国际进步潮流”，主张宣传报道“开放”，以致许多报刊对游行、静坐、绝食等采取了充分肯定、积极支持的态度，进行了连篇累牍甚至言过其实的报道。这种错误的舆论导向，起了推波助澜的作用，加上动乱制造者的阴谋策划，国内外敌对势力的鼓噪煽动，使事态骤然逆转，动乱重新走向高潮，最后终于发展为反革命暴乱。这次暴乱给党和国家造成了重大损失，后果极其严重。

痛定思痛，我们不能不看到，产生错误的舆论导向，除了赵紫阳的煽动之外，也是近年来新闻界资产阶级自由化思潮泛滥的结果。“冰冻三尺，非一日之寒”。没有资产阶级自由化思潮在新闻界的泛滥，局面会是另一个样子。“前事不忘，后事之师”。当前，摆在我们新闻工作者面前的任务，就是要旗帜鲜明地反对资产阶级自由化思潮，批判错误论调，正本清源，在新闻改革中以四项基本原则为指针，发扬党的新闻事业的优良传统，始终如一地坚持社会主义新闻事业的党性原则。

为了做到这一点，我觉得，有四个关系问题是我们在思想认识上和实际工作中尤其要注意解决的：

一是反对把党性和人民性对立，坚持两者的统一，当好党和人民的耳目和喉舌。长期以来，由于资产阶级自由化思潮泛滥，新闻界有人把党性和人民性对立起来，并宣扬什么“人民性高于党性”的错误观点，使新闻思想严重混乱。后来，胡耀邦同志提出：“党的新闻事业是党的喉舌，自然也是党领导的人民政府的喉舌，同时也是人民的喉舌”。但这个论点的提出，并没有使争论平息。噪音仍然不时聒耳。在实际工作中，有的同志受到把党性和人民性相对立的错误观点的影响，依旧觉得“两个喉舌难兼任，这头痛那头怨”，不能正确认识和处理两者的关系。我认为，党性是人民性的集中体现，当好党的喉舌与人民的喉舌，两者是统一的，互相依存，缺一不可。这是因为：(一)党性和人民性相统一和“两个喉舌”相统一的命题的提出，是以我们党全心全意为人民服务的宗旨作为理论依据和出发点与归宿点的。中国共产党的产生、存在和发展，除了为广大人民谋利益这个唯一宗旨之外，并没有别的任何宗旨。我们的一切行动，都以这个宗旨为出发点与归宿点。而这个出发点与归宿点，揭示了社会主义和资本主义新闻工具之间的根本区别，体现了中国特色的社会主义新闻事业的本质特征。在资本主义社会，资产阶级的政党及其政府不代表绝大多数劳动人民，掌握在资产阶级手中的新闻工具，为垄断资本集团的利益效劳，是资产阶级的喉舌，而决不可能为劳动人民的根本利益服务，成为劳动人民的喉舌。只有在无产阶级政党成为执政党、劳动人民当家做主人的社会主义社会，才能实现“两个喉舌”的统一。假若今天把两者对立起来，无异是抹了两种社会制度不同新闻工具的根本区别。(二)党性和人民性相统一，党的喉舌，又是人民的喉舌，上情下达，下情上达，既是我们党“从群众中来，到群众中去”的根本路线所要求的，也体现了社会主义新闻事业把对党负责与对人民负责结合起来的原则立场。这个立场，决定了社会主义新闻事业作为党和政府的喉舌，要发挥上对下的指导作用；作为人民的喉舌，要发挥下对上的监督作用。两者相辅相成，“上取乎下，下取乎上”，不可偏废。只注意发挥上对下的指导作用，忽视下对上的监督作用，不注意倾听群众的呼声，往往容易助长主观主义和官僚主义的倾向，产生腐败现象，给建设和改革事业带来危害；而只强调发挥下对上的监督作用，忽视上对下的指导作用，也往往容易助长自由主义和无政府主义倾向。导致涣散盲动，各行其是，同样会给建设和改革事业造成危害。在这次动乱中，新闻舆论导向错误造成的恶果，已经充分证明了这一点。只有把两者结合好，才能保持社会的稳定，保证建设和改革事业取得成功。(三)党性和人民性，党的喉舌和人民的喉舌，两者是辩证的统一，合则两全，离则两伤，不可分割。执行中虽然有时会遇到矛盾，但是，“窗含西岭千秋雪，门泊东吴万里船”，两者可以有机结合，并行不悖。因为党的路线、方针和政策代表了广大人民的根本利益，而党的全部工作，其根本目的又在于唤起广大群众，同心同德地在党的领导下，为自己的最大利益而奋斗，两者统一于革命和建设的实践之中。把党性和人民性、党的喉舌和人民的喉舌对立起来，不仅在理论上是完全错误的，而且在实践中是十分有害的。

二是反对“淡化论”，坚持党对新闻事业的领导，并把它与发挥新闻工作者的积极性、主动性、创造性结合起来。一个时期以来，一些坚持资产阶级自由化的人，公然提出在我们的新闻事业中要“淡化”党的领导。在这种错误观点的影响下，在一些单位和地方，发生了企图削弱和摆脱党对新闻工作的领导的现象。在这次反党、反社会主义的动乱中，极少数制造动乱的人的一个重要斗争策略，就是煽动新闻工作者摆脱党的领导，为他们呼风唤雨，推波助澜。这一切都证明，在要不要坚持党对新闻事业的领导的问题上，斗争是存在的，而且有时是尖锐激烈的。

党对新闻事业的领导，是社会主义新闻事业的根本性质决定的，是在新闻工作领域坚持四项基本原则的关键所在，是使我们的新闻事业沿着正确方向前进的根本保证。过去和现在的经验都证明，党对新闻事业的领导，只能加强，不能削弱。在意识形态领域，无产阶级思想不占领阵地，资产阶级思想就必然去占领。有人要求“淡化”党的领导，说穿了，就是要削弱甚至摆脱党的领导，为资产阶级思想占领新闻舆论阵地开绿灯。这是绝对不能允许的。当然，加强党的领导，要求党的各级组织在加强对新闻单位的思想政治工作的同时，按照新闻规律，作出多方面的努力，改善自己对新闻事业的领导，这是客观形势发展的要求，是十分必要的。但是，新闻工作者要自觉接受党的领导，“百川归大海，万水尽朝东”，决不能摆脱党的领导。

坚持党的领导，丝毫不意味着新

闻工作者只能“打被动仗”、“当算盘珠”，无所作为。党的领导主要是政治领导，是政治原则、政治方向和重大决策的领导。党组织在加强宏观指导的同时，自然要发动全体新闻工作人员，让大家放开手脚去做。任何一个时期的宣传，从制定计划到开展各项业务活动，全靠新闻工作人员发挥主动精神和创造精神，方能做好。一个宣传战役好比一项大的工程，党组织只能有个大的构想，而把构想变成蓝图，变成多姿多彩的现实，全靠新闻工作人员发挥聪明才智，付出辛劳和汗水。这种劳动，是一种高度创造性的劳动。

严格政治纪律与发挥主动精神的关系，也是统一的而不是对立的。党和非党新闻工作者要积极宣传党和国家的路线、方针和政策，要遵守宣传纪律。但这绝不意味着“被捆住了手脚”，只能“照敲木鱼照念经”，主动性难以施展。在党和国家政策、法律、法令的范围内，“海阔凭鱼跃，天高任鸟飞”，新闻工作者有广阔的活动天地，有发挥主动精神的诸多便利。你的主动性发挥得越充分，你的生命之树就越能放出光华。纪律是为了保证方向，保证万众一心去建设国家、造福人民；而你的主动精神的发挥，也是为了建设国家，造福人民，这两者是可以统一的。

三是反对“暴露就是一切”的错误观点，坚持以宣传社会主义建设和改革的成就为主，并把它与开展批评有机结合起来。近年来，象刘宾雁这样坚持资产阶级自由化立场的人，放肆地鼓吹新闻界应成为独立于党、政府和人民之外的“第四种力量”，要做凌驾于党、政府和人民之上的“无冕之王”。在这种人看来，新闻舆论应同党和政府“唱对台戏”，把揭露阴暗面作为主要职能。不能不承认，有少数同志在新闻实践中热衷于采写阴暗面，甚至认为只有揭露才是新闻的主要价值取向，并把主张以宣扬成就为主的同志目之为“歌德派”，正是受了刘宾雁之流的错误观点的影响。而实践已经证明，持这样的观点并按它行事，恰恰符合国内外敌人的心愿，在客观上为他们丑化和攻击社会主义制度帮了忙，给建设和改革事业造成了危害。

我们的新闻舆论，是党和人民手中的锐利武器，应该以宣传改革和建设的成就为主。我们工作中虽然也有失误，但党所领导的改革和建设事业取得了举世公认的巨大成就，这是事情的主导方面。我们承认党和政府中产生了某些腐败现象，但我们从来没有容忍它，而且正在采取有力的措施加以铲除。在党和政府的肌体中，光明面始终占居主导地位。强调以宣扬改革和建设成就为主，正是这个不可否认的客观事实的要求。当然，我们在大力宣扬改革和建设的成就，激励人民增加信心、乘胜前进的同时，又要揭露和批评缺点、错误和坏人坏事，以克服消极因素。宣扬成就从来也不排斥批评消极现象。在今后“提高领导机关活动的开放程度”、“加强舆论监督”的情况下，更是如此。对开展批评畏首畏尾，不愿“惹麻烦”，是不应该的。但要把这件事情处理好，就要站在党和人民事业的立场上，正确开展批评。批评官僚主义、党组织和政府工作中的缺点失误，是为了改进工作，而不是肆意出气，“一笔抹倒”。批评干部和人民群众的过失，要与人为善，有团结的愿望和帮助的热忱，而不是要把人“一棍子打死”，使他“无面见江东父老”。对党内和社会上不正之风的批评，要抓住典型，掌握时机，有组织有领导地开展。对严重违法乱纪的坏人坏事，要根据党纪国法，并按照有关规定的程序，进行揭露和斗争。批评揭露要防止诱发不安定的因素，注重社会效果，同时把事实弄得十分准确，讲究宣传艺术，精心组织，力争以少胜多。

四是反对“过时论”，坚持继承和发扬党的新闻工作的优良传统，并在新的历史条件下勇于开拓创新。近年来，少数同志受资产阶级自由化思潮的影响，对党的新闻工作的优良传统持淡漠的否定的态度，认为它已经“过时”。有的人甚至主张“另起炉灶”，脱离传统去“创造”所谓“崭新的体系”。这种认识是十分错误的，毫无疑问，新闻是社会实践的产物，应该跟随社会实践前进。我们每个新闻工作者，都不能因循守旧，故步自封，应该锐意进取，开拓向前。但在改革中，要看到长期斗争中形成的党的新闻工作的优良传统，是有强大生命力的。比如，坚持党性原则，把新闻事业看做整个革命事业的组成部分，自觉接受党的领导，无条件地宣传党的路线、方针和政策，严格遵守党的宣传纪律；坚持全心全意为人民服务的宗旨，一切为了群众，一切依靠群众，与人民群众同呼吸、共命运，充分反映人民群众的利益和愿望，把人民的信任看作是新闻事业“赖以生存的条件”（马克思语），并在实际工作中把对党负责和对人民负责统一起来；坚持实事求是的思想路线，把真实作为新闻的生命，注意调查研究，防止虚假浮夸，防止主观臆断，讲事实，讲实话，讲真理；发扬艰苦奋斗的政治本色，与人民群众同甘共苦，勤俭办事，廉洁奉公，不谋私利，以多做贡献为荣，以沽名钓誉为耻，崇尚职业道德，发奋学习，刻苦钻研，工作上不断进取，业务上精益求精，等等。这些优良传统，是我们的宝贵精神财富，其生命力长盛不衰，我们无论过去、现在和将来都要继承和发扬。我们近年来在新闻改革中的许多创新，在一定意义上可以说是优良传统在新条件下的运用和发展。拒绝学习新事物，妄自尊大，为我们所不取；而数典忘祖，妄自菲薄，对传统采取虚无主义的态度，不分青红皂白，笼统地说什么“请君莫奏前朝曲”，“而今已觉不新鲜”，同样是错误的。

（原载《新闻与成才》1989年第8期）

（作者单位：中国记协）

试论舆论导向错误的教训

严一涛

在今年春夏之交的政治动乱中，新闻舆论导向的错误，值得宣传舆论战线进行深刻的反思。

在学潮——动乱——暴乱的发展过程中，一些新闻单位起了推波助澜、火上加油的作用。甚至在中央平息反革命暴乱的过程中，仍有某些新闻单位采用各种方法，宣传与中央平息暴乱的正确决策相反的声音，造成了部分群众的思想混乱。虽然有一部分新闻单位坚定地站在党和人民一边，在极为艰苦的条件下，为制止动乱作出了贡献；但是，从总体来看，这次动乱中的舆论导向错误造成的后果是十分严重的。

严峻的事实证明：经济搞不好会翻船，宣传出问题，也会翻船。只有面对事实，冷静地总结两个月中舆论导向错误的特点和原因，从中引出经验和教训来，才能有助于我们把握新闻舆论的正确方向，推进新闻改革，做好新闻工作。从这个意义上说，总结两个月新闻舆论导向错误的深刻教训，是放在我们面前的一项紧迫任务。

两个月舆论导向错误的主要教训是什么呢？

宣传舆论的领导权必须掌握在马克思主义者手中

动乱中舆论导向错误的根子，在于赵紫阳同志，在于他对新闻工作的三次错误导向：

*一是"亚行"讲话及其传播示范。*5月4日，在动乱趋向平缓的情况下，作为党的总书记的赵紫阳同志，发表了同政治局常委决定、小平同志讲话和4·26社论完全对立的"亚行讲话"，否定中央关于极少数人已经在制造动乱的正确结论。"亚行"讲话不仅仅是说给外国人听的，当天下午，鲍彤就要中央人民广播电台和电视台立即广播，又令《人民日报》于次日以不寻常的处理在头版显要地位刊登，同时连夜组织"反响"报道，为这个讲话叫好，而对大量的不同意见不仅不准见报，连内参也不能登。"亚行"讲话导致不少新闻单位进行了错误的抉择；

二是"5·6"关于学潮报道的指示。"亚行"讲话传播以后，北京动乱日趋升级，事态进一步恶化。在这种情况下，5月6日，赵紫阳同志又对当时中央主管宣传和思想工作的胡启立、芮杏文同志说，对学潮的报道"放开了一点，游行作了报道，新闻公开程度增加了一点，风险不大"，甚至说"面对国内人心所向，面对国际进步潮流，我们只能因势利导。"这番指示，当天就向首都主要新闻单位作了传达，随后又多次部署，于是首都和各地一些新闻单位竞相"放开手脚"，对游行、静坐、绝食作了肯定的报道和大量渲染，形成了波及面更大的舆论导向错误；

*三是对中共上海市委整顿《世界经济导报》正确决定的指责和非难。*上海市委正确处理《导报》问题的一个重要的意义，在于动乱起于"青萍之末"的初始阶段，就采取有力措施，制止舆论导向错误，防止更大动乱。但赵紫阳同志不但不支持，反而指责上海市委把事情"搞糟了"、"搞被动了"。对上海市委处理《导报》问题的非难，不仅成为京、沪一些新闻工作者"走上街头游行"的发端之一，而且加剧了少数新闻单位在动乱中摆脱党的领导的倾向，使舆论导向错误益发难以扭转和控制。

这里还应指出，赵紫阳同志对宣传舆论的错误引导，不仅是在5月4日以后；从4月15日胡耀邦同志逝世到4月23日赵紫阳出国之前，悼念活动已发展为政治性的示威游行，反对四项基本原则的大小字报、标语口号、谣言秽语已经盛行，新华门被冲击、天安门广场被占领。面对严峻势态，赵紫阳同志采取了纵容的态度。在这种情况下，本来应当旗帜鲜明出来正确引导舆论的新闻界，大多沉默。少数新闻单位还片面渲染大学生"爱国热情"，使这种"广场民主"、"街头政治"，从一开始就得到认可和鼓励。而中央负责宣传、思想工作的领导同志，对此容忍默许。动乱初期舆论导向的失职，同样是宏观失控的表现。

由于赵紫阳同志5月4日后的"三箭齐发"，对宣传工作进行错误的导向，以及胡启立同志5月13日所谓"新闻改革已经到了非改革不可的时候了"的讲话，在新闻舆论界引起了混乱：有的原来就坚持资产阶级自由化立场的新闻单位要"大干一场"了，如《世界经济导报》一些人聚会研究形势和策略，认为形势"十分有利"，是"大转换时刻到了"，有恃无恐地将事态扩大到整个社会动乱中去；一些原来比较遵守党的宣传纪律的新闻单位，则感到迷惘或者出现摇摆；一些报刊本来是按照"4·26社论"的精神进行正确导向的，听到赵紫阳同志讲话后，出现了"转向"上的争风攀比；而一部分坚持正确舆论导向的新闻单位，则因此承受着难以想象的压力。

事实说明，宣传舆论的领导权，必须掌握在马克思主义者手中，掌握在坚决执行党的路线和方针政策的同志手中。如果大权旁落，就会造成极其严重的政治后果。宣传舆论的领导权问题，不仅指中央对宣传舆论进行宏观调控的领导权，也包括各舆论阵地的领导权。冷静总结两个月舆论导向错误的经验教训，我们必须把切实解决宣传舆论领导权问题，始终放在一个重要的地位上。

新闻理论必须坚持党性原则

两个月中舆论导向的错误，对于新闻界的波及如此广泛、迅速，是同近几年来资产阶级自由化思潮搞乱了新闻理论分不开的。

思想的混乱在很大程度上来自于理论的混乱。近几年来，某些"新闻理论家"和"学者"散布了一系列资产阶级新闻观点，淡化甚至否定党的新闻理论和新闻政策。资产阶级自由化在新闻理论上的表现，集中到一点，就是否定社会主义新闻事业的党性原则。他们公开提出"把党性、喉舌等政治概念从新闻学中排除出去"，"新闻学才能成为真正的科学"；他们公开提出，新闻不应与政治纠缠在一起，党报体制（包括党领导报纸的体制）会产生"党性新闻学"，讲新闻的党性是"本末倒置"，"利少弊多"。围绕着否定新闻的党性原则，他们把人民性与党性相对立，反对新闻事业是党的喉舌的性质；他们借口传媒主体的“多元论”，鼓吹所谓的“民办报刊体制”，企图摆脱党对新闻事业的领导；他们曲解新闻传播功能的“多元化”，“淡化”报刊宣传和贯彻党的路线、方针、政策的主要功能；他们提出所谓的“客观公正”的理论，实质上是力图抹煞新闻工作的党性立场，等等。在这次动乱中，这些理论又从书斋和讲台走向某些版面和街头，演化为一些更为“实际”的要求。如在首都和其他一些地方新闻界的游行中，就出现“要求实行真正的总编负责制”，即“上面没有婆婆的总编负责制”的口号，要求取消上级党委对新闻单位的领导；又如有人提出的“解除总编自我禁忌”的口号，其实质是要否定新闻工作者的党性和纪律性；再如有人到处疾呼的“报纸同人的主体意识”，更是要改变报纸的性质，使之成为“政治反对派”的喉舌。

无论是从捍卫社会主义新闻事业的根本性质，还是从澄清资产阶级新闻理论的侵蚀来说，我们都必须把坚持新闻的党性原则，当作新闻理论战线的首要任务来抓。党性是阶级性的集中的、自觉的、公开的表现。无产阶级党性，是人民根本的、长远的整体利益的集中反映。社会主义新闻的党性原则，包括以马克思主义的世界观、方法论为新闻工作的指导思想，而不是以任何别的思想来指导新闻工作；新闻事业作为党、政府和人民的喉舌的根本性质，在党、政府、人民三者关系中，党是人民利益的集中代表，又是政府的领导核心，新闻事业应当以宣传和贯彻党的路线、方针、政策为首要任务；党领导新闻事业的体制，党是所有新闻事业的领导核心，党报应当对党委负责，所有新闻事业中党组织，都必须对党负责，各类新闻单位所联系的社会阶层可以有不同，但都必须在党的领导下进行工作；党的宣传纪律，所有在新闻事业中工作的共产党员，都必须严格遵守，决不允许在公开报道中发表违背党的路线、决定和指示的言论；党的实事求是的思想路线，密切联系群众的作风和批评与自我批评的武器在新闻工作中的贯彻执行，等等。

有人担心，坚持新闻的党性，会不会同新闻规律相对立？恰恰相反，新闻的党性，正是新闻工作自身的客观要求。从传播学观点看，新闻是一种社会信息，从社会学视角看，新闻是一种社会现象，从哲学的意义看，新闻是上层建筑重要组成部分。作为社会意识形态一部分，它必然为一定社会的经济基础服务，这就决定了它鲜明的政治倾向性。同时，新闻的传播必须依附于一定的物质载体，而这些物质载体后面，必然站立着不同的政治背景。这样，它所承载的新闻信息，不可能不渗透不同政治集团的倾向。在有阶级存在的社会中，这两个倾向性必然表现为阶级性、政治性，最终表现为党派性，这是不以人的意志为转移的新闻工作的一条根本规律。否定党性原则的人，是拿西方新闻理论作为膜拜偶像的，而恰恰是被称为美国当代“经典新闻学”的《报刊的四种理论》，直接地指出新闻工具“为政治制度服务”，“为经济制度服务”的任务。美国一些大学的新闻教科书，把“为政治制度服务”列为第一位的“新闻作用”。在实践中，西方舆论的政治性更为强烈，且不说麦卡锡时代的反共舆论和水门事件的“党争”实质，就在这次动乱中，一些西方新闻工具的政治目的性还不强烈吗？世界上的报刊都是有阶级性和党派性的，区别仅仅在于我们公开宣布社会主义新闻事业的党性，而他们云遮雾罩，不愿坦诚承认而已。

在坚持新闻的党性原则上，有两种思想观点值得引起注意。

一种是认为党性原则已经“过时”。说什么“新闻的党性原则是列宁1905年在俄国民主革命爆发后指出来的，本意是在党派林立、斗争复杂的环境中提醒党的新闻工作者，增强党派意识，防止被其他党派同化”。“我们党在革命战争年代强调新闻的党性，保证了党的思想统一和行动一致，夺取全国政权后，党成为唯一的执政党，不存在反对党派，党的机关报实际上承担着社会综合报纸的职能”。因此，“新闻的党性在不存在反对党派的和平建设时期，强调它弊多利少”。这种“党性原则过时论”，一是抹煞了列宁说的“党派林立的环境”，实质上是指存在阶级斗争的环境。这一点列宁讲得是很清楚的，只要存在这种环境，新闻就要讲党性。二是抹煞了我们“不存在反对党派”，不等于不存在了阶级斗争这一点。只要阶级斗争还在一定范围内长期存在，新闻的党性原则就没有“过时”，这不是很明白的道理么？

一种是把“人民性”与党性分割开来、对立起来的观点。其基本说法是：党会犯错误，人民不会犯错误；当着党犯错误的时候，新闻工作者就要站在人民的立场上，反映人民的要求，才能避免跟着党犯错误。这个观点是违反马克思主义的。第一，按照马克思主义关于政党、阶级、群众关系的学说，党性与人民性是统一的。以马克思主义武装的、全心全意为最广大人民谋利益的共产党，才能代表无产阶级整体的阶级利益和人民的根本利益，脱离党的领导最终只能损害人民的利益。正是从这个意义上说，党性原则既规定了党的新闻事业和党的关系，也规定了党的新闻事业与人民的关系，体现了新闻事业向党负责和向人民负责的一致性。将新闻事业的党性与人民性对立起来，其“人民性”也只能是虚幻的。第二，这种观点实际上把新闻工作者放在了新闻裁判官的地位，似乎党的路线、政策、决议正确与否，不是经过社会实践检验，经过党的集体判断，而是由新闻工作者进行“自由心证”来“独立判断”，因此可以对党的路线、政策、决议，进行任意取舍甚至公开反对，最终使新闻工作者摆脱党的领导，从而必然背离大多数人民的抉择。

应当说，澄清新闻理论基本是非的工作，是非常紧迫，同时又是很艰巨的任务。一是国际国内大小气候中，确实存在西方资产阶级新闻观点移植和传播的氛围；二是我们以往新闻工作的某些失误被不少人错误地总结；三是近年来一些坚持党性原则的新闻理论，常常被斥为极“左”和“僵化”，给新闻界造成了较大的影响，等等。因此，总结过去、思考未来，我们一定要把马克思主义的新闻理论研究，放到重要的地位上来，花大力气做好这项基本建设，尤其应当将这次舆论导向错误的深刻教训，提高到理论上加以总结和认识。这也是新闻队伍建设和思想建设的一项基础工作。

新闻改革必须把握正确的政治方向

值得注意的是，这次新闻舆论导向的错误，与一些新闻工作者走入新闻改革的误区也有关系。有的同志错误地把支持动乱的舆论导向，作为“新闻改革”的一次“集中的实践”和“可贵的突破”。特别是5月13日在舆论导向已经发生明显错误倾向时，胡启立同志放了一把“新闻改革已经到了非改革不可了”的火以后，更使这种错误的舆论导向蒙上了所谓“新闻改革”的色彩。

新闻改革是我们党倡导和领导的政治体制改革的组成部分。新闻改革必须坚持和深化。经过十年的开拓和突破，新闻改革的确取得了可喜的进展，广大读者是表示欢迎的。对于新闻改革的成果，我们必须珍惜和发展。同时，我们也要看到新闻改革的政治性强，如果出现偏差或失误，则社会影响很广，给党和人民的事业造成的损失也大。因此，坚持新闻改革的正确的政治方向是推进新闻改革的关键。新闻改革所必须涉及到的一些基本关系，在这次舆论导向中得到了比较集中的表现。因此，认真总结这次动乱中新闻舆论工作正反两方面的经验教训，解决好新闻改革中一些基本的关系，无论是对于正确地推进新闻改革，还是对于在今后可能发生的社会风潮中，避免舆论导向的错误，都有现实的意义。

一、新闻自由与新闻的社会责任的关系。新闻自由是必须保证的。但是新闻自由从来就不是绝对的，其本身就包含着新闻的社会责任的制约。这里有两层意思：(1)新闻自由作为言论、出版的一部分，是一个宪法与法律的范畴，本身就必须遵守法定的义务。违反宪法和法律的新闻传播，必然受到制裁。这种制裁，包括民法上关于侵犯名誉的制裁、刑法上关于侵犯人格尊严的制裁等等。新闻传播如煽动群众抗拒甚至破坏国家法律、法令的实施，依法也必然受到制裁。(2)新闻自由所必须承担的社会责任，不仅是指不触犯法律，制约新闻活动的还有具体的阶级利益和政治要求。在社会主义社会中，新闻媒介具有维护社会安定和进步的更高层次的社会责任。在当前，安定团结是我国人民和我国社会发展最根本的利益，新闻媒介必须自觉地承担维护安定团结的社会责任。尤其是在社会出现不稳定甚至发生动乱的时候，新闻舆论不但不允许推波助澜，而且也不应当回避沉默。正确的态度，应当站在党、政府、人民的立场上，旗帜鲜明地进行正确的导向。

二、说真话与科学的社会阶级分析的关系。在这次导向错误中，“说真话”成为一个普遍的口号。“说真话”本来并没有错，新闻是客观事物的反映，必须完全真实。但是，我们说的“说真话”，应当是力求符合客观事物本质的“真”，合乎事情全貌的“真”，其效果是推动社会健康向上的“真”，否则，就很可能是“失真”。十分显然，真实不等于不加分析，不予取舍的“有闻必录”，更不能是以偏概全，以假乱真，要正确把握新闻的真实性，关键在于以马克思主义的观点、方法和立场，对于新闻事实进行深入的调查研究和科学的分析选择，这样才能真正保证新闻的真实性，保证舆论导向的正确性。片面的报道，“瞎子摸象”式的判断，即使有部分是事实，也谈不上是真实。

从这次风波中舆论导向的经验教训看，新闻舆论在社会事件、社会风潮或社会动乱发生的情况下，尤其应当进行科学的社会阶级分析，才能把握住社会多数成员的真实态度，真正为人民说真话。这次动乱中，一些新闻单位的“真话”，结果变为导向错误，一个重要原因是没有正确地估计人民的大多数，有的甚至以为支持动乱是“国内民心所向”。报道中出现了三多三少：广场新闻多，马路新闻多，支持和声援学生的新闻多；反映基层的情况少，反映人民群众对骚乱、动乱怨声载道的新闻少，反映党和政府的工作和声音的新闻少。给群众提供了片面的材料，与此有直接关系。为大多数人民说真话，并不是跟在社会舆论后面被动地反映，更重要的，是要把事物的发展趋势、人民的根本利益所在真正告诉人民，并借助和动用公众舆论的力量进行正确导向，引导人民为保护社会利益而自觉起来斗争。

这次导向错误的教训说明，在纷繁复杂的社会风潮甚至动乱面前，新闻舆论如果离开了科学的社会阶级分析，就难以反映事物的性质，也就难以有真正的“新闻真实性”。在学潮向动乱演变的过程中，一些新闻单位倾斜地报道和渲染学生示威的“动人场面”，对于有人利用学潮动乱阴谋的背景和幕后活动却未去揭露，这样的报道，当然不能说是“真实”的。在动乱升级的过程中，极少数阴谋分子实际已走向前台，社会上各类渣滓也异常猖狂起来，海外敌对势力的插手日益加剧，事情的性质日趋明显，但是一些新闻报道仍然描写“爱国运动”的“波澜壮阔”、“纯洁无瑕”和当时作为动乱中心的北京、尤其是天安门广场的“圣洁”与“秩序”，这也就没有“客观、公正”可言了。离开了科学的社会阶级分析，只能让表象掩盖本质，使假象混同真相，这样的“客观报道”，就会将社会舆论引向邪路。

三、实行舆论监督和正确引导舆论的关系。执政党和政府需要各种监督，其中包括舆论监督。从新闻宣传工具本身而言，实行舆论监督是其重要任务之一，也是正确的新闻舆论能够得到公众认同，能够有效实行导向的前提之一。舆论监督必须逐步加强，这是毫无疑问的。同时，我们不能忘记，舆论监督的目的，是改善和促进党和政府的工作，进一步密切党、政府和人民的关系。因此，舆论监督同样有一个正确引导舆论的问题，我们要通过反映社会舆论对党和政府的监督，提高全体社会成员的民主自觉性、成熟性和法制观念；要着重反映党和政府依靠人民的力量同自身的腐败、落后现象进行斗争的过程，提高这种斗争的透明度，振奋人民的精神；要通过正确的舆论监督，从根本上维护党和政府代表人民的权威，舆论监督要注意社会效果，要讲究时机和方式，要按照民主与法制的方式进行。尤其是在社会性的风潮或动乱发生的非常时期，特别需要维护和加强党和政府的权威。

四、发挥新闻单位开展舆论宣传的积极性创造性和严守宣传纪律的关系。新闻单位应当坚决服从党和政府的领导和指导，严格遵守宣传纪律。尤其是在社会出现风潮或动乱的复杂的势态下，必须强化党对新闻工作的直接领导，提出对宣传工作的要求，应当宣传什么，反对什么，赞成什么，并把局部现象后面的全局势态，表层现象背后的深层背景等及时通报给新闻单位，以便互相配合。加强党对新闻事业的领导和纪律约束，决不是要新闻单位违背新闻规律，按行政的方式去工作，恰恰相反，党应当提高自己的领导艺术，改善党对新闻工作的领导，使之更符合新闻规律；新闻界应当积极研究舆论宣传在不同的社会势态下进行导向的科学规律和多样的方式，与党的路线、方针、政策，与人民的意愿以及受众的接受程度一致起来，以便积极、巧妙而有效地履行自己的社会责任。

必须同海外资产阶级舆论的渗透进行针锋相对的斗争

这场政治风波，"是国际大气候和中国自己的小气候所决定了的"。一些海外资产阶级舆论机关，在海外发动反华舆论攻势同时，对我国国内受众直接进行大规模的"心战"，煽风点火，谣言惑众，进行反动舆论宣传。

这次动乱，美国等一些西方国家从一开始就插手进来，《美国之音》等海外宣传机关，每天制造和传播大量谣言，在北京乃至全国煽动闹事。尤其是中央采取平暴措施后，"美国之音"等西方新闻媒介及一部分台港报刊，大肆造谣诬蔑我"血洗天安门"，企图混淆视听，借以激起不明真相的人们的"义愤"，煽动群众非理性的狂热情绪；他们又频频散布我国领导层"分裂"、军队"内讧"的谣言，以替反革命暴徒壮胆，进一步搞乱人心；他们还制造种种离奇谣言，目的在于使人们误认为"政局不稳"；他们反复宣扬一些西方国家的"制裁"措施，恫吓和欺骗我国人民。

海外反共舆论对国内受众的"导向"，主要通过几个渠道：一是《美国之音》等广播。暴乱时期，《美国之音》每天增加播次，加大功率，直接影响了大批国内听众；二是某些台港中文报纸的输入和扩散。这些报纸本来在大陆发行量极小，经过一些人（包括象《导报》这样的极少数新闻单位）的复制、张贴，实际上变为大字报式的街头传单；三是海外精心伪制的"大屠杀现场录相"，通过外国人、海外华人及一些外资企业等输入，并在少数地方"组织播放"，等等。

在一段时间里，不但我们的对外宣传对海外反华宣传软弱无力，丧失时机，国内一些新闻单位对大量"舶来"的谣言也不予澄清。少数新闻工作者，还自觉不自觉地以海外舆论为自己的导向，从中"要形势"、"要信息"；反过来又加剧了自己对于舆论的错误导向。海外谣言在一段时间里，在国内造成很大影响，引起群众的极大困惑。这个严重的教训，非常值得总结和反思。

我国已经是一个开放的国度。闭关锁国，不让所有海外声音进来，是不可能的。问题在于必须进行鉴别和斗争。我们有必要打破旧框框和一些不必要的顾忌，坚决揭露外来谣言的真相和资产阶级舆论机构所谓"客观公正"的本质，提高人民的鉴别能力，从根本上增强国内群众对于外来宣传的承受能力和免疫能力。一要先声夺人。正确的舆论宣传，要增强透明度，中国的重大事情，首先要让中国人民知道。二是针锋相对。要增强斗争的针对性，把海外舆论的造谣事例公开出来进行揭露和驳斥。这次暴乱发生后，海外谣言大量流传，上海报纸首先公开地把《美国之音》和某些台港报纸的三大谣言（即所谓38军与27军交火；小平同志去世；李鹏同志遇刺）端出来，北京报纸又将5月15日至6月17日84天中《美国之音》的31篇报道，公开展览在读者面前，再用确凿的事实进行比照和驳斥，起到了"摧毁性的效果"。群众说"《美国之音》太骗人了"，"台港报说话怎么不托牢下巴？"它们的所谓"客观公正"面目得到了有力的揭露。这些谣言，本来就已"家喻户晓"，你不公开，不针锋相对，它反而不胫而走，群众也以为你默认了。所以，应当端出来揭露，抓住这些谣言让大家"公鉴"，继而揭露《美国之音》等宣传机构的性质和他们搞"谣言政治"的目的，其效果，决不限于澄清几个具体的事实，而在于使人民认识这些海外宣传机关的欺骗性；破坏了它的"形象"，瓦解了它在受众中的"可信度"，把辨别海外传言的认识武器交给了人民，从根本上提高国内受众的鉴别能力。这样做，对于我们反对海外资产阶级舆论进行的长期斗争，是很有好处的。

（原载《解放日报》1989年10月12日）

（作者单位：解放日报社）

错误舆论导向与资产阶级新闻观点

李延萍

○在今年春夏之交的严峻形势面前，一些新闻舆论单位一度出现了错误的舆论导向。

○沉痛而又深刻的教训昭示人们，资产阶级新闻观点在新闻舆论界的影响不可低估。

○某些人鼓吹资产阶级新闻理论，在新闻舆论界掀起了一股浊流。它的恶果，在今年春夏之交的严峻局面中得到了充分的显现。

○新闻舆论工具所传播的主要内容中相当一部分属于意识形态，有着鲜明的倾向性。新闻舆论工具面向整个社会和广大群众，具有广泛的社会性，在阶级社会里具有阶级性。社会性和阶级性是统一的。从这个意义上说，超阶级的、抽象的“新闻自由”、“客观报道”、“公正评论”是不存在的。

◯在新闻舆论界肃清资产阶级新闻观点的影响，已刻不容缓。

（一）

在今年春夏之交那场政治风波中，新闻舆论界的作用非常令人注目，令人深思。

面对严峻的形势，一些报纸、电台、电视台立场坚定，旗帜鲜明地宣传党和政府的正确方针，敢于发表人民群众中的正确声音，经受住了考验。另一些报纸、电台、电视台则一时迷失了方向，不仅进行了错误的舆论导向，而且在动乱发生之后，推波助澜，火上添油；甚至在首都部分地区实行戒严之后，在中央平息反革命暴乱的过程中，有的新闻单位还采用各种办法，抵制中央的正确方针和决策，起了恶劣的作用。

尽管在今年年初，党的宣传领导部门已经有某种预感，再三告诫不要因为新闻宣传工作的不慎而触发和扩大某种事端，但一些新闻单位把领导上的告诫当作“耳边风”，个别人甚至成了动乱和暴乱的幕后策划者、组织者。错误舆论导向，给党的事业和人民的利益造成了无法弥补的损失。

（二）

这个沉痛而又深刻的教训昭示人们，资产阶级新闻观点在新闻舆论界的影响不可低估。

现在，新闻舆论界在反思那段惊心动魄的历史时，一些人往往提及5月6日赵紫阳同志关于舆论导向的谈话。确实，赵紫阳同志的那个谈话，向新闻界烧了一把火，适应了动乱策划者提出的要求，使已经恶化的局面搞得更加难以收拾。舆论导向的错误，赵紫阳同志有着不可推卸的责任。

我们同时应该正视的是，舆论导向之所以会一度发生严重错误，与资产阶级新闻观点侵蚀新闻舆论队伍密切相关。近几年来，资产阶级新闻观点对新闻舆论界的侵蚀，从来没有间断过，时起时伏，总的趋势是愈演愈烈，从比较隐蔽到比较露骨，从个别文章到形成一种“气候”，一些宣传舆论阵地出现了违背、否定、反对马克思主义的声音压倒了马克思主义声音的不正常状况。在这种情况下，一些新闻单位在这场风波中，一度出现了错误的舆论导向，也就不奇怪了。

众所周知，从动乱一开始，个别策划者、组织者就期望着新闻舆论界对他们的“声援”与参加。在首都高校的不少大小字报中，天安门广场的煽动性演讲中，几乎都提出了所谓“取消报禁”、“开放民办报刊”一类的要求。与之相呼应，一些新闻单位在动乱初期对示威游行进行了倾斜的报道，即只肯定多数学生的爱国热情，没有指出动乱的明显迹象，在相当一部分群众中造成了错误的印象。5月4日，新闻舆论界中的少数人参加示威游行。他们打着“不要逼我们造谣！逼我们也不造谣！”“我们要说真话！”的横幅标语，一些报纸又将这种极端错误的行动誉为“中国新闻记者的使命感的觉醒”。在赵紫阳同志的5·6谈话之后，参加游行的记者、编辑、广播电视工作人员越来越多，5月8日就有上千名新闻记者、编辑在呼吁书上签名。在动乱不断升级的情况下，《世界经济导报》曾先后发表谈论所谓“新闻自由”的文章，并冠以大字标题呼吁“我们需要自由地讲真话的环境”，认为新闻自由只要不违法就可以了，在这个限度内什么文章都可以登，什么意见都可以发表。从新闻理论的角度，对新闻舆论界又一次进行了煽动。在首都部分地区实行戒严之后，有些报刊搞“旁敲侧击”、“春秋笔法”，隐晦曲折地继续进行错误的舆论导向，乃至发生党的报纸同党中央唱反调的咄咄怪事。社会主义新闻工作的党性原则，社会主义新闻工作者的社会责任，新闻报刊的宣传纪律等等，统统被抛到九霄云外去了。

新闻舆论界出现的问题，是和一些新闻舆论工作者思想上的混乱分不开的，而思想混乱则又与理论混乱相联。

（三）

在从学潮到动乱直至反革命暴乱的过程中出现错误的舆论导向，原因是多方面的，长期以来资产阶级新闻观点侵蚀我们新闻舆论队伍是重要原因之一。

粉碎“四人帮”以后，资产阶级新闻观点在我国新闻舆论界的初露端倪，始于“党性与人民性”的争论。在新民主主义革命时期，为了保证党报成为党的工具，我们党规定了党报必须增强党性，要求党报不仅忠于党的路线，而且要与党的领导机关呼吸相关、息息相通。党报要严格服从党的统一领导，不允许摆脱或削弱这个领导，要遵守党的纪律，不允许自恃高明，闹独立性。进入社会主义时期以后，对党报的党性原则，怎样加以认识？怎样加以坚持？作为理论研究和问题探讨，当然是可以的。但是，有些同志在错误地总结“文革”教训和“文革”前左倾错误的教训时，提出“人民性高于党性”，把“人民性”说得神乎其神，把自己吹得比党要高明不知多少倍，甚至断言：“坚持党性会犯错误，坚持人民性不会犯错误”。这显然已超出了理论探讨的范围。

1980年，党的十一届五中全会通过的《关于党内政治生活的若干准则》明确规定：“党的报刊必须无条件地宣传党的路线、方针、政策和政治观点”，党员“绝对不允许在报刊、广播的公开宣传中发表同中央的决定相反的言论，也不得在群众中散布与党的路线、方针、政策和决议相反的意见。这是党的纪律。”1981年1月29日，党中央关于报刊新闻广播宣传方针的决定，强调必须坚持四项基本原则，批评各种背离四项基本原则的错误思想，必须增强党性，反对借口中央过去的错误而不服从目前中央领导的错误倾向，必须加强宣传纪律，不允许违反中央决定，自行其是。在“党性与人民性”问题上，党中央的态度是十分明确的。

然而，某些对资产阶级新闻观点趋之如骛的人，并没有因此而收敛。他们在“推进新闻改革”的过程中，大量引进西方资产阶级新闻理论，竭力美化资产阶级的“新闻自由”，借口新闻价值取向的多元化和新闻功能的多元化，淡化甚至取消党的新闻事业是党的耳目喉舌的功能，有的人还肆意嘲弄社会主义新闻舆论工作的无产阶级党性原则，甚至鼓动新闻舆论界离开“书本说的、文件规定的、过去经验证明的和多数人公认的这个习惯性的安全港”，而摆脱党对新闻工作的领导。他们企图在新闻舆论界树立资产阶级新闻观点的地位，主要是在“新闻自由”、“客观报道”、“公正评论”这12个字上大做文章。

他们认为，我们过去对资产阶级新闻自由的批判是“滥施刀斧”，是“政治上的保守思想”。在“新闻不自由”的条件下形成的领导权威，是“专制的权威”，是“人民敢怒不敢言的权威”。为此，他们提出，要“废除官报独占”，实行“任何个人”可以“批评政府政策和政府领导人或发表与官方不同意见”的所谓“言论自由”。

他们还认为，社会主义的新闻舆论工具应该呈“中性”色彩。“在现代新闻意识里，喉舌不是好听的词。”新闻单位不论带有何种政治背景，“其本质功能都是提供新闻”，因此，“工具”、“喉舌”的职能，是“赋予报纸不应承担的任务”，其结果必然使新闻舆论界背离“客观报道”的宗旨，沦为“人治”的工具。

他们又认为，新闻舆论界要在社会舆论体系中发挥“公正评论”的功能，必须实行“新闻相对独立”。“新闻传播媒介受政治权力硬性控制，政治权力的意志就是新闻宣传机构的意志，它只代表权力说话。在这种情况下，新闻客观性的规律得不到真正保证。”而“摆脱控制”的有效办法，则是发挥“民办”报纸的作用。说“民办”报纸“代表了民主政治条件下，社会主义新闻媒介的发展方向。”

某些人鼓吹资产阶级新闻理论，在新闻舆论界掀起了一股浊流。因为他们打的是“推进新闻改革”的旗帜，标榜的“新闻自由”、“客观报道”、“公正评论”，有一定的迷惑力，并且抓住我们在新闻舆论宣传工作中的某些失误宣扬他们的主张，使资产阶级新闻观点严重地侵蚀了新闻舆论界，并在某些地方、某些部门大肆泛滥，它的恶果，在今年春夏之交的严峻局面中得到了充分的显现。

（四）

新闻舆论工作者痛定思痛，越来越多的人开始了冷静的思索。他们不能不反躬自问，在改革开放的态势下，新闻舆论界如何正确坚持社会主义的方向，抵制资产阶级新闻观点的侵蚀？

用历史的、阶级的眼光来看，资产阶级新闻事业在反对封建统治，提倡资产阶级的民主、自由的斗争中起了积极作用，有其一定的进步性。资产阶级新闻理论作为资本主义精神文明的成果之一，亦不乏其合理成分。然而，我们毕竟还得承认，新闻舆论工具所传播的主要内容中相当一部分属于意识形态，有着鲜明的倾向性。新闻舆论工具面向整个社会和广大群众，具有广泛的社会性，在阶级社会里具有阶级性。把新闻舆论工具放在整个社会大系统里加以考察，它的社会性和阶级性是统一的。因此，我们还应从阶级分析的视角，来认识资产阶级新闻理论。从这个意义上说，超阶级性的、抽象的“新闻自由”、“客观报道”、“公正评论”是不存在的。

首先看看“新闻自由”。“新闻自由”在西方国家主要被解释为采访自由、传递自由、出版自由、批评自由等，它的进步意义，曾被列宁誉为“从中世纪末到18世纪在全世界成了伟大的口号”。但“新闻自由”从来是相对的、有条件的和受限制的，而决不是绝对的、无条件的和不受限制的。在西方国家，“新闻自由”也不像有些人说的那样可以“随便报道”，为所欲为。美国法律对“新闻自由”的界定，就作了严格的限制，如“不得藐视法庭”、“不得扰乱社会”、“不得诽谤和诋毁他人”、“不得触犯别人的隐私权”，等等。在阶级社会里，“新闻自由”又是和阶级的概念、政治集团的概念相联系的，美国一些大学的新闻教科书，几乎都把“为政治制度服务”列为首位。可见，从本质上说来，西方的“新闻自由”，是受资产阶级支配并为资产阶级服务的“自由”。这种“新闻自由”的虚伪性，以及由此而产生的弊端，连资产阶级新闻学者都明显地看到了。美国伊利诺州大学大众传播学院院长彼德逊就列举过西方“新闻自由”的七大弊端。而我们一些“新闻理论家”和“学者”对此却视而不见，听而不闻，反而把它吹得天花乱坠，究竟是出于无知呢，还是因为偏见在作祟？

其次看看“客观报道”。“客观报道”在西方国家主要被解释为信息传媒的真实性，不偏不倚。倘若这个宗旨能真正地付诸实施，那当然很好。问题在于，要做到这一点并不取决于嘴巴上的说说而已。我们知道，在资本主义国家，新闻传播有诸多的社会控制因素。择其要者，主要是“消息来源的控制”，即通过举行记者招待会、发布消息等方式，希望传播机构报道消息来源所认为“好”的内容，或以国家利益为借口对消息加以保密；“垄断控制与广告控制”，主要表现在新闻传播媒介所有权的集中日趋严重，使传播内容渐趋一致。“传播媒介老板的控制”，则是指报刊、通讯社、广播、电视台的老板是控制权力的最大的“守门人”，从生意眼、政治因素及个人意愿的权衡中控制传播内容；“政府的控制”，则是指政府通过“限制”、“管理”、“协助”、“参与”这四种关系对新闻传播进行控制，这是最关键的控制。试想一下，在这诸多的社会控制因素下，新闻舆论机构能够真正进行“不偏不倚”的“客观报道”吗？能够真正保持“信息传媒的真实性”吗？我们的一些“新闻理论家”和“学者”，故意抹杀资本主义国家新闻传播的诸多社会控制因素，个中奥秘，不言自明。

最后看看“公正评论”。“公正评论”在西方国家主要被解释为新闻舆论界恪守职业道德，抑恶扬善，使新闻媒介成为“社会第四种权力”。我们的某些“新闻理论家”和“学者”，经常引用西方新闻传播工具对政府与政府官员的批评事例，由此对“公正评论”推崇备至。不可否认，因为资产阶级民主的比较发达，西方国家一般都有保障新闻传播工具批评权利的法律规定。新闻传播工具有批评政府和政府官员的“传统”，政府和政府官员也有经受批评的“习惯”。但是，同样不可否认的是，新闻传播工具对政府和政府官员的批评的方式与所起的作用是纷繁复杂的。批评也可以作为一种宣传手法。演奏“小骂大帮忙”的交响乐。批评也可以为改变政策制造舆论。政府政策遭到失败，新闻宣传工具的批评，能给政府一个不失体面或少失体面的“台阶”。批评也可以对一些社会问题起救急、治标的作用。资本主义国家新闻宣传工具对严重社会问题的批评，能得到短期的“救急效应”，即使没有实效，也可以起到“出气活塞”的社会“阀门”作用，以至让人们对政府采取的改良措施，抱着空幻的希望。批评政府官员违法行为可以是政治斗争的手段，同时可得到维护资产阶级法制之效。具体而不是抽象地分析西方新闻传播工具对政府和政府官员批评所产生的各种作用，可以看到，“公正评论”既有进步和真实的一面，又有局限与虚伪的一面。其实质还是为资本主义制度服务，而我们的某些“新闻理论家”和“学者”却以偏概全，以现象取代本质，对资产阶级新闻观点进行蛊惑人心的宣传，并在他们力所能及的范围内执行，一时使新闻舆论界出现思想混乱与理论混乱。

在历史地、阶级地分析了资产阶级的“新闻自由”、“客观报道”、“公正评论”之后，并不是说，资产阶级新闻理论对我们没有一点启发和借鉴之处。资产阶级新闻事业在长期的实践中形成的高效率的科学管理制度、管理方法，包括新闻法规和新闻道德方面的一些合理内容，以及充分利用新技术革命的成果，不断革新新闻传播手段等方面，值得我们有取舍地借鉴。但是，资产阶级新闻观点与社会主义新闻观点毕竟有着本质的区别。就两种社会制度的本质而比较，我们应该承认，在发展趋势与最终结果必然比资本主义优越的社会主义制度下，才给“新闻自由”、“真实报道”、“舆论监督”，提供了为资本主义国家所不可比拟的切实的活动天地。当然，不断改进社会主义的新闻舆论工作，在党的领导下，在坚持社会主义方向的前提下，进一步发展新闻自由，需要我们始终不渝地努力与实践。

（五）

在今年春夏之交的政治风波中，一些新闻单位一时迷失了方向。一个严峻的问题摆在新闻舆论界面前，即肃清资产阶级新闻观点的影响，已刻不容缓。

肃清资产阶级新闻观点的影响，需要加强新闻舆论队伍组织建设和思想建设。新闻舆论单位的领导核心必须是坚定的马克思主义者。这几年，新闻舆论队伍的迅速扩大，需要在新闻舆论队伍中加强党性教育，加强马克思主义教育和爱国主义教育，加强宣传纪律教育和职业道德教育，以廓清理论上的迷雾，统一和提高新闻舆论工作者的思想认识。

肃清资产阶级新闻观点的影响，要坚持以马克思列宁主义、毛泽东思想为指导的中国新闻学理论，强调继承和发扬革命新闻工作者的光荣传统。中国共产党在几十年革命实践中形成的新闻理论与新闻政策，其中包括：办报、办广播为了民族解放和人民幸福的思想；新闻工作的党性原则；一切从实际出发，实事求是的原则；深入实际、联系群众、调查研究的方针；全党办报、群众办报的方针；在阶级消灭以前，新闻舆论工具都有阶级性的论点；新闻工作者要用马克思主义武装自己，要有为人民服务的精神和严谨的工作作风；树立准确、鲜明、生动的文风等等。实践证明，这些新闻理论和新闻政策的基本内容是正确的。不仅适用于夺取政权时期，也适用于社会主义建设时期。我们应该继承这些宝贵的精神财富，结合变化发展着的实际，探索解决新问题的答案，从而逐步健全、完善具有中国特色的社会主义新闻学。

肃清资产阶级新闻观点的影响，需要加强针锋相对的舆论斗争。在一段时期里，我们对“国际大气候”认识很不够，在缓和的形势下，对一些西方国家通过各种方式，特别是通过新闻传播媒介长期进行意识形态渗透，搞和平演变，缺乏警惕，忽视了这方面事实上存在的尖锐冲突，以至资产阶级新闻观点的大量渗入，使新闻舆论界受到很大的影响。这个教训应该牢牢记取。

肃清资产阶级新闻观点的影响，在新闻舆论界是一项艰巨的工作。如何使新闻舆论工作做到既坚持四项基本原则、反对资产阶级自由化，又能按照新闻固有的规律办事，继续推进新闻改革，从而使新闻宣传和党的方针政策一致起来，和人民群众的意愿一致起来，这是摆在我们面前的一项迫切任务。

（原载《文汇报》1989年10月12日）

（作者单位：解放日报社）

“新闻自由”简析

梁　华

在这次政治动乱和反革命暴乱中，有一个突出的口号：“争取新闻自由”。既然叫“争取”，那么就认定中国没有新闻自由，或者说得委婉一些：新闻自由很不充分。这里既有一个事实问题，又有一个认识问题。究竟应该如何正确认识新闻自由，反映了两种不同的新闻自由观。

关于事实问题，过去国务院发言人袁木同志已作了回答，本文不拟重复赘述，我们着重剖析一下认识问题。

如何看待新闻自由

题目既然是“新闻自由”，那么我们就从“自由”和“新闻”两方面作具体的分析。

新闻自由是人们总的政治自由的一个重要内容，那就先从“自由”谈起。

自由本来是一个拉丁文字，在古罗马，本意指从被束缚被虐待的状态中解脱出来。从这个意义上来说，它是一个抽象的概念，本身没有说明(回答)什么人(阶级)束缚、虐待什么人(阶级)的问题。在现实生活中，一切人和事都是具体的，不同的人(阶级)都可以对这个抽象概念做出自己的解释，并用它来为自己服务(当然，只有马克思主义才能并且已经对它做出科学的解释)。

近代意义上的自由，是自15、16世纪以来逐步明确起来的。历史上确实有人把自由说成是为所欲为，把权利说成是不受任何限制。如英国的一个早期思想家罗伯特·菲尔麦爵士就认为，自由"是各人乐意怎样做就怎样做，高兴怎样生活就怎样生活，而不受任何法律的束缚。"在法学方面，根据罗马法关于"凡行使权利者，无论于何人皆非不法"的规定，西欧有的人本主义法学家认为权利主体(自然人、法人)可以以任何形式来行使自己的权利，甚至滥用其权利也不应受法律的追究。至于无政府主义者更是狂热鼓吹个人的绝对自由，他们宣称未来的理想社会是一种"无命令、无服从、无制裁"的无政府状态。为建立这种理想社会，就要反对一切权威、国家和政府，反对任何的集中、纪律。

象无政府主义者那样狂热和明确鼓吹绝对民主、自由的，也许不多，但由于对民主、自由缺乏基本的认识，不同程度上的错误和糊涂观念却不少。不久前在报纸上有这样一段对话：

记者(问一位从外地来到北京天安门广场参加静坐的大学生)："你心中的'民主'是什么?"

答："将来毕业以后，在单位受了气可在单位发泄出来。"

问："你这样理解'民主'看来是低了一点。"

答："说到底(民主)就是能干自己想干的事，为所欲为呗。"

把自由看成是为所欲为，爱干什么就干什么，这种自由观连资产阶级革命时期的启蒙学者也不赞成。洛克就认为菲尔麦爵士说的"自由"，"实际上是取消自由"。他说，自由"并非人人爱怎样就可怎样"，"而是在他所受的法律许可范围内，随其所欲地处置或安排他的人身、行动、财富和他的全部财产"。被奉为资产阶级宪法典范的法国《人权宣言》也规定："自由就是指有权从事一切无害于他人的行为"(第4条)，"自由传达思想和意见是人类最宝贵的权利之一……但在法律规定的情况下，应对滥用此项自由负担责任。"(第11条)

马克思主义又是怎么看待自由的呢?马克思在援引了《人权宣言》的上述提法以后指出："自由就是从事一切对别人没有害处的活动的权利。每个人所能进行的对别人没有害处的活动的界限，是由法律规定的，正像地界是由界标确定的一样。"(《马克思恩格斯全集》第1卷第438页)我国宪法在《公民的基本权利和义务》中，一方面规定了包括言论、出版自由的许多自由和权利，另一方面又规定了包括公民必须履行宪法和法律等若干义务，特别是宪法第51条明文规定："公民在行使自由和权利的时候，不得损害国家的、社会的、集体的利益和其他公民的合法的自由和权利。"

不少人对自由产生歧义，是因为自由是一个多义词，可以有多种意思和在多种场合上使用。

为了进一步说明问题，就科学意义上的自由，分别论述如下：从哲学上来说，自由与必然是对立的统一。必然指客观事物的规律，即事物本质规定的内在联系。自由是对必然的认识。当人们认识不了必然时，也就没有什么自由。

从行为(活动)来说，自由与纪律是对立的统一。纪律是人类社会联系必不可少的形式，是保证人们社会活动的必要手段。人们的行为(社会行为)自由不能不受到法律的约束。

从权力来说，自由与责任相联系。一个人在社会上拥有的权力愈大，他对社会的责任也愈大。

从法律上来说，自由作为一种法定权利，又与法定义务相联系。权利指国家法律规定的人们行为的许可和保障，义务指国家法律规定的人们必须承担的责任，二者是对立的统一。"没有无权利的义务，也没有无义务的权利"。(马克思语)

从社会来说，自由属于社会的上层建筑，它又必须受到经济基础的制约。人们自由的能力、程度、范围，不能不受到社会的经济、科技发展水平的限制。

对自由，还可以作其他解释。但就以上五种界定，都不难发现，自由不可能是绝对的、不受限制的。

"自由"是这样，那么"新闻"呢?

什么是新闻?西方资产阶级新闻学者作过多种解释，这里不一一列举，总起来说，他们自觉不自觉地回避新闻的本质属性而以新闻的这个"性"、那个"性"来说明，如说"新奇性"、"可读性"等等。

实际上，新闻是"对于新近发生的事实的报道"(陆定一)，这个定义至今仍被大多数同志所接受。据此，要认识新闻，就要先对"事实"和"报道"进行一番剖析。

世界上的事实可以举出许许多多，举不胜举。但归根到底不外乎两大门类：反映自然现象(斗争)的事实和反映社会现象(斗争)的事实。

自然现象本身没有阶级性、倾向性，但在阶级社会中，发现、反映、掌握、利用自然现象的人是有阶级性、倾向性的，所以认识和利用它也不能不受其影响，而社会现象则更是离不开阶级性、倾向性，如几年前发生的卓长仁劫机事件，我们认为是叛逃，而台湾国民党当局则认为是"起义"；又如不久前北京发生的那场风波，我们认为是一场反党反社会主义的政治动乱和反革命暴乱，而那些坚持资产阶级自由化的人，美国政府及其喉舌《美国之音》则硬说它是"爱国民主运动"。

至于报道，指的是人们的主观对于客观事实的反映。大千世界，复杂纷繁，选择什么事实反映，站在什么立场上反映，乃至对同一事实选择什么角度反映，等等，都离不开人的主观活动，也不可避免地带有阶级性、倾向性，只不过有的表露得明朗，有的隐藏在事实里面而含蓄罢了。

不仅绝大多数的新闻有倾向性，

由新闻组成的整张报纸和新闻事业更是有倾向性。一条新闻，一篇评论，一幅照片，放在什么版次、位置，使用什么标题、大小，等等，无不反映编者的倾向性。这一点，不论从过去的无数事例中，还是这次动乱、暴乱期间的报纸版面上，都暴露得清清楚楚。

既然“新闻”是有阶级性、倾向性的，“自由”又不是绝对的、无条件的，那么新闻自由难道是抽象的、超阶级的概念和要求吗？

有些人“争取”的是什么样的新闻自由

我国有新闻自由，但是为什么总有那么一些人认为没有而要去“争取”呢？说穿了，他们所“争取”的并不是我们说的新闻自由，而是那种想采写、想发表什么就采写、发表什么的绝对新闻自由。

尽管很少有人会这么直截了当地说，但确实有人在自觉不自觉地这么干。如上海一家期刊去年发表了一篇“供中国新闻法出台前的思索”的题为《〈谁之过〉风波备忘录》的长篇通讯，介绍了上海某报一名职工“利用夜班校对的机会”，擅自改换报纸中缝的原定内容，塞进了该职工自行采写但被报社负责人“枪毙”的一篇报道的事件。这里且不论报道的是非，从这名职工的行为来说，他擅自把一篇已被报社负责人决定不用的稿件发表出去，不正是那种我想发表什么就发表什么的表现吗？又如某市的两名记者为了取得“轰动效应”，不顾客观事实，不听有关当事人、专家和宣传主管部门的劝阻，一意孤行，坚持发表并一再发表诽谤他人的报道，最后被法院分别判处剥夺政治权利一年半和一年。从新闻观来说，这同样是那种我想采写、发表什么就采写、发表什么的绝对新闻自由的反映。

至于在这次动乱和暴乱中，有的报社不顾法律规定，不遵守宣传纪律，我行我素，进行错误的舆论导向；有些记者、编辑、播音员，不听报社、电台领导的意见，想怎么刊登、广播就怎么刊登、广播，后果就更加严重，可以说已到了舆论失控甚至是无政府的状况，而居然还有人把这看作是“真正的新闻自由”，这实在值得人们深刻反思。

在这次动乱和暴乱中，那些“知识界精英”、“高自联”、“工自联”以及《美国之音》之流，把那些未经批准的游行、集会等非法活动硬说成“爱国民主运动”，把未被批准成立的非法组织硬说成“爱国民主组织”，把强行占据首都心脏地区——天安门广场的行为硬说成“爱国民主行为”，等等，还要求报纸、通讯社和电台公开报道，攻击新闻媒介不报道或报道少了就是“没有新闻自由”，“新闻不说真话”，更是荒谬之极。从新闻观来说，它充分表明资产阶级自由化思潮的泛滥和资产阶级新闻观点的流毒已到了何等严重的地步！

新闻自由和新闻检查

还有一些人之所以否认我国有新闻自由，是因为他们对新闻管理存在一种错误的认识，由于受到了西方资产阶级新闻观点的影响，他们认识不到我国新闻管理的本质，也无法认清西方资本主义国家新闻管理的真相。

我国究竟有没有新闻检查？要弄清这个问题，首先要对新闻检查作一个科学的界定。

一般地说，新闻管理应包括政府管理、社会管理和新闻机构自身的管理。新闻检查属于政府行为，指的是政府的管理。从政府管理来说，通常分为事先检查制和事后追惩制两种。事先检查制即指新闻检查制度，具体内容是由政府设立专门的新闻检查机构，配置专门的新闻检查官员，制定专门的新闻检查制度。以报纸为例，规定报纸在出版前必须把整版清样甚至小样、大样送交新闻检查机构，经审查批准后方能出版。如果不被批准，报社必须更换版面、稿件；如果来不及或不予更换，就会发生所谓的“开天窗”或出不了报的问题。事后追惩制则不同，不是出版前的事先检查，而是出版后进行审读，发现问题作出处理。事实表明，我国并没有实行上述那样的新闻检查制度。一般情况下，一个时期的宣传方针和部署是由中央决定的；各地的宣传重点，由各地决定；而日常的宣传报道，报纸登什么，不登什么，则由报社自己决定。新闻管理部门有权进行出版后的审读，这个审读既包括发现好的，予以表彰的一面，这往往是主要的，又包括发现问题，提出建议改进报道以及在必要时进行批评乃至追究责任的一面，这也是必须的。

提出日常的宣传报道由报社决定，目的是为了强化报社的社会责任，发挥报社的积极性、主动性、创造性。但从报社来说，应当充分认识舆论的重大作用和政治影响，自觉地树立坚强的党性观念，遵守宣传纪律，考虑社会效果，还要接受其主管单位的领导和管理。如果报社对那些事关全局的重大问题和十分敏感的新问题以及非常专门的问题，没有把握，担心发表以后会产生不良的社会效果，事先把有关稿件送请某个有关部门核对事实，协助把关，这种现象应该是正常的、必要的，一般来说，这同根据政府规定必须将每块版面、每篇稿件事先呈送给政府新闻检查机构进行审批，是两回事，不应混为一谈。

那么，西方资本主义国家又如何处理重大新闻呢？过去有位访问学者，到西方某大国考察新闻管理。他虚拟了一个问题：以色列正在集结兵力，准备对某个阿拉伯国家进行突然袭击，如果这一消息被报纸披露，某些阿拉伯国家将先发制人，发动一场对以战争。在这种情况下，如果记者获此秘闻，是即刻报道还是不报道？这位访问学者询问了一些记者和主编，只有少数记者认为应报道，这样他可以名扬天下，至于会不会爆发战争、会不会死人，那不是记者的事。而所有的主编几乎异口同声地说：要非常审慎，要与高级编辑商量，要仔细核对消息来源，要向国家安全部门、国防部报告，从本国最高利益考虑，总的倾向是不发。

在另一个西方大国也有类似的事例。该国为了维护它的利益，决定派军队远离本土向另一国家进行军事行动。该国政府决定，只许本国记者参加采访；对本国记者严格审查，凡被政府认为可能对这场军事行动作不利报道的记者，一律不许参加；凡被挑选上参加采访的记者，均须在一份文件上签字，保证接受该国派去的政府官员对消息的事先检查。该国新闻官员要求记者报道时“要注意在国家危难时期对于民意的导向与安定的影响”。实际上，那些被挑中的所谓“资深”记者，无一不把国家责任放在首要地位，他们与国防部密切配合，大量报道该国士兵如何英勇作战，指挥官的指挥作战艺术如何高超，博得了官员们的好评。

这样的例子还可以举出不少。可见，即使是在西方新闻界，在报道那些重大而又敏感的事件时，也是非常审慎，要考虑社会效果的。

揭穿资产阶级
新闻自由的虚伪性

另有一些人对我国新闻自由不理解，反倒对西方资本主义国家宣扬的新闻自由十分欣赏，把它看作新闻工作的楷模。实际上，他们对西方新闻自由的历史发展，特别是当代西方新闻界对新闻自由的新的解释，并不了解，看不清它的虚伪性。

众所周知，在资产阶级革命初期，新兴的资产阶级提出新闻自由口号，是有进步意义的。这个口号的内涵和突出的重点，是随着社会的发展而不断变化的。以英国为例，新闻自由开始主要是指出版自由（在英文中，二者是一个词），以后主要指报道自由，再后主要指采访自由。到了19世纪末、20世纪初，资本主义发展到了垄断阶段，反映在新闻业就是商业化日趋严重，由此带来了两大流弊：一是为了追逐商业利润，“黄色新闻”大泛滥；二是出现了报业的独占和报业所有权的垄断。西方工业先进国家，有影响的大报百分之八十以上的报纸都被掌握在少数报业集团手中，而且基本上是“一城一报”的格局，据一份材料介绍，美国1700多个城镇，有1600多家日报；英国70多个城市，有两张日报以上的仅有几个城市。

有一名美国新闻学家曾概括报业的七个缺陷：

1. 滥用新闻自由，达到自私自利的目的。如美国一家报纸的发行人，在某边界地区以低价秘密购置大量土地，然后利用报纸的新闻、评论和读者来信，大肆宣传该地区的重要，迫使州政府在该地区修建了230英里的水利灌溉系统，致使该地区地价猛涨，报纸发行人获利一亿多美元。

2. 编辑方针和言论内容受制于广告商，为大企业所操纵。一般来说，广告收入占报社收入的四分之三，占电视台收入的五分之四以上。报纸和电视台在激烈的竞争中为了保持广告收入，必然不敢得罪广告商。

3. 抗拒社会改革。

4. 过分注重刺激性，娱乐文字缺乏内容。

5. 危及公共道德。

6. 侵犯个人隐私，有失公道。

7. 受大资本操纵，新的报业难以插足。

另一名西方著名学者认为妨碍公正宣传、威胁新闻自由的有十大因素，政府因素仅为十分之一。其他九个因素是：

1. 黄色新闻的泛滥。

2. 报业所有权的集中。

3. 发行人的偏见和独断。

4. 利润的追求。

5. 广告客户的压力。

6. 新闻从业人员的素质。

7. 财团的影响。

8. 读者的压力。

9. 工会罢工的威胁。

这名学者提出，要实现新闻自由的理想，应运用政府力量来消除“非政府因素”对新闻自由的威胁。

不少西方新闻学者看到了现代报业的弊端，对传统的新闻自由理论产生了动摇。过去一直认为新闻自由是公民的一项基本的民主权利，但现在有些学者对此提出质疑。他们认为，新闻自由与言论自由、思想自由不同。凡人只要有思想，就有思想自由；人有思想并能说话，就能有言论自由，只不过由于场合（有没有会场）、设备（有没有扩音机器）不同，言论自由的方式、范围有所不同。但新闻自由必须通过某种新闻媒介才能得以实现，而在现代并不是所有的人都能拥有新闻媒介的。因此，新闻自由并不是公民的基本权利，而是一项道德权利，仅为报纸发行人所有。言论自由作为一项基本权利，应受宪法的保护，而新闻自由只有反映言论自由及克尽道德责任时，才应受到宪法的保护。这种观点以后成为社会责任论的基础。

社会责任论是一种与传统的新闻自由理论有着许多重大区别的理论。它早在1919年德国魏玛宪法中已见端倪，这部宪法强调自由须受“法律限制”。个人与社会唇齿相依，个人权利固由天赋，但为了团体利益及顾及他人权利，必做若干程度的限制。权利的行使也不再绝对放任，它的行使与不行使均要受一定规范的约束。1945年第二次世界大战以后，社会责任论逐渐完善，西方新闻学者又指出：1. 自由权利必然连带有承诺义务，新闻事业既享有宪法所赋予的特权地位，就应当对社会负起责任，履行大众传播在现代社会中应尽的义务。2. 新闻界要认清自己的职责，以此作为制订言论报道方针的依据，如果新闻界不能善尽职守，政府机关应居于监察地位，以督导新闻界负起其对社会的责任。

自从社会责任论倡导以后，西方的新闻观念事实上已在发生演变。过去认为新闻自由纯属个人自由，政府不得约束，现在认为新闻事业要在国家安全和社会福利的前提下负起社会责任，并希望政府干预。过去认为新闻业完全是私人企业，唯有私人经营，才能不受政府干预以保持其独立性，现在认为私人经营的新闻业往往以牟利为主要目的，充满了自私自利的企图，因而必要时，公营的新闻业也应存在，以起制衡作用。

尽管人们现在对兴起的社会责任论的认识，包括它的含义、它与新闻自由理论的联系和区别等，并不完全一致，但无论如何，西方的新闻自由理论发展到了今天，在许多方面已与当年的传统观念很不一样了。我们不能拿当年的传统观念来套今天的现实。何况，西方的新闻自由理论从一开始就是为资产阶级服务的，在实践过程中它从来也没有完全实行过。

但是西方某些官方新闻机构、资产阶级新闻学者和我国资产阶级自由化代表人物，出于他们"和平演变"的目的和阶级偏见，却大肆美化和不断鼓吹资产阶级新闻自由理论。我们必然揭穿他们宣扬的资产阶级新闻自由理论的反动性、虚伪性。

1. 这种理论掩盖了它的实质，即它归根到底是为巩固资本统治和对外侵略扩张服务，对广大劳动人民完全是一种欺骗。

2. 它所谓的出版自由，表面上好象人人都有这项权利，但实际上，在必然拥有大量资金才能创办报纸、电台的新闻现代化和报业竞争异常激烈的今天，普通中产阶级和劳动人民，哪有那么多的资本去兴办报纸、电台？据一份材料介绍，美国大约有25000多个包括报纸、期刊、电台、电视台、图书出版公司在内的新闻出版单位，按私有化原则，业主少说也应有一二万。但实际数字比这少得多，拥有众多新闻出版单位并起重要影响的业主只有几十个。另一份材料透露，美国的新闻媒介控制在143个报业集团手中，从数量上看，有1200多家日报即占总数的百分之七十四（发行量占总数的百分之八十二）被他们所垄断；从舆论导向来看，那些有重要影响的大报也几乎无不被他们所控制。

3. 在采访和报道方面，他们鼓吹新闻是"超然"的，脱离政治的，但实际上，他们的新闻媒介既不可能"超然"，也不会脱离政治。他们还宣传他们的采访是多么自由，报道是纯"客观"的，这也是骗人的鬼话。就拿这次西方新闻媒介对我国的动乱和反革命暴乱的报道来说，他们颠倒黑白（把动乱、暴乱说成是"爱国民主运动"）、凭空捏造（所谓"邓死李伤"）、捕风捉影（仅凭一个杭州来的来路不明的电话，《美国之音》在北京的记者就把杭州发生的一起暴徒撕扯国旗事件报道成浙江省政府下半旗悼念北京死难学生）、借刀杀人和借题发挥（借口某某人士的话来造谣攻击），极尽煽动之能事，这哪里是纯"客观"报道，超然于政治之外？正如恩格斯所指出的：报纸"绝对放弃政治是不可能的；主张放弃政治的一切报纸也在从事政治，问题只在于怎样从事政治和从事什么样政治"。刘少奇在1956年就说过，我们的新闻必须是客观、公正的，同时又必须是有立场的。对于无产阶级新闻事业来说，这两个"必须"，是能够也应该做到的，这是新闻的真实性和倾向性的辩证统一。至于记者采访，也不像他们所标榜的那么自由。如在某个西方大国，许多记者都随身携带一个被称之为"记者必备"的袖珍手册，它载有十个方面的新闻法规、宣传纪律，共64条，其中防止构成诽谤罪的有17条，防止构成藐视法庭罪的有12条，限制法庭报道的有7条，限制会议报道的有5条，防止泄密的有7条，防止猥亵他人的有3条，还有涉及防卫、广告、版权问题等13条。美国虽然没有新闻法，但有保密法、国家安全法和民法、刑法，美国虽标榜宪法规定不得制定剥夺言论、出版自由的法律，但据了解，实际上美国宪法对至少18种言论，其中包括"危及公共安全"、"引发危害公共秩序导致暴乱"、"妨害城市交通秩序"、"妨害他人权利"等言论不予保护。美国政府和司法机关还可以"发生明显而又现实的危险"为借口随时向新闻媒介提起诉讼。这方面的事例很多，致使一些新闻工作者自己也说，他们那里的新闻自由是"笼子里的自由"。

4. 内外不一，把鼓吹绝对新闻自由作为对其他国家，特别是对第三世界国家内政进行干涉甚至推行"和平演变"的手段。尽管西方国家在国内对新闻有诸多限制，强调报纸的社会责任，但他们对国外，则高唱要争取和保护绝对的新闻自由。

在这次我国发生的动乱和暴乱中，《美国之音》一类的西方新闻媒介已经作了充分表演，不用多说，这里再举一个美国和新加坡之间关于新闻自由问题的争论的例子。

1986年12月12日，美国一家重要报纸《亚洲华尔街日报》在第一版登了一篇题为《新加坡自动报价股票交易所令金融家大惑不解》的专文，指名批评新加坡政府推动成立"第二级股票市场"的目的是"转嫁政府财政困难，欺骗新加坡市民"等等。新加坡政府认为文章严重失实，写了两封关于更正错误的信件要求该报发表，但该报置之不理。新加坡政府就宣布该报为一份"干预新加坡内政的报章"，依法对它进行制裁，包括限量发行（由5000份减至400份）、限地发行（只供应图书馆订阅、个人订户一律取消）。由此，美、新两国展开了一场"新闻自由"战。美国国务院发言人竟然对新政府行使主权的行为表示"遗憾"，声称美国素以"支持新闻自由"著称，不应干涉《亚》报。新加坡政府外交部发言人立即反驳，严正指出，美国政府未对《亚》报无理拒登新政府两封要求更正错误的信件表示"遗憾"，反而对新政府的主权行为表示"遗憾"，这表明他们支持《亚》报的立场，他还强调新加坡作为一个主权国家，任何外国报刊并不具有在新加坡自动发售的权利。新加坡的一些报纸尖锐地指出，报纸"只登失实新闻而不容许受害者进行申辩，这不是新闻自由，而是借口新闻自由来蒙骗读者"。

类似美国政府利用报纸干涉他国内政岂止此例，从这里也可以看出美国鼓吹的所谓新闻自由究竟是什么货色。

（原载《新闻出版报》，1989年11月4日）

（作者单位：国家新闻出版署）

多写实录性新闻

穆　青

最近一段时间，我在考虑如何使我们的新闻报道更加接近实际生活，使记者的思想感情更加贴近群众。前几天，我翻阅了一本美国人写的书，书名叫《大分裂》。我边读边想，觉得我们的编辑记者应该多采写一些能够引人入胜的实录性新闻。

《大分裂》的作者花了几年时间，深入社会各阶层，采访各行各业的人，用录音机录下他们的谈话，然后整理成书。书中写的是被采访者的原话，作者的话只起穿针引线的作用。书中有些章节文理还不甚通顺，但是口语化，一看就懂，显得真实、生动、亲切。美国老百姓所关心的问题，他们的意见、愿望、追求都写到书中去了，多多少少反映出美国老百姓的心声。我看，这位美国作者的写作方法和采访方法有许多可取之处，值得我们借鉴。

其实，我们过去也有一些实录性的报道，我记得有多次政治事件的反映，我们的甘肃分社和山西分社就写过多篇非常生动的实录性的消息。只是这种写法还没有引起足够的重视，没有得到认真的提倡。这几天，我一直在琢磨这种体裁。我觉得，多采写一些实录性新闻，对改进我们的新闻报道大有好处。

我们是一贯提倡记者深入基层、深入生活、深入群众的。我们新闻工作的任务之一就是反映人民群众的意见、愿望、呼声。但是，翻开我们的《新华社新闻稿》和社办报刊，真正来自基层、来自群众，反映他们的心声的稿件还是太少。应当发动我们的记者深入到群众中去，访问工人、农民、基层干部、知识分子、解放军战士，了解他们的欢乐和苦恼，倾听他们的意见和要求，用实录性文体将它们朴素地再见出来，使我们的报道能够了解社会上各种人的心态，了解人们都在想些什么，希望些什么？我看，《瞭望》可以考虑开办一个新栏目，每期登一二篇这种文章。积累起来，我们就能够从中听到时代的声音，看到社会的动向。

多年来，我们在新闻写作上养成了一些很不好的习惯。一是报道中抽象的概念和枯燥的数字太多太滥。二是客观报道形式运用得不纯熟，记者动辄自己站出来讲话。还有一些青年记者喜欢把花花哨哨的形容词和故弄玄虚的新名词写进新闻报道中。采写实录性新闻，这一套就不灵验了。老百姓嘴里没有那么多一套一套的概念和一堆一堆的数目字。他们对生活的感受都是具体的，他们有自己的语言。60年代，我们曾采访过王铁人，他的语言很有个性。象他讲的“恨不得一拳头砸出一口井来”，“我就不相信油都生在外国，都在外国人脚下”，这是记者怎么苦思冥想也想不出来的。你去找几个农村的老太太聊聊，她们的语言一定比记者的生动、自然、实在。现在，如果哪位记者去采访大庆的老工人，请他们讲出自己感受最深的一段经历，或是讲讲大庆30年来最大的变化，然后原封不动地记录下来，那一定是一篇非常精彩的文章。要不，你去采访采访长春第一汽车制造厂的干部、工人，请他们谈谈看到满街跑的都是外国轿车的时候，他们有什么感受，那一定也会是一篇发自内心的声情并茂的文章。采写实录性新闻，会对那些“旧八股”、“新八股”产生强烈的冲击，会对枯燥无味和华而不实的文风产生强烈的冲击。

这些年，我们在深入基层调查研究方面是有成绩的。但是，仔细推敲起来，调查研究中还有一些值得注意的问题，或者说还有一些需要改进的地方。你提倡深入基层，他也去了基层，但去的仅仅是基层“衙门”；你提倡调查研究，他也进行了调查，但调查的对象主要是各层次的干部，研究的主要是他们提供的材料。有的记者即使到了县里，住的也是县委县政府的招待所，一群干部围着团团转。听到的汇报也大多千篇一律。有时，记者跑上十几个县，都是这么一套。结果，辛辛苦苦到了基层一趟，还是没和多少普通群众见面，还是没有了解到老百姓的意见和看法，无法反映他们的要求和愿望。

有一种记者，在任何场合都喜欢暴露自己的记者身份，还没有说话就先拿出了笔记本。其实，与老百性一见面就亮出记者证，拿出笔记本，效果往往不好。封建社会有些官员还会微服私访呢，何况我们记者。你就地头场边一坐，与人闲聊，从眼前身边的事聊起，象拉家常一样，就能了解到不少情况。学会与各行各业的人拉家常，这不单单是采访艺术、采访技巧问题，至少，你还得对他们有些感情，会用他们的语言说话。有这么一个笑话：人家登山运动员千辛万苦好不容易登上了顶峰，记者一见面就问：“当登上顶峰的时候，你想了些什么？”人家说：“我想躺下休息。”你说扫兴不扫兴？

前些时，我翻看自己的旧作，忆起围困长春期间采写的几篇消息。那时候，写作上好象没有那么多清规戒律，写起来很随便、很轻松，但写进消息里的都是生动活泼的事实。当时我们在长春郊外，城里有老百姓逃出来了，就上去跟人家闲聊，几句话一聊，就近乎多了，然后再问人家：“城里怎么样啦？”这个提供几个事实，那个提供几个事实，这么一凑，城里的情况就了解得差不多了，一篇消息就出来了。人家也不知道我是记者。写这种消息，光靠抄司令部的“战报”，你写个啥？

这种实录性的写法也可以运用到其他报道中去。去年我写了一篇《重访冀中》，其中老党员阎建章讲的许多话都是照原话写下来的，我没有作任何加工，结果成为文中最精采的部分，如果没有这些话，整篇文章就没有多大意思了。现在有些记者，老是喜欢概括，一概括，生动活泼的东西就少了。写任何报道，都应注意写进大量生动活泼的事实，都应注意运用群众的富有表现力的语言。

实录性新闻的题材应当是十分广阔的。选择采访的对象可以是各行各业的普通群众，也可以是某一界、某一方面的知名人物；可着眼于人民群众普遍关心的问题和社会现象，请他们谈自己的看法、意见、见解、建议等，也可以请他们谈自己的某一段经历或感受最深的一件事情。人民群众的意见、要求、愿望、呼声，并不都是尖锐的批评性意见，更不等于牢骚。现在有些人觉得我们的基层干部似乎都在以权谋私，其实，大多数基层干部还是好的。今年9月6日人民日报六版上刊登了一篇读者来信，题目是《对乡镇干部应该道一声：“同志，辛苦了！”》。这篇稿件就道出了基层干部的许多苦恼和心声。运用实录性新闻，反映人们喜怒哀乐，可以增进各阶层群众的相互理解。最近，我还读了几本清人笔记之类的书，我发现那时候的人也运用小说、散文、见闻录等形式，把流传在民间的一些好人好事、恶人坏事记录下来，或劝人行善，或惩治邪恶，把当时社会崇尚的道德标准体现在具体生动的小故事里。几百个字、千把字一篇，写得有声有色，给人以教育和启示。实录性新闻也应当像这样，以具体生动的方式体现我们这个时代的正确导向。

早在40年前刘少奇同志就指出："报道是联系群众最重要的方法。"他还说："如果真正比较全面地、深刻地把群众情绪、要求、意见反映出来，那不知起多大作用。"我们倡导采写实录性新闻，最重要的是使我们的编辑、记者能直接听到群众的要求、愿望、呼声，使我们的思想感情与群众贴得更近一些，使我们与群众保持一种实在的联系。

我希望我们的记者能够真正深入到人民群众中去，在这个领域大显身手，不仅在写作和采访上有所长进，而且在思想感情上也会从人民群众中汲取丰富的营养。

（原载《中国记者》1989年第11期）

（作者单位：新华社）

着眼于全面、准确

——治理环境、整顿秩序宣传要处理好几个关系

满运来

党的十三届三中全会确定了治理经济环境、整顿经济秩序、全面深化改革的指导方针和政策、措施。这对于我国经济、社会发展具有重大意义。无疑，宣传这一精神，是报纸、广播、电视等新闻媒介的一项重要任务。

当前，宣传好十三届三中全会精神要处理好以下几个关系。

正确处理治理、整顿与深化改革的关系

治理环境、整顿秩序与深化改革是一个互相结合的完整的方针。治理环境和整顿秩序，既是深化改革和稳定经济的必要条件，也是深化改革和稳定经济的重要内容。因此，当前宣传需把握：前提是坚持改革、开放的总方向；重点是治理环境、整顿秩序。治理、整顿的报道应贯彻改革的精神。深化改革的新措施、新经验应继续报道。整个宣传要防止把治理、整顿与深化改革对立起来。

正确处理成绩与问题的关系

宣传治理、整顿与深化改革，必然涉及到成绩与问题，这是无法回避的，也没有必要回避。应当恰如其分、生动具体地讲成绩，把改革十年的巨大成绩讲够，引导读者将身受的实惠上升到全局的、理性的高度，认识改革不仅给国家带来巨大变化，给人民生活带来改善，而且只有继续改革才能有进一步的发展与改善；认识改革不光是带给大家实惠，而且要靠大家的努力，改革并不是什么神奇法术，可以不费心力就点石成金，它要通过辛勤劳动乃至暂时牺牲而获取美好生活的权利。讲成绩，要讲得令人信服，力求使读者明确改革的方向，树立、增强对改革的信心。同时，应当实事求是、坦诚相见地讲问题，把改革中的问题、不足和失误，以及教训等讲透，引导读者正确看待问题，理解、信任和支持各级党组织和政府，同共产党员和国家公职人员团结起来，同我们肌体上的病变作斗争，克服自身的惰性与不健康因素。讲问题，不能越讲越泄气，也要力求使读者树立、增强克服困难，解决问题的勇气和信心。讲问题时，最好指出解决问题的办法。中央号召，要以治理、整顿和深化改革为中心内容，向全党和全国人民进行一次形势教育。形势教育的宣传更应处理好成绩与问题的关系，形势教育的成功经验要及时报道。

正确处理决心与行动的关系

宣传治理环境、整顿秩序，着重点是这方面的行动，是落实的情况、经验和效果，而不是空洞的表态、决心、打算和计划。党的十三届三中全会闭幕后的一段时间，各种新闻媒介已经较多地报道了中央、国务院领导同志的讲话，阐明了治理、整顿的决心、内容、方法、意义等，刊登了中央有关部门发布的有关文件规定。各地的报纸、广播、电视，对当地党委、政府有关会议也作了报道。应当说，这些宣传已经比较充分地显示了党关于治理经济环境、整顿经济秩序的决心，下一步的宣传关键是要抓实、抓深，不要开空头支票。如果处理不好决心与行动的关系，使读者感到是"虚张声势"，那我们的宣传将不会成功，甚至还会影响党的威望及群众情绪。

正确处理重点宣传与非重点宣传的关系

党中央决定，明后两年把改革和建设的重点放在治理经济环境、整顿经济秩序上来。改革和建设的重点，必然也是宣传的重点。宣传重点，又不排斥非重点，即治理、整顿以外的其他宣传内容。不但不排斥，还应尽量扩大报道面。针对过去宣传中的薄弱环节，可以适当增加文化、科技、教育、法制宣传，增加一些大家喜闻乐见的社会新闻的报道。抓住重点，兼顾非重点。重点也不可紧锣密鼓。前一段时间，中央号召要闯价格、工资改革关，新闻媒介抓住重点，大力宣传。由于种种原因，一时形成"十亿人谈价格、工资"，重点变成热点，而且温度越来越高，看来效果是不好的。总结其中经验，在宣传报道中，既要突出重点，又要适当分流；既要反映热点，又要通过多种多样的宣传，分散、缓解热点，是可行的。

正确处理舆论监督与引导舆论的关系

有人认为，治理、整顿就是收，舆论监督不能提了。这种看法是不对的。治理环境、整顿秩序、深化改革，是一个积极稳妥的方针，是为了创造条件更好地前进。压缩规模、抑制消费、紧缩信贷、控制速度，都不是简单的“一刀切”，而是同正确调整经济结构、合理调整投资结构紧密结合，要有保有压、有上有下、有放有收。至于舆论监督，不是不能提，而是要进一步坚持并搞好。每一个时期，都要抓出群众关注、确实存在、有普遍教育意义的重要问题的批评报道。这有利于社会协商对话制度的建立和社会主义民主政治的不断完善。当前要注意处理好舆论监督与引导舆论的关系。党内、政府内确实存在某些腐败现象，社会上也确实存在一些混乱和很坏的风气，群众对此不满，要求改变它，是完全正当的。作为报纸、广播和电视，一方面，要发挥舆论监督作用，支持党和政府对消极现象进行坚决斗争；另方面，又需引导群众看清楚，不要离开我们正处于巨大变革时期这一客观现实，孤立地去看一些社会现象，改革打破了封闭、僵化的旧体制，给社会各方面带来了积极的变化，但同时也出现了某些混乱和问题。我们的宣传报道，对各种社会现象，特别是一些热门话题，作具体分析，一要承认这些现象和问题的存在，既不能熟视无睹，也不能听之任之，说明要采取有力措施来防止，把它减少到最低限度；二要讲清这些现象和问题为什么发生，还可同世界上其它发展中国家繁荣经济的历史过程加以比较，作为一个动态的发展过程把它说清楚。宣传中，要考虑报道后的效果，要考虑党和政府的整体形象，考虑人民解放军的整体形象。对于一些没有普遍教育意义和较大新闻价值的丑恶、消极现象，可不作公开报道。有些目前明显做不到的事情，报道中不应迎合，火上浇油是不可取的。

正确处理物质文明与精神文明的关系

要一手抓物质文明建设的宣传，一手抓精神文明建设的宣传，这两方面的宣传互相制约，相互促进。当前，宣传治理、整顿，特别需要强调我们的政治优势和社会主义精神文明建设。国家要富强，民族要兴旺，必须加强精神文明建设，必须有精神支柱，必须有强大的凝聚力量。因此，宣传报道中要正确处理物质文明建设与精神文明建设的关系。在精神文明建设方面，要大力宣扬和提倡实现四化、振兴中华的精神，艰苦奋斗的精神，廉洁奉公的精神，奉献精神和牺牲精神等。对于有崇高理想、坚定信念、高尚情操的新人，特别是那些终年在车间、田野、讲坛、柜台、营房、实验室和病房等平凡岗位上默默无闻工作的无名者，我们要为他们大扬其名。通过这方面的报道，影响、教育群众更团结、更凝聚、更振奋。

总之，贯彻党的十三届三中全会精神，要全面、准确地领会和宣传，防止绝对化、片面性。在当前，强调党的领导，不要否定党政分开；强调集中、纪律，不要否定社会主义民主政治的建设；强调一部分权要收，不要否定正确的放；强调我们的优势和精神文明建设，不要否定社会主义商品经济的发展；强调理想、道德、廉洁、奉献，不要否定按劳分配原则，等等。让我们在宣传报道的实践中不断学习和探索，以卓有成效的工作，为保证治理环境、整顿秩序、深化改革目标的顺利实现，作出新的努力。

（原载《新闻与写作》1989年第1期）

（作者单位：北京日报社）

对新闻真实性的几点思考

姚广荣

真实是新闻的生命，是新闻工作必须遵循的基本准则。坚持新闻的真实性，历来被明确为无产阶级新闻理论和实践的一条重要党性原则。自然，资产阶级的新闻教科书同样在强调“真实性”。今年春夏之交在北京发生的动乱和反革命暴乱中，某些人也打出了“新闻要讲真话”的旗号。一时间，似乎新闻的真实性在无产阶级这边倒成了问题。

随着“两乱”真相大白于天下，错误舆论导向造成的严重危害被广泛揭露，一贯标榜“客观、公正”的“美国之音”被世人唾为“造谣之音”，资产阶级自诩的那一套“真实性”被越来越多的人们所看穿。然而，问题不应如此简单地了结。从根本上澄清多年来被资产阶级自由化搞乱的新闻理论，彻底与资产阶级虚伪的新闻事实观划清界限，理直气壮地坚持无产阶级科学的新闻真实观，需要我们做出认真思考和回答。

新闻是对客观事实的反映，但无不通过代表一定阶级、阶层和社会集团利益的人来判断事实的真伪并决定其价值取向

辩证唯物主义认识论是能动的反映论，既肯定客观第一性，又注重人的主观能动性，特别强调不能离开人的社会性来考察认识问题。新闻做为客观事实的反映，无疑联系着人的主观。在当今社会，任何人又都从属于一定的阶级、阶层或社会集团，各种思想观点无不反映一定的意志和倾向。这表现在报道中，首先会影响人们对许多错综复杂的新闻事实真伪的判断。其次，会影响人们对五光十色的社会生活的选择，报道什么，不报道什么，重点报道什么，一般报道什么，都不能不考虑本阶级或社会集团的政治利益。客观主义的“有闻必录”是不存在的，把新闻仅看作“大众媒介”否认其表达政治舆论的功能也是不实际的。不同阶级、政治集团有不同的选择新闻的标准和价值观，对于同一新闻事实中的价值取向，也往往是“无”者见无，“资”者见资。这次北京风波，我们揭露为“社会动乱”、“反革命暴乱”，西方资产阶级新闻工具却美化为“民主运动”、“北京之春”。新闻报道上的“对台戏”，正是两个阶级、两种社会制度根本对立的反映。国外一些新闻机构，那么起劲地与我们国内搞资产阶级自由化的少数人相呼应，那么拼命地歪曲事实真相，甚至大肆造谣，这丝毫不奇怪，完全是出自他们妄图“和平演变”社会主义中国的舆论需要。从根本上讲，这也是资产阶级所特有的违反社会发展趋势的反动性，及其向来掩饰社会历史真相，欺骗广大劳动人民以维护自身利益的虚伪性的必然暴露。

诚然，资产阶级新闻队伍中不乏正直、有识之士，他们或许力求不偏不倚，讲“真话”，写“真实”。资产阶级新闻事业的长期发展也形成了一些包括新闻法规和新闻道德方面的合理内容。但是，除了阶级的局限性影响，他们采编新闻仍难以摆脱“垄断控制与广告控制”、“消息源的控制”等诸多社会控制。据美国出版的《编者与出版者》10年前公布的材料，美国当时就有十几家大报团，控制着大型报纸发行量的一半左右，每年大约还有50家报纸转售给报系。照此速度到1992年，大概就没有独家经营的报纸了。同时，资本主义新闻事业的经济收入主要靠广告，而广告商中颇有些拥有巨额资本的大资本家，据此形成了“报团以财团作后盾，财团靠报团作宣传”彼此休戚与共的关系。有时，资产阶级报刊也指责政府的某些缺点，实际却是以不危及资产阶级的统治为前提，既可充当资方“气阀门”，又可美化自己。各财团之间的矛盾也会在报团有反应。例如《华盛顿邮报》等报刊披露震惊世界的“水门事件”，即是美国东、西部财团明争暗斗的一场闹剧。

无庸讳言，社会主义新闻事业从不隐瞒自己的无产阶级性质，公开声明为社会主义经济基础服务。因为它代表着占社会成员大多数的劳动人民的根本利益，顺应社会历史发展趋势，与坚持新闻真实性是一致的。有些同志受西方新闻思想影响，担心讲阶级性、政治性会干扰实事求是，造成假报道，主张新闻“只对事实负责”。其实，若自以为是地只做传播“事实”的工具，而不顾对党和人民的利益影响怎样，那就势必滑向资产阶级形而上学的泥坑，即违反了辩证唯物主义的反映论，也背离了人民新闻工作者的根本宗旨。应当承认，我们过去有过新闻“失真”、“失实”的许多教训，特别是“四人帮”横行时期。但那主要是由于反党反人民的集团控制舆论工具，践踏了马克思主义的认识路线，自然也有我们新闻队伍思想作风诸方面的复杂原因。随着新闻领导权回到党和人民手中，重新建立了实事求是的认识路线，我国社会主义新闻舆论工作已经和正在得到全面改进。在贯彻新闻真实性原则方面，我们坚持新闻舆论是党和人民喉舌的立场，同时强调按照新闻客观规律办事，正确处理事实、新闻和政治之间的关系，把新闻的真实性与政治性统一起来，并严明无产阶级新闻纪律，禁止弄虚作假，从而保证了我们的新闻工作赢得举世公认的良好信誉。

新闻反映的具体事实必须准确无误，但更高层次的要求是与全面、本质、历史的真实达到辩证统一

虚假，作为资产阶级新闻的通病，既受其阶级偏见的影响，也有其认识方法上的根本缺陷。他们的通行原则要求“新闻的五个W要准确无误”，即报道的人物、事件及其发生的地点、因果等具体事实不能虚假和更移。这些与我们没有什么两样。不过，他们仅仅要求抓住具体事实即可，这往往会形成只是“瞎子摸象”式的真实。如同列宁所说：“在社会现象方面，没有比胡乱抽出一些个别事实和玩弄实例更普通更站不住脚的方法了。”无产阶级新闻真实观则有着更高层次的要求，强调“从全部总和”、“从联系中把握事实”，达到具体真实与全面、本质、历史真实的辩证统一。

全面真实。刘少奇同志当年对华北记者团谈话时就曾明确提出：“要做到真实，就要全面，缺一面就不是真理。”任何事物都是一分为二的，要看到事物的两面，防止片面性；要分清主流与支流，防止只见树木，不见森林，丢了西瓜抓了芝麻。同时，还要注意一因多果，一果多因，多因多果等复杂情况，避免简单化地用“一因一果”来以偏概全。比如，我们队伍内存在的某些腐败现象本来是支流，多数党员干部确是好的或比较好的；本来是有着社会的、历史的、体制的及队伍建设诸方面的复杂原因；本来我们也已从法制、纪检、监察各个方面展开综合治理，并普遍推广了“两公开一监督”等系列制约制度，搞资产阶级自由化的极少数人却对之渲染得“一团漆黑”，似乎我们党和政府已“腐败到不可救药”，西方一些报刊跟着起哄，这就必然导致歪曲、颠倒基本事实和是非。当然，我们讲全面，并非只是唱“赞歌”，报喜不报忧。事实上，我们的新闻在正面报道党领导人民取得伟大实绩的同时，也对存在的缺点和失误不断进行了实事求是的批评，使得新闻舆论监督作用得以空前加强，有力地指导和促进了工作。

本质真实。虽然学术上对此还有某些争议，但新闻要力求通过现象（包括假象）反映事物本质的原则，是不能否定的。应当说明，许多动态新闻，如关于地震、关于日月蚀一类报道，很难必定要反映什么本质；包括有些社会事件如飞机失事、火车爆炸等，初报新闻一般也只能达到“现象真实”，回答“是什么”，往往不易回答“为什么”，“本质真实”有待对事件深入了解并做连续报道中予以反映。然而，大量的深度报道，评述性报道，包括解释性新闻、事件通讯、新闻特写、新闻评论等，可以而且应当揭示事件的内在实质和外部联系。这次北京风波的实质是“社会动乱”、“反革命暴乱”，是国内小气候与国际大气候相结合的产物。陆续被揭露出来的阴谋组织者、策划者和各种打砸抢烧杀分子的犯罪行径，以及国内外敌对势力相勾结的破坏活动，都是有力的证明。西方一些报刊对此都极力回避，而惯用抽象的“民主”、“人权”、“进步潮流”来掩盖两个阶级、两种社会制度斗争的“实质”。报道北京风波，他们也多是抓住游行队伍中“反腐败”、“争民主”等陪衬性口号，以假乱真，愚弄舆论，以致在世界新闻史上留下了极为恶劣的造假记录。

历史真实。这是确保新闻真实的重要条件。今天的新闻是明天的历史，我们既要对今天的事实负责，也要对明天的历史负责。因此，我们在采编新闻时，一方面要使引用的历史背景材料符合历史本来面目，另一方面更要用历史的眼光、发展的眼光把握事实，使报道合乎社会历史发展大趋势，经得起历史的检验。有段时间，我们报刊上不少报道，把资本主义的一切都加以美化、吹嘘，似乎比社会主义更有前途。其实，二次世界大战后资本主义生产关系作了些调整，助其渡过经济危机而使生产和科技呈现较大发展，但这不能长远解决其生产社会化与资本私人占有之间的根本矛盾，资产阶级的剥削本性也没有根本改变。历史注定资本主义必将由社会主义取而代之。我们党的十三届四中全会后，新闻舆论恢复和加强了社会主义优越性、建设成就、传统优势诸方面的宣传，以及坚持四项基本原则、反对资产阶级自由化的教育，使人民群众进一步看清历史发展的规律和前景，极大地激发了建设社会主义的积极性和创造性。历史将铭记下历史真实的新闻。

防止新闻失实的确不容易，但又是可以做到的

坚持新闻真实性的原则，是看似容易实际十分复杂的事情。无产阶级的新闻舆论工作历来严肃，负责任，一方面要与资产阶级的虚假作风坚决斗争，另一方面也要与不可知论划清界限，认真研究和把握防止新闻失实的有关规律。在我们党的新闻事业发展史上，从当年解放区著名的反"客里空"，到"文革"后消除"四人帮"的"假大空"，都在理论与实践的结合上正本清源，总结了深刻丰富的经验教训。我们许多新闻单位学习运用辩证唯物主义认识论和方法论，也创出不少防止失实的好做法。

较为普遍的，如"洗刷唯心精神，杜假于源"。事实是新闻之源，事实在先新闻在后。因此我们特别要求深入实际采访，努力做到实事求是。西方新闻法则虽也讲"事实第一"，却又主张交待"消息依据"为止，事实是否有源可据，"依据"是否确凿可靠，就不去管它了。那就不可避免地给失实开了"绿灯"。这次歪曲北京风波的西方报道，手法大都是"据某某人士称"，"据未经证实的消息"。以靠道听途说的马路新闻、小道消息来杜撰新闻，只能是造假骗人。我们反对那种脱离实际任意夸大、乱扭角度、笔下生花等唯心主义的作风。我们还注重教育编辑、记者，采编新闻应自觉与党和人民取得共识，把握住社会多数成员的真实态度，不允许自行其是。同时，强调要求正确处理新闻价值与宣传价值统一的关系，新闻时效性与时宜性统一的关系，新闻事实与社会效果统一的关系，这样来杜"假"于新闻具体真实与全面、本质、历史真实的辩证统一之中。

又如，"综合提高新闻工作者素质，能动治假"。新闻失实，关键是人。抛开人的立场、观点等自身因素，还有外界的种种社会因素影响（如不正之风干扰），知识因素的制约也不可忽视。采编新闻，包罗万象，天上地下，人世间，自然，社会各领域，由于新闻人员知识欠缺造成"失真"的事例并不少。因此我们在普遍开展新闻真实教育中，应十分重视全面加强新闻人员的政治、业务、知识、道德诸方面的修养。在我们的新闻队伍中，已经陆续涌现出大批坚持原则、维护真实性、勇于与不正之风斗争的模范人物。综合提高新闻人员的素质，推动社会主义新闻事业的兴旺发达，也使新闻真实性原则更好地落到实处。

还有，"健全制约规章，有假必治"。随着新闻改革的进展，许多新闻单位为防范新闻失实都在建立健全规章制度，诸如稿件送审和核实制度，失实更正制度，奖惩制度，及新闻工作者职业道德条例等等。有的单位还有取舍地借鉴了西方新闻机构合理的管理办法。新闻主管部门也在强调按新闻规律办事，并共同把关，促使对新闻真实性的维护逐步走向制度化、规范化。

当前，许多新闻单位响应党中央号召，正深入开展学哲学活动。结合对资产阶级自由化反面教材的清理，用马克思主义哲学武装新闻工作者的头脑，定能更好地坚持无产阶级新闻真实观，加强整个新闻工作的原则性、系统性、科学性。

（原载《人民日报》1989 年 12 月 17 日）

（作者单位：河北沧州市日报社）

坚持党报性质　发扬晚报风格

——中小城市党报走机关晚报之路初探

白贵清　韩凤鹏　许慧国

中小城市党委机关报，是否可以办一张"党报性质，晚报风格"的机关报，走一条机关晚报的新路子呢？这个问题值得研究和探讨。《邢台晨报》自 1985 年创刊起，就把"坚持党报性质，发扬晚报风格"作为办报宗旨，并在实践中进行了探索，收到了一些效果。

何为党报性质晚报风格

要谈这个问题，首先要谈一下什么是党报，什么是晚报。所谓党报（本文限于中国共产党机关报），应当有它内在的特殊规定性。这个问题过去一是表述模糊，二是认识不一致。我们认为，党报，即中国共产党机关报，是中国共产党主办的，（这里，"党"是"报"的所有格）以"报告新闻，揭载评论，定期为公众而刊行"的出版物（见戈公振《中国报学史》）。因本文着重谈的是中小城市机关报，需进一步说明的是，中小城市的党报，是地方党委的机关报。它除报道党的路线、方针、政策外，更注重本地的实际，报道当地发生的新闻事实。因此，地方党报具有鲜明的地方性。所谓晚报，是面向社会各个阶层刊载新闻和评论为主的定期出版物。它可能是有党派性的，也可能是无党派性的，一般说是无党派性的。晚报一般不受行业范围限制，内容几乎涉及社会生活的各个领域，读者对象较广泛，知识性、趣味性较强。它主要用来传播新闻，传递信息，用舆论调节人际关系和丰富人们的文化生活。

当然，我们应当承认，党报和晚报有性质、任务和风格等方面的差别。党报具有鲜明的党性原则。确保“党的纲领路线、方针政策、工作任务和工作方法，最迅速最广泛地同群众见面(见《毛泽东选集》第4卷)。”党报有一定的权威性，在群众中有崇高的威信，干部群众一般把党报看作是党的声音，常常作为自己的行动向导。所谓坚持党报性质，即党报性质不能变，党报的特殊定性不能动摇。

晚报多从“下”报告新闻，社会新闻占主导地位，它的社会性、知识性、趣味性、可读性在报纸系统较为突出，这是晚报的优势。加之晚报的形式和出版时间的不同，也形成了区别于党报的特殊风格。那么所谓的发扬晚报风格，是在坚持党报性质原则上，借鉴晚报的经验，巧用晚报的优势，吸吮晚报味道，办出更富有城市特色的机关报来。

党报和晚报的内在联系

任何一类报纸，都是报纸系统的一个子系统。不论是党报和晚报，它们的内在特质是相同的，都是“报告新闻，揭载评论，定期为公众而刊行”的出版物。其共同点是：(1)公开性。面向社会公开出版发行(这是区别于内部书刊、报纸、报告、文件的特质)；(2)主要功能是报告新闻，揭载评论(这是区别于书刊出版物的舆论特质)；(3)定期连续为公众发行的出版物，并且是不装订的，相对来说是最及时的(这是区别于书刊舆论载体的特质)。由此可见，不论是哪一类报纸，其内在特质是一致的。党报首先在于它具有报纸的特质，然后才是以其党派性区别于其它类的报纸。再则，党报和晚报又都是综合性的报纸(这是区别于其它专业行业报的特质)。还有，城市机关报和晚报的作者、读者多数是在城市，这也为市委机关报坚持党报性质，发扬晚报风格提供了可能。

党报是中国共产党主办的报纸(这是区别于无党派报纸的不同之处)。尽管党报也是传播媒介，“传播”是主要的功能，“宣传”从属于传播。然而，作为党报要传播党的声音，那么理所当然地要上情下达。但党的宗旨是全心全意为人民服务，党报也应以为人民服务为依据。这自然又要求能够下情上达。对人民有利的，要坚决倡导，对人民没利的，要坚决反对，这当中包含着加强党和人民群众的联系。晚报除针对特定的读者对象的思想实际，讲求传播艺术外，最注重反映人民群众的呼声，以此来满足群众的不同需要，它是党和各方面群众联系的桥梁和纽带。在某种意义上说，晚报与党报相比，似乎更致力于自己的群众性，宣传内容和群众的思想、生活贴得更近，和人民群众的关系更加密切。因此，晚报对读者的吸引程度也就更大。

邢台晨报曾对市区一条街百名读者读报情况进行了一次调查，据统计：习惯于上班前后读报的多是党政机关、社会团体的公职人员和厂长经理、离退休干部，这部分读者占30%；中午和不定时读报的各阶层群众占15%；下班后和晚上读报的占55%。各类读者有的是出于掌握信息，了解政策，但相当一部分读者是在工作之余或一天劳动之后，需要松驰和休息的精神状态下阅读报纸，从中了解社会和自然界的动态，借以给自己的生活和行动以新方向，并且丰富生活，得到有益有趣的娱乐。这是坚持党报性质，发扬晚报风格的有利条件，也为党报借鉴晚报风格奠定了读者基础。

在我国目前报纸系统中，雷同现象太严重，基本上还没有摆脱“千报一面”的模式，报纸的功能满足不了社会的需要。因此，在研究中国整个报纸系统状况(这里着重研究城市党报和晚报的关系)时，提倡努力办好一份既有党报性质，又有晚报风格的城市机关报，我们认为可作为报纸改革的一个内容。

怎样办好晚报风格的城市机关报

邢台晨报是在澄清理论的基础上，确立坚持党报性质，发扬晚报风格的办报宗旨的，并做了以下四个方面的尝试：

1. **指导与服务结合**。关于报纸的指导性问题，我国新闻界认识也不大一样，北京晚报认为要有“广泛的指导性”，陶铸同志曾把“移风易俗，指导生活”作为羊城晚报的办报方针，沈阳日报则把服务性放在首位等等。我们认为，党报要有指导性，晚报也应讲求指导性。但应寓指导性于服务性之中，党报和晚报相比，指导性更强，但可借鉴晚报风格，使指导与服务和谐地结合。宣传党的路线、方针和政策是指导，也是服务。反映新动态、新气象、新问题、新经验、新创造同样是指导，也是服务。传播知识，传递信息，提供娱乐，指导生活既是服务，也包含着指导。因此，报道应多从服务角度写起，从服务中体现指导。1986年，邢台市郊区一个农民致富户对社会上“能挣会花”的口号提出了不同的看法，他说：“挣不容易花好办。铺张浪费，大操大办红白事算不算会花？把钱用在办教育、搞科研上才叫真正的会花。”这位农民拿出2000元钱为乡村一个学校购置了桌椅板凳，并对贫穷户施舍资助。邢台晨报在头版进行了报道，许多大报还进行了转发，致使邢台市出现一批关心教育、投资教育的致富户。这类报道，既向社会提供了服务，又有很强的指导性和引导性。

2. **严肃与活泼并举**。无论何时，党报都不能降低品格迎合不健康的情趣和要求。宣传报道要主次鲜明，有一定的严肃性、思想性、政策性，但这并非是说党报出现在读者面前的是一副“冷面孔”。在坚持党性原则的前提下，它应该而且尽可能地成为广大读者的知心朋友。在借鉴晚报风格的基础上，应力求把报纸办得更加生动活泼。层出不穷的新人新事新风尚，丰富多彩的文化生活，千差万别的事物，浩如烟海的信息，客观社会如此广阔，我们完全可以凭借这浩瀚的背景，纵横捭阖，把报纸办活，办出自己的特色。

提倡活，加强社会新闻的报道是一个非常重要的内容。所谓社会新闻，是指报道社会生活、社会道德、社会风尚、社会问题为主的信息，其目的是发扬社会的积极因素，进行社会主义精神文明建设，培养健康的社会舆论。晨报除从指导思想上培养记者撰写社会新闻的意识外，还采取了一系列措施扩大社会新闻的报道数量，敢于让重要的社会新闻上要闻版，"登大雅之堂"，如在头版特意开辟了《牛城新事》《瞭望哨》等社会新闻专栏，坚持常年发稿，养成了作者写社会新闻的意识和习惯。

3. **知识与趣味相济**。党报既要有较强的指导性、思想性，又要发扬晚报风格，增加一些知识性、趣味性，两者应力求协调和谐，尽量满足广大读者要求。增加报纸的知识性，即能帮助读者开阔眼界，拓宽思维，增长知识，启迪智慧，焕发人们对工作、生活的热情。另外，也不能把党报的指导性与趣味性对立起来，指导性强不强，关键看效果。读者的兴趣是广泛的，他们既关心国内外大事，现代化建设和党的各项政策，又关心获取新知识，自己的生活及爱好有关的东西。我们应不断了解读者的需要、兴趣，要时刻想着读者喜爱什么，需要什么，从内容和形式上吸引他们的兴趣，读者有兴趣看了，报纸的指导性才能体现出来。同时也应该充入知识性，这样读者才爱看，既接受了指导，又掌握了知识，其效果远比抽象的空洞阐述好得多。

增强报纸的知识性和趣味性，办好文艺副刊是很重要的一环，这也是机关报体现晚报风格的一个方面。邢台晨报自创刊起就把每日的第三版固定为综合性副刊版。副刊设有60多个栏目，有文艺作品、新闻故事、人物专访，是颇受读者喜爱的小小百花园。

4. **地方性与开放型互补，寓宏观指导性于地方新闻之中**。我们认为，晚报之所以受读者喜爱，其中重要的一个方面是地方新闻占绝对优势，具有强烈的群众性，最贴近群众的生活，也就是说群众性比党报强烈，也最能打动读者。这也是邢台晨报发扬晚报风格着力努力的一点。毛泽东在1944年12月谈地方报纸时说："本地消息，至少占两版多至三版，排新闻的时候应以本地为主，国内次之，国际又次之。"恰是这一点，晚报似乎比党报做得好。

新闻价值要素之一是接近性，其中既有距离的接近性又有内容的接近性，它可以增减新闻趣味，而发生事件的场所与读者的距离愈近，读者对新闻关心趣味越大。人们关心自己生活圈内的事情，比别人生活圈的事情更迫切。例如，邢台银行发生一起持枪重大盗窃案，远比美国总统里根被刺更能刺激当地读者的神经。这是新闻价值接近性的缘故，也是地方党报和晚报的共同优势。因此，晨报注重发挥这个优势，寓宏观指导性于地方新闻之中。在地方新闻中体现党的方针政策。

从地方新闻中体现党的方针政策，报纸更显得有个性，读者也有亲切感。如党中央、国务院作出关于治理经济环境、整顿经济秩序、全面深化改革的决策后，邢台晨报及时开辟了《在治理整顿中深化改革》专栏，通过当地的具体新闻事实，既说明治理整顿的重要意义，又讲清治理整顿与深化改革是一个完整的方针，联系本地实际的报道显得生动、充实、富有说服力。

在提倡地方性的同时，应力求把报纸办成"开放型"的报纸，诸如省内大事、国内、国际要闻，只要有利于改革、开放、搞活的，应有重点地选择报道，为体现这点，邢台晨报除有选择地刊发新华社通稿外，还开辟了《新华社目录新闻》《采风》《纵横》《燕赵风情》等栏目，稿件虽短，但是短中之精品，读者很爱看。自晨报创刊以来，地方新闻一直占95%以上。从这一点上看，是接近或吸收了晚报特色的。

综上所述，无论在理论还是在实践中，坚持党报性质，发扬晚报风格的办报宗旨是可确立的，中小城市走机关晚报的新路子可以提倡。4年多来晨报有100篇作品在河北省好新闻评选中获奖。中国记者、新闻出版报曾先后不同程度地介绍过晨报新闻改革的事迹。当然，晨报的社会新闻其数量和质量与晚报相比，还有不小差距，有待于在发扬晚报风格上作出积极而有成效的探讨。

（原载《中等城市党报信息》1989年第5、6期）

（作者单位：邢台晨报社）

电视新闻改革十年

杨伟光

电视——当她以新兴的传播媒介步入舞台的时候，电视新闻几乎在所有的国家都曾遭到冷落。新闻界和受众界都把电视看作文化娱乐的工具，是茶余饭后的东西，登不了大雅之堂。一些资本主义国家的电视经营者由于新闻节目没有人做广告，都把新闻节目当成"包袱"。那时，美国的联邦通讯委员会不得不规定，电视台必须安排一定比例的新闻节目时间。随着电子技术的发展，电子采访设备(ENG)的问世，从70年代开始电视新闻的时效赶上广播、超过报纸，加上优秀电视新闻节目主持人的出现，电视新闻身价百倍，成了资本主义国家电视经营者的"摇钱树"。从此传播新闻成了电视的第一功能。各电视大国都用最优秀的人才、最好的时间、最大的本钱去精心创办自己的新闻节目。中国的电视新闻也经历了同样的历程。但中国电视新闻的崛起，主要不是靠新闻广告费的提高，因为中国电视新闻节目中是不允许插播广告的。它的崛起，主要是靠新闻改革的推动。十年改革，使中国电视新闻的地位和影响发生了根本的变化，主要表现在以下十个方面：

一、电视新闻地位提高，次数增

加

我们的电视新闻发展大体可分为两个阶段，1958—1977 年为第一阶段，这期间基本上没有全国性的电视新闻，中央电视台的前身——北京电视台主要播放《新闻简报》，新闻纪录片、图片新闻和口播新闻等，时效慢，内容窄，形式单调。无法同报纸、广播新闻匹敌。

1978 年—1988 年为第二个阶段，这期间是中国电视新闻发展的黄金年代，新闻节目逐步增加，内容不断丰富。

1978 年 1 月 1 日，中央电视台正式开办《全国电视台新闻联播》，每天 20 分钟，有十几个省市电视台转播这个节目。

1978 年，中央电视台开始使用电子采访设备 ENG，各省级台逐步推广。1984 年省级台基本实现 ENG 化，为提高新闻时效提供了物质条件。

1980 年 4 月 1 日，中央电视台接收维斯新闻社和美国合众独立新闻社的国际新闻，《新闻联播》节目延长到 30 分钟，其中有 10 分钟国际新闻，国际要闻一般第二天就可播出。

1980 年下半年，各地方电视台陆续利用微波线路向中央台传地方电视新闻，使地方新闻时效大大加快。

1983 年 3 月，广播电视部召开第 11 次广播电视工作会议，提出以新闻为突破口改革电视宣传。强调在各类电视节目中，新闻节目是主体、是骨干，使电视新闻的地位大大提高。在这一思想指导下，中央电视台和各省、市、自治区电视台逐步增加了新闻次数，1984 年中央电视台开办《午间新闻》，1985 年开办《晚间新闻》，1986 年开办《英语新闻》，1987 年开办《经济新闻》，1989 年开办《体育新闻》。全天共播出 9 次新闻，共 3 小时 5 分钟。广东、上海等省、市电视台的新闻次数也大量增加。

这期间，不但电视新闻增加，电视新闻的权威性也逐步提高，《新闻联播》成为最稳定的高收视率节目，据连续三年零十个月的统计，1986 年收视率为 35%左右；1987 年收视率为 42%左右；1988 年收视率为 50%以上。电视新闻已成为中国受众了解国内外大事的最主要的渠道之一。据中央电视台 1986 年全国 28 个城市受众抽样调查，看电视主要有三个目的：①了解国内外时事占 68%，②消遣和娱乐占 49%，③增加知识为 38.7%。大部分要闻观众首先从电视中获知。

二、建成了全国电视新闻报道网，和多渠道国际新闻来源

一个重要新闻机构要树立自己的权威，必须建立能广泛收集新闻的报道网络。十年前，中央电视台只有少量直属记者，地方记者没有建立。经过十年的努力，遍布全国各地的新闻报道网已基本形成。

中央直属记者已初具规模，现有新闻编辑部、时政部、经济部、军事部、《观察·思考》、专题部、对外部、少儿部，完成了大量的新闻采访任务。

集体记者网遍布全国，在全国 30 个省、自治区、直辖市建立了以省电视台为中心，由各市台组成的集体记者网，这些集体记者每年为中央电视台提供两万多条新闻。

建立了遍布全军的军事记者站，从 1986 年开始，陆续在人民解放军各总部、各军区建立了中央电视台记者站，人数达 100 多人。采制了大量军事新闻和专题节目。

建立了遍布首都各机关、团体、厂矿的通讯网，这支通讯员队伍正在扩大，及时为中央电视台提供信息和新闻片。

通过这些记者和通讯员把发生在全国各地的新闻事件拍摄下来，并传送到北京。

另外，中央电视台还开辟了较为丰富的国际新闻来源。1980 年，中央电视台同英国维斯新闻社签订合同，接收并使用他们的新闻；接着中央电视台参加亚广联新闻交换，每周一到周五接收亚广联新闻；1987 年，中央电视台同美国 CNN 签订合同，在中国大陆拥有 CNN 节目的独家使用权；1988 年，中央电视台同东欧广播联盟签订合同，双方实行新闻交换，通过卫星收用东欧广联的新闻。通过这些渠道每天可以收到 50 条左右国际要闻。另外，新华社和国际广播电台发的国际新闻，我们也采用。至此，中央电视台已可及时获得西欧、北美、苏联、东欧和亚洲地区的权威性电视新闻，但南美、拉丁美洲、非洲、大洋洲的新闻，还要靠西欧通讯社发的电视新闻。他们的新闻常常以西方眼光看待这些地区，有相当大的片面性。为弥补这个缺陷，我们每年派几个电视小组到这些地区采访，报道上述地区的新情况，新变化。

三、新闻报道的开放程度提高

新闻报道从封闭型向开放型转变，是电视新闻改革的重要成果。

1、*重要会议报道由结论式转变为进行式*。过去，重要政治活动的电视报道的开放程度是比较差的。70 年代，重要会议秘密开，会议结束后，发一个简短的结论式新闻公报，电视播出的是图象配文字。80 年代前半期，重要会议情况每天均可报道，但仍是结论式的，即完成式的，不是进行式的。1985 年 3 月，六届全国人大三次会议开幕式，第一次实现现场直播。1987 年 3、4 月间召开的六届全国人大五次会议，实现中外记者招待会录象播出。1988 年七届全国人大一次会议期间实现中外记者招待会现场直播。对于不现场直播的重要会议，也实现了对会议进行连续报道。比如，七届人大一次会议选举领导人的会议，中央电视台采取连续报道的方式：从会议开始、发选票、填票、投票、计票到公布选举结果，都作了及时报道，使观众在会外也可了解会场的新的进展。各地方电视台重要会议的报道也作了相应改革。

2、*从纯粹的正面报道转变到允许一定程度的"七嘴八舌"*。过去对正面报道的要求是绝对的，只讲"赞成"、"一致通过"、"通过"，不讲不同意见或有多少人反对、弃权；只讲符合政策的话，不讲不符合政策、但符合实际的话。现在，在坚持正面宣传为主的方针的情况下，可以七嘴八舌，可以让大家讲心里话。比如《新闻联播》中播出的小栏目《改革在你身边》、《大家谈》，让普通老百姓讲话，好的也讲，建议也讲，批评也讲。又比如1988年3、4月间召开的七届人大一次会议，播出了大会上发表不同意见的实况。小组会上，各种不同的意见反映得更多，代表、委员敢讲话，新闻媒介也敢报道了，会内、会外有了较浓的民主气氛。同十年前比较，变化是明显的。

3、批评性报道增加，舆论监督加强。70年代的批评性报道几乎没有，如果有也是领导授意的，同属政治需要。这种情况70年代末开始改变，现在已发生很大变化，既报喜也报忧：火车相撞、飞机失事、天灾人祸、盗枪杀人、贪污受贿、违法乱纪和不正之风等有代表性的事例，都通过电视和其他新闻媒介披露出来，给各种歪风邪气施加一定的舆论压力。舆论引导、舆论监督的要求已写进中央文件，这方面的工作将会得到加强。

四、新闻时效加快

最近十年，电视界的新闻时效发生了根本性变化。过去认为，发出"昨天"、"今天"消息就可以了。这实际是报纸的新闻时效观。80年代以来，广播、电视、通讯社的实践，打破了旧的新闻时效观念，树立了新的新闻时效观。这个时效观的核心内容是，要求广播、电视、通讯社要发出"正在发生"和"刚刚发生"的消息。由于新的时效观的树立，中央电视台和各地电视台为提高新闻时效采取了一系列行之有效的措施。

1、现场直播

对一些重大政治事件和群众广泛关心的文化、体育活动，多采取现场直播，使广大受众在事件进行的同时就能看到，这不仅提高了时效，而且现场感强，提高了可信性。但并不是一切新闻都可能、必须直播。据说美国电视发展的中期，现场直播非常盛行，泛滥成灾，观众就厌烦了。所以，现场直播应具备必要条件：①重大的政治事件或突发事件；②观众所关心的新闻事件。一般的新闻事件，只要求刚发生后及时播出就可以了。

2、发出刚发生的消息

上面说了，有大量的新闻事件不可能、也不需要作现场直播，但任何有价值的新闻，都要以最快的速度播发。前几年，北京一些下午进行的重要活动，要到第二天《新闻联播》才播出，地方的重大活动要第二天或第三天才播出。对这种现象，有些同志不以为非，反以为是，名之曰：分工不同，电视有形象，有新的信息，晚一天也有人看。且不谈"分工论"欠妥，这些同志没有想到，如果电视比其他新闻媒介更早播出，新的信息不是更多吗？为了提高电视新闻时效，我们已基本做到了发刚发生事件的消息的要求，一般傍晚六时左右的重要活动，《新闻联播》都要播出去。

3、连续报道

新闻事件进行过程中，不断发出新的消息，一直到结束。这种连续报道，有几种不同情况：①突发性事件发生以后，步步深入报道，历时可以几天，甚至几十天。②一个重要会议，从开始到结束，不断发出新的信息。③一个重大典型，从开始揭露到中间的曲折，再到最后的处理，不断报道新的情况。

4、口播新闻和字幕新闻

字幕新闻的广泛运用，是电视功能的重要开发。过去有的同志认为，电视新闻的特点是图象，不承认口播、字幕是电视新闻报道的一种形式。这种看法显然是片面的，电视的优势在于它不仅可以用图象，而且可以用文字和声音传播，所以口播新闻和字幕新闻都是对电视功能的开发。口播和字幕新闻的开发，大大提高了新闻的时效，丰富了信息量。

五、现场采访迈出新的步伐

现场采访是电视新闻一大特色。它是一种纪实性的报道方式。电视记者手持话筒进入新闻事件现场，使人感到事实就发生在这里，现场感强，可信性高。但由于中国的电视新闻受新闻纪录片模式影响太深，长期来发展新闻简报式新闻，图象加解说，既呆板，又缺现场感，更缺新闻人物，造成一般化、公式化严重。经几年的提倡，现开始迈出了新的步伐。中央电视台和地方电视台都播出了一批质量较高的现场报道。中央电视台1987年播出的《改革在你身边》、1988年播出的《大家谈》都有不少成功之作。特别是《大家谈》，突出一个"谈"字，几乎每一条新闻都有几个人"谈"。甘肃台的《甘肃定西农民谈变化》，武汉台的《电视塔上谈电视》，浙江台的《西湖畔话迪斯科》等，谈得生动自然，给人以清新之感。现场采访不仅现场感强，而且有利于突出新闻人物，反映人的思想，有利于让更多普通工人、农民、知识分子上电视，今后还要发展这种报道形式。

六、新闻结构开始改变

调整新闻结构，即扩大报道面，增加可视性新闻，减少一般化新闻，是电视新闻改革中必须解决的一个重要问题。

由于几十年形成的"左"的观点，新闻报道存在"六重六轻现象"：重身份，轻内容；重上层，轻基层；重生产，轻生活；重动态，轻典型；重表扬，轻批评；重国内，轻国际。总之，群众爱看的新闻少，群众不爱看的新闻多，新闻报道中同样存在"产品"不注意适销对路这个问题。因而，1986年，在全国优秀电视新闻评选会上，我们提出要调整新闻结构，扩大报道领域，实现十增十减。这十增十减是：增加领导人深入实际，调查研究的报道，减少领导人一般的外事活动的报道；增强要闻，减少一般化新闻；增加建设成就的报道，减少会议、展销会新闻；增加同人民生活息息相通的报道，减少枯燥乏味的生产过程的新闻；增加重大典型报道，减少一般的动态报道；增加现场报道，减少图片加解说的报道；增加最新消息，减少生产新闻；增加短新闻，减少长新闻；增加虚实结合、尖锐泼辣的评论，减少应景的空泛的言论。

经过三年的努力，"十增十减"都在不同程度上实现了。但新闻结构问题还是当前电视新闻要继续解决的重要问题。

七、新闻信息量增加

新闻节目信息量小，这是十年前中国电视新闻存在的一个重要问题，造成信息量小的原因主要有二：一是消息来源少；二是报道面窄。经过十年的努力，这方面已有很大变化，以《新闻联播》为例，1980年前后，每次节目只有不到20条新闻；1985年前后，每次节目增加到25条左右；1988年加到35条左右。我认为，从条数上稳定在这个水平已经可以了。有些同志不了解西方情况，以为西方的新闻信息量比我们大。其实不然，美国三大电视网的《晚间新闻》一般也是30分钟，其中要插播6分钟广告，实际只有24分钟，播出的新闻一般只有20条左右。我们的《新闻联播》保持在30条到35条，信息量就不算小了。这些年，新闻信息量增加，主要是采取了如下措施：

1、建成了全国性的电视新闻网，挖掘了多元化的国际新闻来源(前面已作了介绍)，这是扩大信息量的物质基础。

2、实行长中短结合，以短为主的编辑方针，开辟了《简讯》、《一句话新闻》等。

3、实行以图象新闻和口播新闻相结合，以图象新闻为主的编辑原则，使一些没有图象的新闻或一时拿不到图象的新闻也能播出，提高了电视新闻的权威性。

八、深度报道有所加强

国内外新闻界都有这样的看法，就是认为广播、电视的报道是浅层次的，搞深度报道是报纸的优势。这种看法显然不够全面。因为，近几年电视台播出了大量的深度报道，而且其影响不亚于报纸、刊物。比如《新闻联播》中播出的《改革在你身边》、《大家谈》，已不是一般的动态，有些也有相当的深度。中央电视台的新闻性专题：《长征——生命的歌》、《让历史告诉未来》、《时代的大潮》、《祖国不会忘记》，武汉台的《假如真有位置学》和上海台的新闻栏目《新闻纵横》播出以后，都引起了社会各界的广泛反响，有的报道成为社会上议论一时的话题。美国哥伦比亚广播公司的《六十分钟》节目，苏联中央电视台的《探照灯》节目，也属于这一类。当然，我们应该承认，电视台搞深度报道比报纸要难得多，《让历史告诉未来》、《祖国不会忘记》等制作都要花几个月的时间，但电视工作者要迎着困难上，进一步搞好深度报道，以加深电视对社会的影响。

九、电视评论工作开始建立

评论是一个舆论机关的旗帜，电视作为重要的舆论工具是不能没有评论的。对这项工作，中央电视台80年代初就提出来了，当时筹办了《观察与思考》，因涉及一些敏感问题，而受到诸多责备，难于办下去。1987年党的十三大以后，开放程度提高，提出要敢于善于抓谈热门话题。中央电视台《综合经济信息》节目中开辟了《周末热门话题》栏目，就经济生活和社会生活中大家关心的问题，采访各界人士，发表他们的见解。虽然，难度很大，但由于乔冠英等同志苦心经营，坚持下来了。原有的《观察·思考》节目经过一段整顿，充实了一批年轻同志，也以新的面目同观众见面了，到今年一月底已播出十集，涉及了一些敏感的社会问题，反应还好。《新闻联播》节目中的《观众论坛》、《观众信箱》、编后话、短评等，时有出现，但有影响的不多。有些地方电视台也开始建立自己的评论队伍，加强了评论节目。如江苏台的《百万特大贪污案的反思》、上海台播出的《对11·16枪声的再思考》，都是有相当深度的好评论。

十、新闻节目的播出形式较前生动

十年前，新闻节目的形式十分单调，除开头有播音员介绍提要外，其他就是一条接一条的新闻，中间没有任何串联。现在节目形式已稍有变化。

1、两位播音员主持节目，重要新闻前面加播音员介绍、串联，比过去活了一些。

2、根据口播新闻内容加图片、照片等，使屏幕丰富了一些。

3、重要新闻配以字幕，提高信息量。

电视新闻的变化有赖于理论研究工作的加强，近十年中在实践的基础上总结了许多有益的经验，更新了许多旧的观念。没有观念的更新，电视新闻是很难取得这样大的变化的。

电视新闻改革十年变化显著，这是同过去比较而言的。但就电视新闻应该做到的较高的标准而言，则还有很大的差距。从内容上讲，报道面窄，空话太多，新鲜感不强，针对性较差，现场采访还少，声画"两张皮"的新闻还相当多，报道手法和编排手法的一般化、公式化也还相当严重。当我们进入电视新闻改革第二个十年的时候，我们应提出这样的要求：破除旧观念，树立新观念，按照电视新闻的规律办好电视新闻。在内容上要坚持正面报道为主的方针，加强针对性，扩大信息量；在形式上，要讲究报道艺术，加强现场采访，富于生活情趣，增加新闻报道的吸引力；在时空上，增加新闻的比例，中央电视台应把第一套节目办成新闻台，逐步发展为整点播出新闻。中国电视新闻界的任务是艰巨的，也是光荣的，在党中央改革、开放方针指引下，这个目标必将实现！

(原载《声屏学报》1989年第2期)

(作者单位：中央电视台)

加强改革开放宣传的科学性、针对性

张振华

中国的改革已历十年。国际社会一方面对十年改革的成就及它所预示的未来给予了很高的评价，另一方面对于其间出现的问题又看得过重，对中国的政局以及改革、开放政策的长期稳定性仍有疑虑。

对外广播如何树立宏观和辩证意识，从中国和世界的实际出发，在总体和长远上把握有关改革、开放对外宣传的科学性、针对性，避免片面性、摇摆性和帮倒忙，在国际上树立一个坚持改革、稳步前进，可以信任和放心与之合作的中国形象，有效地为中国现代化建设服务，是整个改革时期对外宣传的一个总课题。

一、认真研究国际社会对于中国改革、开放的种种心态，把握对外宣传的针对性和策略性。

中国的改革、开放同世界各国直接和间接相关。对外宣传不仅要从中国的实际出发，而且要从外国的实际出发，从中外的相互关系、作用和影响出发，研究和把握不同国家对于中国改革、开放的种种心态，讲究对外宣传的针对性、策略性，讲究宣传的总体效应和长远效应。

建国40年来，三个不同时期的三个不同的中国形象在国际上的反映极不相同：40年代末、50年代初，“新生的中国”受到社会主义国家和其他争取独立、解放和主持正义的民族和国家的欢迎，但受到少数西方国家的反对乃至封锁；60、70年代，“动乱的中国”则受到东西方的一致指斥；唯独始自党的十一届三中全会的“改革的中国”受到东西方以至第三世界国家的一致欢迎。

西方国家欢迎它，因为他们认为中国的改革、开放会给西方带来——经济、政治以及文化方面的——利益和机会。

东方国家欢迎它，因为中国的改革、开放为他们提供了借鉴，甚至希望借助中国的改革推动本国的改革。

第三世界国家欢迎它，因为中国的改革、开放为他们的国家过去为何贫困、落后以及今后如何摆脱贫困、落后提供了思考和启发。

但是应当清醒地看到，“欢迎”只是事物的一个方面，实际上许多国家是抱着既欢迎又忧虑的复杂心情看待中国的改革的。“忧虑”大致有三种情况：

第一，担心中国的政局、中国的改革、开放方针是否会持续稳定，是否有连续性；担心参与中国的建设是否有风险。

长期以来中国的“以阶级斗争为纲”、动乱、人治仍使不少国家对它的长期稳定缺乏信心。每逢人事变动、政策调整或发生什么“风波”，他们便心生疑惧，进而联想到一个老题目：中国究竟会不会变、会不会乱。持这种心理的主要是同中国有投资、合作关系的西方国家。由于总有一种不安全感，就不能不直接影响他们同中国合作的积极性和决心，影响合作的规模、深度、广度和长远性。

针对上述心里，首先要不断宣传中国改革的必然性和不可逆转性；其次要不断宣传中国在完善法制方面的种种努力、实绩和长远目标；再者，在遇到类似反对资产阶级自由化这样的“风波”和类似十三届三中全会提出“治理”、“整顿”这样的对经济政策、规划进行调整时，对外报道要特别慎重和平稳，想方设法解疑释惑，尽可能缩小震荡面、震荡时间和幅度。

鉴此，我们就必须从中国的历史与现实的经验教训，从当代国际形势，从中国的改革、开放同国际政治、国际经济的内在联系等方面说明中国改革、开放的历史必然性。

所谓中国的现实，最基本的特点是经济落后、人口众多。要宣传使这么一个大国富裕起来，靠任何外国和国际组织都难以办到，只能靠自身的机制来解决。还要宣传在世界经济飞速发展的今天，已经大大落后了的中国若再不迅速赶上，必将更加落伍，拖世界的后腿。而中国改革的成功将不仅造福于生活在960万平方公里土地上的10亿中国人民，而且对人类的繁荣、世界的稳定与和平也是个大贡献。这就是中国改革、开放的现实必要性。

所谓中国历史的经验与教训，最根本的一条是，无论是封建社会的闭关锁国还是建国以来的“以阶级斗争为纲”，只能给中国带来贫困、落后与动乱。要宣传改革、开放是中国人民从自己沉痛的历史代价中找到的一条发展与进步的必由之路。它并非单纯的个人意念的产物，而是揭示和反映了历史的必然和人民的意愿。还要宣传改革、开放已给国家和人民带来有目共睹的变化，人民不能接受倒退，倒退也没有出路，改革在中国已不可逆转。

当前国际形势的特点是：由紧张趋向缓和，由对抗趋向对话；在当代两大问题中，发展问题受到普遍重视。许多国家都把注意力从国外更多地转向国内，着重发展综合国力。为此，纷纷实行调整、改革，以至形成了一股全球性的改革潮流。要从这个国际大环境、大趋势观察、解释中国的改革。宣传中国的改革正是在这一潮流的推动下产生的；作为其中的重要一翼，反过来又给其以有力的推动。由此说明它与整个国际形势和改革潮流的内在联系，说明它不是孤立的、偶然的，自然也不是可以随意扭转的。

第二，担心中国有朝一日改革取得成功而发达、富强起来，成为他们的冤家、对头；甚至担心到时中国会不会凭借强大的国力谋求政治利益。

第三世界国家总是处在蛰伏、闭锁和落后状态，对于发达国家来说并不利。因为他们的资金、产品、设备、技术需要市场。西方国家欢迎中国改革、开放，重要的一条是看中了中国的市场、原料和劳力。就其本意而言，并不情愿看到中国的繁荣与强大。因此，当他们向中国输出资金或技术时，心理是矛盾的：既想通过参与、投入获取利润和利益，又担心为虎添翼。到头来不仅被挤出中国市场，其他国际市场也成为中国与之竞争的阵地。有担心就有戒心。巴统组织所以迟迟不彻底取消对中国的出口限制，日本屡屡制裁对华出口高技术产品的商社，除了历史和政治的因素以外，就是这种担心和戒心在起作用。可以预言，随着时间的推移，特别是随着中国改革的日益发展和成功，这种担心、戒心以至相互矛盾和冲突还会日渐明显、突出和表面化。

对于上述心理和潜在的矛盾，对外宣传工作者首先要有清醒的头脑，同时要探索在开放形势下经济报道的新特点、新规律，讲究宣传的策略与分寸，避免帮倒忙。

从战争时代起，我们的宣传工作就形成了配合经济建设的传统。为了组织、动员、鼓舞群众，经常把各种生产计划和成就公诸报端。这在当时的情况下是完全必要而且卓有成效的。今后宣传工作当然仍要配合经济建设，为其服务；所不同的是，应当看到，在经济日趋国际化的今天，国际市场即战场，彼我双方互为进退，甚至多种群体间形成了很多复杂而微妙的连锁制约关系。因此，在许多情况下还象过去那样把自己的各种计划、底数、某些经济活动和成就和盘托出，已等于公开经济情报，而成为一忌。起码有四个问题值得探讨：

其一，如何宣传经济成就？成就宣传是中国经济宣传、形势宣传的重要内容。对外——特别是对持有上述心理的国家——宣传中国改革与建设的成就，既要充分，又要注意不造虚势，不搞咄咄逼人。总的讲要实事求是，有时可能要藏而不露，采取宣传的低姿态。既要报道中国经济的长足长进，又要说明中国基础落后、人口众多，情况复杂，发展不平衡，还不具备同发达国家全面竞争的实力。外国同中国合作前景广阔，无需担心。

其二，如何宣传经济计划和方略？在开放形势下，某些经济计划、改革方略因直接与外国利害相关，不宜大喊大叫。比如关于沿海经济区的"大进大出"、"两头在外"的构想，无疑是中国对国际经济界的一种进击，兵未出而声先至，于战不利。即便不喊不叫都会引起对方的防范，何况过份张扬呢？

其三，如何宣传外贸等经济活动？考虑到贸易保护主义和竞争，有关国际经贸、技贸以及劳务出口之类的国际经济活动，哪些报，哪些不报，应以实际上、总体上和长远上于我是否有利为原则。实际上中国有些外贸出口（如纺织品、生丝、鞋类、服装的出口）同不少国家（地区）有利害冲突；劳务出口也同一些第三世界国家有竞争和矛盾。因此，在许多情况下，这方面的经济活动宜多干少说，或只做不说，特别是不宜对外大肆报道。以往在这类报道中惯常还要拖一条"闪光的尾巴"："为国家创汇……美元"，此一笔恰恰可能会使某国、某商听后不快，因此更是大可不必的。

此外，某些外国公司或个人（包括华人企业和个人）出于对中国的感情或其他考虑，冒着某种压力或风险向中国出口技术、设备或资金，也在不宜报道之列。

其四，某些看似纯属国内范畴，其实同国际经济相关的经济活动和信息，如"蚕茧大战"、"茶叶大战"、"化肥大战"等各种"大战"，甚至某种农业灾情、丰歉预测，某种工业产品的需求行情，某种矿藏的发现、品位、藏量等，如果报道不当，都会给国际经贸界提供好多情报和在对华贸易中主动举措、捞取好处的机会。

总之，对于过去在封闭型经济条件下形成的那套关于经济宣传的传统观念和作法，在开放形势下应当加以重新审视和修正。其中过去那种大造舆论和舆论先行的做法在某些情况下就应当修正为：经济和业务部门大力开拓、实干，取攻势，外宣部门则少讲话，取守势。不能片面地认为只有报道才是配合，只有大报成就才是配合。如果报道的效果是为自己制造了逆防心理和贸易壁垒，是让人感到中国咄咄逼人而拒绝与之合作，甚至采取反措施，那么少讲话和低姿态倒是真正有效的"配合"了。

第三，担心中国的改革、开放会不会走向资本主义，会不会丢掉中国传统的以及社会主义制度下特有的一些好东西，吸收进西方的一些坏东西，担心中国会不会两极分化。持这种心理的，大都是些友好国家和友好人士。

针对这种心理，既要大胆宣传改革、开放，又要讲清中国在努力防止"全盘西化"；既要宣传物质文明建设，又要宣传精神文明建设。

西方人认为，资本主义有两个最基本的特征：一是认为追求个人利益、个人利润是一切经济活动、社会活动的最终目的；它是完全正当的、天经地义的。由此才推动人们为社会提供服务和商品；二是认为产品和劳务在市场上自由竞争，推动企业和个人优胜劣汰，是给社会创造福利的最佳模式。不少外国人据此认为，中国现在搞的市场经济、竞争、物质刺激、利润等等这一套是对西方的靠拢和认同，实际就是在搞资本主义。一些好心的朋友担心这样下去会使社会主义的中国变为资本主义的中国，使以公有制为特点的中国变为以私有为机制的中国，使本质上是合作的中国变为以个人为中心的中国。

针对这种担心，对外宣传既要防止简单、贴标签式地宣传党的基本路线，又要防止有关改革、开放的微观宣传生动具体、有声有色，而有关改革、开放的走向、属性的宏观宣传含糊不清、苍白无力。我们应力求做到二者的协调、平衡和统一。这就必须使社会主义初级阶段的理论和党的基本路线作为精髓和主线贯穿、融汇、渗透到整个改革、开放的具体宣传中去。告诉外国听众中国是如何从本国的国情出发，建设有中国特色的现代化的社会主义社会的。

长期以来中国虽然经济落后，人民物质生活水平低，但在社会、家庭中却有很多好的传统和美德，为不少外国人所称羡。他们认为，他们的物质虽然丰富，但精神贫乏；中国人虽然物质贫乏，但精神充实。随着改革、开放，在部分人中间个人第一、物质第一、拜金、拜物主义、崇洋媚外等抬头。这使许多外国朋友又从另一方面对中国的前途感到担忧。担心他们所憎恶的西方的道德观、价值观和行为准则会浸入到他们曾经为之向往的中国的社会肌体中去。

针对这种担忧，要宣传中国在进行物质文明建设的同时，如何建设精神文明。如何在同一些腐败、丑恶的东西作斗争。不要只见钱、见物不见人，见人又不见思想、不见情操。力戒有关精神宣传和物质宣传的轮番倾斜，不要从过去片面强调精神万能又跑到片面强调金钱和物质作用的另一个极端上去，以保持宣传的科学性、平衡性。

二、树立辩证意识，科学地宣传改革、开放。

（一）既要把宣传改革、开放作为对外宣传的主旋律，对其他领域的宣传也不可偏废。

如前所述，东方、西方及第三世界国家都相当关注中国的改革、开放，因此，改革、开放的宣传无疑是当前和今后整个改革时期对外宣传最大和最具普遍意义的针对性内容。否则将不仅脱离了中国的实际，也将脱离外国听众的实际。我们要使它成为对外宣传的主旋律，办好一批直接和专门介绍改革、开放的专栏。使国际社会尽可能充分、具体地了解进而支持和参与中国的改革、开放。但是，考虑到外国听众的层次、兴趣之广，在突出介绍中国改革的同时，有关中国文化、历史、民族、旅游等方面的报道也不可偏废。

（二）既要充分宣传中国改革的

成就，也要及时、适当地报道它所遇到的各种困难和问题。

1、要满腔热情地宣传改革的成就。

十年改革成就之大，举世公认。许多外国观察家对这场改革给中国和世界带来的和即将带来的变化和影响所做的分析、评价远比中国人自已来得充分和敏锐。“中国将带动世界经济增长的‘第三次浪潮’”。“21世纪将是中国的世纪、亚太的世纪”。类似的论断屡有所闻。倒是生活在中国现实中的我们，随着改革的深入，往往由于不时受到工资、物价及某些不正之风的袭扰，对这场改革的成绩、意义反而常常不及外国人看得那么清楚，所谓“当局者迷”。这就要不断地学习，不断地跳出自我，从全国乃至世界的宏观视角来看改革。以使自已在对外宣传中随时保持清醒的头脑和满腔热忱。

这里有两种倾向值得警惕：由于改革碰到一些问题——可能直接影响到自已——而心灰意冷，对改革的宣传持冷漠态度是不可取的；一味地迎合外国听众、读者，或根据西方的新闻观点，不适当地搞所谓揭露性报道，特别是有损中国形象的报道更要防止。

2、对改革的各种政策、措施的报道应当体现两点论。

当前中国改革所采取的各种政策和措施大多效果是明显的，但也带来一些新问题。大从实行商品经济、允许私有制，小到承包、租赁、兼并、股份制、合同制等等，任何一项都不是绝对完美的灵丹妙药，都有利和弊两个方面。只能经过筛选、比较，两利相衡取其重，两弊相衡取其轻。因此在报道中既要讲它们给中国经济带来的活力，也要讲它带来的新问题。特别是上述政策和措施对资本主义国家都不是新东西，他们比我们对之更熟悉、更了解。如果搞“一包就灵”式的绝对化、溢美式报道不仅不符合实际，而且外国听众从本国及本身的体验出发也不会相信。如果因为现在允许私有制存在就片面强调私有制的好处，似乎越私越小越好，如果因为要打破平均主义、大锅饭，允许和提倡一部分人先富起来，就片面强调个人收入的差异，而对于精神的东西、人与人的相互帮助和关心、共同富裕等弃之若敝屣，外国人——起码是有头脑的外国人——就不光不信，很可能还会对中国的改革感到困惑和失望。

3、对改革的形势的报道也要体现两点论。

当前改革的形势总的是好的，但也有相当困难和严峻的一面。具体到每一条战线、每一个地区都有阳光与阴影两个方面。如果只讲阳光，不讲阴影，只讲蓝天，不讲阴天，那么一旦大雨淋头，人们就会无所准备。报道工业如果只报持续高速增长给中国带来的变化，而不报“高速度”、“大工地”给中国经济造成的窘境；讲到人民生活，如果只报有了怎样的提高，而不报“高消费”、“超前消费”带来的弊害，外国人（当然也包括中国人）就不会明白物价和通货膨胀这两个资本主义世界的“怪物”怎么突然间也成了中国的大问题，也不会明白中共十三届三中全会何以突然提出“治理”、“整顿”。

如果我们的报道是全面、客观的，是两个方面都报的，也许精明的听众早就料到中国迟早会有这一天、会走这一步；起码当中国提出“治理”、“整顿”时他们会比较容易地了解为什么要这样，以及这是怎么一回事，不致发生或少一点误解和担心。

4、遇到经济方面的“调整”和思想政治方面的“风波”时，对外报道要平稳。

中国的改革是一项伟大而复杂的长过程，其间经济领域、思想政治领域和文化领域不可避免地要产生这样那样的问题、偏差。要使改革、开放健康地发展，当然要解决这些问题，纠正这些偏差。从以往十年的经验看，每逢及此，国外都要经历一阵骚动。疑虑者有之，误解者有之，曲解和攻击者亦有之。因此，今后遇此在对外宣传中要力求平稳。不要左右摇摆，不要刮风。

首先报道量要适度。切忌铺天盖地连篇累牍，以免使人感到似乎中国发生了什么足以压倒或扭转改革的事态。不要冲淡宣传改革这个主旋律，不要使对外广播偏离宣传改革这个主航道、中轴线。力求保持常态、常温。

其次，报道方法上不宜零敲碎打。一般应以阶段性、综合性、解释性、分析性报道为主。从正面解释“治理”、“整顿”（或其他什么）的确切内涵、背景、目的、范围、方式方法等。

必要时对于少数外国新闻媒介别有用心的歪曲、攻击予以批驳和澄清，以正视听，也是少不了的。

（原载《国际广播》1989年第2期）

（作者单位：中国国际广播电台）

加快报社内部管理体制改革

金靖中　纪广盛

随着经济体制和政治体制改革的不断深入，报社已沿用了几十年的现行内部管理体制，已越来越不适应，必须加快改革的步伐。

（一）

报社内部管理体制改革的迫切性，首先突出地表现在经营管理的需要上。报社现在主要是由两大部分组成，一部分是负责采写新闻和编辑报纸的编辑部，另一部分是负责报纸的产、供、销和经营的经理部。这两部分应是相互依存、协调发展的，没有前者不成其为报社，没有后者就失去了办报的经济基础。报业经营管理在整个新闻事业中，占有十分重要的地位。然而，长期以来由于历史的原因，这个地位没有被认识，我们有些同志只把经营管理部门当作报社的后勤服务部门。近几年，由于商品经济的发展，报社经营活动的开展，人们对经营管理在报社地位的认识，已起了很大的变化。然而，由于内部管理体制的束缚，经理部仍处于报社的中层地位，缺乏经营管理的决策职能。

现实情况是，商品经济的发展，对报业的经营管理提出了严峻的要求。我们应该承认，报纸是党和人民的宣传工具，报纸的社会效益是报社的政治任务和工作的中心，但是，也应该承认，报纸是具有特殊商品性质的商品。而报纸的商品性决定了它与社会的经济活动密不可分，是社会经济活动中的一个组成部分。在确定发展社会主义商品经济是国家的基本战略，改革、开放逐步深入的今天，过去那种用纸靠计划、要钱靠财政、发行靠党委的老办法，看来不容易行得通了。今后的发展趋势可能是，生产资料要靠自己采购，产品要靠自己推销，发行要靠自己去办，甚至还要照章纳税。这不能不说是对报社经营管理工作的一个挑战。如果经营管理搞不好，没有经济的支撑，报纸就失去了活力，甚至会无法保证报纸的正常出版。

另一方面，我们还要看到，报社印刷系统目前正处在设备更新、技术改造的新时期。现代化的设备、现代化的技术，需要现代化的管理和高素质的人才，而这正是报社的薄弱环节。就我们新华日报来说，进口了西德的三台高速轮转胶印机，电子照排机和其它平板胶印设备。但要使用、保养、维护好这些设备，充分发挥新设备、新技术的效益，需要做大量的艰苦工作。

同时，还要看到，随着新闻事业的发展，报社的财产有了很大增加。就拿我们报社的固定资产来说，已由1978年的467万元，增加到现在的4200万元。我们越来越感到报社的经营管理有许多事要做，而编委会心有余而力不足，领导力量不可能较多地集中对经营管理进行调研、探索和正确的决策。实践已向我们提出；迫切需要建立社一级经营管理机构，加强对经营管理工作的领导。

报社内部管理体制改革的迫切性，也表现在新闻改革的需要上。随着其它方面的改革，尤其随着政治体制改革和社会主义民主化的进程，新闻改革在坚持“一个中心，两个基本点”的正确前提下，需要逐步深入。党的十三大在政治体制改革方面，提出要“建立社会协商对话制度”，“重大情况让人民知道，重大问题经人民讨论”，“及时地、准确地、畅通地做到下情上达，上情下达”，“要通过各种现代化的新闻和宣传工具，增加对政务和党务活动的报道，发挥舆论监督的作用，支持群众批评我们工作中的缺点错误，反对官僚主义，同不正之风作斗争”，等等，这已为我们新闻改革指明了前进的方向。作为报纸，必须对新闻报道进行多方面的改革，既发挥报纸的引导舆论和舆论监督的作用，又为广大读者喜闻乐见。今年以来，新华日报在宣传方面作了一些探索和改进，效果比较好。读者一改过去的老看法，认为新华日报最近有看头、好看了。省长还给我们写了信，给予鼓励。但是，在报纸宣传的改革中，我们深深感到编委会需要集中力量研究报纸，而现在编委会却统管报社多方面工作，多数编委会议是讨论经营管理和党政工作，精力分散，心挂多头。这就很需要建立社一级专管宣传报道工作的编辑委员会，以区别于现在的报社最高领导机构的编委会。

报社内部管理体制改革的迫切性，还表现在改进思想政治工作的需要上。在商品经济发展的新形势下，编辑、记者在采编活动中保持廉洁、发扬新闻工作优良传统的问题，越来越明显地摆在我们面前。在经营管理工作中，在人员与外界的经济活动中，在内部的承包中，如何正确处理好公私关系问题，也越来越突出。近几年报社充实了大批青年，培养新一代的新闻工作者，新一代的报人，同样要提到重要议事日程上来。解决这些问题，除靠党和国家的法律、政策和报社内部的纪律、规章制度外，有大量的思想政治工作要做，这就要求从报社内部管理体制上进一步落实，既要充分发挥各级党组织的保证、监督作用；又要使各业务主管部门领导担负起思想政治工作的任务。

（二）

为了适应新闻事业发展和新闻改革的需要，我们认为在报社内部管理体制上，编辑部和经理部这两头都要着重加强，各形成决策力量，具有快速反应能力。因此，报社建立社长领导下的总编辑和总经理分工合作的“双轨”体制是合适的，也是可行的。我们可作这样的设想：

设全社性的决策机构——社务委员会。社务委员会由社长、副社长、总编、副总编、总经理组成。这是报社最高领导机构。党委机关报属党的序列，因此，社务委员会相当党委宣传部的部务委员会性质。

设编辑部的领导机构——编辑委员会。编委会由总编、副总编及委员若干人组成。这是编辑业务的日常领导机构。根据目前实际情况，编委会应保留原来的级别。比如省报的总编辑属正厅级。

设经理部的领导机构——经营管理委员会。经营管理委员会由总经理、副总经理及委员若干人组成。这是经营管理工作的日常领导机构。如果不设总经理、副总经理，可由一名副社长及委员若干人组成经营管理委员会。经营管理委员会应是副社级的建制。当然，和编辑委员会相同级别更好。

党政工作由一名副社长分管。思想政治工作，除党组织要抓好外，编委会、经管会都要摆到议事日程上，坚持“两手抓”的原则，在抓好业务工作的同时，抓好思想政治工作。

为了使社务委员会具有权威性，能把全社工作统起来，社长最好要由资历较深、管理水平较高、新闻业务较熟悉的同志担任。

报社领导体制实行“双轨制”，有利的方面是很多的。可以克服编委会管一切的领导体制存在的弊病。现在编委会管多头，绝大部分成员管报纸宣传，而经营管理方面的工作却经常要编委会讨论，占用时间较多，讨论问题并不深透，既管不好经营管理，也分散了搞好报纸宣传的精力。建立“双轨制”的领导体制，编委会、经管会各司其职，社务委员会决定全社性重大决策，这样的内部管理体制，我们觉得是比较顺当的。

报社设社长，从解放以来的几次

变化看，也是利多的。解放初，报社一般都设社长，只是后来学习苏联《真理报》的经验，改为总编辑负责制。那段时间里，经营管理一直未引起重视，编委会集中办报，矛盾并不突出。改革开放以来，经营管理地位上升了，编委会的“单轨制”明显不适应了。我们新华日报，从1988年1月起，又开始设社长，抓全面工作，让总编集中较多的力量办报，社长则多抽出力量抓经营管理。现在看来，还是好的，比较稳妥的。

再从解放前的报业情况看，报社一般也都设社长、总经理，把经营管理放在相当高的位置。

当然，实行“双轨制”，不是没有困难和矛盾。首先，设总经理，经理部的级别要提高，这在目前恐怕难以得到批准。如果总经理还处在报社中层干部的位置，经营管理的决策，势必要社务委员会代替。这样，参加社务委员会的总编、副总编的精力仍会受到牵制。第二，编委会、经管会各司其职之后，社务委员会的决策作用、协调工作显得更重要。如果编委会、经管会相对独立，社务委员会不能很好发挥决策、协调功能，那么，社委会将变成空架子，不利于报社的全局工作。这里的关键是社长、社委会要能统得起来。

（原载《新闻战线》1989年第9期）

（作者单位：新华日报社）

论“边区新闻”

张立人

近几年来，在大力发展社会主义商品经济的推动下，中央和地方的新闻单位，对于乡与乡之间、县与县之间、地市与地市之间、省与省之间，特别是几个省之间的接壤地区的报道多起来了。这类新闻可以称之为“边区新闻”，是新闻百花园中的一朵新花。

边界地区在四化建设中有特殊地位，开发边界地区信息资源十分必要。

边区新闻的出现不是偶然的，它是适应边界地区经济社会发展的需要而产生的。从人民日报等新闻单位已经报道过的晋冀鲁豫、闽浙赣皖、苏鲁豫皖、晋察冀、湘鄂赣、鄂皖赣等接壤地区来看，这些边界地区具有以下几个特点：

一是这些地区山水相连，阡陌相通，习俗相近，语言相似，历史上经济的联系就比较密切，但在产品经济模式下，传统的经济联系一度受到削弱。在改革、开放、搞活总方针指引下，地区割据开始被打破了，横向经济联系开展了，有的地方虽然地处偏僻，改革却先声夺人，涌现出不少新鲜经验。在这里，旧经济体制的弊端暴露得比较充分，新经济体制的优越性表现得很明显，自然经济向商品经济转化的过程生动、具体、曲折。可以说，每天都有新事物涌现出来。

二是这些地区一般都不是各省投资的重点，其中有的地方至今还没有摆脱贫困面貌。现在，这些地区的人民正发扬革命传统，主动联合起来，打一场经济上的翻身仗，有不少地方已经成立了跨省的经济协作区。把这些地区的信息传播出去，有利于吸引各方面加强对这些地区的开发。

三是这些地区治安情况复杂，个别地方历史上形成的水利等纠纷不断发生。在发展商品经济的今天，交界地区特别是省际之间交往频繁，一些新问题也随之出现了。如经济案件的处理、环境污染的综合治理、打击流窜犯罪分子的联合行动等等。在这方面，每天也同样涌现出不少新事物。

上述情况表明，及时反映这些地区正在发生的深刻变化，把“边区新闻”传播出去，不但对于这些边界地区的经济社会发展有积极的作用，而且对于经济较为发达的地区来说也是很好的促进。

边界地区有特殊性，“边区新闻”有丰富而独特的内容。

“边区新闻”的独特内容，大体说来，有以下几个方面：

——经济界人士、专家学者、领导干部，对边界地区经济社会发展战略提出建设性意见。这是区域经济的宏观信息，很能启发人们“宏观开窍”。

——打破咫尺天涯局面，发展横向经济联合，既要攀富“远亲”，又要帮穷“近邻”，扬长避短，共同发展。

——打破地区封锁，拆除关卡壁垒，发展边区贸易，搞活商品流通；同时要顾全大局，合作代替“攻防”，正确解决价值规律与地区分割体制的摩擦。

——促进长期扯皮问题的解决。搞活省际之间的交通运输；正确解决水利纠纷，联合治水，发展水运事业。

——工商、税务、财政、物资、金融等部门，打破条块束缚、深化内部改革，发挥经济杠杆作用，促进跨省区的商品流通。例如，避免“一百公里三道关；税交三省重收钱”的现象；改变邻省银行之间互不往来的局面，办理跨省结算业务，缩短资金流通时间，按商品的自然流向组织物资供应，变“舍近求远，层层调拨”为“就近调拨，由死变活”。

——总结推广本地有普遍实用价值的科研成果和发展经济的先进典型。接近性强，看得见，摸得着，收效快。

——跨地区发挥舆论监督作用。引导生产者和经营者端正经营方向；促进社会主义市场体系的建立。

——开展治安联防活动，加强社会治安综合治理。维护跨省承包者的合法权益，帮助受害者出省打赢经济官司。

——发展文化、体育、卫生、教育事业的协作和交流。如开展文化联谊活动，举办地方戏曲汇演、体育比赛和书法美术作品展出，联合防治地方病等。

——反映边区变化，主要是人的变化、生产力的变化和集镇建设的新貌。

改进思想作风，迈开双脚到边界

地区去采撷带露的鲜花。

“边区新闻”的特殊性，要求我们的编辑记者在思想方法和采访作风上来一个变革。

一是要站得高。长期以来新闻单位内部机构的设置，大都是同党政部门对口，记者也按条条分工，活动范围不广，视野不够开阔，往往只注意采访分工范围内的情况，因此就事论事的报道多。采写边区新闻就不同了，要站在全局的高度，从全面深化改革的总趋势，来观察分析边界地区的形势，发现报道线索。

二是要看得远。过去，记者习惯于纵向思维，只注意了解一厂、一店、一乡、一县、一地市、一个省的情况。采写“边区新闻”则要求横向思维，对同一个问题要同时了解相邻的几个厂、几个店、几个乡、几个县、几个地市、几个省的情况。作出横向和纵向的比较，历史和现实的比较。这样，才能写出有见解的报道。

三是要跑得勤。边界地区，离中心区域较远，多是穷乡僻壤，交通不便。这就要求记者不怕苦，不怕累，坚信“脚底板下出新闻”的真理，迈开双脚到边远乡村去、到群众中去，这样才能发现好的报道题材，写出有份量的稿件。

值得一提的是：在采写“边区新闻”方面，有些新闻单位已经迈出了可喜的一步。例如，安徽亳州市人民广播电台一记者，去年骑自行车沿亳州边界采访 33 个边远乡、76 个偏僻的村庄。济南人民广播电台 3 名记者，去年沿济南边远地区采访，途经 32 个乡镇，行程 1000 公里，在 30 天时间里，连续写出 29 篇文章 3 万多字。淄博日报 4 名记者，去年 9 月到 10 月，沿淄博边缘地带骑自行车采访，行程 1300 公里，50 天时间里，摄了 3000 余幅照片，精选出 100 幅作品在市博物馆展出，报上辟专栏发展文章近 30 篇，考察结束后，写了调查报告送市委、市政府参考。

改革新闻体制，主动为边界地区的经济社会发展服务。

现在的新闻机构大体上是按块块（行政区划）和条条（业务部门）设置的，新闻稿件大体上也只是反映块块和条条。这种体制同产品经济模式是相适应的。而“边区新闻”反映的是打破条块分割，发展社会主义有计划的商品经济的问题，这就不可避免地要求冲破原有的新闻体制的束缚，寻求新的与之相适应的新闻体制。几年来，从中央和地方新闻单位的实践来看，新闻体制的变革有以下几种形式：

一是中央新闻单位直接派出记者到两省或数省交界地区采访，写出重点文章或就重大问题发表评述。例如，去年 11 月 14 日人民日报发表记者写的通讯《大别山蚕农的心里话》，对湖北省罗田县和安徽省金寨县发生的蚕茧大战进行反思。12 月 3 日，发表记者的调查《“长邯大战”的前前后后》，对长（山西长治）邯（河北邯郸）公路上爆发的一场激烈的关卡大战，进行了分析，并加编者按语，对在公路上乱设卡、乱收费、乱罚款的现象提出了批评。

二是地方新闻单位打破地区界限，单独派出记者或与毗邻地区的新闻单位联合行动，“越位”到边界地区采访。浙江衢州报 1987 年组织 16 名记者分 4 个组除深入本市 5 个县的 54 个边缘山区乡镇采访外，还到毗邻的闽赣皖浙的 15 个县 24 个乡镇采访，历时 3 个半月，采写稿件 200 多篇。四川日报和甘肃日报的 4 名记者，前年 7、8 月间，沿着甘川边界联合采访，写出了《甘川边界行》一组报道。河南省南阳日报和湖北省郧阳报共同派出记者，调查了两省交界深山区某地农民合办砖场，引起两省税收部门争收税金的纠纷，报道了现行税收政策不尽合理的问题，促使了两省税收部门的重视并协调解决。

三是地方新闻单位打破地区界限，主动发展跨省的新闻联合，开展新闻协作，促进经济协作。例如，湘鄂川黔 4 省边界地区的 11 家报社从 1984 年起建立了协作会，加强宣传报道的协作。滇桂黔毗邻地区 4 家地报从 1987 年 10 月到 1988 年 3 月，已两次互换版面，各自介绍本地的经济情况，为促进经济协作服务。闽浙赣皖 4 省接壤地区 9 个地市的党报从 1984 年开始建立了每年一次经济报道协作会制度，同时在版面交换、信息互供、易地采访等方面展开频繁的协作活动。长江三角洲中小城市党报今年召开了第一次协作会。

四是按经济区域办报纸、办广播、办电视，出现了一些跨省区的新闻单位。以苏鲁豫皖接壤地区为例。1984 年夏天，由徐州日报、枣庄日报、开封日报和淮北报联合发出倡议，在徐州召开了苏鲁豫皖接壤地区新闻工作座谈会。到会的地市县报和企业报负责人经过协商，一致同意成立苏鲁豫皖接壤地区新闻工作协作会，加强经常性的协作（目前成员单位已发展到 16 个地市 30 家新闻单位），并通过安徽拂晓报的倡议，联合办一张经济新闻报。这张报纸在沟通 4 省邻区的经济信息方面发挥了有效而积极的作用。从 1987 年起，这一地区的 16 家广播电台和 17 家电视台也开展跨省协作，分别办起了《淮海消息》和《淮海之窗》两个专题节目，每周都联合播出。这样，在这一地区已初步形成了跨省区的报纸、广播和电视台协作网，共同为边界地区服务。除了苏鲁豫皖接壤地区以外，全国也有一些边界地区办起了报纸。1985 年 5 月，由邯郸市政府经济研究中心主办的《中原经济信息》报，是中原经济技术协调会的报纸，为晋冀鲁豫接壤地区 15 个地市的经济协作服务。去年，由内蒙、晋、冀接壤地区 12 个地市盟经济协作区协委会主办的经济周报，在张家口市创刊。这些跨省区的报纸、广播、电视，有不少具有“民间”色彩，既可以“声东”，又可以“击西”，在宣传报道上有很大的自主权。

上述这些形式虽然只是一些苗头，但都是在新闻体制上进行的可贵的探索。毫无疑问，随着商品经济的发展，由“边区新闻”引起的新闻体制的变革，必将越来越突出，我们应该认真地研究它，以利于繁荣社会主义新闻事业，更好地为边界地区的经济振兴服务。

（原载《新闻学会通讯》1989 年第 8 期）

（作者单位：江苏徐州日报社）

受众参与
——广播电视传播的大趋势

宋小卫

近年来,受众参与在国内广播电视的传播实践和理论研讨中留下了清晰的印迹。至少在节目编播评议领域,视听者参与的基本轮廓正缓缓出现,各地的听众观众已经不同程度地感受到了参与性节目的魅力。

我们广播电视事业的宗旨是全心全意为人民服务。尊重受众参与传播的权利并为之积极地创造实现的条件,本是广播电视工作主题中应尽之责。但是在相当长的一个时期,我们缺乏对受众权利的思考,极少将受众作为权利主体予以全面深入的考察,因此在受众参与方面的建树滞缓且时有反复。党的十一届三中全会之后,改革的大潮给中国社会的经济生活、政治生活和文化生活带来了强大的活力。与此同时,对外开放和交流使国内广播电视界的从业人员们眼界洞开,大家开始学习借鉴国外同行们包括受众参与在内的符合传播规律的业务技巧和传播理论,并根据国内的实际尝试着将其拿来为我所用。另一方面,我国广播电视的传播市场进入80年代之后已经覆盖了国内的大部分地区,听广播看电视成了人们日常的生活内容之一,频繁的传播消费逐渐培养起人们积极参与传播的心理素质。于是一股视听者参与的潮流应运而生,登上了广播电视传播的历史舞台。

目前广播电视领域的受众参与实践,主要集中在节目采编与视听者评议两个方面。在节目采编播这方面,如从内容上区分,主要有新闻性参与、娱乐性参与、服务性参与三种情况。新闻性参与是公民就某些新闻时事、社会问题,通过广播电视向听众观众表达阐述自己的观点、意见、建议或要求。象珠江经济广播电台的《一家之见》、《客论广东》节目,上海电视台杂志型电视新闻专栏节目《新闻透视》中的《大家谈》、《观众中来》、《我与上海》等栏目,就具有较强的新闻性参与色彩。娱乐性参与则是人们作为听众观众加入电台电视台各类文娱节目的采编播过程。各地电台电视台举办的点播类音乐戏剧节目,知识智力竞赛、竞猜、游戏节目,为娱乐性参与提供了众多的机会。服务性参与是指听众观众作为服务者或受益者参与广播电视的各类服务性节目提供咨询,解答知识,交流经验,互通信息。

如从参与形式上看,受众在节目采编播方面的参与又可分为直接参与和间接参与两种类型。直接参与是电台、电视台运用录音、录像或实况转播,将参与者的音像直接传播给听众观众。这种参与形式真实生动,富于鲜明的情感色彩和交流气氛。但要掌握一定的专业技术和设备,传播者要有较纯熟的设计组织水平,参与者也需具备起码的参与素质。珠江经济台和吉林市电台设置的《热线电话》、《听众电话》可以说是直接参与的较典型的形式。间接参与是由电台、电视台的传播者(编辑、主持人、播音员)在广播电视中如实地转播代述听众观众的函电投诉,并给予相应的处理解答。这种参与形式容量大,操作简便,但感知效果略逊于直接参与,并要求大部分参与者具有一定的文字表达能力。各省市电台、电视台开办的《听众信箱》、《听众之友》、《观众服务台》之类的节目就主要采用了间接参与的形式。

当然,我们不能仅仅从参与形式评估其传播效果。一个好的间接参与型节目可能比一个一般化的直接参与型节目吸引到更多的视听者。各地电台、电视台的传播实践表明,办好一个参与性节目,在采编播这几个环节至少应该明确以下几条原则。一是社会效果原则:各种参与性节目的内容和选题应当能够满足人民在政治、经济、文化和社会生活领域内的正当的、迫切的认知需要、参与需要及娱乐需要,引发人们的共同兴趣,产生积极的收听收视效果。二是参与自主原则:人们的参与行为是自愿的而非奉命的,言论是自主的而非指定的。这样才真实可信,否则便违背了人们参与的初衷,抽掉了参与性节目的活力。三是平等参与原则:要求传播者与参与者之间,参与者同参与者之间平等相待,公平分配表达表现的机会和时间。由于我们的视听格局越来越向着家庭化、个体化方向发展,听众观众的视听感和体验日益敏锐细腻,那种高高在上,发号施令,好为人师的作法极易招致人们的逆反心理,同时也会冲淡人们的参与热情。四是广泛参与原则:电台电视台应吸引尽可能广泛的对象参与传播。有领导干部也有普通群众,从不同职业到不同地区,从不同的年龄到不同的利益阶层,广而纳之。这样就可以把参与性节目办得生动活泼,丰富多彩,并充分发挥广播电视在社会协商对话中的重大作用,调节不同的社会利益群体之间的矛盾,使上下之间,党群之间,群体之间相互沟通、理解,发展安定团结的局面。

在受众参与评议方面,目前广播电视界的尝试主要在节目评议和传播者(记者、主持人、播音员等)评议两个领域展开。节目评议的参与就是听众观众通过一定的渠道对电台、电视台的各类播出节目评判议论,发表自己的看法。比如中央电台、中央电视台以及一些省市电台、电视台近年来开展的听众观众评选自己喜爱的、优秀的各类播出节目的活动,吸引了众多的群众参加,获得了丰富的第一手资料。有的电台、电视台还开始动员、征求社会上广大群众对本台工作人员的工作质量、职业道德进行评议监督。例如中央电视台、上海电台、陕西电台曾举办评选优秀节目主持人、优秀播音员的活动,不少电台、电视台也开始设立监督电话,动员社会力量监督举报本台工作人员的违反职业道德的行为。这种受众参与评议的活动,开辟了一条广播电视信息反馈的新渠道,对进一步提高节目质量,促进广播电视工作的改革，开展听众观众研究，都起到了积极的推动作用。

当然，总体上看，国内广播电视受众参与的实践尚有待于进一步深化和完善。不足之处主要表现为：(一)发展很不平衡。有所创树、开风气之先的电台、电视台为数不多，主要集中在北京、上海、广东等地区，其它一些省市台相形之下缺乏创新，步子不大。(二)新闻性参与较为薄弱。对热点内容和群众关心的内容抓得不够，缺乏有一定深度的名牌节目。(三)理论研究滞后，许多同志仍然仅仅把吸引客体积极参与宣传，视为提高宣传效果的手段，而忽略了从权利主体的角度认识受众参与的现实意义。(四)参与层次还有待于从采编播与评议领域向参与决策等更高的层次发展。

另一方面，我们也要看到，广播电视的受众参与的实践活动还要受到社会政治经济发展水平的影响和科学技术水平的制约，它不可能超脱主客观条件孤军深入走得很远，但是有一点是十分明确的：由于前面所言及的那些背景、条件不断的发展、成熟，受众参与已经成为广播电视传播的一大趋势，我们只有积极地投身其中，才能跟上新时期改革浪潮的步伐，更好地完成为广大听众观众服务的历史使命。

(原载《中国记者》1989 年第 9 期)

(作者单位：中国社会科学院新闻所)

·新闻学论文摘要·

舆论错误导向引起的思考

在 1989 年春夏之交发生的关系党和国家前途和命运的惊心动魄的斗争是值得我们进一步反思的。正如邓小平同志指出的，"这次事件爆发出来，很值得我们思索，促使我们很冷静地考虑一下过去，也考虑一下未来。"

这次事件向我们提出了许多尖锐的值得深思的问题。舆论导向平时不会引起人们的特别注意，但在社会矛盾斗争激烈时就会形成尖锐的对立。港台报刊登的都是支持动乱和暴乱的照片，但拿不出一幅被击毙的反革命暴徒和被误伤的群众有类似解放军战士惨死的照片。这些资产阶级报刊不是宣称它们享有新闻自由，报道都很客观、很公正吗？为什么不登一幅解放军战士被反革命暴徒残杀的图片？不难看出，在激烈的政治斗争中，舆论导向的尖锐对立是客观存在着的事实，而舆论导向的不同，又取决于不同的立场。

美国反动势力的立场是什么？美国前国务卿杜勒斯早在 50 年代就把"和平演变"的希望寄托在我们党的第三代第四代身上。到 80 年代末，美国仍然有当权者宣称他要作"共产主义试验的最后篇章结束的见证人"。这说明国际垄断资本主义要摧毁共产主义事业的根本战略没有丝毫改变。

中国共产党人的立场是什么？中国共产党的根本战略是实现共产主义，解放全人类。共产主义是无产阶级的整个思想体系，同时又是一种新的社会制度。它区别于任何别的思想体系和社会制度，是有人类历史以来最进步最合理的。它将最终取代资本主义。这就是我们观察世界风云的根本立场。

国际垄断资本和我们共产党人的不同的根本战略都不会因为不同时期采取不同策略而改变。

问题是美国反动势力亡我之心不死，而我们中却有人忘记了共产党人的根本战略，被一些暂时现象所迷惑，以为资本主义"一切都好"。他们忘记了马克思主义共产主义的试验，不仅使资本主义的思想体系和社会制度在十余个国家进了博物馆，而且使贫穷落后的半封建半殖民地的旧中国变成了新中国，使我们的国家摆脱了任人宰割的奴隶地位，使我们的人民摆脱了"东亚病夫"、任人蹂躏的悲惨处境，从此有了人的尊严，在世界上真正站起来了。这样的试验，还由于大批共产党人毫不利己专门利人的高尚行为，影响整个社会夜不闭户、安居乐业，到处充满团结互助的同志情谊。近些年，人与人之间的同志情谊被庸俗"关系学"所代替，正是由于某些领域放弃了用共产主义思想作指导，让剥削阶级的腐朽意识和极端个人主义占领了思想阵地。正由于有的人看不清这些问题的本质，动摇了根本立场，才会去搞错误的舆论导向，有的甚至成为可耻的杜勒斯所期望的"第三代第四代"。

由此可见，要从根本上解决舆论导向的问题，就要坚持用马克思主义世界观武装我们新闻工作者的头脑，然后通过新闻媒介，不断传播只有用马克思主义的立场、观点、方法分析问题才能正确认识世界和改造世界的活生生的事实，用正确的舆论影响群众。造就一代为伟大壮丽的社会主义现代化建设事业英勇奋斗的有理想、有道德、有文化、守纪律的新人。如果我们用低级庸俗的精神产品去毒害人们的灵魂，造出大量人的"废品"，那就会成为剥削阶级腐朽精神产品的叫卖者和时代的罪人。

(宁夏新闻学会　顾　页)

(原载《宁夏日报》1989 年 8 月 10

日）

坚持马克思主义新闻学的基石——喉舌论

（一）

“喉舌论”是马克思主义新闻学的基石。正因为如此，坚持资产阶级自由化立场的人，在新闻领域里，总是把他们攻击的矛头直接指向“喉舌论”。

新闻媒介作为一种舆论工具，从来就是某个政党或政治集团的喉舌，古今中外，概莫能外。在当今世界里，有没有一种新闻舆论工具(如报纸、通讯社、电台、电视台)谁的喉舌也不当，成了超党派的传播媒介呢？这种情况，过去、现在都不会出现。

新闻界的某些人一听到“报纸是党和人民的喉舌”，就特别反感。他们把“喉舌论”贬斥为“器官论”，说什么“我们是独立的人，不做别人的器官”。他们还试图用资产阶级的“传播论”代替马克思主义的“喉舌论”，说什么“新闻媒介的基本功能是传播信息，而不是成为什么人的喉舌”。诚然，新闻要传播消息，但传播什么样的信息，怎样传播信息，为谁传播信息，传播信息要达到什么目的，所有这一切，难道不正是由你这个新闻媒体是哪个政党的喉舌来决定的吗？为了把“喉舌论”从马克思主义新闻学中排挤出去，他们还给“喉舌论”加上了许多莫须有的罪名，说什么“喉舌论”“贬低了记者的地位”，“影响了记者的创造精神”，“束缚了新闻事业的发展”，“阻碍了新闻改革的进行”。因此，他们下决心要搬掉“喉舌论”这块“绊脚石”。

党的报纸应成为党和人民的喉舌，是由党报的性质和职能决定的。作为一个共产党员，党把我们派到新闻岗位上工作，要我们好好地充当党和人民的喉舌，这是党的事业的需要，是党对我们的信任，也是我们的光荣。有些不愿当、也不想当党和人民喉舌的人，竟然堕落到了充当动乱和反革命暴乱吹鼓手的角色，成了他们的喉舌，这样的结局多么可悲！

（二）

在动乱期间，“高自联”的头目和新闻界某些人公开打出“新闻自由”的口号。一时间，“新闻自由”的口号喊得震天响。这个口号带有极大的煽动性、虚伪性和欺骗性。有两种新闻自由，一种是社会主义的新闻自由，一种是资产阶级的新闻自由。我们保护社会主义新闻自由，反对资产阶级新闻自由。

在动乱中，特别是反革命暴乱中，那些煽动者、策划者、指挥者所要求的“新闻自由”，乃是造谣诽谤的自由，歪曲事实真相的自由，丑化党和国家领导人的自由，反对共产党领导的自由。这是不折不扣的反党反人民反社会主义的“新闻自由”。我们绝不许他们有这种“新闻自由”。

（三）

长时间以来，在新闻界存在着党性和人民性问题的争论。主张自由化的人极力鼓吹“人民性高于党性”。他们把人民性同党性对立起来，似乎党性代表不了人民性。他们还假设，当着党性同人民性发生矛盾的时候，记者就要用“人民性”来代替党性，以维护人民的利益。他们的这种观点是荒谬的，是根本站不住脚的。

与这种党性和人民性的对立性观点相反，我们主张党性和人民性的一致性的观点。共产党员的党性指的是党的利益高于一切，一切服从党的利益。全心全意为人民服务，是我们党的唯一宗旨。为全中国人民求解放、谋幸福，是我们党的奋斗目标。人民的最大利益就是我们党的最高利益。除了人民利益之外，党没有自己的特殊利益。从这个意义上说，党性和人民性在本质上是一致的。在中国，只有中国共产党才是中国人民最大利益的维护者和代表者。

错误的理论把人们引向错误的方向。在这次动乱和反革命暴乱中，新闻界的某些人把“人民性高于党性”拿来实践一番。结果是：他们的党性完全丢失了，他们的“人民性”原来反映的只是极少数资产阶级自由化人物、动乱分子和反革命暴乱分子的“心声”。这充分证明，“人民性高于党性”的观点，是一个反对马克思主义的观点。

我们党的新闻工作者，必须十分明确：我们，第一是共产党员，第二才是新闻记者。这个顺序是不能颠倒的。颠倒了，就会犯错误。

（四）

在动乱中还有一个蛊惑人心的口号，就是要求新闻报道要“客观公正”，要“敢讲真话”。他们打着“客观公正”的幌子，掩盖或歪曲事实真相，编造谎言，甚至造谣生事，以达到不可告人的目的。

新闻是对新近发生的事实的报道。事实第一性，新闻第二性。报道要以事实为依据。记者要尊重事实，忠于事实。切不可歪曲事实，更不可编造事实。但这不等于说，记者在选择事实时，不带有任何的思想政治倾向性。我们选择这样的事实，而不选择那样的事实；报道这样的事实，而不报道那样的事实，是考虑到对国家、对人民、对大局是否有利。

从表面上看，鼓吹新闻要“客观公正”的人，似乎主张新闻要“不偏不倚”。这可能吗？在世界新闻史上，纯客观的报道，虽不能说没有，但也是极少的。有些事实的发生，如轮船翻沉、飞机失事、火车相撞等，不牵涉各方的政治利害关系，只是在特定的范围内进行客观报道，是可以的。然而，这样的事实终究不会太多。而且这种报道的多与少，以及如何报道，也可以反映一种政治倾向。一旦在新近发生的事实中，涉及各方的政治经济利益，不站在任何一方、不维护任何一方的利益，这种“不偏不倚”的报道是不存在的。

新闻要“敢讲真话”，也是一个很能迷惑人的口号。新闻当然要讲真话，不讲假话，这是不言而喻的。但什么是真话，什么是假话，立场不同，看法迥异。由学潮发展到动乱，已是铁的事实，然而那些“敢讲真话”的人，硬说成是“爱国民主运动”，这难道不是说假话吗？解放军奉命进城实行戒严，本是一件大好事，然而那些“敢讲真话”的人硬是造谣说“镇压人民”，这难道不是说假话吗?配合北京的动乱和反革命暴乱,国际反动势力掀起一股反华反共浪潮,公开干涉中国内政,然而那些“敢讲真话”的人,硬说这是“国际声援”,这难道不是说假话吗?高唱新闻要“敢讲真话”的人,满嘴说的都是假话,有谁相信他们会“讲真话”呢?

(辽宁省新闻学会　赵　阜)

(原载《人民日报》1989年10月27日,摘自《东北经济报》)

坚持新闻工作的党性原则

在历时近两个月的从学潮到动乱乃至北京反革命暴乱的政治风波中,新闻界同其他各界一样,经受了一次严峻的政治考试。经历了这场风波,新闻界在冷静地考虑过去,考虑未来,认真总结经验教训。我认为,在这场严重的政治斗争中,一些新闻单位舆论导向出问题,从新闻界自身说,不是偶然的,是一个时期以来资产阶级自由化思潮在新闻界泛滥的结果。这些年来,新闻界的某些人,利用各种场合、各种机会,大肆鼓吹资产阶级新闻观,否定马克思主义新闻观,造成严重的后果。就我所知,他们的论点,表现在以下几个方面:

1、片面强调“人民性”,把新闻的党性与人民性对立起来,否定新闻的党性原则。

2、要求绝对的新闻自由。在一些新闻理论讨论会上,在一些新闻学术刊物上,要求“新闻自由”的呼声很高,甚至有人提出要自主办报、私人办报,以“文责自负”向党要权。

3、反对作党和政府的喉舌。只讲(我说的是“只讲”不是“不可以讲”)“传播媒介”,反对“喉舌”论。

4、强调报刊、广播、电视的多功能,淡化舆论宣传、舆论引导的主功能。淡化新闻的指导性的提法,反对新闻宣传为党的中心工作服务。

5、在文艺宣传上,强调娱乐性,只讲迎合,不讲引导,否定文艺节目对人们潜移默化的影响作用。

除了上述一些资产阶级新闻观的思想论点,还有一个不能忽视的现象就是,在资产阶级自由化思想的影响下,拜金主义、“一切向钱看”的思想侵蚀着我们的新闻队伍,出现了以自己掌握的手段谋私等不正之风和其他腐败现象,这实质上是一种“权钱交换”的丑行。少数人职业道德不好,损害了党的新闻工作者的形象。

新闻界是受资产阶级自由化思潮影响严重的“四界”之一。由于受资产阶级自由化思潮的侵袭,我国在长期革命斗争和社会主义建设实践中形成的正确的新闻理论观点被搞乱了,在新闻界造成了思想混乱,给社会主义新闻事业造成了严重的危害。痛定思痛,很需要通过学习十三届四中全会文件,联系实际,总结过去,思考未来。我认为,有这样几条经验教训,值得吸取。

①**广播电视工作必须认真贯彻党的基本路线,全面地坚持“一个中心、两个基本点”**。广播电视宣传必须坚定不移地坚持四项基本原则,反对资产阶级自由化,绝不能离开这个根本方向。这个斗争是长期的,我们必须清醒地认识这一点,千万不要忘记在这次动乱、暴乱中用血换来的教训。与此同时,我们也必须认真坚持贯彻执行改革开放的总方针。对于广播电视事业来说,不坚持改革开放就不能得到繁荣和发展,从而也就不适应广大人民群众和社会主义现代化建设的需要。新闻需要改革,广播电视需要同外界的合作和交流,自我封闭是不行的。两个基本点的坚持要做到相辅相成。

②**新闻工作必须坚持党性原则,自觉地服从党的领导,当好党、政府和人民的喉舌**。坚持新闻的党性原则是新闻事业的一条根本原则,这也是马克思主义新闻观的一个最基本的观点,任何时候任何情况下都不能动摇。我国新闻事业的社会主义性质决定它必须在党的领导下,以宣传马列主义、毛泽东思想和党的路线、方针、政策为己任,以教育、鼓舞全党、全军和全国各族人民建设社会主义物质文明和精神文明为根本任务。党性和人民性从根本上讲是一致的,鼓吹资产阶级自由化的人把两者对立起来,企图以人民性否定党性,企图使社会主义新闻工作摆脱党的领导,这在政治上是荒谬的,在实践中也是行不通的。

党性原则决定了我们的新闻是党、政府的喉舌;由于党是人民利益的最高代表,和人民的根本利益的完全一致性,因此,党和政府的喉舌也是人民的喉舌。

③**任何情况下都要注意保持正确的舆论导向,把符合党和人民的根本利益的社会效益作为检验和衡量新闻工作的标准**。党的十三届四中全会明确重申,党的改革开放的总方针不变。新闻改革要随着政治体制改革而进行,现在反对资产阶级自由化不是要回到过去那种封闭式的老路上去。新闻需要继续改革,新闻内容也需要继续深入开拓,但是一定要注意把握好宣传基调,要坚持正确的政治方向,同党中央在政治上保持高度一致,搞好舆论引导。

与把握宣传基调相联系的一个问题,就是新闻要坚持以正面宣传为主的原则。进行舆论监督,揭露工作中的失误和社会上的阴暗面,不是为揭露而揭露,而是着眼于解决问题,促进工作,有利于安定团结,增强人们实现社会主义四个现代化的信心,有利于治理整顿和改革开放的顺利进行,有利于维护党中央、国务院的权威。

④**加强新闻队伍建设**。从这场政治风波中,使我们进一步感到,一支政治素质好、业务能力强的新闻队伍对于党的新闻事业是多么的重要。加强队伍建设,首先是组织全体工作人员认真学习好党的十三届四中全会文件,特别是邓小平同志的重要讲话及有关反对资产阶级自由化的文件。第二,要加强马克思主义理论学习。掌握马克思主义的立场、观点和方法。这是我们的基本功。第三,加强廉洁教育,搞好职业道德建设。抓“以稿谋私”和“向钱看”的歪风邪气,发现案件认真查处。第四,改进和加强管理工作,健全和严格执行规章制度,严格宣传纪律、工作纪律。队伍建设应把对青年同志的培养教育作为重点,使我党的新闻工作的优良传统和

作风一代一代传下去。

（作者：河北省广播电视厅　郜永堂）

（原载《视听月刊》1989 年第 7、8 合期）

舆论监督要坚持鲜明的党性原则

报纸、广播、电视等新闻媒介的舆论监督是一种公开的监督。鉴于此，新闻媒介在开展舆论监督时就不能不持既要大胆、又要谨慎的冷静、稳重的态度。怎样才算大胆不“过”，又怎样才算谨慎适“度”？最重要、最根本的就是要牢牢地掌握一个尺度，这个尺度就是党性原则。

为了使我们的舆论监督确实能坚持鲜明的党性原则，我认为有这样几个非常重要的问题需要切实加以重视：

（一）党委要加强对新闻媒介开展舆论监督的领导。

（二）要严格地依照和遵循党的方针政策和国家的各项法律去实施舆论监督。

（三）要谋求舆论监督的最佳社会效果。党报是党和政府的喉舌，同时也是人民的喉舌。党报的这一根本性质，要求党报上的批评应当是建设性的，它应当有利于贯彻党的路线、方针和政策，有利于维护保持和发展安定团结的政治局面和社会环境，有利于密切党和群众的关系，有利于提高党的威信，有利于提高群众建设现代化事业的信心和热情。如果报纸上的批评不坚持这几个“有利于”，相反却变成了几个“有害于”，那么这样的批评就肯定站到党和人民的对立面上去了。

（四）要时时注意控制舆论监督稿件的数量和规模。

（五）新闻单位应主动地经常地多渠道地接受社会的、群众的、各级领导机关的监督。在我们的国家，监督总是互相的。舆论监督了别人，别人也要监督舆论。因此，新闻单位、新闻从业人员，要主动地、经常地、多渠道多方面地搜集信息反馈，多听听各方面监督舆论的意见，谁若轻视、忽视、排斥、拒绝接受来自社会各个方面的监督，谁就在实施舆论监督中永远摆脱不了主观唯心主义的困扰和折磨，只能在孤苦、彷徨的沼泽地里挣扎、呼喊，越陷越深。

（青海日报　陈秉智）

（原载《青海新闻工作》1989 年第 2 期）

坚持四项基本原则与记者的自主意识

一段时期以来，新闻自由成了新闻“改革”的热门话题。在资产阶级新闻自由思潮的影响下，一些人提出记者“要对自己的主体意识彻底觉醒”，“将创造主体的内在能量充分释放出来，将自身价值发挥得淋漓尽致”。他们把宣传党的基本理论，宣传党的纲领、路线、方针、政策，作为“紧跟意识”，并以文化大革命中的教训为口实，把“紧跟意识”与“自主意识”对立起来，认为“紧跟意识”导致记者自主意识的失落，“记者的道德、理想、人格，以及价值取向、行为样式也随之异化。”他们张扬个性，提倡记者“树立发展个性观念，解放个性。”凡此种种观点，都自觉或不自觉地造成了新闻理论上的混乱，助长了资产阶级自由化思潮在新闻阵地的泛滥。

在我国的新闻改革中，存在着两种新闻观的对立，即以坚持四项基本原则为指导方针的改革，还是朝着资产阶级自由化方向的“改革”。我国的新闻改革必须坚持四项基本原则，这是社会主义中国的国体、政体和无产阶级新闻事业的本质特征所决定的。四项基本原则是我国新闻事业的立业之本，改革开放是我国新闻事业的振兴之路。二者是一个统一的整体，不可分割，不可偏废。我们的新闻改革，偏离四项基本原则，就会出乱子，就会出现舆论的错误导向。在实践中，我们只能坚持社会主义新闻改革的正确方向。

社会主义国家的新闻单位是党和政府的耳目、喉舌；是人民的耳目、喉舌，是党和政府联系人民群众的纽带和桥梁。在这些新闻单位工作的记者的重要任务是正确地、坚定不移地宣传党的路线、方针、政策。我们不能借口十年动乱期间，林彪、江青反革命集团肆意践踏我国新闻事业的教训，否定记者正确的政治方向，并把它作为“紧跟意识”与坚持四项基本原则对立起来，更不能把坚持四项基本原则作为“记者心理上的制约因素”加以破除，实现“自我突破”。他们要破除的这种“制约因素”，正是中国记者阶级性质的特征，是中国记者的优良传统。

记者进行采访报道，必须独立思考，发挥自主意识。但是，记者的自主意识受制约于阶级意识，不管你承认不承认，它总是带有鲜明的阶级色彩。

中国记者的自主意识，只能立足中国，立足现实，决不是一种理想的超越。任何背离四项基本原则，离开社会主义性质和方向的记者自主意识，其“充分释放出来的内在能量”，必然是极端个人主义和无政府主义，是对社会主义的腐蚀和侵害。

我国新闻机构是在党的领导下，独立地进行工作的。各级新闻机构从来都鼓励记者充分发挥自主意识，创造性地完成采访报道任务。我们说的记者自主意识，是指记者如何运用新闻手段为社会主义服务，为两个文明建设服务。这是记者在采访实践中的一个严肃的政治原则问题，决不是轻率的不负责任的行动。

记者的个性，是指记者个人稳定的心理特征（如性格、兴趣、爱好等）的总和，是每一个记者在生理素质的基础上，在一定社会历史条件下，通过实践活动形成和发展的。人们的个性受阶级性的制约，但由于同一阶级的人们所经历的具体生活道路各不相同，所以每一个人的个性会有其不同于别人的特点。我们说发扬个性，就是要发挥记者不同于别人的特点，发扬自己的个性风格，通过自己创造性的工作，使党的思想观点，主张办法，党的方针政策迅速、广泛、准确、生动地同群众见面。

在改革开放的大潮中，新闻界要特别警惕资产阶级新闻理论的侵蚀，不能自觉或不自觉地宣扬“自我中心”、“自我设计”、“自我实现”那一套腐朽的思想观点。有人描绘“不受制于世俗的影响”，“个性完满的自由表现”的记者形象是：“我就是我，一个记者，一个由我担任的记者。说话写文章，观点态度是我的。……我不代表党委和政府说话。……我有自己偏爱的题材，有我认识事物的逻辑习惯。我的作品诉诸社会，文如其人。……在社会活动中，我没有必要戴上政府官员的面具，我愿将真实的自我一览无遗地暴露于受众，与受众真诚交往互相理解。”并且断言，“只有这样，我们的舆论环境才会变得活泼生动”。这种个性解放的记者形象，不仅在社会主义的中国，就是在西方资产阶级国家也是很难找到的。如此缺乏自我解剖精神，缺乏实事求是的自我认识的张扬个性，必然形成一种“普天之下舍我其谁?”的心态，这就不可能不产生偏执情绪，偏执行为。他们认为坚持党性原则是记者个性的异化，遵守党的组织原则和宣传工作纪律是对记者个性的压抑，这就必然会离开党和人民，离开社会主义方向，为披着改革伪装以售其奸者所蒙骗，自觉或不自觉地与资产阶级自由化思潮呼应、合流。

社会主义新闻事业的发展，取决于新闻工作队伍的素质，特别是处于第一线的记者队伍的素质。记者的素质直接关系到记者自主意识的正确发挥。

记者要正确发挥自主意识，就要结合实际学习马克思主义，坚持运用马克思主义的立场、观点和方法，去观察、分析、判断现实生活中千千万万的新闻事实，作出有价值的报道，而决不是单凭什么“个人奋斗，另辟蹊径”，“将创造主体的内在能量充分释放出来”所能奏效的。

理论修养是记者正确发挥自主意识的必备条件，同时还要加强知识修养、道德修养、作风修养。如果没有广博的知识，良好的职业道德和作风修养，是很难胜任记者工作的，也是很难充分发挥其自主意识的。

创新意识是记者可贵的职业素质，是记者自主意识的内涵。

社会主义国家新闻记者的自主意识，是与社会主义国家经济的发展、民主政治的建设以及人民思想文化水平的提高分不开的。在民主和法制的轨道上，如何发展社会主义的新闻自由，发挥社会主义国家新闻记者的自主意识，是当前新闻理论研究中的一个重大课题。

（湖南省广播电视厅　余以均）

（原载《声屏学报》1989 年第 4 期）

舆论监督与舆论环境

社会主义中国正处于治理整顿、深化改革的关键时期，新闻工具担负着引导舆论的重大责任。为了更好地引导舆论，很有必要对党的十三大以来实行舆论监督的经验加以认真总结，把舆论监督工作提高到一个新的水平。

实施舆论监督也有一个舆论环境问题；而良好舆论环境的形成，又要靠舆论监督的推进。舆论环境，包括外环境与内环境两个部分。关于改善外环境，我们认为：

实行舆论监督，有赖于领导机关与领导同志的理解。新闻媒介在实行舆论监督中，反映人民群众的呼声、要求和愿望，揭露工作中的矛盾、党政机关某些环节的腐败现象和社会上的不良风气，目的在于更好地贯彻执行党的方针政策，实现决策的科学化、民主化，克服官僚主义，密切党群关系；在于促进改革开放，推动“两个文明”建设，维护安定团结的局面，与党、政府和人民群众的奋斗目标、根本利益是完全一致的。但是，有些同志总担心舆论监督会引起混乱，给他们的工作造成被动，甚至把揭露、批评性报道视为“抹黑”、“拆台”，产生反感和抵触的情绪。当然，随着舆论监督的经常化，许多开明的领导对新闻界的工作表示理解，把新闻媒介的批评报道视为推动工作的有力后盾，常能抓住报上揭露的典型举一反三，带动其他问题的解决，这是很可喜的现象。

实行舆论监督，有赖于群众的支持。广大人民群众是热情欢迎舆论监督，积极参与舆论监督的。编辑部每天都接到许多读者来信来访，为新闻媒介提供了丰富的报道线索，使舆论监督建立在坚实的群众基础之上。但是，群众中也存在某些影响实行舆论监督的障碍。一种是有的人在反映自己的问题时，往往带有强烈的感情色彩和倾向性，有时甚至夸大和歪曲事实真象；一种是在一部分群众中还存在着“左”的影响，认为谁被报纸点了名，非倒即臭，永世不得翻身。这两方面的问题，都需要在实践中加以引导和解决，使人们真正站在党和人民利益的立场上支持舆论监督。

实行舆论监督，还有赖于法律的保证。这项工作有两个方面，一是以法律保障新闻媒介的舆论监督权，一是以法律防止滥用舆论监督权。

舆论监督的内环境，是指编辑部要敢于和善于实行舆论监督。内环境的建设主要是从总编辑到每一个编辑、记者，所有采编人员素质的建设，包括革命胆识、思想作风、理论政策水平、业务技术能力诸方面的内容。关于改善内环境，我们认为：

首先是要敢于进行舆论监督。采编人员，特别是新闻单位的领导同志要有使命感，正义感，坚持真理，敢于碰硬。新闻单位不是生活在真空之中，各种关系网都会延伸进来。新闻单位作为一个社会实体，也有求人之处。因此，要做到一个“敢”字，并不容易。各种各样的阻力，甚至“威胁、利诱、造谣”，都会碰到。没有“敢”字当头的精神，有时是难以顶住的。

其次要善于进行舆论监督。舆论监督招惹了诸多麻烦，有些是由于我们的工作有缺点而引起的，如何善于实行舆论监督？我们的体会是：

一要明确实施舆论监督的根本目的。揭矛盾，提问题，实行舆论监督，主要是为了探究矛盾，分析问题，以利于社会主义民主的建设和“两个文明”的建设。

二要明确舆论监督的主体。主体是人民群众，新闻媒介只是载体。编辑、记者充其量只不过是人民群众中的普通一员。我们认为，相信群众，相信读者，客观具体地叙述事情的真象和经过，让读者自己去判断，往往比记者直接出面去评判是非更易为人所接受。这样也可更好地反映舆论监督的主体作用。

三要明确舆论监督的生命在于真实。无论是表扬还是批评，事实都必须准确。揭露、批评性的报道尤其如此，因为这毕竟不像表扬报道说一点过头话那么令人舒服。舆论监督不真实的表现，一是情节、细节不真实；二是对事件性质的认识不准确；三是片面性、绝对化，说好则一切都好，说坏则一切都坏；四是时间、地点、人物姓名、用词遣字、标点符号的差错，等等。失实的原因，或思想方法缺乏辩证法；或职业道德有问题，滥用舆论监督权；或受到外界的干扰，影响采访的深入；或工作作风粗枝大叶，在采编、校对、印刷过程中出现差错。真实，才能立于不败之地，才能避免因"小小的笑话"而导致读者对整个报道的怀疑。

这里，特别需要提出来引起注意的是新闻工作者的职业道德问题。现在，请客送礼之风颇盛。社会上的不正之风，必然也会反映到新闻队伍中来，稍不注意，就有失记者的"良知"，败坏舆论监督的声誉，不能不引起我们的高度警惕。

（福建日报　黄种生）

（原载《新闻战线》1989年第1期）

论"灌输"

灌输，现在成了一个贬义词，在宣传工作中被许多人批评、否定。批评的意见大体有：

灌输，使传者、受众处于一种不平等的地位。

灌输搞的是单向传播，不重视、以至不允许有反馈。

灌输助长形式主义。

作为一种宣传方法、宣传艺术，建国以来的实践表明，灌输确实是无所可取的。特别在"左"的思想、路线占统治地位的年代，灌输的内容本身就是错误的，违背客观规律的，违反人民利益和意愿的，灌输所起的作用就更加恶劣。经过拨乱反正以后，在新的艰巨复杂的改革、建设任务面前，人们摒弃灌输是完全可以理解的。

现在需要探讨的一个问题是：灌输，如果不是就宣传方法、宣传艺术而言，而是就特定的宣传内容而言，该不该否定？也就是说，原则意义上的灌输，还要不要？

所谓"原则意义上的灌输"，是指"灌输"一词本来的理论涵义。——众所周知，"灌输"一说，是列宁在《怎么办？》一书中（1903年写）最先提出的。列宁说，"工人当时（指19世纪90年代的俄国——引者）也不可能有社会民主主义的意识，这种意识只能从外面灌输进去。""阶级政治觉悟只能从外面灌输给工人，即只能从经济斗争范围外面，从工人同厂主的关系范围外面灌输给工人。"①其实，更早地提出"灌输"一语的并不是列宁，而是考茨基和奥地利社会民主党纲领。列宁在《怎么办？》中就引用了考茨基的有关论述。考茨基说："社会主义意识是一种从外面灌输到无产阶级的阶级斗争中去的东西，而并不是一种从这个斗争中自发产生出来的东西。因此旧加因斐纲领说得非常正确：社会民主党的任务就是把认识无产阶级地位及其任务的意识灌输到无产阶级中去（直译就是：充实无产阶级）。假使这种意识会自然而然地从阶级斗争中产生出来，那就用不着这样做了。"②

灌输的本来涵义，并非指耳提面命、一味硬灌的宣传方法、宣传艺术，而涉及的是理论与实际的关系，即要不要用科学的理论去指导工人运动的实践、要不要用马克思主义去武装工人头脑的问题（并且贯彻于整个运动过程）。答案自然是肯定的。

那么，在改革、开放的新时期，在宣传工作中还要不要灌输呢？我认为就宣传艺术、宣传方式方法讲，自然不要；但从"原则意义"上讲，仍不能否定。也就是说，对改革、开放的实践，灌输（充实）正确的理论、方针，还是需要的。

问题并不在于灌输本身。没有革命的理论就没有革命的运动，理论对实际的指导作用是无可怀疑的。问题在于理论是否正确。1958年树起"三面红旗"（总路线、大跃进、人民公社），自以为是找到了一条多快好省地建设社会主义的道路，其实它是一套脱离实际、脱离群众、无视于当时中国生产力发展水平的空想主义的东西。它不是科学研究的成果，而是从少数人头脑里构想出来的。在灌输过程中，它曾遭到了上上下下的怀疑和反对，但是都被权力压下去了。随后由于它被严酷的实践所否定，才不得不放弃。

作为宣传工作者，我们应密切联系实际、联系群众，时刻注意考查和检验理论、方针、决策的正确性和完善程度，而不应象过去那样盲目的灌输。在宣传方法上，应多采取对话、交流、协商、研讨等方式，这不仅有利于群众接受，也有利于理论、方针、决策本身的修正、补充、完善。

灌输理论是我国报刊宣传报道应该具有的指导、引导作用的理论依据之一，也是新闻改革中的一个重要问题。希望能够引起议论、研讨。

注释：①《列宁选集》第一卷第333页、第381页。

②《列宁选集》第一卷第342页。

（上海复旦大学新闻学院　夏鼎铭）

（刊于《新闻大学》1989年5月夏季号）

谈新闻自由

"新闻要自由"，这是今年春夏之交在北京发生的学潮、动乱、反革命暴乱中喊得最响的口号之一。大学生们喊，形形色色的游行队伍喊，新闻工作者更是热烈地喊。然而，究竟什么是新闻自由？不同的国家对新闻自由的界定有着很大的差别，不同的人对新闻自由的认识和态度更是迥然不同。

那么，究竟有没有新闻自由？我认为回答应该是肯定的。因为新闻自由是一个客观存在，它在世界上生存已有一百余年了，它产生于西欧资产阶级反对封建主义的革命中，在历史上曾经起过重大进步作用，在当今世界各国无一例外是声称有新闻自由的。在我国，新闻工作者及广大人民不仅有着充分的新闻自由，而且是有宪法做保障。《中华人民共和国宪法》第三十五条中规定："公民有言论、出版……的自由。”据此，我们完全可以得出这样的认识：新闻自由是公民的言论、出版自由在新闻活动中的体现，它的内涵是：对于新闻工作者来说，有在宪法和法律规定的范围内采访、搜集、传递和接受新闻的自由，有通过出版报刊、广播电视发布新闻和评论的自由等；对于全体公民来说，有通过新闻工具了解国内外新情况的权利和通过新闻工具发表意见的权利。应该承认，我国的新闻自由从内容到形式都还在探索之中，还不尽完善，但是，还应该承认，我们的社会主义的新闻自由从总体上和本质上看，比西方的资本主义新闻自由更广泛、更深刻、更符合新闻自身的发展规律，特别是党的十一届三中全会以来，新闻自由的范围越来越大，开放程度越来越高。

我们是赞成新闻自由的，因为它是新闻工作者进行工作的必要条件；我们更不反对要求新闻自由，因为这是宪法赋予每个公民的一项权利，也是社会主义民主的一个重要组成部分。但是，要求什么样的新闻自由，如何行使新闻自由所赋予的各种权利，则是一个相当复杂的事情。因为新闻自由同其它自由一样，不可能是无条件的、绝对的，而是有条件的、有一定范围的、具体的自由。我国宪法第二十二条中规定：“国家发展为人民服务、为社会主义服务的文学艺术事业、新闻广播电视事业、出版发行事业……”这一条不仅为中国的新闻事业指明了方向，明确了任务，也可以说是对新闻自由的界定。另外，宪法第五十一条中规定：“中华人民共和国公民在行使自由和权利的时候，不得损害国家的、社会的、集体的利益和其他公民的合法的自由和权利”。这一条虽然是泛指，也是行使新闻自由必须遵守的。有人提出要“看到什么就报道什么，愿意报道什么就报道什么，愿意怎么报道就怎么报道”，这种绝对的新闻自由在当今世界上是绝对没有的，东方没有，西方也没有。我们再拿号称新闻自由发育最健全、程度最先进的美国为例，在他们国会制定的《镇压煽动叛乱法》中就明确规定：报纸刊物如有煽动人民轻蔑美国国体、国旗、军队的要受到严厉制裁。有人统计过，美国对言论自由的限制有十八项之多。在世界各国，不论是实行资本主义制度，还是社会主义制度，其政府都紧紧掌握着界定新闻自由范围的权力，新闻自由都要受到法律的约束和规范，只准许有相对的新闻自由，而不准有绝对的新闻自由。

（天津日报社　张树江）

（原载《天津日报》1989年7月17日）

新闻自由评析

在今年春夏之交的动乱和北京反革命暴乱中，“新闻自由”成了时髦的口号。新闻舆论的错误导向以及一些奇事怪事的发生，都跟这个口号的蛊惑不无关系。这正应了西方有识之士早就说过的一句话：“自由，自由，多少坏事假汝之名得以实行之！”

新闻自由这一口号的提出，到现在至少有三百多年历史了。这个口号为资产阶级所发明，但决非资产阶级的专利品。我们主张社会主义的新闻自由，反对资产阶级的新闻自由。

辩证唯物主义和历史唯物主义是无产阶级科学的世界观和理论基础，无产阶级的新闻自由观就是建立在这个坚实的基础之上的。无产阶级批判地继承资产阶级新闻自由的口号，指出其由于阶级的局限性和时代的局限性而带来的唯心主义、弊病和错误，第一次揭示了新闻自由的实质、条件、实现新闻自由的途径以及新闻自由的发展与前景，从而建立了科学的完整的无产阶级新闻自由观。

这个新闻自由观，有以下一些要点：

1、世上一切权利都是具体的，而不是抽象的。在阶级社会中，都是具有阶级性的，而不可能是超阶级的。新闻自由也是这样。

2、世上一切事物都是相对的、有条件的，而不可能是绝对的、无条件的。新闻自由也是这样。新闻自由既是权利，又是义务；既受法律保护，也受法律限制。

3、经济基础决定上层建筑，上层建筑对经济基础又有一定反作用力。新闻自由的建设和发展也是这样。作为上层建筑，新闻自由不能不受到社会经济发展水平、民主政治建设水平以及人民思想文化水平的制约，不能脱离中国实际，一味要求新闻自由的快速、超前发展。

4、世上一切事物都有一个发生、发展和消亡的过程，永恒的事物是没有的。新闻自由也是这样。在资本主义国家，资产阶级正逐渐成为新闻自由的对立面，发展下去，新闻自由可能变得名存实亡，甚至被完全扼杀（像历史上希特勒德国的情况那样）。只有社会主义能够把新闻自由从资本的奴役下拯救出来。在社会主义国家，新闻自由将不断地、充分地发展，到了共产主义的高级阶段，当社会生产力高度发达、人的素质空前提高、逐渐由必然王国进入自由王国的时候，新闻自由也像其他自由权利一样，将变得失去意义，而自然消亡。

不同的经济制度、政治制度和意识形态，决定着社会主义的新闻事业和资本主义的新闻事业是根本不同的。这两种不同的新闻事业所拥有和表现出来的新闻自由，当然也是完全不同的，有着本质的区别。

马克思在其早期著作中就说过：自由，有时表现为少数人享有的特权；自由出版物应当体现普遍自由的精神，不应当只尊重个别人的特权。马克思的话说出了两种新闻自由的一个重大区别：社会主义的新闻自由是大多数人的自由，资本主义的新闻自由则只是少数人的自由。

社会主义新闻自由和资本主义新闻自由反映不同的阶级性，代表不同的阶级利益，这是两者的又一重大区别。

社会主义新闻自由表现为舆论一律，又不一律，资本主义新闻自由则表现为舆论上的纷乱，“乱哄哄，你方唱罢我登场”。这是两者的第三个重大区别。

社会主义新闻自由是真实的公正的，资本主义新闻自由则是虚伪的欺骗的，这是两者的第四个重大区别。

在共产党领导下的社会主义中国，新闻工作者和全体人民都享有新闻自由。当然，也毋庸讳言，由于我国尚处在社会主义初级阶段，新闻自由的发展水平还不是很高的，也不完善。建设和发展社会主义的新闻自由，仍然是摆在我们面前的一项迫切任务。

（湖南广播电视厅　何新明）

（原载《声屏学报》1989年第4期）

驳"新闻学处在'前科学'状态说"

去年夏、秋之际，由于赵紫阳同志放松和削弱了政治思想工作和对资产阶级自由化的斗争，因此在一段时间里，诋毁四项基本原则、宣扬资产阶级腐朽悖谬观点的文章、作品和言论竞相出笼，甚为泛滥。在政治上有鼓吹"多党制"和"三权分立"等资本主义政治结构的；在经济上有宣扬"生产资料私有化"和"通货膨胀无害论"的；甚至出现了《河殇》那样用电视图解政治观点的所谓"优秀作品"（实际上是系统地宣扬资产阶级自由化观点的多方位多层次多角度的政治宣言书）；与此同时，在新闻理论方面也出现了许多背离社会主义方向的观点和言论，说"新闻学处在'前科学'状态"就是其中的一例。

持这种观点的人，在写文章、讲学、演说和做报告中，不断强调"新闻无学"，说什么"新闻是有业无学"，"没有系统的理论"，"新闻学的核心内容还是由政治概念来充填"等等，概括为一句话，就是"新闻学还处在前科学状态"。这些观点一时间颇为盛行，也迷惑了一部分群众。

现在看起来，散布和宣扬这些观点和理论，其中心目的是菲薄无产阶级新闻事业，菲薄马克思主义的党报思想，进而反对无产阶级新闻作为党的耳目喉舌的性质和作用，反对我党的办刊办报和办一切新闻事业的方针和原则。由于这种思潮的影响，在前一段的动乱和反革命暴乱中使得一些新闻单位一时做了相当数量的错误导向的宣传。

他们讲的"新闻无学"主要指的是无产阶级新闻学，指的是马克思主义的党报思想。有一篇文章里说得清清楚楚："而在新闻学里，党性、喉舌之类政治概念仍然是核心内容，仅就这一点而言也不要怪别人对新闻学持怀疑态度了"。

现在看起来问题的焦点已很清楚，依他们的划分原则，看一种新闻学是否有学，是否处在前科学状态，只看它是否把党性与喉舌放在核心内容就行了。他们认为西方新闻学有学，不是前科学，那是因为西方新闻学不说党性与喉舌之类的话，只讲客观公正，只讲大众传媒与社会公共舆论；而无产阶级新闻之所以还处在前科学状态，仅就它还把党性与喉舌之类的政治概念放在核心内容这一点，便已无所怀疑了。等什么时候你把这些内容"改革"掉了，你才能由前科学状态进入科学状态。

用这个标准来划分新闻是否有学，显而易见是十分荒谬的，因为它对事物的分析与揭示浅薄粗陋，把现象当成本质，把表面的东西当成深层的东西。事实上，资产阶级报刊决不像他们公开宣称的那样，是全民的而不是哪个阶级的，是社会的公共舆论而不是哪个党派的报纸。资产阶级自从几百年前兴起办报刊之日起，就紧紧地把握住新闻，把它当作一种阶级斗争工具来用，为其夺取政权建立资产阶级社会制度制造舆论。在资产阶级取得政权之后，新闻又成为巩固其阶级统治、维护垄断财团的经济利益的工具。就以二次世界大战以后在美国出现的最新的最完整的新闻理论体系《报刊的四种理论》一书而言吧，它也明确地提出了"社会责任论"的观点，要求新闻为社会（资本主义社会）承担责任，要求新闻要"为政治制度服务"，"为经济利益服务"。

同样道理，以有"党性、喉舌之类政治概念"为理由，而菲薄无产阶级新闻"无学"或"处于前科学状态"的说法，自然是站不住脚的。

持无产阶级新闻无学和尚处在前科学状态的观点的人，直言不讳地叫嚷说："唯其使新闻学与政治合一的状态中走出来，新闻有学才成为可能。"这就直接地暴露了他们的真实目的。他们不是在论证什么新闻有学或无学的问题，前科学状态或科学状态的问题，他们的真正目的是要无产阶级新闻脱离政治，摆脱党性和喉舌之类的概念，唯其如此，才有他们梦寐以求的"新闻自由"。

如果真的实现了他们梦寐以求的"新闻自由"，即真的使新闻学从与政治合一的状况中走出来，那时，无产阶级新闻学也就将不复存在了。

（光明日报　邓加荣）

（原载《光明日报通讯》1989年第5期）

保持常态

——社会主义新闻宣传工作应遵循的一个原则

保持常态是不可忽视的原则。从1958年的"大跃进"到1988年的"抢购风"，吃了一次又一次的苦头之后，我们确实得冷静地考虑一番：在社会主义初级阶段、特别是新的历史时期，在巨大的社会变革过程中，新闻宣传工作如何才能防止"刮风"、防止"一哄而起"。从1988年下半年开始，新闻界谈论比较多的一个话题是，新闻宣传要"保持常态，以质取胜"。我以为，这个认识、思路是对的，它应成为我们新闻宣传工作的一个基本指导原则。

首先，我们是唯物主义者，承认客观事物的发展都有一定的规律，这个规律是不依人们的意志为转移的。

其次，新闻宣传要"保持常态"，是由我们的国情所决定的。为了搞好改革和建设，为了建立社会主义商品经济新秩序，为了大力发展社会生产力，新闻宣传必须彻底抛弃过去搞阶级斗争时那种模式，而应采取适合于社会主义商品经济稳定发展的新的宣传思路和方法，这就是：不刮风，不起哄，"保持常态，以质取胜"。

再次，从我国新闻事业的性质及其在国家政治生活、经济生活中的地位和作用来看，社会主义新闻宣传工作"保持常态"，更是国家利益和人民利益之所在。

如何保持常态？这需要分析一下宣传上"刮风"、"一哄而起"、"倾科"

等现象产生的原因。

从主观上看，“刮风”与宣传上的主观随意性有关，即借口“政治需要”，不考虑客观实际，盲目“紧跟”。出现这种情况，主要是没处理好对上负责与对下负责的关系。

从客观上看，舆论宣传中出现“刮风”、“一哄而起”、“倾斜”等情况，在于“胸中无全局”。一是不了解宏观决策时所思考、把握的大局；二是不了解实际工作中的全面情况。

在具体新闻报道中，坚持真实、全面、客观、公正的原则，是使舆论宣传保持常态的根本问题。

对于“热点”问题要善于分流，也是使新闻宣传保持常态的重要方法。

（大众日报社　刘学德）

（原载《青年记者》1989年第2期）

总编辑怎样把政治关

对于新闻稿件的把关，内容是比较广泛的，有文字关、事实关、语法关等等。本文专门研究总编辑如何把好稿件的政治关。

审稿把关，既是一项十分严肃的政治工作，要认真负责地把握好政治方向，又是一项复杂的脑力劳动，要求在审稿时思维敏捷，果敢地判断是非；还要求有妥善的解决办法。为了在审稿中把握好政治方向，我自己总结多年的经验，感到应做到如下几个方面：

在审稿中以马列主义、毛泽东思想的基本原理为指导，以党的方针政策为依据，符合的就通过，否则，不发。

对一时看不准或较敏感的问题要持慎重态度，必要时应向上级党委请示。

做过细的思想政治工作。既审稿把关，又提高采编人员的识别能力和政治水平。总编们审稿，不光要行使职权，决定稿件发与不发，还要多做思想政治工作，特别是对卡下来不发的稿件，要讲清楚原因，使采编人员不但知其然，而且知其所以然。

审稿时不可就稿审稿，要考虑当时的政治形势和社会影响。特别是在形势比较严峻时，更应慎重。

从审稿把好政治关的角度出发，考虑稿件发与不发、或者需要修改时，主要应正确处理好如下几个方面的关系：

1、坚持新闻改革与坚持四项基本原则的关系。应当肯定，那种认为四项基本原则是“紧箍咒”、“条条框框”、“会妨碍改革”的观点；那种把坚持正确的政治方向看成是思想上保守、僵化的观点；那种把新闻改革看成是与过去一刀两断、党的优良传统作风也不要发扬的观点以及党报民办的观点等，都是极端错误的。因此，在审稿中就是要理直气壮地坚持四项基本原则。

2、在处理好稿件的政治标准与艺术标准的关系上，应把政治标准摆在首位。

3、处理好宣传纪律与新闻自由的关系。审稿中把好政治关，重要的一个方面就是要遵守宣传纪律，正确行使新闻自由的权利。

4、处理好歌颂与揭露的关系。我们党领导下的革命和建设事业，特别在改革开放中，光明面总是主要的。作为党的舆论工具和喉舌，要坚持反映这个真实，要以歌颂为主。要理直气壮、旗帜鲜明、全面准确地宣传坚持四项基本原则、坚持改革开放的先进典型，宣传社会主义制度的优越性，宣传体现共产主义精神的新人新事新风尚。以鼓舞广大干部群众的士气、信心，振奋干社会主义、奔共产主义的精神。

我们之所以要研究并且强调总编辑在审稿中把好政治关，是因为我们的党是执政党，是领导我们事业的核心力量，作为党的机关报，理所当然地肩负着准确地宣传党的路线、方针、政策的任务，而决不允许跟党的路线、方针、政策唱反调；是因为党报是党的喉舌，担负着进行正确舆论导向的重任，它的指导思想、宣传的基本观点，对读者都起着直接的影响作用，而不像资产阶级办报，你可以信，也可以不信；是因为，我们的党报从一开始，就在人民群众中有着崇高的威望和信誉。人们往往把党报上讲的作为自己写文章、发言的依据。可以说，这是任何资产阶级报纸所不可比拟的，是我们党报独具的特点和优势。

（湖南衡阳日报社　丁小平）

（原载《中国记者》1989年第8期）

新意——新闻报道的明珠

新意，是一篇新闻报道的明珠。新闻稿件有了它，便会熠熠发光，闪现出瑰丽动人的光彩。

有无新意，是衡量一篇新闻报道有无新闻价值的一个重要标志。新闻之“新”，贵在“质新”。即要求从“现态”中摄取本质有别于旧态的东西，抓住不同于往常的新事。只有时序上的新近，没有事理上的“质新”，没有资格成为新闻。如果随人俯仰、拾人牙慧，写出来的新闻报道宛如“炒冷饭”、“喝过夜茶”，怎么会有新意？

新意是关系新闻报道成败的问题。怎样才能写出有新意的新闻报道来呢？

第一，要有新鲜的题材。别人没有写过的新鲜题材（具有传播价值的），被你发现了，抓住了，那样写成的新闻稿件，往往富有新意。

第二，要抓取有特点的东西。“与众不同见解新鲜”。写新闻报道，抓住了事物的特点，每每能写出新意来。

第三，要有独到的见解。谢觉哉同志说，所谓有独到的见解，就是你写出来的东西是别人没有看到，或看到了没有分析，而你却看到了、分析了的。写新闻报道，有了独到的见解，新意就能飘然而至。

第四，不能走捷径，要下苦功夫去探索新意。写新闻报道，如果翻来复去地只是讲那么几点早为大家熟知了的意思，自然无新意可言。别人表达过了的意思，我们得另辟蹊径，只有突破它，才能剥出新意来。

此外，新闻报道要写出新意来，还要重视运用新的写作形式。新颖别致的形式，有利于显现出新闻报道中的新意；相反，“老一套”的写作形式，有时候就难以把新意显现出来。

（浙江日报社　林永年）

（原载《新闻实践》1989年第1期）

怎样办出经济信息报的特色

近年来，我国报业引人注目的变化之一，就是涌现了一批名目繁多的经济信息报。它既是我国经济改革的需要，又是我国社会主义商品经济发展到一定水平的产物。这些以传播各种经济信息为主的新闻媒介，以自己特有的活力和特色，为经济领域的活动架桥铺路，通风报信。遗憾的是，大多数的经济信息报在报道方面、版面安排、内容和写作上都没有体现出“信息”的优势和作用。怎样才能办出经济信息报的特色呢？笔者认为：

1、处理好“大”与“小”的关系。

“大”，一是指那些具有全局性指导意义、参考价值的宏观信息；二是指那些信息含量大，内容丰富，并且“块头”较大的文章。

“大”的作用和意义就是通过信息媒介的加工处理（包括调查、研究、分析、推论等），使读者获得有别于原始信息的全新的信息。“大”体现了经济信息报的综合功能，是报纸办报水平、编采素质、反映与观察能力的体现。

经济信息报应当利用自己密切联系的各经济部门、科技部门信息灵、专业知识强、资料丰富、与企业联系广泛的优势，向读者提供经过加工提炼的宏观的、专业的经济政策信息、资料信息、知识信息，使读者得到启迪，从而形成自己的特色。

“小”，一是指针对性、实用性均强的微观信息；二是指活泼生动的形式与短小的篇幅。

“小”体现了经济信息报的本色。经济信息报最受读者欢迎的，就是诸如通风报信、市场信息、物资信息、新技术、新工艺、新产品、科技动态等等栏目，其共同特点是形式灵活，短小精悍。可以毫不夸张地说，正是这些小文章使经济信息报充满活力，在竞争中生存下来。因此，经济信息报应该花大力气来办好这些小栏目。

2、在“动”字上下功夫

经济信息报的信息含量应当尽量扩大。怎样才能增大信息含量呢？根据信息的定义，不确定减少的量能产生信息。为减少不确定性，经济信息报在布局上应突出报道经济问题的发展趋向、发展动态。

各经济信息报最受欢迎的版面是“信息版”。这一版全是国内外市场趋势、行情价格、供求趋向、科技动态、金融动态等动态性报道。以《西南信息报》1989年4月27日二版为例：诸如《大豆供应持续趋紧》、《皮革市场今年初呈兴旺局面》、《今年复印机市场趋缓》……，这类动态性报道、分析占90%以上。从全局到局部，从国际市场到国内市场，有近期的动态，有远期的发展趋势。读者不仅可以从中了解到各种背景、现状、资料、知识、数据、趋向等信息，而且还可以在感知和分析的过程中，随着不确定性的减少，得到延伸的、再生的信息。

在“动”字上下功夫，还应当就一些与群众生活密切相关的、经济生活中的热点难点、经济现象等，在报上开辟专栏，组织专家进行分析、评述，同时也让读者有发表自己看法的机会。

3、重视增大“前瞻信息”的提供量。

所谓前瞻信息，是指那些能揭示未来发展规律和远景的信息。动态与趋向的报道增大了信息含量，同时也提供了前瞻信息。但经济信息报提供前瞻信息的主要手段是搞好预测分析。

预测分析不仅仅是指市场供求的预测，或某种新产品的预告，更重要的是对经济现象所产生的影响和后果的研究、分析，以所提供的前瞻信息引起读者的思索，达到引导的目的。

（重庆西南信息报社　罗　易）

（原载重庆《新闻改革》1989年第2期）

为经济新闻注入超前意识

为经济新闻注入超前意识，不仅是要改进经济新闻的写作，提高经济新闻本身的质量，而且是新闻规律和经济规律的要求，是历史时代的要求。

经济新闻应该具有超前意识。党报经济新闻的作用，在于通过宣传解释党的经济方针、政策，客观地不违背历史真实地宣传经济规律和经济形势，以达到宣传教育、激励鼓舞、引导舆论的目的。经济新闻本身作为一种新闻媒介形态，本能地要求自己具有超前意识。这是因为，我们在新闻中仅报道了一般事实是不够的，读者还要求知道：(1)即使是经济性的典型，也有继续探索之处。读者了解了这一面，他还要了解另外一面。从读者心理分析，他更感兴趣的也许正是另外一面。(2)指出经济理论不完整之处，政策不协调之处以及可能产生的后果及对策，是记者的职责，也是引导读者思想升华的必需。(3)预见经济生活中即将发生和可能出现的势头，以先期引起读者的注意。(4)引导人们树立正确的思想观念，使之有精神准备，培植承受能力。

所谓“超前意识”，这里指的是：在经济新闻写作中，记者应自觉地在理论、政策、观念等诸方面具有预测和预见。

改革的历史时代需要经济新闻具有超前意识，这是因为：(1)改革作为一种社会变动，必然有相对的不完善性和渐进性。因此，它对新闻宣传的要求不仅是新闻事实本身；新闻还应该及时指出不完善性的存在，寻求解决途径，勾勒出渐进性的发展趋势。(2)改革的方针、政策具有不间断调整的特性，在实践中会逐步暴露出各种状态的不协调现象。通过宣传不间断地调整政策，消除不协调现象，推动改革健康发展，是经济新闻应该达到的客观效果。(3)改革中的思想观念在剧烈动荡和碰撞，人们的思想要有一个逐步适应过程。经济新闻不仅要批判陈腐观念，而且要引导树立新的经济观念，增强人们的承受能力。(4)改革中的经济生活更是变化莫测。在错综复杂的表象中，经济新闻要提出符合规律的预见和对策。经济规律本身具有可预见性，经济新闻要不失时机地提出这种预见。

在经济新闻写作中如何自觉地注入超前意识，似应在以下几方面探索：(1)经济新闻应该有理论色彩，这种理论色彩不仅要解释新闻，而且能引导舆论，有超前的功能。理论色彩不论用什么方式表述出来，都必须有充分的事实作为依据。(2)经济新闻应该成为新的方针、政策的“催产素”。这是因为改革中一系列方针政策都具有不间断调整的特征。完成每一个调整过程，既离不开社会实践本身，也离不开舆论的监督和引导。(3)经济新闻应该有经济活动的预见性。在一定的时间、空间范围内，经济活动是能够预测的。经济新闻不仅要告诉读者发生了什么事，而且还可以告诉读者必定要发生的某些现象和变化。这种“超前”带动读者和我们一起向前看去，宛如增强了视力。(4)经济新闻应该呼唤新观念的诞生，推动新观念的传播，破除旧的思想观念，推动新政策的施行；传播新的思想观念，唤发人的自觉能动性，是经济新闻的一项重要任务。(5)经济新闻应该客观分析、全面评价经济活动。全面分析、客观评价经济活动本身，就要求记者的眼睛和笔不能只盯在过去、现在上，也要想到明天、将来，并在新闻中给“明天”、“将来”留出一席之地。(6)采用观点新闻的方式，常常是为经济新闻注入超前意识的一种好方法。所谓观点新闻，就是在新闻中直接阐述某人对某种事物的一些观点，这本身就必然带有一定的理论色彩和超前性。

为经济新闻注入超前意识，增加了写作难度，对记者的素质也提出了更高的要求。首先，它要求记者要更加注意学习理论和政策；其次，它要求记者不仅具有新闻专业知识，而且要学习经济科学，并能理解和运用。

（天津日报　李连春）

（原载《新闻探索》1989年第4期）

科技新闻的发展及社会化

作为新闻学的一个分支——新兴的科技新闻，当前面临的一个迫切的主要课题是科技新闻的社会化问题，使其走向广泛的社会活动领域，为提高全民族的科学技术水平发挥更大的积极作用。

现在科技新闻虽然争得了一席之地，但远没有达到它应有的地盘。其原因有二，一是在科学技术比较落后的国度里，人民群众总觉得科学技术深奥玄妙，难懂难学，对科技报敬而远之，因而失去了一大批不应失掉的读者群。二是大多数科技新闻比较枯燥乏味，艰深难懂，引不起一般人的阅读兴趣，因而又失掉了一大批受众。想扩大科技新闻的受众天地，应树立起使其社会化的观念，从而改进科技新闻的报道。同时，要想使科技新闻走向广泛的社会活动领域，还要从提高采编人员的新闻业务素质和科学素养这两方面下功夫。现在的科技新闻队伍不仅年轻，而且具有先天不足的弱点。他们一部分来自新闻战线，一部分来自科技战线，前者缺乏科学素养，后者缺乏新闻业务素质。而科技新闻工作者正是需要这两个方面的结合。科技新闻队伍只有自觉不断地提高自己的新闻业务素质和科学素养，才能胜任如此时代重任。

（甘肃科技报　李海风）

（原载《科技新闻通讯》1989年第1期）

县级台站新闻改革走势

近几年随着新闻事业的蓬勃发展，特别是电视的崛起，新闻传播媒介之间争夺受众的竞争日益激烈，对县级广播台站的冲击很大。素以“有线万岁”引为自豪的县级台站从“独生子”的高位一下子掉入“夹缝”、“谷底”。有人对有线广播的前途产生迷惘和困惑，甚至有人担心“有线广播的末日来临”。有线广播怎样求得生存和发展，许多县级台站致力于探索摆脱困境的新路，成就也十分明显。但毋庸讳言，有些县级台站的新闻改革存在着片面模仿无线台模式的偏向，而且有蔓延之势，不能不令人担忧。如果把县级台站新闻改革的目标盯在无线电台的模仿上，那是对新闻改革的歪曲和误解。县级台站的新闻改革，只能更好地显示和突出个性，决不能以共性代替个性，或者以共性抹煞和淹没个性。为此，县级台站在新闻改革的实践中，必须善于从与无线台的差异中寻找最佳的结合点：

一、人员分工宜粗不宜细。现在，许多县相继恢复成立广播电视局，原来的广播站陆续改成广播电台。挂了两块牌子，但大都仍是一套班子。在人员编制基本没有增加的情况下，仿效无线台的模式对口增设机构，显然是不现实的。人员分工过细，势必机构越设越多，采编人员相对地会越来越少；而且人员分散，各守一摊，各项工作也难以办得好，这样改革的结果，会削弱宣传力量。

二、综合节目宜多，对象性节目宜少。县级台站的节目设置和安排不能照搬无线台的一套，必须节目紧凑，集中地安排于受众在小喇叭附近活动最频繁的时候。关于有线广播设置对象性节目问题一直争议较多。有人主张，有线广播要提高知名度，就要像无线台那样多设些对象性节目，有人却竭力反对，认为根本不宜设对象性节目。我认为，该不该设对象性节目，不应凭主观臆想，只能从现实利弊的权衡比较中寻找答案。听众收听无线广播，如果对某台的节目不合胃口，可自由选择其他台的节目，而收听有线广播的节目就不具有选择性。小喇叭下，一家老小各种对象都有，听广播又往往是随意性的。如果今天设这个对象性节目，专给这部分对象听；明天设那个对象性节目，专给那部分对象听，显然是不科学的。再说，广播的最大优势在于传递信息快，如果对象性节目设置过多，往往使一些时效性很强的新闻稿由于没有及时播出的渠道，而成了“明日黄花”。多设一些综合性节目的好处：既能兼顾到小喇叭下一家人的共同需要，遇到重要急稿也可随时插得进，播得出，灵活机动，随机应变，有回旋的余地。因此，有线广播的节目设置必须坚持“综合节目宜多、对象性节目宜少”的原则。

三、报道内容宜具体，不宜大而笼统。报道全县的综合消息，能使农村听众及时了解县里的全局，报道某乡某厂的典型，也有其指导意义，但是，以农户为单位的报道实在太少了，难怪有的听众批评有线广播的内容与农村现实生活脱了一截。这与农村当前的实际是很不相称的。把报道的重点转移到农户上来，是县级台站新闻报道内容的一项重大改革。再说，有线广播由于导线传输的封闭性，可使广播宣传更具有开放性。无线广播中有些不宜报道的内容，在有线广播中却可以报道，这就更具有透明度，也更便于开展舆论监督。要实现这种转变，关键在于转变采访作风，"沉"下去，深入了解农户的变化和全家人的喜悦、困惑和需求，真实地反映我国当今农村的新貌。

四、播音宜接近受众，不宜上下一个调。检验播音工作改革，不能离开收听效果这一根本的标准。有线广播具有区域性，有的县至今仍然以方言作为人际交往的主要语言，而且在农村由于受年龄、文化等各种因素的制约，在目前情况下，农村听众对普通话的接受效果不一定全是最佳的。我认为：有线广播的播音要求与无线广播应有所区别，不宜强求一律用普通话广播。在方言比较单一的地区，适当允许方言播音，让老人小孩听得懂、听得亲切，能收到事半功倍的好效果。对于坚持用普通话播音的县级台站，也应逐步形成自己的风格，避免上下一个腔、一个调。

五、抓住机遇，精心办好报摘节目。长期以来，不少同志认为只有报道发生在本县的消息才是地方特色，把报摘节目排除在地方特色之外。这样，"扬独家之优势，汇天下之精华"，只剩"扬本地消息之优势"，成了一条"短腿"。

我认为，办好报摘节目首先是改革开放的需要。再一个原因是受众迫切需要报摘节目。同城市听众相比，农村听众原来订阅报刊就不多，今年报刊大幅度提价，又有一部分农村订户削减了报刊订数。这样，农村的信息源除了人际传播外，更寄希望于有线广播。发挥"有声报刊"的特殊作用，尤其显得迫切。

（江苏省镇江市广播电视局　易瑞麟）

（原载《视听纵横》1989年第4期）

市县报
地方特色内涵
及其外延的初探

提起地方小报，人们就会很自然地想到它的地方特色，因为这是它最显著，最本质的特征。但据笔者所见，许多地方小报往往在地方特色的内涵上考虑得多，而忽视了对它的外延及其作用的研究。具体表现是：以为刊登的地方新闻多，地方特色越突出，乡土气息越浓，便越好，而将国内重大新闻或对本地有借鉴作用的外地新闻和经验，排斥在外，其理由是这些新闻不姓"地"而姓"外"，登了似乎地方特色就逊了色。对这种状况，有的读者抱怨说，多年一贯制的"土面孔"，缺乏改革气息。鉴于此，笔者认为有必要对小报地方特色的内涵及其外延进行一番探索和研究。

"内涵"，亦称"内包"。反映概念中的对象的本质属性的总和。如果用概念的"内涵"含义来概括小报地方特色的"内涵"的话，至少包括两层意义：一是报道本地区域内新近发生和变动着的具有本地特点和地方气息、且与本地读者接近的独特的人物、独特的事件、独特的经验等以及反映本地区域内群众呼声和愿望；二是对当地特有的地理风光、历史沿革、资源土特产、文物古迹、风土人情等报道"资源"的挖掘。总之，它包涵了小报地方特色的接近性、地域的显著性和一定地域的宣传的实际性和服务性。

此外，小报地方特色的"内涵"还有"共性"和"个性"之分，即地方特色为所有地方小报的共有的属性，而各地方的地理条件、历史沿革、文化传统、资源特产和现状等又各有不同，这些不同点即是各地小报的"个性"，正是由于这些个性，而形成此地与彼地小报不同的独特的地方特色。

"外延"，适合于某一概念的一切对象，即概念所指的一切事物。以此类推，小报地方特色的"外延"是否可用外引内联这四个字来概括。即报道发生在本地区域以外而又与本地区有内在联系、有影响、有学习和借鉴作用、本地读者感兴趣的新闻，也就是"他山之石，可以攻玉"，结合本地区实际和需要，引进与借鉴外地的成功经验及其传递左邻右舍、省内外、国内外的信息，拿来为我所用，开拓读者视野，从而把地方小报办成立足本地，面向外地，把目光伸向四面八方的开放式报纸。

小报地方特色的内涵和外延两个方面，是统一而不可分割的，但又有变向性。地方特色的内涵作用越大（即刊登本地区新闻越多），地方特色的外延作用越小（即刊登外地新闻越少）；反之，外延作用越大（即刊登外地新闻越多），内涵作用越少（即刊登本地新闻越少），这就失去了小报地方特色的根本属性，也就失去了地方小报的价值。因此，要正确处理好小报地方特色的内涵作用和外延作用的关系，互不排斥，互相渗透，内涵是小报地方特色属性的总和，用外延来补充和丰富内涵，使地方小报通过深化改革，既立足本地，乡土气息浓郁，又面向外地，伸向四面八方，引进消化，使"他山之石"在本地区"安家落户"，为我所用，充满时代气息。这不就使小报地方特色更加鲜明和突出了吗？

（安徽省安庆人民广播电台　吴晓）

（本文原载江苏《新闻通讯》1989年第9期）

论新闻制作
与新闻美

新闻之所以有美，最根本的原因，在于新闻制作的规律与"美的规律"在过程上达到了"异质同构"。马克思是这样论述美的创造规律即美的规律的："动物只是按照它所属的那个物种的尺度和需要来进行塑造，而人则懂得按照任何物种的尺度来进行生产，并且随时随地都能用内在固有的尺度来衡量对象；所以，人也按照美的规律来塑造物体。"由此可见，美只有在主、客体双方以特定方式交互发生作用的过程中才能产生出来、创造出来。新闻美是指新闻作品所具有的美。新闻作品之有美，是因为这样的新闻作品的创造（制作）过程正是主体（记者）自觉自由活动的过程。在这个动态过程中，同样有交互作用的主、客体两个方面：一方面，客体（新闻事实、新闻对象）规范着主体（记者）的活动范围、决定着他的思维指向和认识内容，主体总是循着客体的发展变化轨迹来思考它的各种关系、各个方面，窥探它的实质及其意义的；另方面，在主体认识客体、把握客体的同时，主体的内在固有尺度就在发挥作用。这就是记者按一定的价值取向、用一定的价值尺度对客体所进行的价值判断、价值估量。这样，由主客体交互作用既合规律又合目的的新闻反映过程就与美的创造过程达到了“异质同构”，亦即二者在规律性上具有共同性、一致性。所以，新闻的美不应是外加在新闻作品上的东西，而是新闻制作规律的题中应有之义。

就美的规律而言，所谓“按照物种的尺度来进行生产”，指的是人不能违背客观规律，不能不受客观规律的制约；而在按客观规律办事时，必需从事物的总体和全过程上把握事物内部的各种联系，使自己的活动合于支配、推动整个自然界和社会发展的总规律。而在新闻制作中，所谓“按照物种的尺度来进行生产”，虽然不是指按照客观规律实际地作用于事物，而是要正确认识和揭示客观规律，但这种对客观规律的认识和揭示同样要从支配、推动自然界和社会发展的总规律高度来把握，这才是作为美学原则和新闻原则的真实性原则的真谛。

新闻美表现为三个方面，或者说，不同体裁和内容的新闻作品一般都具有三个不同层面的美：一是理性美、二是风骨美、三是形式美。

（易洪斌）

（原载《新闻研究》（吉林）1989年第4期）

地市报纸经营管理刍议

（一）问题的提出：长期以来，从事报纸工作的人员普遍形成的思维定势是“只办报纸，不管其它”，只要编报出不了问题，就过得去。管理体制上也是因袭苏联的模式：总编辑负责制。从建国初开始，报社实行的就是“供给制”，吃的是“大锅饭”：办报听市委、花钱靠财政，物资计划供应，价格统一指令。一个报社的存在，似乎同本身经济上的盈亏关系不大，完全没有必要、也没有想过还需要自己去搞经营管理。传统的认识是，作为一张无产阶级的党报，属上层建筑范畴，承担的任务只应该是引导舆论，发挥社会功能。在这个前提下，党报如果搞一点经营，并赚了钱，那就是背离了党报宗旨，犯了方向性错误。报社只需设一个总务科，配备一、二名财会人员，几十人乃至上百人的吃喝拉行住就管全了。这样的管理方式，造成近30年来新闻事业的徘徊，但在当时划一的计划经济的条件下，还能勉强凑合。随着社会主义商品经济的发展，特别是党的十一届三中全会以来，改革开放的不断深入，原来的一套管理方法遇到新情况的挑战，以往得心应手的供应体系显得捉襟见肘，越来越不能适应形势发展的需要了。

国家四化建设需要大量资金，不可能拿出更多钱来补贴报社。于是有条件的地市报纸自觉或不自觉的先后走上了自负盈亏的道路。这是一个突破，也是新闻改革中的一件新事物。总编辑在椅子上坐不住了，报社几十、几百名职工的吃饭问题要过问，流动资金不足要筹集，新闻纸断档还要东奔西跑，上纸厂求援，报纸成本上涨更要关心降低消耗……总之，工商企业经营管理的内涵和外延，报社都遇到了。为了尽快适应这种变化，不少地市报纸在所在地市党委支持下，实行了事业单位企业化管理，打破了过去那种与社会大经济完全隔绝的管理方式。办报人长期形成的思维定势开始受到冲击。尝到甜头的报社充满信心地提出：要从封闭的单纯出版型转变为开放的出版经营型，把“向上伸手”变为“自己创业”，让报社真正成为在社会主义商品经济中的一个生气勃勃的竞争者。

实践中遇到的问题提出来了，人们的思想一时难以承受，出现一些争论，有时还相当激烈。这不奇怪，随着改革的深入，经过大量的实践，人们的认识会趋向统一。

以江苏省的《无锡日报》为例。从1982年实行自负盈亏及同市财政局签订经济承包合同后，7年中的经济情况很能说明问题。1981年报社亏损20多万元，1982年报社开始上缴税收5万元，并有了盈余。以后几年上缴的税收和取得的利润同步增长，到1988年底，共上缴国家税收122万元，年利润已达200多万元。从要国家补贴到对国家作出贡献，不能不说是一个创举。报社利用逐年积累的资金，新建了编辑楼，改善了办公条件；盖了三幢家舍，缓和了职工住房紧张的矛盾；购置了两台胶印轮转机，更新了印刷手段；建造了新厂房，扩大了再生产能力；职工的福利待遇也相应得到提高，可以说国家、集体、个人三者利益都兼顾到了。

大量实践的结果说明一个事实：报社的主要任务是办好报纸，这是报社开展经营管理的前提和基础，离开了这个前提，不考虑报纸的社会效益去搞多种经营，一味地为赚钱，才是对党报方向和宗旨的偏离。在以经济建设为中心，坚持四项基本原则，坚持改革开放的形势下，报社如离开经营管理，就不仅无法得到发展，而且维持日常出报都有困难。以前人们往往把报纸看成一种纯而又纯的精神产品，是宣传品，无视或否定它具有商品属性，似乎一提到报社搞经营，要营利，就是对党报的亵渎。事实上，一张报纸无论内容如何丰富，编排如何得体，最终还是要以商品形式销售到订户手中，办报同样需要经济基础。世界上绝大多数国家的报纸都是和经营连在一起的，特别是经济发达国家的报业更是如此。我国报业发展史上，过去也曾有过办报和经营兼顾的时期。有人这样认为，社会中一般企业的平均利润如果是百分之五，那么报业的利润假设也在这个标准内的话，那社会就不能责备它不对，若是盈余远远超过一般的平均利润，假设为百分之二十五，那么社会可以说它的利润是不应得的，因为它太注重营利，或许会忘了它对社会应负的使命。

由此可见，办好报纸和搞好经营管理是报社这架车上的两个轮子，两者互为条件，互相依存，任何轻视经营管理的认识，或者把办好报纸同经营管理对立起来的观点，都是不切实际的。

（二）研究的内容：现阶段地市报纸的经营管理刚刚起步，实践还不充分，要上升到理论不是马上就能办到的事。如果说有中国特色的无产阶级新闻理论侧重编采业务方面已经有所研究，一大批长期从事新闻工作的专家、行家、学者出了专著的话，关于报社经营管理方面的研究，还没有开始，或者说还没有引起重视，更谈不上有关这方面的论著问世。这不能不认为是我国新闻事业中的一个薄弱环节，与整个新闻事业的发展是不相称的。

这里提出一些有关报社经营管理方面的内容，供新闻界的同行们讨论、研究，以期引起广泛的重视。

第一个内容：研究如何进行报社内部管理体制的改革，使之适应新的形势。

第二个内容：研究如何促进制定一个有利于报业发展的经营管理总的经济政策。

第三个内容：研究如何培训经营管理的人才，尽快掌握知识和技能。

第四个内容：研究如何提高经营效率和降低成本。

第五个内容：研究如何促进报社内部各部门的合作效能。

第六个内容：研究如何在经济上实现自负盈亏，逐步积累资金，发展党报事业。

第七个内容：研究如何提高经营管理工作在报社的地位和作用及提高经营管理工作者的待遇。

总之，一张报纸的构成，可以看作是舆论导向，经济实力，技术手段三位一体的产物。从党报宗旨看，是要坚持党性原则，运用新闻规律，发挥正确的舆论导向作用；从党报的基础看，是要有相当的经济实力，不断更新设备，加快技术进步，促进送到读者手中的报纸内容丰富，版面活泼，印刷精良。可以这样认为，一张市委信赖，群众欢迎的报纸，一定要有一个健全的报社，一个健全的报社一定是以编辑报纸和经营管理同时并举为条件的。

（无锡日报　蔡贵方）

（原载《新闻大学》第23期）

·新闻学论文简介·

关于舆论导向的思考

《写作辅导》1989年第4期发表湖南日报金希光的《关于舆论导向的思考》的文章。文章说：新闻媒介作为舆论工具，任何时候都有一个舆论导向问题。一种新闻媒介在政治、经济、文化、社会生活中起何种作用，主要取决于它的舆论导向。在现代化的信息时代，舆论的作用尤其明显，舆论的导向也就更加重要。

然而，一段时期以来，我们新闻界对舆论导向问题没有给予应有的重视。在新闻改革中，也缺乏对舆论导向问题的研究。舆论导向问题是客观存在，而且每天都存在，不是正确的导向，便是错误的导向。对这一点，如果过去还不容易看清楚，说清楚，现在经过这场祸国殃民的政治动乱和反革命暴乱，问题本身已暴露得一清二楚，使人们在瞠目结舌之余，为之警醒，为之彻悟。

后悔无济于事，唯一可行的办法是"亡羊补牢"，面对严酷的事实，进行冷静的理性的反思，从中汲取教训。

这次在动乱中发生的舆论导向的错误，绝不是偶然的。党的十一届三中全会以来，特别是近几年来，我们在新闻改革中进行了许多有益的探索，开拓了一些新的报道领域，创造了一些新的报道形式，增强了新闻报道的时效性、可读性、透明度和监督作用，这是有目共睹的。但是，在这场步履艰难的改革中，也存在一些缺点和失误，主要表现在这样几个方面：①只强调新闻的特点和规律，忽视新闻的党性原则；②只强调要新闻自由，忽视要遵守新闻纪律；③只强调新闻的可读性，忽视新闻的指导性；④只强调新闻报道的开拓创新，忽视党的新闻事业的优良传统；⑤只强调经济效益，忽视社会效益。由于这些失之片面的失误，使我们在收获一些改革成果的同时，淡忘了甚至丢掉了一些宝贵的东西。新闻改革中出现的失误，究其根源，是与资产阶级自由化思潮的影响分不开的。社会上出现的这个热那个热，刮起的这股风那股风，在其复杂的成因中，新闻媒介的舆论导向往往是重要因素之一。有的新闻媒介还宣扬"一切向钱看"，宣扬"在钞票面前人人平等"，宣扬"自私是人的本性"，甚至鼓吹私有制的优越性，提出"对投机倒把要一分为二"、"吃吃喝喝也是生产力"的谬论；有的新闻媒介则不加批判甚至不遗余力地介绍西方的"民主"、"自由"，介绍西方资产阶级的"文明"生活方式。诸如这类的宣传，从舆论导向上看，是百分之百的错了；从社会影响看，是恶劣极了。

如果我们对资产阶级自由化思潮在新闻界的泛滥作进一步的探究，

有两种情况很值得注意。一种是:新闻界一些资历深声望高的老同志,按理说应该是熟悉党的新闻事业的传统,最懂得党性原则是党的新闻工作的灵魂,可是其中有的同志却对党的新闻事业的优良传统持否定态度,把新闻工作的党性原则抛到脑后,孜孜以求的是所谓新闻自由,所谓新闻的独立性,所谓新闻的人民性。他们的大量言论,加上他们显赫的身份,对新闻界产生的影响,对资产阶级自由化思潮在新闻界泛滥所起的作用,是不可低估的。另一种是:新闻界陆续进了大批年轻的同志,他们精力充沛,思想活跃,富有改革意识和开拓精神,但不熟悉党的新闻工作的传统,不了解新闻工作的党性原则,加上马克思主义理论修养不够,政治斗争经验太少,对西方的尤其是美国式的民主、自由(包括新闻自由),对装璜时髦的各种所谓新观点新思潮(包括资产阶级新闻观点),缺乏鉴别能力。因此,当资产阶级自由化思潮泛滥时,他们容易被裹挟而成为受害者。对这次动乱中出现的错误舆论导向,有些青年新闻工作者不但全然觉察不出,反而为之叫好,甚至欢呼"万岁",这种异常现象触目惊心,发人深省。

那么,我们应该从中吸取一些什么教训呢?怎样才能防止今后不重蹈覆辙呢?

我认为,最紧迫最重要的是,必须花大气力对从事新闻工作的全体同志特别是青年同志深入地进行坚持四项基本原则的教育,进行新闻工作的党性原则的教育,进行党的新闻事业的优良传统的教育,进行理想、道德、纪律、法制的教育。通过四项基本原则的教育,使广大新闻工作者认清和坚信四项基本原则是立国之本,不论是新闻报道还是新闻改革,都要坚持、遵循、体现这个"本",从而增强对资产阶级自由化的免疫力,提高反资产阶级自由化的自觉性。

(金希光)

党性·喉舌·新闻规律

中共辽宁省委宣传部《宣传动态》增刊1989年第16期发表省广播电视厅谢仲清的《党性·喉舌·新闻规律》的文章。文章说,北京的政治动乱和反革命暴乱的发生与平息,对我们新闻舆论界产生一股强烈的冲击波。真像与谣言、血与墨、正义与邪恶的斗争,促使我们对新闻工作的一系列问题进行反思并重新认识,其中感受最深的,就是无产阶级党性原则任何时候不能放松、动摇,喉舌性质不容改变,正确的舆论导向作用务必发挥,自由化思潮的影响必须清除。

文章提出了四"统帅":

1、党性原则必须统帅新闻规律;

2、阶级属性必须统帅自然属性;

3、主导功能必须统帅从属功能;

4、宏观效应必须统帅宣传热点。

(谢仲清)

正确把握舆论传播基调

《新闻知识》1989年第11期发表河北邢台晨报韩凤鹏《正确把握舆论传播基调——总编辑高层次的素质》的文章。文章说:舆论传播基调始终起着舆论导向的作用,这不仅要求总编辑一般地把握传播基调,而且要求总编辑通过自己的领导艺术去引导舆论。眼光要敏锐:善于发现并选择带有倾向性的新闻事实,提供形成舆论基调的事实根据,作出有说服力的新闻背景的报道。组织才能要强:善于把握时机,在有碍舆论基调的事态发展面前,能及时组织编辑部的文章,阐明对某种舆论的基本立场与原则。引导艺术要高:能够对某种舆论引导社会讨论或评述,不失时机地刊登支持或反对某种舆论的读者来信,引导舆论向健康方向发展。

(韩凤鹏)

认清方向 把握基调

中国商报《通讯业务》1989年第4期发表该报李守仲、曾伯生的《认清方向 把握基调》的文章。文章指出,在由学潮到动乱到反革命暴乱这个非常时期,在新闻导向出现错误的情况下,做为编辑记者和广大通讯员来说,越发感到认清政治方向,把握好宣传报道的基本调门儿的重要了。在我们这样一个由共产党领导的社会主义国家里,新闻宣传报道是党和人民政府的耳目喉舌,无论是党和政府的机关报,还是行业、企业所属的业务性较强的专业报,都有个政治方向和宣传基调问题,现阶段就是要坚持"一个中心,两个基本点"的政治方向。做为业务性较强的专业报,也要把握住这个政治方向,在坚持四项基本原则的前提下,报道业务工作,宣传改革开放。

文章说,总结这次学潮、动乱、暴乱期间新闻导向出现错误的经验教训,在认清方向,把握基调方面,至少有这样几个问题需要进一步明确:

首先,要时刻牢记,新闻报道必须宣传党和政府的主张,特别是在非常时期头脑更应当清醒,学会利用党的基本路线分析舆论导向中出现的种种动向。对不同的声音要冷静地加以对待,看其是否符合党的基本路线,符合党和人民的根本利益。

其次,正确处理新闻改革与坚持四项基本原则的关系。我们的新闻报道是有许多方面需要进行改革的,但无论怎么改,在共产党领导下的社会主义国家里,新闻事业是党和人民事业的一部分,新闻报道必须符合党和人民利益的原则不能变。也就是说,应当在坚持四项基本原则的前提下进行新闻改革。

第三,新闻报道要坚持辩证唯物主义。对任何事物都要两分法,应当从多方面加以分析和认识,这样才能把握住事物的本质,在新闻报道中不致出现偏差,也不会一窝蜂似地去火上浇油。

第四,新闻报道要守纪律。个人服从组织,少数服从多数,下级服从上级,全党服从中央,这是明确而又明确的组织原则问题。但这次动乱、暴乱中新闻导向出了错误,与一些新闻单位的领导和编辑记者组织观念淡薄,不遵守纪律有直接关系。

第五,专业报道还是老老实实报道本行业内的事,少介入社会政治新闻为好。

以上五点，只有第五点是针对专业报说的。但专业报关心整个社会新闻报道的政治方向，把握准宣传报道的基调，形成正确的新闻导向，是大有好处的。这一点应当引起专业报编辑记者和广大通讯员们的足够重视。

（李守仲、曾伯生）

研究“热点”问题 搞好舆论引导

《新闻与写作》1989年第7期发表河北日报殷建农的《研究“热点”问题，搞好舆论引导》的文章。文章说，在当前治理整顿和深化改革的形势下，各种社会矛盾错综复杂，人们的思想异常活跃，群众舆论中不断出现一些“热门话题”。我们党报作为党和政府的喉舌、人民的喉舌，如何及时地反映群众中的“热点”问题，正确地加以引导，把人们的思想和行动统一到党的路线、方针、政策上来，是一个艰巨的任务。要完成上述这一任务，就必须既要满腔热情地支持改革中的新思想、新观念、新事物，又要冷静地分析研究社会生活和人们思想中的新动向、新矛盾、新问题，做冷静的促进派。

（一）抓“热点”问题，要有高度的政治责任感

党的十三大报告中说：“在改革开放中，人们的思想异常活跃，这是件好事情，是合乎历史规律的现象。”人民群众对党和政府的每项工作部署，改革进程中遇到的每一个问题，以及社会生活中出现的各种现象，都非常关心，诸如对物价问题、腐败现象问题、社会分配不公问题等等，经常议论纷纷，这说明他们关心国家大事、参政议政的强烈意识。我们对这些问题如何宣传才好呢？这里就有一个冷热结合的问题。

报纸反映群众中的“热点”问题，要有高度的政治责任感即考虑如何宣传才有利于维护党和政府的威信，有利于维护改革和建设的大局，有利于增强人民群众前进的信心和力量。这应该成为我们报纸宣传工作的出发点和落脚点。

（二）抓疑难问题，要着眼于促使矛盾积极解决

群众舆论中的许多“热点”问题，也正是全面深化改革中的“难点”、“疑点”问题。这些问题，有的是由于经济体制改革不配套而不可避免地出现的现象；也有的是我们具体工作中出现的困难和失误；还有的是来自党内和社会上不正之风的干扰，等等。因此，报纸对这些问题的宣传，要区别不同情况，在舆论上从多方面进行引导。针对若干问题，从正面做文章、树典型，是引导；有选择地揭露一定的问题，进行思想教育，是引导；而对一些“热点”、“难点”问题进行淡化和分流，也是引导。

（三）抓批评报道，要掌握冷热适度

我们的党报，担负着十三大强调提出的舆论监督的责任，因此认真开展报纸批评是十分必要的。但经验证明，报纸上进行批评报道，本身也是一个“难点”问题，需要慎重从事。这就要求我们，一要有明确的出发点，二要讲究宣传艺术。只有对所要批评或揭露的事情进行深入细致的调查研究，把握住事情的来龙去脉及矛盾性质，同时注意批评的方式、角度和分寸，才能收到良好的宣传效果。

（殷建农）

新闻自由规律探析

《新闻知识》1989年第10、11期连续发表陕西省新闻研究所姚文华的《新闻自由规律探析》的文章。文章说，自由是对必然的认识。必然就是规律。要享用新闻自由的权利，就必须研究并掌握新闻自由的规律。各种社会制度下共有的新闻自由规律，大致有这样五条：基础决定律、阶级功利律、性质变化律、朝野对立律、伴随控制律。

其中作者在论述“阶级功利律”时说：作为上层建筑的意识形态，新闻自由有着鲜明的阶级倾向性。这种阶级倾向性集中表现为阶级的功利主义。不同的阶级或政治集团有着不同的功利观。

新闻自由就象一把利剑，在有阶级区分的社会里，新闻自由必然要为统治阶级所支配，被统治阶级所左右。对本阶级的自由，就意味着对它阶级的不自由。新闻自由的实质，就是处于统治地位的阶级维护已得的自由权利和处于被统治地位的阶级争取这种权利的斗争。在这场斗争中，统治阶级的优势是非常明显的：它除了政府、军队、法律等之外，最大的优势是在经济方面。新闻自由作为上层建筑的一部分，掌握了物质生产资料的统治阶级，也必然要控制精神生产资料，掌握新闻自由的权利，以便维护本阶级的经济利益和政治权益。如果有谁“自由”得出了格，损害了统治阶级的权益，他们便会采取经济的、政府的、法律的措施予以制裁，以至动用军队镇压。对于这一点，无产阶级敢于直言不讳，因为它代表着大多数人民的利益。而资产阶级却讳言新闻自由的阶级性即阶级功利主义，标榜他们的新闻自由是“全民”或是“公众”的新闻自由，是“基本人权”，对内以欺骗被统治者，对外则欺骗世界人民，攻击社会主义国家没有新闻自由。资产阶级在新闻自由问题上的倒行逆施，是由于它代表的是少数剥削阶级的利益，违背了新闻自由的规律。

西方新闻自由的功利主义还表现在它不能摆脱对金钱的依附。资产阶级新闻事业是建立在资本主义私有制经济基础之上的，属于私人所有。它既是老板牟利的私营企业，又是为老板及其代表或所从属的政治势力服务的舆论工具。资本家花钱办的舆论工具却允许它调转矛头反对自己，世界上找不出这么愚蠢的资本家。不管资产阶级怎么标榜，怎样掩人耳目，西方新闻自由对金钱的这种依附，以及由这种依附所必然带来的对主子的服务，都是无法否认的。连美国的新闻学者也不得不承认这样的事实：“洛克菲勒家族利用金钱得到了对新闻工具的控制。这个家族利用新闻工具得到了对舆论的控制。他们利用所控制的舆论得到了政治上的控制。他们又利用政治上的控制正在控制美国。”(《洛克菲勒秘密档案》第6章)

社会主义新闻自由的功利主义则主要表现在对主办单位的依附上。办报刊和广播电视网当然离不开金钱，这些金钱一般都是全民的共有财产，新闻工具当然为国家和人民群众所有。国家和人民群众要求新闻工具为自己服务，是理所当然的。象蛇年北京动乱、暴乱期间有些新闻媒介那样，不为国家和人民服务，却为动乱、暴乱推波助澜，火上浇油，这是极为反常的，难怪有的群众不解地问："共产党出钱派人办的报纸，却反对共产党，这是怎么回事？"

出现这种极为反常情况的原因，除了少数资产阶级自由化思想严重与妄图推翻共产党和社会主义制度的人作祟，同有些同志的糊涂观念不无关系。较为普遍的一种糊涂观念，是接受了西方新闻自由的蛊惑宣传，认为"新闻自由，它既不姓'资'，也不姓'社'，因为它是科学的一枚硕果，理应是人类社会所共有的精神财富。"(姜柯《"新闻自由"拉杂谈》《新闻学会通讯》1989年第4—5期)这种认识的错误，就在于看不到它的阶级功利主义的本质。不考虑或者否认阶级功利主义的新闻自由，就会成为有利于世界资产阶级的口号，"你想医治共产党，但却抓住一张一定医死人的药方。"(《列宁全集》第32卷第494页)

新闻自由的阶级功利主义规律的主要内容和客观要求，似可这样表述：各个阶级争取新闻自由或控制新闻自由，都是为了夺取或巩固自身的权益服务。

(姚文华)

报纸不可无主音

《新闻知识》1989年第7期发表陕西省任中南的《报纸不可无主音》的文章说：如今，舆论引导作用已为各方面所重视。处于弱音状态的新闻评论，除了在数量上需要增加以外，更重要的是要大胆改革旧的模式，评论要增强理论性、知识性、趣味性，也要增加信息量。既有党政指导性，又有社会服务性。同时，在写作上，要尽量使评论语言亲切生动，以情感人，以理服人。从效果上真正起"引导"、"疏导"作用。不仅是"己所不欲，勿施于人"，即使"己所欲，亦勿施于人"！报纸不可无主音。愿新闻改革能使评论重振旗鼓，宏声论道，善言民情。

(任中南)

说长道短话改革

《新闻知识》1989年第1期发表陕西省何微的《说长道短话改革》的文章说：有一件事情不能再耽误，这就是要重视新闻干部的基础理论、新闻理论、专业基本知识的学习。这可称之为完善工作的基础学习。人们普遍认为新闻工作队伍素质低，我看问题就在这里。虽说目前出版的什么"写作基础"、"采访经验"之类的书够多了，还是个低素质，恐怕是没有坚实基础学习研究作后盾。这也是我三年社会调查所得出的初步结论。

(何　微)

新闻改革岂能改"姓"

《新闻通讯》1989年第8期发表倪胜涛的《新闻改革岂能改'姓'》的文章说，我国的新闻事业是在中国共产党领导下的社会主义新闻事业，是姓"社"。在新闻改革中，不能一味照搬西方的资产阶级新闻理论，而改变我们党的新闻工作的基本原则，变姓"社"为姓"资"。

文章指出，近几年，新闻改革作为政治体制改革的一个组成部分，进行了一些有益的探索。但是，在资产阶级自由化思潮的冲击之下，一个时期以来，新闻舆论界的一些单位坚持四项基本原则的声音微弱，同党中央在政治上保持一致的原则被忽视。在一些人的头脑中，党对新闻工作的领导淡化了，党报、党性的观念淡薄了，"喉舌"作用也被否定；有些人极力推崇新闻理论的"全盘西化"，一提新闻改革就是向党要"新闻自由"，追求西方的所谓"第三势力"，"第四势力"。以至在今年春夏之交的学潮——动乱——反革命暴乱过程中，一些新闻单位迷失方向，对社会进行了错误的舆论引导，这个教训是非常深刻的。这向我们提出了一个严肃的问题：新闻改革的方向是什么？我以为，这个方向只能是坚持四项基本原则这一立国之本，只能是为加强社会主义的精神文明和物质文明建设服务，决不是其它。现在，有些人借新闻改革之名，否定四项基本原则，否定新闻媒介的"喉舌"作用，硬把资产阶级的新闻观点不加批判地加以传播。这样的"改革"，只会把党的新闻事业改得面目全非，这样的"改革"，也必然在无情的现实面前碰得头破血流。

文章最后说，我们的新闻改革要从过去的失误中猛醒过来，改革不能改"姓"，要在创建有中国特色的社会主义新闻学的事业中迈出新的步伐。

(倪胜涛)

改革十年间我国报纸呈现的八个特点

《中国记者》1989年第3期发表山西工人报梁若洁的《改革十年间我国报纸呈现的八个特点》的文章说，1978年至1983年，是我国改革开放的10年。10年间，我国的报纸事业迅猛发展，空前活跃，反映在报面上，其题材和体裁、方式，其内容和形式、风格，亦呈现出五彩纷呈的崭新局面。

特点之一：在坚持指导性的同时，注意发挥报纸的服务功能，大力传播各类信息，增大了信息量。

特点之二：适应改革、开放的需要，注意报纸的开放程度，向全方位观察事物、全面性反映事物的开放型报纸发展。

特点之三：对报纸的个性化着意追求，注重发挥自身的优势，报纸所具有的层次性、行业性、地方特点逐步得以体现。

特点之四：对生活的干预日益强化，注重了报纸的监督作用，使报纸越来越充满了群众的声音。

特点之五：对报道的视角进行调整，注重选题的“热点”特征，各报采集独家新闻的意识明显增强。

特点之六：对浅层新闻着力深化，注重报道的阐释述解，由冗长的概括性新闻向阐释性深度报道发展。

特点之七：对新闻的体裁式样探索创新，注重实用的表述需要，写作结构由僵化的固定模式向活泼的自然式样发展。

特点之八：对报纸的外部形态大胆改革，注重版面的色彩艺术，在版面形式上由单色调向多色彩发展。

（梁若洁）

了解读者是进一步办好党报的重要一环

《中等城市党报信息》1989 年第 9·10 合刊发表河北保定市报刘彦的《了解读者是进一步办好党报的重要一环》的文章。介绍《保定市报》通过万名读者调查，根据读者的意愿和要求，采取办报“五强化”，使报纸更有可读性，更贴近读者。文章说：“一、强化读者第一印象。读者拿起报纸，首先映入眼帘的是版面和头条；读者选择新闻，主要媒介是标题；读者阅读文稿，首先接触的是导语。读者的这些第一印象如何，关系到他是不是喜爱你这张报纸，能不能把某些稿件看下去。因此，把强化读者的第一印象，作为办好报纸的突破口。办法是：1、改进版面编排；2、抓好头条；3、突出时新性；4、在标题上作文章。二、强化报纸的权威性。读者看报，希望从报纸上看到准确消息，为此，编辑、记者首先要把为读者提供真实、准确的新闻作为自己应尽的义务，使读者充分信赖这张报纸。三、强化读者形象思维。一般说来，人们都有求新、求奇的心理特征。有的专栏报道读者不愿看，究其原因主要是缺乏新意，保定市报专栏报道提倡“抓活鱼”，多写有现场感的目击式新闻，强化读者形象思维。四、强化舆论监督。读者常有一种嫉恶如仇、同情弱者的心理。如果对群众普遍不满的事，报纸不关心、不过问，对歪风邪气不揭露不抨击，报纸就会失去生气，且不符合读者的心理意识。因此，我们报纸以恰如其分的、准确的批评报道，强化舆论监督，当成伸张正义、维护党和群众利益的手段。五、强化读者健康心理。读者心理状态，不是完全纯正的，也不是一成不变的。因此新闻舆论要做促进读者正确心理发展，抑制读者错误心理的舆论导向工作。我们保定市报从总编辑到编辑、记者，琢磨最多的是读者心理及其变化，因而注意因势利导地正确引导和培养读者的健康心理。”

（刘　彦）

提高政治素质是弥合“断层”的关键

中国地市报研究会第三次学术年会论文集发表江西赣中报姜东南的《提高政治素质是弥合“断层”的关键》一文。文章说，新闻队伍青黄不接的问题，地市报尤为突出。“文革”期间，地市报这级数量最大，覆盖面最广的报纸惨遭厄运，被“砍”得所剩无几。党的十一届三中全会拨乱反正后，全国地市报喜逢甘露，纷纷复刊。但是，这时报社人马基本上是部分归队的“老报人”。以后虽逐步补充了一批大学毕业的青年人，但这中间形成了一个难以弥合的断层——缺乏 40 岁左右的这个年富力强的年龄组。“老报人”们有丰富的经验和献身精神，无奈年纪不饶人，将陆续退下来；年轻人有朝气，但毕竟缺乏实践，一下子难以“上手”。因此，迅速提高青年新闻工作者的素质，其中首先是政治素质，解决“断层”问题，成了地市报深化改革迫在眉睫的一个主要问题。一个新闻工作者没有坚定的党性原则和为人民服务的精神，不会运用马克思列宁主义的立场、观点和方法去观察、分析和处理问题，没有改革创新意识和义无反顾精神，纵然文化知识素质再高，新闻业务素质再强，也不可能当好党和人民的代言人。所以，提高青年新闻工作者的新闻素质，重要的是尽快提高青年新闻工作的政治素质。

文章说，无可否认，建国 40 年来，随着我国全民素质的提高，当代青年新闻工作者的素质比建国初期的青年新闻工作者要高，但从政治素质这一方面看，却不象现在的老一辈——当年的青年新闻工作者那样纯朴，而具有两重性。

从整体上看：一方面，当代青年新闻工作者大都在红旗下长，从小就受到党的教育和培养，在学校里学习了马列主义基础理论，具有当好无产阶级新闻战士的有利条件。另一方面，又正因为他们没有尝过旧社会的磨难，在糖水中泡大，大都是从家门走向校门，从校门走向机关门的“三门干部”，缺乏实践经验，从而使他们缺乏阶级分析观念，缺乏艰苦奋斗的观念，缺乏理论与实践相结合的观念，导致了他们成为一名合格的无产阶级新闻战士的严重的后天性不足。一方面，当代青年新闻工作者朝气蓬勃，思想活跃，敢于探索，具有敢言人所未言，敢为人所未为的冒险献身精神，具备当好无产阶级新闻战士的基本素质。另一方面，正因为他们的思想活跃，而导致他们的可塑性强；正因为他们的不拘一格，而导致他们的极易越轨；正因为他们的显示欲强，而导致他们的盲求盲从；正因为他们的好赶潮流，而导致他们精神脆弱，从而，暴露出他们成为合格的无产阶级新闻战士的致命的弱点。

从个体上看：当代青年新闻工作者中不乏优秀人才。但由于我们的现行教育制度，既无考察学生素质的严格制度，又无按素质培养对口人才的具体要求，更无中途改学别的专业或予以淘汰的明文规定。只要功课及格，拿到文凭，使不顾其本人好恶，而硬性分配到新闻单位。结果造成一部分新闻从业人员的献身精神不强，有的平平庸庸度日，有的朝三暮四；由于社会上“一切向钱看”的拜金主义的冲击，有的斤斤计较名利，过分讲求待遇，有的采访加采购，用稿需送礼，有的缺乏开拓精神，把大量精力耗费在“家庭现代化”上；由于腐败现象而派生出来的官本意识的影响，有的把从事新闻工作当作“升官发财”的跳板，有的把党给予工作上的便利，人民给予记者的尊重，看成是可以高人一等的“无冕之王”，下乡采访非小车接送不可，动辄训人，有的甚至在公共规则面前闯了“红灯”还要拿着记者证开路，利用新闻工具发泄个人私愤，等等。

所有这些表现，从心理学的角度分析，用青年行为学理论概括，可归纳为青年新闻工作者的时尚行为和趋众行为。“青年时尚行为是社会生活中一种非常规行为模式的流传现象，是青年社会心理的直接感性的行为反映。”(申平华《青年行为学》)。比如在“文革”时期，许多青年认为草绿色军衣、军裤、军腰带，象征着革命，竞相效仿，结果造成亿人一相的滑稽风尚。“青年趋众行为是指个体在群体中常常会不知不觉地受到群体的压力，而在知觉、判断、信仰及行为上，表现出与群众中多数人一致的行为现象”(申平华《青年行为学》)。比如，一个团支部为搞春游活动进行表决，尽管有少数人心里不愿意，但在大多数人同意下还是举起了手表示同意，这就是青年人的趋众行为。这次动乱和北京反革命暴乱中，除了新闻舆论的错误导向外，首都青年新闻工作者协会在新闻界中带头上街游行，呼喊“新闻自由”等口号，影响很大，后来一些省地市的游行队伍就喊出了“向首都青年新闻工作者学习”的口号，其错误引导作用不可低估。这个事例，从反面说明了青年新闻工作者在青年时尚与趋众行为中的重要地位，也说明了提高我国青年新闻工作者政治素质的重要性和紧迫性。

一种好的时尚或趋众行为，可以造成良好的社会风尚，推动社会进步。相反，一种不健康的、甚至是坏的时尚或趋众行为，则对一代人的成长产生副作用，对社会进步产生消极的、有时甚至是破坏的作用。所以，对青年新闻工作者来讲，其政治素质的要求也就更高，对其培养、教育也应更严格。因此，在这项艰苦、复杂、长期的工作中，应对他们的政治行为提出如下基本的要求与规范：

1、做一个具有高度政治觉悟的马克思主义者。

2、做一个具有严明组织纪律性的无产阶级新闻战士。

3、做一个具有献身精神的全心全意为人民服务的公仆。

4、做一个具有良好职业道德的人类灵魂工程师。

诚然，青年新闻工作者身上有很多值得褒奖和发扬的良好品质和作风。但是，如前所述，不管是从整体上看，还是从个体上看，都存在许多不足之处，应及时予以矫正。

1、建立蹲点机制，激励青年同志尽快熟悉社会，接触实践；

2、建立竞争机制，激励青年同志树立奋发向上的事业心；

3、建立学习机制，激励青年同志尽快提高马列主义理论水平；

4、建立锤炼机制，激励青年同志自觉地培养艰苦奋斗，乐于奉献的精神；

5、建立传帮机制，激励青年同志继承优良传统，树立党的新闻工作者的光荣感和责任感。

（姜东南）

新闻工作者应有自身形象意识

《新闻学会通讯》1989年第12期发表吉林省《通化矿工报》齐玉来的《新闻工作者应有自身形象意识》的文章。文章说，新闻工作者从事上层建筑的工作，大都受过高等教育或专业训练，其知识面较宽，道德修养较好，社会经验较多，参与意识较强。人们把新闻工作者称之为“社会活动家”、“宣传教育家”，是当今社会引人注目的人物。因为，党的主张和人民的要求往往通过新闻单位和新闻工作者运用新闻媒介及时传播反映，进行正确的舆论引导，人们关心新闻，重视新闻工作者。

新闻要对社会和社会成员起新闻舆论的监督作用，新闻工作者所到之处，一言一行，一举一动，也都在“曝光”，在“亮相”，受到社会和群众的监督和关注。因此新闻工作者必须有一个良好的自身形象。新闻工作者的形象如何，不仅代表他自身，往往关系到新闻单位和新闻队伍的声誉，影响人们对某新闻单位的信任程度和所发新闻的可靠程度。

文章说，树立新闻工作者的良好形象，关键靠平时培养。新闻工作者形象，除新闻单位注重培养之外，主要靠自我修养，严格要求自己。新闻工作者是“满天飞”、“到处走”的，经常远离单位和领导。这种工作性质，也是对广大新闻工作者自身形象的最好检验。检验的主要课题，就是能否做到领导在与领导不在一个样，是自觉发扬新闻工作者的好思想、好作风、好传统，遵守新闻纪律和有关规定，还是所谓“将在外，君命有所不受”，自做主张，违反纪律。这是衡量一个新闻工作者是否合格的主要标志。

培养和树立新闻工作者的自身形象，是当前的迫切任务。每个新闻工作者应从自己的地位、作用、工作性质和新形势对新闻工作者的要求等方面，提高对自身形象的认识，加强自身思想建设和作风建设，遵守职业道德和新闻纪律，发扬新闻工作者的好思想、好作风、好传统，自觉抵制错误思想的侵蚀，纠正自身存在的不正之风，做带头宣传执行党的路线、方针和政策的模范，做坚持原则，勤奋工作，廉洁奉公的表率。只有这样，才能更好地完成党和人民赋予的光荣任务。

（齐玉来）

·专题讨论综述·

关于坚持新闻工作党性原则的讨论综述

梁博祥

在阶级社会里，党性原则是新闻工作的根本原则。无产阶级的党性原则是社会主义新闻工作的灵魂。前几年在新闻工作中出现的失误，1989年春夏之交的政治风波中一些新闻报道犯了舆论导向错误，问题都是出在是否坚持党性原则的问题上。

中国新闻界关于无产阶级新闻工作党性问题的讨论，已经持续了十年以上。其间，关于“喉舌论”的争论，关于党性与人民性的争论以及关于新闻自由的争论，最为激烈、持久。因为这三个问题都是党性原则的要害所在。然而，在“淡化”政治、“淡化”党性的氛围中，讨论归讨论，对坚持党性原则在政治上的现实意义，一些新闻工作者没有足够的重视，更多的恐怕只看作理论问题的探讨，是学术之争。因而在突然到来的政治风波中就不知所措，败下阵来。

风波过去，以江泽民同志为总书记的党中央加强了对新闻工作的领导。在中宣部举办的新闻工作研讨班上，江泽民总书记于1989年11月28日发表了题为《关于党的新闻工作的几个问题》的讲话，中央政治局常委李瑞环同志于11月25日发表了题为《坚持正面宣传为主的方针》的讲话。他们在讲话中，都专门强调了坚持新闻工作的党性原则，这是历届中央领导对新闻工作的党性原则阐述得最多、最详尽的一次。各省、市、自治区以及各大军区的主要领导同志也针对本地区、本单位新闻工作的实际情况，就新闻事业的党性原则，或写文章，或发表谈话，并见诸报端，帮助新闻工作者和广大人民群众提高新闻工作的党性观念。与此同时，从中央到地方的各类主要报刊、电台、电视台都刊登、播放了关于坚持无产阶级新闻工作党性原则的文章，而各家新闻业务刊物对党性问题的讨论就尤为热烈，虽然难以统计从夏天以来有关这方面的文章到底发表了多少篇，但笔者查阅到的所有新闻业务刊物，无一不曾开展对这个问题的讨论。可以说，中国新闻界对无产阶级新闻工作党性原则的讨论，规模之大，前所未有，人们在疾呼：“党性归来!”

下面，分为五个方面综述对新闻工作党性问题讨论的意见。

新闻工作必须坚持党性原则

许多文章认为，党性是阶级性和科学性的集中表现，各阶级的政党无不以新闻工具作为自己的斗争武器，从而赋予各自的新闻工作以鲜明的党性。因此，资产阶级新闻工作也不可能摆脱党性的羁绊。但是，由于资产阶级政党同广大劳动人民利益上的尖锐对立，使得资产阶级新闻工作不敢承认自己的党性。它们总是用巧妙的宣传手法掩盖自己的立场和观点，以“无党性”自我标榜。无产阶级的新闻工作则与之相反，因为无产阶级革命政党——共产党的宗旨是全心全意为人民服务，党除了代表人民的根本利益以外，没有自己的私利，所以，无产阶级的新闻工作敢于公开坚持自己的党性原则，并以此作为区别于资产阶级新闻工作的根本标志。

江泽民同志在谈到新闻工作的党性问题时，开宗明义，第一句话就是：“我们的新闻工作是党的整个事业的一个重要组成部分。因此，不言而喻，必须坚持党性原则。”

李瑞环同志在谈到增强新闻宣传的党性时，首先指出：“社会主义新闻的党性，概括来说，就是无产阶级的阶级性和马克思主义的革命性、科学性的集中表现。这是区别于资产阶级新闻宣传的最显著的标志。”

林玉树同志在《新闻工作必须理直气壮地坚持党性原则》一文中说：在历时近两个月的自由化思潮到动乱到反革命暴乱的过程中，新闻舆论犯了导向性错误，给党的事业和人民的利益造成了无法弥补的损失。难怪有人责问报社：“你们是共产党办的报纸，为什么不给共产党办事?!”痛定思痛，教训必须牢牢记取。主要的教训是什么呢？我认为，最主要的教训就是新闻工作必须理直气壮地坚持党性原则。（《光明日报》1989年8月11日第3版）

《新闻三昧》的评论员文章《坚持党性原则是新闻工作的根本原则》指出，“无党性”思想是资本主义制度的护身符。但是，对于社会主义新闻工作者来说，它是一种销蚀剂和麻醉品，我们的一些同志如果成为“无党性”思想的俘虏，信奉它、传播它、实行它，就会解除思想武装，失去新闻战士的革命警惕，我们的宣传思想阵地就可能成为不设防的战线，会给我们的事业造成灾难性的恶果。（《新闻三昧》1989年第10期第1页）

何光先同志在《略论坚持无产阶级新闻工作的党性原则》一文中说，无产阶级新闻工作的党性原则，归根到底，一是阶级立场问题，二是科学方法问题，两者不可偏废。过去，对于这个问题，在理论上认识不一，在实践中也往往各持一端。有的认为，无产阶级的新闻工作党性原则只是个阶级性的问题，并从这种认识出发，推论出无产阶级新闻事业的性质只是“阶级斗争的工具”、“阶级专政的工具”，片面地否定了新闻事业的社会性，否定了新闻受众中的不同需要，也否定了社会主义四化建设的中心任务。因此，不讲或很少讲社会主义经济建设以及社会交流的种种需要。另一种看法则完全与此相悖，认为无产阶级的新闻工作党性原则只是科学性的问题，并从这种认识出发，推论出无产阶级新闻事业的性质只是“明辨真理的工具”、“实现科学领导的工具”，片面地否定了社会主义新闻事业的阶级性，否定了新闻事业的特性——喉舌的性质，也否定了无产阶级新闻事业的基本目的性。他认为，上述两种对于无产阶级新闻工作党性的片面、错误认识，尽管有的来自“左”边，有的来自右边，但他们给新闻舆论造成的错误导向，给党和国家事业所带来的损失，却是同样可怕的，已足以警世百年。因此，我们在考察无产阶级新闻工作的党性原则时，既要特别注意到无产阶级的阶级性——立场，观点——这个重要因素，又要特别注意到马克思主义的科学性——唯物辩证法的方法论——这个重要因素，这才是无产阶级新闻工作党性原则的完整概念。(《新闻出版报》1989年12月13日第4版)。

在新闻工作中要坚持党性原则，就必须了解党性的具体内容。大家认为，党性的内容是不断发展的，不同的历史时期，党性所包含的内容也不完全一样，对于社会主义新时期的党性内容，许多同志用不同的方法进行归纳表述，或粗或细，或详或略，各有特点。

于云先同志在《为捍卫党的新闻工作党性原则而斗争》中写道：在新的历史时期，报纸、广播、电视为实现党在新的历史时期的基本路线和各项任务而努力，就是党的新闻工作党性原则在现阶段的具体体现。(《北京广播电视研究》1989年第1期第2页)

纪卓如同志在《坚强的党性原则是新闻工作的灵魂》一文中说，我们坚持党性原则，具体表现在：政治上，必须和党中央保持一致；思想上，必须坚持马列主义、毛泽东思想；组织上，必须无条件地服从党的一切决议。(《广播记者》1989年第5、6期合刊第4页)

《中国记者》发表评论员文章《维护新闻的党性原则》，批评有人指责“把新闻的党性纳入新闻学的核心内容更是不妥”，“弊多利少”，甚至断言“新闻无学”是“党性之类政治概念”造成的等论调。文中写道：究竟该怎样理解新闻的党性原则，它的内涵是什么？这是一个必须弄清楚的问题。如果说，那是指新闻舆论工具要宣传党的主张、意志，即党的路线、方针、政策，不言而喻，那是新闻工作不容推卸的职责，只能做好，不能做坏；如果说，党性原则还应该包括党的组织原则、思想方法、工作作风等等，那么我们的新闻报道，讲一讲民主集中制，讲一讲党的三大作风——理论联系实际、同群众保持最密切的联系、开展正确的批评与自我批评，讲一讲党的宗旨——全心全意为人民服务，党的思想路线——实事求是等等，这到底有什么“不妥”，何曰“弊多利少”，为什么要对之横加指责？(《中国记者》1989年第8期第4页)

吴少琦同志在《进行新闻工作党性原则的再教育》一文中说，新闻的党性原则到底包括哪些内容？新闻宣传实践中应该从哪些方面来把握呢？他认为有五个方面：1、坚持正确的政治方向。从宣传内容讲，就是宣传四项基本原则，宣传一个中心、两个基本点，反对资产阶级自由化。2、态度鲜明地承认新闻宣传的政治性、阶级性，毫不动摇地当好党的喉舌工具。3、全面、准确、创造性地宣传党的路线、方针、政策。4、服从党和政府的领导，遵守宣传纪律。其中重要的是掌握宣传口径，树立全局观念，严守国家机密，坚持重大稿件的审查制度。5、继承发扬党的新闻工作优良传统。它包括全心全意为人民服务，坚持在党的领导下为实现全国人民的政治任务而奋斗；整个宣传活动密切联系实际，联系群众；遵守宣传纪律；遵守新闻的真实性原则；深入生活，调查研究，艰苦奋斗的作风；讲求新闻工作的职业道德等。(《辽宁日报》1989年9月14日第2版)。

李瑞环同志在讲话中，对新闻工作党性的内容作了全面、精炼的归纳。他说：“它的主要内容是：公开声明自己站在党和人民的立场上说话，在政治上同党中央保持一致；坚持实事求是，说真话，不说假话；密切联系人民群众，真诚地和人民同呼吸，共甘苦，齐爱憎，正确地反映他们的愿望、呼声和要求；服从党的领导，遵守宣传纪律。”

关于党性与“喉舌论”

在新闻改革中，党的新闻事业要不要坚持喉舌的性质，这是新闻界前几年争论的焦点之一。有些同志认为这是一种需要更新的旧观念。有的说：“喉舌不是个好听的词”，有的说：片面的僵化的“喉舌论”禁锢了我们的思想，束缚了我们的手脚。这显然是完全错误的。

杨子才同志在《坚持党性原则，发扬优良传统》一文中说，长期以来，由于资产阶级自由化思潮泛滥，新闻界有人把党性和人民性对立起来，并宣扬“人民性高于党性”的错误观点，使新闻思想严重混乱。后来，胡耀邦同志提出：党的新闻事业是党的喉舌，自然也是党领导的人民政府的喉舌，同时也是人民的喉舌。但这个论点的提出，并没有使争论平息。他认为，党性和人民性相统一，党的喉舌，又是人民的喉舌，上情下达，下情上达，既是我们党“从群众中来，到群众中去”的根本路线所要求的，也体现了社会主义新闻事业把对党负责与对人民负责结合起来的原则立场。这个立场，决定了社会主义新闻事业作为党和政府的喉舌，要发挥上对下的指导作用；作为人民的喉舌，要发挥下对上的监督作用。两者相辅相成，不可偏废。只注意发挥上对下的指导作用，忽视下对上的监督作用，不注意倾听群众的呼声，往往容易助长主观主义和官僚主义倾向，产生腐败现象，给建设和改革事业带来危害；而只强调发挥下对上的监督作用，忽视上对下的指导作用，也往往容易助长自由主义和无政府主义倾向，导致涣散盲动，各行其是，同样会给建设和改革事业造成危害。

林枫同志在《新闻要改革，喉舌的性质要坚持》一文中说，我们应该看到发布新闻、提供新的信息，同当喉舌、宣传党的决策，存在某些矛盾；我们新闻工作确有不少缺陷，如有些应该报道的重要新闻，由于宣传上考虑而没有报道，或者报道迟了，报道得不够客观，不够全面；有些新闻不善于运用客观手法，通过事实的客观陈述去体现观点，宣传味太浓，人们不爱看、不爱听、效果不好，等等。这些正是新闻改革需要解决的问题。新闻改革不是要改掉党的新闻事业是党和人民喉舌的性质，不是不要运用新闻进行宣传，而是要处理好当喉舌同新闻改革的关系，进一步理顺新闻同宣传的关系，使党的新闻事业在发好新闻的基础上，更好地发挥党和人民喉舌的作用，也就是要善于在客观、真实、全面、公正反映新情况的前提下，体现新闻的倾向性，使受众乐意接受，增强新闻的社会效益，更好地反映和促进我国的社会主义现代化建设。他认为，新闻要改革，喉舌的性质必须坚持。不坚持党的新闻事业是党和人民的喉舌的原则，新闻改革会走偏方向；不进行新闻改革，新闻事业就不能适应社会主义现代化建设新形势的需求。(该文写于1988年12月，发表于《新闻与写作》1989年第9期)

赵阜同志在《坚持马克思主义新闻学的基石——喉舌论》的文章中认为，“喉舌论”是马克思主义新闻学的基石。正因为如此，坚持资产阶级自由化立场的人，在新闻领域里，总是把他们攻击的矛头直接指向“喉舌论”。他还说：党的报纸应当成为党和人民的喉舌，是由党报的性质决定的。作为一个共产党员，党把我们派到新闻岗位上工作，要我们好好地充当党和人民的喉舌，这是党的事业的需要。有些不愿当、也不想当党和人民喉舌的人，竟然堕落到了充当动乱和反革命暴乱吹鼓手的角色，成了他们的喉舌，这样的结局多么可悲！(《人民日报》1989年10月27日)

江泽民、李瑞环同志在新闻工作研讨班上的讲话中，都再一次充分肯定了党的新闻工作必须坚持“喉舌论”。

李瑞环同志说：“我们说报纸是党、政府和人民的耳目喉舌，就是对新闻工作党性的一种鲜明的、形象的和科学的表达。”

江泽民同志说：“我们党历来非常重视新闻工作。始终认为，我们国家的报纸、广播、电视等是党、政府和人民的喉舌。这既说明了新闻工作的性质，又说明了它在党和国家工作中极其重要的地位和作用。”

关于党性与人民性

吕梁同志在《党性是社会主义新闻事业的灵魂》一文中说，十年前，有的同志错误地总结“文革”的经验，提出了所谓人民性高于党性的理论，说党是会犯错误的，而人民是不会犯错误的，坚持党性就会跟着党犯错误，所以要强调人民性，要由报纸代表人民来监督党，似乎党不能代表人民，只有报纸才能代表人民。他把党性和人民性对立起来，甚至把人民性凌驾于党性之上，说穿了，就是要报纸与党分庭抗礼，要用他所谓的人民性取代党性。对于这个错误理论，许多同志是不同意的。但由于提出这一理论的同志是新闻界的重要人物，有些刊物也热衷于宣扬这种观点，因而其影响几乎遍及全国。可以说，人民性高于党性这个错误观点，成了新闻界资产阶级自由化思潮的主要理论基础。在这种理论的影响下，强调党性被看作僵化，党报被“贬值”；党性成了亟待摆脱的紧箍咒，而强调某些人所标榜的人民性，企图摆脱党的领导则成了时髦。他还指出：从学潮开始，一直到暴乱平息，我们办报的同志天天面临一个尖锐的问题，就是作为党的报纸和党的新闻工作者，要不要听党的话，要不要讲党性。究竟是党代表人民，还是主张人民性的某些同志代表人民？通过两个月的实践，我们深深体会到，真正代表人民群众的只能是党中央，是以邓小平同志为代表的老一辈无产阶级革命家，而不可能是别的什么人，或者某一些新闻工作者自己。这次制乱平暴斗争的铁的事实做出了无可辩驳的结论，对人民性高于党性的错误理论给予了无情的批判，从而也为党性和人民性这场长达10年的争论做了总结。(《解放军报》1989年8月7日第1版)

高狄同志在新闻工作研讨班发表题为《坚持党报的党性原则》讲话，他指出，党会犯错误，人民不会犯错误，这个观点是完全违反马克思主义的。党是为人民服务的，党报当然也要为人民服务。我们的报纸是党报，因而当然也是人民的报纸。严格地说，“人民性”这个概念，是不正确、不科学的。谁代表人民？党不能代表人民，只有报纸才能代表人民，你代表的是哪一部分“人民”？他认为，按照辩证唯物主义观点，任何政党，任何个人，错误是难免的。尤其中国，情况太复杂了，在中国搞革命，搞建设，一点错误都不犯，是不可能的。我们党犯过错误，甚至犯过严重错误，但是我们党的错误，从来都是我们党本身，而且是中央本身纠正的，不是别的什么力量纠正的。党报是党领导下的，如果认为党报比党还高明，党犯错误要报纸来纠正，那是一种无知的狂妄。当然，党报有时在某些方面可能比中央多了解一些情况，那就应该按照党章的规定，向中央反映情况，提出建议，供中央参考。党报是党的耳目喉舌，耳目就要多向党反映群众的意见和要求。报纸要办好内参，但绝不能在报纸上公开宣传与党不同的观点，否则是党的纪律所不允许的。党报决不能凌驾于党委之上，这是一条不可动摇的原则。党报是党委的机关报，报社是党的工作部门，是受党的委托办党报的。报纸不是报社的，更不是某个总编辑或者某个记者的。党报必须说党的话，不能把与党不一致的观点反映在报纸上，如果谁不同意这一点，那就请谁离开党报编辑部，党报编辑部不能存在反对党的人，不能有“不同政见者”。(载于《新闻战线》1990年第1期第4、5页)

江泽民、李瑞环同志都在讲话中严肃批评了党性与人民性对立、人民性高于党性的错误观点。

江泽民同志指出：提出“人民性”

高于党性，实质就是要否定和摆脱党对新闻事业的领导。如果说以前我们有些同志对这种观点的实质还看不太清楚的话，那么经过这次动乱和反革命暴乱就洞若观火、昭然若揭了。他还指出：事实上，被坚持搞资产阶级自由化的人所把持的新闻单位，根本不是代表人民的利益、传播人民的声音的喉舌，而成了违背人民意志，制造反对党、反对社会主义制度的舆论工具。

李瑞环同志指出：前几年新闻界曾有过党性与人民性的争论，有的人主张人民性高于党性，报纸应当跟人民走，而不应跟党走。这种将人民性和党性对立起来的观点是根本错误的，是十分有害的。在今年春夏之交发生的动乱和反革命暴乱中，新闻界极少数人正是以“人民性”为幌子，与党分庭抗礼，兴风作浪，起了很坏的作用，既危害了党的事业，也损害了人民的利益。在新闻战线工作的同志应当从这次血的教训中警醒。

关于党性与新闻自由

讨论新闻自由，也是我国新闻界十年来的热门话题，有人利用对这个问题的讨论来制造思想混乱。在春夏之交的风波平息后，新闻界在反思中对新闻自由问题正本清源，发表了大量的文章。

民子同志在《党性·人民性·新闻自由》一文中说，有人认为，讲党性会妨碍新闻自由。这是新闻、理论界某些人长期不加分析地鼓吹抽象的新闻自由的结果。正是在这股思潮的影响下，有的新闻工作者对反映改革、建设巨大成就，对报道先进人物、先进思想，对宣传社会主义精神文明建设缺乏热情，或者不感兴趣，而是热衷于宣传西方的文明进步，热衷于报道国内的所谓阴暗面，似乎写得越多、越淋漓尽致，“新闻价值”就越高。如果对他们提点不同意见，就说是“没有新闻自由”。这些同志没有想到，假若让泄人民之气的“新闻自由”泛滥起来，是否符合本质真实，是否有利于振奋民族精神？新闻自由，包括出版和言论自由，是通过新闻传播工具实现的一种民主权利。和其它的民主、自由权利一样，新闻自由是具体的，不是抽象的。在阶级社会中，从来没有超阶级的新闻自由。它总要受到法律以及阶级、政党的宣传纪律的规范和约束。他还认为，“新闻自由”有特定的内容，总代表着一定的阶级要求和利益。社会主义的新闻自由与资产阶级的新闻自由不能混为一谈。(《北京日报》1989 年 10 月 16 日)

杜长久同志在《浅谈新闻事业和新闻自由》一文中谈到，社会主义的新闻自由与资本主义的新闻自由有着本质的不同。在资本主义国家，号称“全民的绝对自由”，而实际上是资产阶级所垄断着的新闻自由，劳动人民大众与此无缘。在社会主义国家，无产阶级当家做主人，公开声称新闻自由是有阶级性的，只有人民才享有这个权利。社会主义国家的人民可以依法运用新闻传播媒介，发表各种意见、要求和批评建议，对国家事务、社会事务实行舆论监督，行使当家做主的权利。新闻工作者围绕党的方针政策有爱新闻的自由，选编稿件的自由。当然，社会主义的新闻自由还将随着社会主义的经济发展、改革开放的进程、民主政治建设以及人民思想文化水平的提高而不断发展和完善。他还谈到，毛泽东同志曾经利用“舆论一律”这个概念阐明了社会主义制度下言论自由的阶级性，它有十分重要的现实意义。根据毛泽东同志舆论一律又不一律的观点和我国建国以来的国内政治、经济情况，舆论一律又不一律，正是社会主义新闻自由的特点。(《新闻传播》1989 年秋冬季号合刊第 16 页)

梁华同志撰文《“新闻自由”简析》，在对“自由”和“新闻”两方面作了具体分析后，指出：我国有新闻自由，但是为什么总有那么一些人认为没有而要去“争取”呢？说穿了，他们所要“争取”的并不是我们所说的新闻自由，而是那种想采写、发表什么就采写、发表什么的绝对新闻自由。他认为，还有一些人之所以否认我国有新闻自由，是因为他们对新闻管理存在一种错误的认识，由于受到了西方资产阶级新闻观的影响，他们认识不到我国新闻管理的本质，也无法认清西方资本主义国家新闻管理的真相。他还认为，另有一些人对我国新闻自由不理解，反倒对西方资本主义国家宣扬的新闻自由十分欣赏。实际上，他们对西方新闻自由的历史发展，特别是当代西方新闻界对新闻自由的新的解释，并不了解，看不清它的虚伪性。他在文章中引证大量的材料，对西方资产阶级新闻自由理论的反动性、虚伪性作了四点揭露。1、这种理论掩盖了它的实质，即它归根到底是为巩固资本主义统治和对外侵略扩张服务，对广大劳动人民完全是一种欺骗。2、它所谓的出版自由，表面上好像人人都有这种权利，但实际上，在必须拥有大量资金才能创办报纸、电台的新闻现代化和报业竞争异常激烈的今天，普通中产阶级和劳动人民，哪有那么多资本去办报纸、电台？3、在采访和报道方面，他们鼓吹新闻是“超然”的，脱离政治的，但实际上，他们的新闻媒介既不可能“超然”，也不会脱离政治。他们还宣传他们采访是多么自由，报道是纯“客观”的，这也是骗人的鬼话。4、内外不一，把鼓吹绝对新闻自由作为对其他国家，特点是对第三世界国家内政干涉甚至推行“和平演变”的手段。尽管西方国家在国内对新闻有诸多限制，强调报纸的社会责任，但他们对国外，则高唱要争取和保护绝对的新闻自由。(《新闻出版报》1989 年 11 月 4 日第 4 版)

高狄同志《坚持党报的党性原则》的讲话指出：中国能不能办民间报纸，能不能办“同仁报”？不可能。中国没有办“同仁报”的社会基础。党报可以反映全体人民的利益。不同的社会集团又有它自己的报纸。这些报纸都要在共产党领导下，都要按照党性原则办报。没有必要，也没有可能，办一个与党唱对台戏的报纸。我国如果办“同仁报”，要想不赔钱，只有两个办法，一是宣传黄色的东西，骂共产党的东西，这在我国法律是不允许的。二是找人赞助，中国是以公有制为主体的社会主义国家，谁能拿出那么多钱资助办报？只有投靠国外、海外，成为国际反动势力的代言人。这我们当然更不允许。我们有些同志不了解社会主义与资本主义的根本区别，不了解社会主义报纸与资本主义报纸的根本区别，必然要犯立场的错误。(载于《新闻战线》1990年第1期第5页)

李瑞环同志在讲话中指出：这些人之所以那么起劲地要办同人报、同人电台，之所以那么狂热地鼓吹所谓的“新闻自由”，无非是要同我们争夺社会主义的舆论阵地，以便毫无顾忌地“揭露”共产党的“腐败”和社会主义的“失败”。这是资产阶级自由化在新闻领域的一个要害。

江泽民同志在讲话中指出：这些年来，“新闻自由”成了极少数坚持资产阶级自由化立场的人同党和人民进行斗争的一个重要口号。他们深知，如果他们有了这种“自由”，就可以不受限制地攻击党、攻击社会主义，放肆地宣传他们的政治主张，搞乱人们的思想，搞乱我们的国家，达到他们的政治目的。他还强调指出：国际敌对势力和国内顽固坚持资产阶级自由化立场的人，把“新闻自由”作为实现“和平演变”的一个重要手段。在这个问题上，特别是我们的新闻工作者，必须有清醒的认识，必须保持高度警觉，毫不留情地揭穿他们的骗局。

如何坚持无产阶级新闻工作的党性原则

如何坚持无产阶级新闻工作的党性原则？这是新闻界在经历了由动乱到反革命暴乱的严重政治斗争之后，都在反思的问题。

杨子才同志在《坚持党性原则，发扬优良传统》一文中认为，有四个关系问题需要注意解决。一是坚持党性和人民性的统一，当好党和人民的喉舌。二是坚持党的领导，并把广大新闻工作者的积极性、创造性调动起来。三是坚持以宣传社会主义建设改革的成就为主，并与开展批评有机结合起来。四是坚持继承和发扬党的新闻工作的优良传统，并在新的历史条件下勇于开拓创新。(《新闻出版报》1989年11月4日)

郭长久同志在《坚持新闻的党性原则》一文中说，我们今天认真总结经验教训，将可以更加充分认识到否定无产阶级新闻事业党性原则的严重危害，看清我们新闻工作队伍目前存在的问题。这些年来，我们在坚持无产阶级新闻事业党性原则方面，旗帜举得不高，理不直，气不壮。许多年轻的新闻工作者对此缺乏基本的了解；更令人震惊的是新闻界的一些老同志，也忘记了党的新闻工作的优良传统，思想上发生了质的变化。事实教育了我们：加强新闻队伍的思想建设和组织建设，是一件刻不容缓的大事；每一个党的新闻工作者，不论新同志也好，老同志也好，都必须坚持不懈地学习马列主义、毛泽东思想，坚持辩证唯物主义、历史唯物主义的世界观和抵制资产阶级自由化思想的侵蚀，使我们的新闻改革沿着正确的方向发展(《天津日报》1989年7月28日)

《湖南日报》在纪念创刊40周年时，发表社论《坚持新闻工作的党性原则》，其中指出：“提高办报人员的政治、业务素质，是坚持党性，办好党报的根本保证”(《湖南日报》1989年8月16日)

李瑞环同志提出的坚持正面宣传为主的方针就是在新闻宣传中坚持党性的方针。他说：“既然我们在理论上和实践上承认并坚持新闻宣传的党性，那么在新闻报道中坚持正面宣传为主的方针就是题中应有之义了。”

江泽民同志从三个方面对新闻宣传和新闻工作者坚持党性原则提出了具体要求。他说：“坚持党性原则，就要求新闻宣传在政治上必须同党中央保持一致。各级党报要这样，部门的和专业性报纸也要这样。”“坚持党性原则，就要求新闻工作者必须同人民群众保持最广泛最深刻的联系，从群众的实践中汲取智慧和力量。”“坚持党性原则，就必须在新闻宣传中旗帜鲜明地坚持不懈地反对资产阶级自由化。这一点决不能含糊。”

关于如何正确把握新闻舆论导向的讨论综述

唐　钧

1989年春夏之交发生在首都北京的动乱和反革命暴乱，是关系我们党、国家、民族生死存亡的一场政治斗争，也是一场严重的阶级斗争。在制止动乱和平息反革命暴乱的斗争中，新闻舆论界做的怎么样？表现如何？对此，李鹏同志在一次会议上专门指出：“在平息这次动乱和反革命暴乱的斗争中，首都舆论界配合党的政策做了大量工作，特别是有几家报纸、电台、电视台，态度坚定，旗帜鲜明，起到了很好的作用。但是，由于党中央的少数同志在新闻工作的指导上有错误，离开了党的立场，致使一些新闻单位在平息这场动乱和暴乱中作了错误的舆论导向。”(《人民日报》1989年6月14日一版)江泽民同志在中宣部举办的新闻工作研讨班上讲话时也指出：“特别是中央一级的一些主要新闻单位和上海的《世界经济导报》，一段时间以来，散布了不少资产阶级自由化观点，在动乱期间更是愈走愈远。不但不宣传中央正确的声音，反而违背中央的正确方针和决策，公开唱反调；不但不去揭露和批判资产阶级自由化，制止动乱，反而为动乱、暴乱的策划者和支持者提供舆论阵地，对动乱的形成和发展起了煽风点火、推波助澜的作用，在群众中造成极大的思想混乱。影响很坏，教训深刻。这也从反面说明了新闻工作的极端重要性，说明新闻宣传一旦出了大问题，舆论工具不掌握在真正的马克思主义者手中，不按照党和人民的意志、利益进行舆论导向，会带来多么严重的危害和巨大的损失。”(载于《人民日报》1990年3月2日一版)

风波过后，痛定思痛，大家都在反思，新闻界也不例外。围绕“如何正确把握新闻舆论导向”这一问题，1989年下半年一些报纸和新闻理论刊物发表了许多文章进行论述和探讨，以期总结经验教训，使新闻舆论工具更好地为党和人民服务，为四化建设服务。现将这些文章的要点综述如下：

必须充分认识新闻舆论导向的重要性

李瑞环同志在《坚持正面宣传为主的方针》一文中指出：“新闻舆论对人们的思想和行动具有迅速、广泛而深刻的导向作用。人们常说，报纸是‘射程最远的大炮’。特别是在今天，随着科学技术的进步、人民群众物质生活条件的改善和文化水平的提高，看电视，听广播，读报纸，已经成为人们日常生活的重要组成部分。新闻舆论随时随地都在影响着人们的思想和行动。一条新闻，可以启迪人民奋发进取，也可能混淆视听，涣散人心。还必须看到，随着改革开放的深入，国外境外的大批记者进行采访，国外境外的各种声音也通过种种渠道迅速地传递进来，其中有许多新闻报道，或由于作者的政治偏见，或是有意造谣歪曲，往往造成错误的舆论影响。利用舆论蛊惑人心，进行颠覆煽动，已成为敌对势力实行‘和平演变’战略的一个重要手段。因此，正确发挥新闻舆论在当代社会生活中的导向作用，既是正确引导人民群众的需要，也是反对敌对势力反动宣传的需要。对此我们必须有新的足够的认识。”（载于《人民日报》1990年3月3日二版）

周显超同志在《舆论引导与社会稳定》一文中指出，人类要有秩序地生活，正常地从事生产和经济活动，就需要有一个稳定的社会。促进社会稳定发展的原因很多，舆论引导便是其中一个不可忽视的因素。在谈到为什么现阶段我们必须特别重视新闻舆论导向的重要性，作者列举了三个原因：（一）在社会主义社会中仍然存在着不同的利益群体，要求舆论把各种利益群体引导为全社会的根本利益和总体利益而奋斗。（二）十年改革，使我国由封闭转向开放，人们的思维也随之复杂起来。这就要求新闻界把人们的舆论引向积极健康的方向上来。（三）由于我国正处在社会主义的初级阶段，民主建设只能逐步发展。因此，为了避免或消除不切实际的超前的民主意识或不健康的政治情绪，必须加强舆论引导，从而使民主化建设的进程与我国现阶段的经济、文化的发展相适应，使社会保持平衡与稳定。（《新闻通讯》1989年第10期）

蔡跃进同志在《新闻舆论导向漫议》一文中指出，新闻舆论导向就是通过新闻媒介的传播引导，对受众的思想观念、言论和行为乃至社会产生影响而实现新闻传播的目标。它既是新闻传播工作应考虑的出发点，也是新闻传播效应的结果。正确的新闻舆论导向，能使受众明确方向和目标，与党和政府同心同德，积极投身于社会主义精神文明和物质文明建设，推动社会和生产力的发展；而错误的新闻舆论导向，则会使受众迷失方向，思想混乱，言行离经叛道，阻碍生产力的发展，影响四个现代化的建设。作者在总结了建国以来我国新闻舆论导向上正反两方面的经验教训后，进一步明确指出，历史的经验告诉我们：新闻舆论导向正确与否，对于社会和生产力的发展具有重要的影响和作用，必须引起我们的高度重视。（《青海日报通讯》1989年第8期）

李光照同志在《吸取教训　坚持正确的舆论导向》一文中更是大声疾呼：舆论是非常重要的，舆论的力量是非常大的，在现代化的信息时代，舆论的作用，尤其明显。坚持正确的舆论导向就能兴党兴国，坚持错误的舆论导向就会亡党亡国。从这样的高度来认识舆论导向问题的极端重要性不为过份。新闻工作者担负的责任如此之重大，切切不可掉以轻心啊！（《新闻天地》1989年第4期）

四项基本原则是正确的新闻舆论导向的灵魂

王映明同志在《舆论导向　魂兮归来》一文中写道：我认为，我们的舆论导向之魂就是四项基本原则。丢掉四项基本原则搞导向，就分不清东西南北，甚至害人害己。（《广播记者》1989年第5、6期合刊）

蔡跃进同志也持同样的观点。他在《新闻舆论导向漫议》一文中指出，新闻舆论导向一般是受新闻工作者主观支配的，也就是说，新闻工作者的立场、指导思想和目的决定着新闻舆论导向。而新闻舆论导向所产生的实际效果，又是广大新闻工作者通过新闻导向产生的群体效应。因此，要保证新闻舆论导向的正确性，首先新闻工作者必须坚持四项基本原则。

李汉如同志在《舆论导向浅谈》一文中也指出，坚持正确的舆论导向必须坚定不移地坚持四项基本原则。其中，最重要的一条是坚持党的领导，也就是要坚持党对新闻工作的领导，维护新闻工作的党性原则，坚决反对资产阶级自由化，坚持新闻为人民服务、为社会主义建设服务的政治方向。坚持正确的舆论导向要求每一个新闻工作者站稳无产阶级立场，坚定地同党中央保持一致，用马列主义、毛泽东思想作武器，自觉抵制资产阶级腐朽思想的侵蚀，抵制形形色色的西方资产阶级新闻观的影响。（《广播记者》1989年第5、6期合刊）

金柯同志在《新闻规律与舆论导向》一文中指出，端正舆论导向，关键在于使坚持四项基本原则和按照新闻规律办事一致起来。他认为，坚持四项基本原则和按照新闻规律办事，是一个事情的两个方面，是端正舆论导向必须同时解决的两个问题。他指出，舆论是社会群体对某一事态的相近看法，由于人们立场和观点不同，所以对同一事态有着不同的看法和评价。我们的报纸是党和人民的喉舌。党的报纸要无条件地宣传党的纲领路线、方针政策、工作任务和工作方法，忘记了这一条，就一定会搞错舆论导向，给党和人民的事业造成不应有的损失。（《新闻爱好者》1989年第10期）

吴厚福同志在《只有坚持党性和人民性的辩证统一观才能正确发挥舆论导向和监督作用》一文中写道：

这场动乱到暴乱，对新闻界的考验太深刻了，经验、教训终生难忘。实践使我深深感到，四项基本原则不仅是立国之本，也是新闻宣传和新闻改革的灵魂和指针。只有始终一贯地坚持四项基本原则，反对资产阶级自由化，牢固树立新闻的党性和人民性的辩证统一观，才能促进新闻不断改革，正确发挥新闻舆论导向和舆论监督的巨大作用。(《报改探讨》第63期)

崔金铭、谷双喜二同志在《党报必须坚持正确的舆论导向》一文中指出，怎样才能做到坚持正确的舆论导向呢？从根本上说，就是要站在党和人民的立场上，旗帜鲜明地反对资产阶级自由化，坚持以经济建设为中心，坚持四项基本原则和改革开放的总方针，引导人民同心同德，艰苦奋斗，为实现社会主义四化大业而努力。(《新闻学会通讯》1989年 第8期)

孙大胜同志在《新闻出版报》组织的一次座谈会上发言说，通过这场风波，我们感到舆论导向确实重要。舆论导向正确与否的标准，总的来讲应看符合不符合四项基本原则。具体地讲，有以下几个方面：一看宣传报道是否有利于稳定大局。大局不稳，不符合人民的利益，改革、建设都搞不好。如果搞动乱，学生罢课，工人罢工，经济就会走下坡路，人民的日子就没法过。二看是否有利于维护和提高党和政府的权威。当然，这并不排斥新闻媒介进行正确的舆论监督。三看是否有利于党和人民的团结，有利于广大人民群众之间的团结，增强中华民族的向心力和凝聚力。四看是否有利于国家的改革和建设，特别是经济建设。五看是否有利于巩固无产阶级思想阵地，开展对资产阶级自由化的斗争。六看是否有利于正常的民主与法制建设。(《新闻出版报》1989年7月22日一版)

坚持新闻工作的党性原则是端正新闻舆论导向的关键

关东宇同志在《"导向"说》一文中指出，坚持党性原则是解决新闻舆论导向的关键。只要世界还未进入"大同时代"，新闻舆论就具有阶级性或阶级属性。对无产阶级说来，这种阶级性的最高表现是党性原则。换句话说，新闻舆论是党的"喉舌"，而不是超阶级属性的"自由之声。"(《编采之友》1989年第9期)

何光先同志在《简论新闻舆论导向》一文中也指出，舆论有鲜明的导向。弘扬什么揭露什么，褒什么贬什么，在有阶级的政党新闻时期，是有鲜明的党性和倾向性的。因为，在这个历史阶段，它不仅要遵循表达舆论的普遍规律，而且还要遵循表达舆论的特殊规律，即扬什么善、抑什么恶，要有利于一定阶级政党的根本利益。(《新闻出版报》1989年8月26日二版)

姚文华同志在《前提·指针·准绳》一文中指出，新闻媒介和新闻工作者，都站在一定的立场上传播事实和观点，企望将舆论引向符合自己意愿的方向。所以，新闻工作者的政治立场，是舆论导向的指针。尽管有些资产阶级新闻工作者标榜自己多么客观公正，实际上无时无刻地不在扩散自己的意见，对受众施加影响。党的新闻工作者没有必要掩饰和隐瞒自己的政治立场。我国新闻媒介和新闻工作者的正确政治立场，就是旗帜鲜明地坚持四项基本原则，维护人民的利益、国家的利益。站在这一立场上，对舆论进行引导就是正确的导向，离开或动摇这一立场，就可能进行错误导向。(《新闻大学》1989年冬季号)

徐光春同志在《正确的舆论导向从何而来》一文中指出，党的新闻工作者在任何情况下，要履行"耳目喉舌"的神圣职责和正确舆论导向崇高的使命，关键是要坚持新闻工作的党性原则。为反革命暴乱推波助澜，这是丧失党性的表现。丧失党性，新闻报道必然会落入错误导向的泥潭。(《新闻战线》1989年第11期)

坚持实事求是的思想路线是端正新闻舆论导向的前提

姚文华同志在《前提·指针·准绳》一文中说，反映舆论，报道新闻，是实事求是，还是随心所欲，这历来是划分舆论正确导向和错误导向的分水岭。正确的舆论导向代表并维护绝大多数人的根本利益，坚持真理，维护光明，没有必要向人民隐瞒事实真象。正确的舆论导向的全部内容既是客观实际的再现，又是符合这种客观实际的主观评价。参与正确的舆论导向的新闻工作者不是简单地接受和传播某种事实与意见，而是经过自己采访和调查研究，客观地反映事物的真相和本质，因而在表达和引导舆论时，言之有物，论据充分，新闻媒介的正确舆论导向就是再现事物真相和维护真理的新闻活动。

徐光春同志在《正确的舆论导向从何而来》一文中说，新闻必须真实。只有真实，新闻才有生命。而真实的新闻是实事求是思想路线的产儿，是深入实际、调查研究的果实。因此，离开了实事求是的思想路线和深入实际、调查研究的作用，就无新闻的真实性可言。

何光先同志在《简论新闻舆论导向》一文中写道：新闻是客观事实的反映，必须完全真实。但真实不等于"有闻必录"，不加分析，不加取舍，甚至代敌宣传，造成舆论导向的完全错误。这是必须严格把握的界限。这里的关键是在于确立马克思主义的观点、方法和立场，深入调查、实事求是，否则，既难以保证新闻完全真实，也难以保证导向完全正确。

江水同志在《坚持正确的舆论导向》一文中联系实际，具体阐述了实事求是原则对舆论导向的重要性。他写道，凡是从事新闻工作稍有一点经验的人都知道，世界上每天发生的大大小小的新闻难以计数。一张报纸，四个版也好，八个版也好，几十个版也好，总不可能把凡是发生的所有新闻都登上去。这就需要选择：登什么，怎么登。这种选择就是一种导向。不同的立场，就会作出不同的选择。游行、绝食的学生长时间占据天安门广场，把庄严的广场糟塌得不成样子，群众是不满意的。"六一"儿童节到来的时候，许多少先队员写信给广场上的大学生，希望他们能撤离广场，以便广大少先队员能够到广场举行纪念自己节日的活动。但是,占据广场的大学生没有撤离。"六一"那天,多数儿童不能在那里举行有组织的活动,但也有少数家长带着自己的孩子到广场上去看"热闹"。是报道这少数几个孩子在广场上玩的很"开心"呢,还是报道广大少先队员向占据广场的大学生发出的强烈呼吁?这就决定于你是支持动乱还是反对动乱。我们的立场是很明确的,就是要选择那些有利于制止动乱的新闻事实来报道,以形成反对动乱的强大的社会舆论。(《中国记者》1989年第9期)

坚持正确的新闻舆论导向要注意处理好一些关系

王敏同志在《新闻"导向"浅谈》一文中认为,要正确地把握新闻舆论导向必须认真处理好四个主要关系。(一)党的喉舌与大众传播工具的关系。他认为,新闻工具党的喉舌的性质和任务应时刻不忘,"大众传播工具"对它总体上是服从和统一的关系。对歧异不仅要慎处,尤需严防奸恶。(二)急鼓强音与幽弦细管的关系。他认为,"导向"及其基本内容的坚定明确,并非要求时时处处不加区别地直喊大叫,必须大力丰富多彩,讲究善、巧、美等宣传艺术。(三)坚持四项基本原则与改革开放的关系。他认为,四项基本原则是立国之本,改革开放是强国之路。这紧密相关的两个方面构成了党的基本路线和基本点,是保证经济发展而又不变颜色的两大法宝。新闻单位在"导向"时不能两翼失调,畸轻畸重。(四)主与次的关系。他认为,这里所说的"主与次",包括多方面的内容,如成绩与缺点,正面与反面,指导与服务等等,新闻单位在进行"导向"时都应摆正它们之间的关系,否则就有可能出偏差。(《广播电视天地》1989年第3期)

周显超同志在《舆论引导与社会稳定》一文中提出了加强舆论引导必须注意的三种关系。其一要处理好引导与宣传的关系。他认为,引导与宣传的形式与效果不尽相同,因此,在舆论引导中,更要注重传播的手法和艺术,注重感染和潜移默化,要在引导中把传播机关的主观意图宣传出去,寓宣传于引导之中。其二要处理好引导与反映的关系。他认为,新闻媒介在舆论引导中,既要不回避社会问题,积极反映社会舆论,又要善于因势利导,有选择地从不同角度用不同的方式引导社会舆论,采取双向交流、或者多向交流,使新闻媒介真正成为沟通之沟,理解之桥。其三要处理好引导与监督的关系。他认为,舆论引导与舆论监督是一致的,引导,是把错误的消极的舆论引向正确的舆论,积极的舆论;监督,则是对社会生活中的不良现象进行揭露,消除社会弊端。这有利于提高媒介的信誉,增加舆论的引导力。

白衍吉和庄进修二同志在《重视突发事件报道 坚持正确舆论导向》一文中指出,重视突发事件报道,坚持正确的舆论导向,是新闻界应该冷静反思并认真研究的一个课题。他们认为,要报道好突发事件,应该理好三个关系。(一)抢新闻与社会效果的关系。他们认为,抢新闻决不能盲目地为抢而抢,一定要考虑社会效果,报道内容、报道时机、报道方式都必须十分谨慎。其衡量的标准,最重要的就是要看是否符合四项基本原则,是否有利于社会的安定团结。(二)新闻的真实客观公正和舆论导向的关系。他们认为,新闻的真实应该理解为整体、主流、本质的真实。真实性与倾向性并不是互相排斥的,新闻总是有倾向性的,对事实的选择、报道的角度、标题的制作等都必然反映新闻记者和舆论机关的立场、观点和方法。(三)遵守新闻纪律、政治纪律与个人认识、个人行为的关系。他们认为,党报是党的喉舌,突发事件的报道必须同党保持一致,记者必须恪守政治纪律、宣传纪律,因为新闻报道决不是个人行为,不能想干什么就干什么。(《新闻战线》1989年第11期)

提高新闻工作者的素质是保证新闻舆论正确导向的根本任务

吴冷西同志在《新闻舆论的作用令人深思》一文中总结了北京的动乱以至反革命暴乱给新闻界留下的极其沉痛和极其深刻的教训。他指出,我们应当牢牢记住:在意识形态领域,无产阶级不去占领,资产阶级就去占领。新闻舆论阵地,必须坚定不移地坚持四项基本原则,贯彻始终地反对资产阶级自由化。他提出三点意见。第一点就是新闻队伍需要整顿。他认为,新闻队伍的素质要大大提高,首先是政治素质。特别是领导核心必须是坚定的马克思主义者。这几年,因为队伍迅速扩大,坚强骨干力量稀释了。大批青年人参加进来,这有增加新鲜血液的好处,但也同时带来涉世未深、立场不稳的难题。过去强调技术业务,放松了思想政治工作。这都要努力加以改进。要加强党性教育,加强马克思主义、爱国主义的教育,加强宣传纪律教育和职业道德教育。(《人民政协报》1989年7月18日)

何光先同志在《简论新闻舆论导向》一文中写道,舆论导向是否正确,既决定于对新闻事实的选择,也决定于新闻工作者的素质。选择什么与不选择什么、报道什么与不报道什么,都是由新闻工作者的素质所决定的,其中主要是政治素质和业务素质。他认为,新闻工作者的政治素质是多方面的,主要是指新闻工作者在新闻活动中的观点、方法和立场。如果观点、方法和立场不对,既难正确把握新闻传播的规律性,也难以正确把握新闻报道的舆论导向。这在理论上,主要表现对继承与发展、个性与共性的关系缺乏马克思主义的唯物辩证的认识,在实践中,主要表现为不能很好坚持无产阶级新闻工作党性的原则。因此,必须特别重视新闻工作者政治素质的培养。

韩凤鹏同志在《正确把握舆论传播基调——总编辑高层次的素质》一文中也表达了这一观点。他指出,一张报纸的舆论传播基调把握得如何,是检验总编辑素质高低的一项重要标准。正确把握舆论传播基调,是总编辑高层次素质的表现。他认为,舆论传播基调的鲜明党性要求总编辑党性修养要强;舆论传播基调的政治理论性要求总编辑理论根底要厚;舆论传播基调的阶级倾向性要求总编辑的阶级立场要牢;舆论传播基调的导向功能要求总编辑要有相当高的领导艺术。因此,总编辑要重视对马克思主义理论的学习和研究,学会运用马克思主义的立场、观点和方法观察问题、分析问题、解决问题,以提高自己正确把握舆论传播基调的能力。(《新闻知识》1989年第11期)

唐非同志在新闻出版报组织的一次座谈会上发言说,这次风波中新闻界在舆论导向上发生了严重的问题,其中一个重要原因是,长期以来我们忽视了新闻队伍建设,尤其是思想作风建设。我建议,在新闻队伍中首先要普及马列主义的新闻观点,使新闻工作者懂得坚持党性原则的重要性。其次要经常不断地进行国情教育,使新闻工作者了解我们的国情,并能从国情出发判断是非。第三要进行纪律教育,包括宣传纪律、保密纪律和组织纪律。

关于如何正确理解新闻的继承与发展关系的讨论综述

时统宇

1989年11月28日,中共中央总书记江泽民同志在新闻工作研讨班上的讲话中指出:“几十年来,党领导新闻事业,积累了丰富的经验,有着自己的优良传统和优良作风。我们要根据今天实际生活的变化情形,把这些好经验、好传统、好作风历史地继承和发扬下去”。这一论述,为正确理解新闻理论的继承与发展的关系问题,指明了方向。

近期关于新闻理论的继承与发展关系的讨论,是有着特定的现实背景的。正如李瑞环同志指出的那样:“在今年春夏之交的风波中,新闻界有少数同志背离了党和人民的立场,几乎到了是非混淆、敌我不分的地步。有的报刊对动乱和北京的反革命暴乱起了推波助澜的作用。可以说,这一段时间内新闻工作的教训是十分深刻的。在四中全会以后,由于中央和地方采取了一系列重大措施,整个新闻战线发生了可喜的变化”。反思动乱和反革命暴乱中舆论导向出现的错误,批判新闻理论研究中的资产阶级自由化思潮,澄清在新闻理论的继承与发展关系上的某些错误认识,这是1989年新闻理论研究中的一个突出特点。

有同志认为:事物具有共性和个性,新闻从传播规律到实践也有个共性与个性的关系问题。在改革开放的今天,我们需要从古往今来世界各国吸收那些对人类发展有用的带共性的科学、文化、理论,其中也包括对丰富和完善马克思主义新闻学有用的带共性的新闻理论、新闻实践知识。但是,在吸收诸如此类的共性知识的时候,不能忽视外国理论、实践中,由于社会制度不同所带来的只能适用于外国而不适于我们社会义主制度的带个性的东西,甚至对我们有害的东西;二是不能忽视我们社会主义国家这个个性,这个特定国度的特定需要。要做到以我为主,为我所用,而不是主客颠倒,跟在别人后面“照葫芦画瓢”。当前,在我国新闻理论界中有的同志正是犯了这个“忌”,易客为主,把西方一些不适用于我国的东西搬了进来,不加分析地加以提倡、宣扬,并且站在西方新闻理论和实践的现状的角度上,对我国新闻理论和实践的现状加以评判,加以苛求和指责,这就难免要发生舆论导向上的问题。这与他们在新闻理论研究中,重新闻传播的普遍性(这当然是对的),不重其特殊性(特别是所处政党新闻时期各国新闻传播的特殊性)是分不开的。

关于党的新闻工作的优良传统,不少同志指出:近年来,少数人受资产阶级自由化的影响,对党的新闻工作的优良传统持淡漠或否定的态度,认为它已经“过时”。有人甚至主张“另起炉灶”,脱离传统去“创造”所谓的“崭新的体系”。因此,如何正确对待党的新闻工作的优良传统,就成为新闻理论的继承与发展关系问题讨论的关键。

承认新闻工作的社会性,但不能因此而否定无产阶级新闻工作的党性原则的个性。何光先撰文写道:“人类的物质文明和精神文明都有一个继承与发展的关系问题,新闻从理论到实践也有个继承与发展的关系问题。正确把握这个关系是正确把握舆论导向的一个重要因素。只讲继承不讲发展,固然是一种固步自封的僵化思想,同样,只讲发展不讲继承,也是一种反科学的思想,其结果必然走向反面。当前在新闻理论界就有这样一种情绪:谁能搬用新名词,谁对现实否定的越多,谁就是‘英雄’,谁就能得到喝彩。这是不正常的,也是不科学的。科学必须具有老老实实的态度,探索规律、追求真理才是科学之本。否定什么,发展什么,必有具有科学依据,决不能信手拈来几个新名词,就把过去一笔勾销了,创始和实践了近一个世纪的马克思主义新闻学也成了什么‘前科学’。继承与发展是物质文明也是精神文明进步的一般规律,没有继承就谈不上发展,没有发展也就无所谓继承,但继承与发展决不能以个人的主观意志为转移。既需要研究我国的历史经验,也需要借鉴外国成功的经验,但借鉴什么不借鉴什么以及什么时候借鉴,既要科学地选择,又要从我国的实际情况出发”。

邵华泽认为:“我们党建立以来,无产阶级的新闻工作不能说没有这样那样的缺点、失误,但不可否认,在长期的革命斗争实践中,确实形成了有自己鲜明特色的优良传统。我们党老一辈的新闻工作者在极端艰苦的条件下为创建新中国英勇奋斗,又为建设和保卫社会主义事业而辛勤耕耘,许多同志为人民的事业牺牲了,他们留下了很多宝贵的东西。可现在这些好传统没有多少人讲了,谁要是讲传统就像是落后了，保守了。这也是一种不正常现象。我认为新闻改革与继承发扬优良传统是一致的，不能理解为新闻改革就是与过去一刀两断。特别是现在，新闻队伍正处在新老交替时期，大量新人充实到新闻战线上来，如何使他们了解我们好的传统，珍惜和继承这些传统，了解我们过去的失误，正确接受历史的经验教训，非常必要。我们确实需要解放思想，勇于创新，需要继续反对‘左’的僵化、保守的观点，不断丰富、发展我们的新闻理论与新闻实践，同时也要继承发扬我们的优良传统，这两者应该是统一而且也是能够统一的”。

在江泽民和李瑞环同志关于新闻工作的讲话中，他们都回顾了毛泽东、周恩来、刘少奇、邓小平等老一辈无产阶级革命家的新闻思想和新闻实践。李瑞环同志指出：“毛泽东同志的《对晋绥日报编辑人员的谈话》，刘少奇同志的《对华北记者团的谈话》，以马克思主义观点阐述了党的新闻工作的性质和任务，至今仍是我国新闻工作者的必读文献。邓小平同志建国初期所作的《在西南区新闻工作会议上的报告》，强调‘拿笔杆是实行领导的主要方法’，‘出报纸、办广播、出刊物和小册子在贯彻实现领导意图上，就比其他方法更有效、更广泛，作用大得多’；指出办好报纸必须有结合实际、联系群众、批评和自我批评三个条件，以及要大家办报等。这些意见，对今天改进新闻工作仍有着十分重要的现实意义”。

在理论上对继承与发展、个性与共性的关系缺乏马克思主义的唯物辩证认识，在实践中就不能很好地坚持无产阶级新闻的党性原则，正像有的同志指出的那样，新闻工作的党性原则是一个老问题，一段时间内，党性原则淡化了，新闻的指导性受到非议。少数人否认党的新闻工作的优良传统，主张把“党性、喉舌等政治性概念从新闻学中排除出去”，其理由是“只有这样，新闻学才能成为真正的科学”。

江泽民同志指出：“我们的新闻工作是党的整个事业的一个重要组成部分。因此不言而喻，必须坚持党性原则”。“坚持党性原则，就要求新闻宣传在政治上必须同党中央保持一致”。“坚持党性原则，就要求新闻工作者必须同人民群众保持最广泛最深刻的联系，从群众的实践中汲取智慧和力量”。“坚持党性原则，就必须在新闻宣传中旗帜鲜明地坚持不懈地反对资产阶级自由化”。李瑞环同志说：“社会主义新闻宣传的党性，概括起来，就是无产阶级的阶级性和马克思主义的革命性、科学性的集中表现。这是区别于资产阶级新闻宣传的最显著的标志”。

栗国安认为：“我们有的新闻单位，有的新闻工作者，确实在某些时候、某些问题上，由于种种原因，背离了无产阶级新闻工作的党性原则，在舆论导向上发生了偏差，造成了有害的影响。这是一个深刻的教训，应当认真严肃地总结记取”。“党性原则中有一条重要的要求，就是遵守宣传纪律。平时我们也常说‘不要以感情代替政策’，就是要求我们在任何时候都要坚持党性原则，与中央保持一致，党和政府的喉舌在重大原则问题上只能传播党和政府的声音，而不能掺入个人的情绪和观点”。

林枫在谈到坚持和发扬党的优良传统时写道：“党性原则是共产党的党性在新闻事业中的体现，是在社会主义新闻事业中体现党的思想、政策和组织原则的行为准则，是党对新闻事业的性质、地位、功能的总的看法，是社会主义新闻学的主要理论支柱。坚持党性原则是党的新闻工作的优良传统”。“中国共产党的党性不仅反映了工人阶级的意志和利益，而且集中体现了全中国各族人民的意志和利益。党性原则要求中国新闻工作者，用马克思主义的立场、观点、方法，去观察世界，反映世界，为人民服务，为社会主义服务。作为社会主义的新闻工作，这是必不可少的”。林枫认为：“对待传统的正确态度是，运用马克思主义的立场、观点、方法，从当前的中国实际情况出发，对现有的新闻理论、政策、传统进行分析，区别对待，该继承的继承，该改革的改革。选择的标准是：是否正确，是否具有生命力，是否适合社会主义现代化建设的需要”。

在新闻改革的基本指导思想上，一方面由于提倡和确立了新闻事业的共性“社会舆论工具论”，强调了新闻传播应最大限度地满足“社会需要”，另一方面，又由于忽视了甚至否定了社会主义新闻事业的个性“喉舌论”，错误地强调“淡化宣传”、“淡化政治”、“淡化党性”，因而使有些新闻媒介的改革偏离了正确的政治方向。因此，承认新闻事业“社会舆论工具论”的共性，不能否定无产阶级新闻事业“喉舌论”的个性。许多同志都认为，新闻界资产阶级自由化的表现之一，就是否定、歪曲、诋毁新闻事业是党和政府的喉舌，说什么“喉舌论是过了时的根据地新闻说”，“是保守、僵化的陈腐观念”，并把它看作是新闻改革的极大思想“障碍”和“死结”，主张“把党性、喉舌论等政治性概念从新闻学中排除出去”。

在江泽民同志和李瑞环同志关于新闻工作的讲话中，都肯定了新闻事业是党、政府和人民的喉舌的性质。李瑞环同志还特别强调：“我们说报纸是党、政府和人民的耳目喉舌，就是对新闻工作党性的一种鲜明的、形象的和科学的表达。它的主要内容是：公开声明自已站在党和人民的立场上说话，在政治上同党中央保持一致；坚持实事求是，说真话，不说假话；密切联系人民群众，真诚地和人民同呼吸，共甘苦，齐爱憎，正确地反映他们的愿望、呼声和要求；服从党的领导，遵守宣传纪律”。

赵阜在《坚持马克思主义新闻学的基石——喉舌论》一文中认为：“喉舌论”是马克思主义新闻学的基石，如同“剩余价值论”是马克思主义政治经济学的基石一样。正因为如此，坚持资产阶级自由化立场的人，在新闻领域里，总是把攻击的矛头直接指向“喉舌论”。新闻媒介作为一种舆论工具，从来就是某个政党或政治集团的喉舌，古今中外，概莫能外。所不同的是，资产阶级试图掩盖这一点，而无产阶级则公开声称它。在当今世界，有没有一种新闻舆论工具，谁的喉舌也不当，成了超党派的传播媒介呢？这种情况，过去、现在和将来都不会出现，也绝对不可能出现。新闻界的某些人一听到“报纸是党和人民的喉舌”，就特别反感。他们公然主张“报纸不应成为党的喉舌”。他们把“喉舌论”贬斥为“器官论”，说什么“我们是独立的人，不做别人的器官”。他们就是这样用庸俗化的手法来反对“喉舌论”。他们还试图用资产阶级的“传播论”来代替马克思主义的“喉舌论”，说什么“新闻媒介的基本功能是传播信息，而不是成为什么人的喉舌”。

王珏也认为，否定新闻的党性原则和党报的喉舌作用，是资产阶级自由化思潮在新闻界的表现之一。他举例说，有人说“喉舌是个旧概念”，“喉舌体制”把新闻机构变成了“被动接受指令的器官”，指责“把新闻的党性纳入新闻学的核心内容更是不妥”，“弊多利少”，甚至断言“喉舌、党性之类的概念”是造成“新闻无学”的主要原因。有人竭力反对把报纸广播当成党和政府的宣传工具，攻击宣传党和政府的方针政策是带有“浓厚封建色彩”的“仆役论”的新闻观念，是“把新闻事业看成党和政府的仆役，只允许新闻事业象雇工那样为自己服务”。他们还准备通过制定新闻法规定我们的新闻事业的性质只能是“大众传播媒介”，而不准说是“新闻宣传工具”。

林枫提出：新闻要改革，喉舌的性质要坚持。新闻改革不是要改掉党的新闻事业是党和人民喉舌的性质，不是不要新闻进行宣传，而是要处理好当喉舌与新闻改革的关系，进一步理顺新闻同宣传的关系，使党的新闻事业在发好新闻的基础上，更好地发挥党和人民喉舌的作用。不坚持党的新闻事业是党和人民的喉舌的性质，新闻改革会走偏方向；不进行新闻改革，新闻事业就不能适应社会主义现代化建设新形势的要求。

李瑞环同志在《坚持正面宣传为主的方针》的讲话中指出：“我们已进入社会主义现代化建设和改革开放的新时期，新闻宣传所处的国内外社会环境，宣传报道的内容、手段和服务对象，都发生了很大的变化，新闻必须适应形势，进行深刻的改革。新闻改革如同其它方面的改革一样，不是要不要改的问题，而是怎样改的问题。应该指出，这种改革必须坚持社会主义方向，必须有利于加强和改善党对新闻工作的领导。私人办报、办台这个口子不能开。不能用资产阶级新闻观对待新闻改革，也不能照搬西方的新闻体制和模式。我们社会主义新闻改革的目的，就是使新闻工作更加符合新闻的党性原则，更好地遵循新闻的规律，发挥现代化舆论工具的功能，发挥新闻作为党、政府和人民的耳目喉舌作用”。

何光先在《对我国社会主义新闻改革的思考》一文中写道：“由于不懂得观念是实践行为方式规律性的反映，也由于受西方某些资产阶级新闻观点的影响或对我国无产阶级新闻实践缺乏应有的了解，特别是对无产阶级新闻工作传统缺乏了解，有的人随心所欲地‘大胆设想’，提出种种所谓新闻观念更新。其实，有的观念早就有了，并不是新观念；有的观念是主观臆造出来的，并未反映出新闻实践的规律性；有的就根本不成为观念，而是从报纸堆里拣出的一些名词。比如，有人把‘小骂大帮忙’也作为一种观念更新提出来。其实这并不是一种观念，它与无产阶级新闻工作格格不入；有人主张用‘国家新闻’观念来更新‘党的新闻’观念，这既不新又不妥当。众所周知，人类政党的出现晚于国家，在没有政党或政党观念还很淡薄的时候，国家新闻观念就已经形成了；在今天，国家新闻观念与党的新闻观念是同时并存的，既有被称为‘社会主义新闻事业’的国家新闻观念，又有被称为‘党的新闻事业’的党的新闻概念，它们并不是同等范畴的两个概念，既不能取消一个、保存一个，以达到‘更新’的目的，更不能以‘国家新闻’观念来更新‘党的新闻’观念，来达到取消党对新闻事业的领导、取消无产阶级新闻工作党性原则的目的。还比如，有的人把对一个观点的反复宣传当成‘规律’和‘新观念’来推崇；而有人又把‘新闻是事学’当成新观念推举出来。实际上，前者只不过是‘谎言重复一百遍便是真理’的‘理论’翻版；后者也只是把新闻仅仅看作传播事实而不表达舆论的僵尸。这两者南辕北辙，都不是新闻实践规律性的反映。这种情况在报刊上也有所表现。有人违背观念是实践的规律性反映的原则，或从主观臆测出发，玩弄文字游戏，或从故纸堆里拣出某些概念，当作所谓‘新观念’来倡导。因此，正确把握新闻观念更新，对于坚持新闻改革的正确方向以及新闻改革的顺利发展具有极为重要的现实意义。该更新的观念不更新，固然要阻碍改革的深化和加快；不该更新的观念要更新，甚至把不成其为观念的观念也拿来更新，就会歪曲新闻改革的方向，把人们思想搞乱”。

于云先认为，“新闻改革有两种指导思想，一种以四项基本原则为指导，这是正确的指导思想；一种是以资产阶级自由化思想为指导，这是错误的指导思想。这两种指导思想的斗争，决定着新闻改革的方向。”“世界上任何事物，都存在一个继承与发展的问题。新闻改革同样如此，不能离开马克思主义的新闻发展史，不能离开我党新闻工作的优良传统。而在这一方面，我们是与新闻界的资产阶级自由化相对立的。他们所谓的‘新闻改革’，就是否定历史，否定前辈正确的新闻工作经验。在他们看来，过去的一切都错了，只有西方资产阶级的一套东西才有用。但经过长期斗争实践证明了是正确的东西，永远是我们党新闻工作经验的宝库”。

总之，有关新闻理论的继承与发展关系的讨论，使人们进一步认识到坚持四项基本原则，批判资产阶级自由化，继承和发扬我党新闻工作的优良传统的必要性和重要性。党中央关于新闻事业要为人民服务，为社会主义服务的基本方针，受到了新闻界的普遍拥护。

新闻改革典型经验

·新闻工作的经验·

解放军报——在北京发生的政治风波中坚持正确舆论导向，坚定不移地宣传中央和军委的决策

1989年春夏之交，极少数人利用学潮，掀起了一场有计划、有组织、有预谋的政治动乱，进而在首都北京发展成为反革命暴乱。两个多月中，解放军报社在党中央和中央军委的亲切关怀下，在总政党委的直接领导下，坚持正确的舆论导向，旗帜鲜明地投入制止动乱、平息暴乱的斗争，发挥了中央军委机关报的喉舌作用，经受了严峻的考验。

从4月中下旬到6月底，解放军报在这个时期的宣传，大致可分为三个阶段。

第一阶段，从4月中下旬至5月19日。对学生罢课和部分群众游行、请愿的报道，采取低调处理，是这个阶段宣传的指导思想。

4月中下旬，极少数人利用悼念胡耀邦同志逝世之机，制造政治动乱，使悼念活动逐渐发展到学生请愿、游行、绝食、静坐，把斗争矛头指向中国共产党的领导和社会主义制度。人民日报4月26日社论《必须旗帜鲜明地反对动乱》传达了政治局常委的正确决定和邓小平同志重要讲话的精神。但5月4日赵紫阳同志在会见"亚行"代表时，发表了与中央精神对立的讲话，并于5月6日把反党、反社会主义逆流说成是"国内人心所向"和"国际进步潮流"，指示宣传报道要"放开"，"风险不大"，进行错误的舆论导向。一时间，许多报刊对游行、绝食等采取了充分肯定、积极支持的态度，进行了连篇累牍的报道。

在中央出了两种声音，形势十分复杂和危急的情况下，军委杨尚昆副主席和总政领导及时指示我们：军报的宣传要牢牢把握正确的方向，"要顶住，挨骂就挨骂"，"对学潮讲不讲话，什么时候讲，讲什么，怎么讲，都听军委的"。

联系当时局势领会军委、总政领导的指示，我们感到，许多人头脑越来越发热，新闻舆论失控，党和政府面临越来越大的压力时，解放军报必须保持冷静，遵守纪律，一切以有利于稳定大局为出发点，对游行、绝食的报道作低调处理。

*一是压低调门，冲淡气氛。*对通讯社发的必用的稿件，在版面安排、标题制作上，不渲染，不加温，努力避免诱发群众的偏激情绪，尽量减少消极影响。5月17日，绝食进入第5天，通讯社发了"首都百万人游行"的消息。我们从反对动乱、稳定大局考虑，只将它放在一版中部靠右下三栏位置，标题不出"百万人游行"字样，标了个"首都高校部分学生绝食请愿仍在继续"的中性题，使这条消息的气氛大大冲淡了。

*二是严格把关，卡住一批稿件。*在舆论严重失控的情况下，我们特别注意稿件的选择，该突出处理的设法突出，该卡住不用的坚决卡住。比如对于给党和政府增加压力的一些社会团体的"紧急呼吁"，要求中央承认学潮是和平请愿而不是动乱的首都14家新闻单位千余新闻工作者的"公开信"，以及玩弄手法，抵制中央戒严措施的北京请愿学生19日晚9时宣布停止绝食的消息，我们都毫不犹豫地卡住了。

*三是自己不发稿，减少报道量。*这期间我们遵照总政指示，自已不组织采写、拍摄有关游行、绝食、静坐的报道及照片。唯一的一条"本报讯"，是根据军委杨副主席关于"对所传有部队官兵支持学生游行罢课或拒绝到天安门执行清场任务的谣言，军报要辟谣，要发消息，消息要放在一版"的指示编发的。军报刊登这一消息，表明了军队不支持游行罢课的态度，有利于稳定局势。

*四是坚持对部队工作的正常报道，减少游行绝食的新闻。*我们在此期间，把一版的版面，用来突出刊登部队工作的报道。在游行绝食进入高潮的6天(5月14日至5月19日)中，除两天分别以中苏高级会晤、党中央国务院领导看望绝食学生的消息作头条外，其它4天的头条都是部队工作报道。这样处理版面，有利于稳定军心和后来部队坚决执行戒严任务。

第二阶段，从5月20日至6月3日。以制止动乱和戒严部队的报道覆盖全部版面，打破常规办报，是这个阶段的基本方针。

5月20日国务院宣布对北京部分地区实行戒严后，动乱的制造者和策划者变本加厉地进行活动，所有主要交通路口被堵塞，各路戒严部队不能按时按计划进入指定地点，党中央、国务院的驻地继续被围堵，数万人的游行示威接连不断，首都北京处于一片混乱和恐怖之中。

当时舆论导向出现严重混乱，军委和总政明确地指示我们，要传达好党中央的声音。5月23日又召集报社领导班子全体成员，要求我们打破常规办报，关于制止动乱和戒严部队的报道要覆盖四个版。这些指示使我们深感军报肩负的重大历史责任。从24日起，我们打破常规，按照中央、军委和总政的一系列指示，集中突出地进行了制止动乱的宣传。

宣传内容打破常规：部队经常性报道和所有专版副刊统统让路，从一版到四版全部报道有关制止动乱和戒严部队的活动。

人员组织打破常规：打乱建制，按版面分工临时成立三个编辑组，下部队的编辑记者由社内统一指挥，社领导重新调整了分工，基本上都是昼夜上班。

版面安排打破常规：以往，除党代会和人大换届会按通八栏标题处理外，一般会议消息标题不超过六栏，多为四栏。5月27日、28日、30日分别刊登陈云、李先念、彭真主持召开中顾委、政协和党外副委员长会议的消息，都作通八栏标题。这种超乎寻常的处理，有利于安定人心，稳定大局。以往，新闻主题一般不超过两行。5月24日一版头条发表三总部慰问信时，用信中的三句话——"党和人民不会忘记你们　共和国不会忘记你们　历史将铭记你们的功绩"并列作三行主题，既庄重醒目，又富有感情。

由于打破常规办报，我们不但旗帜鲜明地突出宣传了中央的重大决策，而且多侧面地反映了戒严部队作为正义之师、威武之师、文明之师的精神风貌，展现首都军民鱼水情深的动人场景。这就为消除部分群众对实施戒严的疑虑，并为后来部队开进市区平息反革命暴乱，作了一定的舆论准备。

第三阶段，从6月4日至6月底。大张旗鼓地积极宣传中央和军委平息反革命暴乱的决策，是这个阶段报纸宣传的显著特点。

6月4日凌晨，平息暴乱取得伟大胜利。但暴徒们丧心病狂地焚烧军车，灭绝人性地残害军人，"美国之音"等西方新闻媒介也大造解放军"血洗天安门广场"的谣言。由于首都新闻舆论导向错误的局面尚未改变，使广大群众不能及时了解平息反革命暴乱的真实情况，部分群众对军队行动不理解，有对立情绪，解放军报也受到很大压力。动乱期间，游行学生路过报社时，有少数人拥在报社门口呼喊口号。特别是6月4日凌晨，《解放军报》发表的社论《坚决拥护党中央决策，坚决镇压反革命暴乱》广播以后，刚从天安门广场撤回的有100余人到报社门口起哄，晨8时，有人从京外打电话来威胁。面对从未遇到的情况，我们宁愿承担风险，坚决把党中央的声音迅速传达出去。

我们在组织力量保卫大院安全，安排好全社人员生活的同时，发动编辑部全力抓好平暴的宣传。

*抓言论。*6月3日深夜赶写、后经总政部分改写的社论，根据中央和军委的决定，鲜明地提出"坚决拥护党中央决策，坚决镇压反革命暴乱"。6月4日晚又赶写评论《揭穿反革命暴乱的实质》，阐述发生暴乱的根源和反动实质。6月9日又发表评论《平息暴乱　人心所向》，讲明平暴措施深得广大群众的拥护和支持。

*抓典型。*从6月7日起，本报运用新闻、通讯、图片等多种形式，先后宣扬了"共和国卫士"崔国政、刘国庚、李国瑞等一批平暴英雄，揭露了暴徒的罪行，展示了我军干部战士为保护国家人民的根本利益忍辱负重、从容赴死的高贵品质，打动了群众的心，使广大群众对平暴斗争的意义加深了理解。

*抓平暴真相的报道。*6月3日晚，我们请示总政，用"本报讯"发表了《戒严部队遭到歹徒野蛮袭击忍无可忍被迫采取果断措施》一稿，报道了平暴的真相。接着，我们又连续刊登了《在6公里路段上暴徒留下的罪证》、《清理天安门广场目击记》等揭露暴乱真相的报道。

军报关于制止动乱、平息暴乱的宣传，先后得到了军委邓小平主席、杨尚昆副主席和李鹏总理、邓颖超同志以及总政领导的肯定和鼓励。军内外读者对这一时期的军报宣传也给予了热情赞扬。

回顾这一段艰巨的斗争，大家感受最深的是，军报之所以能取得一点成绩，起决定作用的是军委和总政对我们的正确领导。我们深感自己水平不高，但是由于有军委总政的关怀指导，使我们少犯和免犯大的错误。

在这段宣传中，我们也有一些体会。

第一，保持坚强的党性，无条件地听从党的指示，是在尖锐复杂环境中端正宣传方向的重要保证。

在这个问题上我们抓了三条：

*一是确立坚强的党报观念。*多年来，报社全体同志都很明确：解放军报是中央军委的机关报，每个同志都是军委机关报的一员，责任重大，岗位光荣。1989年初，在布置全年宣传工作时，我们再次提出：要明确树立坚定不移、心甘情愿地当好军委的喉舌耳目，把解放军报办成一张好的党报的观念。不管社会上什么人如何讲，都要毫不动摇。

动乱开始之后，我们又提出，无论怎样搞新闻改革，做党的喉舌、军委的喉舌这一条绝对不能丢！以后形势发展越来越严重，我们多次强调，全部宣传，都以贯彻党中央、中央军委指示为准绳，以稳定大局为准绳，一切听军委和总政的招呼。

*二是坚信党中央和中央军委的正确领导。*这次斗争情况之复杂，是几十年新闻工作中从来没有遇到过的。但报社领导和同志们有一个共同的信念：坚信党中央的领导集体和中央军委是正确的，坚信为我们党掌舵的邓小平主席的判断和决策是正确的。这种信念，不仅建立在我们亲身经历的在党的领导下一次次战胜艰难险阻、夺取胜利的历史经验上，也建立在对党的方针政策努力学习和对形势变化的认真思考上。6月4日，我们发表了社论，根据军委指示明确指出首都发生了反革命暴乱，必须坚决平息。社论发表后，有人咒骂我们，甚至有人打长途电话威胁说"有朝一日要审判军报领导人"。但我们深信党中央、邓主席和中央军委对事件的定性和决策是完全正确的，以坚定的态度，撰写了更多的言论、发表了更多的报道。

*三是严格纪律。*在这次斗争中，我们以政治纪律、宣传纪律、尤其是军队纪律约束每个同志，反复强调：在尖锐复杂的形势下，有的同志可能对这样那样的问题一时想不通，但是，作为军报工作人员，决不能以任何形式，把自己的某些片面认识和偏激性绪，流露在稿件中和版面上，不论个人思想认识如何，行动上必须坚

决按照党和上级的决定办。

第二，用心领会上级意图，发挥创造精神。

制止动乱平息暴乱的宣传报道，对我们来说，是一项全新的工作任务。军委、总政给我们指明了方向，提出了要求。如何把报纸办得有声有色，准确地传达中央的精神，又为群众所接受，这有赖于办报人员勇于探索，充分发挥主动创造精神。

创造精神，来自于对上级的意图和指示的深刻领会。动乱初期，军委和总政领导要求我们牢牢把握宣传正确的方向。我们经过思考认为，对罢课、游行、请愿等错误行为决不能表示赞成和肯定，在自己不写报道的情况下，对通讯社统一发的报道，应保持冷静态度。我们在实践中逐渐形成了低调处理的指导思想。

创造精神，也来自对干部战士和群众需求的了解和研究。在首都执行戒严任务，干部战士有很多体会、希望、要求和建议。我们了解后，很快开辟了《戒严部队官兵的话》这个专栏，每期围绕一个思想或一个问题，摘编戒严部队基层干部战士简短、质朴的话，各抒己见。有150多位干部战士在这个"讲坛"上发了言，颇受读者喜爱。平息暴乱初期，部队很少看到其他报纸，我们开辟了《在兄弟报刊上》，摘发有关的言论和报道。

在执行打破常规办报这一指示的过程中，根据工作的发展，我们还实施"一条龙"作业。按照非常时期的特殊需要，由社长管总，以一位副总编主管社内行政和政治工作，三位副总编分管四个版，下分三个夜班编辑组，各个组从组稿、编稿到值夜班、划版，形成流水作业，紧张而又秩序地工作。

第三，办好报纸，领导班子的团结一致和干部队伍的良好素质很重要。

在尖锐复杂的斗争中，报社党委比较坚定和团结。对党中央、中央军委和总政的指示坚决执行，在执行过程中敢于拍板，敢于负责。5月18日，军报处理"首都百万人游行"这条消息时，有意压低，一些人纷纷指责，报社人员特别是夜班编辑感到有压力。当天下午，夜班值班社领导就在编前会明确表示：这样处理是由我在理解上级指示精神的基础上作出的，错了由领导负责，编辑没有责任。在整个制止动乱平息暴乱期间，报社领导内部始终是一个声音、一种态度，没有发生内耗现象。

在这场斗争中，报社的编辑、记者和职工也经受了考验。从总体上看，这支队伍的素质是好的。

思想比较稳定。动乱和暴乱期间，有的同志接到要求游行、声援、签名的电话，当即拒绝；有的在谣言面前，头脑清醒，不信不传，有的耐心说服家属子女不要参加游行。

忠于职守。在形势非常严峻的时候，编辑、记者、战士、职工能坚守岗位。参加值夜班的30多名同志，有的刚出院就上夜班，有的同志两个多月不过星期日。在工作比较紧张的情况下，大家看稿认真、细致、严格把关，曾几次发现和防止了通讯社发来稿件中的多处差错。

有突击精神。部队执行戒严任务在城外受阻，一批编辑、记者连夜出发，有的骑自行车跑几十里到达部队宿营地，很快采写出一批稿件。6月3日夜，有的记者戴着钢盔，同戒严部队一道冒着飞石乱棒的袭击，突破围攻，向天安门广场开进。奉命参加中央新闻报道指导小组担任编稿任务的同志，昼夜工作，积极主动，受到李鹏总理和有关领导的赞扬。

通力协作。在动乱、暴乱期间，为了全力办好报纸，全社人员形成了一个密切配合、通力协作的战斗集体。有几天市内交通瘫痪，有的青年女工上下班就由家人用自行车接送，来回六七十公里，坚持顶班，保证了在困难条件下正常出报。

军报这支队伍之所以能够在这场斗争中经受考验，一个重要原因是报社编辑记者特别是一些骨干经过部队实际生活和新闻工作实践的锻炼。前些年，社里注意有计划地把编辑记者派到对越自卫还击作战、保卫南沙、抢险救灾第一线采访报道，摔打磨练。近几年，又针对松散问题以及极少数人借口新闻改革而散布的某些错误观点的影响，对编辑记者进行党性、党纪、军纪教育，提高了抵制资产阶级自由化思潮影响的能力。

军报这次制止动乱平息暴乱宣传，也得到了戒严部队新闻报道人员及时而有效的支持。6月初，报社稿件多数靠部队通讯员供给。他们以对党的忠诚和高度的政治责任感，夜以继日地采访、拍摄，冒着危险把稿件送到报社，某部新闻干事于荣禄在随军采访中英勇牺牲，荣获"共和国卫士"称号。实践证明，部队通讯员队伍在报纸宣传特别是紧急任务的宣传中具有不可替代的作用。办报还是要采取"两条腿走路"的方针，依靠专业编辑记者队伍和部队通讯员队伍的两个积极性，这既是党的群众路线在新闻工作中的具体要求，也符合我军新闻工作的实际。对于"全党办报""全军办报"的方针，我们今后要坚持和自觉地贯彻执行。

在制止动乱、平息反革命暴乱的斗争中，解放军报按照中央军委和总政的要求做了一些工作。但是冷静地回顾这一段的工作，也有许多不足之处。在人力的组织上，我们没有能更广泛地调动全体编辑、记者的积极性；对宣传工作缺乏深入细致的研究，有的报道和文章比较粗疏；在平息反革命暴乱取得胜利之后，纵深的宣传有点跟不上，缺少有分量的言论、文章和典型报道。

（解放军报社）

河北省委副书记李文珊谈省新闻工作经验——不搞自由化，克服一般化

在1989年北京发生的政治风波中，河北省的新闻宣传旗帜鲜明，立场坚定，能够同党中央保持一致，坚持正面引导舆论，为制止动乱、维护安定团结大局发挥了积极作用，上上下下是满意的。河北的新闻单位能做到这一点，不能说是偶然的，这里有好多问题值得认真思考和总结，这对于我们更加自觉地指导舆论工作会大有好处。

“不搞自由化，克服一般化”

这个口号是1986年初，在全省地方记者会上提出来的。这个会，省委书记邢崇智，省委常委、宣传部长刘荣惠和我都参加了，并讲了话。崇智同志讲的是政治上“不搞自由化”，我侧重讲的是克服新闻宣传中“一般化”的问题。这样，两个讲话就形成了一个完整的口号：“不搞自由化，克服一般化”。从那次会议以后，基本上形成了一个制度。

“不搞自由化”是省委对新闻工作在政治上的要求，就是新闻工作必须坚持四项基本原则，反对资产阶级自由化。这是党的新闻工作的根本原则。任何时候都必须十分清醒，十分坚定。否则，新闻工作就会迷失方向，就会祸国殃民。“克服一般化”，这不光是个业务问题，也是新闻改革所要解决的主要问题。就是要把我们的报纸、广播、电视办得生动活泼，不落俗套，为人民群众所喜闻乐见。“不搞自由化，克服一般化”，两者又是相辅相成、缺一不可的。前者是后者的重要前提，后者是前者的必然要求。两者的有机结合和高度统一，才能使我们的新闻工作，既保持正确的舆论导向，又有较高的宣传艺术，成为党和人民得心应手的工具。这样一个指导思想，多年来省委一直是非常明确的，始终如一的。实践证明，它从根本上保证了全省舆论工作的健康正常的发展。

怎样有效地贯彻这样一个指导思想呢？其中一条，就是通过省委直接掌握的新闻工具——河北日报、河北电台、河北电视台，影响和带动全省各地市报纸、电台和电视台。省报、省台与地市报纸、电台、电视台虽不是垂直的领导关系，但可以起指导、影响作用。事实表明，这一条是成功的。他们三家每年开一次记者会，我们每年去讲一次。这样做，省委不仅直接指导了自已掌握的舆论工具，而且指导了全省各新闻单位，贯彻了自己的指导思想和宣传意图。

“出主意，用干部”

省委不可能参与新闻单位的具体事务，也没这个必要。毛泽东同志讲：“领导者的责任，归结起来，主要地是出主意、用干部两件事”。省委抓新闻工作，也是这两条。

“出主意”主要是抓舆论导向。这方面的工作大体有这么三个方面：一是提出重大宣传方针。在历史转折的关键时刻，在各个不同时期，在重大问题、重要活动、重要会议等方面，省委都及时提出明确的宣传方针，使新闻单位掌握省委意图，工作上有所遵循，保证正确的舆论导向。二是提出改进新闻工作的意见。比如对会议报道、典型报道、经济报道、精神文明建设报道等等，省委领导同志都讲过多次，提出了不少明确的意见和建议。崇智同志多次提出要压缩会议报道，少登负责同志的讲话，少宣传个人。我也曾与河北日报“约法三章”：我的活动少登；非登不可的，名字不上标题；个人文章上二版，或其他版，不上一版。当然，领导讲是一方面，我们还搞了一些具体规定，省委批转下去，要求新闻单位贯彻执行，效果还是好的。三是提出重要报道线索。举个例子，1986年初，我在省委办公厅的《快报》上看到柏乡县搞红白理事会的情况，立即批到报社，请他们深入采访，好好宣传。这个典型宣传以后，很快在全省遍地开花。省委领导同志类似的批示、电话、面谈等，几乎每周都有。

“用干部”，主要是抓班子。从省委来讲，重点抓河北日报和省广播电视厅的班子。新闻单位的领导班子，就是“第一线”的指挥，至关重要。能不能顺利贯彻中央和省委的指导思想，能不能正确进行舆论引导，关键在于这些“第一线”的指挥部。他们坚强有力，省委也就放心，也便于省委思考重点问题，打进攻仗。否则，老出问题，你就被动。坚强不坚强，总的要求是德才兼备。具体来说，有四条：一是改革的班子；二是不搞自由化的班子。对于配备、建设符合上述标准的坚强有力的班子，省委决心很大，毫不含糊。这些年，对河北日报、广播电视厅的班子也做了适当的调整。为了使河北日报的班子集中精力抓好报纸宣传，还在报社实行了“双轨制”配备了社长、副社长，抓经营，抓管理，抓事务，这样正副总编可以集中精力抓业务，抓宣传。现在看，报社、广播电视厅的班子，政治上是坚强的有力的，省委也是放心的。

“坚持争创第一流”

这个口号，最早是省委1984年提出来的。到现在，“争创第一流”的活动已坚持了六年。所谓“创一流”，就是要求新闻界“争写第一流的新闻，争当第一流的编辑、记者，创办第一流的报纸、电台、电视台”，使河北省省级新闻单位进入全国省报、省台先进行列。有这样一个奋斗目标，树这样一个雄心壮志，可以使我们的工作年年有所前进。经过努力，就有可能进入全国先进行列。

“创一流”，关键要有一支“一流”的队伍。省委这几年在培养、造就新形势下的新闻队伍方面，花费了很大气力，采取了很多办法。比如，一年一度的记者会，实际上就是短期培训班，着力对领导干部和业务骨干进行政治培训，到今年已连续搞了四年；省新闻培训中心，在办短期业务培训班的同时，还开办了新闻大专班，请未学过新闻专业的同志来进修、深造；新闻单位近几年还都搞了一些异地采访、集团性采访等活动，组织记者深入山、海、坝等艰苦地区采访，对记者是个很大的锻炼。这些，已基本形成了一套完整的制度，对提高新闻队伍的素质起了很好的作用。

省委在培养新闻队伍过程中有一个基本的做法，就是实事求是地表扬和恰如其分地批评相结合。1985年以后，我们建立了好新闻、优秀新闻工作者和先进集体评比制度，今年还将开展优秀报刊的评选。当然表扬不只这些，但是出了问题也要认真对待。1985年，《杂文报》贬损鲁迅，我们就给予了严厉的批评。该表扬的表扬，该批评的批评，才是对新闻工作者的真正爱护，也有利于他们的进步和提高。

在培养队伍上，我们特别强调新闻工作的党性和纪律性，强调党的耳目喉舌意识，强调既奋发有为，又是党的“驯服工具”。应该说，河北新闻队伍的党性是强的，纪律是好的。

"创一流"搞了几年，见到了一些效果。在这个基础上，省委今年又提出了培养名记者、大手笔的要求。可以说，这是一个更高的奋斗目标。一张报纸、一个电台没有几个名记者、大手笔很难办好。在文艺工作上，我们提出"人才抓尖子，作品抓拳头"。"拳头"才有力度，能打出去。新闻工作也要这么抓，下决心抓人才，经过几年坚持不懈的努力，把河北的名记者、大手笔队伍逐步建立起来。

"既严格要求，又热情关怀"

省委加强对新闻单位的领导，在严格要求的同时，还注意切切实实帮助他们解决一些实际问题，为新闻单位做好工作创造良好的条件。

在新闻信息方面，建立并坚持省报、省广播电视厅和新华社河北分社负责人列席常委会制度，使他们及时了解省委工作情况，掌握大局，增强新闻工作的指导性；建立"新闻吹风会"制度，从1984年建立一直坚持，中央和省委对宣传工作有什么文件、精神，立即召集省会新闻单位负责人进行传达、贯彻；建立省委、省政府机关记者工作站，为中央和兄弟省市驻河北新闻单位的记者及省直新闻单位记者阅文创造条件，他们在这里可以看到从中央到省到地市的多种文件和信息刊物。地市新闻单位这一层，省委宣传部新闻出版处有个《新闻信息》刊物，中央和省委有什么精神，可以随时传下去。

在事业建设方面。这几年，省里在经济状况比较困难的情况下，咬着牙办了几件事。一是建成了贯通全省的五条广播电视微波中继线路，全长1200多公里。开通后，省电视台节目的人口覆盖率一下子由原来的44%增加到了76%。二是从今年动工兴建河北日报社的胶印大楼。建成使用后《河北日报》的印刷条件将有一个根本性的改观。三是组建了省影视中心，为电视剧和科教片的生产奠定了可靠的基础。

在规格待遇方面。前几年解决了电台、电视台的规格问题，"两台"由处级升格为二级局。"一报两台"驻各地、市记者站定为副处级单位。这在全国都是比较早的。

在工作、生活方面。报社、广播电视厅领导班子的同志给予实事求是的肯定，对新进班子的同志提出厚望；逢年过节，我们还都去看望大家，到编辑部，到车间，甚至到高山发射台去看一看，给予鼓励。新闻单位的一些活动，只要有时间，我们都去参加，不是去看红火热闹，而是去支持他们。同时，每年搞几次座谈、对话，了解情况，帮助新闻单位解决一些实际问题。

展望未来，尚需艰苦努力。河北省新闻界在这次动乱中，虽未出现什么大的问题，但并不等于新闻战线的同志的思想问题都解决得很好，对一些同志来说也还有这样那样的糊涂观念。所以，下一步必须组织大家学好十三届四中全会精神和小平同志的重要讲话，认识新闻工作坚持正确的舆论导向的重要性，这样才能使"不搞自由化，克服一般化"建立在可靠扎实的基础上，把河北省的新闻工作做得更好。

（夏凤祥　江山整理）

山西日报——以基本路线为指针 为兴晋富民服务

1989年春夏之交发生的动乱和反革命暴乱，对我们地方报纸是一场严峻的考验。实际上，这场考验从前几次坚持四项基本原则与资产阶级自由化的斗争就开始了。1989年5月初，中央出现两种声音，首都一些新闻单位发生舆论导向错误，以致百万人卷入前所未有的声援活动。如此错综复杂的情况，是与"文化大革命"迥然不同的，是我们办报以来从未遇到过的。面对特殊的局面，作为中共山西省委的机关报，在省委的正确领导下，以党的基本路线为指针，从广大人民群众要求安定团结，要求发展经济的根本愿望出发，坚持党性原则，坚持办报宗旨，经受住了这场关系到党和国家前途命运的严峻考验。宣传报道上，我们没有随波逐流，没有骑墙观望，而是立场坚定，旗帜鲜明，坚持为兴晋富民服务这条主线不动摇，在制止动乱和平息反革命暴乱中发挥了正确的舆论导向作用。

对1989年春发生的学潮，我们始终抱着分析、批评的态度，有意识地在报道上加以淡化。对动乱，我们则采取了批判、抵制的态度，以多种形式明确表示反对。第一，强化党的声音。从动乱开始，我们就十分注意及时、突出报道中央、省委领导同志的讲话、决定。反映中央声音的人民日报4.26社论《必须旗帜鲜明地反对动乱》，电稿来迟，我们是临时撤稿放在头版头条加框突出处理的。接着突出报道省委常委扩大会议学习社论，明确指出"当前出现的学潮，不是一般的学潮，是一场有计划的阴谋，是一场动乱，是从根本上否定共产党的领导，否定社会主义制度。"我们的报道一直坚持了4.26社论的立场，没有动摇和后退。5月14日一版，突出发表了省委副书记、省长王森浩代表省委在全省检察长会议上的长篇讲话，强调保持社会安定是当前的大局。中共中央、国务院召开首都党政军干部大会和李鹏同志在会上的重要讲话，是关系到全局转折性的大事，编委会主要领导同志经过研究，5月20日以一版整版篇幅、通栏大字六行标题、放大讲话照片、文排老五号宋体，作了最突出的处理。报眼摘发的也是党中央和国务院向全国人民发出的立即行动起来制止动乱、稳定局势的号召，给读者以举国大事唯此为大的深刻印象。我们还加印了这期报纸，在省城广泛散发。紧接着，发表中顾委、全国人大、政协及各省市自治区党委学习李鹏讲话响应中央号召的具体行动。第二，表明自己态度。关键时刻报纸的态度如何，在社会上影响极大。5月21日，也就是发表李鹏重要讲话的第二天，我们以初黑大字标题，在一版显著地位，发表题为《拥护中央号召，坚决制止动乱》的社论，指出亿万人民对祖国社会主义前途心急如焚，拥护党中央采取措施制止动乱；中央决策反映了人民的意愿和形势发展的客观要求，是当前唯一正确的选择；代表全省2700万人民坚决拥护中央重大决策；要求具有光荣革命传统的山西人民为制止动乱、稳定局势作出新的贡献。由于它与解放军报社论《维护首都和全国稳定的重大措施》发表在同一天，在群众中反响很大。第三，敢于起来辟谣。5月20日以后，从北京传来谣言，天安门广场绝食学生有人死亡。一些自由化分子挑动学生，抬着花圈上街游行，进行所谓悼念活动。此举有很大煽动性。我们立即通过省委、省政府办公厅，向北京有关方面了解，于5月23日在一版发表消息辟谣：《首都绝食学生和静坐学生无一人死亡》。由于消息来自国务院办公厅和国家公安部这两个权威部门，时间地点明确，可信度、说服力极强，因而短短百十个字的全国独家新闻，在省城引起很大反响，在邻近省市也产生影响。在此之前，我们还转发过“首钢7万工人罢工根本不是事实”等辟谣消息，并编写资料，揭露“美国之音”，都给那些谣言煽动者以有力的打击。第四，选送法律武器。宪法和法律是帮助人们正确理解当前形势，自觉起来制止动乱的强有力武器。我们除及时转发太原市群众游行示威暂行规定、省市有关通告、命令等外，还先后两次选发《宪法》、《刑法》和《治安管理条例》等有关条文。尤其在5月30日刊登彭真关于用宪法和法律统一思想的重要讲话时，我们在一版显著位置摘发《宪法》和《刑法》有关条款约两千余字，并发表《编者按》，要求每个公民用宪法和法律来规范自已的行为，敢于运用法律武器同一切违反宪法和法律的行为作斗争。第五，坚持正面引导。从4月中旬悼念胡耀邦逝世时，我们就开始了正面引导性宣传。先后发表工人、农民、劳动模范等反对动乱的文章、谈话。及时发表《坚决反对动乱，维护社会安定》等评论员文章，从党的基本路线高度，阐述社会稳定是大局的道理。我们还连续报道了太原钢铁公司、山西经纬纺织机械厂等许多大型厂矿企业的工人坚守生产岗位、抵制动乱的事迹，对稳定厂矿企业起了积极作用。

对反革命暴乱，我们怀着坚决反对的态度，运用各种新闻武器积极地展开斗争。首先是揭露和打击反革命暴乱的罪恶行径。除以突出位置转载袁木举行记者招待会和北京日报、北京市委宣传部的有关文章外，在6月16日和22日头版头条位置，分别发表省委宣传部写的《是爱国民主运动还是一场动乱——谈谈对动乱实质的认识》和本报编辑部写的《认清省城极少数人制造动乱的险恶用心》长篇文章，对动乱乃至暴乱的危害和原因进行了较深刻的揭露，为人们认识动乱和反革命暴乱真相，提供了事实和理论依据。我们还发表了《谣言制造者的自白》《破产的谣言是清醒剂》等揭露性文章，帮助人们明辨是非，认清这场斗争的实质。其次是劝导和反思。针对反革命暴乱平息后，许多卷入动乱的青年学生由狂热转向迷惘、困惑和沉闷的心理，从6月6日起，在一版显著位置，一方面发表《同志们，冷静下来吧——一名大学生的所见所感》《省城某高校一位最后撤离天安门广场学生的所见所感：我感到无比气愤和无限愧疚》等反思文章；一方面发表《不管他们听不听，我都要讲》《俺们农民最反对动乱——祁县农民座谈》以及《复课就是爱国》《罢课是爱国还是误国》等一系列善意劝导青年学生的通讯和言论，帮助他们扫去思想上的迷雾。尤其令人可敬的是山西化肥厂老工人古今辉，在动乱达到高潮时，从千里之外跑到省城工大，力劝自己孩子在内的青年学生明辨是非，几十名准备到工厂“发动工人”的青年学生被他耐心劝阻未出校门。报纸发表此事迹后对发动家长教育青年学生起了很好的带头作用。其三是歌颂和表彰。对在平息首都反革命暴乱中的戒严部队、公安干警、英模烈士，我们除不惜版面，发表新华社电稿外，对参加首都平暴的驻我省部队中“共和国卫士”刘国庚、英雄司机班长樊立华、英雄司机张震等，连续以消息、通讯、座谈、日记等多种形式作了突出的宣传报道，在全省人民中掀起了学英模、做贡献活动，在稳定山西大局中产生了强大的精神力量。我省一些在反对动乱中表现突出的先进人物，曾受到反动分子的威胁和恫吓，我们立即发表评论员文章，予以支持。第四是歌颂党的领导、维护党的核心领导的权威。十三届四中全会产生了党中央新的领导核心，在公告发表的第二天，我们以一版显著地位发表题为《贯彻四中全会精神，全力抓好四件大事》的社论，紧接着7月1日又在头版头条发表本报评论员文章《自觉维护党中央领导集体及其核心的权威》。

（山西日报编辑部）

西藏
人民广播电台——无条件地当好党和政府的喉舌

（本报……）

从1987年9月27日以来，拉萨多次发生旨在分裂祖国、破坏民族团结的骚乱闹事事件。特别是1989年3月5日至7日这三天中，极少数分裂主义分子在境外分裂势力的策划煽动下，在拉萨大搞打、砸、抢、烧，伤害武警战士、公安人员和无辜群众，严重地破坏了全区正常的社会秩序和生活秩序。从8号零点起，国务院决定在拉萨实行戒严。事过不久，在首都发生了动乱和暴乱（西藏把骚乱、动乱、暴乱称为“三乱”）。

1989年我国发生的政治风波中，宣传舆论一度出现了严重的导向错误，甚至在某些新闻单位中出现了“队伍散了、阵地丢了、思想乱了”的严重状况，给党和人民的事业造成了重大损失。作为西藏两家主要新闻单位之一的西藏人民广播电台，在“三乱”期间的新闻报道工作中，基本上没有出现舆论导向错误。

回顾这段时期内的广播宣传工作，我们在“三乱”期间办节目的体会是：

坚持党性原则，牢固树立“喉舌”意识

关键在于领导。厅党委早在全国出现动乱、首都发生反革命暴乱以前，就在几次全厅编、采、播、译人员大会上，旗帜鲜明地要求所有从事这方面工作的同志“无条件地当好党和政府的喉舌”；“个人的某些看法或想法绝对不允许通过我们的广播泄露出去”;“绝对不允许利用我们手中的宣传工具发表对党对人民的事业不利的东西”;否则,“你就没有资格在这条战线上工作,谁不愿意当喉舌,谁就离开,不强留”。正是平时的教育和对部下的严格要求,使绝大多数同志尤其是业务骨干,头脑中的“党性”原则、“喉舌”意识树立得比较牢固,能够在关键时刻发挥重大作用,他们在遇到诸如“三乱”这样的问题时,能向自己提出“这样的稿件、这样的事是不是坚持了党性?”、“播出后对谁有利?我这个‘喉舌’在为谁讲话?”从而能对稿件进行自觉地、正确地筛选,自觉地进行“先把关”。当全国发生动乱,至首都发生反革命暴乱的“非常时期”,由于在中央领导集体内部意见不一致(主要是赵紫阳同志支持动乱、分裂党),在一段时间内上面对宣传报道很少有明确的指示和意见。但是,由于我台从领导到一大批业务骨干头脑比较清醒,相当沉稳,所以才能够在那样的舆论环境中不盲目随从,不去赶当时的舆论“时髦”。而按部就班、正常地按区委“两手抓”的指导思想进行宣传。

坚持正面宣传,正确地引导舆论

当在北京和全国一些地方发生的动乱波及到西藏的时候,区内有些人也在蠢蠢欲动,有些社会势力也给我们施加压力,斥问、谩骂的电话不时地打到厅党委和编辑部,我们顶住了压力,坚决听从区党委的指挥,维护我区安定团结的局面,进行反对动乱的宣传,“4.26”社论一出来,全厅立即组织学习、讨论。我台29号就在《联播》和《新闻》这两个重要节目中播出了拉萨市电信局广大职工坚决拥护社论的消息;30号报道了西藏军区旗帜鲜明地反对动乱的新闻。当动乱的煽动者策划中学生参加游行时;我台又及时地播出了日喀则中学的师生坚持正常上课,以实际行动反对动乱等一批稿件。

在拉萨发生多次骚乱到1989年春夏之交发生的政治风波这一段时期,从我厅领导到两台同志,承受了很大的压力,说我们的报道“不真实”、“不客观”、“不公正”,在一年多的时间里,全厅共收到恐吓信六封。有的坏人扬言要干掉某个播音员,有的要毁坏她们的面容,至于污辱、谩骂、威胁的言词简直不堪入耳。但是,收到恐吓信的一些同志还是坚持正常工作,不怕压力、不怕威胁。

始终坚持新闻宣传工作要有利于稳定和鼓劲

西藏是一个特殊的地区,西藏问题在国际上具有很大敏感性,所以在新闻宣传工作中一定要十分注意它的社会效果。在具体的新闻报道中,对敏感的问题,重大的原则问题,我们坚持及时请示区党委和厅党委,吃不准的问题,坚持稿件送审制度,从不自作主张。这是我们在“三乱”期间办节目的深刻体会,这样做了,就使我们少犯错误甚至不犯政治性的错误。自治区党委从西藏的实际出发,早在一年以前就制定了“两手抓”的方针(即:一手抓稳定局势,积极开展反分裂斗争;一手抓经济建设,搞好改革开放)。实践证明,“两手抓”的方针是十分正确的,是有战略意义的。它不仅符合西藏的实际,就全国而言也是如此。

“两手抓”的方针如何体现在新闻报道中去?这是我们办节目的人经常思考的问题。我们的做法是:宣传报道上在突出有利于稳定局势的同时,注意对经济建设,特别是改革开放以来,我区各项事业建设成就的宣传。凡是有利于维护祖国统一、增强民族团结,有利于经济发展、文化繁荣的报道,我们就大开“绿灯”,优先采用并在节目编排上放在显要位置,制作观点鲜明的“提要”唤起听众注意。对有关这方面内容的来稿,电台编辑部还经常组织力量给典型报道配发言论,以增强某些稿件的指导性。一年多来,围绕宣传“两手抓”的方针,厅党委和电台编辑部曾多次专门研究我台的评论、文章的选题及撰写,在播出的60多篇评论、文章中,有许多就是厅领导同志和电台编辑部的领导亲自撰写的,内容大都与有利于稳定和鼓劲有关,社会效果是好的。

这几年来,区党委从西藏的实际出发,一再强调稳定局势是我区新闻宣传工作的首要任务。“两手抓”的方针也不是在全国发生政治风波期间才提出的,这个指导方针我台绝大多数新闻工作者是真正理解的。正因为区党委决策的正确,正因为我们正确、全面地执行了这个指导方针,才没有左顾右盼,而始终使自己的广播宣传服从于服务于稳定局势这个大局。在这个问题上,我们认为对新闻工作者来讲,不但是个政治、思想素质问题,而且也是个纪律问题,我们亲身感到越是在复杂的“非常时期”,新闻舆论工具越是要牢牢地控制在党的手中,作为自治区党委和政府的喉舌,第一位的就是要无条件地服从区党委的指挥,无条件地宣传区党委的意图,而不能搞什么“文责自负”,我行我素。如若不然,这个“责”你是“负”不起的。

(孙成武执笔)

新疆日报——
坚定不移地按党性原则报道突发事件

1989年在制止动乱和平息反革命暴乱中,新疆日报社坚持了正确的舆论导向,为稳定新疆局势作出了贡献,受到自治区党委和广大读者的赞扬。自治区党委书记宋汉良同志在自治区党委扩大会议的总结报告中,把舆论导向正确列为稳定自治区局势的六项经验之一。

我们取得这样的成绩,主要是由于自治区党委的正确领导。从报社编委会来说,怎样保证舆论导向的正确呢?我们的具体做法主要是:

第一,及时传达中央和自治区党委的文件、指示,使编采人员尤其是报社部处以上领导在复杂的环境中保持清醒头脑,对这场风波产生的背景——国际大气候和国内小气候——及其必然性有所认识,有所警觉。在这场“山雨欲来”之前,从1989年年初到4月中旬,报社编委会认真学习并向部主任以上干部(有的扩大到组长以上干部)先后传达了1988年12月30日宋汉良同志在自治区党委常委会上关于“青少年、知识分子在民族问题上思想混乱，要用正确的舆论引导他们，理直气壮地提醒大家警觉敌对势力渗透分裂危险”的讲话；传达了关于方励之、陈军等人勾结海外敌对势力，打着人权旗号，要求释放反革命分子魏京生等人，声称“五四”70周年搞一个大行动等阴谋活动的情况通报；传达了全国政协副主席、自治区顾委主任王恩茂同志在胡耀邦同志逝世后第四天关于新疆日报是党和人民的喉舌、必须坚持党性原则的讲话精神。这些讲话和通报及时地预报了资产阶级自由化之“风”已经刮起，暴风雨即将来临，使大家对复杂的国际大气候与国内、区内小气候有了比较清醒的认识和警觉，有了坚持按党性原则报道突发性事件的初步思想准备。当学潮初起时，我们就不仅看到广大学生“反腐败”、推进民主进程合理要求的一面，同时也看到了大学生的背后确有极少数人插手，妄图制造动乱，达到否定中国共产党的领导，否定社会主义制度的目的的另一面。胡耀邦同志逝世后，有的同志提出在《新疆日报》或《新疆新闻界》转载当时内地某些报刊发表的一些有错误观点的文章，或在报纸的《天山文学》上摘发那些文章，我们都没有同意。4月26日《人民日报》社论《必须旗帜鲜明地反对动乱》发表后，编委会及时传达自治区党委常委的意见，立即组织编采人员学习“4·26”社论并组织报道群众的反映。

第二，在党中央没有红头文件指示的情况下，我们主动争取自治区党委的领导，坚决贯彻人民日报4·26社论传达的党中央的决策和自治区党委的意图，坚持党性原则，毫不左顾右盼，旗帜鲜明地反对动乱。

中央有些报刊明显的舆论导向错误，是从突出宣传赵紫阳同志5月4日在亚行会议上的讲话开始的。这个讲话否定了人民日报4·26社论的论断，向群众表明中央内部有分歧。从这时到5月16日，这些报纸不断加温，不惜篇幅，为大学生在首都非法游行示威和“绝食”鼓噪，把动乱说成是“伟大的爱国民主运动”，向党和政府施加压力，为极少数人搞资产阶级自由化、反党反社会主义推波助澜。在这种情况下，又没有党中央的红头文件，我们怎么办？我们牢记“文革”时天天与人民日报对版面、全国“小报抄大报，大报抄梁效”的教训和自治区党委有关领导关于“要跟党委不跟报纸”的指示精神，没有左顾右盼，没有按照有些好心人的劝告，仿效上述一些中央新闻媒介的做法，也没有为谣言和“美国之音”的煽动性宣传所动，而是主动争取自治区党委的领导，坚持党的四项基本原则，坚决按照4·26社论传达的中央决策办事。5月6日，人民日报在一版头题以大标题发表了“赵紫阳的讲话引起积极反响”的消息，我们只在一版左下作了低调处理。在一次有部主任参加的评报会议上，我们编委明确地提出，不能盲目地看报办报。我们不能象有些报纸那样从4·26社论的原则立场上后退。新华社发来的一批声援静坐“绝食”学生以及反对戒严的新闻照片，新疆日报一张也未采用，对赵紫阳亚行会议讲话、百万群众上街声援首都静坐“绝食”学生等错误、片面报道作了低调处理。在对待自治区部分大专院校学生声援集会游行的问题上，我们更是坚决按照自治区党委的指示和部署办，5月18日和20日没有报道，5月19日报道消息和图片都送自治区党委主要领导看过，强调集会、游行要经过批准等，并在版面上作了低调处理。特别是按照自治区党委常委的指示，对在乌鲁木齐发生的“5·19”严重打砸抢骚乱事件进行了集中突出和多侧面的报道，并由总编辑连夜赶写社论，充分揭露了极少数坏人挑起事端的反动面目，旗帜鲜明地反对动乱，维护社会的安定团结。为了保证舆论导向的正确，我们编委和部处领导在报社内部作了比较深入细致的思想政治工作。特别强调采编人员执行党的宣传纪律，采编的稿件不能违反四项基本原则和法纪。全社1200名职工中仅20人参加声援游行。就是这些人中的记者编辑和一时思想不通的记者编辑，也都执行了党的宣传纪律，做到了正常采编稿件，报道真实，观点正确。

第三，突出宣传党中央的声音，站稳立场，排除干扰，爱憎分明，坚决维护国务院关于首都部分地区戒严的命令，及时揭露首都反革命暴乱的真相和暴行，进一步稳定自治区的局势。

从5月20日宣布戒严到取得平息反革命暴乱的基本胜利，新疆日报对李鹏、杨尚昆同志在首都党政干部大会上的讲话，邓小平同志6月9日的重要讲话，陈云、李先念、彭真同志的讲话以及袁木的对话和答记者问等消息，都作了突出处理。特别是党中央、国务院发表告全体共产党员全国人民书和首都戒严部队进驻天安门广场平息反革命暴乱的消息传来，正是星期天，我们以按捺不住的喜悦心情，自动加班，根据录音整理编排，出了一期号外。6月6日新疆日报一版又以头题通栏六行字大标题非常突出地刊登了告全体共产党员和全国人民书（人民日报占四栏超宋题）及平暴消息，表明了我们坚决支持平暴的态度。当时，谣言很多，一些新闻媒介反对戒严反对平暴的干扰严重，我们坚决按照党中央的决策精神，在一些会议上反复讲不信谣、不传谣。报纸宣传不能被谣言牵着鼻子走，坚持以言论导向，排除干扰，引导各族读者澄清事实、明辨是非、提高认识，统一思想，坚持四项基本原则，维护安定团结局面。从5月20日到6月27日，《新疆日报》汉文版仅在一版就发表了自已的社论、评论员文章、短评等共20篇，其中社论9篇。第一篇就响亮地提出反对动乱是当前压倒一切的中心任务。在这些日子里，从总编辑到部主任都挤出时间来写评论，并有一位高级编辑把关，做到了评论及时和多层次，评论导向明确。与此同时，我们还选择转登了一批有力揭露反革命暴乱事实真相和性质的文章，形成了强大的舆论力量。

第四，对社会现象进行理性分析，正确进行反对腐败、加强廉政建设等报道，做到在舆论导向中有中心有配合，防止单打一、片面性。

在动乱之初，我们进行冷静分析，意识到那些顽固搞资产阶级自由化的人，确实在夸大腐败等阴暗面，妄图利用反腐败、反“官倒”这个口号来挑起动乱，一些善良的人在各种传闻中又相信了这被夸大了的事实。基于这样的认识，我们新疆日报始终注意挑选较典型的事例进行反腐败的宣传报道，既注意反映人民的呼声和愿望，又注意防止夸大阴暗面和随意谩骂，防止负面影响，效果较好。

新疆日报这次能做到舆论导向正确，主要有：

(1)长期一贯坚持了党报是党和人民的喉舌的观点和党性原则。40年前，新疆日报创刊之初，王震、邓力群同志就在1949年12月4日报社人员庆祝创刊大会上指出：新创刊的新疆日报是中国共产党新疆分局所领导的人民的报纸，这个报纸应是人民的喉舌，让人民讲话，让官僚资本主义、封建主义及帝国主义的走狗的喉舌永远休息。10年前，在纪念本报创刊30周年时，报社编委会就新闻界开始争论的问题——党性和人民性问题进行了讨论，并在1980年于兰州举行的新闻理论讨论会上作了专题发言，明确提出不同意胡绩伟同志首先提出的关于人民性问题的观点，旗帜鲜明地坚持党性原则。在这个问题上我们的立场一直没有动摇，现在则更清楚地认识到：胡绩伟同志鼓吹的观点实际上是新闻领域中的资产阶级自由化观点，是很有害的。今后我们要继续清除它在我们队伍中的影响，保持党的新闻工作的优良传统。

(2)坚持党的机关报的观点，把宣传报道党的路线、方针、政策和党委的指导思想、工作部署作为报纸的主要任务。要求新闻报道既真实、观点正确，又符合党的要求，反对打着“客观”、“公正”的旗号贩卖资产阶级的货色，反对“美国之音”式的谣言和煽动性宣传。在这次风波中，新疆日报突出宣传了党中央的重要决策，邓小平同志、李鹏同志等的重要讲话和自治区党委的重要决策与工作部署，对制止动乱，特别是制止“5·19”严重打砸抢骚乱，稳定自治区局势起了重要作用。由此可见，坚持党的机关报的观点是何等重要。而反对“机关报”、主张开放所谓“民办”报纸的鼓噪，正是新闻领域中一个突出的资产阶级自由化观点。

(3)新闻改革要坚持四项基本原则。对新闻改革这个问题，新闻界存在根本的分歧。关键问题是谁来领导改革，用什么思想指导改革，沿着什么方向去改革，改革要达到什么目的？这些问题都存在着资产阶级自由化和坚持四项基本原则的根本对立。这次风波的实践证明，凡是用资产阶级自由化新闻思想进行所谓新闻改革的，这次舆论导向多有错误；凡是一贯坚持用四项基本原则进行新闻改革的，舆论导向基本正确。近年来，资产阶级自由化新闻思想对新闻改革的影响越来越大，谁要是说新闻改革要坚持四项基本原则，就会被扣上僵化、保守甚至反对新闻改革的帽子。这次风波使我们进一步认识到，在目前的新时期，新闻要改革，但改革必须坚持四项基本原则的方向，继承我党新闻工作的优良传统，在这个基础上学东西方新闻理论有用的东西，借以发展马克思主义新闻学，促进新闻事业更好地为我国的现代化建设和改革开放服务。

（新疆日报编委会）

人民日报——在平暴后坚持“一要稳定二要鼓劲”的方针

在1989年春夏之交发生的由学潮到动乱到反革命暴乱期间，人民日报的舆论导向发生严重的错误，造成了恶劣的后果。党和政府采取坚决果断的措施，一举平息反革命暴乱后，人民日报社在新任主要领导同志的主持下，坚决贯彻执行党中央的决策和指示，迅速扭转了错误舆论导向，使人民日报的宣传报道重新回到党和政府以及全国人民的立场上来。

根据“一要稳定，二要鼓劲”的宣传报道方针，人民日报自1989年6月中旬到年底，发表了一系列重要社论、评论、理论文章和新闻报道，充分肯定制止动乱、平息暴乱的重大意义，突出宣传四项基本原则，批判资产阶级自由化，同时继续宣传以经济建设为中心，强调改革开放的总方针不会变，要继续坚定不移地贯彻治理整顿、深化改革的方针，还要大力宣传恢复和发扬党的优良作风，加强廉政建设，加强思想政治工作，大力宣传“扫黄”、“除六害”，加强全社会的社会主义精神文明建设。人民日报的这些宣传报道，对于贯彻落实党的十三届四中全会、五中全会精神，进一步稳定全国的局势，振奋全国人民的精神，推动社会主义建设和社会主义改革的发展，起了积极的作用。

在平息暴乱后的一段时间里，动乱、暴乱、平暴的真相是什么？如何认识这场风波？从中应当吸取什么深刻的教训？是广大读者迫切需要得到解答的问题，也是关系到中国今后走什么道路的大问题。人民日报由此入手，为宣传四项基本原则、反对资产阶级自由化做了大量工作。

6月9日，邓小平同志在接见首都戒严部队军以上干部的讲话中，精辟地阐明了风波的实质，指明了今后的方向。人民日报于6月16日发表社论《统一全党思想的纲领性文件——认真学习邓小平同志重要讲话》，强调认真学习邓小平同志讲话的重要意义。后来全文发表了这一重要讲话(6月28日)，还发表了邓小平《关于坚持四项基本原则反对资产阶级自由化的论述》(6月24日)，为人们提供了正确认识风波、分析形势的强大思想武器。党的十三届四中全会(6月23日至24日)前后，人民日报发表社论《旗帜鲜明地坚持四项基本原则》《坚持立国之本　走好强国之路》《切实抓好四件大事》《只有社会主义才能发展中国》。这些社论对于扭转前一时期错误的舆论导向、改变人民日报在广大读者心目中的形象起了重大作用。

为了揭露国外、海外某些通讯社、电台散布的大量谎言，人民日报刊载了一系列写实性的材料、报道，澄清事实真相，予以有力批驳。例如：《北京发生反革命暴乱的事实真相》(6月10日)、北京市长陈希同《关于制止动乱和平息反革命暴乱的情况报告》(7月7日)、《和平撤离　无人死亡——6月4日天安门广场清场当事人访谈录》(9月19日)、《侯德健谈“六.四”凌晨广场见闻》(8月18日)、《〈世界经济导报〉事件真相》(8月19日)、《〈导报〉导向何方?》(12月5日)。

与此同时,人民日报又发表文章,对那些在动乱、暴乱期间呼风唤雨、推涛作浪的所谓“精英”人物的真实面目予以揭露,对他们散布的反动言论痛加批驳。主要有:《揭露方励之李淑娴操纵王丹搞动乱》(6月17日)、《析方励之鼓吹的“西方民主”》(11月6日)、《科学能摆脱哲学吗?——评方励之反对马克思主义哲学的谬论》(11月26日)、《动乱“精英”严家其》(8月3日)、《万润南搬起“石头”要砸谁》(8月17日)、《动乱“记者”戴晴》(9月15日)、《吾尔开希其人》(12月3日)、《刘宾雁反动面目的大暴露》(11月3日)、《抓住刘晓波的黑手》(6月25日)、《从“狂人”到“黑手”——揭露刘晓波的反动面目》(9月27日)、《从民族虚无主义到卖国主义——评刘晓波的资产阶级自由化谬论》(11月7日)。

要彻底清除资产阶级自由化思潮的影响,必须从理论上解决问题。为此,人民日报发表了一系列理论文章,系统地阐明了在我国为什么必须要坚持四项基本原则,深入批判了资产阶级自由化的谬论,例如:《始终一贯地坚持四项基本原则》(9月11日)、《旗帜鲜明地反对资产阶级自由化》(10月9日)、《论四项基本原则与资产阶级自由化的对立》(11月1日)、《回答资产阶级自由化的一个挑战》(8月14日,熊复同志此文着重批驳说什么我国的民主革命是“不彻底的”、中国社会仍然是“封建主义”的谬论)、《领导我们事业的核心力量是中国共产党》(9月26日)、《始终不渝地坚持人民民主专政》(10月9日)、《马克思主义是指导社会主义建设的理论武器》(12月24日)。

由于资产阶级自由化的鼓吹者在民主问题上散布的谬论有很大的欺骗性、蛊惑性,人民日报发表一系列文章正本清源,主要有:《社会主义民主与资本主义民主的根本区别》(10月25日)、《社会主义民主政治建设:一个有序的探索过程》(7月10日)、《我们需要什么样的民主》(7月21日)、《公民的权利和义务是一致的——从公民的集会游行、示威自由谈起》(7月24日)、《中国不能走三权鼎立的道路》(8月11日)。

在一段时间里,对那个在动乱前鼓吹民族虚无主义、鼓吹资产阶级自由化的电视系列片《河殇》,人民日报集中进行了揭露、批判。发表的文章有:《〈河殇〉宣扬了什么?》(7月19日)、《赵紫阳同志的介入说和〈河殇〉的“新纪元”》(8月15日)、《从〈河殇〉论大陆西化派》(9月1日)、《〈河殇〉唯心主义历史观剖析》(10月23日)、《谬误百出的〈河殇〉》(12月19日)。

在突出宣传必须坚持四项基本原则的同时,人民日报还注意宣传改革开放,阐明党的基本路线中两个基本点的关系,批判那种打着“改革”的旗号,实际上是鼓吹资产阶级自由化的错误论调。发表了《正确认识和把握“两个基本点”的辩证关系》(12月4日)、《改革开放必须坚持社会主义方向》(11月17日)、《改革:资本主义化,还是社会主义的自我完善?》等文章。

1989年10月1日是国庆40周年。国庆前夕,江泽民总书记发表重要讲话,人民日报发表评论《领导带头学,联系实际学》、社论《重要的是统一思想》,强调认真学习讲话,坚定社会主义方向。人民日报在国庆40周年的宣传报道中,通过回顾、介绍40年来和改革开放10年来各条战线取得的巨大成就,具体而生动地宣传了没有共产党就没有新中国,只有社会主义才能救中国、才能发展中国。从8月20日起开辟“社会主义事业在前进”的国庆专版,逐个介绍了各省、自治区、直辖市的巨大变化,9月19日发表了中国社会主义四十年的长篇文章,阐明了社会主义制度的优越性和强大生命力,10月1日发表国庆社论《沿着社会主义大道奋勇前进》,表达了全党和全国人民继续沿着社会主义道路胜利前进的坚定信念,10月3日发表胡乔木同志的文章《中国在五十年代怎样选择了社会主义》,深刻阐明了中国走社会主义道路的历史必然性,人民日报还发表社论《维护安定团结这个大局》(10月10日),说明只有维护社会的稳定,才能保证社会主义建设事业的顺利发展。

青年是我们民族的希望,是整个社会中最积极最有生气的一支力量。人民日报特别重视对青年、对大学生的政治思想教育工作,先后发表社论《新学年寄语大学生》(8月24日)、《我们需要什么样的社会责任感——再同大学生谈谈心》(11月2日),发表文章《善良的爱国愿望为什么会走向反面》(7月28日)、《学法的为什么做了违法的事》(10月23日)、《我们要什么样的忧患意识》(9月15日)、《风波之后话立场》(8月19日)、《同青年朋友们谈谈认识动乱性质的方法论问题》(8月28日)、《同学们,请我们冷静地想一想》(8月30日)、《科学的思想方法帮你反思》(10月11日)、《他们为什么选择了社会主义?——五四时期先进青年思想变动轨迹的剖析》等。这些社论、文章平等待人,娓娓而谈,摆事实,讲道理,受到青年和大学生的欢迎。对于大学生们思想上的进步,人民日报也及时报道,予以鼓励。12月26日一版转载北京日报关于北大150名新生要求入党的新闻和上海文汇报发表的复旦大学7名新入党同学给李云同志的复信,冠以醒目的大标题《大学生中的可喜变化》,并加了编者按,热切欢迎有更多的同学在反思中取得新的进步。

宣传以经济建设为中心,继续坚定不移地贯彻治理整顿、深化改革的方针,强调改革开放的方针不会变,是人民日报舆论导向的又一个重要方面。

在以经济建设为中心的宣传方面,强调必须坚持以农业为基础的方针,突出宣传要抓好科技兴农和农田水利基本建设,先后发表社论、评论《齐心合力把农业搞上去》(11月21日)、《大力开展农田水利基本建设》(10月30日)、《当好科技兴农的带头人》(12月9日)。

在党的十三届五中全会(11月6日至9日)前,人民日报就曾发表《坚定不移地继续贯彻治理整顿、深化改革的方针》(10月18日)、《抓住重点,抓出实效——谈继续认真贯彻治理整顿深化改革方针》(8月9日)、《清理整顿公司必须抓紧抓好》(8月29日)、《扩大对外开放,发展对外经济技术、科学文化的交流和合作》(9月18日)等社论、评论、文章。

在党的十三届五中全会做出《关于进一步治理整顿和深化改革的决定》之后,人民日报进行了有计划、有重点的宣传,先后发表社论、评论、文章:《更加坚定地贯彻治理整顿和深化改革的方针》(11月11日)、《顾全大局,协调一致》(11月18日)、《齐心合力把农业搞上去》(11月21日)、《谈过紧日子》(11月29日)、《牢记历史经验,坚决执行治理整顿的方针》(12月18日)、《治理整顿是为改革开放创造更好的条件》(12月19日)等。同时开辟《学习党的十三届五中全会笔谈》专栏,发表各地领导同志和经济界专家的学习体会文章,把学习引向深入。

针对社会上一些人们怕政策变的心态,人民日报发表了社论《改革开放的总方针不会改变》(9月22日)、《党和国家的政策不会变》(12月24日);针对一些知识分子担心党的知识分子政策会变的心态,人民日报发表了评论《党的知识分子政策不会变》(8月4日);针对一些个体户、私营经济业主担心有关他们的政策会变的心态,人民日报发表本报编者答读者问《个体经济私营经济政策不变》。这些很有针对性的、回答了人们最关心的问题的社论、评论,使广大读者解除了疑虑,对于稳定人心、稳定经济、稳定社会秩序,调动各界人士的积极性,更好的贯彻治理整顿、深化改革方针发挥了积极的作用。

大力宣传恢复和发扬党的优良作风,加强廉政建设,加强思想政治工作,大力宣传"扫黄"、除"六害",加强全社会的社会主义精神文明建设,是人民日报舆论导向的第三个重要方面。

7月1日人民日报发表社论《党组织要聚精会神地抓党的建设》,重申党风问题是关系我们党的生死存亡的大问题,决不能掉以轻心,强调只有把党自身建设好,才能加强党对各项工作的领导。在中央政治局通过《中共中央、国务院关于近期做几件群众关心的事的决定》后,人民日报发表社论《廉政建设的新起点》(8月11日)、评论《大力提倡艰苦奋斗精神》(8月15日),强调领导干部要带头发扬党的好传统、好作风。在党风建设、廉政建设方面,人民日报坚决贯彻正面宣传为主的方针,注意发现和表彰这方面的先进典型。通讯《共产党人的本色——访曾志同志》(9月9日),特写《上海副市长的办公室》(12月21日)等报道,给人留下深刻印象,受到读者好评。

针对近几年思想政治工作受到削弱、亟待大大加强的现实,人民日报发表了评论《思想政治工作首先是要加强》(12月1日)、《通过改进达到加强——再谈加强思想政治工作》(12月15日)、《思想政治工作大有可为》(8月19日),还发表文章《"改造"的实质是取消思想政治工作》(8月9日)。

为推动全社会的精神文明建设,人民日报大力宣传报道各条战线的先进模范人物,特别是突出宣传了在平暴中立下巨大功绩的"共和国卫士"。先后发表过《弘扬革命英雄主义精神》(9月28日)、《提倡无私奉献》(12月18日)等评论。对于人民群众在治理整顿、深化改革中表现出的感人的精神风貌,人民日报及时采访报道。上海钟表业开展"国家有困难,我们怎么办"大讨论,激发了广大职工的主人翁精神,主动为企业、为国家分忧,增强了改革信心。人民日报在头版头条予以报道,并发表评论员文章《大力发扬主人翁精神》,推动了这一活动的深入开展。1989年秋天,全国开展"扫黄",接着发展为除"六害"。人民日报先后发表《一件很得人心的大事》(8月25日)、《深入持久地进行"扫黄"工作》(10月23日)、《坚决扫除各种丑恶现象》等社论、评论,同时指出,要一手抓"扫黄"一手抓繁荣——努力繁荣健康有益的群众文化活动。

(人民日报评论部)

四川日报——坚持正面宣传 讲究宣传艺术

我们本着省委机关报是党的报纸,人民的报纸,必须坚持无产阶级党性原则这一基本精神,在改革开放,建设社会主义物质文明和精神文明的进程中,始终"以一个中心,两个基本点"为主旋律,坚持正面宣传为主,努力宣传党的路线、方针、政策,讴歌人民群众的英雄业绩,鼓舞人民斗志,增强人民建设四化的信心,使报纸较好地发挥了"组织、鼓舞、激励、推动、批判"的作用。总结过去,展望未来,从多年来的实践中,我们深切体会到,要贯彻好正面宣传为主的方针,应着重从以下几个方面做起:

第一,坚持正面宣传,首先是坚持党的路线、方针、政策的宣传

党的路线、方针、政策,是统一全党思想、指导全民工作的纲领,及时地、准确地、全面地宣传党在各个时期的路线、方针、政策,就是最好的正面宣传,这也是党的需要,人民群众的需要。自党的十一届三中全会以来,我们国家的政治生活、经济生活、文化生活和社会其它各个方面,都发生着深刻的变化,人们对每个事物的变革,总是有不同的看法和认识,这就要求我们要以正面宣传为主,引导社会舆论,把人们的认识,统一到党的路线、方针、政策上来。始发于农村改革的联产承包责任制,当初也走过曲折的道路,为了有利于统一思想,表明我们党的政策的连续性、稳定性,增强人民群众的稳定感,从那时起到现在的十年间,我们以省委的农村体制改革试点县广汉、新都、邛崃三县为依托,宣传党的农村改革政策。十年来,我们指定专人同三县保持密切联系,编委成员、总编辑每年都多次到三县调查研究,通过对三个典型的宣传报道,向广大读者反映党和国家的农村政策的稳定性，连续性，让全省人民了解农村改革形势，同时，也使三个县成为我省农村改革的旗帜，让各县学有榜样，干有方向。省委对三个县的宣传，曾多次肯定。

第二，坚持正面宣传，要抓住事物的本质和主流

在改革、开放的历史大潮中，人们对事物的认识，对问题的理解，都不尽相同，有认识程度上的差异，也有出于政治的偏见。作为党报，应该宣传什么？反对什么？提倡什么？应当有鲜明的立场，找出事物的本质，抓住主流，旗帜鲜明地进行宣传。1989年春夏之际，北京发生学潮、动乱到暴乱，对我们是一场严峻的考验，究竟该怎么宣传？什么是主流？什么是本质的东西？编委会遵照省委指示，召开若干次会议讨论，学习文件，分析形势，大家认为，我们的宣传，要本着有利于稳定局势，有利于发展生产，有利于改革开放的原则，把宣传党中央的决策放在首要地位，这是大局，这是主流。确定了这样一个主导思想，我们在处理稿件时，对有关北京学潮的稿件，是有选择地刊用的。不符合中央精神的，能不发的就不发。不刊登不行的，则采取淡化处理的办法，以缩小其影响。首都百万人游行的稿件发表后，我们认为突出刊登不利于稳定局势，但如果不采用这则消息，在那种“学生的行动是爱国热情”的大气候下，必将引起群众的误解，于是，我们决定，不重点渲染，淡化处理，放在左下方不显眼的地方。同时，头条位置显著刊登了我省抢种抢收，不误农时的新闻。与此相反，5月19日首都召开党政军干部大会，李鹏同志发表重要讲话后，我们认为动乱已给党和国家带来了严重危害，制止动乱是大局，是主流，我们坚决拥护中央英明决策，旗帜鲜明地采用《坚决制止在首都发生的动乱，迅速恢复各方面正常秩序》双行通栏标题，在头版头条地位报道了大会消息，使整个版面呈现压倒一切的气势。成都发生打砸抢烧骚乱事件后，编委会当即决定，尽快揭露事件真相，迅速派出记者，冒着生命危险采写稿件，一针见血地揭露歹徒们的罪行，满腔热情地赞扬公安干警、武警战士的顽强斗志，连续发表三篇评论员文章。我们的这些报道，由于抓住了事物的本质，反映了事物的主流，鼓舞了人民，震慑了敌人，收到了良好的宣传效果。

第三，坚持正面宣传，要讲求宣传艺术，让读者喜闻乐见

正面宣传，不能说教，更不搞“假、大、空”。正面宣传，主要是通过各种形式的新闻报道，体现某种观点、倾向，以及思维方法，借以影响、引导读者的立场、观点、行动。作为舆论宣传工具的报纸，不是读者的领导，而是读者的朋友，报纸的宣传，不是居高临下，指手划脚，而是平易近人，循循善诱。十年改革，深刻地改变了国家的面貌，取得了举世公认的巨大成绩。同时，改革中也出现了一些困难和问题。1988年，由于新旧体制交替过程中的摩擦加剧所带来的震荡，由于经济工作中某些无序状态的存在，如经济过热，物价上涨，通货膨胀，以及党内和社会上的腐败现象，人们有怨气，甚至滋生了对改革的悲观失望情绪，乃至怀疑改革是不是搞错了。作为党报，我们有必要有责任发挥舆论导向作用，以澄清、纠正种种对改革的模糊看法和不正确的认识，引导广大群众正视前进中的困难的同时，看到十年改革的成绩，从而振奋精神，增强改革信心。基于这样的考虑，我们决定在报上开展一次回顾十年改革历程，宣传十年改革的巨大成就为主要内容的形势教育。我们总结过去开展这类宣传的经验教训，分析了群众主体地位比之过去有很大提高，独立思考意识有很大增强的实际状况，决定这次形势教育采取双向交流的办法，让群众自己教育自己，尽可能的防止单向灌输，杜绝说教。为此，我们举办了一次大型评选活动，利用报纸发出选票，动员广大读者评选党的十一届三中全会以来四川十件大事，用整版篇幅刊登了我们编写的《四川十年大事记》100多条，发动广大读者评选十年改革十件大事。同时，配发评论、通讯，对全省人民进行了一次生动的形势教育。这次宣传活动，竟成为全省性的一件大事，省人大主任、省政协主席、省长、各界人士近十万人参加了评选活动，上千封读者来信赞扬说，通过评选，使我们更全面、更深入地了解了我省十年改革取得的巨大成就，重新树立了或增强了改革的信心。通过这次评选四川十年十件大事的宣传，我们更加体会到，坚持正面宣传一定要讲求宣传艺术，要真正体现报纸是为人民服务的，是为社会主义事业服务的。

总结评选四川十年十件大事的宣传，我们不断探索正面宣传的新路子，庆祝建国四十周年之际，又举办了“可爱的四川百题知识竞赛”、“天府四十年群英谱知识竞赛”，通过群众喜闻乐见的形式，引导人们系统地回顾四川四十年来建设社会主义，特别是十年改革取得的巨大成就；回顾四十年来为建设四川涌现的英雄模范人物所作的贡献，生动活泼地对全省人民进行了一次坚持四项基本原则，坚持改革开放，反对资产阶级自由化的教育。这两项历时两个多月的宣传活动，使我们深切感到，要使报纸成为广大读者的知心朋友，切实做到可读、可亲、可信，一定要把我们的宣传搞得更加生动活泼，更加多样化，更加有针对性，这样，才能充分显示正面宣传的力量，使报纸的宣传提高到一个新的水平。

第四，坚持正面宣传，要重视发挥报纸的舆论监督作用，正确开展批评

报纸的批评报道，是站在党和人民的立场，批评那些违背党性原则的、违背党的路线方针政策的、不利于四化建设的思想和行为。这样的批评，虽然是对消极现象、丑恶行为的揭露，实质上是对人们的鼓舞，能增强人们的信心，给人以力量，从另一个角度看，它也是属于正面宣传。

十三大以来，我们报纸在加强舆论监督方面的报道有一个新的突破，报纸上揭露性、批评性的报道有所加强，如“为活人造坟耗资千元，川北农村修坟之风当刹”、“卧龙原始森林面临砍光危险”、“拆毁文物广济桥引起的风波”、“东坝人口膨胀记”以及“石柱县修造官街”、“德阳市违控购买小汽车”等等，都收到较好的宣传效果，不少已得到纠正。

为什么批评报道有如此好的效果呢？我们的体会，一是要“少而精”，二是抓典型，三是和党的中心工作同步。就是说，我们报上要揭露批评的这些问题，正是党和政府要解决的问题，正是纪检部门、政法部门要处理的问题，正是广大群众关心的问题，是人们希望解决的问题，我们不是为批评而批评，不是展示落后，渲染丑恶现象。正确的批评，是人民的需要，是党的需要，也是被批评者本身的需要，这是一种很好的正面宣传形式。

（四川日报编委会）

辽宁日报——正面干预问题 努力贴近大众

1989年1月以来，辽宁日报经济版在原来基础上，从指导思想、内容、形式等方面，做了一些积极的探索。经过一年来的实践，从各方面反馈的信息看，新的努力取得一定的成果，得到许多报界同行和读者的肯定。那么，一年来主要抓了哪些工作呢？归纳起来可称为“三新”。

新构想：弘扬正气，干预问题，贴近生活

经济版一直被认为是比较难办好的版。难在哪里？用一个字形象地比喻就是“呆”。主要表现在反映具体工作的消息多、内容沉闷的东西多、一般化的东西多、大块文章多。

为了改进经济报道的宣传方法，提高宣传效果，报社编委会于1988年末对经济版的宣传内容和宣传形式，提出一些新的构想。这个构想的内容主要是：坚持正确的政治方面，从稳定和促进经济改革与发展的大局出发，传播有新意有份量的新闻，大力弘扬正气，正面干预问题，力求贴近生活，把经济版办成可读、可信、可用。

从一年来的工作看，上述设想的主要部分基本实现了。这里突出表现在三个方面：一是经济新闻以传播有新意、有份量的新鲜经验为主。头题是版面的旗帜。我们坚持把80%左右的头题位置让给“重量级”新闻，传播每个时期经济战线发生的有指导意义或借鉴意义的动态和经验，以保持经济版积极向上的宣传态势。譬如，10月份和11月份，工交战线面临生产和经济效益滑坡的严峻局面，治理整顿任务繁重，“双增双节”等工作亟待加强。我们配合这个形势，每个月拿出十三个头题位置，宣传这方面经验。二是干预问题以正面的建设性的内容为主。经济报道必然要干预经济问题，也有称这类新闻为深度报道。我们把这类报道作为经济版的重要组成部分之一，在数量和版面上保持较大比重。报道内容涉猎广泛，建筑市场、资金、税收、物价、房地产开发、海资源、彩扩业、婚礼服务、早点、乘车，等等，几乎无所不及。在这类报道中，我们始终坚持以正面为主、以建设性为主的原则，立足于解决问题或缓解矛盾，不搞单纯披露式报道。这样做，各方面都能接受，有利于工作，有利于稳定。其中有的报道引起较大反响，促进了问题的解决，社会效果良好；有五篇被中央级报纸转载。三是贴近生活以稳定民心为主。贴近生活，是经济报道突出的难点之一。这类报道除为生活提供服务外，大量的是触及问题的。譬如，我们搞的菜篮子、煤气、假冒伪劣商品、饮料市场、酱油醋、洗澡、城市垃圾、商品房，等等，都是贴近大众生活，人们普遍关心的问题。在触及这类问题时，我们把握两条，即对下在群众中不激化矛盾；对上不给工作增添麻烦，着重正确分析问题，寻求解决问题的办法，以稳定民心，促进工作，从而收到积极的社会效果。

新措施：以政策为导向，专人办专栏，掌握组版主动权

专栏是版面内容构成的重要组成部分，在报道分量上和内容的多样化上，起着举足轻重的作用。根据编委会对经济版的总体构想，我们决定开辟《观察与思考》《热点·难点·疑点》《探索》《经济漫笔》《目击录》《市县十佳经济新闻记者征文》《短文博采》《主人翁风采》等15个常设专栏。这些专栏有的是干预问题的深度报道，有的传播经济信息，有的是现场目击速写，有的宣扬优秀的普通劳动者，每个专栏分工不同，各具特色，构成经济版五彩缤纷的画面。

通常办专栏的方法是，领导确定栏目，组版的“等米下锅”，稿件由各个部提供，有米就吃，无米断炊。各个部一般工作重点不在专栏上，把提供专栏稿件看作副业。在这种状态下办的专栏处于被动地位，常常因难为无米之炊夭折。吸取这个教训，编委会决定在经济版搞个“试验区”，以政策为导向，实行专人办专栏。具体办法是，在编辑部年轻编采人员中招聘四个重点专栏责任编辑，责权利结合，谁应聘就给谁中级职称待遇（限于报社内部），拿相应的工资。一经解职，待遇随之取消。

实践证明，实行专人办专栏的方法是可行的，其好处主要是：首先，因责权利结合，主办专栏者工作有积极性，有主动权，才智得以最大限度地发挥。他们不断研究如何提高专栏质量，开拓报道领域，在内容和形式上刻意创新，稿件质量一般比较高。其次，专人办专栏为组版提供了主动权．宣传计划一般不受干扰，稿件数量和质量稳定，而且能保持一贯。这一点是常规办法不能比拟的。第三，专人办专栏对发挥编采人员的主动性、创造性，对于提高报纸质量，锻炼人才，对于实行编采人员岗位责任制，很有好处。

新版式：多样化，粗线条，求明快

经济版能否“抓人”，第一位的是内容，此外还有个版面问题，二者应有机结合，相辅相成。我们认为，经济版的特色是求新、求深与求活，那么版面设计应以大反差为基调，该突出的就不惜版面，不该突出的决不能突出。我们从这一考虑出发，对主要稿件均做突出处理，标题字号比较多的用小初明和小初平，或采用制版题加以突出。同时，为了版面的整体效果，注意分量轻重稿件相互协调。标题适当多采用一些比较醒目的两行题。短文标题最小字号一般不小于三号字。为了使版面图文并茂，我们注意选发和精心编排照片和画，适当选用制版题，巧用多种线条，悉心设计版面。经这样努力，版面常常给人以大方、明快、利落之感。

活泼的版面一般同文章篇幅短、条数多有很大关系。令人头疼的是，“长风”是个顽症，常刹常刹不住。我们把住组版这一关，规定消息一般在四五百字以内，通讯一般在1200字以内，超过这个标准一律狠刹。消息除有新意有份量的外，一律删到200字以内，发在《短文博采》专栏内。通讯绝大多数在1200字以内，超过2000字的约占总数的5%左右。这样，每个版（去掉24行广告）一般可发18—15条稿件。经悉心编排，多数版面比较得体、活泼。

在编委会精心设计下，经过各部门编采人员的共同努力，辽宁日报经济版有了一点起色，但还只是个开头。我们的工作处在摸索和努力之中，还存在不少缺点和不足，有待于在今后的工作中探索和补正。

（辽宁日报编辑部）

南方日报——在开展批评报道中处理好四个关系

坚持长年不断地开展批评报道，是本报的一大特色。我们除每周一期《读者来信》版以批评报道为主外，还在一、二版发表了大量的批评稿件。涉及的问题有贪污受贿、官倒、以权谋私、弄虚作假出国定居、骗取荣誉、请客送礼、大吃大喝、公款旅游、铺张浪费、滥发钱物等。不少批评报道见报后，在全省，甚至全国产生了强烈的反响，引起了各级党政领导的重视。这些批评报道，密切配合了全省的以廉洁为主要内容的纪律教育。广大读者对本报积极进行舆论监督，敢于碰硬，给予高度评价。

实践告诉我们，只要正确地、坚持不懈开展舆论监督，就能不断克服困难和阻力，创造良好的舆论环境，更好地发挥舆论监督的作用。我们认为，要正确地顺利地实行舆论监督，必须处理好以下四个关系：

一、来自人民群众的批评与党委、政府工作部署的关系

党报是党和人民的喉舌，既要反映党委的意图，又要反映人民群众的意见。对来自群众的意见，并非所有问题都适宜端到报纸上来，需要分析、筛选，找出人民群众的批评与党委、政府工作部署的最佳结合点。

什么是最佳结合点呢？就是要在群众反映的意见中，选择涉及面广，群众议论纷纷的问题，又是党委、政府当前要抓的带根本性的、关键问题。抓住这类问题，既能解决群众提出的问题，又能推动全局工作。举例说吧，我省一些地方前段时间请客送礼的不正之风日盛，成了群众街谈巷议的话题。在开展廉政教育中，省委、省纪委十分重视这一问题。我们抓住这类典型，及时在报纸上开展批评，有关部门很快对有关人员作出了严肃的处理，起到了批一儆百的作用，请客送礼之风有所收敛。

二、舆论环境与主观能动性的关系

在开展批评报道，新闻单位都遇到一个舆论环境的问题。在当前对待开展批评报道有两种不同态度：一是怨天尤人，遇难而退，或等待观望，或只抓些鸡毛蒜皮、不痛不痒的批评，应付了事；二是主动争取党委的支持，千方百计冲破阻力，一抓到底。只有具备强烈的使命感，才会有第二种正确的态度。八年来，我们正是怀着这种使命感，不回避矛盾，坚持不懈地排除各种阻力，不断抓重大问题的批评报道。

三、揭露问题与提高党的威信的关系

在报纸上开展批评，揭露腐败现象和各种不正之风，目的在于解决问题，推动工作，使人民群众看到我们党和政府是能够解决存在问题的，从而提高党的威信，增强人民群众搞好四化建设的信心和决心。

要达到这个目的，就要努力做到条条批评报道有处理结果。这就要求我们抓批评报道时，注意分析所揭露的问题能否很快得到解决，一时解决不了的，可通过发内参等途径，向领导机关反映；能很快得到解决的，才端在报纸上，批评报道要摆事实，讲道理，治病救人，与人为善，切忌乱扣帽子，乱定罪名；要抓准有普遍教育意义的主要问题，不在枝节问题上纠缠。在做法上，一要重视对批评报道的信息反馈，要对被批评者及其上级部门的反应，有选择地进行连续报道；二要争取领导机关、监督机关和执法机关的支持，监督有关部门对报纸批评的问题及时作出妥善处理；三要及时反映批评报道的结果。对重大的批评报道，一经查处，除报道结果外，还要配发言论，或有关领导机关对这一问题的通报，以及领导人的讲话等，以进一步加深被批评者和广大读者对这一批评报道的认识，扩大影响，提高宣传效果。

四、舆论监督与舆论导向的关系

我们在开展舆论监督时，一定要把握好舆论导向这个至关重要的问题。如何处理好两者的关系呢？（一）舆论监督，是在党和政府的领导下，以法律、纪律、社会主义道德规范为依据的。那种借口开展舆论监督，妄图达到否定党的领导，否定社会主义制度的目的，是绝对不能允许的。

（二）把握好舆论导向，还有个处理好正面报道与批评报道的关系问题。廉政建设的舆论宣传，必须始终坚持以正面报道为主，弘扬社会正气。最近，在省委、省纪委的领导和大力支持下，本报在连续揭露一些领导干部以权谋房不正之风的同时，注意抓好廉洁奉公的正面典型报道。我们既揭露了化州县人大常委会主任李达权以权谋房的问题，还先后在一版头条位置报道了台山县委、揭阳县委、潮州市委等为政清廉的感人事迹。这种正反面典型交错报道的做法，得到省委领导和广大读者的好评。

（南方日报编辑部）

广州日报——在适应多层次读者需要上下功夫

1989年，是广州日报改出对开八版后的第三年。尽管这年的报价由每份一角提高到每份三角，但年底的发行量仍达到去年同期的九成，比改版前的日发行量还增加了五万多份。而在那些订报、买报人中，个人掏腰包的占了一半以上。这些情况说明，改版后的广州日报是深受读者欢迎的，报社同志三年来为适应多层次读者需要所作的努力，已经收到明显的效果。

广州是国家确定为进一步开放的沿海港口城市，又是我国综合改革试验区广东省的省会城市，各阶层的人都对改革、开放信息极为关注。作为这个开放城市的报纸，要适应多层次读者的需要，十分重要的一条就是要体现出改革开放的时代精神，帮助读者眼观六路，耳听八方，知各地之信息，察世界之潮流。一句话，就是要办成一张开放型报纸而不是封闭型报纸。广州日报改版三年来，编委会一再强调，要在坚持四项基本原则的前提下，办出开放型报纸的鲜明特色。为此，编委会提出报道内容要突出改革开放，报道空间要打破地域的局限。我们除紧密配合每个时期党的中心工作组织报道外，着重报道改革开放相适应的新思想、新观念。我们既重视刊登纵向信息，又重视刊登横向信息，除着重报道广州新闻外，还从读者关心和需要了解的角度，对国内外各方面新发生的事实作广泛的报道。我们除在《时事》版(天天出)、《开放城市》版(周双刊)、《港澳新闻》版(周四刊)刊登内地新闻、港澳台新闻和国际新闻以及在《经济信息》版(周六刊)刊登一些外地信息外，还强调要把一版办成真真实实的综合要闻版，使本地要闻、全国性要闻、沿海开放城市和内地其他地方要闻、港澳台要闻、国际要闻在一版得到充分反映。对一些重大的国际新闻，我们还打破了内地报刊几十年来形成的旧框框，把它放在一版头条位置(如苏美两国签署销毁中程导弹条约，两伊战争正式实现停火)。我们强调要打破新闻报道的地域局限，并不是要削弱地方新闻的报道。编委会一再强调，要努力把广州日报办成广州地区的新闻总汇，并提出广州日报地方消息要多、要快要准确的要求。我们除在一版以大部分篇幅刊登广州新闻外，还把二版作为《广州新闻版》，并在当天晚上统一安排一、二版的地方新闻稿，现在我们每天刊出的地方新闻(包括体育版上刊登的广州消息)一般有六十条左右，而且大多数是昨天新闻。加上外地新闻和国际新闻，每天刊登的新闻稿有一百条以上。这些消息涉及政治、经济、文化、教育、卫生、体育等各个方面，各层次读者都可以从中找到自己要看的消息。

办好各种思想性、知识性、趣味性、服务性专版，是适应多层次读者需要的另一个重要方面。这类专版有23个，约占整张报纸篇幅的三分之一，我们重点安排读者群共同兴趣浓厚的专版，以满足多数读者的需要。如以电影、电视、歌曲、戏曲、舞蹈、戏剧、曲艺和其他群众文化娱乐为内容，旨在娱乐群众身心，促进社会主义精神文明建设的《娱乐》版，每期刊出现代、历史和海外港澳台文学作品各一篇的《连载》版，我们安排天天刊出；文艺副刊《珠江》和《文摘》版每周出四期，还设置了和大多数读者关系密切的专版《生活百事》《家庭》《读者来信》《法制之窗》《交通旅游》《读书与实践》《现代科技》。与此同时，我们还安排了一些适合某一个层次读者阅读的专版，如《职工之家》《校园内外》《经营之道》《书画艺术》《摄影艺术》，以及报道统战方面人和事的《粤海同舟》等专版。在设置大量雅俗共赏的专版的同时，还设置一些主要为高层次读者阅读的专版。如《探索与争鸣》《文学评论》《艺术评论》等。我们认为要求读者八个版都看遍是不现实的，若各层次的人都能从中找到自己爱看的东西，那就不错了。即使有的读者只对娱乐性专版感兴趣，只要他们爱看我们的报纸，久而久之，他们的兴趣或许会广泛起来，进而关心国内外大事，扩大视野，那就收到更大的社会效果了。越秀区委办公室一位干部反映的情况很能说明问题，他说，现在不少家庭订阅广州日报，家里人轮流看。大体是：丈夫看一到四版，太太看《娱乐》《连载》《生活百事》，儿子看《时事》《体育》。我们就是按这样的思想来经营专版，让不同层次的读者能从报上找到自已爱看的专版。

我们努力去适应多层次读者的需要，绝不是要削弱报纸的指导作用，也不是读者要什么就给什么，取消对读者的引导。编委会一再强调，广州日报作为一张党报，首要任务是当好党和人民的喉舌，用党的政策主张去引导群众，把党的政策化为群众的自觉行动。如何结合广州的实际宣传好党的路线、方针、政策，使“一个中心、两个基本点”深入人心，指导性不应局限于工作的指导，还应该包括思想、学习、生活、娱乐等各方面的指导。我们传播的知识是有益的知识，提倡的趣味是健康的趣味。寓教育于文化娱乐体育活动和普及各种知识之中，为不同层次读者提供丰富多采、健康有益的精神食粮。是我们经营各种思想性、知识性、趣味性、服务性专版的根本宗旨。正因为我们这样做，所以改版后的广州日报不仅群众爱看，领导也表示满意。市委主要负责同志一再认为，改版后的广州日报给广州人民提供了一份好的精神食粮，对于物质文明建设起了推动作用。

(黄景仁)

中国国际广播电台——把握基调，力求平实

在七届人大、政协二次会议的报道中，国内部共发新闻122条，综述、专访26篇；英语部和播出部合作对人大开幕式作了现场直播；英语部、俄语部、日语部还采访了对象性新闻71条，报道57篇；华侨部广州工作站向“美加华语电台”及加拿大“华侨之声”电台传送报道57篇(条)。整个报道较好地体现了原来提出的“把握

基调，突出重点，力求平实，数量适中”的设想。

一、把握基调，树立形象。一年一度的“两会”是国际社会观察中国政治、经济形势及走向一个集中的窗口。准确、实事求是地向国际社会介绍中国改革、开放的成绩与问题，解决问题的决心、措施与前景，使之对中国的改革、开放及稳定抱有信心，是我台“两会”对外报道的出发点和归宿，也是报道的指导思想和基调。

为了让外国听众正确认识治理、整顿的背景、政策、现状和前景，为了如实反映中国在治理、整顿中坚持改革、开放的形象，这次除了以消息和专稿形式播出李鹏报告之外，还播出了对话：“从李鹏总理的报告谈起”、“人大代表谈治理、整顿”，以帮助听众消化这个报告，正确认识当前中国的政治经济形势。

此外，还通过《接受问询的部长们》《全国人大在政治民主化方面取得积极成果》《中国积极完善多党合作制》等报道反映政府坚持改革、开放的形象，不回避问题和勇于自责的形象，摆正自己的位置、接受人大和代表的审议、监督的形象，人大的国家最高权力机关的形象，以及对国家、人民负责，对政府勇于监督的形象；树立政协在政治协商、民主监督中的作用、地位、影响不断提高的形象；树立“两会”充分发扬民主的形象。

二、控制规模，突出重点。“两会”有举世瞩目的一面，但它毕竟又是中国人自己的事。“两会”期间，地球仍在转动，中国也还有其他的事。因此，报道应该充分，但数量必须适中，力戒铺天盖地，挤掉一切。

新闻集中报道会议的主要议程和实质性内容，不是为报而报，见会就报，更不能把会议名称简单地照搬过来作为消息的题目，以免把会议报道变成会议日程合报，把“两会”期间的对外广播变成“会海”。

在这次报道中，坚持纯程序性会议不报，会议的纯程序也不报。该报的会也应从问题、新闻和信息入手去报。如，以《中国将有更多的民主党派人士担任国家和政府的高级职务》、《阿沛说，中央政府同达赖谈判的大门一直是敞开的》为题，报道政协和阿沛副委员长的记者招待会，以《中国政府提出1989年消除经济过热的具体目标》为题，报道人大举行第二次全体大会，听取姚依林、王丙乾的两个报告，就体现了这样一种意图。

在专题报道上，努力减少一人一言一事的报道，着重在会议议题和外国议论的热点这两个实际的交叉点上抓些热题做文章，而且力求多掌握些材料和观点，会内会外结合，横向纵向联系比较，以把问题讲透，把文章做够，使它不仅具有针对性，而且具有一定的深度，以真正起到解疑释惑的作用。

这次报道除了治理、整顿问题，还就政治民主化（含多党合作问题）、西藏问题（含人权问题）、人口问题、农业问题、教育问题等国外、国内都同样关心的问题采发了14篇综述或专访（光是关于政治民主化问题就发了6篇）。其中录音报道《藏族委员、代表谈西藏》采访了西藏大学教授、藏学家东噶先生，自治区副主席、前西藏“拉让”政府官员拉敏，藏族农民代表达瓦偏多，他们从历史、宗教、文化、西藏的变革及个人经历，把西藏问题的来龙去脉和实质讲得清清楚楚，入情入理。分上下两次的《中国十年民主法制建设漫谈》，从两会出发，联系十年来中国民主法制建设的成就与问题，讲得比较全面，又通俗易懂。

三、力求平实，讲究效果。十年改革成绩很大，但失误、问题也不少；而且在当今开放情况下，国际社会对中国的知情度越来越高。因此这次报道既强调把握基调，也强调讲究和声。防止把报道倾斜成报喜不报忧，千人一面、众口一词，那样恰恰破坏了会议形象、国家形象，当然还有电台的形象和宣传效果。

为了让外国听众觉得我们的报道可听可信，第一，在内容上力求既报成绩，又报问题；既报肯定性意见，也报否定性意见，既报赞成，也报反对，以使报道尽可能显得客观、真实。如关于人口、教育、民主与法制建设等问题的报道，都体现了两点论，反映了两种声音。英语部、华侨部还就闭幕会上表决时出现的反对票、弃权票的情况作了报道，目的都是为了反映会议的两种声音、民主气氛。也是为了在总体上让听众相信我们的电台和报道。

其次，在报道手法上，力戒正襟危坐的说教和宣传味，不求浓妆重彩的戏剧效果，试图以一种淡妆，甚至生活妆出现在听众面前，采用白描手法，把记者摆进去，用记者的眼之所见、耳之所闻、脑之所想、心之所受，用记者的话（而非官话、套话）平等地同听众面对面交谈，说三道四，且叙且议。《中国十年民主法制建设漫谈》就较好地体现了这一追求。

当然，这次报道绝不是完美无缺的。首先，在发稿方面有些可发可不发的稿子还是发了，有些稿子处理上比较粗糙，有些稿子过长，有些稿子错漏较多，所有这些都给语言部组造成困难。其次，在组织工作上，对语言部组的具体指导也不够。这些都是要加以改进的。

（中国国际广播电台总编室）

中国城乡开发报——呼唤开发　服务开发

在创办中国城乡开发报的过程中，我们注意到两点：一是社会主义新闻事业是社会主义商品经济通过新闻手段的反映。社会主义商品经济的层次性，决定了在十一亿中国人民中间有着不同层次、不同要求的读者群，因此社会主义新闻事业也必然具有层次性。二是我国经济存在着极大的反差。要解决这些反差，使潜在的资源优势变成现实的经济优势，文章要做在“开发”二字上。可以说，我们的社会主义经济建设就是伟大的开发事业；开发——开拓、发展，正是当代企业家生活的主旋律。时代呼唤开发，开发需要服务。从经济、技术类报纸中分支出来一张以企业领导干部及各级政府经济、技术管理干部为主要读者对象的开发报，是顺理成章的。中国城乡开发报（1990年起更名为中国开发报)的脱颖而出,丰富了我国报业的种类和层次,预示着中华开发事业的兴旺发达、锦绣前程。

怎样办好一张开发报,并形成自己的特色?在一年多的实践中,我们体会较深的有以下几点:

一,以改革、开放为指导思想,确定自己的价值取向。决定新闻价值取向,必须适应发挥新闻本身的多功能作用、反映社会经济生活多方面的内容、满足读者多层次需求等方面的需要。这一切,都要以治国之本——坚持四项基本原则和强国之路——坚持改革开放为指导思想。改革、开放的主题是发展社会主义商品经济,所以只有抓住这一主题才能全面、正确和深刻地反映改革、开放。

中国城乡开发报本着这一共识,坚持围绕改革、开放发掘题材,致力于全方位、多层次地报道城乡开发事业,为发展社会主义商品经济服务。报纸从全国经济技术开发新闻、港澳台海外开发信息到开发理论、开发知识等,均有专版、专栏加以传播。已见报的一些宏观经济决策、形势的综合述评,以及开发要闻、深度报道,在社会上引起反响。

二,开发、利用高层次、高可靠度的信息,增强实用性。新闻是对信息资源的开发与利用。中国城乡开发报坚持宏观指导与微观服务相结合的方针,高度重视开发信息资源,着力于信息的搜集、分析、传播、应用和反馈,根据各类企业和各级政府经济、技术管理部门的需要,通过新闻提供"广"、"快"、"新"、"实"、"尖"、"测"信息,消除读者认识上不确定性的内容,特别是消除那些属于大范围的、普遍的,或者属于思想活动的事物的不确定性。报纸发布的有关国内外开发的实用信息,以真实、准确、可靠见长,因此能够使读者受益。

三.多搞参与式、立体化报道,推动问题的解决。中国城乡开发报的记者注意围绕开发事业中某个新鲜的、突出的问题,深入到第一线和读者共同探讨,提出解决问题的思路和途径,进而生发各种行为推动问题的解决。开发事业是艰巨而复杂的事业。为适应新时期读者对事物的多维思考,中国城乡开发报努力改变平面化的报道模式,力求多侧面、多层次地报道变化中的事物。报道重大项目,往往既讲开发的大好时机、有利条件,也讲种种制约因素,还要介绍专家提出的对策。这种立体化的新闻,更接近实际,更能得到读者的承认。

(高兴烈)

安徽人民广播电台——开展"评播"活动,提高广播质量

以前,电台了解听众意见,主要是通过听众调查进行的。由于受人力、财力、时间等诸多因素的限制,较大范围的听众意见调查难以经常进行。听众的收听信息无法及时地反馈回电台。为了加强与听众的直接联系,让听众参与办好广播,1987年9月,我们决定在听众中选聘一批义务评播员,组建一支评播队伍,开展群众性的评播活动。选聘评播员采取公开、义务、自愿的原则。首先在本台的刊物上登载招聘启示,由自愿应聘的听众向本台提出申请,然后,考虑到听众意见的广泛性和代表性,确定选聘人员。招聘启示登出以后,收到应聘申请三千多份,我们从各行各业、各个阶层、各个年龄、文化层次的申请人中挑选了120人,正式发给聘书,聘为电台"评播员"。

评播队伍组建起来后,评播员们就怀着办好人民广播的高度责任感和巨大热情,活跃在广大听众之中。他们不仅自己关注电台的广播,还广泛地征求、收集周围听众对电台广播的意见、建议和要求,如实地向电台写出书面评播汇报,为办好电台广播献计献策,使大量来自听众的信息,源源不断地反馈回电台。两年来,我们已经收到评播员写来的书面评播汇报八百多件。通过这些反馈回来的收听信息,不仅及时了解了广播节目的收听情况,听众的反映,而且还为电台改进节目提供了重要依据。

组织开展评播活动,对我们和评播员都是一项新的工作。一方面缺乏经验,另一方面评播员散布全省和邻近的外省各地,不便管理。为了充分调动评播员的积极性,发挥评播队伍的作用,把群众性的评播活动深入、持久地开展下去,我们采取了一些办法和措施,加强与评播员的联系。为帮助评播员熟悉广播业务,便于收听本台广播,我们定期赠送每人一本本台编辑出版的《安徽广播通讯》和节目时间表,供他们学习。同时还编辑了简报《听众园地》,专门摘登评播员的评播汇报,也寄给评播员每人一份,目的在于交流评播员活动情况,互相学习和启发。我们还定期召开评播员代表会议,请他们到电台参观,同台领导、编辑、记者、播音员、主持人见面,直接对话。同时组织他们互相交流评播经验,探讨进一步搞好评播活动的办法,收到了很好的效果。

评播员是义务服务,必须对评播员队伍适当进行整顿,才能始终保持较高的评播热情和责任心。1989年7月,我们本着既保持队伍相对稳定,又适量补充新人的原则,对评播员队伍进行了一次整顿。原有的部分评播员无故长期不与本台联系,按规定作自动辞聘处理,另外从一千多名申请者中,新选聘51位同志,评播员队伍扩大到了135人。此外,我们还对评播员提出了一些具体要求,主要有:认真听好广播,坚持写收听笔记,至少两个月写一篇评播汇报,发动周围群众听广播,使所在地成为本台广播的收听点等。(邹传清)

柳州日报——加浓"柳"味,办好地方新闻

柳州日报是一张地方小报,应当具有鲜明的柳州特色。从这点出发,我们精心办好地方新闻,挖掘本市的"土特产品",强化加浓"柳"味,为柳州人民奉献可口的"风味菜",从而赢得了广大读者。1981年复刊时发行量仅有5000份,1984年上升到8万份。每天早晨,许多读者在报摊前排队买柳州日报。

我们在经营地方新闻方面,主要有几点体会:

让地方新闻唱主角

柳州日报的读者主要是柳州人和关心柳州的人。他们最需要、最迫切知道的就是当地发生的新闻。因此，我们坚持“以我为主”，突出柳州“特产”，时时注意把柳州读者最关心的当地新闻报道出来，让本市新闻成为报纸的主调。

柳州地处广西腹地，自改革开放以来，思想活跃，经济发展加快，成为广西迅速崛起的工业城市。这是由于市委、市府以宏大的气魄与胆识，采取了一系列大胆的改革措施，涌现出一批改革的典型企业，搞活了经济。因此柳州市这几年在改革当中的探索尝试、风云人物、成就得失，就成为我们报道的主旋律。有人认为，这几年柳州的思想风气、经济形势，颇似广东、象沿海，成了不是特区的“特区”。柳州日报就抓住这一趋势进行报道，对柳州的改革起积极的推波助澜的作用，并服务于本市的改革开放和人民的生产、生活。有的典型，我们抓住他们发展中的不同阶段，从不同的角度、侧面，一年报道几次甚至十几次。

在版面安排上，我们也经常注意加强编排调度，突出柳州新闻，加强柳味；而且注意多发短稿，进行连续报道，增大报纸信息量，搞活版面。在栏目的设置上，尽量往柳州特色靠，围绕着促进柳州“两个文明”建设这个总题目，开辟柳味色彩浓的专栏。如以发表本市快讯为主的《昨日新闻》、褒贬结合而以批评为主的《龙城镜台》、刊登柳州风物的《柳园絮语》。以言论专栏来说，一版有以时论为主的《鱼峰朝议》，二版有通俗化的杂议短论《龙城人语》，三版有发表杂文的《朝拾夕录》和《灯台漫语》等，大多以柳州的胜迹取名，都以登柳州事、议龙城话题为宗旨，突出本地特色，因此为柳州人所喜爱。

勤摘“今日红花”

改革开放给柳州带来了各方面的巨大变化，人们关心信息日甚，生活节奏明显加快。他们对报纸的要求，就是尽快知道本市发生的重大事件。我们从抓新闻时效入手，千方百计地使本地的新闻尽快见报。

首先，对当天发生的新闻坚决抓住，提倡记者“捉活鱼”。每天派一名记者值当天新闻班，每人一周，“轮流坐庄”，实行当天新闻采写责任制，负责收集、采写当天发生的重要新闻。管线记者也分兵把守，注意报道当天新闻。编辑对有份量的当天新闻，一定放在显要位置，甚至头版头题。一版开辟的《昨日新闻》专栏，天天刊出，每天把截稿时间定在晚上10点，保证当天发生的新闻第二天见报。前两年，柳州曾出现一个“胖姨妈”，专门骗“脖子挂钥匙”的小孩开门偷窃财物，柳州日报曾3次披露，使她成了柳州的“新闻人物”。“胖姨妈”落网的当天，记者和通讯员突击采访，当夜发稿，第二天《“胖姨妈”落网记》见报后，人们争相传阅。《昨日新闻》短小精悍，新鲜活泼，使读者一起床就知道“龙城昨日事”，被读者称为“特别快餐”。其次，随时抓住突发性的新闻，及时报道。我们提倡记者、编辑要耳聪目明，做“消息灵通人士”，使本市发生的重大事情尽快报道出来。有一次，一位美术编辑下班路过农贸市场，看见有人抬来一条一米多长的大鲜鱼，便及时采访，写出一条柳河打起大咸鱼的新闻，引起读者的浓厚兴趣。

再次，我们还发挥读者的耳目作用，建立通讯网，及时把随时发生的新闻抓住。经过几年来的工作，许多读者既是读报的热心人，又是向报社提供新闻线索的有心人。

几年来，我们真正把新闻时效放在首位，记者和通讯员逐渐养成摘“今日红花”、采“带露鲜花”的良好风气，报纸每天早晨就把“特别快餐”送到读者面前。柳州人清晨起床三件事：跑步、吃早点、买报纸，这已成为他们的生活习惯。

精心烹调“风味菜”

新闻要与读者贴近，这是常识。地方新闻写的是地方上的事，是否就算贴近读者了呢？不尽然。我们过去报道本市工业生产的新闻也不少，但读者却不欢迎。1985年我们所作的读者调查中，收回的270份调查表，投工业新闻的票只有28张，原因何在？经过探索，原来我们的工业报道只是写生产流程、产值利润，与多数读者没有直接关系。从地理上看好像接近读者了，其实相去甚远。这使我们悟出一个道理：地方新闻，一定要抓住读者的兴奋点，从新闻的选材到写法，都要符合读者的口味，这才算与读者贴近。因而要求记者写每一条新闻，都要想到读者关心的是什么，这条新闻与读者有什么关系，它将给读者带来什么影响，抓住读者所关心的问题或所感兴趣的事实，加以报道。这样报纸才使人爱看，才能入脑入心。

要使地方新闻更符合当地读者的“口味”，我们还探索出一条“硬件软化”的处理方法。就是对重要会议、经济活动一类的“硬”新闻，进行“软”化处理，改变过去硬梆梆的说教，采用轻松和顺的口吻，潜移默化地影响读者。市里每年召开的党代会、人大和政协会、先代会、各种专业会，报纸过去把长篇大论的报告原文照登，读者看见黑麻麻一大片，到报摊一看就不想买报。现在，我们把这些大报告分割，进行小型化处理，从中抽出群众普遍关心的问题，突出报道，把话说到群众心里去，使市里的决策顺利地贯彻到群众中去。对经济新闻，则是选取与群众贴近的角度，写得生动一些，引人入胜。一位记者发现不少商店只经营大宗大件商品，小商品消形匿迹。可是全市最大的柳州商场却与众不同，大小商品同时经营，经济、社会效益一齐上。他采写了《鞋扣眼里钻出的新闻》。经过“软化”，成了饶有风趣的社会新闻，生动活泼，又贴近群众生活。于是消息不胫而走，商业部门据此召开会议，研究改进措施；群众交口称赞，说这条新闻“对口味”。

（杨 奔）

张家口日报——把抓典型与抓问题结合起来

党的新闻媒介，应当发挥党的喉

舌耳目作用，要做到上情下达，下情上达。这个作用本身，表明了新闻媒介具有相向传播的特性，即在“上情下达”中要及时准确地把党的路线、方针、政策传达给人民群众，起着喉舌作用；在“下情上达”中，又把广大人民群众贯彻执行党的路线、方针、政策的情况（包括意见和呼声）及时报道和反映，又起了耳目的作用。这样相向传播的功能，推动党和国家及人民的事业的发展，传播的频率越高越快，新闻宣传的作用就越大越好。这种新闻传播活动，日常都在实践，但是，是否重视抓典型报道，通过典型报道使新闻媒介更好发挥喉舌耳目作用，这是需要认真探索，不断努力发掘的课题。

张家口日报从1985年初开始，突出抓典型报道，有一个提法叫“靠抓典型吃饭”。全年的宣传报道计划确定，平均每月抓一至二个突出的、在全地区具有较大影响、能够推动实际工作发展的典型。同时把抓典型的任务分科列入工作目标责任方案，要求深入基层，调查研究。总编辑、副总编辑对重大典型报道，分头参加调查和组织采写，把改变作风的重点放在突出抓典型上。对重大典型，认真组织战役，搞连续报道、系列报道，典型报道要有震动。第一个典型，选择了农村家庭饲养业如何推广应用科学技术，加快农村致富的步伐的问题，调查采访了崇礼县部分专业户实行科学养鸡致富的典型。其中报道了专业户的经验，有领导部门、科技部门服务的事迹，有饲养家禽的技术资料、防疫知识、饲料配方等。全套稿件写成后，破例地占用了四个版，配发了阐述推广典型经验意义的社论，地委、行署发出推广崇礼经验的通知等等。对版面也作了别致的设计、美化和套红。报纸发出后，科学养鸡所获得的经济效益和提供的经验，极大地吸引了农民群众，在全区引起了强烈反响。附近各县干部、农民纷纷前往参观学习。崇礼县形成了养鸡致富的高潮。由科学养鸡的发展，带动了饲料加工业、鸡笼编织业、雏鸡繁殖、畜禽防疫工作等等多方面的发展。在三个月内连续地做了报道，家喻户晓，深入人心。这个开端，使编采人员受到了极大的启发，坚定了抓典型报道的信心。此后，又连续抓了其他县乡的科学养猪、科学育肥牛等的典型。这些典型事迹和经验，使“老太太式”养鸡，“牧童式”养牛、养猪等落后的饲养方法被冲破，推动了农村科学养禽、养畜热潮的兴起。

1987年我们针对坝上地区十年九旱农业多灾，如何贯彻实行“以牧为主，林草牧农结合”的方针问题，连续突出地宣传张北县秦缸坊村种草兴牧，发展“科学四小养”（猪羊鸡兔）的典型经验。该村方向正、路子对、致富快，报纸分别七次报道他们的具体经验，在各县广大农村也引起了强烈反响，人们争相向秦缸坊学习，不少村户走上了致富之路。

近二年还突出、连续地宣传报道万全县三里庄解决农业缺资金、发展农业生产的经验。该村由打井发展种菜，增加种菜收入后扩大对农业的投入，发展粮食生产。这一经验具有广泛的推广价值。报纸在近二年内连续报道，使之不断扩大影响，深入人心，对推动农业发展起到切实有效的作用。

经过几年来坚持抓典型报道，编辑部已经形成了工作制度和工作作风。“典型意识”增强了，抓典型自觉性也提高了。

最突出的体会是：新闻宣传绝不可忽视抓典型。什么时候典型突出，什么时候报纸的旗帜鲜明；什么时候典型突出，什么时候报纸的影响作用就大。反之，情形则相反。

另有较深的体会是，抓典型、抓问题是提高宣传报道质量，充分发挥报纸的指导性和服务功能的重要手段和措施，也是新闻宣传工作发展提高的重要途径。如果宣传报道中没有抓典型、抓问题，那宣传报道必定是平庸无力，失去生气和依托。

抓典型、抓问题，是比较艰苦的难度比较大的新闻业务活动。如要持之以恒坚持下去，这实际是新闻业务上的一项系统工程，必须抓环节制约，有制度作保证。首先领导要坚持常抓不懈，形成制度化、经常化。每年年初制订全年工作计划，以科室为单位分别纳入全年工作责任目标方案，并坚持每周进行评报。每月进行一次总评，评出好稿，给予奖励。年终进行检查总结，交流工作经验，大家互相促进，共同提高。总编辑、副总编经常注意了解情况，掌握报道线索，注意出点子，做好推动工作。同时，还要注意抓典型和抓问题二者结合。抓问题要注意选择问题的典型性，注意高度和概括性；抓典型，要从抓问题着眼。所谓典型，是就问题的高度和程度而言；所谓问题是就内容而言。新闻宣传的最终目标，还是要落脚在内容上，即问题。过去抓典型，有时是直观式的、平铺直叙地罗列事迹和经验，缺乏分析写观点。由1988年开始，强调把抓问题放在了第一位的着眼点上，做了改进。应该说，不论正面典型或反面典型，都应该用来回答具有现实价值的问题，没有提出问题和说明问题的典型，就是没有思想性，是文字堆砌或者现象罗列，是没有意义的典型报道。

（李孟贤）

西藏日报——
搞好版面改革 把报纸办得更活

1989年，西藏日报在新闻改革中，努力增强党报的可读性，新增设了四个专版，扩大党报在群众中的影响，收到了明显的效果。广大读者反映说：现在党报对我们真的有吸引力了。

西藏地处祖国边疆，交通不便，信息不灵，广大群众渴求了解内地改革开放的信息。为此，我们增设了“九州窗”专版，在每星期三刊出，着力介绍内地改革开放和经济建设的新鲜经验，介绍内地其他少数民族地区经济、文化发展的信息。这不仅满足广大干部群众对信息的需求，从中得到启发和借鉴，而且对西藏的改革开放和经济文化发展，起到了很好的促进作用。读者反映说：通过这个窗口，我们确实吸到了许多清新的空气。

针对西藏文化生活比较单调的情况，我们在每星期六增设了“周末”专版。主要是为读者的文化娱乐生活服务，体现知识性和趣味性，陶冶读者高雅的趣味和情操。实践证明，这个专版开设以后，很受群众的欢迎。

“环球大观”，是根据西藏所处地理环境偏僻、长期处于“与世隔绝”状态，加之科学文化落后，人们对国际上的事情，孤陋寡闻，这一现实性情况而开辟的专版。旨在传递各种国际信息、奇闻轶事、各方面的国际知识，以期达到开阔读者视野，丰富读者知识的目的。该版以版面活泼、短小精悍、内容丰富，而赢得了读者喜爱。

作为党报，应成为联系群众的桥梁。它应该及时反映群众的呼声，倾听群众的批评和建议，表扬好人好事，揭露和打击各种歪风邪气。“读者来信”专版，正是为此目的而开设的。自从“读者来信”专版开设以来，广大读者纷纷来信说：“我们现在有了说话的地方，报纸与我们的心贴的更紧了”。读者们不仅对他们周围发生的问题及时通过报纸进行反映，还对提高和改进我们报纸的工作，不断提出中肯意见和建议，进一步沟通了读者与本报编采人员的思想感情。

由于采取了改版措施，西藏日报的读者都普遍反映：现在的报纸活泼多了，有看头了。当然，这还仅仅是开始，我们的经验还很不足，存在问题还很多。今年，我们还将在这方面花大力气，使报纸更受读者欢迎。

（黄玉生　汤已生）

青海日报——贴近读者的心，进行情理交融的形势宣传

1988 年 9 月至 1989 年 6 月青海日报开展了《民族地区改革新貌》征文活动。征文活动开始后，先后收到来自全省各地的应征稿件 650 多篇。经过精心选编，青海日报在一、二版上发表了 60 篇。

《民族地区改革新貌》征文活动一开始就受到省委、省政府及各族各界广大读者的关注，产生很好的宣传效果。

一、抓住了青海省为多民族聚居区这一突出特点。青海省除汉族外，全省还有藏、回、蒙古、撒拉等少数民族，人口占全省总人口的 39.66%。有 6 个自治州、7 个自治县、64 个民族乡。即使汉族为主的地区，也杂居着少数民族。从这种意义上讲，全省各地几乎都有少数民族。所以，在一段时间里集中宣传新时期民族地区改革新貌，有广泛的群众基础，这正是征文活动受到各民族作者有力支持和各族各界群众欢迎的最重要的原因。在应征作者中，不仅有汉族作者，而且有藏、回、土、蒙古、撒拉等少数民族作者；作者分布面也相当广阔，连最偏远的果洛、玉树地区的作者也踊跃投稿。征文活动受到如此具有民族性、群众性、区域性的支持，这就为提高稿件质量打下了坚实的基础，产生了一批受群众欢迎的好作品。一些作者深有体会的说：“青海是新闻写作的‘富矿’，这‘富矿’就是民族工作。只有开采‘富矿’，作品才有‘酥油味’，才有资格在全国竞争！”如这次征文中的《土乡有一支‘倒蛋’部队》（见青海日报 1989 年 10 月 25 日）发表后，即被人民日报和农民日报采用。

二、进行了生动、形象、情理交融的形势教育。这次《民族地区改革新貌》征文活动，从宣传指导思想上是要对青海各族干部和群众进行一次生动深刻形象具体的形势教育。所以我们将征文的时间安排在中华人民共和国成立 39 周年和改革开放 10 周年前后。恰好在这段时间内，中央和省委发出了有关做好民族工作的文件，提出了开展形势教育的要求。这样，在这次征文活动中发表的 60 篇稿件自然而然地便成了对各族群众进行形势教育的生动教材。《民族地区改革新貌》征文专栏所发表的稿件共同的特点是：抓住一个人、一件事、一个变化、一个新思想，进行深入采访，精心写作，讴歌改革，反映大好形势，为开拓者鼓实劲，给各族群众指方向，具有强烈的时代感和说服力。《13 个穷人和一个富汉》（见青海日报 1989 年 3 月 22 日）通过富裕农民冶俊祥帮助 13 户穷苦农民开发荒山、建造果园的故事，展示了在改革中形成的值得提倡的崭新的人际关系。《瓦窑沟扫描》（见青海日报 1989 年 9 月 12 日）中一条街道的变化、《帐篷的变迁》（见青海日报 1989 年 12 月 22 日）中一个帐圈的变化、《山村月色》（见青海日报 1989 年 4 月 20 日）中一个村庄的变化……都生动实在地写出了改革中所取得的成就。

三、贴近了读者的心理。《民族地区改革新貌》征文从取材、写作手法、语言等方面都进行了着力改进和创新。首先，征文强调取材于改革年代发生在民族地区富有宣传价值的一件小事、一个特写镜头、一个有意义的场景等，从一滴水看太阳，从小处管窥时代的光点，力避面面俱到，平铺直叙。这样，就保证了征文稿件的生动性、具体化、实在感，贴近了群众和读者的心理。他们反映：“《民族地区改革新貌》征文专栏中报道的改革成就一件比一件具体、生动、实在，我们爱看，我们喜欢这样的宣传。”一名藏族读者说：“笨拙的传教士老说太阳温暖，聪慧的贤哲却把众人领到太阳光下体验。《民族地区改革新貌》征文，就是引导我们体验了改革所取得的成绩。”为使《民族地区改革新貌》征文受到更多读者的欢迎，组织者强调精心构思作品，注意写作手法。许多见报征文稿在编辑指导下曾反复进行过修改。对一部分初学写稿的作者所写的稿件，发表前编辑作了精心加工。征文活动还强调征文作品语言一定要凝练、精采，提倡运用群众语汇、民族语汇，这也是这次征文成功之处。

（陈秉智　辛存文）

解放日报人民广场副刊——提出社会问题，引导社会舆论

在上海城乡调查队开展的几次报纸读者意向调查中，解放日报《人民广场》副刊一直名列“读者最喜爱的副刊”的首位。

《人民广场》系解放日报的综合性社会性副刊，每周刊出四期。它以“提出社会问题、分析社会现象、引导社会舆论、弘扬社会正气、优化社会

环境”为自己的办刊方针，内容涉及社会、家庭、法律、道德、生活等诸多方面。象《人民广场》这样视角广阔、每周刊出多期的综合性社会副刊，在全国党报中尚属首创。

“正面宣传为主”是报纸党性原则的集中表现，也是党报必须采取的唯一正确的宣传方针。作为综合性社会副刊，要不要贯彻这个方针？毫无疑问必须贯彻，问题在于怎样贯彻才能受到更多读者的欢迎，发生更好的社会效果。《人民广场》在这方面作了积极的有益的探索。

第一，在“提出社会问题，分析社会现象”的时候，强调出发点和归宿都是进行正确的舆论导向。改革开放的洪流犹如强烈的催化剂，极大地活跃了我们的社会生活，也使许多过去潜在的或隐藏着的社会矛盾日益明显、公开起来；与此同时，社会生活中也出现了许多新的现象与动向。《人民广场》不回避广大读者关心的社会问题，但在提出、分析这些社会问题时，要求做到“三注重”：注重社会调查、注重论理分析、注重社会效果。比如有段时间，人们对个体工商户的形象和社会分配不公议论较多，《人民广场》发表了《富裕的贫困——对个体户的调查》、《“基尼”系数的困惑——对社会分配不公现象的观察与思考》等文章，在全国新闻界较早地提出了加强对个体户的管理、注意其素质提高等社会问题，引起人们广泛注意。又如一段时期以来，由于经济政策导向上的某些偏差，不少企业家热衷于提“横向”、搞“创收”，由此产生了不少腐败现象，《人民广场》从1988年10月开始，先后发表了《企业家，请注意你的自身形象》、《“横向”透视》、《厂长要“长”在厂里》等文章，在工矿企业中引起强烈反响。作为综合性社会副刊，《人民广场》也发表揭露性文章和报道，但是由于注意立足于祛邪扶正，而不为揭露而揭露，比如发表案例都要借“案”议论，进行普法教育、思想引导，所以社会效果也是积极的。

第二，在满腔热情地讴歌先进人物、先进事迹的时候，注意以情感人，有可读性，有说服力。宣传先进人物、弘扬先进事迹，是贯彻正面宣传为主方针的最有效的形式。《人民广场》在这方面的宣传当然不同于新闻版的报道，它是从社会视野的角度，捕捉具有时代精神的先进典型，在写作上则强调真情实出，以情感人，力求引起读者情感上的共鸣。《人民广场》1989年初开辟的“海上凡人”专栏，讴歌各行各业默默贡献的普通劳动者，从平凡事迹中昭明其不平凡的精神。1989年下半年对《上海，有家癌症患者俱乐部》的连续报道，通过癌症患者对生命的强烈热爱和彼此间无私互助的大量感人故事，突出了“人间自有真情在”的主题，歌颂了社会主义制度的温暖，文章发表后，来信来电逾千。

第三，在运用多种宣传形式的时候，注意满足当时读者的要求，让读者自己教育自己。按照系统论的观点，信息的有效传播，应该具有双向反馈的畅通渠道。一张报纸，读者参与的程度越是大，它在读者中的影响相应也越大，而要求参与社会各项事物包括报纸宣传，正是多方读者尤其是青年读者的一个重要特点。《人民广场》先后开辟的“现代放言录”、“我为上海发展献一计”、“你好，90年代”等栏目，都是读者来稿唱主角，不仅为读者提供了参与报纸宣传的多种园地，也起到了读者自我教育的明显作用。《人民广场》的“祝雨悦信箱”迄今已回答读者提出的心理、人生等问题一千多个，被读者称为“不见面的亲切老师”，在读者与报纸之间架起了双向沟通的有效桥梁。

（黄京尧）

甘肃日报《读者来信》版——围绕中心工作正确开展报纸批评

由甘肃日报群工部主编的甘肃日报“读者来信”版，围绕党和政府各个时期的中心工作和任务，坚持正确开展报纸批评，反映群众的意见和呼声，揭露和克服各种腐败现象，产生了积极的社会效果。几年来，该版所刊登的指名道姓的几百件批评稿，基本上没有出现大的问题，没有出现突出的失实报道。在两次的社会民意调查中，得分最高的也是“读者来信”版。

甘肃日报“读者来信”版在正确开展报纸批评方面能取得较好的社会效果，主要是由于狠抓了以下几点：

一是对批评的事实反复核对，尽可能做到准确无误。这是搞好报纸批评的前提。批评的力量就在于“真实”二字，事实准确了，被批评者就无空子可钻；如果事实有出入，有时尽管是在一些次要的情节上稍有出入，也会带来不少麻烦，从而增加报纸批评的阻力。正因为如此，在调查、落实、修改和编发读者来信的过程中，既要坚持原则，旗帜鲜明，又要实事求是，注意方法。批评要针对主要对象和主要问题，要尽量缩小批评面，防止节外生枝，以免增加阻力和解决问题的难度。批评要留有余地，宁肯说得不够，也不说过头话，这样就能使自己始终处于主动地位。

二是要分清两类不同性质的矛盾，对于明显的坏人坏事，要无情揭露，对于人民内部和干部的一般缺点错误，则要坚持与人为善，治病救人的原则，讲究批评艺术。刊登批评性的来信，一定要用事实说话，以理服人，掌握分寸，不讲尖酸刻薄、讽刺挖苦的话，不用言过其实、易伤感情的词句。这样被批评者就容易接受，也有利于问题的解决。

三是要主动地争取各级党委、纪委及有关主管部门的支持。报纸和舆论的作用虽然不小，但毕竟是有限的，报纸只能报道事实，评论是非，不可能直接地去给张三平反冤案，给李四某种处分。解决问题，查处违纪事件等，主要靠各级党组织、纪检部门。因此，在报纸批评之前应冷静听取被批评者本人和上级党组织的意见，争取得到他们的配合和支持。

四是一些比较重要的批评要有回音和处理结果。报纸发表了批评性的来信，不等于就完成了任务。如果只见批评不见批评效果，不仅批评的目的没有达到，而且会影响党和报纸的威信。因此，对在“读者来信”上发表的所有较重要批评稿，只要事实是准确的，批评是恰当的，就要坚持让被批评者的工作单位或上级组织进行答复，并公开刊登批评后的结果。

五是要增强政治责任感，知难而进。在摘读者来信的几名编采人员中，有刚出校门不久的大学生，也有编辑了十几年读者来信的中老编辑人员。他们坚持从党和人民的利益出发，不是为批评而批评；他们从事报纸批评工作，不但没有什么名利双收的“实惠”，而且常常受到刁难和冷落。一篇批评调查的见报，往往伴随着一场常年累月的“官司”，有的还上了法庭的“被告席”。在当前新闻界一些人被“拜金主义”所影响的情况下，他们坚持迎难而上，不为社会上的歪风所动，兢兢业业、扎扎实实地工作的精神，表现了新闻工作者崇高的职业道德。

（甘肃日报群众工作部）

·重要报道的经验·

中央电视台——制作《弹指一挥间》的启示

中央电视台1989年国庆期间播出《弹指一挥间》和《祖国在我心中》，受到各界观众的欢迎。《弹指一挥间》和《祖国在我心中》两个栏目从去年1989年9月10日开播，11月7日结束（国庆期间有2天未播），历时57天，共播出180条，其中反映各条战线成就的40条，反映地区和单位变化的196条，反映先进人物和英雄群体的34条。

播出以后，中央领导同志很快给予肯定。江泽民同志说：“中央电视台的《弹指一挥间》用的时间不长，给大家留下深刻的印象，我们要多宣传这些东西，使广大群众看到我们的未来，看到祖国的前景”。李瑞环同志多次肯定这个栏目，他在同省报总编辑和电视台新闻部主任座谈时说：“中央电视台的《弹指一挥间》受到上上下下的好评。”邓小平同志看了也表示赞赏。小平同志说：“‘弹指’搞得不错，看了使人高兴，40年来我们确实做了不少事情。”老中青少观众纷纷来信，表示欢迎，认为“弹指”是献给共和国40年的一份厚礼、“催人奋进的精神食粮”、“进行‘三热爱’教育的好教材。”有人说“弹指”老年人看了激动不已；中年人看了倍受鼓舞；青年人看了恍然大悟；中小学生看了争相摘记。这些群众的评议虽然有溢美之词，但确实说明观众喜爱这个栏目。

“弹指”为什么能受到普遍的欢迎呢？

1，指导思想明确，内容针对性较强

近几年来，我国的舆论（包括新闻舆论）过多地报道了西方资本主义发达国家经济繁荣，社会主义国家经济落后，亚洲“四小龙”发展迅速，中国贫困落后。在一部分人中造成这样的看法，社会主义不如资本主义；中国不如外国；大陆不如台湾。持这种观点的人，有的是忘了本，有的是有崇洋思想，大多数青年人则是不了解中国的过去和现在。同这些人的看法相反，“弹指”用大量生动的事实，说明了人民共和国建国40年来，各条战线、各个地区取得了巨大成就。如9月10日播的《共和国的核工业》《秦山核电站工程进展顺利》《发展中的四川核工业基地》；9月13日播出的《电力工业40年》《前进中的华北电网》《我国最大的电力输出省山西》《蓬勃发展的贵州水电事业》等，大约40条战线，从宏观到微观反映了40年的成就，有较强的说服力。正如河南电影制片厂干部张明武来信说：“《弹指一挥间》以简练的解说词和新旧对比的生动画面，讴歌了40年新中国的光辉业绩。”“在广大观众面前展示出一幅绚丽多姿，光辉灿烂的共和国画卷”。总之，“弹指一挥间”用生动的事实说明了“只有社会主义能够救中国”这个主题。江泽民总书记的国庆讲话，从理论上阐明了“只有社会主义能够救中国”这个命题，“弹指”则通过荧屏，从实践上阐明了这个命题。

2，气势磅礴，细节动人

40条战线的成就，新旧对比鲜明，历史跨度较大，从电视屏幕中表现出来，给人以气势磅礴之感。但同时又较注意反映人，反映人的思想，在许多地方能触动同龄人的心扉。比如《一个功勋地质队》反映了一批充满奉献精神的人物，他们勘测到了金矿，又搬到新的荒野，开采黄金的人富起来了，他们却仍然过着清苦的生活，克服着沉重的困难。《祖国在我心中》是报道先进人物事迹为主的，这些报道时间不长，但生动感人。比如《山西煤炭工人的奉献》，写了老工人郝永德的手，六次受伤，三指折断，仍坚持在井下作业；老工人唐民，把五个儿子都送到井下，而且都当了模范，事迹平凡而感人。吉林台的《“抠”书记黄永州》，表现了一个基层干部廉洁奉公、勤俭持家、关心群众的优良品德，他不吃请，也不请吃，表现得很“抠”。但买国库券，帮助困难户却很大方，一点也不“抠”。这些人物都给人留下深刻印象。

3，发挥了声像优势，表现形式比较生动

“弹指”的成功，除了内容好以外，还有个重要原因，就是发挥了声音和形象的优势，形式比较活，提高了可视性和说服力。

①充分运用图像反映40年的变化。用形象来表现成就，以便区别于报纸和广播，这是编辑们的一个重要追求。有的编辑为了找到一个有典型性的历史镜头，花了十几天的时间，真有点“不到长城非好汉”的倔强劲儿。由于有了图像，使节目的可视性和说服力都加强了。比如《共和国的核工业》，第一个镜头是原子弹爆炸，沙漠上腾空而起的蘑菇云；第二个镜头是氢弹爆炸的图像；第三个图像是核潜艇下水的壮观景象，三个镜头的使用表明中国已建立了自己的核工业体系，成为核大国之一。

②运用声音反映不同的时代和人的精神面貌，给人们以较强的感染力。比如山西台的《昔日走西口，今日致富路》，开头用了当年走西口的一首民歌，凄凉动人。记者在沿途采访的几个人各有特点，特别是一位农民讲到，今天富起来的原因，一是政策好，二是要有志气。第二点尤其说到了关键之处。在我们960万平方公里的土地上，政策普天之下都一样，有的富得快，有的富得慢，原因当然很多，其中重要一条是看人有没有志气。浙江台的《秦山核电站工程进展顺利》，是一条搞得很成功的现场报道，开始记者叙述电站情况，然后采访电站负责人，谈工程情况，最后采访焊接方面的技术人员，介绍了他们克服困难，高质量地完成焊接任务的事迹，真实地反映了我国工人焊接技术之高，使人受到鼓舞，感到自豪。

③电视特技和字幕的使用，提高了节目的可视性。过去，特技制作在电视剧和专题节目中用得比较多，在新闻节目中用得少。这次许多台注意使用特技，使一些抽象的东西变得具体，变得一目了然。如中央台的《三北防护林区建设举世瞩目》，一开头出了地图，标明了三北防护林区的地理位置，观众一目了然。字幕更是大量使用，把一些重要的讲话内容，重要的数据，打出字幕，也起到了提高宣传效果的作用。

4，注意发掘有新闻价值的信息，给观众以新鲜的感觉

报道40年的成就，很容易使人感到旧，特别使用“40年来”等字样，不但枯燥，也容易产生逆反心理。这次成就宣传之所以反应较好，里面一个重要原因就是作者注意追求“新”，主要表现在以下几方面：

①以新闻报道方式开头，然后叙述40年成就。比如，中央台的《十一亿人口基本解决吃饭问题》，这是一个大题目，但报道说到今年10月1日，中国人口将达到1.0727亿人。并且指出中国以占世界7%的耕地，养活了占世界22%的人口，这是世界的奇迹。这两个数据使这个旧题目变得很有新意。可见许多作者在制作新闻时为提高新闻性下了功夫。

②共和国之最，既有新闻性，又有知识性，给这个栏目增色不少。

《弹指一挥间》受到欢迎，给了我们一个很重要的启示，就是经济报道只要认真抓，是可以搞好的。过去认为，经济报道不是新闻，成就报道枯燥，是不受欢迎的。这次实践表明：经济报道群众是欢迎的，只要精心制作也可以表现得不那么枯燥。所以，我们要在总结经验的基础上进一步把经济报道搞好。

《弹指一挥间》给我们的另一个重要启示是，必须坚持以正面报道为主的方针。有的同志认为，正面报道是没有生命力和感染力的，因而愿走揭露性报道的路子，搞反思节目，言必称党犯错误、中国落后，追求轰动效果。批评性报道并不是不能写，以后也还要有，但作为一种追求，一种倾向，过分集中地报道消极的东西，造成了舆论导向错误，弄得士气不高，信心不足，民怨沸腾，向往外国，使得有一部分人丧失了应有的民族气节和自尊心，教训是极其深刻的。《弹指一挥间》的实践表明，正面宣传不仅可以搞好，而且可以受到观众的欢迎。

《弹指一挥间》给我们的第三个启示是，应该搞一些有深度的报道，新闻要新，要尽可能扩大信息量都是对的。但对一些重要新闻事件或重大新闻主题，要尽可能搞一些深度报道。这几年，我们作了一些尝试，证明新闻系列报道观众是欢迎的。比如1987年搞的《改革在你身边》，1988年搞的《大家谈》，1989年的《弹指一挥间》。这三个系列新闻报道都引起了反响，其中影响最大的是“弹指”。这类报道的特点是：时间较长，一条8分钟左右；主题集中，一集就讲一个问题或报道一人一事，内容丰富，有新材料的叙述，也有历史背景的介绍，注意典型历史镜头的运用和新旧对比等表现手法。这种报道，一般都能给人留下较深印象。由此可见，新闻报道应坚持长中短相结合，以短为主的方针，使新闻节目既有一定的深度，又保持相当的信息量。

《弹指一挥间》总体上是成功的，但也还有许多不足。比如有的新闻不够精练，总的有偏长的倾向；有的题材太小，属一般选题；有些话说得过满，未留有余地等等，这些都是需要今后改进的。

（杨伟光）

湖南日报——“刘作发现象”系列报道激起强烈反响

1989年4月，湖南日报组织了“刘作发现象”系列报道。这一系列报道包括对救火勇士刘作发的遭遇的披露，对“刘作发现象”的讨论，对成立“湖南日报刘作发见义勇为奖励基金会”的报道以及关于社会各界捐款扶助见义勇为者的报道，历时3个多月，共发表多类稿件59篇。这一系列报道在广大读者中激起了强烈反响。省内省外，社会各界，先后有2100多位读者给湖南日报和刘作发本人写信谈看法、表慰问；有数以千计的干部群众和单位慷慨相助，到年底，已向刘作发和湖南日报见义勇为奖励基金会捐款73000多元。刘作发现象系列报道始于4月12日湖南日报头版头条新闻《救火勇士刘作发陷入困境》。新闻中披露了这样的事实：湖南国营常德七一机械厂普通工人刘作发，先后4次奋不顾身为乡亲们扑救火灾，救了两条人命和大批财物，其事迹人人皆夸；但第四次救火受了重伤之后，其遭遇却显得可怜巴巴：入医院时，由于医生不负责任和一时少了钱，被折腾了两个多小时才得到治疗；到4月初，已花费的7000多元医疗费，因地方推厂方，厂方也有难处，还不知能否报销、在哪报销；他那安在农村的家，因他负伤住院而债台高筑，生产、生活困难重重。面对这种境况，家里人怨他做了傻事，旁人也叹息做好人难。

消息见报后，引起了全省各级领导、各界人士和省内外广大读者的极大关注。省委书记熊清泉当天看了报道后，随即要求省民政厅长协同有关方面尽快帮助刘作发解决困难；第二天又约见记者发表谈话，指出“刘作发现象”发人深思，值得研究，要通过宣传和讨论，对广大干部群众进行一次思想道德教育，推动精神文明建设，促进社会风气好转。湖南日报于4月14日发表了熊清泉同志的谈话。4月16日在一版开辟了《“刘作发现象”大家谈》专栏。省人大常委会、省军区、省总工会、省公安厅、民政厅的负责同志，曲啸等全国、全省知名的专家、学者、作家，还有许多省人大代表、政协委员以及工人、农民、干部、战士、学生、教师、营业员、个体户，纷纷向本报投稿，各抒己见，展开热烈讨论。在讨论过程中，各地读者、刘作发所在单位及其家乡的党政领导和群众积极出力或捐款为刘作发排忧解难，使其较快地走出了困境。为了把报道引向深入，扩大社会效果，作为一种尝试，报社相机成立了“湖南日报刘作发见义勇为奖励基金会”，并于4月29日在本报一版发了基金会成立的消息，从而在鼓励见义勇为方面又迈出了扎实的一步。

在组织这一系列报道中，我们有三点体会：

一、敢于正视社会问题，不回避矛盾。3月份，我们收到通讯员寄来的一篇短稿，简要反映了救火勇士刘作发的一些情况，可以编成表扬稿，歌颂刘的英雄事迹；也可以补充材料，写成“问题新闻”，引人思考。我们认为写“问题新闻”价值更大，因为好人得不到好报，人们正气在胸而苦于无助，进而见义不愿勇为的现象是个带普遍性的社会问题，只有正视它，披露它，才有可能敦促人们去解决。于是，我们决定深入调查，把此事作为“问题新闻”来写。

二、善于从消极面提出问题，向积极方面引导。披露问题应该是为了解决问题，化消极因素为积极因素。我们披露刘作发的遭遇，从一开始就有着明确的指导思想：为消除好人得不到好报的不正常现象，创造“善有善报”的社会环境，鼓励见义勇为，促进社会风气好转而尽到责任。因此《困境》见报后，我们没有满足于一时的“轰动效应”，也没有停留在帮助刘作发一人走出困境，而是因势利导地组织读者由浅入深地讨论，剖析产生“刘作发现象”的社会原因，探讨解决问题的途径和措施。许多读者反映：经过这样的讨论，我们清醒地看到，“刘作发现象”是近几年淡化思想政治工作的产物，是教育失误、道德滑坡、人生价值观念扭曲的后果。要消除这种不正常的现象，弘扬“我为人人，人人为我”的社会风尚，就必须切实加强理想、道德教育，帮助人们树立正确的道德观和价值观，并建立健全保障见义勇为者利益的社会机制。

三、把社会舆论转化为扶持见义勇为者的实际行动。在《困境》拨动千千万万人的心弦、广大读者异口同声地发出扶持见义勇为者的呼声之后，我们不避麻烦，把资助见义勇为者作为自己的“份内事”，相机成立了湖南第一个面向社会的省级见义勇为奖励基金会，加强了报纸与人民群众的联系。当社会各界人士踊跃捐款时，我们又及时报道此类义举，中小学生捐了一元、几元，本报也刊登名字。我们认为，钱再少也凝聚着友爱精神，我们就是要不惜版面加以倡导，使广大读者更积极地以实际行动扶持见义勇为者。干部群众对本报这种化社会舆论为实际行动的做法评价甚高，认为这是“把好事做到了底”。长沙、岳阳、娄底等地、市还仿效这一做法，也相继成立了这类基金组织。另一些地方则在本报影响下，认真调查了解当地的“刘作发现象”，帮助见义勇为者解决了不少实际困难。

从披露问题、讨论问题，到设法解决问题，终使消极因素变为了积极因素。一位读者在来信中说：“刘作发现象”系列报道，“使广大干部群众看到了我们党和政府、社会各界对端正社会风气十分重视，创造好的社会环境大有希望；更使许多有正义感的人深受鼓舞，增强了见义勇为的自觉性。”刘作发所在的单位，事后就接连出现了舍己救人助人的典型事例。全省各地勇斗歹徒、奋起救灾、舍己为人的好人好事，愈益增多，层出不穷。

“刘作发现象”系列报道受到广大读者的一致好评。在报道过程中及报道结束后，先后有600多位读者来信给予赞赏。一位读者评价说：“湖南日报从报道刘作发的遭遇，到组织‘刘作发现象’大家谈，成立‘刘作发见义勇为奖励基金会’，演奏了一台环环紧扣、富有时代气息的三部曲。”

这一系列报道也引起了中央新闻单位和兄弟报刊的关注。《人民日报》、中央人民广播电台、《新闻出版报》、《特区文摘》等，都陆续作了转载、推荐或报道。

“刘作发现象”系列报道也有令人遗憾之处。正如一位读者在来信中所说：“如果当时不发生动乱，能把《‘刘作发现象’大家谈》进一步引向深入，并由党和政府就加强精神文明建设作出一些切实的、具体的规定，也许效果会更好些。”

（湖南日报政治生活部）

中央人民广播电台——采制系列报道取得可喜的成功

1989年按照广播传播媒介的特点，围绕一个重要的主题采制系列报道，获得了成功，其社会效果比预想的好。

在这一年中，中央人民广播电台共组织了两次这样大型的系列报道。

一次是农业系列报道《深情的黄土地》。

这组报道共八集，题目分别是：《开篇·不解之缘》《举世瞩目的改革十年》《科技兴农》《粮食奏鸣曲》《土地的呼唤》《异军突起的乡镇企业》《同心协力支援农业》《希望的田野》。系列报道从1989年10月3日至10

日连续8天在《午间半小时》节目和《全国各地人民广播电台联播》节目中播出。

播出后的效果是很好的。正如听众来信说："这是新形势下如何办好广播，怎样让广播深入人心的有益尝试，这种尝试已经被听众认可了。"

制作这组系列报道所取得的经验是多方面的，除了政治方向正确、发挥了广播优势和中央台特有的作用外，从具体的采制特点上看至少有以下几点：

第一，内容真实，扎实。我们讲农业、农村、农民，内容是很实的，比如土地问题、粮食问题、科技问题、乡镇企业问题、支援农业问题等等，不少又是政策性很强的。我们强调，一定要言之有据，资料要确凿，重要说法有出处，不能随意发挥，不能放言高论，要经得住检验。除了内容问题，还严重污染了文风。其中一种表现是，很多文章，包括新闻报道，好用人们不懂的话讲人们都知道的道理，装腔作势，借以吓人。我们的农业系列报道不搞那一套，而是明明白白地摆事实，明明白白地讲道理，尽可能开门见山，直截了当，让人一听就懂。

第二，播音亲切、自然。播音，包括人物讲话录音，我们也要求改一改新闻性报道的"播"，尽量变成"一对一"的"说"，用语上、感情上、语调上，都注意多同听众呼应，要"低姿态"。实践中，播音员尽了很大努力，原来有一个担心，就是这个系列报道中领导同志讲话多，虽然提了"尽可能自然、亲切"的要求，还是担心搞成录音报告，结果是让人感到意料之外的欣喜，江泽民总书记的录音就很自然、亲切，其他几位领导同志也都认真地注意了这一点。

第三，所配音乐也要通俗、朴实，有乡土气。

另一系列报道就是《重唱创业歌》。

《重唱创业歌》这个十集录音报道作为中央台领导抓的1989年国庆40周年重点节目的播出，已经成为历史。然而作为国情教育和艰苦奋斗教育的教材，它的录音带至今仍在一些学校、工厂、部队播放。从社会效果看，作为广播中深度报道的一次多方位尝试，它应该说是成功的。而这成功首先是台领导从年初就确立的"要弘扬民族正气，振奋民族精神，要有黄土高原上的奇峰式的节目"的业务思想的成功，同时也是参与此项工作的十几位同志集体智慧和劳动的成功。

从《重唱创业歌》的工作全过程和它播出后引起的社会反响，我们可以得到几点启示：

第一、广播应该有自己的连续性、系列性的有关重大主题的报道。这样大规模的报道，如果做不到月月有，起码要做到年年有。这样的报道引人关注，影响深广，社会效果强烈。

第二、广播可以搞深度报道，而且会有好的效果。关于深度报道，许多同志下了定义。简单地说，深度报道就是抓住全社会关注的重大题目，有材料，有背景，有观点，有分析的一种内蕴深沉并富于哲理的报道。以前，一些同志认为广播不适合搞这种报道，因为它的篇幅较长，人家不愿听。这次《重唱创业歌》和《深情的黄土地》的播出效果已经从事实上反驳了这种观点。事实证明，只要我们用心血、花力气，努力去发挥我们广播这个工具的优势，在形式上多想想办法，即使篇幅长一点，听众也是乐意听的。

第三、积累音响应成为广播新闻工作者的业务习惯。新闻工作者都需要积累资料，资料是记者、编辑的宝贵财富。"板凳不坐十年冷，文章不写半句空"——不积累各种资料怎么成呢？然而我们广播新闻工作者积累资料就不能光是文字资料，还要积累音响资料。音响资料是我们体现报道主题的独特而有效的手段。这次《重唱创业歌》的第一集、第二集都运用了珍贵的历史音响。这些历史音响不仅为报道增了色，更主要的是，它起到了任何别的材料所起不到的作用。今天的现实音响就是明天的历史音响，让我们每一个人都留心此事，把反映我们国家、民族前进脚步的那些重大事物的音响随时录制下来并长期保存，格外重要的还应送台的及国家的音响档案部门保存，以便让它们在未来发挥特殊作用。

第四、广播报道的样式需要不断发展更新。目前，广播报道的样式基本还是人民广播诞生之初创立的那些，半个世纪以来，变化不大，新样式很少出现。如今90年代，随着人类社会的千变万化，现实生活的更加丰富多彩，以及科学技术的日益发展，广播设备的更加先进，原有的广播报道样式不能完全满足需要了，改进旧的样式，创造新的样式也更有条件了。比如广播的一大特长是声音，如何围绕声音这个优势，改进和创造我们广播报道的样式，是我们远远没有做好的一件事。《重唱创业歌》作了初步尝试，并得到听众的认可。

（王燕春、曹仁义）

人民日报——国庆征文力求篇篇有特色

10月31日，本报一版登出了最后一篇征文《情深最是祖国恋》，历时两个月的《共和国与我——国庆抒怀》征文活动到此结束。

评奖时，评委们说：这次征文，不能说篇篇都是精品，但每一篇都有特色，都有自己的个性；文章质量相当高。

听了这些评语，编辑心头一宽：总算功没白费！

这次征文，共评出一等奖2篇，二等奖4篇，三等奖10篇，鼓励奖5篇。

一等奖《此心永在老界岭》的作者黄自立，是河南伏牛山顶一位老养路工，在渺无人烟的伏牛山主峰老界岭一干就是27年。他一锹一铲，把差等的沙土路养护成了百分之百的优等路。40周年大庆前夕，他被评为全国劳动模范。平凡的小事，在一个淳朴的老工人口中娓娓道来，爱国之情跃然纸上，打动人心。

另一位一等奖的获得者，是北京广播学院的教授齐越。他是中国共产党的第一位男播音员。他的经历本身就是一部历史。征文的字里行间，深深地流露着这位老播音员对祖国、对人民、对播音事业的挚爱。

安徽埠蚌电台的一位播音员在来信中说，他读了齐越《献给祖国的声音》后非常感动，他原来打算改行，齐越的文章鼓舞了他，他决心继续当一个"没有丰股的著作，没有人们熟悉的形象"的播音员。

这次征文活动先后共收到来稿5000多件。8月23日登出《征文启事》，一个星期后，应征稿便陆续寄到了编辑部。

读者应征热情高，一部分原因可能要归于征文启事写得让人动情。你看：一提起"共和国与我"，生活在今天这个时代的中国公民，一定会想起许多亲历的故事，一定会有许多话涌上心头……你看：亲爱的读者，请你拿起笔，写这40年不平常的道路，写共和国的巨大变化，也写自己的成长，写自己身边发生的变化，一抒赤诚爱国之情怀。

一位读者说：偶然地从报上发现了《共和国与我——国庆抒怀》征文启事，一颗赤子之心久久不能平静，于是，我提起了笨拙的笔，写了这篇文章。

湖南黔阳县第一中学的语文教师发动全校1500多名学生参加征文活动，最后从中选出优秀的5篇寄到编辑部。

一段时间内，总编室办公室的桌子上沙发上到处都堆放着一札札的征文稿。

应征的作者来自各行种业，各个年龄层次，这些人往往都有动人的经历，动人的感情，遗憾的是，他们大多没有受到良好的写作训练，稿件中处处透着一股有话说不出说不清的憋闷劲儿、罗嗦劲儿，可以展开的地方一笔略过了，却用大量的篇幅来抒"共和国我对您说"、"新中国啊新中国"之类的情怀。

虽然来稿大多数字迹潦草，有的仿如天书，但编辑们看稿，是相当仔细认真的，有一点可取之处，都挑出来。《老政工的爱与乐》，动人之处或是有意思之处，也就二三百字，夹在洋洋洒洒几千字的空话套话中间，稍不留心，就溜过去了，但编辑把它挑出来了，经过删改之后，突出了重点，看起来也还像样。

白班编辑们每天从大量来稿中精选出3篇左右，但最后命运往往不佳，只好请各专业部帮助约稿。

为了质量，毙稿率始终是空前的。约来的稿件和选出的稿件一样，被枪毙的占到70%左右。一连串的劳而无功，几位编辑感叹：到人民日报这么些年，这么干可是头一回！有些着了急，便瞪眼叫板：总要从实际情况出发吧，标准也不能拎起来挂着看呀！

牢骚发到值班副总编处，副总编微笑倾听。牢骚可以发，标准不能降低。听你发完了，他就鼓励说：别泄气，加把劲！

加把劲吧！白班编辑发完牢骚继续回去干活。缺材料缺事实，作者又远在千里之外，编辑就在电话前一守几个小时，电话打不通，拍电报！《情深最是祖国恋》就是这样编出来的。

几乎每篇稿子都经过了精心的编辑和加工。如：《我们是国家主人》一文是4位农民写的，情真意切，经历动人。但充满了六七十年代流行的词汇，而且前后逻辑混乱。编辑给动了大手术。

编征文，难就难在它是真人真事，不能臆想，不能生造，编后的稿子，要能够更充分地表达作者的原意才行，否则，是不合格的。

为了编好《我心中的伊甸园》，白班编辑星期天骑车跑到作者家里，又找来整理者，一起补充采访，对原稿作了大量修改。承上启下，衔接过渡，提炼主题，最后上版。

稿子凝聚了白班和夜班编辑的共同劳动，但夜班编辑是更为辛苦的。

《献给祖国的声音》最后一段抒情，就是夜班编辑伴着晨曦修改出来的。闭门造车有没有强加给作者呢？拨通齐越家里的电话，把文稿念给他听。念完之后，齐越连声说："完全表达了我的心里话。"理解了作者的经历，便能产生感情上的共鸣；修改也能画龙点睛。编辑的确是下了功夫花了力气的。

（人民日报总编室）

陕西农民报——组织记者到容易遗忘的角落去采访

为迎接和庆祝建国40周年，陕西农民报于1989年夏秋季节，组织了一次"省界纪行"的采访活动。从7月初第一批记者出发去陕南，以后陆续分期分批下乡，直到12月中旬基本结束，把全省46个与邻省接壤的县整整跑了一遍，先后共出动24人次（占编辑部的绝大多数），发"纪行"稿46篇，基本上是每县一"纪"（有的县还发了"要情反映"）。参加这次采访的主要是中青年记者，也有4名年过半百的老同志（包括主编）。无论新老，大家都感到收获很大。读者反映也不错，认为这样的报道新鲜，有意义。麟游县广播站一位编辑说，他每稿必读，并且剪贴下来，作为珍贵的历史资料保存。

我们组织这一次采访，首先是从配合建国40周年的宣传考虑的。不是有人要否定40年来的建设成就，给共和国抹黑么？我们要去的省界县份，基本上都是条件很差的"老、少、边、穷"地区。我们想，去这些地方调查调查，看看有没有变化，既对我们自己有教育，也对读者有启示，也是对否定成绩的人一个有力的回答。其次，我们也考虑到了自身思想作风建设的需要。1988年我们曾组织中青年记者作过一次"秦川八百里"自行车采访，采访、作风双丰收，效果不错。但那是条件较好的关中地区，陕南、陕北怎么样？以往我们去得少，那里的群众也有批评。特别是省界地区有些什么特殊情况和要求，我们很想去了解一番，借以进一步改进采访作风。

这次省界采访是首次，回顾起来，大家觉得至少有这样几个收获：

一是热情宣传了边远地区改革以来的可喜变化，讴歌了党的"富民政策"。我省的边界地区，除渭南地区外，其余全是自然条件很差的高山峻岭和荒漠沙丘。其中陕北、陕南的不少县，原本就是曾对全国作出过很大贡献的革命老根据地。我们感到欣慰的是，这些历史上有名的穷地方，如今尽管横比同关中还有很大差距，但纵向同过去比，都有程度不同的变化。就连以往“糠菜半年粮”的村子，如今也不光吃上了白米细面，而且还住上窗明几净的新瓦房或新砖窑洞，真真正正解决了温饱问题。还有不少村，或“月儿潭龙洞探宝”，或“边关铁矿闹世事”，或“渭河滩上开财源”（以上系“纪行”的标题），因地制宜地跨入富路，连过去想也不敢想的电视机、摩托车等现代化消费品，也进入了普通山民之家。通过采访报道，不光我们自己，也使读者具体地感受到党的农村一系列富民政策的正确性。

*二是对边远山区存在的问题和特殊矛盾，有了切身的感受。*比如我们以往编稿也常涉及到农村“买难卖难”的问题，但理解总比较抽象。这次深入到边远山区，对这个问题的了解就具体深刻得多。我们下去时正当夏秋果熟季节，无论陕南陕北，到处是李子、苹果、红枣等山果。这些让城里人垂涎的硕大鲜果，在深山区却是卖家多，买家少，价钱往往连城里的三分之一还不到。一了解，固然也有流通渠道方面的问题，但主要还是个交通不便问题。加上当地缺乏加工能力，卖不掉只好喂猪或看着烂掉。吴旗县紧挨甘肃华池的一带山区，是几十里山杏林带。但本县缺少加工厂，主要销往华池等地加工。去年人家不好好收购，当地农民就吃了大亏，于是也张罗着要办自己的加工厂了。这些情况，使我们对山区“要想富，先修路”，以及根据当地资源办企业等等，就有了切肤之感。再比如，我们以往只知道边远县订报少，但弄不清真正的原因。这次下去一看，定边县大多看宁夏的报，吴堡、佳县不少人看山西的报。因为那里离邻省省会近，人家的报比本省报纸早到得多。据说广播、电视也有类似情况。当地的干部、群众提意见说：省上对我们这些“神经末梢”地区的特殊问题，是应该研究研究的了。的确，边远地区的这些特殊情况，不去是无法了解到的。

*三是感受了革命老区人民艰苦奋斗的精神，促进了自身思想建设。*陕北是“延安精神”的发祥地，陕南许多边界县也是两次国内革命战争的根据地。这次我们到那去，处处能感受到老区人民那种纯朴、坚定、奋斗的精神犹存。我们到达紧挨内蒙的横山县雷龙湾乡采访时，看到40多名男女村民正在无定河岸的沙丘上挥汗修渠。向下游看，一条几千米长的大堤把河水逼向它该去的地方。而大堤里边，则是将要成熟的水稻的海洋。据介绍，这项“定住无定河”的工程已进行了近两年，而雷龙湾人的收获是人均新增水地半亩，增产白米300斤。此情此景，使我们想到了当年“学大寨”场面。但乡上同志说，和那时有很大不同。那时大呼隆、大锅饭，现在有精密的劳动组织，坚决贯彻按劳分地。就是说，既有冲天干劲，又有科学态度，延安精神有了新的升华。这样的教育，在办公室是受不到的。过去我们少到艰苦地区去，想象山里总是苦的，山里的群众大概总是愁眉苦脸。可情况并非这样。在吴堡、佳县一带的黄河边上，我们亲眼看到群众挑黄河的水浇地，河水距地200多米，小伙子每天挑百担水，老人也挑七八十担。他们劲头十足，都是乐哈哈的。联想我们自己有时患得患失，遇到些困难就噘嘴脸吊，感到跟他们是矮了一截子。不少同志回来说，看看山区群众的艰苦奋斗情况，我们自己还有什么私利不能放弃，还有啥困难不能克服。

（冶铁）

羊城晚报——采写民工问题连续报道的体会

1989年春发生的全国若干地区的民工问题，曾经引起社会各方面的广泛关注，成为当时的重大社会新闻。

我们是在2月中旬开始对民工问题的采访的。除了作若干动态报道外，以相当的精力，采写民工问题思考之一、之二、之三，即《盲目的洪流》《失控的用工》《众多的难题》三篇连续报道。广东省省长叶选平在全国人大七届二次会议期间接受首都新闻界采访时说：“外来人员的涌进问题也是一样，新闻界对此帮了大忙，及时报道了外来人员在广东剧增的现象，揭示了大量人口涌来的原因、背景，并介绍了广东的就业机会也在减少的实际情况，有效地支持了疏导人流的工作。”这是对我们这组报道的直接评价。

采写这组稿件，我们最深刻的体会是记者要有高度的社会责任感。当时，广东的民工问题是相当严峻的。京广线的南下列车，每天载着数以万计的外省民工驶入广州站。仅几天时间，火车站广场及其周围马路上，人头涌涌，水泄不通。交通、卫生、饮食、治安秩序都成了问题。珠江三角洲各市、县也出现类似情况。广东省、广州市的负责人当时十分焦急。他们的最大忧虑是：外省民工以每天几万人的速度继续流入广东，将会带来一系列严重的问题。我们据此感到，作为新闻工作者，有责任帮助政府解决问题，有责任将情况告诉读者。

采访以后，我们考虑用什么形式来写这组稿。我们的考虑是：民工问题，是重大的、罕见的社会新闻。它的出现，有复杂的社会背景。几十万甚至上百万人员在广东无计划地大流动，牵动几个省、区的无数个家庭，牵动着领导的精力，造成大量的社会问题。而这个问题，又是在改革开放中产生的，涉及一系列政策和管理工作。它的出现，与改革开放有何关系？是暂时的还是长期的现象？对盲流的民工是责备还是疏导？对此，我们经分析认为，不能简单地否定或肯定，必须从实际出发，作具体的分析。因此，我们采用述评性通讯这一形式来写这组稿。同时，标明是“民工问题的思考”。思考什么？思考这种社会现象产生的原因、背景，思考这一事物的过去、未来，思考解决这一问题的方法、措施。在具体写作时，我们采取有述有评，以述为主的表达方法。既是报道，就以叙述事实为主。但只有叙述，没有评论，就不能表达自己的意见，就缺乏分析，就不能帮助读者理解问题。在述和评的过程中，我们还力争做到这两者互相结合。或先述后评，或先评后述，或述中有评，尽量使其揉合在一起，起互为依靠、互作说明、互为补充的作用。

（吴活枚）

陕西日报
等七单位——
举办《艰巨历程》
摄影展览效果好

由陕西日报、中央电视台、工人日报、中国青年报、军工报和中国记者、中国摄影杂志等7家新闻单位联合主办的《艰巨历程》摄影展三喜临门。一是继1988年北京展出后,1989年5月应日本共同通讯社邀请,在日本东京展出,受到日本朋友的欢迎;二是在摄影展基础上由陕西人民美术出版社出版的大型画册《中国摄影四十年》在第三届全国图书评选会上荣获金钥匙奖;三是中国摄影家协会和中国摄影学会的机关报将这次摄影展活动评为1989年中国摄影界十大事件之一。

《艰苦历程》摄影展及其画册的出版,自始至终贯彻了"尊重历史、发扬民主、鼓励创新、张扬个性"的宗旨。它是在全国范围内征集的3万多幅建国以来的优秀照片中,经过专家认真评审入选的200多幅作品组成,概括而集中地反映了祖国40年走过的艰巨历程,也表现出我国新闻摄影界艰苦地努力和自觉地提高。

作为一种文化现象,《艰巨历程》最显著特色是务真求是。在探求人民共和国40年历程时,既注重它的豪迈与伟大,又不忽视它的曲折和坎坷;在展示民族精神解放嬗变与飞跃的历程时,既正视民族自信心、自豪感和纯朴的英雄主义,又不忽视由于左倾错误影响而滋生的空泛、浮夸,在表现中国摄影的发展历程时,既展现本体思想的确立、主体意识的萌发,又不忽视"工具论"的泛滥,图解模式的危害和摄影者的扭曲。

正因为我们选择这样一个崭新的角度,来审视共和国40年的艰巨历程,因此招徕许多"从不看中国摄影展"的外国记者。当日本共同社决定邀请陕西日报社在东京联合举办展览时,我们虽然根据新的情况,对作品进行了适当调整,但保持了原摄影展的基本风貌——务真求是。我们认为,只有尊重和保持真实性才能取得展出的成功,才能达到文化交流、增进了解和友谊的预期目的。展出的结果也证明了这一点。当然,我们希望有更多的观众通过摄影这种文化现象的切入,经过对往昔的追抚、升华为对历史的深层反思,从而获得对现实的省悟与对未来的瞻望。

(胡武功)

宁夏
人民广播电台——
举办征文倾吐
爱党爱国情怀

为庆祝中华人民共和国成立40周年,宁夏人民广播电台举办的《我心中的祖国》征文活动,为期两个月,到10月15日结束。

在整个《征文》活动中,一共收到250多篇稿件,择优播出41篇。写稿的同志拿起笔杆,蘸满感情的墨水,写这40年共和国盘旋上升不平常的道路,写共和国的翻天覆地变化,写自己在共和国怀抱里的成长和亲身经历,满腔热情地讴歌我们的祖国,讴歌党,讴歌社会主义各条战线蓬勃向上的兴旺景象,讴歌新人、新事、新思想、新风貌,表露出共和国公民对传大祖国的无限爱戴和深厚感情。

这次《征文》是成功的,受到了广大听众的热烈欢迎,一些听众在来信中畅谈了收听的感想,希望电台多办这样有意义的《征文》活动。银川郊区芦花乡、回国观光台胞徐振荣先生,离别家乡41年,无时无刻不在想念亲人,想念祖国。他这次回大陆探亲,也参加了《征文》活动。徐老先生在给本台的来稿中说,"我心中的祖国"征文好。风筝飞得再高,它的线头永远留在起飞的地方;孩子走得再远,他的心永远留在母亲身边、

这次《征文》活动,是一种创新,也是对电台新闻改革的一次探索。长期以来,我们习惯运用消息、通讯、来信、言论等比较常见的体裁。这次《征文》采用第一人称形式,自己有话自己说,自己的事自己说,叙述自如,贴近生活,接近群众,容易被听众接受。这次《征文》活动,开阔了报道视野,丰富了电台节目内容,为办好以后的大型专题报道和战役性报道提供了经验。

(宁夏人民广播电台)

·自身建设与经营管理的经验·

安徽日报——
组织大学毕业生到
夜班编辑室和
记者站锻炼

随着新闻事业的迅速发展和改革开放的需要,安徽日报社急需一批新闻专业技术人才。自1982年以来,我们通过国家计划分配和"双向选择"先后从各大专院校吸收74名大学生,为报社增添了新鲜血液。这些大学生毕业后尽管在年龄、文化和专业知识上占有一定的优势,但是,他们中大多数没有经历过实际工作锻炼,尤其是学新闻专业的更少,仅占国家计划分配和"双向选择"到报社大学毕业生的12%。这些新同志初到工作岗位,对工厂、农村缺乏了解,不熟悉工人和农民,亦不了解新闻工作的规律,缺乏独立工作的能力。存在着较明显的"先天不足",不利于他们尽快成长。针对这一情况,报社党组织进行认真分析后,决定凡是国家计划分配和"双向选择"的大学毕业

生都要在报社夜班编辑室和记者站经受锻炼。如何使他们在走出大学校门和踏上工作岗位之际来弥补这个“先天不足”呢?这是摆在我们面前的一个重要课题。我们认为:首先是进行岗前培训,其次是组织好大学毕业生到夜编室和记者站见习锻炼,这样做既改变了他们走出校门直接到办公室和编辑部的做法,又让他们更多的按照社会、按照实际,这是培养德才兼备的新闻专业人才的必不可少的一步。

具体做法是:

上下结合。我们报社人事处、夜编室、记者部共同配合制订岗前培训和见习期的计划目标,根据每个毕业生的特点和具体情况提出要求,落实到组(站),并请老编辑、老记者专人负责带教。

理论与实际结合。针对绝大多数大学毕业生所学的不是新闻专业这一缺陷,在拟定的工作岗位时,有的放矢组织他们学习理论,请一些老新闻工作者分专题讲解:①新闻界概况及新闻基础理论;②新闻编辑的特点及基本要求;③新闻工作的职业道德;④新闻通讯;⑤记者工作;⑥记者采写体会;⑦记者和编辑工作须知;⑧经济体制改革及其宣传报道;⑨组版与编辑;⑩新闻摄影特征等10课。并由社领导全面介绍报社发展的历史概况,发展蓝图、主要党组织机构、采编出版行政、经营管理部门中概况,使他们了解了报社基本情况,了解了新闻工作的基本规律、基础理论及业务知识;懂得了新闻工作者职业道德规范;明确新时期的宣传报道的重点;熟悉夜编室和记者站的具体工作。从而使新同志由感性知识上升到理性知识,收到较明显的效果。

为了使他们在采编第一线——记者站、夜编室和课堂上学到的知识系统化、专门化,我们又组织大学毕业生实地采访。有的同志谈到:下记者站和夜编室见习看到了报纸的出版主要程序,课堂上又听了老新闻工作者对报纸组版程序的讲解,现在又参加实地采访,使我们的认识经历了“感性认识——理性认识——感性认识”的阶段,这样的安排比较科学。

自我小结与组织鉴定结合。大学毕业生在见习期锻炼以后,我们都召开小结会,让他们从思想和业务等方面进行汇报,请记者站、夜编室部门的领导、带教的老师参加进行评议,并填写鉴定表。

大学毕业生见习结束后,我们及时召开了小结会,社分管领导和有关部门的同志参加了会议,他们对见习所取得的成绩给予充分的肯定,其表现好的按期转正定级,并指出了努力的方向。

实践证明这样做好处很多,主要有:

熟悉了工人、农民,磨练了意志。到记者站、夜编室的锻炼使大学毕业生有较多的时间接触工人、农民,从他们身上看到许多闪光点:工人、农民爱党、爱社会主义、大公无私的高尚品质,纯朴挚情、勤恳工作、助人为乐的精神感染着大学毕业生,他们认识到:决不能以为有了点知识就沾沾自喜,还必须做到又红又专,学习工人、农民的优秀品质,真正成为党和政府及人民所欢迎的新闻工作者。

培养了吃苦耐劳的精神,使他们的意志和毅力得到了锻炼。在蚌埠记者站见习的同志谈到:“每天清晨睁眼朦胧出门,回站已是华灯初上,真是起早摸黑。”有的大学毕业生不能适应,体质跟不上,但是他们看到工人、农民常年累月都坚持下来,心里十分钦佩。尽管有些同志采访路远、体力不支,还是坚持和工人师傅同上班同下班,以自己的行动缩短和工人、农民思想上的差距。

熟悉了工厂、农村,拓宽了知识面。下记者站见习使大学毕业生熟悉了工厂、农村,拓宽了知识面。根据报社新闻工作的需要,我们除了吸收一些中文、新闻专业的学生外,还吸收了经营管理等专业个别的学生,他们对于新闻规律和新闻业务还是比较陌生的,通过下记者站和夜编室见习学到了课堂上所未学到的知识,对办报的整套程序有了初步了解,并在工厂、农村看到了许多新人新事,扩大了视野。 (程世来)

衢州报——
重视提高编采人员的政治素质

衢州报,1986年元旦复刊以来,陆陆续续进来三十多名青年记者(编辑),占整个采编人员的百分之八十多。如何提高这支队伍的政治素质,我们在办报实践中围绕三个问题,引导大家加强政治修养,把握好政治方向。

第一,坚持宣传党的路线方针政策,与党同心唱好一个调。这个问题,报纸一复刊就碰上了。有的认为地方报纸应该办得象晚报一样,要多种声音,多种格调。有的提出报纸要改变“老面孔”,“大路货”少登一点,指导性少讲点,报纸好不好以读者爱看不爱看为标准。围绕党报要不要与党的路线方针政策同心唱好一个调,我们编委进行了多次讨论,感到大批青年记者涌进报社,他们对党报的性质不甚了解,容易走调,必须进行新闻工作者政治修养的训练。我们专门办了一个短训班,也叫岗前培训,集中七天时间,系统进行党的性质、党报的党性原则、新闻的指导性、写好新闻的基本功等无产阶级新闻学基本知识教育。在此同时,编辑部制订出《十条记者守则》,强调党的新闻工作者要与党中央政治上保持一致,积极宣传党的路线、方针、政策,坚持党性原则,不得标新立异。在1989年的学潮、动乱、暴乱中,我们衢州地区大专院校学生也有两次上街声援活动,有的学生公开指责衢州报为什么对北京学潮不报道,说我们是全国新闻界的“落后地区”;社会上也有的人向我们公开提出,你们再不刊登声援学生的报道,明年没人订你们衢州报了;报社内部有的青年记者也认为我们把关的太保守了,思想不够解放。面对这些压力,按照党性原则该怎么看这些问题,按照市委当时提出的“两个保持”的方针(保持与党中央一致,保持衢州的稳定)相对照,多次召开全体编辑部人员会议,反复强调我们党报要以党的利益为重,要听从市委的指挥,不得用感情代替党的原则,并宣布作为一名党的新闻工作者不能参与学潮的任何活动,也不得写与党的口径唱反调的报道。我们请示市委,市委领导同意我们的意见,并再三强调舆论导向要有利于稳定大局和衢州局势,若不利于稳定的,可以不转载不登报。实践证明,由于我们平时加强记者的思想政治教育,即使全国舆论导向陷入错误的时候，仍经得住风浪的考验，坚定了正确的政治方向。

第二，坚持以宣传党的中心工作为中心。作为一张地方党报，要不要把宣传党的中心工作放在首位，这是新闻改革以来争论的一个焦点，我们衢州报也同样有争论。有人认为强调宣传中心工作，就是把指导性放第一位，指导性的新闻多，报纸就没人看。有的主张指导性、知识性、趣味性要三者并重，以至提出少点指导性，多点趣味性，说什么报纸是办给读者看的，读者爱看才有指导性，要在“爱看”两字上做文章。有的记者提出，一版要以社会新闻为主，以“新、奇、特”吸引读者。围绕这个问题，我们曾多次组织记者编辑进行讨论，搞清楚党报的指导性不是抽象的，它必须贯穿在每期报纸上；搞清楚党报必须为党的中心服务，党委抓什么，我们报道什么，不能自作主张，搞清楚党的中心关系全市人民利益，为全市人民所关心，这种指导性的报道读者是欢迎的。1989年春节过后，我们作了一次读者意向问卷调查，以宣传中心为主要内容的要闻版一版，得票205票，占收回问卷的53.2%，一向被人们认为读者最多的《读者来信》版、文艺副刊版也居要闻版之后。这充分说明，地区的中心工作深受地方读者所关心，指导性强的新闻报道读者照样欢迎。许多读者来信反映，要闻版《衢江论坛》，众人事众人议，期期有，读不厌，要闻版登地方大事，写地方人物，可亲可信，有看头；要闻版抓典型，抓问题，抓热点，言群众所言，抒群众之情，我们从心底里喜爱。实践增强了记者编辑对办好党报必须抓好中心报道的意识，同样也从中加深了对坚定党报政治方向的理解。

第三，党报工作人员须接受再教育。这几年，一批又一批的青年人走进新闻岗位，尤其一些从家门到校门，从校门进报社门的青年学生，他们大都有一股优越感，对过去办报的老传统不屑一顾，总认为自己是八十年代的新型知识分子，办报最符合新潮流。这些青年记者普遍存在思想上、作风上怕艰苦。他们不那么了解社会，又不愿深入到社会生活中去调查；他们爱对社会评头品足，又不愿深入到民间去听听来自群众的意见；他们对国情民情知识缺乏，又常常自以为是，目空一切。尤其当商品交换的原则渗透到我们新闻领域的时候，记者在社会上越吃香，有的记者越忘乎所以，以至人情稿、关系稿、含金稿也时有出现，有的往往以吃得多、拿得多而沾沾自喜。面对这样的一个现实，作为一张党报，能不能引导青年走上正道，做一个合格的党的新闻作者，也同样是办报的政治方向问题。解决这个问题的出路，就是要让青年人到社会大学校里去经受锻炼，去接受社会实践和工农兵的再教育。只有他们了解了社会，了解了人民，了解了实际，了解了基层，才能真正理解党的领导，了解党的路线，了解真正的民情，了解新闻的来源。

有计划地组织青年记者到第一线去采访，这个第一线是指到乡村、到工厂、到寻常百姓家，克服记者整天绕着机关跑、围着干部转的状况。

有意识地让青年记者到基层去锻炼。我们衢州报每年有意识地组织一些青年记者到基层去蹲点，让他们有时间扎下去进行一些调查研究，经受锻炼，提高自己。

有目标的引导记者加强职业道德的修养。近几年，新闻界在资产阶级自由化的影响下，一些记者组织纪律松懈，追求金钱享受，往往凭感情、凭关系、凭实惠来发稿件发议论，影响了新闻记者在群众中的声誉。我们除正面进行职业道德教育，制订记者守则和廉政办报六条外，着重采取树立典型，表扬先进的办法，使先进青年加强自身的职业道德修养，弘扬正气，抵制邪气。复刊四年来，我们先后评选了先进工作者19人次，评上市一级的先进工作者、优秀党员5人次。象青年记者严红枫，几年来坚守党的新闻纪律，发扬艰苦奋斗的作风，深入采访了揭露不正之风的几篇有份量的稿件，在全市全省乃至全国引起了强烈反响。（人民日报刊登的《郑重声明的背后》《两位年轻大学生承包为什么失败？》中国青年报刊登的《黄灯效应》《花开花落却因何》等）他在采写这些稿件中，经受种种压力，不吃人家，不受礼品，不搞歪门邪道，受到市县新闻界的好评，1989年市委市政府授予他衢州市劳动模范的称号。正因为编辑部有一种积极向上的风气，我们的记者和编辑都能较自觉地遵守新闻纪律，抵制社会上的不正之风。

（衢州报编辑部）

健康报——坚持“以报为主，多种经营”的经营管理方针

健康报创刊于1931年，至今已有58个春秋。“文革”前，健康报发展到周二刊，发行量约20万份，报社职工110人。十年动乱，报纸被迫停刊13年之久，报社人员、财产全部调走和移交。粉碎“四人帮”之后，在党的十一届三中全会路线的指引下，报纸从1979年7月1日起，再次复刊。

随着卫生事业的发展，报社事业亦不断前进。目前，职工已达310多人，比“文革”前增加了近两倍。报纸由周二刊发展为周四刊，发行量由20万，增加到60万份，使健康报成为深受广大读者欢迎的一张全国性卫生专业报。同时，围绕办报这个中心，开发了一些事业。复刊初期，即恢复了电影录像机构，几年来，拍成电影录像卫生宣传科教片几十部，扩大了社会影响。1984年秋，报社举办了振兴中医刊授学院，从1985年初到1987年底平均每年招生5.9万人，不用国家投资为培养中医人才出了力。1985年7月起，报社创办了《大众健康》杂志，发行量由当年的2.6万份，增加到现在的近20万份，受到广大读者好评。

报纸复刊以来，在经营管理上面临许多困难，全体职工在党的领导下，迎着困难上，取得了较好的成绩。

一、发扬了艰苦创业的光荣传统。复刊初期，在时间短、任务紧、人员少、资金设备不足以及没有固定社址的情况下，为了保证按时出报，在卫生部机关后院搭起了临时木板房作办公场所，冬天冷、夏天热，就这样度过了近3个年头。人员方面，经过多方联系，除调进少数搞过新闻工作的老同志外，大部分是其他单位招来的中青年职工，经短期培训，即放到实际工作岗位上锻炼提高。在这种条件下按时出报，困难是很大的！

1982年7月底，在卫生部领导的关怀下，报社搬回了双寺胡同11号，从此报社有了固定社址，报社的办公条件也有一定的改善。由于近年来报社事业发展较快，职工人数大增，虽然近几年因陋就简在院内扩建了20余间房屋，仍无法满足需要。为缓解这一困难，今冬自筹资金扩建千余平米办公用房，明年投入使用。

二、加速印刷厂的建设。"文革"前，报社虽建有排字车间，但尚未正式投入生产，就被砍掉了。1982年9月，卫生部投资118万元筹建排字车间。现在报社印刷厂已初具规模，产值不断提高，这不仅为办好报纸提供了方便，而且对今后的发展创造了物质条件。1989年冬，报社又自筹资金200万元，进行印刷更新改造，建成激光照排和树脂版印刷两个车间，明年初即可彻底告别铅字房。

三、扩大报纸发行量，更好地为广大读者服务。健康报是一张历史悠久的专业性报纸，多年来，报社采取积极措施扩大报纸的发行，从1979年复刊以来，卫生部多次通知各省市卫生厅、局组织各医疗卫生机构订阅健康报；同时，报社也向各省市记者站提出了要求，并拨给一定的活动经费，对发行工作较好的省市每年都给予适当奖励。为了搞好报纸发行工作，报社领导每年都在记者会议上介绍报纸发行工作情况，多次与省、市卫生厅、局联合召开健康报发行工作会议，还总结了河北省廊坊地区健康报发行工作经验，向全国推广。为了扩大健康报的影响，近几年本报曾和中央人民广播电台联合举办《健康报振兴中医讲座》，与中央电视台举办《祝您健康文娱晚会》和多种知识竞赛，对促进报纸发行发挥了积极作用。复刊初期报纸发行量仅有5万份，1981年达到30万份，1983年达到54万份，1985年达到57万份，1988年达到60万份；1989年报纸大幅度调价后，订数仍在40万份以上。

四、积极开展广告业务。随着社会主义商品经济的发展，健康报的广告媒介作用也在日益显露。以医药、医疗器械为主要内容的广告不仅向人们传递商品信息，也反映了改革和繁荣经济的形势，多为厂家主动刊登。由于健康报的广告，严格掌握审批手续，在国内外享有较高信誉，业务逐年增加。1980年复刊初期，十几万元，1984年57万元，1986年154万元，1989年达到380万元。这表明在党的十一届三中全会路线的指引下，我国的社会主义商品经济有了较大的发展，客观上需要不断沟通医药厂家与医疗单位之间的产供销信息；从1984年以来，我们在广告部门试行了"定额承包责任制"，这对促进本报广告业务的开展也发挥了积极作用。

五、加强财务管理搞好增收节支。从1980年起，国家对本社在财务上实行事业单位企业化管理。报纸复刊初期，报社在经济上是很困难的，当时国家虽然在税利方面给予三年减免，但是缺乏资金也难以发展事业。为此，我们在经济管理上发扬艰苦创业精神，经理部门加强成本核算，定期进行成本分析，找出增产节约的途径；建立了一些财务、物资管理制度，做到"少化钱、多办事"。同时积极采取措施扩大财源，增加收入。例如，我们结合健康报的特点开展多种经营合理创收，不仅提高了报社的经济效益，还扩大了报纸的社会影响。1988年报社的多种经营曾受到新闻出版署和全国报业协会的奖励。

几年来，由于纸张涨价和邮局发行费提高，报纸一直处在亏损状态。在我们采取增收节支措施之后，有一定盈利。复刊初期国家拨给本社流动资金44万元，随着事业的发展，报社实际需要250—355万元，如不增收节支、扩大积累，困难是难以解决的。随着报社经济的逐年好转，报社不仅解决了流动资金，还向国家交纳税金500余万元，通过印刷设备更新和内部建设，积累固定资产达500余万元，是复刊初期的90倍；1985年以来，报社自费进行工资改革，职工的福利待遇，较过去也有较大提高。

六、不断提高职工队伍素质。随着报社事业的发展，职工队伍也在不断壮大，为了提高职工队伍的素质，提高报纸质量，报社除在实际工作中加强职工培养锻炼外，还进行智力投资。先后批准50余名同志参加新闻学校、函大、电大或出国进修学习；举办了新闻业务学习班和英语学习班，以提高编采人员业务水平。

总之，报纸复刊10年来，在经营管理工作中取得了一定成绩，促进了事业的发展。但我们在经营管理工作上的问题还是不少的，还要在党的十三届四中、五中全会精神指引下，在治理整顿、深化改革中，不断总结经验，继续提高经营管理水平，更好地为办报服务。

（姜 华）

市场报——承包经营取得新进展

1989年是市场报实行承包经营的第二年。在编委会的领导和支持下，市场报全体工作人员团结奋斗，努力消除全国经济紧缩带来的影响，克服动乱和反革命暴乱所造成的困难，顺利地完成了由周一改周二刊的编辑出版任务，承包经营也取得了显著成效，比规定指标超额了40%。

1989年再战告捷，主要是围绕报纸本身，从内涵和外延上下了功夫、求发展的结果。

一、制定条例，奖惩兑现。1989年市场报改周二刊之后，版面工作量增加一倍，正式编制人员却没有增加，因而采编人员告紧。为了保证报纸的正常出版，市场报将1988年从编辑部抽调到市场报和从外边聘请来搞经营的人员全部补充到了版面上。为防止经营滑波，市场报在严守国家财经纪律的前提下，经报社主管领导和审计部门同意，拟定了一系列与经营有关的奖惩条例，吸引和鼓励一些在经营方面尚有潜力可挖的同志进一步发挥作用。

广告收入占市场报总收入三分之二，是市场报的主要财源。因此，抓好这一创收的重点环节至关重要。1989年初市场报具体制订了广告部的奋斗目标和奖惩措施，并且采取每月考核、季度兑现的办法，使广告部的同志们既有压力，又有动力，工作更加主动、积极。1989年市场报的广告尽管因发生动乱和暴乱估计少收入约16万元，但全年仍比1988年增收了30多万元。

对于没有完成任务的工作人员，严格按照奖惩条例办理，绝不留情。

有个外聘人员去年没有完成预定工作任务，我们照章扣除了他全年的超收分成奖。

二、未雨绸缪，借题发挥。俗话说，"下棋看三步"。1988年从经济形势分析中，我们预感到1989年会出现经济紧缩的局面，这势必对市场报的经营产生影响。为了消除影响、跳出困境，我们采取了以下措施：

首先在1988年8月份，我们筹建了北京闻达信息咨询部(现已更名为市场报北京信息咨询部)，正式申请了营业执照，具备了合法的经营资格，11月份从中国社会科学院研究生院新闻系聘请了一名研究生担任经理，实行承包经营。一年多来，咨询部遵纪守法，不搞倒买倒卖，而是扎扎实实地开展经济技术信息咨询服务、为厂家的产品牵线搭桥和新闻(信息)发布等经营项目，取得了较好的社会效益和经济效益。

三、坚持经济效益与社会效益并重。市场报是人民日报主办的经济报刊，开展经营活动不能只讲赚钱，不讲社会公德；只讲经济效益，不讲社会效益。有些活动虽然经济效益不明显，但社会效益显著，只要我们力所能及，就积极筹办，努力为社会做贡献。继1987年底在北京和1988年10月在徐州两次组织彩电定向销售，协助把当时紧俏的商品平价供应给对社会有重大贡献的人之后，市场报又配合国家治理整顿、平抑物价这一大局，与国家物价局联合发起了评选"首届全国执行物价政策法规十佳商店"活动。广大消费者对这次评选十佳商店活动一致叫好，认为这是为维护消费者利益、推动商业改革办了一件实事。商业、物价、计量等部门认为通过这次评选活动可以把商业系统开展"双信"(物价、计量信得过)活动推向深入，利国利民。

(市场报编辑部)

大众日报——
坚持每周评报，为办好报纸服务

大众日报从1986年5月开展评报活动至今，已有三年半的时间。我们开展评报的主要形式，是以部门为单位进行集体评报。每个星期五的下午，各部门拿出一定时间，对本周报纸宣传报道进行一番议论，看一看哪些宣传报道搞得比较好，哪些地方还存在着不足，最后由一人执笔写成书面意见，在《评报周刊》发表。开展评报的主要目的是为进一步办好报纸服务。《评报周刊》由本报新闻研究所主办，为八开四版小报，每周一期，每期8000字，截止1989年12月底，已出版170期。《评报周刊》主要刊登各部门评报和部分读者评报，还有少量内部个人评报。从三年多的评报实践来看，开展评报活动是非常必要的，是一项非常有意义的重要工作。

从开展评报工作的好处来说，大体上有以下两点：一是开展评报活动是体现业务民主、检验报纸宣传效果、反馈宣传报道信息、改进报纸宣传工作、推进报纸改革的一项好措施。大家在评报中，对报纸宣传的成绩作了充分肯定，对宣传报道的不足提出了批评，对于今后更好地搞好宣传报道提出了一些好的建议和意见。评报，既有实践的总结，又有理论的概括。评报的内容也非常广，无论是对宣传指导思想的确定，还是对新闻手段的运用和报纸版面的编排，都有所涉及。评报的成果，已经成为大家评选好稿、检验报纸宣传效果和改进报纸宣传的重要依据。山东省委宣传部也把《评报周刊》作为了解报纸宣传动态和情况的一条重要渠道。二是开展评报也是提高新闻业务和理论水平的一个好阵地。不少部门和个人，结合报纸宣传的实际情况，从新闻写作和理论的高度，谈了许多好意见。譬如会议报道问题。大家多次提出现在报纸上的会议报道太多、太长和太滥，并提出一些改进会议报道的建议。根据大家的意见，大众日报编辑部特意制订了《改进会议报道的意见》，1989年5月，省委办公厅作了转发。

在实践中，我们体会到，要使评报活动持久继续开展下去，关键是要做到两点：一是要坚持评报制度。1986年5月，编辑部提出了《关于开展评报工作的几点意见》，对部门评报、记者评报、读者评报和评报的内容、范围都作了规定。几年来，我们一直坚持了这一制度，这是搞好评报工作的重要保证。二是坚持评报的正确指导思想和原则。评报是为了把报纸办好，对评报一定要有一个正确的态度，不能利用评报搞相互攻击。我们在评报中，一直强调要评出水平，评出方向，评出友谊和干劲。

(大众日报新闻研究所)

沈阳电视台——
进行内部体制改革收到好效果

随着改革开放的深入发展，沈阳电视台于1988年初开始了全面的改革。在全国电视台中最先实现了事业费不要国家拨款，为新闻事业单位的改革探索了一条新路。

电视台的改革是一项系统工程，涉及到新闻宣传，事业建设，技术管理，政治工作及内部体制等等。沈阳电视台通过充分论证一致认为，要搞好新闻宣传的改革，必须抓好新闻单位自身管理体制的改革，所以首先确定了以内部体制改革为突破口，并作为电视台改革的主要内容。根据新闻单位的特点和台内的现状，主要从以下4个方面进行改革：

一、调整机构设置，理顺业务关系。沈阳电视台的改革从电视事业发展的需要出发，针对拍摄力量分散、部门之间工作任务重叠，电教节目薄弱和技术设备管理不善的实际情况，对台内机构设置进行了调整。撤销了与新闻部、文体部和电视剧工作内容重叠的对外宣传部和专题部，将其所担负的工作分解到其他有关部门。同时，根据工作需要，增设了社会教育部和经济部。为加强技术设备的管理，保证播出节目的质量还成立了总工程师办公室，负责全台技术工作和设备器材的统一管理。将所属的电视台服务部改为电视服务中心，扩大业务范围，增加经营项目，使其成为事业单位企业化管理的部门。

二、实行层层聘任，合理组合。在调整机构设置的基础上，沈阳电视台从实际出发，参照历年来工作任务情况，为各部门制定了以五定(定任务、定编制、定设备、定经费、定目标)为主要内容的"工作目标承包责任书"。同时，引进竞争机制，实行合理组合，对干部岗位实行层层聘任。由台长聘任各部、室主任，并与之签订“工作目标承包责任书”。然后，再由各部、室主任聘任副主任，同时，打破原有部门界限，按合理组合原则聘用工作人员。各部室主任、副主任聘用期为两年，如第一年未完成承包任务，立即解聘；工作人员聘用期为一年，到期后重新聘用。这样不仅使受聘职工而且也使落聘职工增强了危机感和责任感，从而调动了全台职工的积极性。在落聘的20多名职工中，已有一半人自动组合成立了工作小组，自找创业门路，其中有7人组成了经济专题拍摄组，自负盈亏录制经济专题。不仅不要台里一分钱，一台设备，而且还同台里签订了创收20万元的协议。后来在这个经济专题组的基础上成立了经济部。对最后剩下的极少数落聘人员，由人事部门组织集中学习。学习期间只发工资，不发奖金，如超过半年仍没有被聘用，则发70%工资，并报请市人事局另行安排工作。

三、经费由“全额预算”改为“自收自支”。电视台是高消耗、重装备的新闻事业单位。过去每年全靠国家拨给事业费。随着电视事业的迅速发展，制作节目、购置和更新设备器材的费用不断增加，而目前国家又不可能再投入更多的经费。针对这种情况，沈阳电视台抓住改革开放这个良好时机，改变经费管理制度，大胆提出电视台在保证完成新闻宣传工作的前提下，通过增收节支，经费由“全额预算”变为“自收自支”，除专项资金外，事业费不要国家拨款。这一改革方案报经市财政局批准后开始实施。为了确保实现“自收自支”，沈阳电视台对台内各业务部门经费开支实行包干，采取节支有奖，年终如有结余给部门提成15%，作为集体福利；创有所得，除新闻部外，各业务技术部门都可以搞有偿服务，其收入除用于补贴业务经费不足外，余下部分按上交台里金额，分成给部门15%。对经济创收部门，费用自负。经济部、社教部从承包开始该部门工作人员工资奖金停发，完成创收任务工资兑现，奖金高于其他部门。反之，按实际完成比例发工资。对担负全台主要经济收入的广告部和服务中心这两个经营部门则实行大包干。广告部全年上交台里净收入200万元，服务中心上交净收入30万元。完成任务才能兑现工作人员的工资和奖金。实行“自收自支”调动了全台职工增收节支的积极性，全台上下广开创收渠道，增加经济收入，1988年创收250万元，1989年创收突破300万元。

四、加强思想教育，严格管理制度，实行重奖重罚。沈阳电视台把加强思想政治教育贯穿在改革的全过程。在台里实施改革的每个阶段，都先召开党支部会或中层干部会议，学习文件，通报情况，统一思想，把思想政治工作做到前面。同时，建立、健全各项规章制度，严格实行管理，重奖重罚。台里根据各部门每月完成任务和执行规章制度的情况，将月奖金发给部门，各部门再根据每个人完成工作任务的情况进行分配。工作成绩突出者重奖，如新闻记者获全国电视新闻评比一等奖，一次奖给1000元；如工作出漏洞也实行重罚。

改革给沈阳电视台带来了空前的生机和活力，使沈阳电视台的各项工作发生了喜人的变化。节目数量明显增加，改革前每天15分钟的《沈阳新闻》节目，录像新闻9条，口播10条。改革后，还是同样时间，每天录像口播各达12条以上。同时每周又新增了3次《英语新闻》，从7月1日起，每星期日白天增播一次（四小时）文艺节目，达到每周播出8次综合节目。电视剧的生产更是振奋人心，改革以来生产的电视剧无论是质量还是数量都超过建台以来的最好水平。改革以来沈阳新闻被中央电视台和辽宁电视台采用的多达1000条，其中宣传沈阳改革成就的新闻800多条，获省级以上各种奖励44个。电视安全优质播出工作在全省台际竞赛中连获4个第一名。在全国城市电视台基本指标比较中，无论是栏目设置、自制节目数量、播出节目总时间，还是创收金额都跃居前列。

（邵　伟）

山西电视台——坚持改革面貌一新

山西电视台1989年是个丰收年。二、三月份一个《家庭音乐会》电视大奖赛，轰动全省，一时间全省城乡响遍了家庭音乐会的歌声、乐声，没多久，捷报飞来，在中国电视艺术委员会主办的第三届全国电视文艺“星光杯”评比中，山西电视台选送的三部电视片获四项重奖。其中，音乐片《太阳之子》获《百花园》栏目一等奖；音乐片《好大的风》获该栏目二等奖；《高粱咋就这样红》获《花信风》栏目三等奖，文艺部的潘大为荣获单项奖——优秀摄像奖。同时，在全国评比1988年好新闻中，山西电视台获特等奖一名，一等奖二名，二等奖二名，三等奖三名，中央电视台播出山西电视台新闻500多条，山西电视台获得的奖杯占全国奖杯的三分之一。这些不仅为山西人民的文化生活增添了新的丰富内容，也提高了山西电视台及山西在全国的知名度。

这些成绩的取得是改革的结果。1988年7月，山西电视台进行过一次节目改革，推出了《电视桥》《公民与法》《社会大观》等几个专栏节目，受到了观众的好评。但是，随着人们物质生活水平的提高，也就有了高标准的精神需要和文化娱乐的追求，那种以我为主的、呆板的谈话传统式播送模式，已不能满足人们的需要，他们对电视节目提出了更高的要求，形势逼迫我们对电视节目进行再次改革。

1989年4月新的改革方案开始实施。这次改革的宗旨是：综合改革，逐步提高，强化管理，优化整体。即从个别的单项改革进入综合性整体改革。在节目内容和形式上要求做到：“两个寓于”，“三个贴近”，即寓教育于娱乐之中，寓宣传于服务之中；贴近群众，贴近实际，贴近生活。要求电视节目是一个充满生机活力，深受观众欢迎的电视形象。

以往电视台的节目各部都办，重点不突出，这次以《山西新闻联播》《记者新观察》《电视桥》《五彩缤纷》为重点节目，台领导分工把口办出山西电视台的拳头节目。

改革后的节目把原有的《山西新闻》改为《山西新闻联播》，《晚间新闻》改为《山西综合经济信息》，保留了《记者的观察》《公民与法》《花儿朵朵》《电视桥》节目，这次改革由十三个栏目组成。具体名称是:《广角镜》《晚间快语》《生活大全》可了解到吃、喝、穿、用等生活各方面的知识及科技信息;各界名人士及普通老百姓如想发表高见,可作为我们的《特别来宾》在屏幕上和观众见面。如果您希望同主持人交谈,或者想通过屏幕向您的亲朋好友问好,那么在《热线电话》栏目里,主持人将在直播室恭候您的电话;《猜猜看》是主持人和观众一起玩游戏的节目,幸运者还可获得奖品。还有《老人世界》《农村天地》《哈哈镜》《警戒录》《七彩家庭》《为人处事》《科学天地》《电视红娘》等小栏目,这些节目将新闻性、知识性、服务性、趣味性融为一体,满足观众求新、求知、求富、求美、求乐的需要。《五彩缤纷》节目,改两周一次为一周一次,每次九十分钟。这个节目新设置了《愉快的周末》《各抒己见》《大擂台》《周末游戏》《观众点播》《笑笑笑》《文化信息》《让您欣赏》,这些节目将突出观众的参与性、欣赏性、服务性和娱乐性,使观众在一星期紧张的工作之后,轻松愉快地度过周末,精力充沛地开始下周的工作。

为使这些节目的改革方案能顺利实施,电视台还采取了有力的措施:一、把科学的现代化管理方法PDCA工作法引入节目制作的整个过程中,从计划选题,到制作实施,审查,总结,各个环节都严格按规定把关;二、在台内部实行流通卷,把经济管理机制引入人财物的管理中,用以取代过去的行政管理方法,这样既可调动各部室的积极性、责任心,又可使人员设备发挥最大的效益。

付出辛勤的汗水,就有丰收的果实。过去,人们说省台不如市台节目好,现在这个现象发生了变化,普遍反映省台节目比市台节目好。我们的改革也仅仅是开始,我们决心根据不同观众的要求来设计话题和节目内容,并采取直接、间接和同步三种方式吸收观众参与节目,满足观众娱乐多样化的要求,真正实现"观众是电视节目的主人"这一宗旨,为树立一个充满生机活力,深受观众欢迎的电视形象而继续努力。

(陈雪花)

陕西日报——不登虚假广告,坚持优质服务

陕西日报社1989年在国家实行财政紧缩政策和某些行业出现"不景气"的情况下,全年广告收入仍超额完成计划,比上年增长10%。其主要原因是,贯彻了中国广告协会等倡导的"重信誉,创优质"的服务活动。

怎样才能做到"重信誉",最重要的一条就是要严格把关,杜绝虚假广告。报上刊登了虚假广告,不论对党报本身、还是对客户及广大消费者,都影响很坏、危害极大。因此,我们始终把杜绝虚假广告当作一项首要任务来抓。按稿审查、检验证件、文稿编辑、版面设计等多道工序,都制定严格措施,层层把关,一定按照国务院颁发的广告工作条例及有关政策办事。特别是在审验证件方面,决不通融照顾。"广告费必要时可以优惠,少给点钱可以;检验证件一定要认真,少一件也不行!"这就是我们的原则。浙江、河北、河南等地,经常有一些个体和私营企业,推销什么淋浴器、驱鼠门铃、牛仔衣、磁疗器、豆芽机、电捕鱼器等,广告口气很大,把产品说得神乎其神。但有的没有鉴定材料,有的没有主管部门证明。我们坚持一条原则:来人热情接待,来信每封必复;但要登广告,必须证件齐全,手续完备,否则多给钱也不登。一年来,仅此一项,拒不刊登的广告约合刊费十几万元。

在这一年中,南方沿海有些城市和地区的企业、公司和小报,纷纷来陕西招聘推销员、信息员、联络员、兼职记者等,报名时一般都收取数量不等的报名费。他们凭本单位一纸介绍信,要求刊出广告,到底可信程度如何,是否有借口收报名费而诈骗钱财,一时难以搞清。对此我们规定,凡要求刊登这类广告的,一定要有当地劳动人事部门的批件,并经西安市劳动人事部门审查同意。否则,一概不登。一年来,象诸如此类的广告,经严格把关而谢绝刊登的共有4000多起。经认真检查,我们报上全年没有发现过虚假广告。

以上是堵塞漏洞,杜绝虚假广告的方面。但如何做到广开广告来源,使社会效益和经济效益双丰收呢?我们坚持了开展多种形式,优质服务。

(1)利用企业召开新闻发布会、产品订货会、咨询服务会等机会,主动与企业领导及生产销售部门的同志座谈,介绍经济政策、提供经济信息,为企业决策当好参谋。陕西广播电视设备厂"如意牌"彩电系列产品,曾有过以降价争销路的构想。我们分析有关商品发展动向的资料以后,向厂方提出以加强售后服务赢得顾客的建议。他们采纳后,实现了全国独家"彩电"财产保险和终身修理,立即受到顾客欢迎,销售量迅速大幅度上升,全国评选荣登榜首。

(2)向企业提供国内外同类产品生产、质量销售及市场信息,共同讨论开拓市场和参与竞争的有关问题。年初,陕西生产的全国十大名酒西凤酒一度滞销,广告处了解情况后,由报社领导带领记者部、经济部及广告处人员到厂里与领导一起座谈,全面分析了全国名酒的产量、销售、市场和价格等方面的资料,提出了西凤酒"争先出击"的有关建议。一方面报纸上从新闻、广告宣传上给予支持;一方面工商部门多方面给予协助,大打翻身仗,不久就取得了较好的效果。

(3)帮助企业筹划广告宣传。怎样登广告,登多少广告,什么时候登广告,在什么地方登广告,广告内容怎么写,怎样有效地使用广告费等等,这是一门学问,大有文章可做。但不少企业领导和销售人员,对这些并没有很好研究。他们只是在开订货会或是得了优质奖时才想到临时登个广告,很少分析研究广告的社会效益和经济效益。比如陕西彩色显象管总厂,过去是独此一家,1989年北京厂投产后成了二分天下,1990年上海又有一家投产,就成了三足鼎立,势必开始激烈竞争。在刊登广告问题上,就要因时制宜,考虑其科学性、合理性、效益性。为此,我们两次与厂领导及宣传、销售部门共同交谈,在此基础上,提出了一个广告宣传方案,做到花钱最少,效果最佳,他们很乐意地接受了。对于不适宜在报上宣传的产品,如卷烟等,我们根据自己的经验,向几个烟厂提出了作好自身宣

传的建议，受到他们的欢迎。

(4)与企业共度难关。一年来，由于各种原因，市场疲软，有的产品滞销，有的企业日子不好过。有些过去很重视广告宣传的老顾客也不作广告了；有些企业想做广告，但财力不足，只好少作一点。作为一张党报，扶持地方企业的发展，也是应尽的责任。因此，我们在广告价格方面，采取了浮动优惠办法，根据企业的经济状况，给予不同程度的照顾。广告拍照费、设计费、制版费等，一般都少收或不收。对于那些困难很大，又很需要宣传的企业和产品，经我们建议报社领导同意采用新闻形式给以宣传。这就以不同方式达到帮助企业度过难关的目的。

(崔广韬)

安徽电视台——组织群众评选电视广告，提高广告质量

为了了解社会各阶层、各行业的观众对电视广告的需求，以有效地提高电视广告的质量，安徽电视台于1989年3月，举办了一次群众性的《我喜欢的电视广告》的评选活动。首先从电视台过去播出的广告中，选出较好的几则广告，在安徽广播电视报上列表公布，并在一段时间集中播放，请全省观众再次收看，并从中挑出自己喜爱的6则。到评选截止日期，共收到选票12万多张，来信1210封，充分反映观众对电视广告的意见：一是厌恶虚夸广告，认为这是对观众的一种欺骗。二是不喜欢粗制滥造、低级庸俗的广告，因为它不能给人带来艺术享受。三是希望能有更多大众化消费品的广告出现，能为人们的生活提供更实在的服务。

那么，广大电视观众最喜欢什么样的电视广告？电视广告提高质量的方向何在？

被观众选中的《我喜欢的电视广告》有：《新星儿宝》、《芳草爽口液》、《美时石英钟》、《黄山电饭锅》、《双喜牌葡萄酒》和《醉三秋》酒。观众评论说，这6则电视广告，虽然还谈不上是艺术珍品，但已经使人耐看了。对比之下，其他一些广告，只是高喊"实行三包、代办托运"，介绍厂长、经理、电话号码，千篇一律，粗制滥造，甚至播出些低级庸俗的镜头，还硬要插在大家正津津有味地收看的电视节目之间，能不使人心烦?！许多观众提醒说，现在，想看这种广告的毕竟是少数。你们要考虑更多的不经商不想购买商品的人也乐于看电视广告！

有的观众来信说，电视广告是一门涉及领域广博的综合性的学问和艺术。它不仅直接涉及经济学、商品学、市场学，还涉及物理、化学、社会学、心理学等等。电视广告《新星儿宝》，在这次评选中名列榜首。观众分析说，广告制作者精心设计了一个画面：幼儿园里，一群健康活泼，十分惹人喜欢的娃娃，一边奔跑着，一边高喊着，直奔正在给他们发"新星儿宝"的老师，再配上儿歌，突出"新星儿宝，儿童之宝"。整个广告就是这么简洁明快，令人爱看。

大家对《美时石英钟》这则广告评价较高。电视显示了大大小小、各式各样的钟，解说词很实在，着重讲了款式新颖大方，计时准确，没有什么华丽的词藻和过分渲染的画面。"款式新颖大方"，看看样钟，的确如此。至于计时准确，那是在几秒钟的时间里无法验证的，然而正由于它的朴实，观众并不生疑。《黄山电饭锅》这则广告很受观众赞赏。广告里先后出现几个镜头：一对双职工夫妻喜笑颜开地在店里选购，接着兴高采烈地带回家，后来，这对夫妻和一个孩子下班，放学回家，揭开电饭锅，有热腾腾的饭菜。广告词很风趣，但不落俗套，突出了"电饭锅为您赢得时间"，尤其是"维修、终身制"一句，给用户吃了定心丸，使人感到厂家对自己的产品是何等自信！看了广告，这种电饭锅给人留下深刻的印象，对购买电饭锅的疑虑也被打消了。

有的观众在信中说，一些广告唱高调，搞虚夸，说什么引进国外先进技术呀，获得什么奖呀，全国第一呀，部优，省优等等，吹得神乎其神，我们对这种商品反而不相信了。既然畅销国内外，何必还来做广告呢？引进的国外先进生产线，并不等于产品质量一定是上乘。关于获奖、第一之说，消费者也疑虑重重。世风不正，评奖中弄虚作假、拉关系，请客送礼。"获奖"、"创优"有何难哉。最使人信服的广告，应是实事求是地介绍商品的性能、价格。有位观众还说，有胆量承认产品在某些方面还有不足，讲一讲对什么情况的用户还不适用，或许更能取得销费者信任。

绝大多数电视观众反映了一种意向：希望电视广告多传递大众化的、物美价廉的消费，切不可对高消费热推波助澜。一些观众还建议，编的广告不宜过多。

这次被广大观众选中的《我喜欢的电视广告》，都是群众需要、适用，并且买得起、不会造成经济负担的商品广告。观众对高级日常生活用品的广告过多有意见，特别是对过多地推出豪华、超豪华商品，很有反感。有的电视观众说：高档消费品广告适当做一些未尝不可，它可以给人了解这样的商品。但这些商品，目前大多数人是买不起的。这种广告多了，会导致人们盲目追求，互相攀比，超负荷地高消费，造成十分恶劣的后果。许多观众希望，生产这类商品的厂家，对自己的产品，要分出档次，既有豪华、超豪华的，也有中档、低档的。豪华、超豪华的大量打入国际市场，中档、低档的满足国内特别是本地人民的需要。观众也希望电视台今后能多做一些同一产品有几种档次的广告，以便消费者量力选购。

总之，正确引导消费，是社会主义新闻事业中广告宣传的一个重要目的，电视广告考虑符合我们国情，符合人们的经济状况，不应单纯追求广告收入，而忽视电视广告在"两个文明"建设中应起的作用。

(张平　杜音)

·优秀栏目（节目）介绍·

中国青年报——《国际热线》栏目简介

《时事讲话》是中国青年报国际部的传统栏目，1978年报社复刊时仍保留了这个栏目。这是一块使青年读者了解国际时事动态及发展的阵地。它紧密跟踪国际形势的发展以提供新闻事件的背景和讲解来龙去脉为宗旨。

随着我们改革开放的深入，广大青年迫切希望更多地了解世界，更多地了解这个风云变化的国际社会。在历史即将告别八十年代，走向九十年代的今天，青年人在风诡云谲的国际形势面前，既需要引导，但他们又不满足于刻板的说教。因此，《时事讲话》的内容虽然吸引人，但"招牌"已显得陈旧过时。为了适应新的形势、新的需要，也为了把这个栏目办成一个让青年人更新、更快、更全面地了解国际时事的窗口，1989年3月开始，《时事讲话》更名为《国际热线》。

《时事讲话》和《国际热线》刊出的文章体裁不一，风格多样，但有两点却是共同的。

第一，快。这个栏目的编辑同志们有一个指导思想，即以最快的速度把新闻事件告诉读者，而且是在兄弟报纸发消息的同时，发出详细报道。如，1989年11月24日的"新内阁难产总统遇难，黎巴嫩局势难卜吉凶"，12月2日的"菲律宾发生第6次兵变"；12月21日的"软硬并施不奏效、美军入侵巴拿马"等文章均是和兄弟大报的消息稿同天见报的。

第二，详。《时事讲话》和《国际热线》始终把新闻事件和新闻人物的背景分析和细节报道作为重点，并且尽量做到打破国际新闻分析文章那种刻板的模式，力争使文章具有可读性。1988年12月7日，苏联亚美尼亚发生大地震，损失惨重，致使戈尔巴乔夫临时中断了美苏首脑会晤，飞回国内。为了使读者详细了解这一重大事件的情况，于12月10日发表了"震惊世界的苏联大地震"，为了使读者能够进一步了解这次地震的实情和救灾情况。12月21日，又组织了"来自苏联地震灾区的报告"一篇长文，这两篇文章都以细节生动，内容详实见长，读者反映很好。

这个栏目之所以能够以快、详见长，得力于有一支可靠的、庞大的通讯员和作者队伍。上述黎巴嫩总统遇刺、菲律宾第6次兵变以及美军入侵巴拿马等文章都是通讯员从有关渠道获得信息后，及时通知有关编辑，然后编者和作者共同商量文章的选材、角度，才使文章及时见报的。

（张　寒）

天津日报——《文化见闻录》栏目简介

天津日报于1988年10月开辟《文化见闻录》栏目。不定期在三版文化版内刊出。一年时间，共发表百篇文章。这些文章除有少量重复的题材外，多数是新开拓的报道面，开阔了读者的视野，引起了读者的关注。

这个栏目有五个特点：

别具一格。《文化见闻录》的文章有新闻信息量，但非消息；有一定的专访性，但不是单纯的专访；不是评论，但夹叙夹议，有观点。文章轻松活泼，可读性强。如《老人娱乐园》、《闲置的文庙》、《"抽屉"里的交响诗》、《仍是"大美人"们的天下》等。

以小见大。《文化见闻录》在文化界一些不为人们重视的小事上做文章，反映出其中的"大"问题。以天津市河东区开展系列家庭文艺活动的小事，反映天津经济发展、社会进步、稳定和睦的大好局面。

以理服人。《文化见闻录》敏锐地抓住文化界一些典型事件，揭露文化战线上的种种不正之风。如"走穴"、"赞助"、"穴头"等问题。文章没有打棍子、扣帽子，而是摆事实、讲道理，寓理于事。

为人民呼吁。《文化见闻录》准确地抓住文化界反响强烈、急需解决的问题做文章。如《大赛热背后》向读者通报了1988年天津市举办各类文化大赛活动的情况，剖析了为什么"热闹一阵之后，大赛的影响消失得象肥皂泡那么快"，又如《博物馆办家具展》，从人们对博物馆办家具展的责难谈起，介绍了天津1988年举办22个展览会的概况，揭示博物馆办展览会的"秘密"——由于经费困难，各家博物馆都在想方设法增加"造血机能"，以维持生存。这篇文章引起了有关部门的重视。

连续报道。针对社会上的"赞助"问题是引发高价"走穴"的根子，《文化见闻录》又发表了《高价"走穴"透视》；顺着这条线，又揭露了文艺演出中的"空头"；"扫黄"文章是从1988年12月做起的，越谈越深，一连报道了11篇，为中央1989年7月正式开展扫黄活动做了舆论准备。

《文化见闻录》文章大都在1200字左右，短小精悍，言简意赅。

（李　爱）

解放日报——《专稿特稿》栏目简介

1988年初解放日报扩版时新辟了《专稿特稿》栏目。两年来，该栏目以宽广独特的视野、丰富感人的题材和生动流畅的文笔，针砭时弊、讴歌光明，推出了近60篇较有社会影响的长篇通讯。如：有反映重大事件的《留在大地的问号》（记云南大地震）、《南沙之战》（记中越3.14战役）、《苦海蒙难》（大陆妹受骗台湾记）；有反映社会"热点"的报告《黑色的泪》（苏州河污染与出路）、《巴拉巴拉东渡》（赴日自费留学生札记）、《借问瘟君欲何往》（血吸虫瘟情调查）等；也有典型人物报道，如《他为人民还情》

(记刘少奇之子刘源)、《上海"党义"》、《火夫与领袖》……。自栏目开创以来,编辑与记者辛勤耕耘,就报纸"大块"文章的新闻选材和写作始终在探索创新,他们的努力引起了愈来愈多的读者关注与兴趣。

(熊　能)

湖北日报——《总结过去,思考未来》栏目简介

制止动乱、平息北京反革命暴乱后不久,湖北日报即推出《总结过去,思考未来》专栏,旨在拓展、深化对党的十三届四中全会精神和邓小平同志在接见首都戒严部队军以上干部时重要讲话精神的学习、宣传,帮助全省人民联系实际,更深刻地总结引起这次动乱、暴乱的教训,回顾过去,剖析现实,谋划未来,扎扎实实做好湖北的各项工作,使全省改革开放的步伐迈得更稳、更好,经济工作得到持续稳定、协调发展。从1989年7月16日至年底,这个专栏已发稿28期,在读者中引起强烈反响。

这个专栏的主要任务是回顾与展望。所谓回顾,不是一般性的面面俱到的工作总结,而是围绕如何防止、消除引起动乱、暴乱的各种因素,从理论和实践的结合上进行总结。所谓展望,就是根据党的十三届四中全会精神和邓小平同志讲话精神,明确今后前进方向,确定奋斗目标,坚定信心,不屈不挠地克服前进过程中的各种困难和阻力,使党的基本路线更好地贯彻落实。

从上述指导思想与要求出发,这个专栏具有以下鲜明的特点:

一、稿件一般既有一定的理论深度,又侧重联系宏观方面的实际,并提出了解决问题的基本思路。专栏的文章有理论分析,但又有别于一般理论、评论文章;联系实际,又不具体着眼于某人、某单位,更不是成绩汇报或就事论事的自我检查。如《维护马克思主义的指导地位——关于理论工作的一些思考》一文,阐述了为什么要维护马克思主义的指导地位及怎样维护的问题,深刻剖析了理论界资产阶级自由化泛滥,错误对待马克思主义理论的原因,并谈了作者对纠正理论界一些失误的看法。

二、方向明确,重点突出,主题鲜明。该专栏把回顾的重点首先放在坚持四项基本原则不够一贯,反对资产阶级自由化很不得力上,因为这是引发动乱、暴乱的直接原因。思考的方向则放在各条战线带倾向性问题上,重点领域是教育、新闻、文艺、出版、理论"五界",还有存在于各界的思想政治工作、党的建设、党的领导被削弱等问题。如围绕教育界倾向性问题,发了《吸取深刻的教训——关于高校思想政治教育的思考》《培养什么人的问题是高校教育的首要问题——对高校思想政治工作的反思》《高校必须坚持社会主义办学方向——政治动乱引起的思考》等等。

三、从体裁形式上注意了严肃庄重与生动活泼的有机统一。这个专栏的稿件以适合专栏特点的文章为主,还采用了专访、对话、座谈纪要等体裁形式。

另外,这个专栏还注意了事实和观点的准确性,防止用"左"的东西去批右的东西。总结和思考,都注意了坚持两点论,全面分析。

(湖北日报编辑部)

南通日报——《公开调查》栏目简介

《公开调查》是舆论监督的一种好形式。

南通日报为了增强批评报道的效果,增强新闻媒介的监督功能,在《读者来信》专版上增设了《公开调查》的新栏目。

所谓《公开调查》,即对读者来信反映、揭露的带有普遍意义的问题,直接通过报纸公开调查了解,开展批评和自我批评,达到运用舆论的力量,促使问题得到澄清和妥善解决。

《公开调查》这个小栏目的主要特点和优势:一是体现了公开性。将问题公诸于众,让知情者和当事者都来提供情况和发表意见,可以避免片面性,有利于澄清问题和明辨是非。二是体现了平等性。既允许批评,也允许反批评,只要坚持摆事实、说道理,都一视同仁地给予发言权;三是体现了公正性。对批评揭发的问题,不搞"先入为主",如果揭发批评者不实事求是,夸大或捏造事实,待调查事实澄清后,反成为被批评者;四是体现了时效性。运用这个栏目调查问题是在见报的过程中公开进行的,事先不需要了解核实,特别是不一定向被批评者调查核实,这就能避免在见报前来自各方说情者的干扰,争取了时间;五是体现了主动性。既是公开进行调查,就说明了需要调查的问题,可能是事实,也有可能与事实不完全符合(完全与事实不符的至今还未遇到过),但揭发的问题真实与否,只要通过公开调查澄清和处理了,就算是有了结果,达到了目的。因此,运用这个栏目,不管调查的最后结果如何,只要有事实结论,批评与被批评的双方都无可厚非,报纸始终处于主动地位。

从实践看,搞好公开调查,需要注意下述几点:首先,在选择准备公开调查的问题时,至少要考虑两个前提条件:一是要有一定的代表性,二是在事实上要有一定的可靠性(一般都要向揭发者反复说明揭发问题必须真实,允许更正和补充)。其次,在调查过程中,要有应付各种干扰的思想准备,以便做到正确引导,使问题得到顺利的调查和澄清。第三,在制作标题时,力求客观、实在一些,切忌给人家加帽子,在用词上要注意分寸、语气和礼貌,以增强被批评者的承受能力。第四,公开调查一定要做到水落石出,有始有终,即一旦见了报,就非要调查一个结果不可,不能见难而退,半途而废,不了了之,这样才能维护报纸的威信。

(南通日报编辑部)

新民晚报——《蔷薇花下》栏目简介

讽刺小品《蔷薇花下》是新民晚报社会新闻版一个固定栏目。旨在批评和讽刺那些违反社会道德、职业道德、家庭道德等方面的具体事例,采取与人为善态度,促其转变。

《蔷薇花下》栏目主要依靠通讯

员、读者来稿，报社上下通力精办，已自成一体，具有独特的风味，构成“花味”大致有八要素：(1)真人真事；(2)有个小故事；(3)故事要别致、新奇；(4)以讽刺为主，带幽默味；(5)文章短小有文采；(6)有个好标题；(7)插图具有漫画味；(8)具备上海地方色彩。

《蔷薇花下》自1982年新民晚报复刊初期创办以来，每天刊登一则，从未间断，取得较好的社会效益，颇受读者喜爱。曾荣获1986年度全国好新闻专栏奖、上海市好新闻栏目奖。

（新民晚报编辑部）

长沙晚报——《雷锋家乡人》栏目简介

1989年3月，为了深入持久地开展学雷锋活动，长沙晚报开辟《雷锋家乡人》专栏，报道雷锋家乡——长沙市人民群众中涌现的新人新事，倡导一代社会新风。至1989年年底，这个专栏共刊发稿件100多篇，运用通讯、消息、故事、特写、来信、照片等新闻形式报道各行各业学雷锋的人物，产生良好的社会影响。

长沙是雷锋的家乡，长沙人民对雷锋有深厚的感情。但近几年来，社会上出现“雷锋精神过时了”等论调，甚至流传“三月来，四月走，雷锋叔叔无户口”的说法。在这种情况下，长沙晚报开辟这个专栏，对社会舆论无疑是起了正确的引导作用。这个专栏报道长沙地区群众以及在外地工作或旅行的长沙人学雷锋树新风的先进事迹，既歌颂舍己为人、助人为乐、扶弱济困、默默奉献、见义勇为、驱除邪恶等传统的革命精神，也带有明显的新时期的时代特色。

这个专栏报道的人物，有党员、干部，有工人、农民、知识分子、军人、学生等。刊发的稿件既注意弘扬先进人物的雷锋精神，也注意批评社会上的不良现象。有的典型还配发评论，组织系列报道，以扩大影响。

为了办好这个专栏，编辑部领导带头全体动员，保证版面。各采编部室记者们深入第一线采写典型，编辑们精心处理稿件。这个专栏被指定为二版的重点栏目，每月至少见报6次，重大典型在一版突出位置刊登。在1989年春夏之交北京发生动乱、暴乱期间，《雷锋家乡人》专栏一直坚持刊出，并有重大典型见报。首都平息反革命暴乱和党的十三届四中、五中全会召开以后，新华社重要电稿较多，地方新闻稿件很挤，但《雷锋家乡人》专栏的版面一直得到保证。

（邬恩波）

黄冈报——《思索篇》栏目简介

北京平息反革命暴乱后不久，我们积极配合深入贯彻落实党的十三届四中全会和五中全会精神，在一版开辟了一个新的言论专栏——《思索篇》。从去年7月下旬到12月，共收到来稿150多篇，编发见报的稿件33篇。这个专栏一问世，就得到社会各界的大力支持，《新闻出版报》等几家报刊也对这个专栏作了介绍。

为了把这个专栏办好，我们制订了八个方面的选题计划，即“结合中国国情，分析阐明坚持‘一个中心，两个基本点’的必要性、重要性；坚决反对资产阶级自由化，抵制精神污染，分析资产阶级自由化的实质，揭露鼓吹自由化的人的真面目；加强思想政治工作，讲树立辩证唯物主义与历史唯物主义的世界观，讲觉悟，提倡发扬共产主义风格，发扬雷锋精神；改革开放要坚持，腐败现象不是商品经济的必然产物；倡导艰苦奋斗和艰苦创业的精神，重视优良传统教育，认识国情；坚决惩治腐败现象，增强党的凝聚力、向心力，做到取信于民；加强党的建设，强调发挥党员的先锋模范作用、党组织的战斗堡垒作用；健全法制建设，坚持依法办事”。选题计划在《黄冈报通讯》上登出后，来稿之踊跃，作者面之广，大大出乎我们的意料。源源不断的稿件，联系实际进行分析说理的问题，使这个专栏很快在读者中产生了很强烈的影响。黄冈县贾庙乡胡家山村一位读者来信说：“黄冈报头版自7月25日推出言论专栏《思索篇》，在黄冈县贾庙乡胡家山村的党员和干部中引起了强烈反响。村党支部组织党员、干部集中学习，使许多党员、干部长期以来造成的思想混乱得以理顺，糊涂认识得以消除。他们反映说《思索篇》使我们心明眼亮，《黄冈报》的这个小专栏开辟得好！文章深入浅出，一事一议，适合我们农村党员、干部的口味，希望这个专栏继续办下去。”

（黄冈报编辑部）

湘西团结报——《周末山歌台》栏目简介

以山歌形式报道新闻的《周末山歌台》专栏，自1989年5月在湘西自治州团结报推出以来，受到了广大读者特别是土家族和苗族人民的喜爱。

长年生活在湘西土家族、苗族自治州这块土地上的各族人民，自古以来就有爱唱山歌的习惯，素有能歌善舞的民族之称。无论男女老少，个个都爱唱，都能唱。青年男女谈情说爱要对歌，婚丧喜事要唱歌，山间劳作要放歌，走亲访友要盘歌，传统喜庆节日更是狂欢高歌。于是，我们在报纸改革中，决定在周末版上开辟一个固定的《周末山歌台》专栏，一周一期。为了帮助读者分清新闻山歌与文艺山歌的区别，掌握新闻山歌的写作要求，在专栏出台时，我们明确说明新闻山歌是新闻作品，一定要写真人真事，不能虚构，强调以民间文学的手法深入新闻的内容，作到既有现实的指导性，又有群众喜闻乐见的艺术性。

《周末山歌台》出台之后，受到广大少数民族读者的喜爱，山歌手们纷纷来稿，一些通讯员也运用山歌形式撰写新闻。由于得到广大读者和通讯员的支持，《周末山歌台》这棵幼苗，在群众土壤中深深地扎下了根，成为本报一个很有特色的专栏。

通过实践，我们体会到要办好《周末山歌台》这个专栏，必须作到三个坚持：

一、坚持正面宣传为主。《山歌台》专栏出台时，我们就定下了这样一个基调：新闻山歌所唱的内容，必须是歌颂党的方针、路线、政策，歌颂新人新事新风尚，弘扬正气，鼓舞精神。如我们编发的“拾金不昧传佳话”、“大难之中见深情”、“急流救人美名传”等都收到较好的效果。

二、坚持新闻性。必须是反映现实生活中的真人真事。我们所发的新闻山歌，首首都是有名有姓，有地点有时间有情节，在事实上没有出现失实和差错，这样避免了与文艺的混，保持了新闻的特性，使读者增强了可信感和亲切感，宣传效果就更好了。

三、坚持山歌特点。民间山歌内容精练，语言生动，读唱起来朗朗上口，易懂易记。我们在编发新闻山歌时，力求保持这一鲜明特色，所见报的山歌一般都在30行左右，形式多种多样，有独唱的，有两人同唱的，有男女对唱的，有唱白结合的。比如“书记留下梨园礼”这首歌，就是采取男女对唱的形式，歌中有这样几句：“女：何年何月何贵人？一头扎进哪个村？发动村民搞什么？留下何礼胜黄金？男：那是1989年，寒冬腊月天气冷，乡里书记何征鸣，深入芭蕉坨里村，大讲庭院经济好，调来梨苗好几捆，转眼荒地变梨园，此礼贵重胜黄金”。“劝勉歌”中有这样两段：“李：柳条青青江上落，高岩滴水听声音，计划生育早提倡，老兄念的哪门经？田：话好讲来歌好听，犁耙哪能当理论，四个女儿虽然好，还是想个扛犁人……。”语言生动形象，富有生活气息。

（湘西团结报编辑部）

解放军报——《我们身边的好党员》栏目简介

解放军报从1989年2月10日起，推出《我们身边的好党员》专栏。到9月25日止，先后从各部队推荐的700多篇好党员征文稿中选编了86篇，撰写配发了6篇评论员文章。专栏宣传的86名优秀共产党员中，有在平息北京发生的反革命暴乱中建立了功勋的“共和国卫士”，有战斗在各个岗位上的优秀基层干部和战士，有国防科技战线的专家、教授，有将军、文职干部、厂长企业家、离退休干部和职工。持续7个半月的宣传，集中反映了军队广大共产党员富有理想、信念坚定、无私奉献、清正廉洁、艰苦奋斗、勇于改革的精神风貌。

这个专栏是在党的建设受到资产阶级自由化思潮严重冲击的情况下推出的。近几年来，社会上一些顽固坚持资产阶级自由化的人利用党员队伍中出现的某些腐败现象和党的工作上的一些失误，极力夸大党的消极面，严重损害党的威信。同时，党内也出现了“淡化”党的领导的错误论调，共产党员的光辉形象在一些人的心目中变得模糊起来。专栏力图用事实说明，党的基本状况是好的，符合党员标准的优秀共产党员大有人在，只要你留意，就会发现这样的好党员就在你的身边。从社领导到编辑、记者，坚持把办好这个专栏作为1989年军报宣传的一个拳头项目和系列工程。

专栏一刊出，立即在广大读者中引起强烈反响。部队基层官兵普遍反映，这个专栏“时机好、内容好、形式好”。许多部队组织部门和干部战士把这个专栏的文章剪辑起来，作为党课学习的教材。许多部队的政治机关认为，“这个专栏是解放军报宣传党员典型的一次成功尝试”，对加强党的思想教育，提高党员队伍素质，发挥党员先锋模范作用，改善党员在群众中的形象，密切党群关系，纠正不正之风，起到了积极的推动作用。

从文风看，由于始终强调文章短小精悍、生动活泼，比以往的典型宣传有所改进。这个专栏比较坚决地刹了“长风”，80%以上文章在1500字左右，最短的仅800多字，少量几篇较长的通讯也不超过2500字。文章集中写一个侧面，主题集中，特点鲜明，用事实说话，语言朴实亲切，不人为地拔高思想，力求使人感到可敬可学，因而写法上也受到了广大读者好评。

（解放军报组干组）

中国农牧渔业报——《新技术新成果》栏目简介

《新技术新成果》是中国农牧渔业报深受读者喜爱的栏目。它的主要任务是向全国农业战线广大干部和农民群众介绍农、牧、渔及农副产品加工诸方面的新技术成果。

加快农业生产的发展，必须靠科学技术的进步。这一认识已被越来越多的农业干部和农民所理解。为了方便读者对科技成果新信息的选择，扩大信息的来源，我们先后在华中、西北、西南、东北召开41次片会，在全国20多个省、市、自治区的农业科研院所、农业大专院校建立起一支近200人的科技成果新信息的特约通讯员队伍；为了满足不同专业生产者的要求，我们在栏目安排上占版面较大，信息面广，几乎期期都有安排。

在信息的选择上，栏目突出了适用技术成果的宣传。如农作物、各类经济作物、新品种、禽畜、水产新品种、新农药、化肥、栽培新技术、新农机等这些适用技术新成果，使读者便于及时引进，用于当地生产。在适用技术新成果的宣传选择上，我们特别注意了国内农业生产方面急需。针对性强了，就能更多地吸引读者，扩大新技术在生产中的推广面。如1989年，我们重点宣传了浙江农业大学的科研成果1067饲料添加剂。这项技术解决了我国棉籽饼必先经脱毒，再作饲料的繁琐工序问题，在粉碎的棉籽饼内加入这种添加剂就可直接作饲料，既降低了生产成本，提高了饲料质量，又方便了群众使用。这一新技术成果宣传后，立即在21个省、市、自治区引起反响，纷纷要求引进这项技术。

我们在新技术成果的宣传中，还坚持为读者搞好咨询服务工作。这样既解决了科研单位的困难，又方便了读者的需求，使报纸更好地发挥了在科技兴农中的桥梁作用。比如，目前我国钾肥紧缺，外商大量在我国销售钾肥，进口肥价高，许多农民难以接受。针对这个问题，我们及时宣传了河北省科学院的新成果——生物钾肥。稿件见报后，立即引起18个省、市、自治区的54个农业部门的重视。读者来信、长途电话咨询络绎不绝。仅我们编辑部就先后向读者提供了1000多公斤生物钾肥样品。

（中国农牧渔业报）

北京日报——《无名者剪影》栏目简介

优秀栏目《无名者剪影》获北京市1989年好新闻一等奖。这个栏目，是北京日报从1989年元旦起，在一版开办的。全年共刊出文字稿件211篇，配发照片和插图214幅。

《无名者剪影》栏目是怎样办起来的呢？那是1988年11月份，北京日报在一版头条位置集中发表了一组默默无闻、乐于奉献的人物报道，在读者中引起强烈反响。不久又发表一组类似报道，同样收到很好效果。鉴于当时报纸上长篇文章多、名人报道多、领导人物活动多，经北京日报社编委会研究决定：在一版开办《无名者剪影》栏目，专门为在"四化"建设中作出贡献的各行各业的"无名者"扬名宣传。同时确定抽出编辑，专人负责，每篇稿件不超过五百字，报道一个人物，配发一幅照片或插图。

这个专栏在1989年发表的211个人物中，涉及近百种行业，其中有教师、教授、编辑、导游、医生、司机、工程师、侦察员、炼钢工、理发员、售货员、维修工、列车长、清洁工、"珠宝通"、个体户、合唱队员、工会干部、植树能手、卫生防疫员等等。

《无名者剪影》专栏以它本身的特色赢得了读者，一年来收到近千篇稿件和来信。一位读者在信中说的："专栏以它独到的魅力走过了二百天的艰辛历程。做为一个忠实读者，我眼瞅着它长大了、长高了，并耳闻目睹了它在普通百姓们心中的影响。"还有一位读者来信："希望来年回首的时候，你身后是片绿草地。"

此专栏开办之后，在新闻界也有一定影响，一些新闻单位也办起类似人物专栏。

（树　一）

冶金报——《人物新闻》栏目简介

1989年1月至8月，冶金报与山东冶金总公司共同举办了"人物新闻"征文比赛，从而开创了冶金报在要闻版用固定栏目反映新人新事的报道形式，打破了行业报要闻版见物不见人的沉闷、枯燥的局面。

"人物新闻"采用消息的形式和简练的语言，反映某一特定人物新近发生的事实。要求参赛稿件要"事实新鲜、取材新颖，写作上别具一格"。比赛期间，共收到稿件240余篇，发表68篇，评出获奖作品25篇。

长期以来，冶金报一版以报道经济建设的消息为主，内容多为生产建设方面的成绩、经验或动态，见物不见人，较单调、枯燥。"人物新闻"专栏的开办，改变了过去冷冰冰的钢铁的面孔，广泛地展现了冶金战线的先进人物和在平凡岗位上做出成绩的职工的风采，组成了一幅五光十色的人物画廊，使读者受到了鼓舞，增加了实现四化的信心和力量，促进了两个文明建设。

首都新闻界部分专家对这次征文比赛给予了热情的支持和肯定的评价。

（于晓燕）

黔东南报——《面对难题》栏目简介

黔东南报从1989年元旦起，在一版显著位置新辟一个十分引人注目的栏目——《面对难题》，受到州委领导和各族群众欢迎。

十年改革，贵州省黔东南苗族侗族自治州取得了巨大的成就，发生了深刻的变化。随着改革的深入发展，出现了种种新问题和新矛盾，使一个又一个热门话题在社会上传播，有的在诱发着一些人对改革的怀疑观望，有的还影响党和政府的威信。在这种情况下，黔东南报从实际出发，一年来，先后就自治州首府凯里市的《菜篮子——物价问题》到全州的社会治安、粮食生产、计划生育、民族教育、小煤窑开采、民族事务、山林纠纷、肃贪倡廉等9个方面出现的热点、难点进行报道。每个方面的稿件多至17篇、少则1篇，长则5000字，短则500字，不时配发按语、编后和《面对难题见报以后》，全年共发稿71篇，约6万多字。所发稿件，注意从读者的实际感受出发，从不同的角度和层次提出问题，夹叙夹议。既讲成绩，也讲失误；既讲人民群众的忧虑，也讲地方党政部门为排解困难所作的努力；既讲改革必须坚持社会主义的方向和光明的前景，又讲困难的实际情况和产生的原因。发动群众献计献策，兴利除弊，这既是州委州政府所想的，也是当地苗、侗、汉各族人民的共同要求。在初推出《菜篮了——物价问题》时，就有人说报社跟他们"过不去"，也有质问"别人都在宣传大好形势，你们怎么搞起'难题'来了？"这个问题共发五篇短文，文章还没有发完，局面大变。读者看到这组短文讲了近年来副食品、日用品供应丰富，有钱就能买到东西的事实；也讲了物价上涨过猛、消费者难以承受和奸商坑害消费者的事实；还报道政府部门为平抑物价所作出的努力，也批评了一些职能部门的腐败现象。原先骂娘的，说原来报社提出难题是为了解决难题，不是跟他们"过不去"。还有更多的读者来信、来电话、来访，对这个栏目表示支持；有的提出别的题目，要求予以报道、剖析；有的读者反映说："看了你们的报道，更加深刻地理解了治理整顿的必要性和深化改革才是出路的道理。"有的还提出了一些解决难题的建议和办法。开办了这个栏目，有效地推动了一些难题的解决。

开办《面对难题》栏目，还是对报社编辑记者调查研究能力的锻炼提高。《社会治安问题的忧思》共编发十篇短文，编辑记者深入社会调查研究，努力道出社会治安不好这一社会现象的复杂性，对多个侧面进行力所能及的分析，指出解决这一问题的可能性和面临的实际困难。州公安局分管宣传工作的老副局长一再说："这组文章写得好！"

（李葆中　方必宏）

长庆石油报——《形势自由谈》栏目简介

如何引导职工看形势？从1988

年12月开始，长庆石油报开辟了《形势自由谈》栏目。谈什么?让职工自己谈自己，自己启发自己，摆实情，讲实话，形式自由，不拘一格。开办以来，共发稿40多篇，受到读者欢迎。

来稿谈得实在，读者感到亲切。《我实现了大学梦》《中断了二十年的梦》《我家的三个大学生》等文章，谈的都是过去的“梦”，现在如何变成了现实，感人至深。后一篇文章说，“我的三个孩子，在1985年至1987三年内接连考上了大学……1978年以前，全家总收入不足100元，连生活都很困难，哪有能力供三个孩子上大学呢？即使他们考上了也读不起。10年改革中，我被聘任为工人技师，工资长了5级，加上奖金，月收入300元以上，生活虽不宽裕，也能供三个孩子上大学。这都是孩子们赶上了改革的好年月，全托改革的福，托石油工业发展的福。”

职工谈所见所闻，亲身感受，用生动具体的事实来反映个人家庭、家乡、油田以及整个国家的变化，感染力强。如《王大谝的今与昔》，说的是作者家乡陕西关中的事。有外号叫王大谝的人，能说会编，能干会算，可过去穷得丁当响，常常吃了上顿愁下顿，还欠了生产队1000多元的口粮钱。10年改革中，靠党的富民政策，王大谝种好责任田，还办起了砖瓦厂、磨面房，成了村里的万元户，乡长给他送来了“勤劳致富光荣之家”的金字匾。

既为“自由谈”当然允许大家各抒己见，畅所欲言。只要有利于整顿经济，加强廉政建设，推动油田改革的文章都能发表。《油城假日拾零》、《电视机前的沉思》《买鞋琐记》等，既谈到改革带来的变化和成就，也尖锐地谈到经济过热带来的失误，起到了警醒和禁戒的作用。

为鼓励职工踊跃投稿，该栏目采取有奖征文形式，和勘探局工会合作，筹集一些资金，奖励好的作品。对社内社外的稿件一视同仁，通讯员和记者的稿件一视同仁。结果来稿广泛，有一定深度，其中有20余篇获奖。

(夏步海)

四川人民广播电台——《企业风采录》节目简介

1989年，四川人民广播电台在早上7点的《新闻和报纸摘要》节目中新推出《企业风采录》节目。

从3月开播到年底，《企业风采录》共选播了211件(篇)通讯、特写、专访、文章和录音报道。不但涉及机械、电子、冶金、石油、建材、军工、林业、邮电、商业、供销等十多个行业，报道面宽，而且依托典型，多角度多层次地展现改革开放十年来四川工交财贸企业两个文明建设的丰硕成果，讴歌企业的先进事迹和先进人物，抒发企业干部职工无私奉献、开拓进取的崇高精神，并交流企业改革和建设等方面的有益经验。整个报道激动人心，催人上进，给人启迪。

服务于治理整顿和深化改革，是《企业风采录》的主要特点。1989年是集中治理经济环境、整顿经济秩序、全面深化改革至关重要的一年。推动和促进治理整顿和深化改革，保证改革和建设的顺利进行，是《企业风采录》的宗旨和职责。该专栏播出的“为了气龙的腾飞”“川石牌钻头翻身记”“冲出低谷——记重庆油脂化学厂”“新的活力——峨眉水泥厂招标承包改革记实”等系列报道，“涪城奇葩”“雪山下的改革潮”“李铁锤和企业文化”“嘉华在竞争中崛起”等通讯，都着力于为治理整顿和深化改革“鼓与呼”。《企业风采录》专栏运用文字和音响，发挥广播的优势，为推动和促进天府之国的治理整顿和深化改革作出了切实的努力。

实施正确的舆论引导，是《企业风采录》的又一特点。在1989年春夏之交的政治动乱中，专栏没有间断，坚持播出，并且通过大力宣传两个文明建设的正面典型，突出“主弦律”，保持了正确的舆论导向。

丰富《新闻和报纸摘要》的内涵，使节目的可听性和指导性增强，是《企业风采录》的第三个特点。专栏播出的稿件每篇约800至1000字，播出的录音报道每件约4至5分钟，份量相对较重，具有一定深度，与《新闻和报纸摘要》节目中播出的新闻特别是短新闻相得益彰。专稿和新闻相配合，动态和典型相映衬，强化了节目的宣传效应。

《企业风采录》在广播的黄金时间播出，收听率高，影响面宽，社会效果突出。1989年4月，正在遂宁市调查研究的四川省委书记杨汝岱收听了专栏播出的，介绍四川石油川东开发公司职工先进事迹的通讯“川东沙卧输气干线抢险始末”之后，肯定这个专栏办得好，并指出：我们就是要多宣传为党为人民事业无私奉献的精神，以激励和鼓舞人们积极向上、团结奋发、推动改革和建设的发展。

《企业风采录》播出的200多件来稿已由电台辑录成集，交四川人民出版社出版。四川省主管工业和交通工作的副省长蒲海清特为该书作序，赞扬开辟《企业风采录》是对全省企业的很大支持，也是对省政府工作的很大支持。

(吴高全)

辽宁人民广播电台——《市场与消费》节目简介

企业希望自己的产品成为社会的宠儿；琳琅满目的商品市场翘待着顾客的光临；消费者苦苦寻觅着购物的最佳去向——这是当今商品社会的三大心态。谁来为这三者牵线搭桥，成秦晋之好？辽宁人民广播电台《市场消费》节目，为买方、卖方排忧解难。

《市场与消费》节目忠实地站在消费者的立场上，迅捷、简便、全面的传递企业名、优、新产品信息，商业销售信息，介绍商品知识、消费常识，发布市场动态及行情预测信息，切实维护企业和消费者双方权益。

《市场与消费》节目采用录音、讲话、文字稿并举，以企业和消费者双方取得最大的收益为目的。利用节目时间长短不限。

《市场与消费》节目暂设有《名、优、新产品》《商品之窗》《商品知识》《消费指南》《市场动态》《外省商情》《经营之道》《监督岗》等。

《市场与消费》节目自开办以来，

在介绍市场信息、引导群众消费方向，做了大量工作起到了良好的作用，并收到了许多听众的来信。

沈阳市于洪区听众刘刚在给本节目的信中说，他本来以为养蝎子致富快，并准备投资养蝎，听到《市场与消费》节目介绍了目前蝎子产品知晓，国内外市场都销路不畅，决定不养了。他在信中十分感谢这个节目为他提供及时、准确的信息。

听众徐国家在来信中反映许多街道被小商小贩挤占，群众行路十分困难。这封信播出后，有关部门立即采取措施对小商小贩挤占马路做买卖的现象进行了整顿。

自节目开办以来，共播市场信息、市场预测、商品知识、消费常识1000多条。

（辽宁人民广播电台编辑部）

天津人民广播电台——《天津早晨》节目简介

《天津早晨》是天津人民广播电台经济台的一个主持人直播板块节目，1989年1月1日开播，播出时间为每天7:00——8:00。这个节目以新闻和言论为主导，溶信息、服务、知识于一体，接近群众、接近实际、接近生活，既生动活泼，又有大方向。开播以来受到各方面的欢迎和好评，拥有广泛的听众。

《天津早晨》节目的宗旨是反映天津人民投身改革开放、四化建设的激动人心的生活，给人以希望和力量，鼓舞人们去建设自己的新生活。《天津早晨》也经常安排批评性报道和言论，其出发点是促进问题的解决，推动工作的开展和社会主义新风尚的弘扬。

《天津早晨》设有本市新闻、各地经济新闻、海河星光（以社会新闻为主）、观象台（言论话题）、市场信息，这几个栏目每天播出；另外还设有空中彩桥（热线电话）、田野风、现代人十分钟、生活服务台等十几个栏目穿插播出。《天津早晨》节目取得成功，发挥新闻、信息、服务的综合优势是一个重要原因。

（刘玉峻）

哈尔滨人民广播电台——《千家万户》节目简介

《千家万户》是哈尔滨人民广播电台的综合性板块节目，始创于1987年10月，虽仅两年余，却已深扎在哈尔滨市万千家庭之中，并荣获黑龙江省首届广播名牌节目。

《千家万户》每日早晚7时、午11时三次播出，每次25分钟。其创办宗旨是：以新闻性、服务性、知识性和趣味性为基点，说群众心里话，办群众身边事。开播两年来，《千家万户》共设立固定与不固定栏目30个，每栏均侧重在以下服务“四性”上做文章：

——**支持性服务**。《千家万户》运用广播开展公开批评这一社会主义新闻传播工具的特有职能，为那些有冤诉不出，有理打不赢的群众鸣不平。两年间，顶住各方面的干扰，伸张正义、揭露邪恶，播出了数十篇对“猪肉少称”“野蛮占房”和出售伪劣商品等问题的调查与思考，较好地起到了良化社会风气的作用。

——**直接性服务**。直接而有效地为群众办实事是《千家万户》始终如一的宗旨。不怕事的繁杂，热心地为冬闲的农村姑娘搭桥找保姆活，为寻医求药的病人介绍医院、医生和偏方，为台湾同胞寻找失散多年的亲友，为欲轻生的少女解除烦恼。听众的来信反映说，《千家万户》确实无愧于这个响当当的名字。

——**启示性服务**。《千家万户》力图在每日一套的节目中给各种各样的家庭和个人以点滴启示，如买衣煎药、购物胎教、婴儿护理等等，寓知识与趣味与一体，并给予某一方面的具体指导。

——**超前性服务**。引导群众超越现在的生活范围，着眼于未来是《千家万户》较高层次的追求。节目常以“热门话题”为栏，就“如何正确对待独生子女教育”等问题进行广泛而深入地讨论，引导听众面向未来。

服务“四性”使《千家万户》与哈尔滨市400万群众结下不解之缘。截至1989年10月，这个仅12名编采人员的小集体共收到和处理了群众来信15000余封，电话7000余次，接待上访人员1900多人。

除以各种细微服务滋润万户千家外，《千家万户》还有意识地组织多次深度报道，以正确、深层的舆论导向影响和指导每个家庭、每一人群。针对社会大环境忽视思想政治工作，忽视艰苦奋斗，忽视用革命思想培养一代新人，重“硬”轻“软”的不良苗头，《千家万户》在1989年6月13日至7月12日，以哈尔滨汽轮机厂的“爱祖国、爱工厂、爱岗位、爱主人翁地位”为内容开展的青工全优达标竞赛，培养一代青年工人的做法，进行了集中、连续的采访报道，在社会上引起强烈反响。一时间，对比和学习汽轮机厂，加强政治思想教育的活动，在许多工厂、企业兴起，对良化哈尔滨市市风起到了重要作用。

（杜小伟）

金陵之声广播电台——《金陵夜话》节目简介

《金陵夜话》是一个新闻性与知识性、趣味性相结合的漫谈节目。它和一般的纯言论节目有些区别，除了就时政发表见解外，更倾向于《燕山夜话》《望海楼随笔》的编写方针，从一事、一人、一物生发开来，介绍一些知识，阐述一个道理，有针对性地帮助台湾听众解疑释惑，增加对大陆的了解和对祖国的热爱。

《金陵夜话》大致包含以下一些内容：

一、结合实例阐述党的方针政策。在“一国两制”基本构想的基础上，党对和平统一的方针随着形势的变化不断发展，并制定出许多新的政策。对这些方针政策要选择更多的角度反复宣传，尤其要多写些结合实例的解说性的稿件。此外党的宗教政策、民族政策、对台胞台属的政策、对华侨侨眷的政策等，凡是和台湾同胞有关并引起他们关心的政策都在我们的宣传解说的范围内。这一类稿件侧重于服务性和解疑释惑，结合具体事例和台湾当局对党的政策的歪曲宣传，有针对性地从小处着手，讲一些事实和可信的道理。

二、对大陆上发生的重大事件和台湾同胞所关心的问题撰写解说性的稿件。对大陆上发生的一些重大事件，台湾当局常常作歪曲的报道和宣传，对大陆在改革中遇到的问题，台湾当局也常常恶意渲染。便有针对性地说明某一事件的真相，对改革中遇到的一些问题做实事求是的分析，以使台湾同胞对大陆情况增加实质性的了解。

三、对台湾内发生的重大事件和关系台湾同胞切身利益的各种问题发表见解。对于这类稿件力求对台湾岛内情况多作深入了解，发表见解也注意避免以偏概全产生片面性。文章言之有据，说理中肯。对台湾当局不利于祖国统一的言行和有损台湾同胞利益的作为批评时，也应注意入情入理把握尺度，该严厉时则严厉，该柔和时当柔和。

四、对两岸同胞共同关心的国际事件发表议论。中国政府作为中国的代表在国际上威望越来越高，并且越来越主动地参与着国际事务。台湾经济的高速增长也使台湾在国际上有着一定的地位和影响。大陆和台湾的关系既是中国的内部事务又和国际关系的发展和演变紧密相联。因此对于两岸同胞共同关心的国际事件也可以撰写稿件、发表见解，其着眼点在维护国家主权和中华民族的共同利益上。撰写这类稿件应注意中央精神和宣传口径。

五、撰写一些知识性稿件。如文化古迹，名人轶事，地方掌故，民国人物小传等，做适当宣传。

六、对大陆城乡改革和民主与法制建设方面的情况的宣传。例如对华侨和台湾同胞向大陆投资或经商设厂的有关政策规定以及侨资台资经营比较好的事例。大陆对个体经营的保护。房屋政策，就业制度，文化出版制度专利制度等方面的改革。介绍与台胞有关的法律规定，反映国家法律对人民群众合法活动的尊重与保护，为台胞提供法律服务。

七、针对台湾青年关心的问题撰写稿件。举办理想、就业、业余生活、婚姻恋爱、家庭邻里关系，校园生活等方面的问题等。

（金陵之声广播电台编辑部）

西藏电视台——《纪念民主改革30周年》节目简介

1989年是西藏实行民主改革30周年。

为了隆重纪念西藏历史上这一伟大变革，自治区广播电视厅组织力量，于1989年3月中旬至5月下旬(75天)，开办了“纪念西藏实行民主改革30周年”广播电视专栏节目。在这期间，西藏电视台先后播出电视专题片55部(集)，总计播出时间达2400多分钟，内容丰富多彩，受到各阶层观众的欢迎与好评。

这次开办的“纪念西藏实行民主改革30周年”电视专栏节目，不仅注重了节目的规模与声势，更注重在节目的选择、制作和编排上下功夫，既有反映旧社会西藏人民悲惨命运的历史专题、资料片，也有西藏人民在中国共产党的领导下挣脱奴隶枷锁获得新生的情况反映；既歌颂了勤劳、智慧的藏族人民的伟大创造精神；又缅怀、赞颂了为了西藏和平解放事业献出青春、热血的人民解放军的丰功伟绩。同时，全面、真实地反映了西藏自治区各条战线30年来取得的巨大成就。大量生动、真实的图像资料和数据，具有说服力地向电视观众展示了30年来西藏社会的历史进程。使广大观众，尤其是青年一代，知道了西藏过去的黑暗和残酷，懂得了幸福的今天来之不易，收到了很好的宣传教育效果。一些观众纷纷投书电视台，反映他们看了电视专栏节目以后，更加清楚地知道了西藏是祖国不可分割的一部分的历史根据，更进一步地认识到，没有中国共产党的正确领导，不走社会主义道路，就没有西藏人民幸福美好的今天和光辉灿烂的明天。

（向　斌）

甘肃人民广播电台——《大家谈》节目简介

《大家谈》评论专栏创办于1986年元旦，安排在每天的全省新闻联播和早新闻中播出，每天一篇，每篇一般三五百字。至今已播出一千四百多篇。在社会上产生了广泛影响，受到省领导的多次表扬，被甘肃省杂文学会评为全省唯一的优秀杂文栏目。省内外听众也纷纷来信，赞扬这些小评论“入耳入脑，给人启迪，令人寻味”。

这个专栏一创办，就明确提出了“面向社会、面向群众、面向生活”的宗旨。紧紧围绕党和政府的中心工作及广大听众普遍关心的问题展开宣传。所发的文章大多一事一议，联系实际十分紧密，其论题触角伸向思想教育，两个文明建设，党风和社会风气，家庭伦理道德等方面。或褒扬先进，或针砭时弊，或与听众拉家常谈思想，均力求既旗帜鲜明，又亲切可信。由于离现实近离群众近，各方面的听众都喜欢听，较好地发挥了舆论引导和舆论监督的作用。

《大家谈》在“怎么谈”上做了有益的探索。它坚持紧密依靠听众，请听众来七嘴八舌谈认识、提建议。而不是靠少数几个人关起门来办。这是这个栏目常办常新、经久不衰的一个重要保证。正因为如此，许多听众都把“大家谈”当作他们的良师益友。工作、生活中有难题、有想法都愿意写稿到这里来倾诉。现在这个栏目的作者已遍布全省各条战线、各个行业，他们中有省委书记、地县领导，也有工人、农民、军人、知识分子。

《大家谈》一改过去广播评论架子大、帽子大、口气大的毛病。它选题小、论点精、大题小作、形象通俗，生动具体、文字犀利、风趣幽默，而且言之有物，针对性强，富有感染力，适合广播特点，很少有大话、套话和空洞的说教。它创办至今播出的一千多篇稿件中，上到国家大事，下至家庭关系，象绵绵春雨不断滴入听众心田。

（甘肃人民广播电台编辑部）

欢迎订阅

中國地質礦產報

（原中国地质报）

由中华人民共和国地质矿产部主办的《中国地质矿产报》，是立足地质矿产勘查和矿产开发部门，面向国内外公开发行的报纸。

《中国地质矿产报》将及时准确地宣传地质勘查、矿产资源开发、地质矿产资源和地质环境管理等方面的方针、政策；介绍地勘行业双文明建设的先进典型和先进经验；报道地质找矿、矿产开发利用的新经验、新理论、新技术、新方法；传递国内外矿产品、地质勘探、矿产开发机电仪器产品市场的最新信息；向读者普及找矿、开采、选冶等知识；为乡镇集体开发矿业提供各种咨询服务，并从提供文化生活和娱乐等多方面满足读者的广泛需求。

《中国地质矿产报》承办国内外工商广告和书刊广告业务。

《中国地质矿产报》对开四版，每周一、五出版，单价0.20元，年价21.60元。国内读者可随时到当地邮局订阅，国内报刊代号：1—31；国外读者可与中国国际图书贸易总公司（北京海淀区车公庄西路21号，邮政信箱2820号）联系订阅，国外代号D860。

本报地址：北京西四　邮政编码：100812

欢迎订阅 **《人民邮电》报**

《人民邮电》报是邮电部主办的全国性产业报，创刊于一九五〇年。四十年来，她始终以宣传党和政府有关邮电的方针、政策，及时刊登国内外邮电的新鲜消息，反映广大邮电职工和社会各界用户的呼声，广泛交流邮电通信工作经验，准确介绍邮电业务知识，活跃职工业余文化生活为办报宗旨，受到广大邮电干部职工及社会读者的欢迎。《人民邮电》报为更好地为各界读者服务，为读者的不同需要服务，在版面分工上作了精心安排：一版为要闻版；二版为综合新闻版；三版、四版分别为政法科教、经济探索、国外邮电、集邮、文学、摄影美术等专版；另外，每月末还有一期内容更加丰富多彩的《月末》版。

除《人民邮电》报外，本报还办有《邮电企业管理》双月刊。

《人民邮电》报目前为对开周二报，每周四、日出版，公开发行。邮发代号：1—11

地址：北京安定门外大街181号　**广告科电话：**4219568　**邮政编码：**100011

欢迎各界客户在本报刊登广告

广告收费标准

1、通栏广告收费标准：

全版（宽35cm×高48cm）工商广告每期刊费12000元，公告、书刊每期刊费10，000元。

半版（宽35cm×24cm）工商广告每期刊费6000元，公告、书刊每期刊费5000元。

1／3版（宽35cm×高16cm）工商广告每期刊费4000元，公告、书刊每期刊费3200元。

1／4版（宽35cm×高12cm）工商广告每期刊费3000元，公告、书刊每期刊费2500元。

2、通栏以下的小面积广告，每平方厘米工商广告7元；公告、书刊广告6元。

3、外商广告整版6，000美元，半版3，000美元；1／4版1，500美元。

4、套红整版加收10％，半版加收20％，1／3版加收25％，1／4版加收30％广告费。

读者、听众、观众调查

农民日报读者调查

1989年，农民日报进行了第二次读者调查。10月31日，在报上刊登了读者调查问卷，公开征求广大读者对本报改版两年多来的意见。我们抽样统计了1000份答卷，并仔细阅读了151名读者随卷寄来的评报信。读者的看法和意见，对我们进一步办好农民日报很有启发和帮助。

本次调查对象中的绝大多数答卷人都是农民日报的热心读者和支持者。其中，机关干部占41.2%，农民占26.6%，乡村干部占22.5%，乡镇企业职工及其他人员占9.7%。

与第一次调查相比，被调查者中农民和乡村干部的比重分别增加6%和10%。阅读本报来源，70%靠公费订阅，23%靠自费订阅。

读者的看法和意见：

(一)读者在回答"农民日报是否已经形成自己的特色?"这一问题时，53.8%的人认为"已经形成"，37.8%的人认为"初步形成但不明显"，6.4%的人认为"尚未形成"。持"已经形成"观点的读者分析：农民日报从诞生之日起，"农"字风格就先声夺人，宣传报道始终没有离开农村、农业、农民这"三"农。给人们突出印象的是1987年下半年以后，农民日报发表了一系列有较大影响的报道和评论，如"决策的城市倾向"，"万张白条"，"彭祥辞职"等，特色较为鲜明。

(二)读者在回答"农民日报主要特色应是什么?"这一问题时，1000份答卷中，选择"宣传农村政策"的872人，选择"反映农民呼声"的808人，选择"普及科技知识"的664人，选择"指导农村工作"的648人，选择"宣传精神文明，丰富文化生活"的642人，选择"传播致富信息"的637人。认为这些项目都应是抓住不放的。

读者在来信中列举事实说明农民日报最明显的特点有三：一是及时准确地宣传党在农村的各项方针政策；二是经常不断地反映农民的呼声、愿望和要求；三是注重综合性。这是农民日报有别于中央其他各报和地方农民报的主要特征。报纸的新闻版、《读者之声》、《法制园地》、《农业与科学》等普遍受到欢迎，喜欢和比较喜欢看的读者都在85%以上。

(三)读者在回答"如何进一步办出农民日报的特色来?"这一问题时，读者指出当前农民日报宣传报道中存在的问题主要的是：486人认为"报喜不报忧，反映群众呼声不够"；440人认为"缺乏有普遍意义、有较大影响的典型报道"；366人认为"长文章多、精悍之论少"；325人认为"抓不住读者普遍关心的问题"；271人认为"评论文章针对性不强"；158人认为"版面编排呆板，印刷次，差错多"。突出的问题是未能经常抓住农村普遍存在、读者又普遍关心的问题。这也是读者来信中较为一致的看法。

如何改进?不少读者指出报纸编辑人员应该围绕农民思想实际、农村生活实际把报纸办得更实更活。

读者希望编辑人员多到基层听听干部群众的"心底话"，了解农村的"真面目"。这样，重头新闻报道会有的，评论文章的针对性也会有的。

有读者说，农民辛辛苦苦种一年田，不如小商贩跑几天，高价肥电低价粮，假冒农药坑死人，负担重，治安乱，就盼望着自己的报纸反映呼声。

有读者说，由于社会的偏见，农民走到那里往往低人一等，农民日报应当为彻底扭转轻视"农"字的不良现象而努力。版面多一点"村边地头"的声音，本身就是为农民说话的实在行动。

有读者说，"活"与"短"是分不开的，农民报的文章最让人反感的是那些空洞无物的长文章。农村广阔天地，新闻众多，报上应多登些小特写、小通讯和简明新闻。

有读者说，农村人所从事的各项活动都应该有所反映，农民们想知道的"身外事"、"国外事"、"天外事"也很多，也应占有一定的版面，不要仅仅盯着农业经济，把自己的天地搞窄了。对新典型、新发明、新创造、新人新事报道要多些，快些。

有读者说，农民日报的文风应以通俗化为主调。语言应该朴实，不要花里花梢。近两年通俗化文风有所体现，然而仍不时有华而不实、故弄玄虚之作。有些文章貌似通俗，实则格调低下，庸俗，也不受人欢迎。

就8个版来说，较受欢迎的是《社会新闻》、《生活大观》、《当代心态》。在1000份答卷中喜欢和比较喜欢的分别占92.7%、91.6%和87.9%。同时，也有读者批评说有些文章、杂谈消极、朦胧、不通俗，离农民远。读者喜欢周末版。江西省寻乌县陈吉昌调查60名团员，都说喜欢看周末版。

（曾业松、王　凯执笔）

天津日报读者调查

1989年即将结束，一年来，读者对天津日报评价如何，有什么意见，一些专版、栏目是否适应读者的要求，新的一年读者对天津日报的希望和要求是什么，为此，我们开展了1989年度读者调查工作。

在南开区委的配合下，我们进行了千人问卷调查工作，发出问卷1500余份，收回936份。我们还分别召开了天钢第二炼钢厂和天津南开大学学生座谈会。

这次读者调查，对我们有如下启示：

读者接受并欢迎正面报道。在新闻改革中，一些同志认为，正面报道可读性差。个人问卷及座谈会的情况表明，这个看法是偏面的。当北京暴乱严重危及天津之际，天津日报连续发表了三篇评论员文章，掰开揉碎地阐明：抵制动乱于国、于民、于己的好处，对别有用心、欲在天津制造暴乱的不法分子发出严重警告，对蒙在鼓里的青年和学生进行反复提醒、善意告诫。评论员文章言词恳切，令人心悦诚服。千人问卷中有近 1/3 的人在附言中写道：天津日报三篇评论员文章对稳定天津局势起了积极作用。

针对暴乱中人们的一些错误认识，天津日报 1989 年 8 月份在一版开辟“千字文”栏目，南开区委工会干部、第二十五中学教师们在调查问卷的附言上讲：“千字文”深入浅出地论述了“我国为什么一定得走社会主义道路”、“为什么中国不能实行私有制”、“社会主义为什么不能与资本主义趋同”等问题，对我们帮助很大。南开大学党委、财经学院教务处、纺织学院的负责同志及教师也称赞“千字文”好，对解决学生的思想问题很有帮助。在调查中，这个仅开设 4 个月的栏目就有 71.97%的读者投了“满意”和“较满意”的票。

12 月 1 日头条《李景春和他的千斤车》和 12 月 22 日报告文学《将军夫人》发表后，引起了读者的共鸣。天津市 55 中高三五班学生李永强说：“读了报告文学《将军夫人》，我感动不已，久久地思索：人活着应该追求什么？”“去年动乱的时候，有人说什么‘共产党员没形象’，崔奶奶的形象不是活生生的吗？……我希望贵报多宣传一些象崔奶奶这样的先进人物。”

这说明，读者接受并欢迎以理服人的说理诱导，以情动人的情感诱导，以行感人的榜样诱导，以美好前景进行鼓动的前景诱导。这些因势利导的正面报道使读者正确地看待形势，坚定了改革的信心，增强了战胜困难的力量。

宣传报道不能回避“热点”、“难点”问题。社会舆论的“热点”和“难点”，往往是改革中尖锐的、为人民群众普遍关注的、并且有争议的问题，天津日报不回避这些问题，针对“热点”和“难点”问题发表讨论及研究文章。如《肉检失控何时了》《假冒名酒为何流入我市》《“菜园子”与“菜篮子”——关于蔬菜产销问题的反思》等文章引起了读者的关注。南开大学中文系学生讲：这些文章揭示和说明了问题发生的原因、后果及影响，深挖了新闻背后的新闻，向我们提供了比动态新闻更为详尽和具体的事实和背景。南开区副食公司的一位干部在千人问卷的附言上讲：“问题研究”的文章对我们工作有指导，我们愿意看这样深层次的文章。

暴乱中，社会上一些人受资产阶级自由化思想的影响，要求中国实行多党制，天津日报发表了《中国为什么不能实行多党制》、针对一部分人要求“大民主”的思想，发表了《为什么要反对大民主》、针对“腐败难免论”发表了《腐败并非难免》的文章。在千人问卷的附言中，许多领导干部称赞这些文章好，市政工程局、天钢二炼厂及一些大专院校组织大家学习这些文章。

社会新闻大有读者。在千人问卷中，天津日报“德与法”栏目得票最多，“七色社会”位居第二，“社会广角”名列第四，这三个栏目皆是社会新闻。

南开区房建公司干部在问卷的附言上写道：“德与法”的“案例”专栏好，向读者揭露那些敌视社会主义事业，反对改革开放的言行，揭露那些破坏社会经济，违背社会公德的行为，对我们尤其是青少年有教益。有近 50 名的读者在附言上称赞“七色社会”及“社会广角”的新闻可读性强。长虹公园的一位干部讲：我每天看报，看完头条，就看“社会广角”和“七色社会”。

读者喜爱社会新闻，这表明：当今读者对报纸有新的、更高的要求，不愿接受直来直去的说教式和单纯灌输式的报道。新闻的指导性应与可读性结合起来，宣传目的才能有效地实现；增强报纸可读性的一个最直接的办法就是增强新闻的社会性。

要加强国内外时事综述的报道。了解国内外大事是读者最主要的读报目的。千人问卷中“简明新闻”、“国际短波”、“早晨一点钟新闻”、“时事综述”都拥有大量的读者。

针对电台、电视台传播新闻比报纸快的特点，天津日报开辟了“早晨一点钟新闻”，很受读者欢迎。

通过这次读者调查得知，读者已不满足国内外新闻一事一报的形式，希望一个时期能看到述评式的文章，以便对国际国内新闻有全面的了解。这是报纸改革国际新闻报道的一个方面。

贴近群众生活的报道还应加强。天津日报发表的反映群众生活问题的文章深受读者欢迎。在千人问卷中，78.64%的读者对“海河之声”投了“满意”及“较满意”的票。许多读者在问卷附言上讲：“海河之声”开展的《该不该用粮票向小贩换鸡蛋》、《如何对待中学生的早恋问题》都是我们生活中的事，我们十分注意这样的文章。“市场”版向读者介绍商品信息、特点、功能、用途，何种商品到何处购买，这些实用性强、服务性强的报道，受到读者的普遍欢迎。千人问卷中，74.61%的读者对“市场”版投了“满意”及“较满意”的票。千人问卷中，与人们生活贴近的“科学与生活”得票也很多。

与以往的三次读者调查一样，知识性、趣味性的文章及栏目，如“百科之窗”、“海外纵横”等也受到读者的欢迎。

（李　爱）

附：千人调查问卷统计表

栏目名称	满意	较满意	不满意	栏目名称	满意	较满意	不满意
千字文	37.28	34.69	2.99	德与法	72.93	16.33	1.36
津门小议	53.2	28.16	1.5	春秋笔	32.93	39.73	2.59

随　笔	34.01	34.97	3	满庭芳	29.39	36.87	5.44
豆香斋杂话	42.3	27.8	2.3	报告文学	45.17	29.80	3.13
快　讯	46.4	29.5	3.13	周日文艺副刊	32.11	31.16	3.40
时事综述	52.79	30.88	1.22	周　末	49.93	24.35	2.18
国际短波	40.95	31.70	2.99	市　场	45.17	28.44	4.62
早晨一点钟新闻	45.71	23.40	2.18	摊店内外	28.84	31.97	5.85
海外纵横	42.3	31.16	2.04	风流人物	34.83	33.74	5.17
外埠通讯	18.76	40.14	5.17	科学与生活	55.28	23.67	1.63
七色社会	60.82	20.27	2.72	新　潮	26.12	34.82	5.44
海河之声	51.16	27.48	0.95	学　习	32.65	32.79	6.26
简明新闻	49.25	26.39	1.36	经　济	24.76	37.41	5.17
社会广角	56.19	25.03	0.54	企业大世界	20.27	37.14	5.59
教育天地	36.05	35.24	3.67	照片新闻	21.5	38.37	8.16
文艺专访	26.67	37.41	5.17	党的生活	49.66	25.44	3.67
文艺周刊	30.34	36.05	4.63	百科之窗	69.25	14.97	1.9
文艺评论	24.63	39.05	6.12	摄影艺术	24.08	35.37	9.12

北京地区读者对《光明日报》专栏、专刊的意见和要求的调查

为了及时了解广大读者对本报所办专刊和栏目的意见及要求，不断改进工作，提高编采质量，光明日报新闻所于12月，对北京地区一些高校、科研设计单位、文教卫生部门和党政机关的一些读者，进行了问卷调查。共发出问卷500张，收回209张，反馈率为41.8%。现将读者意见综合如下：

读者对本专栏、专刊总的印象

光明日报设立的各专栏、专刊，总的来说还是受读者欢迎的，特别是文化程度较高的读者，对学术性专刊尤为喜爱。

依据读者答卷的统计，在我们所设的专刊和栏目中，读者最喜欢的是《要闻简报》，占总人数的65.5%。其次是《国际长廊》，占64.5%；《文学》，占61.2%；《每周评论》，占59.3%。以下的次序是《艺术》《大家谈》《知识分子英雄谱》等。

不同职业的读者对于各专刊和栏目的喜爱，又稍有不同。党政干部和教育部门的读者，最喜欢《知识分子英雄谱》。中央民族学院一位读者说："我最喜欢看《知识分子英雄谱》这个栏目，它热情地讴歌了中国广大知识分子的业绩和他们的奉献精神，对教育和鼓舞知识分子，特别是青年知识分子起了很好的作用。"科技部门的读者最喜欢《专家谈》和《科技工作者建议》；医药卫生部门的读者最喜欢《国际长廊》《要闻简报》和《医药信息与咨询》；大学生读者最喜欢《文学》和《国际长廊》；部队读者最喜欢《要闻简报》《国际长廊》及《每周评论》；离退休干部则喜欢《史学》《大家谈》和《文学》。

读者最不喜欢的栏目是《工作研究》，表示喜欢的只占总人数的16.7%。有些读者认为这个栏目与《专家谈》《科学家建议》重复；也有的人认为办得死板，不生动。

读者对专刊和栏目的具体意见和要求

《国际长廊》专刊受读者欢迎，因为它适应我国目前的改革开放形势，帮助读者开阔视野，提供大量的最新信息。有的读者建议，此专刊的报道内容可以更广泛一些，多介绍些国外的珍闻、科技发展现状和新的发明发现。也有人建议适当增加一些国际动态分析，对一周国际时事和某一个专题性问题来个综述。

《东风》副刊也受到欢迎，读者建议今后能多登些好的散文、游记、诗歌、报告文学和小说连载。青年读者则要求登些美学和现代文学流派的介绍文章。在这次调查中，《文学》与《艺术》两个专刊受到了各层次读者的欢迎，现在这两个专刊已取消，建议将这方面的内容充实到《东风》副刊中去。

《教育科学》这个专刊，读者也比较喜欢，他们希望能够介绍一些依靠社会力量办教育和古今自学成才与奋发向上的典型事例；也有的读者建议对教育体制改革进行争鸣。

读者希望《史学》专刊能够多刊登些近代史和现代史方面的文章，此外再介绍些我国古代的发明创造者的事迹。也有人建议登些对历史人物、历史事件的评论文章。

对《哲学》专刊，希望登些用基本理论解决实际生活中问题的文章；登些有针对性、有理、有据、有说服力的文章，帮助读者提高认识水平。也有

读者希望能适当介绍些西方哲学流派的思想。

对《科学社会主义》专刊，希望能够通过马克思主义基本理论和社会主义建设的实践，有理有据地阐明现代资本主义和帝国主义在生产力方面还能继续发展；以及社会主义必然代替资本主义的客观规律；也希望介绍一些新的理论和新的学派观点。

对《经济学》专刊，希望能多登些分析社会主义初级阶段的基本特征的文章，以及结合我国国情、结合人民日常经济生活实际的理论分析文章。还有的读者建议，登些农业经济问题方面的文章。

大部分读者都表示，希望史、哲、经、科学社会主义等专刊，尽量办得再活泼一些，少登长文章，避免杂志化。应尽可能刊登些学术动态和某个问题的最新观点的综述文章。有位教授说："专刊的大块文章太多，包括我从事的史学专业，有的文章我都来不及看，希望能精炼些、短些、活泼些！"

知识界的读者对《知识分子英雄谱》栏目，非常喜欢，他们希望进一步办好此专栏；更广泛地介绍一些各行各业的知识分子代表人物及他们的业绩。社科院一读者说："这个专栏也应多报道社会科学界的知识分子，特别是一些年逾古稀的老学者们，他们的爱国之心，对党的忠诚，以及严谨的治学态度和奉献精神，都是值得宣传和鼓励的。同时也是教育年轻一代的活教材。"读者也要求在写作上再提高一步，力求把人物写得更生动一些。

在《专家谈》和《科技工作者建议》专栏中，读者希望看到采纳建议的情况，以及哪些建议在四化建设中发挥了作用的跟踪报道。

一些老年读者建议《医药信息与咨询》专栏，增加一些有关中老年知识分子防病、治病和卫生保健方面的报道。

读者希望《读者来信》栏目，多反映些各方面读者的意见、要求和呼声。

读者建议增设的新栏目

读者建议在亚运期间，增设《亚运》专栏，增设《体育研究》专栏。

希望增设《国情》专栏，分期介绍我国自然资源和历史变革等情况，分析人口、土壤、气候、矿藏、河流、森林、耕地等因素对于四化建设的关系。

建议增设《民族工作》专栏。中央民族学院科研处王新红说："贵报如能开辟《民族工作》栏目，介绍民族学、民族理论和民族政策、民族经济、民族历史、民族风情和民族艺术，将对交流各族文化生活，促进各族之间的相互了解和团结，维护国家的稳定和统一起重大作用。"

科技界读者建议恢复《科学与技术》专栏，以加强国内外科技动态的报道，把光明日报办成更富有特色的报纸。

有些读者建议恢复《文学遗产》专刊，认为它能对"弘扬传统文化，提高民族自信心，激发人们的爱国主义精神起良好作用。"

建议增设《法律与廉政》专栏，用以增加法律知识，增强法制观念，推进民主与法制的建设。

有的读者建议增设《知识分子家庭生活》专栏，以便使报纸更贴近生活，增强可读性。还有人建议增设《健康》《中老年保健》等专栏。

许多读者对于光明日报今年新增设的栏目，如《每月谈》《凡人剪影》《学者风采》等很感兴趣，希望坚持把它们办好。一些读者对光明日报今年初派出一批记者深入艰苦地方、深入现场采访，如《大漠风流》等报道，给予了充分的肯定。中科院电子研究所吴珊英同志说："你们的辛勤劳动是会赢得广大知识分子支持的。希望你们百尺竿头，更进一步，继续办好、办活现有的专栏和专刊。"

（尹瑞龄）

湖南日报"迎接90年代"读者调查

在90年代即将到来的时候，湖南日报于1989年12月13、14日，连续两天刊出《致读者》，恳请广大读者对湖南日报1989年的报道进行评议，并对1990年的宣传报道提出意见和建议，以帮助报纸改进报道，继续搞好新闻改革。截至12月底止，我们共收到评报信和调查表1000余件。参加评报的读者遍及全省104个地市县，也有省外读者的来信；年龄最大的85岁，最小的12岁。评报内容涉及甚广，从办报指导思想到具体稿件，从报道内容到报道形式，从排印技术到经营管理，都进行了评议。同时，对1990年的宣传报道提出了许多可贵的建议和殷切的希望。今将调查情况分述于下：

基本读者群的构成情况

这次调查，在时间的跨度上，读者是从1989年全年的报道来进行评议的。因此，参加这次评报的读者，大都是经常阅读湖南日报的，是基本的、稳定的读者群代表。他们的情况：

（一）职业构成：

干部占	科技、教卫人员占	工人占	农民占	学生占	军人占	其它占
32.5%	25.9%	11.7%	5.5%	14.7%	1.9%	7.8%

（二）文化程度构成：

大学和大专占	中专和高中占	初中以下占
31.9%	49%	19.1%

（三）年龄构成：

35岁以下占	36岁至55岁占	56岁以上占
52%	33.9%	14.1%

从上面所列各表可以看出，现在报纸的基本读者群中，干部占首位，其次是科技、教育知识界，再次是学生、工人；年龄在35岁以下的青年居多，中年次之，中青年合计占92%；文化程度以受过高等和中等教育的

占绝大多数。

1989年哪些报道印象最深、效果最好

对本报1989年的报道，读者普遍认为印象最深、宣传效果最好的是，制止动乱、平息反革命暴乱的报道，宣传贯彻党的十三届四中全会、五中全会精神的报道，以及贯彻上述精神的一系列评论和社论。此外，还提出了一些有较深印象的具体稿件：

(一)关于“刘作发现象”的系列报道。这次调查中，有181名读者认为这组报道给人印象深刻。这181名读者中，包括干部86人，科技教卫人员44人，工人22人，农民10人，学生15人，军人4人。

(二)关于“国家有困难，我们怎么办”的讨论。有49位读者认为这个讨论组织得很好，很及时。

调查中，读者认为给人印象较深的报道还有(括号内为举荐的读者人数)：

(1)表率的魅力——记岳阳县县委书记黄甲喜(29)；

(2)恢复50年代道德水平大有希望(20)；

(3)陈俊明重男轻女(19)；

(4)见义勇为反遭毒打(17)。

另外，还有一些读者举荐了《党组织的政治核心作用在这里显威》等149篇报道。

读者喜欢哪些专版、专栏

对湖南日报1989年的专版、专栏，读者比较喜欢的有(按举荐人数多少排列)：

1、三湘拾零(271)

2、半分钟谈(131)

3、一版(122)

4、社会生活(111)

5、读者来信(104)

6、湘江副刊(99)

7、国际简讯(94)

8、三湘四水(89)

9、观察与思考(73)

10、体苑(67)

11、时事版(62)

12、益友(48)

13、管见集(37)

14、看世界(35)

15、周末版(30)

上述专版、专栏中，有的读者面较广，比如：举荐《三湘拾零》的271名读者中，有干部91人，科教人员54人，工人35人，农民12人，学生54人，其它25人；举荐一版的122位读者中，干部40人，科教人员19人，工人22人，农民6人，学生25人，其它10人；喜欢《半分钟谈》的131位读者中，干部55人，科教人员34人，工人14人，农民8人，学生14人，其它6人。

调查中，读者较喜欢的专版、专栏还有《理论与实践》等。

读者希望1990年增加和调整的专栏

从调查的情况看，很多读者都喜欢阅读有特色的专栏文章，有493人(次)就31个方面提出了增设专栏的建议。其中尤以要求恢复1986年的“博览窗”和增设“学雷锋·树新风”、“青年学习园地”等专栏为最多。具体情况如下(括号内为读者举荐人数)：

博览窗	(46)
学雷锋·树新风	(42)
青年学习园地	(39)
惩腐倡廉	(38)
教育园地	(35)
科技园地	(26)
电视节目预告	(26)
各种论坛(工人、农民、学生、名人)	(25)
焦点、热门话题	(25)
读者、作者、编者	(15)

其他如农村新貌、农业升温、环境保护、医药卫生、老年生活、计划生育、社会透视、政策问答、小说连载、杂文、漫画、文化娱乐、国际纵横等方面，也有不少读者要求增辟专栏。

对一些重复或内容近似的栏目，读者建议予以合并。具体意见是：

“三湘四水”与“三湘拾零”，内容相近，可考虑合并为一个栏目。

“读者来信”专版中“我赞新风”与“表扬”均系褒扬性质，可合并。

“读者来信”专版中的“转信回复”与“有问有答”，都是给读者回音，可合并，称为“回音”。

“读者来信”专版中有“鸣警篇”，“党的建设”专版也有类似栏目，“读者来信”专版还有“毖后录”，内容近似，可合而为一。

“社会生活”专版中的“家庭内外”，“益友”专版中的“家事琐谈”，其素材都围绕于“家”，可合并。

“湘江副刊”有“新书架”，“学习与修养”中也有“新书架”，“湘江副刊”还有“书评”，都是向读者推荐新书、好书，有读者建议三栏合一，可定名为“读书与出版”。

周末版的“新闻选萃”，二版的“新闻集锦”，可归于一个栏目。

“信息服务”、“商品与信息”可合并。

“生活百科”、“健康之道”，有读者建议并入“科学与生活”专栏。

二版的“群英谱”，“党的建设”中的“先锋赞”，亦可合并。

对于小言论专栏，湖南日报现有“随感录”、“半分钟谈”、“闲话”、“八方论坛”、“社会漫笔”、“周末随笔”、“长话短说”、“法制论坛”等八个。有的读者嫌其少，要求再增加一些栏目(见前)。有的读者却觉得多了，并认为，办得有特色、有影响的不多，建议我们砍掉一些，着力经营保存的栏目，把它办出特色来。

读者还有一个建议，希望报社领导将各版、各部门的专栏汇集起来，加以权衡，根据读者的意见和需要，作一次统一的调整。

对1990年报道的建议与要求

读者希望本报取得新的成绩，使报纸更具新貌。对1990年的报道，提出了748条改进意见。这些意见归纳为下列三个方面：

(一)指导思想方面

1、在坚持四项基本原则的基础上，办出自己的特色。许多读者认为，在1989年里，在报道上旗帜鲜明地坚持了四项基本原则，希望我们在新的一年里，将这个旗帜举得更高。有的读者还说，在当今国际上风云变幻和反共气焰嚣张的情况下，我们尤其要理直气壮地高高举起社会主义的

大旗。在坚持四项基本原则,同党中央保持一致的基础上,要注意地方报纸的特色。湖南日报的特色,就是要有浓厚的"湘味",有湖南独特的风格。基于此,读者提出要增设与办好一些有"湘味"的专栏。诸如:增设"潇湘历史名人录"、"芙蓉国里新人传"、"三湘风采"、"湖南土特产"、"鱼米之乡"、"湖南人走向世界"等栏目;同时办好现有的以"湘"命名的专栏;对小言论也可考虑定它一个与"湘"有关的名称,如"岳麓话语"、"潇湘论坛"之类。

2、在坚持正面宣传为主的前提下,改进批评报道,搞好正确的舆论监督。读者认为,坚持正面宣传,贯彻"为社会主义服务,为人民服务"的方针,是不能动摇的。他们希望报纸多发一些激发人们热忱,鼓舞人们斗志的东西。与此同时,还应正确地发挥党报舆论监督的作用,重视和改进批评报道。读者希望我们作一些调查研究,为了改进工作,解决问题,增强人们前进的信心,和有助于社会的稳定,适当地、有选择地发表一些舆论监督和批评性的报道,使党报更显得有生气,有战斗性。

3、对物质文明和精神文明的报道要双管齐下。不少读者认为,前一个时期,在赵紫阳同志"改造"思想政治工作的错误指导思想的影响下,党的思想政治工作曾一度被削弱。这种情况同样反映到了报道上。现在随着党的思想政治工作的加强,报纸上思想政治工作宣传的气氛也随之浓厚起来。读者希望能更进一步,更上一层楼,使思想政治工作方面的宣传,能在报纸上保持应有地位,正确体现一手抓物质文明,一手抓精神文明的指导思想。读者建议在抓思想政治方面的宣传,多报道一些为党的事业、为社会主义、全心全意为人民服务的先进人物的模范事迹,多介绍一些思想政治工作搞得好的先进经验。有的读者提出,湖南是雷锋的故乡,学雷锋的气氛和行动,应该比别的地方更浓厚和出现更多的成果,报纸在这方面的宣传应有足够的份量。为了交流、推广思想政治工作的经验,有的读者还建议,就"如何加强思想政治工作?"的问题,在报纸上开展公开的讨论。

4、在经济报道中,要加强农业方面的份量。读者认为,农业要升温,宣传工作必须跟上来,在报纸上要有相应的版面报道农业方面的问题。特别是干部深入农业第一线、各行各业支援农业和农业科技方面的报道尤应加强。有的读者还提出,可增设"农业科技"(或"科技兴农")、"各行各业支农"、"来自第一线的报告"等专栏。加强农业的报道,读者认为,光是一般农业消息报道的增加是不够的,还要在深度上多作文章。有的读者认为,农村实行家庭经营承包责任制以后,确实促进了农业生产力的发展,但近年来出现的农业徘徊现象,不能不引起深切的关注。因此,农业进一步发展的方向是什么?农村改革如何再深入?人们是非常关心的,希望记者深入实际,作些调查研究工作,多介绍一些好的经验,或者提出一些思考性的问题,给人们以启发,促进农业改革的健康发展。

(二)具体报道方面

对1989年的报纸,有读者评论为"新、活、稳",但"深"不够。他们希望1990年的湖南日报,能新上加新,活而更活,深入发掘,稳中求进。具体意见主要有:

1、多发一点"带响"的具有新的观点、新的见解、新的写作手法等方面有特色的独家新闻。许多读者认为,去年本报对"刘作发现象"的报道抓得不错,反响大,社会效果好,希望今年再抓一些好典型。读者激励我们,在坚持四项基本原则的前提下,要敢于独立思考,敢于创新,勇于接触改革中的热点、焦点问题。有些读者还要求报纸开辟"热门话题"专栏。读者希望我们的报纸,在新的一年里,更加贴近群众,贴近实际,贴近生活。

2、要在深度报道上多下功夫。一些读者认为,湖南日报的深度报道,1989年不如1988年抓得好。读者对1988年"立碑风波"等深度报道,至今仍然留有印象。他们希望在1990年,舍得拿出力量,就当前改革开放中一些群众最关心的问题,深入调查研究,写出一批好文章以飨读者。对正在开展的"国家有困难,我们怎么办?"的讨论,读者普遍反映好,希望我们继续深入搞下去。读者建议,以后还要及时抓住一些带倾向性的问题在报纸上开展群众性的公开讨论。这样,既可以深入宣传党的方针政策,又可以活跃版面,把报纸办得虎虎有生气。读者还要求我们搞好连续报道,他们对过去有些应作连续报道的新闻未予续报,表示了憾意,希望我们今后注意这方面的问题。

3、要多发短文。不少读者都嫌本报的长文多,要求改进。调查中有64位读者对此提出了意见。有位读者抽查了本报40天报纸,千字以上的文章占87.5%。他的意见,千字以上的文章最好能控制在版面的50%以下。许多读者说,长文见而生畏,很少有人看下去,达不到预期的宣传效果。报纸的长文多,还影响到版面活跃。读者建议下决心把文章短下来,使短文在报纸版面上唱主角。

4、改进会议报道。这次调查,有36人对报纸的会议报道提出了意见,要求我们认真改进。可报可不报的会议消息要坚决不报道,实在需要报道的,也要改变过去那种会议报道模式,力求短而新。读者期望在会议报道上闯出一条新的路子来。

5、要求增加体育报道的份量。提这个要求的有54位读者,主要是青年人。有的还建议,在"亚运"期间,希望能办个"亚运"专栏。

6、要求报纸的视野放宽一些,更全面地反映湖南政治、经济、文化各个方面的面貌。有的读者提出,记者不能光守着先进的地方和企业,要兼顾全面。

(三)其他方面

1、一些读者认为目前广告较多,提出了要适当减少的意见。有的读者能体谅报社的经济情况,建议我们认真地研究一下,确定一个既照顾到读者的意见,又能兼顾报社收益的广告比例。

2、对报纸上经常出现的文字差错和印刷质量方面的问题(或文字不清,或照片模糊),读者也提出了不少的意见,希望我们能有改进。

3、许多读者都要求加强对通讯员的联系工作，希望报社定期或不定期地办一些通讯员培训班，以提高他们的写作水平。

4、近年来本报就办报问题，搞了两次大的读者调查（上一次是1986年），读者均表赞赏，认为这是一种依靠群众办报的好方法。有的读者企望我们“真心实意”地采纳他们的意见。

（辛文思）

河南人民广播电台听众调查

广大听众是我们直接服务的对象。为听众服务好的前提，首先要熟悉和了解听众，做好深入细致的听众调查工作。为广泛了解我省广播听众的需求和爱好，征求广播听众对河南人民广播电台节目的意见，研究听众收听广播的心理规律，消除影响听众收听的障碍，为节目改革提供科学依据，更好地为两个文明建设服务，我们于1988年11月，约请河南省城市抽样调查队，对分布比较均匀，并有一定代表性的郑州、洛阳、安阳、驻马店、商丘、南阳六市和滑县、永城、固始、灵宝、镇平五县的两千多名城乡居民进行了一次抽样问卷调查。

这次调查按照软件设计，共发出问卷2100份，收回有效问卷2000份，回收率为95%，符合抽样调查要求。

（一）被调查听众的概况：

被调查的城镇（包括城市和县城）、农村听众分别为40%、60%；男性、女性听众分别为60%、40%；青少年、中年、老年听众分别为56.9%、27%、16.1%；大专、中专（含高中）、初中、小学、文盲和其他听众分别为5.8%、32.2%、36.6%、16.9%、8.5%；国家机关干部20%，文教、卫生、科技界14.7%，工商企业职工46.6%；其他听众（包括离退休干部、待业人员等）18.6%。

（二）收听情况和收听原因：

据2000份调查问卷统计：天天收听河南台广播节目的有389人，占19.45%；经常收听的800人，占40%；间断听和偶尔听的648人，占32%；根本不听的163人，占8.5%。第一套节目的收听率为87.55%；第二套节目的收听率为63.65%。

在收听中，使用半导体收音机的听众占45.7%；使用交流收音机（收录机）的占33.8%；另外，有12.4%的听众收听有线广播。

收听河南台广播节目的原因，有为了解国内外时事的770人，占48.5%（较高文化层次者为主）；为增长知识、获取信息者1074人，占53.8%；出于娱乐消遣而收听的866人，占43.3%。

（三）对节目的信任程度和喜欢情况：

对河南台节目表示信任的1334人，占56.7%；表示半信半疑的470人，占23.5%；表示不信任的32人，占1.6%；未表示态度的164人，占8.2%。

调查表将河南电台播出的节目按“喜欢收听”、“不喜欢收听”、“最不感兴趣”三项让听众填写，统计结果表明，听众喜欢收听的主要是以下一些节目：

1、喜欢收听新闻类节目的有1200人，占被调查总人数的60%。其中喜欢听《河南新闻》的1151人，占57.55%；喜欢听《国际新闻》的887人，占44.45%。

2、喜欢收听的专题节目依次是：《法制园地》节目1074人，占53.7%；《知识天地》节目988人，占49.4%；《农民之友》节目788人（其中农村听众677人），占39.4%；《大众知音》节目718人，占35.9%；《河南风光》节目638人，占31.9%；《职工之家》节目374人，占18.7%；《理论学习》节目345人，占17.25%；《节约能源专题》节目134人，占6.7%。

3、喜欢收听的文艺节目依次是：《星期日相声》1249人，占62.45%；《小说连续广播》1123人，占56.15%；《河南地方戏》914人，占45.7%；《广播歌选》871人，占43.5%；《电影剪辑》673人，占33.65%；《戏曲选段》636人，占31.8%；《群众文艺宫》527人，占26.35%；《广播剧园地》507人，占25.35%。

4、喜欢收听的服务类节目依次是：《天气预报》1381人，占69%；《下周节目早知道》868人，占43.4%；《节目预告》731人，占36.5%；《经济信息与服务》559人，占27.95%。

5、喜欢收听教育性节目的共有1001人，占被调查听众1677人的59.2%，这些节目依次是《初中英语讲座》、《河南广播父母学校》、《高中英语讲座》、《农业广播学校》、《日语广播讲座》。

在被调查的322名51岁以上的老年人中，喜欢收听《河南地方戏》的占71.2%；喜欢收听《河南新闻》的占59.45%；喜欢收听《河南风光》的占36.65%。36—50岁的中年人中，喜欢收听文艺节目的占62.89%。在接受调查的1139名12至35岁的青少年听众中，有62.86%的人收听广播节目是为了增长知识。他们追求五彩缤纷的生活，对广播节目收听面较广，在上述听众比较喜欢的节目中，这个年龄段的收听率均占到总人数的40%以上。

（四）由听众调查引起的认识与思考：

这次调查使我们对河南台近几年来节目改革所取得的成就以及存在的问题，有了一个较为系统的了解，得到了研究、分析、改进节目的许多信息和科学数据，也使我们对以下几个问题有了较为深刻的认识和思考。

1、重视加强对广播传播新模式的研究，不断改善广播节目同受众（听众）的关系，是改进广播宣传的一项重要任务。

对广播传播新模式的研究，广东珠江经济广播电台为广播宣传改革带了好头。重视、加强对广播传播新模式的研究，对于搞好广播宣传改革有着十分重要的意义。广播宣传改革应该从哪里入手？怎样当好“喉舌”，发挥广播舆论的传播、引导、鼓舞、监督作用？一个很重要的问题，就是要不断改善广播节目和受众（听众）的关系，使广播节目更受听众欢迎。因此，按照广大听众的需求来调整和改进我们的广播节目，就成为我们广播宣传改革的中心任务和长期的目标。可以说，我们广播宣传改革的过程，实质上就是一个不断改善广播节目同听众的关系的过程。

我们河南台建台以来是比较重视研究听众心理，注意按照听众需求改进节目的。解放初期，我们在全省各地建立过收听站、广播网，党的十一届三中全会以来，先后4次调改节目之前，都组织了调查组深入基层、农户，听取对节目设置和改进的意见。但是，在调查和对调查进行的分析研究中，往往从微观上思考较多，从宏观上思考较少；从传播者方面思考较多，从受众（听众）方面思考较少。少数对象性过强、收听面很窄、听众意见较大的节目，由于从单方面考虑过多，几次调整节目都拿不下来，就是一个明显的例证。

这次听众抽样调查给了我们很大的启发，使我们越来越清醒地认识到：当今世界，随着大众传播媒介的增加，特别是电视和电子传播媒介的发展和普及，受众有了更大的选择自由和余地，“传”者市场渐向“受”者市场转变，过去广播“一统天下”的局面被打破了。为了争取受众（听众），广播工作者必须变过去只研究（或侧重研究）以传播者为起点、以受传者为终点的单向直线运动，为既研究传播者如何把信息传递给受传者，又研究通过种种途径反馈回来的受传者的反应；既注意研究内部，又注意研究外部；既研究自身规律，又研究传播对象（受众、听众）的规律。这是改革、开放、搞活新形势给我们工作提出的一项新的重要的任务。

2、努力办好听众参与性节目，扩大和加强服务性、知识性、教育性节目，是在传播媒介日益增多，竞争渐趋激烈的情况下，提高广播宣传地位和影响的一条重要途径。

这次听众调查结果，有些是出乎我们意料的。例如，原来我们认为办的不错的节目，这次调查中名次排的却并不靠前；而开办较晚的《法制园地》、《知识天地》却分别上升为专题节目的第一、二位。连开办时间不久的教育节目《河南广播父母学校》，也列在听众喜欢的教育性节目的前列。综合分析这些节目受听众欢迎的原因，我们可以得到以下一些认识：一是因为他们注意发挥广播听众广泛的优势，满足了听众的参与心理和自尊心理；二是因为他们注意发挥广播多功能优势，满足了听众的求知心理和得益心理；三是因为他们注意研究受众收听规律，满足了听众的求新心理，消除了听众的逆反心理。

比如，《法制园地》节目，正是适应了听众这些心理变化，变“我播你听”为主动投入。确立了与听众平等交流，请听众参与广播的新观念。《大家都来当法官》专栏，就是把典型案例通过广播传递给广大听众，请听众当“法官”，促使听众学习法律知识，以法断案，又把听众（“法官”）对案例的“审判”，通过广播传播给听众。最后由律师告诉案例的标准答案。这样经过到听众中去、从听众中来，再到听众中去几个来回的宣传办法，把枯燥的法律条文具体化、生动化、趣味化了，既是进行法制教育的好形式，又极大地满足了听众学法、懂法、用法的自主心理和参与广播的强烈意识。因而受到广大听众的欢迎就是很自然的事了。

服务性、知识性、教育性节目，是离群众（听众）生产、生活最近，最易于发挥广播多功能优势，满足听众的求知心理和得益心理的节目。河南台每年收到的10多万封听众来信中，有半数左右属于此类内容。这说明当今听众需求有一个新的共同特征，就是希望从广播中得到更多的实用信息和知识；多增加一些服务性内容，如科技知识、经济信息、天气预报、生活咨询、外语知识、幼儿教育等等，帮助他们解决一些实际问题。河南台近几年来已注意扩大了这方面的内容，收到了十分明显的效果。从这次听众调查结果也可以看出，这样做是符合听众当前的心理规律的，既可以充分发挥广播多功能作用的优势，又可以提高广播同众多传播媒介之间的竞争力。这个经验是很值得总结和记取的。

3、加强《广播节目设置学》和《广播节目设置心理学》的研究，精心编制、调整好广播节目时间表，是改善广播节目同听众关系的一个重要方法。

《广播节目设置学》涉及的内容很多，除了要符合国家法律法令、党的宣传纪律以外，还包括量力性原则（设备状况、编播技术素质、经费等）、相关参照原则（同地、同类、同型电台、电视台节目状况）、节目优化原则（精办节目、注意质量），以及节目设置的类型、比例、时间分布艺术等内容。在进行节目设置时，还要把握《节目设置心理学》的基本原则：就是要研究听众心理，研究影响听众心理的各种因素等等。

研究《广播节目设置学》和《广播节目设置心理学》，改善广播节目同听众的关系，需要做的工作很多，这次听众调查所得到的大量科学数据说明：首先，在节目设置上要科学合理，要适应变化了的新形势。对于那些听众面极窄、节目宗旨又不明确、群众不喜欢听的节目要坚决拿下来，要及时地、灵活机动地按照听众需要开办一些新的节目、栏目，要敢于打破过去那种一张节目时间表管一年、二年，不能有丝毫变动的僵硬状态。其次，要注重时代、环境的变化。现代生活节奏加快，开放、竞争意识活跃，对广播需求出现了多样性、选择性、随意性。因此，我们的每个节目都必须以高质量、极精美、很适应的特点去吸引听众。特别是在出现“电视热”的情况下，广播节目设置更应该注意发挥自己时间段稳定、节目精美、能给听众留下深刻印象等长处，把本来想看电视的听众的注意力吸引到广播上来。另外，还要注意考虑听众的年龄、文化层次、职业特点，讲究广播节目时间的分布艺术。要处理好一般节目与独家节目的时间位置；搞好广播的稳定优势时间段(早、中、晚三大块)和近稳定优势时间段的节目分布；妥善安排好长节目和短节目，处理好农时季节对节目时间提出的要求，以及用劣势时间段重播高水平节目和精美文艺节目，以争取更多的高知识结构听众和想学知识、技术的听众。只有这样，才能使广播节目在竞争中求得生存和发展，立于不败之地。

（河南人民广播电台）

陕西日报读者调查

陕西日报沈庆云、高清德 11 月到商洛地区检查发行情况，还征求对陕西日报的意见。在各县召开的座谈会上大家谈到，陕西日报近几年变化比较大，传达中央和省上的精神快；文章短，报道面比较广；有一批很受欢迎的专栏，如“秦岭瞭望哨”“祖国新鲜事”“报刊精华”“政法战线”“科技长廊”“生活顾问”“国际副刊”“读者来信”“读书天地”以及前两年刊登的“各县春秋”等。好多同志谈到，“陕报有看头”“在地县工作离不开陕报”“几天看不到陕报就想”……

主要的批评和建议是：

1、认为会议消息太多，讲话太长。

2、重头言论少，典型报道少。

3、有些文章文字粗、差错多、不规范，常有文理不通的现象。错别字或掉字也常出现。

4、刊用山区特别是边远山区的报道太少。经常见到的是小报记者，不见大报记者。

5、有的报道不实在。如报道谓南地区拿出 40 个亿建支农工业。丹凤县委宣传部反映：报上报道的“六·一三”交通惨案，一是死亡人数有误；二是肇事原因是因高速行车而不是公路碾麦；三是肇事者是地区运司的司机而不应把责任归到丹凤县头上。

此外，读者普遍反映文摘性的“报刊精华”专栏内容丰富，涉及面广，适用于各层次读者；传播政策快，对“热点”问题反馈及时；文章短而精，易读可记；大都有保存研究价值。

（沈清云　高清德）

农业工作的顾问　　农民致富的朋友

中国農牧漁業報

《中国农牧渔业报》是农业部机关报，是农业综合性报纸。它及时、准确地传达党中央和国务院有关农牧渔业的方针政策，反映农业部当前指导发展农牧渔业生产的思想、措施和工作安排；介绍农业、畜牧、水产、农垦、农机、乡镇企业、科技教育、能源环保等方面的最新动态；交流农村基层农技部门工作的先进经验；报道农村改革、开放、搞活的新形势、新情况、新成就；传递国内外农业经济、技术、市场信息和组织推广先进科技成果及农村实用技术。

《中国农牧渔业报》一版为要闻版，二版为经济版，三版为科教版，四版为信息副刊版。各版都设有适应读者要求的专题栏目。

《中国农牧渔业报》创刊以来，坚持思想性与专业性、指导性与服务性相结合，赢得了农业系统及广大读者的赞扬，成为指导农业生产和农村经济改革及农民致富的知心朋友。

《中国农牧渔业报》对开四版，每周一、四在北京出版，定价每份0.16元，月价1.40元，半年价8.40元。邮局发行代号：1—131。

中国农牧渔业报社长：应曰琏，总编辑：陈小均。

本报地址：北京朝阳区安苑东里（和平西街向北）

邮政编码：100029

电话：4215918

4214553

《北京饲料》

《北京饲料》报创刊一九八八年八月。月报，八开四页。内刊准印证：891381

它是以专门报道和传递饲料、饲养方面的科技、经济和市场信息为主的读物，属企业小报。本报的创办是适应饲料工业和饲养业不断发展的需要，沟通外省市信息，服务于北京市饲料行业与饲养业。

本报不仅宣传国家饲料饲养方针政策，及时传播饲料行业的经济市场信息，普及和推广饲料、饲养方面的科学技术，而且还介绍国内外饲料、饲养、畜牧生产多方面的科技动态和珍闻以及新工艺、新技术、新产品、饲料资源开发、经营管理经验等。为北京市饲料行业、饲养业有关人员提供多方面的信息和咨询，更好地为实现饲料工业、饲养业现代化服务。

主办单位：北京市饲料公司　主编：黄山石

地址：北京市右安门外东滨汉路64号　邮政编码：100054　电话：337436—35

中国重大新闻和重要评论

·1989年中国新闻大事记·

一月

1日 ◇全国政协举行新年茶话会。雷洁琼代表各民主党派等有关方面讲话。

2日 ◇推广应用综合农业科学技术，去年农业“丰收计划”粮棉油肉禽蛋水产品等增加产值20多亿元。有25个省(区)、市建立了自己的“丰收计划”，投入专项资金，种植面积达1.5亿亩。

3日 ◇进一步控制社会集团购买力，国务院批准增加三类专控商品，包括布匹及其制品、针织品和书写印刷纸。

◇我国目前最大的水利工程——葛洲坝工程全部建成。

4日 ◇我国农业综合开发大有可为。1988年改造中低产田近600万亩，开荒280多万亩。

◇第二届全国优秀企业家评选揭晓，20名厂长、经理榜上有名。他们是：王大中、王果青(满族)、毛冬声、邓绍深、刘庆桃、刘谷音(女)、李永金、李德珍(女)、邵国斌、张果喜、欧昌林、赵希友、柯居涯、宣中光、耿昭杰、郭克礼、黄墨滨、鲁冠球、傅庆馥、魏明海。

5日 ◇国务院发出通知，9类在建项目10日前一律停工清理。这9类“先停后清”项目是：(一)属于国发(1988)64号文件规定停建的；(二)属于1989年国家下达的固定资产投资计划以外的；(三)在国家计委批准的固定资产投资贷款计划以外，由各级银行或非银行金融机构安排贷款或融资的项目；(四)未经国务院或中国人民银行总行批准，自行发行各种债券作为固定资产投资来源的项目；(五)挪用流动资金或其它专项资金作为固定资产投资来源的项目；(六)单纯新建的独立生产车间、单纯扩大生产能力和非生产性建设的技术改造项目；(七)按国发(1988)71号文件规定，在1988年10月底未达到规定工作量的楼堂馆所项目；(八)未履行正式审批手续，擅自开工建设的项目；(九)未按规定认购重点企业债券的项目。

◇经国务院批准、财政部发布《开采海洋石油资源缴纳矿区使用费的规定》。该规定自1989年1月1日起施行。

◇外交部发言人谈南京中外学生事件，依法刑事拘留非洲学生一名、行政拘留非洲学生2名，南京司法部门将对这起学生冲突事件作出公正处理。

◇外交部发言人说，中国对美国击落利比亚两架军用飞机表示遗憾。

6日 ◇人类学家最新的研究成果表明，当代中国汉族男性平均身高为1.658米，汉族女性平均身高为1.553米。中国人由北往南，身高逐渐由高变矮。

7日 ◇中华人民共和国外交部复照巴勒斯坦解放组织政治部，中国政府同意巴解组织驻北京办事处于1988年12月31日起改为巴勒斯坦国驻中华人民共和国大使馆。

◇外交部发言人说，“一月六日，越南外交部宣布至迟在1989年9月从柬埔寨全部撤军，尽管它提出了一些条件，但毕竟比其原先宣布的撤军时间前进了一步，我们表示欢迎。”

◇日本天皇裕仁病逝，明仁皇太子即位，年号平成。杨尚昆、李鹏致唁电。

8日 ◇去年我国商品零售总额超常增长，总额超过7400亿元，比前年增长27.8%。

◇支持贫困地区实施“温饱工程”，中国农业银行两年发放贴息扶贫贷款27亿元，273个贫困县55%的贫困户解决了温饱问题。

9日。 ◇1988年我国外贸出口初步统计达401亿美元，提前达到“七五”计划末年380亿美元的指标。

◇李鹏总理在会见孟加拉国副总理卡齐·扎法尔·艾哈迈德时，重申中印改善关系不影响中国与其他南亚国家关系。

10日 ◇中共中央批转中央组织部《关于建立民主评议党员制度的意见》，要求评议党员干部要把顾全大局、清正廉洁、严守法纪作为重要内容。

◇全国人大常委会委员长万里宴请由国会主席兼参议长温伯托·卢塞纳率领的巴西议会代表团。倪志福同卢塞纳举行会谈。杨尚昆会见代表团。

11日 ◇截至去年底，全国城乡储蓄存款余额已达3798亿元，比上年末增加724.6亿元。

◇中宣部和团中央在京举行大会，表彰百名优秀青年思想教育工作者。呼吁全社会关心青年健康成长。

◇我国畜牧业形成相对独立的产业，去年产值占农业总产值的1/5。去年全国肉类总产量达2320万吨，跃居世界第2位，禽蛋产量为644万吨，跃居世界首位，奶类产量达416万吨，比1978年增长3.3倍。去年，我国人均占有肉类达21.2公斤，禽蛋5.9公斤，奶类3.8公斤。10年中，先后建设了419个畜牧业商品生产基地。向社会提供的肉蛋奶平均每年递增7.2%！

◇北京市常住人口已经突破1000万，解放后39年中净增586万人。

◇巴黎禁止化学武器会议149个与会国代表一致通过《最后宣言》。指出，与会各国“决心通过全面消除化学武器来防止使用这类武器。它们庄严声明，承诺不使用化学武器，并谴责使用这类武器。”我国外交部发言人说，中国对巴黎会议成果表示欢迎。

12日 ◇中国成为世界渔业大国。去年水产品总量超过1000万吨，成为当前世界上第三个产量超千万吨的渔业大国。其中海淡水养殖产量525万吨，首次超过捕捞产品。全国水产品人均占有量9.5公斤。

13日 ◇国家主席杨尚昆等会见海军南沙斗争英模事迹报告团，勉励他们要建设和保卫好南沙群岛。

◇国务院总理第25号令，发布施行《放射性药品管理办法》。

◇武汉市人民政府隆重举行追悼会，追悼1月2日为扑救长江油驳大火以身殉职的程敬发等8名消防战士。李鹏总理等签发全国安全生产委员会慰问电。

15日 ◇中华人民共和国香港特别行政区基本法起草委员会第8次全体会议在广州举行。会议通过、产生了《中华人民共和国香港特别行政区基本法(草案)》。

◇国务院批准国家税务局意见,清理整顿和严格控制减免税收。

16日 ◇去年我国白酒总产量达50亿公斤,比8年前增长一倍多,远远超过苏联,居世界第一。年耗粮达125亿公斤,相当于10亿人口一个月的口粮。"白酒热"确需降温。

17日 ◇中共中央发布关于改革和加强中小学德育工作的通知。

18日 ◇国家统计局发表1989年第1号统计报告。总评价:经济状况喜忧交织。经济实力进一步增强,对外经济联系扩大,科技有新突破。但是社会需求过旺,物价上涨过猛,部分居民实际收入下降。

◇李鹏总理看望云南地震灾区各族群众,勉励大家克服困难发展生产重建家园。

◇经国务院批准,我国又有29个市、县对外国人开放,到目前为止,我国已有571个市、县对外国人开放。此次开放的有,安徽省宣州市、潜山县、宿松县、桐城县、东至县、枞阳县、涡阳县、蒙城县、宿县、萧县、天长县、全椒县、寿县、舒城县、文安县、和县、宁国县、广德县,新疆维吾尔自治区伊宁市、霍城县、鄯善县、托克逊县、叶城县、博乐市、阿勒泰市、克拉玛依市、塔城市、奎屯市、和田市。

19日 ◇根据七届人大常委会五次会议《关于修改〈中华人民共和国土地管理法〉的决定》修正的《中华人民共和国土地管理法》颁布。

20日 ◇李鹏、姚依林听取人民银行分行长会议汇报时强调,继续抽紧银根,抑制通货膨胀。增发的货币总量要同今年物价水平和经济增长速度相适应。

◇国务委员兼国防部长秦基伟应泰国总理兼国防部长差猜·春哈旺的邀请,对泰国进行为期一周的访问。泰国王授予他一级白象勋章。

◇古巴外交部长伊西多罗·马尔米耶卡访问我国。钱其琛外长同马尔米耶卡外长会谈。两国外长签署了两国外交部合作议定书。这是29年来古巴第一位外长访华。李鹏总理会见古巴外长,说中古要拓展各个领域的友好合作。

21日 ◇扩大存款、抑制需求、稳定经济,人民银行2月1日起调整存、贷款利率。存款利率平均提高3.06个百分点,贷款利率按产业政策有高有低。

◇武警将官授衔仪式在京举行。

◇位于滇池东北部的嵩明县城郊出土大批精美的青铜时代文化,再次证明古滇国已进入农耕时代。

23日 ◇全国固定资产投资规模仍未得到应有控制,压缩的投资仅占在建总规模的3%左右。

24日 ◇国家统计局公布1988年我国部分地区的8项重要经济指标,需求过旺未缓解,经济效益待提高。

25日 ◇马里共和国总统、非洲统一组织执行主席穆萨·特拉奥雷抵京,开始了自25日至28日对中国的正式访问。杨尚昆主席设宴欢迎。李鹏同特拉奥雷举行会谈,李鹏强调中国主张债务国和债权国通过协商解决问题。邓小平等分别会见特拉奥雷。

◇去年我国旅游业持续发展。入境总人数3127万,比上年增长17%左右;有组织接待的旅游者430万,比上年增长13.6%。其中外国游客184万,增长6.6%,旅游创汇22.2亿美元,比上年增长19.4%。

◇去年财税物价大检查查出应交财政违纪金额64.4亿元,已上交入库42.2亿元。

◇自1月3日开始的代号为"海军深潜350计划"的500米饱和潜水系统载人验收试验和350米氦氧模拟饱和潜水试验圆满完成,创造了中国同时也是亚洲模拟饱和潜水的最大深度,跨入了世界先进行列。

26日 ◇我国评出100家最大工业企业及9大行业50家最大企业,大庆、鞍钢、武钢、上海石化和燕山石化列前5名。这次入选的9大行业450家企业,1987年的工业总产值之和占国民生产总值的20.24%。

27日 ◇中共中央政治局举行第15次会议,讨论加强政法工作,稳定社会治安。会议强调动员全社会力量实行综合治理。

◇七届全国政协常委会第4次会议通过了《政协全国委员会关于政治协商、民主监督的暂行规定》。决定3月下半月召开七届政协二次会议。中共中央赞同全国政协暂行规定。28日《人民日报》公布。

28日 ◇全国人大常委会沉痛宣告,班禅大师因操劳过度心脏病突发经多方紧急抢救无效,今日20时16分在西藏日喀则市他的新宫德虔格桑普彰不幸病逝,终年51岁。国务院致电全国人大常委会沉痛哀悼班禅副委员长逝世。温家宝等向班禅大师遗体告别。扎什伦布寺民主管理委员会发布祈祷文。就班禅治丧和转世问题,国务院30日作出3项决定。班禅治丧委员会安排悼念活动的公告。2月15日,班禅副委员长追悼会在北京举行。杨尚昆主持,赵紫阳、李鹏、李先念等参加,万里致悼词赞颂班禅一生为伟大祖国的统一和富强而奋斗。

◇10年改革农村信用社获长足发展。据统计,全国已有6万多个独立核算的信用社和33万多个信用服务网点,75万多人。

29日 ◇据能源部统计,我国目前还有29个无电县,全国25%的农户约2.5亿农村人口没用上电,60%的有电县人均供电量不足50度,每年能保证供电100天的地区不多,能供电200天的地区更是屈指可数,全国农村用电量缺口达30%以上。

30日 ◇首都举行老同志迎春茶话会。

◇新闻出版署公布施行关于认定淫秽及色情出版物的暂行规定。

◇江西瑞昌发现商周大型铜矿遗址,将我国采铜史上推300余年。

◇杨尚昆主席致电密特朗总统,热烈祝贺中法建交25周年。

31日 ◇国务院总理李鹏会见来访的澳大利亚外交贸易部长加里恩·埃文斯一行。

◇由叶飞副委员长率领中国人大代表团结束了为期8天的对菲律宾的正式友好访问。他赞赏菲政府和国会的一个中国立场。

二月

1日 ◇苏联外长谢瓦尔德纳泽携戈尔巴乔夫给邓小平正式信件抵京,开始对中国进行正式访问。这是中苏关系史上苏联外长第一次正式访问中国。他将同中国外长商定中苏最高级会晤具体日期。两国外长举行会谈。李鹏会见苏联外长,说两国关系正常化有利于双方人民和世界和平。邓小平在上海会见谢瓦尔德纳泽,指出中苏关系正常化进程已经开始。在记者招待会上,田曾佩副外长说消除中苏关系三障碍获实质性进展。苏联外长宣布戈尔巴乔夫五月中旬访华。

◇国务院总理李鹏会见西哈努克亲王,重申中国关于越从柬全部撤军不应有先决条件,柬国内问题应由柬各方协商解决的立场。

2日　◇行政监督与舆论监督结合，评优与查劣结合，我国首次公布劣质产品及生产厂家，十大城市商品抽查1764个样品，不合格的753个，不合格率达42.7%。

3日　◇现在全国已审定的国家2级企业已达1221个。

◇李鹏总理26号令，发布施行《行政区域边界争议处理条例》。

4日　◇伴随着工业生产的持续高速发展，1988年我国工业结构三个倾斜加剧，即：所有制结构向非全民所有制倾斜，地区结构向东部沿海地区倾斜，产业结构向投资类和高档消费产品倾斜。这种经营环境不利于沿海发展战略的实施，更不利于我国工业生产的长期稳定发展和经济效益的提高。

6日　◇党中央、国务院举行春节团拜会。李鹏讲话指出把稳定、改革、发展统一起来，强调一手抓经济建设和改革开放，一手抓政治和思想领域的工作，把今年各方面工作做得更好一些，迎接建国40周年盛大节日的到来！

8日　◇李鹏总理在京郊昌平走访村民，说农业经营形式最终以生产力为标准。目前主要是完善联产承包，有的地方可搞规模经营。

9日　◇从1974年8月以来，北京大学教授王选等人艰苦攻关14年，"华光"激光照排系统日臻完善，为汉字告别铅字印刷开辟通途。被誉为中国印刷技术的再革命。

10日　◇中国营养学会重新修订我国国民《每日膳食中营养素供给量》新标准。

◇李鹏总理会见泰国外长西提·沙卫西拉一行，说柬埔寨问题国际国内两方面不能分开解决。

11日　◇今日上午10时许，台湾空军一架F—5E飞机因油料不足，在广东省丰顺县境内坠毁，飞行员林贤顺中校跳伞获救。

◇应李鹏总理的邀请，巴基斯坦总理贝娜齐尔·布托对我国进行正式友好访问。中、巴签署《关于相互鼓励和保护投资协定》、《关于延长第13号中巴贸易议定书谅解备忘录》。

13日　◇一个初具规模、有管理的外汇调剂市场已在我国建立。39个省、市、自治区、经济特区、计划单列城市已先后成立外汇调剂中心，北京成立了全国外汇调剂中心。去年成交62.64亿美元，占同期全国留成外汇总额1/3，占全国同期进口用汇的18%。

15日　◇七届人大常委会六次会议2月15日至21日在京举行。会议决定七届人大二次会议3月20日召开。会议表决通过《中华人民共和国进出口商品检验法》、《中华人民共和国传染病防治法》；会议决定将《中华人民共和国行政诉讼法(草案)》、《中华人民共和国全国人民代表大会议事规则(草案)》提请人大全会审议；通过了关于公布《中华人民共和国香港特别行政区基本法(草案)》的决议，以广泛征求意见。

◇第3次国家自然科学奖授奖。获奖项目178个。李鹏总理就基础研究和应用基础研究工作讲话，最有效地发挥科技整体作用，推进我国经济和社会发展。国务院决定组织力量制定国家中长期科技发展纲领。这项奖励第1次在1956年，第二次在1982年。从第4次起，将每两年评选一次。

◇李鹏总理发布27号令，自1989年3月1日起施行《铺设海底电缆管道管理规定》。

◇《李先念文选》今起出版发行。记述作者半个多世纪革命生涯实践活动，收入重要著作94篇，其中75篇首次发表。

◇中葡联合联络小组各自的代表处在澳门成立，联络小组成员今起正式进驻澳门。

◇李鹏等分别会见巴勒斯坦解放组织政治部主任卡杜米一行。

◇1988年全国各级法院判处贪污受贿罪犯9726人。贪污数额在5万元以上的有234人，受贿数额在5万元以上的有21人。另据统计，去年共审结各类严重经济犯罪案件5.55万件，判处人犯7.46万名。

◇七届一次会议以后，全国政协建立了外事委员会。现在全国政协已与近30个国家建立了友好往来。

◇我国外交部发言人发表谈话，中国敦促越南言而有信，应该如期从柬埔寨全部撤军。

◇中国政府对苏联军队全部撤出阿富汗表示欢迎。

◇我国外交部发言人指出，"那场给中国和亚洲人民带来深重灾难的侵略战争和战争的责任是历史事实，谁也不可能改变。"2月14日，日本首相竹下登说："上次大战是不是侵略，应由后世历史学家作评价。"

17日　◇1988年，全国建成投产的大中型基本建设项目78个，大中型项目单项工程138个，生产性建设投资比例有所上升。全国新增加生产能力有：发电装机容量999万千瓦，原煤开采3090万吨，原油开采1577万吨，乙烯60万吨，水泥246万吨，平板玻璃792万重量箱，铁路交付营业里程419公里，铁路复线里程820公里，铁路电气化里程1487公里，沿海港口吞吐能力878万吨。为现代化建设增添了后续能力。

◇《中共中央关于进一步繁荣文艺的若干意见》发表。

18日　◇国务院决定，南京、成都、长春三市在国家计划中实行单列，并赋予其相当于省一级的经济管理权限。至此，计划单列城市总数达14个。

19日　◇1988年底，全国人口总数达109614万人，比上年末增加1541万人，连续三年超过控制界标。

20日　◇李鹏总理28号令：《国内航空运输旅客身体损害赔偿暂行规定》自1989年5月1日起施行。

◇应杨尚昆主席的邀请，布隆迪救国军事委员会主席、共和国总统皮埃尔·布约亚少校今起至23日对我国进行国事访问。杨主席设宴欢迎。李鹏总理同布约亚总统会谈。邓小平等分别会见布约亚。邓小平强调，中国十年走过的路是正确的，坚持四个现代化战略不会变。

21日　◇国务院决定保护十大环境资源。它们是：矿产、土地、草原、森林、生物、野生动植物、水、海洋、气候、风景。

23日　◇外交部长钱其琛在东京帝国饭店，分别同印度尼西亚总统苏哈托和国务部长穆尔迪奥诺进行会谈。这是自1967年10月30日两国外交关系中断以来，两国官员第一次举行的正式会谈。会谈后，钱外长说中国印尼关系正常化进程开始。

24日　◇我国年采矿石17亿吨，产量居世界第三位，但资源回收率低于发达国家。我国矿产162种，探明储量148种，其潜在价值居世界第三位，但人均资源拥有量不及世界平均水平的一半，居世界第80位。现有产量也不能满足建设需要。

◇日本首相竹下登，会见钱其琛外长。竹下重申坚持中日联合声明和日中和平友好条约的原则和精神。钱外长强调，正确对待历史，才能坚持中日友好。

26日　◇百名售粮模范中南海领奖。田纪云代表国务院向他们致谢。

百个粮食先进县，受到商业部表彰。

这100个县占全国县级行政单位总数的5%，占全国耕地面积的9%，但1988年粮食总产量却占全国粮食总产量的12%，完成合同定购任务占全国定购任务的22.8%。

◇中山站耸立南极大陆。国务院致电热烈祝贺。中国南极中山站邮政局同时成立，开始营业。

◇应杨尚昆主席和李鹏总理的邀请，美国总统乔治·布什偕夫人抵京，对中国进行工作访问。主席和总理盛宴欢迎布什。宾主强调按照中美三个联合公报原则发展两国关系。杨主席会见总统。钱其琛外长同贝克国务卿举行会谈。李鹏与布什会谈。邓小平会见并宴请老朋友布什。

28日 ◇国家统计局发布《1988年国民经济和社会发展统计公报》。初步计算，全年国民生产总值13853亿元，比上年增长11.2%；国民收入11533亿元，比上年增长11.4%。主要问题是，社会需求过旺，供求总量矛盾和结构性矛盾加剧，物价上涨过猛，出现了明显的通货膨胀。

三月

1日 ◇1988年，我国新设城市53个，至此，包括直辖市在内，全国城市总数达434个。其中，地级市183个（内1988年新设5个），县级市248个。在183个地级市中，有164个市领导739个县。

2日 ◇世界上第一位深入南极腹地的女科学家——南京地质矿产研究所副研究员金庆民，在文森峰上发现大铁矿。

3日 ◇全国流动人口目前达5000万，平均每22个中就有一个人在流动。流动人口中从事经济活动居多，随意生育现象严重。

4日 ◇轻视歧视妇女带来严重社会问题，目前我国已开始出现男女比例失调，女的占人口的48.9%，男的占51.1%，男的比女的多两千多万。

5日 ◇拉萨发生严重骚乱事件。少数分裂主义分子肆意打砸抢烧并开枪，公安干警被迫采取果断措施以控制事态。骚乱中，一名武警战士牺牲，40多名公安干警受伤。在混乱中，60多名骚乱分子和围观群众受伤，10人死亡。

◇我国劳动服务公司创办10年，已有生产和服务网点23万个。从业人员已达700多万人。劳动服务公司的就业训练中心，已发展到1600个，向社会急需劳动力的生产部门、企业提供了500万合格的劳动者。

6日 ◇迅速增多的各类公司成为一大公害。1988年底，全国公司达47.74万家，其中11.49万家是1986年下半年以来成立的。经过前一段清理整顿，到今年1月底止，全国已撤并的公司有1.7万余户，占公司总数的5.8%；党政机关开办的公司共有24187户，已撤并8667户，已与机关财务脱钩10632户；党政机关在职干部在公司兼职的共有32789人，已辞去公司职务或辞去公职的共有23536人；党政机关离退休干部在公司任职的有11664人，已辞去公司职务或已按规定办理相应手续的有8332人。23个省统计，政企不分公司有9577户，已撤销或停办的537户；已实行政企分开的3975户。

◇1988年全国已有城乡集市7.1万多个，比上年增加1600多个。在社会商品成交总额中，有1600多亿元是在集市上成交的，比上年增加4成。城市集市成交额增长57%，农村集市成交额增长32%。

◇1988年仅全国工商管理机关查处的经济违法案件就有94.56万件，其中大要案达6万余件，比上年增加40%，罚没款为6.08亿元，还有1314起案件，1415人移交司法机关。

◇考古工作者在西汉皇宫未央宫发掘出一座官署遗址，出土了3万多片刻有文字的骨签。所刻文字内容系各地工官向中央政府贡进的器物名称、规格、纪年，各级工官和制作者的姓名等，延续时间几乎包括整个西汉一代。

7日 ◇为维护社会秩序，保障公民人身财产安全，国务院下令西藏自治区拉萨市实行戒严。西藏上层爱国人士拥护戒严，称赞这是代表了西藏人民根本利益。戒严后拉萨街头平静。

◇自1954年我国开始提供对外援助成套项目以来，至今已为88个国家援建了1200多个项目，涉及农业、轻工、冶金、电力、交通、市政工程等各个领域。

◇目前，全国女干部约有870万人，比1978年增长94.6%。其中，相当于县（处）级以上职务者已达7万人，增长近3倍。专业技术人员有女性近700万，占总数1/3强。其中高中级技术人员中女性达128万人，比10年前增长33.7倍。

8日 ◇首都各界妇女集会庆“三八”。1008名三八红旗手、504名优秀妇联干部和近7000名老妇女工作者获荣誉称号和荣誉证书。

9日 ◇两岸关系明显变化，去年台胞入境45万人次，转口贸易额达25亿美元，两岸通信340多万件，海上航线间接开通，台湾各界人士来访交往增加。

10日 ◇市场相对稳定，银行调高利率，上月城乡储蓄增加203.6亿元。城乡储蓄一个月内增加200亿元，这在建国以来还属首次。至此，我国城乡储蓄存款余额超过4000亿元。

11日 ◇我国开放口岸达413个。其中一类口岸126个，二类口岸287个。去年各口岸完成进出口运输量达1.8亿多吨，超年计划13.8%，创历史最高记录。全年检查入出境人员6883万人次。

13日 ◇在去年民主评议党员的试点工作中，全国共有87000多名党员被认定为不合格党员。其中，受到处理的74000多名，包括被处置出党的23000多名。

◇我国北起鸭绿江畔，南至北仑河口，从1989年起万里海岸兴建绿色长城。防护林体系建设总工程量为355万公顷。第一期工程从1989年至2000年，工程量为249万公顷，完成之后全区森林覆盖率由现在的24.9%增至34.8%。第二期工程从2001年至2010年，规划造林面积为107万公顷。

14日 ◇应李鹏总理的邀请，泰王国总理差猜·春哈旺上将偕夫人于14日至17日对我国进行正式访问。邓小平会见差猜时强调，解决柬问题坚持三原则，即越南必须从柬埔寨全部撤军；成立以西哈努克为首的四方临时联合政府；柬四方各自裁军消除内战因素。

◇民柬三方领导人在京举行记者招待会，发表一项联合声明，决定成立国防最高委员会，保证三方军队团结合作。

15日 ◇国务院第38次常务会议讨论并通过了《国务院关于当前产业政策要点的决定》，集中力量发展农业、能源、交通和原材料生产，并予公布。

◇中国质量管理协会第七次年会呼吁，一定要充分重视从一个侧面反映民族素质的产品质量问题。去年我国县以上工业企业，由于管理不善，废品率高等原因，一年损失约183亿元以上。

16日 ◇中华人民共和国海关对沿海开放地区进出境货物的管理规定发布，自1989年4月1日起施行。

◇我国外交部发言人说，菲律宾议会正在讨论的“对台互惠关系法”草案违背了中菲建交联合公报所确定的原则。

◇中国驻欧洲共同体大使刘山，就欧洲议会(议员总数为 518 人)由欧洲人民党等四党提出的参加表决不足 160 人通过的干涉中国内政决议提出抗议。

18 日，我全国人大外委会发表声明，强烈要求欧洲议会立即停止干涉中国内政的行动，避免给双边关系带来损害。

◇越共中央军委和国防部机关刊物《全民国防》杂志最近一期发表海军司令甲文纲的文章和其它两篇文章，就中国领土南沙群岛、中越陆地边界和柬埔寨问题掀起一股反华喧嚣，妄称对我西沙、南沙群岛"拥有主权"。

18 日　◇四川环球技术开发公司董事长黎正中发明曲柄圆滑块往复活塞式内燃机。这种新型内燃机体小低耗少污价廉，可广泛用于轿车、货车、飞机、轮船上。

19 日　◇政协七届二次会议在北京开幕。李先念主持大会，钱伟长作政协七届常委会工作报告。杨尚昆、李鹏、万里等到会祝贺。会议通过政治决议、常委会工作报告决议和提案审查情况报告。增选侯镜如、丁光训为政协副主席，增选李开信、李赣骝、何鲁丽、杨堤、钱仲书、解峰 6 人为政协常委。会议于 3 月 27 日闭幕。

◇全国人大外委会发表严正声明，强烈抗议美国国会参议院通过所谓西藏问题决议。

21 日，我驻美大使就美国参议院通过西藏问题决议一事向美国政府提出抗议。

20 日　◇第七届全国人民代表大会第二次会议在北京举行。李鹏总理作政府工作报告。副总理兼国家计委主任姚依林作 1989 年国民经济和社会发展计划草案报告，国务委员兼财政部长王丙乾作 1988 年国家预算执行情况和 1989 年国家预算草案报告。任建新向大会报告最高人民法院工作，刘复之报告最高人民检察院工作。彭冲作人大常委会工作报告。北京代表讨论常委会工作报告时认为人大监督作用不能令人满意，上海 30 名代表联名要求主席团就国民经济计划执行偏差、国务院机构改革是否有成效、企业法和破产法执行情况、整顿清理公司情况和对选举产生的国家领导人是否进行监督评议 5 个问题作出说明。会议通过 6 项决议，两个法案和一个决定后于 4 月 4 日闭幕。

21 日　◇应杨尚昆主席的邀请，乌干达共和国总统约韦里·穆塞韦尼偕夫人于 3 月 21 日至 25 日对我国进行国事访问。杨主席设宴欢迎。李鹏同穆塞韦尼会谈。23 日，邓小平在会见总统时说，十年中最大的失误在教育方面，重新强调艰苦奋斗。

◇国家主席杨尚昆会见由丹尼斯·扬议长率领的巴布亚新几内亚议会代表团。

◇李鹏总理会见欧洲共同体委员会副主席马丁·班格曼。班格曼说欧共体认为西藏是中国一部分，无意支持任何势力从事分裂中国的活动。

22 日　◇全国税收、财务、物价大检查，从 1988 年年初到今年 1 月底，全国共查出各种违纪金额 123.1 亿元，比上年度增加 29.5%。入库率为 76.2%，低于往年。

25 日　◇1988 年我国改变了政府拨款的传统投资体制，建立了能源、交通、原材料、机电轻纺、农业、林业六个具有法人地位的专业投资公司，使之成为国务院开发和经营固定资产投资的经济实体。今年起，国家固定资产投资计划和管理已逐步按新模式运行。

◇为了防止盲目扩大投资和增加消费资金，国务院发出关于加强企业内部债券管理的通知。

26 日　◇律师辩护权不容侵犯。全国人大依法实施法律监督，辽宁纠正一起逮捕律师错案，王百义等 3 人蒙冤 4 年终获平反。

28 日　◇海平面上升趋势明显。近百年特别是 60 年代以来，由于受"地球暖化"的影响，全球海水温度逐渐增高。全球海平面在过去百年中平均上升了 14.4 厘米，我国沿岸海域的海平面则平均上升 11.5 厘米，其年变速率为 0.115 厘米。国家海洋局提请各方注意，严格控制城市地下水的开采。

◇应中国政府的邀请，阿根廷副总统兼参议长维克托·马丁内斯和夫人一行抵京，对我国进行正式访问。王震、杨尚昆等会见马丁内斯。

29 日　◇李鹏总理令《特别重大事故调查程序暂行规定》发布施行。

◇今 18 时 25 分，萧劲光大将在北京病逝，终年 86 岁。

30 日　◇青岛啤酒厂、北京啤酒厂、广州啤酒厂等 13 家名优啤酒厂联名上书轻工部，拒绝参加十佳啤酒评选，呼吁理解企业的难处，多从组织生产、提高效益和提高产品质量上关心企业。

31 日　◇国家主席杨尚昆会见蒙古人民共和国外交部长策伦皮勒·贡布苏伦。这是中蒙建交 40 年来第一位蒙古外长正式访问我国。

四月

2 日　◇中共中央宣传部、国家经济体制改革委员会、全国总工会分别授予 100 个企业、100 名同志"1988 年度全国思想政治工作优秀企业"称号和"全国优秀企业思想政治工作者"称号。对前两届年会上已授予 194 个全国思想政治工作优秀企业中的 3 个：上海高桥石化公司炼油厂、江西新余钢铁厂因发生重大事故和浙江兰江冶炼厂厂庆因大操大办、滥发钱物、铺张浪费予以取消称号。

3 日　◇大办丧事之风盛行，是社会一大公害。殡葬消费惊人，旧俗不改不行。据民政部告诫，一年所耗：花钱 70 亿元，占地 100 万亩，用材 200 万方。

4 日　◇中华人民共和国主席第 16 号令，公布《中华人民共和国行政诉讼法》，自 1990 年 10 月 1 日起施行。

◇中华人民共和国主席第 17 号令，公布并施行《中华人民共和国全国人民代表大会议事规则》。

◇中国外交部就 3 月 26 日越南武装船只开枪打死中国渔民一事，同越南驻华使馆进行了交涉，对越方的暴行表示极大愤慨和强烈抗议。

5 日　◇万里委员长会见由班乍·盖索恩通议长率领的泰国下议院代表团。杨尚昆会见班乍议长。

6 日　◇国务院总理李鹏 3 月 20 日在七届人大二次会议上作的《坚决贯彻治理整顿和深化改革的方针》政府工作报告发表。

◇经过核工业第一研究院科技人员 10 年的艰苦努力，我国自己设计和建造的第一座脉冲核反应堆，4 月 6 日零功率装置首次达到临界，取得了首次自持链式反应的成功和第一个试验结果。脉冲反应堆是一种有独特性能的有前途有生命力的研究用核反应堆，它具有很高的安全性。

◇应杨尚昆主席的邀请，多哥人民联盟创始人、主席、共和国总统纳辛贝·埃亚德马将军抵京，于 6 日至 9 日对我国进行正式访问。杨主席会见并宴请总统。邓小平会见埃亚德马时说，我国前进中的困难能够想办法解决。指出"绿色革命"要坚持一百年、二百年。

◇经过 30 年的努力，我国的同位

素和核辐射行业已形成体系。全国已能生产800多种同位素,生产同位素的反应堆4座,加速器4台;应用核仪器50多种,其中离子感烟式火灾报警器的年产量达8万多个。

◇今起,香港立法局通过的新法例将以中英两种文字制定,两种文本具有同等的法律效力。与此同时,有关部门将把香港以往的31册英文法例译成具有同等效力的中文文本。预计全部翻译工作要到1994年完成。以往,香港的法例全部用英文制定,在香港法庭上进行的诉讼活动也全部是使用英语。

◇33岁的扎伊尔留学生卡迪亚塔在南开大学被授予理学博士学位。这是新中国培养的第一位外籍博士。

◇第40届世界乒乓球锦标赛,经过12天的激战结束。我国女队荣获团体冠军,邓亚萍、乔红获女双冠军,乔红获女单冠军。

10日 ◇国务院发出通知,做好农林特产税征收工作,新将果用瓜和海水养殖产品列入征税范围。

◇中央军委重申,军队生产经营要立足于搞实业,主要从事种植业、养殖业、工矿业、技术开发和服务业等,不得从事纯商业性活动。

◇国家主席杨尚昆会见安哥拉总统特使。

国务院总理李鹏会见巴基斯坦总理特使。

李鹏会见国际货币基金组织总裁米歇尔·康德苏一行。

12日 ◇应日本国政府的邀请,李鹏总理抵东京,开始对日本进行为期5天的正式友好访问。

13日 ◇人口警钟在每个中国人耳畔震响:中国11亿人口日(4月14日)大会在北京举行。杨尚昆等出席,田纪云讲话。

15日 ◇中国共产党中央委员会沉痛宣告:4月15日晨7时53分,伟大的无产阶级革命家、政治家胡耀邦同志因急性心肌梗塞,未能挽救逝世,享年73岁。22日,北京举行追悼大会,杨尚昆主持,赵紫阳致悼词,高度评价胡耀邦同志在长达60年革命生涯中,为党为人民事业忠心耿耿,立下不朽功勋。

◇公安部和全国妇联座谈会强调齐抓共管消除社会丑恶现象,严厉打击拐卖妇女儿童的犯罪行为,坚决查禁取缔卖淫嫖娼活动。

16日 ◇一项调查表明,全国目前已有82%的江河湖泊受到不同程度的污染。

◇夏时制今晨5时34分,四川巴塘县发生6.7级地震。余震多次。连接西藏自治区的竹巴笼金沙江大桥桥身开裂。

◇台湾省人口月底将达2000万。1988年12月底达19903812人,按平均数推估,每月增加约2万人。台湾经济学家认为,台湾最大人口容量应不过3000万。

◇我国人口占世界人口的22.6%,陆地面积约占世界的6.4%,国民生产总值1980年约占2.4%,而民航客运周转量仅占世界的1/190,民航机队飞机架数约占世界的1/100,客座座位数约占1/130。80年代初,世界每人每年乘坐民航的平均里程为227公里,而我国1981年人均航空客运里程为5公里。

◇民建中央名誉主席、著名爱国民主人士胡厥文同志因病于4月16日23时57分在北京逝世,终年94岁。

◇邓小平签署中央军委命令,授予海军北海舰队机动救捞中队"英雄救捞中队"荣誉称号。

◇海峡两岸体育交流揭开序幕,台北青年体操队一行27人抵达北京,参加在北京举行的第4届亚洲青年体操锦标赛。

◇台北消息:台湾"行政院大陆工作会报"讨论通过"现阶段大众传播事业赴大陆地区采访、拍片、制作节目报备作业规定",准许岛内大众传媒从业人员赴大陆采访、拍片、制作节目。

18日 ◇中国科学院古脊椎动物与古人类研究所研究人员发现,北京周口店山顶洞人是藏族、汉族共同祖先。林芝人颅骨属于蒙古人种现代人类型。

◇中华人民共和国和巴林国决定从1989年4月18日起建立大使级外交关系。

19日 ◇国家统计局最新抽样调查表明,农民年收入继续增长。1988年人均纯收入达545元。其中来自一、二、三产业的纯收入为493元。

20日 ◇西藏集会庆祝民主改革30周年。区党委书记胡锦涛作题为《继往开来,团结奋斗,振兴西藏》的报告。

◇全国政协七届常委黄维逝世,终年85岁。

◇我国室温核聚变实验成功。4月20日,北京师范大学获得重要数据。21日,中国工程物理研究院成功地复现了常温下核聚变。近日来,匈牙利、苏联、波兰、意大利、日本、南朝鲜的科学家继英国弗莱希曼教授和美国庞斯教授今年3月23日宣布获得成功之后,纷纷宣布复现了这一试验。

◇华中师范大学数学系教授廖晓昕攻破困扰国际数学界44年之久的"鲁里叶"难题。

23日 ◇应朝鲜劳动党中央总书记金日成的邀请,中共中央总书记赵紫阳启程赴朝进行正式友好访问。于30日回到北京。

24日 ◇久经考验的忠诚的共产主义战士李井泉同志今日5时25分在北京逝世,终年79岁。

25日 ◇国内限产国外进,一些消费品进大于出状况亟待改变。机械手表、电子表、电冰箱、吸尘器、空调器等产品,我国的生产能力已超过市场需求,去年进口这些产品用汇却高达14320万美元,出口收汇只有1488万美元。今年一月份,吸尘器进口是出口的75倍,电冰箱进口是出口的54倍。近5年来,我国机电设备进口用汇达800多亿美元。

◇江西省宜春地区群众艺术馆副研究员杨曙光研制成功纸漏印刷技术,属国际首创。

26日 ◇《人民日报》发表社论:必须旗帜鲜明地反对动乱。

◇我国缺陷儿比例太高,卫生部长呼吁提高母亲素质。当今中国,每20个人中就有一个残疾人,其中聋哑痴呆、综合残疾和精神病患者占绝大多数。

◇福州上空挫败一起劫机事件,飞机安全着陆,劫机歹徒自爆身亡。

◇中共中央书记处书记、全国政协副主席闫明复及全国政协副主席、中国和平统一促进会会长程思远,同以台湾"立法委员"费希平为团长的"中国民主和平统一访问团"成员就祖国统一问题举行座谈。5月2日,台湾访问团发表声明,强调两岸统一确有必要。

◇李鹏总理致电中国科技大学,祝贺我国第一台专用同步辐射试验室建成出光。

30日 ◇李鹏总理会见并宴请出席亚洲开发银行第22届年会前顺访我国的斯里兰卡总理维杰通加。

五月

1日 ◇环境污染在蔓延,生态状况恶化。李鹏总理在第三次全国环保会议闭幕式上讲话，在治理整顿中建立环境保护工作新秩序。

◇《中华人民共和国保守国家秘密法》今起施行。

◇原安康行署专员、现陕西省经委副主任魏明生吃请受礼事实早已查清，而历时7天的陕西省七届二次人代会5月1日审议其七届全国人大代表资格时，罢免议案竟未通过，魏明生辞职又未被接受，这位“吃喝专员”仍然照当全国人大代表。

3日 ◇首都青年集会纪念五四运动70周年。杨尚昆、李鹏、万里等参加。共青团中央授予60名杰出青年荣誉称号。

◇就5月2日北京部分大学生递交请愿书，国务院发言人答中外记者问，对话应以相互信任为基础不应有先决条件。

◇汉长安考古重要发现——3万多片西汉骨签出土，属中央级文字档案材料，总计字数达10万字左右，记载时间几乎包括整个西汉王朝。这是继本世纪内居延汉简、马王堆帛书之后汉代考古的又一重大发现，对研究西汉经济有重要学术价值。

◇亚洲开发银行理事会第22届年会在北京隆重开幕。来自47个成员国和地区的高级官员、金融家以及国际组织的观察员等3000余人出席开幕式。杨尚昆主席致词，陈慕华、李贵鲜等出席。杨尚昆主席会见并宴请亚洲开发银行年会客人。李鹏会见亚行年会客人，强调中国政局稳定，政府将认真消除腐败现象。5月5日，车培钦当选亚行执行董事。郭婉容发言就台湾改称“中国台北”向亚行当局提出抗议，大会执行主席当即指出，台湾在亚行记录上的名称应当是“中国台北”。年会决定第23届年会将于1990年5月2日至4日在印度新德里召开。

5日 ◇李鹏签署国务院35号令，今年发行50亿元特种国债，以集中财力，支援国家建设。

◇外交部发言人说，最近，越南人民军总参谋长段奎竟然跑到中国南沙群岛被越南非法占领的一些岛屿进行所谓的“视察”活动。这是对中国领土主权明目张胆的挑衅。

7日 ◇今日上午8时38分13秒，在去年11月发生大地震的云南省耿马县发生6.3级地震，伤亡10余人，许多房屋震裂。

8日 ◇中共中央总书记赵紫阳会见由主席埃尔达尔·伊诺努率领的土耳其社会民主人民党代表团。

9日 ◇我国耕地锐减势头扭转，1988年全国开发农用地500多万亩，其中耕地300多万亩，“七五”以来首次超过当年非农建设占用耕地数量。但是局部地区盲目开荒危及生态环境。

◇应中华人民共和国主席杨尚昆的邀请，伊朗伊斯兰共和国总统赛义德·阿里·哈梅内伊抵京，从9日至14日对我国进行正式友好访问。

13日 ◇首都高校数百名学生到天安门广场进行绝食请愿。19日，绝食请愿7天的北京部分高校学生9时宣布停止绝食。

14日 ◇我国生物尖端技术研究获重大成就，20多个基础研究尖端项目有能力全部掌握，能够开发80多种国外新生物技术医药产品。

◇中国科学院自然科学史研究员潘吉星展示确凿证据，证实早在西汉时中国就有了纸，比蔡伦造纸要起码早两个世纪。

15日 ◇近30年来苏联最高领导人首次访华。戈尔巴乔夫抵京，杨尚昆主席设宴欢迎。两国主席会见。邓小平会晤戈尔巴乔夫，双方宣布中苏关系实现正常化。赵紫阳会见戈尔巴乔夫，说中苏两党关系将以四项原则为基础。李鹏同戈尔巴乔夫举行会谈。戈尔巴乔夫向中国学术界发表演讲。田纪云同马斯柳科夫会谈。中苏外长举行工作会谈。戈尔巴乔夫在记者招待会上指出，苏中关系正常化是世界大事。中苏发表联合公报。戈尔巴乔夫一行访问上海后回国。

19日 ◇中共中央、国务院召开中央和北京市党政军干部大会，李鹏、杨尚昆先后发表讲话，号召大家紧急动员起来，坚决制止在北京已经发生的动乱，迅速恢复各方面的正常秩序。

各省、自治区、直辖市，各大军区、军兵种，国务院各部委，中纪委、中顾委表示，坚决拥护党中央、国务院重大决策。

◇国务院总理李鹏会见澳大利亚总理特使伍尔科特。

◇全国人大外事委员会发表声明，抗议美国国会众议院就所谓西藏问题通过决议，又一次粗暴干涉我国内政。

20日 ◇李鹏总理签署国务院令，自1989年5月20日10时起在北京市部分地区实行戒严。

25日，李鹏总理签署国务院给戒严部队全体官兵的慰问信。

◇92岁高龄的日本日中经济协会常任顾问冈崎嘉平太，第100次访华。李先念、邓颖超会见了他。

21日 ◇戒严部队指挥部发布告北京市民书，指出执行戒严任务完全是为了恢复正常秩序，决不是对付学生。希望学生和社会各界人士能充分理解给予大力支持协助。

聂帅、徐帅答复科大部分学生，戒严部队绝不是针对学生来的，希望同学们不要听信谣言，尽快返校复课。邓颖超致信首都同学、市民，表示同样的愿望。

23日 ◇万里委员长在访问加拿大后，22日抵达美国进行正式访问，布什总统会见万里委员长。万里委员长因健康原因，提前结束访问回国。

24日 ◇在天安门广场学生绝食及后来和平静坐请愿的11天里，首都医务界广大医护人员竭尽全力救治学生，至今无一人死亡。截至24日晚6时，全市32所医院救治学生共9158人次，留院观察8205人次。今天，在几家医院继续留观的只有66人。

25日，国务院发出紧急通知，制止各地学生强行乘车进京。

◇考古专家最近鉴定，于1980年7月在浙江临安县晚唐水邱氏墓中发现的天文图，被认定为我国迄今发现的最早的天文图，比世界公认的最早的完整天文图——苏州石刻星图，还要早300多年。

25日 ◇国务院总理李鹏会见尼日利亚、墨西哥和缅甸三国新任驻华大使，介绍中国当前形势并重申我对外政策，强调改革开放总设计师是邓小平同志。

26日 ◇中央顾问委员会主任陈云同志主持召开中顾委常委会议，与会同志一致拥护中央决策。

◇彭真同志受中共中央委托邀请全国人大常委会党外副委员长座谈，发表重要讲话阐述有关宪法和法律规定。

27日 ◇政协第七届全国委员会第18次主席会议表示，政协在大是大非的斗争中要支持党和政府。李先念说造成目前复杂局面的一个重要原因在共产党领导层的个别人。

29日 ◇今年年初至5月中旬，中国工商银行储蓄存款大幅稳步上升，共增加200.9亿元，余额已突破2000亿元。据统计，1979年时，全国职工的年平均工资为648元，百元工资收储率为7.3%；到1988年底，职工的年平均工资达1695元，百元工资收储率为25.7%。

31日 ◇邓颖超同志致信全国少先队员：我关心着全中国的孩子。

六月

1 日　◇首都举行大会纪念六一国际儿童节。李鹏写信向孩子们祝贺节日。

3 日　◇中国人民解放军戒严部队指挥部发布紧急通告。

戒严部队指挥部发言人就部队进城执勤受阻发表谈话。

4 日，解放军报发表社论：坚决拥护党中央决策，坚决镇压反革命暴乱。

戒严部队平息反革命暴乱进驻天安门广场。

解放军三总部致信慰问戒严部队。

◇人民日报发表中共北京市委宣传部文章：认清动乱的实质和戒严的必要性。

◇李鹏总理就人类环境问题发表电视讲话。

◇李鹏总理致电宇野宗佑，祝贺他就任日本首相。

5 日　◇中共中央、国务院发布告全体共产党员和全国人民书，指出：从 6 月 3 日凌晨起，一个多月来极少数别有用心的人蓄意制造的动乱，已经发展成为一场骇人听闻的反革命暴乱。

◇中华人民共和国主席杨尚昆致唁电伊朗新领袖哈梅内伊，对霍梅尼教长病逝表示哀悼。

6 日　◇李鹏总理主持总理办公会议，听取 5 月份工业生产情况汇报。5 月份完成工业总产值 1145 亿元，比去年同期增长 11%，比上月的 1135 亿元增长 0.8%。北京、天津、黑龙江、上海等 8 地区平均日产值下降。

◇国务院发言人袁木举行记者招待会，揭露首都反革命暴乱的事实真相。

7 日　◇国务院发出关于坚决制止冲击铁路确保铁路运输安全畅通的公告。

◇中共中央纪律检查委员会发出关于严明党的纪律维护党的团结统一的通知。

◇中国外交部发言人就美国总统布什 6 月 5 日对中国局势进行指责，表示极大的遗憾。

美国白宫发言人菲茨沃特 6 月 6 日对记者宣布，方励之已于 6 月 5 日去美国驻华使馆“避难”，“要求”保护他的安全，但未申请“政治避难”。我国有关方面人士称提供这种庇护是干涉中国内政。8 日，中国外交部副部长朱启桢约见美国驻华大使李洁明，就美国驻华大使馆给予方励之和李淑娴所谓“保护”事，提出了严重抗议。11 日，经检察部门批准，北京市公安局发出通缉令，通缉因反革命宣传煽动罪而畏罪逃入美国驻华使馆的方励之、李淑娴。

8 日　◇中共中央政治局常委、国务院总理李鹏，国家副主席王震看望戒严部队官兵。王震发表重要讲话，继续严厉打击一小撮反革命暴徒，竭尽全力保护人民群众生命财产。

9 日　◇中央军委主席邓小平接见戒严部队军以上干部，同大家合影后作重要讲话。杨尚昆、李鹏、乔石、姚依林、万里、李先念、彭真、王震、薄一波等参加。邓小平讲话指出，这场风波的到来是不以人们的意志为转移的。极少数人搞反革命暴乱的目的就是要打倒共产党，推翻社会主义制度，颠覆中华人民共和国，建立一个资产阶级共和国。人民解放军、武警和公安干警在平息反革命暴乱中经受了考验，证明是合格的。这充分表明，我们军队永远是国家的捍卫者，社会主义制度的捍卫者，人民利益的捍卫者。党的十一届三中全会以来制订的路线、方针、政策是正确的，一个中心、两个基本点，即坚持四项基本原则，又实行改革开放，都是对的，要坚定不移地干下去。

◇国务院发出关于坚决制止破坏经济秩序确保工业生产正常进行的公告。

12 日　◇中华人民共和国公安部发布关于坚决镇压反革命暴乱、制止社会动乱的通告。

◇人民日报发表北京日报评论员文章：《美国之音》的不光采行径。

13 日　◇中共中央、国务院召开各部门负责人会议。传达邓小平同志 6 月 9 日接见首都戒严部队军以上干部的讲话，强调把思想统一到讲话上来。李鹏、姚依林分别作重要讲话，要求做好六个方面的工作。

◇中华人民共和国公安部转发北京市公安局通缉令，通缉“高自联”在逃的头头和骨干分子。

14 日发出通知，通缉北京“工自联”部分头头和骨干。

14 日　◇中共中央召开会议，向人大副委员长、政协副主席、各民主党派主要负责人传达邓小平同志重要讲话。李鹏出席会议并讲话，说共产党领导的多党合作制不会因反革命暴乱而改变。

◇李鹏总理发布第 36 号令，自 1989 年 7 月 1 日起施行《外国商会管理暂行规定》。

◇第七届全国人民代表大会常务委员会副委员长韦国清同志，因病于 1989 年 6 月 14 日零时 29 分在北京逝世，终年 76 岁。

15 日　◇全国人大常委会 15 位副委员长慰问执行戒严任务官兵。习仲勋发表讲话赞扬子弟兵的伟大历史功绩。

16 日　◇人民日报发表社论：统一全党思想的纲领性文件——认真学习邓小平同志重要讲话。

◇国务院发言人袁木接受美国全国广播公司节目主持人汤姆·布罗考的电视采访。指出绝大多数人民拥护共产党领导和国家，不希望发生颠覆是最基本事实。

17 日　◇中共中央召开党外人士座谈会。与会同志坚决拥护平息首都反革命暴乱英明决策和邓小平同志重要讲话。乔石代表中共中央感谢大家的发言和提出的一些很好建议。

◇李鹏总理发布 37 号令，《人民调解委员会组织条例》今起施行。1954 年 3 月 22 日原中央人民政府政务院公布的《人民调解委员会暂行组织通则》同时废止。

◇我国货币金融形势进一步好转。今年 1 月至 5 月，全国现金净回笼 97 亿元，比去年同期多回笼 109 亿元；全国银行和信用社增加储蓄存款 527 亿元，比去年同期多增加 221 亿元。

18 日　◇国家主席杨尚昆会见在平息反革命暴乱中英勇牺牲的崔国政、刘国庚、李国瑞三位烈士亲属。说我们的军队不愧为人民的子弟兵，人民民主专政的柱石。

◇中国将坚持对外经济合作，个别国家向我施加压力是不明智的。经贸部部长郑拓彬提出对外经济合作四条原则。

19 日　◇党和国家领导人李鹏、乔石、姚依林会见烈士亲属。李鹏说，要把平息暴乱进行到底，决不放过坏人。同时要认真执行政策，严格区分两类不同性质矛盾。

20 日　◇今日起，澳门总督文礼治签署的关于使用中文的法令生效。长期以来，葡文一直是澳门唯一的官方语文。这项法令生效后，澳门居民可用葡文或中文与各政府部门交往；各政府机构印制的所有印件、表格及同类文件，必须使用葡文及中文；政府以葡文颁布各项法律、法令、训令及批示时，必须连同中译本一起刊登；提交咨询会的法律提案、法令及训令草案，均应以中、葡文提出。

◇李鹏总理致电祝贺77国集团成立25周年和即将在加拉加斯召开的部长级特别会议，表示中国将继续发展与该集团合作关系。

21日 ◇国家统计局公布5月份经济情况。工业速度略有减少，全国完成工业总产值1146亿元，比去年同月增长11.1%，平均日产值比上月仅增长0.9%，低于往年一般增长3个百分点的幅度。投资规模有所缩小，全民所有制单位完成固定资产投资137亿元，比去年同月下降13.9%，是今年以来压缩投资最多的一个月。物价涨势有所回落，社会商品零售总额677亿元，比去年同月增长17.2%，是今年以来增幅最小的一个月。奖金支出增加较快，职工工资总额比去年同月增长23.5%，其中，奖金增长48.8%。

◇李鹏总理会见来北京参加中巴副外长磋商的巴基斯坦外交秘书胡马云·汗，强调中国不会屈服于外来压力，将继续在和平共处五项原则基础上同各国发展关系。

22日 ◇姬鹏飞代表政府郑重声明：中国政府对港澳方针不变。希望港澳同胞为繁荣祖国作出更大贡献。

◇插手动乱，造谣煽动，一批台湾国民党特务落网，有些特务分子向国家安全机关自首。

错误估计大陆形势，派遣特务插手动乱，台湾当局掀起一股反共浪潮。

23日 ◇6月23日—24日，中国共产党第十三届中央委员会第四次全体会议在北京召开。审议通过李鹏代表政治局提出的关于赵紫阳所犯错误的报告；选举江泽民为中央委员会总书记；增选江泽民、宋平、李瑞环为政治局常委，增补李瑞环、丁关根为书记处书记；撤销赵紫阳的总书记、政治局常委、政治局委员、中央委员和军委第一副主席职务；免去胡启立的政治局常委、政治局委员、书记处书记职务，免去芮杏文、闫明复的书记处书记职务。全会发表公报。全会之前，中央政治局举行了扩大会议，为四中全会的召开作了必要准备。

◇人民日报发表社论：旗帜鲜明地坚持四项基本原则。

24日 ◇中共中央顾问委员会举行第四次全会，坚决响应十三届四中全会号召，全力支持新的领导集体的工作。

中共中央纪律检查委员会举行第四次全会，学习贯彻党的四中全会精神，要求各级加强党风党纪建设。

◇人民日报发表邓小平关于坚持四项基本原则反对资产阶级自由化的论述。其中大部分摘自《邓小平同志关于坚持四项基本原则反对资产阶级自由化的论述》一书，最后四段为第一次公开发表。

25日 ◇人民日报发表社论：坚持立国之本，走好强国之路。

26日 ◇我国承造的自动化程度最高、功率最大的4万吨冷风集装箱出口船“柏林快航”号，今晨6时35分在上海沪东造船厂下水。

◇全国政协主席李先念会见由瓦希姆·萨贾德主席率领的巴基斯坦参议院访华团时指出：中国的改革开放政策不会改变，独立自主和平外交政策也不变。有的西方大国干涉中国内政很不明智也是徒劳的。27日，国家主席杨尚昆会见了他。

27日 ◇国务院台办负责人发表谈话：和平统一、一国两制方针不变。台湾当局应立即停止不利于和平统一大业的言行。

◇全国人大常委会委员长万里欢宴由参议长西罗·洪堡和众议长瓦尔特·索里亚诺率领的玻利维亚国会代表团时说，我改革开放将更稳更好更快。处理学潮和暴乱是中国内政，绝不允许外国干涉。

29日，国家主席杨尚昆会见客人时强调，中国有充分权利处理内部事务。

28日 ◇中共中央举行党外人士座谈会。江泽民就当前社会各界普遍关心的问题发表重要讲话，指出：党的十三届四中全会开得很顺利、很成功。全会明确提出了今后一个时期要抓好的四件大事，我们要共同努力，把这四件事情做好。彻底平息反革命暴乱和制止动乱的工作，既要坚决、抓紧，又要严格区分两类不同性质的矛盾。继续坚持以经济建设为中心，搞好经济工作。继续坚持改革开放。继续坚持共产党领导的多党合作制和政治协商制度，更好地发挥人民政协、各民主党派、各人民团体在国家政治生活中的作用。李鹏主持座谈会并通报四中全会情况，乔石、姚依林、宋平、李瑞环等出席。党外人士座谈发言中表示要一如既往与中共肝胆相照荣辱与共，拥护四中全会决定。

◇根据记录整理、1989年6月9日邓小平《在接见首都戒严部队军以上干部时的讲话》发表。

29日 ◇七届全国人大常委会第八次会议6月29日至7月6日在北京举行。万里讲话强调中国的最高利益就是稳定。30日会议决定撤销赵紫阳中央军委副主席职务。陈希同作关于制止动乱和平息反革命暴乱的情况报告。王丙乾作关于1988年国家决算的报告。王芳作关于集会游行示威法草案的说明。一些委员要求查清所谓“57位全国人大常委会委员签名”事件的事实。会议通过关于制止动乱平息反革命暴乱的决议、关于批准1988年国家决算的决议，委员长会议建议公布集会游行示威法草案征求意见、委员长会议决定由张承先等四委员组成调查组清查签名事件。

◇外交部发言人说，欧洲理事会在没有弄清中国平息反革命暴乱的事实真相之前，竟然轻率地于6月27日发表声明，对中国妄加指责，并单方面作出损害双边关系的决定，对欧洲理事会的这一无理举动，中国政府不能不深为遗憾。

◇国务院总理李鹏会见圣多美和普林西比外交部长卡洛斯·达格拉萨一行时说，中国人民同心同德，定能克服暂时困难。

30日 ◇中华人民共和国中央军事委员会发布命令，授予刘国庚、王其富、李强、杜怀庆、李栋国、王小兵、徐如军，崔国政，马国选，王锦伟十烈士以“共和国卫士”荣誉称号。要求全军向他们学习，为彻底制止动乱、平息暴乱而努力奋斗。

◇中宣部新闻局召开座谈会，与会的一些新闻单位负责同志提出，新闻工作必须坚持四项基本原则，新闻改革不能偏离根本方向，新闻界应该认真总结经验教训。

七月

1日 ◇中共中央总书记江泽民在中央组织部举行的座谈会上说，这次制止动乱和平息暴乱的斗争再次证明，我们党是有力量的。要下决心对各级党的组织从思想上到组织上进行一次认真的整顿。党内各级领导干部一定要带头，切实办好几件党内民心为之振奋的事情。

◇人民日报发表社论：党组织要聚精会神地抓党的建设。

◇我国农村经济年总收入1988年首次突破万亿元大关，达10467.6亿元，比1987年增长31%。农户家庭经营占全国农村经济总收入的57.4%，达6008.1亿元。

◇国务院总理李鹏会见美籍华裔黄锦波医学博士，介绍了制止动乱平息暴乱的有关政策。

◇全国人大常委会委员长万里会见由议长萨西·纳拉因率领的圭亚那国民议会代表团，强调反革命暴乱逆潮流而动不得人心。

3日 ◇李鹏总理38号令，发布《中华人民共和国渔港水域交通安全管理条例》，自1989年8月1日起施行。

◇国家主席杨尚昆会见由议长萨西·纳拉因率领的圭亚那国民议会代表团时重申，中国奉行独立自主和平外交政策。

◇国务院总理李鹏会见受"施密特委员会"的委托，来华向李鹏总理递交该委员会就当前全球性的问题致各国领导人的报告书的日本著名经济学家宫崎勇，强调中国只能走社会主义道路。

4日 ◇全国政协七届常委会七次会议于7月4日至7日在北京举行，学习讨论中共十三届四中全会精神，听取制止动乱平息反革命暴乱情况的报告。会议开始时，王任重讲话要求政协成员分清是非坚持原则。闭幕时，李先念讲话。会议通过学习贯彻党的四中全会精神的决议。

◇李鹏总理会见前来参加中印边界联合工作小组首轮会谈和副外长级磋商的印度外事秘书辛格率领的印度代表团，说希望中印关系进一步发展。

5日 ◇国务院总理李鹏会见民柬主席西哈努克亲王和夫人，表示中国将一如既往地支持民柬抗越的正义事业。西哈努克强调建立四方联合政府，越军必须真正从柬埔寨撤走。

6日 ◇中华人民共和国主席第18号令：任命顾秀莲(女)为化学工业部部长，免去秦仲达的化学工业部部长职务；任命阮崇武为劳动部部长。

◇中国人民对外友好协会名誉会长邓颖超会见日本自民党众议员、前劳动大臣山口敏夫及夫人一行时重申，中国实行的改革开放政策绝不会因为发生暴乱或遇到暂时困难而受到影响。

◇民政部、公安部、国家工商行政管理局、国务院宗教事务管理局联合发出通知，坚决制止丧葬中的封建迷信活动。

◇中共中央总书记江泽民会见印度国大党(英)总书记阿扎德，欢迎他对中国的第一次访问，强调中国大政方针不变。

◇我国外交部就戒严部队遭枪击事件复照美驻华使馆，断然拒绝美方的无理指责和强烈抗议。

7日 ◇中共中央总书记江泽民会见来京参加七届全国人大常委会第八次会议和七届政协常委会第七次会议的马万祺、唐翔千等朋友，重申中国按照"一国两制"的原则制定的对香港、澳门和台湾的方针、政策不会改变。

8日 ◇我国外交部发言人重申，中国政府信守中英联合声明。不允许利用香港作颠覆中央人民政府的基地。

9日 ◇改革10年，国营工业企业活力大增，自主支配财力1988年约达1000亿元，其中企业留利和税前还贷的资金达524亿元，这是国民经济健康发展的一个可喜成果。仅就创利税而言，1988年比上年增长20.8%，比改革前的1978年增长了一倍。近10年来，国家财政收入中的70%多是由工业企业提供的。工业企业还要使承包真正做到既包盈又包亏，并确保国家财政收入的合理增长。

10日 ◇据海关总署最新统计，上半年我国的进出口总值达503亿美元，比上年同期增长16.8%。出口为222.58亿美元，增6.5%；进口为284.43亿美元，上升26.7%。逆差则高居57.85亿美元。

◇中共中央总书记江泽民分别会见罗共中央执委、中央检察委员会主席尼古拉·康斯坦丁，和由政治局委员、中央书记施莫利斯·马仁吉亚率领的埃塞俄比亚工人党代表团。

11日 ◇中共中央总书记江泽民会见香港特别行政区基本法起草委员会副主任委员、基本法咨询委员会主任安子介等一行，强调按"一国两制"处理港、澳、台问题，希望尽一切努力如期完成香港基本法起草工作。

12日 ◇中共中央总书记江泽民、国务院总理李鹏会见出席我国第七次驻外使节会议的全体代表时，发表重要讲话，阐述国内形势和外交政策。中央已就反对腐败、惩治官倒、解决分配不公等问题作了研究。

13日 ◇今年1—6月份，全国工商税累计达876亿元，完成年计划49.7%，比上年同期增长16.1%，高于上半年工业产值增长幅度。个人收入调节税、个体、工商户和私人企业税收有明显增长。

◇英国外交大臣杰弗里·豪在下议院发表讲话，说中英联合声明仍然有效。

14日 ◇江泽民、李鹏、李瑞环等同高校工作会议代表座谈，对青年学生加强思想政治教育，切实整顿好高校领导班子，建立一支精干的政工队伍。全国高校工作会议明确方向，教育必须为社会主义服务。李铁映强调四项基本原则是高等教育的生命线。

◇国务委员兼财政部部长王丙乾在全国财政工作会议上强调：坚持量力而行收支平衡方针，"赤字无害论""通货膨胀有益论"在中国行不通。

◇中共中央总书记江泽民会见德国统一社会党中央政治局委员、中央书记京特·沙博夫斯基一行。沙博夫斯基说中共四中全会所做的事都是必要的。

15日 ◇国务院总理李鹏会见捷克斯洛伐克副总理兼国家计委主席雅罗米尔·日阿克，强调改革开放必须坚持四项基本原则。

16日 ◇中共中央总书记江泽民会见出席共青团中央常委扩大会议的全体代表，寄语共青团干部对青年满腔热情严格要求，当前应进行爱国主义、社会主义、民族自尊心的教育。

17日 ◇我国外交部发言人发表谈话说，西方七国首脑会议在7月15日发表的政治宣言中，继续对中国横加指责，施加压力。对此，中国政府不能不表示极大的遗憾，中国绝不接受这种粗暴干涉中国的指责。

7月14日晚，中国驻法使馆教育处又遭袭击。17日，中国外交部西欧司负责人约见法国驻华大使，向法国政府提出强烈抗议，并坚决要求法国政府侦查并惩处肇事者，赔偿教育处遭受的损失，保证今后不再发生类似事件。

18日 ◇国务院召开电话会议，表彰夏季粮油创高产达标单位，有16个省、市、自治区，62个地(市)和358个县(市、区)级单位。

◇国务院、中央军委发布命令，授予李国瑞、刘艳波烈士以"共和国卫士"荣誉称号。

◇中央军委主席邓小平为首都戒严部队题词。中央军委和总政治部分别决定为首都戒严部队全体官兵颁发"首都卫士"纪念章、纪念册，编辑出版《共和国卫士》一书。

19日 ◇今年上半年职工人数为13499万，比上年底减少109万，是近10年来仅有的。合同制工人占全民单位全部职工的比重已由3年前的4%上升到10.5%。

20日 ◇江泽民、李鹏、李瑞环在

全国宣传部长会议上发表重要讲话。全党必须加强宣传和思想工作，真正让社会主义思想占领阵地。

◇外交部部长助理约见美国驻华大使，就美国国会众议院和参议院分别于6月29日、7月14日通过关于制裁中国的修正案事，进行了严正交涉。

21日 ◇北京夏令时12点零9分四川省巴塘县发生5.8级地震。

22日 ◇党中央、国务院致函慰问四川灾区军民，以民政部部长崔乃夫为团长的中央慰问团抵达重庆对最近遭受特大暴雨和洪灾的川东地区人民进行慰问。

23日 ◇最新一期《党建》杂志刊登江泽民文章：切实加强党的建设，增强党的凝聚力吸引力战斗力。

◇有令不行，有禁不止，今年上半年高档消费品进口倍增。其中进口数量彩电增加2倍，录(放)像机增加1.7倍，旅行车增加2.7倍，照像机增加99%，摩托车增加2倍。

24日 ◇中共中央总书记江泽民视察湖北抗洪工作。要求各级干部广大党员带领群众共同奋战，以实际行动贯彻四中全会精神造福于人民。

◇中共中央宣传部、解放军总政治部为转发北京卫戍区《关于军民共建点柳荫街在制止动乱平息暴乱中的工作情况报告》发出通知，学习柳荫街军民共建社会主义精神文明经验，将四项基本原则教育落实于基层。

◇国务院总理李鹏致电祝贺非洲统一组织第25届国家元首和政府首脑会议。

25日 ◇全国总工会主席倪志福在全总十一届三次主席团扩大会议上说：在中国，决不允许成立具有反对党性质的工会。任何企图摆脱党的领导，把工会引向"政治反对派"的图谋，我们都必须旗帜鲜明地与之斗争。江泽民在同与会同志座谈时指出：要全心全意依靠工人阶级，充分发挥工会组织作用。

◇今年上半年，工商银行开办保值储蓄、代发工资、住房储蓄、个体户存款等新储种，2月1日起提高了存款利率，1—6月增储258亿元，比上年同期多增98亿元，增幅达61%，增加额超去年全年水平，为历年最高。

26日 ◇历时5年(1984—1988年)的第3次全国森林资源清查结果表明：森林面积增加，蓄积量下降。目前森林用地面积为26743万公顷(折合40.11亿亩)，森林面积为12465万公顷(折合18.69亿亩)，森林覆盖率为12.98%，活立木总蓄积量为105.72亿立方米，森林蓄积量为91.41亿立方米。林业部长呼吁全社会办林业尽快扭转资源危机局面。

◇中苏经济、贸易、科技合作委员会第4次会议纪要在莫斯科签字，田纪云、马斯柳科夫分别代表本国政府在纪要上签字。

27日 ◇中共中央政治局27日和28日举行全体会议，讨论并通过了《中共中央、国务院关于近期做几件群众关心的事的决定》和《中共中央关于加强宣传、思想工作的通知》。七件事是：(一)进一步清理整顿公司；(二)坚决制止高干子女经商；(三)取消对领导同志少量食品的"特供"；(四)严格按规定配车，严格禁止进口小轿车；(五)严格禁止请客送礼；(六)严格控制领导干部出国；(七)严肃认真地查处贪污、受贿、投机倒把等犯罪案件，特别要抓紧查处大案要案。涉及对领导干部的要求首先从党中央、国务院领导同志做起。

◇1989年度国家级科技进步奖揭晓：共508项，其中需报国务院批准的特等奖3项，一等奖35项，二等奖154项，三等奖316项。

◇中央军委主席邓小平签署命令，授予赵勇明、李勃、王强、廖开喜、张震，安卫平、于荣禄(烈士)、藏立杰(烈士)，沈运田、于爱军，周家柱、游德高十位同志两位烈士以"共和国卫士"荣誉称号。

◇目前全国有154个民族自治地方。从1984年10月实施《民族区域自治法》以来，新建40个民族自治地方，实行民族区域自治的少数民族增加了5个，即满、畲、仡佬、毛南、普米。行使民族区域自治权的少数民族由40个增加到45个，人口占全部少数民族人口的79%，散杂居地区的少数民族乡已建1500多个。民族地区出现兴旺发达新局面。

◇中国批准了1985年在维也纳签订的保护臭气层条约。迄今已有48个国家批准了这项条约。

中共中央总书记会见美中友协西部地区主席弗兰克·佩斯塔纳一行。指出：我们正千方百计克服腐败现象，政治上要坚持四项基本原则，经济上要铲除产生腐败温床。

28日 ◇中国人民解放军总政治部原副主任傅钟上将，今日1时40分在北京逝世，终年89岁。

29日 ◇国务委员兼中国人民银行行长李贵鲜说，上半年金融形势好转，货币由净投放变为净回笼，中国银行维护信誉保证对外支付。今年上半年储蓄存款比年初增加644亿元，比去年同期增加224亿元。银行的信贷规模得到控制，信贷结构初步得到调整，各项贷款比去年同期大大减少。外汇收入略大于支出，国家外汇结存有所增长。但是，下半年金融形势仍是严峻的。

◇庆"八一"歌舞演出隆重举行。江泽民、杨尚昆、李鹏、万里等出席。20名戒严部队代表接受"首都卫士"纪念章。

◇国务院总理李鹏会见法国《欧洲时报》社长杨永桔女士。

◇格林纳达政府7月20日宣布同台湾"建交"。中国外交部发言人指出，这违背了中格两国建交公报原则。希望格林纳达政府"尽快纠正这一错误"。

30日 ◇首都军民联欢庆"八一"。江泽民、杨尚昆、万里等出席。

◇中共中央总书记江泽民会见美国克罗公司董事长克罗先生和夫人一行。

31日 ◇中共中央组织部党的建设座谈会强调，清理思想，纯洁组织，把党建设得更坚强。

◇庆祝中国人民解放军建军62周年，国防部举行盛大招待会。党和国家领导人同首都戒严部队官兵代表等千余人出席。秦基伟致祝酒词要求扎扎实实做好我军改革和建设工作。

◇中葡联合联络小组第5次会议在里斯本如期举行。

◇钱其琛外长在柬埔寨问题巴黎国际会议上发言，全面阐述中国政府立场，受到与会代表热烈欢迎。

八月

1日 ◇国务院发出《关于出让国有土地使用权批准权限的通知》。

◇今年上半年，全国物价涨势逐步趋缓，市场状况逐步趋稳。全国零售物价总指数1—6月份的上升幅度逐月减少，共下降了6.4个百分点，其中35个大城市平均降低了9.8个百分点。全国物价工作会议认为下半年仍要从严控制，并提出7条措施。

◇国家税务局在全国城乡广为张贴《关于整顿城乡个体工商业户税收秩序的通告》。截至目前为止，全国已有个体工商业户1450多万户，从业人员2300多万。偷税漏税比较普遍，偷漏税面一般高达70—80%，少数不法分子竟暴力抗税。

◇据“美国之音”和西方通讯社报道，在美台港反动势力庇护和支持下，叛逃分子严家其、吾尔开希等在美上演一出闹剧，猖狂进行颠覆我国政府活动。

4日 ◇国家商检局公布新的《种类表》，规定104类481种进出口商品必须实行法定检验，否则不能通关。

◇自1990年5月1日起，汽车、摩托车、摩托车发动机、电冰箱、电冰箱压缩机、空调器、空调器压缩机、电视机（包括黑白和彩电）及显像管9种国外商品，率先实行进口商品质量许可制度。

◇中国科学院遗传研究所谭丽玲、李乐义与成都市农垦总公司凤凰山乳牛场廖和模等合作，首次成功地完成了四等分奶牛胚胎并获得四分胚牛犊。

5日 ◇目前，全国企业拖欠贷款总额达1100亿元。人民银行决定清理以缓解资金紧张状况。

6日 ◇8月2日至6日，中共中央总书记江泽民视察上海，强调坚持四项基本原则和坚持改革开放互相促进。

7日 ◇江泽民、李鹏会见钱学森。热烈祝贺他荣获“小罗克韦尔奖章”和“世界级科技与工程名人”、“国际理工研究所名誉成员”等称号，指出学习老一辈科学家爱国精神。

◇当前我国工业生产呈现两个重要趋势：一是能源原材料和基本生活品生产稳步回升，一是工业库存大幅度上升经济效益继续下降。

◇上半年市场形势较平稳，销售降温；下半年看好可能有波动。商业部要求各地抓好30多种吃穿用等商品。

◇中华人民共和国外交部发表声明，中国中止同格林纳达的外交关系。

8日 ◇平暴英模在京作首场报告。江泽民、李鹏、乔石、李瑞环会见报告团全体成员，并合影留念。

◇中国科学院一支沙漠科考队对塔克拉玛干沙漠的考察后宣布，在这个沙漠腹地，至少发现有82种野生动物繁衍生息，并非“死亡之海”。

◇李鹏总理会见由国家科学技术委员会委员长李子方率领的朝鲜政府科技代表团，说我国科技体制改革基本成功。

9日 ◇扶贫开发三年收效显著。据统计，国家和各省、市、自治区扶持的679个贫困县，1988年农民人均纯收入为333.1元，比1985年的245.9元增长35.5%，扣除物价变动因素，增长14.2%。人均收入200元以下的乡村人口，从1985年的6454万人减少到2256.5万人，下降65%，占全国贫困县乡村人口的比重从39.5%下降到9.9%。1985年，人均收入200元以下的县有224个，1988年减少到70个。如以1985年可比价格计算，目前全国仍有195个县、5788.5万人年均纯收入水平低于200元。主要集中在自然条件恶劣、社会发育程度较低的少数民族地区、库区、深山区、多灾区和人畜饮水困难地区，扶持难度相当大。

12日 ◇上午10:05分，黄岛油库末站5号油罐受雷击发生爆炸起火，伤亡数十人。李鹏赶赴黄岛油库火灾现场，要求千方百计防止大火蔓延，确保整个油港安全。14日19点40分，明火全部扑灭。16日18点，残火全部扑灭。17日17点35分，油港恢复生产。

15日 ◇李鹏总理在国务院全体会议上说，年内经济工作重点仍是三件事：继续稳定物价，争取农业好收成，缓解总供给与总需求的矛盾。

◇最高人民法院、最高人民检察院发出《关于贪污、受贿、投机倒把等犯罪分子必须在限期内自首坦白的通告》。《通告》所规定的期限是1989年8月15日至1989年10月31日。

16日 ◇《人民日报》发表邓小平1956年11月17日答国际青年代表团问：马列主义要与中国的实际情况相结合。

◇国家审计署审查了中国康华发展总公司、中国国际信托投资公司、光大实业公司、中国工商经济开发公司和中国农村信托投资公司五家公司的总公司和所属的52家子公司，授权驻各地派出机构和地方审计机关审查了22个子公司，共79个单位。对已审出的违法经营问题，共没收非法所得、处以罚款和补交税金5133万元。违法违纪人员将移送监察部门或提请司法机关处理。

◇中国外交部发言人指出，某些印度政界人士在新德里召开并主持了一个所谓“西藏与南亚和平”问题的“国际会议”，是对中国内政的粗暴干涉。

◇邓小平会见李政道教授时重申，改革开放各项政策不会变。

江泽民会见李政道教授。

17日 ◇中共中央、国务院发布关于进一步清理整顿公司的决定。据国家工商局局长任中林说，到1988年底我国已有各类公司294946户（如包括分支机构为477431户），从业人员4088万多人。

◇中共中央办公厅、国务院办公厅发布关于严格控制领导干部出国访问的规定。

18日 ◇《全国工业污染调查评价与研究》通过国家鉴定，第一套工业污染源档案问世，为环境管理科学化奠定基础。

◇中共中央决定，原委托中共中央党校主办的全党理论刊物《求是》杂志，改为党中央主办。将认真做好以经济建设为中心，坚持四项基本原则、坚持改革开放的宣传。

◇公安部新闻发言人宣布，经国务院批准，我国又有55个市县被列入对外国人开放地区。至此，我国已有626个市县对外国人开放。

◇国务院总理李鹏会见即将离任的葡萄牙大使瓦莱里奥。重申我外交政策不因一时一事而改变，愿同葡方发展友好关系，解决澳门问题。

◇李鹏总理会见日本日中友协会长、参议院议员宇都宫德马，强调中国不走闭关自守老路，中日友好有利于和平和发展。对他获北京大学授予的荣誉法学博士学位称号表示热列祝贺。

19日 ◇监察部今日发布《关于有贪污贿赂行为的国家行政机关工作人员必须在限期内主动交代问题的通告》，计16条。期限自通告发布之日起至1989年10月31日。

◇1988年底，全国400多个城市拥有绿地面积5.2万公顷，人均公共绿地面积3.3平方米，已经达到“七五”的规划指标；市区的平均绿化覆盖率为17%。

◇在今天举行的联合国防止歧视及保护少数小组委员会会议上，中国观察员驳斥一些西方国家和非政府组织的代表打着所谓“保护人权”的旗帜，肆意攻击中国平息暴乱的行动。

◇外交部发言人发表谈话，抗议越南当局竟然决定把一个科技、经济综合区的有些建筑物要建在中国南沙群岛的部分岛礁上，这是对中国领土主权的粗暴侵犯。

◇外交部发言人说，香港基本法不容外国干涉，英方应立即停止粗暴指责。

20日 ◇江泽民视察北京第一机床厂时强调：经济要上去，必须搞活大中企业。总书记来到职工大食堂，排队买饭，并与工人一道边吃边交谈。同日，视察亚运会工程，勉励力争提前竣工。

◇《邓小平文选》（1938—1965年）出版发行。文选集中了邓小平同志在“文化大革命”以前28年中的重要文章、讲话39篇，近25万字。

21日 ◇党中央领导同全国组织

部长会议代表座谈。总书记江泽民强调聚精会神抓党的建设。李鹏、乔石、李瑞环出席并作重要讲话。宋平主持会议。

◇在新闻出版署7月11日《关于检查、整顿书刊市场的紧急通知》后，据不完全统计，检查发行网点近4万家，取缔无照经营者2300人(家)，吊销了100多个违纪经营者的营业执照，对有问题的2000多个发行单位实行停业整顿，收缴查封黄色和非法录像带9万多盒、各种有问题的书刊1134万多册。

◇长江中上游防护林体系建设第一期工程总体规划，经国家正式批准开始实施，9省145县15年造林1亿亩。

22日　◇邓小平同志1957年4月8日在西安干部会上所作报告的一部分：《共产党要接受监督》，由人民日报发表。

◇全国组织部长会议提出，下决心把党建设好。宋平讲话强调纠正被资产阶级自由化搞乱了的思想理论问题。

◇国务院总理李鹏会见美国银行家罗伯特·阿博特时说，我国经济改革要适当发挥市场调节作用。高积累高消费只能带来一时表面繁荣。

23日　◇全国政协主席李先念会见台湾"中国统一联盟"第一副主席谢学贤时表示，中国政府所坚持的一国两制、和平统一祖国的基本政策不变。

24日　◇党中央、国务院召开电话会议作出部署，健康深入地开展"扫黄"工作。国庆节前要全面整顿清理书报刊和音像市场。

◇国务院总理李鹏会见孟加拉国外交部长阿尼斯·伊斯拉姆·马赫穆德一行时说，中国致力发展同南亚各国友好关系。

25日　◇中共中央总书记江泽民同清华大学部份师生座谈。希望广大青年学生深刻反思振奋精神，树立坚定正确的政治方向，指出知识分子在各条战线无私奉献是社会主义现代化建设骨干。

◇国家主席杨尚昆会见亚洲奥林匹克理事会主席谢赫·法赫德·艾哈迈德·萨巴赫亲王。说中国将尽全力办好亚运会。法赫德称赞中国做了踏踏实实的准备工作。

27日　◇六届全国政协副主席、中国伊斯兰教协会名誉会长包尔汉同志因心脏病突发，经抢救无效，于1989年8月27日12时50分在北京逝世，终年95岁。

28日　◇江泽民、李鹏等同有突出贡献的专家座谈时强调，实现四化主要靠自己力量。中国的知识分子要争这口气。

◇中国社团研究会成立。雷洁琼、张友渔、范宝俊任研究会名誉会长，史怀壁当选为会长。我国现有业经确认的全国性社团1000多个，地方性社团10万多个。

29日　◇七届全国人大常委会第9次会议今起至9月4日在北京举行。会议通过了全国人大常委会关于将香港特别行政区基本法草案的征求意见时间延长至10月底止的决议，关于县、乡两级人民代表大会代表选举时间的决定，关于批准中蒙两国政府关于中蒙边界制度和处理边境问题的条约的决定，关于批准联合国禁止非法贩运麻醉药品和精神药物公约的决定。会议根据国务院总理李鹏的提请，决定免去王蒙文化部部长的职务。会议决定接受贺敬之辞去七届全国人大常委会委员职务的请求，以到文化部任职。

◇江泽民、李鹏致信推行全面质量管理十年总结大会，形成大家关心质量的社会风气。会议强调运用多种手段系统协调治理扶优限劣。

30日　◇在波多黎各的圣胡安市举行的国际奥委会第95届全体委员会上，中国奥委会主席何振梁当选为国际奥委会副主席。这是国际奥林匹克运动史上，当选国际奥委会副主席的第一位中国人。

◇江泽民、杨尚昆分别会见由朝鲜劳动党政治局候补委员、朝鲜人民军总参谋长崔光大将率领的朝鲜军事代表团。

◇国务院总理李鹏会见坦桑尼亚、卡塔尔国、尼加拉瓜、赞比亚四国新任驻华大使时重申，中国致力发展同第三世界国家关系。

31日　◇国务院发出开展1989年税收、财务、物价大检查的通知。

◇《邓小平同志论坚持四项基本原则反对资产阶级自由化》、《邓小平同志论改革开放》两书出版发行。

◇外交部发言人发表谈话，大赦国际无权干涉我国内政。它对中国平息反革命暴乱一事的指责是毫无根据和毫无道理的。

外交部发言人说，当前中美关系中出现了一些困难。这些困难是由于美国深深地卷入了中国的内政，并带头对中国实行所谓制裁，触犯了中国的利益和尊严而造成的，责任在美国方面。中美关系现状的改善取决于美方的政策与行动。

九月

1日　◇国务院总理李鹏讲话强调，继续执行正式出台的改革开放措施。研究建立适合国情的宏观调控体系。

◇乔石在中央党校开学典礼上提出，全党加强马克思主义基本理论学习。反对资产阶级自由化和"和平演变"不能有丝毫放松。

◇中共中央总书记江泽民会见英籍女作家韩素音。

国务院总理李鹏会见法国《费加罗报》编辑委员会主席佩雷菲特，详细地回答了他提出的关于当前中国国内局势、中国内外政策和中法关系等方面的问题。

◇北京国际电视周开幕。李瑞环等同14个国家和地区的朋友出席开幕式。

2日　◇国务院发布《关于大力加强城乡个体工商户和私营企业税收征管工作的决定》。

◇外交部发言人就联合国防止歧视和保护少数小组委员会第41届会议通过有关中国的决议一事发表声明，强调中国政府认为这项决议是非法的，无效的。

3日　◇中华人民共和国国务院总理李鹏致电祝贺第9次不结盟国家和政府首脑会议召开。

4日　◇各国议会联盟第82届年会否决联邦德国议会代表团提出的所谓"中国镇压和平抗议者"的提案。在中国全国人大代表团团长当场驳斥后，大会就这一"提案"进行表决，结果以393票反对，509票弃权，335票赞成而被否决。

5日　◇经国务院批准，全国从9月5日起提高铁路、水路和民航的客运票价。货物运价和公路汽车运价不动。

6日　◇《中华人民共和国法律全书》出版。江泽民、李鹏致贺，乔石等出席首发式。

◇加强少儿工作，提高民族素质。全国优生优育优教讨论会在京召开。李鹏到会讲话，要求各级党委政府重视，全社会支持。

◇第二届全国青运会在沈阳开幕。36个体育代表团4000多名运动员参加。

7日　◇到1988年底，全国职工人数已达1.36亿多人，比1978年增加4109万人，增长43.3%；比1949年的800万人增加了16倍。

◇应杨尚昆主席的邀请，布基纳法索人民阵线主席、国家元首、政府首脑布莱斯·孔波雷上尉偕夫人抵京，于9月7日至12日对我国进行正式访问。杨主席会见孔波雷并设宴欢迎。李鹏同孔波雷举行会谈。乔石会见孔波雷。江泽民会见孔波雷，表示愿发展中布两党两国关系。中布政府签署贷款协定。

◇全国政协主席李先念会见尼泊尔王国前首相基尔提·尼迪·比斯塔和夫人。李鹏会见比斯塔，希望中尼友好睦邻关系进一步发展。

8日　◇庆祝教师节表彰大会在北京举行。19775人获全国优秀教师和教育工作者称号，其中1475人获全国教育系统劳动模范称号。江泽民等向教师代表颁奖，李鹏发表讲话。

9日　◇李鹏、宋平分赴高校慰问座谈。李鹏在北师大强调培养德才兼备人才是首要任务。宋平在北大指出要把高校党组织党员队伍建设好。

◇农业部提出七条意见，帮助乡镇企业健康发展。目前，全国已有1880多万家乡镇企业，1988年创产值6495亿元，向国家纳税310亿元，创汇65亿元，同时解决了近1亿农业人口的就业问题。

◇最高人民法院、最高人民检察院宣布：对去台人员在中华人民共和国成立后、犯罪地地方人民政权建立前所犯历史罪行，将不再起诉。

◇国务院总理李鹏会见由行长波塔奇率领的捷克斯洛伐克国家银行代表团时说，中国警惕外来颠覆阴谋。在平等互利原则下同西方开展交往。

10日　◇中共中央发布庆祝建国四十周年口号。

◇国务院总理李鹏致信中办、国办信访局，提出要求：秉公处理每一封信件，以不辜负人民的希望。

◇9月10日至19日，李鹏总理先后到黑龙江、内蒙古、吉林、辽宁四省、区调查研究。

◇乔石会见尼加拉瓜共和国桑地诺民族解放阵线全国领导委员会成员、对外合作部部长亨利·鲁伊斯一行。钱其琛外长同鲁伊斯部长会谈。吴学谦副总理会见鲁伊斯。李先念会见鲁伊斯时指出，反颠覆斗争是长期的。

11日　◇国务院发出通知，严厉打击商品掺杂使假行为，要求全面检查，一经查实从重处罚。

◇中华人民共和国和密克罗尼西亚联邦决定从1989年9月11日起建立大使级外交关系。

◇全国政协主席李先念会见西哈努克亲王。强调中国坚决支持亲王的五点和平计划。

12日　◇为国聚财，贡献突出，40年上交税利1.5万亿元。到1988年底，我国大中型工业企业已有10676个。1988年利税总额超过3.5亿元的大中型工业企业有50家，这50家企业上交的利税，占全国财政收入的12%。

◇全国人大常委会欢宴苏联最高苏维埃代表团，宾主表示要不断加强友好合作。万里会见卢基扬诺夫，双方一致指出：中苏应该交流改革经验。彭冲同卢基扬诺夫举行会谈。

13日　◇我国自70年代全面实行计划生育以来，不仅控制了人口的过快增长，而且产生了巨大的经济效益。按1970年生育水平推算，18年少生2亿多人节省抚养费3万亿。

◇到1988年底，我国城镇就业人口达到14267万人，比1978年增长50%，相当于1949年的9.3倍。近10年中，城镇新就业的劳动者累计7800多万人，城镇待业率从1979年的5.4%下降到2%左右。

◇经国务院批准，监察部公布《国家行政机关工作人员贪污贿赂行政处分暂行规定实施细则》。

◇中共中央政治局常委、国务院副总理姚依林会见以香港新界乡议局主席刘皇发为团长的新界乡议局访京团全体成员。

14日　◇在9月9日至12日江泽民总书记视察陕北革命老区时，强调发扬延安精神。

◇海南省省长梁湘犯有严重以权谋私错误，党中央、国务院决定撤销其党内外职务。对他的问题继续进行审查。

15日　◇40年来，我国干部队伍达3000万人。建国初期，我国只有干部170万人，其中40万人是从归政权中接收留用的。1954年只有663万。整个干部队伍中，95%是建国后参加工作的。专业技术干部已由1954年的57万人增加到1988年的近2100万人；高中、中专以上文化程度的干部已达2304万人，占75%，其中，大专以上文化程度的干部861万人，占28%。

◇国务院台办发言人重申，“一国两制、和平统一”的对台方针不变。

国务院台办发言人谈：海峡两岸交流中几个具体问题；台湾记者来大陆采访注意事项。

◇第二届中国艺术节在京开幕。江泽民、杨尚昆、万里、李瑞环等出席。

◇中共中央总书记江泽民会见捷克斯洛伐克国防部长米兰·瓦茨拉维克一行。

◇国家主席杨尚昆会见由卢基扬诺夫率领的苏联最高苏维埃代表团，说中苏应在新起点上互相合作。

17日　◇国务院总理李鹏在沈阳会见日本日中友好议员联盟会长伊东正义一行，希望中日友好关系继续发展。

18日，中共中央总书记江泽民会见伊东正义，说我国能够达到既定经济发展目标。

19日，邓小平会见伊东正义，强调用和平共处五项原则解决国际政治经济问题，指出不论发生什么情况中日友好不能变也不会变。

◇我国外长钱其琛出访约旦、埃及、叙利亚、突尼斯四国。

19日　◇中共中央总书记江泽民会见以副议长孙圣弼为团长的朝鲜民主主义人民共和国最高人民会议代表团，一致强调进一步发展中朝传统友谊。

◇外交部西欧司负责人约见法国大使，抗议法边境警察侮辱我过境人员，要求法国政府立即制止这种错误做法。

20日　◇全国先进基层党组织、优秀党务工作者表彰会在京举行。389个集体和591名个人榜上有名。宋平讲话强调提高党员素质增强党组织战斗力。在闭幕式上，党和国家领导人向代表颁奖。江泽民作重要讲话。

22日　◇国务院、中央军委发布命令，授予阎正连“灭火战斗英雄”荣誉称号。

23日　◇一批外国老专家获李鹏总理签署的荣誉证书，国务院副总理吴学谦向29位外国老专家颁发证书。

◇我国领导人李鹏等分别电唁日中经济协会常任顾问、中国人民的老朋友冈崎嘉平太逝世。

25日　◇中共中央总书记江泽民会见全国企业思想政治工作研讨班的全体同志。宋平、李瑞环参加这个研讨班座谈围绕全心全意依靠工人阶级切实加强企业思想政治工作。参加研讨班的有全国100多家大型企业的负责人以及国务院有关部委和部分省市的同志共150多人。

◇全国人大常委会委员长万里会见由议长迈拉吉·哈立德率领的巴基斯坦国民议会代表团。杨尚昆会见代表团说中巴两国友谊基础深厚。

◇外交部西欧司负责人约见法国驻华大使马乐，就法国政府允许“民主中国阵线”在巴黎召开“成立大会”提出强烈抗议，并要求法国政府制止“民阵”继续利用法国领土进行反对中国政府的活动。

26日 ◇中共中央总书记江泽民和政治局常委李鹏、乔石、姚依林、宋平、李瑞环举行中外记者招待会，就我国内政外交问题答中外记者问。

◇李鹏总理第40号令，发布《中华人民共和国环境噪声污染防治条例》，自1989年12月1日起施行。

◇国务院电贺大庆油田诞生30周年。

27日17时，大庆为国家生产原油累计达到10亿吨，累计上缴国家财政779亿元，相当于国家同期投资总额的11.8倍；累计出口原油2亿多吨，为国家创汇280多亿美元。

◇中共中央总书记江泽民、全国人大常委会委员长万里分别会见由德国统一社会党中央政治局委员、中央书记、民主德国国务委员会副主席埃贡·克伦茨率领的德意志民主共和国党和国家访华代表团。乔石同克伦茨举行会谈。

27日 ◇原定于7月在伦敦举行的、被英国单方面宣布推迟的中英联络小组会议，9月27日至29日在伦敦举行。会后发表新闻公报，重申信守并承担《联合声明》责任。

28日 ◇国务院发布关于表彰全国劳动模范和先进工作者的决定。

全国劳动模范、先进工作者表彰大会在北京举行。李鹏同志讲话。江泽民、邓小平、杨尚昆、李鹏、万里等会见与会代表。大会表彰了来自全国51个系统或行业的2790名全国劳动模范和先进工作者。

◇国家主席杨尚昆复函西哈努克亲王，表示中国继续支持柬埔寨人民正义斗争。

◇外交部发言人就越南单方面宣布撤军发表谈话：越南并未真正从柬全部撤军。其控制柬埔寨搞印支联邦的基本图谋没有改变。

29日 ◇首都万余人集会庆祝共和国生日。江泽民总书记发表长篇重要讲话。杨尚昆主持大会。李鹏、万里、乔石、姚依林、宋平、李瑞环、王震等出席。

◇外交部新闻司负责人召见法国阿尔萨斯最新消息报驻京记者梅业，向他指出：经过中国公安和司法部门严肃认真的调查核实，他在9月26日江泽民总书记和中央政治局常委举行的中外记者招待会上所提到的一位中国女学生遭到逮捕、审讯和强奸一事纯属谣言。并向他提出了严重警告。

30日 ◇李鹏总理举行盛大国庆招待会，热烈庆祝中华人民共和国成立40周年。江泽民、杨尚昆、万里、邓颖超等同各界人士和五大洲宾客出席。李鹏在讲话中强调坚持走社会主义道路是中国的唯一出路。

◇中共中央宣传部发出通知，要求认真学习宣传江泽民国庆讲话，着眼于统一认识统一行动振奋精神夺取更大胜利。

十月

1日 ◇热烈庆祝中华人民共和国成立40周年，首都百万人举行盛大联欢晚会。江泽民、邓小平、杨尚昆、李鹏、陈云、万里、李先念、彭真、邓颖超、乔石、姚依林、宋平、李瑞环、王震等和西哈努克、李钟玉等贵宾与人民群众共庆佳节。邓小平在天安门城楼会见外宾，会见西哈努克亲王时重申支持柬人民正义斗争，会见李钟玉时强调中国必须坚持四项基本原则。陈云会见阿尔希波夫。李先念会见阿尔希波夫、黄文欢和迈拉吉·哈立德。王震会见李钟玉。2日，杨尚昆会见李钟玉。

◇江泽民、李瑞环看望职工。向国庆佳节坚守工作岗位者致意。

2日 ◇中央领导会见参加国庆40周年活动的全国少数民族参观团、少数民族艺术家联合演出团、人民解放军基层先进代表、全国著名烈军属等优抚对象代表、第二届中国艺术节的演员代表，并同大家一起合影留念。

◇依据国际通用标准，我国评出500家最大企业。据统计，这500家企业1988年完成工业总产值3012亿元，占全国工业总产值的16.5%；上交利税600多亿元。

◇中外经济合作研讨会在北京举行。来自15个国家和地区的金融界、企业界知名人士参加。李鹏总理会见代表时说，中国的大门向世界各国开放，互利互惠开展经济技术合作。3日，江泽民会见代表。

3日，中信公司举行成立10年招待会。荣毅仁主持。杨尚昆、宋平、王震等及中外人士近千人出席。10年前这家只有10几人的公司，今已在海内外拥有23个直属子公司(银行)、近300个投资企业。注册资本从2亿元增加到30亿元人民币，总资产超过200亿元人民币。

◇中共中央总书记江泽民会见由捷克斯洛伐克共产党中央主席团委员、工会中央理事会主席米罗斯拉夫·扎瓦吉尔率领的捷克斯洛伐克工会代表团。

江泽民会见美国可口可乐(国际)公司总裁约翰·乔格斯一行。

江泽民会见美国宾夕法尼亚大学荣休教授顾毓琇及其夫人王婉靖女士，以及程君复教授。

3日 ◇中共中央总书记江泽民在8月初视察上海时的一段讲话今天在《深情的黄土地》农业系列报道中播发。江泽民强调坚持以农业为基础的指导思想，全党全国各行各业齐心协力把农业搞得更好。

◇李鹏总理会见日本国策研究会访华团法眼晋作一行，重申发展中日友好是我国外交政策重要部分。

李鹏会见美国前国务卿、美国环球联合公司董事长亚历山大·黑格。

4日 ◇苏南“工业链”率先实现本世纪末目标，人均国民生产总值达到800美元。这个“工业链”西起常州市武进县，东至苏州市昆山县，绵亘上百公里。在这条狭长地带上，密布了35000多家大、中、小企业，现时一年创造出900亿元的工业产值，为国家提供50亿元的财政积累。

3日 ◇应杨尚昆主席的邀请，巴勒斯坦国总统亚西尔·阿拉法特抵京，对我国进行正式友好访问。杨主席会见并宴请贵宾。李鹏总理同阿拉法特总统会谈，中国政府对中东问题提出5点主张。江泽民会见阿拉法特。邓小平会见阿拉法特总统时，赞扬巴解务实灵活政策，宾主一致肯定中巴之间几十年如一日的友谊。

◇从今日起，我国加入《商标国际注册马德里协定》。

5日 ◇国务院发布环境噪声污染防治条例。自1989年12月1日起施行。

◇国务院发布《全民所有制企业临时工管理暂行规定》，自发布之日起施行。

◇国务院总理李鹏会见澳门总督文礼治。希望中葡继续努力实施联合声明。

◇应李鹏总理邀请，老挝人民民主共和国部长会议主席、老挝人民革命党中央委员会总书记凯山·丰威汉抵京，对中国进行正式友好访问。李鹏同凯山会谈，双方对中老恢复两国两党关系感到满意。江泽民、杨尚昆分别会见凯山。邓小平会见凯山时表示中国愿同越南改善关系，但越南必须从柬埔寨真正撤军。中老签署中老领事条约、文化协定、关于处理边境事务的临时协定和关于互免签证协议。

◇中共中央总书记江泽民会见由罗共中央候补执委、中央书记扬·斯托扬率领的罗马尼亚共产党访华代表团。说发展中罗友谊是我党一贯方针。

6日 ◇中共中央总书记江泽民同中国科学院获奖的21名青年科学家座谈时说，植根祖国大地才能有所成就。鼓励青年科技人员树立远大理想在科学界大放光芒。

◇江泽民、李鹏等同志会见留学回国人员代表，热情赞扬学子归来报国有志。

◇国家外汇管理局根据《外债统计监测暂行规定》确定的外债范围，公布了我国1985年至1988年末全国外债余额。1988年末外债余额为400亿美元，其中中长期327亿美元，短期73亿美元。国家外汇管理局负责人说，我国外债在承受能力范围之内，借用原则是总额控制结构合理。

◇国务院、中央军委发布命令，授予王玉文、王志强、姜超成“共和国卫士”荣誉称号。

◇中国驻苏联大使举行宴会，热列庆祝中苏建交40周年。苏联部长会议主席雷日科夫等出席。1949年10月1日中华人民共和国宣告成立后，10月2日苏联率先承认。

7日，苏联驻中国大使举行宴会，热列庆祝中苏建交40周年。李鹏总理等出席。

7日 ◇来自世界五大洲25个国家和地区的300多名学者在北京纪念孔子诞辰2540周年。江泽民会见孔子讨论会中外朋友，要求教育我们后代很好地发扬民族优良传统。

◇外交部发言人说，中国对挪威诺贝尔和平奖委员会决定授予达赖1989年度诺贝尔和平奖表示极大遗憾和愤慨。它是对中国内政的粗暴干涉，也直接背离了该委员会关于为“民族间的和睦亲善”作出努力和贡献的颁奖宗旨。

8日 ◇全国老有所为精英奖、敬老好儿女金榜奖表彰大会在北京召开。大会表彰了1902名先进人物。江泽民、乔石等会见到会代表。宋平代表党中央、国务院向大会祝贺。

◇中共中央总书记江泽民会见由中央书记处书记莱昂内尔·索托率领的古巴共产党代表团。

9日 ◇我国老龄工作取得成绩。自1983年中国老龄问题全国委员会成立以来，全国已有28个省、自治区、直辖市，95%的地、市，70%的县建立了老龄委员会。目前，我国60岁以上的老年人现有9100多万，约占总人口的8.5%。

◇民主德国党和国家领导人昂纳克会见由中共中央政治局常委、国务院副总理姚依林率领的参加民主德国40周年庆典的中国党政代表团。

10日 ◇邓小平同志为中国少年先锋队建队40周年题词：培养有理想、有道德、有文化、有纪律的无产阶级革命事业接班人。

12日，江泽民、李鹏等会见优秀少年和少儿工作者代表。邓颖超同志向评选出的“全国十佳少先队员”中的9个孩子刘玉玲、成洁、边荣唐、金永一、孔庆山、田淑娟、吴燕、巴哈提、吴超和赖宁的父母颁发金质奖章。

13日，江泽民写信祝贺少先队成立40周年。

◇中国运动员高凤莲在贝尔格莱德举行的第6届世界女子柔道锦标赛的72公斤以上级比赛中，荣获金牌，连续第三次获得世界锦标赛这一级别的冠军。

◇应李鹏总理邀请，加纳共和国临时全国保卫委员会委员、部长委员会主席保罗·维克托·奥斌抵京，于10月10日至14日对我国进行正式访问。李鹏同奥斌会谈并宴请加纳贵宾。江泽民、杨尚昆分别会见奥斌。

◇我国外交部就利比里亚与台湾重建“外交关系”、中止同利比里亚外交关系发表声明，坚决反对与我建交国家同台湾重建官方关系。

11日 ◇李鹏总理在全国生产工作会议上指出，经济形势朝着预定方向发展，当前必须认真搞好治理整顿。利用工业生产速度下降、市场疲软机会提高企业素质。

◇首届中国摄影艺术节在北京开幕。江泽民、杨尚昆、李鹏、彭真写信题词祝贺。

◇国务院副总理吴学谦抵新德里，对印度进行为期7天的正式访问。印度总统会见吴学谦副总理。吴学谦副总理同印度外长拉奥会谈。拉·甘地总理会见吴学谦副总理。

12日 ◇党和国家领导人江泽民、李鹏、乔石、宋平会见参加中央国家机关党的工作会议代表。江泽民强调切实抓好中央国家机关党的建设。李鹏总理要求各部部长成为精通业务的革命家、政治家。

13日 ◇江泽民总书记于13日至18日视察江西革命老区。号召要像战争年代一样自力更生，锐意进取，实行开发式扶贫让老区人民尽快富裕起来。

◇中共中央政治局常委、书记处书记李瑞环同出席全国马克思主义哲学研究与干部哲学教育研讨会代表座谈时强调，全党都要学习马克思主义哲学，掌握科学的世界观和方法论。

14日 ◇工商银行协助企业“清欠”。到今年4月初，在工商银行开户的工商企业互相拖欠达748亿元，其中有347亿元为跨省市拖欠。使许多企业陷入“三角债”困境。从4月起，工商银行先后在当地范围对大中型企业相互拖欠贷款进行清理，到8月末，已清理189亿元。

◇国务院总理李鹏会见并宴请法英通用电气阿尔斯通跨国公司董事长兼总经理德乔治一行。

16日 ◇国家统计局和联合国权威资料统计表明，我国11亿人口生活质量，高于发展中国家平均水平。

◇李瑞环于1989年9月11日《在南方四省“扫黄”工作座谈会上的讲话》发表。

17日 ◇江泽民1989年8月21日《在全国组织部长会议上的讲话》发表。

◇著名政治活动家许德珩百岁生日。李鹏、万里等祝贺，江泽民、邓颖超送花篮。

18日 ◇北京时间今日22时57分，在山西省大同县与河北省阳原县之间（北纬39度57分，东经113度43分）发生5.7级地震。19日1时零1分，又发生6级左右地震。2时20分，这一地区又发生第3次地震，震级约为5.6级。

◇李鹏总理视察亚运会部分场馆。同日视察北京·松下彩色显像管有限公司，指出实践证明在中国搞合资企业大有希望。

◇城乡居民储蓄存款出现建国以来最大增幅，今年1至9月增加近1000亿元；储蓄存款余额已从去年底的3807亿元上升到9月份的4806亿元，增长26%。

◇十年扶贫规划，七年大见成效。“三西”绝大多数农民已得温饱。目前，甘肃省中部贫困区20个县，人均占有粮食已由1982年的152.5公斤提高到260公斤，农民人均纯收入已达380元。宁夏西海固地区8县人均占有粮食240多公斤，人均收入达210元。

◇外交部发言人指出，解决香港问

题是中英两国的事，在任何国际场合讨论都不适宜。我们坚决反对英方将香港问题国际化的企图。

19日 ◇中共中央总书记江泽民电贺埃贡·克伦茨同志当选为德国统一社会党中央总书记。

20日 ◇国务院发布施行《中华人民共和国水下文物保护管理条例》。

◇江泽民、李鹏分别会见泰国副总理披猜·拉达军一行。

◇李鹏总理会见由陆军总司令丹瑞中将率领的缅甸友好代表团。说我国首要任务是发展生产力。

22日 ◇坦白全部罪行，退出赃款赃物，原新疆维吾尔自治区副主席托乎提·沙比尔被免予起诉。收受贿赂15842元已退清。

◇叶剑英元帅纪念馆在广东省梅县雁洋镇雁上村开馆。同时举行了叶帅铜像揭幕仪式。王震剪彩并揭幕。

◇中共中央总书记江泽民会见以中央对外关系执行书记冈奔博·富穆·瓦·乌塔迪为团长的扎伊尔人民革命运动代表团。重申中国坚决支持非洲人民正义事业。

◇国务院总理李鹏会见由南斯拉夫执行委员会副主席日夫科·普雷格尔率领的南斯拉夫政府代表团。指出中国关切东欧一些国家发生的事情。

◇在日内瓦召开的红十字会与红新月会协会第七次大会选出新的执行理事会和协会领导机构。中国红十字会常务副会长谭云鹤当选为协会副主席。这是中国红十字会第一次担任该组织的副主席。红十字会与新红月会协会1919年成立，共有148个国家红十字会、红新月会参加。

◇中国广播电视教育创建10年来，累计招生161万多人，向各条战线输送毕业生105万人，成为我国高等教育的重要组成部分。

◇我国卓越的戏曲艺术大师梅兰芳的塑像在北京落成。李瑞环、习仲勋共同为塑像揭幕。李瑞环强调珍惜和弘扬中华民族优秀文化传统，希望京剧界排出一批代表当代京剧水平的剧目。

◇外交部发言人宣布，中国中止同伯利兹的外交关系。伯利兹政府于1989年10月11日同台湾建立了所谓“外交关系”。违背了1987年中伯建交联合公报的原则和伯利兹政府对台湾问题的承诺。

24日 ◇国务院总理李鹏会见七国离任、新任驻华大使时重申，台湾是中国领土不可分割的一部分，中国坚决反对任何制造“一中一台”和“两个中国”的企图。

◇李鹏总理签署第44号国务院令，发布《放射性同位素与射线装置放射防护条例》。

◇国务院总理李鹏会见亚洲开发银行行长藤冈真佐夫一行。说中国希望同亚行发展合作。

◇泰王国总理差猜·春哈旺抵京，对中国进行为期两天的工作访问。李鹏同差猜会谈并欢宴贵宾。双方强调越南应在国际监督下从柬埔寨全部撤军，在柬埔寨成立以西哈努克亲王为首的四方联合政府。江泽民、杨尚昆分别会见差猜。江泽民说，中国不输出革命也不允许别国干涉内政。杨尚昆说，中泰友好关系是不同制度国家合作典范。邓小平亲切会见差猜，宾主盛赞中泰情谊，对柬问题看法一致。

25日 ◇七届全国人大常委会开始举行第10次会议。历时七天。会议通过了《中华人民共和国集会游行示威法》。香港特别行政区基本法起草委员会主任委员姬鹏飞向这次常委会和万里委员长提交了关于部份起草委员变动情况的报告。会议经过审议和表决，决定：同意查良镛、邝广杰辞去起草委员会委员职务。鉴于司徒华、李柱铭近期的言行同起草委员会委员的身份极不相符，在他们未放弃敌视中国政府和企图否定中英联合声明的立场之前，不能再参加起草委员会的工作。

◇国务院第43号令，发布施行《社会团体登记管理条例》。1950年10月19日中央人民政府政务院公布的《社会团体登记暂行办法》同时废止。

◇国务院45号令，发布《第四次全国人口普查办法》，自发布之日起施行。

◇应李鹏总理的邀请，西萨摩亚独立国总理托菲劳·埃蒂·阿莱萨纳今起对我国进行正式友好访问。李鹏总理欢宴贵宾。李鹏同托菲劳会谈，指出中英为解决香港问题早已达成协议，有人企图对中国施加压力是徒劳的。江泽民、杨尚昆、万里分别会见托菲劳。

26日 ◇《邓小平论文艺》一书发行。

◇中央军委颁发命令，给国防科工委远望1号、远望2号测量船记集体一等功。

◇国务院港澳办发言人发表谈话，公布港澳记者来内地采访注意事项。

◇李四光百年诞辰纪念大会在北京举行。钱学森作题为《光辉的旗帜》的报告。国家主席杨尚昆出席并讲话，号召发扬爱国主义精神。

◇万里委员长会见菲律宾参议员阿基里诺·皮门特尔一行。希望中菲关系更好发展。

27日 ◇李鹏总理1989年10月11日在全国生产工作会议上的讲话《正确认识当前的经济形势，进一步搞好治理整顿》发表。

◇李鹏总理听取全国清理整顿公司座谈会情况汇报时说，当前清理整顿公司总的指导思想是下决心撤掉一批公司。今后，随着有计划商品经济的发展，各种不同类型的公司还要发展。

28日 ◇中共中央隆重举行大会，纪念李大钊诞辰100周年。江泽民发表重要讲话，彭真主持会议，杨尚昆、李鹏、乔石、姚依林、宋平、李瑞环等出席。

◇李鹏总理会见出席中国银行海外分行行长会议、中国人民保险公司海外公司总经理会议代表时强调：中国不在主权问题上让步。

◇海关总署、国家教委、外交部联合通知，自今年10月30日起，自费出国留学人员携带进境行李物品实行新的管理规定。

◇美国前总统理查德·尼克松抵京访问。钱其琛会见并设宴欢迎。李鹏会见并宴请尼克松。李鹏说国际关系唯一行得通的是和平共处五项原则。李瑞环、江泽民、邓小平分别会见尼克松。邓小平指出解决中美纠葛美国应采取主动，中国决不允许任何国家干涉自己的内政。杨尚昆会见并宴请尼克松，宾主相信中美存在共同利益，两国迟早要走到一起。尼克松看望邓颖超。

29日 ◇国务院发出《关于大力开展农田水利基本建设的决定》，要求从今年秋冬起，连续坚持三、五年时间，大力开展农田水利基本建设。纳入农村中心工作，各级政府主要领导亲自负责。

30日 ◇北京市人民政府、戒严部队指挥部发布第17号通告。

十一月

1日 ◇10个项目获得首届中国专利发明金奖。联合国世界知识产权组织和中国专利局向这10项奖获得者颁奖。来自40多个国家的100多位代表出席在北京举行的“21世纪国际专利制度世界讨论会”。李鹏总理会见讨论会代表时说，中国实行专利制度是改革开放的产物，有利于促进科技进步和整个经济发展。中国专利局自1985年4月1日开始接受专利申请，至1989年7月底已收到申请11万多份，其中8.8万份是中国发明人提出的。

2日 ◇中华护理学会建会80周年，邓颖超写信致贺。

◇中共中央总书记江泽民、国务院总理李鹏分别会见捷克斯洛伐克外交部长约翰内斯一行。

◇国家主席杨尚昆、国务院总理李鹏分别会见不丹外交大臣达瓦·策林一行。双方表示本着友好和互谅互让的精神，协商解决中不两国边界问题。

3日 ◇江泽民、李鹏会见各地人大民委主任会议代表。指出：认真做好民族团结工作，警惕敌对势力阴谋破坏。

5日 ◇应中共中央邀请，朝鲜劳动党中央委员会总书记、国家主席金日成于11月5日至7日对我国进行非正式访问。邓小平同志前往车站迎接，6日同金日成举行会谈，并共进午餐。江泽民主持欢迎宴会，并同金日成举行会谈。李鹏会见金日成。杨尚昆会见金日成并为金日成饯行。邓颖超在住处会见金日成。乔石、姚依林、宋平、李瑞环等参加了上述活动。

6日 ◇中国共产党第十三届中央委员会第五次全体会议，1989年11月6日至9日在北京召开。全会之前，10月30日至11月3日中央政治局召开了中央工作会议，认真讨论和研究了我国当前的经济问题。全会审议并通过了《中共中央关于进一步治理整顿和深化改革的决定》。全会讨论并通过了《中国共产党十三届五中全会关于同意邓小平同志辞去中共中央军事委员会主席职务的决定》。会议决定江泽民任中共中央军委主席，杨尚昆任中央军委第一副主席，刘华清任中央军委副主席，杨白冰任中央军委秘书长，增补杨白冰为中央书记处书记。全会号召全党全国各族人民紧密团结在以江泽民同志为核心的党中央周围，满怀信心，齐心协力，为把建设具有中国特色的社会主义伟大事业推向前进努力奋斗。

◇秦皇岛港煤码头三期工程建成投产。这项工程包括一个10万吨级泊位，两个3.5万吨级泊位，年吞吐能力为3000万吨。秦皇岛港成为世界最大的能源输出港。

◇国务院总理李鹏会见尼泊尔内政国务大臣尼兰简·塔帕和夫人。

李鹏总理会见保加利亚外交部长佩特尔·姆拉德诺夫一行。7日，江泽民总书记会见保加利亚外长。

7日 ◇江南湖区血吸虫疫情回升，已有373个县正在蔓延。其中，重疫县110个，已发现病人50万，晚期病人4万。重疫区面积34亿平方米，危及人口1亿多，尤以长江中游的湖南、湖北、江西、安徽、江苏为甚。国务院部署血防工作。

◇今年1—9月，我国新批准外资企业4281家，外商投资协议金额40.06亿美元，实际投入金额20.16亿美元，分别比去年同期增长16%、19%和29.3%。

◇大庆石化总厂制成国产大型裂解炉，可不再成套进口乙烯设备。

上海711所和上海石化总厂协作攻关，建成我国第一个乙烯火炬气螺杆压缩机回收系统，经5000多小时运行证明安全可靠，石化企业可不再点“天灯”。

◇河北省文安县安里屯冷拉钢厂厂长苏志英发明冷拉方钢一次成型新工艺。比传统工艺效率提高2—5倍，节电50%。在第37届布鲁塞尔尤里卡世界发明博览会上荣获金牌。有关专家测算，采用这种冷拉新工艺，全国每年可节约钢材1200万吨。

9日 ◇邓小平同志亲切会见出席和列席党的十三届五中全会的全体同志，衷心感谢全会接受他退休的请求，并同他们一起合影留念。

◇中国外资企业成果展在北京举行。李鹏总理为开幕式剪彩并参观展览。参展的有来自39个省、自治区、直辖市、经济特区、计划单列市的850多个企业、40多个国家和地区的投资者，展品有16个大类100多个品种。

◇40年前的今天，中国航空公司和中央航空公司的2500多名香港员工毅然宣布起义，驾驶12架飞机北上，回归刚刚诞生的中华人民共和国。新中国民航从十几架老式小型运输机、12条航线、年载客1万人发展成为拥有170多架国际各种机型飞机、350条国际国内航线、年运送旅客1442万人的实力。去年底中国民航年运输总周转量已排名世界第14位。

◇中共中央总书记江泽民、国家主席杨尚昆、国务院总理李鹏分别会见美国前国务卿亨利·基辛格博士。此前，姚依林、李瑞环分别会见基辛格。10日，邓小平会见基辛格，说“中国现在很稳定，我也放心”。指出中国需要建立废除领导职务终身制的制度。

◇中共中央政治局委员、国家主席杨尚昆会见阿根廷正义党全国委员会委员、参议院临时议长爱德华多·梅内姆为团长的阿根廷正义党代表团。国家副主席王震会见梅内姆。

10日 ◇中共中央顾问委员会第五次全体会议在北京举行。会议一致拥护五中全会决定。

◇中纪委第五次全会于11月10日至12日在北京举行。全会发表公报，一致拥护十三届五中全会的各项决定，要求集中力量抓好党纪搞好党风建设。

◇空军喜庆成立40周年。中央军委主席江泽民到会祝贺。杨尚昆讲话。

◇国家外汇管理局公布《外汇(转)贷款登记管理办法》，自1989年11月15日起施行。

国家外汇管理局公布《外债登记实施细则》，自公布之日起施行。

◇今秋广交会成绩令人瞩目，出口成交额达55.71亿美元，创历史最高水平。

◇中共中央总书记江泽民会见日本广播协会会长岛桂次和日本时事社社长原野和夫，同他们进行了友好的谈话。

◇国务院总理李鹏会见芬兰外贸部长贝尔蒂·萨洛莱宁一行。

11日 ◇首都隆重集会纪念伟大的国际主义战士白求恩逝世50周年、诞辰100周年。江泽民等出席，李鹏、聂荣臻题词，李瑞环讲话赞扬白求恩的国际主义精神、无私奉献精神。聂荣臻撰文指出今天仍然需要提倡白求恩精神。

◇我国第一座5兆瓦低温核供热试验反应堆，在清华大学核能技术研究所启动运行成功。这座反应堆也是世界上第一座投入运行的壳式核供热堆。

12日 ◇邓小平会见军委扩大会议同志。强调指出军队始终要忠于党、忠于国家、忠于社会主义、忠于人民。江泽民、杨尚昆、李鹏、万里、乔石、姚依林、宋平、李瑞环等陪同。与会同志决心在新的中央军委领导下进一步把军队建设好。

◇今日〇点〇2分起，上海市电话统一实行7位号码制，延用了32年的6位号码制同时停止使用。全市95个电话分局、75个机房、近50万门电话割接联网一次成功。

◇六届全国政协副主席、著名桥梁专家茅以升同志，今日15时在北京逝世，终年94岁。

◇国务院总理李鹏会见以日本经济团体联合会会长斋藤英四郎为最高顾问、日本经济协会会长河合良一为团长的日本1989年度日中经济协会访华团时说，对中国发展前景充满信心。今后我们的方针就是持续、稳定、协调发展六个字。

江泽民会见了代表团。

13日 ◇邓小平会见1989年度日中经济协会访华团，对斋藤英四郎、河合良一等日本客人说：我想利用这个机会，正式向政治生涯告别。你们这个团是我见的最后一个正式的代表团。

◇国务院召开电话会议，为配合“扫黄”斗争，部署全国统一行动坚决扫除卖淫嫖娼、制作贩卖传播淫秽物品、拐卖妇女儿童、私种吸食贩运毒品、聚众赌博和利用封建迷信骗财害人等社会丑恶现象。

◇中央军委扩大会议部署工作，落实军委一系列方针原则任务，推进我军革命化、现代化、正规化建设。号召全军贯彻五中全会精神同全国人民一起搞好治理整顿和深化改革。江泽民、杨尚昆作了重要讲话。

◇中共中央总书记、中央军委主席江泽民会见由指导委员会成员、全国行政书记、党务国务部长爱德华·坦巴·卡马拉率领的塞拉利昂全国人民大会党代表团。卡马拉代表全国人民大会党、塞拉利昂政府和人民再次重申：世界上只有一个中国，就是中华人民共和国。

14日 ◇应巴基斯坦总理贝·布托邀请，国务院总理李鹏和夫人朱琳一行抵伊斯兰堡，开始对巴基斯坦进行为期四天的正式友好访问。中巴签署四个文件。

◇国务院发出《关于清理检查“小金库”的通知》。

◇中共中央总书记江泽民电贺佩特尔·姆拉德诺夫当选保加利亚共产党中央委员会总书记。

◇中共中央致电西共中央，沉痛哀悼西班牙共产党主席多洛雷斯·伊巴露丽逝世。

15日 ◇湖北郧县发现“南方古猿”头骨化石，距今已有一二百万年。证明中国是早期人类发祥地之一。

◇《王稼祥选集》出版。王稼祥从1931年起担任中央苏区中央局委员、中央革命军事委员会副主席、总政治部主任。从遵义会议到党的七大前，为中央政治局委员。选集从1926年3月13日起至1962年6月29日文稿共60篇，其中41篇是第一次发表。

16日 ◇七届政协常委会召开第八次会议。李先念致信希望认真落实中共十三届五中全会精神，积极支持协助党和政府实现治理整顿深化改革目标。

◇全国投资规模得到遏制。全国共清理出5万元以上的固定资产投资项目21万个，总投资在1万亿元以上。初步统计，全国共停缓建项目1.8万个，可压缩今后投资675亿元；其中楼堂馆所项目2507个，可压缩投资260亿元，大上楼堂馆所之风基本控住。

◇全国清理整顿公司领导小组审查批准，中央国家机关第一批撤销1018个公司。

◇自1986年4月15日动工、总投资为8亿元、全长252.5公里的引黄济青工程今日15时35分全线试通水成功。25日正式建成通水。国务院致电祝贺。

◇中共中央总书记江泽民和国家主席杨尚昆联名致电西南非洲人民组织主席萨姆·努乔马，祝贺他所领导的西南非洲人民组织在纳米比亚制宪议会选举中获得多数席位。

17日 ◇应孟加拉国总统艾尔沙德邀请，李鹏总理抵达卡，受到数十万人的夹道欢迎。双方签署五个文件。

19日 ◇应什雷斯塔首相邀请，李鹏总理抵加德满都，对尼泊尔进行正式友好访问。中尼签署两国经济技术合作协定。

◇就美国国会通过了制裁中国的国务院授权法修正案，我向美国政府提出强烈抗议。

20日，人大外事委员会召开全会，抗议美国会干涉我国内政，指出坚持搞霸权主义是注定要失败的。会议通过一项声明，谴责美国会通过制裁中国的修正案。

20日 ◇应中国政府邀请，南方委员会主席、坦桑尼亚革命党主席尼雷尔从广州抵北京，继续对中国访问。姚依林设宴欢迎并同尼雷尔会谈。杨尚昆会见尼雷尔。指出中国无所畏惧地走自己的路，有人企图从外面把中国的门关起来是关不住的。江泽民会见尼雷尔。强调稳定政局、发展经济，中国可立不败之地。邓小平看望尼雷尔。

21日 ◇出席罗马尼亚共产党第14次代表大会的中国共产党代表团团长乔石向大会转交了中共中央的贺词，热烈祝贺罗共14大召开。

24日，中共中央总书记江泽民电贺尼古拉·齐奥塞斯库再次当选为罗共总书记。

22日 ◇江泽民在党的十三届五中全会上的讲话（1989年11月9日）发表。

◇江泽民视察云南边疆民族地区。强调重视民族团结，发展民族地区的经济、教育、文化，要求从中央开始各级干部到基层抓各项工作落实。

23日 ◇李鹏总理接受联邦德国《世界报》主编谢尔的专访时说，中国发展经济需要和平的国际环境和安定的国内政局。说对中国来说第一位的是发展经济，实行计划经济与市场调节相结合，不是引向资本主义。外商来华投资搞建设有一系列法律保证，中国有充分偿还外债的能力。平暴是为了保卫社会主义制度和国家安全，处理和追究的只是那些触犯刑律的人，邓小平同志为废除领导职务终身制起了表率作用。结束对中国的制裁只是时间问题，现在要看西方国家谁走勇敢的第一步。改善中美关系主动权在美国方面；中苏关系正常化不会妨碍中国同其他国家关系；中国的大门对欧共体是开着的。

◇万里会见出席中国——非洲经济改革与调整研讨会的9个非洲国家以及联合国开发计划署、福特基金会的代表。说发展中国家经验可相互借鉴。

24日 ◇就美国会通过放宽中国移民法案，我国外交部向美方严正交涉，要求美国政府立即采取行动加以制止。

25日 ◇我国一套高功率激光装置（“神光”）不久前进行惯性约束聚变（又称激光引发的核聚变）实验，取得重大成就。

◇从今天起，食盐价格提高。这是有计划地对价格进行有升有降调整的组成部分。

◇李瑞环在新闻工作研讨班上发表重要讲话。新闻报道必须坚持正面为主的方针。形成鼓舞前进的巨大精神力量，造成有利稳定局面的舆论环境。

27日 ◇李鹏总理视察天山南北，强调民族团结，发展经济，要把各项事业搞上去首先要有稳定的政治局面。

◇截至10月底，全国制发居民身份证已达6.18亿份。

◇田纪云副总理在全国农业综合开发经验交流会上强调，大力把农业综合开发搞上去，争取明年粮棉生产有新突破。稳定农村基本政策，稳定八亿农民的心事关全局。

12日1日，江泽民、李鹏会见与会同志并发表重要讲话。

◇北京北海新技术公司和山西省大同能源公司的科技人员联合研制开发

成功“畜力(牛、马、驴、骡)发电机”,并已获得国家专利。

◇乔石抵保加利亚进行友好访问。乔石同保共领导人卢卡诺夫、斯塔尼舍夫进行正式会谈。保共总书记接见中共代表团。姆拉德诺夫和乔石都认为社会主义建设和改革要有安定团结和稳定的政治形势。

28日 ◇中共中央总书记江泽民亲切会见省报总编辑新闻工作研讨班同志,阐明新闻工作基本方针。新时期新闻事业必须为社会主义服务为人民服务,当前要围绕稳定政局发展经济加强精神文明建设部署开展宣传工作。

29日 ◇国家统计局统计,今年10月份全国城乡居民天天打交道的消费品价格涨幅比1月份回落近20个百分点,涨幅已缩小到8.7%。这是去年一季度以来物价涨幅首次回落到10%以内。但1—10月全国零售物价涨幅累计仍高达20.3%,潜伏压力仍不小。

◇最近出版的《中国大百科全书·军事卷·中国人民解放军军事人物分册》载入被冠以“军事家”评语的33位军事家。他们是:毛泽东、周恩来、朱德、邓小平、彭德怀、刘伯承、贺龙、陈毅、罗荣桓、徐向前、聂荣臻、叶剑英、杨尚昆、李先念、粟裕、徐海东、黄克诚、陈赓、谭政、肖劲光、张云逸、罗瑞卿、王树声、许光达,以及叶挺、许继慎、蔡申熙、段德昌、曾中生、左权、彭雪枫、罗炳辉,还有林彪。

◇李鹏总理会见以会长樱内义雄为团长的第18次日本国际贸促会访华团。30日,江泽民总书记会见代表团。12月1日,邓小平会见樱内义雄等几位日本国际贸易促进协会老朋友,并同他们进行了亲切友好的交谈。

30日 ◇国务院总理李鹏会见出席面向21世纪教育国际研讨会的中外代表。向客人介绍了中国国内的情况和发展战略,表示愿同各国教育界广泛开展交流。

十二月

1日 ◇我国首创农作物遗传操纵技术。已获得一批有经济价值的棉花和水稻后代。

2日 ◇全党全国齐心协力,实现农业新的突破,国务院召开农业综合开发经验交流会。江泽民、李鹏会见与会同志并发表重要讲话。

◇天津医疗电子仪器公司生产的400型B超战胜英、美、日等国竞争对手,在世界银行新近举行的国际招标中一举夺魁。

3日 ◇我国财政补贴负担沉重。近10年来,财政价格补贴和企业亏损补贴出现了急剧增加的势头。1985年为480.25亿元,今年预计猛增到931.17亿元,4年间就翻了一番。补贴过多,势必挤占正常的建设投资,使国民经济失去后劲,也为今后理顺价格增加了新的难度。

4日 ◇中共中央总书记江泽民、国务院总理李鹏参观《八十年代北京市重大科技成果展》。江泽民说,中国人是聪明的,不要妄自菲薄,要提高民族自尊心。

5日 ◇目前我国鸡蛋年生产量已达600多万吨,跃居世界第一。

◇北京人民机器总厂在胶印机国际投标中力挫世界名牌厂家,独占鳌头,一举中标5个品种113台,占招标台数的76.3%,中标创汇总金额近2000万美元,占招标投资的55%。创我机电产品中标史最高纪录。

◇中国画一代宗师李可染先生于1989年12月5日10时50分,因心脏病猝发,溘然长逝,享年82岁。

6日 ◇就美苏首脑非正式会晤,我外交部发言人发表评论,说:“美苏两国领导人在马耳他进行了一次非正式会晤,就欧洲局势和美苏关系等广泛的问题交换了意见。我们希望会晤的结果能真正有利于促进世界局势的缓和与稳定,而不损害第三国的利益”。

7日 ◇中共中央纪律检查委员会公布了1988年5月28日制定的《对参与嫖娼、卖淫活动的共产党员及有关责任者党纪处分的暂行规定》,并于1988年7月1日起生效。

8日 ◇国务院发布1989年11月27日作出的《关于依靠科技进步振兴农业加强农业科技成果推广工作的决定》。

◇总政治部号召全军掀起学习雷锋新热潮。新编印30万册《雷锋日记选》陆续发往部队。

◇就美国政府发表有关中国留学人员问题的声明和备忘录,外交部同美方进行交涉。刘华秋副部长约见美临时代办表示强烈抗议,希望美方立即停止损害两国关系的行动。国家教委发表声明,抗议美方违背中美教育交流协议干涉我国内政。

◇第38届布鲁塞尔尤里卡世界发明博览会公布评奖结果,在167个评奖项目中,中国占38项。其中冲翼艇荣获最高奖——评委会大奖。

9日 ◇外交部长钱其琛同美国总统特使、总统国家安全事务助理布伦特·斯考克罗夫特举行会谈。钱外长指出,中美双方应加强接触互相沟通。邓小平会见美国总统特使,说中美关系终归要好起来才行。江泽民、李鹏会见美国总统特使,斯考克罗夫特说布什总统希望美中关系脱离消极轨道。

◇广西各界在南宁隆重纪念百色起义(1929年12月11日)和龙州起义(1930年2月1日)60周年。邓小平题词:纪念百色起义、龙州起义六十周年。

◇就授予达赖和平奖及挪威领导人参与授奖活动事,外交部官员奉命向挪威政府提出抗议。

12日 ◇南京博物院考古队在江苏北部新沂县发现距今5000年左右的人殉墓葬和一批良渚文化时期的玉器等器物。为探索奴隶制起源提供重要实例。

13日 ◇采取措施扭转血吸虫疫情回升局面,国务院召开湖区五省血防会议。江泽民写信、李鹏题词提出要求。

14日 ◇江泽民、杨尚昆会见出席全军政治工作会议的同志,以及出席全军后勤工作会议和空军党委全会的同志。全军政治工作会议提出,保证军队政治上永远合格。会议通过加强和改进军队政治工作的重要文件。

◇中共中央总书记江泽民、国家主席杨尚昆分别会见由董事长谢国民率领的泰国正大集团访华团。

国务院总理李鹏分别会见苏丹政府特使、苏丹救国革命指挥委员会委员马丁·姆勒瓦勒·阿鲁布上校以及由他率领的苏丹全国和平对话会议访华代表团,和由新闻广播部国务部长艾·赛·阿旺率领的巴基斯坦新闻代表团。

15日 ◇中共中央总书记江泽民会见出席共青团十二届二中全会的全体同志,强调提高团员素质发挥团组织作用。江泽民分析我国局势稳定的原因:我们这个党是千锤百炼的党;我们的军队是党绝对领导下的久经考验、身经百战的人民军队;我们的国家、我们的民族有着英勇奋斗、从不屈服的历史传统。

◇首批211位普通工人获高级技师证书。李鹏代表党中央、国务院热烈祝贺,重申要全心全意地依靠工人阶级。

16日 ◇人民币汇率从今日起下

调 21.2%，各种外国货币相对升值 26，9%。这将有利于促进生产发展和对外经济贸易往来。

◇海峡两岸首次在港开会协调经贸。双方经贸商务协调会签订《协议书》。

17 日 ◇国务院计划财政工作会议分析形势部署明年工作。我国经济正向好的方向发展。明年经济工作总的指导思想是：在保持社会稳定的前提下，积极推进治理整顿和深化改革。李鹏、姚依林听取汇报并作重要讲话。

◇1989 年度国家发明奖揭晓，150 项重大科研成果获奖。其中二等奖 14 项，三等奖 66 项，四等奖 70 项。

◇应埃及、阿联酋、科威特和阿曼 4 国元首的邀请，国家主席杨尚昆离京前往进行正式友好访问。

18 日 ◇李鹏总理签发国务院第 46 号令，发布施行《森林病虫害防治条例》。

◇穆巴拉克总统盛宴欢迎杨尚昆主席。中埃两国领导人亲切会谈。中国援建的开罗国际会议中心竣工，杨主席、穆巴拉克总统剪彩。杨主席接受埃及记者采访时重申，中国绝不允许"台湾独立"。任何外国干涉中国内政都是错误的。两国签署文化协定执行计划。

19 日 ◇近千万科技大军真正属于中华民族的精英。国家科技奖励大会在京举行。江泽民、李鹏、万里、姚依林、宋平、李瑞环、王震等颁奖。江泽民就当前科技工作发表重要讲话。

20 日 ◇七届全国人大常委会举行第 11 次会议。万里主持会议。会议历时 7 天。出席会议的 116 位委员经过表决，通过了《中华人民共和国城市居民委员会组织法》，将自 1990 年 1 月 1 日起施行。1954 年 12 月 31 日全国人大常委会通过的城市居委会组织条例同时废止。通过了《中华人民共和国环境保护法》和《中华人民共和国城市规划法》。还通过了关于批准《中华人民共和国和土耳其共和国领事条约》的决定。会议决定任命国务委员邹家华兼任国家计划委员会主任，免去姚依林副总理兼任的国家计划委员会主任职务；任命何光远为机械电子工业部部长，免去国务委员邹家华兼任的机械电子工业部部长职务。

◇中共中央总书记江泽民在会见第四次全国地方外事办公室主任会议的代表时谈明年全党任务。保持国内政治局势持续稳定，保持国民经济稳定协调发展。不管国际风云如何变幻对外开放决不动摇。

21 日 ◇江泽民、李鹏等接见全总执委会代表时指出，度过暂时困难，曙光就在前面。明年是十分关键的一年。工人阶级队伍稳定了，经济通过治理整顿持续稳定协调发展，我们就什么也不怕。

◇国务院总理李鹏在第七次石化企业经理、厂长座谈会指出，大企业逐步集团化可行。当前市场变化是企业进步的良好时机。

◇江泽民、李瑞环会见香港新闻访京团。重申内地与香港实行一国两制。我无意输出革命但也不许别人扭转中国航向。

◇距今 5000 年前的辽西红山文化遗址，又发现牛河梁的巨型建筑、原始社会首领人物的大型墓葬及精美的玉器等。为继续探讨中华文明起源问题提供了更丰富更翔实的第一手材料。中外学者称其为世界性发现。

◇国务院总理李鹏会见埃塞俄比亚副总理沃利·契科勒一行。

◇外交部发言人发表谈话，谴责美国武装入侵巴拿马。

22 日 ◇第四次全国侨代会闭幕。会议选举庄炎林为全国侨联主席。通过全国侨联章程和常委会工作报告。号召各级侨联为振兴中华统一祖国而奋斗。

23 日 ◇我国家元首首次出访海湾国家。杨尚昆主席抵阿布扎比，开始对阿联酋进行正式友好访问。杨尚昆同扎耶德总统举行会谈。杨主席强调发展同海湾各国友好合作是中国的既定政策，扎耶德总统感谢中国坚决支持巴勒斯坦事业的崇高立场。

24 日 ◇中组部负责人就企业党的工作答新华社记者问，企业党组织是企业的政治核心。

◇应科威特国埃米尔贾比尔·艾哈迈德·萨巴赫的邀请，杨尚昆主席抵科威特城，开始对科威特国的正式友好访问。杨主席同埃米尔贾比尔会谈。中科签署中科经济技术合作协定和避免双重征税协定。

25 日 ◇中共中央总书记江泽民、中共中央政治局常委宋平听取监察部汇报工作时强调，反腐败斗争决不能放松。李鹏在全国监察工作会议上指出，党风政风社会风气都有好转。加强廉政建设，开展反腐败斗争，是巩固社会主义制度，保证经济建设沿着健康轨道前进的一项长期的、重要的战略任务。

26 日 ◇应阿曼苏丹国国家元首卡布斯的邀请，杨尚昆主席抵马斯喀特，开始对阿曼的正式友好访问。杨主席同卡布斯苏丹会谈。杨尚昆主席对阿曼记者说，亚非四国之行圆满成功。28 日，杨尚昆主席满载友谊回到北京，李鹏等到机场迎接。

27 日 ◇国务院第七次全会通报国内外形势。李鹏总理主持会议，并作重要讲话。指出：治理整顿、深化改革已经取得初步成效，平息北京发生的反革命暴乱完全正确；不管国际风云如何变幻，我们都要坚持社会主义方向，坚持改革开放；明年工作总的要求是加强治理整顿、进一步深化改革，使国民经济逐步走上持续、稳定、协调发展的道路，国民经济要有一个适当的增长速度。

◇李鹏总理 1989 年 12 月 11 日在全国计划会议结束时所作题为《振奋精神，增强信心，努力做好 1990 年的经济工作》的讲话摘要发表。

◇国家主席杨尚昆、国务院总理李鹏分别致电罗马尼亚救国阵线委员会主席扬·伊利埃斯库和罗马尼亚政府总理彼得·罗曼祝贺。

28 日 ◇中共中央总书记江泽民会见苏共中央委员、国际部部长法林时说，改革是社会主义制度的自我完善，中国历史决定必须坚持党的领导。

29 日 ◇江泽民总书记和中央政治局常委同党建理论研究班成员座谈时强调，党和国家各级领导权必须掌握在忠于马克思主义的人手里。

30 日 ◇中共中央总书记江泽民和政治局常委李鹏、乔石、姚依林、宋平、李瑞环同民主党派党外人士座谈，共商坚持完善中共领导的多党合作和政治协商制。

◇全国除"六害"成效显著。从 11 月中旬起至 12 月 15 日，全国共查处"六害"案件 14 万多起，查处违法犯罪人员 35 万多人。其中依法逮捕 2500 多人，送劳动教养 2200 多人，给予治安处罚 258400 多人，正在审查的 74200 多人。

31 日 ◇中共中央总书记江泽民接受记者采访谈国内外形势：中国八十年代的三大任务取得很大成就，九十年代继续建设中国特色的社会主义。不论世界局势发生什么变化，和平与进步的历史潮流不可逆转。

◇我国治理整顿喜获成果。国家统计局岁末信息催人奋发。供求矛盾趋缓，物价涨势减弱，过热经济生活降温，国民经济持续增长。全年粮食总产量达 40745 万吨，创历史最高水平。工业的"粮食”原煤产量突破10亿吨，位居世界第一。钢产量首次登上6000万吨的台阶，跨入世界四大钢铁生产国行列。发电量达5800亿千瓦小时，提前一年完成国家“七五”计划指标。国家又新增了一批生产能力。据初步测算，1989年国民生产总值和国民收入分别比上年增长4%左右和3.5%左右，国家经济实力进一步增强。预计全国固定资产投资总额将比上年压缩400亿元左右，过快增长的职工工资总额增速已明显减缓，社会集团购买力增长则被控制在4%左右。市场物价涨幅逐月回落，到10月份后缩小到1位数。居民储蓄上升1200多亿元。全国已形成1600多家较大规模的企业集团，出口产值大幅度增加。全年进出口总额可望突破1100亿美元，比上年增长10%左右。全国利用外资项目又新添5000多个，协议外资超过100亿美元。

◇国务委员、国家科委主任宋健等看望刚过90岁生日的聂荣臻元帅。聂帅指出发展科技靠自力更生无私奉献。

·1989年重要评论·

必须旗帜鲜明地反对动乱

1989年4月26日　人民日报社论

在悼念胡耀邦同志逝世的活动中，广大共产党员、工人、农民、知识分子、干部、解放军和青年学生，以各种形式表达自己的哀思，并表示要化悲痛为力量，为实现四化、振兴中华贡献力量。

在悼念活动期间，也出现了一些不正常情况。极少数人借机制造谣言，指名攻击党和国家领导人；蛊惑群众冲击党中央、国务院所在地中南海新华门；甚至还有人喊出了打倒共产党等反动口号；在西安、长沙发生了一些不法分子打、砸、抢、烧的严重事件。

考虑到广大群众的悲痛心情，对于青年学生感情激动时某些不妥当的言行，党和政府采取了容忍和克制态度。在22日胡耀邦同志追悼大会召开前，对于先期到达天安门广场的一些学生并没有按照惯例清场，而是要求他们遵守纪律，共同追悼胡耀邦同志。由于大家的共同努力，保证了追悼大会在庄严肃穆的气氛中顺利进行。

但是，在追悼大会后，极少数别有用心的人继续利用青年学生悼念胡耀邦同志的心情，制造种种谣言，蛊惑人心，利用大小字报污蔑、谩骂、攻击党和国家领导人；公然违反宪法，鼓动反对共产党的领导和社会主义制度；在一部分高等学校中成立非法组织，向学生会“夺权”，有的甚至抢占学校广播室；在有的高等学校中鼓动学生罢课、教师罢教，甚至强行阻止同学上课；盗用工人组织的名义，散发反动传单；并且四处串联，企图制造更大的事端。

这些事实表明，极少数人不是在进行悼念胡耀邦同志的活动，不是为了在中国推进社会主义民主政治的进程，也不是有些不满发发牢骚。他们打着民主的旗号破坏民主法制，其目的是要搞散人心，搞乱全国，破坏安定团结的政治局面。这是一场有计划的阴谋，是一次动乱，其实质是要从根本上否定中国共产党的领导，否定社会主义制度。这是摆在全党和全国各族人民面前的一场严重的政治斗争。

如果对这场动乱姑息纵容，听之任之，将会出现严重的混乱局面，全国人民，包括广大青年学生所希望的改革开放，治理整顿，建设发展，控制物价，改善生活，反对腐败现象，建设民主与法制，都将化为泡影；甚至十年改革取得的巨大成果都可能丧失殆尽，全民族振兴中华的宏伟愿望也难以实现。一个很有希望很有前途的中国，将变为一个动乱不安的没有前途的中国。

全党和全国人民都要充分认识这场斗争的严重性，团结起来，旗帜鲜明地反对动乱，坚决维护得来不易的安定团结的政治局面，维护宪法，维护社会主义民主和法制。决不允许成立任何非法组织；对以任何借口侵犯合法学生组织权益的行为要坚决制止；对蓄意造谣进行诬陷者，要依法追究刑事责任；禁止非法游行示威，禁止到工厂、农村、学校进行串联；对于搞打、砸、抢、烧的人要依法制裁；要保护学生上课学习的正当权利。广大同学真诚地希望消除腐败，推进民主，这也是党和政府的要求，这些要求只能在党的领导下，加强治理整顿，积极推进改革，健全社会主义民主和法制来实现。

全党同志、全国人民必须清醒地认识到，不坚决地制止这场动乱，将国无宁日。这场斗争事关改革开放和四化建设的成败，事关国家民族的前途。中国共产党各级组织、广大共产党员、共青团员、各民主党派、爱国民主人士和全国人民要明辨是非，积极行动起来，为坚决、迅速地制止这场动乱而斗争！

维护中学安定团结的局面

1989年4月29日　中国教育报评论员

党中央号召全党和全国人民旗帜鲜明地反对动乱。广大中学师生员工要和全国人民一道，明辨是非，积极行动，维护中学安定团结的政治局面。

党的十一届三中全会以来，我国中等教育事业逐年有所发展，教育改革逐步深化，287万中学教师衷心拥护党的领导和社会主义制度，拥护党的改革开放的方针、政策，并为此付出了辛勤的劳动。在他们的培育下，近5千万中学生正在为振兴中华而努力学习，在德、智、体、美等方面得到全面的发展。广大中学师生员工不愿意看到国家被搞乱、学校被搞乱、正常的经济建设和学习、生活秩序被搞乱。他们懂得，搞乱全国，把一个很有希望的中国变为一个没有前途的中国，中学教育事业的发展和改革也将成为泡影。维护全国以及中学的安定团结，是大家的共同心愿。

中学不是世外桃源。社会上各种错误思潮和动乱不可避免地会对中学生产生不良影响。广大教师、教育行政部门以及全社会，都有责任保护他们在党的教育方针指引下，身心健康地成长。中学生的年龄、心理特点决定了他们缺乏明辨是非的能力，往往不能独立地正确判断纷繁复杂的社会问题，很难一下子透过事物的现象看到它的本质，特别是在社会发生动乱的时候更是如此。因此，学校的老师应当向他们讲清当前一些事端的真相，帮助他们明辨是非，自觉抵制不正确的思想和行为；同时也要采取必要的措施，防止有人利用中学生的特点，把中学搞乱。反对任何人以任何形式到中学蛊惑、煽动中学生参加闹事。

当前，教育战线面临着很多困难。教育的发展和改革迫切需要党和政府以及全社会更多的关注和支持。对这些问题，中央正在认真研究，采取措施，并准备召开中央全会讨论解决。这些问题的有效解决，必须在党的统一领导下，有一个良好的安定团结的政治环境。如果国家乱了，学校乱了，不但不能促进问题的解决，反而会适得其反，甚至十年改革取得的巨大成果都可能丧失殆尽。这个道理，人们是不难理解的。

今天的中学生，是我国21世纪现代化建设的生力军，保证他们健康成长，是关系到我们国家前途、民族未来与希望的重大战略任务。各级教育行政部门和党团组织、中学的干部、教师和社会各界人士，要共同把这一光荣而艰巨的任务承担起来。一定要珍惜和维护中学安定团结的政治局面。

振奋精神　维护大局　团结一心　共绘蓝图

1989年5月1日　青海日报社论

省人大七届二次会议和省政协六届二次会议，完成了预定任务，于昨天闭幕。"两会"自始至终充满着团结、和谐和奋发向上的气氛。代表和委员态度认真，思想活跃，畅抒己见，坦诚谠议，贡献了许多好的意见和建议，表现了高度的政治责任心和参政议政、管理国家大事的积极性。我们对"两会"的圆满成功，表示祝贺！

过去的一年，我省的经济建设和各项社会事业都取得了较大进展，但也存在不少问题和困难。今年，我省面临着艰巨的任务。我们要扎扎实实进行治理整顿，进一步深化改革，认真调整产业结构，提高经济效益，增加有效供给，使青海在整顿中保持稳定，在稳定中求得发展。我们还要大力振兴教育事业，加强廉政建设，加强民族工作，创造稳定的社会环境，推进两个文明建设。要完成这样的任务，道路是艰难的，唯有青海400万人民振奋精神，同心同德，艰苦奋斗，才能排难而进，把青海的事业办好。

治理经济环境和整顿经济秩序，是今明两年我国建设和改革的重点。青海尽管地处边远，经济比较落后，困难也较多，但也必须坚定不移地围绕这个重点开展各项工作。在治理整顿、深化改革中，必须对现有的利益格局进行必要的调整。一切地方、部门和单位，都要牢固树立局部利益服从全局利益的观念。如果不这样，治理整顿就会成为纸上谈兵。在国家支持照顾的情况下，我们务必顾全大局，一方面坚决把固定资产投资规模控制在国家核定的计划之内，另一方面要切实调整投资结构，有保有压，重点保证农牧业开发项目，保证能源、原材料、交通等建设项目，增强我省经济建设的后劲。

努力创造良好的稳定的政治和社会环境，是顺利实现治理整顿任务的重要保证。在经济进行治理整顿期间，我们要进一步加强社会主义民主和社会主义法制建设，保障广大人民群众的民主权利，坚持和完善共产党领导的多党合作制和政治协商制度，充分发挥民主党派、无党派爱国人士和群众团体的参政议政、民主监督作用，加强和改进思想政治工作，巩固和发展安定、团结、民主、和谐的政治局面。

党心思安，民心思定。当前要特别强调保持社会稳定。这是压倒一切的大局。党的十一届三中全会以来的10年，改革之所以能够顺利进行，建设之所以取得卓著成就，除了正确的方针政策外，保持社会稳定是首要条件。稳定得来不易，是全国人民共同努力的结果，值得我们珍惜。因此，我们必须坚决反对任何动乱，自觉维护安定团结的政治局面，维护改革开放和四化建设的大局。全省广大干部、群众都要明辨是非，及时地纠正各种错误言行，旗帜鲜明地同动乱行为作斗争，团结一致，维护大局，保证治理整顿和改革开放的顺利发展。

当前，我们虽然面临着不少的问题和困难，但这是发展中的问题，前进中的困难。只要全省各族人民团结一致，同心同德，群策群力；励精图治，就一定能够渡过难关，在治理整顿和深化改革中取得实实在在的进展，以优异的成绩迎接建国40周年，把青海的社会主义现代代化建设继续推向前进！

壮哉！狮虎之吼

1989年5月16日　吉林日报　洪斌

当年逾六旬的省人大副主任崔林见义勇为，一把抓住非礼妇女者予以怒斥(而有的在场人却脚底抹油)时，春城人不啻于沉寂中听到一声起懦警顽的虎吼！

语曰："见义不为，无勇也"。

勇气乃阳刚之正气，沛然之浩气；它絪蕴于正义之魂，磨砺于危难之际，炳耀于美善之域。无论如何评价我们民族的性格，无论怎样苛求我们文化的传统，见义勇为的精神毕竟在人民的血液中流淌了几千年，始终是令顽者警、懦者立、弱者喜的巨大精神力量，历来是衡量、评价一个人的重要道德尺度。

仗三尺剑，挟万里风，见危赴义，临难援手，诛凶暴如屠猪狗，扶贫弱似捧孺婴，伸大义若昭日月，这是以往善良的人们历来所崇仰的侠义之风，它曾使旧社会阴霾重重的天空闪现一线光明，给人们带来过希望。为人民利益赴汤蹈火，为捍卫真理心雄万夫，为张扬正义睥睨群小；清风两袖，天下为怀，扶危济困，斥奸击邪，义无反顾，则是我们、首先是共产党人应有的本色，是革命队伍中从领导者到普通一兵都应具备的品格。"是真名士自风流"，是真勇士有真性情。我们的老祖宗马克思，以解放全人类为己任，其气魄博大如汪洋恣肆，而其纯真有若赤子。据李卜克内西回忆：有一天他和马翁路过一家啤酒店附近的车站，忽闻一女人绝望的呼喊："杀人了！杀人了！"于是"马克思象闪电一样快地跳下车去，我跟在后面。我想拉住他——但就象想赤手去抓一颗脱膛的飞弹一般。我们立刻就挤进了密密层层的人群中心……"而实际上这不过是一场夫妻俩的纠纷，结果马老因"干涉内政"而招致了这两口子一致的攻击。对此，我们的雅人怕是要嘲笑这老头子了：瞧，都这么一大把年纪，肝火咋还恁大？……嘿，还是政治家、思想家呢，怎么就不调查研究一下再说话？……哼，这么大个人物，管那闲事作甚！……的确，马克思一生中也有过失误，这算其中小小的一次；马克思一谈到人间不平事就易于冲动，这算其中不计后果的一次。不过，这种"失误"和冲动，不仅无损于马翁的伟大，反而更显其作为一个大写"人"的光辉。舍己为人，救人急难，是一个人"自我价值"实现的极致；倘若志存高远，又怎么能对眼前的不平事、危难情无动于衷！

遗憾的是，现实生活中的确有与马翁所为大相径庭之辈、之事。近些年来，在一些地方和一些人那里，钱神亵渎了正义，卑怯取代了良知，鄙俗嘲弄了志士。于是，束手受辱，临危缩首，闻祸远避，见死不救等现象屡屡发生，于是，一时间多闻绵羊呻吟之声，难听狮虎仗义之吼——这样的风气难道是健全社会所应有的么?!

"苟利国家生死以，岂因祸福避趋之。"好在至少在长春这块土地上，最近就前有平头百姓张桂友舍己救火之行，后有高级领导干部崔林见义勇为之举（尽管非礼者事后查明是个半痴呆的人）。这表明民魂犹在，浩气犹存。我们的民族，我们的人民，是大有希望的。

当然，要惩恶扬善，激浊扬清，还需要通过法律的、经济的、行政的、思想的等等手段来治理社会环境。但是，人是社会的主体。时下各界不是在高谈主体精神么？弘扬主体精神，精义在人要象大写的"人"那样展开自己，实现自己。

壮哉，狮虎之吼！

办一张开放型的党报

——纪念《长江日报》创刊40周年

1989年5月23日　长江日报编辑部

踏着时代的步伐，《长江日报》度过了四十个春秋。

四十年前的今天，第一代长江报人满怀武汉解放的胜利喜悦，迎着人民共和国即将诞生的曙光，创办了由毛泽东同志题写报名的《长江日报》。

本报四十年的历程光荣而又曲折，既有过建国初期蓬勃向上的欢乐，又有过五十年代后期开始的"左"的忧伤，更有过十年动乱的痛苦。现在又充满着十年改革的激情。它在欢乐与痛苦、成功与失误、希望与困难的长期历程中茁壮成长。

当今，我国处于建设有中国特色的社会主义的新时代，面临着以和平与发展为主题的开放大世界。位于长江中游的华中重镇武汉，在改革中朝着建设开放型、多功能、社会化、现代化的经济中心的目标开拓前进。时代呼唤着新闻改革。立足武汉的《长江日报》如何适应时代的潮流，正确把握社会的脉搏，应该认真吸取四十年的经验教训，特别要总结近十年坚持改革开放、坚持四项基本原则的经验，继承和发扬党报优良传统，开创新的局面，提高到新的水平。

《长江日报》作为党委机关报，既是党和政府的耳目喉舌，又是人民的耳目喉舌；既是新闻传播媒介，又是社会舆论机关。十一届三中全会以来，在党的实事求是思想路线的指引下，不断解放思想，按照新闻规律，新闻改革步步展开，报纸逐步由封闭走向开放，由单功能转向多功能，在交流信息、宣传思想、反映民意、传播知识、提供娱乐、介绍商品等方面日益发挥着自己的作用。一九八四年本报提出了"立足武汉，服务全省，贯通长江，辐射华中，面向全国，对外开放"的办报方针，走上了办开放型党报的征程。现在的重要问题是：按照党的十三大精神，积极稳妥地推进新闻改革，加快办开放型报纸的步伐。

在新闻改革中，本报将始终把握宣传基调，更好地发挥宣传党和政府的方针政策的优势，坚持不懈地宣传十三大提出的党在社会主义初级阶段的基本路线，坚持"一个中心，两个基本点"，促进社会生产力的发展，发挥社会主义制度优越性，加强和改善党的领导，更加生动活泼地反映改革开放的风貌，在有利于安定团结的前提下大力推动改革开放进程，发挥报纸在社会主义现代化建设中的重要作用。在宣传四项基本原则中要紧密结合改革开放的实际，力求具有新的时代内容，入耳入脑。在报道改革开放中要贯穿四项基本原则的思想。在新闻实践中自觉地从内容上把两个基本点有机地结合起来，清除脱离实际的"左"的思想影响，克服把二者割裂开来的弊病，保证新闻改革和开放沿着有中国特色的社会主义新闻事业的方向前进。

深化新闻改革，加强舆论监督，提高开放程度，是发展社会主义商品经济和建设社会主义民主政治的客观要求。报纸将按照"重大情况让人民知道，重大问题经人民讨论"的基本要求，在有利于促进大局稳定的前提下，报道人民群众普遍关心的重大问题，触及改革中的"热点"和"难点"，揭露社会生活中的丑恶现象和领导机关某些环节中的腐败现象。加强国内外重大事件的报道，加强社会协商对话的报道，加强报纸的批评报道。在理论和文艺宣传中更好地贯彻"双百方针"，体现"一个方向，多种声音"，鼓励探索和争鸣。增加新闻的透明度，既把一定时期的形势，党和政府决策的意图、依据和过程，工作部署的步骤和方法如实告诉人民群众，又为人民群众履行知情权、参与权和监督权提供舆论阵地。与此同时，增加社会问题的透明度，帮助读者准确地把握全局，了解存在的问题，正确引导社会舆论，促进社会稳定。现在改革已进入新旧体制交替时期，经济生活和社会生活中的矛盾、磨擦、漏洞相当多，所以在新闻开放中既要有勇气，又要细心体察情况，考虑到各方面的承受能力，做到"透而有度"。通过提高新闻报道的开放度，使报纸更好地在党和政府与人民群众之间、社会各阶层之间、各层次读者之间架起互相理解达到共识的桥梁。

增大信息量，加强深度报道，是报纸新闻改革的基本轨迹。近年来，本报在扩大信息量、加强深度报道两个方面作了一些有益的探索，有所进展，但尚不尽如人意。随着商品经济的发展，民主政治的推进，读者文化素养的提高，对报纸传播信息提出了更多更高的要求，我们将不断地扩大视野，从地域和领域上拓宽报道范围，开发信息资源，服务四化建设。力争快速捕捉各方面的信息，特别要增加国际重大的和最新的信息、外地的信息、基层的信息、科教文体的信息等。在扩大信息量的同时，要提高信息的质量。

求深，是当今报纸新闻报道的大趋势。我国正面临着从体制到观念的深刻变革，改革的复杂性、艰巨性更加鲜明地展现在人们的面前。为了帮助人们对改革的历史必然性和进程的规律性有更深刻的理解，需要在报道中向深度发掘，追溯过去，说明现在预示未来。在新闻竞争中，报纸可以在深层次报道方面发挥自己的优势。敏锐迅速地反映正在发生着的重大事件中的新情况和新趋势，从新的角度进行报道；抓住人们关心的一些重大问题，多角度、多侧面、多层次地报道；选取具有全局意义的报道题材，从宏观角度，力求在理论上揭示事物的本质和发展规律性。深度报道以历史的纵深和时代的高度，给人以思想启迪。本报要快和深兼而有之，就更需要在求深上作出艰巨努力。

要把《长江日报》真正办成一张旗帜鲜明、真实可信、生动活泼、特色浓郁、人民喜爱的开放型的党报，把长江日报的事业推向前进，关键在于加强队伍建设，提高全体人员的素质特别是领导者的素质。深化内部改革，盘活机制，增强活力；加强党的建设和政治思想工作，搞好理论政策学习，坚持党性原则，严守法纪，培养良好的职业道德，增强社会责任感；加强新闻业务训练，练好基本功。在思想观念、政策水平、业务能力、作风纪律、工作效率等方面逐步地适应改革开放的新要求。加强通讯员队伍的建设，接受群众的监督，更好地坚持"全党办报，群众办报"的方针，使报纸深深扎根于人民群众之中。

"大江东去，浪淘尽，千古风流人物。"回顾过去，展望未来。承上启下的长江报人要象长江那样一往无前，勇于探索，不断进击，在民主和法制的轨道上推进新闻改革，更好地为党的事业、人民的事业服务，为"振兴中华，实现四化"服务。

谱写振兴上海的新篇章

——庆祝上海解放四十周年

1989年5月28日　解放日报社论

上海解放四十周年来到了。

四十年，在人类历史的长河中，只是短暂的一瞬。然而这四十年，对于上海来说，却是"天翻地复慨而慷"的光辉一页。短短的四十年，上海从一个"朱门酒肉臭，路有冻死骨"的"十里洋场"，变为一个人民当家作主的新天地。尤其是经过十年改革开放，社会思想的大解放、社会主义民主与法制意识的大普及，锻铸了新一代上海人崭新的现代风貌。短短的四十年，上海从一个畸型发展的半殖民地半封建经济形态，变为一个工业门类比较齐全，协作配套能力比较强，经济效益比较高，国民经济体系比较完整的社会主义经济格局。尤其是近十年来，坚持四项基本原则，坚持改革开放，社会主义商品经济的日益发展，外向型经济的逐步转轨，为上海的改造和振兴带来了巨大的生机和希望。今天，当我们回顾历史，历史公正地记载着上海几代人前赴后继艰苦创造的光荣业绩；当我们展望前程，眼前展现出希望与困难并存、挑战和机遇共现的形势。

"四十而不惑"。过去的四十年，上海人民所走过的道路是不平坦的。我们有过多少胜利的喜悦，也有过多少曲折和磨难。经四十年之风雨，上海人民正在变得更加成熟；积四十年之经验，上海人民已经取得许多宝贵的共识。其中重要的一条，就是稳定和秩序，这是上海经济和社会发展须臾不可或缺的基本条件。

回顾四十年的历史，凡是上海经济发展比较快，社会进步比较大的阶段，都是社会比较稳定，秩序得到保障的时候；反之，社会秩序混乱，尤其十年动乱时期，上海的经济就衰退，社会发展就停滞，甚至倒退。事实说明，稳定和秩序，是一个现代社会、尤其是一个人口集中的大都市发展的基本条件。没有稳定的秩序，也就没有上海的繁荣和振兴。我们要保证1200万市民的基本生活资料，增加有效供给；要尽可能稳定经济，增加生产，提高效益，逐步提高上海人民的生活水准；要有效地解决历史上遗留给上海的住宅问题、交通问题、城市基本设施问题，造福于上海市民，等等，所有这一切都离不开稳定和秩序。如果秩序混乱、人心动荡，怎么能搞好经济建设，改善投资环境，发挥上海科技、产业和人才的优势，勇敢地进入国内外商品市场？又怎么能调动人的积极性、创造性，挑起上海新崛起的历史重担？所以，无论在什么情况下，无论遇到多大的困难、多复杂的局面，稳定上海、稳定大局，坚持生产，坚守岗位，都是上海经济和社会发展的基本条件所在，也是所有上海人民的共同利益所在。

我们说的稳定和秩序，决不是停滞与僵化，而是在治理整顿、深化改革、扩大开放中建立的稳定和秩序。十年来，上海的改革开放取得很大成绩。现在的问题，不是什么要改变改革开放的总方针，而是要在总结经验的基础上把改革开放搞得更好。这一点最近李鹏总理在会见三国新任驻华大使时，说得很清楚、很明确。改革开放是一场前所未有的探索和突破，不可能没有风险，不可能不出现新旧体制转轨时产生的摩擦和矛盾。我们要善于总结十年来上海积累的丰富的改革开放经验，正确认识和把握改革的演进规律，要正视改革开放中产生的新矛盾、新问题，认真研究，及时排解。总之，我们要使改革开放在稳定和秩序的条件下健康推进，又通过改革开放建设更高层次的稳定和秩序。

稳定和秩序，是建立在社会主义民主与法制的基础上的。中国共产党作为执政的党，政府作为人民的政府，总是把健全法制、推进民主政治建设作为重要的目标。目前，大家希望促进民主、整治腐败，这同党和政府的愿望是一致的，我们应当依靠社会监督，依靠健全法制，从制度上解决这些问题。这才能从根本上维持真正的稳定和秩序。不依法制，不要秩序，非但不能解决人民和政府都迫切期望解决的问题，而且也不利于推进民主政治的建设。这一点，在四十年历程中上海曾发生过的沉痛教训是值得注意的。发扬民主，健全法制，就要坚持宪法所规定的国家根本政治、经济制度，坚持中国共产党的领导，坚持社会主义。事实再次告诉我们，要维护社会的安定团结，要保证社会主义现代化建设和社会主义改革事业的顺利进行，必须坚定地坚持四项基本原则，否则就谈不上民主与法制，也谈不上稳定和秩序，甚至无数革命先烈用鲜血换来的革命成果和社会主义建设的成果，都有丧失的危险。

当前的上海，正处于改造振兴的重要历史关头。历史将证明，经过四十年风风雨雨磨炼的上海人民，是经得起考验的。我们一定能够在复杂的局面下，在困难的挑战面前，坚定地和党中央保持政治上高度一致，在党中央和国务院的正确领导下，团结一致，同心同德，完成历史交给我们这一代上海人的重任——谱写振兴上海的新篇章。

不信小道消息

1989年6月1日 四川日报评论员 曹国玺

近一个时期小道消息满天飞。成都、重庆等一些城市的广场上、校园里、街道旁贴出了许多“北京来电”、“外报摘抄”、“内部消息”，不少耸人的谣言到处流传，弄得人心不安。对小道消息应当是不信、不传，以免把人们的思想搞乱，不利于尽快恢复正常的秩序。

小道消息从来都是真真假假，以假乱真，以讹传讹，互相矛盾，实不足信。现在的小道消息常常来自道听途说、外电外报、个人见闻、街谈巷议，尤其值得注意的是别有用心的人制造的谣言，危害极大。加之在流传过程中，有人往往按自己的意愿好恶，自觉不自觉地添枝增叶，剪裁加工，越传越离奇，到后来面目全非。有的小道消息纯系无中生有，蛊惑人心。比如5月21日中国科技大学一些同学请求会见聂帅、徐帅，提到传闻的“腾出首都各大监狱”，“镇压学生”等，今天已经证明全是谣言。从“文革”过来的人，对小道消息的荒唐无稽早有深刻体会，有的人吃够了这方面的苦头。历史的经验应当吸取，千万不能相信小道消息。

小道消息盛行多发生在动乱的时候，同时它又加剧了动乱的局势。在国家出现异常状态的时候，广大群众关心国家大事，迫不及待的想了解事态的发展变化，而大道消息供应又不充分，在这种情况下，小道消息最容易得到传播，一些唯恐天下不乱的人，总是趁此机会，制造谣言，扰乱视听。因此，我们的新闻媒介，对于人民关心的事情，要加以真实的及时的报道，不给小道消息可乘之机，并且揭露谎言，加强舆论引导。对于广大群众来讲则要不信、不传小道消息。如果听任小道消息影响我们的思想，左右我们的行动，怎能保证不把路走错呢？

“实现四化，振兴中华”是全国人民的根本利益，也是我们衡量一切是非的标准。小道消息是涣散人心的腐蚀剂，对于全国人民的团结，对于社会主义民主政治的建设，对于我们各种问题的解决，只能产生消极作用，没有一点好处。因此，对小道消息必须坚决地抵制和反对。

牢记立国之本

1989年7月12日 安徽日报 吕式毅

四项基本原则是我国的立国之本。本固国安，本固国兴。只有牢记四项基本原则，一贯坚持四项基本原则，我们的国家才有赖以生存和发展的牢固基础。动摇了这个基础，必然会民无宁日，国无宁日，所谓发展和振兴，只能成为泡影。

自从鸦片战争以后，中国逐步沦为半封建、半殖民地社会。中华民族为了救亡图存，曾经试过各种各样的救国“药方”，寻求生存和振兴的出路，但结果都失败了。中国人民在长期斗争中，经过摸索、比较、筛选，终于在马克思列宁主义和毛泽东思想指引下，在中国共产党的领导下，经过新民主主义革命，建立了人民民主专政的社会主义新中国。这段历史说明，只有社会主义才能救中国，没有共产党就没有新中国。共产党在革命斗争和建设事业中的领导地位、社会主义制度在中国的确立，是人民的选择、历史的必然。

长期以来，总有人梦想使中国走资本主义道路；社会主义制度在中国已成为现实之后，有人还在惋惜中国“不幸”而未能成为资本主义国家，甚至认为当初中国本不应走社会主义的道路。这些人的一个重要错误在于用主观唯心主义的观点观察历史，没有看到或不愿意承认社会主义在中国的胜利是由中国的客观现实决定的。近来，极少数坚持资产阶级自由化立场的人，策划制造动乱和反革命暴乱，妄想推翻共产党的领导，推翻社会主义的中华人民共和国，在中国建立一个附庸于西方大国的资产阶级共和国。他们的倒行逆施，不仅无视历史的选择，而且也错误地估计了现实形势。他们的失败，又一次说明，以马列主义、毛泽东思想武装起来的中国共产党的领导地位，社会主义制度和人民民主专政，在中国有极其牢固的社会基础，是动摇不了的，推翻不了的，一切想把中国拉上资本主义道路的企图都是决不能得逞的。

自从中国建立社会主义制度以来，在中国共产党的领导下，中国发生了翻天覆地的变化，在贫穷落后的旧中国废墟上，建设了初步繁荣昌盛的国家。特别是党的十一届三中全会以来的十年间，改革开放政策给我国的社会主义制度注入了新的活力，社会主义现代化建设事业出现了蓬勃发展的新局面，仅仅几年时间，就实现了国民生产总值翻一番的目标，并且完全能够在本世纪末使国民生产总值再增长一倍。我国的经济实力大大增强，人民生活水平有了显著提高。这些都是有目共睹的事实。

有人常把现在的中国与发达的资本主义国家相比，误认为社会主义不如资本主义。这种认识之所以是错误的，是因为忽视了中国的国情和历史背景。中国是在经济落后和有两千多年封建历史和百年的半封建半殖民地历史，以及面临复杂的外部国际条件下走上社会主义道路的，是在没有经验和现成完善模式的情况下摸索前进的。四十年来，共产党领导全国人民进行建设社会主义的伟大实践，一方面取得了举世公认的伟大成就，显示了社会主义制度的优越性，但另一方面，在前进的道路上，也遇到种种困难和挫折。我国社会主义经济体制和政治体制方面，也暴露出一些弊端，妨碍生产力的发展，妨碍社会主义制度优越性的充分发挥。同时，党在领导工作中也出现了一些失误，其中包括“文革”及其以前一段时期内“左”的失误，也包括近年来坚持四项基本原则不够一贯，放松政治思想工作，对资产阶级自由化倾向斗争不力的失误。但是如果看看西方发达的资本主义国家，就会发现，这些国家在上百年或二、三百年的资本主义发展的过程中，所经历过的困难和社会灾难，更是不可胜数。我国社会主义建设只有四十年的历史，在整个社会主义事业发展的历史过程中，只是短暂的一个阶段，我们所遇到的困难和问题，也只是暂时的现象。这些困难和问题完全可以而且正在通过社会主义制度的自我完善和依靠党克服自己失误的办法逐步获得解决。只要我们真正以科学的态度，实事求是地观察历史，正视现实，就会看穿那种所谓马克思主义已经“过时”，共产党和社会主义已经“失败”的谎言是何等荒谬无稽！

这次极少数人利用学潮，策划制造动乱以至发动反革命暴乱，给国家和人民造成惨重损失，血的事实再一次告诉我们，任何动摇四项基本原则的企图和行动，都会妨害社会的安定，并且带来灾难。冰冻三尺，非一日之寒。正是由于赵紫阳同志消极对待坚持四项基本原则，消极对待反对资产阶级自由化的斗争，致使资产阶级自由化思想泛滥成灾，毒害了不少群众，尤其是青年学生，造成极大的思想混乱，也腐蚀了党的肌体，削弱了党组织的战斗力。这样，就给极少数人以可乘之机，在这些人的阴谋策划之下，终于酿成了这场动乱和反革命暴乱，这使我们清醒地认识到，为了保证我国的现代化建设事业顺利进行，为了实现国家的长治久安，我们一定要时时刻刻牢记立国之本，时时刻刻坚持四项基本原则，也就是要坚持不懈地、一贯地这样做，决不能只是断断续续，抓一阵子，丢一阵子。要注意防微杜渐，把问题解决于萌芽状态，不要等到问题成堆，或事态严重化的时候才去注意解决，以免付出更大的代价，造成不可挽回的损失。

十三届四中全会公报和邓小平同志的重要讲话，都强调要继续坚持十一届三中全会以来的方针、路线和政策，坚持十三大提出的以经济建设为中心，坚持四项基本原则，坚持改革开放的基本路线。因此，我们讲四项基本原则，在强调必须坚决回击资产阶级自由化思潮的猖狂进攻的同时，也要防止对四项基本原则的教条主义和僵化的理解，防止把四项基本原则与改革开放方针相对立起来的片面观点。我们相信，只要我们坚决按照十三届四中全会公报和邓小平同志讲话精神去做，我们就能够在坚持四项基本原则的基础上，使我国的现代化建设事业取得更大的胜利。

听党的话　跟着党走

1989年8月2日　湖南日报评论员

“听党的话，跟着党走”，这是50年代最流行最豪迈响亮的语言，是人们发自肺腑的心声，是时代的最强音。那首《跟着共产党走》的歌，也是50年代最流行的歌曲之一。当时凡是要求进步的人，特别是血气方刚的年轻人，可以说毫无例外地都把听党的话、跟着党走作为自己行动的准则，并以此感到荣耀和幸福。

这种政治风尚的出现不是偶然的。受尽磨难的中国人民，从无数历史事实中，从自己的亲身体验中，认定中国共产党是指引革命航向的灯塔，是把握革命航向的舵手，是把中国劳苦大众从水深火热之中拯救出来的大救星，没有共产党就没有新中国；认定只有听共产党的话，跟着共产党走，新中国才有光明的前途，自己才有光明的前途。由此可见，“听党的话，跟着党走”一时蔚然成风，充分显示了党的崇高威望，集中反映了人民群众对党的无限信赖。

今天的情况如何呢？与50年代相比，尽管我们在改革开放和经济建设中取得了举世瞩目的成绩，但政治风气没有那么纯正了，“听党的话，跟着党走”的声音变得微弱了，《跟着共产党走》这首歌难得听到了。与此相反，攻击诋毁共产党的言论多起来了，《跟着感觉走》的歌流行开了，政治风气日益受到污染。这种现象显然是不正常的，它的出现也不是偶然的。这里有国际背景，即国际反动势力利用共产党领导的一些社会主义国家的暂时困难和改革开放，加紧了反共反社会主义的宣传和行动。但主要根源在国内，在党内。一个时期以来，赵紫阳同志淡化党的作用，严重忽视党的建设和思想政治工作，放弃四项基本原则，听任资产阶级自由化思潮泛滥，听任腐败霉菌在党的肌体上滋生蔓延，大大削弱了党的凝聚力和战斗力，使党的形象和威信受到严重损害，使一些人对党的信念发生动摇。

刚刚过去的这场骇人听闻的政治动乱和反革命暴乱，对我们共和国来说，是一场大灾大难，但它从反面教育了人们，使大家看清了赵紫阳同志淡化党的作用带来了多么严重的危害，看清了资产阶级自由化思潮的泛滥和腐败现象的滋长造成了多么严重的后果，还使一些天真的年轻人看清了“跟着感觉走”会滑到多么险恶的境地。

我们为失误吞下了一枚苦果，同时获得了一个转机。我们务必百倍地珍惜这个代价昂贵的转机，采取有力措施，重振党的威信，使“听党的话，跟着党走”重新成为我们国家的最强音，成为一切有志于实现四化、振兴中华的炎黄子孙的行为准则。

如果说建国前28年的新民主主义革命的实践，使中国人民得出了一个结论：没有共产党就没有新中国，必须听党的话，跟着党走；那么，从建国后40年的社会主义建设的实践和这次制止动乱、平息暴乱的斗争中，我们应当得出这样一个结论：没有共产党的领导就不可能把中国建成社会主义现代化的强国，在新的历史时期，仍然必须听党的话，跟着党走。

在我国的革命事业和建设事业中，中国共产党的领导地位是历史形成的，是经过反复考验为全国人民所公认的，是载入了《中华人民共和国宪法》的，是其他任何政治势力代替不了的。那些顽固搞资产阶级自由化的人，丧心病狂地攻击、咒骂共产党，妄图推翻、取代共产党的领导，完全是枉费心机。这次他们以反腐败为陪衬制造的政治动乱和反革命暴乱，就是以打倒共产党、推翻社会主义制度、建立一个完全西方化的资产阶级共和国为最终目的。他们不但没有得逞，反而在众目睽睽下彻底暴露了他们的丑恶嘴脸和蛇蝎心肠。

但是斗争并没有结束。搞资产阶级自由化的人绝不会甘心于他们的失败，国际反动势力也绝不会放弃对他们的支持。四项基本原则和资产阶级自由化的对立和斗争，将是长期的，贯穿于社会主义现代化建设和改革开放的全过程。在这个过程中，是听党的话，跟着党走，坚持四项基本原则，还是相信那些鼓吹资产阶级自由化的“民主斗士”们的洋腔洋调，跟着他们走，搞什么“全盘西化”？对这个攸关党和国家命运、前途的重大问题，每个共产党员，每个共和国公民，都不可回避地要作出自己的选择，实际上也会作出自己的选择，只是有自觉、不自觉或不那么自觉之分罢了。作为共产党员，应该是高度自觉地毫无条件地听党的话，跟着党走，否则，就不是合格的党员。作为共和国的公民，如果热爱社会主义祖国，愿意为祖国的社会主义现代化建设效力，也应听共产党的话，跟着共产党走，否则，再好的报国愿望也无法实现，在复杂的斗争中还有迷失方向、误入歧途的危险。

无庸讳言，中国共产党并非十全十美，曾经有过多次失误，现在也的确存在腐败现象，人们有这样那样的意见和不满是可以理解的，不足为怪的。但是，从党的整体看，从党的68年的革命生涯看，我们党是全心全意为中国人民谋利益的，是为中华民族的振兴和富强进行了艰苦卓绝的斗争、立下了丰功伟绩的，是伟大、光荣、正确的，不愧为用马列主义、毛泽东思想武装起来的工人阶级的先锋队。每次的失误，包括“文革”那样的严重失误，都是我们党自己纠正过来的。这次我们党又采取果断措施，消除了赵紫阳同志支持动乱、分裂党带来的极大危害。这表明我们的党是一个对人民高度负责的党，是一个富有自我批评精神的党，是一个能够坚持真理、修正错误的党，是一个成熟而又郑重的党。对于党内存在的腐败现象，我们党已经清醒地察觉到了，党的十三届四中全会已把坚决惩治腐败列入必抓的四件大事之中，全党正在以最大的决心从上至下开展一场反腐败斗争。今后的事实必将证明，我们党不但有力量战胜外部的各种凶恶的敌人，而且有力量清除内部的各种腐败现象。因此，无论从哪方面看，中国共产党都是完全可以信赖的。我们应该坚定对党的信念，并从爱护党出发，尽自己的力量帮助党克服缺点，惩治腐败，增加凝聚力、吸引力和战斗力。

坚持四项基本原则离不开党的领导，进行改革开放离不开党的领导，建设有中国特色的社会主义离不开党的领导，实现共产主义也离不开党的领导。听党的话，跟着党走，绝不是盲从，而是现实和历史的需要；绝不是一时的，而是长期的。应当把它看成天经地义，理所当然；做到坚定不移，始终不渝。在一个人的政治生活中，是不是听党的话，跟着党走，这是一个带根本性的问题，是一个决定政治方向和政治生命的问题。在这个问题上，最集中最鲜明地表现出一个人的政治素质、政治觉悟和政治倾向。

经过这次政治动乱和反革命暴乱，我们若是冷静地对过去进行反思，理性地对未来进行探讨，只要不带政治偏见，便会深切地感觉到只有听党的话、跟着党走，才能保持坚定正确的政治方向。我们相信，通过联系实际学习党的十三届四中全会精神，这一点将会成为越来越多的人的共识。可以预期，听党的话，跟着党走，一定会在新的形势下重新成为我们社会的政治风尚，成为我们时代的最强音。

“和平演变”是社会主义的主要危险

——1989年8月9日　大众日报评论员

什么叫“和平演变”？对于今天的青年一代，这是一个陌生的问题。“我们不是在搞和平建设，搞对外开放吗？怎么还有演变的问题？”许多青年人、许多大学生会提出这样的疑问。

不能责怪我们的青年太天真。因为他们毕竟是在和平的家园里长大的。和平建设，和平劳动，和平交往，社会主义多半都是在和平的景象中前进。然而，和平的背后又是什么？这是许多善良的人，特别是年轻人没有想到的问题。

请看西方资本主义国家一些政界人物的言论：

本世纪50年代初任美国国务卿的杜勒斯说：自由世界“必须时刻记住”对在社会主义制度下“被奴役的人民的解放问题”，要用“解放政策”来“解放”社会主义国家的人民，要用“和平的方法”达到这一目的。

美国前总统肯尼迪说：“共产主义世界已不再是一块坚硬的磐石”，西方要与社会主义国家“逐步地、慎重地、和平地促进关系，培养自由的种子”，“要用和平的手段取得胜利”。

70年代的另一位美国总统说：要鼓动社会主义国家“本身内部的和平演变”，要利用广播和信息技术这一“思想战线上的有效武器”，利用美国之音、自由欧洲电台等工具进入“思想战场”。实现“和平演变”至少需要几代人的时间。

一位才卸任的美国总统说：美国要进行一场“把世界和平和人类自由的美好愿望带到美国国界之外的革命”。这是美国“伟大的计划和伟大的梦想”。

法国前总统戴高乐说：要“加速”另一阵营的“转变”，这一演变“是由向往自由的人性所决定的。”

现任的一位美国政界要人说：“美国必须继续参与世界各地的事务”；“支持为自由和民主而奋斗的人们”，“成为促进全世界的变革和自由事业的力量”。

英国的一位首相说：西方“必须发动一个强有力的运动”，“使那些没有享受到自由和正义的人能享受到”，并“用和平手段”把“这些真理传播到全世界”。……

本文引述西方政界要人的这些言论，不是为了评价这些人，而是通过他们的言论，说明西方资产阶级“直言不讳”的观点和“雄心勃勃”的战略。看了这些言论，我们一些同志或许能够多少知道一点“和平演变”是怎么一回事了。

凡是懂得一点历史知识的人都知道，历史上农奴主和封建地主阶级都曾在社会发展的嬗替时期，对新建立的封建社会和资产阶级社会进行过疯狂的复辟活动。这种复辟活动的过程主要表现为武力的和政治思想与文化的两种方式。近代国际资产阶级对于新生的社会主义制度所采取的战略措施，同样是两种方式的并用和交替。这是一种历史的必然现象。不仅任何一国社会主义社会的建立要遭到本国资产阶级的敌视和破坏，而且所有国家在其社会主义确立、巩固、完善和发展中，都要遭到外国资产阶级运用国家的力量进行有预谋、有组织的干涉、封锁、禁运、制裁和颠覆。当年，德国法西斯大举进犯社会主义苏联，美帝国主义利用侵朝、侵越战争，妄图把新中国扼杀在摇篮中。这都是它们赤裸裸地采用武力方式颠覆社会主义的历史见证。然而，在事实证明社会主义是用武力打不垮的“教训”下，它们便越来越乞求于“和平演变”这一手。它们以“自由世界”的“使命感”自诩，以全世界的所谓“解放”为己任，时时刻刻注视着社会主义国家里每一个可以被利用的机会，从而达到延续国际资本主义的命运。因此，看一看西方政界要人的一些“自白”，可以开阔我们的眼界，使我们知道，科学社会主义的思想体系和社会制度的建立和发展，必然要冲击和威胁国际资本主义思想体系和社会制度的存在，而没落的国际资本主义势力，必然要对它的掘墓者——新生的社会主义进行疯狂的反扑。这就是我们面对的一种既有和平共处又有和平竞赛，既有国家友好往来又有意识形态尖锐斗争的复杂的国际环境。清醒地认识国际上的阶级斗争，我们便会感到邓小平同志对于发生在北京的反革命暴乱的分析，是何等的深刻和精辟。他说：“这场风波迟早要来。这是国际大气候和中国自己的小气候所决定了的”。西方资产阶级竭力推行的“不战而胜”的“和平演变”战略，就是国际的大气候；国内资产阶级自由化思潮的长期泛滥，就是国内的小气候。两种气候相呼应，形成了一股反对共产党的领导、否定社会主义制度的逆流。这就是由学潮发展到动乱、由动乱发展到反革命暴乱的这场风波的实质。

社会主义需要在改革开放中不断完善，社会主义也应当从它的对手——资本主义那里借鉴和吸收对自己有用的东西。但是这决不是说社会主义和资本主义的对立消失了，甚至像有人说的什么是社会主义也说不清了。事实恰恰相反，在有人说不清社会主义优越性的时候，西方一些资本主义大国，一天也没有放弃它们“和平演变”社会主义的企图。它们利用国际共产主义运动的曲折和社会主义国家前进中的困难大做文章，极力渲染社会主义的“危机”，诋毁马克思主义已经“过时”，兜售资本主义的“民主”、“自由”，支持和策划各种反社会主义的组织活动，从而达到从根本上实现“和平演变”社会主义制度的目的。

西方资产阶级提出“和平演变”的战略，从50年代至今，不断变换新的策略和手法。它们总是把希望寄托在社会主义国家的青年人身上，从中寻找所谓的“民主、自由斗士”，为其服务。它们从政治、经济、文化等各个方面，对社会主义国家进行渗透，特别在宣传上，大肆输入资本主义意识形态，大造“社会主义不如资本主义的舆论”，并通过“文化和贸易施加影响”，企图让社会主义沿着它们设计的轨道发展。正是由于西方资本主义国家在意识形态领域的长期渗透，又加上我们长期忽视意识形态领域的工作，从思想上对资本主义的侵蚀放松了警惕，所以有少数人便成了资产阶级思想的俘虏，甘心作资产阶级的代言人，把资本主义当成自由的天堂，对社会主义制度愤愤不满，以至于稍有时机，便公然站出来反党反社会主义。在这次由学潮到动乱到反革命暴乱中，上街的多为青年人，这也从一个侧面反映了我们对青年的教育工作软弱无力。对青年的教育工作，关系到祖国的前途和未来，关系到社会主义事业的成败。我们必须高度重视对青年的教育工作，让青年沿着正确的方向健康成长。对青年的教育工作做好了，才能够有效地抵御资产阶级意识形态的影响，粉碎资本主义“和平演变”的阴谋。

任何一个深受殖民地之苦的国家要发展，都必须摆脱外来奴役，坚持独立自主的方针。如果按别人脸色行事，就不会有安稳日子。中国选择社会主义，正是走的一条独立自主的发展之路。社会主义具有强大的生命力，它不是一个僵化的模式，而是一个具有自我发展、自我完善能力的肌体。社会主义制度和社会主义精神，早已在中国大地上生根、发芽、开花、结果，并且经受住了一次又一次风雨的考验，已经和人民的生活融为一体。近百年来中国也曾试图走资本主义道路，但事实证明，那条路在中国是走不通的。只有坚持社会主义，坚持独立自主，中国才会有真正的发展和光明前途。

我们必须清醒地认识到，中国的改革开放和现代化建设是在复杂的国际环境中进行的。整个帝国主义西方世界的基本战略目标，是企图使我国放弃社会主义道路，成为国际垄断资本的附庸。他们通过各种方式进行政治思想渗透，极力宣扬资本主义的虚伪的“民主”、“自由”、“人权”观，煽动、支持我国内的资产阶级自由化思潮。我们必须旗帜鲜明地同这种“和平演变”的图谋和行动作坚决的斗争。但是，我们讲警惕和反对资本主义的“和平演变”，并不是说从此又要封闭起来，搞“关门主义”。我们要继续坚持改革开放。西方有些先进的技术和管理经验，仍要吸收引进，经济合作和贸易交往还要发展。我们要同一切友好国家保持和发展外交关系。通过坚持四项基本原则的改革开放，社会主义的中国更具有吸引力，更富有生机与活力，也就能够更有效地粉碎那些企图使我们放弃社会主义道路的图谋。让“和平演变”的梦想，见鬼去吧！

抓大事首先要抓学习

——谈贯彻四中全会精神

1989年8月12日　江西日报评论员

党的十三届四中全会提出，当前要特别注意抓好4件大事。现在，全省城乡上下都在认真贯彻四中全会精神，围绕党中央提出的4件大事进行工作。从总的情况看，各级领导对四中全会精神的落实抓得很紧，取得了很好的成果。事实说明，4件大事，无论哪一件，要真正抓好，都必须首先学习好四中全会文件和邓小平同志最近几次重要讲话，掌握精神实质。抓好学习是抓好大事的关键。当前极为重要的任务是，一定要继续抓好学习，并把它不断引向深入。通过学习，认真冷静地总结过去，思考未来，按照邓小平同志重要讲话的精神，把思想统一起来，把精神振奋起来，把力量凝聚起来，把四中全会精神全面地落到实处。

抓好4件大事是我们伟大事业的长远需要。我们要彻底消除动乱和反革命暴乱的隐患，铲除其根源，进一步稳定局势，实现国家的长治久安，就必须深刻理解邓小平同志关于这次动乱和反革命暴乱的根源和实质的科学判断。我们要加强思想政治工作，毫不动摇，始终一贯地坚持四项基本原则，切实反对资产阶级自由化，就一定要深刻领会邓小平同志又一次强调的把四个坚持作为基本思想来教育人民，教育学生，教育全体干部和共产党员的立国安邦大计。我们要坚定不移、一如既往地实行改革开放，促进经济发展，就必须深刻领会邓小平同志向全党和全国人民提出的绝不回到闭关锁国老路上去的谆谆告诫，按照邓小平同志作为改革开放的总设计师所规划的强国富民之路坚定不移地走下去。我们要坚决惩治腐败，取信于民，就必须运用邓小平同志讲话中强调的加强廉政建设的要求，坚决地开展反腐败斗争。邓小平同志讲话是统一全党和全国人民思想的纲领性文件。深入学习邓小平同志讲话，贯彻好四中全会精神，是当前全党全民的中心任务，这对于建设社会主义现代化强国，具有重大的现实意义和深远的历史意义。

“冷静地考虑一下过去，也考虑一下未来”，这是平息北京反革命暴乱之后，邓小平同志向全党全国人民提出的重大历史课题。学习全会文件和邓小平同志讲话，一定要牢牢把握这一历史课题。首先要把学习同对过去、对历史的严肃思考结合起来。要让人们真正认识到：我们党领导人民进行革命斗争的历史是中国人民选择社会主义道路的历史；我国40年来，特别是党的十一届三中全会以来社会主义建设的历程，是社会主义在中国发展的历程。搞资产阶级自由化的人公开诋毁社会主义制度，公然鼓吹只有资本主义那一套才能使中国起飞，就是妄图推翻社会主义制度，颠覆人民民主专政，实行全盘西化的资本主义制度。他们的倒行逆施，必然受到历史的惩罚。在学习全会文件和邓小平同志讲话的过程中，回顾一下党领导人民进行革命斗争的历史，回顾一下40年来，特别是党的十一届三中全会以来社会主义建设的历程，再看看动乱和反革命暴乱这部难得的反面教材，对种种否定社会主义的谬论进行有力的批驳，我们就能更深刻地理解邓小平同志作出的只有社会主义才能发展中国的科学论断。在严肃思考历史的基础上，还要把学习全会文件和邓小平同志讲话同认真地思考未来结合起来。引导人们重温社会主义现代化建设的发展战略“三步曲”，展望我们国家本世纪末第二个翻番和下世纪中叶成为中等发达国家的美好前景，进一步认清四项基本原则是立国之本，改革开放是强国之路。从而更好地团结和鼓舞广大共产党员和人民群众为实现社会主义现代化建设的宏伟蓝图、进而实现共产主义的远大理想而奋斗。

抓学习必须抓关键。对这次事件性质的认识是学习全会文件和邓小平同志讲话所要解决的关键性问题。这次事件的性质是什么？邓小平同志一针见血地指出，“这次事件的性质，就是资产阶级自由化和四个坚持的对立”，“他们是要颠覆我们的国家，颠覆我们的党，这是问题的实质。不懂得这个根本问题，就是性质不清楚。”这个正确论断击中了动乱和反革命暴乱策划者的要害。深刻理解它，无论是对于认识党中央、国务院、中央军委为制止动乱、平息暴乱而采取的一系列重大措施的必要性和正确性，还是对于认识坚持四项基本原则、反对资产阶级自由化的长期性和艰巨性都具有关键性意义。很多单位学习的情况表明，凡是能正确认识这场斗争性质的，思想就能较快地统一，学习也较为容易深入；反之，思想就无法统一，学习也无法深入。现在一些同志思想上还有“扣子”没有解开，对某些问题存在困惑和迷惘，其原因就在于对这次事件的性质还没有完全认清，没有掌握好认识问题的钥匙。为了帮助人们分清是非，提高认识，理顺情绪，要组织大家系统学习邓小平同志关于坚持四项基本原则，反对资产阶级自由化的一系列论述，要运用有力的事实、具有说服力的背景材料和易于为群众接受的形式，说明动乱和反革命暴乱是极少数人有计划、有组织、有预谋制造的，是长期以来国内外、党内外各种否定社会主义的思潮交相作用、恶性发展的结果。

四中全会文件和邓小平同志讲话是马克思主义理论的新发展。只有紧密联系实际学习，才能深刻理解，真正领会。各地、各部门、各单位都要以全会文件和邓小平同志讲话精神为指导方针，分析情况，考察工作，看看本地、本部门、本单位哪些方面做对了，哪些方面做错了，哪些方面还不够。对的要继续坚持，失误的要纠正，不足的要加劲。通过联系实际学习文件，总结经验，吸取教训，进一步明确方向，振奋精神，推动工作。联系实际学习，不仅是对每一个部门和单位的要求，也是对每一个同志的要求。党的政策十分明确，对于极少数凶残的敌人，连百分之一的原谅都不应有，一定要依法严惩，决不手软。而对于绝大多数人来说，主要是通过学习，进行自我教育。制止动乱、平息暴乱是一场十分尖锐复杂的政治斗争，每个同志都通过这场斗争参加了一次严格的“考试”，尽管各人“考试”的“成绩”不尽相同，但每个同志的思想认识都经历了一个发展变化的过程，应该说都有经验可总结，都有教训可吸取。联系实际学习文件，就是抓住“考试”合格不合格的问题，全面清理思想，以分清是非，提高觉悟，统一思想，促进团结，增强思想上的免疫力和政治上的坚定性。

在学习中，要围绕深刻领会四中全会文件和邓小平同志讲话精神，扎扎实实读点马克思主义著作，包括马列和毛泽东同志的有关著作，十一届三中全会以来的有关重要文献，邓小平同志关于坚持四项基本原则，反对资产阶级自由化的重要论述。真正掌握了马克思主义基本原理，就能从更深的层次上统一思想，从根本上提高贯彻执行党的十一届三中全会以来路线、方针、政策和党的十三大确定的“一个中心、两个基本点”的基本路线的自觉性，按照党的十三届四中全会精神，把我们的各项工作和事业更扎实地推向前进。

社会主义是我们的富强之路

——为中华人民共和国成立四十周年而作

1989年9月28日　光明日报评论员

在刚刚经历了一场血与火的考验之后，我们伟大的社会主义祖国即将迎来她的40周岁生日。这40年，是马克思主义普遍真理同中国革命和建设的具体实践相结合的40年，是祖国发生翻天覆地变化的40年，是中国人民在中国共产党的领导下沿着社会主义道路昂首奋进的40年。40年在人类历史的长河中不过是短暂的一瞬，但它对于中国人民来说，却是伟大的，不平凡的，足以引为自豪的。回顾40年来的历程，总结40年来的经验，我们可以满怀信心地说：要把我国建设成为一个富强、民主和文明的现代化国家，社会主义就是必由之路。

40年来的事实已经令人信服地说明，走社会主义道路是中国人民唯一正确的选择，是我们的立国之本

走社会主义道路，并不是哪个人的奇思遐想，而是中国近代历史发展的必然结果，是中国人民经过100多年曲折实践而作出的伟大的历史性选择。稍稍懂得一点中国近代史的人都会知道，自从1840年鸦片战争失败那时起，先进的中国人就一直在探索救国救民的真理和道路。这中间，有过洪秀全的《天朝田亩制度》方案，有过康有为的《大同书》，也有过孙中山先生的“民生主义”理想；发生过太平天国农民革命、戊戌变法，尤其发生过孙中山领导的资产阶级革命。但是，所有这一切都丝毫没有改变中国半殖民地、半封建社会的面貌，人民仍然处于水深火热之中。那么，中国的前途和出路何在呢？正如毛泽东同志所指出的：“十月革命帮助了全世界的也帮助了中国的先进分子，用无产阶级的宇宙观作为观察国家命运的工具，重新考虑自己的问题。走俄国人的路——这就是结论。”《论人民民主专政》所谓“走俄国人的路”，也就是走在马克思主义指引下的社会主义道路。这是中国共产党人所作出的科学选择。我们看到，中国共产党人和中国人民一经选择了这条道路，便很快使中国的面貌发生了根本的变化：先是经过28年的新民主主义革命，夺取了全国政权；通过没收占旧中国全部工业资本三分之二、支配着旧中国整个经济命脉的国家垄断资本和官僚资本，获得了建设社会主义的必要物质前提；进而又通过对农业和民族资本主义工商业的社会主义改造，建立了以生产资料公有制为主体的社会主义经济体系。

40年来，我国建设所取得的伟大成就，使得我们今天完全可以理直气壮地说：社会主义给中国带来的是繁荣，是昌盛，是发展。1949年，偌大一个中国，钢产量只有15.8万吨，原煤3200万吨，发电量43亿度，原油12万吨，水泥66万吨。今天同1949年相比，所有主要的工业产品产量都几倍、十几倍甚至几十倍、几百倍地增长了。如1988年我国钢产量已达5918万吨，原煤9.7亿吨，发电量5430亿度，原油1.37亿吨，水泥2.03亿吨。1988年工农业主要产品产量同解放前最高年产量相比：纱为10.5倍，布为6.7倍，原煤为16倍，钢为64倍，原油为428倍，发电量为91倍，水泥为92倍。1988年，我国国民生产总值已上升到世界的第8位。近10年来的改革与开放，更给我国的经济发展注入了新的活力。据有关资料统计，1979年至1988年间国民生产总值、社会总产值、工农业总产值、国民收入和财政收入的年平均增长速度，分别达到9.6%、11.2%、11.2%、9.3%和8.7%。

的确，从整个世界范围来看，我国的经济还比较落后，人民生活水平还不算高。据世界银行《1988年世界发展报告》，到1986年我国仍属于"低收入国家"，人均国民生产总值为300美元，在被统计的120多个国家中排名倒数20多位。然而，应当指出的是，这一统计并没有准确地反映我国经济和人民生活的实际水平。这是因为，我国的商品价格和服务费用都较低，且与世界市场价格基本脱钩，住房、医疗、交通、教育以及许多生活必需品都不同程度地由国家补贴，人民币在国内的购买力明显大于在国际市场上的购买力，而这些并没有反映在人民币的汇率之中。据国内外一些经济学家分析，如果按"生活水平指标"来评估，中国人民的实际生活目前已经达到"中等收入国家"的水平了。世界银行《1988年世界发展报告》说："中国长期的人均国内生产总值的增长速度在发展中世界一直是很快的。有些地区仍然贫困。但是，中国的健康状况、文化水平和平均寿命与很多中等收入国家是相当的。"在世界银行统计的120多个国家中，出生时预期寿命我国占第46位(1986年)，人均摄入热量占第59位(1985年)，1岁以下儿童死亡率占第46位(低；1985年)，出生时重量不足婴儿的百分比占第17位(低；1984年)，成人识字率占第47位(1984年)，按人口平均医生占第53位(1981年)。在一个拥有11亿人口，人均国民生产总值只有300美元的"低收入国家"，完全依靠自己的力量基本上解决了温饱问题，且绝大多数人民的生活质量能够普遍达到今天这样的水平，绝不是一件容易的事，这只有依靠先进的社会主义制度才能做到。

我国是一个大国、穷国，农村人口占绝大多数，人均资源缺乏。落后的自然经济，几千年的封建私有制和一百多年的半殖民地半封建制度，曾使中国长期处于一种封闭与割据的状态之中，生产力发展水平极为低下。在这样一种无法回避的客观条件下，40年来如果我们单单靠外援，靠依附于某个或某几个经济发达国家，即使某些产业和部门得到畸形发展，也是不可能解决我国的经济和国防问题的。正是由于我们有了社会主义制度，在生产资料公有制的基础上，有计划地配置资源，从宏观上合理地集中人力、物力和财力进行规模巨大的社会经济建设，我们才得以在一个不太长的时间内，建立起了独立的、门类比较齐全的社会经济体系，解决了我们的生存和发展问题。今天的人民中国，不仅在农业，在煤、电、钢铁和纺织等传统工业部门获得了巨大增长，而且还建立和发展了汽车、拖拉机、飞机、船舶、电子、石油化工、航天、原子能等新的工业部门以及现代交通和通讯事业。我们在教育、文化、科学、社会公用和公益事业方面的成就也是举世公认的。拿科学技术来说，经过40年的艰苦奋斗，目前我国在原子能技术、生物科学、高能物理、计算机技术、运载火箭技术、卫星通讯技术等方面，均已达到或接近国际先进水平。所有这一切，都不能不归功于社会主义制度的优越性。

自鸦片战争以来，苦难深重的中国人民经历了无数次的重大历史事变和磨难。外敌侵扰，战乱频起，民不聊生，国力日衰。然而，晚清王朝和北洋军阀政府改变中国的面貌了吗？没有。国民党政权改变中国的面貌了吗？也没有。真正使中华民族站立起来，改变了中国的形象的，是中国共产党人，是40年前在中国共产党的领导下建立起来的人民共和国。只是从那个时候开始，中国人民才走上了一条真正能够彻底地、迅速地、普遍地摆脱贫穷落后，通向富强、民主和文明的道路。这条道路就是社会主义道路。社会主义改变了中国的面貌，增强了她的社会经济实力，使她在今日世界舞台上和当代人类进步事业中占据了举足轻重的地位。历史已经裁定，我们的抉择——走社会主义道路，是完全正确的。一切否定我国社会主义建设成就，否定社会主义制度的言论，都是毫无根据的。

能够推动生产力以更快的速度向前发展，是判定社会主义制度优越于资本主义制度的根本标准

社会主义制度从根本上优越于资本主义制度。这个对于中国人民来说本来不成问题的问题，近年来在一部分人当中，特别是一部分青年学生中间却成了问题。这是为什么呢？其中一个重要的原因，就是极少数顽固坚持资产阶级自由化立场的人，以种种似是而非的"理由"，竭力散布"社会主义失败论"。比如他们诘难道：既然说社会主义制度优越于资本主义制度，那么为什么我们搞了40年，生产力水平和人民生活水平还这么低？当诸如此类的问题，在那些既不了解中国的过去，也不真正了解中国的现在，又缺乏马克思主义的立场、观点和方法的人们中间得不到正确解答的时候，"社会主义不如资本主义"的思潮便慢慢地滋长了，蔓延了；加之，作为总书记的赵紫阳同志又抛出了一个坚持社会主义道路"可以不提或少提"和"社会主义讲不清"论，更加助长了这股思潮。

问题是十分明显的：评价一种社会经济制度、政治制度优越与否、进步与否的根本标准究竟是什么呢？说社会主义制度优越于资本主义制度主要体现在哪里呢？

马克思主义认为，评价社会经济制度以及政治制度是否优越的根本标准，归根到底是看它能否推动生产力以更快的速度向前发展。关于这一点，马克思、列宁都有过明确的论述。1957年，毛泽东同志在分析我国社会主义社会的基本矛盾时也指出："所谓社会主义生产关系比较旧时代生产关系更能够适合生产力发展的性质，就是指能够容许生产力以旧社会所没有的速度迅速发展，因而生产不断扩大，因而使人民不断增长的需要能够逐步得到满足的这样一种情况。"(《关于正确处理人民内部矛盾的问题》)邓小平同志在1980年又明确地指出："社会主义制度优于资本主义制度。这要表现在许多方面，但首先要表现在经济发展的速度和效果方面。没有这一条，再吹牛也没有用。"(《邓小平文选》第215页)依据这一标准，我国的社会主义制度是否优于资本主义制度呢？关于新中国成立以来我们在生产发展的速度和效果方面明显地优越于旧中国这一点，本文前面列举的数字已经说明了，这里我们想进一步作一点"横比"，即与发达资本主义国家进行比较。在建国后到改革、开放之前的近30年的时间里，我国的经济建设有过顺利发展的时期，也有过几次重大的失误，但总的来看我们所取得的成就仍然是举世瞩目的，我们的发展速度较之发达资本主义国家并不低。统计资料表明，从1950年到1979年，工业年均增长率，中国为13.4%，美国为4.5%，日本为11.9%，联邦德国为6.7%，英国为2.5%，法国为2.4%；农业年均增长率，中国为4.0%，美国为1.9%，日本为2.1%，联邦德国为2.0%，英国为2.2%，法国为2.4%。改革、开放以后，我国经济进入了稳定发展时期，我国经济的发展速度更明显地高于发达资本主义国家。从1980年到1986年，我国国民生产总值年均增长9.2%，发达国家为2.3%，美国为2.1%，日本为4%；从1980年到1985年，我国农业年均增长为9.4%,发达国家为1.5%,美国为1.8%,日本为1.6%;工业年均增长率,我国为11.1%,发达国家为2.5%,美国为2.4%,日本为5.9%。1978年至1987年,世界原油产量下降1.5%,而中国增长28.9%;同期世界发电量增长29%,中国增长93.8%;世界钢产量增长不到0.5%,中国增长77%。这一切已经无可辩驳地说明,社会主义制度是优越的,它比资本主义制度更能促进生产力的迅速发展。

这里需要指出的是,那种以我国现实生产力水平不如发达资本主义国家为理由,来否定社会主义制度优越性的观点,是根本不能成立的。首先,它背离了马克思主义关于评价社会制度是否优越的根本标准。本来马克思主义是以能否推动生产力更快地发展来判别一种社会制度是否优越的,一些人却自觉不自觉地把现有的"生产力发展水平"作为根本标准,这就大谬不然了。不可否认,按照马克思原来的设想,社会主义社会在生产力水平上也是高于资本主义社会的,因为社会主义是由资本主义充分发展的国家转变而来的。但现有的社会主义国家却是从经济落后或比较落后的国家转变而来的,所以,在相当长的一段时间内,其生产力的水平自然要低于发达资本主义国家。这里并不牵涉社会制度是否优越的问题,而是它们原来的基础所使然。况且,我国社会主义制度才只有40年的历史,而欧美国家的资本主义发展已有二三百年的历史,日本也有一百多年。我们怎么能根据我国40年所形成的生产力水平不如人家二三百年所形成的生产力水平,便断言社会主义制度不如资本主义制度呢?把生产力水平作为评价社会制度优越与否的根本标准,还会导致荒唐的结论。因为在任何一种社会制度下,一般说来其后期的生产力水平都会比初期高得多,那么是否就可以说,末期的封建制度比初期的封建制度更优越,帝国主义制度比自由资本主义制度更先进呢?同时,还要看到,发达资本主义国家之所以能够有今天这样的生产力水平,自然与这些国家在数百年的时间里逐步发展起来的科学技术和经营管理经验分不开,但最主要的一点是,这些国家的财富不正是依靠压榨本国劳动人民的血汗,依靠对占世界绝大多数人口的殖民地、半殖民地进行剥削和掠夺而堆积起来的吗?以近代中国为例,仅赔款一项,自鸦片战争至辛亥革命前,清政府即向列强支付了近13亿两白银(见丁名楠等著《帝国主义侵华史》第1卷)。这些赔款成了资本主义列强"原始积累"的重要来源。我国在近代的落后,某些资本主义国家的发展,在很大程度上不就是这样造成的吗?第二次世界大战以后,帝国主义的殖民体系虽然逐渐崩溃了,但是由于帝国主义长期掠夺和剥削殖民地国家而形成的国际经济的旧秩序,并没有根本改变,因此,发展中国家与发达国家在国际经济关系中存在着不平等的竞争,西方资本主义国家利用其在生产力水平、劳动生产率、资本、科学技术、经营管理经验和垄断组织等方面的优势地位,对发展中国家进行控制和剥削,从而使世界范围内的贫富两极分化的鸿沟进一步加深。发达国家利用其在国际经济中的垄断地位,竭力抬高向发展中国家出口的工业制成品价格,压低从发展中国家进口的初级产品价格,强化不平等交换;通过对发展中国家进行投资,剥削那里的廉价劳动力,并将那些能耗大、污染严重的工业逐渐转移到发展中国家,而自己集中发展高、精、尖工业;通过向发展中国家借贷资本强化对发展中国家的支配地位;利用贸易、金融等各种渠道,向这些国家转嫁经济危机,等等。面对资本剥削的历史和现实,我们难道还应该为它大唱赞歌吗?倘若如此,那么一切正直的人们倒是应该扪心自问:你的民族自尊心究竟跑到哪里去了?

我们强调生产力发展速度与生产力发展水平的区别,并不是要否定它们之间的联系;恰恰相反,我们强调前者的目的,正是坚信只要沿着社会主义道路前进,我们就必将使生产力水平由低级向高级转化,最终赶上和超过发达国家。我们清醒地看到,现在的中国同发达国家相比,人均国民生产总值水平还有着相当的差距,而且在一定时期内这种差距的绝对值还可能扩大。这一现象是正常的。这是因为发展中国家和发达国家的起点不同,发展基数差异较大。然而,两个正向变动率中较大的一个,最终将产生较大的绝对数量,这是一条定律。世界银行1984年经济考察团的《中国:长期发展的问题和方案主报告》认为,中国要在2050年赶上发达国家,人均收入必须每年递增至少5.5%,也许要6.5%,1979年至1984年中国的人均国民收入每年增长率为6.8%。由于社会主义制度的优越性,我国的经济增长率现在每年以五至六个以上的百分点高于许多发展中国家和发达国家。可以肯定地说:凭着社会主义制度的优越性,经过全国人民的艰苦奋斗,我们在不久的将来一定能够首先在国民生产总值方面赶上和超过发达资本主义国家,然后再经过较长时期,在人均国民生产总值上,在生产力水平上,也赶上或超过发达资本主义国家。一个富强、民主、文明的现代化的社会主义中国必将展现在世界人民面前。

坚持社会主义道路,坚持改革、开放,是建设富强、民主和文明的现代化强国的根本保证

在充分肯定新中国40年来所取得的伟大成就的同时,我们并不讳言我们曾经有过的失误。而且我们从来都认为,如果没有这些失误,特别是某些本来可以避免的重大失误,我们会发展得更好、更快,成就会更大。

在党的十一届三中全会以前,我们曾经发生过的最大失误是指导思想上的"左"的错误和体制上的僵化。这些错误使我们蒙受了巨大的损失。实践使我们认识到,贫穷不是社会主义,僵化、保守、停滞也不是社会主义。社会主义的根本任务,是大力发展生产力。党的十一届三中全会以来,我们党顺应历史潮流,提出一切工作都要以经济建设为中心,毅然领导全国人民实行改革和对外开放。10年来的改革、开放给我国的经济发展注入了巨大的活力,使我们整个社会充满了生机。

40年社会主义建设的历程表明,优越的社会主义制度及其基本原则,如公有制、按劳分配等等,为社会生产力的发展开辟了广阔的前景,提供了有利的条件。但这些优越的制度和基本原则并不会自动发挥作用,不会自动推进生产力的发展。我们只有在坚持社会主义根本制度和基本原则的前提下,不断革除不适应生产力发展的阻塞环节和僵化机制,努力探索有利于生产力发展的新体制,才能充分调动全体人民的积极性和社会主义经济的巨大潜力,加快现代化建设的步伐。因此,我们必须充分认识改革的必要性,认识改革与充分发挥社会主义制度优越性的内在本质联系。正如邓小平同志所指出的:"我们要发展生产力,对经济体制进行改革是必由之路。""不改革政治体制,就会阻碍生产力的发展,阻碍四化成功。"(《〈建设有中国特色的社会主义〉(增订本)》第117、138页)

我们要继续坚定不移地实行对外开放,更加有效地在扩大对外开放中吸取与借鉴国外先进的科学技术和管理经验。我们现在还处于经济上比较落后的社会主义初级阶段,从总体上说,我国的科学技术水平还很低,经营管理水平也很差。要提高我国的科学技术水平和经营管理水平,当然主要靠我们自己自力更生,艰苦奋斗,但在对外开放中努力吸收国外的先进成果,也是不可缺少的重要方面。邓小平同志在总结建国后三十几年的经验时曾这样说过:"现在的世界是开放的世界。中国在历史上落后,就是因为闭关自守。建国以后,人家封锁我们,在某种程度上我们也还是闭关自守,这给我们带来了一些困难。……总之,三十几年的经验是,关起门来搞建设是不行的,发展不起来。"(同上书,第 54 页)今天,科学技术日益在经济发展中起着火车头的作用,在这种情况下我们没有任何理由拒绝接受现代科学技术和现代管理这一人类文明的共同财富。总结过去,思考未来,我们必须继续开放,更加开放。

当前,我们正在进行治理整顿。治理整顿就是把这些年积累下来的通货膨胀、社会总需求超过社会总供给、产业和产品结构不合理、财政赤字、收入分配不公等方面的问题加以解决,为继续深化改革和对外开放创造良好的环境和条件。因此,治理整顿和改革开放从根本上来说,是完全一致的。治理整顿不仅是稳定和发展经济的需要,也是进一步完善和深化改革的需要。把治理整顿和改革开放对立起来的观点是不对的。经过治理整顿,我们一定能够克服目前经济上的困难,理顺经济关系,从而推进和深化改革,探索出具有中国特色的发展社会主义商品经济的道路。

我国 10 年来的改革、开放不仅取得了举世公认的成就,而且取得了极其宝贵的经验。这些经验集中到一点,就是在改革、开放中必须坚持社会主义方向。我们的改革是社会主义制度的自我完善,而不是别的什么;我们的开放,是为了发展社会主义的生产力,同样不是为了别的什么。关于这一点,邓小平同志是一贯强调的。比如他指出:"在改革中坚持社会主义方向,这是一个很重要的问题。我们要实现工业、农业、国防和科技现代化,但在四个现代化前面有'社会主义'四个字,叫'社会主义四个现代化'。我们现在讲的对内搞活经济、对外开放是在坚持社会主义原则下开展的。"(同上书,第 117 页)所谓坚持社会主义方向指的是什么呢?其中最重要的两个方面就是:第一,要坚持以公有制为主体的经济;第二,决不能导致贫富两极分化。但是,我们看到,这些年来极少数顽固坚持资产阶级自由化立场的人却一直妄图扭转我国改革、开放的社会主义方向。起初他们鼓吹"全盘西化",主张不仅要从西方引进先进的科学技术、经营管理经验,而且要引进资本主义的经济制度和政治制度;近两年又公开打出"私有化"的旗号,甚至公然提出《私有制宣言》;他们还振振有词地鼓吹,现代化就是现代化,哪里能分什么社会主义与资本主义?就是在这股否定社会主义方向的逆流的冲击下,社会上一部分人,特别是一部分青年学生,对于社会主义能不能实现现代化产生了困惑和怀疑。所以,我们决不能忽视改革、开放的方向问题,决不能忽视在这个问题上将会长期存在的对立和斗争。另外,我们还应当看到,改变中国的社会主义方向一直是国际资本主义势力"和平演变"的战略的基本着眼点。我们的改革、开放是在国际大背景下进行的。国际资本主义势力一方面需要跟我们做买卖;另一方面又从来没有忘记对社会主义国家进行政治、思想和文化的渗透。面对这种"和平演变"的严重斗争,如果我们不自觉地坚持社会主义方向,那么我们的改革、开放岂不要走到斜路上去吗?历史和现实一再告诉我们,改革、开放是我们的强国之路,坚持四项基本原则是我们的立国之本,只要我们始终一贯地坚持"一个中心,两个基本点",我们的社会主义事业就一定能够兴旺发达,取得更大的胜利!

爱国主义是中华民族的强大凝聚力

1989 年 9 月 29 日　人民政协报社论

四十年前,北京天安门广场上升起了第一面五星红旗,它标志着中华人民共和国的诞生。弹指一挥间,国庆四十周年纪念日转瞬在即。在这喜庆的日子里,我们以冷静的思考回溯共和国的光辉历程,都会异口同声地称道指引我们的事业从胜利走向胜利的中国共产党的英明领导,再次肯定中国人民在长期革命和建设中形成的艰苦奋斗的优良作风,同时,我们也应当褒扬维系祖国大家庭使之保持团结和谐的爱国主义精神。

爱国主义是对祖国的忠诚和热爱,是"千百年来巩固起来的对自己祖国的一种最深厚的感情"(列宁语)。对我们来说,这种神圣的感情始终是与革命的伟大理想紧密相联的。在我国新民主主义革命取得根本性胜利的时候,由中国共产党邀集各民主党派、人民团体、人民解放军、各地区、各民族和国外华侨代表,组成并召开了中国人民政治协商会议第一届全体会议,大家欢聚一堂,共商国是,产生了人民民主政权。这一全国人民大团结局面的形成,正是出于一个共同的爱国愿望:向往新中国,建设新中国。当祖国进入社会主义建设时期,人民为之欢欣鼓舞,中国共产党领导的民主统一战线也更加扩大,在各项建设事业中发挥了自己的积极作用,表现了高度的爱国主义热情。从五十年代后期开始,党内出现了"左"的思想干扰,不断地冲击了统战工作的正常开展,特别是在"文革"期间,人民蒙受了一场旷代未有的浩劫,民主党派和各界人士也普遍地遭到了政治上的迫害和打击。但是,他们无论是在祖国困难时期,还是在政治动乱期间,都坚持和共产党同舟共济,患难与共,经受了种种考验。这说明,爱国主义在人民思想意识中形成的凝聚力和向心力,是使我们各民族永不涣散、祖国长处于统一态势的一个重要保证。

随着社会主义的深入发展,对爱国主义的要求不是减弱,而是更加强烈了。十一届三中全会之后,中国共产党恢复了实事求是的马克思主义路线,确定了以经济建设为中心的战略任务,这就需要更广泛地调动各种社会力量,共同为实现四化建设的宏伟目标和祖国统一大业而奋斗。与此相适应,共产党领导的统一战线也空前扩大和巩固。一九八二年十二月,进一步得到发展的爱国统一战线同时载入我国的新宪法和政协新章程。中共十三大又明确提出要高举社会主义和爱国主义两面旗帜。由于党的统战方针政策深得人心,极大地激发了各族人民、各民主党派、无党派爱国人士以及台湾同胞、港澳同胞和海外侨胞的爱国热情,因而人民政协和各民主党派充分发挥自己的优势,在政治协商、民主监督方面;在知情出力,为党和政府的重大决策民主化科学化方面;在经济咨询,外引内联,协助职能部门发展地方经济方面;在发展科学文化事业,推进社会主义精神文明建设方面;在协调社会关系,维护安定团结的政治局面方面;在开展人民外交,促进祖国统一大业方面，等等，都主动认真地做了大量工作，特别是通过多党合作和协商对话等途径，为改革开放方针的确立和实施做出了积极的贡献。实践证明，在社会主义进入改革开放的时代，更需要广泛地调动统一战线的力量，更需要发扬全体人民大众和各界人士的爱国主义精神。

当然，爱国主义总是与一定的历史条件和民族感情相联系的，我们所讲的爱国主义也是与社会主义祖国的命运休戚相关，与中华民族利益相统一。违背社会主义方向和民族利益的所谓“爱国行动”是不足取的。前不久，在北京发生的一场政治动乱和反革命暴乱中，极少数别有用心的阴谋家，打着爱国主义的旗号，却干着有损于社会主义祖国前途和中华民族利益的勾当，他们的卑劣行径必然要遭到人民群众，包括各民主党派和爱国民主人士的强烈反对，其阴谋也是永远不能得逞的。

无边落木萧萧下，不尽长江滚滚来。伟大的社会主义祖国已经经历了四十个春秋，它还将以蓬勃的朝气继续发展下去。新的中共中央领导班子多次明确指出，中共十三大确定的“一个中心，两个基本点”的总任务、总方针不变，我国的改革开放的方针不变，“一国两制”的构思不变，统一战线的政策不变，这说明作为领导党的中国共产党，对祖国的前途是充满信心的。让我们牢牢地坚持立国之本，坚定不移地走强国之路，更好地发扬爱国主义精神，精诚团结，愤发图强，为完成我们的未竟事业而努力奋斗。

发扬延安精神　夺取新的胜利

1989年10月2日　陕西日报评论员

正当荷馥菊香的金秋，三秦儿女同全国人民一道，以无比激动和喜悦的心情，迎来了我们人民共和国的40周岁诞辰。

40年，对于发展着的人类社会、成长中的人民共和国来说，只不过是“弹指一挥间”。可是，我们的国家却以神奇般的速度发生了翻天覆地的变化，昂然自立于世界民族之林。

一个世纪以来，怀着落伍感的中国各族人民，日夜盼望着中华的振兴。然而由于列强入侵、社会制度腐朽，国运日衰。直到毛泽东主席在天安门广场升起第一面五星红旗，中国人民扬眉吐气的时代才真正开始。尽管国民党给我们留下的只有一个疮痍满目、破败不堪的烂摊子，已经站起来的中国人民，在中国共产党的领导下，艰苦奋斗40载，取得了举世瞩目的巨大成就。

1949年，全省工农业总产值只有14.8亿元，农业占80%以上。工业只有几家小型纺织厂、机械修理厂、面粉厂，现代工业是一片空白。1950年至1985年，全省全民所有制单位累计完成基本建设投资361.19亿元，建成投产项目1.63万个，新增固定资产244.8亿元，相当于1949年的600倍。1986年全省社会总产值比解放时增长26.8倍，其中工农业产值增长22.6倍；国民收入增长13.6倍，由人均59元增加到523元。交通运输蓬勃发展。各种运输路线总长增长13.4倍，客、货运周转量增长70多倍。城乡市场繁荣兴旺，对外贸易迅猛增长。仅1986年一年，城乡集市贸易成交额就达15亿元，商品进出口总额就比上年增长近50%。城乡人民物质文化生活明显改善。据抽样调查，1986年，城镇居民人均生活费收入756元，农民人均纯收入比1981年增长69%，城乡居民存款余额由5年前的人均47元上升到205元。各种疾病有效控制，人的平均寿命由解放初的35岁提高到66岁。全省各级各类学校数倍增加，在校学生已达550多万人。昔日连钢针、铁钉都不能生产的陕西，今天已能制造汽车、火车车辆、飞机；过去连肥皂都靠进口的穷省，如今已能生产手表、自行车、缝纫机、洗衣机、空调、冰箱、彩电；非但如此，古老的三秦大地还成了国家纺织、电力机械、农业科研、电子技术、航空航天等产业和事业的重要基地。

翻开陕西的方志，打开中国的史书，哪朝哪代有过如此辉煌的业迹？

有人言必称美国，说我国不敢同美国比较。而40年的客观事实说明，在发展国民经济的跑道上，尽管美国以二百年的建设基础远远站在起跑线的前面，真正的强者却是我们。

粮食产量：1950年美国是1.5亿吨，我国是1.3亿吨，低于美国15%。可36年后，我国已是3.9亿吨，美国却是3.75亿吨，反低于我国4%，我们跃居世界第一，仅以占世界7%的耕地，养活了占世界22%的人口。

棉花产量：1950年，美国是217万吨，我国只有69万吨，仅为美国的31.8%。36年后，我国翻了两番多，已是354万吨，美国反而比原来倒退，只有213万吨，我比美高出66%，夺世界之冠。

钢铁产量：1950年，美国是8785万吨，我国只有61万吨，仅是美国的0.7%，37年后，我国已是5602万吨，美国不过8846万吨而已，只比我国高0.58倍。

铁一般的事实：两国的发展速度，谁快谁慢，两种社会制度，孰优孰劣，不是再清楚不过了吗？

然而，坚持资产阶级自由化的“精英”们，出于要把中国变为发达资本主义国家附庸的险恶用心，硬是不顾无可辩驳的事实，一味地把资本主义制度吹得神乎其神。与此同时，又抓住我们工作中的某些失误，抓住社会主义制度在不断完善过程中必然出现的某些暂时不合理现象，大作文章，企图推翻中国共产党的领导，全盘否定社会主义制度。这当然是坚决不能答应的。不久前那场动乱的迅速被制止，暴乱的很快被平息，就反映了全党全国人民的这种根本要求和愿望。大家从建国四十年来艰苦历程的体验中，从刚刚经历的那场血与火的考验中，从冷静的思考过去、也冷静的思考未来之中，更加坚定了一个信念：只有社会主义才能救中国、只有社会主义才能发展中国！

在人民共和国盛大节日到来的前夕，中共中央总书记江泽民同志亲临陕西视察，指示我们认真贯彻十三届四中全会精神，进一步维护安定团结的政治局面，继承和发扬延安精神，努力把国民经济搞上去。我省广大党员、干部和人民群众，又一次感受到党中央的亲切关怀之情，精神倍加振奋，决心把我省的事情办得更好，让党中央放心。

陕西，是华夏民族五千年文明的摇篮之一，中华民族勤劳、勇敢、朴实、善良等传统美德，曾经从这里发祥；延安，是中国革命的圣地，党中央倡导的自力更生、艰苦奋斗的延安精神，从陕西传遍全国。陕西，物华天宝，人杰地灵。只要我们一如既往，继承和发扬延安精神，矢志坚持四项基本原则，坚定不移地走改革开放之路，我们就一定能够把我们的各级党组织建设好，把我们的廉政建设搞好，把民主与法制建设搞好，把我省的经济搞上去，使三千万三秦儿女的物质文化生活更上一层楼，为人民共和国的更加繁荣昌盛作出历史性的贡献。

不许向先进模范人物泼污水

1989 年 10 月 28 日　福建日报评论员

福州东街口百货大楼原党委书记、总经理、优秀共产党员冯依森，是福州商业战线致力于改革建设事业、无私奉献的模范。她坚持社会主义方向，勇于改革、锐意进取的事迹；她一心为公，吃苦耐劳，经营逾亿，一尘不染，始终保持清正廉洁的精神；她对同志政治上严格要求、思想上热情帮助、生活上体贴入微的革命情谊，确实感人至深。

然而，这位深受人们尊敬、为建设具有中国特色的社会主义事业牺牲了年轻生命的优秀企业家，有人竟凭空捏造事实，对她恣意污蔑，说什么东百大楼为其家属搬迁新居时在她家中发现 20 万元现款。最近一个时期，社会上污蔑各条战线的先进分子和模范人物的流言蜚语满天飞，特别是对一些坚定执行党的十一届三中全会以来的路线、方针、政策，成绩显著的厂长经理的污蔑，更是越来越离奇，很值得人们深思。

造谣者的居心，是显而易见的。在春夏之交发生的政治风波中，有极少数敌对分子以反对腐败为幌子，反对党的领导和反对社会主义制度，进行资产阶级自由化的阴谋活动，在党的四中全会后，当惩治腐败的斗争在全国开展起来，有的人又制造混乱，对先进模范人物造谣污蔑，仍然是把矛头对准四项基本原则和改革开放。一些屁股不干净的人，蓄意往先进人物身上下蛆，散布猜疑，以便乱中求存，并企图通过打击先进煽起"政策变了"的社会恐慌心理，达到一箭双雕的目的。也有一些胸怀狭窄的人，自己拿不出象样的东西，一看到别人取得出色的成绩就浑身不舒服，横挑鼻子竖挑眼，甚至怀着一腔妒嫉怨毒之火，不择手段地往别人身上抹黑。而有些胡涂人则不分是非黑白，听到风就是雨，把恶毒的诽谤作为茶余饭后的谈资。当前此类谣言的流播，不能不引起我们特别的注意。

当然，先进模范人物在工作中也会有缺点错误，党政组织和周围的同志有必要进行监督，给予严格的批评和热情的帮助，目的是使他纠正缺点错误，今后干得更好；也许有个别先进者在得到党和人民给予的荣誉之后，经不起金钱、美女、权位的诱惑，走向了反面，以权谋私，甚至贪污受贿、腐化堕落，跌入犯罪的深渊，那就要以事实为依据，以法律纪律为准绳，给予制裁；也许在先进模范人物的队列中，有个别冒牌货，那就要在查明事实以后加以纠正。但是，决不能因为先进模范人物有些缺点错误就完全否定他们的本质和主流是好的，更不能因为有个别企业家的蜕变而完全否定大多数企业家是好的，特别是否定企业家中的先进模范人物的优秀品质和先进事迹。应当说，绝大多数由群众公举、经组织审核的先进模范人物是站得住脚的。在十年改革开放的峥嵘岁月里，他们作出了重大的贡献。他们是执行党的基本路线，坚持四项基本原则，坚持改革开放的中坚，是社会进步力量的优秀代表，是激励人们为社会主义而献身的光荣榜样。对他们的污蔑，就是对进步力量的摧残，对社会前进的反动。我们要大张旗鼓地宣传先进，弘扬正气，要毫不留情地揭穿谣言，狠煞歪风，决不能允许向先进模范人物身上泼污水。对于查明有据的别有用心的人，要坚决在法律上追究其责任。

白求恩精神永放光芒

1989 年 11 月 4 日　健康报评论员

明天是伟大的国际共产主义战士诺尔曼·白求恩逝世 50 周年纪念日。今天，本报全文刊登了毛泽东同志《纪念白求恩》这篇光辉著作，目的是通过重温这篇著作，缅怀白求恩同志的光辉业绩，进一步弘扬白求恩精神。

在中国人民抗日战争的艰苦岁月里，白求恩同志怀着对中国人民的诚挚感情和对正义事业的坚决支持，远渡重洋，来到中国。他把自己的一切无私地奉献给了中国人民的解放事业，在中国人民的心目中树起了一座伟大的丰碑。

半个世纪以来，在白求恩精神鼓舞下，中国共产党培育的医务工作者在救死扶伤岗位上忘我工作，涌现出许许多多闪烁着白求恩精神火花的英雄群体和个人。这无数个白求恩式的白衣战士，是我国卫生队伍的精英。正是由于他们的努力，使白求恩精神一代一代地传了下来，并不断发扬光大。

近几年来，由于受商品经济大环境许多共性弊端的影响，由于放松了思想政治工作和对白求恩精神的宣传，在少数医务人员中出现了对病人缺乏同情心，工作马虎，生、冷、硬、顶甚至训斥病人的现象；极少数医务人员以医疗技术为资本，或明或暗地向患者及家属要吃要喝、索钱索物；有些医疗单位用不正当手段谋取收入，严重损害了国家和医疗消费者的利益。这些问题尽管是个别的，但影响极坏，已经引起社会的不满，玷污了医务人员的形象，有悖于我们历来所提倡的白求恩精神和社会主义国家医务人员的道德规范。

在当前治理整顿、深化改革的形势下，卫生系统要抓住有利时机，采取坚决有力的措施，狠刹不正之风，争取医德医风的根本好转。为此，各级卫生行政部门和医疗卫生单位的领导，务必要进一步提高认识，大力开展思想教育，完善管理措施，结合整顿医疗工作秩序，进行白求恩精神和医院工作方针的再教育，把白求恩精神发扬光大，并作为白衣战士必须具备的精神风貌一代一代地传下去，在全系统大兴讲医德、讲奉献、廉洁行医、文明服务之风。广大医务人员要进一步树立为医学科学事业献身的事业心和社会责任感，象白求恩那样，以对工作极端负责任、对同志对人民极端热忱、对技术精益求精的全新医疗作风取信于民，在亿万群众心目中树立更完美的"白衣天使"形象。

农业关系稳定大局　需要各行各业合力

——谈全党全国集中力量办农业

1989 年 11 月 29 日　农民日报评论员

党的十三届五中全会决定，在国民经济的治理整顿中，要迅速在全党全国造成一个重视农业、支援农业和发展农业的热潮，齐心合力把农业搞上去，确保粮食、棉花等主要农产品的稳定增长。对此，各地普遍反响强烈，城乡人民一致称赞。现在的问题就在于如何落实了。

全党全国人民都来重视农业，支援农业，为农业发展出力，这是根据我国经济建设40年来，特别是近年来正、反两方面的经验作出的重要决定。实现农业的稳定发展，是经济稳定、政治稳定和社会稳定的基础，是关系国家安危的问题，也是调整经济结构的关键所在。各级领导，特别是地、市、县领导和农村广大党员、干部，都必须深刻理解这一决定的重大意义，坚定不移地贯彻执行。

要把农业搞上去，必须真正做到向农业倾斜，关键在于各级领导重视，落实政策，增加投入，也在于各行各业的协作，提供支援。特别是科学技术和资金物资的支援。应该承认，这些年来有些地方对农业的看法，经历了从忽视到重视，从口头重视到真正重视的过程。现在，中央明确了是否真正把农业搞上去作为考核地方各级领导工作的重要标准，这是一个有力的决策。当然，组织上的保证要以思想上的转变为前提，要克服某些同志头脑中存在的急功近利的单纯任期观点，要立足于持续、稳定、协调发展的长期战略思想，不搞短期行为，不要光想很快"出成果"，还应舍得花力量在任期内"打基础"。对于那些已经实行市管县或县改市的地方，特别应当注意解决向农业倾斜的问题。

各行各业支援农业是党和政府的一贯方针，但近些年来也曾有过价格过高、条件过苛的现象。我们并不提倡无偿的平调，那样"支援"是不能持久的，在合理的价格和条件下的有偿支援，是农业发展的必不可少的条件。除了一些以思想锻炼为目的的城镇居民的义务劳动，一般各行各业的实质性支农应当是有偿的，互利的。当然支农物资的价格不能太高，要注意与农产品的合理比价，技术支援收费也要考虑农民的负荷能力。必须坚决制止借支农之名，行坑农、伤农之实的现象。总之，各级领导真重视，各行各业真支援，农业才能打破徘徊，持续发展。

造成把农业搞上去的热潮，就需要有一定的"温度"，不能冷清清，更不能冷冰冰，需要广泛地发动群众，调动广大农民的积极性。这就必须充分发挥农村基层组织和党员干部的先锋模范作用。目前农村中基层组织的情况，各地很不平衡，有相当一部分处于软弱涣散状态，有的甚至瘫痪半瘫痪。各地要采取措施，切实加以整顿，使之发挥作用，齐心合力把群众发动起来，把农业生产搞上去。当然，也必须接受历史教训，不能搞"大哄大嗡"。发动群众不能只靠行政命令，要有合理的政策，有说服力的教育，科学的安排，既要造成热潮，也要保持冷静。

当前，今冬明春的农田水利基本建设正在各地展开，明年的农业生产计划也已开始制订，春耕备耕所需物资也正在加紧生产和调集。这正是一个抓农业的大好时机。各地要在宣传贯彻五中全会精神的同时，抓好当前的这些与农业生产有关的环节，为夺取明年农业丰收和九十年代农业的新发展，为突破农业徘徊局面，造成把农业搞上去的热潮打下扎实的基础。

团结奋进　胜利在前

1989年12月2日　河北日报社论

省委三届八次全委扩大会议，遵照党的十三届五中全会精神，审议并通过了《关于全省进一步治理整顿和深化改革的若干措施的决议》，提出了我省治理整顿和深化改革的主要目标和具体措施，统一了思想，明确了任务，增强了团结，坚定了信心。它对巩固和发展我省的稳定局面，促进国民经济实现长期持续、稳定、协调发展，必将产生重要而深远的影响。

一年多来，我省的治理整顿工作取得了初步成效。过快的工业生产转入平稳增长，农业获得好收成，物价上涨势头趋于缓和，固定资产规模开始得到控制，清理整顿公司有了明显进展。但是，由于治理整顿的时间还短，经济发展中多年积累下来的问题和困难并没有从根本上得到解决，又出现了部分销售市场疲软、产品积压、工业发展速度回落过猛等问题。因此说，我们面临的治理整顿任务还是相当艰巨的。各级领导要坚定必胜的信心，不失时机地把注意力集中到进一步治理整顿和深化改革方面来，以主要精力抓好这方面的工作。

集中精力抓好治理整顿和深化改革，必须正确认识我省的经济形势。对当前的困难估计不足，盲目乐观，或者被困难吓倒，悲观失望，都不利于搞好治理整顿。我省还比较穷，一些同志想加快经济建设步伐，这种心情可以理解。但是办一切事情要从省情、地(市)情、县情出发，使我们的思想和行动符合客观实际，按客观经济规律办事。急于求成，超越实际，不仅达不到预期的目的，还会挫伤群众的积极性。只有认真贯彻党中央关于进一步治理整顿和深化改革的方针，我们才能从"过热——整顿——再过热——再整顿"的恶性循环中走出来，实现国民经济长期持续、稳定、协调发展。作为一个领导者，如果看不到当前困难的严重性，就下不了治理整顿的决心，但看到困难是为了克服困难，解决困难，而决不能被困难吓住。毛泽东同志曾经指出，我们的同志在困难的时候，要看到成绩，看到光明，要提高我们的勇气。在困难面前，我们更要自强不息，艰苦奋斗。何况我们面前的困难是暂时的、前进中的困难，并且比历史上我们曾经遇到的困难小得多，克服困难的条件和实力也强得多。经过十年改革，我省国民经济的综合实力显著增强，人民生活水平明显提高，各项事业取得了很大发展。具有光荣革命传统的燕赵儿女有着自力更生、艰苦奋斗的优良传统，又有几次进行经济调整的经验，这些都是我们战胜困难、奋发有为的有利条件。困难是个大熔炉，一个有作为的领导者，应当把困难看成考验和锻炼自己的机遇，把困难变成前进的动力。有了这样一个好的精神状态，在以江泽民同志为核心的党中央的正确领导下，上下齐心合力，拧成一股劲，再大的困难也能克服，再多的问题也能解决，通过治理整顿和深化改革，使经济建设实现长期持续、稳定、协调发展的目标就一定能够实现。

省委三届八次全委扩大会议对我省的治理整顿和深化改革提出了明确要求和具体措施，我们要结合本地区、本单位的实际狠抓落实。

落实，首先要进一步抓好十三届五中全会精神和这次省委全委扩大会议文件的学习。领导要带头学，以整风的精神触及思想，联系实际。对全国出现经济过热的问题，党中央和国务院已经承担了责任，我们各级党委也要认真总结经验教训，这样做有利于统一思想、振奋精神。统一思想认识，历来都很重要。只有把我们的思想统一到党中央决议的精神上来，深刻认识治理整顿的方针是一个积极的方针，全党上下才会有统一的行动，才能有力量战胜困难，有秩序地胜利前进，保证我们的经济不但不滑坡，而且有适度增长。要树立局部利益服从全局利益、眼前利益服从长远利益、个人利益服从整体利益的一盘棋思想，积极为治理整顿和深化改革献计策、分忧愁、挑担子。

落实，要有目标明确、可见度高、操作性强的具体措施。中央要求，治理整顿必须抓住四个重要环节，这次省委全委扩大会议结合河北实际提出了贯彻落实的具体措施。各地应通过深入调查研究，从本地实际出发，使中央和省委全委扩大会议的要求具体化，制订出具有本地特点的行动计划，并且一步一个脚印地去做工作，逐条兑现，取得实际成效，绝不能只是把中央精神传达一下就了事。

落实，领导就要带头过紧日子，克服讲排场、比阔气、大手大脚、铺张浪费的不良风气。要坚决反对各种腐败现象，发扬自力更生、艰苦奋斗，勤俭建国、勤俭持政、勤俭办一切事业的优良传统，大力开展双增双节运动。历史上几次出现的经济困难，我们都是这样度过的，今天仍然要发扬这个好的传统。

落实，就要狠抓基层。当前基层领导班子力量薄弱，有的已处于半瘫痪状态，这个问题不解决，落实就会变成一句空话。各地要把落实党的十三届五中全会精神，同整顿和加强基层领导班子结合起来。各级领导干部要到工厂、农村的第一线去，为基层排忧解难，具体帮助他们贯彻落实五中全会精神，扎扎实实地抓好城乡特别是农村基层领导班子的建设和思想教育工作。基层领导班子坚强了，落实治理整顿和深化改革的方针就有了可靠的组织保证。

困难在今年，关键在明年，希望在后年。我们相信，全省上下齐心协力，狠抓落实，我省的治理整顿和深化改革就会不断取得新胜利，我省的国民经济必将出现一个长期持续、稳定、协调发展的新局面。

坚持民族新闻报道的正确方向

1989 年 12 月 11 日　贵州民族报　余正生

在一些人看来，坚持民族新闻报道的正确方向，似乎是个听腻了的老问题。但是，恰恰相反，在新的历史时期，特别是在制止动乱和平息北京反革命暴乱之后，以党的十三届四中全会精神为指导，强调坚持民族新闻报道的正确方向，具有重要意义。

建国四十年来，特别是党的十一届三中全会以来，民族新闻报道在各个时期发挥舆论导向的积极作用，使我国民族关系进一步改善，民族团结得到加强。从理论和实践中，我们逐步积累了经验，明确了民族新闻报道正确方向，这就是民族新闻报道必须为社会主义服务，为各民族平等团结和共同繁荣服务。为此，必须坚持四项基本原则，宣传党的路线、方针、政策，特别是党的民族政策，传播马列主义民族学，探讨新时期民族工作理论，报道民族地区政治、经济、教育、文化、科学、卫生等方面的新人新事新成果，特别是民族地区在改革、开放中的新经验，介绍各民族的历史传统和时代精神风貌，以及名胜古迹、风土人情、生活习俗、自然风光，反映广大干部和各族人民的愿望、要求和呼声，推动民族地区的社会主义物质文化和精神文明建设，促进民族平等、民族团结进步和共同繁荣。

如同整个新闻宣传工作一样，民族新闻报道坚持正确的方向，就能发挥积极的宣传功能；反之，就会造成不良后果。可以说，多年来我国的民族新闻报道，由于按照党的民族政策，坚持正确的方向，采取稳慎的方针，在促进民族团结、确保局势稳定、加强边防建设、推动民族进步等方面，发挥了积极的作用。但是，由于受到资产阶级自由化的影响，在某些时候某些地方，民族新闻报道（也有文学创作）偏离正确的方向，造成了失误，带来了麻烦，教训是深刻的。除受资产阶级自由化影响外，偏离正确方向，还有如下几个方面：第一，忘记或者不懂党的民族政策，无产阶级民族观念淡漠；第二，在民族问题上，存在偏见，以陷入唯心主义和主观主义；第三，有猎奇思想，认为一个民族最落后最丑陋最愚昧的东西才能引起读者兴趣；第四，没有民族知识，或者一知半解，主观盲目把一个民族非主流非本质的东西，当作主流和本质，结果本末倒置，是非含混；第五，不顾新闻的真实性，不作深入采访调查，编造作假；等等。这些，都需要加以克服纠正，才能使民族新闻报道沿着正确的轨道健康发展。

如是说来，也许有人认为，民族新闻报道要回到原来老路，勿需改革了。这是一种误解。实际上，坚持民族新闻报道正确方向与进行民族新闻改革，是完全一致的。民族新闻报道要以正面为主，扬民族之优，扬民族之善，扬民族之长，这样就较好地发挥民族新闻宣传的功能，帮助各族干部群众完整、准确地理解党的路线、方针、政策，特别是党的民族政策，提高民族奋发图强、自尊自立的信心，自觉维护民族团结，促进共同繁荣。因此，民族新闻改革必须坚持正确的政治方向，必须从有利于民族团结进步出发。舍此的所谓“改革”，都是违背民族新闻的党性原则的，当然，在民族新闻改革中以正面为主的同时，兼顾“报喜”与“报忧”的适度。因为，报喜能鼓舞民族志气，振奋民族精神增强民族信心；同样，报“忧”做得适当，就能引发民族觉醒，激励民族奋发，鞭策民族前进。这样，如同上面所说的，从两个方面起到一个共同的效能；促进民族团结进步和共同繁荣。

或许有人说，强调坚持民族新闻报道正确方向，会影响民族新闻报道活跃局面。其实不然。坚持民族新闻报道的正确方向，正是为了保证在政策的指导原则的前提下，使新闻更加活跃。前一时期有人提出“新闻自由”问题，并声称以此“活跃”新闻报道，但事实表明，这只是坚持资产阶级立场的人同党和人民进行斗争的口号。任何阶级政党、国家都不存在绝对的毫无限制的“新闻自由”。就是声称“新闻自由”的西方，特别是美国，也不至于让“自由舆论”推翻自己的政府。如果这样，他们也不会让“自由”的。自由是对纪律而言，世界上没有绝对的自由。说实话，随意“新闻自由”而引起民族矛盾，造成祖国分裂，挑起内部动乱，其结果才不“自由”呢。

还有人认为，坚持民族新闻报道正确方向，会重新堕入僵化。这种看法有失偏颇。十一届三中全会以来，正是坚持民族新闻报道的正确方向，使民族新闻事业蓬勃发展，民族专业报刊不断出现，许多新闻单位增设民族报道部门，加强了民族新闻报道形式生动活泼，内容丰富多彩。这正是坚持正确方向的结果。

坚持民族新闻报道的正确方向，首先要认真学习党的路线、方针、政策，特别是党的民族政策，掌握马列主义民族学，增强无产阶级民族观念，提高宣传、贯彻和执行党的民族政策的自觉性。我们的国家是一个多民族的国家，国家的统一，民族的团结，这是建设具有中国特色的社会主义现代化事业的根本保证。民族报纸作为党和政府以及各族人民的喉舌，作为各民族人民的宣传工具，要坚定不移地坚持四项基本原则，旗帜鲜明地反对资产阶级自由化，把国家和民族的利益放在第一位，无条件的按照党的方针政策，遵循维护民族团结的原则，搞好民族新闻报道工作。对有利于民族平等、团结、进步的人和事，要很好的宣传报道；对于破坏民族团结、影响民族事业发展的言行，就是要坚决揭露批判。

第二，继续民族新闻改革，使民族报道富有特色，增加宣传效能。这几年来，民族新闻改革是有成效的，但还很不够，要在大的改革开放的氛围中继续进行。民族新闻改革，离不开新闻改革的一般规律，同时，还有它自身的特殊规律，要在民族新闻报道的实践中和新闻改革的进程中，既掌握她的一般规律，又要搞清她的特殊规律，使之更好地发挥舆论导向作用。同时，通过民族新闻改革，改进民族宣传报道，使之更富有特色，更富有可读性，更喜闻乐见。总之，民族新闻改革、要使各级干部重视民族问题，做好民族工作；更有利于贯彻民族区域自治法，更有利于落实民族政策，促进民族团结进步。

第三，进行职业道德教育，维护民族新闻的真实性。真实是新闻的生命。要坚持新闻的党性原则，发挥新闻工作的优良传统和作风，深入采访，精心写作；反对在采写新闻中，捕风捉影、道听途说、任意拔高，甚至弄虚作假的恶劣作风。特别要反对猎奇思想，禁止写内容庸俗、格调低下的作品，防止和杜绝不利于民族团结的报道。

第四，培养、造就一支政治思想好、作风过得硬、业务技能强的高水平的民族新闻工作队伍。改革靠的是人，坚持正确方向，同样靠的是人。因此，要在新闻实践中培养"信得过"的人。这些人，要求政治素质要高，业务技能要强，要培养他们不仅要掌握党的民族政策，而且要有各方面的包括民族方面的广博知识，有深厚的民族感情，熟悉民族地区情况。这支队伍，无论在什么情况下，要经得起考验，不惜一切坚持党性原则，维护民族政策，捍卫马列主义真理，为民族团结进步事业勇于献身。

总之，坚持民族新闻报道的正确方向，需要坚定的政治信念，需要艰苦卓绝的不懈努力，需要开拓创新的进取精神。这样民族新闻事业才能不断发展，民族新闻报道就会更加受到各族读者欢迎，从而发挥更大的正确舆论导向作用。

雷锋精神的火炬永不熄灭

1989年12月15日　　中国青年报特约评论员

在本世纪六十年代初，一支光辉的精神火炬在华夏大地上闪闪夺目，迅速地燃遍全国，这就是曾经鼓舞了一整代中国青少年成长的雷锋精神。几十年来，雷锋精神一直被亿万中国人当作价值观念和道德准则的旗帜，在不同的时代里不断地引起社会的响应。今天，当祖国的社会主义现代化事业需要广大青年鼓舞起巨大热情，与党和人民同心同德地艰苦奋斗的时候，引导全国青少年重新认识雷锋精神，重新学习雷锋精神，重新发扬雷锋精神是非常必要的。

雷锋精神是社会主义时代先进的民族精神

20多年来，雷锋精神之所以薪火相传，其必然的原因在于雷锋精神深刻地根植于当时的民族奋斗、时代需要和人民愿望之中。正是由于雷锋的艰苦奋斗精神集中体现了六十年代初我们民族的英勇奋斗的精神状态，雷锋的言行才在群众中引起了强烈的共鸣；正是由于雷锋为党分忧、为民解愁的思想觉悟符合了当时我们国家和事业渡过艰难时代的需要，雷锋的事迹才能得到全国上下的一致赞许；正是由于雷锋为人民、为社会无私奉献的可贵品德深得广大老百姓之心，雷锋的名字才会在人民中不胫而走，深深扎根。任何一种集中了民族精神、反映了时代需要、符合了人民愿望的事物，都必然会在历史的发展中放射出光芒来，这就是雷锋精神在人民中的生命力。

雷锋精神是在党所进行的共产主义教育中产生的。雷锋自己说过：是党给了我生命；是党给了我幸福；是党给了我无产阶级的思想；是党给我指出了前进的方向；是党给我开辟了前进的道路；是党给了我前进的力量；是党给了我的一切。为了人类解放事业——共产主义，我要献出自己的毕生精力和整个生命。这就使雷锋精神带有共产主义精神的特征，属于符合社会发展方向的先进意识。

雷锋精神又是从中华民族在社会主义新时代的伟大奋斗中产生的。翻开雷锋的故事我们可以看到：是整个社会勤俭建国的风气，启发了雷锋每年只领一半军服，而把其余的上交国家；是辽阳市人民的抗灾斗争，激励了雷锋把省吃俭用积存的100元寄给了灾区人民；是共青团组织的社会主义劳动竞赛，使他在一年零两个月的时间中3次被评为先进生产者，18次被评为标兵，5次被评为红旗手，荣获青年社会主义建设积极分子的称号。所以，雷锋精神具有社会主义时代精神的特征，属于符合社会主义事业发展需要的时代意识。

雷锋精神也是在人民群众的期望和鼓励中产生出来的。从雷锋的日记中我们可以知道：雷锋突出的工作成绩和高尚的思想品德，经常受到社会的鼓励和群众的赞扬，雷锋正是从这些鼓励和赞扬中得到升华、汲取力量，再做出更突出的成绩，体现出更高尚的品德。这说明雷锋精神属于得到公众承认的人民意识，具有民族精神的特征。

因此，雷锋精神是中华民族传统美德和共产主义光辉思想的结合，是中华民族步入社会主义新时代所产生的一种先进的民族精神。

雷锋精神被发扬之后，对我国社会主义事业的发展起过巨大的历史作用。

首先，雷锋精神增强了人民群众对共产党的向心力，在社会主义事业中起了一种团结作用。六十年代初期，我国在政治、经济上承受着国内国外的巨大压力，非常需要全体人民与党和政府同心同德，忍受暂时的困难，为大局牺牲一部分眼前和个人的利益，共渡社会主义建设的难关。雷锋精神正是引导了群众特别是广大青年，相信党，支持党，听党的话，使全社会在艰难困苦的情况下，心不散，人不乱，保持了整个社会和人心的稳定。

其次，雷锋精神作为人们与困难作斗争的一种精神支柱，起了鼓舞人民群众艰苦奋斗的作用。要克服当时的困难，除了国家政策的正确之外，离不开全体人民包括青年在内的艰苦奋斗和劳动创造，雷锋精神正是引导了人们勤俭节约，克己奉公，在一切艰苦的工作岗位上，进行忘我的创造性劳动。用强大的精神动力调动了人们的社会主义劳动积极性，使困难的局面较快地得到扭转。

同时，雷锋精神作为一种先进的道德榜样，起了推动社会主义精神文明建设的积极作用。社会主义的现代文明包括物质和精神两个方面，群众对社会主义的期望也不仅是收入增加，还包括社会有良好的风尚，人际有和谐的关系。雷锋精神的发扬正是引导了人们实践大公无私、助人为乐的良好的社会风尚，使当时全社会的道德水准达到举世同赞的历史最好时期。

几十年过去了，许多当时的东西昙花一现，已经成为历史长河中的流砂，而在人们心目中淘汰不了的东西才化为真金，传之久远。现在，越来越多的人们在呼唤着雷锋精神的归来，这说明雷锋精神确实是我们中华民族的宝贵财富。

在改革开放的过程中需要提倡和发扬雷锋精神

六十年代初，全社会的学雷锋活动在广大青少年中产生了深刻的影响，涌现了大批雷锋式的先进模范人物，对激发人们积极性，创造良好的社会风尚起了重要作用。十年内乱期间，雷锋被说成是"只知低头拉车，不知抬头看路"的典型，以至弄得孩子们都说：雷锋叔叔不在了。党的十一届三中全会以后，随着各方面的拨乱反正，学雷锋活动重又成为群众性的精神文明建设活动的重要内容。近年来，随着改革开放的不断深入，人们的思想观念发生了很大的变化。在我们学习国外先进的管理经验、引进先进的科学技术的同时，形形色色的资本主义腐朽思潮也乘虚而入。这几年，整个社会的思想政治工作受到冲击，社会主义精神文明建设也被忽视淡化，因而有的人对雷锋精神又提出了疑义，说什么："现在是发展商品经济，雷锋精神过时了。"有的人从国外一回来就发表言论："雷锋的观念是陈腐的"、"学雷锋是痛苦的现实"。这使雷锋精神又遇到了新的挑战。

在改革开放的过程中还要不要提倡和发扬雷锋精神，还要不要引导青年走雷锋成长的道路？这是涉及到建设什么样的社会风尚，培养哪种制度接班人的大问题。我们的回答是肯定的。发扬雷锋精神是改革开放的内在要求，在改革开放的全过程中都需要发扬雷锋精神。

发扬雷锋精神首先是引导人们在改革开放中坚持正确的政治方向、坚持四项基本原则的需要。雷锋精神最核心的内容，是他对社会主义的无比热爱和对共产党的坚定信念。中国革命的历史证明，只有中国共产党，才能领导中华民族结束帝国主义的奴役，使中国走上独立自主的道路；只有中国共产党，才能领导人民消灭剥削人和压迫人的制度，使中国成为民主平等的社会；也只有中国共产党才能领导中国的改革开放，使社会主义现代化的伟大的理想成为现实。在这样一个根本问题上，如果广大的青年和广大的群众都能象雷锋那样坚定地跟党走，坚信我们的社会主义事业必胜，思想就容易一致，人心就容易统一，社会就容易稳定，而这对于一个11亿人口的发展中大国来说，是多么必需而又不容易达到的啊！

发扬雷锋精神又是引导人们在改革开放中抵制资本主义腐朽思想侵袭的需要。应该看到，在发展商品经济的过程中，不可避免地会带来一些消极因素，如个人至上、金钱万能、损人利己等思想会经常地影响人们的心灵，这些消极因素并不是发展社会主义商品经济的必然要求，而是在发展社会主义商品经济的过程中必须注意抵制和克服的。而雷锋的先人后己，无私奉献，为社会和人民服务的优良美德，正是与资本主义腐朽的价值观念相对立的。扶正可以祛邪，提倡和发扬雷锋精神，正是在群众中用社会主义思想道德的正气，抵制资本主义腐朽思想侵袭的一种方法。

发扬雷锋精神也是激励人们与改革开放进程中的矛盾和困难作斗争的需要。中国的改革并不是在一种理想化的环境中进行的，而是在人口多、底子薄、基础差的基础上开始的。改革的进程是一个不断地解决矛盾和困难的曲折过程，是一个长期艰苦奋斗的过程。在这个与困难和矛盾作斗争的过程中，只靠物质利益来调动人们的积极性和创造性是不够的，还需要有为社会利益、为民族进步自觉奋斗的主人翁觉悟，而这种觉悟正是雷锋精神的组成部分。尤其是在当前治理整顿、深化改革的过程中，国家有困难，十分需要广大青年为国家和人民分忧解难，理解和支持对于倾斜了的利益关系进行调整。雷锋曾经这样要求自己，"人民的困难，就是我的困难，帮助人民克服困难，贡献自己的一点力量，是我应尽的责任。我是主人，是广大劳苦大众中的一员，我能帮助人民克服一点困难，是最幸福的。"今天，当国家和人民遇到困难的时候，回忆起雷锋的这段话，使人感到多么亲切。

发扬雷锋精神还是在改革开放中建立和谐的人际关系，建设社会主义精神文明的需要。广大人民群众不仅希望改革能促进社会生产力和社会主义商品经济的发展，还希望能建设起一种平等、团结、友爱、互助的新型人际关系，在全社会形成良好的道德风尚。设想一下，如果我们的社会形成一种"人人为自己，上帝为大家"的关系，进而发展到尔虞我诈、贪污腐败的状况，不仅社会生产力和社会主义商品经济不可能健康地发展，已经形成的部分还会被腐蚀破坏掉。发扬雷锋精神中所包含的主人翁精神、团结协作精神和为社会作贡献的精神，是发展社会主义商品经济的客观需要，发达的社会生产力对人的思想政治素质的要求和雷锋精神的基本点是一致的。

因此，发扬和倡导雷锋精神是保证改革开放顺利发展的内在要求，是既不落后于时代潮流也不超越于历史阶段的。《中共中央关于社会主义精神文明建设指导方针的决议》中指出："随着社会主义商品经济的发展和社会主义民主政治的完善，人们的思想意识、精神状态发生深刻的变化，同时也对精神文明建设提出新的更高的要求。能不能适应这种要求，形成有利于社会主义现代化建设和全面改革的舆论力量、价值观念、文化条件和社会环境，有力地抵制资本主义和封建主义的腐朽思想，防止种种迷失方向的危险，振奋起全国各族人民的巨大热情和创造精神，用几代人的努力建设起社会主义现代化强国，这是一个历史性的重大考验。"雷锋精神就是在这个历史性的重大考验中凝聚人民群众沿着社会主义道路前进的强大精神力量。

共青团要做学雷锋的表率

雷锋是社会主义时代中国青年的旗帜，雷锋精神是中国新一代青年先进思想的代表，作为由中国先进青年组成的共产主义青年团当然应该成为向雷锋学习的表率。

在中央军委的正确领导下，部队学雷锋的活动已经走在全社会的前面。共青团中央最近发出通知，要在新的形势下继续开展学雷锋的活动，让雷锋精神在新一代青少年中不断发扬光大。

在新形势下学习雷锋，要着重学习他对党和社会主义的坚定信念，坚定不移地跟着党走社会主义道路。雷锋所以能从一个普通士兵成长为一个伟大的共产主义战士，其根本的原因在于他有坚定的理想信念。他把党比做母亲，把社会主义看作命根子，他常说，我要把自己的青春献给人类最壮丽的事业——共产主义。这就是雷锋成长的精神支柱。历史的经验告诉我们，青年不能没有精神支柱，不能没有理想信念，否则遇事就没有主心骨。

学习雷锋，就要学习他对共产党和社会主义事业的坚定信念，建立自己在政治立场上的精神支柱。这样，才能在纷繁复杂的政治风波中坚持四项基本原则，保持正确的政治方向。

在新形势下学习雷锋，要重点学习他想党所想，急民所急，为祖国艰苦奋斗的思想境界，振奋起与党和人民同心同德、艰苦奋斗共渡难关的巨大热情。当前我们国家的经济生活中有困难，要克服这些困难，不仅要靠党和政府正确的决策，还要靠亿万群众的理解和支持，靠人民的奋斗和创造。学习雷锋，就要象他那样自觉地为党和国家分忧解难，为人民的长远利益，牺牲一点眼前利益；为社会的总体利益，牺牲一点局部利益；为国家和集体的利益，牺牲一点个人利益，勤俭建国，艰苦奋斗。只要全体人民同心同德，共同奋斗，就没有什么困难是无法克服的。

在新形势下学习雷锋，要着重学习他大公无私全心全意为人民服务的共产主义风格，倡导无私奉献、助人为乐的社会主义新风尚。就社会成员的总体来说，如果索取大于奉献，社会只能倒退；只有奉献大于索取，社会才能进步。因此，在任何一个发展的社会中，人总是要有一点奉献精神的。如果干什么事都只讲报酬，不讲义务，只顾自己，不顾他人，甚至见利忘义，损人利己，社会的人际关系必然会处于一种对立和紧张状态，社会主义物质文明和精神文明都不可能顺利发展。所以，在改革开放、发展社会主义商品经济的新形势下，雷锋风格不可丢。

在新形势下学习雷锋，要着重学习他干一行，爱一行、钻一行的螺丝钉精神，树立立足本职创一流成绩和对国家对集体尽职尽责的工作态度。雷锋的螺丝钉精神，就是自觉地把个人前途置于党和人民的事业之中，脚踏实地地做好本职工作。当今的青年也是一样，个人的追求只有在国家和人民事业的发展中才能实现。不论在什么岗位上，都应该勤勤恳恳，尽职尽责，发挥自己的聪明才智，这才是最有前途的道路。

共青团组织开展学雷锋，要把学习雷锋事迹和开展实践雷锋精神的各种活动结合起来；要大力表扬具有雷锋精神的当代青少年先进模范人物；要积极鼓励青年在本职岗位上学习雷锋，为治理整顿和深化改革作出贡献；要防止形式主义和脱离群众的绝对化做法。

历史赋予了我们光荣而又艰巨的任务，就是把我国建设成为民主、富强、文明的社会主义现代化国家。要完成这个伟大任务，就必须坚持用先进的思想影响、鼓舞和教育人们。雷锋的崇高精神和品德，就是影响、鼓舞和教育人们去完成上述历史使命的精神财富。因此，只要这个历史使命还没有完成，雷锋精神的火炬就不能也不会熄灭。

·1989年重要评论名录·

“可操作性”刍议

1989年3月13日　新华日报　文野

畅通社会主义民主渠道

——祝全国政协七届二次会议召开

1989年3月21日　人民政协报社论

谣言终将被击得粉碎

1989年6月11日　上海电视台评论

政治谣言与谣言政治

1989年6月17日　青海日报　重申

为稳定江西维护大局作出新贡献

1989年6月21日　江西日报社论

旗帜鲜明地坚持四项基本原则

1989年6月23日　人民日报社论

坚持立国之本　走好强国之路

1989年6月25日　人民日报社论

加强国情教育　认清立国之本

1989年7月20日　光明日报评论员

做白求恩式的革命者

1989年7月22日　健康报评论员

中国一定得走社会主义道路

1989年8月17日　天津日报评论

开创宣传思想工作新局面

1989年8月17日　陕西日报评论员

新闻事业必须坚持党性原则

1989年8月22日　中国青年报　班爱辉

坚持用四项基本原则教育全体人民

1989年8月26日　江西日报评论员

严是爱　松是害

1989年8月29日　中国教育报社论

以稳求进话改革

1989年9月5日　贵州日报　徐铁

一要稳定　二要鼓劲

1989年9月6日　解放日报评论员

四十而不惑

1989年9月30日　河南人民广播电台评论

沿着社会主义大道胜利前进

——庆祝中华人民共和国成立四十周年

1989年9月30日　湖南日报社论

必须大力弘扬爱国主义精神

1989年10月8日　湖南人民广播电台评论

把以农业为基础的思想扎深扎牢

1989年10月19日　四川日报社论

大道理与小道理

——学习江泽民国庆讲话

1989年10月24日　天津日报　刘金城

久违了，“星期六义务劳动”

1989年10月24日　大众日报　卢得志

稳定政策　发展经济

1989年10月30日　四川日报评论员

地县领导要以主要精力抓农业

——再谈全党全国集中力量办农业

1989年12月1日　农民日报评论员

对家庭联产承包制进行再认识

——四谈全党全国集中力量办农业

1989年12月18日　农民日报评论员

北京日報

《北京日报》围绕党和政府的中心工作，宣传党的路线、方针和政策，推动北京市各方面的工作。它主要刊载本市工业、农业、财贸、城建、文教卫生等各条战线的新闻和评论，同时选登国内外重要新闻。辟有《学习与生活》、《党的生活》、《学科学》、《周末》、《小苗》等专刊和《广场》副刊以及一些具有地方特色的专栏。北京日报是一张对开四版的综合性日报。《北京日报》在国内外公开发行。国外发行：中国国际图书贸易总公司（北京2820信箱），国外刊号D122 。

月订价：3.95元；　　代号：1—13

北京晚報

《北京晚报》是以马克思列宁主义、毛泽东思想为指针，面向群众，为“四化”服务的四开四版日刊报纸，每逢星期六、日出四开八版。它贴近家庭，贴近生活，注重思想性、群众性、知识性、趣味性，力求短小、生动、新鲜活泼。辟有《人与法》《经纬拾穗》《科学长廊》《刺儿梅》《谐趣园》《文苑》等十个适合老年、中年、青少年的专刊和文艺综合性副刊《五色土》。《北京晚报》在国内外公开发行。国外发行：中国国际图书贸易总公司（北京2820信箱）。国外代号D 122 。

月定价：3.00元。

代号：1—14

北京日報 —郊区版—

《北京日报郊区版》是一张四开四版周三刊的综合性报纸。它以农村广大读者为主要对象，刊登郊区大事，通俗地宣传党的政策，提供经济信息，普及科技常识，报道新鲜经验，及时指导工作。一版为要闻版，二版设有“多种经营参谋”、“燕山钟鼓”、“知法守法”等栏目，三版设有“科学窗”、“青年之友”、“郊区中小学生作文选”等栏目，四版为“喜鹊”文艺副刊。它也是城市居了解农村情况的可靠渠道。《北京日报郊区版》在本市发行。

月订价：1.00元；代号：1—42

新闻与写作

《新闻与写作》是北京市新闻学会、北京市记协主办，北京日报社《新闻与写作》编辑部编辑出版的新闻业务刊物（月刊）。辟有“新闻改革专论”、“新闻来稿评析”、“优秀新闻作品评介”、“写作漫谈”、“读者信箱”、“研究与探讨”、“刊林漫步”等栏目。还有“当好通讯员浅谈”，“通讯员事迹选登”。它适合专业新闻工作者和初学新闻采写、播音、文学创作的同志及宣传干部、大学中学文科师生阅读。

《新闻与写作》在全国公开发行，各地邮局均可订阅。

社址：北京市东单西裱褙胡同34号

邮政编码　100734　电话：中继线　54·8221

宣传手册

《宣传手册》是中共北京市委宣传部委托北京日报社创办的时事政策性半月刊。其主要任务是，及时宣传党中央和北京市委的精神，回答群众关心的「热点」或「难点」问题，给读者提供思考性的或者可借鉴的资料。是广大读者的学习园地。辟有「宣传论坛」、「顾问处」、「资料库」、「热点思考」、「国情市情」、「市场与物价」、「对外宣传之窗」等栏目。内容寓政策性、时事性、知识性、趣味性于一体。《宣传手册》限国内发行，各地邮局均可订阅。

本刊地址：东单西裱褙胡同34号

邮政编码：100734，电话：548221

单价：0.55元，代号：2—800

北京印機報

BEIJING YINJIBAO

北京人民机器总厂

《北京印机报》是北京人民机器总厂的机关报，创刊于1984年12月22日。该报经中共北京市委宣传部新闻处批准，在北京市新闻出版局备案，为内部发行的综合性报刊，北京市报刊准印证：900105号。

《北京印机报》四开四版，旬刊，胶印。发行6000份，内部赠阅。编辑部现有编辑、记者6人，其中5人有大专以上的学历，1名获得中级新闻职称。

《北京印机报》主要栏目有：北人一员、工会园地、班组管理、职工论坛等。

《北京印机报》在厂党委的正确领导下，始终坚持为企业的两个文明建设服务，为职工群众服务的方针。由于她集思想性、知识性、科学性、趣味性于各个版面，及时宣传党的主张，反映群众的呼声，因此，深受读者的欢迎。

《北京印机报》总编辑：滕成才　电话：7714037　781831—372

地址：北京市朝阳区东环南路48号　邮政编码：100021

双鹤牌　北京制药厂

北京制药厂是中国大型的综合性制药企业，占地面积25.6万平方米，固定资产6471万元，年工业总产值1.6亿元，拥有职工3600名，工程技术人员377名，能生产维生素、解热镇痛、磺胺、抗结核等12类原料药及多种剂型的药品近400种。

北京制药厂视产品质量为企业生命。严格执行GMP，推行TQC，依靠强化管理，推行技术进步。近年来经济效益指标每年以10%以上的速度环比增长。

北京制药厂已列为国家重点改造企业。为实现“四个一流”，全厂干部职工正以崭新的姿态，为把北药变成全国制剂橱窗和原料基地而奋斗。

厂址：北京建国门外光华路　电话：502．6251

社址：上海汉口路274号　电话：3221300　邮政编码：200001
每份定价：0.25元　每月订价：7.50　邮发代号：3—1

解放日报

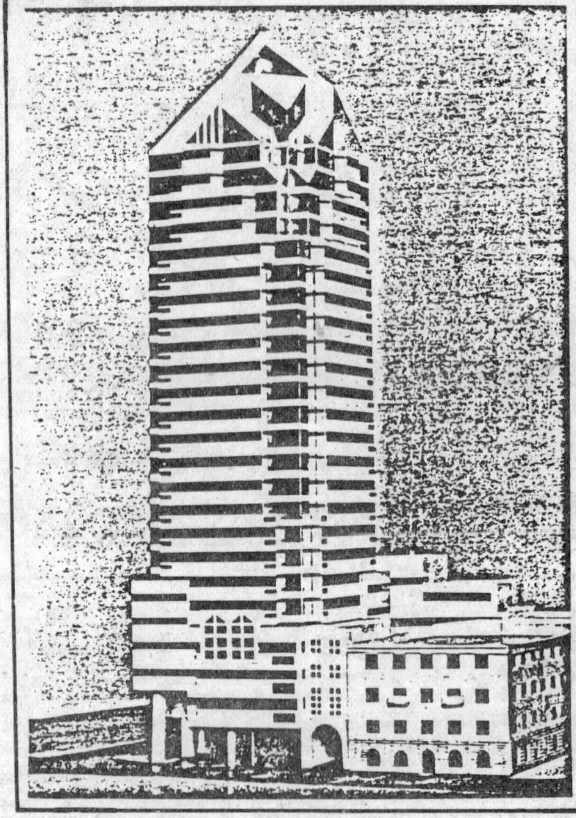

《解放日报》是中共上海市委机关报（在中央局存在期间，它又是中共中央华东局机关报），是在全国最大城市上海出版的综合性日报。它面向社会，面向各行各业，为机关所必备，又深入企业、家庭。它宣传、解释、反映党的方针、政策及时、充分，传播经济、政治、文教、社会信息准确、迅速；它重视指导性，注意新闻性，也富有知识性、趣味性、可读性。

《解放日报》兼顾华东地区江苏、浙江、安徽、江西、福建、山东诸省，交流信息，促进联合，不遗余力。《解放日报》向全国发行，读者遍布全国各地，在北京发行航空版。

《解放日报》是我国政府较早批准向港澳地区和国外发行的报纸之一，在港澳地区及美、英、法、日等国都有它的订户。

《解放日报》的主要特点是：新闻报道，量大及时；副刊专刊，丰富多样；版面编排，醒目活泼；长篇连载；雅俗共赏。

《解放日报》日出两大张八个版，新闻信息容量大，内容丰富多彩，更加适应社会各界各方面读者的不同需要。

《解放日报》社还出版上海《支部生活》、《报刊文摘》、《上海学生英文报》、《连载小说》，共拥有订户五百万。

《渤海石油报》是全国大型企业之一——渤海石油公司的一张综合性企业报。

《渤海石油报》以公司的一万六千名职工及两万余名家属与服务的对象，为企业的两个文明建设服务。

《渤海石油报》的任务是：及时准确地宣传党和政府有关的方针、政策和企业重大决策、中心工作，报道企业海上石油勘探开发、生产建设的新成就、新经验、新问题；宣扬广大职工家属在双文明建设中的新思想、新面貌、新风尚和先进事迹；传播生产、科技、服务、生活等各个领域的信息；反映职工群众的呼声、建议；介绍经济、政治、科技、学习、文化生活等方面的知识；传递兄弟油田、兄弟企业的概况和经验。

《渤海石油报》下设总编室、编辑部、记者部、通联部，周二刊，四开四版，每期印数6000份，内部发行，天津市报刊准印证第0078号。

本报地址：天津市塘沽区521信箱

邮政编码：300452

中国新闻界记事

·新闻界业务交流记事·

◇1月6日　安徽省广播电视厅和广播电台举行全省优秀广播节目听评会。全省各地、市和部份县的广播电台台长和优秀节目的编辑听、评了各地推荐来的29组优秀节目。

◇1月9至13日　全国新闻学会第五次秘书长工作会议，在武汉至重庆的客轮上举行。会议总结了1988年各项工作，讨论落实了1989年工作任务，确定了1989年全国新闻学术研究的中心课题。

◇1月17日　贵州省新闻工作者协会、贵州省新闻学会召开常务理事会，总结"两会"1988年工作。会议决定增补贵州省广播电视厅厅长徐用度、新华社贵州分社社长郭万里为贵州省新闻工作者协会副主席。

◇2月14日　中国新闻学会联合会、中国新闻学研究基金会、首都新闻学会会长、主席、秘书长联席会议在北京召开，胡绩伟同志主持了会议。会议听取了"三会"秘书长何光先关于中国新闻学研究基金会筹建过程和第五次全国新闻学会(研究会)秘书长工作会议情况，以及"三会"建议意见和汇报，讨论并批准了1989年各项工作、研究课题和有关人事的安排。

◇2月25至26日　山西省新闻工作者第三次代表大会在太原召开。大会宣告省新闻学会成立。到会代表选出了"两会"领导机构。省新闻工作者协会主席为陈墨章，副主席为唐纪宇等。省新闻学会会长为陈墨章，副会长为江风等。

◇3月17日　北京市广播电视局召开技术工作会议，提出技术与宣传是两个翅膀的指导思想，提出以"抓管理上水平，抓规划促发展"为全年技术工作重点。

◇3月31日　首都新闻学会召开新闻界人士座谈会，探讨如何总结新中国40年新闻工作的经验。与会者讨论了中国新闻学会联合会二届二次常务理事会的40年新闻工作正反两面的经验总结和拟出的选题。

◇4月17日　安徽人民广播电台召开首次评播员会议。这支评播员队伍是1987年建立的。省电台从3千多名听众的申请中选聘了128名评播员，他们成了电台与听众联系的桥梁，改进节目的参谋。

◇4月18至21日　来自长江三角洲广播新闻协作区20个县级广播台站的负责人聚会安徽滁州市，交流总结协作区成立4年来新闻改革的经验，确定新的工作目标。"协作区"成立4年来，各成员台站共交流播出了2000多件经济信息稿件，组织了4次易地采访和管理、业务交流活动，对各台站的新闻改革起了积极的推动作用，这种协作活动使分散的县级广播台站走出了封闭的小圈子，形成了跨省的联网覆盖优势。

◇4月28日　首都新闻学会召开研讨会，探讨"五四"时期新闻思想，以此推进当前的新闻改革。首都各报社、通讯社、广播电台和新闻研究单位的新闻工作者、研究人员40余人到会。会议强调要继承"五四"时期新闻学研究先驱者提倡的民主性、科学性、大众性等好传统，联系实际搞好新闻改革。

◇5月3至9日　新华社对外部在江西九江市就加强对外报道问题召开华东地区对外报道协作会议，上海、浙江、江苏、山东、安徽、福建、江西七个省、市的采编主任，对外记者参加了会议。

◇5月25至28日　全国商报联合会在广西南宁召开成立大会，并召开了第一次会员单位代表大会。38个会员单位的40多名代表参加了会议。大会选举了联合会领导机构。中国商报社总编辑穆励当选为会长。上海商报总编李音、商业文摘报社社长韦六寿为副会长；商业文摘报社总编许洪声为秘书长，中国商报记者部负

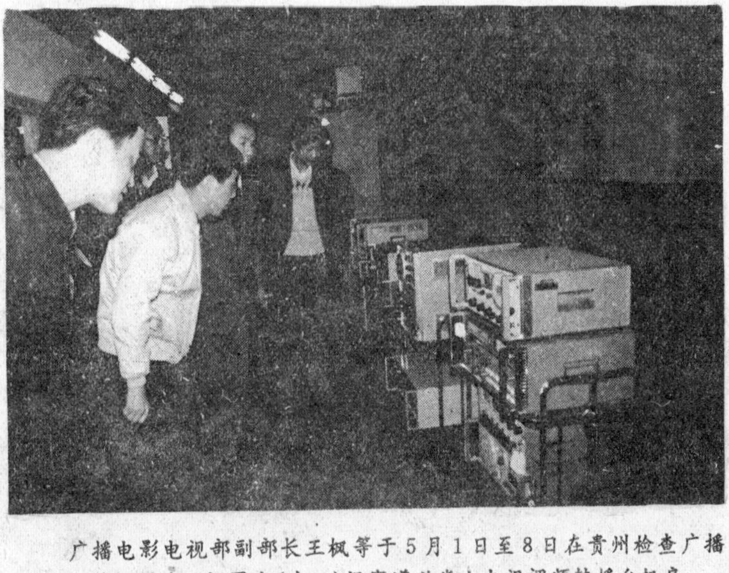

广播电影电视部副部长王枫等于5月1日至8日在贵州检查广播电视工作。图为王枫同志(左二)视察遵义娄山电视调频转播台机房

1989年5月中旬，由人民日报、经济日报、光明日报，以及云南日报、春城晚报、昆明日报等8家新闻单位的10名记者组成的调查组，为弄清云南弥勒烟叶复烤厂厂长余鹏辉所谓受贿17万元案真相，赴弥勒县、开远市和红河州进行调查。这是记者调查组听取弥勒县委书记谈该案的来龙去脉　　陈寿康　摄

责人赵命明为副秘书长。

◇6月17日　历时两天的重庆市高等院校校报研究会第二次会员大会结束，大会选出第二届理事会理事17人，常务理事7人，成立了秘书处和学术部。雷勃、青晓旸、蒋文良任名誉会长，戴永福、黄文治任顾问。吴坦任会长，李云任常务副会长，陈世富、刘启慧、徐仲伟任副会长。秘书长蒋忠全。

◇6月26至30日　甘肃省召开第三次企业报纸会议。43家企业报的负责同志，就坚决摈弃资产阶级新闻观点，增强新闻党性，当好党和人民的耳目喉舌，正确发挥反映舆论、引导舆论作用等问题，进行了认真的讨论。

◇8月5日　浙江省委宣传部召开新闻出版界座谈会。会议的主题是，深刻总结近年来新闻、出版工作的经验教训，从根本上端正新闻、出版的政治方向。

◇8月7日　中国晚报工作者协会第四届年会暨全国晚报第七次经验交流会在哈尔滨市召开，来自全国30个省、市、自治区的41家晚报的代表及有关新闻部门的领导出席了会议。

这次会议主要是学习贯彻十三届四中全会精神，研讨反对资产阶级自由化斗争中的舆论导向问题。会上还公布了全国晚报社会新闻大赛中114篇获奖作品名单。

◇8月8至12日　贵州省第二次农村广播工作研讨会在贵阳召开。会议提出，坚定不移地把广播电视工作的重点放到农村去，用社会主义思想占领农村舆论阵地，为农民群众服务。

◇8月24至28日　甘肃省第三次地市州报纸会议在平凉市召开。13家地市州报的负责同志，重点讨论了报纸工作如何把握正确的政治方向，如何旗帜鲜明地反对资产阶级自由化以及新闻改革等重大问题。

◇9月3至5日　湖北省广播电视宣传工作座谈会在汉阳县九真山召开。各地市州及神农架林区广播电视局的负责同志共60余人参加了会议。会议传达了李瑞环、艾知生同志的有关讲话精神，以及全国广播电视宣传工作座谈会和全省宣传工作会议精神，研究部署了下半年的广播电视宣传工作。

◇9月3至7日　全国首届少数民族电视艺术经验交流会在银川召开。从事少数民族电视艺术编导工作的30多人参加了交流会。会议决定增补宁夏广播电视厅厅长王振华，云南广播电视厅厅长林文启，四川广播电视厅副厅长卢子贵为研究会副会长。

◇9月15至19日　华东省市报纸第九次协作会议在杭州举行。来自六省一市报社的总编辑们讨论了如何做到既坚持四项基本原则、反对资产阶级自由化，又能按照新闻规律办事，把报纸办得生动活泼，更受读者欢迎的问题。

◇9月16至22日　西北五报会议在乌鲁木齐举行。西北五报的30多位代表参加了会议。会议总结了一年来各报新闻改革的进展情况；共同探讨了如何加强新闻队伍的建设等问题。

◇9月26日　重庆市新闻工作者协会召开全体理事会议，总结前一

图为保定市报总编辑刘梦蛟与部份老编辑研究稿件

时期的新闻宣传工作经验。会议通过了增补鲁济典、张弓、王尚义、李书敏为重庆市记协副主席的决议。

◇10月7至9日　甘肃省法制导报发起召开了甘肃省法制新闻工作座谈会，讨论研究如何进一步加强法制新闻工作，更好地为社会主义民主与法制建设，精神文明建设服务等问题。

◇10月8日　1989年全国晚报体育新闻研讨会在安徽合肥结束。会议认为，体育记者要更多地关心国家大事，关心政治，提高自身的政治素质。全国近30家晚报的总编和体育记者参加了这次研讨会。

◇10月14至15日　湖南省新闻工作者协会、新闻学会联合召开省市新闻单位负责人座谈会，总结交流春夏之交发生政治动乱期间新闻报道的经验教训，剖析资产阶级自由化思潮对新闻界的影响和严重危害性。70多人出席了会议。

◇10月17日　河南省新闻工作者协会和河南省新闻学会召开常务理事会，讨论了组织和推动全省新闻工作者紧密结合实际，认真学习江泽民同志的国庆讲话，坚持新闻改革的正确方向，加强新闻队伍自身建设等问题。

◇10月21至25日　河南省地市报第十三次协作会议在许昌市举行。会议认真学习了党的四中全会精神、邓小平同志的有关讲话和江泽民总书记的国庆讲话，对今年平息反革命暴乱前后的经验教训进行了回顾、反思。

◇10月23至27日　《中国新闻年鉴》(1990年版)全国工作会议在厦门市举行。中共福建省委宣传部、福建省新闻学会、福建日报社、中共厦门市委宣传部、厦门日报社、《中国新闻年鉴》编辑部的同志和各省、自治区、直辖市新闻资料中心负责人60多人出席了会议。会议听取了关于1989年版《中国新闻年鉴》编辑、出版、发行情况的报告，认真讨论了1990年版《中国新闻年鉴》要目。

◇10月26日　湖南省企业报研究会在岳阳市召开第二届会员代表会议，有50多家企业报的总编辑、记者出席。会议回顾总结了企业报研究会成立3年多来的工作，探讨了如何进一步开展研究会的活动，选举了第二届理事会、常务理事会。第二届常务理事会由13人组成，胡季初为会长，王理圣、李音凡、贺太和为副会长。

◇11月29至30日　由北京市新闻工作者协会、北京市新闻学会和北京市工业企业新闻工作者协会联合主办的，北京市第四届企业报经验交流会在北京内燃机总厂举行。三家主办单位，以及中宣部新闻局、市委工业部、市新闻出版局等单位的有关负责人出席并就新闻改革及企业报的有关问题发了言。

◇12月9至13日　浙江省30家市地县报、专业报总编辑会议在嘉兴召开。这次会议的主题是贯彻全国省报总编辑新闻工作研讨班精神，总结交流新闻工作经验，研究如何改进新闻工作。

◇12月13至16日　黑龙江省委宣传部在大庆市召开全省市地报总编辑座谈会。会上集中讨论了新闻宣传遵循“两好”方向，坚持党性原则，为治理整顿、深化改革，为稳定大局充分发挥舆论导向作用的问题。

◇12月19日　新华社国际部召开大会，就本月13日播发“一小行星可能撞击地球”的严重失实消息总结了经验教训，并宣布了积极防止稿件出错的措施。

◇12月31日　经济生活报创刊10周年座谈会在杭州举行。

经济生活报是浙江日报主办的综合性经济类报纸。10年来，该报积极宣传党的方针政策，广泛报道四化建设和商品经济的发展，发行范围由浙江省扩大到全国各地。

·新闻界学术交流记事·

◇3月7日　贵州省新闻学会、贵州省新闻工作者协会在贵阳晚报社召开第三次新闻改革研讨会。贵州省暨贵阳市部分新闻单位负责人、两会负责人共30余人参加了研讨会。会议主要讨论了对新闻工作人员进行形势教育，新闻改革的指导思想及职业道德问题，并交流了全年新闻改革的设想和打算。

◇4月5日　浙江省广播电视学会首届年会在杭州召开。近60位来自全省各地的广播电视工作者，参加了年会。这次年会以深化广播电视改革为主题，收到论文99篇。20位同志在大会上发了言。

◇4月17日　北京日报社、北京市对外文化交流协会与日本东京新闻、中日新闻、东京都中日友好协会联合举办北京——东京城市问题学术讨论会，纪念北京——东京结为友好城市10周年。会上中日两国城市问题的专家以务实的精神讨论了大城市的交通问题。

◇4月底　浙江省首届地市报纸经济新闻研讨会在湖州市举行，来自浙江省11家地市报纸的编辑、记者，对经济新闻的改革进行了广泛的交流和探讨。

◇5月9日　安徽省企业报协会首届新闻学术年会在安庆石化总厂举行。这次年会是企业报协成立以来的第一次学术活动。会上就企业报的方针和目的，以及新闻改革、舆论监督等问题交流了经验。

◇5月16至19日　湖北省广播电视形势宣传理论研讨会在黄梅

县召开。省厅领导和各地代表60多人参加了会议。会议共收到论文48篇，大家就发挥广播电视优势，开展形势教育宣传作了经验交流，并对广播电视新闻改革进行了多角度、多侧面的探讨。

◇7月19至22日　新闻与写作编辑部在北京延庆县龙庆峡召开作者座谈会。参加这次会议的有：曹世钦、戴邦、孙世恺、何光先、汤世英、胡文龙、童兵、金锡谟、刘保全、李滨声、刘春华等20余人。会议期间，作者们对《新闻与写作》的办刊方向、栏目设置等方面作了充分的肯定，并以党的十三届四中全会精神为指导，提出了进一步办好刊物的建议。

◇7月31日　为期5天的全国地市报新闻研讨会在张家口结束。研讨会的议题是：在改革开放的新时期，如何抓典型、抓问题。与会同志侧重围绕典型报道在新闻宣传中的地位、作用，以往典型报道存在的缺点和弊病以及如何改进典型报道等问题进行了探讨，会上还宣读了论文。

◇8月4至13日　由中央人民广播电台主持召开的全国广播文艺改革研讨会在大连市举行。全国31家电台主管文艺的台长或文艺部主任参加了会议。大家就文艺广播在新形势下如何进一步明确社会主义方向，更好地满足听众的需要，在社会主义精神文明建设中发挥更大作用等问题，进行了认真的座谈讨论。

中国邮电记协新闻摄影研究会于5月在厦门召开首届年会，并评选了各地邮电报的优秀新闻作品　郑德海　摄

◇8月29至31日　第四次全国新闻专业期刊经验交流会议在辽宁兴城举行，全国40家期刊的编辑部主任或主编参加了会议。会议着重讨论了新闻专业期刊如何把坚持四项基本原则与遵循新闻自身规律一致起来，正确把握舆论导向的问题。

◇8月31日　辽宁省委宣传部举行新闻理论座谈会，20多位省直新闻单位领导同志和新闻界知名人士聚集一堂，认真总结新闻舆论工作在由学潮到动乱以至发展到反革命暴乱过程中的经验教训。

◇9月4至9日　黑龙江省新闻工作者协会在伊春市举行省地市报纸深度报道研讨会，省内18家报社的34名代表出席了会议。会上围绕深度报道的基本特征、深度报道的写作以及目前深度报道中存在的问题，从理论和实践上作了交流和探讨。

◇9月16日　北京市新闻学会，北京市新闻工作者协会联合举行座谈会，围绕无产阶级新闻事业增强党性，坚持正确舆论导向等问题，进行了交流和探讨。北京市新闻单位负责同志20余人参加了会议。

◇10月10至11日　辽宁省报纸版面学研讨会在绥中举行。省内16家报纸的31名有关领导和版面编辑参加了会议。与会同志认为，报纸版面具有体现编者对新闻事实的看法、引导读者对编发的新闻事实的阅读与选择等方面的重要功能，因此报社的领导应当重视报纸版面。

◇10月10至14日　全国县市报第五次业务研讨会在山东邹县举行。来自全国16个省、区的38家县市报的总编(社长)、副总编(副社长)参加了会议。

◇10月21至24日　中国地市报研究会第三次学术年会在湖南省衡阳市举行。出席这次会议的有全国各省市部分地市报负责人和新闻专家60多人，会议收到论文60多篇。

◇11月7日　湖南日报举行编

兰州晚报总编辑黄应寿在陇南报社指导制版技术

辑学术讨论暨经验交流会议。会议共收到论文32篇，有15位同志在会上作了发言。

◇11月18日　首都新闻学会召开第十届全国好新闻一等奖获得者(首都地区)交流新闻写作经验座谈会。会上解放军报记者慈爱民、工人日报记者徐国柱、健康报记者孙敬尧、中国妇女报记者陈西林、光明日报记者翟惠生分别介绍了采写体会和经验。

◇11月20至22日　江西省广播电视学会管理学研究委员会在奉新县召开第三次广播电视管理学研讨会。会上宣读了21篇论文。研讨会突出的特点是重视了农村广播电视发展管理的研究。

◇11月25至29日　四川省第二届广播电视理论研讨会暨四川省广播电视学会首届学术年会在成都市举行。这是在制止动乱和平息反革命暴乱之后，为了总结正反经验，划清无产阶级新闻广播电视理论同资产阶级自由化的界限，提高理论水平，深化广播电视改革，由四川省广播电视厅和四川省广播电视学会召开的。

图为甘肃省委书记李子奇(左一)8月28日在省广播电台录音室听新闻节目　高树信　摄

◇12月10日　长江中下游部分城市报纸的80多位新闻工作者相聚安徽芜湖，举行第四届年会，探讨城市报纸改革、新闻队伍的自身建设问题。会议收到学术论文70篇。

◇12月11至14日　中国报纸文艺副刊研究会在河北省张家口市举行学术(经验)交流会。来自全国24个省、市、自治区75家专业报、部队报纸的84名代表和特邀代表参加了会议。会议主要交流了党的十一届三中全会以来，报纸文艺副刊适应改革需要，加强横向联系，沟通情况，繁荣副刊作品创作的经验，并宣读了学术论文。

·好新闻评选记事·

◇1月2日　湖南日报首次举办通讯员好新闻竞赛评选活动。竞赛期间，共收到通讯员来稿5万多件，其中见报5000多篇。评出一等奖5篇，二等奖15篇，三等奖20篇。30篇受到表扬。

◇1月16日　北京日报与北京市委宣传部等单位联合举行“改革与开放理论探讨”征文发奖会。薛暮桥、刘国光获荣誉奖，马凯、余心言等17名作者的14篇文章获优秀征文奖，另有28名作者的17篇作品获征文奖。

◇1月20日　人民日报和山东烟台市烟台香港华联有限公司联合举办的“华联新闻摄影比赛”揭晓。这次比赛活动历时4个半月，收到来稿1000多件，选登照片近200幅。有22位作者获奖。

◇1月21日　黑龙江省1988年度广播电视优秀新闻节目评选在哈尔滨市揭晓：12篇广播新闻，9篇电视新闻获一等奖；50篇广播、电视新闻获二等奖；120篇广播、电视新闻获三等奖。

◇1月24日　湖南省1988年度好新闻照片评选在长沙举行，共有52幅(组)作品获奖。评委会还评出重视使用新闻照片的慧眼奖2名。

◇1月28日　陕西省首届旅游好新闻评选在西安揭晓。共评出好新闻作品28件，其中一等奖4件，二等奖13件，三等奖11件。

◇1月29日　由北京人民广播电台举办的“北京市商贸系统龙年广播好新闻评选”活动揭晓，朝阳区工商局张宝成、西城区百货公司杨文华等40名通讯员分获一、二、三等奖和鼓励奖。

◇1月30日　由北京日报和北京市旅游事业管理局等单位联合主办的“北京旅游”好新闻评选揭晓。5篇作品获一等奖；8篇作品获二等奖；10篇作品获鼓励奖。

◇1月31日　由北京晚报、北京市公共关系学会和晓天下画廊联合举办的我国首次公共关系知识竞赛在燕京饭店揭晓并发奖。参加答卷的人来自除西藏、台湾外的29个省、市、自治区的各个行业。共有48名张卷获奖。

◇2月2日　由共青团甘肃省委和甘肃新闻工作者协会共同举办的甘肃省首届“两优一好”评选活动揭晓。80名优秀青年记者、宣传报道员和73篇好新闻受到表彰奖励。其中，10名记者被授予“甘肃省最佳优秀青年记者”和“甘肃新长征突击手”的称号。

◇2月4日　北京晚报美术摄影部和北京东风无线电厂东风贸易公司联合举办“新春纪实”新闻摄影比赛。这次比赛旨在提倡抓拍春节期间所出现的新人新事。3月8日评选揭晓，“小皇帝”等5幅(组)作品获奖。

甘肃石油工人报为了开阔视野，提高报纸质量，采用多种形式向外报学习

◇2月21日　由甘肃新闻工作者协会和甘肃省交通厅组织的甘肃省1988年交通杯好新闻评选揭晓。有31篇稿件分获一、二、三等奖。

◇2月22至26日　江西省第三届(1988年度)优秀电视新闻、专题片评选揭晓。参加评选的作品共有85件，有60件获奖。共评出一等奖11个，二等奖18个，三等奖31个。

◇2月24日　湖南日报举办10年城市经济改革好新闻评选。有201篇作品参加了评比，其中，《武将的文采》等100篇作品获奖。

◇2月28日　由湖南团省委、湖南建湘瓷厂和湖南日报社共同举办的1988年海鸥杯时事知识竞赛揭晓，并在建湘瓷厂举行了颁奖大会。有5人获一等奖，6人获二等奖，90人获三等奖。

◇3月1日　反映四川省10年改革成就的“四川人谈四川”、“我和改革这十年”广播有奖征文活动揭晓，并举行了颁奖大会，有33篇作品分别获得一、二、三等奖。

◇3月10日　新闻知识编辑部主办的海燕杯新闻知识优秀文章评选结束。评出一等奖2篇，二等奖3篇，三等奖5篇。另有10篇获表扬奖。这是陕西省首次举办的新闻学论文奖。

◇3月11日　湖南省1987至1988年白云杯体育好新闻评选在辰溪县揭晓。50件作品获奖，其中一等奖8篇，二等奖17篇，三等奖24篇，特等奖1篇。

◇3月12日　中华全国新闻工作者协会等单位联合举办的农村改革十年好新闻评选活动结束，共评出获奖好新闻200篇。其中一等奖25篇，二等奖52篇，三等奖123篇。

◇3月13至17日　江西省第六届(1988年度)优秀广播节目评选揭晓。参加评选的广播节目105件，有87件获奖。其中一等奖12个，二等奖23个，三等奖52个。

◇3月16日　由北京日报政法部和北京人民机器总厂联合举办的“社会新闻”评选活动揭晓。北京日报1988年发表的38篇社会新闻获“北人奖”。《一个司机的关系网》等5篇获一等奖。

◇3月17日　1988年度安徽省优秀广播节目评选揭选，评出优秀广播节目和稿件共52件，其中一等奖7件，二等奖15件，三等奖30件。

◇3月20日　河北省第五届(1988年度)报纸系统好新闻评选在沧州市揭晓。入选的好新闻一等奖48篇、二等奖79篇、三等奖110篇；

湖南日报编辑学术讨论及经验交流会会场　　陈金华　摄

11 月 16 日，甘肃长庆石油报邀请基层领导、通讯员和读者征求对报纸的意见　　韩忠林　摄

参评好稿 325 件，有 102 篇被评为好新闻。其中一等奖 20 篇，二等奖 31 篇，三等奖 51 篇。

◇3 月 29 日　安徽省 1988 年度好新闻评选揭晓，共评出一等奖 18 篇(件)，二等奖 42 篇(件)，三等奖 70 篇(件)，好标题、好专栏、好版面 10 个。

◇3 月 30 日　1988 年度湖北省好新闻评选在武汉揭晓，共评定报纸、广播、电视、新闻照片和新闻漫画获奖作品 190 篇(幅)，其中一等奖 45 个，二等奖 67 个，三等奖 78 个，以及好标题 16 条。

◇3 月　云南省第五届(1988)好新闻评选揭晓。共评出获奖作品 64 篇。其中，一等奖 4 篇、二等奖 16 篇、三等奖 42 篇、特别奖 2 篇；好版面 9 块、好标题 3 个。

◇4 月 1 日　宁夏第三次新闻理论和新闻业务研究好论文评选结束。共有 10 篇论文、2 部论著获奖。

◇4 月 3 日　陕西省 1988 年度好新闻评选(报纸部分)揭晓。评出一等奖 10 件，二等奖 24 件，三等奖 33 件，另有 7 条新闻标题、7 幅新闻漫画入选。

◇4 月 4 日　北京市好新闻评选揭晓，有 117 篇(件)新闻作品获奖，其中一等奖 31 篇，二等奖 41 篇，三等奖 45 篇。另有 6 条好标题获表扬奖。

好新闻照片一等奖 5 幅、二等奖 10 幅、三等奖 15 幅，好新闻漫画一等奖 5 幅、二等奖 8 幅、三等奖 12 幅。

◇3 月 21 至 24 日　贵州省 1988 年度好新闻作品评选在息烽县举行，共评出好新闻作品 135 件。其中：黔西南报的系列报道《盘江千里行》和贵州电视台的《乱开发票成为改革的一大社会公害》获特等奖。另有一等奖 29 件，二等奖 44 件，三等奖 60 件。

◇3 月 23 日　河北省 1988 年度优秀体育新闻作品(金宝杯)评选结果揭晓。共评出 30 篇(幅)优秀体育作品。其中特等奖 4 篇，一等奖 7 篇，二等奖 9 篇，三等奖 10 篇。评选活动是由河北省记协、省体育记协、河北省故城县钢丝绳厂联合举办的。

◇3 月 23 日　1988 年甘肃省好新闻评选在兰州揭晓。共评出好新闻作品 180 篇。其中，一等奖 36 篇，二等奖 63，三等奖 81 篇。

◇3 月 23 日　安徽省 1988 年法制好新闻评选揭晓。这是安徽省首次评选法制好新闻，20 篇作品获奖。

◇3 月 23 至 25 日　1988 年度上海市好新闻作品评选，在江苏太仓县进行。经过反复评议，评出 12 篇新闻作品为一等奖，二等奖 23 篇，三等奖 42 篇。还有 45 篇新闻作品被评为表扬奖。

◇3 月 26 至 31 日　湖南省 1988 年度报纸系统好新闻评选在岳阳市举行。这届参评作品表明，全省报纸系统新闻改革在 1988 年取得了较大的进步，尤其表现在深度报道上。同时，各报在舆论监督上也有所加强。评选会共评出一等奖 28 件，二等奖 34 件，三等奖 40 件，好标题 11 个。

◇3 月 28 日　由江苏省新闻学会主持的 1988 年度江苏省报纸好新闻评选活动在连云港市结束。共评选出获奖作品 163 件。其中 20 件获一等奖，44 件获二等奖，68 件获三等奖，标题 17 条，舆论监督稿 14 件。

◇3 月 28 至 4 月 5 日　山东省 1988 年度好新闻评选在莱阳、莱州市举行。全省 100 多家新闻单位报来

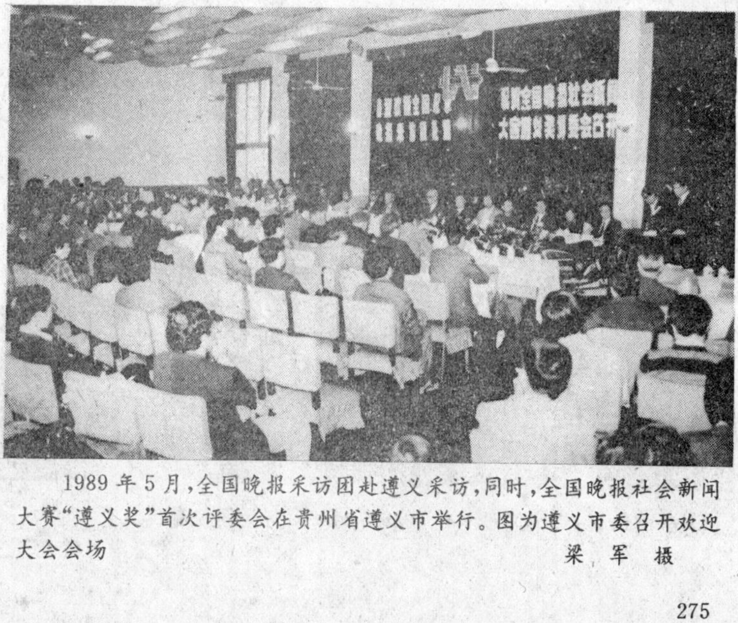

1989 年 5 月，全国晚报采访团赴遵义采访，同时，全国晚报社会新闻大赛“遵义奖”首次评委会在贵州省遵义市举行。图为遵义市委召开欢迎大会会场　　梁　军　摄

◇4月5日　广东省新闻工作者协会、广东省新闻学会联合举行1988年度广东省好新闻评选定评会议。评选结果，共365篇(件)获奖，其中一等奖20篇、二等奖60篇、三等奖123篇、特别奖3篇、好标题7条，受表扬的好新闻152篇。另有获奖新闻漫画16幅。

◇4月6日　由电视月刊杂志社主办的中南六省(区)1988年度优秀电视剧评选揭晓，湖北电视剧制作中心和内蒙古电视台联合摄制的电视连续剧《王昭君》获一等奖。

◇4月6日　黑龙江省第九届好新闻评选揭晓。209篇(件)新闻作品入选，其中特别奖5篇、一等奖49篇、二等奖67篇、三等奖88篇。

◇4月9日　1988年河南省报纸系统好新闻评选在南阳结束，共评选出各个等级的受奖作品126篇(不包括照片和漫画)，舆论监督奖3篇，好标题8条。

◇4月12日　1988年度浙江省好新闻评选揭晓。在32家新闻单位推荐的273件新闻作品中，共评出一、二、三等好新闻88篇，好版面2个，好标题3条。浙江省各新闻单位推荐的稿件，质量普遍好于上年。

◇4月12日　陕西省1988年度新闻摄影作品评奖揭晓，共评出受奖作品25件，另评出总编辑摄影奖和慧眼奖各1件。

11月，参加甘肃人民军队报社"军队基层人物风采"征文评奖的评委及兄弟军区报社的领导同志，在评奖结束后，参观了报社的正规化建设和编辑情况　郭土改　摄

◇4月15日　吉林省第三届好新闻评选在长春结束。《"党义"你在哪里?》、《一起不该发生的流血事件》等30篇新闻稿件入选。

◇4月18日　北京晚报和北京市民政局民政之声联合举办的"家庭内外"社区服务新闻赛征文活动结束。5篇作品获一等奖，25篇作品分获二、三等奖。

◇4月26日　由陕西日报社和国营黄河机器制造厂联合举办的"黄河杯"读报有奖知识竞赛评选揭晓。共评出三等奖100名，二等奖20名，特等奖1名。

◇4月　天津市1988年度好新闻评选揭晓。经过评议，有148篇作品入选，其中一等奖22篇，二等奖55篇，三等奖71篇。

◇5月3日　甘肃省1988年环保好新闻评选结束。共评出特等奖1篇，一等奖6篇，二等奖10篇，三等奖20篇。

◇5月4至5日　1988年度湖南省报纸系统副刊好作品评选在长沙进行。评选出一等奖5件，二等奖12件，三等奖20件。

◇5月15日　甘肃省第二届林业好新闻评选在兰州结束。这是自1986年以来三年间林业新闻的一次检阅。有30篇稿件分获一、二、三等奖。

◇5月　天津市新闻工作者协会和新闻学会联合举办的天津市第一届新闻理论学术论文评选揭晓。共收到学术论文46篇。经过评议，评出一等奖2个，二等奖6个，三等奖7个。

◇6月13日　江西省第二届广播电视学术论著评奖揭晓。获奖论著共18件。其中，一等奖3个，二等奖6个，三等奖9个，学术研究集体奖2个。这届评奖活动由江西省广播电视学会主办。

◇6月17日　宁夏首届"交通杯"好新闻评选揭晓，共评出特别奖

8月14日，湖南日报举行1989年通讯员好新闻竞赛授奖会　陈金华　摄

1件、一等奖2件、二等奖4件、三等奖8件。

◇7月8日　由中国报纸文艺副刊研究会组织的全国首届报纸文艺副刊好作品评选，在河北省张家口市揭晓。全国各省、市、自治区的272家中央、省、地、市、县报、部队报纸的988篇作品参加了评选。共评选出一等奖14篇，二等奖32篇，三等奖75篇。

◇7月初　由北京日报郊区版与北京昌平回龙观乡联合举办的"回龙杯"社会新闻竞赛揭晓，共有34篇作品获奖，其中一等奖4篇，二等奖10篇，三等奖20篇。

◇7月17日　1988年全国好新闻评选在北京揭晓，共评出报纸、广播、电视好新闻作品206篇(件)。其中一等奖作品47篇(件)，二等奖作品70篇(件)，三等奖作品80篇(件)，特别奖作品9篇；另评出好标题21条。这些好作品将由全国好新闻评选委员会颁发奖状，由去年年底刚成立的中国新闻学研究基金会提供奖金；其中一等奖由北京制药厂授予"双鹤奖"，三等奖由辽宁建平升华保健食品厂授予"升华奖"。

◇7月20至26日　西南、西北地区广播电视报首届优秀稿件评选会在贵阳举行。共评出优秀稿件77件，其中一等奖16件、二等奖25件、三等奖36件。

◇7月24至28日　云南省1988年度优秀电视专题节目评选结束。22件作品获奖，其中一等奖3件，二等奖6件，三等奖11件，鼓励奖2件。评选全省优秀电视专题节目在云南省尚属首次。

◇7月27日　由中国地市报研究会和甘肃新闻理论与实践报联合举办的全国地市报总编辑论文大赛在张家口市评选揭晓。共评出最佳论文10篇，优秀论文20篇，论文佳作73篇。

◇8月15日　安徽省第二届"人口杯"摄影美术比赛授奖大会在合肥举行，共有31件作品获奖。这次比赛是由安徽日报社、省计划生育委员会、省计划生育协会联合举办的。

◇8月26日　中南6省(区)14家广播电视报首届优秀稿件评选活动在长沙揭晓。经评委反复评议，评出了一、二等奖和优秀作品90篇。

◇9月20日　中央人民广播电台和中国残疾人联合会共同主办的"在五星红旗下"征文活动评选揭晓。20篇稿件分获一、二、三等奖和优秀作品奖。

12月22日至26日，河北省县级电视台节目审评会在石家庄召开。省委宣传部副部长周申明，省广播电视厅厅长郜永堂、副厅长盛荫泉到会讲了话

(冀宣)

◇10月20日　辽宁省第三届新闻摄影作品评选、评奖在沈阳举行。参加这次评选的作品400余幅，主要是辽宁省32家报刊的70多名摄影记者近两年见报的新闻照片。

◇11月3日　全国中小城市报"平原杯"昨日新闻大赛评选结果在河北保定揭晓。共评出一等奖5篇，二等奖10篇，三等奖20篇，优质奖25篇。这次活动是由新闻出版报、保定市报、河北省枣强县平原工业总公司联合举办的。

◇11月15日　安徽举行优秀科技新闻授奖大会。这次评出的60篇(件)优秀科技新闻作品，是1987年和1988年两年发表的。这项评选活动，今后将两年举办一次。

◇12月6日　黑龙江省新闻学优秀论著第五次评选工作揭晓。入选优秀论著33篇(部)，其中一等奖3篇，二等奖5篇，三等奖8篇，佳作17篇。

◇12月16日　宁夏首届"绿色杯"好新闻颁奖大会在银川举行，共奖励了16件好新闻作品。

◇12月16日　辽宁省第二届新闻学优秀论文评选在沈阳揭晓，有59篇论文获奖，其中一等奖8篇，二等奖13篇，三等奖38篇。

◇12月25日　由中央人民广播电台"少年时代"节目举办的以"我爱……"为总题目的征文活动在北京揭晓。这次征文活动是为庆祝建国40周年在中学生中举办的。从8000多稿件中共评出一等奖3篇、二等奖8篇、三等奖14篇，表扬稿15篇。

◇　1988年辽宁省报纸好新闻评选揭晓，共评选出好新闻59篇，好版面3个，好标题13个。

◇　1987年度至1988年度四川省林业好新闻评选揭晓，共评出好消息、言论、通讯45篇，其中一等奖10篇、二等奖15篇、三等奖20篇。

◇　1988年四川省好新闻评选结束。报刊部分共评出好新闻作品162篇。其中一等奖20篇(件)，二等奖81篇(件)，三等奖60篇(件)，特别奖和好点子奖作品一件。好版面4个，好标题4个。

·新闻事业经营管理记事·

◇ 1月，自贡日报自本月起正式开始自办发行。1989年初，它的发行量与上年持平，以后开始逐月上升。1990年的订户有了明显增加。

◇1月11日 江苏省报纸行业经营管理协会在南京成立。首批40家会员代表推举金靖中、王霞林、王建邦担任省报协名誉会长；选举潘士璞为会长，曹华、李福全为副会长。

◇4月6至8日 第四次全国报纸自办发行经验交流会在天津召开。全国131家报纸和新闻单位的238名代表参加了会议。大会总结交流了报纸自办发行的经验，探讨了报纸多渠道发行的途径，分析了全国报纸自办发行的趋势。

◇9月6至8日 津冀地区报纸自办发行中心在石家庄召开第四次工作会议。参加会议的有天津日报、河北日报等14家报刊的代表。这次工作会议主要是传达贯彻全国报纸自办发行理事会长春会议精神，探讨如何加强自办发行队伍的管理和建设，进一步巩固和发展自办发行成果，并对1990年报纸征订工作的形势进行了分析，交流了做法。

·新闻界纪念活动记事·

◇1月25日 北京人民广播电台邀请有关方面领导、首都部分新闻单位负责人和听众代表举行座谈会，听取各界对北京电台的建议和意见，以此纪念北京电台建台40周年。

◇2月16日 河北电视台邀请厅领导和部分离休老干部及有关部门负责同志举行座谈会，庆祝建台20周年。厅长郜永堂同志到会讲话，他盛赞了老同志为电视台的发展做出的贡献，并简要介绍了河北省电视事业的前景。

◇5月9日 浙江日报在热烈的气氛中度过了40岁生日。中共浙江省委书记李泽民同志在纪念会上高度评价了浙江日报和报社全体工作人员尽心尽职、勇于献身的精神。

◇5月至9月 为纪念人民政协成立40周年，人民政协报、共鸣杂志社和广州晶莹灯饰有限公司联合举办了人民政协40年晶莹杯征文活动。许多有名望的政协委员为征文活动投了稿。征文已汇集成《风雨同舟40年》一书，即将由中国文史出版社出版。

◇5月14至17日 北京电视台举办建台10周年暨21频道正式开播庆祝活动。前来参加庆祝活动的有34家省级电视台的代表以及在京的部分中央领导同志。

9月1日，甘肃日报创刊40周年，省委副书记卢光俭（藏族），副省长阎海旺到激光照排车间看望工人。并观看用激光照排的报纸版样

王胜利 摄

◇5月27日　武汉地区100多名新老广播工作者欢聚一堂，纪念武汉人民广播电台建台40周年。

8月15日，湖南日报在东风剧场举行纪念创刊40周年大会(左图)，并于8月中旬举办了社史展览。图为报社内外部分同志在参观展示40年办报历程和成就的展览、图表和复印件(右图)

陈金华　摄

◇5月30日　河南日报举行创刊40周年纪念会。已经调出的曾为本报的创建和成长长期操劳的一些老同志，应邀回来同大家欢聚一堂。省直有关部门和郑州市新闻单位的领导同志，以及中央报社驻豫记者站的同志到会祝贺。

◇6月5日　陕西省创刊最早的地市级党报——榆林报创刊40周年，来自内蒙古及榆林地区各界人士200人举行了纪念会。

◇7月31日　安徽省阜阳报社新老报人欢聚一堂，隆重庆祝阜阳报创刊40周年。阜阳报创刊于1949年8月1日，是安徽省创刊较早的一家报纸。

8月1日　河北日报社在石家庄市工人文化宫礼堂举行纪念会，纪念河北日报创刊40周年。

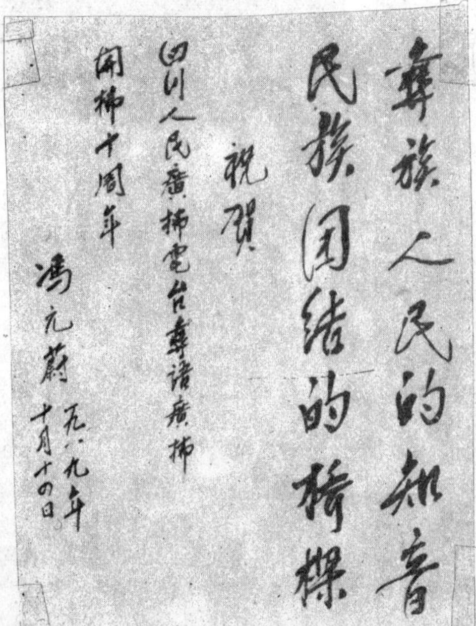

10月14日，中共四川省委副书记冯元蔚为四川人民广播电台开办彝语广播10周年题词

纪念会由总编辑叶榛主持，省委常委、宣传部长刘荣惠即席发表了热情洋溢的讲话。他代表省委向报社的领导、编辑、干部、工人及其家属，以及在河北日报工作过战斗过的老领导、老同志致以节日祝贺和慰问。

◇8月15日　湖南日报创刊40周年纪念大会在长沙东风剧院举行。省党政领导同志，省市有关部门负责人和湖南日报社职工一道参加了纪念活动。湖南日报社社长、总编辑梁新春代表报社全体职工，向多年来关怀、支持党报工作的社会各界表示感谢。

◇8月31日　甘肃日报职工集会，隆重纪念创刊40周年。省委书记李子奇代表省委在纪念会上发表了讲话。

◇9月1日　河北电台在石家庄市第一工人文化宫礼堂举行了建台40周年纪念会和电影招待会。

省委领导邢崇智、李文姗等出席了纪念会。纪念会简朴又热烈，清茶一杯，迎来了宾朋满座，与会同志欢聚一堂，互致问候，共同祝贺电台40年来在党的领导下所取得的各项成绩。

◇9月7日　甘肃人民广播电台隆重纪念建台40周年。省委书记李子奇、省人大常委会主任许飞青、省政协主席葛士英、副省长阎海旺等领导同志到会祝贺。

◇9月17日　青海人民广播电台举行庆祝建台40周年大会。40年来，特别是党的十一届三中全会以来，青海的广播事业得到迅速发展，青海人民广播电台已经由解放初期的一套节目、一个频率，增加到现在的六套节目、十二个频率，用汉藏两种语言每天播音30多个小时。省委书记尹克升、副书记田成平、桑结加、金基鹏，省长宋瑞祥、省顾委主任马万里等领导同志出席了庆祝会。

◇9月26日　新疆日报各族职

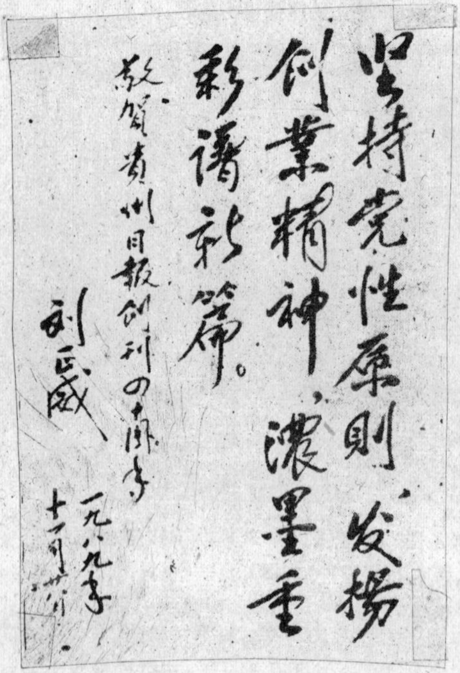

11月28日是贵州日报创刊40周年纪念日。右图为贵州省委书记刘正威正在为贵州日报题词。上图为题词内容

工在乌鲁木齐市八一俱乐部举行大会，热烈庆祝该报创刊40周年。自治区党委书记宋汉良等领导同志，以及兄弟单位的代表700多人出席了庆祝会。

◇10月　为纪念西藏人民广播电台建台30周年，西藏自治区广播电视厅为此出版纪念文集《高原之声》。

全国人大副委员长、西藏自治区人大常委会主任阿沛·阿旺晋美为本书题词："高原之声，民族之魂"。

◇10月19日　90多名新老青年报人欢聚在一起纪念山东青年报创刊40周年。

座谈会上，大家一致表示，要发扬老一代青年报人的优良传统，更好地发挥舆论导向和团报的喉舌作用，当好党的新闻工作的助手和后备军。

◇11月27日　贵州日报举行座谈会，纪念创刊40周年。贵州省党政领导、省直有关部门负责人、各兄弟新闻单位负责人及贵州日报职工代表共一百多人参加座谈会。

◇12月8日　劳动时报举行庆祝创刊40周年座谈会。劳动时报的前身是浙江工人报，于1949年12月7日创刊。40年来它为宣传职工群众在社会主义革命和建设中的英雄业绩，为维护职工的合法权益，发挥了积极的作用。

◇12月29日　贵州人民广播电台举行建台40周年纪念会。贵州省党政军领导、省直有关部门负责人、各兄弟新闻单位负责人、在贵州人民广播电台工作过的老同志及本台职工代表一百多人参加纪念会。

◇12月30日　贵州省第一家县级电视台——清镇电视台正式成立。该台除转播中央电视台、贵州电视台节目外，还自办"清镇新闻""说清镇""法制生活""人口与计划生育"、"歌曲欣赏"等节目。

图为清镇台的发射台和机房
刘　黔　摄

·新闻界综合记事·

◇1月1日　新建的云南省广播电视中心全部投入使用。中心总面积为25362平方米，主楼18层（局部21层），总高度94米。这个中心能同时制作、播出六套广播节目。

◇1月1日　湖南日报在一版发表消息设立举报电话，欢迎读者举报本社工作人员的违法违纪活动。

◇1月10日　中国人民大学新闻学院10名品学兼优的学生成为人民日报奖学金的获得者，每人获奖金500元。他们是：博士生喻国明，硕士生钟梦白，本科生张琳、郑卫、黄文、程赤兵、李风、郑恺、靳雷、刘昕。这10名学生是从在校的400名学生中挑选出来的。

◇1月15日　安徽省卫生记者协会在合肥宣告成立。协会推举省卫生厅厅长周维海为会长。

◇1月17日　安徽省科技新闻学会在合肥宣布成立，来自全省近百名科技新闻工作者代表，经民主协商选举产生了第一届理事会，并一致推选安徽日报主任编辑钱玉岁为理事长。大会还通过了安徽省科技新闻学会章程和科技新闻工作者职业道德准则。

◇1月19日　重庆市新闻出版局举行成立大会。张弓任局长，夏志诚、赖炳福、吴鹏里、缪超群任副局

3月16日晚，西藏自治区党委书记胡锦涛（左二），副书记丹增等到西藏日报胶印车间看望干部和工人　　尼玛次仁　摄

长。

◇1月24日　由从事文化报道的记者、编辑组成的江苏省文化记者协会在南京成立。会议推选刘向东为名誉会长，张经德为会长。

◇1月25日　湖北省广播电视厅向全省广播电视系统转发广播电影电视部关于向程敬发烈士学习的决定。程敬发生前是武汉市公安局消防支队宣传科副科长，武汉电视台通讯员，1月2日，他在现场报道长江上油驳发生的大火时牺牲。

◇1月25至26日　湖南省专业研究会在长沙召开第二届会员代表大会，交流学术观点，表彰先进，改选理事会。28家专业报的70余名代表出席大会，并选举了由35名理事、14名常务理事组成的第二届理事会和常务理事会。戴维桂任会长，熊树生、龙迪坤任副会长。

◇1月28日　人民日报报道，与去年第4季度相比，今年全国报刊品种未减，期发数下降近三分之一。下降的主要原因是报刊调价和压缩公费订报开支。

◇1月29日　杭州——宁波——台州——温州的广播电视微波线路开通。这条微波线路全长400多公里，设备是从美国引进的，可以下传两套电视节目，六套广播节目。这条微波线路的开通，使宁、台州、温州地区的广大群众，能看到图像清晰的浙江电视台节目。

8月4日中共哈尔滨市委和哈尔滨市人民政府，奖给哈尔滨日报社一面锦旗。题词是：制止动乱坚持工作稳定局势做出实业贡献的集体。

◇1月30日　在社会科学院新闻研究所所务会议上，宣布了中国社会科学院院长胡绳签署的任命：任命孙旭培为新闻研究所所长，徐耀魁为副所长。同时免去王风超副所长职务。卫景福仍为负责行政事务的副所长。

◇1月31日　由中国新闻学研究基金会、北京制药厂联合举办的“企业界、新闻界春节联欢会”在北京制药厂礼堂举行。首都新闻界的领导谭文瑞、李普、钱辛波、吕梁、范敬宜、王强华、王福如、商恺、杨伟光、何光先，光明日报、科技日报、健康报、体育报、工人日报、农民日报等的负责同志、记者近500人参加了联欢会，共庆新春佳节。

◇1月　云南日报与省级24家执法、监督、检察部门联合设立了云南日报舆论奖励基金会，开展舆论监督奖评选活动。“舆论监督”主要奖励积极参与舆论监督并取得良好社会效果的单位或个人，以及认真接受监督，积极改进工作的单位和个人。奖励范围限于云南日报刊用的舆论监督稿件。

◇2月　新华社对外部决定，在对外部部主任基金奖中，从今年起首次设立青年奖，奖励对外部在过去一年中取得明显成绩的年轻人，每年评选一次。首批共有6人获奖。

◇2月4日　云南省广播电视卫星地球站在昆明建成并试播成功。从此，本省广播电视节目可通过卫星转发而覆盖全省。

◇2月8日　邓颖超同志给中央人民广播电台《午间半小时》节目主持人陈希写信，信中说：

今天在《午间半小时》节目中听到你清晰圆润很甜的播音，知道你要去学习，我很高兴，祝你学习进步、快乐、健康。

虹云、傅成励二位同志的播音也有特色，使人听了入耳，我向他们问好。并祝《午间半小时》节目组同志新春快乐，身体健康。

你们的节目内容很好，使我这个老弱病残的人得到教益，在此表示衷心的感谢。

祝你们工作上取得更大的成绩。

◇2月19日　北京日报在崇文区文化馆召开表彰会，慰问北京日报长期从事夜班工作的编辑、校对人员。许炳炎、丁士群、潘庆森、杨世勋同志等获《长期从事夜班编辑校对工作荣誉证书》。

◇2月22日　全国“五一”劳动

奖章获得者、安徽省劳动模范、安徽电视台记者孙振华，率领《高原·生命——喜马拉雅山纪行》摄影组离合肥，再赴西藏拍片。

孙振华于1985年完成援藏任务后，自费徒步考察雅鲁藏布江，历经千辛万苦，沿途拍摄了4万幅图片和20个小时的电影胶片资料。他是徒步考察雅鲁藏布江的第一人。

◇2月22日　湖南省报纸副刊研究会在长沙成立。代表全省120多家报纸副刊的60多位代表出席了大会。会议讨论通过了《章程》，选举产生了由33名同志组成的理事会。会长张兆旺，副会长黄林石、鲁安仁、杨铁源、龙迪坤、李育凡。秘书长为汤正华。

◇2月24日　由云南省广播电视厅委托云南大学举办的新闻“专业证书班”开学。首批广播电视系统的记者、编辑、播音员53人经过考试进入大学深造。

◇3月7日　人民日报驻陕西记者站正式成立。

◇3月9日　在四川大学新闻系全体学生大会上，9名同学满怀喜悦登台领奖。这项奖学金由四川日报社提供，奖励在每年新闻业务实习中表现突出、发表了优秀新闻作品的同学。

中共四川省委、四川省人民政府于1989年10月8日至11日在成都市召开四川省广播工作会议。省委书记杨汝岱在会上讲话

◇3月9日至11日　湖南省首届市、县级广播电台(站)广播剧展播授奖大会在南漳县召开。会上向广播剧展播获奖者颁发了奖品，欣赏了部分获奖广播剧、进行了业务研讨，并成立了中国广播剧研究会湖北分会。任景平当选为会长，胡秉衡当选为秘书长。

◇3月15日　新华日报兴建的10层综合大楼正式投入使用。该大楼位于南京新街口地区，东西长56米，南北宽20米，高度42米，包括激光照排和胶印新技术设备，总投资为人民币3400万元。

◇3月18日　杭州市上城区人民法院宣布杭州第四医院外科医生何增荣投诉浙江人民广播电台及记者金少华、陈强损坏名誉权一案的一审判决：被告报道所依据的事实是清楚的，该报道批评了医务界存在的不正之风，属正当舆论监督行为，原告起诉被告损坏名誉权事实不能成立。这是浙江省首次公开审理的“新闻官司”。

◇3月　新华社对外部芮苑如、瞭望周刊社顾迈南同志被中直机关评为全国“三八”红旗手，受到全国妇联的表彰。

◇4月1日　北京日报、北京晚报和北京市旅游事业管理局等22个单位联合举办的“我爱北京山和水”旅游活动，在民族宫拉开帷幕。这项活动的开展，旨在将北京郊区的旅游景点推荐给北京市民及来京的游客，以丰富人们的文化生活。

◇4月6日　人民日报在头版发表社论，题目是：《必须旗帜鲜明地反对动乱》。

◇4月11日　我国第一个独立设计和开发的，在技术上达到了国际标引型检索系统先进水平的新华社新闻资料检索系统，通过了由新华社和机械电子部组织的技术鉴定。

◇4月16日　北京晚报、北京棋院共同主办的1989年北京晚报围

4月29日，中共河南省委书记杨析综(中)给河南日报修改稿件

耿则先　摄

棋系列大奖赛——“振华杯”冠军赛揭开战幕。5月5日“振华杯”决出冠军，北京大学学生蒋丹宁六段捧走冠军杯，北京焦化厂夺得团体冠军。

◇4月25日　为纪念世界名记者埃德加·斯诺的《西行漫记》中文版发表50周年，由人民日报、中国建设杂志等8家报刊联合举办的“《西行漫记》与我”征文评选揭晓，华君武、玛格丽特·施丹丽(美)等15位中外作者的15篇文章被评为最佳文章。

◇4月26日　中央人民广播电台第二届春季运动会在月坛体育场举行。全台600多人参加了田径比赛，30名运动员打破了中央台上届运动会的纪录。

◇4月27日　上海解放日报报道：鉴于世界经济导报总编辑钦本立同志严重违反纪律，中共上海市委决定，停止他的世界经济导报总编辑、党组成员的职务，并向该社派驻整顿领导小组。

◇5月　上海市新闻学会举办的首届专业证书教育班学员毕业。第二期学员也于同月入学。上海市新闻学会同复旦大学新闻学会联合举办的新闻高等专业证书教育班招收在职新闻从业人员，具有高中毕业或相当于高中同等学历的非在籍的学生。

◇5月8至17日　全国晚报采访团赴遵义采访、全国晚报社会新闻大赛“遵义奖”首次评委会在贵州省遵义市同时进行。40家晚报总编辑(副总编辑)记者，及人民日报、新华社、中央电视台等单位共113人参加了这次活动。

◇5月9日下午　首都部分新闻工作者前往中华全国新闻工作者协会，递交了一份请求对话的联名信。信中说：“我们认为有必要通过正当途径，就中国新闻界近期发生的事情，与党中央主管宣传工作的负责同志进行一次对话。”这份联名信的1013名签名者分别来自首都30多家新闻单位。参加递交联名信的记者称：“签名纯属个人行为，不代表其所在单位。”事实证明，这份联名信的征集签名和递交活动，对北京的动乱起了推波助澜的作用。

◇5月9日　新华社征集社徽活动揭晓。社长办公会议在入选的五幅图案中选定摄影部张家桐设计的一幅为社徽标志。该标志是以群青、灰白两色的世界地图为衬托，以金色的“讯”字及电波为主体的圆型图案。这一社徽将作为新华社正式标志。

◇5月9日　北京日报举办“亚运向我们走来”新闻竞赛活动。这是为了给亚运会创造良好的舆论环境，充分反映建筑、体育、工交、财贸、卫生、教育、政法、旅游等各行各业为迎接和开好这届亚洲人民的盛会而做出的努力。

◇5月14日　甘肃省及兰州市的主要领导去兰州市一单位解决问题，两名记者前去采访时却遭拒绝。省委书记李子奇见到后，大声招呼记者：“请留下，不要走”。事后，李子奇打电话给记者，就此事表示歉意，并说，各级干部都应尊重新闻工作，以保证正常的新闻渠道畅通。今后，决不允许再发生此类事情。

◇5月14日　胡启立等中央领导人同首都新闻界对话。

◇5月21日　人民日报在头版刊登一条人民日报声明，声明称：“5月20日，本报发现有人盗用本报名义，印发所谓人民日报号外。本报郑重声明，近十多年来从未印发任何号外，请公鉴。”

◇5月21日至6月4日　人民日报在头版共刊登出13篇花边新闻，头十天每日一篇，它分别按戒严后的天数制作标题，如5月21日的标题为《北京戒严第一天》；5月31日的标题为《5月30日：天安门广场即景》，6月2日的标题为《“六一”天安门广场一瞥》，6月4日的标题为《北京这一夜》。但这组花边新闻当即受到了读者的批评，在6月4日一版，人民日报刊登了《孙巨同志的一封信》，信中表示：“我们是一批普通共产党员。看了今天(6月2日)人民日报头版上花边新闻《“六一”天安门广场一瞥》十分气愤！”并指出：“‘一瞥’”与人民日报的‘戒严第×日’同出一辙，前后呼应；在‘第×日’被迫停止后再现其阴魂，这又是一篇用‘春秋笔法’颠倒黑白、混淆是非、顽固站在中央决策对立面，继续给动乱制造者们撑腰打气，给北京市人民政府戒严令抹黑的恶毒文字。”

◇5月31日　浙江省新闻界公共关系学会在杭州成立。该会是浙江省新闻工作者协会领导下的编辑、记者公关学术、咨询和联谊组织。

◇5月至12月　云南日报社等单位举办“边地欢歌”有奖征文活动。收到来稿1500多篇，在报上选登了148篇。

◇6月2日　由山西省新闻工作者协会、山西省新闻学会、晋察冀日报史研究会、新华通讯社共同为在解放太原中牺牲的新华社记者肖逸烈士建的纪念碑，在太原牛驼寨烈士

1989年除夕，河南省委副书记姚敏学(右一)，副省长于友光(左一)等到河南日报看望坚持工作的同志　　周淑丽　摄

陵园落成。

◇6月21日　陕西日报社新安装的四色胶印轮转机试运行投产，大量试印的彩色陕西日报与西安市区读者见面。

◇6月和10月　西藏自治区广播电视厅分别为地县开办了两期广播电视技术培训班，共培训学员54人。这是在全区广播电视事业日新月异大发展的形势下，为培养西藏自己的广播电视专业人才而举办的，这在一定程度上缓和了地县广播电视专业人才奇缺的“燃眉之急”。

◇6月30日　中宣部新闻局召开首都新闻界学习邓小平同志讲话，贯彻四中全会精神座谈会。与会代表指出，新闻工作必须坚持四项基本原则，新闻改革不能偏离根本方向，新闻界应该认真总结经验教训。

◇7月　成都军区新闻奖励基金会成立。该会每年奖励一次为成都军区的新闻宣传做出突出贡献的各地专业、业余新闻工作者。

◇7月1日　合肥新闻信息咨询研究所正式成立。这个研究所由省老新闻工作者联谊会主办，宗旨是发挥新闻界拥有的人才、技术、信息优势，为社会提供信息和咨询服务。

◇7月1日　楚天视听创刊，该刊由湖北省广播电视厅总编室主办。它的办刊方针是，坚持四项基本原则，传达中央和省委、省政府的有关宣传精神，交流全国各地视听信息，介绍我省广播电视宣传的新经验，新成就。

◇7月1日　南方日报新址落成。新址的建成使用，为报社职工提供了优良的工作环境。

◇7月12日　商业部部长办公会决定，成立新闻宣传领导小组，傅立民副部长兼任组长，会议确定商业部的新闻发言人为办公厅主任郭宝琦。

◇7月15日　新华社报道：新华社香港分社停止留用香港文汇报社社长李子诵。

◇7月15至29日　黔西南报举办“小记者”培训班，学员是小学五、六年级和中学一、二年级的学生，共33名。报社给“小记者”讲新闻知识，并派出14名采编人员作指导老师，分别带领“小记者”采访，让他们在采访活动中，接受先进事迹、崇高理想、革命传统熏陶和启迪。

◇7月27日　云南日报舆论监督奖励基金会举行了首次颁奖。1988年12月27日，云南日报成立了舆论监督奖励基金会，首批成员有25家，基本包括了云南省的各个监督部门。奖励基金由各会员单位共同提供，集中存入银行，其利息用于颁发各项舆论监督奖。各会员单位提供的本金，所有权仍属各个单位。

基金会章程规定：“基金会以鼓励、支持公民充分行使民主权利，对政务和党务活动、经济活动、执法活动，社会生活实行舆论监督，弘扬正气，促进改革，推动社会进步为宗旨。”

◇8月3日　北京人民广播电台新闻收稿站正式开通使用，该站采用的先进计算机技术与新华社联网。

◇8月4日　中宣部新闻局召开首都部分新闻工作者参加的新闻理论座谈会。与会同志认为，旗帜鲜明地坚持马克主义新闻观点，坚决反对资产阶级自由化思潮的侵蚀，是新闻战线深入贯彻党的十三届四中全会精神，做好今后新闻工作的一项极为重要的任务。代表们认为，资产阶级自由化思潮在新闻领域有两个突出的表现，一是宣扬抽象的新闻自由，用资产阶级新闻自由来否定党对新闻工作的领导；二是鼓吹“人民性高于党性”，把党性与人民性割裂开来。

◇8月8日　贵州省第一家城市有线电视台——都匀有线电视台正式建成开播。

该台覆盖市区、郊区约10平方公里。都匀有线电视台用8个频道同时播出，除转播中央电视台、中国教育台、贵州、黔南电视台的节目外，还自办两套电视节目。

◇8月9日　中共重庆市委宣传部、重庆市新闻出版局召开大会，聘请8位理论水平较高和实践经验丰富的老新闻工作者和宣传干部担任报刊审读员。

◇8月10日　贵州省广播电视台751台与贵州工学院合作，经过一年多努力，研制成功了广播电视微机监控管理系统，在751台通过鉴定。该系统克服了过去单靠人监听、监视的陈旧操作。专家们认为，该系统达到国内先进水平。

◇8月上旬　安徽日报社公布实施五条廉政措施。不准以稿谋私、不准搞有偿新闻、广告新闻和出卖版面。记者站不得承办广告业务，编采人员不得借采访名义招揽广告。严禁吃请受礼，不准用公款宴请内宾。严格控制有奖征文赞助活动。严格按照省行管局规定配车用车。领导干部私事和家属不得使用公车。

◇8月24日　党中央、国务院召开全国整顿清理书报刊及音像市场的电话会议。会后，“扫黄”工作在全国范围内铺开。

◇9月　西藏历史上第一个由大学开办的新闻专业班开学。首届新闻班的20名学员都是藏族。

◇9月　黑龙江省新闻工作者协会组织全省40余家新闻单位开展评选优秀编辑活动，历经两月，从3400余名从事编辑工作人员中，选出优秀编辑95名。

◇9月1日　湖南日报社开展为期一个月的消灭见报差错，提高报纸质量竞赛活动，并根据消灭差错情况，实行奖罚。

◇9月6日　北京电视台自8月31日起举办的国际电视周活动结束，14个国家和地区的18家电视台和国内35家省级电视台的代表参加了这一活动。

◇9月15日　人民日转载光明日报署名邝岩的文章：《动乱“记者”戴晴》。

◇9月15至24日　北京电视台经香港向台湾地区转播了第15届亚洲男子篮球赛中台北队的大部分比赛，首次实现了从大陆向台湾传送电视节目。

◇9月26至27日　辽宁省新闻界老同志联谊会第3次理事会在沈阳召开。会议就发挥老新闻工作者的作用和坚持正确的舆论导向等问题进行了讨论。

◇10月　山东潍坊日报现代化

印刷厂正式建成投产。印刷厂投资300多万元，整套设备完全国产化，激光汉字编辑排版系统、胶印机等，均属国产第一流设备。特别是激光汉字编辑排版系统，具有文字输出质量高、速度快、字体字号齐全、排版功能强等特点，这套设备的建成，使潍坊日报进入了全省同行的先进行列。

◇10月1日　北京市昌平县广播电视局建成黑山寨、老峪沟两个卫星地面收转站，使该县电视覆盖率达到98%。

◇10月1日　青海电视台藏语频道（八频道）开始试播。青海有藏族群众84万人，加之使用藏语的蒙古族、土族、撒拉族等，使用藏语的人口高达100多万，超过全省总人口的四分之一，他们的居住面积占青海省总面积94%以上。开办藏语电视频道，是青海省广大藏族人民盼望已久的一件大事。

◇10月1日　经国家新闻出版署批准，辽宁政协报正式复刊。

◇10月1日　贵州日报第3版试用激光照排系统编排，贵州日报社印刷史翻开了新的一页。

◇10月1日　贵州政协报创刊。贵州政协报由中国人民政治协商会议贵州省委员会主办，该报为对开四版，半月刊，内部发行。

◇10月3日　贵州省卫星广播电视地球站正式开通。该站采用我国发射在赤道上空的实用通讯卫星转发器，传送贵州省广播电视节目，除覆盖贵州省外，全国各地也能用卫星地面接收站收到贵州广播电视节目。

◇10月5至12日　由新华社、文化部和民主德国通讯社、文化部联合举办的德意志民主共和国图书图片展览在北京图书馆举行。首都新闻界、文化界人士及各有关方面负责人400人出席了开幕式。

◇10月10日　贵州老年报创刊。老年报由贵州省老龄委员会主办，为四开四版，旬刊，内部发行。

◇10月11日　安徽省教育新闻学会在合肥成立。中共安徽省委书记卢荣景在会上要求新闻工作者要坚持党性，坚持四项基本原则，坚持正确的舆论导向。

◇10月11日　甘肃省首起告记者侵犯公民名誉一案，经兰州市城关区法院判决，驳回原告诉讼，4名记者胜诉。此案源于一篇批评报道。省煤一处子弟校教师付彩琴因交通不便不能按时签到，被扣发当月部分工资。付申辩说，校长宋某也未签到，却分文未扣。付在与校长宋某争执中受伤，宋之子赵某亦对付拳脚相加。甘肃工人报等记者在认真调查后，报道了事实真象，宋不服，向法院提起诉讼。

◇10月26日　安徽芜湖市新闻工作者协会、新闻学会成立。

◇10月27日　山东省政府宣布正式建立新闻发布会制度。及时向新闻界发布省委、省政府制订的有关方针、政策，通报省政府一个时期工作的重点、重要情况和决定的重大问题，解答人民群众普遍关心的问题等。省政府新闻发布会原则上每月举行一次。

◇　南方日报印报厂基本实现了设备更新。从日本购进的一组二台高斯高速印报机从10月开始使用；电脑照排车间建成，21种报纸实行激光照排。同时，本报美术印刷厂与外商合作，办起了广东南美彩印有限公司，用一百万美元引进了电子分析制版机，四开四色、对开两色印刷机，照相排字机，晒版机等一批新设备，可使印刷质量大大提高。

◇10月底　拉萨卫星上行站正式开通，11月1日西藏电视台的藏语节目被首次送上卫星，实现了向全区传送藏语电视的任务，结束了西藏多年来用汽车向各地、市传送录像带的历史，在西藏的广播电视史上增添了光辉的一页。

◇11月3日　人民日报刊登郭帆的文章，题目是《刘宾雁反动面目的大暴露》。

◇11月14日　新华社创办的中国经济信息社在京召开新闻发布会，宣布正式成立。该社宗旨是，充分发挥新华社在信息、人才、通讯技术等方面的群体优势，广泛联合社会力量，搜集、加工储存经济信息，并通过媒体多层次、多渠道地向国内外用户提供有偿经济信息和咨询服务。

◇11月15日　广东人民广播电台新闻台正式开播。这是一个以新闻为主的综合性的电台，用普通话广播，每天播出19小时10分钟，每半小时播出一次新闻。这是目前我国新闻播出次数最多、最密的广播电台。

◇11月25日　中共中央政治局常委李瑞环同志在全国省市自治区党报总辑新闻工作研讨班上，发表了题为《坚持正面宣传为主的方针》的长篇重要讲话。

◇11月28日　中共中央总书记江泽民同志会见省报总编辑新闻工作研讨班的同志，并发表了题为《关于党的新闻工作的几个问题》的重要讲话。讲话指出，新时期新闻事业必须为社会主义服务为人民服务。

◇12月4日　陕北老区广播电视微波干线全部竣工并正式开通。从此，陕北人民将能看到西安的电视节目了。这条干线纵贯西安、延安、榆林等20个地市县。

◇12月12日　重庆广播电视技术中心成立。它担负着重庆的广播和电视的传输、发射以及转播中央、省广播电视节目的任务。

◇12月15日　人民日报一版右下角在《小行星已远离地球　人们不必为此惊慌》标题下，刊登两条新华社12月14日电讯。一条电讯援引一些天文学家的谈话，证实“小行星已远离地球”。另一条电讯称：“本社13日所发《一小行星可能撞击地球》的消息编译有误。”

◇12月17日　山东省82名新闻工作者和12个集体单位，荣获省记协授予的优秀新闻工作者和先进集体光荣称号。这些被评为先进的单位和个人自1985年以来，勤奋工作，勇于创新，恪守职业道德，在新闻事业的改革和促进两个文明建设方面，做出了突出贡献。

◇12月22日　重庆市广播电视学会举行成立大会。李书敏任会长，胡本杰、万林（女）、顾决、李忠禄、杨钟岫、吴孝文、文济良、姚永恒、李宗烈任副会长。秘书长由李宗烈兼任。

◇12月24日　重庆电视二台开播并举行成立大会。这个台经重庆市政府批准，实行自筹资金、自负盈亏的办台方针。纪晓荃任台长。

◇12月下旬　鄂东、鄂南两条广播电视微波干线建成开通，投入试运行。鄂东微波干线从武汉至黄冈，麻城和武穴有8个微波站；鄂南微波干线从武汉至咸宁和崇阳，有5个微波站。这两条微波干线的开通，可使鄂东，鄂南山区人民长期看不到、看不好本省电视节目和听不好本省广播节目的状况得到根本改善。

◇1989年底　西藏自治区重点工程之一的六〇二电台改建、扩建工程进展顺利，机房和附属设施的土建工程已基本竣工。这项工程全部竣工交付使用后，将使西藏台的广播质量大为提高，扩大复盖面，提高收听率。

◇1989年底　人民日报社驻墨西哥记者郭伟成当选为墨西哥外国记者协会主席。该协会创建于1942年，目前有来自35个国家和地区的173家新闻单位的200多名记者。

◇　云南日报自1989年起，在云南大学中文系的新闻专业设立新闻奖学金，以鼓励在新闻实践中有突出成绩的学生。有10名学生获第一届（1989年度）新闻奖学金。

◇　1989年，四川日报社印刷设备的技术改造有突破性进展。计有：一组（两名）民主德国中型胶印轮转印报机，两套北京大学新技术公司激光电脑照排系统，一套日本住友商社树脂板设备。以上共计投资人民币1200万元。

◇　1989年，解放日报社从单一的“热排”工艺逐步向电子照排、胶印、感光树脂版印刷过渡。

◇　我国新闻界先驱戈公振生平业绩，在东台市戈公振故居展出。这次展览共4个部分，内容丰富，史料详实，大量珍贵的历史照片和具有重要历史价值的文献资料，向人们展示了戈公振短暂一生的光辉业绩。

◇　中国人民大学新闻学院教授方汉奇1989年被评为北京市优秀教师，全国优秀教师。他从事新闻教学36年来，兢兢业业，在工作中做出了显著的成绩。1980年被评为中国人民大学先进工作者，1986年被新闻界推选为全国一级优秀新闻工作者。

◇　山东大众日报摄影记者、中国摄影家协会会员钱捍同志，1989年5月，被省政府授予山东省劳动模范称号，被团省委授予新长征突击手标兵。6年来，他把全部精力都倾注到新闻摄影上，取得了显著成绩。1987年、1988年，他连续两届被评为全国十佳新闻摄影记者，连续3年被评为山东省直机关优秀共产党员，并被评为全省宣传文化系统先进工作者。

◇　四川日报主任编辑，共产党员龙克礼1989年荣获四川省劳动模范、全国先进工作者光荣称号。他为办党报已经勤奋耕耘了40年。1983年至1988年，他编辑、撰写的稿件每年都有获得省以上好新闻奖的，先后共17篇。

◇　青海日报社主任记者郭统厚同志1989年被青海省人民政府授予青海省劳动模范光荣称号。他1949年参加革命，从事新闻工作35年多。他采访作风扎实并敢于坚持真理，发挥新闻舆论的监督作用。据统计，从1980年以来，他采写批评稿件22篇，其中有半数以上的题材比较重大，立论有据，事实正确，宣传效果很好。

◇　新华日报高级编辑李承郃1989年被评为全国先进工作者。他是位有40年工龄的老新闻工作者，曾被评为江苏省级机关的优秀党员。

◇　宁夏日报总编室校对组组长王洪庆，1989年被评为宁夏回族自治区先进工作者。他从事报纸校对工作25年来，一直坚持夜班工作，至今仍然兢兢业业地坚守在校对工作岗位上。

·逝世·

◇　原云南人民广播电台副台长、主任编辑李德纯，1989年3月因病在昆明逝世，终年50岁。李德纯同志1964年毕业于北京广播学院新闻系，1979年加入中国共产党。从事广播新闻工作25年来，采写过大量新闻作品，撰写过多篇新闻理论和新闻业务研究文章，生前曾任全国理论广播研究会副会长、云南省广播电视学会理事。

◇　原湖北省广播电视局副局长、党组副书记离休干部曹建国，因病医治无效，于1989年5月18日在武汉逝世，终年67岁。

◇5月22日　原四川日报社副总编辑高毅同志，因病逝世，终年64岁。高毅同志是中国共产党党员，生前曾任政协四川省第五届委员会常务委员、中国摄影家协会理事、中国新闻摄影学会顾问、四川新闻摄影学会会长、中国摄影家协会四川分会名誉主席。

◇　新华日报农村版——致富报前主编郑昌鸿同志因患脑溢血，于1989年6月1日逝世，终年62岁。郑昌鸿同志1949年参加新闻工作，1956年入党，历任版面编辑、新华日报农村处副处长、主任编辑。在他逝世前不久，被报社党组评为优秀党员。

◇　原宜昌报编委、宜昌科普报编辑室主任、中国共产党员王采英同志因病于1989年6月17日逝世。王采英同志1950年参加革命，曾三次评为市和报社工作模范和先进工作者。

◇　解放日报主任记者李仲实同志，因病于1988年6月24日逝世，终年60岁。李仲实系湖北省武汉市人，1949年参加中国共产党，1954年开始从事新闻工作，曾采写了许多重要报道。

◇7月4日　原云南省广播电视厅厅长、党组书记、总编辑林建中同志，因病在昆明逝世。林建中同志生前曾担任中国广播电视学会常务理事及云南分会会长，全国新闻学会理事及云南分会会长，中国电视艺术家协会常务理事及云南分会主席。

◇7月13日　人民日报海外版原领导小组组长、高级编辑袁先禄同志，因患肺癌不幸逝世，终年61岁。袁先禄同志1928年6月生于上海市。1948年3月在燕京大学读书时参加北平地下党，1949年2月到人民日报社工作，先后任编辑、国际部领导小组组长、驻巴基斯坦记者、国际部主任、驻美首席记者、驻香港办事处主任兼首席记者、人民日报海外版领导小组组长等职。

◇8月18日　原大众日报社副总编辑、党委常委、高级记者颜正国同志，因病医治无效，在济南逝世，终年56岁。颜正国同志1948年参加革命，1953年加入中国共产党。历任淄博日报记者、大众日报社记者、记者站站长、主任等职。

◇　原湖北日报社长、党委书记樊坤同志(女)1989年9月10日病逝，终年60岁。樊坤同志1952年7月加入中国共产党，1951年从事新闻工作，历任沙市日报记者、编委，湖北日报记者、部副主任，湖北人民广播电台武汉台编辑部主任，湖北台编辑部第一副主任、党委委员，湖北日报社副总编辑、党委常委、社长、党委书记；她是中国共产党湖北省第四届、第五届代表大会代表及第四届省委委员；第二届中国新闻学会联合会副会长、省第三届新闻协会、新闻学会会长。1988年评聘为高级记者。

◇9月30日　人民日报社印刷厂原厂长陈化敏同志因病逝世，终年71岁。陈化敏同志1918年10月生于河北省深泽县，1938年5月参加革命时在冀中导报社工作，同年11月入党，历任抗敌报排字科长、晋察冀日报新华印刷局书厂厂长、晋察冀日报印刷厂厂长、人民日报社印刷厂厂长，中国印刷技术协会第一届副理事长、常务理事等职。

◇　解放日报原理论部副主任邹兆琦同志于1989年10月23日逝世，享年74岁。邹兆琦，上海市松江县人。1957年参加中国共产党。上海光华大学肄业。曾担任时报编辑。解放后，担任上海新闻日报经济理论组主要编辑。著有《欧洲民主政府》、《十九世纪美国对华鸦片侵略》等著作。

◇12月14日　人民日报社主任编辑、中国拉美学会常务理事姚春涛同志因患癌症逝世，终年56岁。姚春涛同志1933年3月出生，上海市高桥人。1950年10月参加工作，1974年9月入党。1961年9月到人民日报社工作，先后任资料员、编辑、驻墨西哥首席记者、美洲组组长，党内曾任支部委员。

·港台与大陆新闻界往来记事·

◇3月10日　台湾大地地理杂志社记者范丽霞和特约摄影记者龙君儿，专程到江西采访，所到之处，受到江西人民的热情接待。

◇7月28日　香港大公报、明报、文汇报的三位记者应四川省政府外事办和省记协邀请到成都进行了短期采访。

◇9月2日　中国人民大学新闻学院与台湾新闻院校大陆访问团进行座谈，相互介绍海峡两岸的新闻教育情况，并进行学术交流。这是建国40年来，海峡两岸新闻教育工作者的首次聚会。访问团由台湾文化大学新闻传播学院院长王洪钧带领。成员由8名新闻系、所教授组成。王洪钧说，故土、乡音、亲情、友爱，是他此行的最大感受。他希望透过这样的交流，使双方民间能有更多的相互了解，建立共识，两岸新闻学术界今后能在中国新闻史的共同研究、民意调查合作计划、研究方法、知识的交换、中国文化、新闻传播理论等方面进行学术性探讨。中国人民大学新闻学院副院长兼新闻系主任何梓华、副院长秦珪及甘惜分、张隆栋、方汉奇、蓝鸿文教授和刘志筠、郑超然副教授，系副主席倪宁参加了座谈会。

◇10月13日　应安徽省侨务办公室邀请，香港无线电视台摄制组一行8人来安徽拍摄旅游风光片。该片主要介绍安徽的名胜古迹、民俗风情和风光特产，作为“大江南北”专辑，在黄金时间节目《香港早晨》里播出。

·新闻界外事往来记事·

◇1月15至28日　以四川电视台王潞明副台长为团长的赴香港采访团一行5人，到香港进行采访，拍摄一部电视专题片《香港嘉陵公司》。

◇1月20日　德意志民主共和国国家电视台、广播电台联合摄制组访问了西北工业大学。这次访问的任务是根据两国文化协定，为庆祝两国国庆，介绍对方建设成就而进行电视专题的摄制工作。

◇1月28日至2月1日　日本国广岛县中国放送报道部副部长佐佐木典明先生应四川省委宣传部长许川同志邀请来华访问。其间，日本客人拍摄了自贡市大型采灯在广州市展出实况；采访了张皓若省长和许川部长。

◇2月5至14日　应新西兰国家电视台的邀请，贵州电视台一行4人抵达新西兰，进行为期9天的采访活动，这是贵州省首次派电视记者出国采访。采访组在新西兰采访期间，受到了新西兰人民的热烈欢迎与热情接待。新西兰政府总理朗伊接见了采访组，并发表了热情洋溢的讲话。新西兰外交部长、北帕默斯顿市市长也分别接受了贵州电视台记者的采访。

◇2月14日　国际新闻工作者联合会(IFJ)总书记A·怀特和记联执行委员C·林德沃尔(瑞典记联主席)、记联培训官员S·格罗苏特，在香港记协主席黄国华先生的陪同下，访问了中国社会科学院新闻研究所，与该所研究人员进行了座谈，并就新闻学研究的问题相互交换了意见。

◇2月18至26日　美国马凯列斯特学院院长加文夫妇访问我国，由人民日报社接待。

◇2月28日至3月5日　由联合国教科文组织资助，中国记协、中国新闻与现代化研究中心、中国社会科学院新闻研究所、中国人民大学新闻学院在北京联合举办了新闻传播调查研究方法讲习班。美国著名传播学者、前美国新闻教育学会主席戴维·H·韦费(David·H·Weaver)和正在厦门大学任教的美国教授英建女士(Janice·M·Engsberg)应邀担任主讲人。来自全国各地的40多名新闻传播研究工作者参加了讲习班。

◇3月3至7日　瑞典每日新闻报记者英格尔·奥佳到甘肃兰州市采访。在兰期间，他和省经济体制改革委员会、物价委员会等单位的负责人进行了交谈，访问了一些私营企业，并到白银市农村进行了采访。

◇3月17至31日　应农民日报社邀请，民主德国新德意志农民报代表团来北京、云南访问。国务院农村发展研究中心副主任刘堪会见了代表团并回答了他们提出的问题。农民日报社社长宋静存、副总编柯克明等人陪同。

◇3月29日　新华社社长穆青利用主持召开西欧部分分社会议之机，访问了英国路透社，与社长伦弗鲁就如何加强新华社和路透社之间的合作等问题交换了意见。

◇3月30日至4月6日　应人民日报邀请，德国统一社会党中央委员、新德意志报总编辑赫伯特·瑙曼和副总编辑罗尔夫·京特访问我国。

◇3月30日至4月6日　应波兰青年旗帜报、匈牙利青年报的邀请，以中国青年报副总编辑张飙为团长的中国青年报代表团访问了波兰、匈牙利，与两国的青年报刊和青年作了交流座谈。

◇4月10至18日　以上海市广播电视局局长龚学平为团长的上海电视代表团一行5人，应日本大阪读卖电视青山行雄社长的邀请，访问了日本。其间参加了大阪读卖电视建台30周年和新建的18层电视大楼落成的庆祝活动。

◇4月20日　民主德国驻华使馆新闻秘书普罗布斯特来到人民日报社，代表民德新闻学院将该院去年为建院25周年举行的国际征文头等奖授予人民日报国际部李红同志。李红的论文题目是《全球性问题和新闻媒介在解决这些问题方面的作用》。

◇4月21至24日　日本NHK广播放送协会摄制组一行4人在贵州采访。他们是应广播电影电视部邀请，来拍摄大型电视系列片《中国建国40周年》的。他们在贵州拍摄了遵义会议会址、遵义纪念馆、红军烈士陵园、娄山关。

◇4月21日至5月4日　苏联农村生活报代表团一行3人，应农民日报邀请来我国北京、安徽、山东访问。国务院农村发展研究中心主任杜润生接见代表团，并回答了有关我国经济形势及农村改革的问题，农民日报社社长宋静存等人陪同接见。在京期间双方签署了《中国〈农民日报〉和苏联〈农村生活报〉关于建立同志式的协作关系的协议》，双方还就交换报道、记者互访，以及为地方、农村、企业、单位之间互通经济信息、互访活动牵线搭桥等事项达成协议。

◇5月7日　日本静冈新闻社大石益光社长率代表团前来参加浙江日报创刊40周年纪念活动。1985年浙江日报社与静冈新闻社建立了友好关系。纪念会上，大石益光社长即席发表了热情洋溢的贺词。他代表静冈新闻社向浙江日报社赠送了传真机。

◇5月9日　芬兰邦助杂志社

9月5日，扎伊尔记协应中国记协邀请，前来我国访问。在京期间，双方签订了双边友好合作协议。图为签署协议后，共同举杯庆祝

朱东摄

两名记者来新疆进行为期7天的采访。他们先后去吐鲁番、喀什及红其拉甫口岸参观采访;在乌鲁木齐采访了中外合资企业天山毛纺织有限公司和市民族乐器厂。

◇5月16至20日　山东电视台与美国56频道电视台合作,从济南大明湖,通过国际卫星向美国华盛顿地区实况转播了《山东·中国新开开放的门户》综合节目。这是我国首次进入美国公用电视台的英语节目。这次节目内容主要是山东的历史、地理、经济、文化、教育、旅游、外贸和投资环境等情况的介绍,共转播五天,每天上午一小时。

◇5月22日至6月5日　应日本仙台东日本放送邀请,以四川电视台新闻部副主任郑兴光为组长的四川电视台赴日采访组对日本进行了采访,拍摄了电视片《我们的同行——东日本放送印象》和电视片《惜别——从鲁迅留学到当代中国留学生》。

◇6月27日　由莫斯科大学新闻系召开,美国和中国新闻学者参加的"传播媒介上的苏、美形象研讨会"在莫斯科大学新闻系的电视演播室开幕。这是苏、美、中三国新闻学者的第一次聚会,会议的中心议题是苏美两国在对方新闻传播媒介上的形象。中国社会科学院新闻研究所副所长徐耀魁(副研究员)和副研究员刘力群应邀参加这次研讨会。徐耀魁就苏联在中国传播媒介上的形象问题,刘力群就美国在中国传播媒介上的形象问题,分别撰写了论文并在会上作了发言。利用会议的间隙时间,中国新闻学者访问了苏联国家电视台、塔斯社、苏共中央社会科学院大众传播教研室以及真理报。通过这次学术讨论会和访问,中国、苏联和美国的新闻学研究界,建立了直接联系。

◇5月29日至6月5日　以副总编辑范荣康为首的人民日报代表团访问民主德国,代表团作为荣誉客人应邀参加了6月3日开幕的新德意志报第30届新闻节。本届新闻节专门设立了面积达1万平方米的"人民日报中心",受到柏林各界群众热烈欢迎。

◇6月2至9日　健康报科教部主任高树楷应世界卫生组织之邀,赴加拿大参加新闻媒介与艾滋病防治工作交流会和第五届国际艾滋病大会,并进行采访报道。

◇6月18至25日　应匈牙利电视台副台长米克罗斯·斯里塔的邀请,贵州电视台台长助理兼总编室主任黄震白,编辑兼翻译谢文锦参加了匈牙利1989年电视年会暨19届全国电视节。

◇6月18至27日　应日本北海道新闻社的邀请,黑龙江日报社副总编贾士祥等3人赴日本北海道进行友好访问。回国后发表了有关北海道农业、文教事业发展的文章6篇。

◇6月26日至7月11日　以副台长张德进为团长的四川电视台采访团到南斯拉夫进行采访,拍摄了电视片《南斯拉夫国际婚礼节》。

◇6月27日　湖北电视台与日本NHK事业公司签署合同,向日方有偿提供电视剧《动物王国窃案》电视节目的版权。

◇6月　健康报声像部科长汪葆明应美国东西方中心人口研究所之邀,携所摄录像片《中国人的生育观》赴夏威夷出席了东西方中心夏季文化和人口研讨会。

◇7月7日　人民日报社社长高狄会见了日本自民党众议员、前劳动大臣山口敏夫,同他进行了友好的谈话。

◇7月21日至8月1日　应朝鲜劳动新闻邀请,由余焕春副总编辑率领的人民日报代表团访问朝鲜。

◇8月17日至8月31日　应罗马尼亚火花报邀请,由保育钧副总编辑率领的人民日报代表团访问罗马尼亚。

◇8月22日至9月5日　以四川日报副总编辑唐小强同志为团长的四川省新闻代表团一行6人,赴日本广岛县、山梨县进行友好访问。唐小强等同志除采访报道外,还同日本两县新闻界人士就今后新闻界之间的交流和合作交换了意见。

◇8月24日　应人民日报社邀请,苏联真理报政治观察家奥夫钦尼科夫来我国访问。当晚,人民日报总编辑邵华泽设宴欢迎。

◇8月　新华社中国图片社最近与蒙古国家图片社达成协议,于年内在蒙古人民共和国首都乌兰巴托开办中蒙合资图片公司。这是中国图片社在国外开办的第一家合资企业。

◇9月3日　土耳其大国民议会土中友好小组主席、卫生部长哈利尔、史夫根在伊斯坦布尔授予新华社安卡拉分社首席记者李贤德一枚勋

中国商报记者代表团在日经新闻社印刷厂考察。左三为团长穆励

张　宏　摄

章，表彰他为发展土中友好关系所作的积极贡献。

◇9月12日　日本朝日新闻社论委员、上智大学教授三好崇一来安徽日报社进行友好访问。三好崇一教授此行主要是调查了解安徽日报新闻改革的情况，并应主人的要求介绍了自己从事新闻工作30多年的经验。

◇9月13至28日　以副总编辑汪大绶为团长的中国煤炭报访波团一行5人，应波兰矿工报的邀请，访问了波兰，同波矿工报社交流了业务经验。

◇9月14至23日　应吉林省新闻工作者协会邀请，以苏联克拉斯诺雅尔斯克边疆记者协会主管书记瓦莲金娜·玛丁诺娃为团长的新闻代表团，到吉林省进行了访问，该团是吉林省新闻界第一次直接邀请的代表团。

◇9月19日　联合国开发署驻华代表处常务副代表柏思涛一行3人应新华社邀请，来新华社考察经济信息编辑部。

◇9月21日至10月5日　以中国教育报社长朱世和为团长的中国教育报代表团一行3人访问了苏联，先后在莫斯科、第比利斯和列宁格勒等地参观访问了学校、幼儿园和新闻、文化单位。

◇9月27日至10月4日　应人民日报社邀请，以泰国新中原报总编辑何韵为团长的泰国记者团一行6人访问我国。中央政治局常委李瑞环接见了他们。

◇10月10至17日　澳大利亚第九频道电视台摄影队一行4人来四川拍摄《中国计划生育》电视记录片。

◇10月13至26日　日本新潟日报社派记者阿达秀昭来黑龙江及北京采访。阿达秀昭回国后，在新潟日报上发表了介绍黑龙江的文章10余篇。

◇10月16日　前来中国参加纪念孔子诞辰2540周年学术讨论会的苏联卢蒙巴人民友谊大学新闻系副教授谢尔盖耶夫，来到中国社会科学院新闻研究所访问，双方就新闻学研究问题进行了广泛探讨。

◇10月16日　根据中日技术协定，由中央人民广播电台主办的1989年中日广播技术交流会在北京举行。交流会由日本NHK公司声频专家村田贡也先生主讲，内容有立体声节目的制作和实际录制立体声节目表演，与会者在专家指导下进行了实习操作。

◇10月18至30日　应人民日报社邀请，由副总编辑朴忠顺率领的朝鲜劳动新闻代表团访问我国。18日晚，人民日报社社长高狄设宴欢迎。29日，中共中央政治局候补委员、书记处书记丁关根会见了他们。

◇10月23日　由新华社与捷通社共同主办的今日中国影展在布拉格开幕。捷共中央主席团委员、中央书记福伊季克、政府第一副总理卢昌等出席了开幕式。影展展出的150多幅照片，绝大多数是新华社记者近10年来拍摄的佳作。

◇11月4至11日　双以岩井弘安社长为团长的东日本放送电视友好访问团来四川，与四川电视台正式签订了结成友好台的有关协议。同时还采访了副省长韩邦彦、省委宣传部长许川、人大副主任康振黄及省外办有关领导，并游览、拍摄了市容和名胜古迹。

◇11月16至25日　中国商报社应日本三越株式会社、大荣株式会社、来福株式会社邀请，组成记者代表团赴日考察，团长为中国商报总编辑穆励。中国商报记者代表团在日本考察了每日新闻社、日经新闻社等新闻单位和三井株式会社、丸宏株式会社等工商企业。

◇11月24至28日　应日本索尼公司的邀请，西藏自治区广播电视厅副厅长邱德荣、西藏自治区广播电视厅事业规划处副处长穷达和西藏电视台民泽访问了日本，并到索尼公司进行了业务考察。

◇11月　应德国统一社会党德累斯顿专区机关报萨克森日报主编的邀请，南方日报总编辑张琮等人访问了德累斯顿专区。经双方协商，建立两报的友好合作关系。为此，双方在德累斯顿草拟了合作协议书。

◇12月6至16日　应泰国通讯社邀请，中新社社长诸有钧、副总编辑宋秉钧、海南分社社长何达一行3人访问了泰国。在泰期间，他们参观了泰国大众传播机构，访问了泰华报人基金会，并和6家华文报进行了业务座谈。

◇12月13至23日　应泰国新中原报邀请，由总编辑邵华泽率领的人民日报代表团一行5人访问泰国。

·补遗·

◇　西藏人民广播电台对外部副主任格桑卓玛，1980年以来，每年都被评为西藏广播电视厅的先进工作者和优秀共产党员，1985、1986、1987连接3年被评为自治区优秀共产党员、先进工作者和自治区“三八”红旗手。

格桑卓玛不论在哪个岗位上，在哪个部门工作，她都以党的事业为己任，任劳任怨。在业务上，她也有了长足的长进。她和同事们一道开创了“汉文直接编成藏文编译合一”工作法，得到了上级和专家的认可和称赞。

◇　浙江省广播电视厅总编室副主任童禅福同志严于律己，勤恳工作，廉洁奉公，助人为乐。仅调到省电台工作的4年多时间里，他就先后4次受到厅、台的表扬和奖励，两次被评为省级机关优秀党员，并被评为1988年度浙江省和全国劳动模范。1988年被广播电影电视部授予优秀记者的光荣称号。

高强度标准件在亚运工程中闪光

河北省邢台市标准件 厂向国内外用户致意

本厂是中国机械通用零部件工业协会会员厂，机械电子工业部定点生产厂，河北省轴承标准件工业公司骨干企业，连续六年保持了“河北省文明单位”和“省级设备管理先进单位”的光荣称号。现为“省级金融信用优等企业”，“河北省绿化先进单位”“省级先进企业”。连续两年被命名为“邢台市明星企业”荣誉。厂长张旭国被评为“邢台市十大明星企业家”之一。

本厂技术精湛，资金雄厚。主要生产高强度螺栓、螺母、粗制、精制六角头螺栓、螺母。自84年以来，该厂生产的M12、M16精制六角头螺栓、螺母双双荣获省优产品称号。87年该厂与上海高强度螺栓厂技术协作，生产的高强度标准件通过了省级鉴定，达到国内先进水平。产品畅销华北、东北、西北、中南等20个省市和地区，并已打入国际市场。注册“卧牛牌”商标，深受用户信赖，举世瞩目的北京亚运会工程特选邢标高强度标准件。

厂长：张旭国

厂址：邢台市东关街72号　　电话：6070　6307　6308

电报挂号：2871　　邮政编码：054001

邢台市漆包线厂

河北省邢台市漆包线厂是全国较早生产电磁线的专业厂家之一，已有20多年生产历史。

该厂生产设备齐全、检测设备完善、技术力量强、产品性能好、价格低廉、经久耐用。1989年9月，在全国漆包线行业检测中，该厂所产各类型漆包线，全部达到或高于部颁、国颁及国际标准。

该厂主要产品有QZ型高强度聚酯漆包线、QQ型高强度缩甓漆包线、QZYN型耐水绕组线、F级改性聚酯漆包线及TY型圆铜线。

由于该厂坚持“质量第一，用户至上”的经营宗旨，产品实行“三包”，代办托运、并承接来料加工，日前，产品远销晋、冀、鲁、豫、川等11个省市，深受用户欢迎。

邢台市漆包线厂厂长乔成群

厂址：邢台市环城北路60号

电话：6987　　电挂：3344

粮食通讯

长治《粮食通讯》太行粮食机械厂

厂长王长海　书记张宝华　副厂长朱有志

《粮食通讯》是山西省长治市粮食局主办的一张内部刊物。四开四版。本报将热情宣传党和国家有关粮食工作的方针、政策和社会主义两个文明建设；报道粮食工作改革的新成就，交流粮食工作的新经验，探索粮食工作的新路子；研究粮食经济问题，开展粮食经济理论学术讨论；探讨新形势下如何做好思想政治工作，传播粮食业务知识与粮油信息，反映粮食职工和消费者的意见和要求。

山西省长治市粮食局太行粮食机械厂是山西省粮机重点企业。始建于五十年代，具有三十余年的粮油机械生产经验。我厂技术力量雄厚，设备先进，检测手段齐全，产品质量优良，性能可靠，维修方便，价格合理。产品行销全国各地，深受用户欢迎。

我厂主要生产粮油加工所需要的各种清理、筛理设备及各种输送配套设备；饲料、食品加工设备。承揽粮油加工厂、饲料厂的配套、安装、调试工程；并根据用户要求加工各种粮机配件；冲制各种花铁板。我厂售后服务组将为您提供技术咨询服务，并可随时上门为用户解决技术难题。

长治市太行粮机厂将以先进的技术，可靠的信誉、高质量的产品竭诚为广大用户服务。欢迎你，来人来函洽谈，我厂产品定能得到你的青睐。

·产品简介·

QSX吸式比重去石机

该产品主要用于粮食加工厂从小麦、稻谷中分离并肩石及比重较粮食大的杂质，也可用于分离其它一些谷物中的重杂。是面粉加工厂理想的清杂设备。

本机结构紧凑，外型美观，运转平稳、灵活、无噪音。是1986年商业部鉴定的合格产品。

型号：QS×100型　QS×85型　QS×56型

产（小麦）量：6.5—7.5T／h　5.5—6.3T／h　3—3.5 T／h

主轴转速：450 r. P. m　450 r. P. m　450 r. P. m

风量：3800m^3／h　3200m^2／h　2100m^3／h
4100m^3／h　3400m^3／h　2300m^3／h

动力：0.75kw　0.75kw　0.55kw

厂址：山西省长治市府后街5号

电话：23270　22523

电挂：0208　邮政编码：046000

FT4×12　6×12筛粉机

本型（挑担式）筛粉机是小麦制粉工业对面粉进行筛理分级的主要设备。本机配合一定筛路，可适用于皮磨、心磨、渣磨研磨后筛理。或为提高面粉质量作面粉保险筛。

型　号：FT6×12　FT4×12

转　速：210 r. p. m　210 r. P. m

筛理面积：32m^2　24m^2

回转方向：逆时针　逆时针

偏　心：44mm　44mm

产（面粉）量：1—1.5T／h　0.7—0.8T／h

欢迎订阅

中外妇女文摘

《中外妇女文摘》是目前国内唯一集百家刊物之精华于一册的综合性妇女文摘月刊，它坚持四项基本原则，以改革开放为主旋律，荟萃各方信息之精华，推出中外妇女之人物，交流妇女理论研究之新成果，提供科学育儿知识和儿童教育经验，博采百科知识和实用技术，介绍名人家事及爱情，辅之以雅俗共赏的文艺佳作缩写和引以为戒的普法知识。《中外妇女文摘》创刊以来，深受广大读者的欢迎和好评。

《中外妇女文摘》设有人物、信息、教育、科技、艺苑、民俗、服务、警钟等栏目。本刊文图并茂，内容新颖，文学生动，情趣高雅。它是女子的良师益友，也是男性的知音。《中外妇女文摘》为16开本，48页，每月5日出版，公开发行，全国统一刊号CN15—1119，国外总发行：中国出版贸易总公司（北京782信箱）邮发代号16—33，邮政编码010020，全国各地邮政局（所）均可办理订阅手续。

我们热忱地欢迎您订阅《中外妇女文摘》！

中外童话画刊

《中外童话画刊》是内蒙古自治区妇联主办的、以少年儿童为读者对象的刊物。它的宗旨是以党的教育方针为指导，陶冶儿童情操，启迪儿童智慧，培养儿童想象力和创造力。

《中外童话画刊》立足内蒙古，面向全国。它以神奇有趣的故事、优美动人的画面，向儿童展示五彩斑斓的童话世界。《中外童话画刊》的内容有：蒙古包里的童话，国内优秀童话，世界著名童话，科幻童话，幽默童话，寓言体童话以及儿童自己创作的童话等。

本刊以引人入胜的内容，受到广大少年儿童的欢迎，也获得儿童文学界朋友的好评。

我们热忱地欢迎您和您的孩子订阅《中外童话画刊》！

《中外童话画刊》邮局代号 16—25，国内统一刊号CN15—1118，国外总发行：中国出版对外贸易总公司（北京782信箱），各地邮政局（所）均可订阅。

内蒙古社会科学

《内蒙古社会科学》（文史哲版，下同）杂志是一份哲学社会科学综合性学术理论刊物。由内蒙古社会科学院主办，内蒙古社会科学杂志社编辑出版，双月刊，对国内外公开发行。

《内蒙古社会科学》创刊于1980年。十年来，该刊以马列主义毛泽东思想为指导，始终坚持党的四项基本原则和双百方针，先后已发表社会科学各学科论文1200多篇，共约1000万字。许多文章在探索与研究社会主义现代化建设和社会科学领域的学术理论问题方面，提出了新的见解和论证，受到了国内外学术理论界的重视和关注，得到了有关工作部门的采纳和重视。已发表的文章中，有的获得了全国和自治区优秀论文奖；许多论文和观点为国内和国外的有关报刊转载或介绍。内蒙古自治区主席布赫给《内蒙古社会科学》办刊十年的题词是：“学习宣传马列主义，研究解决实际问题”；自治区党委副书记张丁华在给该刊的贺信中说：“改革开放为《内蒙古社会科学》的成长提供了沃壤，《内蒙古社会科学》也为推进改革开放做出了贡献”；我国著名哲学家、北京大学教授张岱年先生致词该刊：“《内蒙古社会科学》创刊十年来，坚持四项基本原则，同时努力贯彻百家争鸣的正确方针，取得了巨大的成就”。

《内蒙古社会科学》编辑部地址：呼和浩特大学路，邮政编码：010010

主编：旭江　副主编：吴金

国内统一刊号：CN15—1011　国内代号：16—1

国外代号：BM916　国内定价：0.80元

嘉峪关报

嘉峪关市是丝绸之路上一座年轻而富有魅力的国家二级开放城市，这里有著名中外的嘉峪关楼；有保存最好的西部长城、众多的古堡烽燧；有战国时期游牧民留下的黑山摩崖浅石刻画；有新城魏晋砖壁画；有距市区120公里的“七一冰川”及西北最大的现代化钢铁联合企业酒钢公司。

《嘉峪关报》是中共嘉峪关市委机关报，是以各条战线广大干部、群众为读者对象的综合性小报。本报兼有机关报与晚报的特色，融指导性、思想性、科学性与可读性、知识性、趣味性于一体。创刊于1984年7月12日，4开4版，周报。国内统一刊号：CN62—0010。办报宗旨：坚持党性原则，紧紧围绕市委的中心工作，坚持“一个中心”和“两个基本点”的宣传，正确地把握办报方向，充分发挥了党和政府的喉舌作用，实事求是地宣传全市各条战线的新人新事及两个文明建设的成就，提供信息、服务生活、立足嘉峪关，特色鲜明、栏目众多、文图并茂，鼓舞人民团结奋进。

报社设总编办公室、编辑部、通采部，现有11人，其中编采人员9人。现任总编辑：鲁廷文。

社址：甘肃省嘉峪关市新华南路市委院内。　电话：26251

中国好新闻评选

1988年全国好新闻入选作品名录

编者按:1988年度全国好新闻评选已是第十届全国评选了。这届全国好新闻评选于1989年7月17日在北京揭晓,入选的好新闻作品共206篇(件)。其中一等奖作品47篇(件),二等奖作品70篇(件),三等奖作品80篇(件),特别奖作品9篇;另评出好标题21条。

本名录系按报纸通讯社、广播和电视三个部分,以获奖等级为序分别排列的。

报纸通讯社部分

(一) 消　息

一等奖

题　目	作　者	刊播单位	刊播日期
万斤白菜"卖"了7元钱	王超志　慈爱民	解放军报	11月13日
劳模马学良嘉奖乡亲促进双文明建设	王焕章　李双金	宁夏日报	2月22日
兽医博士无奈摆烟摊	王志信	新晚报	9月15日
专业户王求晓夫妻双双考上大学	朱晓峰　张金杨	江西日报	8月8日
约翰逊再次欺骗全世界	徐世平	新民晚报	9月27日
首例配子输卵管内移植男婴在京诞生	孙敬尧	健康报	3月9日
扶风县发生令人痛心的"牛奶事件"	徐国柱	工人日报	5月22日
保存十九载　刻意等亲人	梁卫国	广州日报	6月4日

二等奖

题　目	作　者	刊播单位	刊播日期
8人承包盖章　40天盖270枚	张剑鸣　刘世芳	贵州日报	3月12日
两万张地图走进清河县农家	刘秀礼　许金亭　尹长奎	河北日报	11月12日
并非金石筑　此门竟难开	赵　泉	安徽日报	6月4日
裂缝加大　变形加剧	方　捷　周江平	长江航运报	6月29日
书记取消厂长预备党员资格　厂长又将书记夫妇辞退出厂	李　蓬　王志杰	河南日报	5月9日

数以亿计的蝴蝶近日飞过兴隆山马衔山	张振兴	兰州晚报	7月30日
“党义”,你在哪里?	汪 波 孙滨利	吉林日报	5月3日
名目繁多的表彰奖励有泛滥之势	张崇高 陈 波 李 娜	沈阳日报	4月19日
昆明动物研究所培育计划中的第一只白猴降生	白邹 知鸥	云南日报	6月29日
家用录像机非法进口触目惊心	罗 湘	中国机电报	9月29日

三等奖

上坝乡30多个家庭农场生机勃勃	杨清禄 方秀兰	甘肃日报	7月12日
榆次市印染厂实行一等品质量工资制取得明显效果	乔建蛮	晋中报	6月4日
翼州镇工业公司重奖有功科技人员	殷建农 张锡杰 利 民	河北日报	3月24日
市公安局向“十差”干警亮黄牌——难得	谭 天	邢台晨报	12月30日
查处“官倒”面临“四难”	张春林	联合时报	10月7日
童蒙两岁嗜烟成癖	管 斌	枣庄日报	1月9日
光天化日之下的暴行	王 国 王增陵	南京日报	5月3日
我已成为世界第二大木材进口国	孙树兴	科技日报	4月12日
蜀道难 更难的是观念转变	罗 鸣	四川日报	9月11日
山羊发展的忧思	范光武	赤峰日报	8月7日
从特等红旗班长朱祥炎申请调班看出典型的“疲劳现象”	王德亢 方化民	武钢工人报	6月29日
猪啊 羊啊 送到哪里去	张立成等	城市时报	2月5日
连队“兵丈夫”、“兵爸爸”悄然增多	郭怀亮 张培忠	人民军队报	11月22日

(二) 通 讯

一等奖

吴青与她的选民	陈西林	中国妇女报	4月8日
但存方寸地 留与子孙耕	翟惠生	光明日报	12.28
一人沉浮 千夫评说	高海浩	人民日报	1月27日
“三·二四”上海撞车事故目击记	童禅福	钱江晚报	3月30日
玛纳斯河谷的“超生盲流村”	高炯浩 肖 林	新疆工人报	11月12日
话说“不稳定感”	詹国枢	经济日报	2月26日
是经营商品,还是贩卖权力	谢怀基 焦 利 侯恩贵	辽宁日报	5月22日
汽车,拖着火龙奔驰	艾庆伟 王天乐	延安报	6月14日

二等奖

好听不好听 我叫第一声	李希晓	内蒙古日报	10月14日
一颗心灵的苏醒	王 波	成都晚报	9月7日
老红军当上了“破烂王”	张文祥	承德群众报	8月12日
最后的冲刺	毕国顺	黑龙江日报	11月4日
昨天,市府大楼贴出一封信	孙玉山 吕建国	北京日报	12月27日
小荷才露尖尖角	袁 舟	中国日报	10月6日

人间自有真情在	苏道生　陶瑞钦	南宁晚报	12月20日
夜柳州	吴　昊	人民日报	4月25日
“罪恶”的包围圈	殷兴龙	工人日报	11月27日
唉！十四岁的小拖拉机手	王忠祥　吕其昌	大众日报	9月30日

三等奖

“地头王”气煞“破烂王”	焦　利　侯恩贵	辽宁日报	5月15日
是非曲直总有辩	周　抗	青海法制报	6月7日
88岁末最后第二周——鞍钢职工踊跃资助公司支付购煤款纪实	王健绵　回光照　杨欣然　张家喻	鞍钢日报	12月27日
荒山泪——一个承包大户的悲喜剧	胡宏伟　李春华	浙江科技报	9月10日
寻找图书馆	张　默　董盟君	新疆日报	12月28日
火在呼啸　煤在燃烧——新疆煤田火灾纪实	孙惠卿　夏艾民	中国煤炭报	10月6日
“恶龙”流窜记	李　良　陈志高　王瑞兰	浙江日报	8月9日
医学在呼唤	刘守华	扬子晚报	3月18日
他们顾虑什么？	梁均贵　胡治平	湖北日报	5月2日
这时夕照似朝晖——市老年婚姻介绍处见闻	莫卫平	桂林日报	12月4日
十二个大学生自谋职业记	柴　荣	陕西日报	12月24日
中国特区省的崛起——海南筹备建省大事记	杨宗生　王国雄	海南日报	8月20日

（三）评　论

一等奖

官倒，权钱结合的怪胎——五谈治治轮番倒卖	朱元胜	市场报	10月10日
正确对待农业　平等对待农民	张广友	农民日报	4月12日

二等奖

见“红灯”未可一概“绕道走”	王柏森　肖　泉	新华日报	5月30日
用生产力标准衡量改革中有争议的人物	汪义群　陈修诚	长江日报	1月30日
靠代征人把关？靠设宴者自觉？——写在筵席税开征之前	梁若洁	山西工人报	11月27日
一个人真能承包一百个厂吗？	冯　越	大连日报	3月1日
“刹车”辨	范敬宜	经济日报	10月27日
这类怪事该休矣	建　华　余　勇	解放军报	7月24日

三等奖

从姓“社”还是姓“资”的困扰中解放出来	韩西山	安徽日报	8月16日
果珍之谜	陈宝辉	天津日报	8月6日

（四） 深度报道

一等奖

长江三峡工程问题报道	杨良化	人民日报海外版	11月24日～12月5日
武威地市领导压制新闻批评大发武威	马季元 孙 凯 马应珊 黎戈宁	中国青年报	4月17日
关于南京特价商店的报道	李 伟 张军红 高国智	江苏工人报	5月22日～6月3日
马钢"铁耗子"成灾的调查	李 鹰	马鞍山日报	4月20日～5月3日

二等奖

部分动迁户"回迁难"连续报道	刘福京	大连日报	3月1日～4月2日
关于报社开展多种经营的讨论	张芬之 张秀平	新闻出版报	1月2日
"顾惠东效应"的启示与沉思	常 征	科技日报	1月29日～2月1日
荒唐不荒唐：官亦商、商亦官，审判者竟是告状人	王跃平 赵吉林 谢金虎	哈尔滨日报	9月14日
农业发展探源	邹 渠 姜友全	四川农村报	12月16日～28日
关于福尔马林泡毛肚火锅事件的连续报道	徐 宁 蔡贵俊 刘春帼 胡泽勋	重庆日报	3月15日～4月9日
谁给他们一片瓦？	云大新 邹淘沙 罗建力 唐 彬等	海南日报	88月9日～89月29日

三等奖

一亩半地的思考	李守仲 范三诚	北京日报	1月13日～14日
关于长途客车流氓案的连续报道	南方日报通讯员 南方日报记者	南方日报	6月21日～8月13日
养猪专业户万发龙的遭遇发人深思	武 政 邓季芳 熊文清	江西日报	5月23日
一篇报道捅开盖子 群情激愤揭发官倒	秦 员 井晓晴 石振勤	云南日报	8月5日 9月26日 10月8日
电视机前的面面观	魏爱国	西安晚报	3月2日～3月23日
国营灵武农场抛售假劣玉米种籽坑害农民	马和亮 苟元喜	宁夏日报	3月27日 4月3日 5月20日 6月28日

上海甲型肝炎流行的反思	林秀珍　白　筠　郑灵巧	健康报	3月3日～27日
发展通信事业系列报道	杨自力　韦　伟　梁树雄	中国电子报	11月25日
盘江千里行	胡宗裕　冯永方	黔西南报	10月3日～12月31日
南海潮	熊先志等九人	湖南日报	4月16日～5月26日

（五）读者来信

一等奖

万张欠条　带来五难	胡士华	农民日报	10月20日
群众揭发信挫败了弄权作假者图谋	童施意　何普凡　朱海音	南方日报	9月13日

二等奖

以正压邪　大快人心	周　芳　刘风霞　彭勇芝　吴子斌	湖南日报	7月25日
且看这是何等气派、何等风气	魏涛峰　高厚贵	辽宁日报	11月20日

三等奖

天南海北一片心	黄甲喜　金明子	人民日报	6月15日
征婚启事招来姑娘一封信　欢迎大家畅所欲言谈看法	唐志新等	浙江工人报	11月17日
车站广场丑事不少，非治不可	张利民　胡巨成　赵剑敏	郑州晚报	1月6日

（六）专　栏

一等奖

社会中来	赵振宇　王志远　屠礼汉	长江日报	全　年

二等奖

秋明信箱	家庭社会部	中国妇女报	全　年
求医问药指路	李树宝	河北科技报	全　年

三等奖

在我们的办公室	尚　东　卢鸿谋	福建日报	下半年

（七）版　　面

二等奖

沈阳日报一版	张金凯　林　勇	沈阳日报	10月4日
羊城晚报一版	要闻部	羊城晚报	7月1日
钱江晚报《海外》副刊版	吴德恩	钱江晚报	5月3日

三等奖

中国计划生育报一版	孙惠莲等集体制作	中国计划生育报	1月1日
黑龙江日报四版	杨殿军　李长江　施　红	黑龙江日报	12月24日

（八）标　　题

(主)上面来一斗决不给农民九升九 (副)海堰乡化肥供应实行"三公开""一证管"	黄振芝　于　涌	盐阜大众报	9月2日
篮球王国负于苏联　美国观众难以接受 口中连喊还是第一　脸上挂满伤心泪珠	体育版编辑	新民晚报	9月29日
刘再复姚雪垠唇枪舌剑 魏明伦半路杀出"程咬金"	新闻部一版编辑	文学报	8月18日
(引)扯皮一年半　招待近一万 吃喝归吃喝　事情仍没办 (主)丹江口二中师生栖破庙盼迁校望眼欲穿	张　飚　陈泉涌	中国青年报	6月18日
(主)了却一片思乡痴情　离去声声呼唤 "统一" (副)胡秋原先生昨登机赴穗	夜班组编辑	文汇报	10月13日
(主)温凉河畔有温凉 (副)女中学生曲无霞落水，有人袖手旁观， 有人奋勇抢救	王　禾	南阳日报	8月7日
夫妻分离四十年　怨你，怨我？ 少小离家老大回　有悔，有喜！	编辑部	焦作日报	12月20日
(引)从卫星发回的地球照片上，联合国 环境规划署的官员们惊奇地发现： 他们找不到中国的那个城市 (主)本溪知何去？茫茫烟尘蔽！ (副)市民提出：谁能治理好污染， 我们就选谁当市长	范敬宜　王亚东	经济日报	8月9日
(引)航天技术的又一新成果 (主)"长征"呼啸冲天"风云"遨游太空 (副)我启用新型运载火箭成功发射一颗 气象卫星	夜班编辑室	广州日报	9月8日
(主)费费费　该废的全废 (副)我市取消不合理收费项目达七十八项	刘永强	宝鸡日报	12月10日

标题	作者	报刊	日期
(引)眉县糖业烟酒公司 (主)要回扣不给　给回扣不要	吕向阳	宝鸡日报	12月30日
(主)海虾"蹦"到塞外高山 河鱼"游"到边防哨所 (副)某守备师机关为分散执勤点送年货	李　吟　李　谦	解放军报	2月13日
(引)"苦瓜脸"在这里还呆得住吗? (主)"南粤"重锤猛击"铁饭碗" (副)柜长、岗长、营业员层层聘任聘选 不被聘或解聘的只能当见习营业员	要闻部	羊城晚报	5月10日
(主)最后一颗公章悬而未落 (副)农民感叹事难办,农行担心贷难收	编辑部	贵州日报	3月14日
(主)0.1%,学校体育经费少得可怜 32.32%,中小学生近视眼多得惊心 (副)市教育、体育、卫生三部门指出: 要摆正学校体卫工作位置	杨硕奇	珠洲日报	4月18日
(引)死人与活人争地　活人借死人生财 (主)如此"致富门路"怎能开?	唐应生	北京日报郊区版	11月11日
(主)梁山泊英豪"聚义"方寸之地 (副)《水浒传》邮票(第一组)发行 仪式在梁山县举行	于明仁　马光华	山东邮电报	1月2日
(主)"黑车"碰上了"红灯" (副)我市决定对各单位以个人名义购买的 小汽车,全部集中查封,逐台审查,从严 处理	总编室	锦州日报	11月26日
(引)来的都是客　全凭嘴一张 (主)皮口镇被吃穷了	熊资佐	大连日报	9月5日
(主)靠"三条腿"走路　管"一家人"吃饭 (副)襄樊日报每年多种经营收入逾百万	张芬之　王连第	新闻出版报	
(引)一代名将叱咤风云千年古墓规模宏大 (主)关中程咬金墓发掘出珍贵文物 (副)长篇墓志披露重要史实 精美壁画再现初唐气象	曲冠杰	光明日报	7月10日

(九)　新闻照片

一等奖

标题	作者	报刊	日期
拉萨"三·五"骚乱	戴纪明　姜恩宇	中国记者	第五期
人间自有真情在——记一个特殊家庭	李晓果	人民日报海外版	11月9日
到家了	张曙光	人民日报	4月29日

二等奖

标题	作者	报刊	日期
班禅大师	任晨鸣	香港民报	4月5日
日本首相谒碑	贾国荣	香港东方日报中国版	8月27日
"三·二四"火车事故现场纪实	吴学华	新闻战线	第五期

三等奖

令人震惊的1000万	贺延光	中国青年报	9月17日
贫困县里的贫与富	钱　捍	大众日报	1月16日
吃穷家底的“穷吃”	许源盛	人民日报	11月27日
死不瞑目	江式高	中国环境报	4月12日

（十）新闻漫画

一等奖

沙米尔的遮羞布	李建华	中国日报	2月11日

二等奖

“孩子们这下平安了”	王尊农	宝鸡日报	12月14日

三等奖

鸡眼切除了，这瘤子二位打算何时动手？	朱根华	人民日报	6月3日
88年全国彩电评比61个一等奖	章建生	蚌埠日报	12月9日
龙腾虎跃图	孙以增　左　川　徐　进 江　帆　缪印堂　沈天呈 庸　非　何　韦　叶春旸 法乃光　王复羊　王春生	工人日报	2月6日
画饼充饥	郁家伦	安庆日报	3月29日
高空轰炸	叶崇正	福建日报	8月14日
我的战友们	张　滨	解放军报	10月30日

（十一）特别奖

深度报道

“立碑风波”及其讨论	李凌沙　姚子珩　刘阳初	湖南日报	1月25日—89年3月28日
批评报道为什么这样难（专题讨论）	席文举　张小明　谢治安	四川日报	6月20日—11月20日
“戴晓钟案件”（连续报道）	王代同　李宏奎　微　明	科技日报	3月7日—12月1日

通　讯

作品	作者	刊载单位	日期
倾斜的"金字塔"	马役军　李　杰　罗　勤	中国青年报	4月27日
南中国海在呼唤	阚士英　何德来	解放军报	12月20日
宁夏不能再等待	赵　彬　范益民	宁夏青年报	9月23日
中国铁路悲歌	孙亚明	中国青年报	6月3日
事故沉思备忘录	吴　琰　丁国元	工人日报	3月7日
他们在播种希望	邢作岳　王忠烈　刘同贵　郝浩然		

广播部分

一等奖

作品	作者	播出单位	日期
对农村广播:话说"催粮催款"	魏治祥　杨登榜　宋兴华	四川金堂台	11月19日
新闻性专稿:我看林业这十年	王宴青　陈勇庆	中央台	12月8日—9日
评　论:大瓷盘为什么走俏?	周　川　史林杰　邵　强	新疆台	12月20日
新　闻:如此搭配令人吃惊——我市医药部门的一件怪事	众　言	辽宁丹东市台	10月7日
新闻性专稿:独居户见闻录	陈　明	河南台	11月10日
新闻性专稿:广州住房制度改革大家谈(直播)	徐　晖等	广东台	10月7日
评　论:以实际行动报答大树的恩情	王建人	浙江台	8月8日
新　闻:扶贫会上小车多　发人深思	石建华	河南广播电视新闻中心	2月2日
听众信箱:制止截留农民卖粮款	王海军	安徽蒙城站	6月20日—24日

二等奖

作品	作者	播出单位	日期
新闻性专稿:访海南知青	杜嗣琨　黄维群	中央台	1月9日
新　闻:里根援尼反政府武装遭反对	钱雨润	国际台	2月3日
新　闻:今年第七号台风今天零点在我省登陆	陈　强　陈吾升	浙江台	8月8日
新　闻:云南地震连续报道(5篇)	周燕屏　胡家麒	国际台	11月7日—18日
新　闻:中国人坐中国车的年代不会久远了	李戈华	中央台	10月8日
录音新闻:软件招标显活力	何祝三　张伯良	湖北台	11月26日
评　论:让缓和之风吹暖世界	徐荣茂　张庭复	国际台	12月22日
新闻性专稿:农民黄久洲和他的知识分子朋友	刘春昭　孙彦海	吉林长春台	10月

新闻性专稿:面对撂荒地的思考	张立功　林丽华　王海柱	黑龙江台	12月12日—13日
节目组合:《青春夜话》面向未来——88年南北青年对话大制作	区念中等	广东台	5月4日—7日
节目组合:英语广播《时事节目》	李　丹等	国际台	6月30日
节目组合:早新闻	编播科	上海台	1月26日
听众信箱:“安乐死”讨论之三	任晓东	中央台	3月16日

三等奖

新　　闻:文明商店不文明,赌局设在柜台上	李英华　王　勇	天津台	3月1日
评　　论:莫让“宗教”迷住眼	李永发　格桑卓玛	西藏台	12月20日
评　　论:莫教孩子当“看客”	王立贤　易亮明　周适群	湖南长沙东区站	11月3日
新闻性专稿:第二次起跑	王林磊　周小瑞	四川台	11月6日
新闻性专稿:公路线上的“梗阻症”(2篇)	周文报等	河北台	5月8日—6月7日
新闻性专稿:宏观“拉闸”之后	张汉生　陈荣路　胡继之　孟长河	湖北武汉台	12月31日
新闻性专稿:沈阳球迷风采录	王宝祥　向　萤	辽宁台	7月30日
新闻性专稿:广州,激烈震荡的七天	黄　云	广东广州台	8月5日
对农村广播:介绍一个新型的民办经济组织	赵洪儒　张树力	黑龙江松花江台	11月18日
对农村广播:深山里的唢呐声	阎　石	甘肃德原县站	10月20日
对农村广播:“乡娘子”谈廉洁	郭传靖　温立雄	江西奉新县站	7月12日
节目组合:本县生活节目	天津蓟县站		11月14日
节目组合:我们周围充满爱	刘玉珍　邓余保　祁云龙	湖南台	1月9日
听众信箱:答台湾青年听友“汉声”	廖雷方　刘　武　林智勇	海峡之声台	1月5日

电视部分

一等奖

新　　闻:浙江盐业生产面临危机	施泉明　周冬梅	浙江电视台	5月21日—23日
新　　闻:中央领导祝贺北京正负电子对撞机对撞成功	赵立凡　马赤后　屠椿华	中央电视台	11月24日
新　　闻:我国结束蒸汽机车生产历史	赵有田　张　建　高丽萍	山西电视台	12月21日
新　　闻:振兴开封座谈会开成了催眠会		河南电视台	
新　　闻:乱开发票成为干扰物价改革的一大公害	韦世林	贵州电视台	
专题新闻:祖国不会忘记	朱乐民　骆嘉玺　彭维超　苏方学	中央电视台	
新闻专题:房子会有的——广州市“住房改革千家谈”启示	马晓燕　何日丹　蔡贤盛	广东电视台	12月16日
新闻评论:从一家工厂停产所想到的	康　平　庄建民　倪小林　杨　东　张步泳　肖晓琳	中央电视台	12月18日

连续(系列)报道:七号台风袭击浙江	新闻部	浙江电视台	8月8日—11日

二等奖

新闻专题:"红孩儿"现象	李小舟　孙海帆	江西电视台	5月31日
连续(系列)报道:橱窗十年话改革	沈明昌　劳有林　陈康俊　耿燕南	上海电视台	12月18日—25日
连续(系列)报道:今日广州老人	李贤俊	广东电视台	1月13日—17日
新　　闻:体操小将石丽颖带伤拼搏感动观众	初　敏　李　连	山东电视台	
新　　闻:我国大陆第一个试管婴儿诞生	刘晓军　杨　柯	中央电视台	3月10日
新　　闻:迎接检查菜场三天迟开业	汪　波　王展理　朱克虎	江苏电视台	1月27日
新　　闻:迁宁一些盲目建设的农贸市场已荒弃	于兴国	辽宁电视台	7月26日
新　　闻:长江三峡自然景观遭破坏	杜少华　姜怀地	湖北电视台	4月11日
新　　闻:"洪财"面前显风格	董万金　刘　炜　杨洪琳	陕西电视台	8月18日
新　　闻:玛纳斯县水管部门在抗洪期间组织跳舞引起社会不满	阿里木·胡赛音	新疆电视台	
新闻评论:潜在的危机——关于童工现象的思考	陈晓丹　刘东升	广东电视台	4月8日—10日
新闻评论:冬到长安话水利	顾今阳　黄春仙	陕西电视台	12月29日
新闻专题:爆炸后的爆炸	周伟成　侯预徽　陆建光　赵茂荣　徐权勤	浙江电视台	12月30日
新　　闻:珠龙乡喜办托牛所	周大鹏　周学明	安徽电视台	9月17日
新　　闻:广州市首批先人骨灰撒向大海	殷秋新　何日丹　何博仪　李俊贤	广东电视台	4月26日
新　　闻:怀仁县售粮、储蓄和供应化肥做到三见面、三满意	赵有田　张　建　高丽萍	山西电视台	12月14日
新　　闻:农村新鲜事——儿子教老子种田	杨晓力　艾婷烨	四川电视台	5月20日
新　　闻:谢百三讲深受欢迎	朱永雷	上海电视台	9月25日
新　　闻:名目繁多的评奖给企业背上了包袱	周世鸽	湖南电视台	7月4日
新　　闻:福州警民围捕流窜作案歹徒	陶励云　吴洪礼　卓　敏	福建电视台	10.27
新　　闻:武汉测绘科技大学发挥回国留学人员作用	李　凯　李光祥　王亚非	武汉电视台	12月30日
新　　闻:一架民航客机在九江迫降		九江电视台　江西电视台	7月13日
新　　闻:我国第一颗气象卫星发射成功	周亚非　刘江海　韩金度　陈建中	中央电视台	9月7日
新　　闻:四平农科所科研成果越多单位越穷	彭　勇　韩立叶　王殿君　邓立亚	四川电视台	11月2日
新　　闻:山西临汾市75名个体户共产党员挂牌抵制乱涨价风	郝延伟　韩一萍	山西电视台	12月9日
新　　闻:揭开"油井"之谜	徐　剑　林　焰　黄寿仙　刘亚林	陕西电视台	6月5日

·参加全国好新闻评选者谈感想·

在充分发挥新闻社会协调的总体功能中夺魁

——第十届全国好新闻作品综述

何光先

1989年5月，一个极不平凡的日月。这不仅因为第十届全国好新闻评选在5月举行，并且是它的十周年纪念时刻；更重要的是5月份发生的震动中外的事件，给这届好新闻评选带来了反省，带来了启示，也给这篇综述带来了新的思考。

过去，我们对每届好新闻作品的评价，多着眼于写作技巧，写作特点，并且肯定这些年我国新闻写作已经历了“短、新、活、深”的四个阶段，看到了我国新闻写作发展的轨迹。

现在，我们该怎样来评价第十届全国好新闻评选及其入选作品？尽管它们在写作上又有新的特点，新的发展；然而，联系当前实际，对于好新闻评选及其入选作品，我觉得更值得研究和需要研究的，应该是它们的社会作用。纵观这届206篇(件)好新闻作品在实际生活中所发生的影响，深知一篇好新闻作品对于社会作用的重要。

诚然；新闻要短，以更多地传播信息；新闻要新，以更适时地反映社会各方面的事态；新闻要活，以提高新闻的可受性；新闻要深，以增强新闻的可塑性。这都是好新闻必备的品格。但这一切的出发点和归宿只有一个：攫取新闻的最佳社会效果，发挥新闻的最大社会作用。

社会协调是检验好新闻的基本标准

新闻的社会效果是一切创造好新闻作品活动的出发点和归宿，离开这个目的，就失去了好新闻评选的根本意义。然而，什么是检验好新闻作品社会效果的准标？这届好新闻作品回答我们的是：社会协调。

“你们说清楚，这张报错在哪里？说出了，就拿走。”就是1988年3月17日，当甘肃省《武威报》因刊登《人民代表的心里话——行署约请武威市人大部份基层代表座纪实》，批评了武威市工作中一些缺点错误，而武威地委负责人强迫《武威报》社派记者沿街收缴报纸时群众的责备声。正如参加收报的一位记者所说：“我跑了一整天，去了几十个单位，接触了上百人，都说这篇报道说的是实话，是人民的心里话。”被派出去的八名记者跑了一天，只收回了110份报纸，而武威市却满城风雨，人们争相传阅未收走的报纸，并纷纷给报社打电话、写信，都对收报行为表示了强烈不满。本来，行署正副专员听取市部份人民代表的意见是好事，可很快被地委负责人决定收报的错误行为搅乱了，影响了人们的心态平衡，影响了全市的安定团结，影响了社会的和谐协调。

武威地市某些领导人这种大发武威、压制新闻批评的行为，被中国青年报首次披露出来之后，引起社会哗然。时值全国人大七届一次会议期间，看了这一消息，不仅全国人大代表震惊了，外国来宾也震惊了，一位外国专家说：“今天是‘愚人节’，你们可不是跟我们开玩笑吧？”然而，这是确确实实的已经发生了的头号“蠢事”，与社会主义的起码民主精神都不相符合的“蠢事”！后来，在社会舆论的强大压力下，在甘肃省委的严厉批评下，武威地委负责人接受了批评，作了检讨，才平了民愤，使群众的心态恢复平衡，武威市也重新得到安定团结。在这里，我们体验到了新闻报道对于社会协调的重要。社会协调是好新闻作品社会作用中最主要的作用。正因为如此，这组“武威收报事件”的连续报道被评为这届好新闻作品。

传播信息、反映舆论、引导舆论、影响事物(社会)的过程，这是新闻的基本功能。新闻之所以能够影响事物或社会的进程，主要在于它能够通过传播信息，反映舆论，进行社会协调，协调人们的意见，也协调社会心态。长江三峡工程问题，已争论了好几年，全国人民对此极为关注，特别是多数人不仅担心这个工程的实施会给国家的经济带来困难，而且担心这个工程将来可能产生的后患，希望专家们能对此得出科学的结论。人民日报(海外版)的《长江三峡工程问题》系列报道，由于将有关部门、专家对三峡工程长期争议的各方意见和面临的困境客观地端了出来，材料翔实，态度公允，分析中肯，立论有据，使广大民众了解到了真实情况，表达出了他们的意向，同时也使决策者从中了解了民意，得到了教益，并尊重了科学，做到谨慎从事，使这个极为人们担心的工程至少目前搁置起来了。从而推进了决策的民主化、科学化，起到了重大舆论引导和社会协调作用。因此，这组系列报道也被一致评为全国好新闻作品。

新闻的社会协调任务是极其艰巨而又复杂的。社会是以一定的结构形式构成的，社会又是由一个错综复杂的利益关系的网络织成的。社会协调，包括社会结构的合理，关系的和谐。新闻的社会协调，基本关系可分为三种：纵向关系、横向关系、部分与整体关系。纵向关系主要体现为领导与被领导关系；横向关系主要体现为地区、行业等之间的关系；部分与整体的关系，主要体现为个人、集体、国家之间的关系。去年夏收后，全国不少农民向国家卖了余粮，可粮食换回来的不是农民急需的钞票，而是一张又一张白条。这个由于对个人、集体、国家、三者关系处理不当而引起的农民心里的恐慌，以至农民的极大不满，导致了农民不肯卖余粮，甚至因此同当地粮食部门发生尖锐的矛盾，一时成了社会的不安定因素。农民日报抓住这个关系，及时发表湖北孝感读者关于《万张欠条带来五难》的来信。来信指出：由于粮店收购粮食打白条，给当前工作带来五大困难——国家粮店收粮难、乡的干部动员卖粮难、控制粮食非法经营难、无钱买农药晚稻治虫难、秋播备肥难。孝感市看到了这封来信的批评，采取了果断措施，在短期内将全市的"白条"欠款全部还清，缓解了矛盾，获得了农民的重新信任，安定了大局。这封来信发挥了巨大的社会协调作用，获得了这届全国好新闻的荣誉。

《万斤白菜"卖"了7元钱》，是解放军报曾经轰动部队上下的消息。消息披露：某连队种了几亩大菜，白菜倒是丰收了，可被上级机关干部一抢而空，成万斤白菜只"卖"了7元钱，连队官兵的辛勤劳动成果几乎被不正之风一洗而空。这条消息不仅引起了部队的震动，也引起了领导机关的重视，对于大刹不正之风起了推动作用，也对于因不正之风而造成的各种积怨有所宣泄，从而达到了协调部队上下级关系的作用。因此，这篇作品被一致评为好新闻作品。

新闻的社会协调作用是多方面的，既具有抑制、揭示、宣泄的作用，也具有沟通、激励的作用。中国妇女报的通讯《吴青与她的选民》之所以被一致评为全国好新闻作品，就是因为它给人们带来了激励和力量。通讯写的是一位大学女教师被选上了人民代表后，能够认真听取选民的意见，反映选民的意愿，并尽心尽责为选民服务，使选民从她身上看到了一个真正人民代表的形象，而不是象有的人民代表那样虚有其名，给选民带来了激励和力量，从而协调了这个选区的选民和政府之间的关系。她被连届选为人民代表。钱江晚报的通讯《"三·二四"上海撞车事故目击记》，则从另一角度出发沟通了社会信息，消除了人们对这次车祸的一些不定性认识。这篇通讯的作者，不仅是这次车祸的目击者、报道者，而且也是这次车祸的受害者；他在这次列车出事时正是这次列车的乘客，因他负伤较轻，首先参予了对重伤员的抢救，并通过参予抢救工作采访了目击的种种事实，生动真实地说明了这次火车事故的原委和真相，令人可信，对于消除人们的种种猜测，稳定舆论，起了积极的作用。因此，这篇通讯也被评为好新闻作品。

新闻的功能是多方面的，社会协调是新闻的整体功能。无论传播信息、反映舆论、指导生活、介绍知识、进行教育、引导生产、提供娱乐……都必须服从协调社会这个总体功能，围绕社会协调这个总体功能去发挥作用；不管人们是否已经充分意识到这一点，但它无时无刻不在发生这种作用，所不同的是，有的对社会发挥正协调作用，有的则在发挥负协调作用。也正因为如此，有的新闻报道受到上下一致的欢迎，有的新闻报道则只受到某一方面的欢迎；有的新闻作品在评选中入选了，有的新闻作品则在评选中被淘汰。同是报道"特价商店"的问题，现代工人报关于重庆市物价商店的报道，因为过多强调了其弊，而对其利（有利于满足市场急需和货币回笼）说得不够，不利于协调社会各种需要，所以作品终被淘汰；江苏工人报关于南京特价商店的报道则与此不同，写事实实事求是，作分析中肯全面，谁看了也觉服气，有利于协调社会各方面人的心态，因而作品入选获奖。

社会协调有赖于发挥新闻的舆论监督作用

新闻社会协调功能的发挥是有条件的，其中最主要的条件是充分发挥舆论监督作用。增强舆论监督作用，新闻社会协调的这一整体功能就会大大加强，否则就要极大地削弱。这正是参予全国好新闻评选的作品中，之所以有的入选而有的落选的一个基本原因。

在这届全国好新闻评选中，参予各系统复评的作品过千件，其中具有舆论监督作用的作品近80%；而复评入选的作品中，具有舆论监督作用的则约在95%以上。这个总的事实就说明了舆论监督作用对于新闻的社会协调功能发挥的重要性和必然性。这里的关键就在于谁的舆论监督作用发挥的更好更充分。比如，关于知识分子政策的执行方面，这次在消息中有两篇：一篇是哈尔滨日报报道的《兽医博士无奈摆烟摊》，一篇是山西日报报道的《著名音乐家史掌元晚景窘迫》。前者是讲一位兽医博士找不到工作只好靠当小贩摆烟摊糊口，浪费了高级人才；后者是讲一位近七十岁的老作家至今仍是农村户口，老来生活十分困难。两者在落实知识分子政策上都存在严重问题。开始，这两篇作品都列在入选之列，可后来经过反复比较，《著名音乐家史掌元晚景窘迫》落了选。原因就在于史掌元有十二个儿女，在他自己的要求下国家已帮助安排了十个子女工作，因而他本人就未能转入城市户口了，这与兽医博士摆烟摊相比，其舆论监督作用显然要小得多，对社会的协调作用也就更小；加之消息的写作上还存在一些毛病，因此，入选《兽医博士无奈摆烟摊》一文，就是理所当然的了。

在我国改革的大潮中，有人钻改革的空子，各种不正之风盛行，引起了群众的极大不满，影响了社会的心态平衡，急待宣泄、解决、协调。在这种情况下，许多新闻媒介在舆论监督方面发挥了很好的作用。河南日报发表的《书记取消厂长的预备党员资格，厂长又将书记夫妇辞退出厂》的消息，揭露了这个厂的领导干部互相利用职权"对着干"的恶劣行径，以及给生产带来的严重后果，从而发挥了新闻舆论监督作用，引起了领导机关的重视，给予解决，协调了这个厂的关系。中国机械报发表的《家用录像机非法进口触目惊心》的消息，揭露我国1987年非法进口家用录像机还只有30万台，而1988年则达到100

万台，为国家计划1万台的100倍，"官倒"肥了腰包，国家损失严重。无疑，这对广大群众来说是触目惊心的，对国家领导机关来说至少也可起到"清醒剂"的作用。因此，这两篇消息均以舆论监督作用突出而被评为全国好新闻作品。

一篇新闻舆论监督作用发挥的大小，一是在于是否第一次"曝光"，二是在于是否敢于完全彻底说真话。在这次全国好新闻评选中，同一主题的作品不少，其中有的之所以入选而有的之所以落选，除了写作技巧上的重大毛病之外，无不决定于这两大原因。以"官倒"的报道为例，推荐来全国评选的数十篇，在文字作品中入选的只有4篇，其它均因并非第一次"曝光"而落选。这4篇入选的作品是：辽宁日报的通讯《是经营商品还是贩卖权力》，虽然这篇作品作为通讯体裁尚有不足之处，但它被认为是最早揭露"官倒"的报道；中国机械报的消息《家用录像机非法进口触目惊心》，虽然在全国范围来说揭露"官倒"不是第一次"曝光"，但它在家用电器进口方面的"官倒"则是最早的；哈尔滨日报的连续报道《荒唐不荒唐：官亦商、商亦官、审判者竟是告状人》，第一次把"官倒"、执法者"本是一个人"揭露于众；市场报的评论《官倒，权钱结合的怪胎》，虽然发表的并不算早，但它通过"谈治治轮番倒卖"的系列评论，最早系统深刻地揭示了"倒爷"(其中主要是"官倒")的罪恶圈及其社会原因，使人们看清了他们存在的危害和社会基础。由于这4篇作品从不同角度基本做到了第一次"曝光"，舆论监督作用发挥得较充分，均被评为全国好新闻作品。

在舆论监督中，说真话难，完全彻底说真话更难。比如，陕西省扶风县食品厂在收购五车牛奶回厂的路上，被当地东西湾村干部设路障拦住，索要10万元的买路钱，该厂生产股长多方向县政府告急无人过问，结果五车牛奶因过时不能回厂处理而全部变质坏掉，他们一气之下，把五车臭牛奶倒进县府大院。对于这个题材这次送来了两篇新闻作品：一篇是当地宝鸡日报的系列报道《扶风县倒牛奶事件》，新闻如实地报道了事实经过和县政府罚下不罚上的处理结果，但未敢对县政府这种不公正的处理提出异议，没有完全彻底说真话。这显然是不能平民愤的，更难以协调社会心态。另一篇是工人日报的消息《扶风县发生令人痛心的"牛奶事件"》，它明确指出"因索要'买路钱'扯皮，县领导议而不决，造成重大损失""问题在于'上梁不正'"。这条消息虽然在时间上比宝鸡日报晚了两个星期，但大家认为工人日报这条消息敢于说真话，坚持了真理，较好地起到了舆论监督作用，因而前一篇连续报道落了选，后一篇消息入了选。

能否坚持说真话，是能否发挥新闻舆论监督作用的一个重要环节，也是新闻对社会协调中起正作用还是起负作用的一个重要环节。工人日报的通讯《"罪恶的"包围圈》，以大量的事实揭露了北京亚运村周围盗窃、倒卖建筑材料的丑行，令人触目惊心；这些巨额的建筑材料的被盗和倒卖，不仅反映了建筑工地的管理极其混乱，也揭示出内部管理人员与盗窃者的某种"默契"，情况十分复杂。报社让这些丑行曝光，无疑会触犯某些官僚主义者甚至同伙者，会惹来"麻烦"，然而他们坚持说真话，不怕惹"麻烦"，因而获得评选者的赞扬，被评为全国好新闻作品。与此相反，在这届送来参评的批评报道作品中，有好几篇本来问题重大，但因话不由衷，揭事不彻底，而被淘汰了。比如，某报揭露《官倒爷毁了全国最大的铝品厂》，可只说现象不说人，话到嘴边留半句。再比如，某报揭露《大批化肥压在港口急煞农民》，明知这些化肥之所以压在港口，原因是官倒们作祟，化肥尚未搬动，已经倒手数次，价格也已涨了几次，但新闻报道最后连一个官倒公司也不敢点。这类"半开半掩"的报道，虽说有他们的为难之处，但作为好新闻作品是不宜提倡的，因而落选是理所当然的。

舆论监督不并限于批评性报道。批评报道固然可以发挥较大的舆论监督作用，表彰报道也同样可起到扶正祛邪的舆论监督作用。以教育为例，这次评选收到了不少这方面的作品，其中有揭露批评的作品，也有表彰的报道作品，其作用是异工同曲的。比如，大众日报的通讯《唉！十四岁的拖拉机手》，通讯通过一个十四岁的孩子，为了尊从父母的意愿而缀学去当拖拉手，以至连拖拉机都发动不起来的事实，向人们揭示了当今社会"读书无用论"的流毒之深；同样，江西日报的消息《专业户王求晓夫妻双双考上大学》，虽是表彰性报道，但它因揭示了求学的重要，也从另一面批判了"读书无用论"。两篇作品一弃一扬，异工同曲，均在教育问题上起到了扶正祛邪的舆论监督作用，因而双双被评为全国好新闻作品。

一篇新闻报道是否具有舆论监督作用，关键不在于是批评性报道还是表彰性报道，而在于报道的社会针对性；特别在我国，往往是"正面文章反面作"或"反面文章正面作"，都是具有针对性的。这种针对性越强，舆论监督作用就越大。宁夏日报的消息《劳模马学良嘉奖乡亲促进双文明建设》，是一篇表彰报道，其针对性是当前社会双文明建设的很不够，尤其是精神文明建设抓得很不够，这是反面文章正面作。成都晚报的通讯《一颗心灵的苏醒》，也是一篇表彰性报道，讲的是正确对待失足青年，其针对性是当前社会尚有不少人对失足青年缺乏正确态度，目的是启示人们注意对失足青年的挽救工作。承德群众报的通讯《老红军当上了"破烂王"》，其针对性就更鲜明了：一则说明老红军都在更新观念，增强商品经济意识，当了"破烂王"；二则说明在发展商品经济时期仍要发扬艰苦奋斗的精神，勤俭节约，珍惜国家的一钉一木，"破烂"也应予以利用。由于新闻舆论影响大，对社会协调作用也大，因而这些作品均被选入了这届全国好新闻之中。

社会协调需要把新闻作品写得和谐统一

新闻的社会协调极其复杂。从宏观角度看，涉及到社会发展的总体目标和整个社会结构；从中观角度看，涉及到社会各阶层和集团之间的关系；从微观角度看，涉及到社会心理的平衡和个人的社会行为。一篇能够发挥社会协调作用的好作品，必须对多方面起良好的影响，尤其在当前改革时期，各阶层的利益正处于重新调整的过程，稍有不慎就可能伤害某些人的切身利益而招致逆反效果，这就要靠我们新闻工作者的正确把握了。许多入选的好作品的实践告诉我们，最主要的需要掌握三个"和谐统一"：形式、内容、风格的和谐统一；事实、价值、效果的和谐统一；新闻价值、宣传价值、审美价值的和谐统一。

首先，是新闻价值、宣传价值和审美价值的和谐统一。人民日报的获奖通讯《夜柳州》，写的是改革、开放的柳州夜市。从标题看就给人一种富于魅力的中性新闻的新鲜感，细读内容，正是人们十分关注的市场品种、市场价格、市场秩序等问题，方知作者十分懂得遵循新闻规律，运用新闻价值；作品有深度、有文采、富有杂文味，众生有相无谱，议论有据无训，情景交融，有波有折，思想深邃，回味无穷，审美价值也很高；作者还以敏锐的眼光，深刻而幽默的笔调，通过夜市表现了"初级阶段"的繁荣与混乱，写"夜"也写"暗"，在讴歌商品生产的同时讴歌共产主义道德，呼吁"新秩序"，而这正是改革、开放中所必须解决的课题，因而又具有很好的宣传价值。从而把新闻价值、宣传价值和审美价值和谐地统一起来了，群众愿意读，"官方"也说"是"，而且越琢磨越觉得味道绵长。

要在新闻作品中把"三值"统一起来，确非易事；但这又是好新闻作品必备的品格之一，也可以说是好新闻作品的内在美。因为，一篇好新闻作品没有较高的新闻价值，就难以攫取更多的受众；在当今政党新闻时期，一篇好新闻作品又必然要为一定政党的路线、方针、政策服务，具有一定的宣传价值，否则，也难以获得众多受众的赞许；同时，在实现新闻与宣传的双重价值的过程中，还要把两者有机地结合起来，写得自然优美，意味绵长，信息量大，可受性强，具有很好的审美价值，从而达到三者的和谐统一，使其价值得到增殖。然而，在入选的好新闻作品中也并不尽善尽美，一般虽具有新闻与宣传的双重价值，但多缺审美价值；还有的"宣宾夺主"，宣传价值很高，而新闻价值较低，这是违背新闻规律的，也说明我们的新闻记者和评选工作者尚未完全从"新闻即宣传"的旧观念中转变过来。

第二，是事实、价值、效果的和谐统一。光明日报的获奖通讯《"但存方寸地，留与子孙耕"》，读后令人几乎分不清哪是新闻事实、哪是这篇新闻的价值，它把新闻事实与价值已完全融合在一起。这不仅因为这个主题既是国家民主问题，是人人应该关心的问题，又是个国策问题，土地应处于国家政策的严格保护之下；更主要的是因为这篇通讯把事实、价值、效果三者和谐地统一起来了。人口不断膨胀和耕地面积的急剧减少，已越来越成为我国国民经济发展和实现四个现代化的制约因素。但令人遗憾的是，我国许多人至今并没有意识到"耕地危机"，仍盲目陶醉于"地大物博"的传统观念中。记者敏感地抓住了这一关系着国家和人民生死存亡的重大问题，站在全局的高度，采写了这篇通讯。它用确凿的数字和详尽的事实提醒人们：我国耕地至多能养活15—16亿人口，到2025年就将达到这一极限；如果我们再不十分珍惜每寸土地，我们就将成为历史的罪人！文章观点明确，论据充实，结尾用古代学者的名句"但存方寸地，留与子孙耕"作为"点睛"之笔，巧妙地融指导性与可读、可信、可视性于一炉，把阐述有关国家全局的大事和普通百姓的"家事"之间的距离缩短了，从而达到了事实、价值、效果的和谐统一。

事实、价值、效果三者的和谐统一，是每一篇好新闻作品应有的效果美。要使这三者得到统一，不仅要充分认识到新闻事实自身固有的价值，充分挖掘这些价值，而且要通过采访、制作和版面处理等环节充分实现其价值，才能获取新闻的最佳社会效果，其中任何一个环节处理不好，都必然要影响到价值的充分实现和最佳社会效果的取得。所谓新闻的最佳社会效果，并不是无限度的，乃至可以高于新闻事实固有价值的，它最高只能同新闻事实固有的价值相等；但在多数情况下，新闻的社会效果是低于新闻事实所固有的价值的。因此，强调事实、价值、效果三者的和谐统一，一则在于考察记者把握新闻事实价值和实现新闻事实价值的程度，二则在于防止作者为了提高新闻社会效果而任意拔高新闻事实固有的价值，造成新闻失实。在这次全国好新闻评选中，有些作品题材很好而之所以落选，原因就在这里。

第三，是形式、内容、风格的和谐统一，这是好新闻作品的应有形式美和又一个必备品格，也是实现新闻事实固有价值的必然条件。《北京日报》的获奖通讯《昨天，市府大楼贴出一封信》，报道的是去山西插队的知青田德才，在办按困退办法调回北京的手续过程中，因怕"不花钱办不了事"，曾两次给北京市劳动局知青处李广臣送礼：第一次送去的礼品，李广臣考虑到对方已经花钱买了东西，再把原物退回要造成他的经济负担，便把礼物按市价折成钱退回去了；第二次送去的礼品，因礼重钱多，李广臣自己也觉得经济上难以负担，只把礼物原物退回，并另送了他一包大虾。田德才调回来了没花一分钱送礼，他深受感动，便给市劳动局党委领导同志写了一感谢信，市劳动局党委把这封信在市府大楼贴了出来，北京日报记者得知后第二天就报道出了。通讯从标题到内容，都保留了来信的形式和风格；信中不准确之处，还请当事人李广臣同志作了注解；记者只是根据来信的事实，在来信的开头和结尾处以旁白的形式作了介绍，真实淳朴，新颖自然，字里行间洋溢着真情实感，朴实感人。从而保证了形式、内容、风格的和谐统一，实现了新闻事实的固有价值，取得了较好的社会效果。

新闻作为一种信息，是客观事物新近运动状态的报道，新闻作品要做到形式、内容、风格的和谐统一，关键在于因事制宜，抓住事物变动过程的特定形式、特定内容、特定环境风貌，不拘一格创新体，客观、准确地反映内容，才能做到表里一致，和谐统一。

在这次全国好新闻评选中，有些作品之所以落选，其中一个共同毛病就是形式、内容、风格不能和谐统一。有的本来是记者写的通讯，编辑部把它改成了记者来信，内容、形式、风格很不统一；有的本来是一篇述评，见报时却硬改成了通讯的形式，结果弄成三不像，疙疙瘩瘩，读来不是滋味；更为普遍的是，本来用一篇消息或者一篇通讯或者一篇评论可以报道好的题材，硬要拖得很长，或者搞成连续报道，或搞成系列报道，或搞成组合报道，即使在应作深度形式报道的作品中，有的过于拉杂，活像"王大娘裹脚布"，令人难以读下去。像这类缺乏应有形式美的作品，连可读性都不具备，自然也就更谈不上内在美和价值美了，在评选中被淘汰是必然的。

好新闻作品的实践告诉我们：三个"和谐统一"在新闻写作中是一个系统工程，缺一不可，否则就很难成为好新闻作品，也很难对社会事物起到协调的作用。因为新闻的社会协调是一种"软"协调，不像法律"硬"协调，可以强制服从。新闻首先要吸引受众，感染受众，让受众把它读（听、观）完；新闻还要客观、全面、公正，在社会上形成正确的舆论，才能引导舆论，起到调解矛盾、协调社会的作用。因此，新闻无论在形式、内容、价值等方面，都要做到和谐统一，才能获得预期的社会效果。

全国好新闻评选已举行十届。十届好新闻作品的发展进程在我们面前展现了几个历史阶段：短、新、活、深。这届已关注到对新闻社会协调的整体功能的开发，并从这个整体功能出发来全面要求新闻写作的"和谐统一"。但愿这后者能够成为历史的必然，从此广大新闻工作者都能强化新闻的社会协调意识，把新闻写得更好更美，写出更多更好的好新闻作品。

（原载 1989 年《新闻学会通讯》第九・十期）

反映、促进、改革　求新、求短、求活

——1988 年获奖消息综述

刘俊琪

本届全国好新闻评选报纸系统获奖的消息共有 31 篇。这些作品，从不同层次、不同角度，真实而深刻地反映出 1988 年改革开放的新进展，特别是在改革开放大潮推动下，人们思想观念的变化更新以及在科研领域取得的新成就。同时，也真实而深刻地折射出阻碍改革开放的形形色色的官僚主义和不正之风，以及在治理、整顿中亟待完善和解决的问题。这些作品，不但题材广泛，事实新颖、典型，多数还做到了文短笔活，手法多样。综观这届获奖佳作，使人欣喜地感到，随着新闻观念转变、更新，做为报纸主体的消息，遵循党的路线、方针和政策，在扬善抑恶、扶正祛邪，发挥舆论监督作用，以及在新、短、活的刻意追求中的长足进步。

一

从观念变化更新的新角度和深层次来反映改革开放的新进展，是这届获奖消息的一个突出特点。

存在决定意识。随着改革开放的不断深化，人们的思想观念也不断发展、不断变化更新。积极地发现并反映这种变化更新，发挥思想导向作用，推动社会主义精神文明建设，是我们新闻界义不容辞的责任。但是由于这种变化更新较改革本身的发展变化来得缓慢、细微而深刻，发现和捕捉它们需要更好地深入生活，更强的新闻敏感，更多的分析判断。可喜的是，在这次获奖的消息中涌现出多篇此类精品。荣获二等奖的河北日报发表的《二万张地图走进清河县农家》，以散文式的笔法为我们勾勒了一幅 2.6 万多张中国或世界地图飞进清河寻常百姓家，取代了墙上的"胖娃娃"为内容的新风俗画。透过画面，我们不仅看到了十年改革开放给农村经济带来的历史性变化，从"土里刨食"、围着田头儿炕头转，向同时务工经商、联络海内外的更高层次发展，而且看到了这种发展变化给农民带来的观念上的更新：从心里只有炕头、田头、村头到放眼祖国、世界，胸有五湖四海。这是一篇既富乡土气息，又具时代特征的颇见深度的好作品。

作为十年改革重要产物之一的专业户，在人们心目中大都是"想着法儿赚钱的人"。囿于此见，近年来有关报道也多是写他们如何深谙生财之道而发财致富的。荣获一等奖的宁夏日报的《黄河岸边大沙窝　庄户人家新事多》，写的却是养鱼专业户马志良致富以后，自掏腰包奖励乡亲的新事。他"走家串户，摸底调查，选定了种植、养植、经商、教书育人、尊老爱幼方面的 10 名先进个人"，给他们发了奖状和尿素、床单。生动地反映出专业户扶正气、树新风，促进双文明建设的崭新精神境界。江西日报荣获一等奖的消息《专业户王求晓夫妻双双考上大学》，其主人公为了学习现代化企业管理知识，搞好经营，考上人民大学，自费刻苦攻读。他们对知识的追求与"辍学从商"、"读书无用"的思想形成了鲜明对照，深刻揭示了金钱并非一切，知识才是创业、富国之本这一重要主题。荣获二等奖的吉林日报的《党义，你在哪里?》，之所以在全国引起很大反响，不只是因为它报道了一个"以共产党员的名义"连续 10 个月寄钱帮助一位老工人的动人事迹，而且因为它同令人迷惘的"向钱看"思想构成了强烈反差，令人为之一振。这些反映思想观念变化更新精品的涌现，丰富了改革开放的报道，更臻全面，更趋深入，也反映了新闻同行采访作风的深入，洞察与开掘功力的提高。

二

加强舆论监督，促进改革开放的健康发展，是这届获奖消息的又一突出特点。

党的十三大指出“要通过各种现代化的新闻和宣传工具，增强对政务和党务活动的报道，发挥舆论监督作用，支持群众批评工作中的缺点错误，反对官僚主义，同各种不正之风作斗争。”“提高领导机关的开放程度，重大情况让人民知道，重大问题经人民讨论”。就是说，加强新闻的开放性和舆论监督，是党的要求，是深化改革、端正党风和建设社会主义民主政治的需要，也是新闻改革的一项重要任务。这届获奖消息，较好地体现了上述精神，对阻碍改革开放的违法乱纪行为、腐败现象和形形色色的官僚主义进行了旗帜鲜明地批评揭露。驻京某连种的白菜刚刚收回，机关干部要菜的电话便不断打来，最多时每天27个。结果除一份300斤的交了7元钱，近万斤菜被白白拉走。解放军报抓住这件事，以《万斤白菜“卖”了7元钱》为题发表消息，对这种侵占连队利益的不正之风进行了揭露，并围绕“白菜问题”连着发了一则机关干部补钱的反馈消息，一篇分析有关人员矛盾心态的述评，指出了上层领导应有的正确态度，道出了连队干部怕给小鞋穿的苦衷，为他们伸张了正义。这则消息以采访实录形式运笔，读起来让人觉得真实、亲切，在部队中引起强烈反响，很好地发挥了舆论监督作用。在消息组复评中，以全票评为一等奖。

人们之所以憎恶官倒，是因为它以权经商，官商勾结，谋取暴利，危害严重，是改革开放的绊脚石，社会主义经济的蠹虫。1987年人们开始把眼光从彩电转向录像机，而国家在彩电未国产化之前，只拥有6个家用录像机生产点。为满足人们的急需，国家制订了每年进口1万台的计划。但实际上1987年却非法进口30万台；1988年上半年已非法进口40万台，全年预计将进口100万台。按每台逃税1500元计，仅1988年国家就得损失15亿元。用这笔税金可建家用录像机厂50个。荣获二等奖的中国机电报发表的《家用录像机非法进口触目惊心》，披露了上述事实，并进一步揭露了官倒的违法丑行及其严重危害。大家认为这是一篇针砭时弊的好消息。它严正地指出：“消除腐败，惩治官倒”，势在必行。

在这次获奖的以抨击官僚主义为题材的消息中，有三篇佳作点了当事人或责任者的名字，由于“其责当负，其名当书”，所以值得待别一提。其中有关于企业领导的，如荣获二等奖的河南日报的《书记取消厂长预备党员资格　厂长又将书记夫妇辞退出厂》；有关于县级领导的，如荣获一等奖的工人日报的《扶风县发生令人痛心的“牛奶事件”》；还有涉及省、市领导的，如荣获二等奖的安徽日报的《并非金石铸　此门竟难开》。河南日报消息揭露的是许昌市第二内燃机配件厂党委书记宋海亮和厂长李振炎置社会主义改革大业于不顾，舞权弄术，公演“窝里斗”的闹剧，事例典型。工人日报消息则一针见血地指出：扶风县之所以发生“牛奶事件”，根本原因在于县领导的官僚主义、工作不力。消息在结尾处用采访实录笔法，点了主要领导责任者县长和县委书记的名。安徽日报消息讲的是一个“开门”问题。合肥银河菜场的西门被市园林局“封闭”后，里边拥挤不堪，群众要求打开。正、副市长，省长，市委书记以及市人大领导先后察看，也说应该打开。但数月过去了，菜场依然如故。消息批评了这种官僚主义作风，并点出了本来不该惊动的各位省市领导的名字。上述三篇报道报见报后，全都做到掷地有声。大搞“窝里斗”的厂长在招聘中落选，党委书记易人。扶风县全体干部就“牛奶事件”学习讨论10天；县领导带头查工作作风，制订监督领导和干部的具体措施；教育干部处理好工农关系。有关银河菜场消息见报后，当天下午市长出面拍板解决了开门问题。

此外，有些佳作则通过典型事例，对有些亟待改革、完善的现行体制、政策或社会不良风气等提出了中肯的批评和建议。如荣获一等奖的今晚报的消息《兽医博士无奈摆烟摊》，荣获二等奖的贵州日报的消息《8人承包盖章　40天盖270枚》，以及沈阳日报的《名目繁多的表彰奖励有泛滥之势》和长江航运报的《裂缝加大，变形加剧》等。这些作品的出现，既表明了自党的十三大以来各级党政机关对舆论监督的普遍重视和大力支持，也反映出我们新闻界对党和人民、对社会主义改革开放伟业的使命感和责任心的日益增强，新闻主体意识、胆识和气魄的不断增进。舆论监督的加强，有力地促进了改革开放的健康发展，也使我们同党中央的精神更近了，同群众的心更近了。

三

锐意求新、求短、求活，保证新闻固有价值的圆满实现，是这届获奖消息的第三个特点。

新是新闻的首要因素，主要包含时间新、事实新（主题新、角度新）两个方面。短与活同时间新一样，都是实现新闻固有价值甚或为其增值的手段。短与活要求做到短小精悍，语言精美活泼，表现形式创新。新、短、活三者的高度和谐统一的作品，就是能够以最快的速度，传播最新的事实，并取得最佳社会效果的完美之作。我们虽然不能依此全面要求每一篇获奖作品，但据此综观这届获奖消息，却可以更为清楚地看到大家在锐意追求中的进步和美中不足。首先，在事实新方面，应当予以充分肯定。前面述及10余篇佳作当之无愧。新民晚报的《终生难忘的采访》之所以荣获一等奖，不只是因为事实具有强烈的反常性，次日见报符合时间新要求，以日记形式报道属大胆创新之举，还因为它是国内报刊、通讯社中唯一发现约翰逊服药迹象的独家新闻。消息见报3天后，约翰逊东窗事发，证实了报道的准确性，也表明了捕捉这一信息的记者的机敏所在。分别荣获一、二等奖的健康报的《首例配子输卵管内移植男婴在京诞生》和云南日报的《昆明动物研究所培育计划中的第一只白猴降生》，均属揭示1988年我国科技新发展、新水平的精品，显示了我们伟大社会主义祖国具有自立于世界科技之林的能力。前者以通俗、简洁的语言，及时报道了（属次日见报）我国大陆继试管婴儿之后在生殖医学领域所取得的又一重大科研成果。后者则以不足400字的篇幅，简洁生动地报道了世界人工培育白猴的首次成功，及其在白化病医学研究中的价值。

其次，在短与活方面，成绩也颇喜人。据统计，18篇作品中，700字以下的有10篇，占总数的56%；500字所下的短消息和900字以上的长消息各有5篇，均占总数的28%；每一篇的平均字数为730字。在"活"字上，除"录像机非法进口"、"窝里斗"和"表奖风泛滥"3篇，相对地说略显一般之外，其余诸篇无论是在语言的生动上或表现手法的变化上，都具有一定的特色和新意。

第三，在时间新方面，则表现欠佳。据统计，在4天之内见报的只有5篇；其余13篇（占总数的72%）均属时间性差的"慢三拍"。足见，在追求事实新的同时，也应在争取时间"新"上下功夫。

（原载1989年《新闻学会通讯》第九·十期）

多彩多事之年的实录

——1988年获奖通讯综述

李东东

1988年，我国经济、政治、社会生活诸方面都呈现出多彩又多事的特色，新闻媒介以丰富的报道手段忠实记录与传播，其中不乏精采之作。获一、二等奖的18篇通讯（报刊、通讯社部分），从不同的角度、以不同的题材和写作特色，在反映现实生活的同时，也表现出新闻队伍所进行的不断探索。

这次入选的作品，占推荐总数的13.7%（超长篇除外）。18篇文章出自17家新闻单位，中央国家报纸、省（市）报、地方报约各占1/3。

从入选作品看，大体有这样三个特色：

一是题材多样。既有对改革重要内容或重大侧面的全景式报道，也有以小见大、通过一人一事折射出社会风貌的作品。二是报喜，也报忧，充分发挥舆论监督作用。在反映成就的同时，对10年改革积累的矛盾、困难、社会生活方方面面包括新闻界的失误、教训，以及1988多事之年的灾难性事故报道，占入选作品量近1/3。三是写作手法不拘一格。

一

题材广阔，从宏观到微观，从俯瞰到剖析，兼而有之。

唯一获全票首肯的《吴青和她的选民》（中国妇女报），围绕"人民代表究竟应该怎样当代表"这一七届人大选举时各报推出的共同选题，触及了人民参政议政、推进社会主义民主政治建设的重大主题。记者在一系列采访中发现外国语学院副教授、人民代表吴青其人其事颇具特色，除采访吴青本人外，还向几十名选民作了调查。于是，"不仅真心实意地为人民办事，还试图通过她所做的每一件事情激发起每一位选民的参政议政意识和对国家的责任感"的人民代表形象，就栩栩如生站在读者面前。《话说"不稳定感"》（经济日报），以不到3000字的篇幅，从俯视的角度，夹叙夹议，向读者展示了社会大变革时期人们心理产生的"不稳定感"，描述了"不稳定感"在各行各业的表现，分析了"不稳定感"产生的社会根源和心理根源，揭示出"哪里引入竞争机制，哪里就会产生'不稳定感'"的实质，呼吁人们变革观念，提高素质，迎接社会大变革对每个人的挑战。

改革过程中的流通领域，一方面靠国营、集体、个体几路大军活了起来，一方面又出现复杂的"倒爷"现象；而去年经济生活中的一个重要现象，则是一些政府官员从官场走到市场，用权力交换商品，在流通领域乃至整个社会造成极大混乱，也败坏了党风。群众对此议论纷纷。《是经营商品还是贩卖权力》（辽宁日报）一文，旗帜鲜明地批评党政机关经商办企业，在全国第一个提出"官倒"概念，并有理有据地道出了"官倒"的实质是贩卖权力，其结果给市场带来的是乱，而不是活。

入选的一等奖作品中，还有宣传我国土地、人口重大国策的《但存方寸地　留与子孙耕》（光明日报）和《玛纳斯河谷的"超生盲流村"》（新疆工人报）。前一篇文章的作者站在宏观的、全局的高度，用确凿的数字和详尽的事实提醒人们：我国耕地至多能养活15—16亿人口，到2025年就将达到极限。如果再不十分珍惜每寸土地，我们就将成为历史的罪人。后一篇文章，则将目前偏远地区大量存在的"超生盲流村"中一个典型予以"曝光"，呼唤人们对我国控制人口增长的紧迫意识。

此外，《昨天，市府大楼贴出一封信》（北京日报）和《老红军当上了"破烂王"》（承德群众报），反映了党的干部廉洁奉公、艰苦奋斗的优良作风；《最后的冲刺》（黑龙江日报）和《汽车，拖着火龙奔驰》（延安报），前者记叙了知识分子在平凡岗位上呕心沥血奉献一生，后者描绘出普通工人在事故突发的关键时刻，置个人生死于不顾而抢救国家财产、保护他人安全；《好听不好听　我叫第一声》（内蒙古日报）和《人间自有真情在》（南宁晚报），从不同的角度，烘托出当今社会中不同年龄段人们的新追求与感人的精神境界。

二

对1988年发生的一些足以引为教训的事件，入选作品中也有较充分反映。

《一人沉浮　千夫评说》（人民日报），是一篇直接反映公众舆论对重大事件各种不同声音的报道。对于著名企业改革人物步鑫生的成败这一复杂的社会现象，对于由此引起的人们的各种看法，这篇报道一改就事论事的传统方式，通过社会各界围绕步鑫生成败的各种议论，提出了如何看待中国企业家的成长、如何看待社会心理和社会舆论等诸多引人深思的问题。特别值得指出的是，这篇报道不回避公众对新闻媒介的尖锐批评，并通过新闻工作者的自我反思，在新闻界引出一场关于新闻改革的讨论。

《罪恶的包围圈》(工人日报)，以翔实的第一手材料，揭露了举世瞩目的北京亚运会工程周围令人触目惊心的偷盗行为。这是自1986年9月亚运会工程开工以来，首次在报纸上揭露工程存在的问题。通讯发表后，在社会上引起很大反响，问题被提请人大常委会过问，北京市政府抓紧对之进行了一周大清查。通讯对保证亚运会工程顺利进行起到了监督作用。

《唉！十四岁的拖拉机手……》(大众日报)，以不加一句议论的白描手法，通过不足500字的短小篇幅，写了个少年跑运输"抛锚"在路边的小场面，蕴含着儿童辍学、国民素质潜在下降危机的大主题。

《"三·二四"上海撞车事故目击记》(钱江晚报)，是去年多起灾难事故报道中独具特色的一篇。文章作者亲历撞车事故，既是当事人、幸存者，又是负有真实、迅速报道新闻事件义务的新闻工作者。作者没有把自己视为"局外人"冷眼旁观，而是第一个冲上车厢抢救遇难旅客，同时不忘记者职责，及时、真切地记录了抢救现场，向读者描述出事故惨状及人们互爱互援的情景。

三

随着时代的前进，生活节奏的加快，人们的阅读习惯随之发生变化；新闻通讯的写作适应这种变化，也在不断突破传统模式，呈现不拘一格的特色。

本届好通讯作品中，《一人沉浮，千夫评说》、《话说"不稳定感"》，以及篇幅较长的《倾斜的"金字塔"》和《中国铁路悲歌》(中国青年报)、《南中国海在呼唤》(解放军报)等，反映出中、青年新闻工作者强烈的创新意识。他们的文章透出的那种高屋建瓴、纵横捭阖的气势，大容量、快节奏的写法，看似不符合以往通讯写作对时间、地点、人物、情节及细节的某些要求，但纵观全文，又并不缺少新闻要素，同时把读者带入了更广阔的视野和背景中去观察事物、考虑问题。其中一些作品，可以认为已突破传统观念上新闻只有一天的生命的看法，而具有研究或作为资料留存的意义。

(原载1989年《新闻学会通讯》第九·十期)

发挥引导舆论和舆论监督的功能

——1988年获奖评论综述

解世范

在近几年的新闻改革中，报纸评论的发展大趋势，是更加重视发挥评论在引导舆论和舆论监督方面的功能。本届获奖的10篇评论，充分地反映出这一发展趋势。

与新闻报道(消息、通讯)相比较，报纸的评论在引导舆论和舆论监督方面有它的独特优势。评论立足于客观事实的基础之上，但又不局限于某一具体的新闻事件，而是透过事物的表象，对某些社会现象、社会思潮，或者社会生活、实际工作中出现的某些倾向性问题，进行深刻的剖析，以帮助人们从理性高度来认识它们，取得共识，为消除消极的社会现象，克服错误的社会思潮，解决存在的问题创造出良好的舆论环境。这就是报纸评论所具有的特殊影响力。评论对于引导舆论和舆论监督的作用，正是由这种特殊影响力所产生的。

综观获奖的10篇评论，它们之所以在引导舆论和舆论监督方面富有影响力，最主要的因素有三：

一是具有尖锐性。它们不仅抓住改革中出现的、为党和广大群众所热切关注的重要问题，而且深入触及问题的本质，把握住矛盾的关键环节。因此，做到"有的放矢"，"一针见血"，足以振聋发聩，引起社会的反响。《"刹车"辨》、《见"红灯"未可一概"绕道走"》和《官倒，权钱结合的怪胎》，都是围绕着治理经济环境，整顿经济秩序这一中心环节，针对暴露出来的思想、作风问题，党纪政纪问题，政策、理论问题，等等，阐述其危害性，剖析其后果，指出解决这些问题的方向和途径。在十三届三中全会以后，有些干部群众对治理整顿的方针产生疑虑，误解为改革可能停顿。《"刹车"辨》为了回答这种误解，以生动形象的比喻，说明"刹车"是调整前进的速度，而非中止改革，退回老路。在汽车行驶途中，不知要踩多少次刹车。比行车要复杂得多的经济建设和经济体制改革，要求我们必须根据面临的不同情况，灵活机动采取措施，以保证改革事业顺利前进。这样的评论，切入人们的内心深处，解除人们疑虑不安的心情。近年来流行的"见了红灯绕道走"这一错误口号，成为一些人搞"上有政策，下有对策"的借口，在当前治理经济环境、整顿经济秩序中，是一大思想障碍，具有很大的腐蚀作用。《见"红灯"未可一概"绕道"》这篇评论，严肃地批评了这一消极现象，细微地划清了执行政策中"灵活变通"与违反政策的"绕红灯、冲红灯"的原则界限，有助于澄清人们的思想混乱，促进治理整顿的顺利发展。《官倒，权钱结合的怪胎》，对搅乱市场秩序，为广大群众十分痛恨的"官倒"现象产生的原因作了有力的剖析，指出："商品紧俏，价格双轨，给倒卖提供了沃土"，而"某些用权谋私的人"至少在三个环节上使"权与钱"结合，"实是造成经济秩序混乱的祸首"。这对于我们深刻认识治理整顿的重要意义和紧迫性是大为有益的。

还有另一类评论，虽然并非论述改革中的重大问题，但却是针对当前社会上的某些错误倾向，或某些人的不正常心态而给以评说，以分清是非，扶正祛邪。《这类怪事该休矣》就是这类评论中颇有深意的一篇。它触及人们的道德观念、价值取向问题，揭露了某些同志"恣意涂改历史"，"年龄越改越小，资历越改越老，文化越改越高"，在调职、评衔等关头"索取非分之利”的不光彩行为。

二是富有理论色彩，有深刻的思辨性。根据事实（客观实际情况）进行阐述、分析，讲清道理，这本是报纸评论的任务。在改革进程中我们遇到的许许多多问题，认识并解决这些问题，需要有理论的指导，需要进行理论的思考。我们对事物内在的规律性阐述得越明晰，分析得越深刻，所提供的解决问题的思路越符合实际，那末，引导舆论和舆论监督就是越能取得良好的社会效果。《正确对待农业，平等对待农民》这篇评论，分析近几年我国农产品特别是粮食生产出现波动的原因，向人们揭示了“在发展社会主义商品经济新时期中，能否正确对待农民的一个重要标志是按不按价值规律办事”这个根本原则，并且论述了由于一些部门和干部无视商品经济规律，习惯于沿用行政命令手段来对待农民造成的消极后果。因此，具有较浓厚的理论色彩，不仅引人思考，而且有助于把人们的认识提高到理性认识的高度，增强按照客观经济规律办事的自觉性。评论《用生产力标准衡量改革中有争议的人物》，围绕着选拔人才的标准问题，论述了党的十三大提出的“是否有利于发展生产力，应当成为我们考虑一切问题的出发点和检验一切工作的根本标准”这一原则应在干部政策中得到贯彻，明确地指出：“如果离开了生产力标准，就很容易把开拓者的功当成过，长处当成短处，特点当成缺点。”这篇评论尤为重要的是对于如何准确理解和正确运用生产力标准，作了比较全面深入的阐述，针对有些人存在的简单化的认识，从四个方面加以解说，达到了相当的理论高度，为宣传生产力理论作出了贡献。

《一个人真能承包一百个厂吗？》和《靠代征人把关？靠设宴者自觉？——写在筵席税开征之前》这两篇评论，是在理论思考之后的产物，富有思辨性。石家庄造纸厂厂长马胜利，在本厂推行的改革措施获得了巨大的成功，成为全国著名的改革者。1988年，他提出要在全国承包一百个造纸厂，组建“马胜利造纸集团”。当时许多地方也正在出现这样的建立企业集团“热”。评论《一个人真能承包一百个厂吗？》发出了令人深思的“警号”。这篇评论虽然赞许马胜利的雄心大志，但着重分析了目前我国的客观经济环境，交通、通讯条件，以及企业家个人素质等等方面的种种不利因素，忠告人们要冷静对待“企业集团热”，防止由于不清醒而遭致失败的结局，动摇人们对改革的信心。评论的独到见解最终被实践所证实了。这又一次说明，理性的思考是使评论取得成功的必不可少的因素。《靠代征人把关？靠设宴者自觉？》剖析了“筵席税实施办法”条文内容上的不足给某些不正之风以可乘之机，提出应该研究如何征收等更有效的办法，使“实施办法”制定得更加严密、明细一些，做到有利于严格执法。这些意见是十分可取的，有一定的普遍意义。

三是表现出自己特有的风格，使人读之有味，引人入胜。本届获奖的评论，风格多样，有的循循善诱，有的严词批评，有的文章庄重，有的语言诙谐，读这样的文章，没有枯燥乏味的感觉。比如：《“刹车”辨》以生动、形象的比喻，对治理整顿并不是改革停顿的道理作了深入浅出的解释，犹如作者是在同读者面对面地促膝谈心，平易近人。《见“红灯”未可一概“绕道走”》尽管是对那些“绕红灯，冲红灯”者的种种表现加以揭露，但却不是声色俱厉，而是娓娓道来，分寸得当，使人信服。《这类怪事该休矣》批评某些为“索取非分之利”而“恣意涂改历史”的人，则采取“以子之矛，攻子之盾”的手法，具有强烈的讽刺意味。《正确对待农业，平等对待农民》和《用生产力标准衡量改革中有争议的人物》着重于理论上的阐述和分析，文字严谨，逻辑严明。《官倒，权钱结合的怪胎》，句子短，口语化，风格明快简捷。所有这些，都给评论增添了光彩。

（原载1989年《新闻学会通讯》第九·十期）

舆论监督的一个有力武器

——1988年获奖深度报道作品综述

程嘉楷

舆论监督，是党的十三大为推进我国民主化进程，赋予新闻媒介的一项职责。从1986年开始参评的深度报道，以其抨击时弊，扶正压邪，而日益受到受众的欢迎，成为舆论监督的一个有力的武器。

综观本届深度报道获奖作品，几乎每一件都蕴含着舆论监督的丰富内涵。这是评委们一致公认的本届深度报道获奖作品的一大特点。以一等奖作品《长江三峡工程问题报道》（人民日报海外版）而言，它是在国家内定三峡工程上马的情况下，以《一个伟大的梦》《箭在弦，重新论证》《泥沙遗害，解决不易》《地震滑坡，前景如何》《移民百万，课题严峻》《生态环境，不可小觑》《综合效益，是否最佳》《巨额投资，如何承受》《兹事体大，决策尤难》等九篇报道，发表许多人大代表、政协委员、专家学者的种种见解，反映了三峡工程争议双方的意见和面临的困境。整组报道，材料翔实，分析中肯，文字优美，可读性强，引起了国内外的很大反响。不管今后三峡工程是否上马，这一关系国家前途的特大工程所实行的民主与监督，必将证明是一个历史性的巨大进步。这一类获奖作品属宏观上的舆论监督。从微观上说，二等奖作品《大连市部分动迁户“回迁难”》（大连日报），反映了数以百计的拆迁户回迁难的呼声和要求，使他们在新闻舆论的支持下，分配到了新房。从获奖作品涉及的舆论监督范围来说，也是非常广泛的，既有政治的，又有经济的；既有城市的，又有农村的；既有工农兵学商，又有科教文体卫。它反映了1988年我国在改革开放方面所取得的成就，在推进舆论监督、实行民主化方面所取得的进步。

本届深度报道获奖作品的舆论监督的特点之二是，具有强烈的新闻性。舆论监督一般应是"事前"的监督，而不是"事后"的监督，"马后炮"的报道作用是不大的。获奖作品大多是"进行式"的连续报道和系列报道，而不是通常"总结式"的报道，是"正在发生的事"，而不是"已发生过的事"。通过深道报道的参与或干予，揭露矛盾，匡正时弊，朝着有利于国家和人民的方向发展，得到公正、合理、合法的解决。如一等奖作品《武威收报事件连续报道》(中国青年报)，就是在武威地市领导压制新闻批评，下令收回武威报，粗暴践踏民主事件的两三天之后公开见诸于报端的。这组连续报道时机选择得好，正是七届全国人大会议召开之时；对象选择得好，当地人大代表座谈政府在经济建设中存在的一些问题。报纸发表人民代表议政的报道，居然激怒了某些政府官员，被下令收回报纸，难怪在全国引起舆论哗然，省委书记也出面批评当事人。整个报道，除第一篇外，均为"当日新闻"，更增强了宣传效果，《中国记者》把它评为1988年中国新闻界十大新闻之一。新闻之"新"，不光是指时效性，更应强调新意，强调信息新、思想新、观念新、问题新。比如二等奖作品《关于报社开展多种经营的讨论》(新闻出版报)，虽然时效性不强，但它却是首次在全国新闻界提出并公开讨论的新问题，对促进我国新闻改革和新闻事业的发展具有重要意义。

本届深度报道获奖作品舆论监督特点之三是，具有广泛的公开性和较高的透明度。舆论监督就其含义来说，是指对国家所有公务员和一切公共事务的监督。舆论监督最重要的两个方面是，对决策的监督和评议、批评公职人员。舆论监督的标准是宪法和法律。党的机关报，还要按照党章和党的纪律，按照党的路线、方针、政策，对党员干部进行监督。既然是舆论监督，因此好的报道必须具有深度，必须是全方位、全景式的众家之说，必须是尽可能公开地、透明地揭示事件、问题的本质。一等奖作品《关于南京特价商店的报道》(江苏工人报)，公开抨击业经省、市政府批准刚刚开业的南京特价商店哄抬物价，损害消费者利益，为遏制乱涨价风作出贡献，就是一个很好的例证。这组连续报道，别开生面，以《特价？涨价？》小评论开头，以反映市民们各种看法的通讯、消息为主体，以署名文章《南京特价商店的反思》作结尾，通过对南京特价商店的剖析，说明治理经济环境、整顿经济秩序的重要性，对监督和帮助领导机关及时纠正错误决策，维护消费者利益，抑制乱涨价风，发挥了很好的宣传效果。二等奖作品《戴晓钟案件》(科技日报)和《关于福尔马林泡毛肚火锅事件》(重庆日报)，也是反映广大公众参与舆论监督的力作。前者揭露和纠正了杭州市当局以权代法，无端违反党和国家对科技人员的政策，把对改革有功的民办杭州市精细化工研究所所长戴晓钟逮捕入狱的冤案，为科技人员伸张了正义；后者揭露和抨击了丧尽天良的违法分子使用有毒的尸体防腐剂——福尔马林泡毛肚做火锅，残害消费者的罪行，使他们受到了舆论的谴责和法律的制裁。这两件作品，公开性和透明度都很高。

本届深度报道获奖作品的舆论监督特点之四是，具有强烈的建设意识。这些作品在实行舆论监督时，基调是健康的、积极的，是着眼于贯彻党在社会主义初级阶段的"一个中心、两个基本点"的基本路线的，而不是消极的，为暴露问题而暴露问题。一等奖作品《钢城"铁耗子"成灾的调查》(马鞍山日报)，通过《要"小康"，到马钢》《幽灵般的伎俩》《一层畸形的产业结构》《马钢在思索，社会在思索》等四篇社会调查，不仅从多方位、多层次、多角度揭示"铁耗子"成灾的现象、危害、原因，更注重从经济上、政治上、社会心态上透视这一社会公害，提出"必须全社会齐抓共管"，综合治理的策略。二等奖作品《农业发展探源》(四川日报)和特别奖作品《"立碑风波"及其讨论》(湖南日报)，均是批评揭露违背党的农业改革政策的错误行为，坚持把农业放在国民经济首位，正确贯彻执行改革开放方针的佳作。这种积极向上的、建设性的批评监督，应当成为我们新闻宣传的基调，成为我们新闻舆论监督的主旋律。

本届全国好新闻评选深度报道的佳作很多，由于入选名额有限，好些佳作未能获奖。但也不能否认，有些作品明显地存在一些缺陷而落选。这些缺陷概括起来，一是有的作品忽视了深度报道的新闻性，把缺乏新闻性的报道，也送来参评。二是有的深度作品缺乏客观、公正性，以一家之言替代公众舆论，使人感到偏激，欠公允，甚至违背四项基本原则。深度道在参与某项批评监督中，一定要坚持四项基本原则，反对资产阶级自由化；一定要客观地摆事实讲道理，讲究事实的真实、准确，切忌片面性的哗众取宠。三是有的深度报道主题不够突出，文字不够精练，时间跨度过大。这些弊病值得引起我们重视，并加以克服。

(原载1989年《新闻学会通讯》第九·十期)

编 辑 专 业 之 花

——1988年获奖读者来信和版面、专栏、标题综述

张恩荣

读者来信

参加第十届全国好新闻评选的读者来信、版面和专栏的来稿量都比较少，所以，入选受奖的作品也就相

应地减少了。读者来信的来稿共25件,入选受奖的4件,一等奖和二等奖各2件;版面来稿共16幅,入选受奖的3幅,均为二等奖;专栏来稿共19个,入选受奖的3个,一等奖1个,二等奖2个。本来,好标题不限上送数目,可以自由推荐,但是,送评的好标题只有80多条,入选得奖的21条。读者来信都属于揭露性批评性的作品,意味着舆论监督的加强。

在这里,最引人注目的,要算是农民日报1988年10月20日发表的《万张欠条,带来五难》这件"替卖粮农民诉苦衷"的读者来信。历来做买卖都是"一手交钱,一手交货"。可是,在这里却出现了与当前大好形势很不相称的怪现象,一些国营粮店收购农民的粮棉,竟付不出现金,打了白条(欠条)。由此,惹得农民有气骂粮店,粮店受屈怨银行。本来,对这种带刺激性的敏感问题是禁忌公开的。而农民日报所以敢发,不仅是因为作者敢写,写得如此情真意切,打动人心;而且是因为编者处理采取的缓冲手法巧妙,避免了负反应。这样,既为农民诉了苦,也为当局说了话,解释了资金短缺的困难,提出了保证还账的措施,缓解了双方的矛盾,促成了问题的加速解决。这件读者来信所以入选,获得一等奖,正如一位农民所说的那样:"说真话难。说真话应该受奖。"

读者来信是揭露社会弊端的"无处不在的耳目",是制止不正之风的一种不可忽视的社会舆论力量。南方日报1988年9月13日发表的《群众揭发信挫败了弄权作假者图谋》这件读者来信,就有力地发挥了这样的作用。这个弄权作假者原是广州市外贸局的一位管组织、人事的党委副书记。局级干部的老虎屁股是不好摸的,更何况要在管组织、人事工作的"太岁"头上动土,突破这个禁区是需要勇气的。《且看,这是何等气派,何等风气——百辆小汽车漂洋过海,借出省开会旅游摆阔》这件发表在辽宁日报1988年11月20日五版的读者来信,更是针砭时弊,脍炙人口的典型之作,不但文字的揭发一针见血,同时附录了装上轮船甲板托运和停在码头待运的百辆小车的牌号,以及现场照片,从而,把这种奢侈排场更具体形象地展现在读者眼前。人言可畏,谁看到如此腐败现象,谁不望而生厌,痛骂这批浪荡子的败家作风!所谓舆论的监督作用和教育意义,正表现在这里。

在当前现实生活中,存在着一些正不压邪的极不正常的社会现象。这是因为坏人成了团伙,恶行气焰嚣张,令人生畏,还是因为人们见怪不怪,麻木不仁了呢?湖南日报1988年7月25日在"以正压邪,大快人心"的总标题下发表的《三青年见义勇为殊死力斗流氓团伙》和《衡阳铁路公检法秉公办案,依法保护正当防卫》这组读者来信,却具有强烈的现实针对性,被认为是仗义执言,扶正抑邪的"一曲正气歌"。

版面

看到受奖版面有沈阳日报1988年10月4日一版和羊城报1988年7月1日一版,想起第八届好新闻评选这两家报纸的一版也同时受奖。时隔两年,两报版面又受奖,这似乎是巧合,但又有必然性。因为这两家报纸对一版的设计安排,向来是讲究的,有创作好版面的传统。这两个版面所以入选,不仅在于它的报道内容丰富,编排形式活泼,重点突出,布局合理,而且,各具鲜明的地方色彩和个性特征。沈阳日报在这个版面上,对几个显示地方特色的栏目的设计,颇具匠心。特别《在同一地方》这个专栏内安排的两张照片,一张反映的是日伪时期建的北陵大街两洞桥的旧貌,一张展现的是经过改建的铁路立交桥的新姿,以两者形成今非昔比的鲜明对照,置于报面视觉注意的中心地位,吸引读者。这种为突出本地变化,强化报道主题所运用的编排处理手法是成功的。羊城晚报这个版面为突出纪念党的生日的报道主题所作的设计安排也是颇费心计的。虽然,头条是转发人民日报的"七一"社论《共产党员要牢记自己的使命》,但是,经它制作的强调"改革开放,繁荣经济"和"保持廉洁,防止腐败"的两个"坚定不移"的标题,却显示了编辑的处理艺术;由此出发,联系本地风情而着重报道的《广州市优秀共产党员张子燮》的事迹,便为我所用,更引人注目了。尽管,在党的生日抓了个已去世的共产党员作榜样的报道不无遗憾,但是,据此配发的《读张子燮事迹有感》的《街谈巷议》却弥补了这一点,使之由此及彼,有针对性阐明"有的人死了,他还活着"的这一哲理,发人深省。增强了版面面向全国、突出本地的表现力和报道效果。

另一个入选受奖版面是钱江晚报1988年5月3日的国际副刊《海外》版。它的主要特色在于:版面表现的活跃形式,包括标题的简洁明快,照片、插图的形象生动,与其报道的《杰克逊——一匹真正的"黑马"》、《昔日红星今成被告》、《可卡因能击败美国吗?》和《轻松节》、《面包退婚》、等海外的风情、风光、奇闻、趣事是和谐合拍的。特别是这个国际专刊的刊头设计,别出心裁,用四长条锌版,分置四边,两横两竖,四角对称,增强了版面的整体感和表现力。

专栏

入选受奖的三个专栏——《社会中来》、《秋明信箱》和《求医问药指路》,各以其不同的特长或鲜明个性,被人赏识。

《社会中来》是长江日报《人与社会》副刊版中的一个名牌栏目。乍一看,这个专栏名称似乎太"泛",其实它的文章的选题却不"泛",大都贴近生活或涉及改革、能引起人们共鸣或联想的新鲜敏感的话题。特别是它结合有奖征文办栏,似花引蝶,征得一批颇具魅力的佳作,以其新闻的敏感性,科学的思辨性,理论的解惑性征服读者,创出了牌子,被誉为是开拓视野的"广角镜",深入人心的"透视机"。

《秋明信箱》是中国妇女报《婚姻与家庭》专版上的一个有影响的专栏。一般报刊的专栏大都是组织集体写作多方联系作者办的,而《秋明信箱》却是由专栏作家邱明主办的,具有鲜明的个性。特别是以通信、谈心的方式,与妇女讨论家务事,讲悄悄话、私生活问题,更显得形式内容的一致，交流气氛的和谐，充满亲切感和人情味，因而被人们认为是“贴心的朋友”，“互诉心曲的园地”和“讨论人生寻求生活的课堂”。在这里也可以说，作家主办专栏，专栏也培养了作家。邱明通过主办这个专栏，不但在国内广交了朋友，研究探讨了妇女问题；而且，她已被承认为是妇女问题研究的学者，受到国外的瞩目。值得报界注意的是：这个专栏为报纸培养专栏作家开了路。

《求医问药指路》这个专栏之所以入选，是因为它名副其实，是作为人们求医的媒介，问药的顾问，并以其服务的实用性，在读者中产生影响，树立信誉。

虽然，入选的3个专栏，不足以说明全局，但从开拓社会视野的“广角镜”，到互诉心曲、谈家务事的园地，以及充当求医问药的顾问，都各有千秋，具有一定的代表性。

标题

这次参加标题评选，有个难忘的印象，就是在21条受奖标题中，有8条来自地市报纸。这些标题，有以通俗口语拟题而不显俗，有以日常借喻立意而不落套，或以自然质朴见长，或以格调清新宜人，值得称道。

在这里，宝鸡日报1988年12月10日和12月30日的两条标题因明快显眼，都入选了。一条是以“费　费费，该废的全废”的主题，来概括副题所交代的“我市取消不合理收费七十二项”的新闻事实；一条是描绘“眉县糖业烟酒公司——要回扣不给，给回扣不要”的经营作风，这两条标题的主题，就是以通俗化口语拟题而不显其俗，以重叠字成句立意而不觉其重的成功之作。第一条，先用“费费费”这三个连缀的“费”字强化语气，点明不合理收费项目之多(七十二项)，从而使人感到，后用谐音异义的两个重叠的“废”字作呼应，来表达“该废的全废”的决心，才显得更妙；第二条“要回扣不给，给回扣不要”这个主题的成句立意也比较巧，说其巧就巧在前半句与后半句调换“要”和“给”这两个字的位置后的重叠复合。特别是通过这样的连缀、重叠或复合，不觉其造句立意的累赘多余，反觉其重复得格调和顺，题意明快，读起来铿锵有力，富有节奏感；看起来易记易诵，具有感染力。

另一类是运用日常借喻制题立意的动人之作。盐阜大众报1988年9月2日的一条标题，以“上面来一斗，决不给农民九升九”的主题，来表达副题“海堰乡化肥供应实行三公开、一证管”的究竟；锦州日报1988年11月26日的一条标题，以“黑车碰上了‘红灯’”主题，来描绘“我市决定对各单位以个人的名义购买的小汽车，全部集中查封，逐台审查，从严处理”的所以。这两条标题，前者借粮食量具升、斗的比喻造句，概括该乡按规定供应化肥的不折不扣的决心，不但叙事干脆利索，农民喜闻乐见；而且，具有增产粮食的象征意义，更显得形象生动，立意准确，深得民心；后者以“红灯”这个具有维护交通秩序的象征色彩的借喻，描绘对“黑车”“查封”、“审查”、“从严处理”的决定，褒贬意义鲜明，适合大众口味。

还有，以运用对比手法，强化报道主题，因而引人注目的标题有：南阳日报1988年8月7日的一条标题，它的主题：“温凉河畔有温凉”，是以河名“温凉”转化成的双关词意，把副题交代的“女中学生曲无霞落水，有人袖手旁观，有人奋勇抢救”的两种“温”、“凉”不同的感情，对比揭示，形成反差，强化了报道主题的褒贬意义。

焦作日报1988年12月20日有条标题：

夫妻分离四十年　怨你　怨我？

少小离家老大回　有悔　有喜！

这是表现深刻人生的动情之作。它借用唐代诗人贺知章《回乡偶书》的“少小离家老大回”这一诗句，借用得十分贴切，又加以延伸，深入心灵，把这对夫妇久别重逢见面时悔喜交集的复杂感情，揭示得有声有色，读来令人激动！

这次标题评选，送来的数字不多，可见推荐之难。可喜的是，地市报纸出现一批平易近人，格调清新的好标题，令人鼓舞。

(原载1989年《新闻学会通讯》第九·十期)

发掘题材　求深求新

——1988年获奖新闻照片综述

王　锦

新闻摄影作为传播新闻形象，扩大人类知识和眼界的媒体，已被众所周知。人们对于许多重大、重要事件的形象认识，都曾首先得之于新闻摄影。但是当卫星、通讯的科学技术日益发达，电视新闻容量迅速增大之后，这一优势面临着严重的挑战。相形之下，泛泛的事件，泛泛的表现简直无法同电视新闻竞争。这一现实，促使不少有志于新闻摄影事业的有识之士，在发掘题材、深化主题，更新表现形式上下功夫。1988年的获奖新闻照片在这方面就有着可贵的探索。从总体上看，这届较前几届获奖作品的题材涉及面广，主题也较有深度。一些鲜为人知的社会现象被发掘出来了，一些不易用电视表现的形式被使用了。这体现了作者的良苦用心和探索追求。

一等奖《人间自有真情在》是新华社记者李晓果拍摄的。反映了一对以捡破烂为生的夫妻，捡回并抚养了20几个被遗弃婴儿。这是一组人情味很浓的新闻照片，反映了一个特殊的家庭，展现了普通人善良的心地，仁慈的爱心。题材新，主题有深度，表现形式也不错，在《人民日报》等20多家报刊发表后引起很大反响。

一等奖《到家了》是北京业余作者张曙光拍摄的。作者跟踪衣服上印有"想家"二字的何文德同胞，在八达岭长城上抓拍了这位阔别四十年后回到北京的台湾同胞，在古老长城上忘情地亢奋高歌的瞬间形象。画面简洁，感染力强，表达了台湾同胞向往大陆，盼望祖国统一的强烈愿望。

二等奖《日本首相谒碑》是中国新闻记者贾国荣拍摄的。外国首脑在访华期间到天安门广场上向纪念碑献花圈，是常见的采访题材，经常见诸报端，而这一幅新闻照片，算得上佳作。在中国人民抗日战争胜利四十三周年之际走上人民英雄纪念碑的日本首相竹下登，此刻的心情是复杂的：作者把握了时机，准确地反映了不可言传的心态。画面凝重，意味深长。海外的许多报刊选用了这幅照片。

二等奖《班禅大师》是中国新闻社记者任晨鸣拍摄的。这是班禅副委员长在七届人大一次会议期间举行的记者招待会上答记者问时拍摄的。向读者展示了一位宗教领袖的神采。几分豪爽，几分坦诚。照片周围环境的虚化处理，还增加了几分神秘色彩。

以上几幅获奖作品，不只是成功地表现了人物、事件、思想，而且表达了感情。这是很可贵的。

《"3·24"火车事故纪实》(二等奖，上海公安局消防处吴学华摄)、《拉萨"3·5"骚乱》(一等奖，新华社记者戴纪明、姜恩宇摄)两幅画面，不顾个人安危，冷静处理重大事件的能力，从而使画面形象与作者的导向得到统一，给历史留下印记。

此外，获三等奖的四幅作品《震惊的1000万》(中国青年报记者贺延光摄)、《死不瞑目》(深圳特区报记者江式高摄)、《吃穷家底的"穷吃"》(海南日报许源盛摄)、《贫困县里的富与贫》(大众日报钱捍摄)，都在发掘题材，深化主题方面作出努力，收到发人深思的效果。

新闻摄影的题材是广泛的，凡是与人类物质生产和精神生产有关系的有形物体，都可能成为新闻摄影报道的对象。潜力是很大的，只要是充分发挥作者的主体意识，潜心发掘，着意探索，就会有更多更好的新闻照片问世。

(原载1988年《好新闻》)

突破现状　努力创新

——1988年获奖新闻漫画综述

沈同衡

一年一度的全国好新闻评选活动，今年整满十届。新闻漫画被列为评选项目之一，是1982年开始的，算起来也连续七年了。虽然近年来国内外各种名目的漫画"杯赛"、"大奖赛"相当频繁，但是对于每年的全国性新闻漫画评选，各地漫画团体、报刊新闻单位和众多漫画作者，总是主动支持，热情参与，共襄盛举。他们把好新闻评选视为不同于一般群众性的奖赛。

好新闻漫画的评选，每年都是有组织地按地区分别征集作品和初评推荐，然后集中复评，上送定评，现已形成了并且还在更求完善的一套制度。本届复评工作是中国新闻漫画研究会于4月下旬在河南信阳召开年会期间进行的。我们把首都和各省、市、自治区以及各单列城市经过初评推荐来的共225件新闻漫画作品，全部展览，供出席年会的全国各地代表参观和发表意见；同时遵照评选原则，通过民主选举，产生复评委员，组成评选组进行复评工作，并将结果当众宣布。

评委们采取"反复相比，逐步淘汰"的办法，从200多幅作品中筛留了10幅，仅有约4%。最后由评委投票，以票数最多的两幅提名候选为一等奖和二等奖；其余亦以票数为序，建议同列三等奖。一并报请全国好新闻评选委员会定评。

但是，定评会议后来因故未开，全国评委办公室征得定评委员同意，决定：新闻漫画一、二等奖各1幅，依复评提名认可；三等奖减为6幅，从复评名次取消末后二名。

一等奖获得者《沙米尔的遮羞布》，是一幅国际题材的新闻漫画，原载中国日报，作者李建华。画的是：以色列当局残酷镇压其占领地区巴勒斯坦人民的民族解放运动，而且力图掩盖罪行，逃避国际舆论的谴责，沙米尔政府竟封锁新闻，禁止记者采访报道。这幅漫画就是对此所作的揭露和讽刺。新闻性强，艺术效果也较好。

二等奖获得者《孩子们这下平安了》，是抨击国内社会当前愚昧落后现象的一幅评论性新闻漫画。画面上，破烂的小学校和新建的娘娘庙并排在一起，对比鲜明强烈，而正在为娘娘庙剪彩的干部和他们的一副傻态、一句蠢话(已被作者借用为题)以及老师和孩子们的神情，又使批评增添了幽默感人的意味。王尊农的这幅作品在宝鸡日报见后，多家报刊转载，反应不错。

加上三等奖，本届新闻漫画共有8幅得奖，是历届好新闻评选中数额最少的一次。这一方面固然说明了我们复评工作的实事求是、宁缺毋滥；而另一方面，在如何不断提高作品质量的问题上，我们却不得不由此引起足够的重视。切不可泰然徘徊于现有水平了，须知不进即退，只有时刻策励勇于突破现状，努力创新，才能迈向永无止境的未来。

(原载1989年《新闻学会通讯》第九·十期)

吉林保险报

吉林省保险公司主办的4开4版《吉林保险》报创刊于1982年4月，先是不定期发行，于1985年开始，定期发行，每月一期。自创刊至1990年7月，共出版发行了81期。主编：高庆堂，责任编辑：杨慧娟。

《吉林保险》报旨在对外宣传普及保险知识，扩大保险影响，对内报道业务发展情况和系统内好人好事，促进和推动保险事业的发展。

《吉林保险》报辟有《保险好》、《闻者足戒》、《大家谈》、《保险大厦》、《案例分析》等栏目，并设有《笔会》文艺副刊版。

《吉林保险》报欢迎消息、通讯、故事、特写、专访、小说、诗歌、散文等多类体裁的文章及图片和美术创作。来稿力求短小精悍，活泼生动，风格多样，简洁明快，通俗易懂。

《吉林保险》报热切希望广大保险干部，参加保险的企事业单位、个人，及一切热心于保险事业的同志投稿。

《吉林保险》报地址：长春市西安大路6号　电话：869867　电挂：42001　邮政编号：130061

《保险理论与实践》杂志

经营管理参谋　专家学者论坛　保险知识窗口　党政干部益友

《保险理论与实践》杂志是国内公开发行的全国性的综合保险专业期刊。由吉林省保险公司与吉林省保险学会合办。双月出版。于一九八五年六月创刊，一九八九年一月起对国内公开发行。主编：高庆堂，责任编辑：李延金。

《保险理论与实践》杂志发表保险理论研究成果，交流保险实务工作，推广普及保险业务理论知识，反映保险改革和保险干部职工的风貌，反映社会各界对保险的认识及企业经营管理人员和保户的呼声。发表理论家力作，扶持保险新人新作。

《保险理论与实践》在理论与实践的结合上下功夫。内容阳春白雪与下里巴人兼顾。既有学院风格的高深学术理论文章，又有基层实务工作者和企业经营管理者的回声。熔知识、理论性、实践性、专业性、指导性、趣味性为一炉。

《保险理论与实践》有《理论探索》《研究与探讨》《松辽风彩》《保险案例》《保险译丛》等二十余个栏目。

《保险理论与实践》逢双月20日出刊。全年6期，单价0.90元，全年订价5.40元。全国各地邮电支局（所）办理订阅手续。邮政发行代号12—76。国内统一刊号CN22—1168。

地址：长春市西安大路6号。电话825576转。　邮政编码：130061

中国新闻机构

中央及各省、市、区新闻机构

报　　纸

国内统一刊号报纸

中央及中央所属部门

人民日报　中共中央机关报。国内统一刊号 CN11—0065。创刊于 1948 年 6 月 15 日，在河北省平山县西柏坡出版，当时是中共华北局机关报，1949 年 8 月改为党中央机关报。日报，对开 8 版。

报社机构设置：编委会、纪检组、海外版、总编室、经济部、教科文部、国内政治部、群众工作部、记者部、国际部、评论部、理论部、文艺部、市场报编辑部、新闻战线编辑部、出版社、研究室、机关党委办公室、办公厅、人事局、外事局、行政管理局、经理部、计划财务司、老干部局。全社现有 1910 人，其中编采人员 719 人。

社长高狄，总编辑邵华泽；

副总编辑张云声、郑梦熊、范荣康、李仁臣、保育钧、唐纪宇，副社长李晋有；

秘书长李晋有（兼），副秘书长王北新、朱新民；

总编室主任喻权域、副主任王庚南、李济国、谷嘉旺、江绍高；

评论部副主任于宁、李德民；

理论部主任孙永仁，副主任蒋映光、黄美来、胡志仁、卢继传；

国内政治部主任吴元富，副主任李成华、尹品端、吴恒权；

科教部主任樊明经，副主任陈兴贵、蒋涵箴；

文艺部主任丁振海，副主任石英、缪俊杰、李德润；

经济部主任艾丰，副主任吴长生、班明丽；

记者部主任丛林中，副主任张铭清、王学孝、杨振武；

国际部主任张虎生，副主任席林生、许世铨、果永毅、马世昆；

群工部副主任李有存、王永安、李春雷、金德龙；

《新闻战线》主任曹宪文；

市场报副总编辑陈清、李文、刘学渊、戴玉庆；

出版社社长王礼明，副社长宋世琦、孙毅；

研究室副主任赵连宏；

海外版副总编辑安子贞、刘祖禹、蒋荫安、王闻翔、韩钟昆、严泉兴，一版编辑室主任王行增，三版编辑室主任陆振华，四版编辑室主任庄永龄，五版编辑室主任翟象乾，七版编辑室主任郑荣来，记者组组长黄际昌，办公室主任李和信；

机关党委书记郑梦熊（兼），副书记刘振宗；

办公厅副主任冯林山；

人事局局长王北新（兼），副局长孙富忱；

外事局局长俞成秀，副局长高福源；

行政管理局副局长曾延林、崔文玉、姜光林；

财务司副司长寿照明；

老干部局局长蔡向欣，副局长琚平和。

社址：北京市朝阳门外金台西路 2 号。邮政编码：100733。电话：5092121。

人民日报（海外版）　人民日报社主办。国内统一刊号 CN11——0066。创刊于 1985 年 7 月 1 日。周 6 报（星期日无报）。对开 8 版。

机构属于人民日报社（见本页）。

光明日报　中共中央领导，中宣部代管。国内统一刊号 CN11——0026。创刊于 1949 年 6 月 16 日。日报，对开 4 版。

报社编辑部设总编室、科学部、教育部、文艺部、理论部、记者部、国际部、群工部、评论部、新闻研究所、资料室、电脑中心，党政后勤设有党委办公室、团委、干部人事部、社办公室、总经理室和保卫、行政、物资、计财、审计、发行、广告、基建等处以及印刷厂、外事办公室。报社编辑部原设有政治经济部、摄影美术部，先后于 1989 年 10 月、12 月撤销。报社的附属机构有文摘报、光明日报出版社、《博览群书》杂志社、《中流》杂志社。全社现有 720 人，其中编采 290 人。

总编辑张常海，副总编辑鲁淳、王晨、姜殿铭（兼任党委书记）、方恭温；编委汪波清、周隆滨（兼理论部主任），秘书长王秉德，副秘书长林国栋、邹安寿（兼社办公室主任），党委专职副书记闫百琨；总编室主任马雨农，科学部主任周文斌，教育部主任林玉树，文艺部主任乔福山，记者部主任金涛，国际部主任贾斌，群工部主任汪远平，评论部主任陶铠，文摘报主编杨桂海，出版社社长陈清泉、代社长殷毅，总经理室主任杨希明。

社址：北京市永安路 106 号。邮政编码：100050。电话：338561（总机）

经济日报　经济日报社主办。国内统一刊号 CN11——0014。创刊于 1983 年 1 月 1 日。日报，对开 4 版。

报社编辑部设有工交、财贸、农村、科教等 14 个副局级部、室、所，行政部门设有广告、发行、行政、财务等 4 个处，现有编采人员 196 人。现任总编辑范敬宜，副总编辑杨尚德、罗开富、王昭栋、齐志文，编委舒野、高永毅。

社址：北京市王府井大街 277 号。邮政编码：100746。电话：5125522。

解放军报　中国人民解放军总政治部主办。国内统一刊号 CN11——0086。创刊于 1956 年 1 月 1 日。日报，对开 4 版。

现任社长吕梁。

社址：北京市阜外大街 34 号。邮政编码：100832。电话：6846929。

科技日报　国家科委、国防科工委、中国科学院、中国科协合办，由国家科委主管。国内统一刊号 CN11——0078。创刊于 1986 年 1 月 1 日，原名《中国科技报》，1987 年 1 月 1 日改为现名。日报，对开 4 版。

报社设办公室、总编室、新闻部、记者部、国内部、国际部、理论部、副刊部、咨询部、经理部，现有 285 人，其中编采 181 人。现任社长兼总编辑李效时，副总编辑林丛、顾增沛、姜以定、焦洪波、程理嘉、吴开流；办公室主任黎懋光，总编室主任吴开流（兼），新闻部主任廖寿衍，国内部主任郑海宁，记者部主任祖莹侠、国际部主任方铭迪，副刊部主任赵之，咨询部主任刘与任，经理部主任董文祯。

社址：北京市复兴路15号。邮政编码：100038。电话：8015544。

China Daily（**中国日报**） 中国日报社主办。国内统一刊号CN11——0091。1981年6月1日创刊。日报（周日出商业周刊、上海专刊），对开8版。大型、综合性英文日报。国内外公开发行。读者对象：第一类是外国驻华机构，工作人员、留学生、商人及临时来华的外国客人及旅游者；第二类是一切想了解中国的海外读者；第三类是国内读者，主要是政府机关、科研单位、外贸部门、合资独资企业、图书馆、大专院校以及大量学英语的读者。

报社设编委会、机关党委、社办公室、总编室、发稿室、国内采访部、经济部、评论部、国际部、文教部、体育部、特刊部、上海专刊部、美摄部、发行部、广告部、出版部、图书馆、人事部、后勤处、外事处等，报社现有399人，其中编采136人。现任负责人：总编辑陈砾，副总编辑陈辉、朱英璜、黄庆，编委：陈砾、陈辉、朱英璜、黄庆、张晓贝、张慈云、柳庭源；秘书长张晓贝，党委书记柳庭源，顾问冯锡良。

社址：北京市朝阳区惠新东街15号。邮政编码：100013。电话：4219038。

人民政协报 中国人民政治协商会议全国委员会主办。国内统一刊号CN11——0033。创刊于1983年4月3日。周2报，对开4版。读者对象：全国各地政协和统战部门、各级政协委员、各民主党派成员、各界爱国人士、港澳台同胞、海外侨胞。

报社设总编室、新闻部、副刊摄影部、专刊部、理论部、通联部、办公室、经营管理部，现有46人，其中编采31人。现任社长兼总编辑金瑞英，副社长姚平定，副总编辑杜亚利、汪东林。

社址：北京市阜外大街34号。邮政编码：100832。电话：8316058。

团结报 民革中央主办。国内统一刊号CN11—0051。创刊于1956年4月，1966年6月停刊，1982年复刊。周2报，对开4版。读者对象：民革党员、海内外爱国人士及广大群众。

报社设办公室、采通部、专刊部、副刊部、外宣港台部、经理部，现有40人，其中编采人员24人。现任总编辑王奇，副总编辑沈楚才、祝修林、毛智汉。

社址：北京市东皇城根南街84号。邮政编码：100006。电话：5125957。

工人日报 中华全国总工会主办。国内统一刊号CN11——0002。创刊于1949年7月15日，1967年1月1日停刊；1978年10月6日复刊。日报，对开4版。读者对象：各级领导干部、企业管理人员、工程技术人员、工会工作者及广大职工。

报社有编辑部、经理部、印刷厂三部分。编辑部设总编室、记者部、经济部、文艺部、评论部、国内政治部、通联部、工会工作部、群众工作部、美摄部、国际部、科技部、新闻研究所等。报社现有554人，其中编采225人。现任总编辑李冀，副总编辑瞿祖赓、刘建国、李禹兴、孟东明；秘书长常守真；党委书记杨德录。

社址：北京市安定门外六铺炕。邮政编码：100718。电话：4211561。

农民日报 原为中共中央书记处农村政策研究室主办，该室撤销后划归农业部领导。国内统一刊号CN11——0055。创刊于1980年4月6日，原名《中国农民报》，1985年1月改为现名。周6报，4开8版。

报社机构设有20个部处室，现有379人，其中编采149人。现任社长宋静存，总编辑张广友，副总编辑柯克明、梁振明、邱文仲、张广顺。

社址：北京市东郊十里堡。邮政编码：100025。电话：5005522。

中国青年报 共青团中央主办。国内统一刊号CN11——0061。创刊于1951年4月27日，1966年8月20日停刊；1978年10月7日复刊。日报（1989年起），对开4版。

报社现有509人，其中编采187人。现任社长兼总编辑徐祝庆，副总编辑高炜，副社长胡敬署、石国雄，副总编辑张飙、樊永生、周志春、陈小川，秘书长罗志军。

社址：北京市东直门内海运仓2号。邮政编码：100702。电话：44·6581。

中国妇女报 中华全国妇女联合会主办。国内统一刊号CN11——0003。创刊于1984年10月。周3报，对开4版。

报社在编委会领导下，设总编室、办公室、记者部、家庭社会部、妇工部、科教经济部、副刊部、摄影美术部、通联部、经理部等，现有109人，其中编采65人。现任总编辑王秀林。

社址：北京市灯市口大街50号。邮政编码：100006。电话：552352。

经济参考 新华通讯社主办。国内统一刊号CN11——0047。1981年7月1日创刊。日报，对开4版。

报社设总编室、总经理室、办公室、工交部、财贸部、农村部、科技部、通联部、理论部、咨询部，共有83人，其中采编61人。现任主要负责人为副总编辑周建英。

社址：北京市宣武门西大街57号。邮政编码：100803。电话：6013668。

参考消息 新华通讯社主办。国内统一刊号CN11——0048。1957年3月1日创刊。日报，4开4版。

报社设选稿、翻译、编辑、经营管理等部门，共有300人，其中编采50人。现任主要负责人张建国。

社址：北京市宣武门西大街57号。邮政编码：100803。电话：7033810。

法制日报 中华人民共和国司法部主办。国内统一刊号CN11——0080。创刊于1980年8月1日，原名《中国法制报》，1989年　月改为现名。对开4版，周6报。

报社总编、编委办公室、法律知识部、经济部、文艺部、国际部、政文部、评论部、刑事民事部、群工部、资料室、记者部、法制文学、社长办公室、人事处、经营办公室、机关党委、行政处、财务处、监察审计室、广告信息部、出版发行处、印刷厂，中华全国律师函授中心，共有440人，其中编采196人。现任社长鲁凤仪，总编辑吴慎宗，副社长刘德馨、马宝善，副总编辑陈应革、杨耀秦。

社址：北京市五棵松路91号。邮政编码：100039。电话：8213355。

中国体育报 中华人民共和国体育运动委员会主办。国内统一刊号CN11——0082。创刊于1958年9月1日，原名《体育报》，1988年改为现名。现为日报，对开4版。

报社设编委会、办公室、人保保处、党委办公室、行政处、经营处、印刷厂、财务处、体育图片社、体育画报社、编辑部（12部1室），全社共有537人，其中编采210人。现任社长兼总编辑鲁光，副社长兼副总编辑张振亭，副总编辑朱中良、马信德、冯贵家，副社长王文早。

社址：北京市北京体育馆路8号。邮政编码：100061。电话：757161（总机）。

健康报 中华人民共和国卫生部主办。国内统一刊号CN11——0010。创刊于1931年秋，抗日战争时期曾中断出版约10年，1966年8月停刊至1979年7月。对开4版，周4报。

报社设医疗、科教、公卫、中医、理论、美摄、通联各部，总编室、新闻研究室，《大众健康》杂志编辑部、声像部、刊院、印刷厂等，共有308人，其中编采163人。现任总编辑兼社长丁有和，副总编辑余治平、沈明德、曾宝忠、白筠，副社长姜华。

社址：北京市旧鼓楼大街双寺11号。邮政编码：100009。电话：4011117（总机）。

金融时报　中国人民银行、中国工商银行、中国农业银行、中国银行、中国人民建设银行、中国人民保险公司、交通银行、中信实业银行八家联办。国内统一刊号CN11——0011。创刊于1987年5月1日。周4报，对开4版。

报社设总编室、金融部、综合经济部、记者部、国际部、理论部、副刊编辑室、信息公关部、群工部、经理部、人事处、行政处、办公室，现有138人，其中编采84人。现任总编辑李健华，副总编辑杨其广。

社址：北京市万寿路29号。邮政编码：100036。电话：8212809。

中国机电报　中华人民共和国机械电子工业部主办。国内统一刊号CN11——0058。创刊于1980年9月2日。周4刊，对开4版。

报社设报纸编辑部、刊物编辑部（中国机械、机电新产品导报、机电信息）经理部、新文公司，现有168人，其中编采98人。现任社长徐文心，总编辑廉守本。

社址：北京市西城区月坛南街26号。邮政编码：100825。电话：867632。

中国电子报　中华人民共和国机械电子工业部主办。国内统一刊号CN11——0005。创刊于1984年12月4日创刊。周4报（含电子市场版），对开4版。

报社分采编、经营、行政后勤三大系统，设立相应部室，现有171人（含记者站专职记者），其中编采115人。现任社长夏云升，总编辑朱习华。

社址：北京市石景山路23号（北京4357信箱）。邮政编码：100043。电话：874031—574。

中国煤炭报　中国统配煤矿总公司主办。国内统一刊号CN11—0008。创刊于1983年1月。周3报（每周二、四、六出版），对开4版。国内外公开发行。

报社设总编室、经济部、政教部、副刊部、通联部、办公室、经理部，现有71人，其中编采53人。现任总编辑陆群。

社址：北京市安定门外和平里北街21号。邮政编码：100013。电话：421·6710。

中国旅游报　国家旅游局主办。国内统一刊号CN11—0013。创刊于1979年4月。周2报，对开4版。

报社设社长室、总编室、办公室、公关部、新闻部、群众服务部、副刊部、国际部，现有71人，其中编采40人。现任社长、总编辑何礼荪，副社长、副总编辑李绪荫。

社址：北京市崇文门西大街2号。邮政编码：100062。电话：5122211—460。

中国贸促报　中国国际贸易促进委员会、中国国际商会主办。国内统一刊号CN11—0015。创刊于1987年1月5日。周报，对开4版。

报社设办公室、新闻部、信息联络部、综合部，现有50人，其中编采30人。现任社长严志平，总编辑张清政。

社址：北京市北三环东路6号。邮政编码：100028。电话：408·1892。

中国食品报　中国食品工业协会主办。国内一刊号CN11—0016。创刊于1984年1月。周3报，对开4版。

报社现有80人，其中编采64人。现任社长丁钢。

社址：北京市广安门外湾子。邮政编码：100055。电话：362090。

中国人口报　国家计划生育委员会主办。国内统一刊号CN11—0020。创刊于1987年，原名《中国计划生育报》，1988年改为现名。周2报，对开4版。

现任总编辑王连成。

社址：北京市海淀区白石桥路54号首都体育馆北院。邮政编码：100081。

社会保障报　中华人民共和国民政部主办。国内统一刊号CN11—0021。创刊于1986年4月3日。周2报，对开4版。读者对象：城镇居民，民政系统干部、职工。

报社设总编室、社会理论部、副刊部、办公室、经理部等，现有75人，其中编采50人。现任总编辑于国厚（代），副社长湾开元，副总编辑董克恭。

社址：北京市海淀区什访院甲12号。邮政编码：100036。电话：8652658。

中国劳动报　中华人民共和国劳动部主办。国内统一刊号CN11—0022。创刊于1985年7月，原名《中国劳动人事报》，1989年7月转刊改为现名。周2报，对开4版。读者对象：城镇企业职工、经营管理者、劳动部门和经济管理部门的干部，兼及社会各方面。

报社设总编室、新闻一编部、新闻二编部、理论部、副刊部、群工部、办公室、经理部，现有70人，其中编采40人。现任社长何光，第一副社长顾洪章，代总编辑严泉兴，副总辑李明德。

社址：北京市和平里北街5号。邮政编码：100013。电话：4215702。

中国化工报　中华人民共和国化学工业部主办。国内统一刊号CN11—0034。1985年1月5日创刊。周2报，对开4版。国内外公开发行。

报社设总编室、编辑部、记者部、新闻研究室、公共关系部、办公室，现有56人，其中编采40人。现任社长兼总编辑史美充，副社长兼副总编辑曹恒武，副社长马孟江。

社址：北京市六铺炕化学工业部院内。邮政编码：100723。电话：2013059。

中国教育报　国家教育委员会主办。国内统一刊号CN11—0035。创刊于1983年3月。周3报，对开4版。

报社社委会下设总编室、新闻部、大学部、普教部、职业技术教育部、成人教育部、外国教育部、思想理论部、体育卫生部、文艺部、摄影美术部、群工部、新闻研究室以及办公室、人事处、行政处等。现有130人，其中编采80人。另外还有21个记者站专职记者。现任社长李兆汉，总编辑俞家庆。

社址：北京市西黄城根北街甲2号（北京四中院内）。邮政编码：100034。电话：655293。

中国乡镇企业报　中华人民共和国农业部主办。国内统一刊号CN11—0036。创刊于1981年1月，原名《中国社队企业报》，1984年5月改为现名。周3报（每周一、三、五出版），对开4版。国内外发行。

编辑部设总编室、要闻部、经济信息部、理论部、副刊部，现有编采49人。现任总编辑吴德华。

社址：北京市朝阳区安苑东街。邮政编码：100013。电话：4213448。

中国石油报　中国石油天然气总公司主办。国内统一刊号CN11—0037。1987年1月1日创刊。周2报，对开4版。

报社设办公室、编辑部、经理部等部门，编辑部包括总编室、新闻部、专业部、副刊部、群工部、记者部、研究室等7个处级部室。报社现有170人，其中编采60人。现任社长张恕基，副社长兼总编辑魏宜清。

社址：北京市六铺炕中国石油天然气总公司、河北省涿州市。邮政编码：北京100723、涿州072750。电话：北京2015544—3714、2481。

建设报　中华人民共和国城乡建设部主办。国内统一刊号CN11—0038。创刊于1987年。周2报，对开4版。

报社现有70人，其中编采50人。现任社长张修志，总编辑严志平。

社址：北京市百万庄建设部内。邮政编码：100835。电话：8311587。

中国电视报 中央电视台主办。国内统一刊号CN11—0040。创刊于1981年1月。周1报，4开8版。

报社现有30人，其中编采15人。现任主编洪尼生，社长张复华。

社址：北京市复兴路11号。邮政编码：100859。电话：8013035。

中国地质报 中华人民共和国地质矿产部主办。国内统一刊号CN11—0041。1977年4月创刊。周2报，对开4版。读者对象：地质职工和地质爱好者。

报社设总编室、经济政文部、科技教育部、副刊部、新闻部、记者通联部、经理部、广告发行部、公共关系部、办公室。现任社长李道桴，总编辑林家能，副社长潘太谋，副总编辑李敢。

社址：北京市西四阜内大街64号。邮政编码：100812。电话：658561—419。

中国消费者报 中国消费者协会主办。国内统一刊号CN11—0042。创刊于1985年10月7日。周2报，对开4版。

报社现有61人，其中编36人。现任总编辑胡本英。

社址：北京市西城区阜外北街255号。邮政编码：100037。电话：8317324。

中国农金报 中国农业银行主办。国内统一刊号CN11—0044/F。1985年11月创刊。周2报(每周二、五出版)，对开4版。国内外公开发行。

报社设总编室、记者部、经理部及各编辑部，现有45人，其中编采30人。现任社长王文飞，总编辑朱松林。

社址：北京市复兴路25号。邮政编码：100036。电话：8211638。

华声报 中华人民共和国国务院侨务办公室主办。国内统一刊号CN11—0045。创刊于1983年1月。周2报，对开4版。国内外发行。读者对象：华人、华侨、归侨、侨眷及侨务工作者。

报社设总编室、通联部、侨务部、海外部、文艺部、新闻部、办公室、经理部、公关部、财务科、资料室，现有70人，其中编采45人。现任社长兼总编辑周倜。

社址：北京市西城区百万庄南街12号。邮政编码：100037。电话：8315035。

中国包装报 中国包装技术协会、中国包装总公司主办。国内统一刊号CN11—0046。创刊于1985年4月1日。周报，对开4版。

报社设总编室、记者通联部、技术咨询部、公共关系部、经营部、办公室，现有30人，其中编采25人。现任社长兼总编辑郭士炎，副社长兼副总编辑王去非。

社址：北京市朝内大方家胡同64号。邮政编码：100010。电话：5128368。

中国林业报 中华人民共和国林业部、全国绿化委员会主办。国内统一刊号CN11—0049。1987年7月1日创刊。周2报，对开4版。公开发行。

报社设总编室、新闻部、经济部、科教部、副刊部、采通部、经理部、信息服务部、办公室、《中国林业》编辑部，现有49人，其中编采25人。现任社长兼总编辑程厚印。

社址：北京市和平里林业部院内。邮政编码：100013。电话：4217380。

中国汽车报 中国汽车工业总公司主办。国内统一刊号CN11—0056。创刊于1984年1月7日。周报，对开4版。

报社设总编室、编采部、记者通联部、办公室，现有34人，其中编采18人。现任社长陈义亭，总编辑吴法成。

社址：北京市复外大街16号。邮政编码：100860。电话：3263603。

消费时报 中华人民共和国轻工业部主办。国内统一刊号CN11—0057。创刊于1985年1月，原名《中国轻工业报》，1988年1月改为现名。周4报，对开4版。

报社现有 人，其中编采 人。现任社长兼总编辑石新华。

社址：北京市工人体育场东路8号。邮政编码：100020。电话：5003027。

人民海军报 解放军海军政治部主办。国内统一刊号CN11—0059。创刊于1957年2月。周3报，4开4版。内部发行。

报社现有编采人员28人。现任总编辑嵇振太。

社址：北京市西三环中路19号。邮政编码：100037。电话8658087。

中国少年报 共青团中央主办。国内统一刊号CN11—0062。创刊于1951年11月5日，“文革”期间停刊，1978年11月1日复刊。周报，4开4版。

报社设12个处级机构，包括办公室、群工组、发行组和9个编辑组，全社现有64人，其中中国少年报编辑部18人。现任社长兼总编辑沈于正，副总编辑沈理阳、王怀倜。

社址：北京市东直门海运仓2号。邮政编码：100702。电话：4015152。

市场 人民日报社主办。国内统一刊号CN11—0068。创刊于1979年10月1日。周2报，星期一、四出版，4开8版。

编辑部设新闻编辑室、专刊编辑室和办公室，现有40人，其中编采32人。现任负责人陈清。

社址：北京市朝阳门外金台西路2号。邮政编码：100733。电话：5092121(总机)。

冶金报 中华人民共和国冶金工业部主办。国内统一刊号CN11—0069。创刊于1956年7月，1966年9月停刊；1980年1月复刊。周3报，对开4版。

报社设办公室，一、二、三、四编辑部，经营部(包括信息技术开发公司)，现有69人，其编采人员40多人。现任社长兼总编辑樊源兴，副社长兼副总编辑艾桂林，副总编辑戴仁杰。

社址：北京市朝阳区安贞里三区26号楼。邮政编码：100011。电话：422·3311(总机)。

中国农牧渔业报 中华人民共和国农业部主办。国内统一刊号CN11—0070。创刊于1988年1月。周2报，对开4版。

报社设总编室、要闻部、经济部、科教部、信息部、办公室、经理部，现有50人，其中编采32人。现任社长应曰琏，总编辑陈小均。

社址：北京市朝阳区安苑东里。邮政编码：100013。电话：4215918。

空军报 解放军空军政治部主办。国内统一刊号CN11—0071。创刊于1958年3月。周3报，4开4版。内部发行。

报社现有编采人员30人。现任总编辑金为华。

社址：北京市复兴路14号。邮政编码100073。电话：8652801。

人民武警报 中国人民武装警察部队政治部主办。国内统一刊号CN11—0072。创刊于1983年7月7日。周3报，4开4版。限国内发行。

报社设总编室，一、二、三编辑室，现有34人，其中编采24人。现任社长孙瑞林。

社址：北京市西三环北路1号。邮政编码：100081。电话：8414331—4209。

中国建材报 国家建材局主办。国内统一刊号CN11—0073。1986年10月18日创刊。周2报，对开4版。

报社设编辑部、经理部、办公室，现有60人，其中编采35人。现任社长兼总编辑张颂甲。

社址：北京市百万庄。邮政编码：100037。电话：8317368。

中国地震报 国家地震局主办。国内统一刊号CN11—0074。创刊于1987年12月15日。周报，对开4版。读者对象：专业和群众地震测报工作者、政府工作人员及从事减灾事业的人员。

报社现有22人，其中编采20人。现任社长陈颙，总编辑陈鑫连，常务副总编辑耿国庆。

社址：北京市复兴路63号。邮政编码：100036。电话：811531—240。

中国电力报 中华人民共和国能源部主办。国内统一刊号CN11—0076。创刊于1982年1月1日。周2报，对开4版。

报社设总编室、经济部、政教部、副刊部、记者部、经营部、办公室、《中国电业》杂志等，现有80人，其中编采47人。现任社长郑焕祯。

社址：北京市宣武区白广路2条1号。邮政编码：100761。电话：365331—4458。

新闻出版报 中华人民共和国新闻出版署主办。国内统一刊号CN11—0079。创刊于1983年10月，原名《中国报刊》1986年1月更名《中国报刊报》，1988年1月改为现名。周2报，对开4版。

报社现有82人(含图书、报刊发行公司集体干部)，其中编采40人。1989年底副总编辑张芬之主持工作。

社址：北京市德外小市口4号。邮政编码：100011。电话：2011822。

中国科学报 中国科学院主办。国内统一刊号CN11—0084。创刊于1959年1月1日，原名《科学报》。1966年8月13日停刊，1979年11月1日复刊，1989年1月改为现名。周2报，对开4版。

报社设总编室、要闻部、国内科技部、国外科技部、副刊部、社务部、记者部、信息咨询部、经理部，现有50人，其中编采30人。现任社长张云岗(兼)，总编辑郭曰方，副总编辑王鹤山。

社址：北京市三里河路52号。邮政编码：100864。电话：866293。

中国环境报 国务院环境保护委员会主办。国内统一刊号CN11—0085。创刊于1984年1月3日。周3报，对开4版。

报社现有164人，其中编采52人。现任总编辑杨矛。

社址：北京市东直门内仓夹道14号。邮政编码：100007。电话：442576。

中国纺织报 中华人民共和国纺织工业部主办。国内统一刊号CN11—0087。创刊于1986年1月。周2报，对开4版。

报社设总编室、记者部、一编室、办公室、经理部、咨询部、顾问室，现有70人，其中编采45人。现任社长吴鹤松，总编辑陈义方。

社址：北京市正义路4号。邮政编码：100006。电话：5129152。

中国商报 中华人民共和国商业部主办。国内统一刊号CN11—0088。创刊于1985年1月1日。原名《中国商业报》，1988年改为现名。周3报，对开4版。

报社设总编室、新闻一部、新闻二部、信息部、副刊部、记者部、广告公关部、办公室、现有88人，其中编采68人。现任总编辑穆励，副总编辑李守仲、李贺、张震林，秘书长常学超，顾问秦兆平(原社长)。

社址：北京市宣武区报国寺。邮政编码：100053。电话：3014827。

中国文化报 中华人民共和国文化部主办。国内统一刊号CN11—0089。创刊于1986年1月24日。周2报，对开4版。

报社设新闻部、总编室、理论部、国际·副刊部、办公室、经理部，现有74人，其中编采47人。现任社长、总编辑马畏安，副总编辑李中岳，副社长许焕钧。

社址：北京市和平里东街12号。邮政编码：100013。电话：4219589。

人民公安报 中华人民共和国公安部主办。国内统一刊号CN11—0090。创刊于1984年10月4日。周2报，对开4版。国内外公开发行。

报社设总编室、业务科技部、政治生活部、法律部、通联部、广告发行部、美术摄影部、办公室、《人民公安》月刊编辑部，现有59人，其中编采48人。现任社长兼总编辑李长群。

社址：北京市东长安街14号。邮政编码：100741。电话：5122831—3342。

文艺报 中国作家协会主办。国内统一刊号CN11—0093。创刊于1949年9月25日，1966年6月停刊，1978年7月15日复刊；原为杂志，1985年7月改为报纸。周报，对开8版。

报社设新闻部、文学部、理论部，现有50人，其中编采36人。现任主编陈涌、郑伯农，副主编吴泰昌、钟艺兵、李兴叶。

社址：北京市农展馆南里10号。邮政编码：100026。电话：5002492。

中国民航报 中国民航局主办。国内统一刊号CN11—0094。1979年7月20日创刊。周报，4开4版。公开发行。

报社设总编室、编辑部、公共关系部，现有25人，其中编采20人。现任总编辑俞泉福，副编辑庞建京。

社址：北京市东四西大街155号。邮政编码：100710。电话：4012233—8069。

人民铁道 中共铁道部党组机关报。国内统一刊号CN11—0096。创刊于1949年5月1日。周3报，对开4版。读者对象：铁路职工及其家属。

报社编委会下设总编室、生产部、科文部、记者部、群工部、新闻研究室、经营部、办公室。全社现有222人，其中编采74人。现任总编辑牛贵恒。

社址：北京市复兴门外北蜂窝3号。邮政编码：100038。电话：86—42059。

中国有色金属报 中国有色金属工业总公司主办。国内统一刊号CN11—0115。创刊于1985年7月4日。周2报，对开4版。读者对象：有色金属行业的广大职工及有关业务人员。

报社设要闻信息部、综合副刊部、记者部、办公室，现有40人，其中编采28人。现任总编辑毛云辉，副总编辑邵淼。

社址：北京市复兴路乙12号。邮政编码：100814。电话：801·6358。

人民邮电 中华人民共和国邮电部主办。国内统一刊号CN11—0116。创刊于1950年5月15日。周2报(每周四、日出版)，对开4版。公开发行。读者对象：全国邮电行业职工，各专用通信部门，各级党政主管领导。

报社设办公室、总编室、政法科教部、记者部、经济工作部、文化生活部、《邮电企业管理》编辑部、经营部，现有68人，其中编采38人。现任社长兼总编辑孙士修。

社址：北京市安定门外大街181号。邮政编码：100011。电话：4217305。

国际商报 中华人民共和国对外经济贸易部主办。国内统一刊号CN11—0118。1985年4月11日创刊。周3报，对开4版。国内外公开发行。读者对象：各国对华贸易商、大中型工商企业、金融集团、中国驻各国商务、外贸机构；全国外贸部门、专业进出口公司、工商企业、各国驻华经济团体、商社、金融集团。

报社设总编室、国内部、国际部、副刊部、周末部、记者部、月刊部、通联部、信息部、办公室、人事处、行政处、财务处、广告部(公关部)、发行处、排印厂、劳动服务公司，现有177人，其中编采75人。现任社长陈明，副社长惠元英，副总编辑吴新慧、郑志海、张汉卿。

社址：北京市西三环中路18号。邮政编码：100036。电话：8014443(总机)

战友报 北京军区政治部主办。国内统一刊号CN11—120。创刊于1955年9月30日。周3报，4开4版。内部发行。

报社现有编采人员20人。现任负责人李德运、刘绳、黄学德。

社址：北京市西山八大处甲1号。邮

政编码：100041。电话：687234。

中国农机化报 中华人民共和国机电部、农业部合办，机电部主管。国内统一刊号CN11—0121。创刊于1980年6月19日。周2报，对开4版。读者对象：农机科研、生产、销售、管理、维修部门的职工和广大农村机手。

报社设编辑部、企联部、办公室，现有55人，其中编采35人。现任社长廉守本，副社长蒋益斌，总编辑沈吉人。

社址：北京市月坛南街26号。邮政编码：100825。电话：866814。

中国交通报 中华人民共和国交通部主办。国内统一刊号CN11—0122。创刊于1984年11月7日。周2报，对开4版。

社址：北京市安外黄寺大街22号。邮政编码：100011。电话：2018960。

中国统计信息报 国家统计局主办。国内统一刊号CN11—0123。创刊于1988年7月4日。周报，对开4版。公开发行。读者对象：各级领导干部、经济工作者、统计工作者，企业管理、理论研究及教学人员。

报社设总编室、编辑部、办公室，现有33人，其中编采14人。现任社长翟立功，总编辑郭道夫。

社址：北京市西城区三里河国家统计局内。邮政编码：100826。电话：801·1407。

中国老年报 中共中央宣传部干部管理局、中国记协老新闻工作者联谊会主办。国内统一刊号CN11—0134。创刊于1988年7月。周报，对开4版。

报社现有45人，其中编采27人。现任名誉社长张平化，董事长叶飞，社长廖井丹，总编辑姚远方。

社址：北京市阜外大街34号。邮政编码：100832。电话：8318320。

中央党校通讯 中共中央党校主办。国内统一刊号CN11—0137。创刊于1983年11月1日。周报，4开4版。读者对象：全国各级党校学工人员和干部教育、理论工作者。公开发行。

编辑部下设采编组、摄影美术组、行政发行组，现有18人，其中编采15人。现任主编傅宪斌，副主编朱爱群。

地址：北京市颐和园中央党校主楼4078号。邮政编码：100091。电话：2582233—2117。

中国医药报 国家医药管理局主办。国内统一刊号CN11—0140。1984年1月1日在重庆创刊，1987年11月迁至北京。周2报，对开4版。

报社设总编室、新闻部、科教部、采通部、办公室、经理部、激光照排室，现有60人，其中编采35人。现任总编辑董泰铎，秘书长罗铨宝。

社址：北京市陶然亭路甲8号。邮政编码：100054。电话：331649。

中国石化报 中国石油化学工业总公司主办。国内统一刊号CN11—0141。创刊于1988年7月1日。周报，对开4版。

报社设总编室、经济部、科教部、副刊部、通联部、综合部，现有30人，其中编采25人。现任总编辑邢树钧。

社址：北京市安外小关街24号。邮政编码：100013。电话：4216731—351。

中华老年报 中国老龄问题全国委员会、各省（市、自治区）老龄委员会主办。国内统一刊号CN11—0150。创刊于1988年6月21日。周报，对开4版。

报社设总编室、采通部、老年工作部、文化生活部、医疗保健部、办公室、经理部，现有45人，其中编采28人。现任名誉社长王平（中顾委常委），社长王照华，总编辑邢方群。

社址：北京市朝阳区金台路8号。邮政编码：100026。电话：5014036—545。

中国物资报 中华人民共和国物资部主办。国内统一刊号CN11—0032。1989年1月3日创刊。周2报，对开4版。

报社为社长负责制，设办公室、总编室、新闻部、记者部、信息部、副刊部、通联部、经营部，现有62人，其中采编37人。现任社长钟焕豫，总编辑朱定沛，副总编辑史习传。

社址：北京市西城区月坛北街25号。邮政编码：100834。电话：8392785。

中国航空航天报 中华人民共和国航空航天工业部主办。国内统一刊号CN11—0075。创刊于1989年7月5日（由原《航空时报》、《航天报》合并）、。周报，对开4版。公开发行。

报社设办公室、总编室、要闻部、国内信息部、国际信息部、副刊部、通联记者部，现有54人，其中编采44人。现任社长刘润宝，总编辑任源博，副社长赵蓝田，副社长兼副总编辑徐健，副总编辑孙民强、王钟强。

社址：1、北京市和平里小关东里14号。邮政编码：100013。电话：4221689。2、北京市海淀区阜成路8号。邮政编码：100830。电话：837·0900。

中国电影周报 广播电影电视部主办。国内统一刊号CN11—0149。创刊于1989年1月5日。周刊，对开4版。

报社设编辑部、发行经营科，现有24人，其中编采人员15人。现任总编辑李文斌，副社长兼常务副总编辑赵葆华，副总编辑吴坚。

社址：北京市新外大街乙25号。邮政编码：100088。电话：2014422—244。

中国中医药报 国家中医药管理局主办。国内统一刊号CN11—0153。创刊于1989年1月2日。周2报，对开4版。读者对象：全国中医药、中西医结合和民族医药工作者，以及社会各界热爱中医药事业人士。

报社设总编室、新闻部、理论部、经理部、通联部、办公室，现有37人，其中编采27人。现任总编辑兼社长诸国本，副总编辑宋名玉。

社址：北京市北三环东路11号。邮政编码：100029。电话：4212731—604。

中国水利报 中华人民共和国水利部主办。国内统一刊号CN11—0156。创刊于1989年1月1日。周2报，对开4版。读者对象：广大水利行业职工和城乡用水户。

报社设办公室、经营部、总编室、二编室、三编室、副刊部、通联部、《中国水利》杂志编辑部等8个部室，现有53人，其中编采36人。现任社长兼总编辑杨秀伟。

社址：北京市宣武区白广路2条1号。邮政编码：100761。电话：365331—4445。

中国气象报 国家气象局主办。国内统一刊号CN11—0158。1989年4月5日创刊。周报，对开4版。公开发行。读者对象：气象界和社会有关各界。

报社设总编室、采编部、经理部，现有26人，其中编采17人。现任社长陈少峰，副社长陆广延。

社址：北京市白石桥路46号。邮政编码：100081。电话：8312277—2572。

中国土地报 国家土地管理局主办。国内统一刊号CN11—0164。创刊于1989年9月5日。旬报，4开4版。国内发行。

报社设报纸编辑部、杂志编辑部、经理部、办公室，在黑龙江、吉林、山东省，西安、郑州、重庆市设有记者站。报社现有37人，其中编采15人。现任社长兼总编辑刘泽忠。

社址：北京市东城区安德里北街23号。邮政编码：100011。电话：401·5511—2369。

中国专利报 中国专利局主办。国内统一刊号CN11—0166。创刊于1989年4月1日。周报，对开6版。读者对象：专利工作者、科技、法律、工矿企业界以及发明爱好者等。

报社现有34人，其中编采28人。现任社长郭玉绮，副社长王之夫。

社址：北京市北三环西路学院路口。邮政编码：100088。电话：2019516。

中国技术监督报 国家技术监督局主办。国内统一刊号CN11—0167。于1989年3月23日试刊，同年8月17日正式创刊。周报，对开4版。读者对象：各地区、各部门、各生产、经销企业从事质量、标准化、计量工作的管理人员和专业人员，以及全国技术监督部门的工作人员。

报社设总编室、通联部、经营部、新闻部、科教部，现有30人，其中编采25人。现任社长李天无，总编辑张汉寿，副总编辑王宣。

社址：北京市和平里西街甲2号。邮政编码：100013。电话：4218685。

中华工商时报 中华全国工商业联合会主办。国内统一刊号CN11—0168。创刊于1989年10月6日。周2刊(每周三、六出版)，对开8版。国内外公开发行。读者对象：工商界。

报社现有77人，其中编采45人。现任总编辑丁望。

社址：北京市东直门外新中街7号。邮政编码：100027。电话：484231。

中国海洋报 国家海洋局主办。国内统一刊号CN11—0171。1989年9月27日创刊。周报，对开4版。公开发行。读者对象：全国海洋管理、科研、服务、教学、海运、水产、石油、地质、盐业等部门和海军部队、沿海企业以及关心海洋事业的人士。

报社设办公室、采编部、经理部，现有16人，其中编采11人。现任总编辑李茂和，副总编辑吴进、关保翔。

社址：北京市复兴门外大街1号。邮政编码：100860。电话：868941—517。

中国新闻 中国新闻社主办。国内统一刊号CN11——0001。1952年9月14日建社时创刊。日刊，16开16版。刊登中国新闻社的新闻稿。自办发行。

(其它各项详见442页《中国新闻社》)

计算机信息报 机械电子工业部计算机与信息发展研究中心主办。国内统一刊号CN11——0004。创刊于1985年7月。周报，4开32版。

报社现有48人，其中编采31人。现任社长周慕昌，总编辑李超云。

社址：北京海淀区万寿路27号。邮政编码：100846。电话：8212233—5048。

电子市场 机械电子工业部、中国电子学会主办。国内统一刊号CN11—0006。创刊1981年8月。周报，对开4版。

社址：北京市石景山路23号。邮政编码：100043。电话：874031—452。

国际电子报 机械电子工业部科技情报所主办。国内统一刊号CN11—0007。创刊于1984年10月1日。周报，4开16版。

报社现有30人，其中编采13人。现任社长宋衔。

社址：北京市石景山鲁谷路74号。邮政编码：100039。电话：8214390。

中国职工技术导报 工人日报社主办，中国职工技术协会主管。国内统一刊号CN11—0009。创刊于1984年3月，原名《职工技协报》，1987年1月改为现名。周报，4开4版。读者对象：企业管理干部、技术干部、技术工人、技协会员。

编辑部设新闻部、副刊部、经理部、服务部，各省、市设记者站。编辑部现有20人，其中编采11人。现任社长杨德录。

社址：北京市安定门外六铺炕工人日报社内。邮政编码：100718。电话：421·1561—290。

中国红十字报 中国红十字会总会主办。国内统一刊号CN11—0012。创刊于1986年10月5日。半月报，4开4版。国内外公开发行。

报社现有6人，其中编采4人。现任负责人熊世琦。

社址：北京东单干面胡同43号。邮政编码：100010。电话：554766。

中国医学论坛报 中华人民共和国卫生部主办。国内统一刊号CN11—0017。创刊于1983年7月5日。旬报，4开8版。

报社设编辑部、办公室、广告科、发行科、财务科，现有21人，其中编采7人。现任负责人张威。

社址：北京市西城后海北沿15号。邮政编码：100009。电话：4012134。

船舶世界报 中国船舶工业总公司主办。国内统一刊号CN11—0018。1979年6月1日创刊。周报，4开4版。国内外公开发行。读者对象：造船与用船部门的管理干部、技术人员、工人、海员、战士及舰船爱好者。

报社现有编采人员12人。现任主编邵启棠。

社址：北京市西城区月坛北街5号大院内北楼。邮政编码：100037。电话：89·1937。

中国花卉报 经济日报社主办。国内统一刊号CN11—0023。创刊于1985年4月5日。周报，4开4版。国内外公开发行。

报社设编辑部、经理部，现有15人，其中编采9人。现任代主编冯德珍。

社址：北京市王府井大街277号。邮政编码：100746。电话：5125522—319。

文摘报 光明日报社主办。国内统一刊号CN11—0027。创刊于1981年10月6日。周2报，16开 版。

编辑部现有20人，其中编采15人。现任主编李桂海。

社址：北京市永安路106号。邮政编码：100050。电话：338561(总机)。

军工技术民用报 国防科工委成果办公室主办。国内统一刊号CN11—0028。创刊于1985年7月1日。周报，对开4版。

报社设编辑部、记者部、通联部，现有19人，其中编采15人。现任社长张忠祥，总编辑林守一。

社址：北京市海淀区西钓鱼台6号。邮政编码：100036。电话：6757264。

中国企业报 中国企业管理协会主办。国内统一刊号CN11—0029。创刊于1988年。周2报，对开4版。读者对象：企业厂长、经理和管理干部。

现任社长马益林，总编辑鲍光前。

社址：北京市紫竹院南路17号。邮政编码：100044。电话：8416622。

煤炭信息 煤炭科学技术情报研究所等7个单位主办。国内统一刊号CN11—0031。创刊于1985年。周报，4开4版。

编辑部现有14人，其中编采8人。现任主任杨占荣，主编李秀荣。

地址：北京市和平里北街21号。邮政编码：100713。电话：4217766—24412。

中国广播报 中央人民广播电台主办。国内统一刊号CN11—0050。创刊于1955年4月25日，原名《广播节目报》，1978年6月24日复刊易名《广播电视节目报》，1981年1月恢复原名，1985年1月更名《广播之友》，1986年改为现名。

报社设编辑部、发行组，现有13人，其中编采8人。现任编辑部主任杨国君。

地址：北京市复兴门外大街2号。邮政编码：100866。电话：867183。

核工业信息报 核科学技术情报研究所、核科技开发咨询中心合办。国内统一刊号CN11—0054。旬报，4开4版。

编辑部现有15人，其中编采12人。现任主编俞静澄。

地址：北京市阜成路43号。邮政编码100037。电话：8416001。

中国经济新闻报 中华全国新闻工

作者协会主办。国内统一刊号 CN11—0060。创刊于 1984 年 8 月，原名《中国广告信息报》，1989 年 7 月改为现名。周 3 报，对开 4 版。

报社现有 115 人，其中编采 93 人。现任总编辑刘爱芝。

社址：北京市德外大街 97 号。邮政编码：100011。电话：2016802。

中国儿童报 共青团中央主办。国内统一刊号 CN11—0063。原名《新少年报》，1946 年 2 月 16 日创刊于上海，1956 年 3 月迁入北京，1960 年 11 月 17 日同中国少年报合并，1985 年 1 月 7 日复刊。1986 年 2 月 16 日改为现名。

报社机构(同中国少年报)，中国儿童报编辑部现有 13 人。

电话：4015153。

青年参考 中国青年报社主办。国内统一刊号 CN11—0064。创刊于 1984 年 7 月 6 日。周报，4 开 4 版。

编辑部现有 8 人。现任社长兼总编辑徐祝庆。

社址：北京市东直门内海运仓 2 号。邮政编码：100702。电话：446581。

讽刺与幽默 人民日报社主办。国内统一刊号 CN11—0067。创刊于 1979 年 1 月。半月报，4 开 4 版。是专门刊登新闻漫画作品的刊物。

编辑部有 4 名编采人员。现任主编英韬。

社址：北京市朝阳门外金台西路 2 号。邮政编码：100733。电话：5092121(总机)。

摄影报 中国摄影家协会主办。国内统一刊号 CN11—0081。1987 年 7 月 2 日创刊。周报，4 开 4 版。

报社设编辑部、经理部、读者来信组，现有 20 人，其中编采 12 人。现任负责人陈淑芬。

社址：北京市东城区红星胡同 61 号。邮政编码：100005。电话：556006。

棋牌周报 中国体育报社主办。国内统一刊号 CN11—0083。创刊于 1985 年 7 月 2 日。周报，4 开 4 版。

社址：北京体育馆路 8 号。邮政编码：100061。电话：757161 转。

高校联合书目报 高校出版社联合发行服务中心主办。国内统一刊号 CN11—0092。创刊于 1987 年 9 月。月刊，4 开 8 版。

编辑部现有编采人员 4 人。现任主任胡永盛。

地址：北京市中关村清华大学内。邮政编码：1000084。电话：2565621。

铁道工程报 中国铁道建筑总公司主办。国内统一刊号 CN11—0097。创刊于 1948 年 10 月 15 日，原名《铁军》、《铁军报》、《人民铁军》，1953 年更名为《铁道兵》，1984 年 1 月 1 日改为现名。周 2 报，4 开 4 版。读者对象：铁道基建队伍为主，兼顾其他。

报社设总编室、生产经营编辑室、政文编辑室、记者通联室、出版行政室，现有 20 人，其中编采 18 人。现任总编辑沈掌荣，副总编辑钮鲁生、杨仕望。

社址：北京市复兴路 40 号。邮政编码：100855。电话：815901 转。

中国村镇百业信息报 国务院农村发展研究中心主办。国内统一刊号：综合刊 CN11—0099，禽畜刊 CN11—0100。创刊于 1984 年。综合刊为周 2 报，禽畜刊为周报，均为对开 4 版。

报社现有 70 人，其中编采 53 人。现任社长白若冰，总编辑张木生。

社址：北京市甘家口增光路 76 号。邮政编码：100036。电话：8022109。

中国交通安全报 中华人民共和国公安部主办，由公安部委托广东省公安厅编辑发行。国内统一刊号 CN44—0100。旬报，4 开 4 版。国内公开发行。读者对象：道路交通管理人员和机动车驾驶员、车管员。

报社现有 10 人，其中编采 8 人。

该报 1990 年 1 月由广州迁京。电话：338539。

国际经贸消息 外经部国际贸易研究所主办。国内统一刊号 CN11—0119。创刊于 1958 年，原名《国外商情》，1966 年停刊，1972 年复刊改为《国际贸易消息》，1982 年改为现名。周 3 报，4 开 4 版。

现任社长张培基，总编辑王宝荣。

社址：北京市安定门外东后巷 28 号。邮政编码：100710。电话：4214024。

社科新书目 新华书店总店北京发行所、科技发行所主办。国内统一刊号 CN11—0126。创刊于 1980 年 4 月。半月报，4 开 24 版。

现任总编辑孟乃青。

地址：北京市西直门外北礼士路 54 号。邮政编码：100044。电话：8022121。

科技新书目 新华书店总店北京发行所、科技发行所主办。国内统一刊号 CN11—0128。创刊于 1963 年 8 月，1975 年 1 月复刊。半月报，4 开 16 版。

现任总编辑孟乃青。

地址：北京市西直门外北礼士路 54 号。邮政编码：100044。电话：895293。

图书发行 新华书店总店主办。国内统一刊号 CN11—0130。创刊于 1955 年，“文革”期间停刊，1979 年 9 月复刊。旬报，4 开 4 版。

编辑部现有 9 人，其中编采 6 人。现任总编辑郑士德。

地址：北京市阜外北礼士路 135 号。邮政编码：100037。电话：831368。

计算机世界 中国计算机世界出版服务公司主办。国内统一刊号 CN11—0132。创刊于 1980 年 10 月 23 日。周报，4 开 64 版。

报社设编辑部、广告部、出版发行部，现有 32 人，其中编采 14 人。现任总经理申瑶，总编辑杨坤棠。

社址：北京市石景山区鲁谷路 74 号(北京 750 信箱)。邮政编码：100039。电话：810044。

石油消息 中国石油天然气总公司情报所主办。国内统一刊号 CN11—0135。1973 年 10 月创刊，原名《国外燃化消息》，后曾改为《国外石化消息》、《国外石油消息》，1987 年 10 月改用现名。周报，4 开 4 版。

编辑部现有 7 人。现任主编高寿柏。

地址：北京市和平里 7 区 16 楼。邮政编码：100013。电话：4210625。

中外产品报 中国华阳技术贸易总公司主办。国内统一刊号 CN11—0136。创刊于 1986 年 4 月。周 3 报，对开 4 版。

报社现有 75 人，其中编采 31 人。现任总编辑潘增寿。

社址：北京展览馆内。邮政编码：100044。电话：8316677。

中国美术报 中国艺术研究院美术研究所主办。国内统一刊号 CN11—0138。创办于 1985 年 7 月 5 日。周报，4 开 4 版。

报社设编辑部、广告经营部、发行科、办公室，现有 27 人，其中编采 11 人。现任社长张蔷，主编水天中、刘骁纯。

社址：北京市前海西街 17 号。邮政编码：100009。电话：655009。

该报 1990 年 1 月 1 日停刊。

世界金属导报 冶金部情报标准研究总所主办。国内统一刊号 CN11—0147。创刊于 1979 年 10 月 8 日，原名《国外冶金动态》，1988 年 10 月 26 日与《冶金科技报》合并改为《世界金属导报》。周报，4 开 4 版。

报社内设三个分编部和宣传设计部，现有 20 人，其中编采 16 人。现任总编辑杜华云。

社址：北京市灯市口 74 号。邮政编码：100730。电话：551331—140。

中国经营报 国家经济体制改革研

究所主办。国内统一刊号CN11—0151。创刊于1985年1月5日,原名《专业户经营报》,1986年8月改名《中国农村经营报》,1989年1月改为现名。周2报,对开4版。读者对象:国内外各类企业,城乡企业家、经营者和其他读者。

报社设编辑部、经营部、行政办公室,现有80人,其中编采35人。现任社长王彦,总编辑徐方。

社址:北京市海淀路165号。邮政编码:100080。电话:2567689。

中国人才报 中国人才资源开发基金会主办,由国家人事部人才研究所主管。国内统一刊号CN11—0152。创刊于1987年2月19日。周报,对开4版。1990年1月1日起休刊。

报社设编委会、办公室、总编室、记者部、群工部、广告发行部、社会活动部等,并设有10余个地方记者站,现有41人,其中编采27人。现任社长贺毅,总编辑张天来。

社址:北京市复兴路15号(中国科技情报所院内)。邮政编码:100038。电话:801·4093。

中国城乡开发报 中华人民共和国国务院发展研究中心主办。国内统一刊号CN11—0163。创刊于1988年11月25日。周2报,对开8版。读者对象:厂长、经理,各级政府经济、技术管理干部。

报社机构:社委会下设总编室、经济新闻部、理论部、国际新闻部、副刊部、专版部、采通部、经理部、公关部、办公室,全社现有90人,其中编采46人。现任社长郁文,总编辑江涛,第一副总编辑高兴烈。

社址:北京市海淀区阜成路甲3号。邮政编码:100037。电话:8317002。

文学故事报 人民文学出版社主办。国内统一刊号CN11—0052。创刊于1985年。周报,4开4版。

现任主编谢明清。

社址:北京市朝内大街166号。邮政编码:100705。电话:555349。

自然辨证法报 中国自然辨证法研究会主办。国内统一刊号CN11—0124。创刊于1978年。半月报,4开4版。

现任总编辑丘亮辉。

社址:北京市海淀区学院南路86号。邮政编码:100081。电话:8314021。

汉语拼音报 语言文字工作委员会主办。国内统一刊号CN11—0077。创刊于1958年。半月报,4开4版。

现任社长吕叔湘,总编辑吴润仪。

社址:北京市朝内南小街51号。邮政编码:100010。电话:551391。

中国少年报初中版 共青团中央主办。国内统一刊号CN11—0155。创刊于1989年1月4日。周报,4开4版。是以初中一、二年级学生兼顾三年学生为读者对象的初中生少先队队报。

报社机构同中国少年报(见 页),中国少年报初中版编辑部有编采13人。

社址:北京市东直门内海运仓2号。邮政编码:100702。电话:4015194。

电子爱好者报 中国电子学会电子爱好者协会主办。国内统一刊号CN11—0161。创刊于1989年7月。周报,4开4版。读者对象:具有初中以上文化的电子爱好者。

现任社长白玉贤,总编辑焦中义。

社址:北京市翠微路甲20号。邮政编码:100036。电话:812261。

北　京　市

北京日报 中共北京市委机关报。国内统一刊号CN11—0101。创刊于1952年10月1日,1966年9月停刊,1967年7月复刊。日报,对开4版。

报社设办公室、机关党委、人保处、总编室、国际部、内参部、评论部、理论部、政法部、工交部、农村部、科技部、群工部、文体部、文艺部、社会事业部、电脑新闻部、摄影美术部、《新闻与写作》编辑部、《宣传手册》编辑部、经营管理处、计财处、基建处、行政处、印刷厂,全社现有888人,其中日报编采人员148人。现任社长满运来,副社长兼总编辑刘虎山,副社长王相、顾行,副总编辑曹世钦、杨洪运、李丙仁、孙永仁、邵毓奎,秘书长李耀华,经理部总经理杨洪运(兼)。

社址:北京市东单西裱褙胡同34号。邮政编码:100734。电话:总机548221。

北京日报(郊区版) 北京日报社主办。国内统一刊号CN11—0105。创刊于1980年10月3日。周3报,4开4版。

编辑部现有编采26人。现任总编辑孙秉友。

社址:(同北京日报)。

北京晚报 北京日报社主办。国内统一刊号CN11—0106。创刊于1958年3月15日。1980年2月15日复刊。日报,4开4版(周6、日8版)。

报社现有编采80人。现任总编辑叶祖兴。

社址:(同北京日报)。

北京法制报 北京市司法局主办。国内统一刊号CN11—0102。创刊于1985年4月6日。周2报,4开4版。

报社现有35人,其中编采20人,现任社长郭雪村,总编辑董凤田。

社址:北京市丰台右安门东庄11楼1号平房。邮政编码:100054。电话:301·2693。

北京青年报 共青团北京市委主办。国内统一刊号CN11—0103。创刊于1949年3月21日,1981年7月复刊,周2报,4开8版。

报社现有62人,其中编采40人。现任社长崔恩卿,总编辑陈冀。

社址:北京市朝内大街124号。邮政编码:100010。电话:5136164。

首都经济信息报 北京市计委、新华社北京分社主办。国内统一刊号CN11—0104。创刊于1985年7月2日。原名《首都信息报》,1988年改为现名。周3报,4开4版(1990年元旦起改为对开4版)。

报社现有67人,其中编采40人。现任社长赵正清,总编辑刘印生。

社址:北京市崇文区体育馆西路6号。邮政编码:100061。电话:7012366。

戏剧电影报 中国戏剧家协会、中国剧协北京分会主办。国内统一刊号:CN11—0108。创刊于1981年1月1日。周报,4开4版。

报社现有16人,其中编采11人。现任社长曹禺,总编辑杨毓珉。

社址:北京市月坛西街5号。邮政编码:100045。电话:8013240。

北京广播电视报 北京市广播电视局主办。国内统一刊号CN11—0107。创刊于1979年10月。周报,4开8版。

报社现有30人,其中编采10人。现任社长马福禄,总编辑王庭富。

社址:北京市复外真武庙二条。邮政编码:100045。电话:366686。

音乐周报 北京市文化局主办。国内统一刊号CN11—0110。创刊于1979年5月。原名《北京音乐报》,1989年改为现名。周报,4开4版。

报社现有8人,其中编采7人。现任总编辑卢肃。

社址:北京市西长安街7号。邮政编码:100031。电话:662179。

北京图书信息报 北京市新华书店、新华书店北京发行所主办。国内统一刊号CN11—0112。创刊于1986年7月8日。半月报,4开4版。

编辑部现有3人。现任总编辑王铁成。

社址:北京市西城西绒线胡同甲7号。邮政编码:100031。电话:657231。

该报于1989年底改为内部发行报纸。

首都公安报 北京市公安公安局主办。国内统一刊号CN11—0111。创刊于1949年6月6日。1984年12月22日复刊。周报,4开4版。

报社现有12人,其中编采8人。现任社长刘尚煜,总编辑马卫东。

社址:北京市前门东大街9号。邮政编码:100740。电话:5128871—268。

信息产业报 北京电子振兴领导小组办公室主办。国内统一刊号CN11—0113。创刊于1987年1月9日。周报,4开8版。

报社现有30人,其中编采10人。现任总编辑徐祖哲。

社址:北京市建国门内贡院头条1号。邮政编码:100005。电话:557674。

北京电子报 北京电子学会主办。国内统一刊号CN11—0145。创刊于1981年。周报,4开4版。

报社现有15人,其中编采5人。现任总编辑明培。

社址:北京市建内贡院头条1号。邮政编码:100005。电话:557390。

北京科技报 北京市科协主办。国内统一刊号CN11—0144。创刊于1954年3月7日。原名《科学小报》,1960年、1966年两度停刊,1978年7月1日复刊并改为现名。周2报,对开4版。

报社现有74人,其中编采45人。现任总编辑傅长全,社长魏谊。

社址:北京市海淀北洼路甲5号。邮政编码:100036。电话:8417774(总机)。

健康咨询报 北京市卫生教育所主办。国内统一刊号CN11—0148。创刊于1984年12月29日。周报,4开4版。

报社现有20人,其中编采8人。现任社长、总编辑孙衍庆。

社址:北京市安外安贞医院内。邮政编码:100029。电话:4212431—。

北京自学考试报 北京市高等教育自学考试委员会主办。国内统一刊号CN11—0117。创刊于1983年9月1日。旬报,4开4版。

报社现有编采6人。现任总编辑张之强。

社址:北京市安外青年湖南街3号。邮政编码:100011。电话:4216772。

中小学数学教学 北京数学教学研究会主办。国内统一刊号CN11—0133。4开12版,每学年10期。

现任总编辑李振纯。

社址:北京市新外大街12号。邮政编码:100055。电话:364810。

读写知识 北京市教育局主管。国内统一刊号CN11—0129。创刊于1980年5月20日。半月报,4开8版。

现任总编辑高玉亮。

社址:北京市南礼士路三条2号。邮政编码:100045。电话:8011327。

纺织科技报 北京市纺织科学研究所主办。国内统一刊号CN11—0142。创刊于1979年2月10日。半月报,4开4版。

编辑部现有7人。现任主编赵月华。

社址:北京市朝阳区金台路甜水园东街10号。邮政编码:100026。电话5025061—3319。

北京铁道 北京铁路局主办。国内统一刊号CN11—0131。创刊于1953年7月1日,原名《京铁工人报》,1987年改为现名。周4报,4开4版。

报社现有77人。现任总编辑郑全庭。

社址:北京市复兴路6号。邮政编码:100038。电话361731转22889。

首钢报 首都钢铁公司主办。国内统一刊号CN11—0165。创刊于1953年9月17日。1973年4月5日复刊。周3报,4开4版。

报社现有48人,其中编采45人。现任社长余桂英,总编辑郑章石。

社址:北京市石景山首钢公司办公厅院内。邮政编码:100041。电话:873083。

天津市

天津日报 中共天津市委机关。国内统一刊号:CN12—0001。创刊于1949年1月17日。日报,对开8版。

报社设办公室、工业部、农村部、财贸部、政教部、文化部、群工部、摄影部、文艺部、美术部、出版部、校对组、理论部、新闻研究室、资料室;采风报、球迷报;印刷厂;计财处、人事处、保卫处、党委、团委、纪检、报刊发行部、广告处、行政处、基建办公室、读者服务公司。现有722人,其中编采130人(仅含有职称的)。现任总编鲁思,副总编辑邱允盛、朱其华。

社址:天津市鞍山道54号。邮政编码:300020。电话:701024。

天津日报(农村版) 天津日报社主办。国内统一刊号CN12—0002。创刊于1979年10月1日。周2报,对开4版。

编辑部现有13人,其中编采10人。现任主任曹凤彦。

社址:天津市鞍山道54号。邮政编码:300020。电话:70·5278。

天津工人报 天津市总工会主办。国内统一刊号CN12—0004。创刊于1952年5月1日,1965年停刊;1983年10月1日复刊,周3报,4开4版。

报社现有46人,其中编采38人。现任总编辑李暖。

社址:天津市河西区尖山路78号。邮政编码:300211。电话:80·5575。

天津青年报 共青团天津市委员会主办。国内统一刊号CN12—0008。创刊于1949年6月,1958年、1961年两次停刊,1982年10月复刊。周报,对开4版。

报社现有13人,其中编采10人。现任负责人于恪歆。

社址:天津市鞍山道56号。邮政编码:300020。电话:70·4458。

红领巾报 共青团天津市委主办。国内统一刊号CN12—0009。创刊于1985年9月。半月报,4开4版。

编辑部现有10人,其中编采7人。现任主编刘锡昆。

地址:天津市南开区东马路94号。邮政编码300090。电话:25·0807。

今晚报 中共天津市委宣传部主办。国内统一刊号CN12—0003。创刊于1984年7月1日。日报,对开4版。

报社现有216人,其中编采97人。现任总编辑李夫。

社址:天津站邮政公寓4楼。邮政编码:300010。电话:75·3302。

天津法制报 天津市司法局主办。国内统一刊号CN12—0005。创刊于1983年7月30日。周报,4开4版。

报社现有36人,其中编采21人。现任社长兼总编辑李继远。

社址:天津市常德道117号。邮政编码300050。电话:300858。

采风报 天津日报社主办。国内统一刊号CN12—0016。创刊于1984年11月1日。周报,4开4版。

编辑部现有8人。现任主编胡世先。

社址:天津市和平区鞍山道54号。邮政编码:300020。电话:70·7122。

天津民警报 天津市公安局主办。国内统一刊号CN12—0012。创刊于1952年8月,1968年停刊,1980年3月复刊。周报,4开4版。公开发行。

报社现有编采19人。现任总编辑任玉申。

社址:天津市唐山道26号。邮政编码:300040。电话:39·3866。

华北信息报 天津、河北、山西、内蒙四省市区的计委合办。国内统一刊号CN12—0006。创刊于1986年12月11日。周报，4开4版。

报社现有45人，其中编采40人。现任总编辑袁之斌。

社址：天津市福建路17号。邮政编码：300202。电话：75·4741。

球迷 天津日报社主办。国内统一刊号CN12—0007。创刊于1985年7月2日。周报，4开4版。

编辑部现有10人。现任主编范光宇。

社址：天津市鞍山道54号。邮政编码：300020。电话：311328。

天津农工商报 天津市农工商总公司主办。国内统一刊号CN12—0017。创刊于1983年2月1日。半月报，4开4版。

报社现有5人，其中编采4人。现任总编辑秦鹏祖。

社址：天津市气象台路96号。邮政编码：300074。电话：34·4198。

卫生科普报 天津市健康教育所主办。国内统一刊号CN12—0013。创刊于1980年4月。旬报，4开4版。

报社现有12人，其中编采7人。现任主编杨大峥。

社址：天津市佟楼佟卫里14号。邮政编码：300074。电话：317495。

家庭报 天津市计划生育委员会主办。国内统一刊号CN12—0015。创刊于1985年9月。周报，4开4版。

报社现有16人，其中编采13人。现任社长兼总编辑仪宏伟。

社址：天津市营口道20号。邮政编码：300041。电话：39·9733。

天津书讯 新华书店天津发行所主办。国内统一刊号CN12—0014。创刊于1982年11月15日。周报，4开4版。

编辑部现有7人，其中编采5人。现任主编刘云和。

地址：天津市民权门外东郊区徐庄子。邮政编码：300240。电话：62·0668。

天津广播电视报 天津市广播电视局总编室主办。国内统一刊号CN12—0011。创刊于1955年1月，1967年1月停刊，1978年6月复刊。周报，4开8版。

报社现有21人，其中编采13人。现任负责人段树德。

社址：天津市卫津路143号。邮政编码：300070。电话：31·9640。

中国书画报 中国教育学会书法研究会主办。国内统一刊号CN12—0021。创刊于1986年1月。周报，4开4版。

报社现有30人，其中编采7人。现任社长路达，总编辑肖元。

社址：天津市尖山路长城里8号。邮政编码：300211。电话：80·0329。

开发报 天津市科学技术协会主办。国内统一刊号CN12—0010。创刊于1985年1月。周报，对开4版。

报社现有38人，其中编采30人。现任总编辑张启。

社址：天津市和平路287号。邮政编码：300041。电话：39·9934。

中国技术市场报 天津市科学技术协会主办，业务上归国家科委领导。国内统一刊号CN12—0020。创刊于1981年6月19日，原名《技术市场报》，1989年1月4日改为现名。周2报，对开4版。

报社现有39人，其中编采28人。现任总编辑赵世信。

社址：天津市南京路云峰楼（乙）10楼。邮政编码：300050。电话：30·7766。

上海市

解放日报 中共上海市委机关报。国内统一刊号CN31—0001。创刊于1949年5月28日。日报，对开8版。

报社现有915人，其中编采人员209人。现任总编辑丁锡满，副总编辑周瑞金。

社址：上海市汉口路274号。邮政编码：200001。电话：3221300。

文汇报 文汇报社主办。国内统一刊号CN31—0002。创刊于1938年1月25日。日报，对开4版。

报社现有882人，其中编采233人。现任总编辑张启承。

社址：上海市圆明园路149号。邮政编码：200002。电话：3211410。

新民晚报 新民晚报社主办。国内统一刊号CN31—0003。创刊于1929年9月。日报，4开8版。

报社现有365人，其中编采132人。现任总编辑丁法章。

社址：上海市九江路41号。邮政编码：200002。电话：3217307。

劳动报 上海市总工会主办。国内统一刊号CN31—0005。创刊于1947年1月。周4报，4开4版。

报社现有103人，其中编采55人。现任总编辑邹一兵。

社址：上海市中山东一路14号。邮政编码：200002。电话：3211939。

联合时报 政协上海市委主办。国内统一刊号CN31—0019。创刊于1984年7月，周报，对开4版。

报社现有20人，其中编采16人。现任总编辑闵孝思，社长赵超构。

社址：上海市北京西路860号。邮政编码：200041。电话：2587456。

上海郊区报 中共上海市委农村工作委员会主办。国内统一刊号CN31—0041。创刊于1988年7月。周2报，4开4版。

报社现有25人，其中编采22人。现任总编辑姚秉楠。

社址：上海市西藏中路272号。邮政编码：200001。电话：3226277。

少年报 上海市教育局主办。国内统一刊号CN31—0007。创刊于1967年7月，周报，4开4版。

报社现有50人，其中编采13人。现任总编辑李仁晓。

社址：上海市陕西北路500号。邮政编码：200041。电话：2531273。

青年报 共青团上海市委主办。国内统一刊号CN31—0006。创刊于1949年6月，周报，4开8版。

报社现有78人，其中编采53人。现任总编辑李智平。

社址：上海市东湖路17号。邮政编码：200031。电话：4372603。

报刊文摘 解放日报社主办。国内统一刊号CN31—0084。创刊于1980年1月。周报，4开4版。

编辑部现有10人，其中编采9人。现任主编王日翔。

社址：上海市汉口路274号。邮政编码：200001。电话：3221300。

上海法制报 上海市司法局主办。国内统一刊号CN31—0011。创刊于1984年1月。周报，4开8版。

报社现有46人，其中编采21人。现任总编辑沈沉。

社址：上海市奉贤路72号甲三楼。邮政编码：200041。电话：2586493—15。

生活周刊 共青团上海市委主办。国内统一刊号CN31—0013。创刊于1985年1月。周报，4开8版。

报社现有78人，其中编采53人。现任总编辑李智平。

社址：上海市东湖路17号。邮政编码：200031。电话：4372603。

组织人事报 上海市委组部、市人事局、市科技干部局主办。国内统一刊号CN31—0039。创刊于1984年10月。周报，4开8版。

报社现有17人，其中编采10人。现任总编辑诸成。

社址：上海市高安路19号。邮政编码：230031。电话：4314671。

文学报 上海市文联主办。国内统一刊号CN31—0012。创刊于1981年4月。周报，对开4版。

报社现有42人，其中编采22人。现任社长储大泓，总编辑郦国义。

社址：上海市淮海中路606弄14号。邮政编码：200020。

上海文化艺术报 上海市文化局主办。国内统一刊号CN31—0018。创刊于1979年。周报，对开4版。

报社现有21人，其中编采15人。现任总编辑朱士信。

社址：上海市常熟路100弄10号。邮政编码：200040。电话：4315591。

上海老年报 上海市老龄问题委员会、市老干部局主办。国内统一刊号CN31—0026。创刊于1986年1月。周报，4开4版。

报社现有19人，其中编采13人。现任总编辑胡崇寿。

社址：上海市巨鹿路892号。邮政编码：200040。

上海译报 上海市翻译出版公司主办。国内统一刊号CN31—0020。创刊于1983年7月。周报，4开8版。

编辑部现有编采9人。现任总编辑贺宗寅。

社址：上海市复兴中路597号。邮政编码：200020。电话：4332298。

消费报 上海市新闻研究所主办。国内统一刊号CN31—0085。创刊于1985年7月。周报，4开4版。

报社现有26人，其中编采13人。现任总编辑陆泉源。

社址：上海市淮海中路1413号。邮政编码：200031。电话：4312814。

上海科技报 上海市科协主办。国内统一刊号CN31—0008。创刊于1972年5月。周报，对开4版。

报社现有46人，其中编采38人。现任总编辑张仲修。

社址：上海市南昌路59号。邮政编码：200020。电话：3271454。

世界科技信息 上海科技情报所主办。国内统一刊号CN31—0073。创刊于1986年1月。周报，4开4版。

报社现有13人，其中编采10人。现任总编辑张秋明。

社址：上海市淮海中路1634号。邮政编码：200031。电话：4376098。

体育导报 上海市体委主办。国内统一刊号CN31—0066。创刊于1988年8月。周报，4开4版。

报社现有18人，其中编采10人。现任社长、总编辑祝嘉铭。

社址：上海市南京西路150号。邮政编码：200020。电话：3275330。

汉语拼音报 上海市语言文字工作委员会主办。国内统一刊号CN31—0014。创刊于1959年7月。半月报，4开4版。

报社现有编采7人。现任社长陈义君，总编辑曹余章。

社址：上海市永福路123号。邮政编码：200031。电话：4377165。

小学生学习周报 上海市教育局主办。国内统一刊号CN31—0015。创刊于1985年5月。周报，4开4版。

编辑部现有编采8人。现任主编李仁晓。

社址：上海市陕西北路500号。邮政编码：200041。电话：2563010。

小主人报 上海市长宁区教育局主办。国内统一刊号CN31—0038。创刊于1983年7月。周报，4开4版。

报社现有7人，其中编采4人。现任主编吴知非(13岁)。

社址：上海市愚园路1136弄57号。邮政编码：200050。电话：2521646。

我们一百万 上海市红领巾理事会、市教育局主办。国内统一刊号CN31—0016。创刊于1984年12月。半月报，4开4版。

报社现有编采62人。现任顾问李仁晓，执行主编吴方闻(12岁)。

社址：上海市陕西北路500号。邮政编码：200041。电话：2586809。

上海学生英文报 解放日报社、上海外语教育出版社主办。国内统一刊号CN31—0044。创刊于1985年3月。周报，4开4版。

报社现有7人，其中编采5人。现任总编钱维藩。

社址：上海市中山北一路295号。邮政编码：200083。电话：5420732。

幼儿文学 上海少儿出版社主办。国内统一刊号CN31—0017。创刊于1985年1月。半月报，4开4版。

报社现有编采5人。现任社长陈向明，主编洪祖年。

社址：上海市延安西路1538号。邮政编码：200052。电话：2513025。

上海青少年科技报 上海市少年科技指导站主办。国内统一刊号CN31—0023。创刊于1983年9月。半月报，4开4版。

报社现有8人，其中编采5人。

社址：上海市江宁路245号。邮政编码：200041。电话：2534685。

学生计算机世界 中国福利会儿童时代社主办。国内统一刊号CN31—0022。创刊于1984年6月。原名《儿童计算机世界》，1989年改为现名。半月报，4开4版。

报社现有33人，其中编采23人。现任社长、总编辑洪绳之。

社址：上海市常熟路157号。邮政编码：200031。电话：4313442。

中学生知识报 上海市教育学院主办。国内统一刊号CN31—0079。创刊于1985年8月。周报，对开4版。

报社现有19人，其中编采12人。现任社长张家祥，总编辑沈剑英。

社址：上海市淮海中路1045号。邮政编码：200031。电话：4375550—2。

新闻报 世界经济导报社主办。国内统一刊号CN31—0082。创刊于1985年4月。周3报，对开4版。

报社现有130人，其中编采45人。现任总编辑熊永石。

社址：上海市江宁路930号。邮政编码：200041。电话：2552852。

上海供销信息报 上海市供销合作社主办。国内统一刊号CN31—0025。创刊于1984年9月。周报，4开4版。

报社现有28人，其中编采20人。现任总编辑孙宏康。

社址：上海市南京东路353弄一号三楼。邮政编码：200001。电话：3222094。

上海工业经济报 上海市经委主办。国内统一刊号CN31—0024。创刊于1984年3月。周2报，4开4版。

报社现有40人，其中编采25人。现任社长邹孚庭。

社址：上海市淮安路817号。邮政编码：200041。电话：2585573。

上海商报 上海市财贸工作委员会、市财贸办公室主办。国内统一刊号CN31—0027。创刊于1985年10月。周2报，对开4版。

报社现有72人，其中编采42人。现任总编辑李音。

社址：上海市铜仁路195号。邮政编码：200040。电话：2586344。

上海经济时报 上海市集体事业办公室主办。国内统一刊号CN31—0088。创刊于1988年6月。周2报，对开4版。

报社现有27人，其中编采20人。现任社长黄奇帆，总编辑袁张度。

社址：上海市武进路409号。邮政编码：200085。电话：3254581。

上海副食品信息报 上海市副食品信息中心主办。国内统一刊号CN31—0059。创刊于1984年8月。周2报，4开

4版。

报社现有17人，其中编采10人。现任总编辑谢伟忠。

社址：上海市南京东路353弄9号二楼。邮政编码：200001。电话：3221116。

华东物价报 上海、江西、江苏、安徽、浙江、福建等6省市物价局合办。国内统一刊号CN31—0046。创刊于1984年12月。周报，4开4版。

报社现有12人，其中编采6人。现任总编辑汪杰。

社址：上海市淮海中路550号。邮政编码：200020。电话：3271944。

商情报 全国城市工业品贸易中心联合会、上海工业品贸易中心主办。国内统一刊号CN31—0057。创刊于1984年10月。周报，4开4版。

报社现有15人，其中编采13人。现任社长郭令吾，总编辑张永康。

社址：上海市中山东二路15号。邮政编码：200002。电话：3265240。

上海旅游报 上海市旅游局主办。国内统一刊号CN31—0083。创刊于1987年9月。双周报，4开4版。

报社现有28人，其中编采8人。现任总编辑杨时进。

社址：上海市中山西路2525号。邮政编码：200030。电话：4391819—2410。

中国仪器仪表报 中国仪器仪表协会主办。国内统一刊号CN31—0061。创刊于1985年7月。双周报，4开4版。

报社现有编采6人。现任总编辑阮伯如。

社址：上海市武昌路551弄10号。邮政编码：200085。电话：3253866。

五金市场 全国五金商品情报中心主办。国内统一刊号CN31—0054。创刊于1980年4月。每季4期，4开4版。

报社现有8人，其中编采4人。现任总编辑袁锦泉。

社址：上海市九江路445号。邮政编码：200001。电话：3222010。

家电市场 中国家电商业协会主办。国内统一刊号CN31—0056。创刊于1985年5月。月报，4开4版。

报社现有9人，其中编采4人。现任总编辑徐仁菊。

社址：上海市江西中路264弄4楼。邮政编码：　　。电话：3222424。

华东技术简讯 航天局807所主办。国内统一刊号CN31—0086。创刊于1982年1月。月报，4开4版。

报社现有3人。现任总编辑钟景福。

社址：上海市保定路257号。邮政编码：200082。电话：5415140。

交电市场 上海市商业一局主办。国内统一刊号CN31—0087。创刊于1980年10月。半月报，4开4版。

报社现有5人。现任总编辑何锡万。

社址：上海市汉口路422号。邮政编码：200001。电话：3222424。

漫画世界 新民晚报社主办。国内统一刊号CN31—0028。创刊于1985年8月。半月报，4开4版。

编辑部现有编采6人。现任主编张乐平。

社址：上海市九江路41号。邮政编码：200002。电话：3217307。

中国城市导报 上海市建委主办。国内统一刊号CN31—0029。创刊于1985年8月。周报，对开4版。

报社现有21人，其中编采14人。现任总编辑徐湘。

社址：上海市南苏州路79号。邮政编码：200083。电话：3231631。

文汇读书周报 文汇报社主办。国内统一刊号CN31—0030。创刊于1985年3月。周报，4开4版。

编辑部现有编采7人。现任负责人褚钰泉。

社址：上海市圆明园路149号。邮政编码：200002。电话：3211410。

上海电视大学 上海市电大主办。国内统一刊号CN31—0032。创刊于1984年4月。半月报，4开4版。

报社现有编采6人。现任总编辑史维一，社长赵杰林。

社址：上海市阜新路25号。邮政编码：200092。电话：5410900。

采风报 民间文艺家协会上海分会主办。国内统一刊号CN31—0031。创刊于1980年7月。半月报，4开4版。

报社现有编采10人。现任总编辑任嘉禾。

社址：上海市巨鹿路675号。邮政编码：200040。电话：4313408。

童话报 上海市教育局、上海市作协主办。国内统一刊号CN31—0033。创刊于1985年2月。半月报，对开4版。

编辑部现有编采10人。现任执行主编李仁晓。

社址：上海市陕西北路500号。邮政编码：200041。电话：2562044。

社会科学报 上海社会科学院主办。国内统一刊号CN31—0034。创刊于1985年10月。周报，4开4版。

报社现有10人，其中编采8人。现任总编辑蓝瑛。

社址：上海市淮海中路622弄7号。邮政编码：200020。电话：3271170。

每周广播电视 上海市广播电视局主办。国内统一刊号CN31—0010。创刊于1955年1月。周报，4开8版。

报社现有16人，其中编采11人。现任总编辑崔衍。

社址：上海市圆明园路169号二楼。邮政编码：200002。电话：3231691。

党史信息报 上海市委党史资料办公室、市党史学会主办。国内统一刊号CN31—0089。创刊于1985年6月。半月报，4开4版。

报社现有7人，其中编采3人。现任总编辑马福龙。

社址：上海市康平路141号。邮政编码：200031。电话：4336610-150。

上海新书目 新华书店上海发行所主办。国内统一刊号CN31—0036。创刊于1984年。旬报，4开8版。

编辑部现有编采3人。

社址：上海市四川中路133号。邮政编码：200009。电话：3212599。

书讯报 上海市新华书店主办。国内统一刊号CN31—0037。创刊于1980年1月。周报，4开4版。

编辑部现有13人，其中编采11人。现任主编贲炜。

社址：上海市广东路306号。邮政编码：200001。电话：3233679。

文汇电影时报 文汇报社主办。国内统一刊号CN31—0042。创刊于1985年10月。周报，对开4版。

编辑部现有编采9人。现任总编辑史中兴。

社址：上海市圆明园路149号。邮政编码：200002。电话：3211420。

全国地方版科技新书目 中国科技图书公司主办。国内统一刊号CN31—0043。创刊于1987年4月。半月报，4开4版。

编辑部现有3人。

社址：上海市河南中路221号。邮政编码：200001。电话：3233600。

上海环境报 上海市环保局主办。国内统一刊号CN31—0078。创刊于1981年1月。周报，4开4版。

报社现有14人，其中编采12人，现任总编辑傅树康。

社址：上海市永兴路93号。邮政编码：200071。电话：2341507。

市容建设报 上海市环卫局主办。国内统一刊号CN31—0081。创刊于1984年10月。旬报，4开4版。

报社现有 20 人，其中编采 14 人，现任社长、总编辑于志鹏。

社址：上海市成都北路 474 号。邮政编码：200003。电话：2580928。

上海中医药报 上海市中医学会主办。国内统一刊号 CN31—0075。创刊于 1985 年 1 月。半月报，4 开 4 版。

报社现有 3 人，其中编采 2 人，现任社长张镜人，总编辑邬尧清。

社址：上海市北京西路 1623 号。邮政编码：200040。电话：2532271。

上海大众卫生报 上海市卫生教育馆主办。国内统一刊号 CN31—0045。创刊于 1981 年 10 月。周报，4 开 4 版。

报社现有 14 人，其中编采 10 人，现任总编辑胡锦华。

社址：上海市陕西南路 122 号。邮政编码：200040。电话：4332262。

劳动服务信息报 上海市劳动服务公司主办。国内统一刊号 CN31—0076。创刊于 1985 年 4 月。旬报，4 开 4 版。

报社现有 11 人，其中编采 10 人，现任总编辑顾凯。

社址：上海市海宁路 690 号。邮政编码：200071。电话：3250239。

上海家庭报 上海市计划生育委员会主办。国内统一刊号 CN31—0062。创刊于 1985 年 2 月。月报，4 开 4 版。

报社现有 3 人。现任总编辑孙予。

社址：上海市陕西南路 122 号。邮政编码：200040。电话：4332262。

上海汽车报 上海市汽车拖拉机工业联劳公司委员会主办。国内统一刊号 CN31—0035。创刊于 1985 年 10 月。周报，4 开 4 版。

报社现有编采 12 人。现任总编辑王芝兰。

社址：上海市武康路 390 号。邮政编码：200031。电话：4336892。

上海劳动保护报 上海市劳保宣教中心主办。国内统一刊号 CN31—0074。创刊于 1985 年 6 月。半月报，4 开 4 版。

编辑部现有 6 人，其中编采 4 人。现任主编李志新。

社址：上海市威海路 665 弄 50 号。邮政编码：200041。电话：2581868。

上海交通安全 上海市公安局交通处主办。国内统一刊号 CN31—0040。创刊于 1980 年 1 月。半月报，4 开 4 版。

报社现有 12 人，其中编采 10 人。现任社长周赤，总编辑张致良。

社址：上海市中山东一路 29 号。邮政编码：200001。电话：3233136。

上海海港报 上海港务局主办。国内统一刊号 CN31—0049。创刊于 1979 年 2 月。周报，4 开 4 版。

报社现有 52 人，其中编采 12 人。现任社长、总编辑金宝山。

社址：上海市中山东二路 12 号 4 楼。邮政编码：200002。电话：3264915。

建筑时报 上海市建工局主办。国内统一刊号 CN31—0051。创刊于 1954 年 5 月。旬报，4 开 4 版。

报社现有编采 13 人。现任总编辑郭书吉。

社址：上海市九江路 137 号 910 室。邮政编码：200002。电话：3290139。

上海海运报 上海航运局主办。国内统一刊号 CN31—0050。创刊于 1956 年。周报，4 开 4 版。

报社现有 21 人，其中编采 19 人。现任总编辑应凉雨。

社址：上海市广东路 20 号。邮政编码：200002。电话：3219600。

上海铁道报 上海铁路局主办。国内统一刊号 CN31—0052。创刊于 1949 年 5 月。周 3 报，4 开 4 版。

报社现有 34 人，其中编采 29 人。现任总编辑孙季云。

社址：上海市天目东路 80 号。邮政编码：200071。电话：3246183。

三航报 交通部三航局主办。国内统一刊号 CN31—0053。创刊于 1985 年 10 月。旬报，4 开 4 版。

报社现有编采 9 人。现任总编辑沈金虎。

社址：上海市平江路 139 号。邮政编码：200031。电话：4310607。

宝钢报 宝钢指挥部主办。国内统一刊号 CN31—0058。创刊于 1978 年 8 月。周 2 报，4 开 4 版。

报社现有 18 人，其中编采 15 人。现任总编辑毛炳甫。

社址：上海市吴松区丁家桥。邮政编码：201900。电话：6648201。

华东电力报 华东电力管理局主办。国内统一刊号 CN31—0055。创刊于 1980 年 2 月。周报，4 开 4 版。

报社现有 15 人，其中编采 12 人。现任总编辑黄贤龄。

社址：上海市南京东路 181 号。邮政编码：200002。电话：3290000。

新金山报 上海石油化工总厂主办。国内统一刊号 CN31—0060。创刊于 1972 年 12 月。周 2 报，4 开 4 版。

报社现有 15 人，其中编采 12 人。现任负责人范垦程。

社址：上海市金山卫纬二路。邮政编码：201500。电话：7931931—3306。

制药机械报 国家医药管理局制药机械设计技术中心站主办。国内统一刊号 CN31—0063。创刊于 1984 年 10 月。月报，4 开 4 版。

报社现有 12 人，其中编采 4 人。现任总编辑胡鹤立。

社址：上海市南京西路 1856 号。邮政编码：200003。电话：2584840。

上海邮电报 上海市邮电管理局主办。国内统一刊号 CN31—0065。创刊于 1988 年 8 月。周报，4 开 4 版。

报社现有 12 人，其中编采 9 人。现任总编辑张哲明。

社址：上海市苏州路 276 号。邮政编码：200085。电话：3208045。

房地产报 上海市房产管理局主办。国内统一刊号 CN31—0064。创刊于 1988 年 5 月。周报，4 开 4 版。

报社现有 10 人，其中编采 6 人。现任社长桑荣林，总编辑盛新建。

社址：上海市黄陂南路 331 号。邮政编码：200021。电话：3202308。

上海机械报 上海市机电工业管理局主办。国内统一刊号 CN31—0067。创刊于 1988 年 8 月。周报，4 开 4 版。

报社现有 20 人，其中编采 12 人。现任社长李嘉康。

社址：上海市四川中路 110 号。邮政编码：200002。电话：3250576。

轻工机械报 中国轻工机械协会、上海轻工机械公司主办。国内统一刊号 CN31—0009。创刊于 1988 年 12 月 27 日。旬报，4 开 4 版。

报社现有 15 人，其中编采 12 人。现任社长蒋肇庚，总编辑季渺海。

社址：上海市四川中路 110 号二楼。邮政编码：200002。电话：3215530—24。

动手做 科普出版社主办。国内统一刊号 CN31—0077。创刊于 1984 年 8 月。月报，4 开 4 版。

编辑部现有 2 人，现任主编吴云龙。

社址：上海市南浔路 246 号。邮政编码：200002。电话：3250524。

东南化工信息 上海市化工局科技情报所主办。国内统一刊号 CN31—0080。创刊于 1981 年 4 月。半月报，4 开 4 版。

报社现有编采 10 人，现任总编辑刘用华。

社址：上海市思南路 30 号。邮政编码：200020。电话：3272915。

河北省

河北日报 中共河北省委机关报。

国内统一刊号CN13—0001。创刊于1949年8月1日。日报，对开4版。

报社编辑委员会下设33个处级单位，其中编辑部11个，记者站12个，后勤10个。全社现有644人(含《农家乐》、《杂文报》、《工商报》)，其中编采215人(不含《农家乐》、《杂文报》、《工商报》)。现任总编辑叶棒，社长刘海泉，副总编辑邢绍和、韩永、张德培、楼沪光，副社长金鸿遇。

社址：石家庄市裕华路7号。邮政编码：050013。电话：48901。

建设日报　中共石家庄地委主办。国内统一刊号CN13—0004。创刊于1956年5月1日。周6报，4开8版。

报社现有247人，其中编采96人，现任总编辑王贵海。

社址：石家庄市长安西路15号。邮政编码：050011。电话：45907。

保定市报　中共保定市委主办。国内统一刊号CN13—0010。创刊于1960年，原名《保定日报》，1962年与地委《东风报》合并，1985年1月复刊改为现名。日报，4开4版。

报社现有169人，其中编采60人，现任总编辑刘梦蛟。

社址：河北省保定市东风中路52号。邮政编码：071051。电话：35889。

保定日报　中共保定地委主办。国内统一刊号CN13—0009。创刊于1956年5月12日。日报，4开4版。

报社现有298人，其中编采72人，现任总编辑李占贵。

社址：河北省保定市新华路13号。邮政编码：071000。电话：24739。

沧州市日报　中共沧州市委主办。国内统一刊号CN13—0014。创刊于1984年11月1日。周6报，4开4版。

报社现有333人，其中编采67人，现任总编辑姚广荣。

社址：河北省沧州市解放中路269号。邮政编码：061001。电话：23480。

石家庄日报　中共石家庄市委主办。国内统一刊号CN13—0003。创刊于1947年11月18日。日报，对开4版。

报社现有370人，其中编采75人，现任总编辑曹孜。

社址：石家庄市长安西路15号。邮政编码：050011。电话：48333。

承德市报　中共承德市委主办。国内统一刊号CN13—0018。创刊于1986年5月1日。周6报，4开4版。

报社现有编采34人，现任总编辑杜祖亮。

社址：河北省承德市南园东街122号。邮政编码：067000。电话：224035。

承德群众报　中共承德地委主办。国内统一刊号CN13—0017。创刊于1956年1月21日。日报，4开4版。

报社现有265人，其中编采45人，现任总编辑杜祖亮。

社址：河北省承德市南园东街122号。邮政编码：067000。电话：223285。

秦皇岛日报　中共秦皇岛市委主办。国内统一刊号CN13—0016。创刊于1956年4月，1961年4月停刊，1983年6月复刊。日报，4开4版。

报社现有181人，其中编采65人，现任总编辑王仁厚。

社址：河北省秦皇岛市海港区迎宾路。邮政编码：066001。电话：332539。

衡水日报　中共衡水地委主办。国内统一刊号CN13—0012。创刊于1962年9月1日。周6报，4开4版。

报社现有192人，其中编采80人。现任总编辑蒋清泉。

社址：河北省衡水市新华路34号。邮政编码：053000。电话：4715。

沧州日报　中共沧州地委主办。国内统一刊号CN13—0013。创刊于1956年7月1日。日报，4开4版。

报社现有252人，其中编采85人。现任总编辑张夫培。

社址：河北省沧州市新华中路153号。邮政编码：061000。电话：22413。

邢台晨报　中共邢台市委主办。国内统一刊号CN13—0008。创刊于1985年1月1日。周6报，4开4版。

报社现有60人，其中编采40人。现任总编辑白贵清。

社址：河北省邢台市郭守敬大街64号。邮政编码：054000。电话：2125。

邯郸日报　中共邯郸地委主办。国内统一刊号CN13—0005。创刊于1982年4月。周6报，4开4版。

编辑部现有67人。现任社长翟金录。

社址：河北省邯郸市中华南大街甲28号。邮政编码：056002。电话：22038。

张家口日报　中共张家口地委主办。国内统一刊号CN13—0019。创刊于1948年12月26日。周6报，4开4版。

报社现有95人，其中编采69人。现任社长张贯一，总编辑李孟贤。

社址：河北省张家口市建国路47号。邮政编码：075027。电话：2210。

廊坊日报　中共廊坊市委主办。国内统一刊号CN13—0011。创刊于1939年，从1956年5月1日起铅字印刷正式发行。日报，4开4版。

报社现有344人，其中编采53人。现任总编辑李文洪。

社址：河北省廊坊市宾安街。邮政编码：102849。电话：23459。

邢台日报　中共邢台地委主办。国内统一刊号CN13—0007。创刊于1956年5月。周6报，4开4版。

报社现有195人，其中编采68人。现任总编辑吕永江。

社址：河北省邢台市新华路93号。邮政编码：054000。电话：3442。

唐山劳动日报　中共唐山市委主办。国内统一刊号CN13—0015。创刊于1949年8月1日。日报，4开4版。

报社现有191人，其中编采77人。现任社长刘鹤峰，总编辑李连仲。

社址：河北省唐山市西山道。邮政编码：063000。电话：22465。

张家口市报　中共张家口市委主办。国内统一刊号CN13—0020。创刊于1945年8月25日。周6报，4开4版。

报社现有77人，其中编采64人。现任总编辑赵旺。

社址：河北省张家口市建国路17号。邮政编码：075000。电话：7663。

石家庄晚报　石家庄日报社主办。国内统一刊号CN13—0043。创刊于1984年10月1日。周6报，4开4版。

报社机构(同石家庄日报)。

河北工人报　河北省总工会主办。国内统一刊号CN13—0002。创刊于1983年10月1日。周3报，4开4版。

报社现有48人，其中编采37人。现任总编辑赵耀华。

社址：石家庄市工农路54号。邮政编码：050051。电话：33481。

河北法制报　河北省司法厅主办。国内统一刊号CN13—0033。创刊于1982年12月3日。周报，4开4版。

报社现有21人，其中编采17人。现任总编辑孙锐。

社址：石家庄市石邑路3号。邮政编码：050051。电话：32489。

农家乐　河北日报社、河北省供销社主办。国内统一刊号CN13—0021。创刊于1982年1月。周报，4开4版。

编辑室现有21人，其中编采9人。现任负责人胡玉泉。

社址：石家庄市裕华路7号。邮政编码：050013。电话：48901—893。

体育之声　河北省体委主办。国内统一刊号CN13—0038。创刊于1959年，当年停刊；1984年复刊。周报，4开4版。

报社现有11人，其中编采9人。现任总编辑王文生。

社址：石家庄市体育中街1号。邮政编码：050011。电话：43336。

河北经济报 河北省人民政府主办。国内统一刊号CN13—0023。创刊于1983年10月。周3报，对开4版。

报社现有107人，其中编采40人。现任总编辑刘克仁。

社址：石家庄市西环南路。邮政编码：050081。电话：31664。

北方物价报 河北省、天津市物价局主办。国内统一刊号CN13—0025。创刊于1985年7月6日。周报，4开4版。

报社现有13人，其中编采11人。现任总编辑张振延。

社址：石家庄市南马路244号。邮政编码：050051。电话：26329。

工商报 河北省工商局、河北日报社主办。国内统一刊号CN13—0028。创刊于1987年6月23日。周3报，4开4版。

报社现有63人，其中编采28人。现任总编辑张石锁。

社址：石家庄市裕华中路7号。邮政编码：050013。电话：48901—832。

经济周报 晋冀内蒙古地盟市经协区协调委员会主办。国内统一刊号CN13—0048。创刊于1988年8月1日。周报，4开4版。

报社现有30人，其中编采17人。现任主编米济先。

社址：河北省张家口市工业中横街东口。邮政编码：075000。电话：5383。

经济消息 原由承德群众报社主办，1989年改为中国新闻学会联合会主办。国内统一刊号CN13—0024。创刊于1984年7月4日。周2报，对开4版。

报社现有编采31人，行政管理由承德群众报社代理。现任总编辑杜祖亮。

社址：河北省承德市南园东街122号。邮政编码：067000。电话：225130。

长城经济信息报 石家庄市经济委员会主办。国内统一刊号CN13—0027。创刊于1984年10月15日。周报，4开4版。

报社现有15人，其中编采12人，现任社长兼总编辑白葑经。

社址：石家庄市平安南大街24号。邮政编码：050021。电话：612956—64。

中原经济信息 邯郸市经济研究中心主办。国内统一刊号CN13—0026。创刊于1985年5月1日。周报，4开4版。

报社现有17人，其中编采9人，现任总编辑郭培恩。

社址：河北省邯郸市滏河北大街42号。邮政编码：056002。电话：27825。

企业家报 河北省企业管理协会、河北省企业家协会主办。国内统一刊号CN13—0029。创刊于1985年10月1日。周2报，4开4版。

报社现有30人，其中编采15人，现任总编辑赵富山。

社址：石家庄市裕华中路12号。邮政编码：050011。电话：49261。

少年智力开发报 中国民主促进会河北省委会主办。国内统一刊号CN13—0022。创刊于1985年1月7日。周报，4开4版。

报社现有27人，其中编采14人，现任社长闫恩荣，总编辑宋寿裕。

社址：石家庄市新华西路26号。邮政编码：050051。电话：24732。

杂文报 河北日报社主管。国内统一刊号CN13—0034。创刊于1984年10月2日。周报，4开4版。

报社现有20人，其中编采8人，现任总编辑楼沪光。

社址：石家庄市裕华中路7号。邮政编码：050013。电话：45670。

初中生周报 河北省教委主办。国内统一刊号CN13—0036。创刊于1984年10月。周报，4开4版。

报社现有10人，其中编采8人，现任负责人赵桂森。

社址：石家庄市石岗大街4号。邮政编码：050061。电话：743498。

文论报 河北省文联主办。国内统一刊号CN13—0035。创刊于1982年9月5日。旬报，对开4版。

报社现有10人，其中编采9人。

社址：石家庄市石岗大街市庄路2号。邮政编码：050000。电话：744870。

河北广播电视报 河北省广播电视厅主办。国内统一刊号CN13—0039。创刊于1955年6月25日。“文革”期间停刊，1980年1月复刊，周报，4开4版。

报社现有16人，其中编采13人。现任总编辑李向荣。

社址：石家庄市裕华中路4号。邮政编码：050012。电话：44286。

视听之友 秦皇岛市广播电视局主办。国内统一刊号CN13—0049。创刊于1986年7月。周报，4开4版。

报社现有7人，其中编采5人。现任负责人陈忠平。

社址：河北省秦皇岛市文化北路23号。邮政编码：066000。电话：335020。

该报已于1989年12月31日停刊。

河北科技报(农村版) 河北省科协主办。国内统一刊号CN13—0030。创刊于1958年8月，1960年停刊；1963年复刊，1967年8月停刊，1976年复刊。周2报，4开4版。

报社现有58人，其中编采44人。现任总编辑黎光。

社址：石家庄市富强街33号。邮政编码：050021。电话：612264。

河北科技报(城市版) 河北省科协、科委、教委、卫生厅主办。国内统一刊号CN13—0031。创刊于1986年1月。周报，4开4版。

报社机构同河北科技报农村版。

实用技术信息 河北省科学技术情报研究所主办。国内统一刊号CN13—0032。创刊于1984年7月11日。旬报，4开4版。

报社现有10人，其中编采6人。现任负责人吕献。

社址：石家市青园街58号。邮政编码：050021。电话：613882。

河北人口报 河北省计划生育委员会主办。国内统一刊号CN13—0040。创刊于1982年2月23日。周报，4开4版。

报社现有15人，其中编采11人。现任总编辑高文远。

社址：石家庄市储煤路27号。邮政编码：050061。电话：741756。

开滦矿工报 中共开滦矿务局委员会主办。国内统一刊号CN13—0041。创刊于1949年12月12日。周4报，4开4版。公开发行。

报社现有37人，其中编采30人。现任负责人李文华。

社址：河北省唐山市唐韩路1号。邮政编码：063000。电话：23811－2733。

华北石油报 中共华北石油管理局党委主办。国内统一刊号CN13—0044。创刊于1965年3月。周2报，4开4版。内部发行。

报社现有93人，其中编采27人。现任社长闻天恩。

社址：河北省任邱市。邮政编码：062552。电话：2453。

峰峰矿工报 中共峰峰矿务局党委主办。国内统一刊号CN13—0042。创刊于1958年8月1日。周3报，4开4版。内部发行。

报社现有213人，其中编采38人。现任社长贾来泰(代理)。

社址：河北省邯郸市峰峰矿区。邮政编码：056201。电话：2323－468。

煤田地质报 中国煤田地质局主办。

国内统一刊号CN13—0045。创刊于1985年7月10日。周报，4开4版。

报社现有23人，其中编采18人。现任社长兼主编郑亚西。

社址：河北省涿州市范阳路。邮政编码：072752。电话：2631－350。

石油管道报 中国石油天然气总公司石油管道局主办。国内统一刊号CN13—0046。创刊于1977年3月30日。周3报，4开4版。

报社现有132人，其中编采40人。现任社长兼总编李秋明。

社址：河北省廊坊市金光道20号。邮政编码：102849。电话：25111—5558。

山西省

山西日报 中共山西省委机关报。国内统一刊号CN14—0001。创刊于1949年4月26日。日报，对开4版。

报社设办公室、总编室、政治部、工商部、农村部、理论部、文艺部、科教部、摄影部、出版社、新闻研究所、记者部、农民报、广告处、人民摄影报(代管单位)、人事处、计财处、行政保卫处、老干部处、供应经营处、印刷厂、党委、纪委、工会，共有681人(包括人民摄影报8人)，其中编采216人。现任总编辑兼社长唐纪宇。

社址：太原市双塔寺街24号。邮政编码：030012。电话：229974。

太原日报 中共太原市委主办。国内统一刊号CN14—0017。创刊于1952年。日报，对开4版。

报社现有534人，其中编采192人(含太原晚报)。现任总编辑邢建堂。

社址：太原市新建路桃园三巷。邮政编码：030002。电话：440081(总机)。

阳泉日报 中共阳泉市委主办。国内统一刊号CN14—0020。自1948年3月6日创办《阳泉职工》，到1969年10月1日创办《新阳泉报》，其间先后6次停刊，6易其名，1988年1月1日改为现名。周6报，4开4版。

报社现有167人，其中编采75人。现任总编辑、社长程虎运。

社址：山西省阳泉市北大街10号。邮政编码：045000。电话：43658。

大同日报 中共大同市委主办。国内统一刊号CN14—0019。1949年5月4日。日报，4开4版。

报社现有520人，其中编采70人。现任总编辑张文炳。

社址：山西省大同市司令部街42号。邮政编码：037004。电话：233985。

临汾日报 中共临汾地委主办。国内统一刊号CN14—0024。自1970年10月1日创办《临汾地区通讯》，其后两易其名，1979年6月28日停刊；1980年5月1日出《临汾通讯》，1982年10月改名《临汾报》，1985年1月改为现名。周6报，4开4版。

报社现有70人，其中编采40人。现任社长张国柱，总编辑宗希祥。

社址：山西省临汾市秦蜀路38号。邮政编码：041000。电话：4046。

雁北日报 中共雁北地委主办。国内统一刊号CN14—0027。创刊于1958年9月1日，1962年3月停刊；1970年10月1日复刊。日报，4开4版。

报社现有389人，其中编采53人。现任社长贾春太，总编辑安大钧。

社址：山西省大同市雁同东路。邮政编码：037044。电话：232754。

太行日报 中共晋城市委主办。国内统一刊号CN14—0022。创刊于1958年7月1日，1961年3月停刊，1967年2月复刊。周6报，4开4版。

报社现有编采53人。现任总编辑苗启成。

社址：山西省长治市长兴街11号。邮政编码：046000。电话：32731。

长治日报 中共长治市委主办。国内统一刊号CN14—0021。创刊于1947年4月，1973年3月停刊，1976年1月复刊。日报，4开4版。

报社现有70人，其中编采50人。现任社长马超俊，总编韩承泽。

社址：山西省长治市北关街116号。邮政编码：046000。电话：23141。

运城报 中共运城地委主办。国内统一刊号CN14—0021。创刊于1971年7月1日。周4报，4开4版。

报社现有250人，其中编采48人。现任总编辑薛礼堂。

社址：山西省运城市东大街。邮政编码：044000。电话：2243。

晋中报 中共晋中地委主办。国内统一刊号CN14—0023。创刊于1958年7月1日。1959年3月、1981年3月两次停刊；1984年7月1日复刊。周3报，4开4版。

报社现有31人，其中编采23人。现任总编辑赵俭。

社址：山西省榆次市东顺城街。邮政编码：030600。电话：22870。

忻州报 中共忻州地委主办。国内统一刊号CN14—0026。创刊于1984年8月1日。周3报，4开4版。

报社现有40人，其中编采31人。现任总编辑李炳泉。

社址：山西省忻州市地委院内。邮政编码：034000。电话：22695—760。

吕梁报 中共吕梁地委主办。国内统一刊号CN14—0028。创刊于1971年4月1日。周3报，4开4版。

报社现有30人，其中编采18人。现任社长杜志，总编辑闫继尧。

社址：山西省离石县滨河北路。邮政编码：033000。电话：2248。

太原晚报 中共太原市委主办。国内统一刊号CN14—0018。创刊于1965年。"文革"中停刊，1986年3月复刊。周6报，4开4版。

报社机构同太原日报。

山西政协报 中国人民政治协商会议、山西省委员会主办。国内统一刊号CN14—0006。创刊于1986年10月1日。周报，对开4版。

报社现有13人，其中编采9人。现任总编辑赵修身。

社址：太原市东缉虎营3号。邮政编码：030009。电话：345471—262。

人民代表报 山西省人大常委会主办。国内统一刊号CN14—0041。创刊于1988年10月1日。周报，对开4版。

报社现有17人，其中编采12人。现任总编辑张宗标。

社址：太原市迎泽大街69号。邮政编码：030073。电话：442062(总机)。

山西农民(山西日报农村版) 中共山西省委主办。国内统一刊号CN14—0002。创刊于1949年10月20日。周3报，4开4版。

报社现有23人，其中编采19人。现任总编辑郑俊华。

社址：太原市双塔寺街24号。邮政编码：030012。电话：229974(总机)。

山西工人报 山西省总工会主办。国内统一刊号CN14—0003。创刊于1984年3月10日。周3报，对开4版。

报社现有52人，其中编采47人。现任社长党渌，总编辑王震华。

社址：太原市敦化南路81号。邮政编码：030013。电话：344778。

山西经济报 山西省计委、经委、财政厅、经济研究中心主办。国内统一刊号CN14—0008。创刊于1985年7月15日。周3报，对开4版。

报社现有43人，其中编采34人。现任总编辑高纲纶，社长程在德。

社址：太原市桃园北路水西关41号。邮政编码：030002。电话：229590。

山西法制报 山西省司法厅主办。国内统一刊号CN14—0007。创刊于1984年4月3日。周报,4开4版。

报社现有18人,其中编采16人。现任社长兼总编辑焦克芳。

社址:太原市并州路二营盘新寇街19号。邮政编码:030012。电话:774274。

市场信息报 山西日报社、山西省供销合作社主办。国内统一刊号CN14—0016。创刊于1984年6月5日。周2报,4开4版。

报社现有17人,其中编采12人。现任总编辑韩秋云,社长张敏。

社址:太原市迎泽大街57号。邮政编码:030001。电话:442039。

山西妇女报 山西省妇联主办。国内统一刊号CN14—0004。创刊于1985年5月23日。周报,4开4版。

报社现有23人,其中编采15人。现任总编辑佟耀军。

社址:太原市府东街95号。邮政编码:030002。电话:346027。

视听导报 山西省广播电视大学主办。国内统一刊号CN14—0032。半月报,4开4版。

社址:太原市。邮政编码:030000。

山西青年报 共青团山西省委主办。国内统一刊号CN14—0005。创刊于1950年6月24日,1967年停刊,1985年1月复刊。周报,4开4版。

社址:太原市青年路6号。邮政编码:030000。电话:221866。

学英语 临汾地区教育局主办。国内统一刊号CN14—0034。创刊于1983年9月。周报,4开8版。

报社有编采10人。现任社长权柏松。

社址:山西省临汾市鼓楼北街54号。邮政编码:041000。电话:4306。

英语周报 山西省师范大学主办。国内统一刊号CN14—0037。创刊于1985年5月1日。周报,4开4版。

报社现有30人,其中编采15人。现任社长阎晓天。

社址:山西省临汾市山西师大。邮政编码:041004。电话:4932—252。

作文周刊 中国写作学会山西分会主办。国内统一刊号CN14—0033。创刊于1980年10月。小学版,初中版,高中版,均为周刊,大学版为双周刊;小学版16开2版,初、高中版8开2版,大学版4开4版。

报社现有70人,其中编采28人。现任总编辑马作揖。

社址:山西省临汾市东关立交桥西。邮政编码:041000。电话:4670。

生物报 山西省教育学院主办。国内统一刊号CN14—0038。创刊于1984年9月15日。周报,4开4版。

报社现有编采10人。现任总编辑景步国。

社址:太原市黄陵路西巷3号。邮政编码:030031。电话:774373—261。

小学生拼音报 运城行署教育局主办。国内统一刊号CN14—0036。创刊于1960年6月,"文革"中停刊,1974年复刊。周报,4开4版。

报社现有58人,其中编采14人。现任总编辑王正选。

社址:山西省运城市河东路20号。邮政编码:044000。电话:2839—35。

山西教育报 山西省教育委员会主办。国内统一刊号CN14—0010。创刊于1985年8月5日。周报,对开4版。

报社现有13人,其中编采11人。现任总编辑张秉谦。

社址:太原市解放路东头巷8号。邮政编码:030009。电话:382166。

山西人口报 山西省计划生育委员会主办。国内统一刊号CN14—0019。创刊于1985年7月1日。周报,4开4版。

报社现有15人,其中编采12人。现任总编辑梁明虎。

社址:太原市平阳路北园街7号。邮政编码:030006。电话:772369。

山西卫生报 山西省卫生厅主办。国内统一刊号CN14—0014。创刊于1958年5月25日,1966年停刊;1971年10月复刊。周报,4开4版。

报社现有8人,其中编采7人。现任总编辑李学增,社长王春声。

社址:太原市东华门23号山西省卫生厅内。邮政编码:030013。电话:382791—572。

山西环境报 山西省环境保护委员会主办。国内统一刊号CN14—0039。创刊于1986年12月10日。周报,4开4版。

报社现有7人,其中编采6人。现任总编辑马骏。

社址:太原市建设北路50号。邮政编码:030013。电话:344781—330。

人民摄影 山西省新闻摄影协会主办。国内统一刊号CN14—0029。创刊于1983年9月。周报,对开4版。

现任总编辑主编柴沛霖。

社址:太原市双塔寺街24号。邮政编码:030012。电话:229974—398。

山西广播电视报 山西省广播电视厅主办。国内统一刊号CN14—0011。创刊于1955年,1958年停刊;1978年7月创刊。周报,4开4版。

报社现有32人,其中编采7人。现任总编辑主编马德(兼)。

社址:太原市迎泽大街52号。邮政编码:030001。电话:443976。

山西科技报 山西省科委主办。国内统一刊号CN14—0009。创刊于1978年10月1日。周2报,4开4版。

报社现有40人,其中编采20人。现任总编辑李星记。

社址:太原市新建北路7号。邮政编码:030002。电话:220536。

山西科技信息报 山西省科普报刊社主办。国内统一刊号CN14—0015。创刊于1985年1月2日。周报,4开4版。

报社现有13人,其中编采8人。现任总编辑荣明礼。

社址:太原市新建北路7号。邮政编码:030002。电话:220274。

太原科技报 太原市科协主办。国内统一刊号CN14—0030。创刊于1976年。周2报,4开4版。

报社现有20人,其中编采12人。现任总编辑杜先训。

社址:太原市桃园一巷西口。邮政编码:030002。电话:220525。

雁北科技报 雁北地区科协主办。国内统一刊号CN14—0031。创刊于1985年2月1日。半月报,4开4版。

社址:山西省大同市地区科协。邮政编码:037000。

山西邮电报 山西邮电管理局主办。国内统一刊号CN14—0013。创刊于1953年11月25日,1967年1月停刊;1979年12月15日复刊。周报,4开4版。

报社现有10人,其中编采8人。现任总编辑梁少波。

社址:太原市山西省邮电管理局内。邮政编码:030012。电话:222749。

山西地质报 山西省地质矿产局主办。国内统一刊号CN14—0040。创刊于1985年7月1日。周报,4开4版。

报社现有编采6人。现任总编辑兼社长曹清海。

社址:太原市并州路9号。邮政编码:030001。电话:443615。

内蒙古自治区

内蒙古日报 中共内蒙古自治区委机关报。国内统一刊号:蒙文版CN15—0001,汉文版CN15—0002。创刊于1948年1月。均为日报,对开4版。

报社设党委、编辑部、经理部、印刷厂四大部门。编辑部设总编室、政法部、科教部、农牧部、工商部、理论部、时事部、群工部、记者部、摄影部。全社共有763人,其中编采404人(蒙文版129人)。现任党委书记阿拉坦仓,副书记崔景录;社长傅克家,代社长王明勤;副社长松拉扎布、李长贵、朱克明、刘瑞。

社址:呼和浩特市新城西街。邮政编码:010016。电话:666444。

呼伦贝尔报 中共呼伦贝尔盟主办。国内统一刊号:蒙文版CN15—0004,汉文版CN15—0005。创刊于1955年10月1日。周6报,4开4版。

报社现有180人,其中编采103人。现任总编辑泰山。

社址:内蒙古海拉尔市。邮政编码:021008。电话:2464。

赤峰日报 中共赤峰市委主办。国内统一刊号:蒙文版CN15—0008,汉文版CN15—0009。蒙文版创刊于1957年8月10日,汉文版创刊于1956年10月1日。均为周6报,4开4版。

报社现有179人,其中蒙文编采34人,汉文编采45人。现任社长兼总编辑敖日泽。

社址:内蒙古赤峰市昭乌达路24号。邮政编码:024001。电话:32559。

哲里木报 中共哲里木盟主办。国内统一刊号:蒙文版CN15—0006,汉文版CN15—0007。创刊于1956年7月1日。周6报,4开4版。

报社现有169人,其中编采76人。现任总编辑柏斯亿。

社址:内蒙古通辽市交通路。邮政编码:028000。电话:37177。

兴安日报 中共兴安盟委主办。国内统一刊号:蒙文版CN15—0010,汉文版CN15—0011。汉文版创刊于1980年10月1日,蒙文版创刊于1981年10月1日。汉文版周6报,蒙文版周4报,均为4开4版。

报社现有80人,其中编采64人。现任总编辑张永璟。

社址:内蒙古乌兰浩特市复兴路。邮政编码:137400。电话:23756。

乌兰察布日报 中共乌兰察布盟委主办。国内统一刊号:蒙文版CN15—0012,汉文版CN15—0013。汉文版创刊于1958年8月1日,1961年2月停刊,1963年1月复刊;蒙文版创刊于1972年1月。汉文版周6报,蒙文版周3报,均为4开4版。

报社现有223人,其中编采81人。现任社长蔡英。

社址:内蒙古集宁市恩和路79号。邮政编码:012000。电话:222417。

巴彦淖尔报 中共巴彦淖尔盟委主办。国内统一刊号:蒙文版CN15—0016,汉文版CN15—0017。汉文版创刊于1958年8月1日,蒙文版创刊于1958年9月25日。汉文版周6报,蒙文版周4报,均为4开4版。

报社现有210人,其中汉文编采55人,蒙文编采33人。现任总编辑李廷岚。

社址:内蒙古临河市新华东街。邮政编码:015001。电话:2213。

鄂尔多斯报 中共伊克昭盟委主办。国内统一刊号:蒙文版CN15—0014,汉文版CN15—0015。汉文版创刊于1956年7月1日,蒙文版创刊于1957年4月1日。均为周6报,4开4版。

报社现有236人,其中编采95人。现任社长张荣之。

社址:内蒙古自治区东胜市。邮政编码:017004。电话:2253。

锡林郭勒日报 中共锡林郭勒盟委主办。国内统一刊号:蒙文版CN15—0018,汉文版CN15—0019。创刊于1947年春天。周6报,4开4版。

报社现有168人,其中编采91人。现任总编辑阿古拉。

社址:内蒙古锡林浩特市。邮政编码:026000。电话:2070。

包头日报 中共包头市委主办。国内统一刊号CN15—0023。创刊于1952年7月1日。周6报,4开4版。

报社现有181人,其中编采74人。现任社长刘学谦。

社址:内蒙古包头市昆区乌兰道。邮政编码:014026。电话:27118。

乌海报 中共乌海市委主办。国内统一刊号CN15—0024。创刊于1981年7月1日。周3报,4开4版。

报社现有72人,其中编采30人。现任总编辑宁金祥。

社址:内蒙古乌海市千里山大街。邮政编码:016000。电话:222102。

阿拉善报 中共阿拉善盟委主办。国内统一刊号:蒙文版CN15—0020,汉文版CN15—0021。蒙文版创刊于1980年5月1日,汉文版创刊于1984年7月1日。均为周3报,4开4版。

报社现有100人,其中编采54人。现任社长韩燕南。

社址:内蒙古阿拉善盟巴彦浩特镇。邮政编码:750306。电话:32951。

呼和浩特晚报 中共呼和浩特市委主办。国内统一刊号CN15—0022。创刊于198_年1月1日。周6报,4开4版。

报社现有94人,其中编采58人。现任社长黄履普。

社址:呼和浩特市锡林南路33号。邮政编码:010020。电话:23706。

内蒙古法制报 内蒙古自治区司法厅主办。国内统一刊号CN15—0025。创刊于1985年7月1日。周报,4开4版。

报社现有17人,其中编采12人。现任总编辑方可。

社址:呼和浩特市新华大街一号院。邮政编码:010055。电话:661122—2597。

内蒙古信息报 内蒙古自治区经委、区广播电视厅主办。国内统一刊号CN15—0040。创刊于1985年4月1日。周报,4开4版。

报社现有13人,其中编采8人。现任社长、主编周法禹。

社址:呼和浩特市新华大街19号。邮政编码:010058。电话:662288—3139。

内蒙古工商报 内蒙古自治区工商管理局主办。国内统一刊号CN15—0042。创刊于1986年6月。周报,4开4版。

报社现有12人,其中编采7人。现任总编辑扎木苏。

社址:呼和浩特市锡林北路15号。邮政编码:010020。电话:668712。

内蒙古广播电视 内蒙古自治区广播电视厅主办。国内统一刊号CN15—0038。创刊于1958年,1964年停刊;1980年1月复刊,周报,4开4版。

报社现有40人(含投递20人),其中编采5人。现任社长、主编乔仁杰。

社址:呼和浩特市新华大街19号。邮政编码:010058。电话:668465。

内蒙古科技报 内蒙古自治区科协主办。国内统一刊号蒙文版CN15—0043,汉文版CN15—0044。汉文版创刊于1980年1月1日,蒙文版创刊于1981年4月16日。汉文版为周报,蒙文版为半月报,均为4开4版。

报社现有25人,其中编采15人。现任负责人赵辉。

社址:内蒙古呼和浩特市内蒙古科技馆。邮政编码:010020。电话:664931—324。

巴盟科技报 巴盟科技处、巴盟情报所主办。国内统一刊号CN15—0005。创刊于1982年1月,周报,4开4版。

报社现有6人,其中编采3人。现任负责人石列夫。

社址:内蒙古临河市。邮政编码:015000。电话:4222。

乌达矿工报 乌达矿务局主办。国内统一刊号CN15—0035。创刊于1959年10月1日。周报，4开4版。

报社现有64人，其中编采15人。现任总编辑马祯。

社址：内蒙古乌海市解放北路。邮政编码：016040。电话：乌达矿务局总机。

内蒙古铁道 呼和浩特铁路局主办。国内统一刊号CN15—0028。创刊于1958年11月4日。周2报，4开4版。

报社现有28人，其中编采22人。现任总编辑曹新一。

社址：呼和浩特铁路局。邮政编码：010000。电话：3003。

辽宁省

辽宁日报 中共辽宁省委机关报。国内统一刊号CN21—0001。创刊于1954年9月1日。日报，对开4版，周末8版。

报社由党委领导，总编辑负责，编委会担负领导全社的编务、社务工作。编辑部下设：总编室、专题部、农村部、政法部、科技部、文艺部、财贸部、工业部、摄影美术部、理论部、记者部、读者来信部、时事部、新闻研究所、海外专页部；辽宁农民报、辽宁朝鲜文报、美报、辽宁信息报；报社办公室、人事处、机关党委、广告发行处、财务处、印刷厂。全社现有870人，其中编采270人。现任总编辑武春河，副总编辑谢怀基、孔繁文、郭洗尘、刘驰。

社址：沈阳市中山路339号。邮政编码：110014。电话：28867。

沈阳日报 中共沈阳市委主办。国内统一刊号CN21—0003。创刊于1948年12月20日，原名《工人报》，1949年12月20日改为现名。日报，对开4版。

报社现有383人，其中编采161人。现任负责人为副总编辑傅贵余。

社址：沈阳市沈河区北三经街67号。邮政编码：110014。电话：21116。

大连日报 中共大连市委主办。国内统一刊号CN21—0004。创刊于1945年11月1日，原名《人民呼声》，1946年6月1日改为《大连日报》，1956年1月改为《旅大日报》，1981年3月再复现名。日报，对开4版。

现有556人，其中编采142人。现任总编辑康健。

社址：辽宁省大连市世纪街76号。邮政编码：116002。电话：238780。

营口日报 中共营口市委主办。国内统一刊号CN21—0005。创刊于1957年5月1日，原名《营口市报》，1958年4月改为现名。日报，4开4版。

报社现有170人，其中编采76人。现任总编辑王维城。

社址：辽宁省营口市菜市街互助里。邮政编码：115003。电话：37354。

鞍山日报 中共鞍山市委主办。国内统一刊号CN21—0006。创刊于1947年2月7日，原名《工人生活报》，1956年1月改为现名。日报，对开4版。

报社现有275人，其中编采123人。现任总编辑朱劲干。

社址：辽宁省鞍山市胜利路48号。邮政编码：114001。电话：24402。

辽阳日报 中共辽阳市委主办。国内统一刊号CN21—0007。创刊于1956年9月1日。日报，4开4版。

报社现有323人，其中编采78人。现任总编辑王廷秀。

社址：辽宁省辽阳市劳动街一段6号。邮政编码：111000。电话：26689。

丹东日报 中共丹东市委主办。国内统一刊号CN21—0008。其前身为《辽东日报》、《安东日报》，均为省委机关报，1954年，辽东、辽西两省合并为辽宁省，当年9月1日改为安东市委机关报《安东日报》，1965年改为现名。日报，4开4版。

报社现有294人，其中编采80人。现任总编辑田富全。

社址：辽宁省丹东市二经街4号。邮政编码：118000。电话：24415。

朝阳日报 中共朝阳市委主办。国内统一刊号CN21—0015。创刊于1960年5月1日。周6报，4开4版。

报社现有265人，其中编采70人。现任总编辑王秉德。

社址：辽宁省朝阳市新华路。邮政编码：122000。电话：2126。

本溪日报 中共本溪市委主办。国内统一刊号CN21—0009。创刊于1948年12月24日，原名《职工生活报》，油印；1951年改名《工人报》，铅印；1955年6月改为现名。日报，对开4版。

报社现有292人，其中编采95人。现任总编辑刘若思。

社址：辽宁省本溪市东明路。邮政编码：117000。电话：42164。

抚顺日报 中共抚顺市委主办。国内统一刊号CN21—0010。创刊于1949年1月，原名《抚顺工人》，1950年9月改为《新抚顺报》，1951年1月改为现名。日报，对开4版。

报社现有575人，其中编采125人。现任总编辑傅春杨。

社址：辽宁省抚顺市迎宾街15号。邮政编码：113008。

铁岭日报 中共铁岭市委主办。国内统一刊号CN21—0011。创刊于1969年4月25日。日报，4开4版。

报社现有289人，其中编采82人。现任总编辑左鸿儒。

社址：辽宁省铁岭市文化路。邮政编码：112000。电话：24801。

锦州日报 中共锦州市委主办。国内统一刊号CN21—0012。创刊于1948年10月28日，原名《人民报》；1949年辽西、辽北两省合并为辽西省，《人民报》与《辽北新报》合并为《辽西日报》，1954年辽西省、辽东省合并为辽宁省，锦州市委在该报基础上创办《锦州报》，1956年5月1日改为现名。

报社现有190人，其中编采81人。现任总编辑陈今越。

社址：辽宁省锦州市上海路4段10号。邮政编码：121000。电话：31648。

盘锦日报 中共盘锦市委主办。国内统一刊号CN21—0013。创刊于1985年7月1日。日报，4开4版。

报社现有150人，其中编采70人。现任总编辑杨殿寿。

社址：辽宁省盘锦市兴隆台区。邮政编码：124010。电话：24157。

阜新日报 中共阜新市委主办。国内统一刊号CN21—0014。创刊于1948年11月7日，原名《阜新矿工报》，1952年改名《阜新工人报》，1958年3月18日改为现名。日报，4开4版。

报社现有248人，其中编采70人。现任总编辑刘铎。

社址：辽宁省阜新市街心路32。邮政编码：123000。电话：26360。

海城市报 中共海城市委主办。国内统一刊号CN21—0016。创刊于1956年7月1日。周3报，4开4版。

报社现有30人，其中编采26人。现任总编辑吕明亚。

社址：辽宁省海城市环城西路。邮政编码：114200。电话：24868。

兴城报 中共兴城市委主办。国内统一刊号CN21—0017。创刊于1980年7月1日。周2报，4开4版。

报社现有26人，其中编采15人。现任负责人许长文。

社址：辽宁省兴城市城内老政府胡同。邮政编码：121600。电话：2727。

阜新蒙古族自治县报 中共阜新蒙古族自治县委主办。用蒙汉两种文字分别采编、出版。国内统一刊号：CN21—0018（汉文报），CN21—0058（蒙文报）。创刊于 1958 年 1 月,1962 年 12 月至 1983 年 8 月 4 日停刊。现为周 2 报,4 开 4 版。

报社现有 100 人,其中编采 29 人。现任总编辑包国忱。

社址:辽宁省阜新蒙古族自治县政府大院。邮政编码:123100。电话:3878。

喀左县报 中共喀喇沁左翼蒙古族自治县委会主办。国内统一刊号 CN21—0019。创刊于 1956 年 7 月 1 日,在 1957 年 2 月至 1958 年 6 月 30 日,1961 年 2 月 27 日至 1980 年 8 月 31 日两度停刊。现为周 2 报,4 开 4 版。1、2、3 版为汉文版,4 版为蒙文版。

报社现有 25 人,其中编采 20 人。现任总编辑张太。

社址:辽宁省喀左县大城子镇青年大街。邮政编码:122300。

东沟县报 中共东沟县委主办。国内统一刊号 CN21—0020。创刊于 1980 年 5 月 1 日。周 2 报,4 开 4 版。

报社现有 14 人,其中编采 12 人。现任负责人车景玉。

社址:辽宁省东沟县大东镇东港路。邮政编码:118300。电话:23006。

沈阳晚报 沈阳日报社主办。国内统一刊号 CN21—0043。创刊于 1985 年 7 月 1 日。日报,4 开 4 版。

编辑部现有 60 人,其中编采 40 人。现任负责人傅贵余。

社址:沈阳市沈河区北三经街 67 号。邮政编码:110014。电话:290960。

大连晚报 大连日报社主办。国内统一刊号 CN21—0045。创刊于 1988 年 7 月 1 日。周 6 报,4 开 4 版。

报社现有 65 人,其中编采 52 人。现任总编辑吴厚福。

社址:辽宁省大连市中山区安阳街 9 号。邮政编码:116001。电话:807931。

辽宁朝鲜文报 中共辽宁省委主办,辽宁日报社主管。国内统一刊号 CN21—0002。创刊于 1958 年 8 月,原名《辽宁日报》(朝鲜文农村报),曾于 1960 年至 1964 年,1966 年至 1979 年两度停刊,1982 年 7 月改为现名。周 3 报,4 开 4 版。

编辑部现有编采人员 30 名。现任总编辑郑基。

地址:沈阳市中山路 339 号。邮政编码:100014。电话:472432。

辽宁农民报 辽宁日报社主办。国内统一刊号 CN21—0021。创刊于 1954 年 9 月 1 日,1979 年 12 月 1 日第三次复刊。周 3 报,4 开 4 版。

编辑部现有 24 人,其中编采 22 人。现任总编辑崔中文。

社址:沈阳市中山路 339 号。邮政编码:100014。电话:472488。

沈阳青年报 共青团沈阳市委主办。国内统一刊号 CN21—0022。创刊于 1983 年 4 月 4 日。周报,4 开 4 版。

报社现有 15 人,其中编采 12 人。现任总编辑冯国屏。

社址:沈阳市南五马路二段 7 号。邮政编码:110005。电话:362160。

辽宁老年报 中共辽宁省委老干部局主办。国内统一刊号 CN21—0023。创刊于 1987 年 1 月 1 日。周报,4 开 4 版。

报社现有 29 人,其中编采 20 人。现任总编辑李元。

社址:沈阳市黄河大街七段 2 号。邮政编码:110031。电话:600638。

沈阳工人报 沈阳市总工会主办。国内统一刊号 CN21—0024。创刊于 1985 年 4 月 4 日。周报,4 开 4 版。

报社现有 24 人,其中编采 17 人。现任总编辑王贵智。

社址:沈阳市北四马路 30 号。邮政编码:110002。电话:28292—340。

晚晴报 中共沈阳市委老干部局主办。国内统一刊号 CN21—0025。创刊于 1985 年 9 月 1 日。周报,4 开 4 版。

报社现有 14 人,其中编采 10 人。现任总编辑高永江。

社址:沈阳市二经街一段进华北里 3 号。邮政编码:110014。电话:21136。

辽宁经济报 辽宁省人民政府主办。国内统一刊号 CN21—0026。创刊于 1984 年 9 月,周 3 报,对开 4 版。

报社现有 93 人,其中编采 71 人。现任总编辑李兴文。

社址:沈阳市沈河区朝阳街。邮政编码:110011。电话:445892。

辽宁信息报 辽宁日报社主办。国内统一刊号 CN21—0027。创刊于 1987 年 1 月 1 日。周 3 报,对开 4 版。

报社设编辑部、联络部、开发部,现有 24 人,其中编采 15 人。现任总编辑迟正琨。

社址:沈阳市中山路 339 号。邮政编码:110014。电话:472579。

东北经济报 由黑龙江、吉林、辽宁、内蒙古的省、区人民政府和沈阳、大连、长春、哈尔滨市的人民政府合办,沈阳市人民政府主管。国内统一刊号 CN21—0057。创刊于 1985 年 10 月 9 日。周 2 报,对开 4 版。

报社现有 60 人,其中编采 40 人。现任社长赵阜,总编辑霍庆双。

社址:沈阳市南京南街 200 号。邮政编码:110005。电话:368992。

鞍钢日报 中共鞍山钢铁公司党委机关报。国内统一刊号 CN21—0030。创刊于 1959 年 10 月 1 日,"文革"中停刊,1976 年 1 月 1 日复刊。日报,4 开 4 版。

报社现有 700 人,其中编采 105 人。现任总编辑刘永尚。

社址:辽宁省鞍山市南建国路 13 号。邮政编码:114002。电话:2135818。

本钢报 中共本溪钢铁公司委员会主办。国内统一刊号 CN21—0031。创刊于 1964 年 5 月 17 日,1968 年至 1978 年 10 月 5 日停刊。周 4 报,4 开 4 版。

报社现有 231 人,其中编采 44 人。现任总编辑李居阳。

社址:辽宁省本溪市平山区房建街。邮政编码:117000。电话:73491。

沈铁日报 沈阳铁路局主办。国内统一刊号 CN21—0032。创刊于 1956 年 2 月 29 日。日报,4 开 4 版。

报社现有 61 人,其中编采 58 人。现任总编辑王厚财。

社址:沈阳市太原北街一段 4 号。邮政编码:110001。电话:2021459。

辽河石油报 中共辽河油田党委主办。国内统一刊号 CN21—0033。创刊于 1970 年 10 月。周 3 报,4 开 4 版。

报社现有 174 人,其中编采 34 人。现任总编辑赵光裕。

社址:辽宁省盘锦市兴隆台区。邮政编码:124010。电话:22927。

阜新矿工报 阜新矿务矿局主办。国内统一刊号 CN21—0034。创刊于 1964 年 4 月,1970 年停刊;1981 年 10 月 1 日复刊。周 2 报,4 开 4 版。

报社现有 93 人,其中编采 27 人。现任总编辑史玉林。

社址:辽宁省阜新市中华路西段 93 号。邮政编码:123000。电话:22701。

抚顺矿工报 中共抚顺矿务局委员会主办。国内统一刊号 CN21—0035。创刊于 1964 年 5 月 1 日,1967 年停刊;1979 年 1 月 1 日复刊。周 3 报,4 开 4 版。

报社现有 92 人,其中编采 35 人。现任总编辑王志鸣。

社址:辽宁省抚顺市西十路 1 号。邮政编码:113008。电话:203133。

北票矿工报 中共北票矿务局委员会主办。国内统一刊号 CN21—0036。创刊于 1953 年 3 月 22 日,1969 年 3 月 29 日至 1975 年 9 月 15 日停刊。周 3 报,4 开 4 版。

报社现有 115 人,其中编采 20 人。现任社长兼总编辑刘树声。

社址:辽宁省北票市南山街。邮政编码:122100。

铁法矿工报 中共铁法矿务局委员会主办。国内统一刊号CN21—0037。创刊于1959年10月19日。周2报,4开4版。

报社现有91人,其中编采24人。现任总编辑、社长王佐。

社址:辽宁省铁法市铁法镇。邮政编码:112700。电话:28523。

辽化报 中共辽阳石油化纤公司党委主办。国内统一刊号CN21—0038。创刊于1974年7月1日。周2报,4开4版。

报社现有16人,其中编采11人。现任社长徐连起。

社址:辽宁省辽阳市辽化801楼。邮政编码:111003。电话:58954。

辽宁法制报 辽宁省司法厅主办。国内统一刊号CN21—0039。创刊于1984年10月1日。周报,4开4版。

报社现有21人,其中编采18人。现任总编辑杨令义。

社址:沈阳市崇山东路66号。邮政编码:110032。电话:462419。

美报 辽宁日报社主办。国内统一刊号CN21—0040。创刊于1984年12月28日。周报,4开4版。

报社编辑部、发行广告部现有12人,其中编采11人。现任总编辑顾孝源。

社址:沈阳市中山路339号。邮政编码:110014。电话:472225。

本溪法制报 本溪市司法局主办。国内统一刊号CN21—0041。创刊于1981年12月。周报,4开4版。

报社现有20人,其中编采12人。现任总编辑江自力。

社址:辽宁省本溪市解放北路。邮政编码:117000。电话:40186。

新家庭报 辽宁省计划生育委员会主办。国内统一刊号CN21—0044。创刊于1984年4月5日。周报,4开4版。

报社现有29人,其中编采15人。现任总编辑王殿君。

社址:沈阳市文化东路54号。邮政编码:110015。电话:391616。

辽宁广播电视报 辽宁省广播电视厅主办。国内统一刊号CN21—0046。创刊于1955年12月28日,原名《辽宁广播报》,1979年1月26日复刊易名《辽宁广播电视》,1986年1月3日改为现名。周报。4开4版。

现任总编辑程炳炎。

社址:沈阳市光荣街一段二里1号。邮政编码:110003。电话:732644

大连广播电视报 大连市广播电视局主办。国内统一刊号CN21—0047。创刊于1983年3月26日。周报,4开8版。

报社现有18人,其中编采10人。现任总编辑张挺。

社址:辽宁省大连市民权街162号。邮政编码:116022。电话:404257。

小学生报 辽宁省教育委员会主办。国内统一刊号CN21—0050。创刊于1981年10月。周2报,4开4版。

报社现有25人,其中编采21人。现任总编辑崔烈钧。

社址:沈阳市黄河大街七段四里2号。邮政编码:110031。电话:464862。

金融信息报 辽宁省各金融机构联办,省工商银行主办。国内统一刊号CN21—0054。创刊于1985年7月7日。周报,4开4版。

报社现有13人,其中编采9人。现任负责人王选庆。

社址:沈阳市南京北街192号。邮政编码:110001。电话:432460。

前进报 沈阳军区政治办主办。国内统一刊号CN21—0055。创刊于1949年3月10日。周3报,4开4版。军内发行。

报社设总编室、一编室、二编室、三编室,现有编采人员24人。现任社长史秉武,副社长李坤、霍盛文。

社址:沈阳市一经街一段浩然六里7号。邮政编码:110013。电话:85308。

家庭科学报辽宁省科协、阜新市科协主办。国内统一刊号CN21—0063。创刊于1984年1月。半月报,4开4版。

报社现有13人,其中编采4人。现由原总编辑、现任顾问张铭主持工作。

社址:辽宁省阜新市矿工大街科技馆一楼。邮政编码:123000。电话:22141。

科技时报 辽宁省科学技术协会主办。国内统一刊号CN21—0065。创刊于1978年7月1日。周报,对开4版。

报社现有41人,其中编采23人。现任总编辑兼社长王申西。

社址:沈阳市中山路229号。邮政编码:110002。电话:472538。

多种经营报 科技时报社主办。国内统一刊号CN21—0066。创刊于1983年10月6日。周2报,4开4版。读者对象:广大农业科技人员和农民。

报社机构与科技时报合一。

青年知识报 辽宁省科协、本溪市科协主办。国内统一刊号CN21—0067。创刊于1985年2月5日。周报,4开4版。

报社现有12人,其中编采6人。现任总编辑程仁述。

社址:辽宁省本溪市胜利路52号。邮政编码:117000。电话:45271。

知识开发报 鞍山市科委主办。国内统一刊号CN21—0070。创刊于1977年,原名《鞍山科技报》,1989年改为现名。周报,4开4版。

报社现有10人,其中编采7人。现任总编辑杨金玉。

社址:辽宁省鞍山市委人民礼场。邮政编码:114001。电话:532052。

渤海商报 辽宁省对外经济贸易委员会主办。国内统一刊号CN21—0071。创刊于1988年9月28日。周报,对开4版。

报社现有30人,其中编采15人。现任总编辑孙中林。

社址:沈阳市黄河大街三段五里7号。邮政编码:110031。电话:462430。

体育天地报 辽宁省体委主办。国内统一刊号CN21—0051。创刊于1958年,原名《辽宁体育报》,1962年12月停刊;1982年12月16日复刊,1985年4月1日改为现名。周报,4开4版。

报社现有15人,其中编采11人。现任总编辑张泰。

社址:沈阳市和平南大街24号。邮政编码:110001。电话:362345。

卫生与生活 全国爱国卫生运动委员会主办。国内统一刊号CN21—0056。创刊于1980年7月15日。周报,4开4版。

报社现有20人,其中编采15人。现任负责人张栋。

社址:沈阳市嘉陵江街57号。邮政编码:110031。电话:662164。

辽宁政协报 中国人民政治协商会议辽宁省委员会主办。国内统一刊号CN21—0074。创刊于1989年10月1日。周报,4开4版。

报社设采编部、办公室,现有15人,其中编采10人。现任总编辑彭定安,副总编辑孙玉祥、孟凌声。

社址:沈阳市皇姑区。邮政编码:110032。电话:601550。

职工报 辽宁省总工会机关报。国内统一刊号CN21—0064。创刊于1989年10月1日。周2报,4开4版。

报社现有25人,其中编采18人。现任负责人刘跃发。

社址:沈阳市南京北街312号。邮政编码:110001。电话:432633—355。

吉林省

吉林日报 中共吉林省委机关报。

国内统一刊号CN22—0001。创刊于1945年10月10日。日报，对开4版。

报社设总编办公室、要闻部、工商部、政教部、社会生活部、群工部、地方记者部、摄影部、美术部、一版编辑室、二版编辑室、三版编辑室、四版编辑室、夜班编辑室、发行部、广告部、人事处、老干部处、机关党委、经理部、供应部、财会部、总务部、车队、印刷厂，共有736人，其中编采275人。现任社长兼总编辑戴大兴，副总编辑徐中天、易洪斌（常务）、朱焕军、赵国光、周志先。

社址：长春市斯大林大街68号。邮政编码：130051。电话：823019。

长春日报 中共长春市委主办。国内统一刊号CN22—0005。创刊于1945年11月15日，原名《长春新报》，1954年4月改为现名。日报，4开4版。

报社现有618人，其中编采138人。现任总编辑马振乾。

社址：长春市重庆路41号。邮政编码：130056。电话：822185。

延边日报 中共延边自治州委主办。国内统一刊号：朝鲜文版CN22—0007。汉文版CN22—0008。朝鲜文版创刊于1948年4月1日，汉文版创刊于1958年1月1日。均为周6报，4开4版。

报社现有254人，其中编采114人。现任总编辑金成桂。

社址：吉林省延吉市光明街。邮政编码：133000。电话：518761。

江城日报 中共吉林市委主办。国内统一刊号CN22—0006。创刊于1956年11月1日。日报，对开4版。

报社现有501人，其中编采80人。现任总编辑蒋光宜。

社址：吉林省吉林市松江路69号。邮政编码：132011。电话：226561。

四平日报 中共四平市委主办。国内统一刊号CN22—0009。创刊于1961年5月1日，1968年8月停刊；1984年10月1日复刊。周6报，4开4版。

报社现有440人，其中编采46人。现任总编辑孟庆怀。

社址：吉林省四平市公园北街92号。邮政编码：136000。电话：3546。

辽源市报 中共辽源市委主办。国内统一刊号CN22—0010。创刊于1948年，1969年停刊，1985年1月复刊。周3报，4开4版。

现任总编辑孙日新。

社址：吉林省辽源市西宁大街31号。邮政编码：136200。电话：27814。

白城日报 中共白城地委主办。国内统一刊号CN22—0013。创刊于1963年10月。周6报，4开4版。

报社现有46人，其中编采36人。现任社长段序学，总编辑李长仁。

社址：吉林省白城市文化东路1号。邮政编码：137000。电话：24939。

公主岭报 中共公主岭市委主办。国内统一刊号CN22—0011。创刊于1956年7月1日，原名《怀德报》，1985年4月改为现名。周3报，4开4版。

报社现有22人，其中编采16人。现任总编辑郭兴厚。

社址：吉林省公主岭市东二马路8号。邮政编码：136100。电话：4149。

桦甸报 中共桦甸市委主办。国内统一刊号CN22—0012。创刊于1953年3月，1959年停刊；1981年复刊。周2报，4开4版。

现任总编辑阚景儒。

社址：吉林省桦甸市委办公楼。邮政编码：132400。电话：2263。

协商新报 政协吉林省委员会主办。国内统一刊号CN22—0025。创刊于1987年1月20日。周报，4开4版。

报社现有4人，其中编采3人。现任总编辑杨海泉。

社址：长春市上海路30号。邮政编码：130051。电话：35901。

综合参考（朝文） 中共延边自治州委主办。国内统一刊号CN22—0022。创刊于1979年。周2报，4开4版。读者对象：初中以上文化程度的朝鲜族读者。

报社现有编采14人。现任总编辑金成桂。

社址：吉林省延吉市光明街。邮政编码：133000。电话：5895。

吉林朝鲜文报 中共延边自治州委主办。国内统一刊号CN22—0030。创刊于1984年8月21日。周3报，对开4版。

报社现有编采38人。现任总编辑李松荣。

社址：吉林省延吉市新华街2号。邮政编码：133000。电话：517074。

城市时报 吉林日报社主办，吉林省总工会、吉林省计经委主管。国内统一刊号CN22—0017。创刊于1983年5月1日。周6报，对开4版。读者对象：职工和居民。

报社现有36人，其中编采33人。现任主编丁宗志。

社址：长春市斯大林大街68号。邮政编码：130051。电话：827321。

吉林农民报 吉林日报社主办。国内统一刊号CN22—0002。创刊于1951年1月2日，1961年停刊，1963年5月复刊。周3报，4开4版。

报社现有编采20人。现任总编辑刘宝玺。

社址：长春市斯大林大街68号。邮政编码：130051。电话：826682。

吉林工商报 吉林省工商行政管理局主办。国内统一刊号CN22—0037。创刊于1988年6月30日。周2报，4开4版。

报社现有28人，其中编采22人。现任总编辑刘波。

社址：长春市西长春大街132号。邮政编码：130021。电话：882504。

中国朝鲜族少年报（朝文） 共青团吉林省委主办。国内统一刊号CN22—0018。创刊于1950年4月，1966年8月停刊，1982年1月复刊。周报，4开4版。

报社现有25人，其中编采20人。现任总编辑韩锡润。

社址：吉林省延吉市新华街2号。邮政编码：133000。电话：514661。

吉林法制报 吉林省司法厅主办。国内统一刊号CN22—0003。创刊于1983年7月14日。周2报，4开4版。

报社现有38人，其中编采31人。

社址：长春市斯大林大街39号。邮政编码：130051。电话：861655。

文摘旬刊 吉林日报社主办。国内统一刊号CN22—0031。创刊于1981年1月。旬报，4开4版。

编辑部现有14人，其中编采6人。现任总编辑曹菊奎。

社址：长春市斯大林大街68号。邮政编码：130051。电话：824055。

生活之友（朝文） 延边人民广播电台主办。国内统一刊号CN22—0023。创刊于1985年6月。周报，4开4版。读者对象：朝鲜族妇女、离退休干部、老人。

现任总编辑李昌雨。

社址：吉林省延吉市新华街2号。邮政编码：133000。电话：516572。

自学导报 长春大学主办。国内统一刊号CN22—0021。创刊于1984年9月20日。旬报，4开4版。

报社现有16人，其中编采12人。现任总编辑王野平。

社址：长春市卫星路1号。邮政编码：130012。电话：54081。

新文化报 吉林省文化厅主办。国内统一刊号CN22—0029。创刊于1988年6月。周2报，对开4版。

报社现有27人，其中编采22人。现任总编辑李杰。

社址：长春市建设广场 9 号。邮政编码：130021。电话：54748。

吉林广播电视报　吉林省广播电视厅主办。国内统一刊号 CN22—0004。创刊于 1954 年 9 月 5 日。周报，4 开 4 版。

报社现有 20 人，其中编采 6 人。现任总编辑邢文国。

社址：长春市解放大路 63 号。邮政编码：130041。电话：864943。

影视广播图书周报　长春人民广播电台、长春电视台、长春市电影发行放映公司、长春市新华书店主办。国内统一刊号 CN22—0024。创刊于 1986 年 4 月 9 日。周报，4 开 4 版。

报社现有 7 人，其中编采 6 人。现任总编辑关娴。

社址：长春市重庆路 40 号。邮政编码：130061。电话：824397。

江城广播电视报　吉林市广播电视局主办。国内统一刊号 CN22—0014。创刊于 1984 年 7 月 1 日。周报，4 开 4 版。

编辑部现有 7 人，其中编采 4 人。现任总编辑宫乃良。

地址：吉林省吉林市江南大街 2 号。邮政编码：132000。电话：20305。

延边广播电视报　延边自治州广播电视局主办。国内统一刊号 CN22—0015。创刊于 1984 年 10 月。周报，4 开 4 版。

现任负责人陶双福。

社址：吉林省延吉市。邮政编码：133000。电话：512661。

吉林图书报　吉林省新华书店主办。国内统一刊号 CN22—0026。创刊于 1987 年 1 月。半月报，4 开 4 版。

编辑部现有编采 5 人。现任总编辑王战霞。

社址：长春市泰丰街 21 号。邮政编码：130011。电话：54759。

婚育周报　吉林省计划生育委员会主办。国内统一刊号 CN22—0027。创刊于 1984 年 11 月 15 日。周报，4 开 4 版。

报社现有 12 人，其中编采 10 人。现任总编辑马万库。

社址：长春市园东路 2 号。邮政编码：133000。电话：864440。

吉林科技报　吉林省科协主办。国内统一刊号 CN22—0032。创刊于 1965 年，"文革"中停刊，1982 年 1 月 1 日复刊。周报，4 开 4 版。

报社现有 38 人，其中编采 20 人。现任总编辑张久桂。

社址：长春市民康路 8 号。邮政编码：130041。电话：862043。

吉林环境报　吉林省环境保护委员会主办。国内统一刊号 CN22—0035。创刊于 1986 年 8 月。半月报，4 开 4 版。

报社现有 7 人，其中编采 6 人。现任总编辑岩流。

社址：长春市斯大林大街 60 号。邮政编码：130051。电话：829017。

长春科技报　长春市科协主办。国内统一刊号 CN22—0034。创刊于 1959 年 10 月，"文革"中停刊，1978 年复刊。周报，4 开 4 版。

报社现有 10 人，其中编采 8 人。现任总编辑路殿举。

社址：长春市解放大路。邮政编码：130061。电话：824741。

东北朝鲜民族科学技术报　延边自治州科协主办。国内统一刊号 CN22—0039。创刊于 1981 年。周报，4 开 4 版。

现任负责人金凤术。

社址：吉林省延吉市河南街 20 号。邮政编码：133001。电话：517040。

吉林电力报　吉林省电力工业局主办。国内统一刊号 CN22—0038。创刊于 1982 年 1 月。1986 年初停刊，1988 年 9 月复刊。旬报，4 开 4 版。

编辑部现有编采 6 人。现任总编辑曾凡华。

地址：长春市斯大林大街 93 号。邮政编码：130021。电话：882504。

青年科学报　吉林市科协主办。国内统一刊号 CN22—0033。创刊于 1985 年 1 月。半月报，4 开 4 版。

报社现有 9 人，其中编采 8 人。现任总编辑夏平和。

社址：吉林省吉林市江南大街。邮政编码：132013。电话：61795。

小学生阅读报　吉林省教育学院主办。国内统一刊号 CN22—0019。创刊于 1985 年 1 月。周报，4 开 4 版。

报社现有编采 10 人。现任总编辑孙新，社长赵丽云。

社址：长春市斯大林大街 115 号。邮政编码：130022。电话：826082。

长春晚报　中共长春市委主办。国内统一刊号 CN22—0036。创刊于 1989 年 7 月 28 日。周 3 报，4 开 4 版。

报社现有 45 人，其中编采 37 人。现任负责人李云章。

社址：长春市重庆路 41 号。邮政编码：130051。电话：822937。

黑龙江省

黑龙江日报　中共黑龙江省委机关报。国内统一刊号 CN23—0001。创刊于 1945 年 12 月 1 日。日报，对开 4 版，周末 8 版。

报社设办公室、出版编辑室、经济编辑室、政教编辑室、副刊编辑室、读者来信部、通采部、时事部、评论理论部、摄影美术部、公共关系部、新闻志编辑室以及在全省设立的 11 个记者站，报社还有机关党委、机关纪检委、人事处、保卫处、计划财务处、广告处、印刷厂，共有 693 人，其中编采 197 人。现任社长张国昌，副社长范昌武、尚荣贵；总编辑李寿山，副总编辑贾士祥、杨德三、王家彬。

社址：哈尔滨市道里区地段街 1 号。邮政编码：150010。电话：410694。

哈尔滨日报　中共哈尔滨市委主办。国内统一刊号 CN23—0002。创刊于 194[illegible] 年 11 月 25 日。日报，对开 4 版。

报社现有 442 人，其中编采 129 人。现任总编辑田登高。

社址：哈尔滨市道里区井街 30 号。邮政编码：150010。电话：413528。

牡丹江日报　中共牡丹江市委主办。国内统一刊号 CN23—0004。创刊于 195[illegible] 年 5 月 1 日。日报，4 开 4 版。

现任总编辑李景山。

社址：黑龙江省牡丹江市七星街 [illegible] 号。邮政编码：157000。电话：23336。

齐齐哈尔日报　中共齐齐哈尔市委主办。国内统一刊号 CN23—0003。创刊于 1954 年 9 月 15 日。日报，4 开 4 版。

报社现有 297 人，其中编采 67 人。现任社长、总编辑王润成。

社址：黑龙江省齐齐哈尔市劳卫路 1[illegible] 号。邮政编码：161005。电话：72174。

佳木斯日报　中共佳木斯市委主办。国内统一刊号 CN23—0005。创刊于 1956 年 11 月 1 日。周 6 报，4 开 4 版。

报社现有 212 人，其中编采 74 人。现任总编辑曹琦。

社址：黑龙江省佳木斯市中心路 123 号。邮政编码：154002。电话：22970。

伊春日报　中共伊春市委主办。国内统一刊号 CN23—0006。创刊于 1958 年 10 月 1 日。周 6 报，4 开 4 版。

报社现有 240 人，其中编采 60 人。现任总编辑谷孝贤。

社址：黑龙江省伊春市新兴西路。邮政编码：153000。电话：2994。

大庆日报　中共大庆市委主办。国内统一刊号 CN23—0008。创刊于 1960 年 4 月 13 日。周 6 报，4 开 4 版。

报社现有 255 人，其中编采 73 人。现任总编辑高继辉。

社址:黑龙江省大庆市萨尔图中心街2号。邮政编码:163001。电话:33871。

大兴安岭日报 中共大兴安岭地委主办。国内统一刊号CN23—0007。创刊于1966年7月1日。日报,4开4版。

报社现有176人,其中编采70人。现任总编辑詹长江。

社址:黑龙江省加格达奇兴安大街44号。邮政编码:165000。电话:3823。

鸡西日报 中共鸡西市委主办。国内统一刊号CN23—0009。创刊于1948年11月15日。周6报,4开4版。

报社现有214人,其中编采86人。现任总编辑仇世文。

社址:黑龙江省鸡西市劳动路。邮政编码:158100。电话:52303。

鹤岗日报 中共鹤岗市委主办。国内统一刊号CN23—0010。创刊于1947年1月1日。周6报,4开4版。

报社现有64人,其中编采38人。现任社长、总编辑刘哲斌。

社址:黑龙江省鹤岗市红军街。邮政编码:154100。电话:22365。

双鸭山日报 中共双鸭山市委主办。国内统一刊号CN23—0011。创刊于1948年5月1日。周6报,4开4版。

报社现有63人,其中编采48人。现任总编辑张德臣。

社址:黑龙江省双鸭山市二马路3号。邮政编码:155109。电话:23151。

七台河日报 中共七台河市委主办。国内统一刊号CN23—0012。创刊于1984年1月1日。周6报,4开4版。

报社现有191人,其中编采53人。现任负责人徐本德。

社址:黑龙江省七台河市山湖大街。邮政编码:154600。电话:263006。

黑河日报 中共黑河市委主办。国内统一刊号CN23—0013。创刊于1946年8月1日。周6报,4开4版。

报社现有170人,其中编采50人。现任社长杜广洲,总编辑侯德山。

社址:黑龙江省黑河市海兰街。邮政编码:164300。电话:2551。

绥化地区报 中共绥化地委主办。国内统一刊号CN23—0068。创刊于1988年9月1日。周2报,4开4版。

报社现有23人,其中编采19人。现任总编辑郭宝福。

社址:黑龙江省绥化市行署街2号。邮政编码:152054。

肇东报 中共肇东市委主办。国内统一刊号CN23—0043。创刊于1956年7月1日,1966年8月停刊,1982年7月1日复刊。周2报,4开4版。

报社现有40人,其中编采20人。现任负责人辛明水。

社址:黑龙江省肇东市南二道街。邮政编码:151100。电话:3769。

绥化报 中共绥化市委主办。国内统一刊号CN23—0041。创刊于1956年7月1日,1957年2月至1958年6月30日,1962年3月8日至1983年6月30日,两次停刊。周2报,4开4版。

报社现有20人,其中编采17人。现任负责人刘芥山。

社址:黑龙江省绥化市委院内。邮政编码:152054。电话:3128。

青冈报 中共青冈县委主办。国内统一刊号CN23—0044。创刊于1956年5月1日,1962年5月25日停刊,1980年9月复刊。周2报,4开4版。

报社现有17人,其中编采14人。现任社长李长林。

社址:黑龙江省青冈县委院内。邮政编码:151600。电话:3231。

北安报 中共北安市委主办。国内统一刊号CN23—0069。创刊于1958年8月1日,1962年6月15日停刊,1988年1月31日复刊。周3报,4开4版。

报社现有23人,其中编采16人。现任社长綦士俊,总编辑张达义。

社址:黑龙江省北安市交通路62号。邮政编码:164000。电话:2596。

鹤城晚报 中共齐齐哈尔市委主办。国内统一刊号CN23—0037。创刊于1985年7月1日。周6报,4开4版。

报社现有103人,其中编采63人。现任社长、总编辑王润成。

社址:黑龙江省齐齐哈尔市劳卫路1号。邮政编码:161005。电话:73670。

新晚报 哈尔滨日报社主办。国内统一刊号CN23—0034。创刊于1985年1月1日。日报,4开4版。

报社现有53人,其中编采42人。现任总编辑田登高(兼)。

社址:哈尔滨市道里区井街30号。邮政编码:150010。电话:412877。

黑龙江新闻 中共黑龙江省委宣传部主办。国内统一刊号CN23—0019。创刊于1961年10月1日。周6报,对开4版。

报社现有192人,其中编采80人。现任总编辑洪满浩。

社址:哈尔滨市经纬二道街59号。邮政编码:150010。电话:483554。

黑龙江政协报 政协黑龙江省委主办。国内统一刊号CN23—0062 。创刊于1982年。半月报,4开4。

现任总编辑李风山。

社址:哈尔滨市红军街45号。邮政编码:150010。电话:414176。

黑龙江农村报 黑龙江日报社主办。国内统一刊号CN23—0016。创刊于1949年11月15日。周3报,4开4版。

报社现有30人,其中编采26人。现任主编李保国。

社址:哈尔滨市道里区地段街2号。邮政编码:150010。电话:417343。

城乡经济报 黑龙江省新闻工作者协会主办。国内统一刊号CN23—0065。创刊于1984年9月6日。周2报,4开4版。

报社现有35人,其中编采20人。现任总编辑李日华。

社址:哈尔滨市南岗区一曼街11号。邮政编码:150001。电话:242043。

黑龙江法制报 黑龙江省司法厅主办。国内统一刊号CN23—0021。创刊于1984年。周报,4开4版。

报社现有46人,其中编采26人。现任总编辑李庆海。

社址:哈尔滨市中山路91号。邮政编码:150001。电话:229913。

价格信息报 黑龙江省物价局主办。国内统一刊号CN23—0067。创刊于1984年8月16日。周2报,4开4版。

报社现有18人,其中编采15人。现任总编辑金鑫。

社址:哈尔滨市南岗区宣传街27号。邮政编码:150001。电话:221015。

致富信息报 黑龙江新闻社主办。国内统一刊号CN23—0061。创刊于1984年11月。周报,4开4版。

报社现有25人,其中编采15人。现任总编辑郑珉哲。

社址:哈尔滨市道里区经纬二道街59号。邮政编码:150010。电话:486311。

黑龙江税务报 黑龙江省税务局主办。国内统一刊号CN23—0056。创刊于1981年12月。周报,4开4版。

报社现有15人,其中编采12人。现任总编辑关键。

社址:哈尔滨市南岗区东大直街31号。邮政编码:150001。电话:37701。

农村金融报 黑龙江省农业银行主办。国内统一刊号CN23—0027。创刊于1984年4月13日。周报,4开4版。

报社现有27人,其中编采24人。现任社长王君仁,总编辑王文生。

社址:哈尔滨市道里区红霞街8号。邮政编码:150010。电话:410735。

生活报 黑龙江日报社主办。国内

统一刊号CN23—0017。创刊于1984年10月6日。周3报,4开4版。

编辑部现有29人,其中编采26人。现任主编冯东海。

社址:哈尔滨市道里区地段街1号。邮政编码:150010。电话:410533。

老年报 黑龙江日报社主办。国内统一刊号CN23—0018。创刊于1985年1月3日。周2报,4开4版。

编辑部现有21人,其中编采18人。现任主编张峰。

社址:哈尔滨市道里区地段街1号。邮政编码:150010。电话:413827。

家庭保健报 黑龙江省健康教育所主办。国内统一刊号CN23—0022。创刊于1986年1月6日。周报,4开4版。

报社现有15人,其中编采14人。现任主编韩金鉴。

社址:哈尔滨市南岗民益街副27号。邮政编码:150001。电话:31870。

中国卫生信息报 黑龙江省卫生厅主办。国内统一刊号CN23—0057。创刊于1986年1月1日。周2报,4开4版。

报社现有20人,其中编采15人。现任社长李矢禾,总编辑杨德显。

社址:哈尔滨市香坊区香顺街27号。邮政编码:150036。电话:54683。

环境报 黑龙江省环境保护委员会主办。国内统一刊号CN23—0036。创刊于1980年6月30日。周报,4开4版。

报社现有20人,其中编采15人。现任总编辑孙海滨。

社址:哈尔滨市道里区乡政街工企楼4号。邮政编码:150070。电话:64819。

黑龙江人口报 黑龙江省计划生育委员会主办。国内统一刊号CN23—0060。创刊于1987年9月5日。周报,4开4版。

现任总编辑刘泽原。

社址:哈尔滨市南岗区永和街45号。邮政编码:150001。电话:229941。

人民消防报 黑龙江省公安厅主办。国内统一刊号CN23—0023。创刊于1983年1月,同年10月易名《黑龙江消防报》,1985年10月1日改为现名。周报,4开4版。

现任总编辑郭铁男。

社址:哈尔滨市南岗区中山路25号。邮政编码:150001。电话:228615。

黑龙江广播电视报 黑龙江人民广播电台、黑龙江电视台主办。国内统一刊号CN23—0032。创刊于1980年2月7日。周报,4开4版。

报社现有9人,其中编采4人。现任主编栾良竹。

社址:哈尔滨市中山路115号。邮政编码:150001。电话:226847。

科技经济导报 哈尔滨市科协主办。国内统一刊号CN23—0035。创刊于1956年7月3日,1966年12月停刊,1979年10月3日复刊。周2报,4开4版。

报社现有20人,其中编采14人。现任总编辑于华夫。

社址:哈尔滨市道里区经纬二道街29号。邮政编码:150010。电话:414826。

黑龙江科技报 黑龙江省科协、科委、教委、科学院联合主办城市版,科协主办农村版。国内统一刊号CN23—0033。农村版创刊于1977年1月1日,城市版创刊于1984年1月。周报,4开4版。

报社现有28人,其中编采22人。现任社长傅庭政,总编辑王士昌。

社址:哈尔滨市南岗区光芒街48号。邮政编码:150001。电话:220482。

哈尔滨铁道报 哈尔滨铁路局主办。国内统一刊号CN23—0015。创刊于1953年4月21日。周4报,4开4版。

报社现有47人,其中编采40人。现任总编辑王治中。

社址:哈尔滨市南岗区西大直街165号。邮政编码:150006。电话:22059。

农垦报 黑龙江省农场总局主办。国内统一刊号CN23—0014。创刊于1957年。周4报,4开4版。

报社现有26人,其中编采25人。现任总编辑张志仁。

社址:黑龙江省佳木斯市和平路100号。邮政编码:154002。电话:26951—648。

鸡西矿工报 鸡西矿务局主办。国内统一刊号CN23—0050。创刊于1948年11月15日。周4报,4开4版。

报社现有300人,其中编采34人。现任总编辑耿永祥。

社址:黑龙江省鸡西市红旗路10号。邮政编码:158100。电话:22672。

鹤岗矿工报 鹤岗矿务局主办。国内统一刊号CN23—0051。创刊于1974年9月。周3报,4开4版。

报社现有22人,其中编采19人。现任总编辑王乾琛。

社址:黑龙江省鹤岗市向阳区一马路。邮政编码:154100。电话:23410。

七台河矿工报 七台河矿务局主办。国内统一刊号CN23—0053。创刊于1983年1月1日。周2报,4开4版。

报社现有83人,其中编采20人。现任社长卢及民,总编辑艾平。

社址:黑龙江省七台河市。邮政编码:154600。电话:72124。

陕西省

陕西日报 中共陕西省委机关报。国内统一刊号CN61—0001。创刊于1940年3月25日。日报,对开4版。

报社在编委会领导下,分新闻业务部门、印刷厂、后勤党政服务三大块。全社现有745人,其中编采220人。现任总编辑张光,副总编辑陈明、任中南、李东升、李立彬。

社址:西安市和平区外环城南路东段1号。邮政编码:710054。电话:710267。

西安晚报 中共西安市委主办。国内统一刊号CN61—0002。创刊于1953年7月1日。日报,对开4版。

报社现有349人,其中编采119人。现任总编辑李凡。

社址:西安市南四府街9号。邮政编码:710002。电话:718722。

安康日报 中共安康地委主办。国内统一刊号CN61—0009。创刊于1951年3月1日。周6报,4开4版。

现任总编辑张成彬。

社址:陕西省安康城关金州路。邮政编码:725000。电话:2811。

宝鸡日报 中共宝鸡市委主办。国内统一刊号CN61—0008。创刊于1959年10月,1985年1月复刊。周6报,4开4版。

现任总编辑卢愚。

社址:陕西省宝鸡市新建路。邮政编码:721000。电话:4884。

汉中日报 中共汉中地委主办。国内统一刊号CN61—0010。创刊于1949年5月1日,原名《陕南日报》,1954年1月改为现名。1969年5月1日复刊。周6报,4开4版。

现任总编辑孟守禄。

社址:陕西省汉中市中山街63号。邮政编码:723000。电话:2381。

榆林报 中共榆林地委主办。国内统一刊号CN61—0003。创刊于1949年6月5日。周3报,4开4版。

现任总编辑胡广深。

社址:陕西省榆林城关。邮政编码:719000。

铜川报 中共铜川市委主办。国内统一刊号CN61—0005。创刊于1985年4月1日。周2报,4开4版。

现任总编辑王望宁。

社址:陕西省铜川市红旗街。邮政编

码:727000。电话:2297。

延安报 中共延安地委主办。国内统一刊号CN61—0004。创刊于1950年4月。周3报,4开4版。

现任总编辑苏若望。

社址:陕西省延安市南关。邮政编码:716000。电话:7544。

渭南报 中共渭南地委主办。国内统一刊号CN61—0006。创刊于1984年10月1日。周2报,4开4版。

现任总编辑赵怀璧。

社址:陕西省渭南市朝阳东路。邮政编码:714000。电话:3465。

咸阳报 中共咸阳市委主办。国内统一刊号CN61—0007。创刊于1962年,1986年6月复刊。周2报,4开4版。

现任总编辑高仲田。

社址:陕西省咸阳市渭阳东路。邮政编码:712000。电话:5510。

富平报 中共富平县委主办。国内统一刊号CN61—0013。创刊于1956年10月,1985年11月复刊。周报,4开4版。

现任总编辑惠旺。

社址:陕西省富平县政府内。邮政编码:711700。

合阳报 中共合阳县委主办。国内统一刊号CN61—0012。创刊于1958年1月,曾两次停刊,1984年7月1日复刊。周报,4开4版。

现任总编辑党兴成。

社址:陕西省合阳县党政办公楼。邮政编码:715300。

长安报 中共长安县委主办。国内统一刊号CN61—0039。创刊于1956年5月,1962年5月停刊,1987年3月24日复刊。周报,4开4版。

现任总编辑马志毅。

社址:陕西省长安县委院内。邮政编码:710100。电话:2478。

陕西政协报 政协陕西省委主办。国内统一刊号CN61—0016。创刊于1987年8月1日。周报,4开4版。

现任总编辑潘文一。

社址:西安市建国路信义巷13号。邮政编码:710001。电话:718896(总机)。

陕西农民报 陕西日报社主办。国内统一刊号CN61—0014。创刊于1954年,曾两次停刊,1980年7月1日复刊。周2报,4开4版。

现任总编辑王自忠。

社址:西安市东大街334号。邮政编码:710001。电话:21794。

陕西工人报 陕西省总工会主办。国内统一刊号CN61—0015。创刊于1952年,原名《西北工人》(杂志),1956年改为现名,1983年复刊。周3报,4开4版。

现任总编辑石文彬。

社址:西安市莲湖路143号。邮政编码:710003。电话:710619。

农家信使 陕西日报社、陕西省政府农办、农村发展研究中心主办。国内统一刊号CN61—0029。创刊于1985年1月3日。周报,4开4版。

现任总编辑吴保恒。

社址:西安市东大街334号。邮政编码:710001。电话:23965。

西北信息导报 陕西省经委经济信息中心主办。国内统一刊号CN61—0028。创刊于1984年11月,原名《陕西经济信息》,1986年改为现名。周报,对开4版。

现任总编辑周冠捷。

社址:西安市省政府大楼8层60号。邮政编码:710004。电话:792859。

城市金融报 中国工商银行陕西省分行主办。国内统一刊号CN61—0021。创刊于1986年10月。周报,4开4版。

现任总编辑刘济民。

社址:西安市解放路233号。邮政编码:710004。电话:716932—365。

西北工商报 西安市工商行政管理局主办。国内统一刊号CN61—0042。创刊于1985年2月。周报,对开4版。

现任总编辑高喜生。

社址:西安市二府街32号。邮政编码:710003。电话:712217。

日新广告报 陕西省对外经济贸易委员会主办。国内统一刊号CN61—0044。创刊于1985年6月。周报,4开4版。

现任总编辑赵治中。

社址:西安市友谊西路154号。邮政编码:710068。电话:55612。

劳动周报 西安市劳动局主办。国内统一刊号CN61—0043。创刊于1984年。周报,4开4版。

现任总编辑刘光贤。

社址:西安市盐店街37号。邮政编码:710002。电话:715340。

企业信息报 陕西省电子工业厅主办。国内统一刊号CN61—0045。创刊于1985年8月。周报,4开4版。

现任总编辑刘航诚。

社址:陕西省宝鸡市清姜路9号。邮政编码:721006。电话:2943—2581。

军工报 陕西省国防工办主办。国内统一刊号CN61—0022。创刊于1987年1月。周报,4开4版。

现任总编辑王允毅。

社址:西安市翠华路107号。邮政编码:710061。电话:52841(总机)。

法制周报 陕西省司法厅主办。国内统一刊号CN61—0027。创刊于1982年4月。周报,4开4版。

现任总编辑孟凡君。

社址:西安市友谊西路130号。邮政编码:710043。电话:711122。

星期天 陕西日报社主办。国内统一刊号CN61—0033。创刊于1984年7月1日。周报,4开4版。

现任总编辑张仲景。

社址:西安市环城城南路东段1号。邮政编码:710054。电话:713923。

西安法制报 西安市司法局主办。国内统一刊号CN61—0040。创刊于1981年7月。周报,4开4版。

现任总编辑樊志礼。

社址:西安市柏树林兴隆巷41号。邮政编码:710001。电话:712669。

陕西老年报 陕西省老龄问题委员会主办。国内统一刊号CN61—0041。创刊于1985年2月。周报,4开4版。

现任总编辑符琳。

社址:西安市西七路162号。邮政编码:710003。电话:714923。

卫生报 陕西省卫生厅主办。国内统一刊号CN61—0023。创刊于1984年4,原名《陕西卫生报》,1985年改为现名。周报,4开4版。

现任总编辑李赛云。

社址:西安市和平门外建东街3号。邮政编码:710054。电话:28335。

教师报 陕西省教育厅主办。国内统一刊号CN61—0030。创刊于1984年1月。周报,4开4版。

现任总编辑高培权。

社址:西安市西七路149号。邮政编码:710004。电话:29432。

现代保健报 西安市卫生局主办。国内统一刊号CN61—0025。创刊于1985年。旬报,4开4版。

现任总编辑张时。

社址:西安市解放路16号。邮政编码:710004。电话:28082。

自学考试报 陕西省自学考试委员会主办。国内统一刊号CN61—0031。创刊于1985年7月20日。半月报,4开4版。

现任总编辑广崇武。

社址:西安市太白路甲字1号。邮政编码:710068。电话:710175—213。

文化艺术报 陕西省文化厅主办。国内统一刊号CN61—0032。创刊于1985

年1月6日，原名《文化周报》，1988年改为现名。周报，4开4版。

现任总编辑孙豹隐。

社址：西安市西一路213号。邮政编码：710004。电话：718941—54。

西安广播电视报 西安市广播电视局主办。国内统一刊号CN61—0035。创刊于1985年2月。周报，4开4版。

现任总编辑蒙春莲。

社址：西安市北院门市政府院内。邮政编码：710003。电话：29570。

陕西广播电视报 陕西省广播电视厅主办。国内统一刊号CN61—0034。创刊于1953年9月，原名《广播文艺节目表》，1979年10月复刊改为现名。周报，4开4版。

现任总编辑刘彦章。

社址：西安市北大街119号。邮政编码：710003。电话：712121(转)。

陕西人口报 陕西省计划生育委员会主办。国内统一刊号CN61—0037。创刊于1988年1月。旬报，4开4版。

现任总编辑杨明春。

社址：西安市红埠街35号。邮政编码：710003。电话：719938。

陕西建筑报 陕西省建工局主办。国内统一刊号CN61—0018。创刊于1954年。周报，4开4版。

现任总编辑鞠树之。

社址：西安市山大街171号。邮政编码：710003。电话：715191转。

陕西邮电报 陕西省邮电管理局主办。国内统一刊号CN61—0017。创刊于1985年12月。周报，4开4版。

现任总编辑徐立学。

社址：西安市莲湖路劳武巷68号。邮政编码：710002。电话：27160。

矿产开发报 陕西省地质矿产局主办。国内统一刊号CN61—0019。创刊于1980年9月，原名《陕西地质报》，1985年3月改为现名。周报，4开4版。

现任总编辑陈克宁。

社址：西安市雁塔北路70号。邮政编码：710054。电话：715801。

铁路建设报 铁道部一局主办。国内统一刊号CN61—0020。创刊于1975年2月。周2报，4开4版。

报社现有编采19人。现任总编辑钱之强。

社址：西安市雁塔路23号。邮政编码：710054。电话：25011—6515。

陕西科技报 陕西省科协主办。国内统一刊号CN61—0024。创刊于1980年1月。周2报，4开4版。

现任总编辑严志忠。

社址：西安市药王洞119号。邮政编码：710003。电话：717875。

宝鸡科技报 宝鸡市科协主办。国内统一刊号CN61—0026。创刊于1980年1月。周报，4开4版。

现任总编辑李朗。

社址：陕西省宝鸡市南关路25号。邮政编码：721000。电话：3878。

甘肃省

甘肃日报 中共甘肃省委机关报。国内统一刊号CN62—0001。创刊于1949年9月1日。日报，对开4版。

报社实行编委会领导下的总编辑负责制。全社现有405人，其中编采160人。现任总编辑蓝云夫，副总编辑冯兴儒、张玉林、邓元秋(女)。

社址：兰州市白银路47号。邮政编码：730030。电话：464715。

兰州晚报 中共兰州市委主办。国内统一刊号CN62—0002。创刊于1980年7月1日。日报，4开4版，每周二、四、六为8版。

报社现有320人，其中编采78人。现任总编辑黄应寿。

社址：兰州市张掖路246号。邮政编码：730030。电话：463120。

民族报 中共临夏自治州委主办。国内统一刊号CN62—0004。创刊于1950年5月1日，原名《团结报》，1961年2月11日停刊；1985年1月1日复刊。周2报，4开4版。

报社现有31人，其中编采18人。现任总编辑妥进荣。

社址：甘肃省临夏市。邮政编码：731100。

白银报 中共白银市委主办。国内统一刊号CN62—0003。创刊于1986年12月10日。周2报，4开4版。

报社现有28人，其中编采20人。现任负责人李继白。

社址：甘肃省白银市白银区。邮政编码：730900。电话：22837。

甘南报 中共甘南自治州委主办。国内统一刊号：汉文版CN62—0005，藏文版CN62—0006。创刊于1953年5月1日。周3报，4开4版。

报社现有98人，其中编采20人。现任总编辑刘振川。

社址：甘肃省合作镇沿河西路。邮政编码：747000。

武威报 中共武威地委主办。国内统一刊号CN62—0007。创刊于1985年5月1日。周2报，4开4版。

报社现有21人，其中编采19人。现任总编辑陈哲民。

社址：甘肃省武威市。邮政编码：733000。

张掖报 中共张掖地委主办。国内统一刊号CN62—0009。创刊于1987年9月1日。周报，4开4版。

报社现有12人，其中编采8人。现任负责人刘崇文。

社址：甘肃省张掖市环城南路。邮政编码：734000。

金昌报 中共金昌市委主办。国内统一刊号CN62—0008。创刊于1986年7月1日。周2报，4开4版。

报社现有20人，其中编采16人。现任总编辑谢杰同。

社址：甘肃省金昌市委党校内。邮政编码：737100。

嘉峪关报 中共嘉峪关市委主办。国内统一刊号CN62—0010。创刊于1984年7月12日。周报，4开4版。

报社现有11人，其中编采9人。现任总编辑鲁廷文。

社址：甘肃省嘉峪关市新华南路。邮政编码：735100。电话：25560。

平凉报 中共平凉地委主办。国内统一刊号CN62—0011。1926年10月创办《新陇民报》；1949年7月30日平凉地区解放，由军管会接管改出《平凉快报》；同年10月7日由地委接办地委机关报《新平凉报》，1958年9月2日改为现名，1961年6月23日停刊；1984年10月2日复刊。周2报，4开4版。

报社现有127人，其中编采20人。现任总编辑杜满仑。

社址：甘肃省平凉市红旗街。邮政编码：744000。

陇东报 中共庆阳地委主办。国内统一刊号CN62—0013。创刊于1938年春；1955年10月停刊；1985年6月复刊。周2报，4开4版。

报社现有35人，其中编采21人。现任总编辑张国杰。

社址：甘肃省西峰市北一路。邮政编码：745000。

天水报 中共天水市委主办。国内统一刊号CN62—0012。创刊于1951年8月。1985年5月1日复刊。周2报，4开4版。

报社现有222人，其中编采18人。现任总编辑霍想有。

社址：甘肃省天水市公园路。邮政编

码:741000。电话:212248。

陇南报 中共陇南地委主办。国内统一刊号CN62—0014。创刊于1986年3月15日。周2报,4开4版。

报社现有15人,其中编采9人。现任总编辑李百川。

社址:甘肃省武都县中山街。邮政编码:746000。

定西报 中共定西地委主办。国内统一刊号CN62—0050。创刊于1988年1月1日。周报,4开4版。

报社现有20人,其中编采9人。现任总编辑金其贵。

社址:甘肃省定西县定西军分区院内。邮政编码:743000。

甘肃农民报 甘肃日报社主办。国内统一刊号CN62—0015。创刊于1951年3月15日;1959年6月至1964年2月、1967年1月至1978年1月两度停刊。周2报,4开4版。

编辑部现有编采15人。现任总编辑李茵菜。

社址:兰州市白银路47号。邮政编码:730030。电话:464715—312。

民主协商报 政协甘肃省委主办。国内统一刊号CN62—0027。创刊于1986年5月。周报,4开4版。

报社现有12人,其中编采7人。现任总编辑楼家骐。

社址:兰州市统办一号楼一楼。邮政编码:730000。电话:26611—2363。

甘肃工人报 甘肃省总工会主办。国内统一刊号CN62—0016。创刊于1981年1月21日。周3报,4开4版。

报社现有24人,其中编采20人。现任总编辑董育民。

社址:兰州市东郊巷14号。邮政编码:730000。电话:23204。

人民军队报 中共兰州军区党委主办。国内统一刊号CN62—0046。创刊于1949年7月15日。周3报,4开4版。

报社现有编采31人。现任社长万泰平。

社址:兰州市南昌路389号。邮政编码:730000。电话:42120。

甘肃经济报 甘肃省计划委员会主办。国内统一刊号CN62—0025。创刊于1982年4月2日。周2报,4开4版。

报社现有16人,其中编采14人。现任负责人向大明。

社址:兰州市中央广场1号。邮政编码:730030。电话:465052。

甘肃工商报 甘肃省工商管理局主办。国内统一刊号CN62—0022。创刊于1986年1月4日。原名《个体劳动者报》,1989年1月1日改为现名,并改为对开4版,周报。

报社现有22人,其中编采18人。现任总编辑刘耀英。

社址:兰州市东岗西路253号。邮政编码:730000。电话:26821—61。

信息导报 甘肃省商业厅主办。国内统一刊号CN62—0026。创刊于1984年8月15日。周2报,4开4版。

报社现有15人。现任总编辑尹东野。

社址:兰州市天水路343号。邮政编码:730000。电话:23811—368。

法制导报 甘肃省司法厅主办。国内统一刊号CN62—0031。创刊于1985年4月1日。周报,4开4版。

报社现有13人,其中编采12人。现任负责人陈仁川。

社址:兰州市中心广场统建二号楼15层。邮政编码:730030。电话:418937。

中学生导报 兰州市教育局主办。国内统一刊号CN62—0021。创刊于1980年9月。周报,4开4版。

报社现有12人,其中编辑11人。现任总编辑陈文炳。

社址:兰州市农民巷22号。邮政编码:730000。电话:25592。

生活环境报 甘肃省环保局、兰州市环保局主办。国内统一刊号CN62—0018。创刊于1986年10月。周报,4开4版。

报社现有16人,其中编辑12人。现任总编辑康兴德。

社址:兰州市张家园16号。邮政编码:730000。电话:27090。

少年文史报 甘肃日报社主办。国内统一刊号CN62—0017。创刊于1981年8月6日。周2报,4开4版。

编辑部现有编采13人。现任负责人吴辰旭。

社址:兰州市白银路47号。邮政编码:730030。电话:464715转。

甘肃广播电视报 甘肃省广播电视厅主办。国内统一刊号CN62—0023。创刊于1981年4月。周报,4开8版。

现任社长曲鹤云。

社址:兰州市东岗西路146号。邮政编码:730000。电话:22065。

婚育导报 甘肃省计划生育委员会、兰州市计划生育委员会主办。国内统一刊号CN62—0047。创刊于1982年1月,原名《计划生育报》,1989年2月改为现名并公开发行。旬报,4开4版。

报社现有7人。现任总编辑张俊民。

社址:兰州市政府院内。邮政编码:730000。电话:465571。

甘肃体育报 甘肃省体委主办。国内统一刊号CN62—0030。创刊于1980年2月。周报,4开4版。

报社现有12人,其中编采8人。现任总编辑郑永生。

社址:兰州市民主西路90号。邮政编码:730000。电话:461588。

甘肃科技报 甘肃省科协主办。国内统一刊号CN62—0024。创刊于1979年1月1日。周报,4开4版。

报社现有14人,其中编采7人。现任总编辑李海风。

社址:兰州市庆阳路22号。邮政编码:730030。电话:27768。

甘肃交通安全报 甘肃省公安厅主办。国内统一刊号CN62—0045。创刊于1986年1月。周报,4开4版。

报社现有编采9人。现任总编辑孙世民。

社址:兰州市庆阳路38号。邮政编码:730030。电话:27961—299。

甘肃地质报 甘肃省地质矿务局主办。国内统一刊号CN62—0029。创刊于1958年7月;1959年8月停刊,1984年2月复刊。旬报,4开4版。

编辑部现有编采5人。现任总编辑朱小云。

社址:兰州市红星巷168号。邮政编码:730000。电话:25617—346。

甘肃水电建设报 甘肃省水电工程局主办。国内统一刊号CN62—0028。创刊于1982年7月16日。旬报,4开4版。

报社现有6人。现任总编辑唐鸿宾。

社址:甘肃省景泰县。邮政编码:730400。

镍都报 金川有色金属公司主办。国内统一刊号CN62—0020。创刊于1985年10月1日。周报,4开4版。

报社现有10人,其中编采8人。现任总编辑屈丰泰。

社址:甘肃省金昌市北京路。邮政编码:737104。

兰州铁道 兰州铁路局主办。国内统一刊号CN62—0032。创刊于1956年3月;1972年1月停刊,1979年3月复刊。周2报,4开4版。

报社现有31人,其中编采27人。现任总编辑邱振华。

社址:兰州市和政路156号。邮政编码:730000。电话:22059。

酒钢报 酒泉钢铁公司主办。国内统一刊号CN62—0035。创刊于1985年1

月1日。周2报,4开4版。

报社现有19人,其中编采16人。现任总编辑申忠银。

社址:甘肃省嘉峪关市。邮政编码:735100。

长庆石油报 长庆石油勘探局主办。国内统一刊号CN62—0033。创刊于1971年2月1日。周2报,4开4版。

报社现有140人,其中编采25人。现任社长郝玉森,总编辑金其超。

社址:甘肃省庆阳县。邮政编码:745100。

白银有色报 白银有色金属公司主办。国内统一刊号CN62—0036。创刊于1958年7月1日;原名《白银厂报》,1960年11月后,曾三次停刊,1982年1月复刊改为现名。周2报,4开4版。

报社现有79人,其中编采16人。现任总编辑陈曾魁。

社址:甘肃省白银市白银公司。邮政编码:730900。电话:22561—4770。

石油工人报 玉门石油管理局主办。国内统一刊号CN62—0037。创刊于1950年1月。周3报,4开4版。

报社现有146人,其中编采27人。现任社长金忠民。

社址:甘肃省玉门市。邮政编码:735200。电话:23614。

甘肃矿区报 四0四厂主办。国内统一刊号CN62—0039。创刊于1984年5月1日。周2报,4开4版。

报社现有60人,其中编采15人。现任社长郭洪尧。

社址:兰州市508信箱甲24号。邮政编码:732850。电话:兰州567专线转4609。

铁道设计报 铁道部第一设计院主办。国内统一刊号CN62—0038。创刊于1956年5月,1978年5月复刊。周报,4开4版。

报社现有13人,其中编采10人。现任总编辑王志汉。

社址:兰州市和政路75号。邮政编码:730000。电话:24816。

兰州机车报 铁道部兰州机车工厂主办。国内统一刊号CN62—0042。创刊于1982年2月7日。周报,4开4版。

报社现有7人。现任总编辑焦来轩。

社址:兰州市武威路210号。邮政编码:730050。电话:36901转。

兰石机械报 兰州石油化工机器厂主办。国内统一刊号CN62—0043。创刊于1956年8月;,1966年12月停刊,1978年8月复刊。周报,4开4版。

报社现有6人。现任负责人周敬。

社址:兰州市西津西路112号。邮政编码:730050。电话:35911—3183。

兰化工人报 兰化公司主办。国内统一刊号CN62—0040。创刊于1958年10月1日,1978年1月28日复刊。周报,4开4版。

报社现有8人,其中编采7人。现任负责人陈革。

社址:兰州市西固区。邮政编码:730060。电话:55981—2796。

甘肃建筑报 甘肃建筑工程总公司主办。国内统一刊号CN62—0044。创刊于1982年7月1日。周报,4开4版。

报社现有46人,其中编采10人。现任社长刘沛。

社址:兰州市西津东路247号。邮政编码:730050。电话:36981转。

兰炼报 兰炼公司主办。国内统一刊号CN62—0041。创刊于1963年10月。周报,4开4版。

报社现有12人,其中编采6人。现任总编辑任乃璞。

社址:兰州市西固区玉门街10号。邮政编码:730063。电话:56011—2513。

青海省

青海日报 中共青海省委机关报。国内统一刊号CN63—0001。创刊于1949年10月20日。日报,对开4版。

报社编辑部现有362人。现任总编辑姚德明,副总编辑德木却(藏族)、赵多年、陈秉智。

社址:西宁市七一路211号。邮政编码:810000。电话:23448。

青海藏文报 中共青海省委主办。国内统一刊号CN63—0002。创刊于1951年1月6日。双日报,对开4版。

编辑部现有41人。现任总编辑姚德明。

社址:西宁市七一路211号。邮政编码:810000。电话:23110。

海东报 中共海东地委主办。国内统一刊号CN63—0008。创刊于1985年1月。半月报,4开4版。

编辑部现有9人。现任总编辑段文秀。

社址:青海省海东地委院内。邮政编码:810600。

西宁晚报 中共西宁市委主办。国内统一刊号CN63—0003。创刊于1984年7月1日,原名《西宁报》,1989年1月1日改为现名。周6报,4开4版。

编辑部现有70人。现任总编辑林锡纯。

社址:西宁市南关街83号。邮政编码:810000。电话:23941转。

青海经济报 青海省财政经济委员会主办。国内统一刊号CN63—0004。创刊于1985年9月。周2报,对开4版。

编辑部现有49人。现任总编辑严正宇。

社址:西宁市新宁路6号附6号。邮政编码:810008。电话:23901转。

青海青年报 共青团青海省委主办。国内统一刊号CN63—0005。创刊于1956年1月,1981年8月复刊。周报,4开4版。

报社编辑部现有12人。现任总编辑姚英斌。

社址:西宁市长江路389号。邮政编码:810000。电话:22941。

青海科技报 青海省科协主办。国内统一刊号CN63—0007。创刊于1979年5月18日。周报,4开4版。

报社现有12人。现任总编辑陈建华。

社址:西宁市新宁路52号附2号。邮政编码:810008。电话:24461。

青海广播电视报 青海省广播电视厅主办。国内统一刊号CN63—0006。创刊于1958年,原名《广播节目报》,1982年12月复刊,并改为现名。周报,4开4版。

编辑部现有8人。现任总编辑李生文。

社址:西宁市昆仑路96号。邮政编码:810000。电话:24975。

青海藏文法制报 青海省司法厅主办。国内统一刊号CN63—0009。创刊于1983年1月。旬报,4开4版。

编辑部现有5人。现任总编辑陈力。

社址:西宁市南大街151号。邮政编码:810000。电话:23814—419。

青海法制报 青海省司法厅主办。国内统一刊号CN63—0010。创刊于1981年6月25日。周报,4开4版。

报社现有17人。现任总编辑张有泰。

社址:西宁市南大街151号。邮政编码:810000。电话:23814—419。

柴达木报(蒙文) 中共海西州委宣传部主办。国内统一刊号CN63—0012。创刊于1987年11月。周报,4开4版。

编辑部现有5人。现任总编辑巴依斯哈力。

社址:青海省海西州德令哈市。邮政编码:817000。

刚坚少年报 青海民族出版社主办。国内统一刊号CN63—0011。创刊于1989年6月。半月报,4开4版。

编辑部现有7人。现任总编辑智华嘉措。

社址:西宁市西关大街96号。邮政编码:810001。

宁夏自治区

宁夏日报 中共宁夏自治区委机关报。国内统一刊号CN64—0001。创刊于1958年8月1日。日报,对开4版。

报社设编委办公室、总编室、经济部、政文部、理论评论部、文艺部、记者部、摄影美术部、社会生活部、新闻研究部、群工部、经理部、人事处、机关党委、纪检组。全社共有400人,其中编采130人。现任总编辑李涌泽,副总编辑李廷凡、王树禾、王振刚。

社址:银川市中山南街109号。邮政编码:750004。电话:31497。

固原报 中共固原地委主办。国内统一刊号CN64—0007。创刊于1984年12月1日。周2报,4开4版。

报社现有31人,其中编采25人。现任总编辑孙熙雍。

社址:宁夏固原县中心路60号。邮政编码:756000。

银川晚报 中共银川市委主办。国内统一刊号CN64—0012。创刊于1988年7月1日。周2报,4开4版。

报社现有40人,其中编采34人。现任总编辑杨红兵。

社址:银川市中山南街123号。邮政编码:750004。电话:32865。

石咀山报 中共石咀山市委主办。国内统一刊号CN64—0010。创刊于1988年1月1日。周2报,4开4版。

报社现有27人,其中编采23人。现任总编辑黄银山。

社址:宁夏石咀山市委院内。邮政编码:753000。

宁夏政协报 政协宁夏自治区委员会主办。国内统一刊号CN64—0011。创刊于1988年1月1日。半月报,4开4版。

报社现有10人,其中编采8人。现任总编辑卢盛瑞。

社址:银川市文化西街8号。邮政编码:750001。电话:23808—57。

宁夏青年报 共青团宁夏自治区委员会主办。国内统一刊号CN64—0002。创刊于1985年1月4日。周报,4开4版。

报社现有20人,其中编采18人。现任总编辑乔毅智。

社址:银川市朔方路18号。邮政编码:750021。电话:77542。

宁夏法制报 宁夏自治区司法厅主办。国内统一刊号CN64—0004。创刊于1982年2月25日。周报,4开4版。

报社现有20人,其中编采14人。现任总编辑陈烈。

社址:银川市自治区人民政府司法厅楼内。邮政编码:750004。电话:33651。

宁夏科技报 宁夏自治区科协主办。国内统一刊号CN64—0003。创刊于1962年7月。原名《科学普及报》;1968年停刊,1971年10月复刊;1984年7月1日改为现名。周报,4开4版。

报社现有15人,其中编采10人。现任总编辑彭永屯。

社址:银川市解放西街10号。邮政编码:750001。电话:22719。

宁夏广播电视报 宁夏自治区广播电视厅主办。国内统一刊号CN64—0005。创刊于1984年6月1日。周报,4开4版。

报社现有8人,其中编采5人。现任主编王淋己。

社址:银川市西夏东路16号。邮政编码:750021。电话:74414。

新疆自治区

新疆日报 中共新疆自治区委机关报。国内统一刊号:汉文版CN65—0001/z,维文版CN65—0002/z,哈文版CN65—0003/z,蒙文版CN65—0004/z。创刊时间:汉文版1949年12月6日,哈文版、维文版1950年1月1日,蒙文版1950年8月1日。汉、哈、蒙三种文版为对开4版,维文版为对开6版,均为日报。

报社现有1158人,其中编采496人。现任负责人为代理总编辑王智生,社长兼副总编辑排祖拉。

社址:乌鲁木齐市扬子江路1号。邮政编码:830051。电话:43701。

伊犁日报 中共伊犁自治州委主办。国内统一刊号:汉文版CN65—0025/z,哈文版CN65—0026/z,维文版CN65—0027/z。哈文、维文版于1951年7月1日同时创刊,汉文版创刊于1957年10月1日。汉文版为周6报,4开4版,哈文版、维文版均为周3报,对开4版。

报社现有435人,其中编采135人。现任总编辑范玉池,社长阿合别尔迪。

社址:新疆伊宁市阿合买提街120号。邮政编码:835000。电话:22564。

喀什日报 中共喀什地委主办。国内统一刊号:汉文版CN65—0044,维文版CN65—0045。维文版创刊于1950年1月,对开4版,汉文版创刊于1953年9月1日4开4版;均为周6报。

报社现有328人,其中编采66人。现任代理总编辑、社长王和丁。

社址:新疆喀什市解放南路24号。邮政编码:844000。电话:23226。

石河子报 中共农八师、石河子市委主办。国内统一刊号:CN65—0007/z,创刊于1980年7月1日。周3报,4开4版。

报社现有29人,其中编采23人。现任负责人郭文超。

社址:新疆石河子市北三路。邮政编码:832000。电话:23063。

阿克苏报 中共阿克苏地委主办。国内统一刊号:汉文版CN65—0023/z,维文版CN65—0024/z,创刊于1958年9月1日。周3报,4开4版。

社址:新疆阿克苏市北京路。邮政编码:843000。电话:2547。

昌吉报 中共昌吉自治州委主办。国内统一刊号:CN65—0017/z。创刊于1958年11月15日。周3报,4开4版。

报社现有42人,其中编采34人。现任总编辑魏文沛。

社址:新疆昌吉市延安中路。邮政编码:831100。电话:43223。

塔城报 中共塔城地委主办。国内统一刊号:汉文版CN65—0021/z,哈文版CN65—0022/z,创刊于1958年12月。1962年5月至1964年8月、1966年9月至1970年5月两次停刊。周3报,汉文版4开4版,哈文版对开4版。

报社现有46人,其中编采30人。现任总编辑齐星元。

社址:新疆塔城市解放路。邮政编码:834700。电话:22122。

博尔塔拉报 博尔塔拉自治州委主办。国内统一刊号:汉文版CN65—0047/z,维文版CN65—0048/z,蒙文版CN65—0049/z,创刊于1960年7月1日。周3报,4开4版。

社址:新疆博乐市。邮政编码:833400。电话:2087。

和田报 中共和田地委主办。国内统一刊号:汉文版CN65—0052,维文版CN65—0053。汉文版创刊于1957年9月1日,维文版创刊于1956年11月1日。周3报,汉文版4开4版,维文版对开4版。

报社现有160人,其中编采34人。现任负责人阿不拉肉孜。

社址:新疆和田市塔乃南路。邮政编

码:848000。电话:22880。

巴音郭楞报 中共巴音郭楞自治州委主办。国内统一刊号:汉文版 CN65—0033/z,蒙文版 CN65—0034/z,维文版 CN65—0035/z。创刊于 1959 年 10 月,1962 年停刊,1966 年复刊,1969 年再次停刊,1985 年 1 月复刊。周 3 报,4 开 4 版。

报社现有 167 人,其中编采 49 人。现任总编辑阳乐平。

社址:新疆库尔勒市巴音东路。邮政编码:841000。电话:24823。

阿勒泰报 中共阿勒泰地委主办。国内统一刊号:汉文版 CN65—0037,哈文版 CN65—0038。汉文版创刊于 1966 年 3 月,哈文版创刊于 1935 年 12 月。汉文版周 3 报,哈文版周 6 报,均为 4 开 4 版。

报社现有 59 人,其中编采 29 人。现任社长兼总编辑彭尚云。

社址:新疆阿勒泰市解放路。邮政编码:836500。电话:22031。

哈密报 中共哈密地委主办。国内统一刊号 CN65—0032/z。创刊于 1951 年,1970 年停刊,1986 年 7 月 1 日复刊。周 2 报,4 开 4 版。

报社现有 32 人,其中编采 27 人。现任总编辑王惠黎(代理)。

社址:新疆哈密市建国南路。邮政编码:839000。电话:33625。

克孜勒苏报 中共克孜勒苏自治州委主办。国内统一刊号:汉文版 CN65—0040/z,柯文版 CN65—0041/z,维文版 CN65—0042/z。柯文版创刊于 1957 年 1 月,维文版创刊于 1960 年 3 月,汉文版创刊于 1960 年 4 月。柯文版为周 2 报,对开 4 版;汉文版出周 3 报,维文版出周 4 报,均为 4 开 4 版。

报社现有 138 人,其中编采 44 人。现任总编辑王树海。

社址:新疆阿图什市帕米尔路 15 号。邮政编码:845350。电话:22535。

吐鲁番报 中共吐鲁番地委主办。国内统一刊号:维文版 CN65—0055/z,汉文版 CN65—0054/z,创刊 1988 年 1 月 1 日。周 2 报,4 开 4 版。

报社现有 37 人,其中编采 21 人。现任负责人张书华。

社址:新疆吐鲁番市高昌路。邮政编码:838000。电话:22291。

莎车报(维文) 中共莎车县委主办。国内统一刊号 CN65—0046/z。创刊于 1956 年 10 月 1 日。周 2 报,4 开 4 版。

报社现有 65 人(含印刷厂)。现任负责人蒋生魁。

社址:新疆莎车县北大街。邮政编码:844700。

察布查尔报(锡伯文) 中共察布查尔自治县委主办。国内统一刊号 CN65—0029/z。创刊于 1946 年 10 月,原名《自由之声》,是伊塔阿三区革命政府机关报之一,解放后,和维、哈文《新路报》同时转为中共伊犁区委机关报,1954 年成为自治县报,1966 年 5 月 21 日停刊,1974 年 10 月 1 日复刊。周 2 报,4 开 4 版。

报社现有 32 人,其中编采 7 人。现任社长兼总编辑永柏寿。

社址:新疆察布查尔县城。邮政编码:835300。

乌鲁木齐晚报 中共乌鲁木齐市委主办。国内统一刊号:汉文版 CN65—0030/z、维文版 CN65—0031/z。创刊于 1984 年 1 月 1 日。周 6 报,4 开 4 版。

报社现有 277 人,其中编采 118 人。现任总编辑樊兴初。

社址:乌鲁木齐市青年路 20 号。邮政编码:830002。电话:26802。

工人时报 新疆自治区总工会主办。国内统一刊号:汉文版 CN65—0014/z,维文版 CN65—0015/z。创刊于 1981 年 6 月,原名《新疆工人报》,1989 年改为现名。周 2 报,对开 4 版。

报社现有 51 人,其中编采 38 人。现任总编辑黄秉荣,副总编辑莫明·肉孜。

社址:乌鲁木齐市东风路 8 号。邮政编码:830002。电话:26065。

老年康乐报 新疆自治区老龄问题委员会主办。国内统一刊号 CN65—0039/z。创刊于 1986 年 7 月 5 日。周报,4 开 4 版。

报社现有 15 人,其中编采 7 人。现任总编辑刘志诚。

社址:乌鲁木齐市光明路 26 号。邮政编码:830002。电话:79201。

新疆少年报(维文) 共青团新疆自治区委主办。国内统一刊号 CN65—0016/z。创刊于 1956 年 6 月 1 日。周 2 报,4 开 4 版。

报社现有 19 人,其中编采 12 人。现任总编辑赛买提,社长纳赛尔。

社址:乌鲁木齐市建设路 9 号。邮政编码:830002。电话:24184。

新疆法制报 新疆自治区司法厅主办。国内统一刊号:汉文版 CN65—0012/b、维文版 CN65—0013/b。创刊于 1982 年 2 月。周报;汉文版 4 开 4 版,维文版对开 4 版。

报社现有 28 人,其中编采 24 人。现任负责人孙生年、艾山·托平提。

社址:乌鲁木齐市西后街 25 号。邮政编码:830002。电话:79030。

新疆科技报 新疆自治区科委主办。国内统一刊号:汉文版 CN65—0009,维文版 CN65—0010,哈文版 CN65—0011。汉文版创刊于 1959 年,1961 年停刊,1979 年 12 月复刊;维文版创刊于 1980 年 7 月,哈文版创刊于 1984 年 8 月。周报,汉文、哈文为 4 开 4 版,维文对开 4 版。

报社现有 48 人,其中编采 35 人。现任社长钟绍祥,总编辑热苏里·那曼。

社址:乌鲁木齐市北京路。邮政编码:830011。电话:38935。

新疆军垦报 新疆生产建设兵团主办。国内统一刊号 CN65—0018/z。创刊于 1953 年 5 月 22 日,原名《生产战线》,1975 年停刊;1983 年 8 月 1 日复刊并改为现名。周 3 报,4 开 4 版。

报社现有 35 人,其中编采 29 人。现任总编辑程玉祥。

社址:乌鲁木齐市光明路 15 号。邮政编码:830002。电话:70752—569。

新疆铁道报 乌鲁木齐铁路局主办。国内统一刊号 CN65—0008/z。创刊于 1951 年 8 月 1 日。周 2 报,4 开 4 版。

报社现有 29 人,其中编采 23 人。现任总编辑汪庆云。

社址:乌鲁木齐市新市区二宫。邮政编码:830011。电话:22229。

新疆广播电视报 新疆广播电视厅主办。国内统一刊号 CN65—0050。创刊于 1981 年 4 月。周报,4 开 4 版。

报社现有 14 人,其中编采 8 人。现任总编辑丁原平。

社址:乌鲁木齐市团结路 84 号。邮政编码:830044。电话:77784—320。

山东省

大众日报 中共山东省委机关报。国内统一刊号 CN37—0001。创刊于 1939 年 1 月。日报,对开 4 版。

编辑部共有编采人员 164 人。报社实行党委负责制。现任党委书记王焕清,总编辑刘洪喜,副总编辑孙肇祺、颜正国、刘学德。

社址:济南市经十路 8 号。邮政编码:250014。电话:47951。

济南日报 中共济南市委主办。国内统一刊号 CN37—0021。创刊于 1948 年 10 月。日报,对开 4 版。

报社现有编采 89 人。现任总编辑牛洪恩。

社址:济南市经七路复兴街 2 号。邮

政编码:250001。电话:20485。

烟台日报 中共烟台市委主办。国内统一刊号CN37—0032。创刊于1945年9月。日报,对开4版。

报社现有编采130人。现任总编辑王永福。

社址:山东省烟台市北大街54号。邮政编码:264001。电话:24371。

青岛日报 中共青岛市委主办。国内统一刊号CN37—0029。创刊于1949年12月。日报,对开4版。

报社现有编采137人。现任总编辑杨兆振。

社址:山东省青岛市太平路33号。邮政编码:266001。电话:286237。

威海日报 中共威海市委主办。国内统一刊号CN37—0033。创刊于1985年1月。周6报,4开4版。

报社现有编采40人。现任总编辑孙洁池。

社址:山东省威海市新威路52号。邮政编码:264200。电话:222067。

淄博日报 中共淄博市委主办。国内统一刊号CN37—0036。创刊于1952年2月。日报,4开4版。

报社现有编采82人。现任总编辑谢华。

社址:山东省淄博市张店区共青团路。邮政编码:255006。电话:22734。

德州日报 中共德州地委主办。国内统一刊号CN37—0039。创刊于1988年11月。周3报,4开4版。

报社现有编采16人。现任总编辑赵连起。

社址:山东省德州市东方红路1号。邮政编码:253013。电话:24463。

枣庄日报 中共枣庄市委主办。国内统一刊号CN37—0038。创刊于1958年6月。周6报,4开4版。

报社现有编采93人。现任总编辑姬长周。

社址:山东省枣庄市文化路54号。邮政编码:277165。电话:21538。

潍坊日报 中共潍坊市委主办。国内统一刊号CN37—0041。创刊于1984年7月。日报,4开4版。

报社现有编采54人。现任总编辑崔乃元。

社址:山东省潍坊市工农路41号。邮政编码:261041。电话:222729。

济宁日报 中共济宁市委主办。国内统一刊号CN37—0045。创刊于1983年12月。周4报,4开4版。

报社现有编采43人。现任总编辑张玉春。

社址:山东省济宁市红星东路。邮政编码:272117。电话:4993。

聊城日报 中共聊城地委主办。国内统一刊号CN37—0048。创刊于1956年。周3报,4开4版。

报社现有编采30人。现任总编辑高文举。

社址:山东省聊城光岳楼北。邮政编码:252051。电话:1529。

临沂大众 中共临沂地委主办。国内统一刊号CN37—0047。创刊于1953年9月。周3报,4开4版。

报社现有编采36人。现任总编辑郝导松。

社址:山东省临沂市即立路。邮政编码:276004。电话:2567。

泰安日报 中共泰安市委主办。国内统一刊号CN37—0051。创刊于1985年1月。周6报,4开4版。

报社现有编采90人。现任总编辑王殿军。

社址:山东省泰安市金山东巷49号。邮政编码:271000。电话:5919。

惠民大众 中共惠民地委主办。国内统一刊号CN37—0052。创刊于1985年10月。周2报,4开4版。

报社现有编采17人。现任总编辑陈英捷。

社址:山东省滨州市黄河三路553号。邮政编码:256617。电话:241。

东营报 中共东营市委主办。国内统一刊号CN37—0054。创刊于1987年9月。周2报,4开4版。

报社现有编采34人。现任总编辑丁家琪。

社址:山东省东营市东城。邮政编码:257091。电话:32875—96。

日照报 中共日照市委主办。国内统一刊号CN37—0046。创刊于1988年1月1日。周2报,4开4版。

报社现有编采22人。现任总编辑李玉堂。

社址:山东省日照市金阳路。邮政编码:276800。电话:21382。

平度大众 中共平度市委主办。国内统一刊号CN37—0031。创刊于1958年6月。周2报,4开4版。

报社现有编采33人。现任总编辑毛洪顺。

社址:山东省平度市人民路。邮政编码:262800。电话:2098。

青州报 中共青州市委主办。国内统一刊号CN37—0040。创刊于1987年3月。周2报,4开4版。

报社现有编采21人。现任总编辑张作双。

社址:山东省青州市范公亭西路。邮政编码:262500。电话:21856。

曲阜报 中共曲阜市委主办。国内统一刊号CN37—0042。创刊于1987年1月。周报,4开4版。

报社现有编采11人。现任总编辑夏敬祥。

社址:山东省曲阜市春秋路综合楼。邮政编码:273100。电话:411865。

邹县大众 中共邹县县委主办。国内统一刊号CN37—0044。创刊于1980年7月。周2报,4开4版。

报社现有编采20人。现任总编辑姚逢田。

社址:山东省邹县城内。邮政编码:273500。电话:3229。

兖州报 中共兖州县委主办。国内统一刊号CN37—0043。创刊于1980年8月1日。周报,4开4版。

报社现有编采12人。现任总编辑胡秀昌。

社址:山东省兖州建设东路。邮政编码:272000。电话:3546。

菏泽市报 中共菏泽市委主办。国内统一刊号CN37—0050。创刊于1980年8月。周2报,4开4版。

报社现有编采21人。现任总编辑王庆民。

社址:山东省菏泽市文化路10号。邮政编码:274007。电话:24419。

齐鲁晚报 大众日报社主办。国内统一刊号CN37—0003。创刊于1988年1月。日报,4开4版。

编辑部现有编采58人。现任总编辑于冠深。

社址:济南市历山路101号。邮政编码:250014。电话:47951—448。

农村大众 大众日报社主办。国内统一刊号CN37—0002。创刊于1950年5月。周3报,4开4版。

编辑部现有编采19人。现任总编辑李治泰。

社址:济南市经十路8号。邮政编码:250014。电话:47951。

山东青年报 共青团山东省委主办。国内统一刊号CN37—0011。创刊于1949年10月。周3报,4开4版。

报社现有编采58人。现任总编辑邹一夫。

社址:济南市经十纬二路370号。邮政编码:250002。电话:25616。

山东工人报 山东省总工会主办。国内统一刊号CN37—0008。创刊于1984年1月。周报,4开4版。

报社现有编采30人。现任总编辑郑统和。

社址:济南市黄台南路68号。邮政编码:250100。电话:43371。

前卫报 济南军区政治部主办。国内统一刊号CN37—0062。创刊于1940年11月。周3报,4开4版。

报社现有编采24人。现任总编辑邢景文。

社址:济南军区办公大楼。邮政编码:250002。电话:23911—64600。

泉城周报 济南市委宣传部主办。国内统一刊号CN37—0057。创刊于1988年2月。周报,4开4版。

报社现有编采7人。现任总编辑鲁毅。

社址:济南市经十一路14号。邮政编码:250014。

山东经济报 山东省经委主办。国内统一刊号CN37—0004。创刊于1981年1月。周3报,4开4版。

报社现有编采30人。现任总编辑谢洪德。

社址:济南市经六路295号。邮政编码:250021。电话:38961—72。

山东体育报 山东省体委主办。国内统一刊号CN37—0006。创刊于1958年2月。周报,4开4版。

报社现有编采10人。现任总编辑王庆臣。

社址:济南市经十路57号。邮政编码:250001。电话:61474。

山东广播电视报 山东省广播电视厅主办。国内统一刊号CN37—0014。创刊于1954年3月。周报,4开4版。

报社现有编采7人。现任总编辑庄道宽。

社址:济南市青年东路3号。邮政编码:250011。

山东法制报 山东省委政法委主办。国内统一刊号CN37—0010。创刊于1982年7月。周2报,4开4版。

报社现有编采23人。现任总编辑李宏信。

社址:济南市经十路9号。邮政编码:250014。电话:45981—332。

水产报 山东省水产局主办。国内统一刊号CN37—0015。创刊于1985年2月。半月报,4开4版。

报社现有编采8人。现任总编辑李世杰。

社址:山东省烟台市四马路63号。邮政编码:264001。

山东卫生报 山东省卫生厅主办。国内统一刊号CN37—0017。创刊于1973年4月。周报,4开4版。

报社现有编采10人。现任总编辑刘龙云。

社址:济南市经十路20号。邮政编码:250014。电话:44511—225。

山东人口报 山东省计划生育委员会主办。国内统一刊号CN37—0021。创刊于1982年2月。周报,4开4版。

报社现有编采11人。现任总编辑杨典祥。

社址:济南市玉函路南端。邮政编码:250001。电话:616285。

中学生报 山东省教育厅主办。国内统一刊号CN37—0019。创刊于1984年3月。周报,4开4版。

报社现有编采8人。现任总编辑邵小武。

社址:济南市文化西路15号。邮政编码:250014。

山东电大报 山东广播电视大学主办。国内统一刊号CN37—0023。创刊于1985年3月。半月报,4开4版。

报社现有编采3人。现任总编辑崔秀英。

社址:济南市经十一路21号。邮政编码:250014。

市场导报 济南市政府财贸办公室主办。国内统一刊号CN37—0026。创刊于1985年7月。周报,4开4版。

报社现有编采15人。现任总编辑朱希淼。

社址:济南市马鞍山路48号。邮政编码:250002。电话:610525。

青岛广播电视报 青岛市广播电视局主办。国内统一刊号CN37—0030。创刊于1985年1月。周报,4开4版。

报社现有编采6人。现任总编辑薛开勋。

社址:青岛市单县路30号。邮政编码:266002。

新环境报 山东省环保局、济南市环保局主办。国内统一刊号CN37—0028。创刊于1984年1月。周报,4开4版。

报社现有编采10人。现任总编辑于世平。

社址:济南市经九纬二路66号。邮政编码:250001。电话:616139。

作家报 中国作家协会山东分会主办。国内统一刊号CN37—0056。创刊于1985年5月。周报,4开4版。

报社现有编采5人。现任总编辑曲延坤。

社址:济南市洪家楼南路10号。邮政编码:250100。电话:46573。

山东科技报 山东省科协主办。国内统一刊号CN37—0007。创刊于1959年1月。周2报,4开4版。

报社现有编采22人。现任总编辑贾延漪。

社址:济南市玉函路南首。邮政编码:250002。电话:611435。

信息快报 山东省科协主办。国内统一刊号CN37—0027。创刊于1985年1月。周报,4开4版。

报社现有编采18人。现任总编辑鲍克。

社址:济南市天桥东侧。邮政编码:250031。电话:555090。

技术市场信息报 山东省科委主办。国内统一刊号CN37—0016。创刊于1985年。周报,4开4版。

报社现有编采7人。现任总编辑王建一。

社址:济南市经四路372号。邮政编码:250021。电话:38222。

烟台科技信息报 烟台市科协主办。国内统一刊号CN37—0034。创刊于1985年1月。周报,4开4版。

报社现有编采17人。现任总编辑杨新田。

社址:山东省烟台市环山路36号。邮政编码:264001。电话:243678。

淄博科技报 淄博市科协主办。国内统一刊号CN37—0037。创刊于1982年10月。周报,4开4版。

报社现有编采12人。现任总编辑张雪。

社址:山东省淄博市张店区人民西路。邮政编码:255037。电话:23965。

汽车周报 中国重型汽车公司主办。国内统一刊号CN37—0061。创刊于1985年8月。周2报,4开4版。

报社现有编采15人。现任总编辑于克俭。

社址:济南市无影山东路36号。邮政编码:250031。

聊城科技报 聊城地区科协主办。国内统一刊号CN37—0049。创刊于1981年7月。周报,4开4版。

报社现有编采12人。现任总编辑肖俊杰。

社址:山东省聊城青年林镜明路。邮政编码:252060。

石化工人报 齐鲁石化公司主办。

国内统一刊号CN37—0009。创刊于1979年10月。周2报,4开4版。

报社现有编采20人。现任总编辑鞠梅初。

社址:山东省淄博市辛店胜利路3号。邮政编码:255436。

胜利报 中共胜利油田党委主办。国内统一刊号CN37—0012。创刊于1964年4月。周2报,4开4版。

报社现有编采35人。现任总编辑朱俞尧。

社址:山东省东营市。邮政编码:257012。电话:25774。

济南铁道报 济南铁路局主办。国内统一刊号CN37—0020。创刊于1949年2月。周3报,4开4版。

报社现有编采35人。现任总编辑肖德贵。

社址:济南市。邮政编码:250000。

山东邮电报 山东省邮电管理局主办。国内统一刊号CN37—0013。创刊于1942年4月。周报,4开4版。

报社现有编采12人。现任总编辑于明仁。

社址:济南市经三路小纬二路。邮政编码:250001。电话:613154。

莱钢报 山东莱阳钢铁公司主办。国内统一刊号CN37—0022。创刊于1970年7月。周2报,4开4版。

报社现有编采19人。现任总编辑宋庆祝。

社址:山东省莱阳市。邮政编码:265200。

火车头报 铁道部四方机车厂主办。国内统一刊号CN37—0063。创刊于1956年8月。周2报,4开4版。

报社现有编采12人。现任总编辑任建济。

社址:山东省青岛市杭州路16号。邮政编码:266031。

烟台海港报 烟台港务局主办。国内统一刊号CN37—0064。创刊于1986年1月。周报,4开4版。

报社现有编采7人。现任总编辑赵伟。

社址:山东省烟台市海港路23号。邮政编码:264000。

江苏省

新华日报 中共江苏省委机关报。国内统一刊号CN32—0050。创刊于1938年1月11日,1947年2月28日停刊,1949年4月30日复刊。日报,对开4版。

报社设总编办、群工处、记者处、农村处、工商处、科教处、理论处、政治处、社会生活处、基建处、人事处、纪检组、机关党委、经理部、新闻研究所、致富报、扬子晚报,全社现有720人,其中编采248人。现任总编辑刘向东,副总编辑钱协寅、黄生甫、李贵梁。

社址:南京市中山路55号。邮政编码:210005。电话:741189。

南京日报 中共南京市委主办。国内统一刊号CN32—0030。创刊于1956年,1961年停刊;1970年复刊,1971年停刊,1978年复刊。日报,对开4版。

报社现有398人,其中编采157人。现任总编辑徐明达。

社址:南京市中山路2号。邮政编码:210005。电话:645404。

常州日报 中共常州市委主办。国内统一刊号CN32—0012。创刊于1954年10月1日。日报,4开4版。

报社现有92人,其中编采76人。现任总编辑王汝金。

社址:江苏省常州市大庙弄26号。邮政编码:213003。电话:600138。

无锡日报 中共无锡市委主办。国内统一刊号CN32—0011。创刊于1949年8月1日,1966年10月30日停刊;1967年2月10日复刊。日报,对开4版。每星期六出《周末青年版》单独发行。

报社现有446人,其中编采107人。现任总编辑庄国荣。

社址:江苏省无锡市中山路11号。邮政编码:214002。电话:225215。

镇江日报 中共镇江市委主办。国内统一刊号CN32—0015。创刊于1956年8月1日,1971年8月1日停刊;1982年3月1日复刊。周6报,4开4版。

报社现有160人,其中编采72人。现任总编辑应天仇。

社址:江苏省镇江市大西路110号。邮政编码:212001。电话:234305。

扬州日报 中共扬州市委主办。国内统一刊号CN32—0023。创刊于1956年9月1日,1971年8月30日停刊;1983年7月1日复刊。周6报,4开4版。

报社现有70人,其中编采54人。现任负责人李厚尧。

社址:江苏省扬州市甘泉路223号。邮政编码:225001。电话:34920。

苏州日报 中共苏州市委主办。国内统一刊号CN32—0035。创刊于1949年7月1日,1971年8月31日停刊,1979年4月27日复刊。日报,4开4版。

报社现有174人,其中编采66人。现任总编辑邵汉昌。

社址:江苏省苏州市民治路24号。邮政编码:215006。电话:227686。

南通日报 中共南通市委主办。国内统一刊号CN32—0025。创刊于1952年11月16日。日报,4开4版。

报社现有80人,其中编采63人。现任社长郑细年,总编辑贾涛根。

社址:江苏省南通市健康路75号。邮政编码:226001。电话:519723。

徐州日报 中共徐州市委主办。国内统一刊号CN32—0051。创刊于1948年12月10日,1971年8月25日停刊;1979年5月1日复刊。日报,4开4版。

报社现有295人,其中编采100人。现任总编辑丁爱华。

社址:江苏省徐州市青年路271号。邮政编码:221003。电话:23870。

淮阴日报 中共淮阴市委主办。国内统一刊号CN32—0046。创刊于1940年3月24日,原名《人民报》,1941年11月27日更名为《淮海报》,1971年9月30日停刊;1983年5月12日复刊,1987年1月1日改为现名。周6报,4开4版。

报社现有82人,其中编采50人。现任总编辑黄善模。

社址:江苏省淮阴市西大街116号。邮政编码:223002。电话:34660。

连云港报 中共连云港市委主办。国内统一刊号CN32—0041。创刊于1958年3月1日,1973年8月31日停刊,1979年3月28日复刊。周6报,4开4版。

报社现有215人,其中编采55人。现任总编辑陈天柱。

社址:江苏省连云港市新浦朝阳路东首。邮政编码:222001。电话:53637。

盐阜大众报 中共盐城市委主办。国内统一刊号CN32—0047。创刊于1943年4月25日,1949年至1951年、1958年至1961年和"文革"期间三次停刊,最近一次复刊于1980年1月1日。周6报,4开4版。

报社现有168人,其中编采63人。现任总编辑王台。

社址:江苏省盐城市解放北路7号。邮政编码:224001。电话:22598。

无锡县报 中共无锡县委主办。国内统一刊号CN32—0007。创刊于1956年5月1日,1960年10月1日停刊,1980年7月1日复刊。周3报,4开4版。

报社现有29人,其中编采19人。现任总编辑荣国英。

社址:江苏省无锡市周山浜野花园。邮政编码:214012。电话:444616。

宜兴报 中共宜兴市委主办。国内统一刊号CN32—0009。创刊于1956年2月,1961年2月停刊,1980年3月复刊。周3报,4开4版。

报社现有38人,其中编采26人。现任总编辑许周溥。

社址:江苏省宜兴市宜城镇解放东路。邮政编码:214200。电话:3505。

泰州市报 中共泰州市委主办。国内统一刊号CN32—0021。创刊于1958年1月1日,1961年8月停刊,1986年7月1日复刊。周报,4开4版。

报社现有41人,其中编采32人。现任总编辑王长发。

社址:江苏省泰州市五一路21号。邮政编码:225300。电话:25651。

铜山报 中共铜山县委主办。国内统一刊号CN32—0018。创刊于1956年6月1日,1960年底停刊;1980年3月1日复刊。周3报,4开4版。

报社现有30人,其中编采22人。现任总编辑苗新华。

社址:江苏省徐州市奎山。邮政编码:221009。电话:88153。

兴化报 中共兴化市委主办。国内统一刊号CN32—0024。创刊于1945年9月,1961年5月停刊,1980年1月1日复刊。周3报,4开4版。

报社现有27人,其中编采16人。现任总编辑王霖。

社址:江苏省兴化市委大院内。邮政编码:225700。电话:31281。

南通大众 中共南通县委主办。国内统一刊号CN32—0026。创刊于1944年春,1962年2月停刊,1980年2月5日复刊。周3报,4开4版。

报社现有26人,其中编采17人。现任总编辑卑圣拓。

社址:江苏省南通县金沙镇。邮政编码:226300。电话:612702。

常熟市报 中共常熟市委主办。国内统一刊号CN32—0037。创刊于1984年1月1日。周3报,4开4版。

报社现有78人,其中编采27人。现任总编辑黄清江。

社址:江苏省常熟市二环路。邮政编码:215500。电话:621258。

江宁报 中共江宁县委主办。国内统一刊号CN32—0032。创刊于1984年10月1日。周报,4开4版。

报社现有12人,其中编采8人。现任总编辑王贵之。

社址:江苏省江宁县东山镇。邮政编码:211100。电话:621569。

淮安报 中共淮安市委主办。国内统一刊号CN32—0044。创刊于1956年5月1日,1961年9月21日停刊;1980年3月5日复刊。周3报,4开4版。

报社现有32人,其中编采25人。现任总编辑李凤翔。

社址:江苏省淮安市政府院内。邮政编码:223200。电话:513073。

东台报 中共东台市委主办。国内统一刊号CN32—0072。复刊于1988年12月7日。周2报,4开4版。

报社现有39人。现任社长陈祖德,总编辑邵开泉。

社址:江苏省东台市二招。邮政编码:224200。电话:2236。

江苏工人报 江苏省总工会主办。国内统一刊号CN32—0003。创刊于1952年11月7日,1953年底停刊;1984年11月7日复刊。周4报,4开4版。

报社现有53人,其中编采44人。现任总编辑田义。

社址:南京市宁夏路马鞍山1号。邮政编码:210013。电话:304911。

扬子晚报 新华日报社主办。国内统一刊号CN32—0055。创刊于1986年1月1日。日报,4开4版。

报社现有80人,其中编采69人。现任总编辑周正荣。

社址:南京市中山路55号。邮政编码:210005。电话:742137。

致富报 新华日报社主办。国内统一刊号CN32—0054。创刊于1983年5月2日。周2报,4开4版。

编辑部现有19人,其中编采17人。现任主编张阳德。

社址:南京市管家桥69号。邮政编码:210005。电话:741110。

江苏法制报 江苏省司法厅主办。国内统一刊号CN32—0005。创刊于1985年1月25日。周2报,4开4版。

报社现有24人,其中编采18人。现任总编辑杨兴强。

社址:南京市北京西路28号。邮政编码:210024。电话:302996。

华东信息报 华东地区经委经济信息协作网、无锡市人民政府主办。国内统一刊号CN32—0010。创刊于1984年11月2日。周3报,4开4版。

报社现有50人,其中编采30人。现任总编辑黄汉林。

社址:江苏省无锡市广瑞路一号之一。邮政编码:214011。电话:4447770。

江苏经济信息报 江苏省计划经济委员会主办。国内统一刊号CN32—0016。创刊于1985年1月1日。周3报,4开4版。

报社现有46人,其中编采21人。现任总编辑张祖瑞。

社址:南京市湖南路丁家桥2号。邮政编码:210009。电话:306198。

经济新闻报 淮海经济区经济开发联合会、徐州市人民政府、苏鲁豫皖接壤地新闻工作者协会联合主办。国内统一刊号CN32—0057。创刊于1985年2月1日。周3报,4开4版。

报社现有43人,其中编采28人。现任社长张立人,主编张建树。

社址:江苏省徐州市青年路271号。邮政编码:221003。电话:26244。

信息之窗 盐城市科协主办。国内统一刊号CN32—0048。创刊于1985年8月15日。旬报,4开4版。

报社现有12人,其中编采7人。现任主编陈悦。

社址:江苏省盐城市纯化路35号。邮政编码:224001。电话:25783。

江苏健康报 江苏省卫生厅主办。国内统一刊号CN32—0014。创刊于1985年1月。周报,4开4版。

报社现有14人,其中编采9人。现任总编辑张华强。

社址:南京市中央路42号。邮政编码:210008。电话:714793。

老年周报 江苏省老龄问题委员会、江苏省老干部局主办。国内统一刊号CN32—0004。创刊于1987年7月1日。周报,4开4版。

报社现有14人,其中编采9人。现任主任施东来。

社址:南京市中山北路101号。邮政编码:210009。电话:639226。

现代家庭报 南京日报社、南京市卫生局主办。国内统一刊号CN32—0067。创刊于1985年1月1日。周报,4开4版。

报社现有20人,其中编采14人。现任主编张云志。

社址:南京市中山路233号。邮政编码:210008。电话:301515。

体育时报 江苏省体委主办。国内统一刊号CN32—0053。创刊于1985年1月5日。周报,4开4版。

报社现有12人,其中编采7人。现任负责人周永年。

社址:南京市五台山1—3号。邮政编码:210005。电话:644651—176。

江苏农业科技报 江苏省农业科学院主办。国内统一刊号CN32—0001。创刊于1975年5月5日。周报,4开4版。

报社现有14人，其中编采9人。现任总编辑蔡鑫。

社址：南京市孝陵卫省农科院内。邮政编码：210014。电话：431481—291。

江苏科技报 江苏省科委主办。国内统一刊号CN32—0019。创刊于1983年10月。周2报，4开4版。

报社现有47人，其中编采26人。现任总编辑蒋继宁。

社址：南京市宁夏路6号。邮政编码：210009。电话：638214。

连云港科技报 连云港市科委、连云港市科协主办。国内统一刊号CN32—0045。创刊于1978年3月25日。周报，4开4版。

报社现有17人，其中编采10人。现任总编辑杨宗桂。

社址：江苏省连云港市新浦通灌路53号。邮政编码：222002。电话：53178。

扬州科技报 扬州市科协主办。国内统一刊号CN32—0062。创刊于1984年10月。月报，4开4版。

报社现有4人，其中编采2人。现任编辑部主任孙关荣。

社址：江苏省扬州市琼花路科技中心。邮政编码：225001。电话：43875。

江苏电力报 江苏省电力工业局主办。国内统一刊号CN32—0042。创刊于1985年5月20日。周报，4开4版。

报社现有17人，其中编采16人。现任社长陈文贵，总编辑陈垲。

社址：南京市北京西路20号。邮政编码：210024。电话：305804。

江苏盐业报 江苏省盐业公司主办。国内统一刊号CN32—0039。创刊于1948年4月5日。周2报，4开4版。

报社现有60人，其中编采10人。现任总编辑于少泉。

社址：江苏省连云港市新浦通灌南路238—1号。邮政编码：222001。电话：53850。

江苏邮电报 江苏省邮电管理局主办。国内统一刊号CN32—0017。创刊于1951年1月1日，1957年12月24日停刊；1985年1月1日复刊。周报，4开4版。

报社现有编辑11人。现任负责人孔祥林。

社址：南京市中山北路287号。邮政编码：210003。电话：341466。

南通港报 南通港务局主办。国内统一刊号CN32—0027。创刊于1987年1月5日，旬报，4开4版。

报社现有10人，其中编采8人。现任总编辑邹美祥。

社址：江苏省南通市人民西路120号。邮政编码：226005。电话：513135—7218。

徐州矿工报 徐州矿务局主办。国内统一刊号CN32—0040。创刊于1950年4月17日，1951年10月至1956年、1960年7月1日至1979年5月1日两次停刊。周4报，4开4版。

报社现有150人，其中编采28人。现任总编辑姜启华。

社址：江苏省徐州市煤建路17号。邮政编码：221006。电话：56451。

交通安全报 南京市公安局主办。国内统一刊号CN32—0028。创刊于1980年4月20日。月报，4开4版。

编辑室现有编采7人。现任主编刘少青。

社址：南京白下路173号。邮政编码：210001。

连云港港报 连云港务局主办。国内统一刊号CN32—0058。创刊于1985年7月1日。周报，4开4版。

报社现有15人，其中编采8人。现任社长孙万和。

社址：江苏省连云港市中山路99号。邮政编码：222046。电话：3243。

江阴报 中共江阴市委主办。国内统一刊号CN32—0069。创刊于1989年1月1日。周3报，4开4版。

报社现有32人，其中编采21人。现任负责人李宝根。

社址：江苏省江阴市虹桥新区文化路。邮政编码：214400。电话：885209。

宿迁市报 中共宿迁市委主办。国内统一刊号CN32—0071。创刊于1989年1月1日。周3报，4开4版。

报社现有23人，其中编辑20人。现任总编辑李肇同。

社址：江苏省宿迁市中山路43号。邮政编码：223800。电话：2352。

江苏教育报 江苏省教育委员会主办。国内统一刊号CN32—0002。创刊于1989年1月4日。周报，4开4版。

报社现有编采12人。现任总编辑陆明德。

社址：南京市宁夏路马鞍山1号。邮政编码：210013。电话：305848。

江苏石油报 江苏石油勘探局主办。国内统一刊号CN32—0061。创刊于1989年4月4日。旬2报，4开4版。

报社现有70人，其中编采15人。现任社长兼总编辑李玉林。

社址：江苏省江都县邵伯镇。邮政编码：225261。电话：油田总机转2443。

浙江省

浙江日报 中共浙江省委机关报。国内统一刊号CN33—0001。创刊于1949年5月9日。日报，对开4版。

报社设总编办公室、农村部、工交财贸部、文教部、党群政法部、理论评论部、群工部、夜班编辑部、人事处、机关党委、经理部、印刷厂，全社共有667人，其中编采272人。现任总编辑郑梦熊，副总编辑董佑勤、谢仲甫、江坪、傅通先。

社址：杭州市体育场路96号。邮政编码：310004。电话：552101（总机）。

杭州日报 中共杭州市委主办。国内统一刊号CN33—0002。创刊于1955年11月1日，1968年9月5日停刊，同年12月16日复刊。日报，对开4版。

报社现有381人，其中编采117人。现任总编辑莫念祖。

社址：杭州市国货路4号。邮政编码：310001。电话：27381。

温州日报 中共温州市委主办。国内统一刊号CN33—0004。创刊于1947年5月1日，1972年10月15日停刊，1980年7月1日复刊。日报，对开4版。

报社现有293人，其中编采70人。现任总编辑周纪宣。

社址：浙江省温州市公园路53号。邮政编码：325000。电话：23565。

宁波日报 中共宁波市委主办。国内统一刊号CN33—0003。创刊于1956年1月1日，1961年2月停刊，1980年6月复刊。日报，对开4版。

报社现有129人，其中编采81人。现任总编辑顾远略。

社址：浙江省宁波市永寿街一号。邮政编码：315000。电话：46333（总机）。

金华日报 中共金华市委主办。国内统一刊号CN33—0005。创刊于1949年12月1日。日报，4开4版，周末8版。

报社现有140人，其中编采43人。现任总编辑吕克平。

社址：浙江省金华市马路18号。邮政编码：321000。电话：25800。

绍兴日报 中共绍兴市委主办。国内统一刊号CN33—0006。创刊于1984年2月21日。周6报，4开4版。

报社现有78人，其中编采57人。现任总编辑陈瑞苗。

社址：浙江省绍兴市胜利路51号。邮政编码：312000。电话：37449。

舟山日报 中共舟山市委主办。国内统一刊号CN33—0008。创刊于1955年3月1日，1961年2月至1964年1月，1972年10月至1979年9月两次停刊。周6报，4开4版。

报社现有114人，其中编采42人。现任社长兼总编辑杨广鹏。

社址：浙江省舟山市和平路11号。邮政编码：316000。电话：23608。

湖州日报 中共湖州市委主办。国内统一刊号CN33—0007。创刊于1955年7月，1960年停刊，1980生6月复刊。周6报，4开4版。

报社现有61人，其中编采47人。现任总编辑许学东。

社址：浙江省湖州市吉山中路11号。邮政编码：313000。电话：24043。

台州日报 中共台州市委主办。国内统一刊号CN33—0009。创刊于1984年9月1日。日报，4开4版。

报社现有162人，其中编采32人。现任总编辑卢秀灿。

社址：浙江省临海市洪池路1号。邮政编码：317000。电话：3466。

嘉兴日报 中共嘉兴市委主办。国内统一刊号CN33—0010。创刊于1952年2月1日。周6报，4开4版。

报社现有60人，其中编采46人。现任总编辑沈明道。

社址：浙江省嘉兴市中山西路。邮政编码：314001。电话：85573。

丽水日报 中共丽水市委主办。国内统一刊号CN33—0012。创刊于1984年5月1日。周6报，4开4版。

报社现有90人，其中编采44人。现任总编辑袁春根。

社址：浙江省丽水市丽阳路11号。邮政编码：323000。电话：32719。

衢州报 中共衢州市委主办。国内统一刊号CN33—0011。创刊于1949年12月1日，原名《衢州大众》，1986年1月1日复刊并改为现名。周4报，4开4版。

报社现有48人，其中编采38人。现任总编辑童效武。

社址：浙江省衢州市荷花新村。邮政编码：324002。电话：26620。

诸暨报 中共诸暨市委主办。国内统一刊号CN33—0013。创刊于1955年7月1日，1960年2月14日停刊，1980年10月1日复刊。周3报，4开4版。

报社现有27人，其中编采17人。现任社长兼总编辑寿林奎。

社址：浙江省诸暨市人民路123号。邮政编码：311800。电话：22988。

永康报 中共永康县委主办。国内统一刊号CN33—0014。创刊于1956年5月，1960年9月停刊，1984年1月复刊。3日报，4开4版。

报社现有21人，其中编采19人。现任总编辑董岩宽。

社址：浙江省永康县委大院。邮政编码：321300。

江山报 中共江山市委主办。国内统一刊号CN33—0015。创刊于1956年5月1日，1961年2月11日停刊，1980年6月1日复刊。周3报，4开4版。

报社现有26人，其中编采19人。现任总编辑何志平。

社址：浙江省江山市中山路14号。邮政编码：324100。电话：22447。

钱江晚报 浙江日报社主办。国内统一刊号CN33—0028。创刊于1987年1月1日。日报，4开4版。

报社现有61人，其中编采41人。现任总编辑王田良。

社址：杭州市体育场路96号。邮政编码：310004。电话：552101(总机)。

联谊报 政协浙江省委主办。国内统一刊号CN33—0024。创刊于1987年8月28日。周报，4开4版。

报社现有13人，其中编采8人。现任主编俞伯焕。

社址：杭州市省府行政区5号楼。邮政编码：310007。电话：753824。

劳动时报 浙江省总工会主办。国内统一刊号CN33—0018。创刊于1949年7月，原名《工人生活报》，1952年易名《浙江工人报》；1961年2月5日停刊，1983年1月1日复刊，1989年1月1日改为现名。周3报，4开4版。

报社现有42人，其中编采36人。现任总编辑詹文元。

社址：杭州市保俶路171号。邮政编码：310007。电话：558591。

浙江教育报 浙江省教育委员会主办。国内统一刊号CN33—0017。创刊于1985年1月6日。周2报，4开4版。

报社现有41人，其中编采32人。现任主编杨东赴。

社址：杭州市板桥路12号。邮政编码：310006。电话：889295。

浙江科技报 浙江省科委主办。国内统一刊号CN33—0016。创刊于1964年7月1日。周2报，4开4版。

报社现有41人，其中编采31人。现任总编辑王一义。

社址：杭州市环城西路91号。邮政编码：310006。电话：754130。

浙江司法报 浙江省司法厅主办。国内统一刊号CN33—0019。创刊于1984年5月20日。周报，对开4版。

报社现有27人，其中编采20人。现任总编辑陈学诚。

社址：杭州市省府路1号。邮政编码：310007。电话：754423。

浙江侨声报 浙江省侨务办公室主办。国内统一刊号CN33—0023。创刊于1985年6月28日。旬报，4开4版。

报社现有5人，其中编采3人。现任总编辑周添成。

社址：杭州市保俶路42号。邮政编码：310007。电话：554110。

经济生活报 浙江日报社主办。国内统一刊号CN33—0029。创刊于1980年1月1日。周3报，4开4版。

报社现有32人，其中编采22人。现任主编吕韶羽。

社址：杭州市体育场路96号。邮政编码：310004。电话：552101(总机)。

体坛报 浙江省体委主办。国内统一刊号CN33—0026。创刊于1985年11月8日。周报，4开4版。

报社现有102人，其中编采8人。现任主编杭鑫源。

社址：杭州市体育场路104号。邮政编码：310004。电话：553091。

农村信息报 浙江省农业厅主办。国内统一刊号CN33—0031。创刊于1985年1月1日。周2报，4开4版。

报社现有18人，其中编采10人。现任总编辑林伟坪。

社址：杭州市华家池63号。邮政编码：310004。电话：742129转。

供销合作报 浙江省供销合作社联合社主办。国内统一刊号CN33—0035。创刊于1985年8月10日。周报，4开4版。

报社现有12人，其中编采7人。现任总编辑裘正隆。

社址：杭州市长生路24号。邮政编码：310006。电话：20201—21。

生活与健康报 中华医学会浙江分会主办。国内统一刊号CN33—0032。创刊于1981年9月。旬报，4开4版。

报社现有9人，其中编采6人。现任总编辑丁涵章。

社址：杭州市环城北路108号。邮政编码：310006。电话：557682。

医药动态报 浙江省医药管理局、国家医药管理局科技情报所主办。国内统一刊号CN33—0034。创刊于1984年6月。周报，4开4版。

报社现有10人，其中编采6人。现任

社长刘书春。

社址:杭州市延安路222号。邮政编码:310006。电话:550639。

广播电视周报 浙江省广播电视厅主办。国内统一刊号CN33—0027。创刊于1979年5月。周报,4开4版。

报社现有20人。现任负责人张令生。

社址:杭州市菩提寺路17号。邮政编码:310006。电话:777501。

萧山经济报 萧山市人民政府主办。国内统一刊号CN33—0043。创刊于1988年7月1日。周报,4开4版。

报社现有12人,其中编采10人。现任主编方介兴。

社址:浙江省萧山市体育路13号。邮政编码:311200。电话:21129。

杭州广播电视周报 杭州市广播电视局主办。国内统一刊号CN33—0039。创刊于1987年1月8日。周报,4开4版。

报社现有9人,其中编采5人。现任负责人王维根。

社址:杭州市莫干山路46号。邮政编码:310005。电话:885791。

绍兴经济报 中共绍兴县主办。国内统一刊号CN33—0054。创刊于1984年10月1日。周报,4开4版。

报社现有20人。现任社长宣传中,总编辑滕福祥。

社址:浙江省绍兴市延安路201号。邮政编码:312000。电话:33591。

温州侨乡报 温州市人民政府侨务办公室主办。

创刊于1987年1月1日。半月报,4开4版。

报社现有9人,其中编采6人。现任总编辑蔡育麟。

社址:浙江省温州市木杓巷31号。邮政编码:325000。电话:27285。

嘉兴科技报 嘉兴市科协主办。国内统一刊号CN33—0042。创刊于1984年7月1日。双周报,4开4版。

报社现有12人,其中编采8人。现任总编辑丁士选。

社址:浙江省嘉兴市禾兴路科技楼。邮政编码:314001。电话:85629。

温州科技报 温州市科委主办。国内统一刊号CN33—0041。创刊于1980年10月1日。周报,4开4版。

报社现有51人,其中编采10人。现任总编辑程杰军。

社址:浙江省温州市黎明西路24号。邮政编码:325003。电话:37801。

海盐科技报 海盐县科委主办。国内统一刊号CN33—0044。创刊于1982年2月23日。半月报,4开4版。

报社现有7人,其中编采5人。现任社长许中。

社址:浙江省海盐县城文昌东路8号。邮政编码:314300。电话:23827。

武义科技报 武义县科委主办。国内统一刊号CN33—0045。创刊于1982年7月1日。周报,4开4版。

报社现有10人,其中编采8人。现任总编辑张忠。

社址:浙江省武义县政府大院。邮政编码:321200。电话:22885。

海宁科技报 海宁市科委主办。国内统一刊号CN33—0047。创刊于1983年4月1日。旬报,4开4版。

报社现有10人,其中编采8人。现任总编辑蒋绩绍。

社址:浙江省海宁市海宁宾馆内。邮政编码:314400。电话:23982。

慈溪科技报 慈溪市科委主办。国内统一刊号CN33—0046。创刊于1983年4月。旬报,4开4版。

报社现有6人,其中编采5人。现任负责人黄国森。

社址:浙江省慈溪市浒山镇上房路27号。邮政编码:315300。电话:3484。

嵊县农技报 嵊县农业委员会主办。国内统一刊号CN33—0049。创刊于1982年2月15日。半月报,4开4版。

报社现有6人,其中编采5人。现任主编张学军。

社址:浙江省嵊县城关镇环城西路4号。邮政编码:312400。电话:21715。

建德科技报 建德县科协主办。国内统一刊号CN33—0050。创刊于1984年5月15日。周报,4开4版。

报社现有7人,其中编采6人。现任主编王理玉。

社址:浙江省建德县白沙镇府西路136号。邮政编码:311600。电话:22916。

金华科普报 金华县科协主办。国内统一刊号CN33—0052。创刊于1981年6月15日。周报,4开4版。

报社现有6人,其中编采5人。现任负责人陈炳贵。

社址:浙江省金华县府大院内。邮政编码:321000。电话:22457。

奉化科技报 奉化市科委、科协主办。国内统一刊号CN33—0051。创刊于1980年12月。月报,4开4版。

编辑部现有编采3人。现任主编马宏通。

地址:浙江省奉化市大桥镇体育场路。邮政编码:315500。电话:23115。

义乌农村科技报 义乌市农业局主办。国内统一刊号CN33—0053。创刊于1982年2月15日。旬报,4开4版。

报社现有6人。现任主编周高璜。

社址:浙江省义乌市稠城镇城中路122号。邮政编码:322000。电话:23771。

大众美术报 浙江日报社主办。国内统一刊号CN33—0030。创刊于1987年1月4日。周报,4开4版。

报社现有8人,其中编采6人。现任主编傅通先。

社址:杭州市体育场路96号。邮政编码:310004。电话:552101—2176。

中学语文报 浙江省语言学会主办。国内统一刊号CN33—0036。创刊于1981年3月。旬报,4开4版。

报社现有编采11人。现任主编刘昕兴。

社址:杭州市仁和路31号。邮政编码:310006。电话:22682。

江南游报 浙江省旅游局主办。国内统一刊号CN33—0056。创刊于1978年12月。周报,4开4版。

报社现有21人,其中编采10人。现任总编辑祁子青。

社址:杭州市开元路108号。邮政编码:310002。电话:770901。

少年儿童故事报 浙江省文联主办。国内统一刊号CN33—0037。半月报,4开4版。

报社现有编采3人。现任负责人倪树根。

社址:杭州市建德路9号。邮政编码:310006。电话:778991。

浙江交通报 浙江省交通厅主办。国内统一刊号CN33—0020。创刊于1955年,1958年停刊,1982年1月复刊。周2报,4开4版。

报社现有22人,其中编采17人。现任负责人陶志浩。

社址:杭州市梅花碑4号。邮政编码:310009。电话:207160。

西泠艺报 西泠印社主办。国内统一刊号CN33—0040。创刊于1985年6月10日。月报,4开4版。

报社现有编采3人。现任主编蒋北耿。

社址:杭州市解放路200号。邮政编码:310001。电话:27642。

浙江邮电报 浙江省邮电管理局主办。国内统一刊号CN33—0021。创刊于1951年6月,1959年9月停刊,1985年1月1日复刊。周报,4开4版。

报社现有12人,其中编采10人。现

任负责人徐达生。

社址：杭州市南山路49号。邮政编码：310002。电话：771654。

浙江电力报 浙江省电力工业局主办。国内统一刊号CN33—0022。创刊于1984年12月。周报，4开4版。

报社现有13人，其中编采11人。现任社长张蔚文，总编辑吕起翔。

社址：杭州市金祝南路2号。邮政编码：310007。电话：554941—2512。

浙江新生报 浙江省劳改局主办。国内统一刊号CN33—0025。创刊于1955年，1961年停刊，1982年复刊。旬报，4开4版。

报社现有8人，其中编采6人。现任社长汪宗保。

社址：杭州市天目山路24号。邮政编码：310007。电话：888024转。

余姚报 中共余姚市委主办。国内统一刊号CN33—0048。创刊于1956年5月1日，1958年7月改名《余姚日报》，1961年2月15日停刊（共出1328期）；1989年7月复刊。周2报，4开4版。

报社现有19人，其中编采14人。现任总编辑黄一江。

社址：浙江省余姚市南滨江路190号。邮政编码：315400。电话：25688。

安徽省

安徽日报 中共安徽省委机关报。国内统一刊号CN34—0001。创刊于1952年6月1日。日报，对开4版。

报社设总编室、夜班编辑室、记者部、政治部、理论部、工商部、农村部、科教部、文化生活部、美术摄影部、群工部、新闻研究所、资料研究室、农村版、对外宣传部、社务办公室、人事处、纪检组、计划财务处、经营管理处、开发处、机关党委、工会。全社共有581人，其中编采218人。现任负责人为副总编辑钱林、张育瑄、王大德、曹兆龙。

社址：合肥市金寨路206号。邮政编码：230061。电话：254843。

合肥晚报 中共合肥市委主办。国内统一刊号CN34—0002。创刊于1957年4月1日，原名《合肥日报》，1961年6月改为现名；1967年1月3日停刊，1980年7月1日复刊。日报，4开4版。

报社现有96人，其中编采60人。现任总编辑王正孝。

社址：合肥市阜阳路100号。邮政编码：230001。电话：54614。

芜湖日报 中共芜湖市委主办。国内统一刊号CN34—0004。创刊于1949年7月1日，1972年4月1日停刊，1979年7月1日复刊。日报，4开4版。

报社现有61人，其中编采48人。现任总编辑丁红云。

社址：安徽省芜湖市华兴街4号。邮政编码：241000。电话：86970。

蚌埠日报 中共蚌埠市委主办。国内统一刊号CN34—0003。创刊于1956年10月。周6报，4开4版。

报社现有65人，其中编采55人。现任总编辑许乃宽。

社址：安徽省蚌埠市胜利路153号。邮政编码：233000。电话：27972。

安庆日报 中共安庆市委主办。国内统一刊号CN34—0005。创刊于1949年4月22日。1989年，原市报《安庆日报》，原地区报《安庆报》合并为一报。周报，4开4版。

报社现有290人，其中编采110人。现任社长周桂春，总编辑洪寿保。

社址：安徽省安庆市西围墙6号。邮政编码：246003。电话：545721。

淮南日报 中共淮南市委主办。国内统一刊号CN34—0006。创刊于1950年2月7日，原名《淮南报》；"文革"中停刊，1980年9月1日复刊，1986年10月改为现名。周6报，4开4版。

报社现有535人，其中编采54人。现任总编辑李延生。

社址：安徽省淮南市洞山。邮政编码：232001。电话：44750。

铜陵报 中共铜陵市委主办。国内统一刊号CN34—0008。创刊于1955年7月1日，1961年3月1日停刊，1982年1月1日复刊。周3报，4开4版。

报社现有37人，其中编采30人。现任总编辑洪哲燮。

社址：安徽省铜陵市五松西村。邮政编码：244000。电话：30460。

马鞍山日报 中共马鞍山市委主办。国内统一刊号CN34—0007。创刊于1958年1月1日。1972年4月1日停刊，1981年1月1日复刊。周6报，4开4版。

报社现有133人，其中编采54人。现任总编辑徐朝群。

社址：安徽省马鞍山市团结广场。邮政编码：243011。电话：23567。

淮北日报 中共淮北市委主办。国内统一刊号CN34—0009。创刊于1971年5月1日，1972年3月14日停刊，1980年7月1日复刊。日报，4开4版。

报社现有70人，其中编采63人。现任总编辑倪刚。

社址：安徽省淮北市委院内。邮政编码：235000。电话：21008。

阜阳报 中共阜阳地委主办。国内统一刊号CN34—0010。创刊于1949年8月1日。1972年停刊，1980年6月15日复刊。周4报，4开4版。

报社现有45人，其中编采35人。现任总编辑赵凤岐。

社址：安徽省阜阳市文德街90号。邮政编码：236003。电话：63429。

滁州报 中共滁州地委主办。国内统一刊号CN34—0012。创刊于1964年7月1日，1972年3月31日停刊，1980年7月1日复刊。周3报，4开4版。

报社现有46人，其中编采26人。现任总编辑姬树明。

社址：安徽省滁州市胜利路186号。邮政编码：239000。电话：2839。

拂晓报 中共宿县地委主办。国内统一刊号CN34—0011。创刊于1938年9月29日。1972年7月停刊，1981年1月1日复刊。周4报，4开4版。

报社现有43人，其中编采31人。现任总编辑邵长富。

社址：安徽省宿州市汴河路170号。邮政编码：234000。电话：3487。

皖西报 中共六安地委主办。国内统一刊号CN34—0013。创刊于1948年11月15日。1973年3月15日停刊，1985年7月1日复刊。周3报，4开4版。

报社现有206人，其中中编采23人。现任总编辑刘家松。

社址：安徽省六安市人民路166号。邮政编码：237001。电话：3711。

皖东南报 中共宣城地委主办。国内统一刊号CN34—0015。创刊于1984年10月1日。周3报，4开4版。

报社现有30人，其中编采24人。现任总编辑汪周永。

社址：安徽省宣州市地委大院。邮政编码：242000。电话：2652。

黄山日报 中共黄山市委主办。国内统一刊号CN34—0016。其前身为《徽州报》，创刊于1953年5月1日。随着徽州地区的撤销，1988年4月1日改出《黄山日报》周6报，4开4版。

报社现有59人，其中编采28人。现任社长张犁，总编辑陈平民。

社址：安徽省黄山市屯溪徽山路3号。邮政编码：245000。电话：2301。

巢湖报 中共巢湖市委主办。国内统一刊号CN34—0017。创刊于1985年1月4日。周2报，4开4版。

报社现有27人,其中编采24人。现任总编辑柳诗炳。

社址:安徽省巢湖市委大院内。邮政编码:238000。电话:3694。

贵池报 中共贵池市委主办。国内统一刊号CN34—0018。创刊于1956年10月,1961年停刊,1981年10月复刊。周2报,4开4版。

报社现有24人,其中编采19人。现任总编辑张子文。

社址:安徽省贵州市。邮政编码:247100。电话:2305。

安徽青年报 共青团安徽省委主办。国内统一刊号CN34—0019。创刊于1955年6月4日,1961年7月10日停刊,1979年5月4日复刊。周报,对开4版。

报社现有22人,其中编采19人。现任总编辑蒋正萌。

社址:合肥市长江路405号。邮政编码:230061。电话:274125。

安徽法制报 安徽省司法厅主办。国内统一刊号CN34—0021。创刊于1983年1月。周2报,4开4版。

报社现有26人,其中编采22人。现任负责人副总编辑王佑群。

社址:合肥市淮河路377号。邮政编码:230061。电话:277324。

安徽工人报 安徽省总工会主办。国内统一刊号CN34—0020。创刊于1985年4月5日。周2报,对开4版。

报社现有23人。现任总编辑梁久朝。

社址:合肥市庐江路43号。邮政编码:230074。电话:276883。

安徽经济报 安徽省经委主办。国内统一刊号CN34—0022。创刊于1985年1月1日,原名《经济日报》(安徽版),1987年与《信息时代》报合并并改为现名。周2报,4开4版。

报社现有34人,其中编采16人。现任总编辑凌松友,社长施栋民。

社址:合肥市六安路9号。邮政编码:230067。电话:273682。

安徽科技报 安徽省科协主办。国内统一刊号CN34—0023。创刊于1978年12月1日。周2报,4开4版。

报社现有35人,其中编采25人。现任总编辑吴绳才。

社址:合肥市金寨路194号。邮政编码:230061。电话:332773。

安徽科技信息 安徽省科委主办。国内统一刊号CN34—0025。创刊于1984年5月1日。周报,4开4版。

报社现有9人,其中编采8人。现任总编辑许国璋。

社址:合肥市巢湖路145号。邮政编码:230001。电话:254978。

安徽日报农村版 中共安徽省委主办。国内统一刊号CN34—0024。创刊于1952年6月1日,1966年6月停刊,1985年1月1日复刊。周报,对开4版。

编辑室现有14人,其中编采13人。现任主编曹义桐。

社址:合肥市金寨路206号。邮政编码:230061。电话:78053。

轻工信息报 安徽省轻工业厅主办。国内统一刊号CN34—0026。创刊于1985年3月。周报,4开4版。

报社现有10人,其中编采6人。现任负责人汪孝铭。

社址:合肥市长江路77号。邮政编码:230001。电话:256137。

文化周报 安徽省文化厅主办。国内统一刊号CN34—0027。创刊于1956年5月,1960年12月停刊,1979年7月复刊。周报,对开4版。

报社现有19人,其中编采17人。现任总编辑张纯道。

社址:合肥市曙光新村。邮政编码:230000。电话:60332—126。

安徽交通报 安徽省交通厅主办。国内统一刊号CN34—0030。创刊于1956年,"文革"中停刊,1984年7月复刊。周报,4开4版。

报社现有15人,其中编采8人。现任社长、总编辑丁之友。

社址:合肥市大东门。邮政编码:230011。电话:274246。

安徽体育报 安徽省体委主办。国内统一刊号CN34—0028。创刊于1956年6月,1960年停刊,1980年3月复刊。周报,4开4版。

报社现有16人,其中编采12人。现任总编辑王仁达。

社址:合肥市芜湖路13号。邮政编码:230001。电话:77147。

安徽广播电视报 安徽省广播电视厅主办。国内统一刊号CN34—0031。创刊于1956年,1966年停刊,1980年复刊。周报,4开4版。

报社现有30人,其中编采12人。现任总编辑毕可吉。

社址:合肥市庐江路43号。邮政编码:230061。电话:274536。

文摘周刊 安徽日报社主办。国内统一刊号CN34—0033。创刊于1981年。周报,4开4版。

编辑部现有11人,其中编采10人。现任编辑部主任许大钧。

社址:合肥市金寨路206号。邮政编码:230061。电话:53352。

农村孩子报 中共宿县地委宣传部主办。国内统一刊号CN34—0035。创刊于1985年10月13日。周报,4开4版。

编辑部现有19人,其中编采8人。现任总编辑周学铮。

社址:安徽省宿州市西昌路。邮政编码:234000。电话:5994。

安徽邮电报 安徽省邮电管理局主办。国内统一刊号CN34—0034。创刊于1950年。周报,4开4版。

报社现有11人,其中编采9人。现任负责人刘士响。

社址:合肥市淮海路357号。邮政编码:230001。电话:254674。

群众卫生报 安徽省卫生厅主办。国内统一刊号CN34—0037。创刊于1977年4月。半月报,4开4版。

报社现有13人,其中编采8人。现任主编刘本玉。

社址:合肥市芜湖路125号。邮政编码:230001。电话:63229。

安徽人口报 安徽省计划生育委员会主办。国内统一刊号CN34—0039。创刊于1988年1月。周报,4开4版。

报社现有10人,其中编采9人。现任总编辑崔贤云。

社址:合肥市三里庵界河路4号。邮政编码:230031。电话:72145。

淮北矿工报 淮北矿务局主办。国内统一刊号CN34—0040。创刊于1975年2月7日。周3报,4开4版。

报社现有92人,其中编采17人。现任社长高建民,总编辑杨扬。

社址:安徽省淮北市相山。邮政编码:235006。电话:2650。

铁道建设 铁道部第四工程局主办。国内统一刊号CN34—0038。创刊于1964年5月1日。周2报,4开4版。

报社现有22人,其中编采19人。现任总编辑罗成誉。

社址:合肥市望江路。邮政编码:230023。电话:4228。

马钢工人 马鞍山钢铁公司主办。国内统一刊号CN34—0041。创刊于1964年7月,1967年8月停刊,1980年1月复刊。周4报,4开4版。

报社现有119人,其中编采35人。现任总编辑栾荣富。

社址:安徽省马鞍山市雨山七村。邮政编码:243003。电话:83104。

淮南矿工报 淮南矿务局主办。国

内统一刊号 CN34—0043。创刊于 1974 年 11 月 1 日。周 3 报，4 开 4 版。

报社现有 90 人，其中编采 30 人。现任社长曹多敏。

社址：安徽省淮南市洞山。邮政编码：242001。电话：44334—22965。

福建省

福建日报 中共福建省委机关报。国内统一刊号 CN35—0001。创刊于 1949 年 8 月 25 日。对开 4 版，日报。

现任总编辑林振夏，副总编辑徐明新、张黎洲、黄种生、黄芝晓。

社址：福州市华林路 27 号。邮政编码：350003。电话：552777(总机)。

福州晚报 中共福州市委主办。国内统一刊号 CN35—0007。创刊于 1982 年 1 月 1 日。日报，4 开 8 版。

现任总编辑叶茂春。

社址：福州市西泽路 84 号。邮政编码：350005。电话：556794。

厦门日报 中共厦门市委主办。国内统一刊号 CN35—0022。创刊于 1949 年 11 月 22 日，1970 年 3 月 1 日停刊，1979 年 5 月 1 日复刊。日报，对开 4 版。

报社现有 120 人。现任总编辑方汉生。

社址：福建省厦门市深田路 46 号。邮政编码：361003。电话：32025。

湄州报 中共莆田市委主办。国内统一刊号 CN35—0024。创刊于 1950 年，1962 年 7 月停刊，1978 年 9 月复刊，原系中共莆田县委的《莆田报》，1984 年 11 月改刊为中共莆田市委机关报《兴化报》，1987 年 1 月改为现名。周 3 报，4 开 4 版。

现任总编辑甘玉连。

社址：福州市莆田市。邮政编码：351100。电话：22602。

三明日报 中共三明市委主办。国内统一刊号 CN35—0015。创刊于 1984 年 1 月 1 日。周 6 报，4 开 4 版。

现任总编辑陈发荣。

社址：福建省三明市列东红岩新村 41 号。邮政编码：365000。电话：22369。

闽南日报 中共漳州市委主办。国内统一刊号 CN35—0017。创刊于 1949 年 10 月，原名《漳州电讯》，后改名《漳州报》，1969 年 9 月停刊，1986 年 1 月复刊并改为现名。日报，4 开 4 版。

现任总编辑江福全。

社址：福建省漳州市县后路 22 号。邮政编码：363000。电话：25081。

泉州晚报 中共泉州市委主办。国内统一刊号 CN35—0014。创刊于 1985 年 4 月。周 6 报，4 开 4 版。

报社现有 71 人。现任总编辑周焜民。

社址：福建省泉州市新华路 29 号。邮政编码：362000。电话：33123。

闽西报 中共龙岩地委主办。国内统一刊号 CN35—0020。创刊于 1949 年 9 月 9 日。1969 年 4 月停刊，1987 年 1 月复刊。周 3 报，4 开 4 版。

现任总编辑王宪华。

社址：福建省龙岩市军民路。邮政编码：364000。电话：21680。

霞浦报 中共霞浦县委主办。国内统一刊号 CN35—0027。创刊于 1970 年 10 月，几易其名，1982 年 1 月 1 日改为现名。日报，4 开 4 版。

报社现有 12 人。现任总编辑杨向光。

社址：福建省霞浦县委大院。邮政编码：355100。

富民报 福建日报社主办。国内统一刊号 CN35—0016。创刊于 1984 年 7 月 5 日。周报，4 开 4 版。

编辑部现有 12 人，现任主编郭同生。

社址：福州市华林路 27 号。邮政编码：350003。电话：552777(总机)。

福建科技报 福建省科协主办。国内统一刊号 CN35—0009。创刊于 1978 年 9 月 18 日。周报，4 开 4 版。

报社现有 22 人。现任总编辑赖任南。

社址：福州市湖东路 51 号。邮政编码：350003。电话：555449。

每周文摘 福建日报社主办。国内统一刊号 CN35—0030。创刊于 1981 年 1 月 2 日。周报，4 开 4 版。

编辑部现有 11 人。现任主编许由龙。

社址：福州市华林路 27 号。邮政编码：350003。电话：552777(总机)。

科技文摘 福建省科协主办。国内统一刊号 CN35—0031。创刊于 1984 年 1 月 1 日。周报，4 开 4 版。

编辑部现有 5 人。现任总编辑林梅芬。

社址：福州市湖东路 51 号。邮政编码：350003。电话：555449。

福建商报 福建省商业厅主办。国内统一刊号 CN35—0002。创刊于 1985 年 8 月。周报，4 开 4 版。

报社现有 19 人，其中编采 12 人。现任总编辑郭银士。

社址：福州市中心路 23 号。邮政编码：350001。电话：557847—542。

港台信息报 福建日报社主办。国内统一刊号 CN35—0032。创刊于 1988 年 11 月 3 日。周报，对开 4 版。

编辑部现有 12 人。现任总编辑祝文善。

社址：福州市华林路 27 号。邮政编码：350003。电话：552777(总机)。

福州机械报 福州市机械工业局主办。国内统一刊号 CN35—0020。周报，4 开 4 版。

现任总编辑林建华。

社址：福州市福州机械工业局。邮政编码：350015。

厦门特区工人报 厦门市总工会主办。国内统一刊号 CN35—0025。创刊于 1984 年 1 月 25 日。周报，4 开 4 版。

现任总编辑王炳信。

社址：福州市厦门市梧桐埕 11 号。邮政编码：361000。电话：33666。

福建侨报 福建省侨务办公室主办。国内统一刊号 CN35—0006。创刊于 1956 年 1 月 20 日，1967 年 4 月停刊，1981 年 1 月复刊。周报，4 开 4 版。

现任总编辑江堤端。

社址：福州市五四路。邮政编码：350003。电话：553880。

福建小学生周报 福建省教委主办。国内统一刊号 CN35—0005。创刊于 1985 年 1 月 8 日。周报，4 开 4 版。

报社现有 8 人。现任总编辑黄荣森。

社址：福州市大梦山 417 号。邮政编码：350001。电话：557035。

福建卫生报 福建省卫生厅主办。国内统一刊号 CN35—0013。创刊于 1958 年 10 月 17 日，1982 年 5 月复刊。周报，4 开 4 版。

现任总编辑杨鸿连。

社址：福州市华林路东段。邮政编码：350003。电话：572753。

福建经济报 福建省经委主办。国内统一刊号 CN35—0019。创刊于 1986 年 10 月。周 2 报，4 开 4 版。

报社现有 14 人。现任总编辑魏从松。

社址：福州市湖东路 4 号。邮政编码：350003。电话：538639。

福建法制报 福建省司法厅主办。国内统一刊号 CN35—0003。创刊于 1985 年。周报，4 开 8 版。

报社现有编采 6 人。现任总编辑施明华。

社址：福州市西南路 1 号。邮政编码：350003。

福建广播电视 福建省广播电视厅主办。国内统一刊号 CN35—0028。创刊于 1954 年 5 月，原名《福建广播节目报》。周报，4 开 4 版。

社址：福州市道山路150号。邮政编码：350001。

福建建设报 福建省建委主办。国内统一刊号CN35—0011。创刊于1985年6月。原名《建设报》，1988年1月改为现名。周报，4开4版。

报社现有13人。现任总编辑陈伯银。

社址：福州市北大路296号。邮政编码：350001。电话：32969。

福建邮电报 福建省邮电管理局主办。国内统一刊号CN35—0012。创刊于1950年10月1日，原名《福建邮电工人》，1984年9月25日改为现名。周版，4开4版。

现任总编辑郑明。

社址：福州市东街45号。邮政编码：350001。电话：555620。

人口与家庭报 福建计划生育委员会主办。国内统一刊号CN35—0010。创刊于1985年8月。周报，4开4版。

报社现有12人。现任总编辑张海鸿。

社址：福州市51路高桥大厦9层。邮政编码：350005。电话：534429。

福建老年报 福建省委老干部局、省人事局、劳动局主办。国内统一刊号CN35—0008。创刊于1986年5月5日。旬报，4开4版。

报社现有14人。现任总编辑马真划。

社址：福州市54北路古田村。邮政编码：350003。电话：571309。

华侨大学学报 华侨大学主办。国内统一刊号CN35(Q)—0018。创刊于1963年11月。旬报，4开4版。

编辑部现有5人。现任总编辑陈子荣。

社址：福建省泉州市东郊。邮政编码：362011。

福建地质矿产报 福建省地质矿产厅主办。国内统一刊号CN35—0004。创刊于1984年12月。旬报，4开4版。

报社现有编采6人。现任总编辑刘庆炎。

社址：福州市新民路28号。邮政编码：350001。

莆田乡讯 莆田县侨联主办。国内统一刊号CN35(Q)—0001。创刊于1957年，"文革"中停刊，1983年1月复刊。月报，4开4版。

社址：福建省莆田县城厢。邮政编码：351100。

永春桃源乡讯 永春县侨联主办。国内统一刊号CN35(Q)—0012。创刊于1958年，1984年复刊。不定期，4开4版。

现任负责人王南斌。

社址：福建省永春县城环城路1—3号。邮政编码：362600。

芗江乡讯 漳州市侨办、侨联主办。国内统一刊号CN35(Q)—0020。创刊于1958年4月。双月报，4开4版。

编辑部现有2人。现任负责人陈水生。

社址：福建省漳州市大同路135号。邮政编码：363000。

螺阳乡讯 惠安县侨联主办。国内统一刊号CN35(Q)—0004。创刊于五十年代末，1984年复刊。双月报，4开4版。

编辑部现有4人。现任总编辑王惠生。

社址：福建省惠安县螺城科山路2号。邮政编码：362100。

仙溪乡讯 仙游县侨办主办。国内统一刊号CN35(Q)—0002。创刊于1985年8月。月报，4开4版。

编辑部现有1人。现任负责人李梓垒。

社址：福建省仙游县825大街14号。邮政编码：351200。

晋江乡讯 晋江县侨办、侨联主办。国内统一刊号CN35(Q)—0010。创刊于1959年。不定期。4开4版。

编辑部现有2人。现任负责人刘炳火。

社址：福建省晋江县青阳镇。邮政编码：362200。

采风 厦门市新闻工作者协会主办。国内统一刊号CN35—0026。创刊于1984年8月。月报。4开4版。

现任负责人钱真。

社址：福建省厦门市公园南路2号。邮政编码：361000。

江西省

江西日报 中共江西省委机关报。国内统一刊号CN36—0001。创刊于1949年6月7日。日报，对开4版。

报社设总编室、农村处、工商处、政治理论处、科教处、文艺处、群工处、记者处、采访处、新闻研究室、机关党委、劳动人事处、秘书处、经营管理处、信息日报，全社现有541人，其中编采178人。现任总编辑姜惠龙，副总编辑李长春、雷池、周长和、梁凯丰、周金广、段夫瑞。

社址：南昌市阳明路175号。邮政编码：330006。电话：772133(总机)。

南昌晚报 中共南昌市委主办。国内统一刊号CN36—0002。创刊于1958年7月1日，原名《南昌日报》，1961年9月1日改为现名，1967年2月3日停刊；1979年11月1日复刊。日报。4开4版。

报社现有162人，其中编采66人。现任社长殷宝生，总编辑朱昌勤。

社址：南昌市象山北路252号。邮政编码：330008。电话：53965。

井冈山报 中共吉安地委主办。国内统一刊号CN36—0004。创刊于1949年7月20日，"文革"期间停刊，1981年5月1日复刊。周3报。4开4版。

报社现有38人，其中编采32人。现任总编辑武敦瑾。

社址：江西省吉安市井冈山大道。邮政编码：343000。电话：3135。

赣南日报 中共赣南地委主办。国内统一刊号CN36—0003。创刊于1949年8月17日，原名《赣州日报》，后几易其名；"文革"中停刊，1982年1月1日复刊，1985年改为现名。日报，4开4版。

报社现有50人，其中编采42人。现任总编辑肖仲燕。

社址：江西省赣州市。邮政编码：341000。电话：3574。

赣中报 中共宜春地委主办。国内统一刊号CN36—0005。创刊于1949年9月26日，1968年12月20日停刊，1981年12月1日复刊。周3报，4开4版。

报社现有80人，其中编采32人。现任总编辑姜东南。

社址：江西省宜春市中山路306号。邮政编码：336000。电话：3466。

赣东北报 中共上饶地委主办。国内统一刊号CN36—0006。创刊于1949年5月24日，1968年11月停刊，1982年1月复刊。周3报，4开4版。

报社现有28人，其中编采21人。现任总编辑蔡方作。

社址：江西省上饶市沿河路8号。邮政编码：334000。电话：2571。

九江日报 中共九江市委主办。国内统一刊号CN36—0008。创刊于1949年6月10日，1968年12月停刊，1982年7月1日复刊。周6报，4开4版。

报社现有60人，其中编采50人。现任负责人严隆俊。

社址：江西省九江市庐峰路48号。邮政编码：332000。电话：224925。

赣东报 中共抚州地委主办。国内统一刊号CN36—0007。创刊于1952年1月1日，1968年12月1日停刊，1982年1月1日复刊。周3报，4开4版。

报社现有26人，其中编采22人。现任总编辑宋友贤。

社址：江西省抚州市赣东大道22号。

邮政编码:344000。电话:3456。

萍乡报 中共萍乡市委主办。国内统一刊号CN36—0009。创刊于1956年7月1日,1962年7月1日停刊,1984年7月1日复刊。周3报,4开4版。

报社现有35人,其中编采21人。现任总编辑彭佑祥。

社址:江西省萍乡市昭萍东路。邮政编码:337055。电话:332054。

鹰潭报 中共鹰潭市委主办。国内统一刊号CN36—0010。创刊于1984年10月1日。周3报,4开4版。

报社现有26人,其中编采19人。现任总编辑程关森。

社址:江西省鹰潭市爱民路7号。邮政编码:335000。电话:07032—221434(直拨)。

景德镇日报 中共景德镇市委主办。国内统一刊号CN36—0012。创刊于1955年5月15日,1968年11月停刊,1980年1月3日复刊。周6报,4开4版。

报社现有101人,其中编采52人。现任总编辑曾春生。

社址:江西省景德镇市广场北路。邮政编码:333000。电话:225161。

新余报 中共新余市委主办。国内统一刊号CN36—0011。创刊于1985年7月23日。周3报,4开4版。

报社现有35人,其中编采31人。现任总编辑毛兴发。

社址:江西省新余市人民南路。邮政编码:336500。电话:222714。

临川报 中共临川县委主办。国内统一刊号CN36—0013。创刊于1956年7月1日,1958年2月停刊,1981年1月1日复刊。周2报,4开4版。

报社现有18人,其中编采16人。现任总编辑黄汉龙。

社址:江西省临川县上顿渡镇。邮政编码:344100。

修水报 中共修水县委主办。国内统一刊号CN36—0014。创刊于1956年6月,1967年1月停刊,1980年10月1日复刊。周2报,4开4版。

报社现有17人,其中编采15人。现任总编辑李宗裕。

社址:江西省修水县城。邮政编码:332400。电话:21265。

波阳报 中共波阳县委主办。国内统一刊号CN36—0015。创刊于1956年6月1日,1961年2月28日停刊,1981年11月1日复刊。周2报,4开4版。

报社现有22人,其中编采16人。现任总编辑沈尚武。

社址:江西省波阳县鄱阳镇。邮政编码:3331000。

江西科技报 江西省科委主办。国内统一刊号CN36—0016。创刊于1975年12月10日。周2报,4开4版。

报社现有21人,其中编采17人。现任总编辑吴文峰。

社址:南昌市省府大院北二路。邮政编码:330046。电话:65106。

江西法制报 江西省司法厅主办。国内统一刊号CN36—0017。创刊于1982年10月。周2报,4开4版。

报社现有35人,其中编采28人。现任总编辑郑德明。

社址:南昌市北京西路。邮政编码:330046。电话:65239。

企业导报 江西省经委主办。国内统一刊号CN36—0018。创刊于1984年11月,1987年7月1日公开发行。周报,4开8版。

报社现有57人,其中编采30人。现任社长、总编辑王文勇。

社址:南昌市江西省政府大院。邮政编码:330046。电话:227436。

江西青年报 共青团江西省委主办。国内统一刊号CN36—0020。创刊于1956年4月1日,1966年8月18日停刊,1982年4月1日复刊。周2报,4开4版。

报社现有38人,其中编采30人。现任总编辑文元周。

社址:南昌市二经路24号。邮政编码:330006。电话:54902。

妇女之声报 江西省妇联主办。国内统一刊号CN36—0019。创刊于1986年1月1日。周报,4开4版。

报社现有18人,其中编采13人。现任负责人杨明瑞。

社址:南昌市叠山路97号(1990迁文教中路)。邮政编码:330046。电话:49674。

江西体育报 江西省体委主办。国内统一刊号CN36—0021。创刊于1957年4月5日,1960年9月30日停刊,1981年7月复刊。周报,4开4版。

报社现有12人,其中编采8人。现任总编辑胡礼通。

社址:南昌市福州路28号。邮政编码:330006。电话:221825—215。

信息日报 江西日报社主办。国内统一刊号CN36—0022。创刊于1984年10月1日。日报,4开4版。

报社现有33人,其中编采26人。现任总编辑周金广。

社址:南昌市阳明路175号。邮政编码:330006。电话:772133。

家庭医生报 南昌市卫生局主办。国内统一刊号CN36—0024。创刊于1985年1月5日。旬报,4开4版。

报社现有13人,其中编采7人。现任总编辑曹连甲。

社址:南昌市民德路247号。邮政编码:330008。电话:51147。

摇篮儿童文学报 中国作家协会江西分会主办。国内统一刊号CN36—0023。创刊于1982年1月。半月报,4开4版。

现任主编蒋克己。

社址:南昌市八一大道141号。邮政编码:330046。

江西广播电视报 江西省广播电视厅主办。国内统一刊号CN36—0025。创刊于1955年,1967年停刊,1980年复刊。周报,4开4版。

报社现有19人,其中编采11人。现任主编吴纯祖。

社址:南昌市北京西路2号。邮政编码:330046。电话:221265。

南昌广播电视周报 南昌人民广播电台主办。国内统一刊号CN36—0026。创刊于1985年4月27日。周报,4开4版。

报社现有7人,其中编采5人。现任主编舒斯维。

社址:南昌市经济大楼20层。邮政编码:330008。电话:771041。

影坛内外 江西省电影发行放映公司主办。国内统一刊号CN36—0029。创刊于1975年11月,1983年10月停刊,1986年10月复刊。月报,4开4版。

编辑部现有3人,其中编采2人。现任总编辑周谟嘉。

社址:南昌市站前路25号。邮政编码:330002。电话:69321。

江西卫生报 江西省爱国卫生运动委员会、江西省卫生厅主办。国内统一刊号CN36—0028。创刊于1957年,1968年停刊,1985年复刊。旬报,4开4版。

报社现有10人,其中编采8人。现任总编辑周标任。

社址:南昌市江西省卫生厅。邮政编码:330046。电话:67796。

河南省

河南日报 中共河南省委机关报。国内统一刊号CN41—0001。创刊于1949年6月1日。日报,对开4版。

报社设总编室、办公室、农业处、思想理论处、工商处、文艺处、时事处、群工处、政教处、记者处、摄影处、新闻研究所、机关党委、人事处、老干处、行政处、经营开发处、印刷厂;河南画报社、河南农民报编辑室。全社现有692人,其中编采270人。现任总编辑邓质钢,副总编辑陈锐、李林河、崔泽东、李怀燎、郭正凌、朱本卓。

社址:郑州市纬一路1号。邮政编码:450003。电话:552337。

郑州晚报 中共郑州市委主办。国内统一刊号CN41—0002。创刊于1949年7月1日,原名《郑州日报》,1963年10月22日改为现名。1967年1月停刊,1981年1月1日复刊。日报,对开4版。

报社现有527人,其中编采120人。现任总编辑王力建。

社址:郑州市工人路30号。邮政编码:450007。电话:446761。

洛阳日报 中共洛阳市委主办。国内统一刊号CN41—0004。创刊于1948年4月8日,"文革"中停刊,1981年1月1日复刊。日报,对开4版。

报社现有395人,其中编采84人。现任总编辑王子厚。

社址:河南省洛阳市定鼎南路22号。邮政编码:471000。电话:36835。

开封日报 中共开封市委主办。国内统一刊号CN41—0003。创刊于1948年11月6日。日报,4开4版。

报社现有124人,其中编采78人。现任社长蔡泽恩。

社址:河南省开封市劳动路北段。邮政编码:475002。电话:24697。

平顶山日报 中共平顶山市委主办。国内统一刊号CN41—0005。创刊于1982年10月1日。周6报,4开4版。

报社现有81人,其中编采68人。现任总编辑贾汉。

社址:河南省平顶山市联盟路。邮政编码:467000。电话:3170。

新乡晚报 中共新乡市委主办。国内统一刊号CN41—0006。创刊于1983年3月1日。日报,4开4版。

报社现有151人,其中编采58人。现任总编辑冯铭鑫。

社址:河南省新乡市平原路东段。邮政编码:453003。电话:52112。

安阳日报 中共安阳市委主办。国内统一刊号CN41—0008。创刊于1956年12月15日,1961年1月31日停刊,1984年5月1日复刊。周6报,4开4版。

报社现有72人,其中编采61人。现任总编辑张林书。

社址:河南省安阳市永安街3巷。邮政编码:455000。电话:26289。

焦作日报 中共焦作市委主办。国内统一刊号CN41—0007。创刊于1957年7月。日报,4开4版。

报社现有83人,其中编采69人。现任总编辑李介人。

社址:河南省焦作市东环路中段。邮政编码:454151。电话:5143。

鹤壁报 中共鹤壁市委主办。国内统一刊号CN41—0009。创刊于1958年8月1日,1961年1月31日停刊,1984年7月1日复刊。周3报,4开4版。

报社现有40人,其中编采35人。现任总编辑徐贵良。

社址:河南省鹤壁市宾馆东楼。邮政编码:456650。电话:3929。

濮阳日报 中共濮阳市委主办。国内统一刊号CN41—0010。创刊于1984年10月1日。周3报,4开4版。

报社现有58人,其中编采46人。现任负责人马尚德。

社址:河南省濮阳市中原路。邮政编码:457001。电话:44475—144。

商丘日报 中共商丘地委主办。国内统一刊号CN41—0012。创刊于1985年1月1日。周6报,4开4版。

报社现有46人,其中编采36人。现任副总编辑李景亮。

社址:河南省商丘市凯旋南路33号。邮政编码:476000。电话:22757。

三门峡报 中共三门峡市委主办。国内统一刊号CN41—0011。创刊于1985年5月1日。周3报,4开4版。

报社现有49人,其中编采27人。现任副总编辑宋景芳。

社址:河南省洛阳市行署路7号。邮政编码:471000。电话:38275。

许昌报 中共许昌市委主办。国内统一刊号CN41—0013。创刊于1987年1月。周3报,4开4版。

报社现有30人,其中编采24人。现任副总编辑钱明文。

社址:河南省许昌市八一路59号。邮政编码:461000。电话:2904。

漯河报 中共漯河市委主办。国内统一刊号CN41—0014。创刊于1986年7月1日。周3报,4开4版。

报社现有55人,其中编采30人。现任副总编辑张水河。

社址:河南省漯河市沙北泰山路北段。邮政编码:462000。电话:23296。

南阳日报 中共南阳地委主办。国内统一刊号CN41—0016。创刊于1949年3月22日,1971年11月停刊,1982年7月1日复刊。日报,4开4版。

报社现有80人,其中编采60人。现任负责人刘少宇。

社址:河南省南阳市梅溪路3号。邮政编码:473056。电话:24811。

信阳报 中共信阳地委主办。国内统一刊号CN41—0015。创刊于1984年7月。周3报,4开4版。

现任副总编辑张世发。

社址:河南省信阳市中山260号。邮政编码:464000。

驻马店报 中共驻马店地委主办。国内统一刊号CN41—0017。创刊于1986年2月。周3报,4开4版。

报社现有24人,其中编采20人。现任总编辑鲁保国。

社址:河南省驻马店市地委院内。邮政编码:436000。电话:2710。

河南农民报 河南日报社主办。国内统一刊号CN41—0018。创刊于1963年1月5日,1967年1月停刊,1980年4月2日复刊。周3报,4开4版。

编辑室现有27人,其中编采25人。现任总编辑曾同。

社址:郑州市纬一路1号。邮政编码:450003。电话:552932。

青年导报 共青团河南省委主办。国内统一刊号CN41—0034。创刊于1949年6月,1985年复刊并改为现名。周2报,4开4版。

报社现有21人,其中编采17人。现任主编范文章。

社址:郑州市金水路17号。邮政编码:450003。电话:552637。

河南科技报 河南省科协主办。国内统一刊号CN41—0019。创刊于1958年9月1日。1960年12月停刊,1965年12月复刊;1966年再度停刊,1974年9月1日第二次复刊。周2报,4开4版。

报社现有38人,其中编采21人。现任总编辑常宝泉。

社址:郑州市花园路54号。邮政编码:450003。电话:554458。

河南计划生育报 河南省计划生育委员会主办。国内统一刊号CN41—0020。创刊于1981年。周报,4开4版。

现任总编辑王近杰。

社址:郑州市经五路北段。邮政编码:450003。

河南广播电视报 河南省广播电视厅主办。国内统一刊号CN41—0021。创刊于1980年。周报,4开4版。

现任总编辑贾文皋。

社址:郑州市经五路2号。邮政编码:

450003。

河南体育报 河南省体委主办。国内统一刊号CN41—0023。创刊于1985年1月。周报,4开4版。

现任总编辑王洪潮。

社址:郑州市健康路3号。邮政编码:450053。

河南法制报 河南省司法厅主办。国内统一刊号CN41—0022。创刊于1985年1月1日。周2报,4开4版。

报社现有38人,其中编采24人。现任总编辑李群玉。

社址:郑州市经四路5号楼。邮政编码:450003。电话:556381。

河南卫生报 河南省卫生厅主办。国内统一刊号CN41—0024。创刊于五十年代,曾几易其名。旬报,4开4版。

现任总编辑马文飞。

社址:郑州市经五路东段。邮政编码:450003。

河南工商报 河南省工商行政管理局主办。国内统一刊号CN41—0025。创刊于1985年5月,原名《河南广告报》,1988年1月改为现名。周2报,4开4版。

现任总编辑李长胜。

社址:郑州市红专路4号。邮政编码:450003。

华中信息报 河南省计委主办。国内统一刊号CN41—0027。创刊于1985年1月。周2报,对开4版。

现任总编辑张家棋。

社址:郑州市政一街3号楼。邮政编码:450003。

教育时报 河南省教委主办。国内统一刊号CN41—0026。创刊于1987年1月1日。周报,对开4版。

现任总编辑张先华。

社址:郑州市顺河路11号。邮政编码:450004。

中州书林 河南省新闻出版局主办。国内统一刊号CN41—0028。创刊于1981年3月。旬报,4开4版。

现任总编辑高一峰。

社址:郑州市西里路73号。邮政编码:450000。

消费导报 河南省商管委主办。国内统一刊号CN41—0036。创刊于1985年7月。周报,对开4版。

现任总编辑郭震寰。

社址:郑州市金水河路30号。邮政编码:450003。

国际经贸报 河南省外经委主办。国内统一刊号CN41—0041。周报,4开4版。

现任总编辑朱广宇。

社址:郑州市文化路115号。邮政编码:450003。

中国文物报 国家文物委员会主办。国内统一刊号CN41—0044。创刊于1985年8月,原名《文物报》,1987年10月改为现名。周报,对开4版。

现任总编辑彭卿云。

社址:郑州市金水河路4号。邮政编码:450003。

医药信息报 卫生部药典委员会主办。国内统一刊号CN41—0045。创刊于1985年7月。周报,4开4版。

现任总编辑江焕波。

社址:郑州市纬五路东段省防疫站。邮政编码:450003。

中学生学习报 郑州市教育局主办。国内统一刊号:高中版CN41—0029,初中版CN41—0030,课外版CN41—0031。创刊于1982年。均为周报,4开4版。

现任主编袁浩。

社址:郑州市工人第一新村。邮政编码:450003。

课外版已于1989年底停刊。

小学生学习报 河南省教委主办。国内统一刊号:中、高年级版CN41—0032,低年级版CN41—0033。创刊于1985年。均为周报,4开4版。

现任主编李国庆。

社址:郑州市顺河路11号。邮政编码:450004。

中原铁道 郑州铁路局主办。国内统一刊号CN41—0040,创刊于1949年2月28日,原名《郑铁工人》,1961年停刊,1963年6月复刊,1984年5月改为现名。周3报,对开4版。

现任总编辑邓志宜。

社址:郑州市。邮政编码:450052。

河南邮电报 河南省邮电管理局主办。国内统一刊号CN41—0039,创刊于1955年10月1日。1966年7月停刊,1984年5月1日复刊。周报,4开4版。

报社现有18人,其中编采13人。现任总编辑孙效唐。

社址:郑州市经五路14号。邮政编码:450003。电话:554671。

河南电力报 河南省电力工业局主办。国内统一刊号CN41—0046,创刊于1981年7月30日,原名《河南电力消息》,1984年改为现名。周报,4开4版。

现任总编辑黄福安。

社址:郑州市嵩山南路11号。邮政编码:450005。

黄河报 水利部黄河水利委员会主办。国内统一刊号CN41—0047,创刊于1984年7月。旬报,4开4版。

报社现有12人,其中编采11人。现任总编辑邓修身。

社址:郑州市金水河路11号。邮政编码:450003。电话:22971—2211。

湖北省

湖北日报 中共湖北省委机关报。国内统一刊号CN42—0001。创刊于1949年7月1日。日报,对开4版。

报社设党委办公室、人事处、总编室、记者部、出版部、政宣部、工财部、农村部、评论理论部、文体部、摄影部、新闻研究室等19个正处机构,共有720人,其中编采192人。现任社长周传仁,总编辑卢吉安;副社长艾贵文、刘采福、熊明轩,副总编辑肖建业、戴振民、刘建勋。

社址:武汉市武昌东湖东亭二路4号。邮政编码:430077。电话:814531(总机)。

长江日报 中共武汉市委主办。国内统一刊号CN42—0002。创刊于1949年5月23日。日报,对开4版。

报社现有637人,其中编采204人。现任总编辑叶子健。

社址:武汉市汉口洞庭街2号。邮政编码:430014。电话:23439。

沙市报 中共沙市市委主办。国内统一刊号CN42—0012。创刊于1949年,1970年停刊,1981年7月1日复刊。周6报,4开4版。

报社现有75人,其中编采35人。现任社长邱声鸣。

社址:湖北省沙市市园林路。邮政编码:434000。电话:3742。

孝感报 中共孝感地委主办。国内统一刊号CN42—0011。创刊于1958年10月1日,"文革"中停刊,1970年5月复刊。周3报,4开4版。

报社现有200人,其中编采40人。现任社长孙振武。

社址:湖北省孝感市文化路。邮政编码:432100。电话:23825。

郧阳报 中共郧阳地委主办。国内统一刊号CN42—0024。创刊于1950年7月1日,1952年12停刊,1966年3月1日复刊。双日报,4开4版。

报社现有361人,其中编采30人。现任总编辑郭崇久,社长吴德胜。

社址:湖北省十堰市人民路70号。邮政编码:442000。电话:51263。

宜昌日报 中共宜昌地委主办。国内统一刊号CN42—0025。创刊于1949年8月9日。周6报，4开4版。

报社现有283人，其中编采77人。现任社长、总编辑杨尚聘。

社址：湖北省宜昌市东山大道119号。邮政编码：443000。电话：24171。

黄冈报 中共黄冈地委主办。国内统一刊号CN42—0037。创刊于1958年7月7日，1961年曾停刊1年。双日报，4开4版。

报社现有321人，其中编采42人。现任社长、总编辑吴闻章。

社址：湖北省黄冈县黄州镇。邮政编码：436100。电话：52452。

荆门报 中共荆门市委主办。国内统一刊号CN42—0029。创刊于1984年10月1日。周3报，4开4版。

报社现有35人，其中编采27人。现任总编辑余来仪。

社址：湖北省荆门市象山大道27号。邮政编码：434501。电话：32788。

宜昌市报 中共宜昌市委主办。国内统一刊号CN42—0038。创刊于1949年8月9日，1953年12月29日停刊，1980年9月30日复刊。周4报，4开4版。

报社现有40人，其中编采30人。现任总编辑唐英章。

社址：湖北省宜昌市西陵后路2号。邮政编码：443000。电话：22454。

咸宁报 中共咸宁地委主办。国内统一刊号CN42—0039。创刊于1966年7月1日。周3报，4开4版。

报社现有36人，其中编采32人。现任社长胡宗勤。

社址：湖北省咸宁市温泉。邮政编码：437100。电话：56575。

襄樊日报 中共襄樊市委主办。国内统一刊号CN42—0048。创刊于1949年9月10日，原名《襄阳日报》，1953年7月1日改名《襄阳报》，1983年11月地市合并，地市机关报亦合并为《襄樊报》，1984年1月改为现名。周6报，4开4版。

报社编辑部现有129人，其中编采89人。现任社长、总编辑屈启旺。

社址：湖北省襄樊市襄阳城新街5号。邮政编码：441021。

荆州报 中共荆州地委主办。国内统一刊号CN42—0044。创刊于1958年10月1日，2日报，4开4版。

报社现有30人，其中编采25人。现任社长李光灿，总编辑李谟鲜。

社址：湖北省江陵荆州地委院内。邮政编码：434100。电话：66253。

鄂西报 中共鄂西自治州委主办。国内统一刊号CN42—0052。创刊于1949年11月21日，原名《恩施新闻》，后易名《恩施日报》、《恩施报》，1983年12月1日改为现名。双日报，4开4版。

报社现有46人，其中编采32人。现任社长、总编辑张绪辉。

社址：湖北省恩施市东风大道22号。邮政编码：445000。电话：22385。

鄂州报 中共鄂州市委主办。国内统一刊号CN42—0061。创刊于1984年10月1日，周2报，4开4版。

报社现有45人，其中编采15人。现任社长、总编辑李振波。

社址：湖北省鄂州市南塔路。邮政编码：436000。电话：22569。

十堰报 中共十堰市委主办。国内统一刊号CN42—0066。创刊于1982年10月1日，周4报，4开4版。

报社现有40人，其中编采26人。现任社长杨亨荣。

社址：湖北省十堰市六堰山11号。邮政编码：442000。电话：52430。

黄石日报 中共黄石市委主办。国内统一刊号CN42—0065。创刊于1952年8月1日，原名《工人报》，1957年1月改为现名。日报，4开4版。

报社现有94人，其中编采63人。现任社长、总编辑刘自圻。

社址：湖北省黄石市青山湖畔。邮政编码：435002。电话：2189。

大冶报 中共大冶县委主办。国内统一刊号CN42—0004。创刊于1954年4月8日，1985年2月10日复刊。周2报，4开4版。

报社现有19人，其中编采18人。现任总编辑黄松仁。

社址：湖北省大冶县委院内。邮政编码：435100。电话：2097。

随州报 中共随州市委主办。国内统一刊号CN42—0026。创刊于1985年1月1日。周2报，4开4版。

报社现有22人，其中编采18人。现任社长李厚义。

社址：湖北省随州市烈山大道。邮政编码：441300。电话：23880。

谷城报 中共谷城县委主办。国内统一刊号CN42—0031。创刊于1984年4月2日复刊。周报，4开4版。

报社现有18人，其中编采16人。现任社长刘芙生。

社址：湖北省谷城县西大街。邮政编码：441700。电话：2068。

郧县报 中共郧县县委主办。国内统一刊号CN42—0030。创刊于1956年7月1日，1961年1月17日停刊，1980年8月1日复刊。五日报，4开4版。

報社现有13人，其中编采9人。现任负责人杨锦国。

社址：湖北省郧县城关原县委大楼。邮政编码：442500。电话：33535。

京山报 中共京山县委主办。国内统一刊号CN42—0045。创刊于1956年7月1日，1960年12月底停刊，1985年8月1日复刊。周2报，4开4版。

报社现有17人，其中编采15人。现任社长陈效良，总编辑涂家哲。

社址：湖北省京山县新市镇。邮政编码：431800。电话：21936。

洪湖报 中共洪湖市委主办。国内统一刊号CN42—0046。创刊于1957年11月1日，1961年1月23日停刊，1980年12月26日复刊。周2报，4开4版。

报社现有19人，其中编采14人。现任社长周显超，总编辑袁勤忠。

社址：湖北省洪湖市新堤复兴路。邮政编码：433200。电话：23601。

襄阳报 中共襄阳县委主办。国内统一刊号CN42—0056。创刊于1956年秋，1960年12月停刊，1980年7月复刊。周2报，4开4版。

报社现有25人，其中编采20人。现任社长、总编辑朱道钰。

社址：湖北省襄樊市解放路艺苑巷。邮政编码：441000。电话：3577。

武昌报 中共武昌县委主办。国内统一刊号CN42—0050。创刊于1955年6月1日，1960年停刊，1980年9月1日复刊。周2报，4开4版。

报社现有15人，其中编采12人。现任总编辑李长明。

社址：湖北省武昌县委大院内。邮政编码：　。

天门报 中共天门市委主办。国内统一刊号CN42—0091。创刊于1956年1月1日，1959年12月底停刊，1988年7月1日复刊。周报，4开4版。

报社现有17人，其中编采13人。现任社长李树庭，总编辑刘行芳。

社址：湖北省天门市东招待所。邮政编码：431700。电话：22370。

江陵报 中共江陵县委主办。国内统一刊号CN42—0092。创刊于1956年6月1日，1960年1月15日停刊，1987年12月复刊。周2报，4开4版。

报社现有18人，其中编采15人。现任社长张世春。

社址：湖北省江陵荆州镇。邮政编

码:434100。电话:68422。

仙桃市报 中共仙桃市委主办。国内统一刊号CN42—0093。创刊于1987年10月20日。周2报,4开4版。

报社现有21人,其中编采14人。现任负责人吴晓帆。

社址:湖北省仙桃市建设一街13号。邮政编码:433000。电话:23620。

武汉晚报 长江日报社主办。国内统一刊号CN42—0054。创刊于1956年5月1日,1966年12月29日停刊,1984年9月1日复刊。日报,4开4版。

报社现有70人,其中编采58人。现任总编辑贺捷。

社址:武汉市汉口洞庭街2号。邮政编码:430014。电话:23883。

湖北日报农村版 湖北日报社主办。国内统一刊号CN42—0036。创刊于1984年8月1日。周2报,4开4版。

编辑部现有16人,其中编采13人。现任总编辑程平。

社址:武汉市武昌东湖东亭二路4号。邮政编码:430077。电话:814531—308。

青年人报 共青团武汉市委主办。国内统一刊号CN42—0055。创刊于1957年,1959年停刊,1980年复刊。周报,对开4版。

报社现有20人,其中编采17人。现任社长蔡建明。

社址:武汉市汉口大兴路10号。邮政编码:430021。电话:356270。

湖北市场 湖北省商业厅主办。国内统一刊号CN42—0051。创刊于1984年10月1日。周报,4开4版。

报社现有12人,其中编采8人。现任总编辑闫大齐。

社址:武汉市汉口解放大道491号。邮政编码:430030。电话:553792。

经济信息报 中国人民银行,中国工商银行,中国农业银行,中国人民银行湖北省分行、武汉市分行,武汉市经委,长江日报社主办。国内统一刊号CN42—0015。创刊于1982年7月1日。周3报,对开4版。

报社现有58人,其中编采30人。现任总编辑李麦秋。

社址:武汉市汉口台北路33号。邮政编码:430015。电话:511630。

工商周报 湖北省工商局主办。国内统一刊号CN42—0053。创刊于1985年10月11日。周报,原为4开4版。1989年起为对开4版。

报社现有17人,其中编采12人。现任总编辑左锋。

社址:武汉市东湖路71—4号。邮政编码:430077。电话:813974。

城乡经营时报 湖北省农机局主办。国内统一刊号CN42—0003。周报,4开4版。

报社现有17人,其中编采11人。现任主编于建新。

社址:武汉市武昌南湖。邮政编码:430064。电话:876296。

农民之友 湖北省供销合作社主办。国内统一刊号CN42—0013。创刊于1983年3月15日。周报,4开4版。

报社现有10人,其中编采7人。现任社长谭学峰。

社址:武汉市汉口解放大道707号。邮政编码:430022。电话:562188—563。

湖北农金报 中国农业银行湖北省分行主办。国内统一刊号CN42—0006。创刊于1986年7月1日。周报,4开4版。

报社现有7人,其中编采6人。现任总编辑宋焕阶。

社址:武汉市武昌东湖路73号。邮政编码:430071。电话:811819—336。

湖北广播电视报 湖北省广播电视厅主办。国内统一刊号CN42—0005。创刊于1979年7月1日。周报,4开4版。

报社现有17人,其中编采9人。现任社长朱本正,主编傅楚英。

社址:武汉市汉口解放大道563号。邮政编码:430022。电话:355121。

人民长江报 水利部长江水利委员会主办。国内统一刊号CN42—0016。创刊于1956年5月4日,曾两度停刊,1978年5月1日复刊。周报,4开4版。

报社现有12人,其中编采11人。现任总编辑张琏。

社址:武汉市解放大道1155号。邮政编码:430010。电话:512508—736。

长江开发报 沪、宁、汉、渝四市政府及长航、长办联合主办。国内统一刊号CN42—0021。创刊于1986年7月12日。周2报,对开4版。

报社现有56人,其中编采35人。现任总编辑韩晖。

社址:武汉市江岸区三眼桥小区。邮政编码:430015。电话:514478。

长江旅游报 长江轮船总公司、湖北省旅游局主办。国内统一刊号CN42—0018。创刊于1984年9月12日。周报,4开8版。

报社现有32人,其中编采29人。现任社长吴振雄。

社址:武汉市汉口沿江大道89号。邮政编码:430014。电话:512576—6117。

武汉法制报 武汉市司法局主办。国内统一刊号CN42—0032。创刊于1981年4月17日。周报,4开4版。

报社现有25人,其中编采18人。现任社长、总编辑段木金。

社址:武汉市汉口北京路20号。邮政编码:430014。电话:21615。

湖北法制报 湖北省司法厅主办。国内统一刊号CN42—0049。创刊于1982年5月20日。周报,对开4版。

报社现有21人,其中编采16人。现任社长王宇良。

社址:武汉市水果湖洪山侧路16号。邮政编码:430071。电话:813038。

家长报 武汉市教委、市妇联主办。国内统一刊号CN42—0033。创刊于1984年6月1日。周报,4开4版。

报社现有17人,其中编采11人。现任总编辑胡紫岩。

社址:武汉市汉口张自忠路12号。邮政编码:430010。电话:24123。

湖北新生报 湖北省劳改工作管理局主办。国内统一刊号CN42—0041。创刊于1957年3月10日。周报,4开4版。

报社现有12人,其中编采8人。现任社长彭树庭。

社址:武汉市武昌中南路50号。邮政编码:430071。电话:811444—611。

楚天周末 湖北日报社主办。国内统一刊号CN42—0035。创刊于1988年5月7日。周报,4开4版。

编辑部现有编采13人。现任总编辑俞栋成。

社址:武汉市东亭二路4号。邮政编码:430077。电话:814531—252。

武汉周报 武汉市广播电视局主办。国内统一刊号CN42—0060。创刊于1983年12月。周报,4开4版。

报社现有11人,其中编采4人。现任总编辑李乐福。

社址:武汉市武胜路40号。邮政编码:430015。

神农架报 神农架林区主办。国内统一刊号CN42—0069。创刊于1985年5月 日。周报,4开4版。

报社现有20人,其中编采14人。

社址:神农架林区松柏镇沿河路。邮政编码:442400。电话: 。

中国河运报 交通部长江航务管理局主办。国内统一刊号CN42—0058。创刊于1984年7月1日。周2报,4开4版。

报社现有40人,其中编采29人。现任社长刘云书。

社址:武汉市汉口沿江大道89号。邮政编码:430014。电话:26021。

书刊导报 武汉市新闻出版局主办。国内统一刊号CN42—0071。创刊于1984年7月1日。周报,4开4版。

报社现有22人,其中编采8人。现任社长李德福。

社址:武汉市武昌津水闸5号。邮政编码:430060。电话:875581。

湖北交通安全报 湖北省公安厅交通管理局主办。国内统一刊号CN42—0070。创刊于1985年10月,1986年12月停刊,1987年10月复刊。旬报,4开4版。

报社现有8人,其中编采6人。现任社长马德东。

社址:武汉市武昌付家城一路12号。邮政编码:430070。电话:812497—460。

文化报 武汉市文化局主办。国内统一刊号CN42—0072。创刊于1980年2月。周报,对开4版。

报社现有15人,其中编采10人。现任主编陈秀华。

社址:武汉市汉口洞庭街78号。邮政编码:430014。电话:25128。

老年文汇报 武汉市老龄工作委员会、武汉市老干部局、武汉老年大学主办。国内统一刊号CN42—0074。创刊于1987年9月18日。周报,4开4版。

报社现有14人,其中编采8人。现任社长谢国治,主编杜子才。

社址:武汉市汉口天津路16号。邮政编码:430014。电话:513788。

湖北科技报 湖北省科协主办。国内统一刊号CN42—0084。创刊于1976年7月。周2报,4开4版。

报社现有26人,其中编采17人。现任社长张光皓,总编辑卢先诚。

社址:武汉市武昌东湖路71—6号。邮政编码:430077。电话:811530。

武汉科技报 武汉市科委、市科协主办。国内统一刊号CN42—0081。创刊于1978年12月30日。周报,4开4版。

报社现有12人,其中编采8人。现任社长陈江鹏。

社址:武汉市汉口天津路16号。邮政编码:430014。电话:25911。

渔业科技报 湖北省水产研究所主办。国内统一刊号CN42—0086。创刊于1984年9月。月报,8开8版。

报社现有5人,其中编采3人。现任总编辑黄永涛。

社址:武汉市武昌东湖路18号。邮政编码:430071。电话:813882—36。

少年科学报 湖北省科协主办。国内统一刊号CN42—0087。创刊于1984年1月。旬报,4开4版。

报社现有25人,其中编采10人。现任总编辑韩学金。

社址:武汉市武昌东湖路蔡家咀。邮政编码:430071。电话:812650。

鄂州科技报 鄂州市科协主办。国内统一刊号CN42—0089。创刊于1983年2月7日。旬报,4开4版。

报社现有10人,其中编采6人。现任社长夏清炎。

社址:湖北省鄂州市明塘后路6号。邮政编码:436000。电话:24489。

江汉石油报 江汉石油管理局主办。国内统一刊号CN42—0007。创刊于1965年7月23日。周3报,4开4版。

报社现有180人,其中编采30人。现任社长黄柱中。

社址:湖北省潜江市一村。邮政编码:433121。电话:5516。

湖北邮电报 湖北省邮电管理局主办。国内统一刊号CN42—0009。创刊于1957年,1958年停刊,1986年5月1日复刊。周报,4开4版。

报社现有13人,其中编采10人。现任主编叶万青。

社址:武汉市汉口解放大道412号。邮政编码:430022。电话:561405。

冶钢报 大冶钢厂主办。国内统一刊号CN42—0010。创刊于1951年5月1日,1966年12月停刊,1982年1月复刊。周2报,4开4版。

报社现有19人,其中编采17人。现任总编辑史正福。

社址:湖北省黄石市冶钢四门外。邮政编码:435001。电话:3160。

长江航运报 长江轮船总公司主办。国内统一刊号CN42—0017。创刊于1954年3月15日。周2报,4开4版。

报社现有32人,其中编采29人。现任社长吴振雄,总编辑黄守祥。

社址:武汉市汉口沿江大道89号。邮政编码:430014。电话:21161转。

鄂钢报 鄂城钢铁厂主办。国内统一刊号CN42—0014。创刊于1959年5月。周报,4开4版。

报社现有14人,其中编采13人。现任社长万兴国,总编辑汪光启。

社址:湖北鄂城钢铁厂。邮政编码:436002。电话:22821—3331。

先锋报 铁道部第四工程设计院主办。国内统一刊号CN42—0019。创刊于1956年1月1日,1980年7月复刊。周报,4开4版。

报社现有7人。现任总编辑吴荣民。

社址:武汉市武昌杨园。邮政编码:430063。电话:813112—铁路52402。

〇六六报 航空航天部〇六六基地主办。国内统一刊号CN42—0022。创刊于1978年7月1日。周报,4开4版。

报社现有8人,其中编采7人。现任社长于大江,总编辑余瑗。

社址:湖北省远安78号信箱。邮政编码:444200。电话:78专线转2077。

桥工报 铁道部大桥局主办。国内统一刊号CN42—0027。创刊于1954年11月21日,"文革"中停刊,1983年4月1日复刊。周报,4开4版。

报社现有编采16人。现任总编辑余启新。

社址:武汉市汉阳大道38号。邮政编码:430050。电话:443315。

武钢工人报 武汉钢钢公司主办。国内统一刊号CN42—0023。创刊于1956年3月1日。周6报,4开4版。

报社现有160人,其中编采45人。现任社长钟家茂。

社址:武汉市青山区红钢城二街坊。邮政编码:430080。电话:661958。

湖北电力报 湖北省电力工业局主办。国内统一刊号CN42—0028。创刊于1985年1月1日。周报,4开4版。

报社现有14人,其中编采10人。现任社长、总编辑蓝果长。

社址:武汉市胜利街210号。邮政编码:430014。电话:512022。

荆炼工人报 荆门炼油厂主办。国内统一刊号CN42—0042。创刊于1983年。周2报,4开4版。

报社现有14人,其中编采11人。现任社长徐又新。

社址:湖北省荆门炼油厂。邮政编码:434539。电话:33501—4396。

长江葛洲坝报 长江葛洲坝工程局主办。国内统一刊号CN42—0059。创刊于1971年2月21日。周3报,4开4版。

报社现有108人,其中编采23人。现任社长何飏孙。

社址:湖北省宜昌市洼坡路7号。邮政编码:443002。电话:22011—3150。

蒲纺报 蒲圻纺织总厂主办。国内统一刊号CN42—0057。创刊于1980年11月8日。周报,4开4版。

报社现有8人,其中编采7人。现任总编辑郑卫东。

社址:湖北省蒲圻纺织总厂。邮政编码:430321。电话:22419—322。

二汽新闻 第二汽车制造厂主办。国内统一刊号CN42—0063。创刊于1973年3月27日。周4报,4开4版。

报社现有34人,其中编采27人。现任总编辑靳启超。

社址:湖北省十堰市张湾。邮政编码:442001。电话:24050。

一冶工人报 冶金部第一冶金建设公司主办。国内统一刊号CN42—0064。创刊于1964年3月20日,1974年停刊,1979年10月复刊。周报,4开4版。

报社现有9人,其中编采8人。现任负责人白德绳。

社址:武汉市青山区八大家。邮政编码:430081。电话:662812—2370。

湖南省

湖南日报 中共湖南省委机关报。国内统一刊号CN43—0001。创刊于1949年8月15日。日报,对开4版。

报社设总编室、经济生活部、科教部、政治生活部、理论部、文化生活部、群众工作部、记者部、新闻研究所、人事处、纪检组、机关党委、离退休人员工作办公室、工会、经营管理处,共有617人,其中编采239人。现任社长兼总编辑梁新春,副社长兼副总编辑金希光,副社长周才耀,社务委员、副总编辑毛福春、肖兵,副总编辑李均、万茂华。

社址:长沙市建湘路。邮政编码:410007。电话:26191。

长沙晚报 中共长沙市委主办。国内统一刊号CN43—0002。创刊于1956年7月1日,原为《长沙日报》,1961年1月改名《长沙晚报》,1970年5月1日停刊,1973年12月1日复刊为《长沙日报》,1977年8月再度停刊,1978年5月1日复刊,1981年10月1日改为现名。日报,4开4版。

报社现有263人,其中编采67人。现任总编辑左润明。

社址:长沙市蔡锷中路。邮政编码:410005。电话:24457。

衡阳日报 中共衡阳市委主办。国内统一刊号CN43—0004。创刊于1949年10月16日,原名《衡阳新闻》,1959年2月改为现名,1961年停刊,1963复刊。日报,4开4版。

报社现有298人,其中编采59人。现任总编辑丁小平。

社址:湖南省衡阳市环城北路3号。邮政编码:421001。电话:25179。

团结报 中共湘西土家族苗族自治州委主办。国内统一刊号CN43—0003。创刊于1952年10月1日。周6报,4开4版。

报社现有81人,其中编采41人。现任社长孙岱毅,总编辑方苹。

社址:湖南省吉首市。邮政编码:416000。电话:2228。

株洲日报 中共株洲市委主办。国内统一刊号CN43—0005。创刊于1957年10月。日报,4开4版。

报社现有135人,其中编采51人。现任总编辑姚天元。

社址:湖南省株洲市新华西路。邮政编码:412000。电话:21598。

湘潭日报 中共湘潭市委主办。国内统一刊号CN43—0006。创刊于1958年4月1日,1961年至1963年停刊两年。日报,4开4版。

报社现有117人,其中编采58人。现任总编辑肖克华。

社址:湖南省湘潭市车站路35号。邮政编码:411100。电话:21208。

岳阳晚报 中共岳阳市委主办。国内统一刊号CN43—0008。创刊于1986年8月6日。周6报,4开4版。

报社现有65人,其中编采50人。现任总编辑谭先锋,社长李放荪。

社址:湖南省岳阳市炮台山路。邮政编码:414000。电话:24042。

邵阳日报 中共邵阳市委主办。国内统一刊号CN43—0007。创刊于1984年10月1日。周6报,4开4版。

报社现有85人,其中编采40人。现任社长成希长,总编辑陈伯寿。

社址:湖南省邵阳市。邮政编码:422000。电话:2629。

怀化报 中共怀化地委主办。国内统一刊号CN43—0009。创刊于1986年10月1日。周2报,4开4版。

报社现有20人,其中编采17人。现任总编辑李本凡,社长曾令秋。

社址:湖南省怀化市地委院内。邮政编码:418000。电话:22029。

零陵报 中共零陵地委主办。国内统一刊号CN43—0046。创刊于1950年,1962年停刊,1988年1月复刊。周2报,4开4版。

报社现有58人,其中编采16人。现任总编辑欧学佳。

社址:湖南省永州市中山北路。邮政编码:425000。电话:3370。

娄底报 中共娄底地委主办。国内统一刊号CN43—0050。创刊于1988年10月1日。周2报,4开4版。

报社现有22人,其中编采14人。现任负责人郭笃先。

社址:湖南省娄底市地委院内。邮政编码:417000。电话:3312。

益阳报 中共益阳地委主办。国内统一刊号CN43—0047。创刊于1949年9月,1952年9月停刊,1988年8月19日复刊。周报,4开4版。

报社现有12人,其中编采11人。现任负责人徐民权。

社址:湖南省益阳市地委院内。邮政编码:413000。电话:23845。

津市报 中共津市市委主办。国内统一刊号CN43—0010。创刊于1985年10月1日。周报,4开4版。

报社现有12人,其中编采10人。现任社长、总编辑石嘉林。

社址:湖南省津市市。邮政编码:415400。电话:3515。

澧县报 中共澧县县委主办。国内统一刊号CN43—0011。创刊于1956年5月31日,1961年5月4日停刊,1980年4月5日复刊。周2报,4开4版。

报社现有33人,其中编采15人。现任社长、总编辑钟广贡。

社址:湖南省澧县城关镇。邮政编码:415500。电话:21547。

祁阳报 中共祁阳县委主办。国内统一刊号CN43—0013。创刊于1957年3月,1960年5月停刊,1986年10月1日复刊。周2报,4开4版。

报社现有17人,其中编采14人。现任社长李良宏。

社址:湖南省祁阳县城关镇。邮政编码:421700。电话:2791。

耒阳报 中共耒阳市委主办。国内统一刊号CN43—0012。创刊于1957年,1961年停刊,1980年7月1日复刊。周2报,4开4版。

报社现有18人,其中编采12人。现任社长兼总编辑谢高南。

社址:湖南省耒阳市城关镇。邮政编码:421800。电话:2574。

冷水江报 中共冷水江市委主办。国内统一刊号CN43—0014。创刊于1986年10月1日。周报,4开4版。

报社现有13人,其中编采11人。现任总编辑方吉斌。

社址:湖南省冷水江市金竹西路。邮政编码:417500。电话:2374。

湖南政协报 政协湖南省委主办。国内统一刊号CN43—0018。创刊于1987年1月7日。周报,4开4版。

报社现有14人,其中编采12人。现

任负责人张智军。

社址：长沙市迎宾路15号。邮政编码：410011。电话：29650。

湖南农村报 湖南日报社主办。国内统一刊号CN43—0025。创刊于1984年10月。周2报，4开4版。

编辑部现有16人，其中编采14人。现任总编辑易烈武。

社址：长沙市建湘路。邮政编码：410005。电话：44999。

东方时报 中国民主促进会湖南省委主办。国内统一刊号CN43—0017。创刊于1985年5月。周报，对开4版。

报社现有20人，其中编采10人。现任名誉社长王首道，总编辑王果。

社址：长沙市东兴园5号。邮政编码：410005。电话：45650。

湖南妇女报 湖南省妇女联合会主办。国内统一刊号CN43—0016。创刊于1956年3月，1959年3月停刊，1982年7月复刊。周报，对开4版。

报社现有15人，其中编采10人。现任社长、总编辑熊树声。

社址：长沙市韶山路1号。邮政编码：410011。电话：267681。

湖南人口报 湖南省计划生育委员会主办。国内统一刊号CN43—0019。创刊于1983年12月26日。周报，4开4版。

报社现有编采7人。现任社长、总编辑宋干衡。

社址：长沙市北站路16号。邮政编码：410008。电话：28782。

绿衣使者报 湖南省邮电管理局主办。国内统一刊号CN43—0021。创刊于1986年1月7日。周报，4开4版。

报社现有编采11人。现任社长、总编辑杨复权。

社址：长沙市五一中路9号。邮政编码：410011。电话：44411。

湖南法制报 湖南省司法厅主办。国内统一刊号CN43—0020。创刊于1984年9月。周报，4开4版。

报社现有18人，其中编采15人。现任社长沈道岳。

社址：长沙市。邮政编码：410011。电话：45722。

湖南公安交通报 湖南省公安厅交通警察总队主办。国内统一刊号CN43—0022。创刊于1983年1月1日。半月报，4开4版。

报社现有编采4人。现任总编辑周道初。

社址：长沙市迎宾路9号。邮政编码：410011。电话：27251。

湖南文化报 湖南省文化厅主办。国内统一刊号CN43—0023。创刊于1957年7月，1959年7月停刊，1986年7月复刊。周报，4开4版。

报社现有9人，其中编采6人。现任负责人刘佑平。

社址：长沙市蔡路北路113号。邮政编码：410005。电话：25713。

老区建设报 湖南省革命老根据地经济开发促进会主办。国内统一刊号CN43—0024。创刊于1986年10月。周报，4开4版。

报社现有17人，其中编采15人。现任总编辑邓耀祥。

社址：长沙市小瀛洲7号。邮政编码：410002。电话：20616。

湖南经济信息报 湖南省计委、省政府经济研究信息中心主办。国内统一刊号CN43—0027。创刊于1984年。周2报，4开4版。

报社现有23人，其中编采16人。现任总编辑汤清圣。

社址：长沙市五一中路省政府二办公楼。邮政编码：410011。电话：212248。

湖南商业信息报 湖南省商业厅主办。国内统一刊号CN43—0029。创刊于1985年7月。周报，4开4版。

报社现有编采10人。现任总编辑范钦。

社址：长沙市五一路56号。邮政编码：410005。电话：25606。

湖南金融周报 中国人民银行湖南省分行、中国农业银行湖南省分行主办。国内统一刊号CN43—0030。创刊于1987年3月30日。周报，4开4版。

报社现有12人，其中编采10人。现任总编辑李文龙。

社址：长沙市雨花路25号。邮政编码：410007。电话：33347。

人民保险报 中国人民保险公司湖南省分公司主办。国内统一刊号CN43—0031。创刊于1984年12月10日。周报，4开4版。

报社现有9人，其中编采8人。现任社长、总编辑王超。

社址：长沙市北站路203号。邮政编码：410008。电话：26066。

湖南广播电视报 湖南省广播电视厅主办。国内统一刊号CN43—0015。创刊于1956年，1960年停刊，1979年5月复刊。周报，4开8版。

报社现有120人，其中编采13人。现任社长总编辑何立庠。

社址：长沙市黄土岭。邮政编码：410007。电话：31811转。

体坛周报 湖南省体委主办。国内统一刊号CN43—0028。创刊于1982年1月，1987年2月停刊，1988年7月复刊。周报，4开4版。

报社现有8人，其中编采6人。现任社长周克臣。

社址：长沙市体育馆路1号。邮政编码：410005。电话：44333—249。

大众卫生报 湖南省卫生厅主办。国内统一刊号CN43—0036。创刊于1981年8月。周报，4开4版。

报社现有编采13人。现任负责人刘名果。

社址：长沙市北站路16号。邮政编码：410008。电话：25577—240。

文萃周报 湖南日报社主办。国内统一刊号CN43—0032。创刊于1984年10月5日。周报，16开8版。

编辑部现有8人。现任负责人袁志飞。

社址：长沙市建湘中路。邮政编码：410005。电话：44999(总机)。

环境保护报 湖南省环境保护局主办。国内统一刊号CN43—0037。创刊于1984年5月。周报，4开4版。

报社现有22人，其中编采13人。现任负责人周介魁。

社址：长沙市胜利路造化塘30号。邮政编码：410007。电话：32163。

湖南科技报 湖南省科协主办。国内统一刊号CN43—0034。创刊于1957年10月1日，曾三次停刊，1970年9月15日第三次复刊。周2报，4开4版。

报社现有52人，其中编采36人。现任社长殷友生，总编辑周思源。

社址：长沙市八一西路27号。邮政编码：410001。电话：23140。

科学晚报(湖科技报城镇版) 湖南省科协主办。国内统一刊号CN43—0034。创刊于1985年7月。周报，4开4版。

现任社长殷友生，总编辑周思源。

社址：长沙市八一西路27号。邮政编码：410001。电话：20223—244。

郴州科技报 郴州地区科协主办。国内统一刊号CN43—0038。创刊于1982年。旬报，4开4版。

该报公开发行至1989年底，1990年改内部报纸。

科技信息报 湖南省科委主办。国内统一刊号CN43—0044。创刊于1983年1月6日。周报，4开4版。

报社现有11人，其中编采6人。现任负责人龙迪坤。

社址:长沙市八一西路27号。邮政编码:410001。电话:25483。

中学生化学报 湖南省教育学院主办。国内统一刊号CN43—0039。创刊于1984年12月。旬报,4开4版。

报社现有25人,其中编采14人。现任总编辑李朝略。

社址:长沙市左家垅湖南教育学院内。邮政编码:410012。电话:83191—228。

工人音乐报 长沙市总工会主办。国内统一刊号CN43—0041。创刊于1982年4月15日。半月报,4开4版。

报社现有11人,其中编采8人。现任总编辑袁丙清。

社址:长沙市湘春路234号。邮政编码:410008。电话:44751。

小学生科普报 湖南省少工委、长沙市科协主办。国内统一刊号CN43—0040。创刊于1983年6月。半月报,16开8版。

报社现有编采4人。现任总编辑梅纂良。

社址:长沙市人民路5号。邮政编码:410011。电话:33119。

该报1990年改内部报纸。

中小学音乐报 湖南省邵阳市文联主办。国内统一刊号CN43—0042。创刊于1985年1月1日。半月报,4开4版。

报社现有编采5人。现任负责人尹晓星。

社址:湖南省邵阳市西湖路滑石新村34栋。邮政编码:422000。电话:2622。

戏剧春秋报 中国剧协湖南分会主办。国内统一刊号CN43—0043。创刊于1982年5月。半月报,4开4版。

编辑部现有4人。现任主编朱力士。

社址:长沙市八一西路35号。邮政编码:410001。电话:23249。

该报1989年12月停刊。

常德日报 中共常德市委主办。国内统一刊号CN43—0038。创刊于1989年4月1日。周2报,4开4版。

报社现有23人,其中编采19人。现任负责人伍长庆。

社址:湖南省常德市武陵北路。邮政编码:415000。电话:27503。

郴州报 中共郴州地委、郴州行政公署主办。国内统一刊号CN43—0049。创刊于1950年4月,原名《郴州群众报》,三日刊,1952年10月并入《湘南农民报》;1954年8月复刊《郴州群众报》,双日刊,1956年8月停刊,1958年8月复刊,1959年10月改为《郴州日报》,1963年4月再次停刊至1989年7月复刊《郴州报》。周报,4开4版。

报社现有18人,其中编采13人。现任负责人郭垂辉。

社址:湖南省郴州市地委院内。邮政编码:423000。电话:23415—264。

湖南工人报 湖南省总工会、湖南日报社主办。国内统一刊号CN43—0033。创刊于1956年,1960年停刊,1989年1月1日复刊。周2报,4开4版。(从10月起停刊整顿,1990年元月复刊)。

报社现有14人,其中编采12人。现任负责人姚国良。

社址:长沙市湖南日报社内。邮政编码:410011。电话:44999。

广东省

南方日报 中共广东省委机关报。国内统一刊号CN44—0001。创刊于1949年10月23日。日报,对开4版,周末出8版。

报社实行总编辑负责制,编委会下设编辑部、人事处、经营管理处等机构,全社现有889人,其中编采人员230多人。现任总编辑张琮,副总编辑刘陶、吴彩章、何继宁、马镇坤。

社址:广州市广州大道中289号。邮政编码:510601。电话:763998。

羊城晚报 中共广东省委主办。国内统一刊号CN44—0006。创刊于1957年10月1日,1966年12月13日停刊,1980年2月15日复刊。日报,对开4版,逢周五出8版。

报社现有492人,其中编采166人。现任总编辑关国栋,副总编辑李佐兴、鲁阳、龚志瑾。

社址:广州市东风东路733号。邮政编码:510085。电话:776211(总机)。

广州日报 中共广州市委主办。国内统一刊号CN44—0010。创刊于1952年12月1日。日报,对开8版。

报社现有707人,其中编采220人。现任总编辑黄永湛。

社址:广州市人民中路同乐路10号。邮政编码:510121。电话:883088。

羊城晚报港澳·海外版 羊城晚报社主办。国内统一刊号CN44—0007。创刊于1981年1月。周报,对开4版。

编辑部为羊城晚报社的一个部级机构。

深圳特区报 中共深圳市委主办。国内统一刊号CN44—0027。创刊于1982年5月24日。日报,对开8版。

报社现有413人,其中编采132人。现任社长区汇文,总编辑王荣山。

社址:广东省深圳市深南中路1号。邮政编码:518009。电话:244566。

珠海特区报 中共珠海市委主办。国内统一刊号CN44—0030。创刊于1985年11月1日。日报,对开4版。

报社现有186人,其中编采82人。现任社长唐榕达,总编辑杨春怀。

社址:广东省珠海市九洲大道。邮政编码:519000。电话:332644。

茂名日报 中共茂名市委主办。国内统一刊号CN44—0042。创刊于1984年1月1日。周6报,4开4版。

报社现有60人,其中编采43人。现任总编辑钟广明。

社址:广东省茂名市油城三路319号。邮政编码:525011。电话:62536。

湛江日报 中共湛江市委主办。国内统一刊号CN44—0035。创刊于1948年12月25日,原名《人民报》,三十多年间,曾易名十几次,1981年6月1日改为现名。日报,4开4版。

报社现有279人,其中编采55人。现任总编辑茹士初。

社址:广东省湛江市赤坎康宁路17号。邮政编码:524049。电话:336173。

漠阳江报 中共阳江市委主办。国内统一刊号CN44—0048。创刊于1986年1月1日,原为阳江县委机关报《阳江报》,1988年建市后于同年2月改为现名。周报,4开4版。

报社现有12人,其中编采8人。现任负责人程禹功。

社址:广东省阳江市东风一路14号。邮政编码:529525。电话:222413。

佛山报 中共佛山市委主办。国内统一刊号CN44—0049。创刊于1949年11月29日,1975年10月停刊,1983年10月1日复刊。周4报,对开4版。

报社现有59人,其中编采47人。现任总编辑劳尔峰。

社址:广东省佛山市卫国路一号。邮政编码:528000。电话:222426。

嘉应日报 中共梅州市委主办。国内统一刊号CN44—0053。创刊于1972年2月1日,原名《梅江报》,1988年1月1日改为现名。周6报,4开4版。

报社现有60人,其中编采37人。现任总编辑黄发坤。

社址:广东省梅州市江南新闻路1号。邮政编码:514021。电话:224062。

韶关日报 中共韶关市委主办。国

内统一刊号CN44—0050。创刊于1984年1月1日，原名《韶关报》，1986年7月1日改为现名。周6报，4开4版。

报社现有61人，其中编采33人。现任社长肖学信，总编辑吴泰基。

社址：广东省韶关市熏风路16号。邮政编码：512018。电话：76119。

东江报 中共惠州市委主办。国内统一刊号CN44—0056。创刊于1949年10月，原名《东江日报》，1952年12月停刊，1971年复刊《惠阳报》至1975年12月再度停刊，1986年5月1日复刊。周2报，4开4版。

报社现有24人，其中编采18人。现任社长兼总编辑钟逸人。

社址：广东省惠州市委上院。邮政编码：516001。电话：231822。

东莞市报 中共中莞市委主办。国内统一刊号CN44—0057。创刊于1986年6月1日。周2报，4开4版。

报社现有21人，其中编采20人。现任负责人何煜南。

社址：广东省东莞市府大院内。邮政编码：511700。电话：221287。

汕头特区报 中共汕头经济特区委主办。国内统一刊号CN44—0061。创刊于1986年10月1日。周2报，对开4版。

报社现有42人，其中编采21人。现任总编辑王扬泽。

社址：广东省汕头经济特区爱委大楼。邮政编码：515041。电话：260587。

汕头日报 中共汕头市委主办。国内统一刊号CN44—0060。创刊于1958年7月1日。日报，对开4版。

现任总编辑洪永坚。

社址：广东省汕头市金新路北段。邮政编码：515041。电话：232700。

江门报 中共江门市委主办。国内统一刊号CN44—0044。创刊于1986年8月5日。周2报，4开4版。

社址：广东省江门市胜利路49号。邮政编码：529031。电话：34624。

西江报 中共肇庆地委主办。国内统一刊号CN44—0040。创刊于1950年4月1日，1952年11月28日停刊，1986年10月1日复刊。周2报，4开4版。

社址：广东省肇庆市地委院内。邮政编码：526040。电话：23712转。

台山报 中共台山县委主办。国内统一刊号CN44—0045。创刊于1949年11月25日，原名《台山日报》，先后易名《台山农民报》、《台山小报》，1961年2月、1970年1月，两度停刊；1983年10月复刊，1985年5月改为现名。周2报，4开4版。

报社现有15人，其中编采13人。现任总编辑李劲。

社址：广东省台山县台城镇石花路。邮政编码：529211。电话：22362。

番禺报 中共番禺县委主办。国内统一刊号CN44—0011。创刊于1956年3月25日。1958年12月停刊，1959年6月12日复刊；1961年2月再度停刊，1980年7月1日复刊。周报，4开4版。

报社现有17人，其中编采13人。现任社长邝耀权。

社址：广东省番禺县市桥镇平康路。邮政编码：511400。电话：24422。

开平报 中共开平县委主办。国内统一刊号CN44—0046。创刊于1983年10月1日。周报，4开4版。

报社现有编采10人。现任主编李炳生。

社址：广东省开平县三埠镇长沙东路。邮政编码：529300。电话：28805。

恩平报 中共恩平县委主办。国内统一刊号CN44—0047。创刊于1956年3月6日，原名《恩平农民报》，曾易名《锦江报》、《恩平报》、《恩平日报》；1983年4月复刊。周报，4开4版。

报社现有10人。现任负责人冯如洽。

社址：广东省恩平县委大院。邮政编码：529411。电话：22363。

广东农民报（南方日报农村版） 南方日报社主办。国内统一刊号CN44—0002。创刊于1963年1月1日，1967年1月停刊，1980年3月复刊。周3报，4开8版。

报社现有37人，其中编采33人。现任主编李志生。

社址：广州市广州大道中289号。邮政编码：510601。电话：752311。

广州青年报 广州日报社主办。国内统一刊号CN44—0012。创刊于1972年2月，原名《广州青少年报》，1985年改为现名。周报，对开4版。

社址：广州市人民中路同乐路10号。邮政编码：510121。电话：88308转。

汕头工人报 汕头市总工会主办。国内统一刊号CN44—0062。创刊于1984年5月。周报，4开4版。

社址：广东省汕头市南海路1号。邮政编码：515000。电话：73129。

汕头青年报 共青团汕头市委主办。国内统一刊号CN44—0063。创刊于1980年4月。周2报，4开8版。

报社现有18人，其中编采11人。现任总编辑李大平。

社址：广东省汕头市新兴路7号。邮政编码：515036。电话：274757。

战士报 广州军区政治部主办。国内统一刊号CN44—0091。创刊于1950年7月1日。周3报，4开4版。

现任社长兼总编辑王赛茵。

社址：广州市东山达道17号大院26号。邮政编码：510084。电话：74810。

岭南少年报 广州日报社主办。国内统一刊号CN44—0013。创刊于1972年2月。周报，4开4版。

社址：广州市人民中路同乐路10号。邮政编码：510121。电话：883088转。

广东侨报 广东省人民政府侨务办公室主办。国内统一刊号CN44—0075。创刊于1956年10月1日，1966年6月停刊，1979年11月15日复刊。周报，对开4版。

报社现有25人，其中编采16人。现任总编辑韩松。

社址：广州市侨光路4号。邮政编码：510115。电话：341391。

中学生报 广东教育学院主办。国内统一刊号CN44—0088。创刊于1981年4月15日。周报，4开4版。

社址：广州市新港中路351号。邮政编码：510303。电话：448822—279。

汕头少年报 汕头市少先队工作委员会主办。国内统一刊号CN44—0095。创刊于1980年4月。周报，4开4版。

报社现有10人，其中编采6人。现任总编辑郭默。

社址：广东省汕头市新兴路7号。邮政编码：515036。电话：274757。

该报1990年改为内部刊物。

风流人物报 中国作家协会广东省分会主办。国内统一刊号CN44—0070。创刊于1986年。半月报，对开4版。

现任总编辑程贤章。

社址：广州市文德路75号。邮政编码：510030。电话：346907。

现代人报 中国国际贸易促进会广东分会主办。国内统一刊号CN44—0076。创刊于1985年9月。周2报，对开4版。

现任社长窦贵昌，总编辑易征。

社址：广州市东山新庆路5号。邮政编码：510080。电话：766496。

南方周末 南方日报社主办。国内统一刊号CN44—0003。创刊于1984年2月11日。周报，对开4版。

现任主编赖海晏。

社址：广州市广州大道中289号。邮政编码：510601。电话：778368。

粤港信息报 由广东省、广州市的经委、外经贸委、香港粤海企业家有限公司、羊城晚报社等8家联合主办。国内统一刊号CN44—0008。创刊于1985年1月。周6报,对开4版。

报社现有52人,其中编采31人。现任总编辑袁效贤。

社址:广州东风东路733号。邮政编码:510085。电话:776711。

信息时报 广州市经委主办。国内统一刊号CN44—0015。创刊于1985年1月。周6报,对开4版。

报社现有140人,其中编采46人。现任总编辑潘耀华。

社址:广州市丛桂路78号之三。邮政编码:510140。电话:815732。

湛江经济报 湛江市经委主办。国内统一刊号CN44—0038。创刊于1985年1月1日。周报,4开4版。

报社现有17人,其中编采9人。现任总编辑伍通。

社址:广东省湛江市赤坎康宁路17号。邮政编码:524049。电话:331497。

南方市场信息 由广东省商业厅等20个单位主办。国内统一刊号CN44—0074。创刊于1985年8月8日。周报,4开4版。

报社现有18人,其中编采10人。现任总编辑张寿民。

社址:广州东山汕前西街48号。邮政编码:510080。电话:773067转。

海外市场 南方日报社、广东省对外经济贸易委员会主办。国内统一刊号CN44—0004。创刊于1984年2月16日。周2报,对开4版。

报社现有16人,其中编采13人。现任主编程生。

该报1990年1月1日起停刊。

广州商报 广州市商业局主办。国内统一刊号CN44—0017。创刊于1987年3月20日。旬报,4开4版。

报社现有16人,其中编采10人。现任主编陈树新。

社址:广州越秀北路80号。邮政编码:510121。电话:883088。

粤港企业家报 广州市经委主办。国内统一刊号CN44—0015。创刊于1984年7月,原名《企业家报》,1988年9月改为现名。周报,对开4版。

报社现有23人,其中编采17人。现任社长余振伦。

社址:广州人民北路919号二楼。邮政编码:510010。电话:677737。

亚太经济时报 广东省社科院主办。国内统一刊号CN44—0065。创刊于1987年8月1日。周报,对开4版。

报社现有19人,其中编采9人。现任总编辑黄金育。

社址:广州市黄华路97号。邮政编码:510050。电话:341130。

广东价格报 广东省物价局主办。国内统一刊号CN44—0073。创刊于1984年9月。周报,对开4版。

报社现有10人,其中编采4人。现任总编辑闫荫荣。

社址:广州市省政府大院内。邮政编码:510031。电话:330703。

深圳法制报 深圳司法局主办。国内统一刊号CN44—0028。创刊于1986年。周报,对开4版。

报社现有4人,其中编采3人。现任总编辑李汝健。

社址:深圳红岭路8号之二。邮政编码:518001。电话:240452。

广东农村信息报 广东省农业委员会主办。国内统一刊号CN44—0074。创刊于1985年3月。周1报,4开4版。

报社现有27人,其中编采10人。现任总编辑高影泉。

社址:广东东风中路305号。邮政编码:510031。电话:33086。

粤西农垦报 粤西农垦农工商联合企业工司主办。国内统一刊号CN44—0037。创刊于1958年9月。周2报,4开4版。

报社现有15人,其中编采14人。现任总编辑范远程。

社址:广东湛江市赤坎跃进路93号。邮政编码:524029。电话:225022。

科学文化报 广州军区政治部主办。国内统一刊号CN44—0092。创刊于1984年1月。周2报,对开4版。

现任社长兼总编辑白素。

社址:广州市东山达道17号。邮政编码:510086。电话:775718。

广东广播 广东人民广播电台主办。国内统一刊号CN44—0067。创刊于1955年6月16日。周报,4开4版,月末4开8版。

编辑部现有6人,其中编采5人。现任社长曾广星,总编辑胡萃华。

社址:广州市人民北路686号。邮政编码:510012。电话:662723—520。

广东电视周报 广东电视台主办。国内统一刊号CN44—0068。创刊于1982年5月。周报,4开4版。

报社现有7人,其中编采6人。现任总编辑黄云。

社址:广州市人民北路。邮政编码:510012。电话:662723—720。

足球 广州日报、广州市体委主办。国内统一刊号CN44—0019。创刊于1980年1月。周报,4开4版。

报社现有18人,其中编采12人。现任总编辑严俊君。

社址:广州市人民中路同乐路10号。邮政编码:510120。电话:882161。

象棋报 羊城晚报社、广州棋艺社、兴华制药厂主办。国内统一刊号CN44—0003。创刊于1983年8月1日。半月报,4开4版。

现任总编辑陈松顺。

社址:广州市海珠区小港路119号。邮政编码:510220。

广州法制报 广州市司法局主办。国内统一刊号CN44—0030。创刊于1983年12月。周报,4开4版。

报社现有17人,其中编采11人。现任总编辑侯业扬。

社址:广州市连新路19号4楼。邮政编码:510030。电话:350707—307。

广东公安报 广东省公安厅主办。国内统一刊号CN44—0066。创刊于1951年10月,原名《广东公安》,1986年10月改为现名。周报,4开4版。

报社现有15人,其中编采12人。现任主编黄金育。

社址:广州市黄华路97号。邮政编码:510050。电话:341130。

法制画报 广东省司法厅主办。国内统一刊号CN44—0094。创刊于1981年6月。周报,4开4版。

报社现有10人,其中编采5人。现任负责人钟其良。

社址:广州市金边路26号。邮政编码:510030。电话:334620—379。

老人报 广东科技报社主办。国内统一刊号CN44—0096。创刊于1983年3月。半月报,4开8版。

报社现有28人,其中编采13人。现任总编辑王修平。

社址:广州市人民中路同乐路10号。邮政编码:510121。电话:883088—206。

广东科技报 广东省科协主办。国内统一刊号CN44—0113。创刊于1973年3月。周2报,4开4版。

报社现有30人,其中编采23人。现任社长兼总编辑梁志度。

社址:广州市越秀中路125号。邮政编码:510057。电话:331022。

羊城科技报 广州市科协主办。国内统一刊号CN44—0112。创刊于1981年2月。半月报,4开4版。

编辑部现有8人，其中编采6人。现任总编辑李桂珍。

社址：广州市环市中路下塘西胜街42号。邮政编码：510050。电话：348888—319。

花鸟世界报 南方日报社主办。国内统一刊号CN44—0005。创刊于1985年1月20日。周报，4开4版。

编辑部现有18人，其中编采15人。现任主编张志光。

社址：广州市广州大道中289号。邮政编码：510601。电话：778368。

湛江科技报 湛江市科协主办。国内统一刊号CN44—0116。创刊于1983年6月。半月报，4开4版。

报社现有6人，其中编采6人。现任总编辑李洁芳。

社址：广东省湛江赤坎南路。邮政编码：524043。电话：337934。

韶关科技报 韶关市科协主办。国内统一刊号CN44—0115。创刊于1983年5月。月报，4开4版。

报社现有4人，其中编采2人。现任总编辑黄汉梁。

社址：广东省韶关市惠民路31号。邮政编码：512026。电话：80312。

医药经济报 国家医药管理局医药经济情报中心站主办。国内统一刊号CN44—0098。创刊于1980年1月1日。周报，4开4版，月末8版。

报社现有23人，其中编采17人。现任总编辑袁家驹。

社址：广州市沿江西路南方大厦5楼。邮政编码：510130。电话：861261。

广东邮电 广东省邮电管理局主办。国内统一刊号CN44—0081。创刊于1950年初，"文革"初期停刊，1985年7月1日复刊。周报，4开4版。

报社现有编采11人。现任总编辑熊振海。

社址：广州市中山二路18号。邮政编码：510081。电话：756714。

防癌报 广东省肿瘤防治研究办公室等3个单位主办。国内统一刊号CN44—0082。创刊于1983年8月28日。月报，4开4版。

编辑部现有7人。现任主编潘国英。

社址：广州市东风东路651号中山医科大学肿瘤医院内。邮政编码：510060。电话：777136。

广州海运报 广州海运管理局主办。国内统一刊号CN44—0093。创刊于1966年，1967年停刊，1985年9月25日复刊。周报，4开4版。

报社现有10人。现任社长兼总编辑黄声平。

社址：广州市沙面大街7号二楼。邮政编码：510131。电话：413456—2785。

广州铁道 广州铁路局主办。国内统一刊号CN44—0107。创刊于1949年11月7日，原名《铁路工人》，1986年改为现名。周3报，4开4版。

报社现有33人，其中编采27人。现任总编辑赵承安。

社址：广州市中山一路广州铁路局内。邮政编码：510088。电话：751419。

沿海大文化报 广东省新闻出版系统主办。国内统一刊号CN44—0101。创刊于1989年1月4日。周报，对开4版。

现任社长兼总编辑李荣琛。

社址：广州市五羊新城$B_3$602室。邮政编码：510600。电话： 。

中国金报 中共广东省委宣传部主办。国内统一刊号CN44—0119。创刊于1989年1月。周报，对开8版。同时还出版《中国金报》英文版，国内统一刊号CN44—0120。月报，8开16版。读者对象：各类企业家、职工和经贸、工商管理人员。

现任社长丁希凌。

社址：广州市中山一路梅花村21号。邮政编码：510080。电话：750899—5251。

汕尾报 中共汕尾市委主办。国内统一刊号CN44—0058。创刊于1989年。周2报，4开4版。

报社现有10人，其中编采9人。现任总编辑刘金合。

社址：广东省汕尾市城内路23巷1号。邮政编码：516600。电话：332455。

榕江报 中共揭阳县委主办。国内统一刊号CN44—0033。创刊于1956年4月1日，1961年2月13日停刊，1989年4月1日复刊。周2报，4开4版。

报社现有14人，其中编采10人。现任总编辑孙锐卿。

社址：广东省揭阳榕城新兴路17号。邮政编码：515500。电话：22070。

深圳商报 深圳市政府主办。国内统一刊号CN44—0031。周报，对开4版。

现任总编辑陈英。

社址：深圳八卦岭工业区616栋6楼。邮政编码：518009。

佛山经济报 佛山报社主办。国内统一刊号CN44—0032。创刊于1989年1月。周报，4开4版。

报社现有12人，其中编采10人。现任总编辑苏尔峰。

社址：广东省佛山市卫国路1号。邮政编码：528000。电话：284232。

珠江体育报 广州市体委主办。国内统一刊号CN44—0121。创刊于1989年1月1日。对开4版(套红)，周报。

报社现有20人，其中编采10人。现任总编辑方达儿。

社地：广州市流花路119号。邮政编码：510010。电话：678256。

广西自治区

广西日报 中共广西自治区委机关报。国内统一刊号CN45—0001。创刊于1949年12月3日。日报，对开4版。

报社社务委员会下设办公室、经济部、记者部、政文部、群工部、理论部、文艺部、出版部、新闻研究室、人事教育处、经理部，机关党委、纪检组，全社现有564人，其中编采192人。现任社长、总编辑杨志庆，副社长、副总编辑陈镇崇，副总编辑饶韬、黄真、黄奇志。

社址：南宁市民主路。邮政编码：530026。电话：24208。

南宁晚报 中共南宁市委主办。国内统一刊号CN45—0002。创刊于1956年9月15日，1967年1月9日停刊；1980年5月1日复刊。日报，4开4版。

报社现有84人，其中编采74人。现任总编辑蓝直荣。

社址：南宁市民主路。邮政编码：530012。电话：22082。

桂林日报 中共桂林市委主办。国内统一刊号CN45—0004。创刊于1950年，1970年8月停刊，1980年6月复刊。日报，4开4版。

报社现有70人，其中编采64人。

社址：广西桂林市榕湖北路1号。邮政编码：541001。电话：24894。

柳州日报 中共柳州市委主办。国内统一刊号CN45—0003。创刊于1949年12月28日，1970年8月20日停刊，1980年1月1日复刊。日报，4开4版。

报社现有258人(编辑部91人)，其中编采68人。现任总编辑陈明贵。

社址：广西柳州市中山西路67号。邮政编码：545001。电话：24894。

梧州日报 中共梧州市委主办。国内统一刊号CN45—0005。创刊于1951年1月1日，1970年8月1日停刊，1980年4月1日复刊。周6报，4开4版。

报社现有70人，其中编采46人。现任社长申伟贤。

社址：广西梧州市小南路71号。邮政

编码:543000。电话:23365。

北海日报 中共北海市委主办。国内统一刊号CN45—0006。创刊于1984年10月1日。周6报,4开4版。

报社现有70人,其中编采53人。现任总编辑黄河清。

社址:广西北海市南珠路。邮政编码:586000。电话:35570。

河池日报 中共河池地委主办。国内统一刊号CN45—0008。创刊于1984年10月1日。周6报,4开4版。

报社现有61人,其中编采42人。现任社长兼总编辑邹福荣。

社址:广西河池市金城江镇。邮政编码:547000。电话:3684。

右江日报 中共百色地委主办。国内统一刊号CN45—0007。创刊于1929年9、10月间,1930年2月停刊;1952年1月复办《右江农民报》,1970年6月停刊,1978年1月复刊。周6报,4开4版。

报社现有265人,其中编采51人。现任社长潘国轩。

社址:广西百色市。邮政编码:533000。电话:3076。

大众报 中共玉林地委主办。国内统一刊号CN45—0009。创刊于1951年8月1日,1963年2月停刊;1987年5月19日复刊。周2报,4开4版。

现任总编辑卢 。

社址:广西玉林市东门路39号。邮政编码:537000。电话:3512。

桂东报 中共梧州地委主办。国内统一刊号CN45—0016。创刊于1988年3月1日。周2报,4开4版。

报社现有25人,其中编采19人。现任总编辑梁树辉,社长蓝国泉。

社址:广西梧州市西江三路5号。邮政编码:543001。电话:25194。

漓江日报 中共桂林地委主办。国内统一刊号CN45—0039。创刊于1952年12月,原名《桂林农民报》;1956年7月1日易名《桂林前进报》;1960年7月改为现名;1960年10月地市合并为《桂林日报》,1961年改为《桂林农民》,1963年1月停刊,1988年7月1日复刊。周报,4开4版。

报社现有33人,其中编采20人。现任总编辑经友三。

社址:广西桂林市环城北一路2号。邮政编码:541001。电话:222720。

桂中日报 中共柳州地委主办。国内统一刊号CN45—0017。创刊于1951年5月1日,1962年3月停刊,1988年5月1日复刊。周3报,4开4版。

报社现有30人,其中编采20人。现任总编辑覃桂安。

社址:广西柳州市友谊路5号。邮政编码:545001。电话:22696。

宾阳报 中共宾阳县委主办。国内统一刊号CN45—0010。创刊于1956年5月2日,1959年10月停刊,1980年7月1日复刊。周2报,4开4版。

报社现有16人,其中编采11人。现任社长兼总编辑黄光巩。

社址:广西宾阳县宾州镇。邮政编码:530400。电话:2434。

横县报 中共横县县委主办。国内统一刊号CN45—0011。创刊于1956年4月,1985年5月复刊。周2报,4开4版。

报社现有19人,其中编采15人。现任社长兼总编辑杨善裕。

社址:广西横县横州镇。邮政编码:530300。

贵港市报 中共贵港市委主办。国内统一刊号CN45—0013。创刊于1956年7月1日,原名《贵县报》,1959年6月7日停刊;1983年10月1日复刊,1989年4月改为现名。周2报,4开4版。

报社现有16人,其中编采13人。现任社长兼主编黎丙巨。

社址:广西贵港市委大院内。邮政编码:537100。电话:5878。

灵山报 中共灵山县委主办。国内统一刊号CN45—0012。创刊于1956年4月,1961年2月停刊,1980年5月复刊。周2报,4开4版。

报社现有18人,其中编采15人。现任总编辑王记光。

社址:广西灵山县委大院内。邮政编码:535400。电话:2516。

玉林市报 中共玉林市委主办。国内统一刊号CN45—0014。创刊于1956年7月1日,1957年7月停刊;1987年5月1日复刊。周2报,4开4版。

报社现有15人,其中编采14人。现任总编辑陈家琨。

社址:广西玉林市县前路1号。邮政编码:537000。电话:3606。

鹿寨报 中共鹿寨县委主办。国内统一刊号CN45—0015。创刊于1980年10月1日。周2报,4开4版。

报社现有18人,其中编采12人。现任社长兼总编辑覃建华。

社址:广西鹿寨县委大院。邮政编码:545600。电话:2140。

经济时报 广西自治区政府经济研究中心、柳州市政府主办。国内统一刊号CN45—0020。创刊于1985年5月1日。1989年7月1日前为周6报,现为周3报,4开4版。

报社现有55人,其中编采27人。现任总编辑江思堤。

社址:广西柳州市解放北路81号。邮政编码:545001。电话:23751。

广西工人报 广西自治区总工会主办。国内统一刊号CN45—0018。创刊于1958年5月1日,1961年2月5日停刊,1985年1月30日复刊。创刊后曾为日报,现为周2报,4开4版。

报社现有18人,其中编采15人。现任负责人方远翔。

社址:广西南宁市古城路4号。邮政编码:530022。电话:52357。

广西科技报 广西自治区科协主办。国内统一刊号CN45—0021。创刊于1958年9月,原名《广西科学报》,1960年10月停刊;1963年复刊《广西科学小报》,1966年停刊,1974年复刊《广西科普》,1979年1月改为现名。周2报,4开4版。

现任总编辑张建华。

社址:南宁市古城路29号。邮政编码:530022。电话:22221。

计量报 梧州市经委主办。国内统一刊号CN45—0022。创刊于1985年1月10日,周报,4开4版。

报社现有27人,其中编采10人。现任总编辑俞述璧。

社址:广西梧州市大中路西港18号。邮政编码:543000。电话:24365。

家庭之友报 广西科协主办。国内统一刊号CN45—0024。创刊于1984年11月20日。旬报,4开4版。

编辑部现有4人。现任主编张建华、陆钦尧。

社址:南宁市古城路31号。邮政编码:530022。电话:22221。

广西法制报 广西自治区司法厅主办。国内统一刊号CN45—0023。创刊于1982年12月。周报,4开4版。

报社现有19人,其中编采17人。现任总编辑庞大异。

社址:南宁市星湖路。邮政编码:530022。电话:42337。

广播电视信息 南宁市广播电视局主办。国内统一刊号CN45—0027。创刊于1985年9月7日。周报,4开4版。

报社现有12人,其中编采5人。现任社长吴祚康,总编辑蓝红。

社址:南宁市朝阳路7号。邮政编码:530012。电话:28377。

桂林广播电视报 桂林市广播电视局主办。国内统一刊号CN45—0028。创刊于1986年3月1日。周报,4开4版。

报社现有9人,其中编采6人。现任总编辑张次辉。

社址:广西桂林市滨北路福棠里。邮政编码:541001。电话:225045。

柳州广播电视报 柳州市广播电视局主办。国内统一刊号CN45—0029。创刊于1986年8月1日。周报,4开4版。

报社现有11人,其中编采9人。现任负责人林刚文。

社址:广西柳州市屏山大道130号。邮政编码:545005。电话:24327。

地质矿产报 广西地质矿产局主办。国内统一刊号CN45—0033。创刊于1985年9月10日。半月报,4开4版。

报社现有编采9人。现任总编辑张洪起。

社址:南宁市建政路1号。邮政编码:530023。电话:27149。

广西农垦报 广西自治区农垦局主办。国内统一刊号CN45—0034。创刊于1982年2月26日。周报,4开4版。

报社现有9人,其中编采8人。现任总编辑黎君耀。

社址:南宁市七星路。邮政编码:530022。电话:28672。

广西民族报 广西自治区少数民族语言文字工作委员会主办。国内统一刊号CN45—0036。创刊于1957年9月,原名《壮文报》,1982年改为现名。用壮文出版。周2报,4开4版。

现任社长兼总编辑农启彪。

社址:南宁市星湖路北二里8号。邮政编码:530022。电话:42823。

广西侨报 广西自治区侨务办公室主办。国内统一刊号CN45—0038。创刊于1956年6月5日,1960年12月1日停刊;1962年3月1日复刊,1964年10月再次停刊,1982年10月1日复刊。周报,4开4版。

报社现有10人,其中编采6人。现总编辑蔡瑜。

社址:南宁市桃源路4号。邮政编码:530021。电话:26872。

广西人口报 广西自治区计划生育委员会主办。国内统一刊号CN45—0037。创刊于1987年1月。半月报,4开4版。

报社现有7人,其中编采6人。现总编辑吴世南。

社址:南宁市星湖路2号。邮政编码:530022。电话:42447。

广西煤矿工人报 广西煤炭工业厅主办。国内统一刊号CN45—0040。创刊于1987年1月。周报,对开4版。

报社现有29人,其中编采15人。现任总编辑刘峰。

社址:广西合山市里兰。邮政编码:546508。电话:546508。

广西商报 广西自治区商业厅、供销合作社主办。国内统一刊号CN45—0042。创刊于1986年1月,原名《广西商业报》,1989年1月改为现名。周2报,4开4版。

现任总编辑周洪恩。

社址:南宁市桃源路59号。邮政编码:530021。电话:28633—247。

流通报 柳州市政府财贸办会室、市委宣传部主办。国内统一刊号CN45—0044。创刊于1988年2月14日。周报,4开4版。

报社现有29人,其中编采25人。现任总编辑邝家华。

社址:广西柳州市连塘路92号。邮政编码:545001。电话:26099。

小博士报 广西自治区科协、教委、团区委主办。国内统一刊号CN45—0043。创刊于1984年12月25日。周报,4开4版。

报社现有8人,其中编采5人。现任社长兼总编辑姚建勋。

社址:南宁市古城路31号。邮政编码:530022。电话:26680。

广西工商报 广西自治区工商行政管理局主办。国内统一刊号CN45—0048。创刊于1988年3月3日。周2报,4开4版。

报社现有22人,其中编采15人。现任总编辑黄绍熙。

社址:南宁市星湖路。邮政编码:530022。电话:52524。

广西经济报 广西日报社主办。国内统一刊号CN45—0051。创刊于1988年5月31日。周2报,对开4版。

报社现有32人,其中编采23人。现任总编辑严忠良。

社址:南宁市民主路21号。邮政编码:530026。电话:22160。

经贸时代报 广西自治区对外经济贸易委员会等12个单位联合主办。国内统一刊号CN45—0053。创刊于1988年7月1日,原名《广西外经贸报》,1989年9月7日改为现名。周报,对开4版。

报社现有10人,其中编采7人;另招聘录用30人。现任社长温斯新,副社长兼总编辑叶初阳。

社址:南宁市七星路137号。邮政编码:530022。电话:28778。

柳州铁道 柳州铁路局主办。国内统一刊号CN45—0019。创刊于1953年2月7日。周3报,4开4版。

报社现有32人,其中编采25人。现任总编辑张龙光。

社址:柳州市鹅岗路二区16号。邮政编码:545007。电话:柳铁2059。

梧州广播电视报 梧州市广播电视局主办。国内统一刊号CN45—0030。创刊于1987年1月。周报,4开4版。

现任总编辑王文涛。

社址:广西梧州市和平路76号。邮政编码:543000。电话:63447。

广西电力报 广西自治区电力管理局主办。国内统一刊号CN45—0035。创刊于1987年9月7日。旬报,4开4版。

报社现有9人,其中编采7人。现任总编辑张洪起。

社址:南京市民主路。邮政编码:530023。电话:23672。

广西交通安全报 广西自治区公安厅主办。国内统一刊号CN45—0045。创刊于1978年。旬报,4开4版。

报社现有10人,其中编采8人。现任总编辑蓝胜秋。

社址:南京市新民路。邮政编码:530012。电话:20020。

桂林科技报 桂林市科协主办。国内统一刊号CN45—0050。月报,4开4版。

报社现有8人,其中编采4人。现任总编辑杨清华。

社址:桂林市依仁路。邮政编码:541001。电话:222009。

北部湾报 中共广西钦州地委主办。国内统一刊号CN45—0059。创刊于1989年5月15日。周报,4开4版。

报社现有14人,其中编采9人。现任总编辑农志立。

社址:广西钦州市新兴路地委大院内。邮政编码:535000。电话:224834。

民族医药报 广西民族医药研究所主办。国内统一刊号CN45—0047。创刊于1989年1月5日。旬报,4开4版。

报社现有6人,其中编采4人。现任社长黄汉儒,总编辑罗日泽。

社址:南宁市明秀路。邮政编码:530001。电话:34285。

广西教育报 广西自治区教育委员会主办。国内统一刊号CN45—0025。创刊于1989年3月。周2报,对开4版。

报社现有编采9人。现任总编辑张学孜。

社址:南宁市教育路3号。邮政编码:

530022。电话:52171—383。

海南省

海南日报 中共海南省委机关报。国内统一刊号 CN46—0001。创刊于 1950 年 5 月 7 日。日报,对开 8 版。

报社设总编室、社办公室、经理部、人事部等 17 个处级单位和 12 个科。全社现有 496 人,其中编采人员 161 人。现任总编辑林凤生。

社址:海口市新华南路 7 号。邮政编码:570001。电话:22021(总机)。

海口晚报 中共海口市委主办。国内统一刊号 CN46—0007。创刊于 1988 年 10 月 18 日。周 6 报,对开 4 版。

报社现有 108 人,其中编采 57 人。现任总编辑张仲彩。

社址:海口市大同路市委大院。邮政编码:570001。电话:24107。

海南开发报 海南省文联主办。国内统一刊号 CN46—0003。创刊于 1988 年 1 月。周报,对开 4 版。

现任总编辑李挺奋。

社址:海口市和平南路。邮政编码:570003。电话:42299。

海南经济报 海南省社科联主办。国内统一刊号 CN46—0002。创刊于 1988 年 7 月。周报,对开 4 版。

现任总编辑马维金。

社址:海口市长堤路临江楼。邮政编码:570001。电话:25597。

海南声屏报 海南省文化广播体育厅主办。国内统一刊号 CN46—0004。创刊于 1988 年 8 月 26 日。周报,4 开 4 版。

报社现有 13 人,其中编采 7 人。现任总编辑陈华卓。

社址:海口市海秀大道 1 号。邮政编码:570005。电话:74705。

特区时报 海南省科技工业园主办。国内统一刊号 CN46—0006。创刊于 1988 年 12 月 29 日。周报,对开 4 版。

报社现有 35 人,其中编采 20 人。现任社长兼总编辑伍思俊。

社址:海口市龙华路 34 号。邮政编码:570005。电话:73219。

海南科技报 海南省科协主办。国内统一刊号 CN46—0012。创刊于 1980 年。原名《海南岛科技报》,1989 年 3 月改为现名。周报,4 开 4 版。

现任总编辑王维耕。

社址:海口市科技活动中心。邮政编码:570003。电话:42725。

海南农垦报 海南省农垦总局主办。国内统一刊号 CN46—0011。创刊于 1953 年,1985 年复刊。周报,对开 4 版。

现任总编辑王松华。

社址:海口市海秀路草坡。邮政编码:570005。电话:74423 转。

海南特区报 海南日报社主办。国内统一刊号 CN46—0005。创刊于 1989 年 1 月。周 2 报,对开 4 版。

现任总编辑唐凤林。

社址:海口市龙昆上村 290 号。邮政编码:570005。电话:72301。

考试报 海南省考试管理中心主办。国内统一刊号 CN46—0008。周报,4 开 4 版。

现任总编辑吴慎劝。

社址:海口市海府大道。邮政编码:570004。电话:42340。

四川省

四川日报 中共四川省委机关报。国内统一刊号 CN51—0001。创刊于 1952 年 9 月 1 日。日报,对开 4 版。

报社机构有编辑部、经理部、政工部门三大块。全社共有 910 人,其中编采 210 人。现任总编辑姚志能,副总编辑唐小强、唐嗣田、席文举。

社址:成都市红星中路。邮政编码:610012。电话:667450。

成都晚报 中共成都市委主办。国内统一刊号 CN51—0003。创刊于 1956 年 5 月 1 日。日报,对开 4 版。

报社现有 450 人,其中编采 160 人。现任总编辑凯兵。

社址:成都市庆云南街 19 号。邮政编码:610014。电话:664051。

重庆日报 中共重庆市委主办。国内统一刊号 CN51—0004。创刊于 1952 年 8 月 5 日。日报,对开 4 版。

报社现有 600 人,其中编采 200 人。现任总编辑王尚义。

社址:重庆市中区解放西路 66 号。邮政编码:630012。电话:47477。

自贡日报 中共自贡市委主办。国内统一刊号 CN51—0007。创刊于 1951 年 3 月 31 日,1972 年停刊,1981 年复刊。周 6 报,4 开 4 版。

报社现有 70 人,其中编采 44 人。现任总编辑何开三。

社址:四川省自贡市檀木林街 47 号。邮政编码:643000。电话:225488。

攀枝花日报 中共攀枝花市委主办。国内统一刊号 CN51—0008。创刊于 1974 年 1 月。周 6 报,4 开 4 版。

报社现有 228 人,其中编采 39 人。现任总编辑孙中荣。

社址:四川省攀枝花市江南三路 2 村。邮政编码:617000。电话:22876。

泸州报 中共泸州市委主办。国内统一刊号 CN51—0009。创刊于 1984 年 11 月。周 2 报,4 开 4 版。

报社现有 74 人,其中编采 18 人。现任总编辑章正超。

社址:四川省泸州市慈善路 137 号。邮政编码:646000。电话:2234。

乐山报 中共乐山市委主办。国内统一刊号 CN51—0011。创刊于 1980 年 2 月。周 3 报,4 开 4 版。

报社现有 39 人,其中编采 30 人。现任总编辑姚章雨。

社址:四川省乐山市鼓楼街。邮政编码:614000。电话:24337。

德阳报 中共德阳市委主办。国内统一刊号 CN51—0010。创刊于 1984 年 7 月。周 2 报,4 开 4 版。

报社现有 130 人,其中编采 18 人。现任总编辑沈杰。

社址:四川省德阳市长江东路东山南巷 3 号。邮政编码:618000。电话:222976。

万县日报 中共万县地委主办。国内统一刊号 CN51—0012。创刊于 1950 年 5 月 15 日,1967 年 6 月 24 日停刊,同年 8 月 22 日复刊。周报,4 开 4 版。

报社现有 362 人,其中编采 51 人。现任社长徐行。

社址:四川省万县市新城路 44 号。邮政编码:634000。电话:23218。

涪陵日报 中共涪陵地委主办。国内统一刊号 CN51—0013。创刊于 1953 年 2 月。周 6 报,4 开 4 版。

报社现有 271 人,其中编采 53 人。现任总编辑刘顺福。

社址:四川省涪陵市中山西路 152 号。邮政编码:648000。电话:23964。

通川日报 中共达县地委主办。国内统一刊号 CN51—0015。创刊于 1956 年 7 月,1970 年 3 月停刊,1974 年 1 月复刊。周 6 报,4 开 4 版。

报社现有 74 人,其中编采 56 人。

社址:四川省达县市通川中路 118 号。邮政编码:635000。电话:24127。

南充日报 中共南充地委主办。国内统一刊号 CN51—0014。创刊于 1952 年 10 月。日报,4 开 4 版。

报社现有 299 人,其中编采 68 人。现任负责人刘春辉。

社址:四川省南充市文化路 15 号。邮

政编码:637000。电话:22014。

阿坝报 中共阿坝自治州委主办。国内统一刊号:汉文版 CN51—0016,藏文版 CN51—0017。创刊于 1955 年 1 月。均为周 3 报,4 开 4 版。

报社现有 104 人,其中编采 31 人。现任负责人多吉扎西。

社址:四川省马尔康县。邮政编码:624000。电话:2167。

甘孜报 中共甘孜自治州委主办。国内统一刊号:汉文版 CN51—0019。藏文版 CN51—0019。创刊于 1954 年 8 月。均为周 3 报,4 开 4 版。

报社现有 191 人,其中编采 17 人。现任负责人当秋。

社址:四川省康定县城关镇。邮政编码:626000。

凉山日报 中共凉山自治州委主办。国内统一刊号:汉文版 CN51—0020,彝文版 CN51—0021。创刊于 1978 年 1 月。均为周 6 报,4 开 4 版。

报社现有 175 人,其中编采 24 人。现任总编辑聂仪文。

社址:四川省西昌市上大水沟。邮政编码:615000。电话:22295。

绵阳日报 中共绵阳市委主办。国内统一刊号 CN51—0088。创刊于 1987 年 10 月。日报,4 开 4 版。

报社现有 70 人,其中编采 57 人。现任总编辑宋肇兴。

社址:四川省绵阳市建设街 8 号。邮政编码:621000。电话:24873。

内江报 中共内江市委、内江市政府主办。国内统一刊号 CN51—0089。创刊于 1987 年 10 月。周 3 报,4 开 4 版。

报社现有 40 人,其中编采 30 人。现任总编辑何其愚。

社址:四川省内江市委机关石场院。邮政编码:641000。电话:24116。

宜宾日报 中共宜宾地委主办。国内统一刊号 CN51—0092。创刊于 1987 年 10 月。周 6 报,4 开 4 版。

报社现有 70 人,其中编采 50 人。现任总编辑张继福。

社址:四川省宜宾市中山街 142 号。邮政编码:644000。电话:4950。

广元时报 中共广元市委、广元市政府主办。国内统一刊号 CN51—0093。创刊于 1988 年 5 月。周报,4 开 4 版。

报社现有 28 人,其中编采 22 人。现任总编辑蔡元藻。

社址:四川省广元市市委办公楼。邮政编码:628000。电话:2231。

郫县周报 中共郫县县委主办。国内统一刊号 CN51—0022。创刊于 1983 年 11 月 8 日。周报,4 开 4 版。

报社现有 8 人,其中编采 3 人。现任总编辑王正星。

社址:四川省郫县郫筒镇北街。邮政编码:611730。

合川报 中共合川县委主办。国内统一刊号 CN51—0023。创刊于 1956 年 4 月,1957 年 7 月停刊,1980 年 6 月复刊。周 3 报,4 开 4 版。

报社现有 28 人,其中编采 23 人。现任总编辑熊永华。

社址:四川省合川县合阳镇双牌坊 6 号。邮政编码:631520。电话:2651。

酉阳报 中共酉阳自治县委主办。国内统一刊号 CN51—0024。创刊于 1956 年 6 月,1979 年 4 月停刊,1980 年 7 月复刊。周 2 报,4 开 4 版。

报社现有 154 人,其中编采 19 人。现任总编辑罗廷辉。

社址:四川省酉阳县城和平路。邮政编码:648800。

重庆政协报 政协重庆市委主办。国内统一刊号 CN51—0064。创刊于 1984 年 4 月 5 日。半月报,4 开 4 版。

报社现有 6 人,其中编采 5 人。现任总编辑李厚存。

社址:重庆市沧白路 71 号。邮政编码:630011。电话:45012。

该报 1990 年改为内部报纸。

四川政协报 政协四川省委主办。国内统一刊号 CN51—0026。创刊于 1986 年 7 月。周报,4 开 4 版。

报社现有编采 10 人。现任总编辑钟庆樾。

社址:成都市红照壁街 25 号。邮政编码:610000。电话:27941—160。

重庆晚报 中共重庆市委主办。国内统一刊号 CN51—0006。创刊于 1985 年 5 月 1 日。日报,4 开 4 版。

报社现有 75 人,其中编采 56 人。现任总编辑石大周。

社址:重庆市解放西路 66 号。邮政编码:630012。电话:49310。

四川农村报 (四川日报农村版) 四川日报社主办。国内统一刊号 CN51—0002。创刊于 1952 年 10 月 1 日。周 3 报,4 开 4 版。

编辑部现有 26 人,其中编采 25 人。现任总编辑肖朝经。

社址:成都市红星中路 70 号。邮政编码:610012。电话:667450。

四川工人报 四川总工会主办。国内统一刊号 CN51—0025。创刊于 1950 年 2 月 7 日。1959 年 12 月 31 日停刊,1982 年 7 月 1 日复刊。日报,4 开 4 版。

报社现有 156 人,其中编采 70 人。现任总编辑桂金。

社址:成都市水碾河双桥路西口。邮政编码:610066。电话:444150。

重庆农村报 中共重庆市委主办。国内统一刊号 CN51—0005。创刊于 1983 年 1 月 19 日。周 2 报,4 开 4 版。

编辑部现有 18 人,其中编采 15 人。现任负责人熊庆元。

社址:重庆市解放西路 66 号。邮政编码:630012。电话:43223。

现代工人报 重庆市总工会主办。国内统一刊号 CN51—0063。创刊于 1984 年 7 月 1 日。周 3 报,对开 4 版。

报社现有 73 人,其中编采 40 人。现任总编辑蒋旭中。

社址:重庆市健康路 36 号。邮政编码:630014。电话:350962。

中国市容报 国务院建设部、中共重庆市委主办。国内统一刊号 CN11—0173。创刊于 1982 年 3 月。周 2 报,对开 4 版。

报社现有 44 人,其中编采 21 人。现任总编辑徐享成,副总编辑李政华、吴居才。

社址:重庆市中区国际村 30 号。邮政编码:630014。电话:352874。

四川林业报 四川省林业厅主办。国内统一刊号 CN51—0028。创刊于 1954 年 10 月,1960 年至 1964 年,1966 年至 1977 年 10 月两度停刊。周 2 报,4 开 4 版。

报社现有 20 人,其中编采 14 人。现任总编辑覃道洲。

社址:成都市人民北路一段 6 号。邮政编码:610081。电话:333512—328。

四川消防报 四川省公安消防总队、四川省保险公司主办。国内统一刊号 CN51—0027。创刊于 1982 年 1 月 1 日。旬报,4 开 4 版。

报社现有 10 人,其中编采 6 人。现任总编辑何扬名(代理)。

社址:成都市文庙后街 40 号。邮政编码:610041。电话:666620—447。

四川石油报 四川省石油管理局主办。国内统一刊号 CN51—0029。创刊于 1956 年 7 月。周 2 报,4 开 4 版。

报社现有 33 人,其中编采 32 人。现任总编辑李代友。

社址:成都市府青路一段 3 号。邮政编码:610051。电话:334911—679。

四川建筑报 四川省建筑工程总公司主办。国内统一刊号 CN51—0030。创刊于1958年7月,1960年10月停刊;1982年5月复刊。周报,4开4版。

现任总编辑王步文。

社址:成都市解放路二段95号。邮政编码:610000。电话:31359。

该报1990年改为内部报纸。

四川交通报 四川省交通厅主办。国内统一刊号CN51—0032。创刊于1985年1月。周2报,4开4版。

报社现有17人,其中编采13人。现任总编辑郭洪喜。

社址:成都市一环路西二段。邮政编码:610072。电话:23097。

四川通信报 四川邮电管理局主办。国内统一刊号CN51—0031。创刊于1950年2月。周报,对开4版。

现任总编辑樊奎德。

社址:成都市文庙前街90号。邮政编码:610000。电话:23794。

西南机电报 四川省机械工业厅主办。国内统一刊号CN51—0033。创刊于1986年3月。周报,对开4版。

现任总编辑陶道开。

社址:成都市人民东路省机械厅内。邮政编码:610013。电话:661253。

四川地质矿产报 四川省地质矿产局主办。国内统一刊号CN51—0034。创刊于1986年8月。周报,4开4版。

报社现有编采6人。现任总编辑游志学。

社址:成都市人民北路101号。邮政编码:610081。电话:32656转。

四川劳动报 四川省劳动厅、省安办主办。国内统一刊号CN51—0036。创刊于1987年1月。周2报,4开4版。

报社现有20人,其中编采17人。现任总编辑邓季良。

社址:成都市陕西街54号。邮政编码:610041。电话:28149。

该报1989年12月停刊。

技术监督报 四川省标准计量局主办。国内统一刊号CN51—0035。创刊于1985年7月。周报,4开4版。

报社现有22人,其中编采13人。现任社长向仲群。

社址:成都市西府北街1号。邮政编码:610031。电话:29405。

四川税务报 四川省税务局主办。国内统一刊号CN51—0037。创刊于1986年6月。周报,4开4版。

报社现有编采7人。现任社长陆树玉。

社址:成都市南新街37号。邮政编码:610041。电话:26606—291。

四川工商报 四川省工商行政管理局主办。国内统一刊号CN51—0038。创刊于1983年11月。周报,4开4版。

报社现有7人,其中编采6人。现任总编辑张梅。

社址:成都市永兴巷。邮政编码:610016。电话:665335—4430。

铁道建设报 铁道部第二工程局主办。国内统一刊号CN51—0040。创刊于1951年7月1日。周2报,4开4版。

报社现有25人,其中编采23人。现任总编辑肖洪举。

社址:成都市新华西路。邮政编码:610032。电话:铁路63139。

天府牧业报 四川省畜牧局主办。国内统一刊号CN51—0039。创刊于1986年8月。周报,4开4版。

报社现有12人,其中编采10人。现任总编辑刘昌谟。

社址:成都市武侯祠大街4号。邮政编码:610041。电话:552094。

西南电力报 西南电力管理局主办。国内统一刊号CN51—0041。创刊于1983年2月。周2报,4开4版。

报社现有25人,其中编采20人。现任总编辑姚国寿。

社址:成都市东风路一段32号。邮政编码:610021。电话:28711—112。

西南农村金融报 中国农业银行四川省分行主办。国内统一刊号CN51—0042。创刊于1985年。周报,对开4版。

报社现有15人,其中编采6人。现任总编辑刘东温。

社址:成都市中署袜街55号。邮政编码:610016。电话:661680。

西南物资商业报 云南、贵州、四川、西藏、广西、重庆五省区六方物资局主办。国内统一刊号CN51—0043。创刊于1986年8月。周2报,对开4版。

报社现有28人,其中编采23人。现任总编辑丁富初。

社址:成都市署袜北一街93号。邮政编码:610016。电话:29761转。

四川经济报 四川省计经委主办。国内统一刊号CN51—0044。创刊于1983年10月。周3报,对开4版。

报社现有65人,其中编采44人。现任总编辑刘开文。

社址:成都市童子街28号。邮政编码:610017。电话:28882。

经济文汇报 中国人民保险公司四川省分公司主办。国内统一刊号CN51—0045。创刊于1985年1月。周报,对开4版。

报社现有22人,其中编采11人。现任总编辑蒲启贵。

社址:成都市东干道一段。邮政编码:610014。电话:27706。

该报1989年12月停刊。

四川科技报 四川省科协主办。国内统一刊号CN51—0046。创刊于1976年3月。周报,4开4版。

现任负责人张天俊。

社址:成都市学道街97号。邮政编码:610016。电话:663996。

中医药信息报 四川省中医管理局、成都中医学院主办。国内统一刊号CN51—0048。创刊于1985年2月。周报,4开4版。

报社现有11人,其中编采10人。现任总编辑石云锦。

社址:成都市新罗路13号。邮政编码:610075。电话:27241转。

技术信息报 四川省科委主办。国内统一刊号CN51—0047。创刊于1984年10月。周报,4开4版。

报社现有10人,其中编采9人。现任总编辑周玉书。

社址:成都市东风路一段32号。邮政编码:610016。电话:28796。

四川广播电视报 四川省广播电视厅、四川人民广播电台、四川电视台主办。国内统一刊号CN51—0049。创刊于1978年12月30日。周报,4开4版。

报社现有13人,其中编采10人。现任总编辑韩遂璋。

社址:成都市红星中路119号。邮政编码:610017。电话:665464。

四川文化报 四川省文化厅主办。国内统一刊号CN51—0050。创刊于1988年1月。周报,4开4版。

报社现有10人,其中编采8人。现任总编辑熊发学。

社址:成都市东胜街19号。邮政编码:610017。电话:24331—248。

教育导报 四川省教育委员会主办。国内统一刊号CN51—0052。创刊于1988年1月1日。周报,4开4版。

报社现有16人,其中编采12人。现任总编辑程永宁。

社址:成都市学道街42号。邮政编码:610016。电话:662981—202。

健康生活 四川省卫生厅主办。国内统一刊号CN51—0051。创刊于1983年9月。周报,4开4版。

报社现有13人,其中编采7人。现任总编辑严友圣。

社址:成都市槐树街50号。邮政编

码:610041。电话:25730。

该报1990年1月与成都市《大众健康》报合并。

四川招生通讯 四川省大学中专招生办公室主办。国内统一刊号CN51—0053。创刊于1979年。旬报,4开4版。

报社现有10人,其中编采8人。现任总编辑王锡宇。

社址:成都市陕西街26号。邮政编码:610017。电话:662981—224。

四川法制报 四川省司法厅主办。国内统一刊号CN51—0054。创刊于1985年1月1日。周3报,4开4版。

报社现有30人,其中编采21人。现任总编辑刘舜泰。

社址:成都市东风路一段1号。邮政编码:610061。电话:660611。

晚霞报 四川省老龄问题委员会主办。国内统一刊号CN51—0056。创刊于1985年2月。周报,4开4版。

报社现有16人,其中编采10人。现任总编辑伍陵。

社址:成都市红星路二段7号。邮政编码:610014。电话:24844—49。

精神文明报 四川省五讲四美三热爱活动委员会主办。国内统一刊号CN51—0055。创刊于1985年5月。周2报,4开4版。

报社现有25人,其中编采17人。现任总编辑李克瀚。

社址:成都市新华东路玉沙宾馆内。邮政编码:610017。电话:661867。

四川新书目 四川省新华书店主办。国内统一刊号CN51—0057。创刊于1986年8月。旬报,4开4版。

报社现有6人,其中编采3人。现任总编辑袁学林。

社址:成都市东玉龙街52号。邮政编码:610014。电话:24866。

少年百科知识 四川省教育委员会主办。国内统一刊号CN51—0058。创刊于1984年7月。周报,4开4版。

报社现有10人,其中编采9人。现任社长李若林。

社址:成都市学道街44号。邮政编码:610016。电话:28782。

西南信息报 重庆市计委主办。国内统一刊号CN51—0060。创刊于1985年1月1日。周3报,对开4版。

报社现有90人,其中编采49人。现任总编辑王存忠。

社址:重庆市建新路68号。邮政编码:630020。电话:751723。

少年先锋报 共青团四川省委、共青团重庆市委主办。国内统一刊号CN51—0059。创刊于1981年5月19日。周报,对开4版。

报社现有22人,其中编采11人。现任总编辑徐国志。

社址:重庆市建新北路76号。邮政编码:630020。电话:751008。

西南工商报 西南重庆等9市工商局主办。国内统一刊号CN51—0061。创刊于1987年9月5日。周2报,对开4版。

报社现有53人,其中编采40人。现任总编辑魏明新。

社址:重庆市解放西路201号。邮政编码:630012。电话:45049。

企业报 重庆市经委、重庆市委研究室主办。国内统一刊号CN51—0062。创刊于1986年8月。周2报,对开4版。

报社现有40人,其中编采33人。现任总编辑张文周。

社址:重庆市建新北路三支路21号。邮政编码:630020。电话:751812。

人民卫生报 重庆市卫生局主办。国内统一刊号CN51—0066。创刊于1977年5月。周报,对开4版。

报社现有18人,其中编采15人。现任社长李祥龙,总编辑司明勋。

社址:重庆市民权路19号。邮政编码:630010。电话:47070。

重庆法制报 重庆市司法局主办。国内统一刊号CN51—0065。创刊于1986年7月1日。周报,4开4版。

报社现有12人,其中编采10人。现任负责人梅秀泉。

社址:重庆市桂花园路31号。邮政编码:630015。电话:53970。

西南铁道报 成都铁路局主办。国内统一刊号CN51—0067。创刊于1953年7月1日。周3报,4开4版。

报社现有39人,其中编采32人。现任总编辑廖希文。

社址:成都市人民北路成都铁路局内。邮政编码:610008。电话:铁路22059。

重庆广播电视报 重庆市广播电视局主办。国内统一刊号CN51—0068。创刊于1956年6月17日,原名《重庆广播节目报》,"文革"中停刊,1980年8月28日复刊,改为现名。周报,4开4版。

报社现有11人,其中编采7人。现任主编杨书敏。

社址:重庆市中山三路159号。邮政编码:630015。电话:352963。

农民之友报 重庆市科协、西南农业大学主办。国内统一刊号CN51—0071。创刊于1982年1月。旬报,4开4版。

报社现有23人,其中编采14人。现任总编辑周捷将。

社址:四川省永川县玉屏路10号。邮政编码:632160。电话:2745。

重庆消防报 重庆市公安消防支队、重庆市保险分公司主办。国内统一刊号CN51—0069。创刊于1980年7月。周报,4开4版。

报社现有11人,其中编采9人。现任总编辑何长水。

社址:重庆市罗汉寺街9号。邮政编码:630011。电话:46809。

该报1990年改为内部报纸。

自学报 共青团重庆市委主办。国内统一刊号CN51—0072。创刊于1983年8月。周报,4开4版。

报社现有36人,其中编采6人。现任总编辑许东河。

社址:重庆市枣子岗垭心街114号。邮政编码:630015。电话:54861。

教育周报 重庆市教育局主办。国内统一刊号CN51—0070。原名《重庆教育报》,1985年改为现名。周报,4开4版。

报社现有15人,其中编采12人。现任总编辑马中和。

社址:重庆市重庆村54号。邮政编码:630000。电话:52437。

希望周报 国内统一刊号CN51—0084。周报,对开4版。

报社现有25人,其中编采20人。现任总编辑欧可平。

社址:重庆中山四路81号。邮政编码:630000。电话:52476。

成都科技报 成都市科协主办。国内统一刊号CN51—0073。创刊于1979年1月。周报,4开4版。

现任总编辑叶长珍。

社址:成都市人民西路市政府院内。邮政编码:610015。电话:26513。

大众健康 成都市卫生局主办。国内统一刊号CN51—0075。创刊于1984年12月。周报,4开4版。

报社现有12人,其中编采10人。现任总编辑钱为政。

社址:成都市宾隆巷54号。邮政编码:610014。电话:23401。

视听生活 成都市广播电视局主办。国内统一刊号CN51—0074。创刊于1987年1月。周报,4开4版。

报社现有30人,其中编采16人。现任总编辑易冰兰。

社址:成都市一环路东三段。邮政编

码:610051。电话:444328。

学语文报 内江市教育局主办。国内统一刊号CN51—0076。创刊于1984年12月。周报,4开4版。

报社现有30人,其中编采11人。现任总编辑王长吉。

社址:四川省内江市公园街公园湾55号。邮政编码:641000。电话:4635。

阿坝教育报 阿坝自治州教育局主办。国内统一刊号CN51—0077。创刊于1985年2月。周报,4开4版。

报社现有8人,其中编采5人。现任总编辑邹德成。

社址:四川省马尔康县。邮政编码:624000。电话:2351。

攀枝花广播电视报 攀枝花市广播电视局主办。国内统一刊号CN51—0079。创刊于1985年6月。周报,4开4版。

报社现有6人,其中编采5人。现任总编辑王文学。

社址:四川省攀枝花市炳草岗江南三路。邮政编码:617000。电话:23113。

读与写 南充市文联、南充市学苑学院汉语言文学系主办。国内统一刊号CN51—0078。创刊于1984年8月。周报,8开4版。

现任总编辑刘廷武。

社址:四川省南充市人民西路15号。邮政编码:637000。电话:2356。

战旗报 成都军区政治部主办。国内统一刊号CN51—0081。创刊于1955年10月。周3报,4开4版。

报社现有32人,其中编采27人。现任总编辑周大可。

社址:成都市北较场。邮政编码:610017。

两用人才报 成都军区政治部主办。国内统一刊号CN51—0082。创刊于1985年8月。周报,4开4版。

报社现有5人,其中编采4人。现任总编辑周大可。

社址:成都市北较场。邮政编码:610017。

家庭与生活报 四川计划生育委员会主办。国内统一刊号CN51—0085。创刊于1982年5月。周报,4开4版。

报社现有11人,其中编采10人。现任总编辑王俊华。

社址:成都市人民南路四段15号。邮政编码:610041。电话:553418。

四川青年报 共青团四川省委主办。国内统一刊号CN51—0083。创刊于1986年6月。周2报,对开4版。

报社现有60人,其中编采45人。现任负责人闵云森。

社址:成都市多子巷2号。邮政编码:610015。电话:29286。

西南价格报 成都、贵阳、昆明、南宁、重庆五市物价局主办。国内统一刊号CN51—0086。创刊于1985年1月15日。周报,对开4版。

报社现有33人,其中编采13人。现任社长柳端图。

社址:重庆市建新北路74号。邮政编码:630020。电话:751955。

环境保护导报 四川省环境保护委员会、重庆市环境保护委员会主办。国内统一刊号CN51—0094。创刊于1986年11月21日。周报,对开4版。

报社现有25人,其中编采20人。现任总编辑王伟。

社址:重庆市建新北路130号。邮政编码:630020。电话:752119。

软件报 中国软件技术公司成都分公司主办。国内统一刊号CN51—0090。创刊于1985年4月。周报,对开4版。

报社现有11人,其中编采8人。现任总编辑王炫华。

社址:成都市金河街75号。邮政编码:610015。电话:67581转。

文摘周报 四川日报社主办。国内统一刊号CN51—0087。创刊于1980年10月3日。周报,4开4版。

编辑部现有14人。现任总编辑甘茂因。

社址:成都市红星路二段70号。邮政编码:610012。电话:667450—30。

电子报 成都电子研究所主办。国内统一刊号CN51—0091。创刊于1980年7月。周报,4开4版。

现任总编辑王有春。

社址:成都市金河街75号。邮政编码:610015。电话:25845。

西部电子信息报 四川省电子工业厅主办。国内统一刊号CN51—0095。创刊于1987年5月。周报,4开4版。

报社现有编采9人。现任总编辑李铁成。

社址:成都市桂王桥西街66号。邮政编码:610017。电话:

四川价格报 四川省物价局主办。国内统一刊号CN51—0096。创刊于1988年10月。周报,对开4版。

报社现有28人,其中编采24人。现任总编辑黄为虎。

社址:成都市新华东路玉沙宾馆内。邮政编码:610017。电话:25263。

川东南报 中共黔江地委主办。国内统一刊号CN51—0099。创刊于1989年6月。周3报,4开4版。

报社现有36人,其中编采30人。现任总编辑王道达。

社址:四川黔江县黔江地委院内。邮政编码:648700。

国防时报 中共四川省委人武会主办。国内统一刊号CN51—0097。创刊于1989年3月。周报,4开4版。

报社现有18人,其中编采14人。现任总编辑张元树。

社址:成都市一环路南二段11号。邮政编码:610041。电话:27981—4669。

厂长经理报 中国新闻与现代化研究中心主办。国内统一刊号CN51—0098。创刊于1989年7月1日。周2报,对开4版。

报社现有103人,其中编采45人。现任社长兼总编辑龙良贤。

社址:重庆市大坪长江二路39号。邮政编码:630042。电话:811493。

改革时报 四川省经济体制改革委员会主办。国内统一刊号CN51—0100。创刊于1989年11月。周3报,4开4版。

现任总编辑范朗。

社址:成都市横九龙巷57号。邮政编码:610015。电话:663704。

贵州省

贵州日报 中共贵州省委机关报。国内统一刊号CN52—0013。创刊于1949年11月28日。日报,对开4版。

报社实行社长负责制,编辑部设有16个部室,另有社办公室、人事处、保卫处、机关党委、机关工会、财务处、广告发行处、印刷厂。全社现有531人,其中编采212人。现任社长刘学洙,总编辑高宗文,副社长罗会文、诸国华、陈昭轩,副总编辑刘廷辉、李国普。

社址:贵阳市外环城东路360号。邮政编码:550001。电话:627779。

铜仁报 中共铜仁地委主办。国内统一刊号CN52—0008。创刊于1986年1月1日。周2报,4开4版。

报社现有13人,其中编采8人。现任总编辑高晨钟。

社址:贵州省铜仁地委院内。邮政编码:554300。

黔西南报 中共黔西南自治州委主办。国内统一刊号CN52—0015。创刊于

1984年10月1日。周2报,4开4版。

报社现有27人,其中编采21人。现任社长胡宗裕。

社址:贵州省兴义市黔西南州委院内。邮政编码:562400。

毕节报 中共毕节地委主办。国内统一刊号CN52—0018。创刊于1985年11月1日。周报,4开4版。

报社现有29人,其中编采18人。现任总编辑刘衍奎。

社址:贵州省毕节城区郭家湾。邮政编码:551700。电话:3912。

黔东南报 中共黔东南自治州委主办。国内统一刊号CN52—0017。创刊于1959年2月1日,1960年9月29日停刊,1984年10月1日复刊。周2报,4开4版。

报社现有29人,其中编采20人。现任总编辑陈颖。

社址:贵州省凯里市州图书馆三楼。邮政编码:556000。电话:2182。

六盘水报 中共六盘水市委主办。国内统一刊号CN52—0020。创刊于1984年10月1日。周2报,4开4版。

报社现有29人,其中编采22人。现任总编辑张洲睿。

社址:贵州省六盘水市钟山大街。邮政编码:553001。电话:2876。

黔南报 中共黔南自治州委主办。国内统一刊号CN52—0019。创刊于1958年,1985年1月1日复刊。周2报,4开4版。

报社现有38人,其中编采28人。

社址:贵州省都匀市剑江路。邮政编码:558000。电话:3781。

遵义报 中共遵义地委主办。国内统一刊号CN52—0022。创刊于1949年12月,原名《新遵义报》,1959年8月改为现名。周3报,4开4版。

报社现有21人,其中编采14人。现任总编辑李演。

社址:贵州省遵义市上海路。邮政编码:563002。电话:4084。

兴义报 中共兴义市委主办。国内统一刊号CN52—0023。创刊于1956年6月,1961年5月停刊,1982年5月复刊。周2报,4开4版。

报社现有编采8人。现任负责人余国祥。

社址:贵州省兴义市委大院内。邮政编码:562400。电话:2625。

思南报 中共思南县委主办。国内统一刊号CN52—0010。创刊于1953年,原名《思南小报》,1962年停刊;1985年1月复刊改为现名。周报,4开4版。

现任总编辑覃智扬。

社址:贵州省思南县委大院。邮政编码:565100。

遵义晚报 中共遵义市委主办。国内统一刊号CN52—0011。创刊于1987年5月1日。周6报,4开4版。

报社现有63人,其中编采49人。现任总编辑车培英。

社址:贵州省遵义市文化宫。邮政编码:563000。电话:4026。

贵州农民报 贵州日报社、贵州省商业厅主办。国内统一刊号CN52—0014。创刊于1983年8月。周报,4开4版。

现任主编李国普。

社址:贵阳市外环东路360号。邮政编码:550001。电话:627879。

贵州科技报 贵州省科协主办。国内统一刊号CN52—0025。创刊于1964年1月。周报,4开4版。

报社现有编采6人。现任总编辑张韶华。

社址:贵阳市延安东路33号。邮政编码:550003。电话:625422。

健康之友 贵州省卫生厅、贵阳市卫生局合办。国内统一刊号CN52—0024。创刊于1974年6月24日。旬报,4开4版。

报社现有7人,其中编采6人。

社址:贵阳花溪大道北段139号。邮政编码:550003。

铁道工地报 铁道部第五工程公司主办。国内统一刊号CN52—0026。创刊于1979年7月1日,。周2报,4开4版。

现任总编辑韩静民。

社址:贵阳市枣山路铁五局机关。邮政编码:550003。电话:625422。

贵州经济报 贵州省人民政府办公厅主办。国内统一刊号CN52—0002。创刊于1985年10月,原名《经济日报(贵州版)》,1987年9月改为现名。周2报,对开4版。

报社现有29人,其中编采21人。现任社长兼总编辑李庭坚。

社址:贵阳市中华北路325号。邮政编码:550003。电话:626314。

贵州广播电视报 贵州省广播电视厅主办。国内统一刊号CN52—0016。创刊于1983年12月29日。周报,4开8版。

报社现有11人,其中编采10人。现任总编辑陆建民。

社址:贵阳市青云路271号。邮政编码:550002。电话:524286。

法制生活报 贵州省司法厅主办。国内统一刊号CN52—0001。创刊于1985年1月。周报,4开4版。

报社现有15人,其中编采12人。现任总编辑叶洪舒。

社址:贵阳市延安西路政法大楼。邮政编码:550002。电话:626314。

贵州民族报 贵州省民委主办。国内统一刊号CN52—0004。创刊于1986年1月1日。周报,对开4版。

报社现有20人,其中编采13人。现任总编辑余正生。

社址:贵阳市市北街68号。邮政编码:550001。电话:626556。

文摘 贵州日报社主办。国内统一刊号CN52—0012。创刊于1981年2月7日。周报,4开4版。

编辑部现有9人,其中编采8人。现任主编陈耀卿。

社址:贵阳市外环城东路360号。邮政编码:550001。电话:627879—390。

贵州工人报 贵州省总工会主办。国内统一刊号CN52—0006。创刊于1985年1月。周2报,4开4版。

报社现有22人,其中编采16人。现任总编辑黄建春。

社址:贵阳市瑞金南路103号。邮政编码:550003。电话:28257。

经济信息时报 贵州省经委等8个部门主办。国内统一刊号CN52—0021。创刊于1984年7月。周2报,4开4版。

报社现有32人,其中编采20人。现任社长陈贺林。

社址:贵阳市北京路76号。邮政编码:550001。电话:627383。

贵州消防报 贵州省公安消防总队、省消防协会主办。国内统一刊号CN52—0027。创刊于1987年。旬报,4开4版。

现任总编辑林俊展。

社址:贵阳市外环城北路48号。邮政编码:550001。电话:525941—2262。

贵州邮电报 贵州省邮电管理局主办。国内统一刊号CN52—0009。创刊于1950年,1985年复刊。周报,4开4版。

现任社长徐宁。

社址:贵阳市延安东路16号。邮政编码:550001。电话:523185。

云南省

云南日报 中共云南省委机关报。国内统一刊号CN53—0001。创刊于1950

年3月4日。日报,对开4版。

报社设新闻部、副刊部、记者部、评论部、夜编部、编委办、春城晚报、经理部、人事处、新闻研究所、群工部。全社现有625人,其中编采254人。现任总编辑汪子明,副总编辑赵帅仁、韩声雄。

社址:昆明市新闻路51号。邮政编码:650032。电话:41951。

昆明日报 中共昆明市委主办。国内统一刊号CN53—0002。创刊于1958年,原名《昆明报》,1960年停刊;1985年8月1日复刊,1989年1月1日改为现名,并改出日报,对开4版。

报社现有104人,其中编采82人。现任总编辑刘全健。

社址:昆明市后新街。邮政编码:650000。电话:20090。

曲靖报 中共曲靖地委主办。国内统一刊号CN53—0004。创刊于1985年7月1日。周3报,4开4版。

报社现有32人,其中编采22人。现任社长兼总编辑金玠。

社址:云南省曲靖市文昌街。邮政编码:655000。电话:2156。

昭通报 中共昭通地委主办。国内统一刊号CN53—0003。创刊于1984年10月1日。周2报,4开4版。

报社现有21人,其中编采18人。现任负责人杨丽生。

社址:云南省昭通市迎丰路。邮政编码:657000。电话:4014。

楚雄报 中共楚雄自治州委主办。国内统一刊号CN53—0005。创刊于1976年2月13日,原名《学大寨通讯》,1978年10月更名《楚雄通讯》,1980年1月改为现名。周3报,4开4版。

报社现有34人,其中编采24人。现任总编辑张逵远。

社址:云南省楚雄州委机关大院。邮政编码:675000。电话:2314。

红河报 中共红河自治州委主办。国内统一刊号CN53—0006。创刊于1980年7月13日。周3报,4开4版。

报社现有25人,其中编采19人。现任总编辑马如槐。

社址:云南省个旧市金湖西路。邮政编码:661400。电话:22324。

思茅报 中共思茅地委主办。国内统一刊号CN53—0008。创刊于1949年8月8日,1962年停刊,1980年1月复刊。周2报,4开4版。

报社现有14人,其中编采11人。现任总编辑郑希贤。

社址:云南省思茅地委机关院内。邮政编码:665000。电话:2139。

文山报 中共文山自治州委主办。国内统一刊号CN53—0007。创刊于1953年2月14日,1961年2月停刊,1983年7月复刊。周3报,4开4版。

报社现有46人,其中编采34人。现任总编辑任兵。

社址:云南省文山县城沙坝中路。邮政编码:663000。电话:2535。

西双版纳报 中共西双版纳自治州委主办。国内统一刊号:汉文版CN53—0009,傣文版CN53—0010。创刊于1957年3月4日,同年6月1日汉文版停刊,1960年4月2日复刊。均为周2报,4开4版。

报社现有127人,其中编采22人。现任总编辑罗俊新。

社址:云南省景洪县允景洪镇。邮政编码:666100。电话:2031。

大理报 中共大理自治州委主办。国内统一刊号CN53—0011。创刊于1958年,原名《大理日报》,后来停刊;1978年10月1日创办《大理简讯》,1981年1月1日复刊《大理报》。周3报,4开4版。

报社现有28人,其中编采23人。现任总编辑陈国珍。

社址:云南省大理市下关复兴路。邮政编码:671000。电话:5377。

德宏团结报 中共德宏自治州委主办。国内统一刊号:汉文版CN53—0013,傣文版CN53—0014,景颇文版CN53—0015,载瓦文版CN53—0015(共用),傈僳文版CN53—0016。创刊于1955年1月1日。汉文版周3报,傣文版、景颇文版为周2报,傈僳文版、载瓦文版为周报;均为4开4版。

报社现有173人,其中编采48人。现任社长、总编辑李向前(景颇族)。

社址:云南省潞西县芒市团结大街。邮政编码:678400。

保山报 中共保山地委主办。国内统一刊号CN53—0012。创刊于1956年3月18日,1981年1月复刊。周2报,4开4版。

报社现有21人,其中编采18人。现任总编辑傅宗明。

社址:云南省保山市小北门街。邮政编码:678000。电话:2338。

怒江报 中共怒江自治州委主办。国内统一刊号:汉文版CN53—0017,傈僳文版CN53—0018。创刊于1985年10月5日。周报,4开4版。

报社编辑部现有24人,其中编采17人。现任社长兼总编辑洪树宽。

社址:云南省泸水县六库镇。邮政编码:673100。

临沧报 中共临沧地委主办。国内统一刊号CN53—0039。创刊于1987年11月10日。周2报,4开4版。

报社现有编采16人。现任总编李景明。

社址:云南省临沧县凤翔镇。邮政编码:677000。

东川报 中共东川市委主办。国内统一刊号CN53—0041。创刊于1959年1月2日,1961年2月停刊,1987年12月28日复刊。旬报,4开4版。

编辑部现有7人,其中编采5人。现任主任何克昌。

社址:云南省东川市政府礼堂。邮政编码:654100。

丽江报 丽江县民族事务委员会主办。国内统一刊号:纳西文版CN53—0019,傈僳文版CN53—0020。创刊于1985年12月26日。半月报,4开4版。

报社现有3人,其中编采2人。现任负责人和国珍。

社址:云南省丽江县政府大院。邮政编码:674100。

春城晚报 云南日报社主办。国内统一刊号CN53—0030。创刊于1980年1月1日。周6报,4开4版。

报社现有编采53人。现任总编辑殷宗器。

社址:昆明市新闻路51号。邮政编码:650032。电话:41896。

云南交通报 云南省交通厅主办。国内统一刊号CN53—0021。创刊于1983年3月5日。周报,4开4版。

报社现有9人,其中编采8人。现任总编辑杨珠。

社址:昆明市西站。邮政编码:650031。电话:81139。

云南邮电报 云南省邮电管理局主办。国内统一刊号CN53—0023。创刊于1950年4月15日,1951年9月10日至1953年1月,1960年4月24日至1984年6月19日两次停刊。周报,4开4版。

报社现有14人,其中编采13人。现任社长、总编辑道立功。

社址:昆明市北京路南段34号。邮政编码:650011。电话:31422。

云南法制报 云南省司法厅主办。国内统一刊号CN53—0022。创刊于1983年1月1日。周报,4开4版。

编辑部现有16人,其中编采14人。现任总编辑姜明学。

社址:昆明市五一路253号。邮政编

码:650021。电话:27918。

云南经济报 云南省经委主办。国内统一刊号CN53—0025。创刊于1984年1月1日。周3报,4开4版。

报社现有43人,其中编采32人。现任总编辑孙治洋。

社址:昆明市东风东延长线。邮政编码:650041。电话:35523。

云南经济信息报 云南省计委主办。国内统一刊号CN53—0026。创刊于1985年2月27日。周2报,4开4版。

报社现有30人,其中编采14人。现任总编辑潘振雄。

社址:昆明市东风东路155号。邮政编码:650011。电话:21932。

云南科技报(农村版) 云南省科委主办。国内统一刊号CN53—0028。创刊于1958年5月,"文革"中停刊,1973年复刊。周报,4开4版。1983年10月创刊云南科技报(中学版),半月报。

报社现有18人,其中编采16人。现任社长张凯琳。

社址:昆明市交三桥吹箫巷29号。邮政编码:650051。电话:29342。

蜜蜂报 云南少年儿童出版社主办。国内统一刊号CN53—0027。创刊于1980年10月。周报,4开4版。

编辑室现有编采4人。现任主编梁友璋。

社址:昆明市书林街100号。邮政编码:650022。电话:28545。

昆明卫生报 昆明市卫生局主办。国内统一刊号CN53—0029。创刊于1965年,1979年9月31日复刊。旬报,4开4版。

编辑部现有编采9人。现任总编辑钠汝琪。

社址:昆明市东风东路27号。邮政编码:650011。电话:35756。

云南广播电视报 云南省广播电视厅主办。国内统一刊号CN53—0032。创刊于1965年,1966年停刊,1979年复刊。周报,4开4版。

报社现有22人,其中编采6人。现任社长汪宣亮。

社址:昆明市人民西路。邮政编码:650031。电话:42076。

文摘周刊 云南日报社主办。国内统一刊号CN53—0034。创刊于1984年1月。周报,4开4版。

编辑室现有编采7人。现任主编段正群。

社址:昆明市新闻路51号。邮政编码:650032。电话:41896。

云南公安报 云南省公安厅主办。国内统一刊号CN53—0033。创刊于1985年7月1日。周报,4开4版。

编辑部现有17人,其中编采16人。现任主编刘卫平。

社址:昆明市五一路253号。邮政编码:650021。电话:22081—406。

农村经济信息报 云南省农牧渔业厅主办。国内统一刊号CN53—0035。创刊于1984年7月31日。周2报,4开4版。

报社现有19人,其中编采17人。现任社长张松。

社址:昆明市翠湖西路1号。邮政编码:650031。电话:51505。

昆明科技报 昆明市科协主办。国内统一刊号CN53—0036。创刊于1981年11月2日。半月报,4开4版。

编辑部现有8人,其中编采7人。现任总编辑段鼎周。

社址:昆明市南太桥科技大楼。邮政编码:650021。电话:21908。

昆明旅行报 成都铁路局主办。国内统一刊号CN53—0031。创刊于1984年11月。月报,4开12版。

报社现有16人,其中编采14人。现任总编辑谭佩锦。

社址:昆明市塘双路铁路机关大楼。邮政编码:650011。电话:22101转铁路电话3059。

自我保健报 云南省健康教育所主办。国内统一刊号CN53—0037。原名《卫生防疫》,1988年1月改为现名。双周报,4开4版。

编辑部现有10人,其中编采5人。现任主编熊汝成。

社址:昆明市人民西路86号。邮政编码:650031。电话:81788。

玉溪报 中共玉溪地委主办。国内统一刊号CN53—0040。1989年7月28日。周报,4开4版。

报社现有15人,其中编采10人。现任社长施洪,总编辑张扬德。

社址:云南省玉溪市红塔路地委院内。邮政编码:653100。电话:223747。

迪庆报 中共迪庆自治州委主办。国内统一刊号CN53—0042。创刊于1989年10月5日。周报,4开4版。

报社现有15人,其中编采11人。现任社长杨鑫沛,总编辑马向东。

社址:云南省中甸县中心镇州委院内。邮政编码:674400。

西藏自治区

西藏日报 中共西藏自治区委机关报。国内统一刊号:藏文版CN54—0001,汉文版CN54—0002。创刊于1956年4月22日。日报,对开4版。

报社设六个处室,现有350人,其中汉文版编采人员75人,藏文版编采人员55人。现任总编辑李长文、扎西顿珠。

社址:拉萨市尕森格路。邮政编码:850000。电话:23601。

拉萨晚报 中共拉萨市委主办。国内统一刊号:汉文版CN54—0003,藏文版CN54—0004。创刊于1985年1月1日。汉文版周3报,藏文版周2报;均为4开4版。

报社现有40人,其中编采30人。现任负责人索朗格村。

社址:拉萨市金珠东路。邮政编码:850000。电话:24946。

西藏科技报 西藏自治区科委、科协主办。国内统一刊号:藏文版CN54—0007,汉文版CN54—0008。创刊于1979年10月。半月报,4开4版。

社址:拉萨市西郊区科委院内。邮政编码:850000。电话:22730。

西藏青年报 共青团西藏自治区委主办。国内统一刊号:藏文版CN54—0005,汉文版CN54—0006。创刊于1985年1月1日。周报,4开4版。

报社现有17人,其中编采13人。现任社长胡春华。

社址:拉萨市金珠中路34号。邮政编码:850000。电话:24173。

西藏法制报(藏文版) 西藏自治区司法厅主办。国内统一刊号CN54—0009。创刊于1985年2月13日。半月报, 开版。

社址:拉萨市。邮政编码:850000。

1989年停刊的报纸名录

(报纸名称后的括号内为该报停刊日期,未注停刊日期的报纸均为年底终刊)

中央所属部门停刊的报纸

经济学周报(1989年6月25日) 中国人才报 中国美术报 读书报 电子爱好者 最优化报 教育文摘 重型汽车

报　冶金科技报　中国村镇百业信息报　综合刊　煤炭信息报　石油消息　自然辨证法报　林业教育情报　毕业生就业指导　中国音乐报　中国电影报　航运技术报　中国合作经济报　亚运会工程通讯　航天报(并入航空时报)

省(市、区)停刊的报纸

北京市

理论信息报　北京科技情报　北京图书信息报

上海市

世界经济导报(1989 年 4 月)　制药机械报　商情报　五金市场　上海电视大学报　采风报

河北省

大千世界　视听之友　中学外语　河北科技报(农村版)　石家庄晚报

山西省

山西文艺报　山西青年报　雁北科技报　视听导报　山西地质报

内蒙古自治区

内蒙古消防报　阿拉善科技报

辽宁省

大连法制报　故事报　中国谜报　新华广告报　东北经济报　多种经营报　知识博览报　小学生报(低幼版)　作家生活报

吉林省

吉林卫生报(1989 年 7 月)　吉林体育报　北方信息　小说报　江城广播电视报

黑龙江省

供销合作报　黑龙江图书发行　哈尔滨公安报　电视报　大庆电视报　齐齐哈尔科技报　牡丹江科技报　牡丹江经济技术报　哈尔滨法制报　佳木斯日报农村版

陕西省

区县经济报　英语学习园地　陕西电大报　家庭报

甘肃省

西铜报　石化市场报　兰州晚报(农村版)

新疆自治区

新疆经济导报　中国西部开发报　新疆信息报

山东省

山东红十字报　中学生英语　烟台广播电视报　山东乡镇企业报　科技新闻报　健康生活报　新闻出版周报

浙江省

大众美术报　西冷艺报　小学生天地　体坛报　中医报　杭州广播影视　浙江新生报

福建省

科技文摘报　福建招生报

江西省

影坛内外　南昌广播电视周报

河南省

科技经济报　当代人报　经济决策报　河南招生报

湖北省

集体经济报(1989 年 9 月 31 日)　中学生英语报　中学数学报　中学物理报　中学化学报　公安农技报　武穴科技报　神州故事报

湖南省

湖广信息报(1989 年 10 月)　新闻图片报(1989 年 10 月)　戏剧春秋　郴州科技报　中国热处理信息　湖南法制报　小学生科普报　澧县报

广东省

蛇口通讯报　散文诗报　西江周末　小经济导报　广州文摘报　南风　风流人物报　海外市场　汕头少年报　消费者报　南海石油报　广州救捞报　广州港报　广州海运报　白云山人报　珠影新风　客家民俗　广东招生报　学生作文报　学语文　小学生学习辅导　舞台与银幕

广西自治区

计量报　家庭之友　广播电视信息报(南宁)　柳州广播电视报　漓江新书目　科技经济咨询报　柳州科技报　中学语文文摘报　广西农村金融报

四川省

经济文汇报　青年之声报　重庆政协报(改内部)　重庆消防报(改内部)　学语文报　读与写　四川新书目　健康生活　四川劳动报　软件报　四川建筑报(改内部)

贵州省

花溪报　水城报

云南省

云南侨报　生活与卫生画报

内部刊号报纸

编者说明：(一)、本版辑录了24个省(市、区)和重庆市的内部刊号报纸，还有上海、辽宁、新疆、广东、四川等省(市、区)的内部刊号报纸，将在1991年版中辑录。(二)、表中"主办单位"一栏中单位名称较长者，略去前面的地名，例如"北京吉普汽车有限公司"略为"吉普汽车有限公司"。

北京市内部刊号报纸

报纸名称	内部刊号	主办单位	现任负责人	地址	邮政编码	创刊日期	刊期	开版	平均期发数(万份)	报纸定价(元)	编辑部人数
北开报		北京开关厂	刘玉培	朝阳区关东店	100020	1987、7	旬	4开4版	0.31		5
北京一机床报		北京第一机床厂	佘时英	朝阳区建外大街4号	100022	1985、6、30	旬	4开4版	0.35		5
北汽报		汽车摩托车联合制造公司	葛玉成	朝阳区东环北路32号	100020	1958、6	周	4开4版	0.4		8
北京电机报		北京市电机总厂	孙振宇	朝阳区东直门外大山子	100015	1986、6、15	旬	4开4版	0.5		8
印一工人报		北京印刷一厂	刘宝增	西便门大街53号	100053	1957、1	半月	4开4版	0.12		3
北京矿工报		北京矿务局	傅盛华	门矿沟区大浴	102300	1958、7	周2	4开4版	0.65		2
北京吉普报		吉普汽车有限公司	张才林	朝阳区双井	100021	1984、9	半月	4开4版	0.6		3
丰桥通讯		丰台桥梁工厂	罗国刚	丰台区葛民村	100072	1954	半月	4开4版	0.1		3
双鹤报		北京制药厂	何秋荣	朝阳区建外光华路	100020	1984	半月	4开4版	0.04		3
雪花报		北京雪花电器公司	戎平	朝阳区光华路	100020	1988、1、25	月	4开4版	0.6		5
化二周报		北京化工二厂	焦继恒	朝阳区大郊亭	100022	1982、5	周	4开4版	0.15		7
二机床厂报		北京第二机床厂	靳占儒	广安门外	100055	1985	半月	4开4版	0.08		4
锅炉制造者		北京巴布科克、威尔科克斯有限公司	郭胜利	石景山区八角村	100043	1986	月	4开4版	0.1		1
北化周报		北京化工厂	谢小东	朝阳区化工路	100022	1986	半月	4开4版	0.1		4
北京汽车报		北京汽车工业公司	邢学义	宣武区南纬路31号	100050	1984	周	4开4版	1		10
北京二轻报		二轻工业总公司	林丰年	北京西单皮库胡同10号	100032	1986	半月	4开4版	1		5
建设者报		中建一局	苏　野	丰台区丰台路60号	100071	1987	半月	4开4版	0.6		7
北重之声报		北京重型电机厂	郑熙平	北京西郊吴家村	100039	1988	月	4开4版	0.15		6
电子报		七七四厂	仇鸣跃	朝阳区陈各庄10号	100016	1956	半月	4开4版	0.22		4
北京印机报		北京人民机器总厂	滕成才	朝阳区东环南路48号	100021	1984、12	旬	4开4版	0.6		6
压机报		电冰箱压缩机厂	王燕东	丰台永外贾家花园15号	100075	1987、4、1	半月	4开4版	0.3		3
人友报		北京第四制药厂	王桐青	西直门外板乐寺	100081	1985、1、5	半月	4开4版	0.1		3
北光报		北京光学仪器厂	谢增顺	北京通县西门	101149	1985、7	月	4开4版	0.23		3
北京一棉报		北京第一棉纺织厂	刘　静	朝阳门外十里堡	100025	1986、3	月	4开4版	0.3		2
钟声报		五四一厂党委	张　凯	宣武区南菜园	100054	1957、12	半月	4开4版	0.1		4

报纸名称	内部刊号	主办单位	现任负责人	地址	邮政编码	创刊日期	刊期	开版	平均期发数（万份）	报纸定价（元）	编辑部人数
北京阀门报		北京市阀门总厂	杜仲仁	丰台区卢沟桥	100072	1987、7	半月	4开4版	0.1		4
北京电信报		北京电信局	崔伟进	西单北大街129号	100032	1982、10	旬	4开4版	0.7		8
北锅工人报		北京锅炉厂	周公鳌	石景山区八角村	100043	1979、12	双旬	4开4版	0.08		2
北探报		北京探矿机械厂	汤明灼	北京通县西门外半壁店	101149	1986、12	月	4开4版	0.15		3
二七车辆报		铁道部二七车辆厂	石多启	北京丰台区张郭庄甲1号	100072	1988、2	旬	4开4版	0.15		5
燕山油化报		燕山石化公司	王雨华	房山燕山石化公司	102500	1978、8	周2	4开4版	1		17
北内工人报		北京内燃机总厂	杨志东	朝阳区双井	100022	1956、7	周	4开4版	0.5		7
南口厂报		南口机车车辆工厂	杨永吉	昌平县南口镇	102202	1983	周	4开4版	0.25		6
白菊报		北京白菊电器公司	刘浚泉	丰台区芦沟桥南里8号	100072	1989、1	月	4开4版	0.25		4
北齿职工报		北京齿轮总厂	孟公铭	朝阳区广渠门外双井	100022	1985、10	半月	4开4版	0.4		5
京花报		北京中药厂	段顺海	永定门外刘家窑	100075	1987、1	月	4开4版	0.13		4
北京有线电报		北京738厂	何和平	朝阳区将台路14号	100016	1987、9	半月	4开4版	0.1		3
北京重机报		北京重型机器厂	赵志庆	石景山区吴家村	100039	1984、1	半月	4开4版	0.15		5
司达报		北京司达旅行车有限公司	丁继牧	永定门外大红门西路26号	100075	1988、5	半月	4开4版	0.15		6
北方报		北方车辆制造厂	高万福	丰台区长辛店朱家坟	100072	1982、1	半月	4开4版	0.2		3
北京轻型汽车报		轻型汽车有限公司	陈宝琪	首都体育馆南路3号	100044	1986、9	旬	4开4版	0.3		6
二七机车报		二七机车车辆工厂	肖胜贺	丰台区长辛店陈庄	100072	1953、3	旬	4开4版	0.37		6
北京有色报		有色金属工业公司	高卫宏	宣武区长椿街感化胡同	100053	1986、10	半月	4开4版	0.35		6
北京起重报		北京起重机器厂	郭胜锁	朝阳区广渠门外马圈	100021	1987、10	半月	4开4版	0.3		6
北京机械报		机械工业管理局	论茂勋	宣武区长椿街市府大楼	100053	1987、2	月	4开4版	1.5		2
同仁堂		北京同仁堂制药厂	金永华	崇文区西打磨厂46号	100051	1968、10	月	4开4版	0.15		2
北彩报		北京彩色印刷厂	秦胜利	海淀区永定路15号	100039	1989、8、15	月	4开4版	0.1		3
毕业生就业指导		国家教委宣传司	贾玉亭	西单大木仓胡同35号	100816	1989、1	半月	4开4版	1.6		
北地报		中国地质大学	白可成	海淀学院路29号	100083	1987	半月	4开4版	0.15		
音院信息		中央音乐学院		西城鲍家街43号	100031			4开4版			
印刷函授教育		北京印刷学院		大兴县黄村	102600			4开4版			
北京工大报		北京工业大学	张永明	东郊九龙山北工大内	100022	1965	20天	4开4版	0.15		
北京计算机学院		北京计算机学院		西三环北路24号	100044		8期	4开4版			
北京大学校刊		北京大学	赵学文	中关村北京大学内	1000871		旬	4开4版	0.5		7
经贸大学旬报		对外经济贸易大学	刘子安	和平街北口	100029	1984、9	旬	4开4版	0.25		3
教工之声报		北京工业大学		东郊九龙山北工大内	100022			4开4版			
中央工艺美术学院院刊		中央工艺美术学院	冉宝清	北京东三环北路39号	100020	1987、1	月	4开4版	0.10		
对外经济贸易管理干部学院院报				昌平东三旗	102200			4开4版			
北方交通大学		北方交通大学	承仁义	西直门外上园村	100044	1950、1	半月	4开4版	0.32		
北京警院院报		北京警院		德外马甸育民路3号	100029			4开4版			

报纸名称	内部刊号	主办单位	现任负责人	地址	邮政编码	创刊日期	刊期	开版	平均期发数(万份)	报纸定价(元)	编辑部人数
北京联合大学		北京联合大学		花园北路	100083			4开4版			
北航报		北京航空学院		海淀学院路37号	100083			4开4版			
北京师院报		北京师范学院	李瑰	海淀区花园村	100037	1978复	半月	4开4版	0.17		
北京电影学院通讯		北京电影学院		海淀西土城路4号	102208			4开4版			
师大周报		北京师范大学	常汝吉	北太平庄	100875	1974复	周	4开4版	0.4		
新清华		清华大学	王广仁	中关村清华大学工字厅	100084	1953	旬	4开4版	0.7		
中国人民大学		中国人民大学	刘葆观	海淀路39号	100872	1950、11	旬	4开4版	0.73		6
北京工大学生刊		北京工业大学		东郊九龙山北工大内	100022			4开4版			
北京印刷学院报		北京印刷学院		大兴县黄村	102600			4开4版			

说明：

1、北京市的内部报纸因资料不全，未完全辑录。据现有资料共68家。其中厂矿企业报46家，合计期发21万份，全年1187万份，编辑部人员有296人；院校报20家。

2、本表所刊报纸，均有北京市新闻出版局批准的内部刊号，因刊号全称文字较多，全部略去。

天津市内部刊号报纸

报纸名称	内部刊号	主办单位	现任负责人	地址	邮政编码	创刊日期	刊期	开版	平均期发数(万份)	报纸定价(元)	编辑部人数
汉沽报	0051	中共汉沽区委	张志谦	汉沽太平街	300480	1958、5、1	周	4开4版	0.30	0.10	7
塘沽报	0061	中共塘沽区委	王伟才	塘沽区营口道18号	300450	1987、5、25	周	4开4版	0.80	0.08	7
中国奶业信息	0012	天津农学院	杨　稼	天津市西郊区	300381	1980	半月	8开	0.40	0.05	9
信息快讯	0022	工业技术开发中心	邢延蒲	和平区解放路161号	300040		旬	8开	0.20		6
商品信息报	0053	供销合作总社	张心恩	和平区重庆道25号	300050	1979、7	旬	8开	0.40	0.10	7
求知报	0054	河北省教育学会	王　庭	河北区小树林大街成志里	300010		旬	4开4版	0.20		2
中国外运报	0076	天津外运公司	张月义	唐沽新港路44号	300450		旬	4开4版	1.0		7
天津外贸	0061	天津外贸局	张继云	和平区曲阜道80号	300042	1983、4、21	周	4开4版	0.30	0.08	3
天津外运报	0046	天津外运公司	康振起	和平区曲阜道80号	300042	1987	旬	4开4版	0.10		7
天津航运报	0037	天津航运局	张聚福	河西区台儿庄路41号	300050			4开4版	0.20		6
渤海报	0072	第三勘测设计院	王德章	河北区中山路41号	300142	1956、8、1	周	4开4版	0.20		7
津厂周报	0026	机车车辆机械工厂	冯妙星	河北区南口东路1号	300140	1958	周	4开	0.10		5
天碱报	60	天津碱厂	郑开宇	塘沽新华路	300450		周	8开	0.12		7
天津石化报	0033	石化公司	周传让	大港区上古林西	300271	1979	周	4开4版	0.35		6
天津公交报	0041	公共交通公司	杜明炎	河北区辰纬路3号	300142	86、9、1	周	4开4版	0.70		7
田径报	070	中国田径协会	宗华敬	天津师范大学内	300074	1988、1	半月	4开4版	0.30		6

报纸名称	内部刊号	主办单位	现任负责人	地址	邮政编码	创刊日期	刊期	开版	平均期发数（万份）	报纸定价（元）	编辑部人数
化工商品市场	077	化工采购供应站	王其荣	和平区新华路 112 号	300042	1981、1	半月	8 开	0.10	0.10	7
汉沽盐场报	0075	汉沽盐厂	列宝禄	汉沽区汉沽街田家庄	300480	1965、5、4	周	4 开 4 版	0.20		6
塘沽盐工报	0059	长芦塘沽盐场	于秀发	塘沽区营口道 28 号	300450	1956、5、8	旬	4 开 4 版	0.16		5
津电报	018	电力工业局	刘金玉	河北区进步道 29 号	300010		旬	4 开 4 版	0.30		7
天动报	0032	动力机厂宣传部	李少伟	河北区南口两路 4 号	300230	1960、4、18	旬	4 开 4 版	0.10		4
飞鸽报	0064	天津自行车厂	迟建军	河东区六纬路 201 号	300170	1968、2、1	旬	4 开 4 版	0.15		6
天津铁牛报	0024	拖拉机制造厂	陈维祥	南开区红旗路 184 号	300190	1965、5	旬	4 开 4 版	0.12		5
天津汽车报	0069	汽车工业公司	闫致平	和平区烟台道 78 号	300040	1986、11、16	旬	4 开 4 版	0.20		8
筑港报	0073	第一航务工程局	芦自润	天津徐州道 1 号	300456			4 开 4 版	0.40		6
大港石油报	0034	大港石油管理局	李金书	大港石油管理局	300280	1964	周 2	4 开 4 版	0.80		4
渤海石油报	0078	渤海石油公司	陈志斌	塘沽 521 信箱	300450	1979	周 2	4 开 4 版	0.60		8
天津建工报	0042	建筑工程局		河西区友谊路 2 号	300074			4 开 4 版	0.50		9
南开周报	0006	南开大学	邵云端	南开大学行政楼右侧	300071	1952	周	4 开 4 版	0.1		
天津师大报	0009	天津师范大学	赵建中	天津师大南院办公楼	300074	1960	双周	4 开 4 版	0.53		6
天津商学院报	0011	天津商学院	李润滨	天津北郊津坝公路东口	300400		双旬	4 开 4 版	0.22		4
天津纺院报	0048	天津纺院	解如阜	河东区程林庄 63 号	300160	1982	半月	4 开 4 版	0.11		4
天津财经学院	0004	天津财经学院	刘慕恭	河西区珠江道 25 号	300222		半月	4 开 4 版	0.20		5
中国民航学院	0014	中国民航学院	李权昆	张贵庄飞机场	300300	1986、9	月	4 开 4 版	0.10		3
天津轻院	0015	天津轻工业学院	宋立平	河西区大沽路灰堆	300222		月	4 开 4 版	0.20		4
天津第二医学院	0003	天津第二医学院	许盛恒	河西区广东路 1 号	300203		月	4 开 4 版	0.10		4
河北工学院	0071	河北工学院	陈德第	红桥区丁字沽 1 号路	300130	1958、12	半月	4 开 4 版	0.15		6
天津医学院	0007	天津医学院	宋剑伯	和平区气象台路 22 号	300070	1958	半月	4 开 4 版	0.13		4
说明	天津市共有内部报纸 77 家，本表未刊出的内部报纸还有：开放报、成人教育报、电大导报、天津农工商报、天津邮政报、天津纺机报、天津染料报、大港报、天钢报、天山报、六局建设报、华北有色之声、三环报、天重报、海鸥报（以上均为半月刊，期发数合计 5.5 万份），天津社讯、华北资金报、天津农村金融报、个体报、天津招生、红桥科技报、华北汽车与配件商情报、戏剧文学信息、群文信息、天津劳动保护报、天津红十字报、天津棉一、发电工人、机械教育、天津新生报、可耐报、新蕾之友、诗人报、歌词月报（以上均月刊，合计期发数 12 万份）。还有双月刊：电子仪表教育、小浪花报、广场，季刊：宝坻文艺，合计期发约 1 万份。以上各报的编辑部人员合计 100 多人。										

河北省内部刊号报纸

报纸名称	内部刊号	主办单位	现任负责人	地址	邮政编码	创刊日期	刊期	开版	平均期发数（万份）	报纸定价（元）	编辑部人数
宁晋报	04—1002	县委、县政府	段同刚	宁晋县委院内	051630	1985、5	周	4 开 4 版	0.75	0.10	10

报纸名称	内部刊号	主办单位	现任负责人	地址	邮政编码	创刊日期	刊期	开版	平均期发数（万份）	报纸定价（元）	编辑部人数
河北市场信息报	19—1002	省市场情报中心	李　信	石家庄建设南大街10号	050011	1982、11	周2	4开4版	1	0.15	8
河北供销信息报	19—1002	河北省供销社	庞新	石家庄市建设大街10号	050011	1979、7	周	4开4版	2.2	年16	10
物资供求信息报	19—2072	河北省物资局	林　志	石家庄市中华北大街3号	050000	1989、1	周2	4开4版	3		12
地方地震报	10—1019	河北地震局	刘宜谨	石家庄市体育大街地震局	050021	1988、1	半月	4开4版	2.3		9
邯郸乡镇企业报	01—1007	邯郸市乡镇企业局	张奇春	邯郸市陵园路申56号	056001	1988、12	周	4开4版	1		8
二十冶报	20—1005	二十冶金公司	包　放	上海市宝山区宝钢1号门	201900	1988、1	周	4开4版	0.5		10
河北电力报	19—1031	河北省电力工业局	刘少亮	石家庄市富强大街5号	050011	1985、10	周	4开4版	2		10
河北冶金报	19—1053	冶金企业集团公司	王宗禹	石家庄市建设南大街8号	050011	1989、1	周	4开4版	1.5	赠阅	9
邯钢报	01—1001	邯郸钢铁总厂	张建平	邯郸市复兴路邯钢总厂	056015	1974、10	周2	8开4版	0.5	赠阅	18
邯郸矿工报	19—1023	邯郸矿务局	闫宝叶	邯郸市中华南街56号	056002	1979、3	周2	4开4版	0.5		19
唐钢报	19—1050	唐山钢铁公司	李耀东	唐山钢铁公司综合办公楼	063016	1950、12	周2	4开4版	0.58		15
井陉矿工报	19—1024	井陉矿务局	许志芳	井陉矿务局机关大院	050100	1957、1	周	4开4版	0.3	赠阅	16
邢台矿工报	19—1025	邢台矿务局	王云庆	邢台市中兴路	054021	1987、4	周	4开4版	0.5		6
承钢报	15—1001	承德钢铁厂	孟宪金	承德市滦河镇	067002	1964、1	周	4开4版	0.35	0.19	10
邢钢报	03—1005	邢台钢铁厂	王亚凡	邢台市	054027	1970、1	周	4开4版	0.2	赠阅	6
石炼厂报	20—1012	石家庄炼油厂	李　晋	石家庄炼油厂生活区	050032	1978、4	周	4开4版	0.4	赠阅	6
华药周报	19—1026	华北制药厂	王洪兴	石家庄市和平路4号	050015	1986、1	周	4开4版	1.2	赠阅	11
秦皇岛港报		秦皇岛港务局	王小勇	秦皇岛港务局	066012	1984、10	周	4开4版	0.33	赠阅	9
乐凯报	20—1003	化工部第一胶片厂	杜振江	保定市化工部第一胶片厂	071054	1986、10	周	4开4版	0.15	赠阅	6
冀粮通讯	19—1012	河北省粮食局	黄志军	石家庄市体育南大街	050021	1984、3	周	4开4版	1		2
沧州农电	19—1032	沧州电业局农电处	陈立新	沧州市北环西路8号	061001	1984、9	月	4开4版	1	赠阅	2
河北师院报	19—1003	河北师院	赵振军	石家庄市	050091	1984、6	半月	4开4版	0.2	赠阅	2
河北大学校刊	19—1038	河北大学	韩振峰	保定市合作路1号	071002	1927	半月	4开4版	0.3	赠阅	3
河北医学院报		河北医学院	韩振义	石家庄市	050017	1959、1	半月	4开4版	0.2	赠阅	5

山西省内部刊号报纸

报纸名称	内部刊号	主办单位	现任负责人	地址	邮政编码	创刊日期	刊期	开版	平均期发数（万份）	报纸定价（元）	编辑部人数
陵川报	省报 0003	中共陵川县委		陵川县城	048300		周	4开4版		0.05	
太原北郊报	省报 0007	中共太原北郊区委		太原市北郊区委	030023		周	4开4版		0.04	
沁源报	省报 0010	中共沁源县委		沁源县委	046500		周	4开4版		0.05	
古交报	省报 0013	中共太原古交区委		太原市古交工矿区委	030200		周	4开4版		0.04	
榆次市报	省报 0017	中共榆次市委		榆次市	030600		周2	4开4版		0.03	
高平报	省报 0022	中共高平县委		高平县城	046700		周	4开4版		0.04	
左云报	省报 0023	中共左云县委		左云县城	037100		周	4开4版		0.04	
盂县报	省报 0026	中共盂县县委		盂县县城	045000		周2	4开4版		0.04	
忻州市报	省报 0028	中共忻州市委		忻州市	034000		周2	4开4版		0.04	
太谷报	省报 0032	中共太谷县委		太谷县城	030800		周2	4开4版		0.05	
服务报	省报 0001	省机关事务管理局		太原市	030001		半月	4开4版		赠送	
图书导报	省报 0002	山西省新华书店		太原市	030012		半月	4开4版		0.04	
山西消防报	省报 0004	山西省公安消防队		太原市	030001		半月	4开4版		0.10	
太钢报	省报 0005	太钢党委		太原钢铁公司	030003		周4	4开4版		0.03	
太原电大报	省报 0006	市广播电视大学		太原市教育委员会	030002		半月	4开4版		赠送	
山西党校报	省报 0008	山西省委党校		山西省委党校	030006		旬	4开4版		0.04	
山西民政报	省报 0009	山西省民政厅		山西省民政厅	030072		周	4开4版		0.05	
临钢报	省报 0012	临汾钢铁公司		临汾钢铁公司	041000		周2	4开4版		赠送	
中学生英语报	省报 0014	运城地区教研会		运城地区教育局	044000		周3	4开4版		0.03	
山西电力报	省报 0015	山西省电业局		山西省电力工业局	030001		周2	4开4版		0.05	
文化信息报	省报 0016	山西省文化厅		山西省文化厅	030001		半月	4开4版		0.06	
冶建报	省报 0018	十三冶党委		太原市十三冶金建设公司	030000		周	4开4版		赠送	
铁路工程报	省报 0019	铁三局		太原市铁道部第三工程局	030001		周2	4开4版		赠送	
二化建报	省报 0020	化工部二化建公司		太原市二化建设公司	030000		周2	4开4版		赠送	
太铜报	省报 0021	太原电解铜厂		太原电解铜厂	030000		周	4开4版		赠送	
山西武警报	省报 0025	武警山西总队		武警山西总队	030001		周	4开4版		赠送	
公路通讯	省报 0027	临汾公路交通管委		临汾市	041000		旬	4开4版			
太原广播电视报	省报 0030	太原市广播电视局		太原市	030002		周	4开4版		0.09	
山西矿工报	省报 0031	山西省煤矿工会		太原市山西省煤炭厅	030012		周2	4开4版		0.08	
科技与信息报	省报 0034	临汾地区科协		临汾市	041000		周	4开4版		0.07	
山西物价报	省报 0036	山西省物价局		太原市	030002		周			0.10	
沿海信息报	省报 0037	省政府驻沪办事处					周	4开4版		0.10	

报纸名称	内部刊号	主办单位	现任负责人	地址	邮政编码	创刊日期	刊期	开版	平均期发数（万份）	报纸定价（元）	编辑部人数
汾西矿报	企 0001	汾西矿务局		介休县汾西矿务局	031200		周	4开4版		赠送	
阳钢报	企 0002	阳泉钢铁厂		阳泉市	045000		周	4开4版		赠送	
晋华报	企 0006	榆次晋华纺织厂		榆次市	030600		周	4开4版		赠送	
钢城企业报	企 0007	太原钢城企业公司		太原钢城企业公司	030003		周2	4开4版		0.04	
晋机厂报	企 0009	晋西机器厂		太原市晋西机器厂	030027		周	4开4版		赠送	
三益报	企 0010	三益计算机公司		太原三益电子计算机公司	030000		周	4开4版		赠送	
西山矿报	企 0011	西山矿务局		太原市西山矿务	030053		周	4开4版		赠送	
太重报	企 0012	太重厂党委		太原重机厂	030024		周	4开4版		赠送	
利民厂报	企 0013	利民机械厂		太原市利民机械厂	030000		周	4开4版		0.04	
江阳报	企 0014	江阳化工厂		太原市江阳化工厂	030000		周	4开4版		赠送	
煤气化报	企 0015	太原煤气化公司		太原煤炭气化公司	030012		周	4开4版		赠送	
经纬厂报	企 0017	榆次经纬机械厂		晋中榆次市	030600		旬	4开4版		赠送	
永电工人报	企 0018	永济电机厂		永济县	044500		周	4开4版		0.03	
太化工人报	企 0019	太原化学工业公司		太原市	030001		周2	4开4版		0.04	
山纺报	企 0020	山西纺织印染厂		太原市山西纺织印染厂	030024		周	4开4版		赠送	
大同矿工报	企 0021	大同矿务局		大同矿务局	037000		周4	4开4版		0.03	
山西建工报	企 0022	山西省律筑总公司		山西省建筑总公司	030002		周	4开4版		赠送	
山化报	企 0023	山西化肥厂		潞城县	047500		周2	4开4版		赠送	
太原矿机报	企 0024	太原矿机厂		太原矿山机器厂	030031		周	4开4版		赠送	
晋矿工人报	企 0025	晋城矿务局		晋城矿务局	048000		周	4开4版		赠送	
前进报	企 0026	大同机车工厂		大同市	037000		5日	4开4版		0.07	
轩岗矿工报	企 0027	轩岗矿务局		忻州地区	034000		周	4开4版		赠送	
平阳厂报	企 0028	平阳机械厂		侯马市	043000		周	4开4版		赠送	
阳泉矿工报	企 0029	阳泉矿务局		阳泉矿务局	045000		周2	4开4版		赠送	
淮海报	企 0030	淮海机械厂		长治市淮海机械厂	046000		周	4开4版		0.03	
长钢报	企 0031	长治钢铁厂		长治钢铁厂	046000		周	4开4版		0.04	
平朔露矿报	企 0032	平朔煤炭工业公司		平朔煤炭工业公司	038500		周	4开4版		0.04	
潞安矿报	企 0033	潞安矿务局		襄垣县潞安矿务局	046200		周3	4开4版		0.04	
五四一报	企 0035	五四一总厂		闻喜县	043800		旬	4开4版		赠送	
兴安报	企 0037	兴安化学材料厂		太原市兴安化学材料厂	030000		周	4开4版		赠送	
化肥报	企 0038	太原化肥厂		太原化肥厂	030021		周	4开4版		赠送	
运拖报	企 0040	运城拖拉机厂		运城市	044000		周	4开4版		赠送	
晋柴报	企 0041	山西柴油机厂		大同市	037000		周	4开4版		赠送	
清华报	企 0042	长治清华机械厂		长治市	046000		周	4开4版		赠送	
长轴报	企 0043	长治轴承厂		长治轴承厂	046000		周	4开4版		赠送	
霍局矿工报	企 0045	霍县矿务局		霍县矿务局	031400		周	4开4版		0.04	
星火报	企 0046	山西机床厂		太原市山西机床厂	030009		周	4开4版		0.04	

报纸名称	内部刊号	主办单位	现任负责人	地址	邮政编码	创刊日期	刊期	开版	平均期发数(万份)	报纸定价(元)	编辑部人数
盐湖报	企 0048	运城盐化局		运城盐化局	044000		周	4开4版		赠送	
惠丰报	企 0049	长治惠丰机械厂		长治市	046000		周	4开4版		0.03	
晋安报	企 0050	晋安化工厂			030000		周	4开4版		赠送	
晋东厂报	企 0051	晋东化工厂			030000		周	4开4版		赠送	
通用航空报	企 0052	中国通用航空公司			030000		旬	4开4版		赠送	
中条山报	企 0054	中条山有色公司			030000		旬	4开4版		赠送	
锦纶报	企 0056	山西锦纶厂			030000		旬	4开4版		赠送	
神电报	企 0058	山西神头电厂		朔县神头镇	038500		周	4开4版		赠送	
省化厂报	企 0059	山西省化工厂		太原市	030003		旬	4开4版		赠送	
运城师生报	内 0004	运城师专		运城市	044000		半月	4开4版		0.04	
山西财经学院报	内 0005	山西财经学院		太原市	030012		半月	4开4版		0.04	
雁北师专报	内 0009	雁北师范专科学校		大同市	037000		半月	4开4版		0.03	
太原重机学院报	内 0010	太原重机学院		太原市	030024		半月	4开4版		赠送	
太原电专报	内 0011	太原电力专科学校		太原市	030024		半月	4开4版		赠送	
太原工业大学报	内 0012	太原工业大学		太原市	030024		旬	4开4版		赠送	
临汾师专报	内 0014	临汾师范专科学校		临汾市	041000		半月	4开4版		赠送	
太原机械学院报	内 0015	太原机械学院		太原市	030051		半月	4开4版		赠送	
山西医学院报	内 0018	山西医学院		太原市	030001		半月	4开4版		赠送	
晋中师专报	内 0019	晋中师专		榆次市	030600		半月	4开4版		赠送	
山西教育学院报	内 0020	山西省教育学院		太原市	030031		半月	4开4版		赠送	
并州老年报	内 0021	太原市老龄委员会		太原市	030000		旬	4开4版		赠送	
山西师大报	内 0022	山西师范大学		临汾市	041000		旬	4开4版		赠送	
忻州师专	内 0024	忻州师专		忻州市	034000		半月	4开4版		赠送	
太原师专报	内 0026	太原师专		太原市	030001		半月	4开4版		赠送	
山西农金报	内 0027	中国农行山西分行		太原市	030024		旬	4开4版		0.10	
山西公关报	内 0028	山西省公关协会		太原市	030000		周	4开4版		0.10	
太原税务报	内 0029	太原市税务局		太原市	030002		旬	4开4版		0.12	

说明

1、山西省内部报纸登记证分为“省报”(含各级机关报、各类专业报、厂矿企业报)、“内部”(含各类专业报、大专院校报)、“企业”(均为厂矿企业报)三种。

2、全省共有内部报纸126种,其中厂矿企业报66种,大专院校报19种。

3、本表未列出的还有:半月刊—生生报(省公安厅)、忻州科技报、吕梁科技报、临纺报、太钢普教报、山抗报(山西焦化厂)、职工教育报(太原重型机器厂)、山机报、忻纺报、汾酒报、太铝报、石油煤炭销售报(省财贸办)、太原劳动服务报、榆液报、介纺报、太原公交报、太原电信报、平阳企业家报(临汾企业家俱乐部)、太原交通报,月刊—山西印刷报、新电影报(太原市电影公司)、晋中电影报、晋中卫生报、轻院报、山西职工医学院报、职大浪花报(山西电力职工大学)、山西矿冶学院报、山西农业大学报、山西人防报。

内蒙古自治区内部刊号报纸

报纸名称	内部刊号	主办单位	现任负责人	地址	邮政编码	创刊日期	刊期	开版	平均期发数(万份)	报纸定价(元)	编辑部人数
巴林左旗	Nz15—0028	巴林左旗旗委	孟祥义	赤峰地区巴林左旗	025450	1984、6	周	4开4版	0.38	年4	9
凉城报	Nz15—0025	凉城县委	冯日新	乌盟地区凉城县	013700		周	4开4版			
宁城报	Nz15—0024	宁城县委	朱彤升	赤峰地区宁城县	024200		周	4开4版	1.0	0.08	
土默特右旗报	Nz15—0030	土默特右旗委	赵文正	包头地区土默特右旗	014100						
科右前旗报	Nz15—0037	科右前旗委	董贵君	兴安盟科右前旗	137400		周	4开4版			
喀喇沁通讯	Nz15—0012	喀喇沁旗政府		赤峰地区	024400		周	4开4版			
翁牛特消息	Nz15—0063			赤峰地区翁牛特旗	024500		周	4开4版			
红特时报	Nz15—0068	乌兰浩特市委	傅铁钢	乌兰浩特市	137400		周	4开4版		0.15	
牧民报(蒙文)	Nz15—0053	巴林右旗委、政府	苏日拉图	赤峰地区巴林右旗	025100		周	4开4版			
丰镇报	Nz15—0054	丰镇县委	杜万华	乌盟丰镇县	012100		半月	4开4版			
鹿原报	Nz15—0065	包头昆区宣传部	王世颖	包头市昆区	014000		月	4开4版		0.10	
红山晚报	Nz15—0033	赤峰市红山区委	郑喜春	赤峰市红山区	024000		周	4开4版			
内蒙古乡镇企业报	Nz15—0022	内蒙古乡镇企业局	王修珍	呼和浩特市	010000		周	4开4版			
经济统战信息	Nz15—0067	政协包头郊区委	达啦	包头市郊区	014000		月	4开4版		0.15	
青城公安报	Nz15—0074	呼市公安局	孙江	呼和浩特市	010020		月	4开4版		0.13	
内蒙古电力报	Nz15—0017	内蒙古电管局	刘安琪	呼和浩特市	010000		旬	4开4版			
河西报	Nz15—0021	河西公司党委	王树德	呼和浩特市	010000		旬	4开4版		0.35	
内蒙古图书发行	Mz15—0019	自治区文化厅	苏日	呼和浩特市	010010		半月	8开4版		0.06	
黄河流域信息报	Nz15—0032	包头广告公司	王凤岐	包头市	014000		半月	4开4版			
哲里木法制报	Nz15—0036	哲盟司法局	王喜波	通辽市	028000		旬	4开4版		0.04	
气象通讯	Nz15—0041	内蒙气象局	陈维忠	呼和浩特市	010051		半月	4开4版		0.25	
内蒙新生报	Nz15—0042	内蒙劳改局	包庄田	呼和浩特市	010051		半月	4开4版		赠阅	
包头环境报	Nz15—0059	包头环保局	胡强宁	包头市	014000		半月	8开4版		0.10	
包头城乡建设	Nz15—0061	包头城建党委	李华	包头市	014000		双周	4开4版		0.10	
包头公交报	Nz15—0071	包头公共汽车公司	耿志强	包头市	014000		半月	4开4版		0.50	
青城环境报	Nz15—0069	呼市环保办	章佩玉	呼和浩特市	010020		月	4开4版			
少年科普报	Nz15—0076	包头市科协	范贤佑	包头市	014000		半月	4开4版		0.15	
包头供电报	Nz15—0056	包头供电局	邢承瑶	包头市	014000		半月	4开4版			
内蒙职业教育报	Nz15—0038	区教育厅	陈宽厚	呼和浩特市	010010		月	4开4版			
内蒙古计划生育	Nz15—0023	区计划生育委员会	刘树文	呼和浩特市	010055			4开4版			
蒙文图书	Nz15—0027	区文化厅	苏日	呼和浩特市	010055		月	8开4版			

报纸名称	内部刊号	主办单位	现任负责人	地　址	邮政编码	创刊日期	刊期	开版	平均期发数（万份）	报纸定价（元）	编辑部人数
工人文化报	Nz15—0046	工人文化宫	邢志春	乌兰浩特市	137400		月	4开4版		0.15	
哲里木电视	Nz15—0057	哲里木电视台	张拾玉	通辽市	028000		周	4开4版		0.10	
内蒙古广播电视（乌海版）	Nz15—0015	乌海市广播电视局	王占海	乌海市	016000	1988、9、29	周	4开4版	0.5	0.15	4
乌盟广播电视报	Nz15—0064	乌盟广播电视处	田自新	集宁	012000		周	4开4版		0.12	
海拉尔广播电视报	Nz15—0070	呼盟广播电视处	崔　霞	海拉尔	021000		周	4开4版		0.15	
赤峰广播电视报	Nz15—0041	赤峰广播电视局	张宏志	赤峰市	024000		周	4开4版		0.10	
电视周报	Nz15—0045	巴盟电视台	段详武	临河	015000		周	4开4版			
内蒙广播电视青城专页	Nz15—0047	内蒙广播电视报	乔任杰	呼和浩特市	010035		周	4开4版		0.05	
影视天地报	Nz15—0040	呼市电视艺术中心	杜逵	呼和浩特市	010035		周	4开4版		0.10	
鄂尔多斯专页		鄂尔多斯报社		东胜市	017004						
伊克昭广播电视	Nz15—0049	伊盟广播电视处		东胜市	017000		周	8开2版			
星期刊	Nz15—0052	乌兰察布日报社	刘福祺	集宁市	012000		周	4开4版		0.10	
未来报	Nz15—0074	少儿协调委员会	孙广达	包头市	014000		周	4开4版		0.15	
星期天	Nz15—0055	大兴安岭日报	王昌珞	牙克石市	022100		周	4开4版			
海勃湾矿工报	Nz15—0015	海勃湾矿务局	苑灯明	乌海市.	016000		周2	4开4版		赠阅	
伊敏河矿工报	Nz15—0018	伊矿党委	朱启明	呼伦贝尔盟	021000		周	4开4版			
集体企业报	Nz15—0020	包钢综合企业公司	王作盘	包头市	014000		周	4开4版		0.40	
甘河林业报	Nz15—0066	甘河林业公司	韩锡波	呼伦贝尔盟	021000		周	4开4版			
乌钢报	Nz15—0034	乌海钢铁公司	田树华	乌海市	016000		周2	4开4版			
呼钢报	Nz15—0035	呼钢党委	樊育光	呼和浩特市	010050		周	4开4版			
包头铝厂报	Nz15—0039	包铝厂	杨永亮	包头市	014000		周	4开4版			
二冶报	Nz15—0043	第二冶金建设公司	黄国利	包头市	014000		周	4开4版			
纺织报	Nz15—0060	包头纺织总厂	孙五峰	包头市	014000		周	4开4版		0.10	
内蒙古大学（蒙文）	Nz15—0001	内蒙大学	布仁巴雅尔	呼和浩特市	010021		半月	4开4版			
内蒙古师大（蒙文）	Nz15—0002	内蒙古师大	张九玲	呼和浩特市	010022		半月	4开4版			
内蒙古民族师院报（蒙文）	Nz15—0003	内民族师院	哈斯朝鲁	通辽市	028000		半月	4开4版			
内蒙古大学	Nz15—0005	内蒙古大学	佟靖仁	呼和浩特市	010021		半月	4开4版			
内蒙古师大	Nz15—0006	内蒙古师大	张九玲	呼和浩特市	010022		半月	4开4版		0.20	
内蒙古农牧学院	Nz15—0007	内蒙古农牧学院	续维图	呼和浩特市	010018		半月	8开4版			
内蒙古医学院	Nz15—0008	内蒙古医学院	付礼	呼和浩特市	010059		半月	4开4版			
内蒙古民族师范	Nz15—0009	内蒙古民族师范	刘向军	呼和浩特市	010000		半月	4开4版			
内蒙财经学院	Nz15—0011	内蒙古财经学院	王　燕	呼和浩特市	010051		半月	4开4版			

报纸名称	内部刊号	主办单位	现任负责人	地址	邮政编码	创刊日期	刊期	开版	平均期发数(万份)	报纸定价(元)	编辑部人数
哲里木畜牧学院	Nz15—0013	哲里木畜牧院	包金同	通辽市	028000		半月	4开4版			
内蒙古财经学院(蒙文)	Nz15—0004	内蒙古财经学院	萨　仁	呼和浩特市	010051		月	4开4版		免费	
包头钢院校刊	Nz15—0010	包钢院党委	李国亮	包头市	014000		月	4开4版		免费	
包头师专	Nz15—0012	包师专党委	金　石	包头市	014000		月	4开4版		免费	
包头医学院校刊	Nz15—0014	校党委	张　有	包头市	014000		月	4开4版		免费	
内蒙古林学院	Nz15—0016	内蒙古林学院	刘万波	呼和浩特市	010019		月	4开4版			
内蒙古工学院	Nz15—0026	内蒙古工学院	梁焕琨	呼和浩特市	010062	1984、10	20天	4开4版		0.30	
昭乌达蒙古族师专	Nz15—0029	昭乌达师专	庞　群	赤峰市	024000		月	4开4版			
说明	内蒙古自治区的内部报纸还有：月刊——蓝色波涛，双月刊——内蒙古红十字报、达斡尔人，不定期——内蒙直机关之声报，北国小说报。										

吉林省内部刊号报纸

报纸名称	内部刊号	主办单位	现任负责人	地址	邮政编码	创刊日期	刊期	开版	平均期发数(万份)	报纸定价(元)	编辑部人数
浑江报	92	中共浑江市委	姜海恩	浑江市	134300	1988、3、1	周	4开4版	1	0.06	7
海内外经济信息报	566	吉林日报社	刘廷生	长春市斯大林大街68号	130051	1988、8	周2	4开4版	1	0.20	8
长春金融信息	155	人民银行吉林分行	工庆福	长春市	130051	1985、6	周	4开4版	0.08		1
延边经济信息	320	延边自治州经委	陈学赋	延吉市	133000	1987、6	半月	4开4版	0.2		3
吉林劳改报	72	吉林省劳改局	于新河	长春市北安路	130051	1981	半月	4开4版	1		5
吉林道路交通安全	197	省交通警察大队	赵学哲	长春市庆发路	130051	1988、5	半月	4开4版	10	0.06	7
吉林地矿报	339	省地的矿产局	陈德琮	长春市南昌路	130061	1987、1	半月	4开4版	0.23		8
森调队员报	522	省林业调查规划院	李万龙	延吉市	133000	1987、5	周	4开4版	0.05		5
浑江企业报	524	浑江市委宣传部	毕殿祥	浑江大街182号	134300	1988、5	旬	4开4版	1	0.10	11
电大学员报	342	省广播电视大学	陈明北	长春斯大林大街117号	130051	1985	半月	4开4版	0.5	0.05	3
吉林党校通讯	557	吉林省委党校	邵　军	长春市前进大街35号	130012	1989、9	半月	4开4版	0.1	年4	4
吉林体育报	558	吉林省体委	李梦林	长春市普阳街7号	130051	1958	半月	4开4版	0.1		5
企业文化报	562	吉林省作协	乔　迈	长春市斯大林大街111号	130021		周	对开4版	1		20
长空报	24	国营一三三厂	岳青吉		133000	1960、7	旬	4开4版	0.14		7
机车工厂	29	长春机车厂	孙玉青	长春市凯旋路	130052	1978、4	周	4开4版	0.15		6

报纸名称	内部刊号	主办单位	现任负责人	地址	邮政编码	创刊日期	刊期	开版	平均期发数（万份）	报纸定价（元）	编辑部人数
东光报	3.8	东北光学仪器厂	刘德宝	长春市繁荣路	130022		旬	4开4版			
柴油机报	33	吉林柴油机厂	郭恩波	长春市东盛路	130000	1958、7	旬	4开4版	0.15		5
通北矿工报	88	通北矿务局	李万隆	浑江市	134300	1949、2	周	4开4版	0.37	0.05	17
石纸报	209	石砚造纸厂	宋志耘	图门市石岘造纸厂	133100	1983、8	旬	4开4版	0.075		6
吉林石油报	226	吉林省油田管理局	王幼民	前郭县	131100	1966、1	周	4开4版	0.75	0.06	23
通钢报	266	通钢报社	贺传水	通化市二道江	134000	1985、11	周	4开4版	0.5	0.10	13
吉化报	292	吉林化学工业公司	范月波	吉林市江北	132000	1958	周	4开4版	1.15		14
吉炭报	293	吉林炭素厂	孙维国	吉林市哈达湾和平街	132000	1984、7	周	4开4版	0.2		8
吉纸报	299	吉林造纸厂	王精智	吉林市林荫路	132000	1986、9	周	4开4版	0.26	0.25	9
长春客车	317	长春客车厂	于志敏	长春客车厂	130062	1958、9	周	4开4版	0.2		9
吉热工人报	433	吉林热电厂	宋国民	吉林市瑞金街2号	132000	1986、1	旬	4开4版	0.05		5
江机工人报	445	国营江北机械厂	宋　德	吉林市宁波路16号	132000	1983复刊	周刊	4开4版	0.25	0.03	12
纺织村报	530	长春市纺织厂	冯海香	长春市纺织厂	130062	1988、8、18	半月	4开4版	0.2		4
企业家之声报	543	省企业家联谊会	曾藻钧	长春市建政广场12号	130061		半月	4开4版	0.2		5
吉林铁合金周报	425	吉林市铁合金厂	王秋棠	吉林市哈达湾	132000	1985、10	周	4开4版	0.15		6
汽车工人报	326	第一汽车制造厂	刘国臣	长春市东大街	130011	1953	周3	4开4版	1.2		21
吉林工大报	306	吉林工业大学	刘晶华	长春市南岭小街	130025	1956、3	旬	4开4版	0.3		5
长春邮电学院报	307	长春邮电学院	于忠汉	长春市南湖大路	130012	1982、9	半月	4开4版	0.1		4
吉林工学院报	308	吉林工学院	闫永辉	长春市延安大路17号	130012	1985、5	半月	4开4版	0.15		3
吉林大学周报	310	吉林大学	王淑琴	长春市解放大路83号	130023	1950、12	周	4开4版	0.26		5
长春大学报	337	长春大学	路振兴	长春市卫星路1号	130012	1984、11	半月	4开4版	0.15		2
四平师院报	355	四平师院	于立君	四平市新华大街	136000	1979、9	半月	4开4版	0.16		3
吉林农大报	457	吉林农业大学	洪兴科	长春市	130118	1982、6	半月	4开4版	0.18		4
白求恩医科大学报	9	白求恩医科大学	卢　维	长春市新民大街6号	130021	1984、7、1	半月	4开4版	0.2		4
吉林财贸学院报	21	吉林财贸学院	吕金华	长春市	130021	1985、3	半月	4开4版	0.2		3
长春地质学院报	22	长春地质学院	许　丽	长春市地质宫	130026	1953	半月	4开4版	0.16		3
东北师大报	25	东北师范大学	石晓峰	长春斯大林大街110号	130024	1978复刊	半月	4开4版	0.44		5
光机学院院报	26	光机学院	王凤喜	长春市卫星路7号	130022	1978、12	半月	4开4版	0.15		3
延边师专报	107	延边师专	陈维新	延边师专	133000	1986、6	半月	4开4版	0.1		3
延边医学院报	109	延边医学院	李宫燮	延边医学院	133000	1982复刊	半月	4开4版	0.13		3
延边大学校报	204	延边大学	金永植	延边大学	133002	1953、11	半月	4开4版	0.2		5

说明：吉林省共有内部报纸72家，其中本表未列出的有半月刊吉林税务报、吉林送变电、吉林火电报、火电工人报、松南报、联化工人、航修工人等，合计期发0.5万份；还有月刊东煤物资报、吉林保险、四平收割机、东北电力学院院刊、吉林医学院院报、吉林化工学院院报、吉林师院报、吉林财专、长春师院、长春建专报、东北水电专科报、学校校报（省公安专科学校）、延边农学院、白城师专、通化师院院报、业大校报、吉林电专报、吉林林学院院报、长冶地专报等，合计期发7万份左右。

黑龙江省内部刊号报纸

报纸名称	内部刊号	主办单位	现任负责人	地 址	邮政编码	创刊日期	刊期	开版	平均期发数（万份）	报纸定价（元）	编辑部人数
阿城报	NS—60	中共阿城市委	魏谦祥	阿城市委大楼	150300		半月	4开4版			
哈尔滨政协报	NS—104	哈尔滨市政协	江　涛	哈尔滨市	150000		旬	4开4版	0.7		7
鹤城政协报	NS—59	齐齐哈尔市政协	曹玉德	齐齐哈尔市	161000		半月	4开4版			
牡丹江政协报	NS—39	牡丹江市政协	巩庆标	牡丹江市日照街东一条	157000	半月 4开4版					
政府机关生活	NS—1	省政府机关党委	岳德清	哈尔滨南岗中山路202号	150080		旬	4开4版			
黑龙江省党校通讯	NS—63	省委党校	雷雨清	哈尔滨南岗清滨路24号	150080		半月	4开4版			
哈尔滨公安报	NS—97	哈尔滨市公安局	崔成贵	哈尔滨道里红专街1号	150000		周	4开4版	1.5		6
齐齐哈尔公安报	NS—95	齐齐哈尔市公安局	白万银	齐齐哈尔市公安局院内	161000		旬	4开4版			
黑龙江劳改报	NS—87	黑龙江省劳改局	李洪吉	哈尔滨南岗汉广街51号	150080		周	4开4版			
远东经贸报	NS—19	黑龙江大学	李传勋	哈尔滨南岗学府路24号	150080		周	4开4版			
信息市场报	NS—20	省社会科学院	关　琦	哈尔滨友谊路131号	150006		周	4开4版			
哈尔滨商业报	NS—9	哈尔滨市商委	赵明孝	哈尔滨道里工厂街35号	150000		半月	8开4版			
劳动信息报	NS—17	哈尔滨市劳动局	王家钰	哈尔滨道里安康街1号	150000		周	4开4版			
黑龙江统计信息	NS—58	省统计局	宣东生	哈尔滨南岗中山路202号	150001		旬	4开4版			
大庆农工商信息	NS—61	农工商联合公司	仝　立	大庆市农工商联合公司	163000		周	4开4版			
大庆物资信息	NS—65	物资信息委员会	汤化普	大庆市物资局	163000		旬	4开4版			
黑龙江电力报	NS—62	省电力局	孙乔斌	哈市南岗东大直街157号	150001		周	4开4版			
文化导报	NS—89	省文化厅	杨运泰	哈尔滨南岗学府路	150001		半月	4开4版			
黑龙江图书发行	NS—96	省新华书店	迟长亭	哈市地段街179号	150010		半月	4开4版	2.0		4
广播电视周报	NS—6	哈市广播电视局	臧光裕	哈尔滨南岗松花江街	150001		周	4开4版			
齐齐哈尔广播电视	NS—98	齐市广播电视局	张　庶	齐齐哈尔市府路	161000		周	4开4版	3.0	0.15	15
大庆广播电视报	NS—99	大庆广播电视局	韩树才	大庆市广播电视局	163000		周	4开4版	3.0	0.15	6
鸡西广播电视报	NS—100	鸡西市广播电视局	李传甲	鸡西市广播电视局	158100		周	4开4版	2.0	0.15	7
佳木斯广播电视报	NS—101	佳广播电视局		佳木斯市广播电视局	154000		周	4开4版	2.0	0.15	6
牡丹江广播电视报	NS—102	牡市广播电视局		牡丹江市广播电视局	157000		周	4开4版	1.5	0.15	5
科技信息报	NS—54	哈市科委	李树清	哈尔滨市科委	150000		旬	4开4版	0.5		6
绥化科普报	NS—3	绥化市科市	张玉书	绥化市	152000		半月	4开4版			

报纸名称	内部刊号	主办单位	现任负责人	地址	邮政编码	创刊日期	刊期	开版	平均期发数（万份）	报纸定价（元）	编辑部人数
黑龙江航运报	NS—2	省航运管理局	华　岳	哈尔滨道外江畔路122号	150000		周	4开4版			
黑龙江邮电报	NS—91	省邮电管理局	文乾义	哈尔滨南岗民益街54号	150000		周	4开4版			
机电冶金报	NS—10	市机电冶金局	杨立滨	哈尔滨道里买卖街11号	150000		周	4开4版			
西钢报	NS—4	西林钢铁厂	刘国栋	西林钢铁厂	153000		周	4开4版			
钢讯报	NS—7	齐齐哈尔钢厂	王录成	齐齐哈尔钢厂	161000		周	4开4版			
风华报	NS—14	风华机器厂	王立信	哈尔滨香坊中山路93号	150036		旬	8开2版			
黑纸厂报	NS—16	黑龙江造纸厂	宋占军	富锦县富锦镇	156100		旬	4开4版			
齐纸报	NS—21	齐齐哈尔造纸厂	王明明	齐齐哈尔市	161000		周	4开4版			
伟建报	NS—23	飞机制造公司	孙国英	哈市平房区友协街15号	150000		周	4开4版			
电表仪器报	NS—24	哈尔滨电表仪器厂	修　维	哈市南岗区学府路1号	150001		周	4开4版			
哈拖报	NS—28	拖拉机制造厂	裴甲哲	哈尔滨道里新阳路	150010		周	4开4版			
北方报	NS—34	北方工具厂	刘国良	牡丹江市北方工具厂	151000		周	4开4版			
星光报	NS—35	哈尔滨星光机器厂	赵振良	哈尔滨市动力区通乡街	150000		周	4开4版			
齐二机床报	NS—36	市第二机床厂	王耀礼	市永安大街54号	161000		周	4开4版			
东安报	NS—38	东安发动机公司	满永泰	哈尔滨市11号信箱	150000		周	4开4版			
牡纸周报	NS—40	牡丹江造纸厂	李振汉	牡丹江市造纸厂	157000		周	8开2版			
哈锅报	NS—41	哈尔滨锅炉厂	姚高明	哈市动力区大庆路17号	150000		周	4开4版			
红旗报	NS—42	桦林橡胶厂	李敬申	牡丹江桦林橡胶厂	157000		周	4开4版			
龙江电工报	NS—43	哈尔滨龙江电工厂	白英林	哈市太平区新一街14号	150000		周	4开4版			
电机工人	NS—44	哈尔滨电机厂	韩良甲	哈市动力区大庆路35号	150000		周	4开4版			
阿继周报	NS—45	阿城继电器厂	宋晓杰	阿城市	150030		周	4开4版			
汽轮机报	NS—46	哈尔滨汽轮机厂	付铁夫	哈市动力区大庆路1号	150000		周	4开4版			
汽笛报	NS—47	牡丹江机车厂	刘桐凤	牡丹江市阳明区机车工厂	157000		周	4开4版			
松电报	NS—48	哈尔滨松江电机厂	叶树栋	哈市动力区通乡街2号	150000		周	4开4版			
九三报	NS—50	九三农场管理局	周芳艳	嫩江市九三农管局	161400		周	4开4版			
车辆工人	NS—51	齐齐哈尔车辆厂	周连贵	齐市东阶厂前路10号	161000		周	4开4版			
哈量报	NS—52	哈尔滨量具刀具厂	孟昭鸿	哈尔滨和平路36号	150000		周	4开4版			
哈缆厂报	NS—57	哈尔滨电缆厂	杨建林	哈尔滨道外景阳街副3号	150000		周	4开4版			
葡萄花报	NS—64	大庆采油七厂	姚　华	大庆第七采油厂	163000		半月	4开4版			
龙江一建报	NS—66	第一建筑公司	张思清	哈尔滨大庆路24号	150046		旬	4开4版			
庆华厂报	NS—68	庆华工具厂	于德深	北安市	164000		周	4开4版			
哈工报	NS—70	哈尔滨工程机械厂	李亚春	哈尔滨哈阿公路零公里	150000		周	4开4版			
林炼报	NS—71	林源炼油厂	吴守江	林源炼油厂内	163000		旬	4开4版			

报纸名称	内部刊号	主办单位	现任负责人	地址	邮政编码	创刊日期	刊期	开版	平均期发数（万份）	报纸定价（元）	编辑部人数
轴承工人报	NS—72	哈尔滨轴承厂	关宏声	哈尔滨市红旗大街	150000		周	4开4版			
东轻报	NS—73	东北轻合金加工厂	张继春	哈市平房区新疆大街北厂	150000		周	4开4版			
一重报	NS—75	第一重型机器厂	王忠侠	齐齐哈尔市一重型厂内	161000		周2	4开4版			
机床报	NS—76	第一机床厂	张铁成	齐齐哈尔第一机床厂内	161000		周	4开4版			
和平厂报	NS—78	国营和平厂	吴新科	齐市和平厂内	161000		周	4开4版			
建华报	NS—79	国营建华机械厂	李政杰	齐市建华机械厂内	161000		周	4开4版			
佳纸厂报	NS—80	佳木斯造厂	周厚惠	佳木斯造纸厂内	154000		周	4开4版			
建成报	NS—85	国营建成机械厂	由学功	哈市南直路65号	150000		周	4开4版			
昌宁报	NS—86	昌宁给水设备厂	喻更生	哈尔滨市昌宁给水设备厂	150070	1988、3	周	4开4版	3.0	赠阅	12
香木报	NS—93	香坊木材加工厂	张晓博	哈市香坊区公滨路19号	150036		旬	4开4版			
红星隆报	NS—94	红星隆农场管理局	刘贵明	友谊县红星隆农场管理局	156900		旬	4开4版			
哈尔滨车辆厂	NS—8	哈尔滨车辆厂	王丙成	哈尔滨道里工懋街2号	150070		周	4开4版	0.1		7
佳医报	NS—11	佳木斯医学院	张富文	佳木斯市	154000		半月	4开4版			
哈尔滨师大	NS—12	哈尔滨师范大学	王振甲	哈尔滨南岗和兴路24号	150080		半月	4开4版			
黑龙江商学院报	NS—25	黑龙江商学院	贾正轩	哈尔滨道里通达街50号	150076		周	4开4版			
黑龙江大学	NS—30	黑龙江大学	许伟东	哈尔滨南岗学府路24号	150080		半月	4开4版			
齐齐哈尔医学院	NS—49	齐齐哈尔医学院	曹振国	齐齐哈尔富拉尔基区	161041		周	4开4版			
东北林业大学	NS—56	东北林业大学	任世忠	哈尔滨南岗和兴路8号	150080		半月	4开4版			
哈尔滨科技大学报	NS—67	哈尔滨科技大学	赵凤云	哈尔滨南岗学府路22号	150080		半月	4开4版			
黑龙江中医学院	NS—77	黑龙江中医学院	王宜敬	哈尔滨和平路14号	150080		周	4开4版			
牡丹江大学报	NS—74	牡丹江大学	李　龙	牡丹江市	157000		周	4开4版			
佳工院报	NS—82	佳木斯工学院	王　军	佳木斯市	154000		周	4开4版			
哈工大报	NS—84	哈尔滨工业大学	李顺其	哈尔滨西大直街166号	156000		周	4开4版			
哈尔滨医科大学	NS—90	哈尔滨医科大学	杨　奔	哈尔滨南岗学府路	150080		半月	4开4版			
说明	黑龙江省共有内部报纸102种，本表未列出的还有月刊：黑龙江送变电、计划生育报（哈市）、科普报（绥化地区）、哈尔滨工商报、黑龙江红十字报、哈尔滨储蓄、爱国卫生报（哈市）、黑龙江保险报、省公安干部校报、哈测专、牡丹江医学院、牡丹江师范学院、大庆石油学院、齐齐哈尔教育学院、佳木斯师专、黑龙江矿冶学院、齐轻院报、东北农学院、黑龙江直属职工大学报等										

陕西省内部刊号报纸

报纸名称	登记证号	主办单位	现任负责人	地址	邮政编码	创刊日期	刊期	开版	平均期发数（万份）	报纸定价（元）	编辑部人数
华山报	SX11—0082	国营华山机械厂	陈作良	西安市幸福中路	710043	1955、7	周	4开4版	0.15		
冶金机电报	SX11—0014	西安市冶金机电局	谢桂林	西安市政府内	710003	1985、1	旬	4开4版	0.6		3
西安重机报	SX11—024	西安重型机械厂	刘安生	西安市辛家庙	710032	1979	周	4开4版	0.25		
试飞报	SX11—0010	中国飞行试验院	韦克家	西安闫良区	710089	1985	周	4开4版	0.2		6
铜川矿工报	SX11—0013	铜川矿务局	李祥云	铜川市红旗街	72700	1970	周	4开4版	0.85		9
西仪报	SX11—0112	西安仪表厂	李安钢	西安市西郊	710082	1960、4	旬	4开4版	0.3		
陕西汽车报	SX11—0004	陕西汽车制造厂	李向林	岐山县	722408	1980、4	旬	4开4版	0.25		8
西机报	SX11—0072	国营西北机器厂	齐怪耀	岐山县蔡家坡	722405	1985、4	旬	4开4版	0.1		
先行报	SX11—0037	铁道部西安车辆厂	胡敬修	西安市三桥镇	710086	1959、1	周	4开4版	0.175		7
长岭报	SX11—0092	国营长岭机器厂	董　刚	宝鸡市43号信箱	721006	1979、7	旬	4开4版	0.25		
秦川报	SX11—0069	国营秦川机械厂	魏长安	西安市	710043	1956、8	周	4开4版	0.25		
宝鸡有色报	SX11—0056	有色金属加工厂	王天亮	宝鸡市71号信箱	721014	1986、11	旬	4开4版	0.2		6
群力报	SX11—0052	国营群力无线电厂	闫庆连	宝鸡县53号信箱	721300	1978	旬	4开4版	0.1		
西铁信息报	SX11—0001	西安铁路分局	周冠平	西安市友谊东路	710054	1986	周	4开4版	0.8		4
陕西地质报	SX11—0028	陕西省地质矿产局	马贵增	西安市雁塔路70号	710054	1986	旬	4开4版	0.3		4
远东报	SX11—0128	远东机械制造公司	余新汉	西安市西郊	710077	1988	周	4开4版	0.15		
澄合矿工报	SX11—0123	澄合矿务局	聂向前	澄城县	715200	1977	旬	4开4版	0.25		4
韩城矿工报	SX11—129	韩城矿务局	陈增贤	韩城市	715400	1979	周刊	4开4版	0.23		8
兴化报	SX11—0005	兴平化肥厂	卫　勤	兴平县	713100	1985、1	旬	4开4版	0.16		
宝桥报	SX8—0033	铁道部宝鸡桥梁厂	侯文公	宝鸡市清姜路	721006	1989、1	周	4开4版	0.35		
西北一棉报	SX11—0101	西北第一棉纺织厂	李宝林	咸阳市	712000	1983、8	旬	4开4版	0.13		
昆仑报	SX11—0102	昆仑机械厂	缑万成	西安市东郊	710043	1958、7	旬	4开4版	0.1		
黄河报	SX11—	黄河机器制造厂	高思喜	西安市东郊	710043	1983、8	周	4开4版	0.15		
西光报	SX11—0087	西北光学仪器厂	李　耘	西安市东郊	710043	1958、5、1	周	4开4版	0.42		7
渭阳报	S—11—0116	渭阳柴油机厂	孙华中	宝鸡县	721300	1951、8	旬	4开4版	0.1		
略钢报	SX11—0002	略阳钢铁厂	邹积升	略阳县	724300	1986	旬	4开4版	0.15		5
西开周报	SX11—0201	西安高压开关厂	王　黛	西安市电工城	710077	1959、1	周	4开4版	0.15		6
陕钢报	SX11—0104	陕西省钢厂	杨忠禄	西安市幸福路	710043	1979	周	4开4版	0.15		
西北五棉报	SX11—0068	西北第五棉纺织厂	王　云	西安市纺织城	710038	1984、10	旬	4开4版	0.2		
庆华报	SX11—0084	西安庆华电器厂	唐国光	西安市东郊	710025	1958	周	4开4版	0.1		6
红旗报	SX11—0106	航空发动机公司	郭　勇	西安市13号信箱	710021	1960、1	周	4开4版	0.2		
惠安报	SX11—0120	陕西惠安化工厂	王玉虎	户县40号信箱	710302	1958	周	4开4版	0.15		6
钼城报	SX11—0048	金堆城钼业公司	曹　培	华县	714102	1975、7	周	4开4版	0.2		6
西电工人报	SX11—0001	电力机械制造公司	张　良	西安市西郊	710077	1964	周	4开4版	0.07		

报纸名称	登记证号	主办单位	现任负责人	地址	邮政编码	创刊日期	刊期	开版	平均期发数(万份)	报纸定价(元)	编辑部人数
安康电站报	SX11—0108	能源部第三水电局	段尚毅	安康县		1976、7	周	4开4版	0.26		
东方报	SX11—0074	东方机械厂	王明谦	西安市东郊	710032	1958	周	4开4版	0.15		
党校周报	SX11—0079	陕西省委党校	秦玉珍	西安小寨西路28号	710061	1981、5	周	4开4版	0.3	订阅	4
陕西机院	SX11—57	陕西机械学院	聂尔葆	西安市金花路	710048	1958、10	半月	4开4版	0.25	赠发	4
西安交大	SX11—134	西安交通大学	贾簫鸣	西安市咸宁路	710049	1956	半月	4开4版	0.6	赠阅	6
陕西师大报	SX11—88	陕西师大	倪天正	西安市南郊	710062	1952	半月	4开4版	0.4	赠送	5
西北工大报	SX11—32	西北工业大学	徐　澄	西工大189信箱	710072	1957、10	半月	4开4版	0.25	赠送	4
西安冶金建筑学院	SX11—0089	西安冶金建筑学院	张永科	西安市雁塔路13号	710055	1956	半月	4开4版	0.3	交流	4
西北大学	SX11—0066	西北大学	徐怀东	西安市太白路	710069	1937、11	半月	4开4版	0.2	赠阅	4
武警校报		武警技术学院	程　鹏	西安三桥	710086		半月	4开4版		赠阅	
西电科大报	SX11—0115	西安电子科技大学	聂梦其	西安市太白路二号	710071	1956	半月	4开4版	0.3	赠阅	4
汉中师院	SX11—0065	汉中师范学院	李芳银	陕西汉中市东关	723001	1981、7	半月	4开4版	0.2	赠阅	2
西安矿院报	SX11—0094	西安矿业学院	牛迈程	西安雁塔路14号	710054	1958、10	双旬	4开4版	0.2	赠阅	3
西安地质学院	SX11—0133	西安地质学院	刘　强	西安市雁塔路	710054	1981、5	双旬	4开4版	0.15	赠阅	4
宝鸡大学	SX08—0005	宝鸡大学	张新维	宝鸡市石坝河	721006	1986、10、15	双旬	4开4版	0.5	赠阅	4
西北农业大学	SX11—0021	西北农业大学	牛宏泰	咸阳市陵区	712100	1936	半月	4开4版	0.15	赠阅	4
西北纺院	160号	纺院党委	马广彦	西安市金花南路	710048	1985、9	双旬	4开4版	0.12	赠阅	3
说明	陕西省共有内部报纸91家，合计每期发行19.7万份(其中院校报7万份)；全年发行600万份(其中院校报103万份)。表中未列出的报纸有：半月刊——陕机报、陕五建筑报、开拓报、陕棉九厂报、汉工报、蒲白矿工报、劳司新闻(西飞劳动服务公司)、海红报、红安报、陕齿报、九冶工人报、西飞报、西药报、如意报(广播电视设备厂)、四院报、四棉报、宏星报、西橡报、凌云报、宝光报；双旬刊——西安电机报；月刊——航强报(航空航天部623所)、宝叉信息报、宝烟报、一流报(603所)、西安大学报、西安医科大学、西安公路学院、西大教工、西安石油学院、西建学院报、陕西中医学院、西北轻院、陕西财经学院、西北林学院、西安外语学院；不定期刊——宝鸡师院报、西安体院报、陕工院报。										

甘肃省内部刊号报纸

报纸名称	内部刊号	主办单位	现任负责人	地址	邮政编码	创刊日期	刊期	开版	平均期发数(万份)	报纸定价(元)	编辑部人数
甘肃供销合作报	2014	省供销合作联社	马华芹	兰州市一只船北街3号	730000	1984、3	周	4开4版	1.5		14
兰州青年报	2062	共青团兰州市委	孙　凯	兰州市委院内	730030	1986、8	周	4开4版	1		5
甘肃交通报	2071	甘肃省交通厅	吴国平	兰州市翠美门47号	730030	1988、12	周	4开4版	0.7		7
班组学习	2076	兰州炼油厂	杜永生	兰州市西固区	730060	1988、10、7	周	4开2版	0.4		5
中国西部发展报	2027	民盟甘肃省委	胡延清	兰州市社会主义学院内	730046	1989、9、1	周	对开4版	5		7
临夏信息报	2039	临夏州经委	胡长维	临夏市红园路口	731100	1984、10	旬	4开4版	0.37		11
兰州供电报	2034	兰州市供电局	唐金生	兰州市畅家巷56号	730050	1985、8、15	旬	4开4版	0.15		5
永登科技报	2080	永登县科委	汤满贵	兰州市永登县农牧局大院	730300	1983、1、1	半月	4开4版	0.2		3

报纸名称	内部刊号	主办单位	现任负责人	地址	邮政编码	创刊日期	刊期	开版	平均期发数（万份）	报纸定价（元）	编辑部人数
兰州供销信息	2017	兰州市供销联社	王成基	兰州市园都路163号	730030	1984、9、28	半月	4开4版	1.8		10
新闻理论与实践	2023	甘肃省新闻研究所	陈志俭	兰州白银47号	730030	1979、5、19	半月	4开4版	0.2	0.1	2
甘肃送变电报	2025	省送变电工程公司	孙德生	兰州西津西路27号	730050	1985、5	半月	4开4版	0.1		5
甘肃省自学考试	2032	省自学考试办公室	杨正录	兰州市小沟头70号	730030	1984、5	半月	4开4版	0.9		4
兰州卫生报	2036	兰州市卫生局	王树本	兰州滨河东路573号	730000	1980、7	半月	4开4版	1		5
技术监督报	2051	甘肃省质量管理局	郭育麟	兰州南昌路441号	730030	1985、5、15	半月	4开4版	0.5		8
庆阳企业家报	2079	庆阳企业家协会	罗　骁	西峰市西一路北段	74500	1988、10	半月	4开4版	0.5		5
兰州科技报	2082	兰州市科协	王郊民	兰州五泉西路25号	730000	1980、8	半月	4开4版	1		5
银光报	2047	银光化学材料厂	刘耀学	白银市	730900	1986、4、15	周	4开4版	0.4		8
兰钢报	2008	兰州钢厂	魏茂新	兰州东岗东路1号	730020	1986、10、1	周	4开4版	0.4		8
兰铝报	2049	兰州铝厂	郭庆宇	兰州市西固区	730060	1983、4	旬	4开4版	0.1		6
连铝报	2057	兰州连城铝厂	魏光前	兰州市永登县河桥镇	730332	1983、10	旬	4开4版	0.1		5
西铝报	2046	西北铝加工厂	苏君湘	陇西县西郊	748111	1985、11	旬	4开4版	0.15		7
长风报	2010	长风机器厂	王新西	兰州市安宁区	730070	1980、9、15	旬	4开4版	0.1		3
天风报	2029	天水风动工具厂	王子林	天水市北道区	741020	1983、3、5	旬	4开4版	0.1		4
星火厂报	2028	天水星火机床厂	彭北生	天水市北道区	741020	1981、4	旬	4开4版	0.14		6
万里报	2053	万里机电厂	李祥启	兰州市安宁区	730070	1985、7、1	旬	4开4版	0.05		7
兰州大学报	2009	兰州大学	李生茂	兰州市天水路	730000	1954、1	半月	4开4版	0.4		4
西北民院	2022	西北民族学院	冯　岩	兰州西北新村4号	730030	1951、11	半月	4开4版	0.2	0.36	3
甘肃党校报	2002	甘肃省委党校	朱继君	兰州安宁区健康路6号	730070	1984、10、1	半月	4开4版	0.2		3

说明

1、甘肃省共有内部报纸76家，其中专业报40家（平均每期发行30万份，全年320多万份，编辑人员90多人），厂矿企业报24家（平均每期发行4万多份，全年20万份，编辑部人员120人），院校报12家（平均每期发行2.25万份，全年23万份，有编辑人员32人）。

2、本表未列出的报纸有：半月刊——兰棉报、兰毛报、三毛工人报、华西报（504厂）、兰飞报、兰炭报、敬东报，月刊——甘肃瓜果通讯、地震知识、电子导报、文化与视听（白银市）、今日教育报、科技致富报（庆阳）、祝您健康、甘肃城市金融报、西线影视报、甘肃图书发行、发行情况、甘肃农村储蓄、酒钢安全、科技信息报、西铁报、长开报（天水）、海林报（天水）、兰新报、兰高阀报、武泥报、兰州电机报、窑街矿工报、甘肃工大、西北师大报、甘肃农业大学、兰州医学院、庆阳师专报，双月刊——甘肃书讯（1月半刊）、甘肃电子计算机报、临夏卫生报、甘肃电大，季刊——酒泉人口报、牙齿保健报、金城联合大学，不定期刊——华池农友、少儿活动信息（兰州）、甘肃农机信息、泾川科普、武铁健康教育、甘肃春节文化报、兰州铁道学院、兰州商学院等。

青海省内部刊号报纸

报纸名称	内部刊号	主办单位	现任负责人	地址	邮政编码	创刊日期	刊期	开版	平均期发数（万份）	报纸定价（元）	编辑部人数
湟中报	011	中共湟中县委	马国庆	湟中县鲁沙尔镇	811600	1983、10	周	4开4版	1.0	赠阅	5

报纸名称	内部刊号	主办单位	现任负责人	地址	邮政编码	创刊日期	刊期	开版	平均期发数(万份)	报纸定价(元)	编辑部人数
蒙文柴达木报	016	海西州委	布仁巴雅尔	海西州德令哈市	817000	1987、11	周刊	4开4版	0.13	0.08	8
青海新生报	015	省劳改局	霍金声	西宁市七一路211号	810000	1985、1、24	周	4开4版	1	赠阅	7
青海藏文科技报	009	省科协	陈建华	西宁市新宁路5号附2号	810008	1984、7	半月	4开4版	0.1	0.04	4
青海农业信息	007	省农林厅	张昌兴	西宁市西大街14号	810000	1985、3	半月	8开4版	0.2	赠阅	5
青海市场信息	054	省商业厅	邢保儒	西宁市五四大街34号	810001	1986、1	半月	4开4版	0.14	0.17	8
青海健康报	014	省卫生厅	张彦博	西宁市北大街84号	810000	1985、1	半月	4开4版	0.5	赠阅	3
青海招生自考考试通讯	085	省招生、自考办公室	戴谱生	西宁市西关大街120号	810001	1989、1	月	4开4版	1	0.15	7
青海工商报	061	省工商行政管理局	雷洪喜	省政府8号楼	810000	1989、1	旬	4开4版	1	0.13	6
青海邮电报	052	省邮电管理局	宋克跃	西宁市五四大街26号	810001	1982、5	半月	4开4版	0.18	赠阅	5
青海政协报	089	省政协办公厅	田庆华	西宁市大十字	810000	1989、8	旬	4开4版	0.1	赠阅	10
西宁卫生报	058	西宁市卫生防疫站	刘光润	西宁市北大街82号	810000	1979、3	月	4开4版	0.2	赠阅	3
大通矿工报	001	大通矿务局	任国贤	大通矿务局	810100	1982、4	周	4开4版	0.15	赠阅	10
青重报	008	青海重型机床厂	郭利华	大通县桥头镇	810100	1985、1	周	4开4版	0.06	赠阅	4
草原工人报	012	国营二二一厂	曾宪祥	海晏矿区	812200	1975、1	周	4开4版	0.18	0.15	5
龙羊峡报	013	水电部四局	李俊哲	龙羊峡镇	811800	1976、12	周	4开4版	0.28	赠阅	10
青海石油报	002	青海石油管理局	杨海平	冷湖镇4号	817400	1959、1	周2	4开4版	0.35	赠阅	14
西钢报	003	西宁钢厂	刘谋远	西宁市西川三其	810005	1978、12	旬	4开4版	0.2	赠阅	5
青铝建设报	004	青海铝厂	王洪凯	青海大通	810100	1985、4	旬	4开4版	0.3	赠阅	10
山川报	005	山川机床铸造厂	于春青	西宁市朝阳西路112号	810003	1977、12	旬	4开4版	0.1	赠阅	4
青海地质报	006	省地矿局	马今友	西宁市胜利路107号	810001	1982、3	旬	4开4版	0.25	赠阅	5
黎明报	077	青海黎明化工厂	沈前勇	大通县桥头镇	810100	1987、1	半月	4开4版	0.06	赠阅	7
西宁供电报	057	西宁供电局	王建国	西宁市小桥大街72号	810003	1986、11	月	4开4版	0.2	赠阅	9
盐湖报	075	青海钾肥厂	薛　政	青海格尔木市	816000	1987、5	月	4开4版	0.06	赠阅	8
青棉报	076	青海棉纺厂	肖永民	青海海东平安县	810600	1988、7	月	4开4版	0.05	赠阅	3
青海五交化	086	五金交电化工公司	张文英	西宁市五四大街34号	810008	1989、2	月	4开4版	0.3	赠阅	3
城镇金融报	055	省工商银行	卢正云	西宁市东关大街100号	810001	1988、6	旬	4开4版	0.5	赠阅	5

说明：青海省共有内部报纸33种，每期发行10.7万份，全年发行313万份，有编辑部人员202人；其中有厂矿企业报11家，每期发行1.5万多份，全年56万份，有编辑部人员近70人。

本表未列出的内部报纸还有：双月刊——青海民革，不定期刊——青海盟讯(民盟青海省委)、青海社讯(九三学社青海省委)、青海书讯、青海保险报、青海一机报。

宁夏自治区内部刊号报纸

报纸名称	内部刊号	主办单位	现任负责人	地址	邮政编码	创刊日期	刊期	开版	平均期发数(万份)	报纸定价(元)	编辑部人数
石嘴山矿报	64—0009	石嘴山矿务局	薛忠英	石嘴山市石嘴山区	753200	1974、10、1	周	4开4版	0.3	0.07	10

报纸名称	内部刊号	主办单位	现任负责人	地　址	邮政编码	创刊日期	刊期	开版	平均期发数(万份)	报纸定价(元)	编辑部人数
石炭井矿工报		石炭井矿务局	齐志中	石嘴山市石炭井区	753302	1971、5、1	周	4开4版	0.17	0.07	18
宁夏地质报	5301	宁夏地矿局	沈汉楚	银川市西夏路17号	750021	1959、7、5	旬	4开4版	0.2	赠阅	6
西北轴承报	5324	西北轴承厂	董长国	平罗县	753401	1987、4、26	旬	4开4版	0.2	赠阅	4

说明：

1、宁夏自治区1989年只有内部报纸2家，即宁夏地质报、西北轴承报，合计每期发行0.4万份，全年13万份，有编辑部人员10人。

2、石嘴山矿报、石炭井矿工报原为有国内统一刊号、公开发行的报纸，自1990年1月1日起改为内部报纸。

山东省内部刊号报纸

报纸名称	内部刊号	主办单位	现任负责人	地　址	邮政编码	创刊日期	刊期	开版	平均期发数(万份)	报纸定价(元)	编辑部人数
新泰报	018	中共新泰市委	尹向群	新泰市府前街	271200	1988、1、1	周2	4开4版	1.5	0.08	19
莱芜市报	024	中共莱芜市委	韩廷木	莱芜城关西路44号	271100	1988、1、1	周2	4开4版	2	0.09	18
淄川报	070	中共淄川区委	郑　峰	淄川城一路	255100	1989、7、1	周	4开4版	1.1	0.10	7
联合周报	049	山东省政协	于阳春	济南泉城路73号	250011	1989	周	对开4版	10	0.15	13
山东图书发行	002	山东省出版总社	徐彭声	济南经十路59号	250001	1979	半月	4开4版	0.8		3
山东地质矿产报	004	山东省地质矿产局	王济生	济南市历山路74号	250013	1986、1	旬	4开4版	0.6		9
山东供销合作信息报	006	山东省供销社	宫本谦	济南解放路26号	250013	1989、1	周	4开4版	2.9	0.30	10
开拓者报	007	能源部水电13局	苏剑波	德州市东风东路34号	253009	1965、5	周	4开4版	0.23		5
潍柴周报	008	潍坊柴油机厂	李　祥	潍坊市民主街16号	261001	1959、9	周	4开4版	0.4		8
青岛港报	010	青岛港务局	李明才	青岛市大港沿4号	266011	1985、11	周	4开4版	0.35	0.04	10
机床二厂报	011	济南第二机床厂	汤连发	济南第二机床厂路4号	250022	1975、10	旬	4开4版	0.2		5
济钢报	013	中共济钢党委	简　勤	济南市工业北路8号	250101	1958、11	周2	4开4版	1.5		17
泉城机床报	014	济南机床工业公司	倪宁康	济南经十纬七路高安里	250021	1980、1	周	4开4版	0.6		10
枣庄矿工报	016	枣庄矿务局党委	卞维绵	枣庄市枣庄矿务局	277100	1958、2	周2	4开4版	0.6	0.05	18
兖州矿工报	017	兖州矿务局党委	李武华	邹县兖州矿务局	273500	1983、5、1	周	4开4版	0.65		13
新汶矿工报	019	新汶矿务局	李从林	新泰市新汶矿务局	271200	1958、10	周	4开4版	0.8	0.04	23
肥城矿工报	020	肥城矿务局党委	刘昭温	肥城县王瓜店镇	271608	1974、4	周	4开4版	0.44	0.12	7
黄河报	021	济南汽车总厂	魏敬群	济南西工商河路13号	250031	1958、12、1	周2	4开4版	0.45		7
山东劳改报	022	山东省劳改局	张传儒	济南市历山路111号	250014	1955	半月	4开4版	1		5
调查与信息	023	山东省工商银行	殷　文	济南市经三路89号	250001	1985、1	周	8开4版	2.1		6
广告信息报	026	省广告协会	陈　峰	滕州市善国北路4号	277500	1988、5、1	周	4开4版	9	0.12	19
山东交通报	027	山东省交通厅	迟宗镒	济南济洛路122号	250031	1988、1	周	4开4版	4		11
领导科学报	031	领导科学研究会	彭树人	济南经五路小纬六路	250021	1988、5	周	4开4版	3	0.12	10

报纸名称	内部刊号	主办单位	现任负责人	地　址	邮政编码	创刊日期	刊期	开版	平均期发数（万份）	报纸定价（元）	编辑部人数
济厂工人报	032	济南机车工厂	刘　华	济南经二纬十二槐村街	250022	1966、5	周	4开4版	0.1		6
山东冶金报	039	山东省冶金总公司	李登杰	济南市历山路122号	250013	1989、1、1	周	对开4版	1		15
前进报	041	山东铝厂	李圣加	淄博山东铝厂	255052	1965、5、1	周	4开4版	0.3		16
半岛环境报	043	八地市、济南军区	谭言正	淄博人民西路16号	255031	1989、1、1	周	4开4版	5	0.10	8
烟台救捞报	046	烟台救助打捞局	刘亚军	烟台芝罘烟台救捞局	264000	1985、7、1	月	4开4版	0.1		4
农村开发报	047	山东省农委	樊　龙	济南市六里山南路	250002	1989、2、1	周	4开4版	6	0.15	7
华夏酒报	051	烟台市委宣传部	董有震	烟台环山路76号	264001	1989、10、1	周	对开4版	1	0.20	15
齐鲁个体经济报	052	山东省个体劳协	尉丰久	济南历山路107号	250014	1989、3	周	4开4版	4.3	0.12元	6
供求报	056	山东省科协	张长东	济南经十路232号	250021	1988、12	周	4开4版	2	0.30	8
山机工人报	058	山东机器厂党委	刘士珍	淄博市博山区山东机器厂	255201	1943、3、1	周	4开4版	0.15		7
淄博煤矿报	059	淄博矿务局	范洪春	淄川区洪山镇	255120	1989、1	周	4开4版	0.5		5
山东师大报	063	山东师范大学	孙景浩	济南市文化东路38号	250014	1952、11	旬	4开4版	0.3		4
石油大学报	064	石油大学	王纯礼	东营市	257062	1954、4	旬	4开4版	0.5		5
山东工大报	065	山东工业大学党委	程福康	济南市经十路33号	250014	1953、1	旬	4开4版	0.3		6
山东大学报	066	中共山东大学党委	高忠汉	济南市山大南路27号	250100	1950、1	周	4开4版	0.6		6
公共关系导报	068	市计委、市委党校	倪永平	青岛市胶东路1号甲	266012	1988、12	周	对开4版	8		20
烟台交通安全报	069	烟台市公安局	季永章	烟台市文化西路13号	264000	1989、10、1	半月	4开4版	5.5	0.15	4
琅琊书画报	071	王羲之基金会	聂邦瑞	临沂市洗砚池街	276002	1989、12	旬	4开4版	5.5	0.20	11
东方时报	073	经济技术开发区	海　洋	烟台经济开发区二号公寓	264006	1989、11、1	周	4开4版	2	0.15	20
山东图书信息报*	第001	山东省新华书店					半月	4开4版			
山东保险报*	第003	保险公司山东分公司					旬	4开4版			
淄博广播电视报*	第025	淄博市广播电视局					周	4开4版			
临沂广播电视报*	第028	临沂地区广播电视局					周	4开4版			
旅游文化*	第035	青岛市文化局					周	4开4版			
淄博商业报*	第037	淄博商业经济学会					旬	4开4版			
威海广播电视报*	第040	威海市广播电视局					周	4开4版			
潍坊广播电视报*	第042	潍坊市广播电视局					周	4开4版			
电子时报*	第048	山东电子技术开发应用办					周	4开4版			
烟建纵横*	053	烟台建筑工程公司					周	4开4版			
鲁南电影*	057	枣庄电影发行公司					周	4开4版			
济宁广播电视周报*	074	济宁市广播电视局					周	4开4版			

报纸名称	内部刊号	主办单位	现任负责人	地址	邮政编码	创刊日期	刊期	开版	平均期发数(万份)	报纸定价(元)	编辑部人数
说明	1、山东省共有内部报纸 70 种，合计每期发行约 130 万份，全年 5000 多万份；其中有厂矿企业报 17 种(合计期发 7.5 万份，全年 570 多万份)，院校报 7 种(合计期发 2 万份，全年 75 万份)。 2、本表未列出的报纸有：半月刊——中学生物理报、烟台师院报*、淄博文化艺术报*、实业报*、企业文学报*，月刊——胜利教育报、青岛交通安全报、鲁南水泥报、青岛公安、济南交通安全报、食品信息*，双月刊——石油钻探动态，不定期刊——烟台电大报*、山大威海分校报*、山东烟草科技报*、山大校友*。 3、* 表示 1989 年底停刊的报纸。										

江苏省内部刊号报纸

报纸名称	内部刊号	主办单位	现任负责人	地址	邮政编码	创刊日期	刊期	开版	平均期发数(万份)	报纸定价(元)	编辑部人数
邳县经济报	2357	中共邳县县委	王守荣	邳县运河镇	221300	1989、7、1	周	4开4版	2		11
江苏农业信息	2022	省农林厅信息中心	胡肇枫	南京中山北路 34 号	210009		半月	8开4版			4
江苏林业信息	2025	江苏省农林厅	孙力行	南京市中山北路 34 号	210009		半月	8开4版		赠	6
石油物探信息	2027	石油物探研究所	冯贤钟	南京卫岗 21 号	210000		半月	4开4版		0.05	6
无锡消费报	2029	无锡市消费者协会	华盘昌	无锡人民西路 27 号	214000		旬	4开4版		0.05	3
无锡包装	2031	无锡包装技术协会	方玉书	无锡市清杨路	214000		半月	4开4版		赠	4
中小企业参考	2035	无锡企业能率研究指导中心	华学伦	无锡市望宾路 15 号	214000		半月	8开2版		0.03元	6
房地通讯	2038	无锡房地产管理局	杜志芳	无锡市房地产管理局	214000		旬	8开2版		赠	7
科技与信息	2063	靖江县科技协会	刘亚望	靖江县科协	214500		旬	4开4版		0.05	4
仪征科技报	2064	仪征市科委	经　华	仪征市科委	211400		半月	4开4版		0.05	6
宝应农业科技报	2065	宝应县农业局	张新武	宝应县政府办公室	225800		旬	8开2版		0.04	6
泰县农科报	2068	泰县农业局	陈云山	泰县农业局多管局	225500		半月	4开4版		0.04	3
高邮农业科技报	2069	高邮农业局	胡信强	高邮县府街	225600		半月	8开2版		0.04	4
泰兴农技报	2070	泰兴农业局	赵桂华 吴新奇	泰兴县农业局	225400		旬	8开2版		0.03	3
金坛科技报	2076	金坛县科协	史济康	金城镇虹桥路 1 号	213200		半月	4开4版		0.05	6
溧阳科技报	2079	武进县科协	宋仁年	武进县政府大院内	213300		周	4开4版		0.05	6
常州经济信息	2081	常州市经委	袁正华	常州市劳动中路 7 号	213000		旬	4开4版		0.05	6
武进科技报	2082	武进县科协	顾汉民	武进县科协	213100		半月	4开4版		0.05	6
南京教育信息报	2096	南京市教育局	万德荣	南京成贤街 18 号	210018		旬	4开4版		0.05	6
江南旅游报	2098	无锡市旅游局	王长工	无锡市中山路 118 号	214000	1988、3、22	周	4开4版		0.05	5
南京邮政报	2110	南京邮政局	沈志征	南京中山路 19 号	210009		旬	4开4版		赠	6
淮阴卫生报	2190	淮阴市卫生局	杨江淮	淮阴市健康西路	223300		半月	4开4版		0.05	5
涟水科技报	2191	涟水县科协	秦文涛	涟水县委大院内	223400		旬	8开2版		0.03	4
泗洪科技	2196	泗洪县科协	朱步圩	泗洪县科协	211900		旬	4开2版		0.03	6

报纸名称	内部刊号	主办单位	现任负责人	地址	邮政编码	创刊日期	刊期	开版	平均期发数(万份)	报纸定价(元)	编辑部人数
淮阴广播电视	2197	淮阴市广播电视局	徐　忠	淮阴市大治路2号	223300		周	4开4版		0.07	6
沭阳农技	2198	沭阳县农业局	杨孝真	沭阳县农业局	223600		半月	8开2版		0.03	6
淮阴科技报	2199	市农业局、多管局	周　密	淮阴市委大院内	223300		旬	8开2版		0.03	6
泗阳科普农技报	2203	泗阳县科协	张耀新	泗阳县农业局	223700		半月	4开4版		0.05	2
宿迁经济报	2204	宿迁市政府办公室	王广礼	宿迁市政府	223800		周	4开4版		0.05	5
灌南科技报	2205	灌南县科协	朱庭清	灌南县科协	223500		半月	4廾4版		0.04	6
东海农技报	2216	县农业局、多管局	顾德章	东海县牛山镇	222300		半月	4开4版		0.05	4
扬州广播电视报	2221	扬州市广播电视局	徐美相	扬州市梅岭东路8号	225000		周	4开4版		0.07	7
张家港科普	2230	张家港市科协	蔡　杰	张家港市杨舍镇	215900		半月	4开4版		0.05	3
太仓科普	2231	太仓县科协	王明德	太仓县城厢镇县府街1号	215400		半月	4开4版	0.05	2	
句荣科技报	2238	句荣县科协	蔡竹友	句荣县城	212400		半月	8开2版		0.05	3
丹阳科技报	2240	丹阳县科协	朱德高	丹阳县政府大院	212300		半月	4开4版		0.05	6
扬中科技报	2245	扬中县科协	郭太康	扬中县三茅镇	212200		半月	8开2版		0.03	2
南通教育	2252	市教育局	羌以任	南京市建设路47号	226000		半月	4开4版		0.50	4
如皋农业科技	2256	县农业局、多管局	姜学夫	如皋县政府内	226500		半月	16开4版		0.03	5
启东科技报	2257	县政府、县科协	龚士昌	启东江龙镇	226200		周	8开2版		0.03	6
乡镇企业信息	2258	市乡镇企业管理局	陆永祺	南通市姚港路17号	226000		旬	16开4版		0.03	3
如东科技周报	2259	县政府、科协	缪三文	如东县政府大院内	225400		周	8开2版		0.03	6
农村科技与信息	2260	海门县农业局	袁蕴豪	海门县海门镇	226100		半月	8开2版		0.03	4
南通农业科技	2262	县农技推广中心	陆春吉	南通县金沙镇	226000		半月	16开2版		0.02	3
江海诗刊	2264	江苏省诗词协会	丁　芒	南京西唐路33号	210000		半月	4开4版		0.05	4
地勘报	2265	华东地质勘探公司	孙峙林	南京市大光路26号	210007		半月	4开4版		赠	5
招生通讯	2266	省高教招生办	练鸿翔	南京市	210000		半月	4开4版		0.05	5
江苏农村金融	2271	省农业银行	孙学华	南京白下路23号	210001		周	4开4版		0.05	4
连云港广播电视报	2272	连云港广播电视局	王克任	新浦解放路6号	222000		周	4开4版		0.05	3
扬州价格信息	2274	扬州市物价局	朱范国	扬州市物价局	225000		半月	8开2版		0.04	6
镇江金融	2291	市人民银行	林泽民	镇江市政府大院内	212000		周	4开4版		赠	2
邳县科技报	2293	邳县科协	杨洪昌	邳县运河镇	221300		半月	8开2版		0.03	6
中国农机安全报	2299	南京农机化研究所	刘　和	南京市柳营100号	210000		半月	4开4版		0.07	6
汽轮报	2002	南京汽轮电机厂	黎建华	南京汽轮电机厂	210037		旬	4开4版		赠	4
长江报	2004	长江机器制造厂	楼雄甫	南京长江机器制造厂	210000		周	4开4版		赠	4
南钢报	2006	南京钢铁厂	周易文	南京钢铁厂	210035		周	4开4版		赠	3
南机报	2007	南京机床厂	侍云馨	南京市大光路67号	210007		旬	4开4版		赠	3
仪征化纤报	2008	仪征化纤工业公司	孙　敏	仪征胥浦	211400		周	4开4版		赠	6
工厂生活报	2009	戚墅堰机车车辆厂	张永年	常州戚墅堰机厂	213000		周	4开4版	0.4	赠	6
电子工程报	2010	电子工业部十四所	李光华	南京石平岗秦淮门2号	210001		旬	4开4版		赠	4

报纸名称	内部刊号	主办单位	现任负责人	地址	邮政编码	创刊日期	刊期	开版	平均期发数（万份）	报纸定价（元）	编辑部人数
扬子报	2012	扬子石化公司	刘海龙	南京大厂区	210048		周2	4开4版		赠	7
南化报	2013	南京化学工业公司	张惠生	南京大厂区南化报社	210048		周2	4开4版		赠	6
华电报	2015	741厂	蒋国梁	南京3708信箱	210037		旬	4开4版		赠	3
浦厂工人报	2018	浦镇工厂委员会	季明华	南京浦镇龙虎巷5号	210031		周	4开4版		赠	2
华晶报	2019	微电子联合公司	金小桃	无锡市大王基	214000		周	4开4版		赠	6
尖兵报	2020	华东石油地质局	张容群	南京浦口新马路182号	210031		周	4开4版		赠	3
晨光报	2021	南京晨光机器厂	李之汤	南京市	210012		旬	4开4版		赠	5
电子工人报	2024	南京无线电厂	唐国祥	南京中山东路301号	210016		周	4开4版		赠	6
申新报	2041	无锡市国棉一厂	周志伟	无锡市体育场路	214000		旬	4开4版		赠	4
江苏烟草	2060	省烟草公司	张立则	南京长江路192号	210005		旬	4开4版		0.05	5
金狮报	2073	常州市自行车总厂	吴亚平	常州市	213000		旬	4开4版		赠	6
锡柴报	2045	无锡柴油机厂	陈联富	无锡市	214000		旬	4开4版		赠	5
锡钢报	2046	无锡钢铁厂	左筱章	无锡市	214000		旬	4开4版		赠	7
常柴厂报	2086	常州柴油机厂	张文罗	常州怀德南路	213000		旬	8开2版		赠	6
徐州电力报	2088	徐州电业局	刘国胜	徐州市淮海东路141号	211000		周	4开4版		0.05	6
南毛报	2102	南京毛纺织厂	梁　强	南京大桥北路	210031		旬	4开4版		赠	3
二钢报	2103	南京第二钢铁厂	杨福绵	南京市西善桥	210041		旬	4开4版		赠	6
梅山冶金报	2104	上海梅山冶金公司	李传锦	南京中华门外新建	210039		周	4开4版		赠	6
小南化	2111	南京化工厂	谢培华	南京市	210038		旬	4开4版		赠	5
金宁报	2112	金宁无线电器材厂	潘考友	南京中央门外连井亭	210037		旬	8开2版		赠	6
南京公交报	2113	南京市公交公司	王欣民	南京中央路323号	210009		周	4开4版		赠	8
面乡矿报	2114		陆奎书	南京中央门外五塘村	210037		旬	8开2版		赠	4
金陵石化	2115	金陵石化公司	狄松青	南京市	210038		旬	4开4版		赠	7
南京港报	2119	南京港务局		南京下关江边路19号	210011		周	4开4版		赠	6
起重机械	2125	南京起重机械总厂	袁祖德	南京下关姜家园199号	210011		旬	4开4版		赠	6
苏钢报	2235	苏州钢铁厂	蔡裕如	苏州市浒墅关	215000		周	4开4版		赠	5
南汽报	2297	南京汽车制造厂	刘宁生	南京中央路331号	210009		周2	4开4版		赠	6
淮化报	2200	九三九五厂	王德传	淮阴市九三九五厂	223000		旬	4开4版		0.05	6
南京地质学校校报	2123	南京地质学校	陈贤杰	南京大石桥4号	210000		半月	4开4版		赠	3
东南大学校刊	2138	南京东南大学	何积鎰		210000		旬	4开4版		赠	6
南京航院报	2139	南京航空学院	花蔚文		210016		半月	4开4版		赠	4
南京师大报	2140	南京师范大学	谢顺泉	南京市海路122号	210024		旬	4开4版		赠	7
河海大学校报	2141	河海大学	贾克香	南京市西康路1号	210014		半月	4开4版		赠	4
南京农业大学报	2142	南京农业大学	仇文干	南京市卫岗	210014		双旬	4开4版		赠	3
南林报	2143	南京林业大学	贾德新	南京市龙蟠路	210037		双旬	4开4版		赠	4
南京中医学院报	2144	南京中医学院	张昌思	南京市汉中路282号	210000		半月	4开4版		赠	4

报纸名称	内部刊号	主办单位	现任负责人	地址	邮政编码	创刊日期	刊期	开版	平均期发数（万份）	报纸定价（元）	编辑部人数
校内通讯	2147	南京铁道医学院	周玉敏	南京市丁家桥 87 号	210009		半月	8 开 4 版		赠	6
江苏电大报	2149	江苏广播电视大学	邬加畏	南京市北京路 77 号	210024		半月	4 开 4 版		赠	3
镇江船院报	2155	镇江船舶学院	毛佩琴	镇江环城路 4 号	212000		半月	4 开 4 版		赠	3
中国矿冶大学报	2156	中国矿冶大学	吴培儒	徐州市翟山	211000		旬	4 开 4 版		赠	6
南京大学	2170	南大校报编辑部	王维中	南京大学	210008		半月	4 开 4 版		赠	3
苏州大学报	2174	苏州大学党委	毛家驹	苏州市十梓街 1 号	215000		半月	4 开 4 版		赠	5
华东工学院报	2001	华东工学院	张如谟	南京市	210014		旬	4 开 4 版		赠	5
林业教育情报	2003	林业中专教研中心	尹福英	南京林校	210000		半月	8 开 4 版		赠	6
河海大学机械学院报	2005	河海大学机械学院	王建明	河海大学	210024		半月	4 开 4 版		赠	2
铁道师院	2016	苏州铁道师范学院	喻左卿	苏州市人民路 680 号	215000		双旬	4 开 4 版		赠	6
扬州师院报	2180	扬州师院	张映波	扬州市瘦西湖畔	225000		半月	4 开 4 版		赠	4
苏州医学院报	2185	苏州医学院	王述谟	苏州市人民路 48 号	215000		旬	4 开 4 版		赠	3
江苏工学院院报	2188	江苏工学院	杨光远	镇江市东郊	212000		半月	4 开 4 版		赠	3

说明

1、江苏省共有内部报纸 299 种，编辑部人员 1376 人。其中专业报 116 种，编辑部人员 522 人；厂矿企业报 108 种，编辑部人员 547 人；院校报 75 种，编辑部人员 307 人。

2、本表未例出的内部报纸有：专业报**月刊**——江苏图书发行（双旬刊）、电子物资信息、江苏红十字、卫生与健康（无锡）、无锡妇女、扬州卫生报、江都科技报、卫生科普（兴化县）、常州交通安全、常州信息、武进广播、常州科技、徐州教研、徐州卫生报、人口宣传（徐州）、电影介绍（徐州）、农村金融（徐州）、南京广播通讯报、影剧月报、扬州影剧、扬州日报《通讯员之友》、电影介绍（盐城）、镇江财会、镇江税务、盐阜卫生报、苏州邮电、太仓科普、苏州影剧、镇江交通、镇江影坛、丹阳卫生科普、镇江教研、电影介绍（南通）、南通日报通讯、南通科技报、南通税务、蜂产品与蜂治疗（连云港市）、连云港卫生、连云港交通安全报、连云港教研、港城影剧、灌云教育、淮阴日报通讯、盐城教育、南京红十字、影剧介绍（南京）、淮阴人口、淮阴影剧，**双月刊**——徐州保险报、常熟税务、盐城储蓄、苏州集邮、南通计划生育、学习与研究（淮阴）、金陵老年大学，**季刊**——泰州科技报、大丰科技报、淮阴教研、盐阜集邮、淮阴储蓄；厂矿企业报**半月刊**——南京市的南电报（电子管厂）、金城报、南京供用电报、南油报（油泵油咀厂）、钟山报（手表厂）、绿洲报、金石报（建筑机械厂）、工厂建设（3521 厂）、南线报、南针报、南京电信、零三厂报，无锡市的焦化工人报、维新报、同步报（电容器厂）、锅炉工人报、锡铸报、宇宙报（电子管厂）、海鹰（721 厂）、无锡轻工报、无锡油泵报、报春报（无线电厂）、太湖汽车报、庆丰报（二棉）、钢花报（县钢铁厂），常州市的星球报（无线电总厂）、常微报（电机电器总厂）、常州四棉报、常州一棉报，淮阴市的清染报、华新报（烟草公司），纸浆报（镇江），南通市的热力报、飞鲸报（柴油机厂）、南通机床报、南通供电通讯，徐州市的彭城烟草，苏州市的长风报、长城电器报、苏纶报、苏州石油报；**月刊**——南京的玉河报、航海报、南京医药、江海航运报、金陵烟草、二建工人报、二机报、金川报、江苏新印报，淮阴市的江苏清纤、淮阴清棉、清拖、运河航运报、腾飞报（肉联厂），苏州市的孔雀报（孔雀电子公司）、苏州供电、登月报（手表总厂），无锡市的协新报、锡轴报、橡胶工人报、虹美报（电视机厂）、锡缆报、菊花报、双飞报（第三橡胶厂）、动力报、长征报、锡航工人，常州四棉报、常州二棉报；院校报月刊——无锡电大报、无锡轻院、江南大学（无锡）、彭城大学报、徐州师专、徐州师院报、扬州教育学院、南京建工学院、南京电大、南京电专校刊、南通纺院、沙工院报（张家港市）、盐城教育学院校报、南京教育学院院报、中国药大学、苏州丝院报、南京化工学院、连云港教育学院院报、江苏公专报、南京邮电学院、南京气象学院院报、金陵职工大学校刊、徐州医学院报、淮阴师专、盐城师专校报、扬工报、镇江师专报、江苏化院报、盐城工专、江苏农学院报、常工院报、苏州师专报、苏州教育学院报、南通医学院报、南动报、淮阴党校、南通师专报、南通电大、徐州教育学院院报、通工院报、阜宁师范、江苏商专校报、江苏会专报、镇江职大，季刊煤炭建工报、连云港职业大学、镇江教育学院院报（双月刊）、常州教育学院院报（双月刊）、盐农科技、南京医学院报，**不定期刊**淮海大学报、江苏教育学院院刊、南京航专、城建环保院报。

浙江省内部刊号报纸

报纸名称	内部刊号	主办单位	现任负责人	地　址	邮政编码	创刊日期	刊期	开版	平均期发数（万份）	报纸定价（元）	编辑部人数
衢化报		衢州化学工业公司	刘德威	衢州市荷花新村	324004	1958、4	周2	4开4版	1.4		
长广报		长广煤矿公司	嵇发根	长兴县牛头山	313121	1983、2	周	4开4版	0.37		
绍钢报		绍兴钢铁厂	蔡　华	绍兴市	312000	1959、3	周	4开4版	0.15		
杭钢报		杭州钢铁厂	翁宝泉	杭州半山路	310022	1959、3	周	4开4版	0.36		
水电工人报		水电第十二工程局	吴菊明	金华市白龙桥	321027	1956、6	周	4开4版	0.25		
汽轮旬报		杭州汽轮机厂	何建航	杭州石桥路119号	310022	1980、5	旬	4开4版	0.15		
浙麻报		浙江麻纺织厂	傅炳泉	杭州拱宸桥	310015	1954、3	旬	4开4版	0.16		
三建报		省第三建筑公司	毛应洪	杭州秋涛路226号	310016	1987、3	双周	4开4版	0.15		
浙江一建报		省第一建筑公司	余银和	杭州宝石一路3号	310007	1987、3	半月	4开4版	0.15		
浙江安装报		工业设备安装公司	张剑南	杭州开元路21号	310001	1959、1	半月	4开4版	0.2		
浙建报		省建筑工程总公司	周利民	杭州湖滨路14号	310006	1988、4	半月	4开4版	0.35		
杭州重机报		杭州重型机械厂	马　闯	杭州东新路176号	310004	1986、5	半月	4开4版	0.1		
杭橡报		杭州橡胶厂	郑鉴华	杭州望江门外	310016	1986、7	半月	4开4版	0.15		
电化工人报		杭州电化厂	金士才	萧山市浦沿镇	311213	1979、11	半月	4开4版	0.23		
新柴报		新昌柴油机总厂	徐金火	新昌县城西街	312500	1985、6	半月	4开4版	0.15		
横山铁合金报		浙江横山铁合金厂	许秉君	建德县寿昌	311612	1987、4	半月	4开4版	0.15		
四建报		省第四建筑公司	陈瑜敏	杭州朝晖新村	310014	1987、3	半月	4开4版	0.5		
东莹报		东风莹石公司	卢　舜	武义杨家	321206	1986、1	半月	4开4版	0.1		
青春宝报		杭州第二中药厂	戚雄明	杭州西溪路80号	310023	1987、6	半月	4开4版	0.36		
西冷报		杭州电冰箱总厂	高董才	青春路老浙大横路	310009	1986、1	半月	4开4版	0.4		
杭汽报		二汽杭州分厂	屠春荣	杭州勾庄	310006	1987、3	半月	4开4版	0.23		
建设者报		省第二建筑公司	杨文津	宁波镇海区工农路44号	315200	1987、5	半月	4开4版	0.1		
今日杭齿报		杭州齿轮箱厂	朱国祥	萧山市	311200	1979、10	半月	4开4版	0.2		
说明	1、浙江省有内部报纸厂矿企业报33家，期发数合计近10万份，全年发行340万份。 2、本表未例出的有月刊：汽运职教报、民生医药报、宁渔报、中磁报、开山报（衢州凿岩机厂）、杭州保险、杭炼之声、宁波二建报、龙化报，双月刊生力报（湖州机床厂）。										

安徽省内部刊号报纸

报纸名称	内部刊号	主办单位	现任负责人	地　址	邮政编码	创刊日期	刊期	开版	平均期发数（万份）	报纸定价（元）	编辑部人数
安徽老年报	AHB019	省委老干部局	邹人煜	合肥阜阳路100号	230001	1984	半月	4开4版	3	0.15	10
安徽人防报	AHB004	省人防办公室	邢家范	合肥青年路78号	230022	1983、5	月	4开4版			2

报纸名称	内部刊号	主办单位	现任负责人	地址	邮政编码	创刊日期	刊期	开版	平均期发数(万份)	报纸定价(元)	编辑部人数
华东汽车商情报	AHB028	省汽车工贸集团公司	张惠珠	合肥巢湖路 143 号	23001	1987、7	月	4 开 4 版	0.5		5
安徽交通安全报	AHB020	公安交通警察总队	吴能竹 石文耀	合肥安庆路 270 号	230001	1983、8、1	半月	4 开 4 版	8.5		3
安徽电力报	AHB024	安徽省电力局	徐经融	合肥芜湖路 129 号	230061	1987、6、1	周	4 开 4 版	3		10
十七冶报	AHB025	十七冶金公司	戴学兆	马鞍山十七冶金公司内	243006	1988、1、1	周	4 开 4 版	3.5		9
安庆石化报	AHB037	安庆石化总厂	孙秋梅	安庆市安庆石化总厂	246001	1972、7、1	周	4 开 4 版	0.45		10
合肥广播电视报	AHB049	合肥市广播电视局	周有宽	合肥市阜阳路 100 号	230001	1985、1、1	周	4 开 4 版	10	0.21	6
合肥新闻界	AHB050	合肥市记协	邹人煜	合肥市阜阳路 100 号	230001	1096、7、1	月	4 开 4 版	0.24	0.10	4
合钢报	AHB052	合肥钢铁公司	王滏堂	合肥市和平路	230011	1973	周	4 开 4 版	0.46		9
黄山电视之友	AHB027	合肥无电二厂	史松年	合肥繁昌路 2 号	230011	1982、2	月	4 开 4 版	1		3
铜陵有色报	AHB060	铜陵有色金属公司	闻　杰	铜陵市长江西路	244001	1978、6	周 2	4 开 4 版	0.6		15
铜化报	AHB061	铜官山化工总厂	周文石	铜陵市金山路	244021	1985、5、1	旬	4 开 4 版	0.1		5
东海报	AHB070	蚌埠烟草分公司	李邦福	蚌埠烟草分公司宣传科	233010	1985、3	旬	4 开 4 版	0.25		4
宜纺报	AHB073	安庆纺织厂	金　辉	安庆市安庆纺织厂	246018	1980、4	半月	4 开 4 版	0.21		6
宁泥报	AHB090	宁国水泥厂	卢荣林	宁国水泥厂	242311	1989、3	半月	4 开 4 版	0.2		5
采香报		安庆香皂厂	姚传伟	皖安庆市人民路 25 号	246003	1986、4	月	4 开 4 版			8
说明	安徽省共有内部报纸 17 家，每期发行 33 万份，全年 1250 万份，编辑部人员有 114 人。										

福建省内部刊号报纸

报纸名称	内部刊号	主办单位	现任负责人	地址	邮政编码	创刊日期	刊期	开版	平均期发数(万份)	报纸定价(元)	编辑部人数
闽东报	特许 70	中共宁德市委	王绍据	宁德市	352100	1952、4	周	4 开 4 版	3	0.10	35
闽北报	特许 167	中共南平地委	杨　斌	南平市 81 路 136 号	353000	1989、7 复	周	4 开 4 版	2.6	0.10	25
福州大学				福州市西门外	350002			4 开 4 版	0.4		
厦门大学校报		中共厦大党委	李海谛	厦门市厦大校刊室	361005	1978 复	半月	4 开 4 版	0.5	赠送	3
厦门水产学院	准印 029	厦门水产学院	陈晚生	厦门市集美镇	361021	1980、4	月	4 开 4 版	0.15		4
福建医学院校报	特许 047	福建医学院	王立德	福州交通路 1 号	350004	1983、12	月	4 开 4 版	0.13	赠送	2
福建农学院院刊	特证 015	福建农学院	李汉荣	福州金山院刊室	350002	1954	不定	4 开 4 版	0.13	赠送	2
三化周报	第 024	三明市化工厂	苏福祥	三明市	365000	1985、4	旬	4 开 4 版	0.4	赠送	5
闽东电机报	特许 49	闽东电机集团公司	邹春西	福州五一路高桥	350005	1983、10	旬	4 开 4 版	0.3	赠送	4
通讯员之友	准印 001	湄州报编辑部	蔡金荣	湄洲报社	351100	1988、2	月	8 开 4 版	0.15	赠阅	2
中学生文摘报	特许 150	青少年读书指导会	方本贤	福州晚报社内	350005	1989、3	半月	4 开 4 版	3	0.14	4
说明	福建省有内部报纸 12 家，合计期发 11 万份，全年发行 300 万份，有编辑部人员 87 人。										

江西省内部刊号报纸

报纸名称	内部刊号	主办单位	现任负责人	地址	邮政编码	创刊日期	刊期	开版	平均期发数（万份）	报纸定价（元）	编辑部人数
江西农金报	01—047	农业银行江西分行	王善富	南昌市师大南路16号	330002	1987、2、1	旬	4开4版	0.82		5
江西建筑报	01—37	江西省建筑总公司	朱振界	南昌市北京西路	330046	1987、1	旬	4开4版	0.5	0.20	6
江西保险报	01—045	省保险公司	刘树勋	南昌市八一大道26号	330003	1985、10	旬	4开4版	1.0	0.12	4
江西工商银行报	01—048	省工商银行调信处	汪国城	南昌市铁街23号	330008	1987、8、12	旬	4开4版	0.3		5
南昌人口报	11—016	市计划生育委员会	徐开昌	南昌市民德路249号	330008	1985、3、20	旬	4开4版	1.6	0.09	5
新余科技报	16—002	新余市科协	肖庆文	新余市科协	336500	1984、10	半月	4开4版	0.87		5
江西工商报	1990—02	省工商联合会	厉志成	南昌市百花州4号	330008	1985、1	旬	4开4版	0.4	0.10	4
江西人口报	01—011	省计划生育委员会	储未申	南昌市站前西路67号	330002	1988、10、1	半月	4开4版	3.5	0.15	11
知识报	11—004	南昌市科协	毛必生	南昌市中山路44号	330003	1986、1	半月	4开8版	9	0.12	5
法制时报	11—013	南昌市司法局	白　江	市阳明路21号	330006	1982	周	4开4版	2	0.14	14
新余广播电视报	16—003	新余市广播电视局	晏居安	新余市人民南路沙滩巷	336500	1988、3	周	16开2版	0.5	年4	3
萍乡广播电视报	14—005	萍乡广播电视局	江兆谷	萍乡市	337055	1985、4、5	周	4开4版	3.5	0.15	6
景德镇广播电视报	12—005	市广播电视局	徐文粟	景德镇市	333000	1985、7、20	周	4开4版	6	0.15	6
新建报	11—026	中共新建县委	叶启橡	南昌市新建县委大楼	330100	1958、6	周	4开4版	0.6	0.15	9
贵溪报	鹰准006	中共贵溪县委	叶东生	贵溪县雄石镇	335400	1958	周	4开4版	0.35	0.10	5
乐平报	12—009	中共乐平县委	吴德祥	乐平县乐平镇	333300	1956、6、1	周	4开4版	0.5	0.10	10
江西邮电报	008	省邮电管理局	杨锡信	南昌市	330046	1950、1	周	4开4版	1.0	0.10	11
幸福导报	042	省老年新闻出版工作者协会	马秋之	南昌爱国路128号	330006	1988、7	周	4开4版	0.6	0.13	11
现代旅游报	01—025	省旅游局	吕　峻	南昌福州路31号	330006	1989、10、1	半月	4开4版	0.6	0.14	5
江西地质矿产报	01—32	省地质矿产局	胡绍明	南昌市站前路56号	330002	1957、10	旬	4开4版	0.5		5
工商企业报	14—007	萍乡市工商管理局	钟华贤	萍乡市昭萍东路	337055	1990、2	旬	8开4版	0.8	0.12	11
江西新生报	01—018	江西省劳改局	丁　松	南昌市长陵	330100	1954、6、15	旬	8开4版	1.6	0.13	8
江西农垦报	01—0355	国营垦殖场管理局	罗时烽	南昌市文教北路	330006	1985、5、1	旬	4开4版	0.6		7
南昌工人报	11—012	市总工会	刘隆汉	南昌市八一大道135号	330046	1986、1	周	4开4版	1.0	0.10	14
江拖报	11—030	江西拖拉机厂	毛　继	南昌井冈山大道	330002	1984、9、1	周	4开4版	0.14	0.24	6
昌河报	景内007	昌河飞机制造厂	漆德三	景德镇市109信箱	333002	1983、1	旬	4开4版	0.14		5
有线报	33—011	江西有线电厂	熊国昭	吉安市	343005	1984、5	旬	4开4版	0.045		6
江西汽车报	11—003	江西汽车制造厂	刘　勇	南昌市	330001	1986、12	旬	4开4版	0.2		6
南钢报	11—033	南昌钢铁厂	李其祥	南昌市	330012	1960、2	周	8开4版	0.2		8
江纺报	11—029	江西纺织厂	肖光明	南昌塘山	330039	1983、5	周	4开4版	0.185		5
江西公路运输	省报023	省公路运输管理局	周信东	南昌市八一大道39号	330003	1985、8	半月	4开4版	0.455		4

报纸名称	内部刊号	主办单位	现任负责人	地址	邮政编码	创刊日期	刊期	开版	平均期发数（万份）	报纸定价（元）	编辑部人数
宜齿报	宜文 028	宜春齿轮厂	泰起证	高安县城	330800	1985、5	半月	4开4版	0.50		3
洪都报	11—028	南昌飞机制造厂	李韶华	南昌市	330024	1952、10、5	周	4开4版	0.3		8
萍钢报	14—010	萍乡钢铁厂	彭　玲	萍乡市	337019	1957、10	周	4开4版	0.3		7
电化报	景府 010	江西电化厂	洪木根	乐平县	333332	1986、2	半月	4开4版	0.1		6
洪钢报	洪准 025	洪都钢厂	李建治	南昌北京西路 98 号	330029	1986、2、5	旬	4开4版	0.1		5
贵冶报	鹰准 001	贵溪冶炼厂	吴日国	贵溪冶炼厂	335424	1985、1、10	旬	4开4版	0.2		7
新钢报	新内 021	新余钢铁厂	康永华	新余市	336500	1958	周	4开4版	0.55		10
乐矿报	12—010	乐平矿务局	王鹏飞	景德镇市乐平镇	333300	1981、5	周	4开4版	0.2		10
丰矿工人报	32—010	丰城矿务局	郑流根	丰城市上塘镇	331141	1981、2、5	周2	4开4版	0.4	0.10	20
萍矿工人报	006	萍乡矿务局	朱利怀	萍乡市跃进路	337003	1950	周3	4开4版	1.0	0.08	24

说明：

1、江西省有内部报纸 48 家，合计期发 45 万份，全年 1930 万份，有编辑部人员 319 人；其中有厂矿企业报 18 家，期发 4.5 万份，全年 334 万份，有编辑部人员 134 人；院校报 3 家，期发数 2.7 万份，全年 31 万份，有编辑部人员 11 人。

2、本表末列出的报纸有：月刊——江印工人报、江西省科学院报、江西教育学院报、九江科技报，双月刊——江西手拖报、宜春医专报、赣南医学院报。

3、幸福导报于 1989 年底停刊。

河南省内部刊号报纸

报纸名称	内部刊号	主办单位	现任负责人	地址	邮政编码	创刊日期	刊期	开版	平均期发数（万份）	报纸定价（元）	编辑部人数
申城晚报	HN_3—009	中共信阳市委	付彩茹	信阳市友谊宾馆东侧	464000		周	4开4版		0.08	
登封报	HN_3—046	中共登封县委	董桂香	登封县城关镇	452470		旬	4开4版		0.10	
荥阳乡音报	HN_3—056	中共荥阳县委	赵西岳	荥阳县城关镇	450100		周	4开4版		0.14	
巩县报	HN_3—059	中共巩县县委	贺宝石	巩县城关镇	451250		周	4开4版		0.12	
驿城晚报	HN_3—101	中共驻马店市委	崔五零	驻马店市人民路	463000		周	4开4版		0.12	
新密报	HN_3—105	中共密县县委	郑观洲	密县新县城	452370		半月	4开4版		0.13	
河南农机报	HN_3—003	省机械电子厅	郭庆华	郑州市	450003		半月	4开4版		0.10	
河南粮食报	HN_3—017	省粮食局	姚伦湘	郑州市黄河路 11 号	450003		周	4开4版		0.10	
保险世界	HN_3—022	省保险公司	王荫祥	郑州市郑花旅社南三楼	450003		半月	4开4版			
中州消防报	HN_3—048	省公安消防总队	汤家礼	郑州市顺河路	450034		半月	4开4版		0.15	
河南储蓄报	HN_3—050	省工商银行	孙　申	郑州市黄河路东 119 号	450003		半月	4开4版		0.09	
河南农金报	HN_3—054	省农业银行	张天星	郑州市政六街 11 号	450003		旬	4开4版		0.10	
国际信托投资	HN_3—075	国际信托投资公司	王中伟	郑州市黄河路	450053		旬	4开4版			
河南乡镇企业报	HN_3—076	省乡镇企业管理局	柴德昌	郑州市卫生路 38 号	450053		周	4开4版		0.12	

报纸名称	内部刊号	主办单位	现任负责人	地址	邮政编码	创刊日期	刊期	开版	平均期发数（万份）	报纸定价（元）	编辑部人数
河南新生报	HN_3—080	省劳改局	张志华	郑州市经四路	450003		旬	4开4版		0.12	
影迷报	HN_3—083	省电影公司	原　静	郑州市金水路	450053		旬	4开4版		0.15	
河南新书报	HN_3—088	省新华书店	崔中兴	郑州市人民路	450000		半月	4开4版		0.07	
河南合作经济报	HN_3—089	省供销社	李荣喜	郑州市纬五路	450003	1987、7	旬	4开4版	1.2	0.12	7
中医护理报	HN_3—034	河南中医学院	周　骥	郑州市人民路15号	450003		旬	4开4版		0.15	
洛钢报	HN_3—001	洛阳钢厂	郝新国	洛阳钢厂宣传处	471039		周	4开4版		赠阅	
平顶山工人报	HN_3—002	平顶山市总工会	王楚雪	平顶山市文化宫	467000		旬	4开4版		0.12	
舞钢报	HN_3—004	舞阳钢铁公司	牛如龙	舞阳钢铁公司	462500		周	4开4版		赠阅	
人事新闻报	HN_3—005	开封市政府	魏开汉	开封市委院内	475000		周	4开4版		0.12	
洛炼报	HN_3—006	洛阳炼油厂	杨荫田	洛阳吉利区	471012		周	4开4版		赠阅	
安阳法制报	HN_3—007	安阳市司法局	杨景臣	安阳市人民大道65号	455000		周	4开4版		0.07	
华北石油地质报	HN_3—008	华北石油地质局	张书信	郑州市伏牛路南段	450006		周	4开4版		赠阅	
河南轮胎报	HN_3—010	河南轮胎厂	于明义	焦作市焦东南路5号	454159		旬	4开4版		赠阅	
洛铜报	HN_3—011	洛阳铜加工厂	李建平	洛阳建设路50号	471039		周	4开4版		赠阅	
焦作矿工报	HN_3—012	焦作矿务局	蔡庆蔼	焦作矿务局	454159	1950	周3	4开4版		0.10	31
开封工人报	HN_3—013	开封市总工会	邬显荣	开封市中山路中段	475000		周	4开4版		0.10	
河南石油报	HN_3—014	河南石油勘探局	王青槐	南阳油田	473132	1984、1	周3	4开4版	1	赠阅	32
中色六建报	HN_3—015	中国有色公司第六建设公司	刘五洲	平顶山市舞钢区	462500	1984、1（复）	旬	4开4版	0.3	赠阅	14
作文与指导	HN_3—018	南阳教育学院	王　禹	南阳教育学院	473000		半月	4开4版		0.10	
河南纺专	HN_3—019	河南访专	杨宝明	郑州市桐柏路	450007		半月	4开4版		赠阅	
电力中试消息	HN_3—020	省电力研究所	周恭夫	郑州市嵩山南路	450005		旬	4开4版		赠阅	
安钢报	HN_3—021	安阳钢铁公司	魏殿选	安阳钢铁公司	455004	1971（复）	周2	4开4版	0.9	赠阅	22
郑州航院报	HN_3—023	郑州航院党委	陈振北	郑州市航海路	450005		半月	4开4版		赠阅	
开封师专报	HN_3—024	开封师专	陈建民	开封师专	475001		半月	4开4版		赠阅	
平顶山矿工报	HN_3—025	平顶山矿务局	马纪福	平顶山市胜利路	467000	1969、9	周3	4开4版		0.08	27
南阳法制报	HN_3—026	南阳梅溪路	张振铎	南阳地区政法委	473067		周	4开4版		0.12	
河南教育学院报	HN_3—027	河南教育学院	李志明	郑州市纬五路	450003		半月	4开4版		赠阅	
郑缆报	HN_3—028	郑州电缆厂	张家华	郑州市华山路79号	450006	1980（复）	周	4开4版	0.4	赠阅	15
鹤壁矿工报	HN_3—029	鹤壁矿务局	郑瑞林	鹤壁市红旗街	456650	1968、11	周	4开4版	0.4	赠阅	18
郑煤机报	HN_3—030	郑州煤矿机械厂	靳志红	郑煤机厂	450007		周	4开4版		赠阅	
郑州工学院报	HN_3—031	郑州工学院	王心太	郑州市文化路97号	450020		半月	4开4版		赠阅	
郑工报	HN_3—032	工程机械制造厂	唐顺宾	郑州市桐柏路	450051		旬	4开4版		赠阅	
开封空分报	HN_3—033	开封空分设备厂	张车发	开封市公园路	475002		旬	4开4版		赠阅	
姚电报	HN_3—035	姚孟电厂	张　铁	平顶山市姚孟电厂	467031		旬	4开4版		赠阅	
郑州法制报	HN_3—036	郑州市司法局	刘英贤	郑州市建设路	450007		旬	4开4版		0.12	
河南医大报	HN_3—037	河南医科大学	时中省	郑州市大学路	450052		半月	4开4版		赠阅	

报纸名称	内部刊号	主办单位	现任负责人	地址	邮政编码	创刊日期	刊期	开版	平均期发数(万份)	报纸定价(元)	编辑部人数
南阳工人报	HN_3—038	南阳地区工会	杨明安	南阳地区工会	473067		半月	4开4版		0.10	
平原大学校报	HN_3—039	平原大学	陈　泓	新乡市	453003		半月	4开4版		0.04	
建筑工人报	HN_3—040	中建第七工程局	申祖明	南阳市中州路	473000	1985、4	旬	4开4版	0.5	赠阅	12
中原石油报	HN_3—041	中原石油勘探局	方崇滋	伏阳市	457001		周4	4开4版		0.12	
河南中医学院	HN_3—042	河南中医学院	杨英豪	郑州市金水路	450003		半月	4开2版		赠阅	
河南师大报	HN_3—043	河南师大党委	马发骏	新乡市	453002		半月	4开4版		赠阅	
洛阳工学院报	HN_3—044	洛阳工学院	韩明儒	洛阳市	471039		半月	4开版		赠阅	
焦作矿院报	HN_3—047	焦作矿院	杨建堂	焦作矿院	454159		半月	4开4版		赠阅	
平顶山文化报	HN_3—049	平顶山市群艺馆	袁玉安	平顶山市中兴路	467000		半月	4开4版		0.10	
郑铝报	HN_3—051	郑州铝厂	安仲祥	郑州市上街区	450041	1966、1	周	4开4版	0.45	赠阅	7
十一化建设	HN_3—052	中化工程总公司	袁培选	开封市十一化建公司	475002		周	4开4版		赠阅	
郑州大学	HN_3—053	郑州大学党委	杨建华	郑州大学	450052		半月	4开4版		赠阅	
河南大学报	HN_3—055	河南大学党委	张振江	开封市明论街	475001		旬	4开4版		赠阅	
铁道警察报	HN_3—057	铁道部郑州公安管理干校	姚明新	郑州市农业路	450002		半月	4开4版		0.12	
砂轮工人	HN_3—058	第二砂轮厂	赵继周	郑州第二砂轮厂	450006		周	4开4版		赠阅	
河南技术师院	HN_3—060	职业技术师范学校	李广保	辉县河南职技师院	453600		半月	4开4版		赠阅	
郑州纺院	HN_3—061	郑州纺织工学院	刘存德	郑州市建设路	450007		半月	4开4版		赠阅	
河南财经学院	HN_3—062	河南财经学院	赵玉山	郑州市文化路	450002		半月	4开4版		赠阅	
洛阳石化报	HN_3—063	洛阳石化公司	许子祥	洛阳市李屯	471023		旬	4开4版		赠阅	
三门峡工程报	HN_3—064	水电第十一工程局	任春来	三门峡市	472000	1957、4	旬	4开4版	0.5	赠阅	6
洛阳经济报	HN_3—065	洛阳市经委	赵　平	洛阳市天津路	471009		周2	4开4版		0.12	
河南农大报	HN_3—066	河南农业大学	张其峰	郑州市文化路	450002		半月	4开4版		赠阅	
洛阳矿机报	HN_3—067	洛阳矿山机器厂	张玉彬	洛阳市重庆路	471039		周2	4开4版		赠阅	
新乡师专报	HN_3—068	新乡师专	刘志德	新乡市文化路	453000		半月	4开4版		赠阅	
新医报	HN_3—069	新乡医学院	雷富勋	河南卫辉市	453003		半月	4开4版		赠阅	
郑州牧专报	HN_3—070	郑州牧专	马中乾	郑州市牧专	450002		半月	4开4版		赠阅	
河南财专报	HN_3—071	河南省财专	许卫国	郑州市农业路	450002		半月	4开4版		赠阅	
油建工人报	HN_3—072	石油天然气总公司	庄鹤龄	洛阳市关林石油一公司	471023		周	8开2版		赠阅	
许昌师专报	HN_3—073	许昌师专	高宇平	许昌市文化路	461000		半月	8开2版		赠阅	
洛阳医专	HN_3—074	洛阳医专	酒素萍	洛阳市安徽路	471003		半月	8开2版		赠阅	
郑州广播电视报	HN_3—077	郑州市广播电视局	唐精云	郑州市工人路南段	450006		周	4开4版		0.15	
开封医专	HN_3—078	开封医专	李传华	开封市前营门65号	475001		半月	4开4版		赠阅	
郑州工人报	HN_3—081	郑州市总工会	陈　伟	郑州市建设路	450003		周	4开4版		0.10	
义马矿工报	HN_3—082	义马矿务党委	周剑星	义马矿务局	472302	1980、2	周2	4开4版	0.51	0.10	19
声屏周报	HN_3—084	南阳广播电视中心	王根礼	南阳市滨河路	473056		周	4开4版		0.13	
煤矿维修信息	HN_3—087	鹤壁矿务局	宋宝凯	鹤壁市东站	456650		半月	4开4版		0.08	

报纸名称	内部刊号	主办单位	现任负责人	地址	邮政编码	创刊日期	刊期	开版	平均期发数（万份）	报纸定价（元）	编辑部人数
郑州机专	HN_3—090	郑州机械专科学校	师其彬	郑州市中原路西段	450007		半月	4开4版		赠阅	
郑州轻院	HN_3—091	郑州轻工学院	刘　涛	郑州轻工学院	450002		半月	4开4版		赠阅	
作文与指导	HN_3—092	南阳教育学院	王　禹	南阳教育学院	473057		旬	4开4版		0.05	
南阳经济信息报	HN_3—094	南阳地区经济信息中心	赵振国	南阳市中州路	473060		周	4开4版		0.12	
郑州矿工报	HN_3—095	郑州矿务局	李纪念	郑州矿务局	452371	1983、3	周	4开4版	0.6	赠阅	12
焦作工人报	HN_3—096	焦作市总工会	杨　蕾	焦作市民主北路	454150		周	4开4版		0.13	
焦作供销信息	HN_3—097	焦作市经委	陈华山	焦作市环城东路	454151		周	4开4版		0.10	
洛阳玻璃报	HN_3—098	洛阳玻璃厂	陆庆安	洛阳玻璃厂	471009		周	4开4版		赠阅	
洛阳轴承报	HN_3—099	洛阳轴承厂	董天水	洛阳市天津路	471039		周	4开4版		赠阅	
洛阳市法制报	HN_3—100	洛阳市司津局	陈锡铭	洛阳市中州中路	471000		旬	4开4版		0.10	
信阳师院报	HN_3—102	信阳师范学院	王　巍	信阳市西郊谭山包	464000		半月	4开4版		赠阅	
洛阳建专报	HN_3—103	洛阳建筑材料工业专科	苏广超	洛阳市长江东路	471003		半月	4开2版		赠阅	
河南橡胶	HN_3—104	省橡胶专业技术情报站	朱德昭	焦作市焦东南路	454151		半月	4开4版		0.18	
隧道工人报	HN_3—106	铁道部隧道工程局	曹文照	洛阳市道北陵园	471013		周	4开4版		赠阅	
拖拉机报	HN_3—108	洛阳拖拉机厂	汪一飞	洛阳拖拉机厂	471004	1978、7复	周2	4开4版	0.68	赠阅	18
中州大学报	HN_3—110	中州大学	许　捷	郑州市航海路	450005		半月	4开4版		赠阅	
洛耐报	HN_3—111	洛阳耐火厂	芦海军	洛阳西苑路	471039		周	4开4版		赠阅	

说明：

1、河南省共有内部报纸112种，其中厂矿企业报40种，院校报30种。

2、本表未列出的内部报纸有：半月刊——郑州水工报、宝丰酒报、梨园报（梨园矿务局），月刊——豫电科普报、中原地震报、化工信息报、黄河大学、驻马店文化报、中华硬笔书法报。

湖北省内部刊号报纸

报纸名称	内部刊号	主办单位	现任负责人	地址	邮政编码	创刊日期	刊期	开版	平均期发数（万份）	报纸定价（元）	编辑部人数
老河口报	鄂报9	中共老河口市委	李　维	老河口市委院内	441800	1988、7、1	周	4开4版	0.48	0.10	9
丹江口报	鄂报49	中共丹江口市委	姚万国	丹江口市均州路17号	141900	1988、3、21	周	4开4版	1.1		10
石首报	鄂报	中共石首市委	成协铭	石首市中山路	434400	1988、8	周	4开4版	1.1		9
襄樊经济信息报	鄂报1	市人民政府办公室	古顺水	襄樊市红光路5号	441021	1987	周	4开4版	1		10
沙市电视报	鄂报2	沙市电视民	王家斌	沙市电视台内	434000	985、4、26	周	4开4版	6	0.10	4
武汉河专报	鄂报5	武汉河运专科学校	雇伟年	武昌和平大道690	430062	1985、4、30	双周	4开4版	0.2		4
武汉水运工程学院报	鄂报6	武汉水运工程学院	李剑虹	武汉水运工程学院	430063		旬	4开4版	0.3		15

报纸名称	内部刊号	主办单位	现任负责人	地址	邮政编码	创刊日期	刊期	开版	平均期发数(万份)	报纸定价(元)	编辑部人数
武汉公交报	鄂报 12	武汉公用行业	林立亚	汉口硚口路 160	430033	1986、9	周	4 开 4 版	1	0.12	8
中师生报	鄂报 13	省中等师范协作会	谈云龙	湖北仙桃市文卫路 7 号	433000	1986、3、15	旬	4 开	3	0.12	5
武汉港口报	鄂报 17	武汉港务局	赵相国	汉口治江大道 91	430014	1988、12、5	旬	4 开 4 版	0.3		8
湖北汽院报	鄂报 18	湖北汽车工业学院	詹志仁	十堰市	442002	1985、2	半月	4 开 4 版	0.15		3
武船报	鄂报 19	武昌造船厂	陈　明	武昌紫阳路 2 号	430060	1987(复)	周	4 开 4 版	0.7		5
武汉电大报	鄂报 20	武汉广播电视大学	欧阳云	汉口崇仁路 82 号	430033	1984、11	半月	4 开 4 版	0.3		4
华中理工大学周报	鄂报 22	华中理工大学	陈天照	华中理工大学内	430074	1953、11、15	周	4 开 4 版	0.7		7
华中师大报	鄂报 24	华中师大	唐昌宪	华中师大	430070		旬	4 开 4 版	0.45		3
中南财大报	鄂报 25	中南财大	刘先凡	中南财大行政楼	430034	1980、6(复)	旬	4 开 4 版	0.3		4
华中农大学报	鄂报 28	华中农大	鲁大安	华中农大	430070		半月	4 开 4 版	0.25		3
武汉工业大学报	鄂报 30	武汉工业大学	郭俊才	武昌路狮路 14	430070	1974、5	半月	4 开 4 版	0.2		5
同济医大报	鄂报 31	同济医科大学	王小平	汉口同济医大	430030	1952、10	旬	4 开 4 版	0.2		5
武汉水利电力学院报	鄂报 32	武汉水利电力学院	汤耀垣	武汉市珞珈山	430072	1955、2、8	旬	4 开 4 版	0.25		4
湖北高校信息报	鄂报 33	省高校记者协会	李剑虹	武汉水运学院内	430063	1984、12	半月	4 开	0.5		19
湖北工学院报	鄂报 34	湖北工学院	傅万贵	武昌南湖	430068	1985、3	半月	4 开 4 版	0.2		4
中南民院报	鄂报 39	中南民院	黄宗贵	武昌民院路	430074	1982、9、25	旬	4 开 4 版	0.19		5
武汉化工学院报	鄂报 40	武汉化工学院	魏　珍	武汉化工学院内	430074	1979、1、1	半月	4 开 4 版	0.15		2
武汉建专报	鄂报 42	冶金建筑专科学校	李丹葵	武昌石牌岭 310 号	430070	1983、11	双旬	4 开 4 版	0.3		2
测绘科大报	鄂报 43	测绘大学	刘家伟	测绘大学内	430070	1980、1(复)	旬	4 开 4 版	0.2		4
葛洲坝水电工程学院报	鄂报 45	葛洲坝水电工程学院	肖家庆	宜昌庆本院内	443002	1978、11、15	半月	4 开 4 版	0.15		3
湖北师院报	鄂报 46	湖北师院	袁端仁	湖北师院内	435002	1982、1	旬	4 开 4 版	0.2		4
江汉石油学院报	鄂报 47	江汉石油学院	张育琴	沙市本院	434102	1982、10	半月	4 开	0.2		4
湖北大学报	鄂报 48	湖北大学	周立夫	湖大文史楼	430062	1980、7(复)		4 开 4 版	0.3		4
华新报	鄂报 50	华新水泥厂	詹新海	黄石市华新水泥厂	435002	1987、6、8	旬	4 开 4 版	0.2		9
江汉大学报	鄂报 53	江汉大学	祝庆韬	汉口江大路 18 号	430010	1983、12、30	旬	4 开 4 版	0.35		4
武院报	鄂报 56	钢铁设计研究院	罗蔚光	武昌青山冶金大道 30 号	430080	1985、5、27	半月	8 开 2 版	0.04		3
江车报	鄂报 59	铁道部江岸车辆厂	刘章仪	汉口解放大道 1378 号	430012	1987、1、1	周	4 开	0.2		5
武汉石化报	鄂报 61	武汉石油化工厂	詹才欣	武汉青山区	430082		旬	4 开 4 版	0.5		7
三局建筑报	鄂报 64	中建三局	蒋华银	武昌珞狮路 34	430070	1986、5、1	旬	4 开 4 版	0.3		4
粮油信息报	鄂报 65	武汉粮油贸易中心	贺新华	汉口解放公园路 19 号	430010	1987、4、13	旬	4 开 4 版	1		8
先行报	鄂报 69	武汉锅炉厂	孙梅芳	武汉锅炉厂内	430070		周	4 开 4 版	0.25		6
水运安全报	鄂报 70	长江港航监督局	黄建平	汉口治江大道 114	430014	1988、8、1	周	4 开 4 版	2		11
冶金绿化报	鄂报 71	冶金部绿化委员会	钱明才	武钢环管处大院	430083	1987、3、12	月	4 开 4 版	0.7	0.11	4
武汉工学院报	鄂报 74	武汉工学院	李汉江	武汉工学院内	430070	1980、7、1	半月	8 开 4 版	0.2		4
武汉冶金医专报	鄂报 75	武汉冶金医专	李灿华	武昌青山冶金大道 25 号	430080	1983、1	双旬	4 开 4 版	0.15		2

报纸名称	内部刊号	主办单位	现任负责人	地 址	邮政编码	创刊日期	刊期	开版	平均期发数(万份)	报纸定价(元)	编辑部人数
荆襄报	鄂报 78	磷化学工业公司	袁新元	湖北钟祥胡集	431910	1984、7、1	周	4开4版	0.82		7
职工之友报	鄂报 83	沙市总工会	李行强	沙市园林路中段	434000	1985、5、1	周	4开4版	1.2		10
就业指导报	鄂报 87	省高等学校毕业生分配办	田景海	武昌水巢湖八一路 19 号	430071	1989、1	半月	4开4版	1		5
武汉供电报	鄂报 94	武汉供电局	余大喜	汉口解放大道 1053	430013	1985、1、10	双周	4开4版	0.3		4
读者报	鄂报 102	仙桃市图书馆	李全林	仙桃市勉阳大道 62	433000	1988、6、30	旬	4开4版	0.5		3
黄冈师专报	鄂报 106	黄冈师专	李金奇	黄冈师专内	436100	1984	周	4开4版	0.15		1
荆州文化报	鄂报 109	荆州行署文化局	谢声华	江陵县荆州镇东路 56 号	434100	1989、4、24	半月	4开4版	0.3		7
万山汽车报	鄂报 119	万山特种车辆	韩俊杰	远安 87 信箱	444200	1988、12、17	旬	4开4版	0.2		9
十堰电视报	鄂报 111	十堰广播电视局		十堰市			周	4开4版	1.8	0.14	
中原旅游报	鄂报 121	襄樊市记协	徐 进	襄樊市长征路 110	441000	1988、4	半月	4开4版	0.5		4
长江电子报	鄂报 128	黄冈地委科协	陈新华	黄州清源门 1 号	436100	1989、6		4开4版	1		5
石首工人报	鄂报 131	石首市总工会	刘正清	石首市建设路 10 号	434400	1984、5	半月	4开	1.2		6
随州广播影视	鄂报 132	随州广播局	黄金洲	随州市烈山大道 191	441300	1989、5、1	周	4开4版	1.5		4
长江筑港报	鄂报 133	第二航务工程局	黄腊贵	汉口黄玻街 129 号	430021	1988、8、1	半月	4开	0.2		6
湖北经济报	鄂报 135	新华社湖北分社	李永长	武昌东亭路 30 号	430077		周	对开4版	1		30
蕲春科技小报	鄂报 136	蕲春农牧业局	李旺发	县农牧局院内	436301	1982、5、24	半月	8开	3.1		2
五建报	鄂报 138	中国有色五建公司	曹家清	黄石市陈家湾有色五建	435000	1959、5、1	周	4开4版	0.3		12
葛州坝报	鄂报 139	葛洲坝水力发电厂	汤光友	宜昌市西坝	443002	1982、3、1	周	4开4版	0.1		3
东风报	鄂报 140	东风轮胎厂	闫玉成	十堰市汉江路 103	442053	1980、10	旬	4开	0.2		6

说明：

1、湖北省共有内部报纸 93 种，合计期发 60 万份，全年 1880 万份，有编辑人员 470 人。其中有：厂矿企业报 16 种，合计期发近 4.5 万份，全年 144 万份，有编辑部人员 95 人；院校报 35 种，合计期发 8 万份，全年 230 万份，有编辑人员 157 人。

2、本表未列出的内部报纸有：半月刊——中丹报（国营 446 厂）、长航文艺报，月刊——孝感师专报、武汉供水报、岘山（襄阳县文联）、武汉音院报、湖北中医学院报、襄阳师专报、中国石油影友报、湖北消防报、武汉教院报、湖北民讯（民建湖北省委）、武汉民革、湖北党校报、冶金绿化报、工业矿物导报（武汉工大）、纺织职教信息报、湖北供水报、襄樊大学报、鄂肥职工报（湖北化肥厂）、汉烟报、黄石电大报、信息世界（武汉科技进步开发中心）、工交安全报、公共关系导报（省老新闻工作者协会）、沙市文学艺术报、武汉银幕、清江（鄂西州文联）、密泉（嘉鱼县文联）、武汉节水报，双月刊——电影教育报、不定期刊——湖北电子财会，季刊——黄陂乡音。

湖南省内部刊号报纸

报纸名称	内部刊号	主办单位	现任负责人	地 址	邮政编码	创刊日期	刊期	开版	平均期发数(万份)	报纸定价(元)	编辑部人数
湘乡报	湘新内 217	湘乡市委、市政府	谭庆云	湘乡市委机关大院	411400	1987、7	周	4开4版	1.0	年 5.28	10
浏阳报	(内)130	浏阳县委	唐和平	浏阳县城关镇	410300	1988、1	周	4开4版	1.8	0.12	8

报纸名称	内部刊号	主办单位	现任负责人	地址	邮政编码	创刊日期	刊期	开版	平均期发数(万份)	报纸定价(元)	编辑部人数
望城报	准印 10	望城县委	朱红军	望城县城关镇		1989(复)	周	4 开 4 版	1.5		
宁乡报	(内)132	宁乡县委	李石岩	宁乡县城关镇	410600	1989、1	周	4 开 4 版	1.5	月 0.44	8
工商时报	(内)285	株洲市工商局		株洲市	412000	1988、5	周	4 开 4 版	5	0.15	
商　报*	(内)283	湖南日报信息公司		长沙市	410005	1988、10	周	4 开 4 版		0.2	3
供销信息报	(内)45	湖南省供销合作社	姚松吾	长沙市	410005	1987、1	周	4 开 4 版	2.5	年 10	
湖南电工报	(内)282	湖南省电力工业局	邱文访	衡阳市	421000	1987、5	周	4 开 4 版	4	0.12	5
工人周报*	(内)149	株洲市总工会	吴　穆	株洲市	412000	1983、11	周	4 开 4 版	2.5	月 0.65	
空中之友	(内)66	长沙市广播电视局	曹任明	长沙市	410005	1985	周	4 开 4 版	10	0.12	5
衡阳广播电视	(内)133	衡阳市广播电视局	汤健辉	衡阳市	421000	1959、5	周	4 开 4 版	5	月 0.48	6
常德电视报	(内)192	常德市广播电视局	刘忠年	常德市	415000	1986	周	4 开 4 版	3	0.12	4
邵阳广播电视报	(内)24	邵阳市广播电视局	彭福华	邵阳市	422000	1988、8	周	4 开 4 版	1		
洞庭之声报	(内)288	岳阳人民广播电台	吴东明	岳阳市	414000	1989、3	周	4 开 4 版	8	0.15 元	8
株洲广播电视报	(内)52	株洲市广播电视局	贺为民	株洲市	412000	1986、10	周	4 开 4 版	5		5
长沙公安报	(内)166	长沙市公安局	廖明桂	长沙市	410005	1984	旬	4 开 4 版	3	0.12	7
湖南育新报	(内)126	湖南省劳改局		长沙市	410000	1956	旬	4 开 4 版	1.5	赠阅	8
招生通讯	(内)131	省普通高校招生办公室	肖世孝	长沙市	410005	1982	旬	4 开 4 版	10		4
临武信息报*	(内)116	县经济技术协作办		临武县	424300		旬	4 开 4 版	0.5		5
劳动与生活	(内)21	株洲市劳动局	陈　岳	株洲市	412000	1987、2	旬	4 开 4 版	1.5	月 0.5	6
新闻人物*	(内)225	湖南省作家、企业家联谊会	肖育轩	长沙市	410005	1988、9	旬	对开 4 版	2		
民间经济导报*	(内)289	经济建设促进会		长沙市	410005	1989、5	旬	4 开 4 版	5		
湖南自学考试报	(内)16	省高校自学考试办公室		长沙市	410005	1984、6	半月	4 开 4 版	2		
湖南图书市场	(内)23	省新华书店	刘本仁	长沙市	410005	1956、1	半月	4 开 4 版	0.4	赠阅	3
湘潭科技报	(内)101	湘潭县科委	陈知任	湘潭县	411100	1982、1	半月	4 开 4 版	5	0.10	3
益阳价格信息	(内)198	益阳地区物价局		益阳市	413000	1985、2	半月	4 开 4 版	0.25		
长沙法制报	(内)111	长沙市司法局	李远柏	长沙市	410005	1983、1	半月	4 开 4 版	2.3	0.12	6
衡阳科技报*	(内)134	衡阳市科协	何锡健	衡阳市	421000	1979、3	半月	4 开 4 版	5	0.12	6
衡阳信息报*	(内)138	市经信息中心		衡阳市	421000	1986、7	半月	4 开 4 版	1	0.12	6
教育信息*	(内)174	岳阳市教委	廖若痴	岳阳市	414000	1988	半月	4 开 4 版	0.6		
湖南人防报	(内)17	湖南省人防办公室	邢　汉	长沙市	410005	1988、3	半月	4 开 4 版	0.45		
邵阳科技报*	(内)20	邵阳市科协	于季恩	邵阳市	422000	1979、8	半月	4 开 4 版	1.5	0.12	4
公关导报*	(内)290	湖南电视台	许恩惠	长沙市	410005	1989、5	半月	对开 4 版	1		
中国热处理信息报	(内)291	长沙交通学院		长沙市	410005	1985、3	半月	4 开 4 版	0.1		
洞庭信息报*	(内)19	益阳市经委		益阳市	413001	1985、8	半月	4 开 4 版	3		
湘钢报	9	湘潭钢铁公司	李晓钢	湘潭市岳塘街	411101	1958、7	周 2	4 开 4 版	1.2		14
涟钢报	110	涟原钢铁厂	高中鼎	娄底市	417009	1958、5	周 2	4 开 4 版	1		17

报纸名称	内部刊号	主办单位	现任负责人	地址	邮政编码	创刊日期	刊期	开版	平均期发数(万份)	报纸定价(元)	编辑部人数
湘维报	5	湖南省维尼伦厂	向志成	溆浦县大江口	419323	1986、5	周	4开4版	0.25		6
江麓报	14	江麓机械厂	陈　泽	湘潭市	411100	1984、1	周	4开4版	0.3		6
湘纺报	17	湘潭纺织印染厂	王理圣	湘潭板塘铺	411102	1958	周	4开4版	0.3		7
涟邵工人报	20	涟邵矿务局党委	姚作军	娄底市	417000	1963、10	周	4开4版	1.3		20
岳纸报	27	湖南岳阳造纸厂	鲁长华	岳阳市城陵矶	414002	1989、9	周	4开4版	0.2		6
湘锰报	28	湘潭锰矿宣传部	李成希	湘潭市鹤岭镇	411202	1956、8	周	4开4版	0.1		7
工人导报	30	南方动力机械公司	陈国平	株洲市董家塅	412002	1953、1	周	4开4版	0.3		6
常纺报	37	常德棉纺织厂	刘开发	常德市德山路	415001	1983、6	周	4开4版	0.2		9
湘西金矿报	41	湘西金矿	朱育中	沅陵县沃溪镇	419607	1954、10	周	4开4版	0.13		7
株冶报	49	株洲冶炼厂	刘党民	株洲市	412004	1987、7	周	4开4版	0.54		7
湘机报	52	湘潭电机厂党委	杨正东	湘潭市下摄司	411101	1954、9	周	4开4版	0.3		9
岳阳石化报	56	岳阳石油化工总厂	黄　良	岳阳市	414014	1985、1	周	4开4版	0.4		6
水口山报	60	水口山矿务局	贺太和	常宁县水口山	421513	1954、12	周	4开4版	0.25		6
二七二厂报	61	二七二厂	贺定之	衡阳市	421001	1984、10	周	4开4版	0.1		6
衡冶工人报	62	有色冶金机械厂	周孔波	衡阳市	421001	1958	周	4开4版	0.69		7
冷铁工人报	63	冷水江铁焦总厂	刘长庚	冷水江市	417500	1963	周	4开4版	0.2		5
桃矿报	64	桃林铅锌矿	林道为	临湘县	414312	1958、11	周	4开4版	0.15		4
水电建设报	65	水电八局	曾文虎	资兴市	423400	1970、7	周	4开4版	0.3		7
桃纺厂报	71	桃源纺织印染厂	颜美田	桃源县	415700	1982、3	周	4开4版	0.6		6
衡钢报	72	衡阳钢管厂	黄菁泉	衡阳市	421003	1987、10	周	4开4版	0.3		7
资兴工人报	81	资兴矿务局	王向东	资兴市三都镇	423404	1952	周	4开4版	0.45		15
白沙工人报	90	白沙矿务局	陈明渊	耒阳市珠玑滩	421827	1982、7	周	4开4版	0.5		12
钻石报	92	株洲硬质合金厂	刘东来	株洲市	412000	1983、3	周	4开4版	0.15		7
锡矿山工人	95	锡矿山矿务局	曾凤仁	冷水江市	417502	1951	周	4开4版	0.21		7
电力机车报	99	株洲电力机车工厂	张泽海	株洲市	412001	1954、4	周	4开4版	0.2		7
株洲玻璃报	112	株洲玻璃厂	易建国	株洲市	412005	1984、1	周	4开4版	0.15		7
株洲车辆报	115	株洲车辆工厂	杨耀飞	株洲市宋家桥	412003	1984、5	周	4开4版	0.13		5
湘缆报	119	湘潭电缆厂	黄仲民	湘潭市	411101	1986、1	周	4开4版	0.2		6
洪源报	123	洪源机械厂	李吉初	涟源市湘波镇	417111	1985、8	周	4开4版	0.2		4
株化周报	142	株洲化工厂	黄练村	株洲市	412004		周	4开4版	0.5		5
轻机报	121	零陵轻工机械厂	刘　再	冷水滩市	425100		旬	4开4版	0.1		5
湘铝报	21	湘乡铝厂	王洲钦	湘乡市	411400	1974	旬	4开4版	0.08		5
资氮报	17	资江氮肥厂	欧阳勇	冷水江市	417506	1988、3	旬	4开4版	0.2		5
洞庭工人报	32	洞庭氮肥厂	杨松枝	岳阳市	414003	1986、9	旬	4开4版	0.5		6
湘乡水泥报	44	湘乡水泥厂		湘乡市	411400		旬	4开4版	0.12		5
浦沅报	46	浦沅工程机械公司	徐庆华	常德市灌溪乡	415106	1984、10	旬	4开4版	0.2		6
常德烟厂报	48	常德卷烟厂		常德市	415000	1984、4	旬	4开4版	0.4		6

报纸名称	内部刊号	主办单位	现任负责人	地　址	邮政编码	创刊日期	刊期	开版	平均期发数(万份)	报纸定价(元)	编辑部人数
湖南铁合金报	54	湖南铁合金厂	杨新丰	湘乡市	411400	1982、3	旬	4开4版	0.07		8
长电报	57	长沙汽车电器厂	吴国静	长沙市	410005	1987、10	旬	4开4版	0.35		5
瑶岗仙矿报	75	瑶岗仙钨矿	田安思	宜章县瑶岗镇	424209	1958、2	旬	4开4版	0.07		5
坪矿工人报	93	黄沙坪铅锌矿	李　恒	桂阳县	424421	1981、12	旬	4开4版	0.11		6
建筑工人报	97	省第五建筑公司	李建斌	株洲市	412000	1984、2	旬	4开4版	0.11		7
株洲麻纺报	106	苎麻纺织印染厂	寻　坚	株洲市	412000	1985、5	旬	4开4版	0.2		5
国光报	111	醴陵国光瓷厂	李扩军	醴陵市	412200	1986、10	旬	4开4版	0.1		3
四化建设报	134	化工部四建设公司	文　军	岳阳市	414000	1971、5	旬	4开4版	0.2		5
湖南金电报	141	金竹山电厂	龙松山	冷水江市	417503	1986、4	旬	4开4版	0.15		5
湘潭大学报	33	湘潭大学党委	朱天视	湘潭市	411105	1980	旬	4开4版	0.25		6
湖南医科大学报	47	湖南医科大学	刘笑春	长沙市	410071	1984	旬	4开4版	0.25		5
湖南师大报	87	湖南师大	丁维先	长沙市	410081	1954	旬	4开4版	0.4		7
国防科技大学报	102	国防科技大学	杨俊雄	长沙市	410073	1953、9	旬	4开4版			6
湖南大学校报	109	湖南大学	孙孝建	长沙市	410012	1950	旬	4开4版	0.58		4
中南工业大学校报	74	中南工业大学党委	任黎明	长沙市	410083	1952	旬	4开4版	0.46		6
湖南财经学院报	4	湖南财经学院	谭云时	长沙市	410079	1987	半月	4开4版	0.2		2
吉首大学报	23	吉首大学	游祖智	吉首市	416000	1985	半月	4开4版	0.2		3
湖南中医学院报	58	湖南中医学院	杨汉彦	长沙市	410007	1988	半月	4开4版	0.2		3
长沙铁道学院报	83	长沙铁道学院	张惊涛	长沙市	410075	1965	半月	4开4版	0.25		4
长沙水电师范报	84	长沙水电师范学院	李克鲁	长沙市	410077	1984	半月	4开4版	0.35		3
长沙交通学院报	107	长沙交通学院	唐绍烈	长沙市	410076	1984、5	半月	4开4版	0.25		5
中南林学院报	117	中南林学院	朱增华	株洲市	412006	1961	半月	4开4版			2

1、湖南省共有内部刊号报纸151种，合计期发125万份，全年5200万份，有编辑部人员692人。其中厂矿企业报有77种，期发20万份，全年900多万份，有编辑部人员450多人；院校报有30种，期发4万多份，全年120万份左右，有编辑部人员近100人。

2、本报未列出的内部刊号报纸有：半月刊——雪峰报(湖南橡胶厂)、建南报、韶光报、湘氮报、株齿职工报、株钢报、企业人报(第二纺织印染厂)、火炬报(株洲火花塞厂)、邵农化工报(资江农药厂)、正园报(长沙)、湘药报、曙光报、长重报、鲤电报、焊花报(株洲)、汨纺报、柿竹园矿报、零陵烟厂报、黎水报、益阳橡机报、株电报、株起报、桥梁报，月刊——湖汽建设报、长沙烟厂报、白云报、华丰报、湘柴报、中南药机报、摄影美术报*、湖南建材报、湖南供水报*、长沙公安交通报*、长沙电影报、个体之声报(长沙)*、电影月报*(娄底)、长沙有色院、中建五局报、怀化师专报、湖南农学院报、湖南教育学院报、湘潭矿报、邵阳师专报、湘潭师院报、衡阳工学院报、娄底师专报、衡阳医学院报、株洲工学院报、湖南大学邵阳分校报、零陵师专报、湖南电大、益阳师专报，双月刊——长沙电大报、长沙教院报。

3、报名后标注“*”表示1989年底停刊。

广西自治区内部刊号报纸

报纸名称	内部刊号	主办单位	现任负责人	地　址	邮政编码	创刊日期	刊期	开版	平均期发数（万份）	报纸定价（元）	编辑部人数
广西有色金属报	GX—00011	中色总公司南宁公司	杨鹤楼	南宁市建政路41号	530023	1988、3	半月	4开4版	0.20		10
广西新生报	GX—0031	广西自治区劳改局	白道义	南宁市民主路33号	530023	1983	半月	4开4版	1.6	0.12	4
西津报	GX—00022	西津水力发电厂	谢孔机	广西横县	530300	1986、1、30	月	4开4版	0.07	赠	12
南冶报	GX—00025	冶金矿山机械厂	莫群友	南宁城北区委安路	530001	1986、3、30	半月	4开4版	0.12	赠	4
桂容报	GX—00098	电力电容器总厂	梁启文	桂林市七星区建干路	541004	1986、5	月	8开3版	0.03	赠	2
大化水电报	GX—00096	广西大化水电厂	覃佑甲	广西大化县	530800	1986、12、10	月	4开4版	0.10	赠	11
南棉报	GX—00108	棉纺织印染总厂	杨永生	南宁城北区友爱路	530001	1986、12、10	旬	4开4版	0.20	赠	4
柳州水泥厂报	GX—00039	柳州市水泥厂	张麟书	柳州市太阳村	545009	1987、3	半月	4开4版	0.12	赠	5
柳州二袜厂	GX—00020	柳州市第二袜厂	左　卫	柳州市锦秀路1号	545001	1987、4、27	月	4开4版	0.05	赠	3
火炬轮胎报	GX—00079	桂林轮胎厂	萨玉如	桂林市七星区横塘路	541004	1987、7、1	月	4开4版	0.15	赠	9
八一工人报	GX—00003	广西八一锰矿	郑　东	来宾县凤凰街	546100	1987、10、1	旬	4开4版	0.15	赠	5
烛山报	GX—00058	泗顶铅锌矿	潘百琪	融安县泗顶街	545406	1987、10、14	月	4开4版	0.13	赠	3
环宇报	GX—00111	柳州压缩机总厂	曾解亮	柳州柳北区孔雀路	545001	1989、3	旬	4开4版	0.10	赠	4
南化报	GX—00010	南宁市化工厂	赵永茂	南宁市亭洪路80号	530031		半月	4开4版	0.10	赠	3
平桂工人报	GX—00157	中色平桂矿务局	陈晓峰	钟山县西湾镇	542601		旬	4开4版	0.15	赠	13
煤田地勘报	GX—00038	广西150煤田地质勘探队	张家渝	广西宾阳黎塘	530409	1957	月	4开4版	0.15	赠	5
大厂工人报	GX—00056	矿务局大厂	兰海杰	广西南丹县大厂镇	547206	1970、7	周	4开4版	0.20	赠	7
长海报	GX—00045	国营长海机器厂	王一元	桂林市叠彩区芦笛路	541001	1974年	月	4开4版	0.08	赠	11
玉柴建设者报	GX—00109	广西玉林柴油机厂	林永鉴	玉林市郊	537000	1978、1	旬	4开4版	0.12	赠	6
长虹报	GX—00015	长虹机器制造公司	陈超雄	柳州市115信箱75分箱	545000	1979	半月	4开4版	0.12	赠	6
火电安装报	GX—0008	广西火电安装公司	麦辛钦	柳州市柳北区北雀路	545000	1982、2	半月	4开4版	0.3	赠	2
南机报	GX—00094	南宁机械厂	宋文忠	南宁中尧路48号	530003	1982、12、10	月	8开4版	0.1	赠	4
火电工程报	GX—0069	广西火电建筑公司	覃北光	柳州市柳南区柳邕路	545005	1983	月	4开4版	0.04	赠	12
柳钢报	GX—0004	柳州钢铁厂	王成贵	柳州市北鹊路117号	545002	1983、7、15	日刊	4开4版	0.4	赠	14
柳汽报	GX—00061	柳州汽车厂	李绍真	柳州市屏山大道	545005	1984、9	月	4开4版	0.3	赠	5
广西冶建报	GX—00123	广西冶金建设公司	罗文光	柳州市北鹊路	545002	1985、2		4开4版	0.15	赠	6
柳工报	GX—0063	柳州工程机械厂	韦源辉	柳州市柳南区柳太路	545007	1985、7、1	半月	4开4版	0.10	赠	4
柳州微汽报	GX—00030	柳州微型汽车厂	范绍庚	柳州市柳南区河西路	545007	1985、7、1	旬	4开4版	0.17	赠	8
十一建报	GX—00009	中国有色第十一建设公司	田景丰	柳州市柳南区柳太路	545007	1985、9、30	旬	4开4版	0.20	赠	6
柳纸报	GX—00062	广西柳江造纸厂	李乐年	柳州市洛埠镇	545011	1985、10、5	半月	4开4版	0.06	赠	4
广西大学报	GX—00037	广西大学	黄文群	南宁市西乡塘东路10号	530004	82、11、5	半月	4开4版	0.3	赠	4
广西中医学院	GX—00028	广西中医学院	温日锦	南宁明秀路	530001	84、5、30	月	4开4版	0.2	赠	1

报纸名称	内部刊号	主办单位	现任负责人	地址	邮政编码	创刊日期	刊期	开版	平均期发数（万份）	报纸定价（元）	编辑部人数
广西民族学院	GX—00124	广西民族学院	陆义彬	南宁市西乡塘路74号	530004	83、4、15	月	4开4版	0.15	赠	4
广西农学院	GX—00041	广西农学院	吉春燕	南宁市秀灵路13号	530007	57、2、10	半月	4开4版	0.10	赠	4
右江民族师专	FX—00040	右河民族师专	韦朗风	百色市西郊	533000	84、10、25	月	4开4版	0.10	赠	5
柳州教育学院	GX—00027	柳州教育学院	曾小俊	柳州市文惠路87号	545001	86、2、1	月	4开4版	0.30	赠	4
桂林电院	GX—00083	桂林电子工学院	黄笃干	桂林市六合路	541004	80、12、10	月	4开4版	0.06	赠	2
广西医学院	GX—00148	广西医院	蔡建章	南宁市津头	530027		月	4开4版	0.10	赠	4
说明	广西自治区内部报纸共38种，合计期发7万份，全年180万份，有编辑部人员220人。其中有厂矿企业报28种，合计期发近4万份，全年近120万份，有编辑部人员178人；院校报8种，合计期发1.3万份，全年21万份，有编辑部部人员28人。										

海南省内部刊号报纸

报纸名称	内部刊号	主办单位	现任负责人	地址	邮政编码	创刊日期	刊期	开版	平均期发数（万份）	报纸定价（元）	编辑部人数
海矿报	0002	海南铁矿	王松宽	昌江县石碌镇	572700	1954	周	4开4版	0.18	免费	5
海南信息报	0003	省经济信息中心	过　毅	海口市海府路72号	570003	1988、7	周	4开4版	0.5	0.15	6
海南电大报	0004	省电视大学	姚定楷	海口市龙华二横路	570005	1989、1、1	不定	4开4版	0.3	0.15	2
经济文摘报	0005	海大经济学院	肖育才	海南大学	570001	1989、1、5	周	4开4版	0.2	0.15	5
海南师院	0006	海南师院	邢植朝	海南师范学院	571158	1988、1	不定	4开4版	0.2		3
海南港口报	0007	海南港务局	周孙驹	海口市秀英码头	570011	1986、1	旬	4开4版	0.3	0.12	7
八所港报	0008	八所港务局	王万缪	八所港务局	572600	1981、3	月	4开4版	0.15	0.12	5
海南电力报	0009	省电力公司	黄守身	海府路	570003	1989、1、1	旬	4开4版	0.15	0.15	5
海南大学	0011	海南大学	云逢鹤	海大宣传部	570001	1983、11、10	月	4开4版	0.3		2
通什师专	0012	通什师专	高　原	通什市通什师专	572200	1985、6、25	季	4开4版	0.2	0.15	3
春　芽	0013	定安县文联	莫清华	定安县城跃进路	571200	1987、1	月	4开4版	0.8	0.15	4
热作科技报	0016	中国热作学会	陈秋波	华南热作研究院	571737	1984、6、1	半月	4开4版	0.3	0.10	5
海南医学院	0018	海南医学院	凌炽量	龙华路33号	570005	1989、3	半季	4开4版	0.1	0.15	2
海南工商报	0019	省工商局	潘先传	省工商局	570005		周	4开4版	未出		
诗文学报	0020	海南诗社	邝海量	海南诗社	570001	1989、8	月	4开4版	1.5	0.15	12
海南公安报	0021	省公安厅	刘锡图	海府大道61号	570003	1989、6	周	4开4版	0.5	0.15	3
海南侨报	0022	省侨务办	林绍权	海口市大同路18号	570001	1989、10	半月	4开4版	0.5	0.15	10
海外联谊报	0023	海大华侨研究室 海外联谊公司	陈克攻	海大文学院	570001	1989、7	周	4开4版	0.3	0.15	8
园林报	0024	省园林公司	王霞立	海口市海府路80号	570003	1989、12	周	4开4版	0.3		5
华南热作学院研究院	0025	热作两院	陈　忠	儋县宝岛新村	571737	1983	月	4开4版	0.2	免费	3

报纸名称	内部刊号	主办单位	现任负责人	地址	邮政编码	创刊日期	刊期	开版	平均期发数(万份)	报纸定价(元)	编辑部人数
说明	本表列出海南省内部报纸共20种，另有《工贸协作报》、《海南图片新闻》、《记者·企业家》、《影视周报》、《五指山吟草》等6种报纸在报刊整顿中已停刊。										

重庆市内部刊号报纸

报纸名称	内部刊号	主办单位	现任负责人	地址	邮政编码	创刊日期	刊期	开版	平均期发数(万份)	报纸定价(元)	编辑部人数
铜梁报	渝报009	铜梁县委县政府	杨海生	铜梁县和平路	632560	1988、11	周	4开4版	2	0.08	6
綦江报	渝报011	中共綦江县委	覃大元	綦江县委大院内	631420	1988、12	周	4开4版	2	0.10	11
大足信息报	渝报010	大足县信息中心	蒋朝禄	大足县政府大院内	632360	1984、8	旬	4开4版	1.80	月0.33	8
璧山报	渝报072	璧山县委县政府	张　新	璧山县解放路	632760	1988、1	半月	4开4版	1		4
重庆公安报	渝报073	重庆市公安局	罗仁杰	重庆市临江路	630010	1950、9	周	4开4版	1.10		12
文化生活报	渝报079	重庆市中区文化局	金祥明	重庆市人民公园路	630012	1979	月	4开4版	0.50	0.10	4
广告报	渝报089	重庆市广告协会	陈举良	重庆市邹容路94号	630010	1985、11	月	对开4版	1		13
重钢报	渝报003	重庆钢铁公司	石昌亨	重庆大渡口	630081	1950、10	周5	4开4版	1		31
重庆铁钢报	渝报013	重庆特殊钢厂	杨青玉	重庆双碑	630032	1952、11	周2	4开4版	0.6		14
南桐矿工报	渝报008	南桐矿务局	熊永勤	重庆万盛	630802	1956	周2	4开4版	0.5		17
望江报	渝报048	望江机器厂	任　俊	重庆郭家沱	630071	1953、8	周	4开4版	0.2		6
西南铝报	渝报052	西南铝加工厂	杨文昌	巴县西彭	631326	1980、3	周	4开4版	0.36		10
建设报	渝报015	建设机床厂	唐永风	重庆谢家湾	630050	1984、7	周	4开4版	0.26		7
西南车辆报	渝报003	西南车辆厂	彭文仁	重庆杨家坪	630050	1956、5	周	4开4版	0.3		7
重庆电力报	渝报037	重庆电业局	李金庆	重庆市中山三路	630014	1980、4	周	4开4版	0.45		6
江陵报	渝报061	江陵机器厂	周尚明	重庆江北大石坝	630021	1957、10	周	4开4版	0.45		6
十八冶报	渝报001	十八冶金建设公司	潘援朝	重庆石坪桥	630051	1985、9	周	4开4版	0.22		9
川维报	渝报020	四川维尼纶厂	郑忠臣	长寿县	631254	1974、4	周	4开4版	0.14		8
红岩汽车报	渝报060	四川汽车制造厂	陈启国	重庆双桥区	630900	1985、4	周	4开4版	0.3		6
长化总厂报	渝报004	长寿化工总厂	王难予	长寿县	631220	1988、10	周	4开4版	0.25		7
重庆一棉报	渝报005	重庆第一棉纺织厂	文慕白	重庆土湾	630030	1988、3	周	4开4版	0.3		5
重钢企业报	渝报002	重钢企业公司	曹义章	重庆大渡口	630081	1986、1	周	4开4版	0.4		8
晋林报	渝报070	晋林机械厂	魏　斌	重庆南桐	630801	1979、12	旬	4开4版	0.2		4
川仪报	渝报055	四川仪表总厂	相锡伦	重庆北碚	630700	1979、7	旬	4开4版	0.21		4
天原报	渝报058	天原化工总厂	罗运康	重庆江北猫儿石	630022	1971、12	旬	4开4版	0.20		5
陵川报	渝报006	陵川机械厂	汤才俊	合川县	631525	1983、7	旬	4开4版	0.07		3
长江报	渝报044	长江电工厂	刘远富	重庆南岸铜元局	630069	1984、9	旬	4开4版	0.14		5
川东钻探报	渝报018	川东钻探公司	余百昌	长寿县云台	631237	1987、1	旬	4开4版	0.20		8

报纸名称	内部刊号	主办单位	现任负责人	地址	邮政编码	创刊日期	刊期	开版	平均期发数（万份）	报纸定价（元）	编辑部人数
长安报	渝报 043	长安机器厂	钟　明	重庆江北茶园	630023	1951、1	旬	4开4版	0.15		5
川江河运报	渝报 052	省重庆轮船公司	苟邦毅	重庆市道门口	630011	1985、9	半月	4开4版	0.20		6
水运报	渝报 050	重庆水上运输公司	黄建华	重庆市节约街	630011	1985、4	半月	4开4版	0.25		5
电建之声报	渝报 064	四川电建一公司	王忠禄	江津县珞璜	632283	1988、4	半月	4开4版	0.15		3
重庆客车报	渝报 069	重庆客车总厂	郑寿贵	重庆江北	630020	1982、6	半月	4开4版	0.15		3
钟表报	渝报 138	重庆钟表工业公司	马前希	重庆石桥铺	630039	1983、7	半月	4开4版	0.20		6
轮渡报	渝报 073	重庆市轮渡公司	程良建	重庆市新华路	630011	1979、9	半月	4开4版	0.20		3
重泵厂报	渝报 097	重庆水泵总厂	刘述惠	重庆小龙坝	630030	1983、4	月	4开4版	0.15		6
西南师范大学	渝报 050	西南师范大学	刘启慧	重庆北碚	630715	1953、3	半月	4开4版	0.33		7
重庆大学校报	渝报 060	重庆大学	李　云	重庆沙坪坝	630044	1955、5	半月	4开4版	0.25		4
四川外语学院	渝报 029	四川外语学院	陈世富	重庆列士墓	630031	1956、1	半月	4开4版	0.20		4
西南政法学院报	渝报 026	西南政法学院	张红英	"	630031	1954、1	半月	4开4版	0.20		2
重庆交院报	渝报 028	重庆交通学院	蒋忠全	重庆南岸	630014	1985、6	半月	4开4版	0.25	0.10	4
重庆师专报	渝报 031	重庆师范专科学校	杨作书	永川黄瓜山	632168	1982、12	半月	4开4版	0.30	0.15	3
渝州大学报	渝报 027	渝州大学	明子丹	重庆江北董家溪	630020	1985、6	半月	4开4版	0.20	0.15	3
林园军校报	总参 047	重庆通信学院	雷学良	重庆林园	630035	1983、5	半月	4开4版	0.20		4
重庆建院报	渝报 218	重庆建筑工程学院	吴　坦	重庆沙坪坝	630043	1953、3	月	4开4版	0.40	0.10	4
西南农业大学		西南农业大学	袁拥学	重庆北碚	630716	1956、6	月	4开4版	0.20	0.15	2
重庆教育学院	渝报 032	重庆教育学院	赵以智	重庆南岸	630067	1988、5	月	4开4版	0.20		4
重庆邮电学院报	渝报 025	重庆邮电学院	张小川	重庆南岸黄桷垭	630065	1988、5	半月	4开4版	0.13		2
重庆师院报	渝报 114	重庆师范学院	徐仲伟	重庆沙坪坝	630047	1958、9	月	4开4版	0.20		3
重庆建专报	渝报 034	重庆建筑专科学校	李永胜	"	630030	1988、5	月	4开4版	0.20	0.15	2
校内生活报	内部报刊	第三军医大学	陈　新	"	630038	1981、9	月	4开4版	0.20		2
重庆医科大学报	渝报字	重庆医科大学	邓香蓉	重庆袁家岗	630042	1986、4	月	4开4版	0.20		2
重庆电大报	渝报 132	重庆广播电视大学	赵启发	重庆石桥铺	630039	1987、12	月	4开4版	0.50		3
说明	重庆市有内部报纸 53 种，期发合计 21.8 万份，全年发行 1017 万份，编辑部人员有 327 人。其中厂矿企业报 29 种，合计期发 8.2 万份，全年发行 630 多万份，编辑部人员有 214 人；院校报 17 种，合计期发 4.16 万份，全年发行 54 万份，编辑部人员 55 人。										

贵州省内部刊号报纸

报纸名称	内部刊号	主办单位	现任负责人	地址	邮政编码	创刊日期	刊期	开版	平均期发数（万份）	报纸定价（元）	编辑部人数
安顺晚报	08—B006	中共安顺市委	张全武	安顺市人民路 10 号	561000	1988、5、1	周 2	4开4版	0.5		19

报纸名称	内部刊号	主办单位	现任负责人	地址	邮政编码	创刊日期	刊期	开版	平均期发数（万份）	报纸定价（元）	编辑部人数
花溪报	02—B029	中共花溪区委	熊志欣	贵阳市花溪	550025	1985、1	周	4开4版	0.55		10
水城报	03—B002	中共水城县委	韩德君	水城县	553001	1985、1	周	4开4版	0.6		7
凤冈报	07—B010	中共凤冈县委	黄　强	凤冈县龙泉镇	564200	1989、7	半月	4开4版	0.3		7
今日黔西	09—B004	黔西县广播电视局	郑开富	黔西县城关镇	551500	1989、1	旬	4开4版	0.18		2
贵州政协报	01—B056	贵州省政协	罗世庆	贵阳市北京路58号	550001	1989、10、1	半月	对开4版	0.70	0.15	9
老年报	01—B001	贵州省老龄委员会	张洪范	贵州日报社内	550001	1989、10	旬	4开4版	1.2		8
导读报	01—B005	贵州省教育学会	方浣仙	贵阳北京路江西村35号	550001	1988、5	周	4开4版	0.3		2
贵州招生考试报	01—B006	贵州省招生办公室	于泽滨	贵阳市浣沙路66号	550003	1988、3	半月	4开4版	5		4
贵州人口报	01—B007	省计生委办公室	韩川江	贵阳市安云路樱花巷	550001	1984、9	半月	4开4版	1		6
贵州交通报	01—B017	贵州交通报	吴泽梧	贵阳市延安西路7号	550003	1988、5	周	4开4版	0.5		7
贵州机械报	01—B018	贵州机械报	肖厚交	贵阳市瑞金中路80号	550003	1987、11	半月	4开4版	0.5		3
贵州电影	01—B029	电影发行放映公司	陈敦忠	贵阳市北京路	550001	1986、4	半月	4开4版	0.6		4
人防战备报	01—B035	人防战备报	黄汉扶	贵阳市南厂路94号	550002	1985、1	半月	4开4版	0.5		6
贵州烟草报	01—B042	贵州省烟草公司	李文祥	贵阳市如意巷23号	550003	1988、3	半月	4开4版	0.5		4
贵州集体个体经济报	01—B044	贵州集体个体经济报社	李忠权	贵阳市中华南路88号	550002	1988、5	旬	4开4版	0.9		14
贵州劳改工作报	01—B045	贵州劳改工作	谢浩明	贵阳市都市路70号	550002	1981	周	4开4版	0.8		7
贵州电力	01—B046	贵州电力编辑部	陈　实	贵阳市滨河路1号	550002	1973、8	旬	4开4版	0.1		5
贵州地质报	01—B050	贵州地质	杨纯益	贵阳市北京路78号	550001	1986、10	旬	4开4版	0.5		8
贵州集邮	01—B051	贵州省集邮协会	杨大国	贵阳市延安东路9号	550001	1983、6	半月	8开4版	0.3		2
贵州农村储蓄	01—B052	省农行资金管理处	王仕轩	贵阳市中华南路201号	550002	1986	半月	4开4版	0.5		2
气功报	01—B061	气功科学研究会	韦寿康	贵阳市黔灵西路	550001	1988、6	旬	4开4版	1		4
下一代人报	02—B003	关心下一代人协会	郭可禾	贵阳市电台街市教委内	550001	1990、1	半月	4开4版	1.5		1
贵阳交通安全报	02—B004	市公安交警支队	杨建平	贵阳市解放桥	550002	1983、12	半月	4开4版	2.5		5
贵州供水报	02—B019	中国水协贵州分会	韩　枫	贵阳市延安中路33号	550001	1986、9	半月	4开4版	0.4		4
贵阳环境	02—B020	市环保局科技科	冯光忠	贵阳市青云路275号	550002	1989、7	半月	4开4版	0.2		1
铁　塔	02—B021	贵阳供电局	寇志端	贵阳市纪念塔	550002	1983、1	半月	4开4版	0.2		4
贵阳工商报	02—B023	贵阳市工商联	张　垠	贵阳市延安中路17号	550001	1985、5	旬	4开4版	0.5		7
少儿天地	02—B026	南明区教育局	罗培骞	贵阳市曹状元街36号	550002	1985、9	半月	4开4版	6		7
黔东南税讯	04—B001	黔东南州税务学会	庞林华	凯里市税务局	556000	1988、1	半月	4开4版	0.14		2
黔东南公安报	04—B005	黔东南州公安局	龙云付	凯里市州公安局	556000	1989、5	旬	4开4版	0.2		6
黔南公安报	05—B001	黔南州公安局	潘长辛	都匀市州公安局	558000	1989、5	半月	4开4版	0.12		1
税务报	05—B002	黔南州税务局	李康飞	都匀市州税务局	558000	1988、11	半月	4开4版	1.4		4
黔西南文化报	06—B002	黔西南自治州	赵范奇	兴义市州府大院	562400	1984	半月	4开4版	0.5		2
盘江税务	06—B003	盘江税务编辑部	张荣昌	兴义市州税务局	562400	1986、1	半月	4开4版	0.06		1
黔西南公安报	06—B004	黔西南公安	邓知强	兴义市州公安局	562400	1988、7	半月	4开4版	0.25		3
黔西南保险	06—B005	黔西南保险	胡大钊	兴义市州保险中支公司	562400	1987、1	半月	4开4版	0.2		1
黔西南党建	06—B006	黔西南	王文科	兴义市州府大院	562400	1988、5	半月	4开4版	0.1		2

报纸名称	内部刊号	主办单位	现任负责人	地址	邮政编码	创刊日期	刊期	开版	平均期发数（万份）	报纸定价（元）	编辑部人数
安顺保险报	08—B005	安顺地区保险公司	彭世翔	安顺	561000	1988、5	半月	4开4版	0.3		3
通讯园地	01—K012	通讯园地编辑室	饶鹏飞	贵阳市外环东路360号	550001	1986、10	月	8开4版	0.15		1
贵钢报	01—B008	贵阳钢砟	吕茂廷	贵阳市油榨街	550005	1984、4	周	4开4版	0.15		7
铁合金报	01—B009	遵义铁合金厂	田应宣	遵义市舟水桥	563004	1983	周	4开4版	0.15		6
贵铝报	01—B010	贵州铝厂	雍平炎	贵阳市白云区龚家寨	560058	1979、10	周	4开4版	0.45		6
贵州冶建报	01—B011	省冶金建设公司	马秋观	遵义市南门关	563000	1984、1	旬	4开4版	0.15		5
贵州钢绳报	01—B012	贵州钢绳厂	周绍端	遵义市桃溪路	563000	1983、4	周	4开4版	0.14		7
水钢报	01—B013	水钢报社	司徒明德	六盘水市水钢冶金北路	530028	1972、3	周3	4开4版	0.7		20
盘江矿工报	01—B014	盘江矿务局	周猛光	盘县特区盘江矿务局	561623	1975	周2	4开4版	0.4		15
六枝矿工报	01—B015	六枝矿务局	王黎明	六枝矿务局	553400	1982	周	4开4版	0.27		6
水城矿工报	01—B016	水城矿务局	孙连明	水城矿务局	553000	1978	周	4开4版	0.3		8
贵州化机报	01—B020	贵州省化机厂	宋达伟	贵阳市东山	550002	1985、10	半月	4开4版	0.145		3
赤天化报	01—B021	贵州省赤天化厂	张贵山	贵州省赤水县	564767	1977	旬	4开4版	0.1		5
贵化报	01—B022	贵州省化肥厂	杨集权	贵州省清镇县	551415	1989、3	半月	4开4版	0.1		2
贵州有机厂报	01—B023	贵州有机化工厂	郭光勤	贵州省清镇县	551411	1984、2	旬	4开4版	0.15		6
剑化报	01—B024	剑江化肥厂	陈光祥	贵州省都匀	558000	1986、7	半月	4开4版	0.06		5
洋水报	01—B025	开阳磷矿矿务局	黄莉生	贵州省开阳磷矿	550302	1986、12	旬	4开4版	0.2		4
珍酒报	01—B026	贵州珍酒厂	郑光先	遵义十字铺	563003	1988、2	半月	4开4版	0.5		2
茅台酒报	01—B027	贵州茅台酒厂	杨良全	仁怀县茅台镇	564501	1986、10	半月	4开4版	0.26		3
湄窖报	01—B028	贵州湄潭酒厂	陈德兴	湄潭县	564100	1988、10	半月	4开4版	0.3		4
习酒报	01—B030	贵州习水酒厂	谭智勇	习水县	564600	1985、8	半月	4开4版	0.5		3
振华报	01—B031	振华电子工业公司	许克忠	都匀市102信箱	558000	1985、11	旬	4开4版	0.5		1
风华报	01—B032	风华冰箱厂	刘培龙	贵州凯山301信箱	563319	1989、2	半月	4开4版	0.13		9
华联报	01—B033	华联无线电厂	马士杰	贵州凯里202信箱	556000	1985、12	半月	4开4版	0.2		2
锌矿报	01—B036	赫章铅锌矿	黄家荣	赫章县	553203	1983、7	半月	4开4版	0.1		4
贵州汞矿报	01—B037	贵州汞矿	侯秀莲	贵州万山特区	554200	1956	周	4开4版	0.1		1
七建报	01—B038	中国有色第七建设公司	黄佳昌	贵阳市白云区	550014	1987、1	半月	4开4版	0.15		5
贵州新印	01—B040	贵州省新华印刷厂	林介夫	贵阳市友谊路186号	550001	1987、10	半月	4开4版	0.07		3
贵烟报	01—B043	贵阳卷烟厂	郭　松	贵阳市如意巷23号	550002	1988、1	旬	4开4版	0.2		5
贵州送变电	01—B047	省送变电工程公司	罗松元	贵阳市解放路76号	550002	1985、12	半月	4开4版	0.06		2
电建报	01—B048	贵州省电建一公司	宋　平	贵阳市皂角井	550006	1984、4	旬	4开4版	0.10		3
红枫报	01—B049	贵州红枫发电总厂	张树杰	清镇县红枫发电总厂	551417	1989、3	半月	4开4版	0.1		5
四局工人报	01—B053	中建四局宣传部	叶海增	贵阳市威清路125号	550001	1984、10	半月	4开4版	0.25		4
水电开发报	01—B054	水电九局党委	王志鹏	清镇县鸭池河	551408	1972	周	4开4版	0.16		7
贵阳车辆	01—B055	贵阳车辆厂党委	胡定祥	贵阳市都拉营	550017	1980、10	周	4开4版	0.13		5
遵义碱厂报	01—B068	遵义碱厂	戴昌富	遵义市舟水桥	563000	1984、7	半月	4开4版	0.1		3

报纸名称	内部刊号	主办单位	现任负责人	地址	邮政编码	创刊日期	刊期	开版	平均期发数（万份）	报纸定价（元）	编辑部人数
遵义钛厂报	01—B069	遵义钛厂	于存学	遵义市舟水桥	563004	1986、1	半月	4开4版	0.1		7
新云报	01—B071	国营第四三二六厂	唐绍荣	凯里市210信箱	556000	1984	半月	8开2版	0.1		2
华日电视报	02—B005	贵州电视机厂	廖友农	贵阳市沙冲路138号	550002	1988、5	半月	4开4版	0.1		7
贵阳矿机报	02—B007	贵阳矿山机器厂	赵世忠	贵阳市中曹司	550009	1985	半月	4开4版	0.2		3
贵汽报	02—B008	贵州汽车制造厂	刘智毅	贵阳市马王庙	550008	1987、10	半月	4开4版	0.1		6
磨料基地报	02—B009	第七砂轮厂	杨向东	清镇县第七砂轮厂	551414	1988、7	旬	4开4版	0.15		5
磨料磨具报	02—B010	第三砂轮厂	高继荣	贵阳市金关	550008	1987、7	半月	4开4版	0.15		4
金刚石工人	02—B011	第六砂轮厂	纪永安	贵阳市乌当区小箐	550023	1988、12	半月	4开4版	0.1		3
天力报	02—B012	贵州柴油机总厂	吴少华	贵阳市小河	550009	1988、1	半月	4开4版	0.1		4
贵仪报	02—B014	仪器仪表工业公司	张淮胜	贵阳市花溪大街30号	550003	1986、10	半月	4开4版	0.1		2
红拖报	02—B015	红星拖拉机公司	赵国文	贵阳市环城东路19号	550002	1988、6	半月	4开4版	0.05		4
贵州摩托车报	02—B017	省摩托车工业公司	刘椁科	贵州省息烽县	551101	1988、10	半月	4开4版	0.18		8
贵阳公交报	02—B018	贵阳公共汽车公司	杨广银	贵阳市瑞金南路375号	550003	1987、5	半月	4开4版	0.1		2
贵棉报	02—B024	贵阳棉纺厂	屈正朝	贵阳市遵义路95号	550002	1986、12	半月	4开4版	0.1		6
肉联报	02—B025	贵州肉联厂	周加兴	贵阳市乌当区新添寨	550018	1989、6	半月	4开4版	0.1		5
前进报	02—B028	贵州轮胎厂	杨钰清	贵阳市金关	550008	1985、4	半月	4开4版	0.2		3
水泥报	02—B030	贵州水泥厂	斯福荣	贵阳市甘荫塘	550006	1988、4	半月	4开4版	0.1		8
凯纸报	04—B002	凯里纸厂	胡大成	凯里造纸厂	556000	1987、1	旬	4开4版	0.03		1
凯棉工人报	04—B003	凯里棉纺厂	尹泉涌	凯里市城南	556000	1986、10	半月	4开4版	0.03		4
凯涤报	04—B004	凯里涤纶厂	马运辉	凯里涤纶厂	556000	1989、4	半月	4开4版	0.05		3
东方报	05—B003	东方机床厂	黄亦然	都匀东方机床厂	558000	1984、3	半月	4开4版	0.15		5
都麻厂报	05—B004	都匀毛麻纺织厂	张永刚	都匀毛麻纺织厂	558000	1988、4	半月	4开4版	0.1		4
遵铝报	07—B002	遵义铝厂	董桂君	遵义县南白镇	563100	1988、5	半月	4开4版	0.05		3
遵烟报	07—B004	遵义卷烟厂	张雨波	遵义卷烟厂	563000	1988、1	半月	4开4版	0.12		2
二化报	07—B005	遵义第二化工厂	罗顺英	遵义市新店子	563004	1988、1	半月	4开4版	0.05		3
董酒报	07—B007	遵义市董酒厂	王荣刚	遵义市董公寺	563000	1984	半月	4开4版	0.15		4
花岗报	07—B011	遵义市水泥厂	葛大群	遵义市忠庄铺	563000	1987、3	半月	4开4版	0.1		4
金山报	07—B012	贵州金山机械厂	赵　云	遵义市茅草铺	563000	1980、6	半月	4开4版	0.1		4
虹轴报	08—B002	安顺虹山轴承厂	罗茂虎	安顺虹山轴承厂	561000	1985、5	周2	4开4版	0.25		5
安棉工人	08—B003	安顺棉纺厂	顾国兴	安顺市棉纺织厂	561000	1985、6	半月	4开4版	0.1		4
草　海	09—B003	毕节卷烟厂	曹华兴	毕节县望城坡	551700	1988、7	半月	4开4版	0.4		5
贵州工学院院刊	01—B002	贵州工学院	王剑民	贵阳市蔡家关	550003	1985、1	半月	4开4版	0.12		4
贵州大学报	01—B058	贵大	张明亮	贵阳市花溪	550005	1958	半月	4开4版	0.3		5
贵州农学院	01—B059	贵州农学院	冯　泽	贵阳市花溪	550025	1988、12	半月	4开4版	0.1		2
贵阳中医学院	01—B060	贵阳中医学院	朱凤堂	贵阳市市东路1号	550002		半月	4开4版			2
贵州师大校刊	01—B062	贵州师范大学	钟　奇	贵阳市外环东路	550001	1980	半月	4开4版	0.25		3
贵州财经学院	01—B063	贵州财经学院	辛守诚	贵阳市贵惠路	550003	1984、10	半月	4开4版	0.13		2

报纸名称	内部刊号	主办单位	现任负责人	地址	邮政编码	创刊日期	刊期	开版	平均期发数(万份)	报纸定价(元)	编辑部人数
贵州民族学院	01—B064	贵州民族学院	王天齐	贵阳市花溪	550025	1982	半月	4开4版	0.15		3
贵州教育学院学报	01—B066	贵州教育学院	戴开富	贵阳市瑞金南路48号	550003	1988、1	半月	4开4版	0.15		3
贵州电大报	01—B067	贵州省电大学报	肖显荣	贵阳市八角岩47号	550001	1985	半月	4开4版	0.2		4
贵阳师专	02—B002	贵阳师专	王蔚桦	贵阳市马王庙	550008	1989、2	半月	4开4版	0.1		1
黔西南民族师专	06—B001	黔西南民族师专	汤全华	兴义市	562400	1986、12	半月	4开4版	0.2		3
遵义师专报	07—B003	遵义师专	高腾蛟	遵义市上海路	563000	1984、11	半月	4开4版	0.12		2
说明	贵州省共有内部报纸117种，合计期发44万多份，全年1425万份，有编辑部人员549人(不含兼职人员)。其中厂矿企业报65种，期发11万份，全年480多万份，有编辑部人员303人；院校报10种，期发1.82万份，全年44万份，有编辑部人员34人。										

云南省内部刊号报纸

报纸名称	内部刊号	主办单位	现任负责人	地址	邮政编码	创刊日期	刊期	开版	平均期发数(万份)	报纸定价(元)	编辑部人数
五华报	云报3号	中共昆明市五华区委	夏本戎	昆明市崇仁街17号		1985、12	旬	4开4版	0.3	赠阅	7
宜良报	云报4号	中共宜良县委	朱兴元	宜良县委机关院内	652100	1980、12(复)	周	4开4版	1.18	0.04	7
盘龙报	云报6号	中共昆明市盘龙区委	谢宗林	昆明市北京路504号	650051	1987、12、21	旬	4开4版	0.3	赠阅	6
官渡报	云报7号	中共昆明市官度区委	余曙东	昆明市关上	650200	1988、2、2	半月	4开4版	0.5	赠阅	4
开远报	云报8号	中共开远市委	李成光	开远市市机关西大院	661000	1985、6、1	周	4开4版	0.57	0.05	10
镇雄报	云报10号	中共镇雄县委	王学义	镇雄县委大院	553500	1983、6(复)	周	4开4版	0.70	0.06	11
彝良报	云报11号	中共彝良县委	陶爱贤	彝良县角奎镇人民街	657600	1982、9(复)	周	4开4版	0.1950	0.02	7
个旧报	云报13号	中共个旧市委	高　云	个旧市市委	661400	1989、9(复)	周	4开4版	0.5	0.05	8
昭通市报	云报83号	中共昭通市委	陈声扬	昭通市爱民路4号	657000	1987、10、1	周	4开4版	0.3	0.06	12
西山报	云报99号	中共昆明市西山区委	宋黎明	昆明西山区委	650100	1988、10、1	半月	4开4版	0.4	赠送	3
云南政协报	云报	政协云南省委	张　平	昆明市翠湖南路44号	650031	1989、2	半月	对开4版	1.45		5
云南盟讯	云报9号	民盟云南省委	夏鼎民	昆明市翠湖南路44号	650031	1979(复)	月	4开4版	0.85	赠阅	4
春城文化报	云报56号	昆明市文化局	王希信	昆明市东风东路154号	650041	1987、1	旬	对开4版	0.5	0.20	13
东川铜矿报	云报14号	东川矿务局	杨盛芳	东川市汤州菜园	654102	1979、7、1	周	4开4版	0.25	赠阅	6
昆钢报	云报19号	昆明钢铁公司	董阳初	安宁县昆明钢铁公司	650302	1980、7(复)	周	4开4版	0.6	赠阅	10
云锡报	云报31号	云南锡业公司	韦绍廉	个旧市云锡公司	661400	1983、3、5	周	4开4版	0.81	赠阅	12
说明	本表例出的云南省内部报纸16种，合计期发9.4万份，全年发行356万份，编辑部人员有125人。										

通　讯　社

新华通讯社　中国共产党领导的中华人民共和国的国家通讯社。1931年11月7日创建于江西苏区的瑞金，当时名称红色中华通讯社，简称红中社。1937年1月，中央决定红中社改名为新华社，当月25日开始用新华社名义向全国发布新闻。

新华通讯社（总社）1989年机构设置：总编辑室、国内新闻编辑部、国际新闻编辑部、对外新闻编辑部、新闻摄影编辑部、参考新闻编辑部、体育新闻编辑部、经济信息编辑部、通讯技术局、办公厅、干部局、外事局、事业发展局、基建房产管理局、监察室、机关服务局、机关党委、《瞭望》周刊社、《经济参考》报社、《半月谈》杂志社、新华出版社、新闻研究所、中国新闻学院、中国照片档案馆、中国新闻发展公司、中国图片社、新华社印刷厂、教育培训中心、国家审计署驻新华社特派员办公室。

新华社及其各部1989年负责人名单：

社长穆青，副社长郭超人、曾建徽、庞炳庵；

总编辑室总编辑南振中，副总编辑王文卿、于民生、张结、姚云、朱承修、徐心华；

国内新闻编辑部主任张万舒，副主任张万象、姬乃甫、李尚志、张述忱；

国际新闻编辑部主任杨起，副主任杨穆俊、应谦、夏治沔、邱伟钜；

对外新闻编辑部主任王宗引，副主任徐学江、胡根康、刘其中、杨继刚；

新闻摄影编辑部主任徐佑珠（女），副主任钟巨治、陈家让、林川；

参考新闻编辑部主任张建国，副主任夏海涛、韦政强；

体育新闻编辑部主任王训生，副主任章挺权；

经济信息编辑部主任余志和，副主任夏兆龙、朱荫枝；

通讯技术局局长孙宝传，副局长钱乔琪、高国英、洪钟豪、陆骏；

新华社秘书长张国良，副秘书长徐默；

办公厅主任曲建崇，副主任许长山、李继承；

干部局局长康国志，副局长左毅、王春生；

外事局局长丁仰炎，副局长陈伯良；

事业发展局局长梅开，副局长周顺敖，王仲明；

基建房产管理局局长毛宗林，副局长周庆政、马义生；

监察室主任陈修谟，副主任程明文；

机关服务局局长李春岚；

老干部局局长丛树寨，副局长孙高明、赵兴泰；

机关党委书记李克，副书记王泉林、林桂顺；

《瞭望》周刊社总编陈大斌，副总编辑王焕斗、邵泉、任正德；

《经济参考》报社副总编辑周建英（女）、陈谈强、栗金孚；

《半月谈》杂志社总编辑闵凡路；

新华出版社社长许邦，副社长兼总编辑程克雄，副社长甘纯庚；

新闻研究所所长文有仁，副所长余振鹏；

中国新闻学院常务副院长周立方，副院长周鸿书、刘炳文；

中国照片档案馆馆长（兼）徐佑珠（女），副馆长徐文亮、冯友英（女）；

中国新闻发展公司总经理虞孝淮，副总经理庄凯勋；

中国图片社经理张家华；

新华社印刷厂厂长唐厚华；

教育培训中心主任（兼）庞炳庵；副主任左毅（兼）、刘滨江；

国家审计署驻新华社特派员办公室副特派员尹文亮。

社址：北京市宣武门西大街57号。邮政编码：100803。电话：3071114（总机）。

中国新闻社　中华人民共和国国务院侨务办公室主管。1952年9月14日在北京建社。

中新社的报道方针及服务对象是：本着爱国主义精神向广大华侨、港澳同胞、台湾同胞介绍中国政府的方针、政策，实事求是地报道中国社会主义建设和改革的进程以及人民生活状况，提供有关中国悠久历史、壮丽河山、富饶物产、社会生活方面的知识；同时帮助外籍华人加深对新中国的了解，增进中国人民同各国人民的友谊。

社机构设置：中新社采用理事会管理形式，日常领导由社长负责。总社主要业务部门有：总编室、新闻部、专稿部、港台部、华侨部、摄影部、电影声像部、研究部等。在广东、福建、上海、广西、海南设有分社，在北京、天津等省、市、自治区和经济特区，设有支社或记者站。在香港也设有分社。在国外，目前已在华盛顿、东京、巴黎、悉尼设有分社，另在纽约、曼谷等地有委托出稿的代理机构。全社现有430人，其中编采259人。现任社长诸有钧，副社长兼总编辑王瑾希，副社长陈光忠，副总编辑郭健、宋秉钧。

社址：北京市西城区百万庄南街12号。邮政编码：100037。电话：8315012，8316636。

（三）广播电视

中央人民广播电台　1940年12月30日在延安开始播音，当时是延安新华广播电台，1943年春停播，1945年8月下旬恢复播音。1947年3月20日随中国人民解放军撤出延安，改名为陕北新华广播电台，先后在陕北的瓦窑堡、河北省的涉县、平山县附近设台。1949年3月25日随党中央迁至北平（今北京），改名为北平新华广播电台；同年6月5日，根据中共中央成立中央广播事业管理处的通知，广播电台与新华通讯社分开，成为独立的新闻广播机构；同年9月27日改名为北京新华广播电台，12月5日，正式定名为现名。

中央人民广播电台现在全天播音107小时，使用的波长是639、720（千赫），98.2兆赫（北京地区）。

中央台设有75个部处级单位和两个直属单位，现有1400人（编制1329人，双重领导的军事宣传人员71人）。现任台长杨正泉，副台长张冬兴、王健儒、张振东、王德行。

台址：北京市复兴门外大街2号。邮政编码：100866。电话：8012435。

中国国际广播电台（呼号：RADIO BEIJING）　1947年9月11日开播。每天用38种外国语和汉语普通话、4种方言对全世界广播（还用英、日、法、西、德语对首都地区广播）。世界各大洲都能收听。全天播音共146小时。

电台机构包括编播、技术、行政、研究、出版等部门，有专业技术人员1200多人，党政干部170多人。现任台长崔玉陵，副台长刘习良、胡耀亭、丛英民、张振华，党委专职副书记魏建群，总工程师邵昌耀，台长助理吴达审、许永生。

台址：北京市复兴门外大街2号。邮政编码：100866。电话：8013189。

中央电视台 1958年5月1日实验播出，同年9月2日正式播出。该台现在的节目由2、8、15频道播出，其中15频道发射功率为2千瓦，有效复盖半径17公里。

电视台设台办公室、总编室、新闻编辑部、新闻采访部、国际新闻部、新闻制作部、体育部、军事部、经济部、文艺部、社教部、少儿部、影视部、对外部、国际部、广告部、播出部、转播部、录制部、制作部、工艺处、系统工程部、动力中心、研究室、人事处、党委办公室、监察室、计财处、电视剧制作中心等48个部处。全台现有2400多名职工，其中编采播人员占45%，工程技术人员占35%，行政后勤人员占20%。现任台长黄惠群，副台长兼总编辑洪民生，副台长杨伟光、于广华、林景云，电视剧制作中心主任张天民。

台址：北京市复兴路11号。邮政编码：100859。电话8011144。

北京市

北京人民广播电台 1949年2月2日播出。现有功率为两个50千瓦，两个10千瓦、一个5千瓦，频率为828、927、1476千赫，94.5兆赫。有效复盖半径50公里。全天播放76小时50分钟，其中自办节目75小时20分钟。

台下设总编室、新闻部、专题部、社教部、农村部、经济信息部、播音部、播出部、立体声采编部、办公室、人保部、总工办。全台共有502人，其中编采播人员243人，技术人员106人。现任台长吕浩才、总编辑周溥雄。

台址：北京建国门外大街14号。邮政编码：100022。电话：5125553。

北京电视台 1979年3月12日开播。现有的发射功率有10千瓦(2)、30千瓦，使用6、21、27频道播出。有效复盖半径50公里。全天播放27小时，其中自办节目19小时30分钟。

台下设总编室、新闻部、文艺部、专题部、体育部、国际部、社教部、广告部、制片部、制作部、播出部、办公室、总工办、人保部等，全台共有497人，其中编采播293人，技术144人。现任台长刘迪一，总编辑于知峰。

台址：北京市海淀区皂君庙甲2号。邮政编码：100086。电话：2024441。

上海市

上海人民广播电台 1949年5月27日播出。功率50千瓦。使用990千赫等11个频率。有效复盖半径60公里。全天播音119小时6分钟。

电台设新闻教育节目编辑室、经济节目编辑室、文艺节目编辑室等。全台现有354人，其中编采播257人；技术人员归局技术中心统一管理，有142人为电台服务。现任台长陈文炳。

台址：上海市北京东路2号。邮政编码：200002。电话：3218177。

上海电视台 1958年10月播出。频道：5、8、14、26、20。有效复盖率60公里。全天放27小时，其中自办节目6小时。

全台现有778人，其中编采播人员276人，技术人员27人(1987年起试行体制改革，上海广播电视局成立技术中心，该台所属技术部划归技术中心电视技术部，现有116人。)现任台长金闽珠。

台址：上海市南京西路651号。邮政编码：200041。电话：2565899。

天津市

天津人民广播电台 1949年1月15日开播。功率50千瓦、20千瓦、3.5千瓦。频率9094千赫、1071千赫、1386千赫、954千赫。复盖率98%。全天播放68小时50分钟。

电台设总编室、办公室、新闻台、经济台、文艺台、发射台、播出部，全台共有428人，其中新闻系列159人，艺术系列19人，工程技术系列128人，其他122人。现任台长宋银章，副台长何均明、王大方，副总工程师张仑。

台址：天津市卫津路143号。邮政编码：300070。电话：319131。

天津电视台 1960年3月20日开播。功率：10千瓦、30千瓦。频道：5、12、17、23。有效复盖半径55公里。全天播放52小时，其中自办节目15小时30分钟。

电视台设办公室、新闻部、社教部、国际部、文艺部、体育部、电视剧部、播出部、制作部、经济广告部，全台共有467人，其中新闻系列213人，艺术系列103人，工程技术系列151人。现任负责人为副台长张建国、王潮海、徐少英、曹琦、王琪年、倪文达，副总工程师邢武池。

台址：天津市卫津路143号。邮政编码：300070。电话：31·9109。

河北省

省、地(市)广播电台

河北人民广播电台 1949年9月1日开播。频率：中波783、1125、1278千赫；短波94、94.6、99.86兆赫。人口总数复盖率81%。全天播放19小时10分钟。

电台下设办公室、播出部、新闻部、政教部、农村部、文艺部、通采部、信息广告部，全台在编232人。现任台长韩丙寅，副台长郭祖良、王新友、赵秋平。

台址：石家庄市裕华中路4号。邮政编码：050012。电话：44973。

唐山人民广播电台 1948年12月12日播出。频率684千赫。有效复盖半径100公理。全天播放664分钟。

全台现有120人。机构为局台合一。现任负责人李国晏。

台址：河北省唐山市文化路。邮政编码：063000。电话：26405。

邯郸人民广播电台 1984年5月1日播出。频率：调频101兆赫，中波1485千赫。有效复盖半径50公理。全天播放655分钟。

全台现有76人。现任台长孟庆平。

台址：河北省邯郸市人民路。邮政编码：056002。电话：29976。

秦皇岛人民广播电台 1959年7月1日播出。频率990千赫。有效复盖半径100公理。全天播放640分钟。

全台现有62人。现任负责人范立斌。

台址：河北省秦皇岛市文化北路。邮政编码：066000。电话：334246。

保定地区人民广播电台 1984年8月1日播出。频率102千赫。有效复盖半径50公理。全天播放535分钟。

全台现有40人，其中编采播32人，技术8人。现任台长王晓。

台址：河北省保定市五四中路25号。邮政编码：071051。电话：37223。

石家庄人民广播电台 1950年9月1日播出。频率882千周。有效复盖半径100公理。全天播放640分钟。

全台现有121人。现任台长李永祥。

台址：石家庄市体育中大街33号。邮政编码：050021。电话：614242。

沧州人民广播电台 1984年7月1日播出。频率1557千赫。有效复盖半径50公理。全天播放495分钟。

全台现有46人；其中编采播23人，技术23人。现任负责人邱玉兰。

台址：河北省沧州市解放中路。邮政编码：061001。电话：22401。

衡水地区人民广播电台 1984年4月1日播出。波长191.6米。有效复盖半径36公理。全天播放455分钟。

全台现有52人；其中编采播39人，技术10人。现任总编辑郭荣禄。

台址：河北省衡水市红旗大街55号。邮政编码：053000。电话：4646。

邢台地区人民广播电台 1985年5月1日播出。频率102兆赫。有效复盖半径35公理。全天播放355分钟。

全台现有38人；其中编采播26人，技术11人。现任台长张越。

台址：河北省邢台市南小汪。邮政编码：054000。电话：2532。

承德人民广播电台 1985年1月1日播出。频率1584千赫。有效复盖半径20公理。全天播放480分钟。

全台现有35人；其中编采播22人，技术12人。现任台长仇联众。

台址：河北省承德市小佟沟南坡。邮政编码：067000。电话：222472。

廊坊人民广播电台 1985年6月15日播出。功率1千瓦。频率1224千赫。有效复盖半径100公理。全天播放515分钟。

全台现有65人；其中编采播40人，技术24人。现任台长李宏录。

台址：河北省廊坊市永丰道8号。邮政编码：102800。电话：22664。

承德地区人民广播电台 1985年5月1日播出。频率104兆赫。有效复盖半径81公理。全天播放455分钟。

全台现有47人；其中编采播32人，技术14人。现任台长孟宪一。

台址：河北省承德市小佟沟南坡。邮政编码：067000。电话：228831。

张家口人民广播电台 1986年4月播出。频率1566千赫。有效复盖半径10公理。全天播放506分钟。

全台现有45人；其中编采播23人，技术20人。现任台长张永平。

台址：河北省张家口市建国路17号。邮政编码：075000。电话：3515。

邯郸地区人民广播电台 1987年3月30日播出。频率107兆赫。有效复盖半径30公理。全天播放460分钟。

全台现有50人；其中编采播38人，技术10人。现任台长杨志君。

台址：河北省邯郸市丛台路33号。邮政编码：056002。电话：26487。

保定人民广播电台 1989年9月播出。波长204.5米。有效复盖半径50公理。全天播放630分钟。

全台现有97人；其中编采播42人，技术28人。现任台长杨雨。

台址：河北省保定五四东路30号。邮政编码：071000。电话：25704。

县(市)广播电台

平山人民广播电台 1984年2月1日播出。频率103兆赫。有效复盖半径40公理。全天播放390分钟。

全台现有11人。现任台长曹考林。

台址：河北省平山县城关镇。邮政编码：050400。

清河人民广播电台 1984年4月播出。频率100.5兆赫。有效复盖半径15公理。全天播放360分钟。

全台现有15人；其中编采播8人，技术5人。现任台长胡立荣。

台址：河北省清河县康德大街。邮政编码：054800。

藁城人民广播电台 1984年11月8日播出。频率107.3兆赫。有效复盖半径30公理。全天播放395分钟。

全台现有19人；其中编采播9人，技术6人。现任台长杨风堂。

台址：河北省藁城市北大街。邮政编码：025160。

滦平人民广播电台 1984年10月播出。频率96兆赫。有效复盖半径50公理。全天播放370分钟。

全台现有35人；其中编采播12人，技术12人。现任台长程秀智。

台址：河北省滦平县城果园山。邮政编码：068250。电话：82326。

灵寿人民广播电台 1984年11月20日播出。频率91兆赫。有效复盖半径20公理。全天播放360分钟。

全台现有43人；其中编采播7人，技术6人。现任台长尹云。

台址：河北省灵寿县北大街。邮政编码：050500。

泊头人民广播电台 1986年5月1日播出。波长252.5米。有效复盖半径25公理。全天播放325分钟。

全台现有17人；其中编采播13人，技术3人。现任台长李凤春。

台址：河北省泊头市西关西街。邮政编码：062150。电话：3056。

献县人民广播电台 1985年10月1日播出。频率93兆赫。有效复盖半径25公理。全天播放370分钟。

全台现有22人；其中编采播8人，技术8人。现任台长孙胜才。

台址：河北省献县城东。邮政编码：062250。电话：2437。

宽城人民广播电台 1985年10月1日播出。频率90兆赫。有效复盖半径45公理。全天播放375分钟。

全台现有11人；其中编采播8人，技术2人。现任台长李秀琴。

台址：河北省宽城满族自治县县城。邮政编码：067600。电话：32314。

新乐人民广播电台 1985年12月25日播出。频率97.4兆赫。有效复盖半径25公理。全天播放370分钟。

全台现有15人；其中编采播11人，技术14人。现任台长段冠军。

台址：河北省新乐县长寿镇。邮政编码：050700。电话：881746。

武安人民广播电台 1985年12月27日播出。频率91.5兆赫。有效复盖半径15公理。全天播放380分钟。

全台现有14人；其中编采播10人，技术4人。现任台长李润珍。

台址：河北省武安市中兴路。邮政编码：056300。电话：2656。

望都人民广播电台 1986年4月播出。频率106.1兆赫。有效复盖半径15公理。全天播放400分钟。

全台现有27人；其中编采播9人，技术13人。现任台长陈继国。

台址：河北省望都县望都镇。邮政编码：072450。

清苑人民广播电台 1986年3月播出。频率104兆赫。有效复盖半径30公理。全天播放405分钟。

机构局台合一，现有33人；其中编采播12人，技术5人。现任台长张彦武。

台址：河北省保定市清苑县城卫生路。邮政编码：071100。

昌黎人民广播电台 1986年10月1日播出。频率102.3兆赫。有效复盖半径30公理。全天播放375分钟。

全台现有14人；其中编采播7人，技术6人。现任台长尹宝成。

台址：河北省昌黎县城关。邮政编码：066600。电话：662793。

丰宁人民广播电台 1986年9月15日播出。频率105兆赫。有效复盖100公里。全天播放395分钟。

全台现有13人；其中编采播8人，技术4人。现任台长李振刚。

台址：河北首丰宁满族自治县大阁镇。邮政编码：068350。电话：2729。

尚义人民广播电台 1987年12月30日播出。频率105兆赫。有效复盖半径30公里。全天播放377分钟。

全台现有10人；其中编采播7人，技术2人。现任台长苏龙云。

台址：河北省尚义县文化巷。邮政编码：076750。

丰润人民广播电台 1987年5月1日播出。频率92.7兆赫。有效复盖半径25公理。全天播放325分钟。

全台现有16人；其中编采播10人，技术6人。现任台长刘瑞伦。

台址：河北省丰润县城关东路。邮政编码：064000。电话：23401。

肥乡人民广播电台 1987年10月播出。功率50瓦。频率92.7兆赫。有效复盖半径20公理。全天播放390分钟。

全台现有16人；其中编采播9人，技术4人。现任台长江洪斌。

台址：河北省肥乡县城。邮政编码：057550。电话：2372。

徐水人民广播电台 1987年7月1日播出。频率103.7兆赫。有效复盖半径25公理。全天播放270分钟。

全台现有14人；其中编采播9人，技术5人。现任台长张传。

台址：河北省徐水县城西大街。邮政编码：072550。

青龙人民广播电台 1988年1月1日播出。频率106兆赫。有效复盖半径50公理。全天播放370分钟。

全台现有26人；其中编采播10人，技术5人。现任台长张凯。

台址：河北省青龙满族自治县青龙镇北街。邮政编码：066500。电话：2866。

滦南人民广播电台 1988年5月1日播出。频率95.3兆赫。有效复盖半径10公理。全天播放330分钟。

全台现有15人；其中编采播11人，技术2人。现任台长张风坤。

台址：河北省滦南县县城。邮政编码：063500。电话：2762。

邱县人民广播电台 1988年10月1日播出。频率93.4兆赫。有效复盖半径15公里。全天播放250分钟。

全台现有10人。现任台长李树合。

台址：河北省邱县新马头镇。邮政编码：057450。

承德县人民广播电台 1988年11月1日播出。频率99兆赫。有效复盖半径50公里。全天播放375分钟。

全台现有14人；其中编采播10人，技术4人。现任台长芮凌。

台址：河北省承德县下板城。邮政编码：067400。电话：311957。

获鹿人民广播电台 1988年12月28日播出。频率105兆赫。有效复盖半径22公里。全天播放360分钟。

全台现有9人；其中编采播7人，技术2人。现任台长杨桂庆。

台址：河北省获鹿县城关镇。邮政编码：050200。电话：2931。

唐海人民广播电台 1988年12月31日播出。频率102.7兆赫。有效复盖半径25公里。全天播放305分钟。

全台现有10人；其中编采播7人，技术2人。现任台长李金普。

台址：河北省唐海县唐海镇。邮政编码：063200。

永年人民广播电台 1988年12月31日播出。功率50瓦。频率103兆赫。有效复盖半径35公理。全天播放360分钟。

全台现有18人；其中编采播14人，技术4人。现任台长刘振兴。

台址：河北省永年县临洺关镇。邮政编码：057150。电话：621885。

定兴人民广播电台 1988年12月10日播出。频率89.6兆赫。有效复盖半径30公理。全天播放335分钟。

全台现有20人；其中编采播10人，技术5人。现任台长王泽。

台址：河北省定兴县城。邮政编码：072650。电话：2329。

大名人民广播电台 1989年1月1日播出。频率105兆赫。有效复盖半径10公理。全天播放400分钟。

全台现有15人；其中编采播10人，技术5人。现任台长闫守明。

台址：河北省大名府西北路。邮政编码：056900。电话：2210。

蠡县人民广播电台 1989年10月1日播出。频率90.2兆赫。有效复盖半径15公理。全天播放360分钟。

全台现有35人；其中编采播12人，技术12人。现任台长齐松鹤。

台址：河北省蠡县城南大街。邮政编码：071400。

平乡人民广播电台 1989年7月1日播出。频率106兆赫。有效复盖半径20公理。全天播放390分钟。

全台现有14人；其中编采播7人，技术6人。现任台长齐振明。

台址：河北省平乡县乞村镇。邮政编码：054500。

宁晋人民广播电台 1989年10月20日播出。频率103.8兆赫。有效复盖半径35公理。全天播放360分钟。

全台现有28人；其中编采播16人，技术6人。现任台长高全胜。

台址：河北省宁晋县城宁高路。邮政编码：051630。

怀安人民广播电台 1989年5月25日播出。频率96兆赫。有效复盖半径30公理。全天播放365分钟。

全台现有20人；其中编采播7人，技术9人。现任台长任树德。

台址：河北省怀安县柴沟堡镇。邮政编码：076150。电话：2828。

丰南人民广播电台 1989年12月31日播出。功率50瓦。频率98兆赫。有效复盖半径35公理。全天播放300分钟。

全台现有11人；其中编采播6人，技术2人。现任台长么胜昌。

台址：河北省丰南县城。邮政编码：063300。电话：3951。

省、地(市)电视台

河北电视台 1969年2月16日开播。10频道。复盖全省面积70.67%。全天播放15小时，其中自办节目4小时40分钟。

电视台设总编室、新闻部、社会教育部、国际部、文体部、广告信息部，制作部、播出部。全台共有249人，其中编采播177人。现任负责人有副台长王根旺、阎江、秦魁祥。

台址：石家庄市裕华中路4号。邮政编码：050012。电话：43901。

承德电视台 1984年7月24日开播。2频道。有效复盖半径15公里。全天播放210分钟，其中自办节目30分钟。

全台现有34人；其中编采播22人，技术12人。现任台长仇联众。

台址：河北省承德市小佟沟南坡。邮政编码：067000。电话：224289。

华北油田有线电视台 1984年1月由油田声像室改名为“电视录像管理所”，工作性质以科教为主转向新闻为主，1988年10月正式命名。2频道。有效复盖3万5千户观众。每周二、四、六有自办节目，每次15—30分钟。

全台现有15人；其中编采播7人，技术6人。现任负责人徐国旺。

台址：河北省任丘华北油局机关。邮政编码：062552。电话：2157。

唐山电视台 1984年12月14日播出。24频道。有效复盖半径50公里。全天播放210分钟，其中自办节目180分钟。

机构局台合一，现有113人；其中编采播50人，技术63人。现任台长尹植年。

台址：河北省唐山市文化路。邮政编码：063000。电话：25975。

秦皇岛电视台 1985年2月10日播出。11频道。有效复盖半径25公里。全天播放250分钟。

全台现有50人。现任台长张士林。

台址：河北省秦皇岛市建设大街。邮政编码：066000。电话：333839。

邯郸电视台 1985年5月1日播出。11频道。有效复盖半径25公里。全天播放240分钟，其中自办节目200分钟。

全台现有66人；其中编采播44人，

技术 20 人。现任台长闫长兴。

台址:河北省邯郸市人民路。邮政编码:056002。电话:29976。

张家口地区电视台 1986 年 7 月 1 日播出。10 频道。有效复盖半径 20 公里。全天播放 180 分钟,其中自办节目 150 分钟。

全台现有 44 人;其中编采播 19 人,技术 4 人。现任台长梁政清。

台址:河北省张家口市建国路 17 号。邮政编码:075000。电话:4808。

承德地区电视台 1985 年 10 月 1 日播出。2 频道。有效复盖半径 5 公里。全天播放 210 分钟,其中自办节目 180 分钟。

全台现有 23 人;其中编采播 14 人,技术 5 人。现任台长孟宪一。

台址:河北省承德市小佟沟南坡。邮政编码:067000。电话:223763。

邢台地区电视台 1985 年 12 月 31 日播出。12、23 频道。有效复盖半径 46 公里。每星期 2、4、6 播放 4 小时。

全台现有编采播 32 人,技术 10 人。现任台长赵玉廷。

台址:河北省邢台市南小汪。邮政编码:054000。电话:2532。

沧州地区电视台 1986 年 4 月播出。34 频道。有效复盖半径 50 公里。全天播放 210 分钟,其中自办节目 180 分钟。

全台现有 88 人;其中编采播 46 人,技术 42 人。现任台长马林。

台址:河北省沧州市解放西路 11 号。邮政编码:061001。电话:23551。

廊坊电视台 1987 年 1 月 20 日播出。38 频道。有效复盖半径 15 公里。全天播放 210 分钟,其中自办节目 80 分钟。

全台现有 52 人;其中编采播 34 人,技术 14 人。现任台长闫洪寿。

台址:河北省廊坊市永丰道 8 号。邮政编码:102800。电话:22664(总机)。

保定电视台 1985 年 1 月 1 日试播。11、28 频道。有效复盖半径 25 公里。全天播放 240 分钟。

全台现有 55 人;其中编采播 32 人,技术 10 人。现任负责人张兴。

台址:河北省保定市五四东路 30 号。邮政编码:071000。电话:33591。

沧州电视台 1988 年 5 月 1 日试播。1 频道。有效复盖半径 10 公里。全天播放 180 分钟。

全台现有 21 人;现任负责人刘德奇。

台址:河北省沧州市解放中路。邮政编码:061001。电话:22606。

张家口电视台 1985 年 5 月 1 日试播。8 频道。有效复盖半径 15 公里。全天播放 240 分钟,其中自办节目 210 分钟。

全台现有 37 人;其中编采播 16 人,技术 17 人。现任台长陈广清。

台址:河北省张家口市建国路 17 号。邮政编码:075000。电话:4355。

石家庄市电视台 1979 年 1 月播出。13、4 频道。有效复盖半径 15 公里。4 频道全天播放 240 分钟,其中自办节目 210 分钟。

全台现有 98 人;其中编采播 45 人,技术 43 人。现任台长濮方林。

台址:石家庄市体育中大街 33 号。邮政编码:050021。电话:614227。

邯郸地区电视台 1989 年 9 月 28 日播出。31 频道。有效复盖半径 50 公里。全天播放 240 分钟,其中自办节目 210 分钟。

全台现有 50 人;其中编采播 41 人,技术 7 人。现任台长靳忠盛。

台址:河北省邯郸市人民路 252 号。邮政编码:056002。电话:28038。

衡水地区电视台 1989 年 2 月 1 日播出。48 频道。有效复盖半径 45 公里。每周 2、4、6 播放 240 分钟,其中自办节目 180 分钟。

全台现有 32 人;其中编采播 19 人,技术 11 人。现任总编辑郭荣禄。

台址:河北省衡水市红旗大街 55 号。邮政编码:053000。电话:5515。

保定地区电视台 1989 年 5 月 1 日播出。16 频道。有效复盖半径 55 公里。全天播放 240 分钟,其中自办节目 210 分钟。

全台现有 39 人;其中编采播 29 人,技术 9 人。现任台长段济元。

台址:河北省保定市五四中路 25 号。邮政编码:071051。电话:36823。

县(市)电视台

平山电视台 1984 年 2 月 1 日播出。12 频道。有效复盖半径 25 公里。全天播放 170 分钟,其中自办节目 60 分钟。

全台现有编采播 11 人。现任台长申存怀。

台址:河北省平山县城。邮政编码:050400。

遵化电视台 1985 年 7 月 1 日播出。8 频道。有效复盖半径 25 公里。全天播放 240 分钟,其中自办节目 30 分钟。

全台现有 9 人;其中编采播 5 人,技术 1 人。现任台长张瑞屏。

台址:河北省遵化县城内西街。邮政编码:064200。电话:2646。

迁安电视台 1985 年 2 月 19 日播出。6 频道。有效复盖半径 35 公里。全天播放 360 分钟,其中自办节目每周 3 次,每次 30 分钟。

全台现有 18 人;其中编采播 12 人,技术 4 人。现任台长刘春英。

台址:河北省迁安县城镇景福街。邮政编码:064400。电话:3546。

蔚县电视台 1985 年 10 月 1 日播出。6、8 频道。有效复盖半径 30 公里。全天播放 720 分钟,其中自办节目 10 分钟。

全台现有 9 人;其中编采播 6 人,技术 2 人。现任台长赵增。

台址:河北省蔚县城关财神庙巷。邮政编码:075700。电话:2515。

曲阳电视台 1985 年 10 月 1 日播出。8 频道。有效复盖半径 30 公里。全天播放 240 分钟,其中自办节目 30 分钟。

全台现有 25 人;其中编采播 9 人,技术 3 人。现任台长门占科。

台址:河北省曲阳县城北。邮政编码:073100。电话:2690。

高邑电视台 1986 年 2 月播出。7 频道。有效复盖半径 10 公里。全天播放 240 分钟,其中自办节目 10 分钟。

全台现有 23 人;其中编采播 14 人,技术 6 人。现任台长李东安。

台址:河北省高邑县城内。邮政编码:051330。电话:231。

丰润电视台 1985 年 12 月 1 日播出。7 频道。有效复盖半径 25 公里。全天播放 195 分钟,其中自办节目 30 分钟。

全台现有 20 人;其中编采播 12 人,技术 7 人。现任台长刘瑞伦。

台址:河北省丰润县城关城东路。邮政编码:064000。电话:22808。

滦平电视台 1987 年 1 月 1 日播出。8 频道。有效复盖半径 5 公里。全天播放 1080 分钟,其中自办节目每周两次,每次 10 分钟。

滦平县电视台与滦平县人民广播电台为同一机构。

滦县电视台 1987 年 1 月播出。8 频道。有效复盖半径 30 公里。全天播放 240 分钟,其中自办节目 30 分钟。

全台现有 15 人;其中编采播 9 人,技术 4 人。现任台长董晓林。

台址:河北省滦县新城。邮政编码:063700。电话:2700。

迁西电视台 1987 年 4 月 1 日播出。3 频道。有效复盖半径 25 公里。全天播放 240 分钟,其中自办节目 20 分钟。

全台现有 19 人;其中编采播 9 人,技术8人。现任台长杨玉凤。

台址:河北省迁西县城关。邮政编码:064300。

泊头电视台 1987年3月18日播出。有效复盖半径26公里。全天播放255分钟,其中自办节目15分钟。

全台现有15人;其中编采播10人,技术5人。现任台长崔印堂。

台址:河北省泊头市西关西街。邮政编码:062150。电话:3092。

卢龙电视台 1987年6月播出。12频道。有效复盖半径25公里。全天播放300分钟,其中自办节目10分钟。

全台现有14人;其中编采播5人,技术6人。现任主编王君。

台址:河北省卢龙县阳山。邮政编码:066400。电话:2510。

武安电视台 1987年10月1日播出。15、12频道。有效复盖半径25公里。全天播放360分钟,每周二、五自办节目,每次40分钟。

全台现有15人;其中编采播5人,技术5人。现任台长张兰锁。

台址:河北省武安市中兴路。邮政编码:056300。电话:3062。

赵县电视台 1988年1月20日播出。24频道。有效复盖半径13公里。全天播放240分钟,其中自办节目20分钟。

全台现有14人;其中编采播8人,技术6人。现任负责人屈殿凯。

台址:河北省赵县城内。邮政编码:051530。电话:941828。

丰南电视台 1987年12月1日播出。37频道。有效复盖半径25公里。全天播放180分钟,其中自办节目25分钟。

全台现有14人;其中编采播8人,技术4人。现任台长魏凤江。

台址:河北省丰南县胥各庄六街。邮政编码:063300。电话:2706。

滦南电视台 1988年5月1日播出。22频道。有效复盖半径25公里。全天播放180分钟,其中自办节目10分钟。

全台现有17人;其中编采播10人,技术5人。现任台长汪永昌。

台址:河北省滦南县 城镇东南街。邮政编码:063500。电话:2553。

获鹿电视台 1988年12月28日播出。38频道。有效复盖半径22公里。全天播放180分钟,其中自办节目10分钟。

全台现有9人;其中编采播4人,技术5人。现任台长杨桂庆。

台址:河北省获鹿县城关镇。邮政编码:050200。电话:2931。

昌黎电视台 1989年1月1日播出。2频道。有效复盖半径30公里。每周播放210分钟,其中自办节目30分钟。

全台现有26人;其中编采播7人,技术19人。现任台长尹宝成。

台址:河北省昌黎县城关镇。邮政编码:066600。电话:662793。

肥乡电视台 1989年1月26日播出。18频道。有效复盖半径30公里。全天播放300分钟,其中自办节目10分钟。

全台现有18人;其中编采播9人,技术6人。现任台长江洪斌。

台址:河北省肥乡县城。邮政编码:057550。电话:2372。

新乐电视台 1989年1月20日播出。15频道。有效复盖半径22.5公里。全天播放180分钟,其中自办节目15分钟。

全台现有12人;其中编采播8人,技术4人。现任台长段冠军。

台址:河北省新乐县长寿镇。邮政编码:050700。电话:881746。

蠡县电视台 1989年10月1日播出。13频道。有效复盖半径15公里。全天播放210分钟。

全台现有 人;其中编采播 人,技术 人。现任台长齐松鹤。

台址:河北省蠡县城内南大街。邮政编码:071400。电话:223。

藁城电视台 1989年10月1日播出。42频道。有效复盖半径30公里。全天播放180分钟,其中自办节目每周20分钟。

全台现有15人;其中编采播9人,技术4人。现任台长杨凤堂。

台址:河北省藁城市北大街。邮政编码:052160。电话:820。

黄骅电视台 1989年11月15日播出。22频道。有效复盖半径40公里。全天播放270分钟,其中自办节目每周10—20分钟。

全台现有25人;其中编采播14人,技术7人。现任台长刘嘉兴。

台址:河北省黄骅市西环路。邮政编码:060011。电话:2215。

山西省

省、地(市)广播电台

山西人民广播电台 1949年4月24日开播。现使用频率:846、1269千赫。全省人口复盖52%,全天播音14小时15分。

电台设办公室、新闻部、文艺部、农村部、工商部、记者通讯部、政治理论部、科教部、播审部,现任台长崔德广,副台长巩布维、李承魁。

台址:太原市迎泽大街52号。邮政编码:030001。电话:441969。

太原人民广播电台 1982年1月1日播出。频率1422千赫。有效复盖半径50公里。全天播放12小时。

现任台长王利公。

台址:太原市滨河西路中段。邮政编码:030024。电话:640045。

大同人民广播电台 1983年1月1日播出。频率1584千赫。有效复盖半径10公里。全天播放745分钟。

现任台长吴俊。

台址:山西省大同市新建北路2号。邮政编码:037006。电话:225111。

阳泉人民广播电台 1984年9月25日播出。频率1485千赫。有效复盖半径25公里。全天播放385分钟。

现任台长秦光烈。

台址:山西省阳泉市北大街10号。邮政编码:045000。电话:22455。

长治人民广播电台 1984年9月29日播出。频率1584千赫。有效复盖半径25公里。全天播放585分钟。

现任台长刘生。

台址:山西省长治市英雄街。邮政编码:046000。电话:23794。

雁北人民广播电台 1985年6月28日播出。频率99兆赫。有效复盖半径10公里。全天播放480分钟。

现任台长白适。

台址:山西省大同市雁同东路新闻楼。邮政编码:037044。电话:225340—940。

省、地(市)电视台

山西电视台 1960年5月25日开播。全省人口复盖78%。全天播放5小时,其中自办节目4小时30分钟。

电视台设办公室、新闻部、专题部、文艺部、电视剧部、对外部、技术部、总编室,现任台长王家贤,副台长樊茂州、宋迪飞。

台址:太原市迎泽大街52号。邮政编码:030001。电话:442331。

太原电视台 1984年12月26日开播。12频道。有效复盖半径25公里。全天播放300分钟,其中自办节目270分钟。

现任台长薛文池。

台址:太原市滨河西路中段。邮政编码:030024。电话:640045。

大同电视台 1984年5月1日播

出。5频道。有效复盖半径25公里。全天播放270分钟,其中自办节目240分钟。

现任台长刘万鹏。

台址:山西省大同市新开西路4号。邮政编码:037006。电话:522903。

长治市电视台 1985年5月23日播出。6频道。有效复盖半径25公里。全天播放240分钟,其中自办节目180分钟。

现任台长祁永德。

台址:山西省长治市英雄路。邮政编码:046000。电话:22033—48。

阳泉电视台 1987年7月1日播出。18频道。有效复盖半径18公里。全天播放270分钟。

现任台长张元。

台址:山西省阳泉市河边街77号。邮政编码:045000。电话:23450。

雁北电视台 1985年6月29日播出。9频道。有效复盖半径6公里。全天播放240分钟,其中自办节目180分钟。

现任台长王怀。

台址:山西省大同市御河北路。邮政编码:037044。电话:25340—377。

晋中电视台 1987年7月2日播出。1频道。有效复盖半径25公里。全天播放270分钟,其中自办节目240分钟。

现任台长杨国英。

台址:山西省榆次市安宁街。邮政编码:030600。电话:26645。

临汾地区电视台 1987年12月1日播出。29频道。有效复盖半径30公里。全天播放270分钟,其中自办节目210分钟。

现任台长任广文。

台址:山西省临汾市广宣街。邮政编码:041000。电话:2563。

吕梁电视台 1986年10月10日播出。4频道。有效复盖半径7公里。全天播放240分钟,其中自办节目210分钟。

现任台长杨绍武。

台址:山西省离石县滨河北路。邮政编码:033008。电话:3826。

运城地区电视台 1986年5月13日播出。1频道。有效复盖半径15公里。全天播放240分钟,其中自办节目210分钟。

现任台长史纯袖。

台址:山西省运城市红旗东路。邮政编码:044000。电话:2967。

忻州地区电视台 1989年8月1日播出。4频道。有效复盖半径10公里。全天播放180分钟,其中自办节目135分钟。

现任台长闫先林。

台址:山西省忻州市长征路。邮政编码:034000。电话:32741。

县(市)电视台

左云电视台 1983年7月1日播出。33频道。有效复盖半径17公里。全天播放270分钟,其中自办节目15分钟。

现任台长郭海。

台址:山西省左云县广播局。邮政编码:037100。

大同县电视台 1986年1月1日播出。25频道。有效复盖半径7公里。全天播放270分钟,其中自办节目15分钟。

现任台长郑文君。

台址:山西省大同县广播电视局。邮政编码:037300。

怀仁电视台 1984年12月30日播出。24频道。全天播放270分钟,其中自办节目30分钟。

现任台长张昭。

台址:山西省怀仁县广播电视局。邮政编码:038300。电话:2453。

山阴电视台 1984年10月1日播出。9频道。有效复盖半径7公里。全天播放270分钟,其中自办节目20分钟。

现任台长赵梅枝。

台址:山西省山阴县广播电视局。邮政编码:038400。

朔县电视台 1986年2月1日播出。1频道。有效复盖半径20公里。全天播放270分钟,其中自办节目30分钟。

现任负责人富成。

台址:山西省朔州市朔城区。邮政编码:038500。电话:23552。

忻州电视台 1984年1月1日播出。6频道。有效复盖半径7公里。全天播放270分钟,其中自办节目20分钟。

现任台长贾维新。

台址:山西省忻州市七一南路。邮政编码:034000。电话:22222。

原平电视台 1985年5月4日播出。8频道。有效复盖半径7公里。全天播放270分钟,其中自办节目20分钟。

现任台长杜尚增。

台址:山西省原平县广播电视局。邮政编码:034100。

临汾电视台 1984年10月1日播出。7频道。有效复盖半径20公里。全天播放270分钟,其中自办节目20分钟。

现任台长卢文昌。

台址:山西省临汾市广宣街。邮政编码:041000。

洪洞电视台 1986年3月播出。9频道。有效复盖半径16公里。全天播放270分钟,其中自办节目15分钟。

现任台长李庚科。

台址:山西省洪洞县王峰山。邮政编码:031600。

运城市电视台 1984年1月1日播出。8频道。有效复盖半径15公里。全天播放270分钟,其中自办节目10分钟。

现任台长梁柱。

台址:山西省运城市阜巷。邮政编码:044000。电话:

侯马电视台 1985年播出。6频道。有效复盖半径15公里。全天播放270分钟,其中自办节目10分钟。

现任台长李国番。

台址:山西省侯马市建设路4号。邮政编码:043000。

新绛电视台 1985年7月1日播出。11频道。有效复盖半径15公里。全天播放300分钟,其中自办节目10分钟。

现任台长张希尧。

台址:山西省新绛县卢家巷。邮政编码:043100。电话:23075。

霍县电视台 1985年10月1日播出。4频道。有效复盖半径15公里。全天播放270分钟,其中自办节目10分钟。

现任台长李忠民。

台址:山西省霍县城内。邮政编码:031400。电话:

古交电视台 1989年1月6日播出。15频道。有效复盖半径15公里。全天播放270分钟,其中自办节目10分钟。

现任台长张进文。

台址:山西省古交市。邮政编码:030200。

内蒙自治区

省、地(市)广播电台

内蒙古人民广播电台 1951年11月1日开播。现有中波675千赫,短波6045、11705、3970、9520千赫。人口复盖率70%,全天播音汉语13小时30分钟,蒙语12小时30分钟。

电台设办公室,编审办公室,蒙、汉新闻部,蒙、汉专题部,蒙、汉文艺部,记者部,播出部,现有编采播人员355人,技术人员50人,行政人员24人。现任台长额博力图。

台址:呼和浩特市新华大街19号。邮政编码:010058。电话:662288—3233。

包头人民广播电台 1956年7月1日播出。波长537.6米。有效复盖半径

150公里。全天播放650分钟。

全台现有92人;其中编采播43人,技术36人。现任台长兼总编辑丁福生。

台址:内蒙古包头市乌兰道13号。邮政编码:014010。电话:27712。

赤峰人民广播电台 1959年1月1日播出。波长:蒙语208.33,汉语544.63米。全天播放985分钟。

全台现有123人;其中编采播66人,技术32人。现任台长根顺。

台址:内蒙古赤峰市红山区。邮政编码:024001。电话:33794。

巴彦淖尔人民广播电台 1958年播出。频率1152千赫。有效复盖半径55公里。全天播放485分钟。

全台现有73人;其中编采播34人,技术25人。现任台长康昌华。

台址:内蒙古临河市。邮政编码:015000。电话:3478。

锡林郭勒人民广播电台 1959年1月1日播出。中波:1368、1170、981千赫,短波4950千赫。有效复盖半径110公里。全天播放23小时25分钟。

全台现有80人;其中编采播37人,技术22人。现任台长关布。

台址:内蒙古锡林浩特市锡林大街。邮政编码:026000。电话:3554。

呼和浩特人民广播电台 1959年2月7日播出。频率882千赫。有效复盖半径90公里。全天播放12小时17分钟。

全台现有84人;其中编采播50人,技术34人。现任台长乌·达尔罕。

台址:呼和浩特市公园西路56号。邮政编码:010035。电话:24839。

乌海人民广播电台 1980年12月播出。频率747、981、600、1100千赫。有效复盖半径30公里。全天播放360分钟。

全台现有45人;其中编采播23人,技术18人。现任台长马中文。

台址:内蒙古乌海市广播电视局。邮政编码:016000。电话:222514。

鄂尔多斯人民广播电台 1959年7月1日播出。频率汉语1188千赫,蒙语1467千赫。有效复盖半径125公里。全天播放730分钟(蒙、汉语合计)。

全台现有139人;其中编采播75人,技术37人。现任台长牛占彪。

台址:内蒙古东胜市。邮政编码:017000。电话:2176。

阿拉善人民广播电台 1986年10月1日播出。功率38千瓦。有效复盖半径160公里。全天播放56小时。

全台现有72人;其中编采播27人,技术37人。现任台长玛西巴图。

台址:内蒙古阿拉善盟巴彦浩特镇。邮政编码:750306。电话:22267。

呼伦贝尔人民广播电台 1950年11月1日播出。频率603、1431千赫。有效复盖半径120—200公里。全天播放600小时。

全台现有170人。现任台长哈尔其戈。

台址:内蒙古海拉尔市胜利三路。邮政编码:021008。电话:3712。

哲里木人民广播电台 1959年1月1日播出。频率1152、540、1350千赫。有效复盖半径90公里。全天播放25小时25分钟。

全台现有编制人员165人;其中专业技术人员140人。现任台长赵白音、满都拉。

台址:内蒙古通辽市霍林河大街28号。邮政编码:028001。电话:36123。

县(市)广播电台

巴林右旗人民广播电台 1958年播出。频率106.4兆赫。有效复盖半径150公里。全天播放420小时。

全台现有编采播15人。现任台长斯日吉。

台址:内蒙古巴林右旗。邮政编码:025150。电话:2344。

额尔古纳左旗人民广播电台 1985年1月1日播出。频率90兆赫。有效复盖半径10公里。全天播放480分钟。

全台现有26人,其中编采播14人,技术10人。现任台长王荣江。

台址:内蒙古额尔古纳左旗根河镇。邮政编码:022350。电话:3957。

牙克石人民广播电台 1984年9月播出。频率105兆赫。有效复盖半径24公里。全天播放450分钟。

全台现有35人;其中编采播10人,技术18人。现任台长郭燕良。

台址:内蒙古牙克石市。邮政编码:022150。电话:3946。

莫力达瓦广播电台 1986年8月播出。频率106.6兆赫。有效复盖半径59公里。全天播放330分钟。

全台现有11人;其中编采播6人,技术4人。现任台长涂荣明。

台址:内蒙古莫力达瓦自治旗尼尔基镇。邮政编码:162850。电话:3611。

通辽人民广播电台 1987年7月播出。波长200.5米。有效复盖半径60公里。全天播放410分钟。

全台现有39人;其中编采播20人,技术11人。现任台长陈录。

台址:内蒙古通辽市明仁大街。邮政编码:028000。电话:2550。

东胜人民广播电台 1987年12月播出。波长333.3米。有效复盖半径100公里。全天播放360分钟。

全台现有23人。现任负责人张文明。

台址:内蒙古东胜市郊苏家渠。邮政编码:017000。电话:2531。

海拉尔人民广播电台 1989年7月播出(中波实验台于1986年1月播出)。频率1200千赫。全天播放240分钟,中波实验台每天播出210分钟。

现任台长张鸿孝。

台址:内蒙古海拉尔市工人新村。邮政编码:021000。电话:3541。

区、盟(市)电视台

内蒙古电视台 1969年10月1日开播。频道:14(蒙语)、10(汉语),2、20分别转播中央台一、二套节目。有效复盖半径150公里。全天播出450分钟,其中自办节目240分钟(汉语为60分钟;蒙语为180分钟,其中译制节目占三分之二)。

电视台设新闻部、蒙语专题部、汉语专题部(含对外部)、文艺部、电视剧部、广告信息部、制作部、技术部、编审办公室、台办公室。全台总人数中:新闻业务人员占75.67%,技术人员占20.86%,行政人员占3.48%。现任台长陈绍业。

台址:呼和浩特市新华大街19号。邮政编码:010058。电话:663805。

包头电视台 1971年10月1日播出。4、7、18、24频道。有效复盖半径25公里。全天播放40小时,其中自办节目210分钟。

全台现有86人;其中编采播54人,技术21人。现任台长张亚平,总编辑高敬云。

台址:内蒙古包头市幸福南路。邮政编码:014030。电话:33761。

锡林郭勒电视台 1977年7月31日播出。11、13、4、7频道。有效复盖半径60公里。全天播放300分钟,每周自办节目4次,每次180分钟。

全台现有64人;其中编采播23人,技术28人。现任台长道尔吉。

台址:内蒙古锡林浩特市。邮政编码:026000。电话:3412。

乌海电视台 1976年12月播出。5、7、13、19频道。有效复盖半径30公里。全天播放26小时,其中自办节目210分钟。

全台现有45人;其中编采播15人,技术6人。现任台长银克。

台址:内蒙古乌海市。邮政编码:

016000。电话:221536。

巴彦淖尔电视台 1978年10月1日播出。6、12频道。有效复盖半径55公里。全天播放570分钟,每周自办节目35分钟。

全台(处台合一机构)现有80人;其中编采播32人,技术17人。现任台长康昌华。

台址:内蒙古临河市。邮政编码:015000。电话:2086。

赤峰电视台 1984年1月1日播出。3、5、10频道。有效复盖半径10—100公里。全天播放720分钟,其中自办节目245分钟。

全台现有76人;其中编采播53人,技术10人。现任台长贾国志。

台址:内蒙古赤峰市红山区。邮政编码:024001。电话:35758。

呼和浩特电视台 1986年2月播出。4频道。有效复盖半径30公里。每周播放4次,每次270分钟,其中自办节目240分钟。

全台现有55人;其中编采播43人,技术12人。现任台长彭君廷。

台址:呼和浩特市公园西路56号。邮政编码:010035。电话:25676。

鄂尔多斯电视台 1985年7月1日播出。6、12、15、21、1频道。有效复盖半径85公里。全天播放26小时半,每周自办节目4次,每次210分钟。

全台现有95人;其中编采播41人,技术36人。现任台长张华。

台址:内蒙古东胜市。邮政编码:017000。电话:3246。

阿拉善电视台 1986年7月1日播出。1、6、10、12、14频道。有效复盖半径60公里。全天播放34小时,其中自办节目420分钟。

全台现有57人;其中编采播18人,技术14人。现任台长李清。

台址:内蒙古阿拉善盟巴彦浩特镇。邮政编码:750306。电话:22798。

哲里木电视台 1973年5月1日播出。1、10、14频道。有效复盖半径62公里。全天播放750分钟,其中自办节目15—20分钟。

全台现有82人;其中编采播37人,技术25人。现任台长张德才。

台址:内蒙古通辽市霍林河大街70号。邮政编码:028000。电话:36780。

大兴安岭电视台 1982年5月1日播出。8频道。有效复盖半径30公里。全天播放480分钟,其中自办节目15分钟。

全台现有33人;其中编采播15人,技术15人。现任台长王建逢。

台址:内蒙古牙克石市。邮政编码:022150。电话:25502。

乌兰察布电视台 1979年1月播出。8频道。有效复盖半径70公里。全天播放360分钟,其中自办节目300分钟。

现任台长祁传智。

台址:内蒙古集宁市沙河路69号。邮政编码:012000。电话:224450。

县(市)电视台

额尔古纳左旗电视台 1983年12月播出。10频道。有效复盖半径5公里。全天播放360分钟,其中自办节目20分钟。

现任台长周永刚。

台址:内蒙古额尔古纳左旗根河镇。邮政编码:022350。电话:3938。

莫力达瓦电视台 1984年12月31日播出。5频道。有效复盖半径30公里。全天播放330分钟,其中自办节目15分钟。

全台现有7人;其中编采播7人。现任台长张中博。

台址:内蒙古莫力达瓦自治旗尼尔基镇。邮政编码:162850。电话:3799。

海拉尔电视台 1984年11月27日播出。7频道。全天播放480分钟,其中自办节目20分钟。

现任台长张鸿孝。

台址:内蒙古海拉尔市西山广场。邮政编码:021000。电话:3541。

牙克石电视台 1984年9月27日播出。2频道。有效复盖半径42公里。全天播放296分钟。

全台现有21人;其中编采播7人,技术9人。现任台长邹吉斌。

台址:内蒙古牙克石市。邮政编码:022150。电话:2145。

巴林右旗电视台 1984年播出。10、8、6频道。有效复盖半径150公里。全天播放690分钟,其中自办节目20分钟。

全台现有编采播15人。现任台长斯日吉。

台址:内蒙古赤峰市巴林右旗。邮政编码:025150。电话:2344。

辽宁省

省、地(市)广播电台

辽宁人民广播电台 1954年9月1日开播。功率200千瓦,频率1089千赫。有效复盖半径100公里。全天播放16小时。

电台下设:党委办公室、人事保卫处、办公室、总编室、政教部、工商部、农村部、记者部、专题部、群工播出部、经济信息部、文艺部、经济台,全台现有269人,其中编采播188人。现任台长谢仲清,副台长鲁晓晨、温占武、关世申、李力。

台址:沈阳市和平区光荣街2号。邮政编码:110003。电话:261487。

大连人民广播电台 1946年1月16日开播。频率882千赫。有效复盖半径100公里、40公里。全天播放890分钟。

全台现有162人,其中编采播人员82人,技术人员64人,行政人员16人。现任台长周秀才。

台址:大连市沙区民权街162号。邮政编码:116022。电话:444025。

沈阳人民广播电台 1948年11月4日开播。频率792千赫。有效复盖半径30公里。全天播放845分钟。

全台现有252人,其中编采播人员107人,技术人员91人,行政人员54人。现任台长高占文。

台址:沈阳市和平区南大街。邮政编码:110003。电话:366557。

沈阳人民广播电台经济台 沈阳人民广播电台主办。1989年1月10日开播。功率10千瓦。频率882千赫。有效复盖半径28.3公里。全天播放690分钟,其中自办节目480分钟。

编辑部现有27人,设编辑组、新闻组、专题组、经济信息组。现任台长高占文。

台址:沈阳市和平区南大街。邮政编码:110003。电话:733504。

丹东人民广播电台 丹东市人民广播电视局主办。1945年11月7日开播。频率1404千赫、891千赫。全天播放975分钟。

全台现有88人,其中编采播65人。现任台长高天杰。

台址:辽宁省丹东市山上街一号。邮政编码:118000。电话:23286。

鞍山人民广播电台 1945年开播。功率1千瓦。频率954千赫。有效复盖半径25公里。全天播放690分钟。

全台现有90人,其中编采播63人。现任台长高海根。

台址:辽宁省鞍山市五道街34号。邮政编码:114001。电话:28567。

抚顺人民广播电台 1950年6月开播。功率10千瓦。波长437米。有效复盖半径30公里。全天播放750分钟。

全台现有140人,其中编采播76人。

现任台长刘爱诚。

台址：辽宁省抚顺市迎宾街5号。邮政编码：113008。电话：27956。

本溪人民广播电台 1951年1月1日开播。频率1296千赫。人口复盖率75.5%。全天播放675分钟。

全台现有编采播人员75人，技术人员36人，行政（局台合一）90人。现任台长赵广义。

台址：辽宁省本溪市永和街。邮政编码：117000。

阜新人民广播电台 1952年2月17日开播。频率1287千赫。有效复盖半径32公里。全天播放746分钟。

机构为局台合一，现有127人，其中编采60人。现任台长韩守信。

台址：辽宁省阜新市中华路。邮政编码：123000。电话：25334。

锦州人民广播电台 1954年9月1日开播。功率2千瓦。频率666千赫。有效复盖半径40公里。全天播放670分钟。

全台现有127人，其中编采播81人。现任台长苏海发。

台址：辽宁省锦州市北京路四段3号。邮政编码：121000。电话：68306。

辽阳人民广播电台 1979年3月1日开播。功率1千瓦。频率1503。有效复盖半径20公里。全天播放680分钟。

全台现有88人，其中编采播人员50人。现任台长徐国嘉。

台址：辽宁省辽阳市青年大街59号。邮政编码：111000。电话：23814。

朝阳人民广播电台 1984年2月1日开播。功率1千瓦。频率810千赫。有效复盖半径50公里。全天播放495分钟。

全台现有70人，其中编采人员34人。现任台长郭享（代）。

台址：辽宁省朝阳市新华路。邮政编码：122000。电话：2902。

铁岭人民广播电台 1984年5月1日开播。频率1413千赫。有效复盖半径15公里。全天播放600分钟。

全台现有57人，其中编采播36人。现任台长李玉学。

台址：辽宁省铁岭市工人街。邮政编码：112000。电话：32219。

盘锦人民广播电台 1985年5月23日开播。功率1千瓦。频率1485千赫。有效复盖半径40公里。全天播放630分钟。

全台现有74人，其中编采人员49人。现任台长刘中孝。

台址：辽宁省盘锦市辽河路。邮政编码：124000。电话：33923。

营口人民广播电台 1958年10月1日开播。波长292.39米。有效复盖半径28.6公里。全天播放625分钟。

全台现有69人，其中编采播45人。现任台长迟春华。

台址：辽宁省营口市渤海大街健康里20号。邮政编码：115000。电话：33965。

县（市）广播电台

海城人民广播电台 1988年9月8日试播。频率900千赫、585千赫。有效复盖半径50公里。全天播放825分钟。

全台现有47人，其中编采播28人。现任台长刘维仁。

台址：辽宁省海城市环城西路15号。邮政编码：114200。电话：24762。

省、地（市）电视台

辽宁电视台 1960年4月23日开播。有效复盖半径60—70公里。频道10、12。全天播放10小时左右，其中自办节目2小时56分钟。

电视台设总编室、新闻部、社教部、对外部、经济部、文艺部、体育部、译制部、制作部、技术部、人保处、办公室，全台291人，其中编采播201人，技术人员42人。现任台长高广志，副台长姚居顺、胡玉铎、丁仁山、姜丽彬（女）。

台址：沈阳市和平区光荣街一段二里一号。邮政编码：110003。电话：369538。

大连电视台 1971年试播，1974年5月1日正式播出。有效复盖半径50公里。频道4、8、16、28。每天自办节目210分钟。

全台共有235人，其中编采播114人。现任台长李宝侠。

台址：辽宁省大连市绿山巷100号。邮政编码：116001。电话：336441。

沈阳电视台 1979年12月1日开播。有效复盖半径5公里。频道：2。全天播放330分钟，其中自办节目150分钟。

全台现有各类人员209人。现任台长韩永言。

台址：沈阳市皇姑区昆山东路40号。邮政编码：110032。电话：664144。

鞍山电视台 1970年开播。有效复盖半径15公里。频道9、11、16、22。全天播放40小时30分钟，其中自办节目4小时30分钟。

全台现有121人，其中编采播78人。现任台长徐曈。

台址：辽宁省鞍山市五道街34号。邮政编码：114001。电话：27741。

本溪电视台 1970年7月开播。人口复盖率60.8%。8、6、17、23频道。全天播放201分钟，其中自办节目163分钟。

电视台现有编采播人员64人，技术人员48人，行政（局台合一）90人。现任台长赵广义。

台址：辽宁省本溪市明山区永和街。邮政编码：117000。电话：233553。

丹东电视台 1973年10月1日开播。有效复盖半径20公里。5频道。全天播放210分钟，其中自办节目81分钟。

全台编制114人，其中编采播72人，技术33人，行政9人。现任台长林中兴。

台址：辽宁省丹东市振兴区山上街1号。邮政编码：118000。电话：27901。

抚顺电视台 1984年2月4日开播。有效复盖半径20公里。全天播放240分钟，其中自办节目210分钟。

全台现有102人，其中编采播69人。现任台长赵广远。

台址：辽宁省抚顺市迎宾街南段3号。邮政编码：113008。

朝阳电视台 1984年7月26日开播。有效复盖半径50公里。19频道。全天播放210分钟，其中自办节目60分钟。

全台现有60人，其中编采播43人。现任台长王天林。

台址：辽宁省朝阳市建设路19号。邮政编码：122000。电话：2031。

阜新电视台 1986年6月开播。有效复盖半径10公里。12频道。全天播放5小时，其中自办节目3小时。

电视台现有110人，其中编采播60人。现任台长毛京尧。

台址：辽宁省阜新市新华路127—7。邮政编码：123000。电话：24364。

盘锦电视台 1987年5月1日开播。有效复盖半径50公里。14频道。全天播放300分钟，其中自办节目210分钟。

电视台现有59人，其中编采播33人。现任负责人张德举。

台址：辽宁省盘锦市兴隆台区。邮政编码：124010。电话：34159。

辽阳电视台 1985年5月1日开播。有效复盖半径35公里。频道：7。全天播放220分钟，其中自办节目175分钟。

电视台现有82人，其中编采播54人。现任台长吴庭满。

台址：辽宁省辽阳市青年大街59号。邮政编码：111000。电话：22653。

铁岭电视台 1988年10月1日开播。有效复盖半径25公里。频道：6。全天播放5小时，其中自办节目2小时。

电视台现有 50 人。现任台长李玉学。

台址：辽宁省铁岭市工人街。邮政编码：112000。电话：31466。

营口电视台 1985 年 5 月 1 日开播。有效复盖半径 20 公里。频道：8。全天播放 4 小时 30 分钟，其中自办节目 3 小时。

全台现有 64 人，其中编采人员 39 人。现任台长迟春华。

台址：辽宁省营口市渤海大街健康里 20 号。邮政编码：115000。电话：32716。

锦州电视台 1989 年 5 月 1 日开播。有效复盖半径 50 公里。频道：3。全天播放 15 小时 20 分钟，其自办节目 3 小时 30 分钟。

全台现有 98 人，其中编采播 56 人。现任台长谢成侠。

台址：辽宁省锦州市北京路四段 3 号。邮政编码：121001。电话：68925。

县(市)电视台

海城电视台 1985 年 11 月 1 日开播。有效复盖半径 20 公里。频道：3、31、37。全天播放 8 小时，其中自办节目 15 分钟。

全台现有 34 人，其中编采播 16 人。现任台长霍兆成。

台址：辽宁省海城市环城西路 15 号。邮政编码：114200。电话：24063。

吉林省

省、地(市)广播电台

吉林人民广播电台 1945 年 10 月开播。现使用 738、6070、3310 千赫，95.6 兆赫和调频 104.3 兆赫等频率播出。有效复盖全省面积 82%。全天播放 20 小时。

电台内设总编办公室、新闻部、采访通联部、社会教育部、文艺部、立体声部、播出部、办公室、机关党委，全台现有 262 人，其中采编播 173 人，技术 36 人。现任负责人赵铎佩。

台址：长春市西安大路 28 号。邮政编码：130061。电话：827637。

长春人民广播电台 1945 年 9 月播出。频率 873、1332 千赫。有效复盖半径 30 公里。全天播放 24 小时 40 分钟。

全台现有 129 人；其中编采播 80 人。现任台长周海春。

台址：长春市解放大路 63 号。邮政编码：100061。电话：862202。

吉林市人民广播电台 1954 年 9 月播出。频率 927、14944 千赫。有效复盖半径 50 公里。全天播放 17 小时 45 分钟。

全台现有 144 人；其中编采播 72 人。现任台长李玉复。

台址：吉林省吉林市江南大街 2 号。邮政编码：132011。电话：461090。

浑江市人民广播电台 1984 年 12 月播出。频率 657 千赫。有效复盖半径 20 公里。全天播放 625 分钟。

全台现有 43 人；其中编采播 25 人，技术 10 人。现任台长于国卿。

台址：吉林省浑江市浑江大街 35 号。邮政编码：134300。电话：3859。

白城人民广播电台 1959 年 5 月 1 日播出。频率 132、981、738 千赫。有效复盖半径 100 公里。全天自办节目 525 分钟。

全台现有 80 人；其中编采播 37 人。现任台长张宗祥。

台址：吉林省白城市中兴东大路 99 号。邮政编码：137000。电话：37735。

四平人民广播电台 1958 年 10 月 1 日播出。波长 450.45 米。全天播放 690 分钟。

全台现有 48 人；其中编采播 20 人，技术 12 人。现任台长李洪泉。

台址：吉林省四平市新华大街。邮政编码：136000。电话：4216。

延边人民广播电台 1948 年播出。频率 1206 千赫（朝语）、1053 千赫（汉语）。有效复盖半径 180 公里。全天播放 540 分钟。

全台现有 200 人。现任负责人为副总编辑尹旷珠、阎世杰。

台址：吉林省延吉市北山街。邮政编码：133000。电话：512263。

县(市)广播电台

图们人民广播电台 波长 262.5 米。有效复盖半径 50 公里。全天播放 510 分钟。

全台现有 51 人；其中编采播 25 人，技术 16 人。现任台长兼总编辑邹士福。

台址：吉林省图们市向上街。邮政编码：133100。电话：3034。

大安市人民广播电台 1985 年 12 月 27 日播出。频率 93.7 兆赫。有效复盖半径 35 公里。全天播放 405 分钟。

全台现有 16 人；其中编采播 9 人，技术 7 人。现任于文江。

台址：吉林省大安市长白街。邮政编码：131300。电话：3776。

梅河口市人民广播电台 1985 年 5 月 1 日播出。频率 1584 千赫。有效复盖半径 30 公里。全天播放 405 分钟。

全台现有 32 人；其中已获专业职称的编采播 11 人，技术 1 人。现任负责人周秉库。

台址：吉林省梅河口市河南街。邮政编码：135000。电话：2626。

桦甸市人民广播电台 1987 年 3 月 5 日播出。频率 106.5 兆赫。有效复盖半径 40 公里。全天播放 510 分钟。

全台现有 24 人；其中编采播 16 人，技术 8 人。现任负责人崔宏捷。

台址：吉林省桦甸市朝阳路 28 号。邮政编码：132400。电话：3116。

省、地(市)电视台

吉林电视台 1959 年 10 月 1 日开播。现使用 2、7、13 频道。有效复盖长春市区。全天播放 24 小时，其中自办节目 13 小时。

电视台内设行政办公室、总编办公室、新闻部、专题部、文艺部、电视剧部、对外宣传部、电教部、经济广告部、技术办公室、制作部、播出部，全台现有 303 人，其中编采播 143 人。现任台长蓝军。

台址：长春市新民大街副 5 号。邮政编码：130021。电话：54606。

长春电视台 1985 年 8 月 1 日播出。9 频道。有效复盖半径 50 公里。全天播放 300 分钟，其中自办节目 270 分钟。

现任台长毕可信。

台址：长春市百草路 4 号。邮政编码：130061。电话：825389。

浑江电视台 1985 年 10 月播出。使用 2、4、7、12 频道。有效复盖半径 15 公里。全天播放 1080 分钟，其中自办节目 240 分钟。

全台现有编采播 20 人。现任台长李君任。

台址：吉林省浑江市八道江区。邮政编码：134300。电话：4321。

吉林市电视台 1960 年 7 月 1 日播出。1、8 频道。有效复盖半径 50 公里。全天播放 19 小时 30 分钟，其中自办节目 4 小时 30 分钟。

全台现有 108 人。现任台长杨立昌。

台址：吉林省吉林市运河路 57 号。邮政编码：132001。电话：452384。

县(市)电视台

公主岭电视台 1986 年 12 月 5 日播出。5 频道。有效复盖半径 40 公里。全天播放 [illegible] 分钟，其中自办节目 15 分钟。

全台现有 41 人；其中编采播 14 人，技术 16 人。现任台长刘润泽。

台址：吉林省公主岭市文化街 11 号。

邮政编码:136101。电话:3900。

蛟河市电视台 1986年8月1日播出。6频道。有效复盖半径40公里。全天播放390分钟,每周自办节目30分钟。

全台现有23人;其中编采播17人。现任台长刘海奎。

台址:吉林省蛟河市红星路66号。邮政编码:132500。电话:2711。

桦甸市电视台 1986年7月1日播出。3、9频道。有效复盖半径35公里。全天播放660分钟,每周自办节目15分钟。

全台现有16人。现任台长王营。

台址:吉林省桦甸市朝阳路28号。邮政编码:132400。电话:3300。

扶余电视台 1984年9月29日播出。12频道。有效复盖半径20公里。全天播放300分钟,每周自办节目15分钟。

全台现有31人;其中编采播26人。现任台长郭庆富。

台址:吉林省扶余市扶余镇。邮政编码:131200。电话:3956。

黑龙江省

省、地(市)广播电台

黑龙江人民广播电台 1945年8月25日开播。频率为:621、873、756、1116千赫。全天播音26小时40分钟。

电台设总编室、新闻部、专题部、群工部、记者部、技术部、文艺部、朝语部、广播剧组,全台现有编制288人,其中编采播251人,技术37人。现任负责人为省厅副总编辑、副台长:王毅人、丛永仁、纪有伦。

台址:哈尔滨市中山路115号。邮政编码:150001。电话:221461—421。

哈尔滨人民广播电台 1946年4月28日播出。频率837、972兆赫。有效复盖半径60公里。全天播放20小时20分钟。

全台现有132人;其中编采播86人,技术46人。现任台长臧光裕。

台址:哈尔滨市松花江街113号。邮政编码:150006。电话:36293。

牡丹江人民广播电台 1958年7月1日播出。频率684千赫。有效复盖半径80公里。全天播放585分钟。

全台现有78人;其中编采播46人,技术23人。现任台长黄莹。

台址:黑龙江省牡丹江太平路。邮政编码:157000。电话:27582。

齐齐哈尔人民广播电台 1954年8月1日播出。频率1197千赫。有效复盖半径65公里。全天播放756分钟。

全台现有118人;其中编采播62人,技术34人。现任台长史恩朴。

台址:黑龙江省齐齐哈尔市永安大街。邮政编码:161005。电话:72689。

伊春人民广播电台 1958年12月10日播出。频率909千赫。有效复盖半径90公里。全天播放630分钟。

全台现有115人;其中编采播43人,技术65人。现任总编辑单庆顺。

台址:黑龙江省伊春市通河路。邮政编码:153000。电话:5360。

佳木斯人民广播电台 1958年12月25日播出。频率666千赫。有效复盖半径55公里。全天播放724分钟。

全台现有131人;其中编采播60人,技术40人。现任台长桂兴中。

台址:黑龙江省佳木斯市。邮政编码:154002。电话:21756。

双鸭山人民广播电台 1960年2月16日播出。频率1107千赫。有效复盖半径50公里。全天播放600分钟。

全台现有56人;其中编采播37人,技术11人。现任台长张德靖。

台址:黑龙江省双鸭山市。邮政编码:155100。电话:22286。

鹤岗人民广播电台 1959年1月15日播出。频率97千赫。有效复盖半径50公里。全天播放515分钟。

全台现有65人;其中编采播44人,技术18人。现任台长夏志友。

台址:黑龙江省鹤岗市八道街。邮政编码:154100。电话:22961。

鸡西人民广播电台 1960年10月播出。频率1368千赫。有效复盖半径80公里。全天播放539分钟。

全台现有59人;其中编采播26人,技术19人。现任台长王庆元。

台址:黑龙江省鸡西市电台路。邮政编码:158100。电话:52013。

七台河人民广播电台 1964年播出。频率1062千赫。有效复盖半径50公里。全天播放510分钟。

全台现有46人;其中编采播27人,技术11人。现任台长陈永辉。

台址:黑龙江省七台河市桃山。邮政编码:154600。电话:263595。

大庆人民广播电台 1980年4月25日播出。频率1080千赫。有效复盖半径75公里。全天播放696分钟。

全台现有104人;其中编采播54人,技术20人。现任台长赵明勋。

台址:黑龙江省大庆市东风路。邮政编码:163311。电话:62157。

大兴安岭人民广播电台 1974年3月1日播出。频率1278千赫。有效复盖半径30公里。全天播放550分钟。

全台现有编采播44人,技术43人。现任总编辑周兴海。

台址:黑龙江省加格达奇镇兴安大街。邮政编码:165000。电话:3852。

松花江人民广播电台 1985年8月5日播出。频率94千赫。有效复盖半径60公里。全天播放180分钟。

全台现有27人;其中编采播21人,技术4人。现任台长孙维森。

台址:哈尔滨市文政街4号。邮政编码:150040。电话:229463。

县(市)广播电台

〔全省共有县(市)广播电台52座,其余51座的资料暂缺〕

集贤人民广播电台 1983年由广播站改为广播电台。波长104.2MH₂。有效复盖半径25公里。全天播放460分钟。

全台现有22人;其中编采播13人,技术8人。现任台长张燕。

台址:黑龙江省集贤县福利屯广播大楼。邮政编码:154900。电话:3093。

省地(市)电视台

黑龙江电视台 1958年12月20日开播。1、8频道。有效复盖半径20公里。每周播放45小时15分钟,其中自办节目41小时45分钟。

电视台设总编室、新闻部、电教部、技术部、制作部、专题节目部、文艺部、对外部,党委、人事处,全台现有245人,其中编采播142人,技术68人。现任负责人为省厅副总编辑、副台长王运琛、王月仁、刘成学。

台址:哈尔滨市中山路115号。邮政编码:150001。电话:22461—666。

哈尔滨电视台 1981年8月22日皤出。6频道。有效复盖半径8公里。全天播放300分钟,其中自办节目43分钟。

全台现有150人;其中编采播105人,技术45人。现任台长臧光裕。

台址:哈尔滨市满洲里街11号。邮政编码:150001。电话:31888。

鹤岗电视台 1971年播出。3频道。有效复盖半径20公里。全天播放210分钟,其中自办节目155分钟。

全台现有65人。现任台长范洪洲。

台址:黑龙江省鹤岗市红军路。邮政编码:154100。电话:24342。

齐齐哈尔电视台 1970年9月播出。2、16频道。有效复盖半径51公里。每周播放38小时,其中自办节目34小时

30分钟。

全台现有139人;其中编采播82人,技术41人。现任负责人副台长、副总编辑武福礼。

台址:黑龙江省齐齐哈尔市府路1号。邮政编码:161000。电话:24813。

加格达奇电视台 1978年7月1日播出。5频道。有效复盖半径15公里。全天播放180小时,其中自办节目45分钟。

全台现有50人;其中编采播20人,技术26人。现任总编辑周兴海。

台址:黑龙江省加格达奇镇兴安大街。邮政编码:165000。电话:3786。

牡丹江电视台 1984年1月5日播出。4、12、17频道。有效复盖半径30公里。全天播放34小时,其中自办节目3小时30分钟。

全台现有68人;其中编采播34人,技术23人。现任负责人刘素颖。

台址:黑龙江省牡丹江市太平路。邮政编码:157000。电话:27658。

佳木斯电视台 1984年7月播出。6频道。有效复盖半径55公里。每周播放31小时14分钟,其中自办节目17小时59分钟。

全台现有105人;其中编采播58人,技术42人。现任台长王永厚。

台址:黑龙江省佳木斯市光复路。邮政编码:154002。电话:21756。

大庆电视台 1984年7月播出。9频道。有效复盖半径55公里。每周播放38小时30分钟,其中自办节目33小时15分钟。

全台现有121人;其中编采播49人,技术60人。现任台长郑忠厚。

台址:黑龙江省大庆市东风路。邮政编码:163311。电话:62381。

伊春电视台 1984年9月播出。7频道。有效复盖半径30公里。每周播放41小时10分钟,其中自办节目30小时10分钟。

全台现有99人;其中编采播46人,技术47人。现任总编辑单庆顺。

台址:黑龙江省伊春市通河路。邮政编码:153000。电话:4482。

双鸭山电视台 1984年7月播出。10频道。有效复盖半径30公里。每周播放28小时10分钟,其中自办节目14小时57分钟。

全台现有54人;其中编采播32人,技术8人。现任台长赵旭昌。

台址:黑龙江省双鸭山市新兴大街。邮政编码:155100。电话:22235。

鸡西电视台 1985年1月播出。4频道。有效复盖半径50公里。每周播放26小时15分钟,其中自办节目20小时18分钟。

全台现有57人;其中编采播27人,技术10人。现任台长张彦文。

台址:黑龙江省鸡西市红旗路。邮政编码:158100。电话:52013(总机)。

黑河电视台 1984年8月播出。9频道。有效复盖半径50公里。每周播放39小时30分钟,其中自办节目74分钟。

全台现有32人;其中编采播19人,技术5人。现任台长王文田。

台址:黑龙江省黑河市。邮政编码:164300。电话:2580。

绥化电视台 1985年9月播出。10频道。有效复盖半径35公里。每周播放55小时50分钟,其中自办节目9小时35分钟。

全台现有43人;其中编采播23人,技术14人。现任台长董立业。

台址:黑龙江省绥化市红旗路。邮政编码:152071。电话:4343。

七台河电视台 1988年11月16日播出。13频道。有效复盖半径20公里。每周播放19小时15分钟,其中自办节目15小时10分钟。

全台现有47人;其中编采播19人,技术18人。现任台长吕清环。

台址:黑龙江省七台河市内。邮政编码:154600。电话:23277。

县(市)电视台

密山电视台 1985年1月播出。9频道。有效复盖半径50公里。每周播放32小时,其中自办节目140分钟。

全台现有22人;其中编采播9人,技术13人。现任台长白风。

台址:黑龙江省密山县密山镇。邮政编码:158300。

饶河电视台 1985年1月播出。7频道。有效复盖半径20公里。每周播放34小时55分钟,其中自办节目60分钟。

全台现有28人;其中编采播12人,技术16人。现任台长王树德。

台址:黑龙江省饶河市饶河县镇。邮政编码:156700。

宝清电视台 1985年1月播出。频道。有效复盖半径35公里。每周播放37小时,其中自办节目85分钟。

全台现有25人;其中编采播10人,技术11人。现任台长王继才。

台址:黑龙江省宝清县镇。邮政编码:156600。

庆安电视台 1985年10月播出。6频道。有效复盖半径25公里。每周播放61小时42分钟,其中自办节目16分钟。

全台现有19人;其中编采播9人,技术6人。现任台长王庚寅。

台址:黑龙江省庆安县镇。邮政编码:152400。

绥芬河电视台 1985年10月播出。6频道。有效复盖半径25公里。每周播放50小时27分钟,其中自办节目3分钟。

全台现有23人;其中编采播6人,技术14人。现任台长张良会。

台址:黑龙江省绥分河市。邮政编码:157300。

宁安电视台 1985年11月播出。8频道。有效复盖半径25公里。每周播放80小时30分钟,其中自办节目105分钟。

全台现有14人;其中编采播6人,技术7人。现任台长王庆宏。

台址:黑龙江省宁安县西山。邮政编码:157400。

肇州电视台 1985年11月播出。3频道。有效复盖半径20公里。每周播放37小时45分钟,其中自办节目40分钟。

全台现有21人;其中编采播6人,技术15人。现任台长李春。

台址:黑龙江省肇州县肇州镇。邮政编码:151200。

同江电视台 1985年11月播出。9频道。有效复盖半径40公里。全天播放42小时46分钟,其中自办节目105分钟。

全台现有42人;其中编采播25人,技术17人。现任台长陈洪君。

台址:黑龙江省同江市内。邮政编码:156400。

北安电视台 1985年11月播出。2频道。有效复盖半径50公里。每周播放37小时30分钟,其中自办节目54分钟。

全台现有15人;其中编采播10人,技术3人。现任台长吴时霖。

台址:黑龙江省北安市。邮政编码:164000。

富锦电视台 1985年11月播出。11频道。有效复盖半径52公里。全天播放38小时30分钟,其中自办节目162分钟。

全台现有30人;其中编采播17人,技术9人。现任台长陈忠山。

台址:黑龙江省富锦县镇。邮政编码:156100。

绥滨电视台 1988年12月播出。2频道。有效复盖半径25公里。每周播放43小时零3分钟,其中自办节目310分钟。

全台现有 27 人;其中编采播 9 人,技术 12 人。现任台长张洪波。

台址:黑龙江省绥滨县镇。邮政编码:156200。

陕西省

省、地(市)广播电台

陕西人民广播电台 1953 年 2 月 14 日开播。发射功率 225 千瓦。使用频率:693、1008、6176 千赫,94.2、90.7 兆赫。全天播出 38 小时 50 分钟。

全台现有 387 人,其中编采播 160 人,技术 136 人。现任台长饶一新,副台长李牧泉、邓旭涛。

台址:西安市北大街 119 号。邮政编码:710003。电话:71.2121。

西安人民广播电台 1983 年 10 月 1 日播出。功率 10 千瓦。频率 810 千赫。全天播放 12 小时 10 分钟。

全台现有 66 人;其中编采播 34 人,技术 9 人。现任负责人姚俊森。

台址:西安市五岳庙门街 125 号。邮政编码:710002。电话:24734。

宝鸡人民广播电台 1958 年 10 月播出。频率 1070 千赫。全天播放 630 分钟。

全台现有 76 人;其中编采播 43 人,技术 29 人。现任台长胡云林。

台址:陕西省宝鸡市红旗路。邮政编码:721000。

铜川人民广播电台 1959 年 5 月 1 日播出。频率 1134 千赫。全天播放 525 分钟。

全台现有 51 人;其中编采播 24 人,技术 17 人。现任台长刘健。

台址:陕西省铜川市红旗街。邮政编码:727000。

咸阳人民广播电台 1989 年 10 月播出。频率 1296 千赫。全天播放 450 分钟。

该台与咸阳电视台为一套机构,共有 57 人,其中编采播 32 人(广播编辑部 11 人,电视新闻部 11 人,其余为文艺、广告、播出等),技术 9 人。现任台长刘署辉。

台址:陕西省咸阳市安东村。邮政编码:712000。

省、地(市)电视台

陕西电视台 1960 年 7 月 1 日开播。发射功率 25 千瓦。使用频道:4、8。每周播出 163 小时 30 分钟。

全台现有 544 人,其中编采播 243 人,技术 193 人。现任台长骞国政,副台长王超、荀良。

台址:西安市建西街 10 号。邮政编码:710054。电话:71.7293。

西安电视台 1985 年 2 月 1 日播出。10 频道。每周播放 33 小时 50 分钟。

全台现有 88 人;其中编采播 47 人,技术 26 人。现任负责人曹今山。

台址:西安市水院 159 号。邮政编码:710003。电话:719349。

宝鸡电视台 1984 年 6 月 27 日播出。6 频道。每周播放 27 小时 25 分钟。

全台现有 51 人;其中编采播 20 人,技术 10 人。现任台长刘志俊。

台址:陕西省宝鸡市红旗路。邮政编码:721000。

延安电视台 1986 年 8 月 1 日播出。13 频道。全天播放 28 小时 45 分钟。

全台现有 25 人;其中编采播 12 人,技术 5 人。现任台长刘文星。

台址:陕西省延安市二道街。邮政编码:716000。

安康电视台 1987 年 12 月 28 日播出。18 频道。每周播放 37 小时 30 分钟。

全台现有 27 人;其中编采播 14 人,技术 8 人。现任台长宋治玺。

台址:陕西省安康市兴安路。邮政编码:725000。

商洛电视台 1988 年 1 月 23 日播出。功率 1 千瓦。12 频道。每周播放 24 小时 30 分钟。

全台现有 15 人;其中编采播 6 人,技术 7 人。现任台长郭树哲。

台址:陕西省商州市团结路。邮政编码:726000。

汉中电视台 1985 年 10 月 1 日播出。功率 1 千瓦。10 频道。每周播放 36 小时。

全台现有 64 人;其中编采播 19 人,技术 25 人。现任总编辑马志忠,台长周国忠。

台址:陕西省汉中市南团结街。邮政编码:723000。

榆林电视台 1989 年 2 月 8 日播出。功率 50 千瓦。7 频道。全天播放 10 小时 30 分钟。

全台现有 36 人;其中编采播 16 人,技术 20 人。现任台长李成海。

台址:陕西省榆林市曹辣肉下巷。邮政编码:719000。

咸阳电视台 1989 年 10 月 1 日播出。功率 1 千瓦。40 频道。每周播放 23 小时 20 分钟。

现任台长刘曙辉。

台址:陕西省咸阳市安东街。邮政编码:712000。

甘肃省

省、地(市)广播电台

甘肃人民广播电台 1949 年 9 月 7 日开播。三套节目用 15 个频率播出。全天播音 33 小时。

电台设台委办公室、新闻部、农村部、科教部、专题部、文艺部、通采部、播出部,共有编制 165 人,其中编采 97 人。现任台长由钜耀。

台址:兰州市东岗西路 146 号。邮政编码:730000。电话:28911。

兰州人民广播电台 1984 年 10 月 1 日播出。频率 954 千赫。有效复盖半径 20 公里。全天播放 420 分钟。

全台现有 71 人;其中编采播 40 人,技术 21 人。现任台长程兆生。

台址:兰州市庆阳路 34 号。邮政编码:730030。电话:28725—29。

甘南人民广播电台 1960 年 1 月 10 日播出。频率 1332 千赫。有效复盖半径 45 公里。全天播放 490 分钟。

全台现有 93 人;其中编采译播 48 人,技术 42 人。现任台长卢文秀。

台址:甘肃省夏河县合作镇。邮政编码:747000。

平凉人民广播电台 1986 年 7 月 1 日播出。频率 1566 千赫。有效复盖半径 20 公里。全天播放 430 分钟。

全台现有 19 人;其中编采播　人,技术　人。现任台长陶德文。

台址:甘肃省平凉市红旗街 29 号。邮政编码:744000。

县(市)广播电台

敦煌人民广播电台 1987 年 7 月 1 日播出。频率 90.6、90.4 兆赫。有效复盖半径 100 公里。全天播放 450 分钟。

全台现有 15 人;其中编采播 5 人,技术 8 人。现任台长郭占法。

台址:甘肃省敦煌市北大街。邮政编码:736200。

武威人民广播电台 1988 年 12 月 9 日播出。调频。有效复盖半径 35 公里。全天播放 480 分钟。

全台现有 17 人;其中编采播 10 人,技术 3 人。现任台长曹秀娥。

台址:甘肃省武威市民南路。邮政编

码:733000。

陇西人民广播电台 1987年6月2日播出。频率104.1兆赫。有效复盖半径30公里。全天播放430分钟。

全台现有12人;其中编采播8人,技术3人。现任台长吕伯奇。

台址:甘肃省陇西县城关。邮政编码:748100。

华亭人民广播电台 1986年1月1日播出。频率104.8兆赫。全天播放435分钟。

全台现有30人;其中编采播11人,技术11人。现任台长张明书。

台址:甘肃省华亭县南街。邮政编码:744100。

泾川人民广播电台 1987年9月20日播出。频率90.2兆赫。有效复盖半径50公里。全天播放400分钟。

全台现有20人;其中编采播11人,技术6人。现任台长刘双成。

台址:甘肃省泾川县农村路。邮政编码:744300。

靖远人民广播电台 1986年播出。频率40.2兆赫。有效复盖半径25公里。全天播放360分钟。

全台现有64人;其中编采播12人,技术13人。现任台长刘文勤。

台址:甘肃省靖远县城。邮政编码:730600。

通渭人民广播电台 1987年12月播出。频率92.2兆赫。有效复盖半径25公里。全天播放360分钟。

全台现有22人;其中编采播8人,技术8人。现任台长王鹏。

台址:甘肃省通渭县城。邮政编码:743300。

玉门人民广播电台 1986年播出。频率1134千赫。有效复盖半径10公里。全天播放420分钟。

全台现有36人;其中编采播7人,技术4人。现任负责人李庭璎。

台址:甘肃省玉门市。邮政编码:735200。

安西人民广播电台 1987年播出。频率104兆赫。有效复盖半径27公里。全天播放360分钟。

全台现有18人;其中编采播12人,技术6人。现任台长何继刘。

台址:甘肃省安西县南大街。邮政编码:736100。

甘谷人民广播电台 1986年播出。频率104.8兆赫。有效复盖半径25公里。全天播放420分钟。

全台现有17人;其中编采播12人,技术5人。现任台长刘铎中。

台址:甘肃省甘谷县城。邮政编码:741200。

省、地(市)电视台

甘肃电视台 1970年10月3日开播。频道:2、8频道自办节目,4、10频道转播中央台一、二套节目。8频道复盖半径100公里。全天播放时间:自办节目4小时45分钟,中央台两套节目27小时11分钟。

电视台设台办公室、新闻部、对外部、专题、电视剧部、技术部、总工办,全台编制197人,其中编采播94人。现任台长海飞,副台长段玫、魏成贵、丁见尧、谢富饶。

台址:兰州市东岗西路146号。邮政编码:730000。电话:25715。

兰州电视台 1985年1月1日播出。18频道。有效复盖半径25公里。全天播放240分钟,其中自办节目210分钟。

全台现有91人;其中编采播50人,技术30人。现任台长程兆生。

台址:兰州市庆阳路34号。邮政编码:730030。电话:28725—29。

天水电视台 1985年8月1日播出。10频道。每周二、四、六、日播放240分钟,其中自办节目30分钟。

全台现有36人;其中编采播21人,技术8人。现任台长刘智宏。

台址:甘肃省天水市秦城西环城中路2号。邮政编码:741000。电话:214626。

定西电视台 1986年6月1日播出。12频道。有效复盖半径20公里。全天播放210分钟,其中自办节目15分钟。

全台现有编采20人。现任负责人张镔。

台址:甘肃省定西县镇西大街6号。邮政编码:743000。

平凉电视台 1985年播出。8频道。有效复盖半径5公里。全天播放600分钟。

全台现有12人;其中编采播7人,技术5人。现任台长吴烨。

台址:甘肃省平凉市红旗街。邮政编码:744000。

青海省

省、地(市)广播电台

青海人民广播电台 1949年9月14日开播。功率439千瓦。频率666、1143千赫。中短波结合可复盖全省。全天播放30小时43分钟。

电台设新闻部、社交部、群工部、藏语部、文艺部、技术部、宣传办公室(含播音员、司机、财会、资料员)。全台共有253人,其中编采译105人,技术116人。现任台长金明,副台长李生文(代台长)、刘晓黎、吴寿坤(兼总工程师)、多杰仁青。

台址:西宁市昆仑路96号。邮政编码:810001。电话:44975、44981。

海西人民广播电台 1982年9月播出。频率540、621兆赫。人口复盖83.7%。全天播放690分钟。

全台现有编采53人。现任台长齐·布仁巴雅尔。

台址:青海省海西州德令哈市人民路。邮政编码:817000。

玉树人民广播电台 1985年1月1日播出。频率882千赫。人口复盖45%。全天播放370分钟。

全台现有58人;其中编采9人。现任台长恩昭。

台址:青海省玉树州结古镇结卫路。邮政编码:815000。

省、地(市)电视台

青海电视台 1971年1月1日开播。功率66、455千瓦。复盖全省71%的地区。自办节目平均每周101小时42分钟(含海西州、格尔木市、西宁市)。

电视台设新闻部、专题部、文艺部、电视剧部、技术部、藏语编译部、宣传办公室、泮子山、发射台。全台共有243人,其中编采译91人,技术99人。现任台长魏兆屏,副台长旦正才让(代台长)、郑好文、陈方金(兼总工程师)、谢茂雨。

台址:西宁市昆仑路94号。邮政编码:810001。电话:44975、44981。

西宁电视台 1986年10月1日播出。21频道。有效复盖半径30公里。全天播放300分钟,其中自办节目270分钟。

全台现有48人;其中编采播35人,技术11人。现任台长夏洪礼。

台址:西宁市南关街83号。邮政编码:810000。电话:47941—646。

海西电视台 1986年10月播出。4、7、9频道。有效复盖97.3%的人口。自办节目每周平均22小时35分钟。

全台现有41人。现任台长季西川。

台址:青海省海西州德令哈市。邮政编码:817000。

格尔木电视台 1986年10月播出。4、13频道。有效复盖90%的人口。全天播放 360 分钟,每周二、四、六播出自办节目共 21 小时。

全台现有 26 人。现任台长周宗振。

台址:青海省格尔木市中山路 7 号。邮政编码:816000。

宁夏自治区

区、地(市)广播电台

宁夏人民广播电台 1958 年 10 月 15 日开播。功率 220 千瓦、10 千瓦。频率:中波 891 千赫,调频 100 兆赫。有效复盖半径 100 公里。全天播音 33 小时。

电台下设新闻部、专题部、文艺部、总编室、技术部、办公室,全台现有 204 人,其中编采播 80 人,技术 99 人。现任台长萨本冀。

台址:银川市西夏东路 16 号。邮政编码:750021。电话:77901。

银川人民广播电台 1986 年 7 月 1 日播出。波长 374.53 米。有效复盖半径 100 公里。全天播放 615 分钟。

全台现有 53 人。现任台长杨松林。

台址:银川市中山南街 125 号。邮政编码:750004。电话:32693。

石咀山人民广播电台 1986 年 1 月 1 日播出。频率 99.3 兆赫。有效复盖半径 25 公里。全天播放 420 分钟。

全台现有 40 人;其中编采播 18 人。现任台长史占文。

台址:宁夏石咀山市朝阳街。邮政编码:753000。

县(市)广播电台

青铜峡人民广播电台 1988 年 12 月 30 日播出。频率 1377 千周。有效复盖半径 15 公里。全天播放 440 分钟。

全台现有 38 人;其中编采播 20 人,技术 12 人。现任台长严素芬。

台址:宁夏青铜峡市小坝镇。邮政编码:751600。电话:51325。

吴忠人民广播电台 1985 年 1 月 1 日播出。频率 1413 千赫。有效复盖半径 40 公里。全天播放 425 分钟。

全台现有 29 人;其中编采播 17 人,技术 10 人。现任台长杨绕华。

台址:宁夏吴忠市裕民街。邮政编码:751100。

中卫人民广播电台 1986 年 12 月 2 日播出。频率 91.3 千赫。有效复盖半径 30 公里。全天播放 450 分钟。

全台现有 29 人;其中编采播 14 人,技术 8 人。现任台长任兆钧。

台址:宁夏中卫县北大街。邮政编码:751700。

贺兰人民广播电台 1986 年 8 月 1 日播出。频率 89.7 兆赫。有效复盖半径 25 公里。全天播放 360 分钟。

全台现有 27 人;其中编采播 13 人,技术 7 人。现任负责人吴长青。

台址:宁夏贺兰县城西街。邮政编码:750200。

永宁人民广播电台 1989 年 4 月 1 日播出。频率 107.9 兆赫。有效复盖半径 15 公里。全天播放 375 分钟。

全台现有 30 人;其中编采播 15 人。现任台长蒋文俊。

台址:宁夏永宁县东环路。邮政编码:750010。

区、地(市)电视台

宁夏电视台 1970 年 10 月 1 日播出。功率 50 千瓦。频道:4、8、24。有效复盖半径 40 公里—56 公里。全天播放 47 小时,其中自办节目 4 小时。

电视台设办公室、新闻部、对外部、专题部、电视剧部、技术部。全台现有 250 人,其中编采播 90 人,技术 90 人。现任台长徐志健,副台长刘镇岳、杨占山。

台址:银川市新华西街 86 号。邮政编码:750001。电话:25601。

银川电视台 1988 年 9 月 23 日播出。功率 10 千瓦。18 频道。有效复盖半径 40 公里。全天播放 240 分钟,其中自办节目 210 分钟。

全台现有 98 人,其中编采播 48 人。现任台长杨松林。

台址:银川市中山南街 125 号。邮政编码:750004。电话:31721。

新疆自治区

区、州(地市)广播电台

新疆人民广播电台 1949 年 12 月 21 日开播。现用汉、维吾尔、哈萨克、蒙古、柯尔克孜等五种语言,共计 20 个短波频率和 17 个中波频率播出,全疆人口复盖率为 70%,全天播音共计 51 小时 50 分钟(星期天 56 小时 30 分钟)。

电台设新闻部、汉语专题部、维语专题部、哈语专题部、蒙语专题部、柯语专题部、文艺部、技术部、台办公室,共有 433 人。现任台长邵强。

台址:乌鲁木齐市团结路 84 号。邮政编码:830044。电话:77784。

克拉玛依人民广播电台 1979 年 11 月 10 日播出。频率 1179、600 千赫。有效复盖半径 180 公里。全天播放 22 小时(维、汉语合计)。

全台现有 78 人。现任负责人高士杰。

台址:新疆克拉玛依市天山西路 42 号。邮政编码:834000。电话:43152。

石河子人民广播电台 1983 年 8 月 1 日播出。频率 1476 千赫。有效复盖半径 40 公里。全天播放 570 分钟。

全台现有 74 人;其中编采播 35 人,技术 31 人。现任台长余亚群。

台址:新疆石河子市北三路。邮政编码:832000。电话:25459。

乌鲁木齐人民广播电台 1980 年 2 月 30 日播出。波长 370.37 米、280.11 米。有效复盖半径 60 公里。全天播放 18 小时 50 分钟(维语、汉语合计)。

全台现有 182 人;其中维语编采译播 33 人,技术 29 人。现任台长张贵。

台址:乌鲁木齐市新民路东 30 号。邮政编码:830002。电话:77594。

哈密人民广播电台 1985 年 9 月 28 日播出。频率 1485、1098 千赫。有效复盖半径 50 公里。全天播放 800 分钟。

全台现有 88 人。

台址:新疆哈密市红星西路 2 号。邮政编码:839000。

伊宁人民广播电台 1985 年 10 月 15 日播出。频率 603、1134 千赫。有效复盖半径 50 公里。全天播放 630 分钟。

全台现有 43 人;其中编采播 27 人,技术 10 人。现任负责人鲁基·茹克娅。

台址:新疆伊宁市红旗街 3 号。邮政编码:835000。电话:24052。

新疆还有:州(地、市)广播电台——昌吉人民广播电台、库尔勒人民广播电台、喀什人民广播电台、和田人民广播电台、阿勒泰人民广播电台、奎屯人民广播电台,县(市)广播电台——乌苏人民广播电台、奇台人民广播电台、泽普人民广播电台、库车人民广播电台。

县(市)广播电台

米泉人民广播电台 1989 年 11 月播出。频率 99 千赫。有效复盖半径 25 公里。全天播放 470 分钟。

全台现有 22 人;其中编采播 8 人,技术 6 人。现任总编辑杨志贵,台长马宝荣。

台址:新疆米泉县古牧地中路。邮政编码:831400。

区、州(地市)电视台

新疆电视台 1970 年 10 月 1 日播出。使用 4、6、8 频道。有效复益半径 100

公里。全天播放25小时，其中自办节目21小时(包括译播)。

电视台设有台办公室、总编办公室、总工程师办公室、电视剧译制中心、新闻部、社会教育部、维语专题部、国际部、文艺部、电视剧部、编译部、哈语编辑部、播出技术部、制作技术部、广告部、经济科。现任台长艾兴，副台长杨连勇、库尔班艾力、吾布力·哈斯木、赵庆忠(兼总工程师)。

台址：乌鲁木齐市团结路84号。邮政编码：830001。电话：77277。

克拉玛依电视台 1978年10月1日播出。3、7、13、19频道。有效复盖半径160公里。全天播放18小时，其中自办节目630小时。

全台现有57人；其中编采播36人，技术16人。现任台长邓明谦。

台址：新疆克拉玛依市天山西路。邮政编码：834000。电话：43241。

巴音郭楞电视台 1982年1月1日播出。11、2频道。有效复盖半径30公里。全天播放600分钟，其中自办节目10小时。

全台现有44人；其中编采播17人，技术16人。现任台长潘志国。

台址：新疆库尔勒市杏花街。邮政编码：841000。电话：23087。

伊犁电视台 1981年12月13日播出。10、2、8频道。有效复盖半径70公里。全天播放19小时30分钟，其中自办节目25分钟。

全台现有58人。现任台长卡克木。

台址：新疆依宁市红旗路48号。邮政编码：835000。电话：22460。

博尔塔拉电视台 1982年7月1日播出。4、9、11频道。有效复盖半径35公里。全天播放300分钟，其中自办节目20分钟。

全台现有45人；其中编采译播19人，技术14人。现任台长汤宾道。

台址：新疆博乐市。邮政编码：833400。电话：22061。

和田电视台 1983年1月8日播出。1、6、12频道。有效复盖半径25公里。全天播放14小时，其中自办节目8小时。

全台现有36人；其中编采播17人，技术13人。现任台长荆锋。

台址：新疆和田市波斯坦南路13号。邮政编码：848000。电话：23713。

乌鲁木齐电视台 1985年9月28日播出。27频道。有效复盖半径60公里。全天播放240分钟，其中自办节目210分钟。

全台现有86人；其中编采播36人，技术21人。现任台长任元光。

台址：乌鲁木齐市红山路18号。邮政编码：830002。电话：78299。

克孜勒苏电视台 1984年1月1日播出。3、7、17频道。有效复盖半径50公里。全天播放17小时，每周自办二次新闻节目，每次10分钟，用维、汉、柯语播出。

现任台长何建华。

台址：新疆阿图什市光明路。邮政编码：845350。电话：22078。

哈密电视台 1985年9月28日播出。3、9、11频道。有效复盖半径50公里。全天播放17小时45分钟，其中自办节目300分钟。

全台现有47人。现任台长范承渠。

台址：新疆哈密市红星西路2号。邮政编码：839000。电话：33806。

新疆还有州(地、市)电视台：塔城电视台、阿勒泰电视台、昌吉电视台、吐鲁番电视台、阿克苏电视台、喀什电视台、石河子电视台。

县(市)电视台

米泉电视台 1985年10月播出。2频道。有效复盖半径35公里。全天播放240分钟。

全台现有18人；其中编采播8人，技术4人。现任台长杨志贵。

台址：新疆米泉县古牧地中路。邮政编码：831400。

新疆还有县(市)电视台：奎屯电视台、奇台电视台、沙湾电视台、额敏电视台、莎车电视台。

山东省

省、地(市)广播电台

山东人民广播电台 1948年11月8日开播，呼号：济南特别市新华广播电台，后改为济南人民广播电台。1950年10月27日，以山东人民广播电台呼号播音。现办有两套节目，每天播音共29小时05分。第一套节目频率为918、594、1548千赫；第二套节目频率为97.2、103.4、101.7、97.3、99、92.8兆赫(调频、立体声)。

电台现设有办公室、总编室、新闻部、专题部、采通部、文艺部、技术部。共有职工265人，其中采编播183人，技术55人。现任台长侯志永，副台长郭来勋、侯正永、姜崇英、王溪畔。

地址：济南市青年东路11路。邮政编码：250011。电话：614242。

济南人民广播电台 其前身是济南解放后于1948年11月8日开播的济南特别市新华广播电台，后改称济南市经济台，1954年12月停播。1958年5月1日恢复播音，后与省电台合并，改称市台部，1979年1月编制划归济南市，济南人民广播电台独立播音。频率为1053千赫、756千赫。

全台现有职工147人，其中编采播71人，技术62人。现任台长鲁毅。

地址：济南市经十一路14号。邮政编码：250014。电话：614730。

青岛人民广播电台 1949年6月2日青岛解放接管国民党青岛广播电台，于当天晚上正式播音。现办有三套中波广播，频率为1377千赫、103.8兆赫。除转播中央台和省电台节目外，自办节目22小时20分。

全台现有职工169人，其中编采播83人，技术62人。现任台长薛开勋。

地址：山东省青岛市单县路30号。邮政编码：266002。电话：284873。

淄博人民广播电台 于1985年5月1日正式播音，频率为1143千赫。每天播出三次，计11小时5分。自办节目9小时45分。全台现有职工95人，其中采编播45人，机务40人。现任台长韩宪武。

地址：山东省张店区柳泉路西二巷10号。邮政编码：255008。电话：210125。

枣庄人民广播电台 于1984年9月29日正式播音，使用中波、调频同时播出。频率1170千赫，97.6兆赫。每天三次播音，计11时35分钟；自办节目8小时30分

全台现有职工65人，其中编采播49人，机务12人，现任台长王恒君。

地址：山东省枣庄市新声路5号，邮政编码：277137。电话：224143。

烟台人民广播电台 建于1959年11月，1964年10月停播改称山东人民广播电台烟台转播台，1984年重建。并于10月正式恢复播音。现在每天播音三次，计13小时25分，自办节目12时5分。

全台现有职工85人，其中编采播35人，机务16人。现任台长侯建森。

地址：山东省烟台市青年路50号。邮政编码：264000。电话：245841。

潍坊人民广播电台 于1985年2月1日播音，频率为1161千赫。每天3次播音。计9小时38分，自办节目8小时8分。

全台现有职工61人，其中编采播25人，技术22人。现任台长赵林溪。

地址：山东省潍坊市东风街38号。邮

政编码:261041。电话:226672。

济宁人民广播电台 1986年12月20日正式播音。666千赫和106.5兆赫两个频道播出,人口覆盖率为60%。每天三次播音共计9小时55分。自办节目7时55分。

全台现有职工57人,其中编采播32人,技术13人。现任台长徐祥封、总编辑郑培伦。

台址:山东省济宁市长青路。邮政编码:272137。电话:217964。

威海人民广播电台 1987年12月26日正式播音。频率为1170千赫,覆盖面积50公里;调频频率为105兆赫。每天播音三次,共计12小时,自办节目10小时20分。

全台有70人。现任台长张中友。

地址:山东省威海市西城路3号。邮政编码:264200。电话:223557。

东营人民广播电台 于1987年10月1日正式播音。频率为1539千赫,覆盖半径60公里。每天三次播出计8小时30分,自办节目6小时50分。

全台现有职工73人,其中采编播34人,机务22人。现任台长陈梧桐。

地址:山东省东营市胜华路30号。邮政编码:257031。电话:222674。

临沂人民广播电台 于1984年10月1日开播。频率873兆赫。全天播音10小时。

全台有59人。现任台长党玉增。

台址:山东省临沂市解放路。邮政编码:270003。电话:2645。

县市台

聊城人民广播电台 1988年2月12日播出。频率1566千赫。有效复盖半径50公里。全天播放405分钟。

全台现有40人。现任台长梁洪超。

台址:山东省聊城市文化路204号。邮政编码:252052。电话:225399。

山东省县(市区)级广播电台名录

一、中波台(4座)

聊城人民广播电台
曲阜人民广播电台
日照人民广播电台
青州人民广播电台

二、调频台(2座)

德州人民广播电台
崂山人民广播电台

三、调频与有线结合(31座)

平度人民广播电台
胶州人民广播电台
胶南人民广播电台
即墨人民广播电台
莱西人民广播电台
高密人民广播电台
昌邑人民广播电台
诸城人民广播电台
临朐人民广播电台
安丘人民广播电台
寿光人民广播电台
五莲人民广播电台
沂源人民广播电台
陆宾人民广播电台
惠民人民广播电台
禹城人民广播电台
新泰人民广播电台
巨野人民广播电台
曹县人民广播电台
嘉祥人民广播电台
邹县人民广播电台
鱼台人民广播电台
苍山人民广播电台
临沭人民广播电台
鄄城人民广播电台
东明人民广播电台
成武人民广播电台
金乡人民广播电台
泗水人民广播电台
滕州人民广播电台
沂水人民广播电台

四、有线台(38座,名单略)。

省、地(市)电视台

山东电视台 其前身是1960年10月1日开始试播的济南电视试验台,1962年底停播,1969年5月1日改称济南电视台恢复播出,1971年9月15日改称山东电视台,1981年9月,节目全部实现彩色化,每天有四个频道播出,8、28频道分别转播中央台第一,第二套电视节目,16频道播出本台的电视中专教育节目,2频道播出本台综合节目,每天12个小时左右。

电视台机构设:办公室、总编室、新闻部、专题部、文艺部、录制部、广告信息部、电教部、播出部、对外宣传部等,共有职工377人,其中编采播231人,技术141人;现任台长曾昭明,副台长武云芳、刘新志、朱开发。

地址:济南市青年东路11号。邮政编码:250011。电话:614242。

济南电视台 1985年1月1日正式开播,使用6频道播出,人口覆盖率53%。每晚播出一次,约4小时,自办节目3小时30分。

全台现有职工105人,其中编采播56人,技术39人。现任台长鲁毅。

地址:济南市经十一路14号。邮政编码:250014。电话:614731。

青岛电视台 1976年1月1日正式开播。覆盖面积45公里。每天用四个频道播出:7、23频道转播中央电视台第一、第二套节目,17频道转播山东电视台节目,4频道播出自办节目,每周40小时55分。

全台现有职工166人。现任台长薛开勋。

地址:山东省青岛市单县路30号。邮政编码:266002。电话:287105。

淄博电视台 1985年5月1日正式开播,现在4、20、30、12共5个频道播出。覆盖面积30公里。每周播出七次,每天自办节目2小时13分。

全台现有职工126人,其中采编播56人,机务61人,现任台长姬长福。

台址:山东省淄博市张店区。邮政编码:255008。电话:210984。

枣庄电视台 于1987年5月1日正式开播,使用9频道。覆盖面积35公里。每周播出两次,计6小时,自办节目3小时。

全台现有职工56人,其中编采播27人,机务21人。台长苑继平。

台址:山东省枣庄市光明路南。邮政编码:277144。电话:224629。

烟台电视台 于1984年7月开播。覆盖面积30公里。使用12频道,每星期一、三、四、五、六播出。

全台现有职工78人,其中编采播31人,机务9人。现任台长粘洪卿。

地址:山东省烟台市青年路50号。邮政编码:264000。电话:245758。

潍坊电视台 于1984年10月1日开播。6频道。覆盖面积35公里。每周播出4次,计29小时5分。其中自办节目13小时35分。

全台现有职工84人,其中编采播42人,技术30人。现任台长王高宗。

地址:山东省潍坊市东风街38号。邮政编码:261041。电话:228154。

济宁电视台 1986年12月20日正式开播。使用4、10、25频道。人口覆盖率为85%。每周平均播出65个小时,每周星期二、四、六用4频道播出自办节目。

全台现有职工72人,其中编采播34人,技术28人。台长毛新宽,总编辑史伟。

地址:山东省济宁市常青路。邮政编码:272137。电话:217280。

威海电视台 于1987年7月1日开播,人口覆盖率为70%。。现使用14、4、8

频道。周二、四、六、日播出自办节目16小时。

全台现有职工48人。现任台长王兰亭。

地址:山东省威海市西城路3号。邮政编码:264200。电话:223557转。

泰安电视台 1986年12月31日正式开播。用9频道播出。覆盖面积20公里。每周播出3次,计12小时,其中自办节目90分钟。

全台现有职工56人,其中编采播25人,机务20人。现任台长吴振田,总编辑韩尚义。

地址:山东省泰安市东岳大街东段。邮政编码:271000。电话:4219、5972。

临沂电视台 于1986年1月正式开播。覆盖面积30公里。使用1、4两个频道,1频道为自办节目,每天晚上播出4小时。

全台现有职工64人,其中业务人员48名。现任台长刘彦成。

地址:山东省临沂市陵园前街东首。邮政编码:276003。电话:25918。

滨州电视台 1988年5月1日正式开播。用3、32、10频道。覆盖半径60公里。每天播放14小时,每周一、三、五播出自办节目。

全台现有职工42人,其中编采播20人;技术18人。总编辑王培栋。

地址:山东省滨州市黄河四路518号。邮政编码:256618。电话:25308。

德州电视台 1987年12月1日正式开播,覆盖面积50公里。每周播出42小时45分,自办节目20小时。

全台共有职工40人。现任台长田德春。

地址:山东省德州市乐园街10号。邮政编码:253018。电话:23102。

菏泽电视台 1988年10月正式开播。覆盖面积45公里。使用3、8、21、37共4个频道。自办节目每周425分钟。

全台现有职工44人,其中编采播15人,技术22人。现任台长李进普。

地址:山东省菏泽市中华东路。邮政编码:274033。

东省县(市区)级电视台名录(共18座)

青岛市崂山区电视台
平度市电视台
胶州市电视台
荣成市电视台
文登市电视台
青州市电视台
高密县电视台
诸城市电视台
邹平县电视台
莱芜市电视台
新泰市电视台
肥城县电视台
曲阜市电视台
兖州县电视台
邹县电视台
滕州市电视台
日照市电视台
龙口市电视台

江苏省

省、地(市)广播电台

江苏人民广播电台 1953年1月1日开播。现有4套节目,使用频率:第一套节目702千赫,第二节目585千赫,第三套节目95.3兆赫,第四套节目7125、4875千赫,转播中央台1359千赫。有效复盖半径38—115公里。全天播音42小时35分钟。

电台内设:党总支、行政办公室、总编办公室、广告信息部、开发服务部、对台湾广播部、新闻部、采通部、经济部、理论社教部、文艺部、技术部、发射台、调频台,全台现有436人,其中编采播171人,技术134人(含技术工人45人)。现任台长王若渊,副台长韩同文、熊崇悌、倪进哲、季世昌。

台址:南京市中山东路西祠堂巷8号。邮政编码:210002。电话:648214。

南京人民广播电台 1949年5月18日播出。频率1008千赫。有效复盖半径60公里。全天播放15小时36分钟。

全台现有165人;其中编采播79人,技术52人。现任台长田涛。

台址:南京市延龄巷50号。邮政编码:210002。电话:649565。

南通人民广播电台 1949年3月20日播出。频率1440千赫。有效复盖半径45公里。全天播放843分钟。

全台现有130人;其中编采播60人,技术53人。现任台长杨旭。

地址:江苏省南通市人民中路120号。邮政编码:226001。电话:512012。

徐州人民广播电台 1949年2月1日播出。频率1449千赫。有效复盖半径19公里。全天播放990分钟。

全台现有144人;其中编采播46人,技术24人。现任台长曹洪千。

地址:江苏省徐州市人民南路223号。邮政编码:221003。电话:28111。

常州人民广播电台 1949年4月27日播出。频率846千赫。有效复盖半径20公里。全天播放755分钟。

全台现有81人;其中编采播50人,技术31人。现任台长江其华。

地址:江苏省常州市大庙弄30号。邮政编码:213003。电话:601463。

苏州人民广播电台 1949年5月15日播出。频率1080千赫。有效复盖半径11.5公里。全天播放780分钟。

全台现有171人;其中编采播55人,技术41人。现任台长金士英。

地址:;江苏省苏州市公园路4号。邮政编码:215006。电话:222290。

扬州人民广播电台 1958年10月1日播出。频率1179千赫。有效复盖半径60公里。全天播放700分钟。

现任台长陆苏华。

地址:江苏省扬州市梅岭东路8号。邮政编码:225002。电话:42454。

无锡人民广播电台 1949年9月1日播出。频率1161千赫,99.6千赫。全天播放29小时。

全台现有116人;其中编采播53人,技术45人。现任台长王永华。

地址:江苏省无锡市中山路88号。邮政编码:214002。电话:226920。

连云港人民广播电台 1959年5月1日播出。频率1350千赫。有效复盖半径35公里。全天播放750分钟。

全台现有69人;其中编采播32人,技术17人。现任台长戴国邦。

地址:江苏省连云港市新浦解放西路6号。邮政编码:222003。电话:53862。

镇江人民广播电台 1984年4月20日播出。波长245.09米。有效复盖半径12公里。全天播放683分钟。

全台现有职工72人。现任负责人陈春鸣。

地址:江苏省镇江市观音桥巷55号。邮政编码:212001。电话:232523。

盐城人民广播电台 1987年2月15日播出。波长292.4米。有效复盖半径60公里。全天播放461分钟。

全台现有65人;其中编采播28人,技术21人。现任台长花茂华。

地址:江苏省盐城市声远路4号。邮政编码:224001。电话:25398。

淮阴人民广播电台 1985年5月1日播出。波长374.5米。有效复盖半径25公里。全天播放550分钟。

全台现有53人;其中编采播32人,技术10人。现任台长左遐书。

地址:江苏省淮阴市大治路6号。邮

政编码:223001。电话:34242。

县(市)广播电台

宜兴人民广播电台 1984年7月20日播出。94.6兆赫。有效复盖半径20公里。全天播放460分钟。

全台现有27人;其中编采播11人,技术5人。现任负责人冯夕宝。

地址:江苏省宜兴市宜城镇东珠巷148号。邮政编码:214200。电话:3404。

泰州人民广播电台 1985年3月2日播出。频率1314千赫。有效复盖半径50公里。全天播放665分钟。

全台现有59人;其中编采播13人,技术13人。现任台长汤卫国。

地址:江苏省泰州市青年路20号。邮政编码:225300。电话:25750。

常熟人民广播电台 1986年12月15日播出。波长268.82米。有效复盖半径5—80公里。全天播放810分钟。

全台现有56人;其中编采播24人,技术27人。现任台长(暂缺)。

地址:江苏省常熟市虞山镇书院弄43号。邮政编码:215500。电话:621062。

丹阳人民广播电台 1988年8月1日播出。频率103.4兆赫。有效复盖半径30公里。全天播放650分钟。

全台现有24人;其中编采播10人,技术7人。现任台长孙和林。

地址:江苏省丹阳市新马路15号。邮政编码:212300。电话:2162。

省、地(市)电视台

江苏电视台 1960年5月1日开播。使用1、4、32、38频道。有效复盖半径10—15公里。全天播放30小时30分钟,其中自办节目10小时。

电视台内设:台长室、政工办公室、总编办公室、新闻部、文艺社教部、电视剧部、对外部、技术办公室、制作部、播出部、管理部、广告服务部、开发服务部,全台现有410人,其中编采播164人,技术118人。现任台长丁群。

台址:南京市北京东路4号。邮政编码:210008。电话:714580(总机)。

南京电视台 1981年2月14日播出。12频道。有效复盖半径27公里。全天播放922分钟,其中自办节目220分钟。

全台现有151人;其中编采播76人,技术47人。现任台长周福龙。

地址:南京市中山路2号。邮政编码:210005。电话:646412。

徐州电视台 1970年11月3日播出。1频道。有效复盖半径80公里。全天播放自办节目210—240分钟。

全台现有118人。现任台长崔慕俭。

地址:江苏省徐州市中山南路223号。邮政编码:221003。电话:32144。

苏州电视台 1960年1月1日播出。使用频道:11、42转播中央台一、二套节目,48转播教育台节目,6、18转播上海电视台一、二套节目,15转播江苏台第一套节目。每周二、四、六用28频道播自办节目。

现任台长陈一鸣。

台址:江苏省苏州市竹辉路。邮政编码:215006。电话:227297。

常州电视台 1975年12月26日播出。9频道。有效复盖半径15公里。全天播放300分钟,其中自办节目270分钟。

全台现有91人;其中编采播34人,技术57人。现任台长江其华。

地址:江苏省常州市大庙弄30号。邮政编码:213003。电话:601463。

盐城电视台 1978年2月播出。11、5、21频道。有效复盖半径15—50公里。全天播放36小时,其中自办节目180分钟。

全台现有63人,其中编采播20人,技术20人。现任负责人赵荣寅。

地址:江苏省盐城市黄海中路1号。邮政编码:224002。电话:23838。

镇江电视台 1984年10月1日播出。30频道。有效复盖半径31公里。全天播放31小时,每周自办节目13小时30分。

全台现有职工58人。现任台长张连贵。

地址:江苏省镇江市观音桥55号。邮政编码:212001。电话:234380。

扬州电视台 1984年8月1日播出。2频道。有效复盖半径8公里。每周3次播放,每次播放210分钟,其中自办节目30分钟。

全台现有61人;其中编采播24人,技术26人。现任台长李兆铭。

地址:江苏省扬州市梅岭东路8号。邮政编码:225002。电话:33656。

南通电视台 1985年1月1日播出。10、16、22、12频道。有效复盖半径30公里。全天播放360分钟,其中自办节目180分钟。

全台现有103人;其中编采播50人,技术38人。现任台长吴正倩。

地址:江苏省南通市姚港路16号。邮政编码:226006。电话:518929。

连云港电视台 1985年5月1日播出。8频道。有效复盖半径100公里。全天播放300分钟,其中自办节目180分钟。

全台现有60人;其中编采播36人,技术24人。现任台长戴国帮。

地址:江苏省连云港市新浦解放西路6号。邮政编码:222003。电话:53862。

淮阴电视台 1987年1月20日播出。22频道。有效复盖半径50公里。全天播放240分钟,其中自办节目180分钟。

全台现有41人;其中编采播32人,技术3人。现任台长徐忠。

地址:江苏省淮阴市大治路6号。邮政编码:223001。电话:35327。

县(市)电视台

宜兴电视台 1971年1月1日播出。4、6、17、40频道转播,8频道自办节目。有效复盖半径55公里。全天播放56小时,其中自办节目5小时。

全台现有47人;其中编采播15人,技术17人。现任台长吴竹轩。

地址:江苏省宜兴市荆溪中桥北。邮政编码:214200。电话:3264。

张家港电视台 1981年1月1日播出。4、19频道。有效复盖半径17公里。全天播放840分钟,每周自办节目120分钟。

全台现有29人;其中编采播9人,技术15人。现任台长姚章华。

地址:江苏省张家港市。邮政编码:215600。电话:223699。

泰州电视台 1984年4月20日播出。7、24、42频道转播,12频道自办节目。有效复盖半径25公里。12频道全天播放798分钟,每周自办节目229分钟。

全台现有45人;其中编采播17人,技术15人。现任台长汤卫国。

地址:江苏省泰州市青年路20号。邮政编码:225300。电话:25750。

江都电视台 1986年5月4日播出。16频道。有效复盖半径30公里。全天转播中央台第一套节目,自办节目10分钟。

全台现有27人。现任台长于传荣。

地址:江苏省江都县江都镇东桥。邮政编码:225200。电话:552818。

常熟电视台 1984年9月20日播出。37、24、27频道转播,25频道自办节目。有效复盖半径25公里。全天播放24小时,每周自办节目三次,每次15分钟。

全台现有44人;其中编采播15人,技术20人。现任台长曹志云。

地址：江苏省常熟市虞山镇湖滨桥。邮政编码：215500。电话：623648。

启东电视台 1985年12月播出。10、18频道。有效复盖半径38公里。全天播放300分钟，每周二、五自办节目20分钟。

全台现有编采播9人，技术8人。现任台长沈志新。

地址：江苏省启东市江龙镇。邮政编码：226200。电话：3353。

海门电视台 1986年播出。31频道。有效复盖半径20公里。全天播放360分钟，其中自办节目10—15分钟。

全台现有16人，其中编采播5人，技术8人。现任台长朱学远。

地址：江苏省海门县城解放东路58号。邮政编码：226100。电话：2251。

江阴电视台 1988年7月1日播出。11频道。有效复盖半径10公里。全天播放900分钟，每周二、六自办节目30分钟。

全台现有24人，其中编采播8人，技术9人。现任台长承炳泉。

地址：江苏省江阴市寿山路41号。邮政编码：214400。电话：885304

浙江省

省、地（市）广播电台

浙江人民广播电台 1949年5月25日开播。使用频率810千赫、1530千赫。全天播放27小时。

电台内设办公室、新闻部、采访部、社教部、文艺部、经济部、播出部、技术部，全台现有331人，其中编采播147人，技术106人。现任负责人厅长杜加星，副厅长方文、徐树范、沈景良、张桂芝，副台长董佩伟。

台址：杭州市菩提寺路17号。邮政编码：310006。电话：777501（总机）。

杭州人民广播电台 1984年5月1日播出。频率95.4千赫，102.1兆赫。有效复盖半径45公里。全天播放995分钟。

全台现有83人；其中编采播51人，技术15人。现任台长周文虎。

地址：杭州市莫干山路46号。邮政编码：310005。电话：881246

温州人民广播电台 1950年9月播出。波长：中波190.5米，中短波124.2米，同频3.2米。有效复盖半径50公里。全天播放640分钟。

全台现有140人；其中编采播62人，技术30人。现任台长叶绍忠。

地址：浙江省温州市县单前路19号。邮政编码：325000。电话：23516。

宁波人民广播电台 1953年2月播出。频率1323千赫。有效复盖半径80公里。全天播放819分钟。

全台现有133人。现任台长王梁。

地址：浙江省宁波市解放南路广济巷3号。邮政编码：315000。电话：61221。

嘉兴人民广播电台 1985年7月1日播出。频率1485千赫。有效复盖半径55公里。全天播放570分钟。

全台现有95人；其中编采播35人，技术17人。现任台长王善方。

地址：浙江省嘉兴市道前街。邮政编码：314007。电话：82919。

湖州人民广播电台 1984年10月1日播出。频率1584千赫。有效复盖半径51公里。全天播放525分钟。

全台现有51人。现任台长朱达林。

地址：浙江省湖州市。邮政编码：313000。电话：21524。

舟山人民广播电台 1957年10月20日播出。频率684千赫。有效复盖舟山全岛。全天播放640分钟。

全台现有97人；其中编采播39人，技术11人。现任台长孙念增。

地址：浙江省舟山市昌国路118号。邮政编码：316000。电话：23593。

绍兴人民广播电台 1986年5月25日播出。频率：中波738千赫，调频103兆赫。有效复盖50公里。全天播放600分钟。

全台现有51人；其中编采播21人，技术9人。现任台长包嘉安。

地址：浙江省府山直街半壁弄2号。邮政编码：312000。电话：37774。

县（市）广播电台

慈溪人民广播电台 1984年3月播出。波长3.0242米。有效复盖15公里。全天播放460分钟。

全台现有32人；其中编采播15人，技术13人。现任台长徐同泰。

地址：浙江省慈溪市浒山镇寿山路。邮政编码：315300。电话：3629。

余姚人民广播电台 1986年12月31日播出。频率101兆赫。有效复盖25公里。全天播放485分钟。

全台现有55人；其中编采播21人，技术22人。现任台长魏筱梅。

地址：浙江省余姚镇逊埭路119号。邮政编码：315400。电话：23531。

平湖人民广播电台 1988年9月19日播出。全天播放480分钟。

全台现有23人；其中编采播13人，技术6人。现任台长丁兆铭。

地址：浙江省平湖县城关环城南路。邮政编码：314200。电话：2640。

瓯海县人民广播电台 1985年7月播出。频率97兆赫。有效复盖半径25公里。全天播放455分钟。

全台现有27人；其中编采播　人，技术　人。现任负责人李嘉琪。

地址：浙江省温州市西河桥27号。邮政编码：325000。电话：22479。

海盐人民广播电台 1987年1月1日播出。频率105兆赫。全天播放480分钟。

全台现有22人；其中编采播　人，技术　人。现任台长吴宗根。

地址：浙江省海盐县武原镇。邮政编码：314300。电话：23007。

嘉善县人民广播电台 1988年9月27日播出。频率　兆赫。有效复盖半径13公里。全天播放490分钟。

全台现有41人。现任台长李耒。

地址：浙江省嘉善县魏塘镇。邮政编码：314100。电话：23157。

海宁人民广播电台 1986年1月1日播出。频率103.3兆赫。有效复盖半径50公里。全天播放480分钟。

全台现有17人；其中编采播12人。现任负责人张景观。

地址：浙江省海宁市长埭路122号。邮政编码：314400。电话：23657。

桐乡县人民广播电台 1988年12月播出。频率89.8兆赫。有效复盖半径　公里。全天播放500分钟。

全台现有26人；其中编采播13人，技术6人。现任台长马新正。

地址：浙江省桐乡县梧桐镇。邮政编码：314500。电话：21905。

江山人民广播电台 1956年3月30日播出。全天播放455分钟。

全台现有22人。现任台长姜志雄。

地址：浙江省江山市城关中山路。邮政编码：324100。电话：22635。

常山县人民广播电台 1988年3月1日播出。有效复盖半径45公里。全天播放465分钟。

全台现有编采播12人。现任台长张世康。

地址：浙江省常山县天马镇胜利街。邮政编码：324200。电话：21340。

黄岩人民广播电台 1956年播出。全天播放370分钟。

全台现有25人；其中编采播12人，

技术 9 人。现任台长余章程。

地址:浙江省黄岩市城关镇。邮政编码:317400。电话:22784。

仙居人民广播电台 1988 年 5 月 1 日播出。全天播放 440 分钟。

全台现有 24 人。现任台长黄冬初。

地址:浙江省仙居县城关。邮政编码:317300。电话:3846。

余杭人民广播电台 1989 年 11 月 18 日开播。全天播放 485 分钟。

机构为局台合一,现有 88 人。现任台长王锡昌。

地址:浙江省余杭县临平镇。邮政编码:311100。电话:24148。

省、地(市)电视台

浙江电视台 1960 年 10 月 1 日播出。现用 4、22 频道。有效复盖半径 50—65 公里。全天播放 562 分钟,其中自办节目 236 分钟。

电视台设新闻部、一台编辑部、二台编辑部、对外部、技术部、发射中心、广告部、总编室、办公室等,全台共有 307 人。现任台长韦连成,副台长钱松樵、宁火根、张兵。

台址:杭州市庆春路 600 号。邮政编码:310003。电话:777501(总机)。

杭州电视台 1984 年 2 月 1 日播出。11 频道。有效复盖半径 10 公里。全天播放 813 分钟,其中自办节目 270 分钟。

全台现有 106 人;其中编采播 51 人,技术 32 人。现任台长陈来法。

地址,杭州市宝石山下二弄 20 号。邮政编码:310007。电话:555562。

温州电视台 1984 年 7 月 1 日播出。3 频道。有效复盖半径 10 公里。全天播放 840 分钟,其中自办节目 300 分钟。

全台现有 79 人;其中编采播 58 人,技术 13 人。现任台长陈文虞。

地址:浙江省温州市黎明西路 10 弄 20 号。邮政编码:325000。电话:39830。

宁波电视台 1985 年 2 月播出。12 频道。有效复盖半径 20 公里。全天播放 850 分钟,其中自办节目 260 分钟。

全台现有 151 人。现任台长陈立春。

地址:浙江省宁波市解放南路开明街 4 号。邮政编码:315000。电话:65299。

嘉兴电视台 1984 年 7 月 1 日播出。39 频道。有效复盖半径 30 公里。每周三次,每次播放 240 分钟,每周自办节目 240 分钟。

全台现有 62 人;其中编采播 29 人,技术 16 人。现任台长杨以凤。

地址:浙江省嘉兴市东升路 6 号。邮政编码:314007。电话:85214。

湖州电视台 1984 年 10 月 1 日播出。19 频道。有效复盖半径 31 公里。每周自办节目 4 次,共计 30 小时。

全台现有 69 人。现任台长陈平亚。

地址:浙江省湖州市。邮政编码:313000。电话:24728。

金华电视台 1984 年 1 月播出。有效复盖半径 15 公里。全天播放 180 分钟。

全台现有 86 人;其中编采播 28 人,技术 18 人。负责人王永兰。

地址:浙江省金华市明月路 59 号。邮政编码:321000。电话:21570。

绍兴电视台 1985 年 1 月 26 日播出。18 频道。有效复盖半径 30 公里。全天播放 270 分钟。

全台现有 45 人;其中编采播 22 人,技术 11 人。现任台长王章康。

地址:浙江省绍兴市人民路。邮政编码:312000。电话:35383。

衢州电视台 1986 年 2 月 6 日播出。8 频道。有效复盖半径 15 公里。全天播放 284 分钟。

全台现有 27 人;其中编采播 11 人。现任台长滕树根。

地址:浙江省衢州市。邮政编码:324000。电话:24937。

丽水电视台 1980 年 1 月 1 日播出。24 频道。有效复盖半径 50 公里。全天播放自办节目 180 分钟。

全台现有 72 人;其中编采播 34 人,技术 27 人。现任台长蒋剑巍。

地址,浙江省丽水市灯塔街 5 号。邮政编码:323000。电话:33636。

舟山电视台 1970 年 10 月 1 日播出。12 频道。有效复盖半径 2 公里。全天播放 270 分钟,自办节目每周 4 次,每次 145 分钟。

全台现有 62 人;其中编采播 30 人,技术 15 人。现任台长陆锐锋。

地址:浙江省舟山市解放西路 1 号。邮政编码:316000。电话:22189。

县(市)电视台

余杭电视台 1985 年 7 月 1 日播出。38 频道。有效复盖半径 25 公里。全天播放 310 分钟,其中自办节目 10 分钟。

机构为局台合一,现有 88 人。现任台长王锡昌。

地址:浙江省余杭县临平镇。邮政编码:311100。电话:24148。

萧山电视台 1987 年 7 月 1 日播出。4 频道。有效复盖半径 30 公里。全天播放 300 分钟,其中自办节目 60 分钟。

全台现有 24 人;其中编采播 10 人,技术 8 人。现任台长王柏遂。

地址:浙江省萧山市城厢镇。邮政编码:311200。电话:22295。

临安电视台 1987 年 5 月 1 日播出。有效复盖半径 25 公里。全天播放 240 分钟,每周自办节目二次,每次 10—15 分钟。

全台现有 22 人;其中编采播 8 人,技术 8 人。现任台长王长华。

地址:浙江省临安县临安镇。邮政编码:311300。电话:22384。

余姚电视台 1988 年 9 月 30 日播出。13 频道。有效复盖半径 15 公里。全天播放 240 分钟,其中自办节目 30 分钟。

全台现有 24 人;其中编采播 8 人,技术 12 人。现任台长魏筱梅。

地址:浙江省余姚市余姚镇。邮政编码:315400。电话:23531。

慈溪电视台 1986 年 2 月 9 日播出。17 频道。有效复盖半径 25 公里。全天播放 300 分钟,自办节目每周 60 分钟。

全台现有编采播 7 人,技术 8 人。现任台长徐同泰。

地址:浙江省慈溪市浒山镇。邮政编码:315300。电话:3269。

瑞安电视台 1985 年 5 月 15 日播出。33 频道。有效复盖半径 12 公里。全天播放 270 分钟,其中自办节目 15 分钟。

全台现有 20 人;其中编采播 7 人,技术 10 人。现任台长孙康。

地址:浙江省瑞安市城关。邮政编码:325200。电话:25353。

平阳电视台 1986 年 4 月 10 日播出。8 频道。有效复盖半径 15 公里。全天播放 180 分钟,其中自办节目每周 10 分钟。

全台现有 23 人。现任台长李信速。

地址:浙江省平阳县昆阳镇。邮政编码:325400。电话:22449。

嘉善电视台 1988 年 9 月 27 日播出。36 频道。有效复盖半径 13 公里。全天播放 270 分钟,其中自办节目 5 分钟。

全台现有 21 人。现任台长李耒。

地址:浙江省嘉善县魏塘镇。邮政编码:314100。电话:23157。

海盐电视台 1985 年 7 月 1 日播出。15 频道。有效复盖半径 18 公里。全天播放 330 分钟,其中自办节目 30 分钟。

全台现有 20 人。现任台长吴宗根。

地址:浙江省海盐县武原镇。邮政编码:314300。电话:23007。

桐乡县电视台 1984 年 4 月 20 日

播出。25频道。有效复盖半径20公里。全天播放227分钟，其中自办节目47分钟。

全台现有23人；其中编采播10人，技术8人。现任台长景张明。

地址：浙江省桐乡县梧桐镇。邮政编码：314500。电话：22199。

海宁电视台 1985年11月播出。35频道。有效复盖半径35公里。全天播放300分钟，自办节目每周45分钟。

全台现有22人；其中编采播10人，技术12人。现任台长张景观。

地址：浙江省海宁市硖石镇。邮政编码：314400。电话：22580。

武义电视台 1984年10月30日播出。6频道。有效复盖半径20公里。每周三、六晚上播出，每次180分钟。

全台现有15人；其中编采播5人，技术7人。现任台长金奕丰。

地址：浙江省武义县城。邮政编码：321200。电话：23732。

兰溪市电视台 1985年8月1日播出。24频道。有效复盖半径15公里。全天播放150分钟，其中自办节目15分钟。

全台现有16人；其中编采播14人。现任台长姚志洪。

地址：浙江省兰溪市保安埠。邮政编码：321100。电话：23684。

浦江电视台 1985年7月1日播出。31频道。有效复盖半径15公里。全天播放600分钟，其中自办节目10—15分钟。

全台现有编采播5人，技术10人。现任台长黄戈安。

地址：浙江省浦江县浦阳镇。邮政编码：322200。

东阳电视台 1984年8月21日播出。6频道。每天自办节目30分钟。

全台现有21人。现任台长赵依芳。

地址：浙江省东阳市吴宁镇。邮政编码：322100。电话：23076。

义乌电视台 1985年1月播出。42频道。有效复盖半径7公里。每周自办节目四次，每次15—30分钟。

全台现有17人；其中编采播7人，技术6人。现任台长楼关禄。

地址：浙江省义乌市学生路。邮政编码：322000。电话：22920。

永康电视台 1985年12月28日播出。18频道。有效复盖半径15公里。全天播放240分钟，其中自办节目30分钟。

机构局台合一，现有50人；其中编采播10人，技术12人。现任台长陈兴远。

地址：浙江省永康县城关镇。邮政编码：321300。电话：1091。

江山电视台 1984年8月15日播出。18频道。有效复盖半径15公里。全天播放695分钟，自办节目每周二次，每次20分钟。

全台现有21人。现任台长严裕泉。

地址：浙江省江山市城关。邮政编码：324100。电话：22791。

开化电视台 1984年7月1日播出。13频道。有效复盖半径5公里。全天播放300分钟，其中自办节目15分钟。

全台现有16人；其中编采播7人，技术7人。现任台长边一凡。

地址：浙江省开化县城关镇。邮政编码：324300。

玉环电视台 1985年10月1日播出。35频道。有效复盖半径8公里。全天播放160分钟，其中自办节目10分钟。

全台现有20人；其中编采播6人，技术10人。现任台长金荣刚。

地址：浙江省玉环县城关镇。邮政编码：317600。

临海电视台 1985年12月29日播出。16、7、9频道。有效复盖半径20公里。全天播放20小时。

全台现有21人；其中编采播9人，技术9人。现任台长杨斐影。

地址：浙江省临海市城关镇。邮政编码：317000。电话：2559。

三门电视台 1985年10月1日播出。8频道。有效复盖半径5公里。全天播放300分钟，其中自办节目15分钟。

全台现有21人；其中编采播6人，技术6人。现任台长叶大明。

地址：浙江省三门县海游镇。邮政编码：317100。电话：22622。

椒江电视台 1985年5月25日播出。17频道。有效复盖半径35公里。全天播放180分钟，其中自办节目10分钟。

全台现有18人。现任台长郑普友。

地址：浙江省椒江市枫山顶。邮政编码：317700。电话：22661。

黄岩电视台 1984年6月20日播出。33频道。有效复盖半径15公里。全天播放480分钟。

全台现有22人；其中编采播8人，技术12人。现任台长邱来兴。

地址：浙江省黄岩市城关镇。邮政编码：317400。电话：24728。

仙居电视台 1985年4月播出。6频道。有效复盖半径18公里。每天自办节目10—15分钟。

全台现有22人。现任台长李剑飞。

地址：浙江省仙居县城。邮政编码：317300。电话：3304。

平湖电视台 1989年1月1日播出。18频道。有效复盖半径24公里。全天播放390分钟，其中自办节目4分钟。

全台现有16人；其中编采播11人，技术5人。现任台长李刚。

地址：浙江省平湖县城关。邮政编码：314200。电话：2640。

温岭电视台 1989年1月30日播出。20频道。有效复盖半径10公里。全天播放240分钟，其中自办节目20分钟。

全台现有25人；其中编采播9人，技术8人。现任台长李灵江。

地址：浙江省温岭县城关镇。邮政编码：317500。电话：22810。

上虞电视台 1989年1月21日播出。27频道。有效复盖半径20公里。全天播放300分钟，其中自办节目每周二次，每次20分钟。

全台现有25人；其中编采播7人，技术8人。现任台长王鹰。

地址：浙江省上虞县百官镇。邮政编码：312300。电话：23940。

安徽省

省、地(市)广播电台

安徽人民广播电台 1952年6月1日开播。现使用的频率：第一套节目936千赫，第二套节目89.5兆赫，第三套节目98.8兆赫。第一套节目复盖全省65%。全天播音共23小时23分钟。

电台设有办公室、总编室、新闻部、政文部、农村部、采通部、文艺部、技术部、发射台、经营开发部。全台共有242人，其中编采播110人，技术110人。现任台长杨波，副台长周学知、蒋连如。

台址：合肥市庐江路39号。邮政编码：230065。电话：76519(总机)。

合肥人民广播电台 1958年8月1日播出，1961年3月停播，1980年8月1日恢复播音。有效复盖半径39公里。全天播放745分钟。

全台现有42人；其中编采播31人，技术6人。现任台长石砾。

地址：合肥市阜阳路100号。邮政编码：230001。电话：252051。

芜湖人民广播电台 1981年1月1日播出。波长200.8米。有效复盖半径50公里。全天播放625分钟。

全台现有62人；其中编采播40人，技术13人。现任台长吴满林。

地址：安徽省芜湖市劳动路61号。邮政编码：241000。电话：35804。

马鞍山人民广播电台 1961年1月1日播出。频率1584千赫。有效复盖半径50公里。全天播放570分钟。

全台现有53人;其中编采播42人,技术6人。现任台长叶方荣。

地址:安徽省马鞍山市公园新村。邮政编码:243000。电话:74904。

安庆人民广播电台 1982年8月1日播出。频率1584千赫。全天播放672分钟。

全台现有69人;其中编采播36人,技术15人。现任台长何震。

地址:安徽省安庆市关岳庙23号。邮政编码:246000。电话:514552。

蚌埠人民广播电台 1983年7月1日播出。频率1485千赫。有效复盖半径30公里。全天播放595分钟。

全台现有54人;其中编采播39人,技术14人。现任台长姚春林。

地址:安徽省蚌埠市中荣街150号。邮政编码:233000。电话:44679。

铜陵人民广播电台 1984年10月1日播出。波长271米。有效复盖半径35公里。全天播放665分钟。

全台现有61人;其中编采播35人,技术15人。现任台长魏宜泰。

地址:安徽省铜陵市义安北路。邮政编码:244000。电话:6551。

淮南人民广播电台 1983年12月1日播出。频率648千赫。全天播放630分钟。

全台现有79人;其中编采播44人,技术12人。现任台长姜传明。

地址:安徽省淮南市洞山。邮政编码:232000。电话:44261。

淮北人民广播电台 1985年1月1日播出。频率1431千赫。有效复盖半径30公里。全天播放510分钟。

全台现有50人;其中编采播25人,技术21人。现任台长刁鹏飞。

地址:安徽省淮北市相山淮海东路。邮政编码:235000。电话:21095。

屯溪人民广播电台 1985年5月7日播出。频率1431千赫。有效复盖半径30公里。全天播放485分钟。

全台现有31人;其中编采播19人,技术11人。现任台长金立民。

地址:安徽省黄山市屯溪戴震路3号。邮政编码:245011。电话:2963。

宿县地区人民广播电台 1988年2月播出。频率684千赫,91.1兆赫。全天播放360分钟。

全台现有10人。现任台长唐秀成。

地址:安徽省宿州市淮海中路123号。邮政编码:234000。电话:4737。

县(市)广播电台

临泉人民广播电台 1956年12月播出。频率107.4兆赫。有效复盖半径50公里。全天播放370分钟。

全台现有20人。现任台长张敏侠。

地址:安徽省临泉县城。邮政编码:236400。电话:2271。

凤阳人民广播电台 1984年9月28日播出。频率96.5、105.2千赫。有效复盖半径25公里。全天播放399分钟。

全台现有28人。现任台长谢楷喜。

地址:安徽省凤阳县府城镇。邮政编码:233100。

贵池人民广播电台 1984年10月1日播出。频率98.1兆赫。全天播放435分钟。

全台现有18人;其中编采播14人,技术2人。现任台长王近斌。

地址:安徽省贵池市城内。邮政编码:247100。电话:2260。

滁州人民广播电台 1986年4月1日播出。频率107兆赫。全天播放390分钟。

全台现有21人;其中编采播11人,技术4人。现任台长徐宏耀。

地址:安徽省滁州市琅琊东路。邮政编码:239000。电话:2310。

宿州人民广播电台 1985年5月播出。功率 瓦。频率105兆赫。全天播放405分钟。

全台现有18人;其中编采播12人,技术5人。现任台长安方平。

地址:安徽省宿州市长征路。邮政编码:234000。电话:5850。

六安人民广播电台 1986年6月播出。频率711千赫,99.9兆赫。全天播放分钟。

全台现有24人;其中编采播12人。现任台长周斌。

地址:安徽省六安市人民东路。邮政编码:237006。电话:30940。

定远人民广播电台 1988年12月播出。频率103兆赫。全天播放425分钟。

全台现有13人;其中编采播9人。现任台长常永普。

地址:安徽省定远县城。邮政编码:233200。

铜陵县人民广播电台 1985年1月播出。频率103.3兆赫。有效复盖半径30公里。全天播放365分钟。

全台现有16人;其中编采播9人,技术5人。现任台长丁帮明。

地址:安徽省铜陵县城关。邮政编码:244100。

天长人民广播电台 1986年7月20日播出。频率107.5兆赫。全天播放390分钟。

全台现有编采播9人。现任台长崇少敏。

台址:安徽省天长县。邮政编码:239300。

太湖人民广播电台 1987年4月1日播出。频率104.5兆赫。全天播放390分钟。

全台现有15人;其中编采播10人,技术4人。现任负责人何昌银。

台址:安徽省太湖县龙山路。邮政编码:246401。电话:2397。

祁门人民广播电台 1987年12月30日播出。频率91.2兆赫。全天播放390分钟。

全台现有21人;其中编采播7人,技术8人。现任台长钱产鸿。

台址:安徽省祁门县祁山镇。邮政编码:245600。电话2870。

阜阳人民广播电台 1988年9月播出。频率1494千赫。全天播放630分钟。

全台现有29人。现任台长沈怀灵。

台址:安徽省阜阳市人民东路。邮政编码:236014。电话:64614。

阜阳县人民广播电台 1989年1月1日播出。频率103.5兆赫。有效复盖半径30公里。全天播放540分钟。

全台现有25人;其中编采播13人,技术5人。现任台长刘克源。

地址:安徽省阜阳市颍州北路73号。邮政编码:236001。电话:66524。

蒙城人民广播电台 1989年10月播出。频率104.5兆赫。有效复盖半径30公里。全天播放49分钟。

全台现有18人。

地址:安徽省蒙城县环城东路。邮政编码:233500。电话:3163。

濉溪人民广播电台 1989年4月19日播出。频率90.4兆赫。有效复盖半径25公里。全天播放480分钟。

全台现有22人;其中编采10人,技术7人。现任台长李从华。

地址:安徽省濉溪县新城。邮政编码:235100。电话:77638。

太和人民广播电台 1989年12月播出。频率104.8兆赫。全天播放420分钟。

全台现有20人;其中编采15人,技术3人。现任台长金玉兰。

地址:安徽省太和县人民路。邮政编

码:236600。电话:2959。

省、地(市)电视台

安徽电视台 1960年开播。现使用25、11、4、2共4个频道播出。有效复盖半径60公里。全天播放共计55小时,其中自办节目4小时。

电视台设有办公室、总编室、技术办公室、播出部、新闻部、制作部、发射部、社教部、文体部、电视剧部、对外部、经济部。全台共有244人。现任台长刘永璜,副台长梁晓庆、吴钟谟、王新田。

台址:合肥市长江路89号。邮政编码:230066。电话:275717。

蚌埠电视台 1974年5月1日播出。4、9、20频道。有效复盖半径45公里。全天播放26小时,自办节目每周5次,每次3小时30分。

全台现有52人;其中编采44人,技术4人。现任台长钱秀香。

地址:安徽省蚌埠市南山儿童公园内。邮政编码:233000。电话:27137。

合肥电视台 1982年10月4日播出。9、6频道。有效复盖半径25公里。全天播放480分钟,9频道为自办节目。

全台现有50人;其中编采32人,技术12人。现任台长马宏业。

地址:合肥市金寨路283号。邮政编码:230061。电话:253255。

铜陵电视台 1978年10月3日播出。6、9、14频道。有效复盖半径20公里。全天播放14小时,其中自办节目240分钟。

全台现有48人;其中编采25人,技术13人。现任台长曹秀钧。

地址:安徽省铜陵市义安路。邮政编码:244000。电话:3081。

安庆电视台 1984年8月1日播出。8频道。有效复盖半径25公里。全天播放240分钟,其中自办节目210分钟。

全台现有50人;其中编采25人,技术12人。现任台长徐志成。

地址:安徽省安庆市孝肃路212号。邮政编码:246000。电话:515441。

黄山电视台 1984年10月1日播出。3频道。有效复盖半径50公里。全天播放270分钟,其中自办节目240分钟。

全台现有22人;其中编采14人,技术6人。现任台长程道宣。

地址:安徽省黄山市屯溪区。邮政编码:245000。电话:3538。

芜湖电视台 1984年10月播出。8、2、16频道。有效复盖半径50公里。全天播放16小时,其中自办节目4小时。

全台现有43人;其中编采23人,技术13人。现任台长奚智明。

地址:安徽省芜湖市九华山路144号。邮政编码:241000。电话:32277。

马鞍山电视台 1984年10月1日播出。6频道。有效复盖半径15公里。每周一、三、四、六全部自办节目。

全台现有60人;其中编采播21人,技术12人。现任台长姚从洪。

地址:安徽省马鞍山市花山路。邮政编码:243000。电话:75104。

淮北电视台 1985年3月播出。9频道。有效复盖半径40公里。全天播放210分钟,其中自办节目180分钟(文艺节目140分钟)。

全台现有35人;其中编采18人,技术6人。现任台长李正义。

地址:安徽省淮北市相山淮海东路。邮政编码:235000。电话:22770。

阜阳电视台 1987年9月播出。11频道。有效复盖半径25公里。全天播放17小时,其中自办节目85分钟。

全台现有30人。现任台长冉健。

地址:安徽省阜阳市文峰路1号。邮政编码:236035。电话:62323。

县(市)电视台

嘉山电视台 1983年5月播出。6频道。有效复盖半径25公里。全天播放480分钟,其中自办节目10分钟。

全台现有13人。现任台长魏文光。

地址:安徽省嘉山县明光镇。邮政编码:239400。电话:2760。

巢湖电视台 1984年9月26日播出。1频道。有效复盖半径30公里。全天播放240分钟,其中自办节目180分钟。

全台现有31人,其中编采播21人,技术6人。现任台长马祖凤。

地址:安徽省巢湖市卧牛山。邮政编码:238000。电话:2470。

宿州电视台 1984年10月播出。12频道。有效复盖半径25公里。全天播放240分钟。

全台现有23人,其中编采播10人,技术10人。现任台长吴清代。

地址:安徽省宿州市长征路。邮政编码:234000。电话:4526。

贵池电视台 1985年7月播出。7、12频道。有效复盖半径25公里。全天播放600分钟,每周二、五自办节目300分钟。

全台现有15人,其中编采播7人,技术5人。现任负责人王强滨。

地址:安徽省贵池市秋甫西路。邮政编码:247100。电话:2414。

亳州市电视台 1985年9月播出。有效复盖半径40公里。全天播放360分钟。

全台现有25人;其中编采播17人,技术8人。现任台长王军。

地址:安徽省亳州市南关。邮政编码:236814。电话:2327。

滁州电视台 1986年1月1日播出。3频道。有效复盖半径8公里。全天播放540分钟,每周一、三、五有自办节目。

全台现有12人,其中编采播6人,技术4人。现任台长沈继仁。

地址:安徽省滁州市琅琊东路。邮政编码:239000。电话:4250。

蒙城电视台 1989年10月播出。14频道。有效复盖半径30公里。全天播放300分钟,其中自办节目30分钟。

全台现有9人。现任台长刘树华。

地址:安徽省蒙城县城关镇。邮政编码:233052。电话:3859。

福建省

省、地(市)广播电台

福建人民广播电台 1949年8月24日播出。现使用558、612、882千赫三个频率。全省人口复盖率62%。全天播放42小时50分钟。

电台设办公室、总编办公室、新闻部、社会教育部、人事保卫部、对台湾广播部、经济信息部、采访部、文艺部、技术部,全台现有250人,其中编采播146人,技术41人。现任台长陈廉,副台长林云森、林祥熙、刘金森。

台址:福州市道山路永祚社。邮政编码:350001。电话:557707。

海峡之声广播电台 1985年8月24日开播。现使用666、846、1269、2490千赫4个频率。有效复盖台湾全岛。全天播音24小时。

电台设有编辑部、技术部、政治部、管理处。现任台长吴仰生,总编辑金青;副台长林智勇,副总编辑杨恒茂、张傅桂。

台址:福州市。邮政编码:350012。电话:570708。

厦门人民广播电台 1949年12月25日播出。频率1278千赫,94.9兆赫。全天播放950分钟。

全台现有123人;其中编采播58人,技术11人。现任台长方水暖。

地址：福建省厦门市虎园路8号。邮政编码：361000。电话：20112。

福州人民广播电台 1958年7月1日播出。频率1332、1370千赫。全天播放775分钟。

全台现有85人；其中编采播47人，技术12人。现任台长郑润生。

地址：福建省圣庙路23号。邮政编码：350000。电话：551370。

县（市）广播电台

漳平人民广播电台 1989年5月播出。频率101.4、98.6兆赫。全天播放390分钟。

全台现有16人；其中编采播10人，技术4人。现任台长林汉坤。

地址：福建省漳平县和平路23号。邮政编码：364400。

连城人民广播电台 1989年11月播出。频率105兆赫。有效复盖半径32公里。全天播放360分钟。

全台现有20人；其中编采播7人，技术5人。现任台长张汝辛。

地址：福建省连城莲峰镇中山路。邮政编码：366200。

建阳县人民广播电台 1989年10月播出。频率88兆赫。全天播390分钟。

全台现有25人。现任台长张南建。

地址：福建省建阳县城关中山路。邮政编码：354200。电话：22266。

宁德人民广播电台

地址：福建省宁德市。邮政编码：352100。

莆田县人民广播电台

地址：福建省莆田市。邮政编码：351100。

龙岩人民广播电台

地址：福建省龙岩市。邮政编码：364000。

省、地（市）电视台

福建电视台 1970年12月26日播出。现使用2、6、8三个频道。复盖全省面积70%。全天播放47小时，其中自办节目1小时。

电视台设办公室、总编室、新闻部、社教部、技术部、对外对台部、文艺部、播出部、电视剧部、广告部、制作部。全台现有303人，其编采播138人，文艺人员37人，技术63人。现任台长俞月亭，副台长郑则东、余德芬、翁星、谯希凡。

台址：福州市道山路永祚社。邮政编码：350001。电话：556989。

厦门电视台 1982年10月9日播出。4频道。每周播放30小时，其中自办节目每周25小时25分钟。

全台现有163人；其中编采播57人，技术38人。现任台长谢清华。

地址：福建省厦门市虎园路9号。邮政编码：361000。电话：33350。

漳州电视台 1988年11月1日播出。6频道。每周播放57小时11分钟，其中自办节目每周8小时26分钟。

全台现有39人。现任台长杨少衡。

地址：福建省漳州市胜利路118号。邮政编码：363000。电话：225212。

福州电视台 1983年12月播出。4频道。每周播放20小时5分钟，其中自办节目每周20小时5分钟。

全台现有55人；其中编采播19人，技术22人。现任台长张左燕。

地址：福建省圣庙路23号。邮政编码：350000。电话：552492。

泉州电视台 1988年9月1日播出。3频道。每周播放8小时30分钟，其中自办节目每周1小时50分钟。

全台现有35人；其中编采播19人，技术10人。现任台长刘贤成。

地址：福建省泉州市政府大院。邮政编码：362000。电话：26054。

三明电视台 1988年6月播出。3频道。每周播放97小时55分钟，其中自办节目每周4小时35分钟。

全台现有11人；其中编采播6人，技术2人。现任负责人李光春。

地址：福建省三明市政府大院。邮政编码：365000。电话：23880。

莆田电视台 1989年9月25日播出。15频道。每周播放8小时50分钟，自办节目每周8小时50分钟。

全台现有54人；其中编采播19人，技术12人。现任台长杨金瑞。

地址：福建省莆田城关。邮政编码：351100。电话：22944。

县（市）电视台

南平电视台 1986年10月1日播出。9频道。每周播放148小时5分钟，其中自办节目每周4小时5分钟。

全台现有40人；其中编采播16人，技术5人。现任台长欧光益。

地址：福建省南平市。邮政编码：353000。电话：3449。

江西省

省、地（市）广播电台

江西人民广播电台 1949年5月28日开播。现使用频率：中波729、1350、1449千赫，短波2445、5020千赫，调频100.8兆赫。全省人口复盖率62%。全天播音27小时40分钟。

台下设宣传办公室、新闻部、农村部、专题部、工商部、记者通联部、理论教学部、文艺部、播出部；全台现有183人，其中编采播130人，技术15人。现任负责人为副台长陈柏森、赵剑华。

台址：南昌市北京西路20号。邮政编码：33046。电话：62466。

南昌人民广播电台 1951年5月25日播出。1962年5月停播，1981年1月1日恢复播音。频率1278千赫、102兆赫。有效复盖半径50公里。全天播放635分钟。

全台现有25人。现任台长辜根生。

台址：南昌市经济大楼20层。邮政编码：330008。电话：771031。

萍乡人民广播电台 1966年1月1日播出。频率1107千赫。有效复盖半径35公里。全天播放590分钟。

全台现有31人；其中编采播18人，技术10人。现任台长欧阳思定。

台址：江西省萍乡市迎宾路。邮政编码：337055。电话：334441。

景德镇人民广播电台 1959年9月25日播出。频率1467千赫、104.3兆赫。有效复盖半径17公里。全天播放530分钟。

全台现有28人；其中编采播20人，技术6人。现任负责人涂传经。

台址：江西省景德镇市莲社北路10号。邮政编码：333000。电话：224892。

新余人民广播电台 1984年9月25日播出。波长513米。有效复盖半径80公里。全天播放600分钟。

全台现有35人；其中编采播20人，技术8人。现任台长丁明文。

台址：江西省新余市赣新路口。邮政编码：336525。电话：442534。

鹰潭人民广播电台 1987年1月1日播出。频率1584千赫。有效复盖半径50公里。全天播放485分钟。

全台现有30人；其中编采播25人，技术5人。现任负责人黄调平。

台址：江西省鹰潭市胜利西路。邮政编码：335000。电话：221121。

赣州人民广播电台 1988年11月7日播出。频率92.6兆赫。全天播放420分钟。

全台现有25人。现任台长刘奇伟。

台址：江西省赣州市红旗大道74号。邮政编码：341000。电话：2505。

省、地(市)电视台

江西电视台 1970年10月1日开播。现使用7、9、13频道。有效复盖半径40—50公里。全天共播出35小时,其中自办节目8小时。

台下设宣传办公室、新闻部、专题部、对外部、文体部、电视剧部、制作部、技术部;全台现有249人,其中编采播100人,技术71人。现任负责人为副台长杨淑良、曹登松、张大光、涂世龙。

台址:南昌市北京西路20号。邮政编码:330046。

景德镇电视台 1983年10月1日播出。8、13、19、25频道转播,6频道自办节目。有效复盖半径10公里。全天播放19小时30分钟,其中自办节目4小时。

全台现有22人;其中编采播11人,技术9人。现任负责人吴虎生。

台址:江西省景德镇市莲社路10号。邮政编码:333000。电话:224102。

萍乡电视台 1984年9月26日播出。每周一、三、六播放,其中自办节目380分钟。

全台现有35人。现任台长丁运枚。

台址:江西省萍乡市。邮政编码:337000。

赣州电视台 1984年8月20日播出。10频道。有效复盖半径60公里。全天自办节目5小时。

全台现有40人;其中编采播25人,技术11人。现任台长刘文俊。

台址:江西省赣州市红旗大道76号。邮政编码:341000。电话:6215。

宜春电视台 1985年2月18日播出。14、6、4频道。有效复盖半径25公里。全天播放720分钟,其中自办节目210分钟。

全台现有19人;其中编采播10人,技术3人。现任负责人胡海华。

台址:江西省宜春市秀红路100号。邮政编码:336000。电话:3530。

南昌电视台 1985年5月1日播出。1频道。有效复盖半径27公里。全天播放240分钟,其中自办节目35分钟。

全台现有70人。现任台长王国昌。

台址:南昌市经济大楼21层。邮政编码:330008。电话:771785。

新余电视台 1985年11月26日播出。13频道。有效复盖半径20公里。全天播放240分钟,其中自办节目210分钟。

全台现有44人;其中编采播27人,技术11人。现任台长袁福寿。

台址:江西省新余市政府招待所。邮政编码:336500。电话:222816。

县(市)电视台

婺源电视台 1983年12月31日播出。10频道。有效复盖半径30公里。全天播放600分钟,自办节目每周2次,每次15分钟。

全台现有15人。现任台长汪济生。

台址:江西省婺源县紫阳镇。邮政编码:333200。

河南省

河南广播电视新闻中心 开办于1983年11月18日。现办有广播新闻节目7个:河南新闻、联播、午间新闻、经济新闻、人物新闻、晚间新闻、国际新闻,全天一次性播出75分钟;电视新闻节目两个:河南新闻、晚间新闻,全天一次性播出25分钟。

新闻中心设有广播新闻处、电视新闻处、采通处、评论处、节目制作处、播音组、秘书科,共有162人,其中编采播130人,现任主任高世铭,副主任孔繁星、肖竹齐、贾同焕。

地址:郑州市经五路2号。邮政编码:450003。电话:551822。

省、地(市)广播电台

河南人民广播电台 1950年9月15日播出。现使用1330、657千赫两个频率,有效复盖500公里。全天播音29小时零5分钟。

电台设有台办公室、政教专题处、经济专题处、文艺处、技术处、编辑处、信息处,共有187人,其中编采播114人,技术45人。现任台长白清高,副台长周开球、翟宗洲、雷存敏。

台址:郑州市经五路2号。邮政编码:450003。电话:555790。

河南经济广播电台 1989年10月9日播出。频率972千赫。有效复盖半径300公里。

机构属河南人民广播电台。

台址:郑州市经五路2号。邮政编码:450003。电话:555790。

洛阳人民广播电台 1981年5月播出。频率1107千赫。有效复盖半径40公里。全天播放660分钟。

现任台长李有刚。

台址:河南省洛阳市定鼎南路。邮政编码:471000。电话:38846。

濮阳人民广播电台 1986年7月1日播出。频率1251千赫。有效复盖半径50公里。全天播放540分钟。

全台现有50人;其中编采播29人,技术10人。现任台长李新战。

台址:河南省濮阳市中原路。邮政编码:457001。电话:44475—108。

安阳人民广播电台 1985年7月1日播出。频率882千赫、94.2兆赫。有效复盖半径50公里。全天播放555分钟。

全台现有61人;其中编采播37人,技术12人。现任台长石留根。

台址:河南省安阳市解放路21号。邮政编码:455000。电话:24921。

鹤壁人民广播电台 1986年7月1日播出。频率1107千赫、100.3兆赫。有效复盖半径50公里。全天播放440分钟。

全台现有45人;其中编采播24人,技术14人。现任台长刘好修。

台址:河南省鹤壁市春雷路。邮政编码:456650。电话:3034。

漯河人民广播电台 1986年9月播出。频率900千赫。有效复盖半径150公里。全天播放525分钟。

全台现有52人。现任台长张华勋。

台址:河南省漯河市文化路1号。邮政编码:462000。电话:22031。

许昌人民广播电台 1987年10月25日播出。频率1287千赫。有效复盖半径60公里。全天播放450分钟。

全台现有42人;其中编采播25人,技术13人。现任台长陈汉。

台址:河南省许昌市文峰东巷118号。邮政编码:461000。电话:3540。

郑州人民广播电台 1981年4月1日播出。频率549千赫。有效复盖8500平方公里。全天播放12小时25分钟。

全台现有84人;其中编采播65人,技术19人。现任台长施立仁。

台址:郑州市工人路南段。邮政编码:450006。电话:449801。

平顶山人民广播电台 1984年5月播出。

台址:河南省平顶山市矿工路。邮政编码:467000。

开封人民广播电台 1959年建台,1962年停办;1982年恢复播音。频率1485千赫。

台址:河南省开封市古楼街27号。邮政编码:475000。

省、地(市)电视台

河南电视台 1969年10月1日播出。现使用2、9两个频道。有效复盖半径15公里。全天播放15小时,其中自办节目4小时。

电视台设宣传办公室、专题处、对外宣传处、电视剧处、文艺处、制作处、播出处,全台现有211人,其中编采播80人,技术78人。现任台长王明堂,副台长杨望金、姚嘉、冯富松。

台址:郑州市经五路2号。邮政编码:450003。电话:551201。

新乡电视台 1984年12月29日播出。11频道。有效复盖40公里。全天播放360分钟,其中自办节目180分钟。

全台现有56人。现任台长张金敬。

台址:河南省新乡市健康路59号。邮政编码:453000。电话:23668。

洛阳电视台 1975年9月15日播出。6、12频道。有效复盖12.5公里。全天播放360分钟,其中自办节目240分钟。

全台现有81人;其中编采播30人,技术38人。现任台长王宝林。

台址:河南省洛阳市宝鼎南路21号。邮政编码:471000。电话:36471。

商丘电视台 1985年8月1日开播。12频道。有效复盖半径50公里。全天播放900分钟,其中自办节目80分钟。

全台现有48人;其中编采播21人,技术20人。现任台长周益民。

台址:河南省商丘市文化路5号。邮政编码:476000。电话:2038。

焦作电视台 1984年8月20日开播。

台址:河南省焦作市解放东路。邮政编码:454100。

濮阳电视台 1986年7月1日开播。2频道。

台址:河南省濮阳市。邮政编码:457000。

郑州电视台 1989年9月9日播出。12频道。有效复盖半径40公里。全天播放180分钟,其中自办节目　分钟。

现任台长牛玉乾。

台址:郑州市嵩山南路。邮政编码:450052。电话:772886。

县(市)电视台

邓州电视台 1978年10月1日播出。有效复盖半径20公里。每周自办节目20分钟。

全台现有12人;其中编采播4人,技术5人。现任台长韩德梅。

台址:河南省邓州市新华中路。邮政编码:474100。

湖北省

省、地(市)广播电台

湖北人民广播电台 1953年5月1日在中南人民广播电台的基础上成立。使用频率:第一套节目774、3940、1400千赫(91.6、103兆赫),第二套节目95、99.8兆赫。第一套有效复盖200公里。全天播音共23小时45分钟。

电台设有办公室、总编室、工财部、农村部、政文部、记者部、电教部、文艺部、技术部、广告部、群工部,共有280人,其中编采播165人,技术82人。现任台长王映明,副台长沈汉明、李成、李诗祥、陆正容。

台址:武汉市解放大道563号。邮政编码:430022。电话:351012。

楚天经济广播电台 1989年9月14日播出。频率1179千赫。有效复盖半径100公里。全天播放605分钟。

全台现有85人,其中编采播65人,技术5人。现任副台长张立功。

台址:武汉市解放大道342号。邮政编码:430030。电话:564117。

黄石人民广播电台 1958年7月1日播出。频率1476千赫。全天675分钟。

全台现有69人;其中编采播44人,技术16人。台长程时如,总编辑崇刚。

台址:湖北省黄石市武汉路38号。邮政编码:435000。电话:2032。

襄樊人民广播电台 1960年10月1日播出,不久即停播,1980年7月15日恢复播音。频率1314千赫。全天播放755分钟。

全台现有90人;其中编采播41人,技术28人。现任负责人苏学武。

台址:湖北省襄樊市中山后街177号。邮政编码:441000。

沙市人民广播电台 1958年10月播出,1980年3月1日恢复播音。频率1449千赫。有效复盖半径50公里。全天播放785分钟。

全台现有61人;其中编采播36人,技术14人。现任台长潘忠安。

台址:湖北省沙市园林路65号。邮政编码:434000。电话:2689。

十堰人民广播电台 1982年10月1日播出。频率1485千赫。有效复盖半径12.5公里。全天播放640分钟。

全台现有53人;其中编采播27人,技术19人。现任台长郑家　。

台址:湖北省十堰市六堰。邮政编码:442000。电话:52160。

宜昌人民广播电台 1980年10月1日播出。频率1485千赫。有效复盖半径25公里。全天播放532分钟。

全台现有47人;其中编采播33人,技术13人。现任台长张石新。

台址:湖北省宜昌市夷陵路。邮政编码:443000。电话:25803。

荆门人民广播电台 1985年1月20日播出。频率1602千赫。有效复盖半径50公里。全天播放545分钟。

全台现有40人;其中编采播23人,技术8人。现任台长黄克明。

台址:湖北省荆门市长宁大道。邮政编码:434500。电话:32340。

鄂州人民广播电台 1986年7月1日播出。频率1386千赫。有效复盖半径60公里。全天播放525分钟。

全台现有35人;其中编采播18人,技术10人。现任台长张泽民。

台址:湖北省鄂州市建设街23号。邮政编码:436000。电话:23480。

县(市)广播电台

枝江人民广播电台 1985年6月15日播出。频率96.9兆赫。有效复盖半径30公里。全天播放365分钟。

全台现有21人;其中编采播12人,技术6人。现任台长汪家明。

台址:湖北省枝江县马家店镇。邮政编码:443200。电话:22364。

枝城人民广播电台 1985年5月播出。频率106兆赫。有效复盖半径20公里。全天播放395分钟。

全台现有11人;其中编采播9人,技术2人。现任台长李绪柱。

台址:湖北省枝城市陆城镇。邮政编码:443300。电话:22917。

麻城人民广播电台 1985年8月1日播出。频率1242千赫,90.9、105兆赫。有效复盖半径45公里。全天播放390分钟。

全台现有18人。现任总编辑朱慧,台长刘永华。

台址:湖北省麻城市新建街。邮政编码:431600。电话:2794。

罗田人民广播电台 1985年9月15日播出。频率95兆赫。有效复盖半径30公里。全天播放390分钟。

全台现有17人;其中编采播13人,技术3人。现任台长郑光荣。

台址:湖北省罗田县凤山镇。邮政编码:436600。电话:2851。

潜江人民广播电台 1986年12月29日播出。频率99.2兆赫。有效复盖半径30公里。全天播放390分钟。

全台现有19人。现任台长王南鸣。

台址:湖北省潜江市园林江汉路。邮政编码:433100。电话:2748。

黄冈人民广播电台 1980年12月30日播出。频率101.8兆赫。有效复盖半径45公里。全天播放380分钟。

全台现有17人;其中编采播12人,技术4人。现任台长郑贤猷。

台址:湖北省黄冈县黄州镇。邮政编码:436100。电话:52148。

钟祥人民广播电台 1987年10月1日播出。频率104兆赫。有效复盖半径15公里。全天播放410分钟。

全台现有22人。现任台长王健群。

台址:湖北省钟祥县郢中镇。邮政编码:431990。电话:23743。

蒲圻人民广播电台 1988年7月1日播出。波长223.7米。有效复盖半径56公里。全天播放500分钟。

全台现有30人;其中编采播18人,技术8人。现任台长陈天保。

台址:湖北省蒲圻市莼川大桥。邮政编码:437300。电话:23439。

新洲人民广播电台 1986年11月播出。频率98.6兆赫。有效复盖半径40公里。全天播放360分钟。

全台现有16人;其中编采播10人,技术1人。现任台长余汉文。

台址:湖北省新洲县城关镇。邮政编码:431400。电话:21248。

孝感人民广播电台 1988年10月1日播出。频率1566兆赫。有效复盖半径200公里。全天播放515分钟。

全台现有25人;其中编采播11人,技术5人。现任台长胡亚新。

台址:湖北省孝感市长征路。邮政编码:432100。电话:22178。

当阳人民广播电台 1989年9月8日播出。频率100.3兆赫。全天播放自办节目360分钟。

全台现有编采11人,技术2人。现任负责人潘正洪。

台址:湖北省当阳市。邮政编码:444100。

巴东人民广播电台 1989年10月1日播出。频率97.2兆赫。有效复盖100公里。全天播放180分钟。

全台现有21人;其中编采播14人,技术3人。现任台长彭哲林。

台址:湖北省巴东县信陵镇。邮政编码:444300。电话:2380。

宜昌县人民广播电台 1989年10月1日播出。频率96兆赫。有效复盖半径60公里。全天播放385分钟。

全台现有20人,其中编采播14人,技术4人。现任台长汪大先。

台址:湖北省宜昌县小溪塔镇。邮政编码:443100。

兴山人民广播电台 1989年10月1日播出。频率94兆赫。有效复盖半径20公里。全天播放360分钟。

全台现有20人。现任台长田云兵。

台址:湖北省兴山县城胜利街。邮政编码:443700。电话:22732。

远安人民广播电台 1989年12月28日播出。频率98.8兆赫。有效复盖半径50公里。全天播放420分钟。

全台现有13人,其中编采播8人,技术5人。现任台长刘友华。

台址:湖北省远安县城关镇。邮政编码:444200。电话:2661。

监利人民广播电台 1989年5月4日播出。频率99兆赫。全天播300分钟。

全台现有17人。现任台长李少彪。

台址:湖北省监利县榕城镇。邮政编码:433300。电话:62461。

五峰人民广播电台 1989年12月30日播出。频率90.4、98.4兆赫。有效复盖半径30公里。全天播放300分钟。

全台现有12人,其中编采播7人,技术2人。现任台长唐敬德。

台址:湖北省五峰自治县五峰镇。邮政编码:443400。

汉川人民广播电台 1989年10月20日播出。频率102.4兆赫。。全天播放360分钟。

全台现有25人。现任台长陈中兵。

台址:湖北省汉川县城关镇。邮政编码:432300。

省、地(市)电视台

湖北电视台 1961年11月试播,1965年9月正式播出,1967年1月停播,1968年恢复播出。使用4频道播出本台节目。有效复盖半径60公里。全天播出270分钟,其中自办节目226分钟。

电视台设办公室、总编室、新闻部、记者部、专题部、文艺部、对外部、技术部、制作部、电教部,共有322人,其中编采播175人,技术77人。现任台长何宏业,副台长李昆麟、曹家福、姚仁杰、陈崇玉。

台址:武汉市解放大道563号。邮政编码:430022。电话:354752。

江汉经济电视台 1988年12月正式播出。2频道。有效复盖半径60公里。全天播放270分钟,其中自办节目90分钟。

台下设办公室、总编室、经济新闻部、栏目部、文化娱乐部、译制部。现任台长黎鸣,副台长梁家新、齐桂风、陈晓林。

台址:武汉市汉口万松公园10号。邮政编码:430022。电话:555217。

十堰电视台 1982年播出。每周一、三、五、六用12频道播放自办节目。

全台现有49人。现任台长彭少华。

台址:湖北省十堰市六堰山25号。邮政编码:442000。电话:51624。

襄樊电视台 1985年7月1日开播。用8频道播放自办节目。

全台现有81人,其中编采播30人,技术41人。现任台长胡继明。

台址:湖北省襄樊市襄城冯家巷。邮政编码:441000。

荆州电视台 1985年8月播出。用21频道播放自办节目。

全台现有86人;其中编采播28人,技术32人。现任负责人秦克海。

台址:湖北省江陵县荆州镇东路。邮政编码:434100。电话:66332。

黄石电视台 1986年1月转播中央台第一套节目,同年10月用28频道播出自办节目。每周2、4、6、日自办新闻节目。

全台现有59人;其中编采播19人,技术29人。现任台长杨芝保。

台址:湖北省黄石市武汉路38号。邮政编码:435000。电话:3040。

宜昌地区电视台 1987年10月1日播出。用7频道自办节目。

全台现有39人;其中编采播21人,技术17人。现任台长杨石金,总编辑曹崇国。

台址:湖北省宜昌市西陵二路21号。邮政编码:443000。电话:23179。

宜昌电视台 1984年2月5日播出。3频道自办节目,23、29频道转播。有效复盖半径50公里。全天播放30小时,其中自办节目240分钟。

全台现有66人;其中编采播33人,技术18人。现任台长张周槐。

台址:湖北省宜昌市土城路7号。邮政编码:443000。电话:21491。

鄂西电视台 1985年10月1日播出。4频道。有效复盖120公里。全天播放180分钟,其中自办节目60分钟。

全台现有33人;其中编采播20人,技术8人。现任台长刘礼华。

台址:湖北省恩施市。邮政编码:445000。电话:22149。

沙市电视台 1985年12月10日播出。2频道。有效复盖半径30公里。全天播放16小时,其中自办节目4小时。

全台现有110人。现任台长王家斌。

台址：湖北省沙市园林路。邮政编码：434000。电话：5858。

荆门电视台 1989年6月2日播出。34、8、4频道转播；自办节目用16频道，每周4次。

全台现有37人。现任负责人朱敬永。

台址：湖北省荆门市长宁大道23号。邮政编码：434500。电话：33523。

县（市）电视台

当阳电视台 1988年3月播出。18频道。有效复盖半径30公里。全天播放360分钟。

全台现有20人。现任台长涂常权。

台址：湖北省当阳市长坂路。邮政编码：444100。电话：22836。

广水电视台 1988年6月9日播出。35频道。有效复盖半径30公里。全天播放150分钟，其中自办节目15分钟。

全台现有23人；其中编采播15人，技术8人。现任台长李建忠。

台址：湖北省广水市应台上。邮政编码：432700。电话：32035。

石首电视台 1989年5月播出。用13频道播放自办节目。

全台现有20人。现任台长徐言昌。

台址：湖北省石首市。邮政编码：434400。

老河口电视台 1989年11月播出。用11频道播出自办节目，每周2次。

全台现有19人。现任台长罗放国。

台址：湖北省老河口市。邮政编码：441800。

枝城电视台 1989年9月20日播出。用24频道。有效复盖半径10公里。全天播放240分钟，每周1、3、5自办节目，每次95分钟。

全台现有18人；其中编采播10人，技术5人。现任台长李长才。

台址：湖北省枝城市陆城镇。邮政编码：443300。电话：22771。

仙桃电视台 1989年12月7日播出。用18频道播放自办节目。

现任台长李远超。

台址：湖北省仙桃市。邮政编码：433000。

湖南省

省、地（市）广播电台

湖南人民广播电台 1949年11月7日播出；1971年开办调频广播。现使用1233、1152、738、4990千赫，93、100.4、101.2、99.6、91兆赫等9个频率。全省人口复盖60.8%。三套节目全天播音共35小时10分钟。

电台下设政治部、总编室、办公室、新闻部、记者部、专题部、星期天部、技术部、经济信息部、文艺部、201发射台，共有252人，其中编采播113人，技术78人。现任负责人有副台长曾凡安、谢凤阳、徐哲、李万年，总工程师韩继元。

台址：长沙市黄土岭。邮政编码：410007。电话：总机31811。

衡阳人民广播电台 1959年5月1日播出。频率1530千赫。人口复盖80%。全天播放580分钟。

全台现有65人；其中编采播36人，技术7人。现任台长袁金生。

台址：湖南省衡阳市先锋路154号。邮政编码：421001。电话：22986。

株洲人民广播电台 1959年1月1日播出，1962年6月30日停播改为实验台，1986年7月1日正式恢复播音。频率1089千赫。人口复盖率16.6%。全天播放435分钟。

全台现有56人；其中编采播34人，技术9人。现任台长高雄飞。

台址：湖南省株洲市贺家土。邮政编码：412000。电话：21282。

湘潭人民广播电台 1960年5月1日播出。频率1503千赫。有效复盖半径25公里。全天播放615分钟。

全台现有55人；其中编采播42人，技术9人。现任台长唐自强。

台址：湖南省湘潭市韶山西路4号。邮政编码：411100。电话：23829。

长沙人民广播电台 1980年1月播出。频率1323千赫。有效复盖半径50公里。全天播放665。

全台（局台合一）现有81人；其中编采播35人，技术28人。现任台长李云锦。

台址：长沙市五一西路5号。邮政编码：410005。电话：43618。

邵阳人民广播电台 1986年7月旧恢象播音。频率1448千赫，105.8兆赫。有效复盖半径15公里。全天播放540分钟。

全台现有54人；其中编采播30人，技术10人。现任台长彭福华。

台址：湖南省邵阳市南门外。邮政编码：422000。电话：3110。

湘西自治州广播电台 1986年1月播出。频率93千赫。人口复盖率4.06%。全天播放280分钟。

该台与湘西自治州电视台为一套机构，现有49人。其中编采播20人，技术23人。现任台长符辰乾。

台址：湖南省吉首市邮电局内。邮政编码：416000。电话：3158。

岳阳人民广播电台 1984年10月1日播出。频率1593千赫，102.1兆赫。有效复盖半径50—80公里。全天播放510分钟。

全台现有60人。现任台长吴东明。

地址：湖南省岳阳市政府机关二院。邮政编码：414000。电话：23865。

常德人民广播电台 1989年5月播出。频率1000千赫。有效复盖半径50公里。全天播放285分钟。

全台现有37人。现任台长彭培南。

地址：湖南省常德市高山街。邮政编码：415000。电话：25163。

县（市）广播电台

郴州市广播电台 1988年1月1日播出。频率88.6兆赫。有效复盖半径15公里。全天播放210分钟。

全台现有12人。现任台长曹绍余。

台址：湖南省郴州市南塔路9号。邮政编码：423000。电话：23873。

黔阳县广播电台 1982年由广播站改为广播电台。全天播放385分钟。

全台现有10人；其中编采播7人，技术2人。现任台长谢爱华。

台址：湖南省黔阳县政府大院内。邮政编码：418100。电话：2313。

洞口县广播电台 1983年1月23日播出。频率95.6兆赫。有效复盖半径30公里。全天播放210分钟。

全台现有10人；其中编采播7人。现任台长肖育木。

台址：湖南省洞口县城关镇。邮政编码：422300。电话：52839。

邵阳市郊区广播电台 1982年播出。频率99.9兆赫。有效复盖半径25公里。全天播放210分钟。

全台现有6人；其中编采3人。现任台长张矛森。

台址：湖南省邵阳市郊区石桥乡。邮政编码：422001。电话：4979。

津市广播电台 1983年1月28日站改台。频率107.5兆赫。有效复盖半径25公里。全天播放310分钟。

全台现有11人；其中编采7人，技术2人。现任台长郑东艺。

台址：湖南省津市市。邮政编码：415400。电话：3425。

麻阳人民广播电台 1983年3月24日播出。全天播放400分钟。

全台现有8人。现任台长黄禹康。

台址:湖南省麻阳苗族自治县高村镇。邮政编码:419400。

华容县广播电台 1983年10月1日播出。频率107.1兆赫。有效复盖半径25公里。全天播放360分钟。

全台现有14人;其中编采播9人,技术5人。现任台长徐文明。

台址:湖南省华容县城关镇。邮政编码:414200。电话:2691。

株洲县广播电台 1983年12月15日播出。频率97兆赫。全天播放360分钟。

全台现有11人;其中编采播6人,技术4人。现任台长朱超英。

台址:湖南省株洲县渌口镇。邮政编码:412100。电话:8485。

衡东县广播电台 1983年11月1日播出。频率 兆赫。全天播放370分钟。

全台现有9人;其中编采播5人,技术1人。现任台长罗树明。

台址:湖南省衡东县城迎宾路。邮政编码:421400。电话:2516。

攸县广播电台 1983年11月7日播出。频率104兆赫。有效复盖半径30公里。全天播放470分钟。

全台现有17人;其中编采播11人,技术3人。现任台长黄平凡。

台址:湖南省攸县城关。邮政编码:412300。电话:2754。

慈利县广播电台 1984年4月20日播出。全天播放380分钟。

全台现有13人;其中编采9人,技术4人。现任台长李宝六。

台址:湖南省慈利县城关镇。邮政编码:415800。

茶陵县广播电台 1983年11月20日播出。频率105.1兆赫。有效复盖95%。全天播放360分钟。

全台现有编采播9人。现任台长王连敏。

台址:湖南省茶陵县城。邮政编码:412400。电话:2886。

岳阳县广播电台 1984年7月1日播出。频率90.6兆赫。人口复盖率80%。全天播放360分钟。

全台现有12人;其中编采播9人,技术2人。现任台长陈艳华。

台址:湖南省岳阳县荣家湾。邮政编码:414100。

临湘县广播电台 1984年6月10日播出。频率89.5兆赫。有效复盖半径30公里。全天播放390分钟。

全台现有11人;其中编采播7人,技术2人。现任台长李子俊。

台址:湖南省临湘县委大院。邮政编码:414300。电话:2567。

沅江市广播电台 1984年10月播出。频率104兆赫。人口复盖率100%。全天播放420分钟。

现任台长李喜南。

台址:湖南省沅江县琼湖镇。邮政编码:413100。电话:21245。

衡山广播电台 1984年9月23日站改台。频率97.6兆赫。有效复盖半径25公里。全天播放420分钟。

全台现有10人;其中编采播8人,技术2人。现任台长黄丹士。

台址:湖南省衡山县城关镇。邮政编码:421300。电话:2295。

邵阳县广播电台 1984年10月播出。频率106.1、104.1兆赫。有效复盖半径30公里。全天播放370分钟。

全台现有12人;其中编采播8人。现任台长于坚。

台址:湖南省邵阳县塘渡口镇。邮政编码:422100。

长沙县广播电台 1984年12月播出。频率106.9兆赫。有效复盖半径50公里。全天播放390分钟。

全台现有10人;其中编采播7人,技术3人。现任台长宋惠兰。

台址:湖南省长沙市北区潘家坪。邮政编码:420008。电话:26351转。

新宁县广播电台 1985年1月播出。频率106.7兆赫。有效复盖半径30公里。全天播放370分钟。

全台现有9人;其中编采播7人,技术2人。现任台长蒋科。

台址:湖南省新宁县金石镇。邮政编码:422700。

隆回县广播电台 1985年1月播出。频率92.8兆赫。有效复盖半径25公里。全天播放405分钟。

全台现有14人。现任台长陈芳德。

台址:湖南省隆回县桃洪镇。邮政编码:422200。

衡阳市郊区广播电台 1985年2月播出。频率106.3兆赫。有效复盖半径20公里。全天播放150分钟。

全台现有10人;其中编采播7人,技术1人。现任台长李繁荣。

台址:湖南省衡阳市问农路43号。邮政编码:421003。电话:22419。

醴陵广播电台 1985年9月播出。频率98.8兆赫。人口复盖率100%。全天播放390分钟。

全台现有15人;其中编采播14人。现任台长张春泉。

台址:湖南省醴陵市胜利路138号。邮政编码:412200。电话:3371。

常德县广播电台 1986年3月5日站改名。频率106.4兆赫。人口复盖率100%。全天播放360分钟。

全台现有10人;其中编采播6人,技术4人。现任台长蔡明全。

台址:湖南省常德市人民西街。邮政编码:415000。电话:25157。

大庸市永定区广播电台 1985年10月28日站改名。频率99.3、101兆赫。有效复盖半径8公里。全天播放360分钟。

全台现有10人;其中编采播7人,技术2人。现任台长宋家景。

台址:湖南省大庸市永定区解放路。邮政编码:416600。电话:2206。

桑植县广播电台 1986年3月播出。频率97.4、104.6兆赫。有效复盖半径40公里。全天播放360分钟。

全台现有9人;其中编采播5人,技术2人。现任台长韦运辉。

台址:湖南省桑植县澧源镇。邮政编码:416900。

桃江县广播电台 1986年9月播出。频率105.9兆赫。人口复盖率100%。全天播放420分钟。

全台现有12人;其中编采播10人,技术2人。现任台长王惠兰。

台址:湖南省桃江县城关镇。邮政编码:413400。电话:2807。

益阳市广播电台 1986年10月播出。人口复盖率100%。全天播放410分钟。

现任台长朱志明。

台址:湖南省益阳市工人路7号。邮政编码:413001。电话:22150。

长沙市郊区广播电台 1986年10月播出。频率92.2兆赫。有效复盖半径30公里。全天播放545分钟。

全台现有19人;其中编采播13人,技术1人。现任台长李海涛。

台址:长沙市人民路83号。邮政编码:410011。电话:32643。

冷水江市广播电台 1986年11月播出。频率107.1兆赫。人口复盖率100%。全天播放365分钟。

全台现有11人。现任台长唐廉诚。

台址:湖南省冷水江市政法路。邮政编码:417500。电话:2922。

衡阳县广播电台 1988年3月播出。全天播放360分钟。

全台现有7人;其中编采播6人,技术1人。现任台长刘许生。

台址:湖南省衡阳县西渡镇。邮政编

码:421200。

浏阳县广播电台 1988年1月播出。频率89.9兆赫。人口复盖率90%。全天播放390分钟。

全台现有16人;其中编采播10人,技术3人。现任台长袁翔林。

台址:湖南省浏阳县城关镇。邮政编码:410300。电话:611171。

东安县广播电台 1986年12月播出。频率98兆赫。有效复盖半径25公里。全天播放390分钟。

全台现有13人;其中编采播7人,技术4人。现任台长刘寿如。

台址:湖南省东安县白牙市镇。邮政编码:425900。电话:2823。

岳阳市郊区广播电台 1988年5月播出。频率106.1兆赫。有效复盖半径50公里。全天播放250分钟。

全台现有9人;其中编采播5人,技术2人。现任台长江柏森。

台址:湖南省岳阳市五里牌。邮政编码:414000。电话:2330。

资兴市广播电台 1988年10月播出。频率99.2、94.4、107兆赫。有效复盖半径10公里。全天播放430分钟。

全台现有12人;其中编采播11人,技术1人。现任台长谢基田。

台址:湖南省资兴市晋兴路。邮政编码:423400。电话:2253。

桃源县广播电台 1988年12月站改台。频率103.8兆赫。有效复盖半径35公里。全天播放390分钟。

全台现有14人;其中编采播8人,技术4人。现任台长高陈。

台址:湖南省桃源县城关镇。邮政编码:415700。电话:3259。

澧县广播电台 1988年7月播出。频率104.7兆赫。人口复盖率80%。全天播放360分钟。

全台现有13人;其中编采播8人,技术2人。现任台长孙际沅。

台址:湖南省澧县桃花滩。邮政编码:415502。电话:22129。

祁东县广播电台 1988年12月播出。频率98.1兆赫。有效复盖半径50公里。全天播放370分钟。

全台现有14人;其中编采播9人。现任台长陈安保。

台址:湖南省祁东县城关镇。邮政编码:421600。

南县广播电台 1989年1月播出。频率102.8兆赫。人口复盖率100%。全天播放410分钟。

现任台长蔡海清。

台址:湖南省南县南洲镇。邮政编码:413200。

宁乡县广播电台 1989年1月播出。频率100.5兆赫。有效复盖半径30公里。全天播放435分钟。

全台现有20人;其中编采播11人,技术6人。现任台长孙旺军。

台址:湖南省宁乡县城关镇。邮政编码:410600。

安仁县广播电台 1989年4月播出。频率88.3、108兆赫。有效复盖半径40公里。全天播放360分钟。

全台现有11人;其中编采播8人,技术2人。现任台长吴子佳。

台址:湖南省安仁县城关镇。邮政编码:423600。

双峰县广播电台 1989年3月播出。频率106.5兆赫。有效复盖半径25公里。全天播放195分钟。

全台现有10人;其中编采播8人,技术1人。现任台长李连科。

台址:湖南省双峰县永丰镇。邮政编码:411500。

望城县广播电台 1989年4月播出。频率105.3兆赫。有效复盖半径25公里。全天播放310分钟。

全台现有9人;其中编采播7人,技术2人。现任台长唐植贵。

台址:湖南省望城县城关镇。邮政编码:410200。电话:2065。

安乡县广播电台 1989年4月播出。频率95.4兆赫。有效复盖半径40公里。全天播放390分钟。

全台现有13人;其中编采播6人,技术4人。现任台长王昌元。

台址:湖南省安乡县城关镇。邮政编码:415600。

怀化市广播电台 1989年8月播出。频率92.1兆赫。有效复盖半径60公里。全天播放405分钟。

全台现有13人;其中编采播8人,技术3人。现任台长韦正球。

台址:湖南省怀化市天星西路。邮政编码:418000。电话:22010。

湘乡市广播电台 1989年9月播出。有效复盖半径50公里。全天播放390分钟。

全台现有12人;其中编采播8人,技术1人。现任台长谭菊初。

台址:湖南省湘乡市云门寺。邮政编码:411400。

永兴县广播电台 1989年12月播出。频率90.3兆赫。有效复盖半径15公里。全天播放330分钟。

全台现有7人;其中编采播5人,技术1人。现任台长陈涛。

台址:湖南省永兴县城关镇。邮政编码:423300。

嘉禾县广播电台 1989年10月站改台。人口复盖率70%。全天播放390分钟。

全台现有10人;其中编采播8人,技术2人。现任台长李陶辉。

台址:湖南省嘉禾县城北路。邮政编码:424500。电话:2273。

湘阴县广播电台 1989年10月试播。频率100.2兆赫。有效复盖半径45公里。全天播放375分钟。

全台现有11人;其中编采播7人,技术4人。现任台长李新发。

台址:湖南省湘阴县城关。邮政编码:410500。

省、地(市)电视台

湖南电视台 1970年10月1日开播。现使用9频道。有效复盖半径50公里。全天播放15小时,其中自办节目4小时。

电视台设总编室、新闻部、专题部、对外部、文艺部、电教部、广告部、制作技术部、播出技术部、政治部、行政部、工会,共有361人,其中编采播180人,技术108人。现任台长宋竹初,副台长魏文彬、丁尔康、赵安福、陈先绪、总工程师喻春轩。

台址:长沙市德雅路。邮政编码:410003。电话:29638。

湖南电视文艺台 1987年7月1日播出。27频道。有效复盖半径20公里。全天播放270分钟。

机构为湖南电台视台第二编辑组。现任台长宋竹初。

台址:长沙市德雅路。邮政编码:410003。电话:29731—223。

衡阳电视台 1984年5月17日播出。10、35频道。有效复盖半径25公里。全天播放540分钟,其中自办节目240分钟。

全台现有49人;其中编采播28人,技术16人。现任台长曾凡国。

台址:湖南省衡阳市先锋路154号。邮政编码:421001。电话:26341。

株洲电视台 1983年7月29日播出。3频道。有效复盖半径60公里。全天播放255分钟,自办节目每周4次,每次115分钟。

全台现有60人;其中编采播28人,技术16人。现任台长吴履新。

台址:湖南省株洲市响石岭。邮政编

码:412005。电话:32146。

长沙电视台 1985年5月1日播出。4频道。有效复盖半径38公里。全天播放自办节目300分钟。

全台(局台合一)现有93人;其中编采播46人,技术33人。现任台长李云锦。

台址:长沙市五一西路5号。邮政编码:410005。电话:2874。

常德电视台 1985年5月1日播出。1988年7月撤区建市原常德市电视台(县级)并入常德电视台。1、8、12频道。有效复盖半径45公里。全天播放自办节目900分钟,其中自办节目约30分钟。

全台现有59人;其中编采播37人,技术13人。现任台长龙佑云。

台址:湖南省常德市鼎城中路。邮政编码:415000。电话:22566。

岳阳电视台 1986年12月30日播出。9频道。有效复盖半径30公里。全天播放270分钟,其中自办节目50分钟。

全台现有39人;其中编采播22人,技术6人。现任台长吴广。

台址:湖南省岳阳市炮台山路。邮政编码:414000。电话:24368。

湘潭电视台 1985年7月1日播出。6频道。有效复盖半径25公里。全天播放240分钟,其中自办节目150分钟。

全台现有45人;其中编采播26人,技术11人。现任台长江石彬。

台址:湖南省湘潭市车站路。邮政编码:411100。电话:21758。

邵阳电视台 1986年8月6日播出。3频道。有效复盖半径20公里。每周2、4、6、日播放自办节目240分钟。

全台现有31人;其中编采播21人,技术4人。现任台长邓最元。

台址:湖南省邵阳市宝庆中路103号。邮政编码:422000。电话:2256。

湘西自治州电视台 1985年1月1日播出。11频道。人口复盖率2.4%。每周3次,每次播放300分钟,其中自办节目新闻节目每周两次共30分钟。

机构同湘西自治州广播电台。

益阳电视台 1988年11月1日播出。6频道。有效复盖半径30公里。每周二、四、六、日自办节目270分钟。

现任台长王龙飞。

台址:湖南省益阳市长益西路7号。邮政编码:413002。电话:26347。

娄底电视台 1989年10月1日播出(试播)。16频道。有效复盖半径22公里。每周播放二次,每次180分钟。

全台现有10人。现任台长(暂缺)。

台址:湖南省娄底市东西一路。邮政编码:417000。电话:2547。

怀化电视台 1989年3月15日播出。25频道。有效复盖半径25公里。每周三、六播放250分钟,其中自办节目98分钟。

全台现有18人;其中编采播10人,技术6人。现任台长廖泽川。

台址:湖南省怀化市地区广播电视局内。邮政编码:418000。电话:22441。

县(市)电视台

郴州电视台 1988年1月13日播出。24频道。有效复盖半径15公里。全天播放240分钟。

全台现有17人。现任台长曹绍余。

台址:湖南省郴州市南塔路9号。邮政编码:423000。电话:22237。

津市电视台 1989年8月1日播出。20频道。有效复盖半径30公里。全天播放240分钟,其中自办节目30分钟。

全台现有20人;其中编采播10人,技术3人。现任负责人聂义才。

台址:湖南省津市人民路。邮政编码:415400。电话:3425。

攸县电视台 1985年1月1日播出。7、4、10频道。有效复盖半径25公里。全天播放270分钟,自办新闻节目每周二次,每次15分钟。

现任台长颜家连。

台址:湖南省攸县城关镇。邮政编码:412300。电话:2754。

广东省

省、地(市)广播电台

广东人民广播电台 下设广州市人民广播电台、广东人民广播电台文艺台、广东人民广播电台教育台、珠江经济广播电台、广东人民广播电台新闻台、广州人民广播电台教育台。

广州市人民广播电台于1949年10月20日播出,频率999千赫,有效复盖半径30公里,全天播音19小时5分钟;

广东人民广播电台文艺台于1980年12月29日播出,频率99.3兆赫,有效复盖半径50公里,全天播音15小时;

广东人民广播电台教育台于1984年9月3日播出,频率103.4、103.3兆赫,有效复盖半径50公里,全天播音14小时50分钟;

珠江经济广播电台于1986年12月15日播出,频率1062千赫,有效复盖半径50—90公里,全天播音19小时10分钟;

广东人民广播电台新闻台于1989年11月15日播出,频率648千赫,91.4兆赫,有效复盖半径50—90公里,全天播音19小时10分钟;

广州人民广播电台教育台于1983年9月1日播出,频率1584千赫,有效复盖半径10公里,全天播放4小时5分钟。

广东人民广播电台下设11个部门:办公室、党委、总编辑、新闻编辑部、新闻采通部、新闻台节目部、文艺部、技术部、经济台编辑部、信息资料部、广播发展公司(企业单位),全台现有559人,其中编采329人,播音38人,技术103人,行政89人。另广播发展公司现有52人。现任台长余统浩,副台长曾广星、余碧君、高仲则、高明扬,总工程师刘东元。

台址:广州市人民北路686号。邮政编码:510012。电话:总机662723。

深圳广播电台 1986年10月12日播出。波长FM89.8MA₂。有效复盖半径80公里。全天播放8小时10分钟。

电台设编辑部、技术部、办公室,编制80人。现任台长马导明。

地址:广东省深圳市解放路170号。邮政编码:518001。电话:221661。

汕头人民广播电台 1958年10月日播出。频率1080千赫。有效复盖半径70公里。全天播放14小时10分钟。

全台现有159人,其中编采播78人。现任台长文戈。

台址:广东省汕头市共和路89号。邮政编码:515031。电话:250736。

湛江人民广播电台 1961年7月1日播出。频率1134千赫。有效复盖半径110公里。全天播放13小时15分钟。

全台现有87人,其中编采播56人。现任台长成迪春。

台址:广东省湛江市赤坎跃进路93号。邮政编码:524038。电话:339901。

韶关人民广播电台 1983年8月1日播出,1988年8月1日播出立体声。频率765千赫、105.7兆赫(立体声)。全天播放12小时49分钟,3小时45分钟(立体声)。

全台现有69人,其中编采播42人。现任台长甘炳源。

台址:广东省韶关市惠民路。邮政编码:512026。电话:80049。

茂名人民广播电台 1984年1月1日播出。频率1098千赫。有效复盖半径50公里。全天播放9小时49分钟。

全台现有45人,其中编采播37人,技术8人。现任台长李孔绍。

台址：广东省茂名市河东人民南路。邮政编码：525000。电话：62771。

珠海人民广播电台 1985年7月1日播出。频率：调频95.1兆赫，中波850千赫。全天播放16小时。

全台现有37人，其中编采播23人。现任台长彭大鹏。

台址：广东省珠海市康宁路8号。邮政编码：519000。电话：224546。

东莞人民广播电台 1985年1月1日播出。频率106.9兆赫。有效复盖半径50公里。全天播放435分钟。

全台现有15人，其中编采播10人。现任台长邓国铨。

台址：广东省东莞市城区西正路55号。邮政编码：511700。电话：216576。

中山人民广播电台 1985年11月23日播出。有效复盖半径30—60公里。全天播放14小时。

全台现有35人，其中编采播18人。现任台长刘棣宽。

台址：广东省中山市石岐孙文中路200号。邮政编码：528403。电话：823530。

清远人民广播电台 1988年3月6日播出。有效复盖半径15公里。全天播放430分钟。

全台现有编采播14人，现任台长石征献。

台址：广东省清远市市府大院。邮政编码：511500。电话：35968。

阳江人民广播电台 1988年5月1日播出。波长97.2mc。有效复盖半径20公里。全天播放10小时。

该台和阳江电视台为同一机构。

台址：广东省阳江市望瞭岭。邮政编码：529500。电话：223325。

佛山人民广播电台 1988年9月28日播出。有效复盖半径40公里。全天播放15小时零5分钟。

全台现有69人，其中编采播32人。现任台长洪根。

台址：广东省佛山市永安路98号。邮政编码：528000。电话：284831。

肇庆人民广播电台 1989年1月28日播出。频率92.9兆赫。有效复盖半径100公里。全天播放13小时30分钟。

全台现有50人，其中编采播32人。现任台长李林德。

台址：广东省肇庆市柑园北路。邮政编码：526040。电话：225451。

县（市）广播电台

龙门人民广播电台 1984年4月3日播出。频率93.6兆赫。有效复盖半径60公里，全天播放365分钟。

全台现有编制10人。现任台长李榕添。

台址：广东省龙门县城文化路10号。邮政编码：511200。电话：980267。

开平人民广播电台 1984年9月24日播出。功率50瓦。频率100赫兆。有效复盖半径40公里。全天播放8小时。

全台现有15人，其中编采播10人。现任台长梁德兴。

台址：广东省开平县三埠镇长园路3号。邮政编码：259300。电话：27376。

台山人民广播电台 1985年1月1日播出。频率97.7兆赫。有效复盖半径50公里。全天播放11小时。

全台现有编播人员8人。现任台长邓有源。

台址：广东省台山县城镇双亭街18号。邮政编码：529200。电话：22182。

化州人民广播电台 1985年5月1日播出。频率97.6兆赫。有效复盖半径40公里。全天播放390分钟。

全台现有18人，其中编采播13人。现任台长莫隆声。

台址：广东省化州县宝山公里。邮政编码：525100。电话：22683。

新丰人民广播电台 1985年10月播出。频率92兆赫。有效复盖半径50公里。全天播放450分钟。

全台编制12人，现任台长李旭。

台址：广东省新丰县政府内。邮政编码：511100。电话：252305。

蕉岭人民广播电台 1985年12月20日播出。频率98.5兆赫。有效复盖半径25公里。全天播放315分钟。

全台现有8人，其中编采播5人。现任台长古振城。

台址：广东省蕉岭县城环东路14号。邮政编码：514100。电话：72856。

翁源人民广播电台 1985年12月播出。频率106.3兆赫。有效复盖半径50公里。全天播放10小时。

全台现有18人，其中编采播8人。现任负责人林石妹。

台址：广东省翁源县松塘乡仙南。邮政编码：512600。电话：2677。

佛冈人民广播电台 1985年12月播出。频率98兆赫。有效复盖半径10公里。全天播放405分钟。

全台现有编采播人员8人。现任台长粟敏。

台址：广东省佛冈县县府大院。邮政编码：511600。电话：942345。

曲江人民广播电台 1986年1月1日播出。频率100.2兆赫。有效复盖半径20公里。全天播放360分钟。

全台现有13人；其中编采播9人，技术3人。现任台长姚愈章。

台址：广东省曲江县委大院。邮政编码：512101。电话：66438。

揭阳人民广播电台 1986年2月8日播出。频率106.6兆赫。有效复盖半径18公里。全天播放565分钟。

全台现有19人；其中编采播10人，技术4人。现任台长沈丁文。

台址：广东省揭阳县榕城镇东环城路5号。邮政编码：515500。电话：23422。

大埔人民广播电台 1986年7月1日播出。波长2.97m。有效复盖半径50公里。全天播放335分钟。

全台现有16人；其中编采播6人，技术4人。现任台长罗明。

台址：广东省大埔县城湖寮镇文明路5号。邮政编码：514200。电话：522358。

仁化人民广播电台 1986年7月1日播出。波长98.2m。有效复盖半径30公里。全天播放330分钟。

全台现有10人；其中编采播7人，技术2人。现任台长刘建珍。

台址：广东省仁化县新城路。邮政编码：512300。电话：353170。

兴宁人民广播电台 1986年4月11日播出。频率103.3兆赫。有效复盖半径30公里。全天播放335分钟。

全台现有12人；其中编采播9人，技术2人。现任负责人潘春祥。

台址：广东省兴宁县城镇大坝里23号。邮政编码：514500。电话：34704。

澄海人民广播电台 1986年8月播出。频率99.8兆赫。有效复盖半径20公里。全天播放440分钟。

全台现有24人；其中编采播8人，技术7人。现任台长陈受明。

台址：广东省澄海县澄城镇。邮政编码：515800。电话：22316。

信宜人民广播电台 1986年10月1日播出。频率97兆赫。有效复盖半径30公里。全天播放330分钟。

全台现有编采播9人。现任台长梁毅。

台址：广东省信宜县城人民路。邮政编码：525300。电话：882616。

顺德人民广播电台 1986年11月18日播出。频率90.2兆赫。有效复盖半径30公里。全天播放480分钟。

全台现有10人，其中编采播8人，技术1人。现任台长饶启闸。

台址：广东省顺德县大良镇。邮政编

码：528300。电话：22887。

南海人民广播电台 1987年1月8日播出。频率95.4兆赫。有效复盖半径30公里。全天播放750分钟。

全台现有19人。现任负责人梁冠林。

台址：广东省佛山市市东下路南桂三街3号。邮政编码：528200。电话：32903。

饶平人民广播电台 1987年1月播出。频率97.5兆赫。有效复盖半径50公里。全天播放500分钟。

全台现有28人；其中编采播12人，技术10人。现任台长邱记平。

台址：广东省饶平县黄岗镇东前宫。邮政编码：515700。电话：2563。

五华人民广播电台 1987年1月播出。频率90兆赫。有效复盖半径40公里。全天播放300分钟。

全台现有12人；其中编采播7人，技术4人。现任台长林锡光。

台址：广东省五华县县府院内。邮政编码：514400。电话：43314。

潮阳人民广播电台 1987年2月25日播出。频率100兆赫。有效复盖半径20公里。全天播放480分钟。

全台现有28人；其中编采播11人，技术11人。现任台长郑学臻。

台址：广东省朝阳县棉城镇。邮政编码：515100。电话：22661。

惠东人民广播电台 1987年4月29日播出。频率96.1兆赫。有效复盖半径30公里。全天播放360分钟。

全台现有18人；其中编采播9人，技术1人。现任台长李春泉。

台址：广东省惠东县平山镇。邮政编码：516300。电话：22001。

吴川人民广播电台 1987年5月3日播出。频率99.3兆赫。有效复盖半径40公里。全天播放390分钟。

全台现有12人；其中编采播11人。现任台长孙康荣。

台址：广东省吴川县梅菉镇。邮政编码：524500。电话：63518。

电白人民广播电台 1987年6月8日播出。波长2.88米。有效复盖半径60公里。全天播放420分钟。

全台现有11人；其中编采播10人。现任台长潘丰葵。

台址：广东省电白县水东镇。邮政编码：525400。电话：523324。

宝安人民广播电台 1987年7月1日播出。频率96.7兆赫。有效复盖半径30公里。全天播放320分钟。

全台现有19人；其中编采播10人，技术4人。现任台长陈瑞贞。

台址：广东省深圳市宝安县城兴华路。邮政编码：518101。电话：989554。

梅县人民广播电台 1987年9月15日播出。波长3.26米。有效复盖半径30公里。全天播放495分钟。

全台现有15人；其中编采播11人。现任台长王健如。

台址：广东省梅县市仲元东路47号。邮政编码：514011。电话：222806。

连山人民广播电台 1987年9月26日播出。频率102兆赫。有效复盖半径20公里。全天播放480分钟。

全台现有12人；其中编采播11人。现任台长梁世平。

台址：广东省连山壮族瑶族自治县吉田镇。邮政编码：513200。电话：732574。

普宁人民广播电台 1987年9月播出。频率103.2兆赫。有效复盖半径10公里。全天播放490分钟。

全台现有18人；其中编采播14人，技术3人。现任台长蔡波。

台址：广东省普宁县流沙镇。邮政编码：515300。电话：22330。

四会人民广播电台 1987年10月25日播出。频率98.4兆赫。有效复盖半径40公里。全天播放480分钟。

全台现有13人；其中编采播10人，技术2人。现任台长薛有世。

台址：广东省四会县四会镇。邮政编码：526200。电话：324409。

连平人民广播电台 1987年9月播出。频率99.1兆赫。有效复盖半径10公里。全天播放390分钟。

全台现有16人。现任台长冯龙英。

台址：广东省连平县元善镇。邮政编码：517100。电话：32350。

紫金人民广播电台 1988年1月播出。频率88.4、92.4兆赫。全天播放515分钟。

现任台长朱莩。

台址：广东省紫金县城建国路。邮政编码：517400。电话：22694。

鹤山人民广播电台 1987年12月18日播出。频率106.6兆赫。有效复盖半径35公里。全天播放630分钟。

全台现有16人；其中编采播8人，技术8人。现任台长冯玉冰。

台址：广东省鹤山县沙坪镇。邮政编码：529700。电话：83203。

德庆人民广播电台 1988年2月播出。频率107.2兆赫。有效复盖半径30公里。全天播放480分钟。

全台现有编采播11人。现任台长麦庭发。

台址：广东省德庆县德城香山。邮政编码：526600。电话：2040。

平远人民广播电台 1988年2月1[illegible]日播出。频率107.4兆赫。有效复盖半径20公里。全天播放240分钟。

全台现有7人；其中编采播4人，技术2人。现任台长姚若仁。

台址：广东省平远县平城镇。邮政编码：514600。电话：824390。

高州人民广播电台 1988年2月播出。频率107.3兆赫。有效复盖半径25公里。全天播放420分钟。

全台现有7人；其中编采播6人，技术1人。现任台长吴培成。

台址：广东省高州县城。邮政编码：525200。电话：64900。

连县人民广播电台 1988年7月1日播出。频率102兆赫。有效复盖半径25公里。全天播放390分钟。

全台现有8人。现任台长唐民生。

台址：广东省连县连州镇。邮政编码：513400。电话：258000。

罗定人民广播电台 1988年8月播出。频率107.6兆赫。有效复盖半径40公里。全天播放540分钟。

全台现有33人；其中编采播8人，技术12人。现任台长刘浪。

台址：广东省罗定县城。邮政编码：527200。电话：22263。

惠来人民广播电台 1988年7月15日播出。频率106.9兆赫。有效复盖半径30公里。全天播放360分钟。

全台现有12人；其中编采播7人，技术3人。现任台长方祖祥。

台址：广东省惠来县惠城镇。邮政编码：515200。电话：685261。

乳源人民广播电台 1988年9月1日播出。频率99.8兆赫。有效复盖半径20公里。全天播放550分钟。

全台现有编采播8人。现任台长刘春婷。

台址：广东省乳源县城。邮政编码：512700。电话：389。

郁南人民广播电台 1988年11月16日播出。频率105.6兆赫。有效复盖半径50公里。全天播放450分钟。

全台现有9人；其中编采5人，技术1人。现任负责人陈桂棠。

台址：广东省郁南县都城镇。邮政编码：527100。电话：2279。

云浮人民广播电台 1989年1月1[illegible]日播出。频率100.8兆赫。有效复盖半径

30公里。全天播放908分钟。

全台现有12人。现任负责人黎深栽。

台址:广东省云浮县城解放中路。邮政编码:527300。电话:822234。

连南人民广播电台 1989年5月2日播出。频率104.2兆赫。有效复盖半径40公里。全天播放600分钟。

全台现有编采播8人。现任负责人陈志军。

台址:广东省连南县城。邮政编码:513300。电话:62458。

丰顺人民广播电台 1989年3月1日播出。频率98.9兆赫。有效复盖半径30公里。全天播放305分钟。

全台现有13人;其中编采播7人,技术5人。现任台长张少明。

台址:广东省丰顺县大山背。邮政编码:514300。电话:623213。

始兴人民广播电台 1989年7月15日播出。频率102兆赫。有效复盖半径8公里。全天播放465分钟。

全台现有9人。现任台长唐仁华。

台址:广东省始兴县太平镇。邮政编码:512500。电话:334125。

南雄人民广播电台 1989年12月25日播出。频率101.6兆赫。有效复盖半径20公里。全天播放360分钟。

全台现有14人;其中编采播6人,技术3人。现任台长马俊林。

台址:广东省南雄县雄州镇。邮政编码:512400。电话:22034。

阳山人民广播电台 1989年12月1日播出。频率95.5兆赫。有效复盖半径20公里。全天播放300分钟。

全台现有编采播9人。现任台长李义弟。

台址:广东省阳山县阳城镇。邮政编码:513100。电话:84250。

高要人民广播电台 1989年12月1日播出。频率88.9兆赫。有效复盖半径30公里。全天播放570分钟。

全台现有编采播11人。现任台长贺大捷。

台址:广东省肇庆市端州六路。邮政编码:526020。电话:232740。

英德县调频广播电台 1989年12月播出。频率107.5兆赫。有效复盖半径40公里。全天播放480分钟。

全台现有10人;其中编采播6人,技术2人。现任负责人阮文锋。

台址:广东省英德县英城镇。邮政编码:513000。电话:22462。

省、地(市)电视台

广东电视台 1959年10月1日播出,原名《广州电视台》,1979年1月1日改为广东电视台。使用2、14频道自办节目,全天播放自办节目23小时30分钟。有效复盖广东全省面积。

电视台设台办公室、总编室、新闻部、文艺部、社教部、电视剧制作中心、体育部、对外部、译制部、制作部、播出部、广告服务部和广东电视服务中心(企业)。全台现有职工1101人,其中编采播人员488人,技术人员253人。现任台长刘炽,副台长孙礼华、麦世忠、宇光、钮祖印、梁浩泉,总工程师张佐生。

台址:广州市人民北路686号。邮政编码:510012。电话:662723。

广州电视台 1988年1月10日开播。34频道。有效复盖半径50公里。全天播放360分钟,其中自办节目330分钟。

全台现有286人,其中编采播180人,技术73人。现任台长邱卓涛。

台址:广州市环市中路。邮政编码:510010。电话:665154。

深圳市电视台 1984年1月1日开播。功率10千瓦,频道:33、23、10。有效复盖半径60公里。三个频道全天播放39小时,其中自办节目17小时。

全台现有275人,其中编采播108人,技术91人。现任台长王伟。

台址:广东省深圳市罗湖区怡景路湖滨1号大院。邮政编码:518003。电话:531015。

汕头电视台 1983年10月1日播出。4频道。有效复盖半径15公里。全天播放300分钟,其中自办节目255分钟。

全台现有48人,其中编采播20人。现任主任韩平汉。

台址:广东省汕头市共和路89号。邮政编码:515031。电话:255573。

韶关电视台 1983年10月1日开播。频道:7。有效复盖半径50公里。全天播放270分钟,其中自办节目240分钟。

全台现有118人,其中编采播71人。现任台长黄裕秋。

台址:广东省韶关市东堤北路。邮政编码:512000。电话:81162。

茂名电视台 1984年1月开播。频道:18、10。有效复盖半径56公里。全天播放540分钟,其中自办节目300分钟。

全台现有41人,其中编采播26人,技术15人。现任台长李孔绍。

台址:广东省茂名市。邮政编码:525000。电话:63594。

湛江电视台 1985年春节开播。频道:6。有效复盖半径32公里。全天播放230分钟,其中自办节目90分钟。

全台现有105人,其中编采播69人,技术36人。现任台长成迪春。

台址:广东省湛江市霞山文明中路6号。邮政编码:524003。电话:221206。

珠海电视台 1985年11月开播。频道:20。有效复盖半径60公里。全天播放16小时,其中自办节目40分钟。

全台现有72人,其中编采播44人。现任台长胡金明。

台址:广东省珠海市九洲大道8楼。邮政编码:519000。电话:332878。

中山电视台 1985年3月18日开播。频道:11、35。有效复盖半径25公里。全天播放240分钟,其中自办节目210分钟。

全台现有编制25人。现任台长冯泽春。

台址:广东省中山市石岐孙文东路。邮政编码:528403。电话:824568。

东莞电视台 1985年11月开播。频道:26。有效复盖半径50公里。全天播放420分钟,其中自办节目180分钟。

全台现编采播人员19人,现任台长谭满矶。

台址:广东省东莞市城区西正路55号。邮政编码:511700。电话:222615。

惠州电视台 1986年7月1日播出。11频道。有效复盖半径25公里。全天播放60分钟,其中自办节目10分钟。

全台现有14人,其中编采播8人。现任台长吴学锋。

台址:广东省惠州市市府大院。邮政编码:516012。电话:235115。

江门市电视台 1987年1月28日播出。4频道。有效复盖半径25公里。全天播放330分钟,其中自办节目90分钟。

全台现有31人,其中编采播11人,技术9人。现任台长杨玲。

台址:广东省江门市建设路19号。邮政编码:529000。电话:334732。

阳江电视台 1984年10月播出。7、10频道。有效复盖半径40公里。全天播放12小时,其中自办节目30分钟。

全台现有22人,其中编采播12人,技术10人。现任台长林万里。

台址:广东省阳江市望瞭岭。邮政编码:529500。电话:223325。

梅州电视台 1989年5月1日正式播出。频道:4。有效复盖半径30—40公里。全天播放约5小时,其中自办节目约2小时半。

全台现有21人。现任台长陈河。

台址:广东省梅州市东教场背广播电视大楼。邮政编码:514011。电话:227460。

肇庆电视台 1988年7月1日开播。频道:11。有效复盖半径5—10公里。全天播放270分钟,其中自办节目约1小时。

全台现有50人。现任台长江万欣。

台址:广东省肇庆市建设二路杏花庄。邮政编码:526060。电话:238439。

清远电视台 1988年8月1日播出。频道:10。有效复盖半径20公里。全天播放240分钟,其中自办节目约20分钟。

全台现有29人,其中编采播20人。现任台长翁学意。

台址:广东省清远清城北门街。邮政编码:511500。电话34210。

县(市)电视台

翁源电视台 1978年10月播出。频道:7。有效复盖半径50公里。全天播放300分钟,每周六、日有自办节目15分钟。

全台现有15人,其中编采播5人。现任台长张廷波。

台址:广东省翁源县松塘乡。邮政编码:512600。电话:2800。

开平电视台 1984年6月8日播出。频道:6、10。有效复盖半径25公里。全天播放12小时,其中自办节目10分钟。

全台现有16人,其中编采播10人。现任台长何迎欢。

台址:广东省开平县三埠镇长园路3号。邮政编码:259300。电话:28681。

台山电视台 1984年12月播出。频道:11。有效复盖半径30公里。全天播放12小时,其中自办节目1小时。

全台现有12人,其中采编6人。现任台长颜达志。

台址:广东省台山县台城双亭街18号。邮政编码:529200。电话:25826。

龙门电视台 1985年4月23日开播。4频道。有效复盖半径60公里。全天转播省珠江台节目,自办节目10分钟。

全台现有9人。现任台长刘冠涛。

台址:广东省龙门县城文化路10号。邮政编码:511200。电话:980267。

化州电视台 1985年5月1日开播。12频道。有效复盖半径15公里。全天播放5小时,不定期有自办节目。

全台现有20人。其中编采播13人,技术6人。现任台长莫隆声。

台址:广东省化州县宝山公园。邮政编码:525100。电话:22683。

惠东电视台 1985年5月20日播出。7频道。有效复盖半径30公里。全天播放780分钟,其中自办节目5—10分钟。

全台现有21人。其中编采播8人。现任台长林佛荣。

台址:广东省惠东县平山镇。邮政编码:516300。电话:22854。

揭阳电视台 1985年10月1日播出。9频道。有效复盖半径12公里。全天播放450分钟,其中自办节目40分钟。

全台现有30人,其中编采播18人。现任台长李友华。

台址:广东省揭阳榕城东环城路5号。邮政编码:515500。电话:23419。

潮阳电视台 1985年12月1日播出。11频道。有效复盖半径25公里。全天播放5小时,其中自办节目50分钟。

全台现有21人,现任台长肖继良。

台址:广东省潮阳县棉城镇。邮政编码:515100。电话:23171。

仁化电视台 1986年10月1日播出。12频道。有效复盖半径5公里。全天播放5小时,其中自办节目15分钟。

全台现有10人,其中编采5人。现任台长邓昌文。

台址:广东省仁化县新城路2—3号。邮政编码:512300。电话:353170。

恩平电视台 1987年3月播出。5频道。有效复盖半径25公里。全天播放9小时,其中自办节目10分钟。

全台现有16人,其中编采9人。现任台长谭沃培。

台址:广东省恩平县恩城镇恩新路40号。邮政编码:529400。电话:22286

普宁电视台 1988年2月播出。8频道。有效复盖半径15公里。全天播放5小时,其中自办节目1小时。

全台现有22人,其中编采14人。现任台长黄求清。

台址:广东省普宁县流沙镇。邮政编码:515300。电话:24953。

电白电视台 1988年9月播出。2频道。有效复盖半径45公里。全天播放270分钟。

全台现有19人,其编采播13人。现任台长李崇德。

台址:广东省电白县三角圩。邮政编码:525400。电话:528826。

澄海电视台 1988年10月播出。12频道。有效复盖半径25公里。全天播放270分钟,其中自办节目40分钟。

全台现有18人,其中编采播13人。现任台长蔡祚权。

台址:广东省澄海县澄城镇池仔内13号。邮政编码:515800。电话:22167。

兴宁电视台 1989年1月播出。9频道。有效复盖半径15公里。全天播放225分钟。

全台现有22人,其中编采播12人。现任负责人黄道良。

台址:广东省兴宁县大坝里23号。邮政编码:514500。电话:33427。

饶平电视台 1989年2月7日播出。31频道。有效复盖半径15公里。全天播放300分钟,其中自办节目7分钟。

全台现有21人,其中编采播11人。现任台长李伟雄。

台址:广东省饶平县黄冈镇汕汾中路。邮政编码:515700。电话:2083。

云浮电视台 1989年10月1日播出。10频道。有效复盖半径40公里。全天播放640分钟,其中自办节目10分钟。

全台现有27人。现任负责人罗醒华。

台址:广东省云浮县城解放中路。邮政编码:527300。电话:823599。

惠来电视台 1989年12月1日播出。12频道。有效复盖半径25公里。全天播放270分钟,其中自办节目10分钟。

全台现有21人,其中编采播17人。现任台长温木洪。

台址:广东省惠来县惠城镇。邮政编码:515200。电话:681939。

南雄有线电视台 1989年7月25日播出。频道:DS—1、3、5、6、8、10。全天播放16小时。

全台现有12人,其中编采4人。现任台长李恩泽。

台址:广东省南雄县雄州镇公园。邮政编码:512400。电话:22763。

南雄电视台 1989年12月播出。12频道。有效复盖半径20公里。全天播放300分钟,其中自办节目30分钟。

全台现有27人,其中编采播14人。现任台长刘录强。

台址:广东省南雄县雄州镇公园。邮政编码:512400。电话:22850。

广东省广播电台、电视台及人员统计 到1989年底,全省共有:

一、广播电台80座

其中省、地(市)台16座,县台64座

二、电视台 39 座

其中省、地(市)台 17 座，县台 22 座

三、职工总人数 9655 人

其中省、地(市)台 6062 人，县台 3173 人

四、各类专业人数：

编采人员：全省 1950 人 省、地市 1450 人 县市 444 人

播音人员：全省 703 人 省、地市 243 人 县 320 人

技术人员：全省 1821 人 省、地市 1210 人 县 599 人

(注：镇以下单位的人员未列入)

广西自治区

区、地(市)广播电台

广西人民广播电台 1950 年 5 月 1 日开播。现在使用的频率：792、1071、1440、4915、846、1161、1124、5010 千赫，96.2、98.2、94.4 兆赫。有效复盖半径 80 公里，中短波混合复盖全区人口 63.2%，调频复盖全区 54.3%。全天播音 32 小时 10 分钟。

电台下设宣传办公室、新闻部、专题部、文艺部、记者部、壮语部、信息广告部、播出部、社会教育部(教育台)，全台现有 254 人，其中编采 145 人，播音 24 人，技术 69 人。现任负责人为副台长李海礼、魏定中。

台址：南宁市民族大道 12 号。邮政编码：530022。电话：43456。

广西对外广播电台 1984 年 12 月 1 日播出。频率 5050 千赫。有效复盖半径 500 公里。全天播放 8 小时。

台下设有采编、译播、文艺、技术、广告和办公室等科室，现有采编人员 20 人，译播人员 10 人，技术 7 人，行政 6 人。现任台长李建萃。

台址：南宁市民族大道 12 号。邮政编码：530022。电话：43261。

南宁人民广播电台 1959 年 9 月 26 日播出。频率 918 千赫，99.2 兆赫。有效复盖半径 20 公里。全天播放 500 分钟。

全台现有 54 人；其中编采播 32 人，技术 15 人。现任负责人黄林生。

台址：南宁市朝阳路 7 号。邮政编码：530012。电话：23329。

梧州人民广播电台 1959 年 10 月 1 日播出。频率 1485 千赫。有效复盖半径 50 公里。全天播放 600 分钟。

全台现有 55 人；其中编采播 30 人，技术 10 人。现任台长谢树颜。

台址：广西梧州市蝶山 2 路。邮政编码：543002。电话：23126。

柳州人民广播电台 1950 年 2 月 16 日播出。波长：中波 216.5 米，调频 3.15 米。有效复盖半径 25 公里。全天播放 720 分钟。

全台现有 70 人；其中编采播 28 人，技术 9 人。现任台长叶一初。

台址：广西柳州市五一路 22 路。邮政编码：545001。电话：22579。

桂林广播电视制作中心 由桂林市广播电台和电视台合并组成。1989 年 11 月 22 日正式播出。有效复盖半径 35 公里。全天播出时间：广播 660 分钟，电视 210 分钟。

机构设有专题部、新闻部、文艺部、技术部、播音部、广告部、行保部、群工部、总编室，共有 94 人。现任主任陈男金。

地址：广西桂林市民主路 5 号。邮政编码：541002。电话：222712。

北海人民广播电台 1985 年 12 月 10 日开播。频率：101.5 兆赫，750、1575 千赫。

台址：广西自治区北海市。邮政编码：536000。

县(市)广播电台

平南人民广播电台 1989 年 2 月播出。波长：2.83 米。有效复盖半径 15 公里。全天播放 380 分钟。

全台现有 14 人；其中编采播 8 人，技术 4 人。现任台长莫氢。

台址：广西平南县平南镇。邮政编码：537300。

武宣人民广播电台 1989 年 12 月播出。频率 102.3 兆赫。有效复盖半径 40 公里。全天播放 480 分钟。

全台现有 25 人。现任台长梁福林。

台址：广西武宣县武宣镇。邮政编码：545900。电话：2233。

区、地(市)电视台

广西电视台 1970 年 10 月 1 日播出。现使用 4、20、12、14 频道。有效复盖半径 25 公里。全天播放 16 小时 30 分钟，其中自办节目 4 小时 30 分钟。

台下设新闻部、社教部、总编室、文艺部、电视台制作基地、国际部、广告信息部、办公室、技术部、录制部，全台现有 307 人，其中编采 140 人，技术 125 人，行政 42 人。现任负责人为副台长谈忠馀，张华富。

台址：南宁市民族大道。邮政编码：530022。电话：43554。

南宁电视台 1985 年 9 月 10 日播出。10 频道。有效复盖半径 25 公里。全天播放自办节目 310 分钟。

全台现有 51 人；其中编采播 33 人，技术 18 人。现任负责人维虹。

台址：南宁市朝阳路 7 号。邮政编码：530012。电话：28545。

柳州电视台 10 频道。有效复盖半径 30 公里。全天播放 900 分钟，其中自办节目 240 分钟。

全台现有 65 人；其中编采播 37 人，技术 20 人。现任台长段缘福。

台址：广西柳州市屏山大道 130 号。邮政编码：545005。电话：220014。

梧州电视台 1985 年 11 月 5 日播出。11 频道。有效复盖半径 20 公里。全天播放 360 分钟。

全台现有 51 人；其中编采播 31 人，技术 12 人。现任台长何乐。

台址：广西梧州市蝶山一路 35 号。邮政编码：543002。电话：26077。

县(市)电视台

钦州电视台 1986 年 1 月 1 日开播。4 频道。有效复盖半径 25 公里。

台址：广西自治区钦州市。邮政编码：535000。

海南省

省、地(市)广播电台

海南人民广播电台 1953 年 3 月 2 日播出。使用频率：954、1107 千赫。有效复盖半径 80 公里。全大播音 800 分钟。

台下设办公室、总编室、新闻部、社教部、采通部、经济部、文艺部、技术部、广告部、调频台。全台现编采播人员 72 人，技术人员 21 人。现任负责人韩作民(副台长)。

台址：海口市海秀大道 1 号。邮政编码：570005。电话：72466。

海口人民广播电台 1986 年 1 月 1 日播出。频率 101.8 兆赫。有效复盖半径 50 公里。全天播放 720 分钟。

全台现有 16 人。现任负责人陈金裕。

台址：海口市市委招等所(临时)。邮政编码：570005。电话：73644。

省、地(市)电视台

海南电视台 1979 年 10 月 1 日播出。使用 1、12 频道。有效复盖半径 50—70 公里。全天播放 690 分钟，其中自办节目 240 分钟。

台下设办公室、总编室、新闻部、经济

部、社教部、文艺部、广告部、技术部、体育部、对外部、制作部、播出部、电视剧制作中心等13个机构。现有编制140人。现任负责人鹿松林（副台长）。

台址：海口市海秀大道1号。邮政编码：570005。电话：72250。

海口电视台　1989年2月2日播出。32频道。有效复盖半径25公里。全天播放270分钟，其中自办节目60分钟。

全台现有50人；其中编采播28人，技术11人。现任台长符仕俊。

台址：海口市海秀路3号。邮政编码：570005。电话：75373。

四川省

省、地（市）广播电台

四川人民广播电台　1952年开播。使用频率：第一套节目1116、909、612、7225千赫，95.2、98.8、99.8、92.4兆赫；第二套节目1089、5900千赫；第三套节目97.8兆赫。有效复盖全省人口62%。全天播音31小时。

台下设总编室、新闻部、文艺部、专题部、教育部、藏语部、彝语部、播音部、经济信息部、对外发展部、技术播出部，政治办公室、行政办公室。全台现有341人，其中编采播172人，技术96人。现任台长王先高，副台长陈立源、秦育聪、莫特（藏族）、张丹宁、吴高全。

台址：成都市红星中路119号附1号。邮政编码：610017。电话：665401。

重庆人民广播电台　1950年1月4日播出。频率1080、1314千赫，105.5兆赫。有效复盖半径100公里。全天播放29小时25分钟。

全台现有180人；其中编采播104人，技术44人。现任负责人吴孝文（副台长）。

台址：重庆市中山三路159号。邮政编码：630015。电话：54524。

成都人民广播电台　1959年1月1日播出。频率792、1485千赫。有效复盖半径15—45公里。全天播放17小时55分钟。

全台现有105人。现任台长易冰兰。

台址：成都市东一环路3段。邮政编码：610051。电话：总机443522。

重庆经济广播电台　1988年12月25日播出。频率101.5兆赫。有效复盖半径30公里。全天播放735分钟。

全台现有74人。现任台长罗正宽。

台址：重庆市中山三路159号。邮政编码：630015。电话：52706。

自贡人民广播电台　1960年5月1日播出。频率1422千赫。有效复盖率98.3%。全天播放603分钟。

全台现有77人；其中编采播40人，技术33人。现任台长周义林。

台址：四川省自贡市檀木林街87号。邮政编码：643000。电话：222272。

攀枝花人民广播电台　1984年7月1日播出。频率711千赫，90.5兆赫。全天播放555分钟。

全台现有56人。现任台长毛昌良。

台址：四川省攀枝花市临江路。邮政编码：617000。电话：23239。

内江人民广播电台　1986年2月8日播出。频率1273千赫，91.2兆赫。全天播放390分钟。

全台现有74人。现任台长魏承柏。

台址：四川省内江市新华路。邮政编码：641000。电话：22640。

泸州人民广播电台　1984年10月1日播出。频率954千赫。有效复盖半径60公里。全天播放497分钟。

全台现有40人。现任负责人王树华。

台址：四川省泸州市江阳路。邮政编码：646000。电话：22291。

南充人民广播电台　1986年9月29日播出。波长40.16米。有效复盖半径70公里。全天播放440分钟。

全台现有25人。现任台长王正忠。

台址：四川省南充市人民南路109号。邮政编码：637000。电话：22352。

德阳市人民广播电台　1986年10月1日播出。频率720千赫。有效复盖半径36公里。全天播放420分钟。

全台现有30人；其中编采播17人，技术13人。现任台长许盛志。

台址：四川省德阳市泰山南路25号。邮政编码：618000。电话：223016。

乐山人民广播电台　1987年10月1日播出。频率1476千赫。有效复盖半径20公里。全天播放545分钟。

现任台长罗仁信。

台址：四川省乐山市海棠路。邮政编码：614000。电话：23833。

绵阳人民广播电台　1987年7月1日播出。频率711千赫。有效复盖半径50公里。全天播放465分钟。

全台现有50人。现任台长罗正荣。

台址：四川省绵阳市红星南路4号。邮政编码：621000。电话：22945。

遂宁市广播电台　1989年5月1日播出。频率1226千赫。有效复盖半径50公里。全天播放390分钟。

全台现有51人；其中编采31人，技术7人。现任台长文福华。

台址：四川省遂宁市大北街。邮政编码：629000。电话：23304。

涪陵地区人民广播电台　1989年11月27日播出。频率600千赫，106兆赫。全天播放140分钟。

全台现有12人；其中编采10人，技术1人。现任负责人万德书。

台址：四川省涪陵市广场路72号。邮政编码：648000。电话：23244。

县（市）广播电台

金堂人民广播电台　1984年1月播出。频率96.2兆赫。全天播放510分钟。

现任台长罗明寿。

台址：四川省金堂县上正街。邮政编码：610400。电话：2154。

广汉市人民广播电台　1985年5月播出。频率105.8兆赫。有效复盖半径10公里。全天播放455分钟。

全台现有11人。现任台长孟天吉。

台址：四川省广汉市　城镇。邮政编码：618300。电话：2822。

什邡人民广播电台　1984年7月播出。频率90.6兆赫。有效复盖半径25公里。全天播放410分钟。

现任台长赵朝彬。

台址：四川省什邡县城关镇。邮政编码：618400。电话：22998。

简阳人民广播电台　1986年5月播出。频率91.4兆赫。有效复盖半径25公里。全天播放435分钟。

全台现有26人。现任台长胡胜忠。

台址：四川省简阳县新民街。邮政编码：641400。电话：22843。

黔江人民广播电台　1986年7月播出。频率92.6兆赫。有效复盖半径30公里。全天播放366分钟。

全台现有编采播13人。现任台长黄显炘。

台址：四川省黔江县城。邮政编码：648700。电话：22664。

富顺人民广播电台　1986年10月播出。频率103.8兆赫。有效复盖半径25公里。全天播放405分钟。

全台现有14人；其中编采播10人，技术2人。现任台长税清燮。

台址：四川省富顺县城关镇。邮政编码：643200。电话：　。

达县人民广播电台　1986年9月播出。频率101兆赫。有效复盖半径34公里。全天播放390分钟。

全台现有15人；其中编采播11人，

技术 2 人。现任台长何怀全。

台址:四川省达县市何叶街 146 号。邮政编码:635000。电话:22545。

荣县广播电台 1986 年 10 月播出。全天播放 450 分钟。

全台现有 40 人;其中编采播 14 人,技术 18 人。现任台长张应端。

台址:四川省荣县旭阳镇。邮政编码:643100。电话:622226。

铜梁人民广播电台 1986 年 10 月播出。频率 96.6 兆赫。有效复盖半径 30 公里。全天播放 450 分钟。

全台现有 23 人;其中编采播 14 人,技术 9 人。现任台长叶春显。

台址:四川省铜梁县城关镇。邮政编码:632560。电话:32536。

乐山市中区人民广播电台 1986 年 11 月播出。频率 101 兆赫。有效复盖半径 40 公里。全天播放 435 分钟。

全台现有 14 人;其中编采播 9 人,技术 3 人。现任台长先荣春。

台址:四川省乐山市叮咚街 40 号。邮政编码:614000。电话:32196。

内江市东兴区人民广播电台 1986 年 10 月播出。频率 89.2、105.4 兆赫。有效复盖半径 51 公里。全天播放 410 分钟。

全台现有 23 人;其中编采播 12 人,技术 8 人。现任台长张先贵。

台址:四川省内江市交通路。邮政编码:641100。电话:23906。

资中县人民广播电台 1986 年 12 月播出。频率 103.7 兆赫。有效复盖半径 34 公里。全天播放 425 分钟。

全台现有 16 人。现任台长康诚。

台址:四川省资中县七贤街。邮政编码:641200。电话:2204。

南充人民广播电台 1987 年 4 月播出。有效复盖半径 37 公里。全天播放 385 分钟。

全台现有 18 人;其中编采播 8 人,技术 6 人。现任台长苟正奉。

台址:四川省南充县鹤鸣东路。邮政编码:637100。电话:22818。

营山县人民广播电台 1987 年 9 月播出。频率 104.5 兆赫。有效复盖半径 25 公里。全天播放 365 分钟。

全台现有 15 人;其中编采播 10 人,技术 4 人。现任台长易炳荣。

台址:四川省营山县城。邮政编码:6381500。

合川人民广播电台 1987 年 7 月播出。频率 102.5 兆赫。有效复盖半径 40 公里。全天播放 390 分钟。

全台现有 17 人;其中编采播 8 人,技术 7 人。现任台长杨联泉。

台址:四川省合川县合阳镇。邮政编码:631520。电话:2245。

威远人民广播电台 1987 年 10 月播出。频率 102.9 兆赫。有效复盖半径 20 公里。全天播放 435 分钟。

全台现有编采播 13 人。现任台长隆国银。

台址:四川省威远县严陵镇。邮政编码:642450。

丰都人民广播电台 1987 年 12 月播出。频率 104 兆赫。有效复盖半径 25 公里。全天播放 390 分钟。

全台现有 14 人;其中编采播 8 人,技术 4 人。现任台长余白泽。

台址:四川省丰都县商业路 82 号。邮政编码:648200。电话:22088。

安岳县人民广播电台 1988 年 12 月播出。波长 3.1 米。有效复盖半径 40 公里。全天播放 350 分钟。

全台现有 18 人。现任台长郭林根。

台址:四川省安岳县城。邮政编码:642350。

渠县人民广播电台 1988 年 11 月播出。频率 95.4 兆赫。有效复盖半径 40 公里。全天播放 395 分钟。

全台现有 14 人。现任台长张光理。

台址:四川省渠县渠江镇。邮政编码:635200。

彭山人民广播电台 1988 年 12 月播出。频率 95.7 兆赫。有效复盖半径 25 公里。全天播放 450 分钟。

全台现有编采 10 人。现任台长常争荣。

台址:四川省彭山县城。邮政编码:612760。电话:21776。

洪雅县人民广播电台 1988 年 12 月播出。频率 106.5 兆赫。有效复盖半径 40 公里。全天播放 420 分钟。

全台现有 13 人。现任台长曹仕富。

台址:四川省洪雅县洪川镇。邮政编码:632160。电话:3092。

青神县人民广播电台 1989 年 11 月播出。频率 102 兆赫。有效复盖半径 20 公里。全天播放 425 分钟。

现任台长袁均云。

台址:四川省青神县城。邮政编码:612400。

巴县人民广播电台 1989 年 12 月 26 日播出。波长 2.988 米。有效复盖半径 15 公里。全天播放 385 分钟。

全台现有 18 人;其中编采播 9 人,技术 9 人。现任台长陈再政。

台址:四川省巴县鱼洞镇。邮政编码:63132。电话:2427。

盐边县人民广播电台 1989 年 7 月播出。频率 90.2 兆赫。有效复盖半径 30 公里。全天播放 300 分钟。

全台现有 12 人。现任台长罗宗祥。

台址:四川省盐边县城。邮政编码:617100。

仁和人民广播电台 1989 年 9 月 25 日播出。频率 106.3 兆赫。全天播放 270 分钟。

全台现有 12 人。现任台长袁守泽。

台址:四川省渡口市仁和区。邮政编码:617000。电话: 。

省、地(市)电视台

四川电视台 1960 年 5 月 1 日播出。现使用 21、27、10、8 频道。通过转播、差转复盖人口 7 千万。全天播放 32 小时 43 分钟,其中自办节目 9 小时。

台下设总编室、新闻部、专题部、文艺部、电视剧部、对外宣传部、研究室、技术办公室、技术录制部、技术播出部、对外经济部、办公室、政工办公室、台党总支、台工会。全台现有 433 人,其中编采播 217 人,技术 113 人。现任台长卢子贵,副台长杨宗宪、张德进、王岳军、杨乃富、王潞明。

台址:成都市东胜街 40 号。邮政编码:610015。电话:666065。

重庆电视台 1981 年 10 月 1 日播出。现使用 14、26、8 频道。有效复盖半径 70 公里。全天播放 480 分钟,其中自办节目 300 分钟。

全台现有 186 人。现任台长李书敏。

台址:重庆市佛图关 60 号。邮政编码:630042。电话:350485。

成都电视台 1987 年 1 月 10 日播出。15 频道。有效复盖半径 25 公里。全天播放 280 分钟,其中自办节目 250 分钟。

全台现有 103 人;其中编采播 73 人,技术 30 人。现任台长易冰兰。

台址:成都市东一环路 3 段。邮政编码:610051。电话:总机 443522。

自贡电视台 1984 年 10 月 1 日播出。20 频道。全天播放 220 分钟,其中自办节目 185 分钟。

全台现有 95 人;其中编采播 50 人,技术 45 人。现任台长周义林。

台址:四川省自贡市檀木林街 87 号。邮政编码:643000。电话:222272。

阿坝电视台 1985 年 2 月播出。1 频道。全天播放 240 分钟,其中自办节目 60 分钟。

全台现有 17 人。现任台长乔玉玺。

台址：四川省马尔康。邮政编码：624000。电话：2790。

内江市电视台 1985年9月播出。8频道。有效复盖半径30公里。全天播放27小时，其中自办节目210分钟。

全台现有86人。现任台长薛英昌。

台址：四川省内江市。邮政编码：641000。电话：24679。

达县地区电视台 1987年5月播出。8频道。全天播放720分钟，其中自办节目210分钟。

全台现有42人；其中编采播29人，技术7人。现任台长孙渝生。

台址：四川省达县市张家湾。邮政编码：635000。电话：23191。

绵阳电视台 1986年播出。16频道。有效复盖半径70公里。全天播放720分钟，其中自办节目240分钟。

全台现有50人。现任台长姜维明。

台址：四川省绵阳市。邮政编码：621000。电话：23603。

宜宾电视台 1988年7月1日播出。15频道。全天播放840分钟，其中自办节目300分钟。

全台现有20人；其中编采播14人，技术3人。现任台长葛代祥。

台址：四川省宜宾市武庙街14号。邮政编码：644000。电话：224000。

万县地区电视台 1987年10月1日播出。6频道。全天播放300分钟，其中自办节目240分钟。

全台现有35人。现任台长周齐生。

台址：四川省万县市白岩书院70号。邮政编码：634000。电话：23292。

南充电视台 1987年10月25日播出。6频道。有效复盖半径30公里。全天播放210分钟，其中自办节目165分钟。

现任台长王正忠。

台址：四川省南充市人民南路109号。邮政编码：637000。电话：24601。

德阳市电视台 1987年10月1日播出。19频道。全天播放240分钟。

全台现有16人；其中编采播10人，技术6人。现任台长许盛杰。

台址：四川省乐山市伍家山。邮政编码：614000。电话：34571。

广元电视台 1987年12月31日播出。11频道。全天放720分钟，其中自办节目300分钟。

全台现有40人。现任台长马明。

台址：四川省广元市南山大垭口。邮政编码：628017。电话：23373。

重庆电视二台 1989年1月1日播出。14频道。有效复盖半径30公里。全天播放240分钟，其中自办节目60分钟。

全台现有90人。现任台长纪晓荃。

台址：重庆市佛图关60号。邮政编码：630042。电话：811905。

遂宁市电视台 1989年7月1日播出。14频道。有效复盖半径50公里。全天放360分钟，其中自办节目180分钟。

全台现有51人；其中编采播43人，技术7人。现任台长文福华。

台址：四川省遂宁市大北街。邮政编码：629000。电话：23304。

雅安电视台 1988年12月23日播出。17频道。有效复盖半径50公里。全天播放300分钟，其中自办节目90分钟。

全台现有24人；其中编采播13人，技术5人。现任台长戴积义。

台址：四川省雅安市苍坪山。邮政编码：625000。电话：3074。

县(市)电视台

万县市电视台 1986年1月1日播出。9频道。有效复盖半径40公里。全天播放600分钟，其中自办节目120分钟。

全台现有30人。现任台长陈重廉。

台址：四川省万县市新城路139号。邮政编码：634000。电话：22110。

江津电视台 1985年11月30日播出。6频道。有效复盖半径50公里。全天播放900分钟，其中自办节目15分钟。

全台现有15人。现任台长李安宁。

台址：四川省江津县几江镇。邮政编码：632260。电话：522803。

贵州省

省、地(市)广播电台

贵州人民广播电台 1950年1月1日开播。现使用频率：765、927、1026、7275千赫，94.6、101.6、103.4、106.2、91.6兆赫。有效复盖全省面积47.5%。全天播音1960分钟。

电台设政工处、总编室、技术办公室、办公室、新闻部、播出部、专题部、文艺部、教育部、采通部、经济信息部、录制部，全台现有242人，其中播采播156人，技术44人。现任台长黄世雄，副台长肖文修、蒋金林、陈颂英、丁希美。

台址：贵阳市青云路259号。邮政编码：550002。电话：522493。

贵阳人民广播电台 1984年10月1日播出。频率999千赫、104兆赫。有效复盖半径50公里。全天播放11小时。

全台现有编采播人员34人，技术人员16人。现任台长王泽明。

台址：贵阳市人民广场后院。邮政编码：550002。电话：26904。

六盘水人民广播电台 1987年1月1日播出。频率711、766、1000千赫。有效复盖半径30公里。全天播放600分钟。

全台现有62人。现任台长张永柏。

台址：贵州省六盘水市明湖路9号。邮政编码：553000。电话：4841。

县(市)广播电台

安顺人民广播电台 1986年6月播出。频率97.4兆赫。有效复盖半径15公里。全天播放395分钟。

全台(局台合一)现有37人；其中编采播11人，技术16人。现任台长赵士昌。

台址：贵州省安顺市。邮政编码：561000。电话：22425。

都匀人民广播电台 1987年7月1日播出。频率98兆赫。有效复盖半径30公里。全天播放360分钟。

全台现有21人；其中编采播12人，技术8人。现任台长刘国华。

台址：贵州省都匀市普安路86号。邮政编码：558000。电话：2359。

盘县人民广播电台 1988年10月1日播出。频率95、104.6兆赫。全天播放420分钟。

全台现有32人。现任台长陈鸿。

台址：贵州省盘县特区城关镇。邮政编码：561600。电话：2204。

省、地(市)电视台

贵州电视台 1968年7月1日播出。现使用4、2、27、21共4个频道，中心台有效复盖半径30公里。全天播放41小时，其中自办节目11小时。

电视台设总编室、新闻部、经济部、社教部、专题部、文艺部、对外部、播宣室、录制部、技术办、办公室、广告信息部、东山发射台、政工处。现台现有318人，其中编采播153人，技术106人。现任台长饶观圣，副台长林长金、何诚信。

台址：贵阳市青云路39号。邮政编码：550002。电话：26245。

贵阳电视台 1985年10月1日播出。12频道。全天播放270分钟，其中自办节目240分钟。

全台现有98人。现任台长李世同。

台址：贵阳市人民广场后院。邮政编码：550002。电话：523903。

安顺电视台 1985年5月播出。4、11、17频道。自办节目每周三次。

全台现有38人。现任台长兰方。

台址：贵州省安顺市地委大院。邮政

编码:561000。电话:23240。

黔南电视台 1985年1月1日播出。2、4、16频道。自办节目每周三次,每次4小时30分钟。

全台现有42人;其中编采播15人,技术19人。现任台长廖斌。

台址:贵州省都匀市军分区招待所。邮政编码:518000。电话:3558。

遵义地区电视台 1986年8月播出。2频道。自办节目每周120分钟。

全台现有48人。现任台长詹花志。

台址:贵州省遵义市。邮政编码:563000。电话:4578。

县(市)电视台

遵义电视台 1987年3月23日播出。19频道。自办节目每周四次,每次3小时。

全台现有35人;其中编采播20人,技术13人。现任台长郑思侠。

台址:贵州省遵义市文庙巷11号。邮政编码:563000。电话:4545。

都匀有线电视台 1988年8月8日播出。12、18频道。现有一万余用户。每天两个频道自办节目共6小时。

全台现有24人;其中编采播11人,技术10人。现任台长包久团。

台址:贵州省都匀市新华北路。邮政编码:558000。电话:2082。

清镇电视台 1988年12月30日播出。6频道。有效复盖半径12公里。全天放300分钟,自办节目每周420分钟。

全台现有16人;其中编采播11人,技术4人。现任台长童俭。

台址:贵州省清镇县城。邮政编码:551400。电话:2438。

云南省

省、地(市)广播电台

云南人民广播电台 1950年3月4日开播。现使用的频率:576、990、3910、4760、7210千赫。中波复盖半径70—80公里,短波复盖全省面积。全天播音36小时。

台现设台办公室、总编室、新闻部、采通部、对外部、专题部、农村部、民族部、文艺部、播出部。全台现有277人,其中编采播187人,技术55人。现任台长布泽善,副台长胡世豪、华文娟、刀承锦。

台址:昆明市人民西路广播电视大楼。邮政编码:650031。电话:41211。

云南广播电台 1986年10月1日播出。频率6035千赫。基本复盖越南。全天播放300分钟。

现任台长李汉雄。

台址:昆明市人民西路广播电视大楼。邮政编码:650031。电话:41350。

西双版纳人民广播电台 1978年4月14日播出。波长402米。有效复盖半径45公里。全天播放680分钟。

全台现有101人。现任负责人宋云。

台址:云南省景洪县景洪镇。邮政编码:666100。电话:2492。

德宏人民广播电台 1979年10月1日播出。波长333.3米。有效复盖州内67%。全天播放625分钟。

全台现有107人;专业技术人员占85%。现任台长胡丕谟。

台址:云南省潞西县芒市镇。邮政编码:678400。

红河人民广播电台 1983年7月1日播出。频率702千赫。有效复盖半径50公里。全天播放555分钟。

全台现有60人;其中编采播34人,技术14人。现任台长沈德春。

台址:云南省个旧市建设东路。邮政编码:661400。电话:23918。

大理人民广播电台 1987年12月21日播出。频率1044千赫。有效复盖半径60公里。全天播放405分钟。

全台现有20人;其中编采播14人,技术6人。现任台长姜祥。

台址:云南省大理市下关苍山路。邮政编码:671000。电话:4453。

楚雄人民广播电台 1989年2月6日播出。波长233.1米。有效复盖半径60公里。全天播放390分钟。

全台现有30人。现任台长查超。

台址:云南省楚雄市鹿城北路。邮政编码:675000。电话:2319。

昆明人民广播电台 1989年9月5日播出。频率1350千赫,100.8、100.2兆赫。有效复盖半径80公里。全天播放360分钟。

全台现有60人;其中编采播38人,技术12人。现任负责人赵聚仁。

台址:昆明市北京路610号。邮政编码:650011。电话:34963。

县(市)广播电台

江川人民广播电台 1989年3月播出。频率1100千赫。有效复盖半径20公里。全天播放480分钟。

全台现有15人;其中编采10人,技术4人。现任台长杨金满。

台址:云南省江川县湖滨路。邮政编码:652600。电话:811480。

省、地(市)电视台

云南电视台 1969年10月1日播出。现在有2、9、21频道自办节目,4、15频道转播中央台节目。有效复盖半径200公里。全天播放37小时,其中自办节目7小时。

台下设台办公室、总编室、新闻部、专题部、对外部、文艺部、电视剧部、经济广告部、技术部、录制部。全台现有280人,其中编采播173人,技术77人,行政30人。现任台长曲贵年,副台长吴启发、陈渭庚、闵瑞麟、孙恒恬。

台址:昆明市人民西路。邮政编码:650031。电话:41420—2048、2085。

大理电视台 1985年10月1日播出。4、9频道。有效复盖半径50公里。4频道每周2、4、6播出自办节目270分钟。

全台现有34人;其中编采13人,技术11人。现任台长杨正光。

台址:云南省大理市下关苍山东路。邮政编码:671000。

丽江地区电视台 1988年4月5日播出。7频道。有效复盖半径15公里。全天播放240分钟,其中自办节目15分钟。

全台现有19人;其中编采播9人,技术9人。现任台长高富林。

台址:云南省丽江县大研镇。邮政编码:674100。

昆明电视台 1986年5月22日播出。11频道。有效复盖半径50公里。全天播300分钟,其中自办节目270分钟。

全台现有131人;其中专业技术人员111人。现任台长尹明。

台址:昆明市大观路50号。邮政编码:650032。电话:41553。

西双版纳电视台 1989年7月8日播出。6频道。有效复盖半径30公里。全天播放270分钟,其中自办节目90分钟。

全台现有40人。现任负责人陈欣生。

台址:云南省景洪县允景洪镇。邮政编码:666100。电话:2747。

红河电视台 1989年11月18日播出。4频道。有效复盖半径45公里。全天播放210分钟,其中自办节目180分钟。

全台现有23人;其中编采播18人,技术4人。现任台长邹锦昌。

台址:云南省个旧市。邮政编码:661400。电话:22310。

县(市)电视台

个旧电视台 1986年7月1日播出。11频道。有效复盖半径30公里。全天播放300分钟，其中自办节目60分钟。

全台现有31人；其中编采播20人，技术11人。现任台长赖珀。

台址：云南省个旧市中山路。邮政编码：661400。电话：23190。

云南省广播电台、电视台及人员统计

到1989年底，全省共有：

一、广播电台12座，

其中省、地(市)台8座，县市台4座。

二、电视台11座，

其中省台1座、地市台10座。

三、广播电视职工6034人，

其中编采播人员1389人，技术人员2031人。

西藏自治区

西藏人民广播电台 1960年11月播出。

台址：拉萨市。邮政编码：850000。

西藏电视台 1978年5月1日播出。

台址：拉萨市。邮政编码：850000。

西藏地(市)、县电视台名录

地(市)台：**拉萨电视台、日喀则电视台、昌都地区电视台。**

县台：**察雅县电视台、江达电视台、丁青电视台、类乌齐电视台、贡觉电视台、左贡电视台、芒康电视台、八宿电视台、琼结电视台。**

新闻电影

中央新闻纪录电影制片厂 是中国唯一摄制新闻纪录片的专业厂，建于1953年7月7日。它的前身是1938年秋成立的《延安电影团》。

生产部门主要由以下单位构成：

编辑部、生产管理处、技术管理处、经营管理处、国内部、国际部、戏剧部、音乐工作室、剪辑工作间、录音工作间、照明工作间、美术工作间、洗印工作间和派驻各主要省、市、自治区的摄影记者站等。

该厂目前生产的片种有：长纪录片、短纪录片、系列纪录片、定期杂志片以及少量的舞台纪录片。这些影片为中国政治、经济、科学文化的重要发展作出真实生动的历史纪录；展现中华民族的历史文物、古老文化、自然风光；介绍国际见闻，加强中外交流。本厂还存有珍贵的历史影片资料。

该厂的制片工艺和技术设备有三十五毫米和十六毫米两种。彩色影片和黑白影片均可加工。从前期拍摄到后期制作(包括译制)和大量发行拷贝的印制都可以完成。本厂还有摄像和录像设备，摄像“胶转磁”和大批量的转录也可以完成。

该厂使用的生产技术设备，除一部分从国外引进，其余大部分均系国内产品。

该厂在艺术创作上贯彻“百花齐放、百家争鸣”的方针，提倡不同风格的自由发展。在艺术理论上提倡不同观点自由讨论。鼓励大胆创新，使影片的题材和表现手法丰富多彩。

为了加强中国人民对世界的了解，增进中国人民同世界各国人民的友谊，该厂的摄制组曾到过许多国家拍摄纪录片，摄制了一批反映国际重大事件和各国人民生活习俗的影片。该厂还制作了许多介绍中国和中国人民生活的影片，翻译成英、法、西、阿、葡、俄等多种语言向世界发行。

该厂制作的各种新闻纪录片年产量为250本—300本(有三十五毫米和十六毫米两种)。这些影片通对中国电影发行放映公司和中国电影输出输入公司等机构向全国和世界发行。同时，该厂还受其他单位的委托，代为制作纪录影片。

中央新闻纪录电影制片厂拥有众多的新闻纪录电影专家。有中国电影家协会会员268人，其中21人任协会理事。全厂现有职工920人，其中有编导45人；摄影119人；作曲9人；音乐编辑8人；剪辑22人；技术人员419人。厂房占地面积约7万7千平方米，建筑面积约6万平方米。现任厂长 敬一。

该厂影片在国内多次荣获“金鸡奖”、“百花奖”及政府给予的各种奖励。同时不少影片经常送往多种国际电影节，许多优秀作品曾在各种国际电影节上获奖。

厂址：北京市北环西路15号。邮政编码：100088。电话：2018822。

新闻教育

中国人民大学新闻学院 其前身为创办于1955年4月的中国人民大学新闻系，1988年6月改建为中国人民大学新闻学院。办学宗旨：培养品学兼优的从事新闻实际部门和新闻教学研究工作的高级专门人才。开设的主要课目有：写作基础、新闻理论、外国新闻事业史、新闻采访、报纸编辑、广播电视概论、新闻事业概论、中国新闻事业史、新闻摄影、新闻写作、新闻评论写作、电视采访与拍摄等。

该院自1979年以来，已毕业的学生有：大专生232人，本科生505人，硕士生72人，双学位生6人，博士生6人。现有在校学生：大专生78人，本科生319人，硕士生20人，双学位生44人，博士生2人。现有师资：助教5人，讲师14人，副教授26人，教授4人，还有教员1人。现任负责人：副院长兼新闻系主任何梓华(副教授)，副院长秦珪(教授)。

校址：北京市海淀路39号。邮政编码：100872。电话：285431—2631。

中国新闻学院 1986年1月24日经国家教育委员会批准成立。它的前身是1983年创办的新华社干部进修学院。中国新闻学院受新华社、北京市人民政府领导，主要培养具有坚定政治方向，德、智、体全面发展的高层次新闻人材，为新华社、全国新闻单位输送能从事国际、国内新闻报道的采编人员。开设的课目主要有：新闻理论、新闻写作、新闻采访、新闻编辑、新闻摄影、新闻评论和英、法、俄语编辑，政治理论等。

该校自创办以来，已培养大专毕业生480人，第二学士学位生69人；现有在校大专生163人，第二学士学位119人。现有师资：助教10人，讲师9人，副教授18人，教授9人。现任主要负责人为常务副院长周立方(教授)。

校址：北京市海淀区肖家河正黄旗甲1号。邮政编码：100091。电话：258·2266。

中国社会科学院研究生院新闻系 创建于1978年9月。办学宗旨和培养目标是，使学生进一步掌握马克思主义基本原理，提高坚持四项基本原则的自觉性，热爱祖国，遵纪守法，积极为社会主义现代化服务；在新闻学方面掌握坚实的基础理论和系统的专门知识，对所从事的研究方向有比较全面深入的了解，具有独立从事本专业研究工作的能力；比较熟练地掌握一门外语，能够熟练地阅读本专业的有关资料和一般的听、说及写作能力；具有健康的身体。

自创办以来，该系已毕业的硕士研究生489人，现有在校研究生67人。在教职员工中，有副教授12人，教授10人。现任系主任邱光欣，副系主任红谦。

地址：北京市朝阳区金台路2号。邮政编码：100026。电话：5092121—2014。

北京广播学院 成立于1959年9月7日。其前身是1958年9月创办的北京广播专科学校。1969年停办，1973年恢复。现实行多层次、多规格和多种形式办学体制。全院现设：新闻系、电视系、播音系、文艺系、外语系、无线电工程系、电视工程系、微波工程系、管理系，共有20个专业。培养本、专科生的共设：新闻学、广告学、广播电视新闻、电视专题节目编辑、文艺编导、播音、电视导演、国际新闻、英语、世界语、无线电技术、广播电视工程、电磁场与微波技术、录音艺术、广播电视管理、思想教育等16个专业；培养硕士研究生的设有：新闻学、语言学、通讯与电子系统、电磁场与微波技术、国际共产主义运动、中国现当代文学、现代汉语等7个专业。

1979年以来，全院培养的毕业生：大专生411人，本科生2357人，研究生168人，函授专科生2924人。现有全日制在校学生：大专生89人，本科生1329人，研究88人，第二学士学位生17人，进修生14人，共计1537人；在读函授专科生2529人。全院现有专任教师420多人。其中有：讲师170人，副教授100人，教授12人；工程师48人，实验师1人，高级工程师6人，高级实验师7人。现任院长常振铮，党委书记胡大忻。

地址：北京市朝阳区定福庄。邮政编码：100024。电话：5009955。

国际关系学院国际新闻系 创办于1983年，现已发为具有国际新闻和公共关系专业方向两个专业的新闻教育单位。办学宗旨：为我国培养对内、对外报道的新闻记者和从事公共关系工作的高级人才。开设的课目有：新闻学概论、新闻理论、新闻采访学、新闻写作学、传播学、基础舆论学、公共关系学概论、人际关系学、公共关系实务、中国新闻史、外国新闻史、外国新闻事业、基础英语、高级英语、英语报刊选读、翻译技巧、英语新闻写作和采访编纂等70余门课程。

该系自创办以来已毕业本科生30人，现有在校本科学生84人。现有师资助教1人，讲师12人，副教授7人，教授1人。现任负责人总支书记王朝文，系主任刘建明(代)。

校址：北京市海淀区坡上村12号。邮政编码：100091。电话：2581133—246。

中央民族学院汉语文学系新闻专业 创办于1984年9月。办学宗旨：面向全国新闻单位；面向民族新闻工作；面向社会实践。开设课目：新闻专业基础课有新闻理论、新闻事业概论、中国新闻史、外国新闻事业史；新闻专业课有新闻采访学、新闻写作、新闻编辑、大众传播学、新闻评论写作、新闻摄影、广播电视业务等；新闻指定选修课有报告文学概论、新闻心理学、公共关系学、新闻美学、摄影艺术理论、广告学、摄影采访、图片编辑学、中外名记者研究、中外政治家研究；其它任选课有：中国通史、摄影流派介绍、新闻漫画史、民俗学常识、世界先进科技介绍等。

该专业自创办以来，已培养本科毕业生83人，现有在校本科生129人。现有教员：助教3人，讲师2人，副教授2人，教授1人。现任新闻教研室主任张万隆。

地址：北京市魏公村中央民族学院。邮政编码：100081。电话：8022288—2311。

中国记协职工新闻学院 1982年10月4日创办"中国记协新闻专修班"，1983年扩大招生，改名为"中国记协新闻高等专科学校"，1984年4月经教育部批准备案，定名为现名。办学宗旨：为新闻单位从业人员中未受过高等教育的职工提供进修机会，通过学习达到大专毕业水平，同时举办各类短期培训班，使学院成为培训在职新闻干部的基地。

开设的课目有：哲学、政治经济学、中国革命史、现代汉语、现代文学、古代汉语、古代文学、外国文学、中国近代史、世界近代史、逻辑学、写作、新闻理论、中外新闻事业史、采访与写作、编辑学、新闻评论、新闻摄影、广告学、社会学、社会心理学、公共关系等。

自创办以来，已毕业的大专学员409人，现有在校大专学员243人。全院专职、兼职教职员工共35人。现任院长洪一龙，副院长窦德荣。

地址：北京市西交民巷50号中国记协后院。邮政编码：100031。电话：65·5727。

天津师范大学中文系新闻专业 1960年创办新闻班，招收两届专科学员，共计112人，1962年停办。1980年恢复建立新闻专业。培养目标：能够从从事各级各类报社、通讯社、电台、电视台、广播站、出版社等单位的编辑、记者工作，以及党政部门的宣传报道等文字工作的德、智、体、美全面发展的专门人材。

开设课目：马克思主义原理、中国社会主义建设、中国新闻史、外国新闻史、新闻理论、新闻采访写作、广播电视采编、新闻摄影、美学、中国文学史等51门公共必修课、基础课、专业课程。

自恢复建立新闻专业以来，已毕业本科生154人，现有在校本科生62人。现有师资：助教3人，讲师10人，副教授3人，教授1人。现任新闻专业教研室主任马艺。

地址：天津市南开区天津师范大学北院。邮政编码：300073。电话：70·4991—中文系办公室。

上海复旦大学新闻学院 创建于1929年。1988年6月在复旦大学新闻系的基础上组建复旦大学新闻学院。下设新闻系、新闻研究所、国际新闻专业、广播电视专业、新闻摄影专业。广播电视专业开设26门课，新闻系开设56门课，国际新闻专业开设24门课。主要为省级以上的新闻机构培养新闻采编人才。

自1979年以来，已毕业：大专生12人、本科生650人、研究生40人、博士生1人。现有在校学生：本科190人、研究14人、博士生2人。现有师资：助教5人、讲师22人、副教授12人、教授4人。现任院长丁淦林、副院长李良荣、吴圣苓。

地址：上海市。邮政编码：200433。电话：5484906—2317。

上海外语学院英语系国际新闻专业 于1983年9月成立。开始只招收六年制双学位学生；从1986年起招收两年制的国际新闻专业研究生班，并在此前开始招收学制为三年的硕士研究生；从1988年起又增加招收五年制的本科生。

开设课目：外语必修课有基础英语综合课、英语泛读、英语听说、实用英语语法、高级英语综合课、英语报刊选读、翻译理论与技巧、第二外国语，专业必修课有20多门，选修课多门。

该专业自成立以来，已毕业：双学位学生80人、研究生班36人、硕士研究生25人。现有在校学生：本科生83人、研究生11人。现有师资：教师2人、讲师5人、副教授3人、教授1人。现任新闻专业主任钱维藩(教授)。

地址：上海市大连西路550号。邮政编码：200083。电话：5420900—350。

河北大学中文系新闻专业 1980年5月由教育部批准创办，1981年5月正式建立新闻专业教研室及资料室。1982年招收第一届本科生。办学宗旨：主要为河北省新闻单位及其他宣传部门培养合格的新闻专业人才。以办好本科为主，同时肩负省内在职新闻干部的培训，开展函授教育。开设课目：新闻学概论、中外新闻事业、新闻采访学、新闻写作学、报纸编辑学、新闻评论学、中国新闻事业史、外国新闻事业史、新闻摄影、应用广播学、电视新闻制作基础、写作基础、形式逻辑、现代文学、当代文学专题、外国文学、古代文学、古代汉语、文学概论、美学概论、社会心理学专题、大众传播学专题等。

该专业自创办以来已毕业的学生：本科生154人，干部专修科(大专)35人，专业证书班122人，进修生8人。现有在校学生：本科生98人，函授大专生21人。现有师资：助教4人，讲师8人，副教授2人，兼职教授6人。现任负责人吴庚振(新闻专业教研室主任、副教授)。

地址：河北省保定市。邮政编码：071002。电话：22920—9转中文系。

中共陕西省委党校新闻大专班 1989年9月6日创办，是由陕西省委党校与陕西省新闻学会合办的。办班的目的是为陕西各级新闻单位培养一批又红又专、德才兼备的新闻干部。

开设课程共有21门。该班现有大专学员30人。

地址：西安市小寨西路28号。邮政编码：710061。电话：5·2418。

西北大学中文系新闻专业 创办于1985年。当年招收首届学生。

该专业在开办本科班的同时，又开办大专函授班、专业证书班。1989年有首届毕业生20名。现有在校本科生80人。现有师资：助教8人，讲师1人，副教授2人。

地址：西安市太白路24号。邮政编码：710069。

兰州大学新闻系 于1983年10月复建，1984年开始招收本科生，1985年起招收干部专修班学员。至1989年，已毕业本科生两届103名，专科生两届97名，目前在校本科生203名。成人教育方面，还有函授、专业证书班、夜大学及自学考试等形式。

该系本科目前只有新闻专业，旨在培养报社、通讯社、广播、电视等新闻单位从事编辑、记者及其他宣传工作的专门人才；本科生在全国范围招生。毕业生实行全国统一分配。

全系共有教职工35名，其中副教授4名，讲师9名，助教8名。

现任系主任刘树田(副教授)，副系主任李东文(副教授)、曹郁薇。

地址：兰州市。邮政编码：730000。

宁夏大学中文系新闻专业 创建于1983年，当年9月首届招生，1985年以后改为隔年招生。办学宗旨：为宁夏培养符合党和人民需要的合格的新闻工作者。

自创办以来，已毕业本科生122人，现有在校本科生72人。现有师资均为中文系教员承担新闻专业课程，有助教5人，讲师7人，副教授7人，教授4人。新闻专业教研室主任王庆同。

校址：银川市新市区。邮政编码：750021。电话：77800—476。

新疆大学中文系新闻专业 创办于1983年。办学宗旨：为新疆各新闻单位培养和输送合格的各民族新闻人才。开设的课目有：新闻事业概论、新闻理论、中国新闻史、外国新闻史、新闻采访学、新闻写作学、新闻编辑学、新闻评论学、新闻摄影、实用广播学、电视新闻、新闻采写实践、大众传播学等。

该专业自创办以来，已毕业本科生146人，现有在校本科生193人。现有师资：助教16人，讲师3人，副教授2人。现任负责人努尔买买提。

地址：乌鲁木齐市新疆大学中文系。邮政编码：830046。电话：78777—207。

中国人民解放军南京政治学院新闻学系 解放军南京政治学院的前身南京政治学校于1984年9月开办新闻大专班，1989年9月，该校更名为南京政治学院，同时正式成立新闻学系。设有专业必修课和选修课19门。所开课程，具有军事新闻学科特色。

自创办以来，已毕业大专学员239人。现有在校大专学员149人。现有师资：助教2人，讲师5人，副教授2人。现任系主任卢志超，副主任黄朝政、顾勇华。

地址：南京市中山北路305号。邮政编码：210003。电话：636156、636167转246。

南京大学中文系新闻专业 南京大学中文系在1958年至1962年办过新闻专业，1981年至1985年办过新闻秘书专业，1986年建立新闻专业。开设课目：专业共开设中文、新闻等课程60余门，其中必修课40余门。开设的课程中，尤其重视中文基础和新闻“三基”课程的建设。

自1981年以来，共毕业大专生57人，现有在校本科生80人。现有师资：助教6人，讲师4人，教授1人，另有兼职：副教授1人，教授3人。现任新闻专业主任裴显生。

地址：南京市汉口路。邮政编码：210008。电话：637651—3393。

杭州大学新闻系 创办于1958年，1962年7月专业调整时撤销；1982年又建中文系新闻专业，于1988年5月从中文系独立出来，重建新闻系。培养目标：为浙江省培养合格的新闻人才。开设的课目有：新闻理论、中外新闻史、新闻采访与写作、新闻编辑与评论、广播电视新闻、新闻摄影、马恩新闻思想与实践、中国共产党新闻工作文献研究等。

自1982年建立新闻专业以来，已毕业本科生123人，现有在校本科生108人，硕士研究生3人。现有师资：助教4人、讲师5人、副教授5人。现任负责人张大芝(副教授)。

地址：杭州市天目山路34号。邮政编码：310028。电话：881224。

安徽大学中文系新闻专业 创办于1980年9月。自创办以来，已毕业大专生57人、本科生134人。现有在校大专生35人，本科生90人。现有师资：助教6人，讲师2人，副教授2人。现任新闻专业主任王中义。

地址：合肥市肥西路。邮政编码：230039。电话：332632。

厦门大学新闻传播学系 创办于1983年6月。分设国际新闻、广播电视新闻和广告学三个专业。1984年秋开始招收国际新闻和广告学两专业，广告学专业为我国高等教育中首创的新专业。1989年招收广播电视新闻专业14人，广告学专业20人。现在全系有学生174人，教师22人，已毕业国际新闻专业一届、广告学专业两届学生共60多人。

国际新闻专业学制五年，广播电视新闻专业，学习年限4年，广告学专业，学习年限4年。

自1984年以来，三个专业招生总数分别是：国际新闻100人，广播电视新闻14人，广告学125人。

地址：福建省厦门市。邮政编码：361000。

江西大学新闻系 创办于1958年，在培养了四届本科毕业生后，于1965年停办。1982年设新闻专业，1984年恢复新闻系，设新闻学专业、摄影专业(大专)、函授及夜大学。立足江西，面向全国。新闻学专业培养德智体全面发展的新闻工作者以及能从事新闻教学、新闻研究的专门人才；摄影专业培养德智体全面发展的能从事摄影采访、摄影创作和暗室制作的摄影人才。

自1982年以来已毕业大专生229人、本科生166人,现有在校大专生270人,本科生211人。现有师资:助教10人,讲师17人,副教授9人,教授1人。现任系主任邓长荪,系党总支书记刘仁圣。

地址:南昌市南京东路17号。邮政编码:330047。电话:332349。

郑州大学新闻系 1978年在中文系开设新闻专业,招收二年制在职新闻干部大专进修生,1983年开始招收四年制本科生,1984年4月改为新闻系。该系为河南省各级新闻机构培养编辑、记者以及少量新闻研究人才。设有新闻论史、新闻业务、新闻摄影、汉语言文学等四个教研室。现有师资:教师27人,其中有讲师7人,副教授6人。

10年来,共培养本科毕业生150余人,专科毕业生400余人,函授生800余人。现有在校本科生210人,专科生200人。

地址:郑州市。编政编码:450052。

武汉大学新闻系 创建于1983年,1984年开始招收本、专科生,1985年开始招收硕士研究生,1985年创办武汉大学新闻研究所。开设的课目有:新闻学原理、马列新闻理论与实践、中国新闻事业史、外国新闻事业、大众传播学、新闻采访学、新闻写作学、新闻编辑学、新闻评论学、新闻摄影、新闻广播电视概论、广播新闻采写、广播新闻编辑、电视新闻采访与摄象、电视新闻编辑与制作、英美报刊阅读、新闻语言学、广告学、美学、报告文学研究、中国传统文化等35门课。

自创建以来,已培养大专毕业生325人,本科毕业生152人,研究生1人;现有在校学生:大专生507人,本科生194人,研究生23人。现有师资:助教12人,讲师14人,副教授11人,教授2人。现任系主任吴肇荣(教授)。

地址:武汉市珞珈山。邮政编码:430072。电话:812712—684。

华中理工大学新闻系 创建于1983年4月。培养能胜任报社、电台、电视台采写编摄等工作,具有一专多能的专门人才。开设的课目有:新闻事业史、新闻理论、新闻采访、新闻写作、新闻评论、新闻编辑、新闻摄影、新闻心理学、经济新闻、科技新闻、科技史等。

自创建新闻系以来,已培养大专毕业生400人,本科毕业生148人,硕士研究生2人。现有在校学生:大专生45人,本科生174人,研究生3人。现有师资:助教9人,讲师10人,副教授6人。现任系主任汪新源,副系主任程世寿、申凡,总支书记程道才。

地址:武汉华中理工大学。邮政编码:430074。电话:701521。

湖北大学中文系新闻专业 创办于1987年5月。培养目标:为湖北省内市、地、县培养合格的大学专科水平的新闻人才。开设的课目有:新闻学概论、中外新闻事业、新闻采访、写作、评论、编辑、新闻摄影、广播、电视新闻、新闻心理学、新闻美学等。

自创办以来,已培养大专毕业生42人;现有在校学生116人(大专生)。现有师资:助教1人,讲师2人,副教授14人,教授3人。现任新闻教研室主任谌宗恕。

地址:武汉市湖北大学。邮政编码:430062。电话:874753。

江汉大学中文系新闻专业 创办于1985年,同年秋季招生,学制为三年(大专)。培养目标为地方性的通用型、应用型的新闻专业人才。开设的课程,除德育、体育外,分知识类(18门)、技能类(12门)和系列讲座三大类。

自创办以来,已毕业大专生两个班90人,现有在校学生三个班81人。新闻专业现有师资(不含兼职教师):助教4人,讲师7人,副教授10人。现任新闻教研室主任阮方(副教授)。

地址:武汉市江汉大学。

长沙大学新闻专业 创办于1984年9月,学制3年大专。1984年、1985年两届分别招收50名学生。两班100名学生已先后毕业,但因各新闻单位人员多,分配有困难,故从1986年后停止招生。

负责人易杨。

地址:长沙市。邮政编码:410005。电话:20721。

暨南大学新闻系 暨南大学解放前设在上海,1946年8月创办新闻学系。1958年暨大在广州重建,于1960年春季在中文系设立新闻学专业。"文革"后1978年春季暨大再度复办,设立新闻学系。暨大是国家重点扶植的华侨大学,招生对象以海外侨胞、港澳同胞、台湾青年和外籍华人为主,也招收少量在大陆的归侨、侨眷、港澳同胞子女和台湾省籍青年。新闻系贯彻执行本校华侨大学的办学方针,为海外、港澳台和内地培养新闻传播人材。开设的主要课程,必修课有中共革命史、政治经济学、哲学、写作基础、语法修辞、古代汉语、中国古代文学、法学概论、社会学、逻辑学、国际关系、世界近代现代史、中国近代现代史、新闻学概论、大众传播学、中外新闻事业史、新闻采访、新闻写作、新闻评论、报纸编辑、新闻摄影、新闻英语、计算机应用等,另外还有10多门主要选修课。

自1979年以来,已培养大专毕业生144人,本科毕业生305人,硕士研究生26人,双学位生19人。现有在校学生:大专生103人,本科生256人,硕士研究生9人。现有师资:助教7人,讲师15人,副教授15人,教授3人。现任系主任马彦珣。

地址:广州市石牌暨南大学。邮政编码:510632。电话:774511—455。

广西大学新闻系 原为广西大学中文系新闻专业,1972年成立,1987年3月建立新闻系。1985年获研究生硕士学位授予权。从1972年至1989年,共招收专科生138人,本科生(四年制)430人,硕士研究生14人。本科开设的课程有:中国革命史、哲学、政治经济学、科学社会主义、现代汉语、古代汉语、基础写作、中国现当代文学、古代文学、外国文学、外语、读报与评报、新闻学概论、新闻采访写作、编辑与评论、中国新闻事业史、外国新闻史、新闻摄影、电视新闻、英文报刊分析、公共关系学、广告学、新闻理论专题研究、新闻心理学、国民经济管理学、经济政策、法学概论、体育等。

1979年以来,已毕业的专科生48人,本科生358人,研究生3人。现有在校:本科生121人,研究生11人。现有教师18人,其中助教7人,讲师7人,副教授3人,教授1人。现任系主任虞达文(教授)。

地址:南宁市西乡塘东路10号。邮政编码:530000。电话:33231转273。

广西农垦职工大学新闻专业 1984年秋,国务院农牧渔业部农垦局委托广西农垦职工大学筹办新闻专业。1985年4月正式向全国农垦系统招生,考生必须具备高中毕业文化程度,两年以上工龄,年龄在35岁以下,属成人教育,大专学历,学制两年。

该专业自创办以来已毕业的学生为156人,目前在校学生为76人。

在课程设置上,参照普通大学新闻系的教学要求,并结合成人高等学校两年大专制的特点,确定必修课等20门;选修课有英语、农场政策讲座、摩托车驾驶、书法、逻辑学等5门。该校新闻专业有专职教师8人,其中高级职称2人,中级职称1人,初级职称5人。教研室主任张国琛。

地址:南宁市明阳广西农垦职工大学。邮政编码:530027。电话:24885—

248。

四川大学新闻系 1981年9月四川大学中文系新闻专业招收第一批学生，1985年6月，正式建立四川大学新闻系。面向全国招生，学制4年。主要课程有：政治经济学、哲学、中国革命史、国际共运史、新闻学概论、新闻采访学、新闻写作学、报纸编辑学、书刊编辑学、新闻评论、新闻摄影、广播工作概论、电视新闻学、新闻心理学、公共关系学、大众传播学、广告学、中国新闻事业史、外国新闻事业、现代汉语、古代汉语、中国古代文学、中国现代文学、外国文学、文学概论、美学、基础写作、中国通史、世界近现代史、外语、体育等。

自建立新闻专业以来，已培养大专毕业生188人，本科毕业生141人；现有在校大专学生77人，本科生163人。现有师资：助教6人，讲师8人，副教授7人，教授1人。现任新闻系主任邱沛篁。副系主任吴信训。

地址：成都市四川大学。邮政编码：610064。电话：583875—532。

贵州大学中文系新闻专业 创办于1987年9月。先后招收了87级、88级两班共60名本科生。

现有师资：助教2人，讲师2人，副教授1人。现任教研室主任张金生。

地址：贵阳市花溪区。邮政编码：550025。电话：550025。

金筑大学新闻班 于1984年开办。为贵阳地区培养德智体全面发展的应用型新闻专门人才。已培养大专毕业生95人。现在没有在校学生。

地址：贵阳市文化路2号。邮政编码：550003。电话：27771。

云南大学中文系新闻专业 1985年开办。1989年开始向云南省各新闻单位输送了第一批新闻人材29人（本科毕业生）。该专业有专职教师8人，兼职教师4人。在校本科学生72人。1989年云南大学在部分系试行不分专业招生，入校二年后再按专业分流培养的办法，89年学生中还有30名左右将转入新闻专业。已经毕业和正在就读的外系在新闻专业修读双学位或辅修部分新闻课程的学生7人。新闻专业开有专业主干课8门，专业选修课16门。在教学中，特别强调学生参加社会实践的重要性，学生自一年级起就与各新闻单位建立了固定的联系。

新闻教研室现任主任高宁远。

地址：昆明市翠湖北路52号。邮政编码：650091。电话：51187。

浙江广播电视专科学校 广播电影电视部直属大专学校，创办于1986年。

地址：杭州市。邮政编码：310000。

新疆广播电视学校 1985年3月正式成立。设有广播电视技术专业、双语（维、汉）教学，同时开办了文、理大专班、职业高中班，1987年开办了函大教学，设有新闻、广播电视工程两个专业。

已毕业中专生432人，职高112人。现有在校学生：中专520人，大专312人，职高79人。现有师资：助教27人、讲师10人、副教授5人。现任校长郭况。

地址：乌鲁木齐团结路301号。邮政编码：830001。电话：77976。

安徽广播电视学校 1960年建校，原名安徽省广播学校，1974年复校，1984年2月改为现名。开设有：广播电视技术、播音、新闻采编等三个专业。

自1979年以来，已毕业人数：中专生132人、大专业生45人（与合肥职工科技大学联办）；北京广播学院大专函授新闻采编121人、广播电视工程技术42人。现有在校学生：中专生338人，大专函授（新闻采编）17人。现有师资：助教5人，讲师11人，副教授2人。现任校长杨岭秀。

地址：合肥市南郊姚公庙。邮政编码：230022。电话：333864。

湖北广播电视学校 创办于1965年11月10日，原名湖北省广播技术学校，1966年停办，1974年筹办广播电视学校。

该校有中专班（学制二年）和大专班（学制三年），还有干部专修班、职工中专班、函大班和各种短训班。开设的专业有：中专新闻采编、广播电视技术、广播电视工程、新闻文秘（干部专修）、广播电视技术管理。

自1979年以来毕业中专生1162人，大专生163人。现有在校中专生168人、大专生88人。现有师资：助教7人、讲师19人、副教授2人。现任校长戴惠卿。

地址：武汉市十里铺。邮政编码：430051。电话：441335。

湖南省广播电视学校 创办于1979年。设有广播电视技术、广播电视播控、播音、新闻编采四个专业。社会招生，培养具有中专毕业文化程度的"四有"人才；在职教育，培训具有大专和中专毕业文化程度的在职干部、职工。

自1979年建校以来，已培养中专毕业生859人，函授大专生202人。现有在校中专生417人，函授大专317人。现有师资：助教18人，讲师29人，副教授7人。现任校长梁森泉。

地址：长沙市韶山路79号。邮政编码：410007。电话：32552。

贵州省广播电视学校 创办于1966年，当时只设广播电视技术专业，1986年增设新闻采编专业，为本省地县台（站）培养初、中级编采人员。开设课目：公共课5门，基础课6门，专业课7门，还有专题讲座。新闻采编专业已毕业中专生两届共101人，现有在校学生48人。现有师资：助教3人，讲师3人，副教授1人。现任校长时鸿运。

地址：贵阳市阳关。邮政编码：550008，电话：42623。

云南广播电视学校 1979年5月成立"云南省广播事业局技术训练班"，1981年12月28日改为"云南省广播电视（职工）学校"，1985年9月17日改为"云南省广播电视中等专业学校"（即云南广播电视学校）。开设课目：北京广播学院函授专修科开设"广播电视工程"和"新闻编采"两个专业；中专开设"广播电视工程技术"专业。为本省广播电视系统培养初级和中级层次的工程技术，新闻采、编、播及管理专业应用人才。

1979年以来毕业：中专生38人，大专生248人。现有在校：中专生112人，大专生56人。现有教职员：助教7人，讲师9人，副教授3人。现任校长豆敬学。

地址：昆明市吴井路19号。邮政编码：650041。电话：32704。

新闻研究

中国社会科学院新闻研究所 是国家级的新闻学研究机构，于1978年6月15日经中共中央副主席李先念批准正式成立。

组织机构：目前设有新闻理论、中国新闻事业史、新闻业务、世界新闻和传播等研究室，图书资料室及行政办公室。全所编制71人。在各类专业人员中，现有高级职称（副研究员、副编审、副教授）19人。现任所长孙旭培，副所长卫景福、徐耀魁。

经中国社会科学院批准，新闻研究所设有学术委员会。第一届学术委员会（1979至1986）主任安岗，副主任戴邦；委员：温济泽、李普、翟向东、罗列、赵一鹤、谭立、谢冰岩。第二届学术委员会（1986至1989）主任商恺，副主任徐耀魁；委员：王敬、何炳然、何光先、伍素心、陈崇山、方汉奇、红谦。

该所编辑出版的期刊有《新闻研究资料》、《新闻学刊》(与新闻学会联合编辑,已停刊)和大型资料工具书《中国新闻年鉴》。

主要科研成果:建所10年来共著、编、译书100余种;写出了一大批学术论文、调查报告、研究报告;发起并组织多次全国性的新闻学术讨论会,如纪念马克思逝世100周年新闻学术讨论会(1983年)、纪念毛泽东诞辰90周年新闻学术讨论会(1985年)、纪念抗日战争胜利40周年新闻学术讨论会(1985年)、新闻真实性座谈会(1984年)等;参与了《中国大百科全书·新闻出版》卷、《当代中国新闻事业》、《中国新闻事业通史》等国家社会科学重点项目的编纂工作;参与了我国第一部社会主义新闻法草案的草拟工作;主持开展了一系列大规模的新闻受众调查工作;开展了对传播学、公共关系学等新兴学科的介绍和研究;召开了有关世界新闻新秩序讨论会(1985);创办了中国三S研究会、中国新闻出版社(此二机构现已划为全国记协领导)。

该所作为中国新闻学会联合会和首都新闻学会的挂靠依托单位,积极协助和支持两会开展各项活动,包括自1980年以来的历次全国好新闻评选活动和历次学术年会。

该所协助社会科学院研究生院新闻系,培养新闻学硕士研究生。

该所通过多种形式开展了中外学术交流,曾派员出访日本、澳大利亚、美国、联邦德国、苏联,先后派遣留学生、进修生和访问学者赴南斯拉夫、美国、日本、英国学习,同时接待了许多来访的外国学术代表团和学者。

地址:北京市朝阳门外金台西路2号。邮政编码:100026。电话:5026231转。

新华社新闻研究所 全国规模的综合性新闻研究机构。建于1980年3月(初建时为新闻研究部,1983年1月改现名)。它的职能是:在社内,从事多方面、多层次的新闻研究和设计工作,为新华社的宣传报道和业务建设服务;在社外,广泛同国内外新闻界进行合作与交流,为探索有中国特色的社会主义新闻学,发展与繁荣我国的新闻事业服务。

机构设置有:新闻理论研究室、新闻报道研究室、新华社社史研究室、外国新闻研究室、情报资料室、办公室。另有《中国记者》编辑部、《新闻业务》编辑室。

出版的刊物与资料有:《中国记者》(月刊)、《新闻业务》(周刊、专辑、选编)、《国内外新闻界动态》(周刊)、《新闻理论参考资料简编》等。编辑出版的系列书有:《新闻论丛》(已出6集)、《新华社文件资料选编》(5集)、《新华社好稿选》(10集)、《新闻评析》(3集)、《中国记者丛书》(22集)。另外,编辑出版有《新华社回忆录》、《台湾新闻事业概况》、《海外华文报刊的历史与现状》、《短新闻辑览》、《病句辑例》等新闻书籍。

研究人员的构成,除专职研究工作者外,有聘请的研究员、副研究员和具有高级职称的特约撰稿人,以此来利用新华社人才多、资料多、研究力量雄厚的特点和条件,充实研究队伍,开展群众性的研究工作。

历任负责人是:缪海棱、方言、成一、文有仁。

地址:北京市宣武门西大街。邮政编码:100803。电话:3071114(总机)

上海社会科学院新闻研究所 创办于1985年。几年来,开展了新闻媒介的舆论监督、新闻媒介广告、新闻法、《申报》史、上海新闻事业编年史等课题的研究,并主办《消费报》和新闻专业期刊《新闻记者》。

所长宋军,副所长徐学明。

内蒙古自治区新闻研究所 1981年6月成立。

所内设有《新闻论坛》编辑部,报史、新闻志编写组、行政组,现有10人。现任所长张克源。

地址:呼和浩特市内蒙古日报社楼内。邮政编码:010016。电话:666444—385。

吉林省新闻研究所 创办于1979年11月。建所十年来承担了一些新闻研讨课题,举办过多次新闻专业人员的培训班,主办新闻专业刊物《新闻研究》。

全所现有7人。所长马逢春,副所长曹树华。

地址:长春市斯大林大街68号。邮政编码:130051。电话:823784。

黑龙江省新闻研究所 成立于1980年2月4日。所内设新闻理论、新闻事业史研究室及《新闻传播》编辑部。全所现有研究人员11人,所长曹登,副所长杨思迅。

所址:哈尔滨市道里区地段街2号。邮政编码:150010。电话: 。

陕西省新闻研究所 创办于1979年9月1日。

全所现有7人。现任所长袁良,副所长姚文华、薛养玉。

地址:西安市环南路东段1号。邮政编码:710054。电话:713557—516。

陕西广播科学研究所 创建于1978年5月11日。主要任务以应用研究为主,立足陕西,研究解决陕西省广播电视传输和复盖的实际问题。

该所现有中级科技人员10人,高级技术人员3人,熟练技术人员18人。现任所长陈茂根。

地址:西安市和平门外李家村。邮政编码:710054。电话:2—5623。

甘肃省新闻研究所 创建于1983年,由甘肃日报社主管,经费由省财政拨款。

该所主办有《新闻理论与实践》报(半月刊),向国内发行。

全所现有人员6人,其中专业人员4人。现任所长李崇寿,副所长于清滩。

地址:兰州市白银路47号(甘肃日报社内)。邮政编码:730030。

山东广播电视新闻研究所 于1983年7月正式建立。主要任务是:紧密联系山东广播电视宣传工作实际,探讨广播电视新闻理论和开展宣传业务研究活动;调查广大听众观众对广播电视宣传和节目的各方面意见、要求;征集本省广播电视史料,编纂年鉴资料和史志;编辑出版理论业务刊物,促进广播电视队伍的业务建设,为提高节目质量服务。

该所现有工作人员13人,其中高级编辑2人,主任编辑记者6人,编辑2人。现任所长匡友斌

地址:山东省济南市青年东路三号。邮政编码:250011。电话:614242转60

江苏新闻研究所 1983年创建,原隶属于江苏省社科院。1984年1月江苏省委宣传部决定,由新华日报社下设江苏新闻研究所。(原社科院新闻研究所撤销,并入社会学所)该所目前的任务:1、总结、探讨全省报纸、广播电视等新闻单位的实践及其理论;2、整理、编辑新华日报及群众周刊的史料;3、编辑出版新闻专业期刊《新闻通讯》;4、担负江苏省新闻学会秘书处的日常工作。

全所现有8人,现任所长李承部,副所长谢礼贤。

地址:南京市中山路55号。邮政编码:210005。电话:742171。

江苏省广播电视新闻研究所 1988年6月成立。具体任务:1、研究广播电视宣传的理论,总结其实践经验;2、编纂江苏广播电视史志;3、研究地方性广播电视法规;4、编辑、制作实验性广播电视节目;5、担负江苏省广播电视学会秘书处的工作,并负责《视听界》杂志社及其编辑部的

日常指导工作。

机构设有调研室、史志室、法规室、实验性节目编辑室(对外为"江苏广播电视艺术实验中心");另设秘书一名,下设资料室,全所现有12人。现任所长邹荫辛,副所长徐质敬。

地址:南京市白下路235号。邮政编码:210001。电话:404438。

湖南省广播电视厅新闻研究室 前身为湖南人民广播电台新闻研究室,成立于1982年7月,1984年1月改为湖南省广播电视厅总编室新闻研究室。1987年6月改为现名。主要任务:1、广播电视新闻研究;2、广播电视史志研究;3、有关广播电视方面的政策、法规研究;4、全省广播电视优秀节目评选;5、办不定期内部业务刊物《视听业务参考》。

全室现有8人,其中主任编辑3人,编辑3人,助编1人,秘书1人,现任室主任潘重宇。

地址:长沙市雨花路27号。邮政编码:410007。电话:31811。

四川省社会科学院新闻学宣传学研究室(四川省社科院研究生部新闻学专业) 1986年8月创办。主要任务:1、开展编辑学、宣传学研究;2、承担本院新闻学(书刊编辑)专业攻读硕士学位研究生的教学任务。

全室共有7人。现任负责人陈昌荣(编审、教授)。

地址:成都市青羊宫。邮政编码:610072。电话:总机669347。

新闻团体

中华全国新闻工作者协会 创建于1957年2月,"文革"停止活动,1980年恢复工作,现为第三届理事会。第三届理事会成员:

主席吴冷西,副主席秦 川、穆青、刘尊棋、费彝民、赵超构、吴之非、丁希凌、王 揖、谭文瑞、谢文清;

委 员:王忍之、安 岗、邢方群、马毓真、吐尔地·买提及牙孜、沈 力、张 帆、汪 溪、杨 蕴、李千峰、佘世光、杜导正、赵 化、钟沛璋、徐 才、徐 曼、徐惟诚、高 梁、鲁■思、范敬宜、李 冀、王士谷、徐 克、郭楠柠、李至伦、冯锡良、许 文;

书记处书记:王 飞、王 揖、孔 迈、江牧岳、江 涛、李 普、吕 梁、丁仰炎、郭 渭、彭 迪、杨 翊、杨子才、唐 非、东 生、王哲人。

国内工作部主任:阮观荣

国际联络部主任:屠培林

办公室主任:杜玉藻

中国记协职工新闻学院院长:洪一龙

北京西交民巷50号。邮政编码:100031。电话:65.6149

中国新闻学会联合会 1984年12月6日正式成立。现在是第二届理事会。中国新闻学会联合会第二届理事会成员:

一、正副会长

会长:胡绩伟

副会长:马 达 钱辛波 李 普 谭文瑞 广东会长 杨伟光 樊 坤(女)

二、常务理事(按选举得票多少为序)

胡绩伟 马 达 钱辛波 钟沛璋 杨伟光 李 普 广东学会 何光先 樊 坤(女) 赵 阜 杨正泉 冯森龄 谭文瑞 范敬宜 李 夫 方汉奇 温济泽 戴 邦 王强华 乌 恩 樊发源 许 文 孙旭培 李新雨 顾 页 许 川 蒋齐生 李 冀 刘黑枷 高 炜 邓质钢

三、理事(按性氏笔划为序)

丁有和 于东河 马 达 马汉卿 王允渊 王训生 王秀琳 王思华 王强华 王燕天 方 亢 方汉奇 邓质钢 乌 恩 冯 健 冯森龄 司徒坚 刘远修 刘国臣 刘学洙 刘黑枷 江 村 安 岗 吉尔格勒 许 川 许 文 关志豪 孙旭培 孙泽夫 吕瑞林 李 夫 李 冀 李 庄 李 普 李长春 李光照 李寿山 李佳林 李新雨 杨子才 杨正泉 杨伟光 杨志庆 杨振兴 肖 兵 吴 汛 杜加星 何光先 沈同衡 张广友 张永经 张仲彩 张江漪 张振华 张鸿飞 陈 英 陈晓宁 陈 颖 陆炳麟 林 田 林 奔 林自新 林建中 罗小平 金 凯 易冰兰 郑德芳 范敬宜 赵 阜 赵秉英 胡开驷 胡绩伟 姚志能 洪一龙 钟佩璋 部永堂 袁 良 顾 页 钱辛波 高 炜 高 流 郭 健 唐 峻 苏永湛 黄洁民 章道义 商 恺 康 健 曹文秀 蒋齐生 韩 泽 韩酉山 傅庆堂 鲁 淳 谢文清 楚 汜 雷 勃 温济泽 群 觉 谭文瑞 戴 邦 戴松成 樊 坤 樊发源

四、正副秘书长

秘书长:钱辛波;

副秘书长:何光先(常务)、孙旭培、李敬人、李 野、裴 达

地址:北京市朝阳门外金台西路2号9号楼。邮政编码:100020。电话:5025694。

中国新闻学研究基金会 成立于1988年12月16日。中国新闻学研究基金会理事及领导班子成员名单:

一、主席、副主席

主席:胡绩伟(中国新闻学会联合会会长);

副主席:张文达(本溪钢铁总公司总经理);

李华忠(鞍山钢铁总公司总经理);

杨伟光(中国新闻学会联合会副会长);

赵 阜(辽宁省新闻学会会长);

杜祖亮(承德群众报、承德市报、经济消息报社长兼总编辑);

乔俊峰(北京制药厂厂长)。

二、秘书长、副秘书长

秘书长:何光先(中国新闻学会联合会常务副秘书长、首都新闻学会秘书长);

三、常务理事(按姓氏笔划排列)

王德祥(北京制药厂党委书记);

刘惠德(鞍山钢铁总公司党委副书记);

乔俊峰(同前);

李华忠(同前);

李居阳(本溪钢铁总公司党委常委、宣传部长);

杨伟光(同前);

何光先(同前)

杜祖亮(同前);

张文达(同前);

胡绩伟(同前);

赵 阜(同前);

四、理事(按姓氏笔划排列)

亓志文(山东新泰市市长);

邓德辉(广州人民机器厂厂长);

刘玉合(邢台丽华实业公司总经理);

孙振武(湖北孝感报社社长)

朱营湘(中国经济信息报记者);

李太述(铁道工程指挥部建筑工程处党委书记);

李新雨(山东省新闻学会会长);

邹才华(铁道工程指挥部第十一工程局局长);

杨仕望(铁道工程报社副总编辑);
吴　亮(沈阳电冰箱总厂厂长)
张健基(铁道部第四工程局局长);
张夫培(河北沧州日报总编辑)
贺修桂(北京照像机总厂厂长);
曹文秀(同前);
舒　野(经济日报秘书长);
董万庆(铁道部工程指挥部房山桥梁厂厂长);
徐祥林(江苏常州日报记者)。

地址:北京市朝阳门外金台西路2号9号楼。邮政编码:100026。电话:5025694。

中国广播电视学会　成立于1986年10月15日。

会长:吴冷西;

副会长:王枫、左漠野、吴少琦、何光、何大中、邹凡扬、金照、郝平南、徐崇华、谢文清;

常务理事会成员:王枫、方亢、左漠野、吴少琦、吴冷西、何光、何大中、邹凡扬、林建中、金钊、金照、赵水福、郝平南、郭成方、珠兰其其柯、徐崇华、谢文清;

秘书长:赵水福;副秘书长裴玉章、罗弘道、赵玉明、吴贤纶、田亨九。

办公地址:北京市复兴门外大街2号广播电影电视部内。邮政编码:100866。

首都新闻学会　原名北京新闻学会,成立于1980年2月6日,1984年1月1日正式改为现名。现为第二届理事会。

三、会长、副会长(8人):会长胡绩伟;副会长方汉奇、安岗、李庄、李普、商恺、谢文清、戴邦(任常务副会长)

二、常务理事(27人)

王士谷　方言　方汉奇　左林　冯健　冯锡良　安岗　刘复荣　李庄　李普　李冀　杨正泉　杨伟光　胡绩伟　钟沛璋　姚远方　张千祥　顾行　殷参　钱辛波　康荫　商恺　温济泽　满运来　谢文清　谭文瑞　戴邦

四、秘书长:何光先

五、秘书处办公会议成员(11人):

方言、何光、何光先、何梓华、张千祥、张焕章、顾行、钱辛波、黄实、曹敦玉、戴邦

会址:北京市朝阳门外金台西路2号人民日报9号楼。邮政编码:10026。电话:5025694。

中国科技报研究会　成立于1980年3月。

•现任总顾问裴丽生,理事长章通义,副理事长林丛、戴维桂、黎光、秘书长杨旭。

办公地址:北京市海淀区学院南路86号。邮政编码:100081。电话:896731—593。

中国新闻摄影学会　成立于1983年10月。

现任会长蒋齐生,副会长王锦、林庭松、蒋铎、王继栋、米寿世、张其军、游云谷,执行会长许必华、舒野,常务副会长兼秘书长胡颖。

办公地址:北京市宣武门西大街57号新华社摄影部理论研究室内。邮政编码:100803。电话:3074595。

中国新闻教育学会　成立于1984年11月2日。

现任会长温济泽,副会长洪一龙、甘惜分、宁树藩、李振水,秘书长曹璐。

办公地址:北京市朝阳区定福庄北京广播学院新闻系内。邮政编码:100024。电话:5762955—366。

中国汽车工业新闻学会　成立于1986年9月。

现任会长吴法成,副会长丁光显、刘国臣,秘书长傅秉江。

办公地址:北京市复兴门外大街16号中国汽车报社内。邮政编码:100860。电话:3261086。

中国新闻漫画研究会　成立于1987年10月。

现任会长沈同衡,副会长方成,秘书长朱根华。

办公地址:北京市金台西路人民日报北院9号楼。邮政编码:100026。电话:5026231—3798。

首都产业报研究会　成立于1987年5月。

现任会长戴松成,副会长朱石川、孙惠卿,秘书长孙惠卿(兼)。

办公地址:北京市安外安华里二区5号楼。邮政编码:100011。电话:4215282。

中国卫生新闻学会　成立于1988年2月28日。

现任会长丁有和,副会长保育钧、鲁谆、陈谈强、杨正泉、杨伟光、何光先、纪云龙,秘书长余治平。

办公地址:北京市旧鼓楼大街健康报研究室。邮政编码:100009。电话:4014032。

中国工人报刊研究会　成立于1988年6月21日。

现任会长程路,副会长桂金、詹文元、党禄、宋寿裕、李暖、黄鲲、黄秉荣、邹一兵、吕宗生、钟锦泉、胡冠亚,秘书长贺冰、蒋旭中、周祥涛、童孟侯。

办公地址:北京市复外大街工会大楼406室。邮政编码:100865。电话:801220—406。

中国新闻史学会　成立于1988年2月。

现任会长方汉奇,副会长宁树藩、陈业劭,秘书长谷长岭。

办公地址:北京市海淀路39号林园2楼10号。邮政编码:100872。电话:285431—3621。

中国教育新闻工作者协会于1986年3月16日正式成立,是中华全国新闻工作者协会的团体会员。

中国教育新闻工作者协会由教育专业报纸和综合日报、广播电台、电视台中从事教育宣传报道的部门,高等学校校报,各省、自治区、直辖市综合性教育期刊这三个系列的编辑、记者组成。现在团体会员85个,首届理事会主席:潘铭(中国教育报),副主席:傅军(新华社)、陈兴贵(人民日报)、朱军(光明日报)、张振东(中央人民广播电台)。秘书长:李兆汉(中国教育报)。

办公地点:北京市西城区西黄城根北街甲2号中国教育报社内。邮政编码:100034。秘书处电话:661976

中国经济信息报刊协会　国家新闻出版署主管。成立于1988年11月1日。该协会是全国经济信息报刊组成的群众团体,其宗旨是组织全国经济信息报刊开发信息资源,服务四化建设。

协会暂设国内工作部、国际工作部、科技工作部、丛书编辑委员会、秘书处。机关现有15人。现任会长冯纪新,副会长刘爱芝、赵正清、栗金孚、陈青、刘学悠、袁效贤,秘书长冯代松。

会址:北京市西黄城根9号院新楼214号。邮政编码:100032。电话:652772。

中国青年报刊工作者协会　1988年12月13日成立,全国有50多家青年报刊为团体会员。现任名誉会长佘世光,会长徐祝庆,副会长李秋芳、李春友、李智平、赖济煌,秘书长李秋芳。

会址设在中国青年报社内。

北京市新闻工作者协会　1983年7月22日成立。现任主席林青,副主席王相、俞位海,秘书长李庭芝。

办公地址:北京市复兴门真武庙二条北京市广播电视局内。邮政编码:100866。

北京市新闻学会　1983年8月23日成立。现任会长许文,副会长匡于中、丁　图、孙世恺,秘书长刘化彬。

办公地址:北京市东单西裱褙胡同34号北京日报社内。邮政编码:100734。电话:548221。

天津市新闻工作者协会　1957年创立。

现任主席鲁思，副主席朱其华、董树义、李夫、张钦沛，秘书长张连璧。

地址：天津市鞍山道54号。邮政编码：300020。电话：70·1295。

天津市新闻学会　1980年10月创立。

现任会长张鸿飞，副会长李夫、朱泽民，秘书长张连璧。

地址：天津市鞍山道54号。邮政编码：300020。电话：70·1295。

上海市新闻工作者协会　成立于1958年3月，1982年8月9日恢复活动。现任名誉主席陈虞孙，顾问杨永直、陆诒，主席王维，副主席陈念云、夏其言、宋军、杨瑛、束纫秋、陆灏、张启成、刘冰、徐光耀、贾树枚、丁法章，秘书长张锦堂。

办公地址：上海市汉口路274号解放日报社内。邮政编码：200001。电话：总机3221300—136。

上海市新闻学会　成立于1982年8月9日。现任会长马达，秘书长徐学民。

办公地址：上海市园明圆路149号文汇日报社内。邮政编码：200002。电话：211410—51。

河北省新闻工作者协会　于1957年4月在保定成立。1979年恢复活动。

现任主席林放，副主席王子英、盛荫泉、张春富、孟宪俊；秘书长安孟吉。

地址：河北省石家庄市裕华路7号河北日报社内。邮政编码：050013。电话：45036转。

河北省新闻学会　成立于1985年7月。现为第四届理事会，会长郜永堂，副会长刘方辰、胡玉泉、辛振华，秘书长辛振华(兼)。

办公地址：石家庄市裕华中路。邮政编码：050011。电话：43901—314。

中国报纸副刊研究会　成立于1988年4月。

现任会长宋清江，秘书长江启民、王群永。

办公地址：河北省张家口市报副刊部。邮政编码：075000。电话：7671。

山西省新闻工作者协会　山西省新闻学会　山西省新闻工作者协会成立于1959年7月14日。“文革”期间停止活动。1981年10月28日恢复活动。现任协会名誉主席张长珍、刘贯文，主席陈墨章，副主席唐纪宇、谈风、赵克明、赵秉英、谢洪涛、梁肇唐、王家贤、王艾生、赵修身、贾玉瑞、贾春太、邢建唐。

山西省新闻学会成立于1989年2月26日。现任学会名誉会长鲁兮、马明，会长陈墨章，副会长江风、翰钟昆、郭全盛、康溥泉、马德、鱼泼、肖寒、翟生祥、党禄、程望杰、马超骏、郭润田、崔兰英。

“两会”顾问：刘江、王西一、相兴华、王士元、胡青光、张文昭、王　克、朱光耀、陈远、赵宪斌、李兴旺。

“两会”秘书长贾玉瑞(兼)。

两会会址：太原市双塔寺街24号山西日报社内。邮政编码：030012。电话：23373。

内蒙古自治区新闻工作者协会　内蒙古自治区新闻学会　成立于1984年7月25日。

现任主席(会长)乌恩，副主席(副会长)袁孝发、宝祥、傅克家、珠兰、吉尔格勒、张选国，秘书长王温。

地址：呼和浩特市内蒙古日报社内。邮政编码：010010。电话：666444(总机)。

辽宁省新闻工作者协会　辽宁省新闻学会　记协成立于1955年，1979年12月17日正式恢复活动。1982年6月23日成立辽宁省新闻学会。1984年4月2日，两会换届组成合一的理事会，现任两会主席(会长)赵阜，副主席(副会长)吴少琦、刘黑枷、孙铭惠、武春河、安景林，顾问赵煦天，秘书长曹文秀。

办公地址：沈阳市中山路339号。邮政编码：110014。电话：23925。

吉林省新闻工作者协会　1979年5月恢复活动。现有会员3000人左右。

现任主席李准，秘书长徐中天。

地址：长春市斯大林大街68号。邮政编码：130051。电话：823153。

吉林省新闻学会　成立于1988年12月。现有理事70余人。

现任会长陈述，副会长兼秘书长梁致政。

地址：长春市斯大林大街68号。邮政编码：130051。电话：823784。

黑龙江省新闻工作者协会　因“文革”停止十四年，于1980年恢复工作。现任主席江村，副主席尹应淳、冯玉璋、朱繁、李惠民、陈守芳、邹本业、张元亮、戚贵元、曹登，秘书长周桂荣。

会址设在黑龙江日报社办公楼内。

黑龙江省新闻学会　成立于1984年4月2日。会长江村，副会长李寿山、张克忠、贾宏图、李新奇、曹登、康伟中、高奭、高世祥；秘书长艾国忱(女)。

会址设在哈尔滨市道里区地段街2号。邮政编码：150010。电话：417873。

陕西省新闻工作者协会　陕西省新闻学会　陕西省新闻工作者协会于1982年5月恢复活动。现任主席张光，副主席崔诚五、郭成方、马汉卿。

陕西省新闻学会成立于1985年1[illegible]月。现任会长冯森龄，副会长张光、袁良朗可、武英。

“两会”秘书长袁良(兼)。

“两会”秘书处办公地址：西安市环城南路东段1号。邮政编码：710054。电话710238—320。

甘肃省新闻工作者协会　甘肃省新闻学会　甘肃新闻工作者协会，五十年代成立，“文革”中停止活动，1981年6月1[illegible]日恢复活动。现任主席田世英，副主席焦维祯、万泰平、罗山、高剑夫、黄应寿。

甘肃新闻学会，1980年5月14日成立。现任会长王燕天，副会长周国华、李万良、马恩淇、由钜耀、段　玫(女)。

两会秘书长张　路(女)

两会办公地点：兰州市白银路47号(甘肃日报社内)。邮政编码：730030。电话：464715—322。

青海省新闻工作者协会　青海省新闻学会　成立于1983年。两会合署办公。

现任主席(会长)吴汛，副主席(副会长)金明、德木却，办公室主任陆荣春。

地址：西宁市七一路211号(青海日报社内)。邮政编码：810000。电话：45961—211。

宁夏自治区新闻工作者协会　宁夏自治区新闻学会　两会成立于1982年8月6日，合署办公。

现任主席(会长)顾页，副主席(副会长)马玉琦、王振华、朱载文、关君放、李维涤，秘书长王振刚。

办公地址设在宁夏日报社内。

新疆自治区新闻工作者协会　新疆自治区新闻学会　两会于1985年4月同时成立。新疆新闻工作者协会现任主席丁克，常务副主席排祖拉，副主席安俊川、巴吾东·卡德尔、兰振华、韩文辉、程玉祥，秘书长田玉棉。

新疆新闻学会现任会长王思华，副会长王智生、邵强、伊明阿孜、艾依提哈孜，秘书长张鸿印。

两会办公地址：乌鲁木齐市新疆日报社内。邮政编码：830051。电话：42711—316。

山东省新闻工作者协会　山东省新闻学会　山东省新闻工作者协会的前身是：中国青年新闻工作者协会山东分会和中华全国新闻工作者协会筹委会济南分会。1940年4月在山东沂蒙山革命根据地成立中国青年新闻工作者协会山东分会；1949年10月25日，在济南成立了中国记协筹委会济南分会。

山东省新闻工作者协会和山东省新闻学会于1984年2月28日在济南成立。

山东省新闻工作者协会现任主席齐松涛，副主席金钊、王焕清、邢景文、刘洪喜、孟宪荣、南振中、宋民，山东省新闻学会现任会长李新雨，副会长宫敬之、林中、李栋春、所梦九、谭吉安、孙唯一。

"两会"合署办公，秘书长于东河。

办公地址：济南市历山路99号。邮政编码：250014。电话：43202。

江苏省新闻工作者协会 1958年创建，1982年7月恢复活动。现有团体会员约400个，专职干部4人。现任主席樊发源，副主席丁群、王若渊、王建邦、王霞林、刘向东、孙鹰、李贵梁、姜韦才、徐明达、黄生甫，秘书长张泾德。

地址：南京中山路55号市新华日报社内。邮政编码：210005。电话：742143。

江苏省新闻学会 成立于1982年7月1日。现有14个分会。现任会长金靖中，副会长尤淇、尤纪泉、李承郃、张学洪、周顺生、韩泽、蔡圣广，秘书长李承郃(兼)。

地址：南京市中山路55号新华日报社内。邮政编码：210005。电话：742171。

浙江省新闻工作者协会 现任主席郑梦熊，副主席杜加星、刘振贵、周祖赓、莫念祖，书记处书记谢仲甫、高庆祥、徐树藩、金雨困、陆训、卢良、沈森。

办公地址：杭州市浙江日报社内。

安徽省新闻工作者协会 安徽省新闻学会 1958年成立安徽省新闻工作者协者，当时名为"中华全国新闻工作者协会安徽分会"。1980年3月成立安徽省新闻学会和安徽省新闻工作者协会，两会机构合一。现任会长韩酉山，常务副会长刘星，副会长钱林(女)、李国桢、王礼贶、大策、陈森，秘书长王成礼。

办公地点：合肥市金寨路安徽日报社内。电话：256323。邮政编码：230061。

福建省新闻工作者协会 福建省新闻学会 协会成立于1979年11月，学会成立于1984年4月。

现任协会名誉主席何若人，主席王仲莘，副主席林振夏、李庆京、崔葆章、刘效先、徐晓；

现任学会会长孙泽夫，副会长林奔、陈秉五、丁固、杜麟、张铁民、陈方、雷普、马真划、赵家欣；

现任"两会"秘书长林奔(兼)。

办公地址：福州市华林路27号。邮政编码：350003。电话：552777(总机)。

江西省新闻工作者协会 江西省新闻学会 "两会"成立于1983年11月23日。

江西省新闻工作者协会现任主席姜惠龙，副主席刘光辉(已调外省工作)、修涤、辜根生。江西省新闻学会会长兰志民，副会长李长春、马秋芸、金凯。"两会"秘书长周国材。

办公地址：南昌市江西日报社内。邮政编码：330006。电话：52103。

河南省新闻工作者协会 河南省新闻学会 协会于1982年2月26日恢复活动，同时成立学会。两会是同一个常务理事会和办事机构。两会现任会长邓质钢，协会副会长李光照、陈锐、马心浩、刘云莱、周政、高世铭、王天林，学会副会长李光照、刘葵华、周政、崔泽东、李峰辉、白清高、王天林、赵[illegible]。两会秘书长陈锐(兼)。

办公地址：郑州市纬一路1号。邮政编码：450003。

湖北省新闻工作者协会 湖北省新闻学会 成立于1958年6月27日。两会是合一的机构。现在是第三届理事会。

会长：樊坤(女)，副会长：孙静娴(女)、周傅仁、刘凡、王允渊、杨振兴、叶子健、石玉贵、陈[illegible]放、毕竹荫，秘书长：毕竹荫(兼)。

两会办公地址设在湖北日报社内。

中国地市报研究会 成立于1988年4月20日。

会长张仲彩，副会长张赫玲、张夫培、李放、张永琭、贾春太、邵汉昌，秘书长许人耕。

地址：湖北省孝感市孝感报社内。邮政编码：432100。电话：24171—37。

湖南省新闻工作者协会 湖南省新闻学会 1982年1月，湖南省新闻工作者协会恢复活动，成立湖南省新闻学会。

湖南省新闻工作者协会现任会长梅幼先，副会长胡开骊、李业英、肖雁樵、李青林、李青田、梁念之、肖兵；

湖南省新闻学会会长胡开骊，副会长梅幼先、梁念之、肖雁樵、李青林、李青田、李业英、肖兵；

两会秘书长肖兵(兼)。

办会地址：长沙市建湘路湖南日报社内。邮政编码：410007。电话：44999—439。

广东省新闻工作者协会 广东省新闻学会 广东省新闻工作者协会于1982年1月9日，开始恢复活动，并同时成立广东省新闻学会。

协会现任主席丁希凌，副主席白素、许实、关国栋、罗妙、张琮、黄每、黄绍进、黄永湛、蔡辉。

学会现任名誉会长吴有恒，会长陈培，副会长方亢(代理会长)、司徒坚(女)、伊晓、陈克、麦君素、黄向青。

两会设立联合办事机构，秘书长原由张琮兼任，张琮因工作繁忙于1987年4月辞去该职，两会秘书长暂缺。

办公地址：广州市广州大道289号。邮政编码：510601。电话：763998—3398。

广西自治区新闻工作者协会 广西自治区新闻学会 两会于1981年11月26日同时成立，并组成合一的常务理事会。现任负责人：名誉会长钟纪民，代理会长杨志庆，副会长王笠夫、邓生才、刘远修、张之遴、陈镇崇、饶韬、莫珍英、郭恢志；秘书长高佑辰。

办公地址：南宁市民主路广西日报社内。邮政编码：530026。电话：25946。

四川省新闻工作者协会 创建于1981年3月。现有团体会员103个。现任主席许川，副主席凯兵、周大可、郑体仁、姚志能(常务)、黄昌禄、雷勃，书记处书记丁家骥、邓高如、孔繁祚(专职)、卢子贵、谢世廉、彭雨(常务)。

办公地址：成都市红星中路四川日报社内。邮政编码：610012。电话：664778。

四川省新闻学会 创建于1985年3月，现有团体会员87个。现任会长许川，副会长姚志能、丁家骥、卢子贵、黄昌禄、王富荣、王镛、易冰兰，秘书长甘泉。

办公地址：成都市红星中路四川日报社。邮政编码：610012。电话：28469。

贵州省新闻工作者协会 1982年3月20日成立。现任主席陈健吾，副主席徐用度、杨德政、郭留昌、郭万里、王保民、颜平之，秘书长张文清。

办公地址在贵州日报社内。

贵州省新闻学会 1985年10月31日在贵阳成立。现任会长吕瑞林，副会长刘学洙、胡一民，秘书长胡一民(兼)。

会址设在贵州省广播电视厅。

中国少数民族新闻研究会 1988年11月12日在贵州省黔东南苗族侗族自治首府凯里市成立。现任会长陈颖；副会长张绪辉、张正一、任兵、额尔敦、阿合别尔迪、余正生；秘书长姚守训。

会址设在贵州省黔东南报社。

云南省新闻工作者协会 云南省新闻学会 云南省记协于1956年成立。现任主席夏雨、副主席张庆桑、徐中高；秘书长祝崇实。

云南省新闻学会于1983年12月成

立。会长[林建中]、副会长林文启、王起，现由林文启同志代理会长工作。秘书长李鉴钊。

两会办公地址均在云南日报社内。

西藏自治区新闻工作者协会　西藏自治区新闻学会　成立于1983年5月，两会合署办公。现任主席尹锐，副主席洛桑新巴、昂旺丁增、王鉴、群觉，秘书长群觉(兼)。

办公地址：拉萨市西藏日报社内。

沈阳市新闻工作者协会　沈阳市新闻学会　两会于1984年12月同时成立，合署办公，一个机构。

现任会长刘黑枷，秘书长张永。

办公地址：沈阳市三经街沈阳日报社内。邮政编码：11014。电话：28144。

大连市新闻工作者协会　大连市新闻学会　协会创建于1948年9月1日，学会成立于1982年12月。两会一套班子。

现任主席(会长)康健，副主席(副会长)董志正、朱庆晏、王会全、孟昭礼，秘书长于景生。

地址：大连市世纪街大连日报社内。邮政编码：116002。

哈尔滨市新闻工作者协会　哈尔滨市新闻学会　两会于1986年6月4日同时成立。

现任协会主席田登高。学会会长李佳林，秘书长岳景春。

办公地址：哈尔滨日报社内。邮政编码：150000。电话：43528—509。

西安市新闻工作者协会　西安市新闻学会　两会于1987年5月23日成立。

两会会长马汉卿，副会长朱玉田、余鼎章，秘书长袁福民。

办公地址：西安市南四府街9号西安晚报社内。邮政编码：710002。电话：总机718771。

南京市新闻学会

现任会长罗小平，秘书长夏震中。

办公地址：南京市中山路2号南京日报社内。邮政编码：210005。电话：649578。

武汉新闻工作者协会　武汉市新闻学会　成立于1985年1月23日。

现任会长杨振兴，副会长叶子健、杨秉林、张学知、翟玉勋、陈其任、周光国(兼秘书长)。

办公地址：武汉市汉口洞庭街2号长江日报社内。邮政编码：430014。电话：23883。

广州市新闻工作者协会　广州市新闻学会　成立于1985年8月17日。

"两会"现任会长黄永湛，副会长牛正武、吴士恩、李宏图、谢烽；协会秘书长梁群球，学会秘书长容彦。

办公地址：广州市人民中同乐路10号。邮政编码：510121。电话：883088—213。

中国机械企业报研究会　成立于1983年10月25日。

现任会长刘国臣，秘书长相锡伦。

办公地址：重庆市北碚四川仪表总厂川仪报内。邮政编码：630700。

重庆市新闻工作者协会　重庆市新闻学会　重庆市新闻工作者协会成立于1982年3月。

现任名誉主席王文彬，主席雷勃，副主席王镛、顾决、王大昭、戴永福、万林、佟小庆、王先高、鲁济典、张弓、王尚义、李书敏，秘书长邓河春。

重庆市新闻学会成立于1985年3月21日。

现任会长雷勃，副会长王继槐、李忠禄，秘书长黄文治。

两会办公地址：重庆市解放西路66号重庆日报社内。邮政编码：630012。电话：49922。

成都市新闻学会　成立于1985年6月。

现任会长易冰兰，副会长张润禄、徐肖容、何承朴、张泽先，秘书长胡筋。

办公地址：成都市庆去南街19号成都晚报社内。邮政编码：610017。电话：664501—282。

时事政治刊物

求是　中国共产党中央委员会主办，委托中央宣传部代管。国内统一刊号CN11—1000。创刊于1988年7月1日。半月刊，16开48页。办刊宗旨：以马克思列宁主义、毛泽东思想为指导，按照党在社会主义初级阶段的基本路线，全面地宣传以经济建设为中心，坚持四项基本原则，坚持改革开放，旗帜鲜明地反对资产阶级自由化；认真贯彻理论联系实际和"百花齐放、百家争鸣"的方针，积极开展理论上的探索与争鸣；同时承担在培养理论队伍方面的任务。

杂志社在编委领导下，设总编室、政治理论部、经济部、哲史部、文教部、评论部、出版社、办公室，现有239人，其中编采人员73人。现任总编辑有林，副总编辑：吴建国、苏双碧、牛欣芳。编委：有林、吴建国、苏双碧、牛欣芳、刘复荣、张静、吕律平。

社址：北京市沙滩北街2号。邮政编码：100727。电话：4011155。

中国青年　共青团中央主办。国内统一刊号CN11—1001。创刊于1923年10月，1966年8月停刊，1978年9月复刊。月刊，16开48页。办刊宗旨：为全国青年和共青团组织服务。

杂志社设总编室、办公室、出版发行处、一编室(政理)、二编室(思教)、三编室(文化)，共有69人，其中编采人员42人。现任总编辑肖东升。

社址：北京市朝阳区双井东环南路甲5号。邮政编码：100021。电话：7711516。

民族团结　国家民族事务委员会主办，国内统一刊号CN11—1554。创刊于1957年10月，1960年8月至1961年3月、1966年8月至1979年6月两度停刊。月刊，16开48页。该刊是关于中国民族问题对内对外的权威性刊物，以在民族地区和从事民族工作、民族研究、宣传单位的各族干部为主要读者对象。公开发行。

杂志社实行社长负责制，下设社务会，有办公室、编辑部、编译部(包括蒙古、维吾尔、哈萨克、朝鲜文字版)、出版发行部、人保处。全社现有72人，其中编采36人。现任社长兼总编辑范培廉。

社址：北京市和平里北街14号。邮政编码：100013。电话：4211261—229。

民主　民主促进会中央委员会主办。国内统一刊号CN11—2600。创刊于1989年8月。综合性政治文化月刊。16开48页。自办发行，定价1.00元。

杂志社设编辑部、经理部，共有11人，其中编采6人。现任社长楚庄，主编毛启邠、副主编吴祖心。

社址：北京市鼓楼方砖厂辛安里98号。邮政编码：100009。电话：447673。

北京周报　北京周报社主办的对外时事政治性周刊，用英文、法文、西文、日文、德文五种文字出版。创刊年月：英文版1958年3月，法文版、西文版1963年3月，日文版1963年8月，德文版1964年9月。统一刊号：英文版CN11—1576(国内)、ISSN1000—9140(国际)；法文版CN11—1579(国内)、ISSN0251—3137(国际）；西文版 CN11—1580、ISSN1000—9159(国际)；日文版 CN11—1577(国内)、ISSN1000—9353(国际)；德文版 CN11—1576(国内)、ISSN1000—9140(国际)。

北京周报社现有 248 人，其中编采 79 人。现任负责人耿玉馨主持工作。

社址：北京市百万庄路 24 号。邮政编码：100037。电话：8314318。

瞭望 新华通讯社主办。国内统一刊号 CN11—1276。创刊于 1981 年 4 月，原为月刊，1984 年 1 月改为周刊。16 开 48 页。该刊以各级机关和厂矿企业的工作人员及广大知识分子为读者对象。

报社现有 100 人，其中编采 70 人。现任社长穆青，总编辑陈大斌。

社址：北京市宣武门西大街 57 号。邮政编码：100803。电话：3073564。

环球 新华通讯社主办。国内统一刊号 CN11—1273。创刊于 1980 年 5 月 10 日。月刊，16 开 48 页。读者对象：青年、学生、干部、知识分子。

编辑部现有 18 人，其中编采 10 人。现任总编辑叶进。

社址：北京市宣武门西街 57 号。邮政编码：100803。电话：3073353。

半月谈 新华通讯社主办。国内统一刊号 CN11—1271。创刊于 1980 年 5 月 10 日。半月刊，32 开 64 页。读者对象：主要面向基层干部和工农兵群众。

编辑部现有 39 人，其中编采 29 人。现任总编辑闵凡路。

社址：北京市宣武门西街 57 号。邮政编码：100803。电话：3074433。

中国报道 文化部外文局主办。国内统一刊号 CN11—1339。创刊于 1950 年 5 月，1954 年 1 月至 1957 年 12 月停刊，1958 年 1 月复刊。月刊，16 开本。读者对象：国内外世界语者。

杂志现有 70 人，其中编采 18 人。现任负责人为副社长、副总编辑周东元。

社址：北京市百万庄路 24 号。邮政编码：100037。电话：896180。

人民中国 文化部外文局主办。国内统一刊号 CN — 。创刊于 1953 年 6 月。月刊，16 开本。读者对象：日本各阶层热衷于日中友好和想了解中国人士。

报社现有 72 人，其中编采 30 人，翻译 19 人。现任总编辑杨哲三。

社址：北京市车公庄大街 3 号。邮政编码：100044。电话：890491。

中国与非洲(法文版) 北京周报社主办。国内统一刊号 CN11—2430。创刊于 1988 年。月刊，16 开本。对外时事政策性期刊。

编辑部现有 20 人，其中编采 18 人。现任主编张立方。

社址：北京市百万庄路 24 号。邮政编码：100037。电话：8315599—555。

时代 中国工人出版社主办。国内统一刊号 CN11—1485。创刊于 1987 年 1 月，1987 年 1 月由《文化宫》杂志改为现名。月刊，16 开本。读者对象：全国职工和工会干部。

报社现有 17 人，其中编采 14 人。现任主编郭晨。

社址：北京市德外六铺炕。邮政编码：100011。电话：4215296。

编译参考 文化部外文出版发行事业局主办。国内统一刊号 CN11—1355。创刊于 1979 年。月刊，16 开 68 页。内部发行，每本 0.80 元。读者对象：外事新闻、宣传、出版、文教、旅游等单位的有关人员及院校师生。

现任主编孟胜德。

社址：北京市百万庄路 24 号。邮政编码：100037。电话：894570。

实践 中共内蒙古自治区委员会主办。国内统一刊号：蒙文版 CN15—1001，汉文版 CN15—1002。汉文版创刊于 1958 年 7 月 1 日，蒙文版创刊于 1960 年 1 月 1 日；蒙、汉两种文版于 1966 年同时停刊，1977 年 7 月 5 日同时复刊。均为半月刊，16 开本。

杂志社现有 30 人，其中汉文版 23 人，蒙文版 7 人。现任总编辑宁宝才，副总编辑宝玉、王维良。

社址：呼和浩特市新城区青城巷。邮政编码：010015。电话：611883。

五月风 内蒙古自治区总工会主办。国内统一刊号 CN15—1125。创刊于 1981 年。月刊，16 开本。

杂志社现有 11 人，其中编采 9 人。现任负责人赵燕强。

社址：呼和浩特市中山西路 43 号。邮政编码：010020。电话：663895。

党的生活 中共青海省委宣传部、组织部、纪委主办。国内统一刊号：汉文版 CN63—1003，藏文版 CN63—1004。汉文版创刊于 1983 年 7 月，月刊；藏文版创刊于 1985 年 5 月，双月刊；均为 32 开 48 页。

编辑部现有 14 人，其中藏文版 4 人。现任总编辑朱公甲。

地址：西宁市七一路。邮政编码：810000。

支部生活 中共山东省委主办。国内统一刊号 CN37—1001。创刊于 1956 年。月刊，16 开本。公开发行。

编辑部现有 25 人。现任总编辑刘广东。

社址：济南市经七路 246 号。邮政编码：250001。

山东青年 共青团山东省委主办。国内统一刊号 CN37—1019。创刊于 1974 年。月刊，16 开本。公开发行。

编辑部现有 12 人。现任总编辑周建青。

社址：济南市经十纬二路 370 号。邮政编码：250002。

江西党建 中共江西省委组织部主办。国内统一刊号 CN36—1153。月刊，16 开本。公开发行。

编辑室现有 6 人。现任负责人周文林。

社址：南昌市一经路 8 号。邮政编码：330006。电话：224821—2493。

时代青年 共青团河南省委主办。国内统一刊号 CN41—1003。创刊于 1949 年 6 月，1979 年 6 月复刊。月刊，16 开本。

杂志社现有 22 人，其中编采 12 人。现任总编辑陈鹤翔。

社址：郑州市金水河路 17 号。邮政编码：450003。电话：554848。

学习与实践 武汉市社会科学院主办。国内统一刊号 CN42—1005。创刊于 1984 年 1 月。月刊，16 开本。读者对象：党政企事业干部、社会科学工作者。

杂志社现有 13 人。现任编辑部主任冯家贵。

社址：武汉市汉口南京路 102 号。邮政编码：430014。电话：24234。

湖北党风 中共湖北省纪委教育室主办。国内统一刊号 CN42—1082。月刊，16 开本。

编辑部现有 7 人。现任主编严金海。

社址：武汉市湖北省委大院。邮政编码：430071。电话：811912—382。

湖北青年 共青团湖北省委主办。国内统一刊号 CN42—1010。创刊于 1950 年，1966 年停刊，1973 年复刊。月刊，16 开本。

杂志社现有 18 人，其中编采 14 人。现任主编杨传权。

社址：武汉市武昌水果湖东三路 5 号。邮政编码：430071。电话：813242。

武汉宣传 中共武汉市委宣传部主办。国内统一刊号 CN42—1061。创刊于 1985 年 12 月。月刊，32 开本。

编辑部现有 8 人。现任主编杨蒲林。

社址：武汉市江岸区解放公园路 42 号。邮政编码：430010。电话：27931—442。

学习月刊 中共湖北省委讲师团主办。国内统一刊号CN42—1005。创刊于1986年4月。月刊,16开48页。读者对象:各级党政干部及一般理论工作者。

编辑部现有10人。现任主编艾国云。

社址:武汉市武昌水果湖。邮政编码:430071。电话:812624。

领导工作研究 中共湖北省委组织部主办。国内统一刊号CN42—1101。创刊于1987年1月。双月刊,16开本。

编辑部现有9人,其中编采7人。现任主编王增康。

社址:武汉市武昌水果湖湖北省委大院内。邮政编码:430071。电话:811912—342。

支部生活 中共广东省委组织部主办。国内统一刊号CN44—1001。创刊于1959年,1960年停刊,1981年复刊。月刊,16开本。

杂志社现有19人,其中编采14人。现任总编辑张士拉。

社址:广州市东山区省委大院。邮政编码:510082。电话:750889—5147。

黄金时代 共青团广东省委主办。国内统一刊号CN44—1064。创刊于1975年4月。月刊,16开本。

杂志社现有28人,其中编采16人。现任社长兼总编辑赖济煌。

社址:广州市东山寺贝通津一号大院。邮政编码:510080。电话:777586。

南风窗 中共广州市委宣传部主办。国内统一刊号CN44—1019。创刊于1985年4月1日。月刊,16开本。

杂志社现有29人,其中编采17人。现任社长曹淳亮,总编辑吴迅。

社址:广州市东风东路512号。邮政编码:510050。电话:346155。

云南支部生活 中共云南省委组织部、宣传部,省纪委主办。国内统一刊号CN53—1033。创刊于1954年11月。月刊,32开64页。

编辑室现有14人,其中编采11人。现任主任夏楠。

社址:昆明市弥勒寺省委2号院。邮政编码:650032。电话:23558。

学习与建设 中共四川省委主办。国内统一刊号CN51—1001。创刊于1958年1月。月刊,16开48页。公开发行。

杂志报现有32人,其中编采28人。现任总编辑吕齐,社长侯克强。

社址:成都市商业街16号。邮政编码:610015。电话:2797—541。

青年世界 共团四川省委主办。国内统一刊号CN51—1316。创刊于1954年2月。月刊,16开48页。公开发行。

现任主编张伟荣。

社址:成都市多子巷2号。邮政编码:610015。电话:24563。

民族, 中共四川省委民族工作委员会、四川省民族事务委员会主办。国内统一刊号CN51—1009。创刊于1984年3月。月刊,16开48页。公开发行。

编辑部现有10人,其中编采9人。现任主篇李柳荪。

社址:成都市三洞桥省民委招待所。邮政编码:610014。电话:21173。

今日四川 中共四川省委宣传部主办。国内统一刊号CN51—1124。创刊于1988年4月。季刊,大16开64页。读者对象:港、台及国外各界人士。

编辑部现有编采4人。现任主编许川。

社址:成都市商业街16号。邮政编码:610015。电话:24565。

画报、图片社

人民画报 (中国画报)人民画报社主办。国内统一刊号CN11—1424。创刊于1950年7月。月刊,8开　页。读者对象:国内外各方面读者,以国外为主。

全社设采编部3个,编译部7个,总编室1个,另有人事、外事、行政等机构,共有工作人员300人,其中编采人员180人。现任社长兼总编辑邢雁。

社址:北京市西郊花园村。邮政编码:100044。电话:8413023、8411144。

农民画报 农业部宣教司主办。国内统一刊号CN11—1196。创刊于1980年。双月刊,16开32页。

编辑部现有9人,其中编采7人。现任主编蔡盛林。

社址:北京市朝阳区卷云路。邮政编码:100026。电话:5004423—12。

解放军画报 中国人民解放军总政治部主办。国内统一刊号CN11—1192。创刊于1951年2月。月刊,8开48页。

社址:北京市甘家口三里河路40号。邮政编码:100037。

民族画报 国家民委主办。国内统一刊号CN11—1548。创刊于1955年2月。月刊。8开44页。

报社现有68人,其中编采37人。现任社长兼总编辑春世增。

社址:北京市安外和平里。邮政编码:100013。电话:4211147。

陕西省新闻图片社 陕西日报社主办。创建于1969年。

现有编采、制作7人。现任负责人为副主编胡武功。

地址:西安市陕西日报社内。邮政编码:710054。电话:713557—291。

安徽画报 安徽画报社主办。国内统一刊号CN34—1011。创刊于1973年。双月刊。10开44页。

报社现有23人,其中编采12人。现任社长邵之申。

地址:合肥市。邮政编码:230061。电话:784040。

安徽省新闻图片社 成立于1973年1月,原属省委宣传部领导,现在主管部门是安徽省新闻出版局。

机构设置有采编部、生产发行部、彩色技术部、办公室等三部一室,现有职工42人,其中编采人员5人。现任社长张志勇。

社址:合肥市长江路3号。邮政编码:230001。电话:255518。

江西画报 江西省文化厅主办。国内统一刊号CN36—1055。创刊于1950年,1961年停刊,1985年复刊。双月刊,8开44页。

报社现有92人,其中编采16人。现任社长刘成龙,主编何福霖。

社址:南昌市八一大道46号。邮政编码:330003。电话:63465。

四川画报 四川画报社主办。国内统一刊号CN51—1093。创刊于1978年8月。双月刊,16开36页。

报社现有24人,其中编采14人。现任社长张專华。

社址:成都市蜀都大道总府街段7号。邮政编码:610011。电话:662699。

河南画报 河南日报社主办。国内统一刊号CN41—1056。创刊于1979年1月。双月刊,10开本。

画报社现有36人,其中编采17人。现任社长徐葵东。

社址:郑州市纬一路一号。邮政编码:450003。电话:552723。

云南画报 云南画报社主办。国内统一刊号CN53—1034。创刊于1979年。双月刊,8开本。

报社现有30人,其中编采14人。现任总编辑社长、主编黄昌俊。

社址:昆明市北京路601号。邮政编码:650011。电话:27459。

新闻专业刊物

国内统一刊号刊物

中国记者 新华通讯社主办。国内统一刊号CN11—1275。创刊于1987年。办刊宗旨:国际与国内并重,文字与摄影并重,提供新知识、新经验、新精神。为新闻界服务。月刊,16开本。公开发行,每本1.50元。

编辑部现有18人,其中编采11人。现任总编辑余振鹏。

地址:北京市宣武门西大街57号。邮政编码:100803。电话:307.3780。

新闻战线 人民日报社主办。国内统一刊号CN11—1337。创刊于1957年12月,"文革"期间停刊;1978年12月复刊。月刊,16开48页。读者对象:全国新闻工作者、新闻研究人员、通讯员、新闻爱好者。

编辑部现有编采人员11人。现任主编曹宪文。

社址:北京市朝阳门外金台西路2号。邮政编码:100733。电话:5092121(总机)。

新闻学刊 中国社会科学院新闻研究所、中国新闻学会联合会合办,由新闻研究所主管。国内统一刊号CN11—1263。创刊于1985年7月。双月刊,16开本。办刊宗旨:探讨新闻理论、新闻史、新闻业务、大众传播学。

编辑部现有3人。现任主编钱辛波。

地址:北京市朝阳门外金台西路2号。邮政编码:100026。

该刊出至1989年第2期停刊。

新闻学会通讯 原为首都新闻学会通讯刊物,1985年7月《新闻学刊》创办后,作为该刊的增刊出版,每月一期。主编何光先。

该刊出至1989年第12期停刊。

新闻研究资料 中国社会科学院新闻研究所主办。国内统一刊号CN11—1264。创刊于1979年8月。季刊,32开本。办刊宗旨:保存新闻史料,促进新闻史研究。

编辑部现有5人。现任主编何炳然。

地址:北京市朝阳门外金台西路2号9号楼。邮政编码:100026。电话:5026231—3714。

新闻与成才 解放军报社主办。国内统一刊号CN11—1495。创刊于1958年,原名《解放军报通讯》,1985年改为现名,并由内部刊物改为公开发行,月刊,16开52页。每本0.80元。

现任主编袁良。

地址:北京市阜外大街34号。邮政编码:100832。电话:814·6805。

国际新闻界 中国人民大学新闻学院主办。国内统一刊号CN11—1523。创刊于1961年4月,1965年12月停刊。1979年5月复刊,正式铅印出版,向社会内部发行。季刊,16开本。该刊:着重评介外国新闻界、传播界现状,兼顾理论和实践两方面。对西方国家新闻学、传播学理论的介绍,立足于批判性剖析,加强对第三世界国家的反映。

该刊设编辑部、广告组和发行组,共有9人,其中编采5人。现任总编辑姜克安(副教授)。

地址:北京市西郊中国人民大学新闻学院。邮政编码:100872。电话:2567239。

对外宣传参考 新华社对外新闻编辑部包办。国内统一刊号CN11—1362。月刊,16开48页,每月出附刊。内部发行,定价0.85元。

现任主编黄力仑。

地址:北京宣武门西大街57号。邮政编码:100803。

新闻广播电视研究 中国广播电视学会北京广播学院分会、北京广播学院新闻研究所主办。国内统一刊号CN11—1624。创刊于1981年4月。双月刊,16开本。新闻广播电视学术性刊物。1984年6月起公开发行,1989年底停刊,其业务并入《北京广播学院学报》。

现任主编朱光烈。

北京广播学院学报 北京广播学院主办。国内统一刊号CN11—1474。创刊于1979年9月。是研究新闻广播电视理论的学术性刊物。季刊,16开本。公开发行。自办发行。

编辑部现有7名编采人员,主编孙以森。

地址:北京市朝阳区定福庄东街1号。邮政编码:100024。电话:5009955—586。

新闻三昧 工人日报社主办。国内统一刊号CN11—2648。创刊于1984年9月,内部发行,1989年8月开始向国内外公开发行。读者对象:各级报纸通讯员和产业报企业报编采人员。

编辑部现有8人,其中编采6人。现任主编叶世忠。

地址:北京市安定门外六铺炕工人日报社内。邮政编码:100718。电话:421·6348。

新闻与写作 北京日报社、北京市记协、北京市新闻学会主办。国内统一刊号CN11—1109。创刊于1984年。月刊,16开48页。公开发行,每本0.90元。

现任主编祁守成。

地址:北京市东单西裱褙胡同34号。邮政编码:100734。电话:548221。

新闻记者 上海市新闻学会、上海新闻研究所主办。国内统一刊号CN31—1171。月刊,16开48页。每本1.00元。

现任总编辑朱守恒。

地址:上海市高安路18弄20号。邮政编码:200030。电话:4337049。

新闻采编 山西省新闻工作者协会主办。国内统一刊号:CN14—1070。创刊于1959年1月,1961年1月停刊;1982年1月复刊。双月刊,16开48页。读者对象:专业新闻工作者,报纸、广播、电视的广大通讯员和作者。公开发行,定价0.90元。

编辑部现有7人,其中编采5人。现任主编赵秉英。

地址:太原市双塔寺街24号。邮政编码:030012。电话:223579。

新闻论坛 内蒙古自治区新闻研究所、区新闻学会、区记协主办。国内统一刊号CN15—1019。汉文版创刊于1986年1月,蒙文版创刊于1988年第一季度。汉文版为双月刊,蒙文版为季刊,均为16开本。

编辑部现有4人。现任汉文版主编张克源,蒙文版主编松拉扎布。

地址:呼和浩特市内蒙古日报社楼内。邮政编码:010016。电话:666444—382。

新闻传播 黑龙江省新闻工作者协会、黑龙江省新闻学会、黑龙江省新闻研究所主办。国内统一刊号CN23—1147。创刊于1985年。季刊,16开80页。公开发行,每本1.00元。

地址:哈尔滨市地段街2号。邮政编码:150010。

新闻知识 陕西日报社、陕西省新闻研究所主办。国内统一刊号CN61—1022。创刊于1984年7月。月刊,16开本。自办发行,每份0.90元。

现任主编薛养玉。

地址:西安市环城南路东段1号。邮政编码:710054。电话:713922—253。

新疆新闻界 新疆新闻工作者协会、新疆新闻学会主办。国内统一刊号CN65—1090/C。创刊于1985年5月。双月刊,16开本。

编辑部设在新疆日报社新闻研究所,有编采3人。现任负责人任怀义。

地址:乌鲁木齐市扬子江路1号。邮政编码:830051。电话:43701—316。

青年记者 大众日报社主办。国内统一刊号CN37—1003。创刊于1941年7月。现为季刊,16开本。公开发行,每本定价0.50元。

编辑部现有3人。现任主编于东河。

地址:济南市经十路东8号。邮政编码:250014。

新闻通讯 江苏新闻研究所主办。国内统一刊号CN32—1080。创刊于1984年1月。月刊,32开本。公开发行,定价0.40元。

编辑室现有5人。现任负责人李承郃、谢礼贤。

地址:南京市中山路55号。邮政编码:210005。电话:742171。

视听界 江苏省广播电视厅、江苏省广播电视学会主办。国内统一刊号CN32—1294。创刊于1986年1月1日。双月刊,16开本。公开发行,定价1.20元,自办发行。

编辑部现有5人。现任主编韩泽,副主编邹荫辛。

地址:南京市中山东路西祠堂巷8号。邮政编码:210002。电话:647687。

新闻世界 安徽省记协、安徽省新闻学会、安徽日报社新闻研究所联合主办。国内统一刊号CN34—1090。创刊于1989年1月。16开本48页。国内公开发行,定价1.00元。

编辑部有编采人员9人。现任主编韩西山,副主编刘星、程嘉楷。

地址:合肥市金寨路206号。邮政编码:230061。电话:57515。

新闻爱好者 河南日报社主办。国内统一刊号CN41—1025。创刊于1986年1月。月刊,16开本。

编辑室现有编采6人。现任主编李江岑、张寅青。

社址:郑州市纬一路1号。邮政编码:450003。电话:552415。

新闻前哨 湖北日报社、湖北省新闻工作者协会、湖北省新闻学会主办。国内统一刊号CN42—1263。创刊于1988年11月。季刊,16开本。公开发行(自办),定价0.80元。

编辑部现有2人。现任主编边静远。

社址:武汉市武昌东亭路4号。邮政编码:430077。电话:814531—254。

新闻潮 广西记协、广西新闻学会主办。国内统一刊号CN45—1044。创刊于1988年。季刊,16开64页,每本定价1.20元,自办发行。

现任主编杨志庆。

地址:南宁市民之路广西日报社内。邮政编码:530026。电话:25946。

新闻窗 贵州省记协、贵州省新闻学会主办。国内统一刊号CN52—1034。创刊于1987年。双月刊,16开40页。国内公开发行,每本定价0.80元。

主编张文清。

地址:贵阳市外环城东路360号。邮政编码:550001。电话:626543。

新闻界 四川日报、四川省记协、新闻学会主办。国内统一刊号CN51—1046。创刊于1984年9月。双月刊,16开48版。公开发行。

编辑部现有6人,其中编采5人。现任主编邓俊。

社址:成都市红星中路四川日报社内。邮政编码:610012。

内部刊号刊物

广播业务 中央人民广播电台主办。北京市内部书刊准印证号Z1051—900051。创刊于1982年,原名《编播业务》,1987年改为现名。月刊,16开42页—60页。

编辑室现有6人。现任负责人陈文普。

地址:北京市复兴门外大街2号。邮政编码:1000866。电话:867694。

青年报刊界 中国青年报刊工作者协会、中国青年报社主办。准印证:京890559。创刊于1989年5月。季刊,16开本。读者对象:全国青年报刊编辑、记者,兼顾通讯员。内部发行。

编辑部现有3人。现任主编尤畏。

地址:北京市海运仓2号。邮政编码:100702。电话:4014947。

业务通讯 中国商报社主办。1985年第一季度创刊。32开48页。

该刊由中国商报社记者部下设的一个通讯业务编辑组编辑,现任负责人为记者部主任曾伯生等。

地址:北京市宣武区报国寺中国商报社。邮政编码:100053。电话:3014830。

经济新闻研究 经济日报社主办。1985年1月创刊。月刊,16开。内部发行。读者对象:新闻界广大同仁及各行各业的新闻爱好者。

编辑部现有4人。现任主编雷凡、吴永良。

地址:北京市王府井大街277号。邮政编码:100746。电话:5125026。

光明日报通讯 光明日报社新闻研究所主办。创刊于1987年6月。双月刊,小16开本。内部刊物,自办发行。1990年停刊。

现任主编为光明日报新闻研究所所长邓加荣。

地址:北京市永安路106号。邮政编码:100050。电话:338561—245。

新闻与出版 河北省新闻出版局、河北省出版工作协会主办。刊号:冀内字19—2233。创刊于1988年1月。双月刊,16开本。读者对象:河北省出版系统各单位和全国出版部门、新闻部门。内部发行。

编辑部现有9人(专职4人)。现任主编张瑞安。

地址:河北省石家庄市北马路45号。邮政编码:050071。电话:741713—246。

情况与研究 河北日报社主办。刊号:冀出内刊字19—2013。创刊于1980年。月刊,16开本。读者对象:编辑、记者。内部发行。

该刊由河北日报总编室编辑。现任主编王子英。

地址:石家庄市河北日报社。邮政编码:050013。电话:45939。

新闻研究 山西省新闻学会、山西日报新闻研究所主办。刊号:山西省期刊登记证第0015号。创刊于1984年2月。季报,16开56页。自办发行,每本0.50元。

编辑室现有编采4人。现任负责人程俊良。

社址:太原市双塔寺街24号。邮政编码:030012。电话:446561。

编采生活 山西工人报社主办。创刊于1987年初。双月刊,32开本(1990年起改为16开本)。内部发行。

现任主编梁若洁。

社址:太原市敦化南路81号。邮政编码:030013。电话:344001。

编采之友 沈阳市新闻学会,沈阳日报新闻研究室编辑。刊号:辽宁省期刊内登记证268。月刋,16开48页。内部发行。

地址:沈阳市沈河区北三经街67号。邮政编码:11014。电话:28144。

新闻研究 吉林省新闻学会、吉林省新闻研究所主办。刊号:吉林省报刊准印证第42号。创刊于1980年。季刊,16开48页。内部发行。

地址:长春市期大林大街68号。邮政

编码:130051。

陕西广播电视 陕西省广播电视厅总编室主办。内部刊号:SX11—1145。创刊于1984年10月。季刊,16开48页。

编辑部现有编采人员3人。现任主编程新华。

地址:西安市北大街119号。邮政编码:710003。电话:712121—4034。

青海新闻工作 青海新闻工作者协会主办。登记号:青海025。创刊于1983年。季刊,16开40页。

现任主编陆荣春。

地址:西宁市七一路211号。邮政编码:810000。

青海日报通讯 青海日报社新闻研究室主编。登记号:青海041。创刊于1979年7月。16开40页,月刊。

现任主编王均旺。

地址:西宁市七一路211号。邮政编码:810000。

视听天地 新疆广播电视厅、新疆广播电视学会主办。季刊,16开本。内部发行。

编辑部现有2人。现任主编阮家泰。

地址:乌鲁木齐市新疆广播电视厅。邮政编码:830044。电话:77784—77790。

安徽广播电视 安徽省广播电视学会、安徽省广播电视厅总编室主办。安徽省内部刊号:AHK—099。创刊于1976年。双月刊,16开本,自办发行。

编辑部现有编采5人。现任主编祁乔林。

社址:合肥市长江路89号。邮政编码:230064。电话:73305。

安徽新闻史料 安徽日报社新闻研究所主办。内部刊号:AHK—205。创刊于1989年10月1日。季刊,16开48页。内部发行。

现任主编程嘉楷。

社址:合肥市金寨路206号。邮政编码:230061。电话:57515。

安徽宣传 中共安徽省委宣传部主办。内部刊号:AHK—211。创刊于1988年7月1日。半月刊,32开32页。内部发行。

编辑部现有编采5人。现任主编窦永记。

社址:合肥市安徽省委宣传部研究室。邮政编码:230001。电话:54721—926。

安徽广播通讯 安徽人民广播电台采通部主办。内部刊号:AHK—043。创刊于1980年。双月刊;32开本。内部发行。

现有编采2人。现任负责人吕宜元。

社址:合肥市长江路89号。邮政编码:230065。电话:72589。

福建广播 福建人民广播电台主办。创刊于1988年。双月刊,16开本。内部发行。

现任主编陈康。

社址:福州市。邮政编码:350001。

广播与电视 福建省广播电视厅、福建省广播电视学会主办。内部刊号:特证070。创刊于1987年1月。双月刊,32开44页。

编辑部现有3人。现任负责人张锦才。

社址:福州市西南路3号。邮政编码:350001。

湖北新闻通讯 湖北省记协主办。内部刊号:鄂证34号。月刊,16开本。

编辑部现有3人。现任主编毕竹荫。

社址:武汉市湖北日报社内。邮政编码:430077。

楚天视听 湖北省广播电视厅总编室主办。内部刊号:鄂证36号。双月刊,32开本。内部发行。

编辑部现有5人。现任主编刘万铭。

社址:武汉市汉口解放大道563号。邮政编码:430022。

广播记者 湖北人民广播电台主办。湖北省报刊准印证。双月刊,16开本。每本0.85元。

负责人王彬。

地址:武汉市湖北人民广播电台内。邮政编码:430022。

新闻采编 湖南日报社主办。内刊准印047号。双月刊,16开48页。

现任主编徐紫。

地址:长沙市建湘路南日报社。邮政编码:410007。

新闻改革 重庆市新闻工作者协会、重庆市新闻学会主办。内部刊号:刊字第43号。创刊于1985年6月,原名《重庆记协、新闻学会通讯》,1988年改用现名。季刊,16开44页。

编辑部现有3人。现任主编戴永福。

社址:重庆市解放西路66号。邮政编码:630012。电话:49922。

地市报信息 中国地市报研究会主办。内部刊号:鄂字第28号。16开48页。

社址:湖北省宜昌市东山大道119号。邮政编码:443000。电话:24171。

羊城晚报通讯 羊城晚报群众工作部编辑。32开本。

地址:广州市东风东733号。邮政编码:510085。

新闻写作 贵州日报社主办。内部刊号:黔01—K012。创刊于1950年。双月刊,32开96页。内部发行。

现任主编饶鹏飞。

社址:贵阳市外环东路360号。邮政编码:550001。

贵州广播 贵州人民广播电台主办。内部刊号:黔01—K068。创刊于1950年。双月刊,32开100页。内部发行。

现任主编黄世雄。

社址:贵阳市青云路271号。邮政编码:550002。

贵州广播电视 贵州省广播电视学会主办。内部刊号:黔01—K067。创刊于1988年。季刊,16开48页。内部发行。

现任主编刘月卿。

社址:贵阳市青云路271号。邮政编码:550002。

民族新闻 中国民族新闻研究会主办。内部刊号:黔04—K020。创刊于1989年。季刊,16开32页。读者对象:全国民族新闻工作者、通讯员以及民族新闻爱好者。

现任主编陈颖。

社址:贵州省凯里市黔东南报社。邮政编码:556000。

香港、澳门新闻机构

香港

报纸

星岛晚报 星岛报业集团主办。创刊于1938年8月13日，日报，对开，综合性报纸，以一般市民为读者对象。

现任负责人：董事长胡仙，经理洪希得，编辑主任李锦洪。

社址：香港九龙湾宏光道1号。

电话：7982323。

星岛日报 星岛报业集团主办，创刊于1938年8月1日。日报，对开张，综合性报纸，以一般市民为读者对象，公开发行，每期约10万份。

报社设有编辑部、采访部、广告部、发行部、会计部、印刷部。

现任负责人：董事长胡仙，总编辑周鼎，采访主任何鼎文。

社址：香港九龙湾宏光道一号。

电话：7982323。

新报 1959年10月5日创刊。日报，对开，综合性报纸，读者对象为一般市民。每期发行10余万份。

现任社长罗威，董事、总经理施养德，总编辑冯金裴。

社址：香港德辅道西444号17楼。

电话：8160261。

明报 1959年5月20日创刊。对开，日报，综合性报纸，以知识分子、专业人士及一般市民为读者对象。公开发行，每期约20万份。

报社设编辑部、采访部、广告部、发行部。现任董事长查良镛，副董事长沈宝新，督印人邓仰平，总编辑董桥，副总编辑张健波、李广荣。

社址：香港英皇道633号。

电话：5653119。

华侨日报 创刊于1925年。对开、日报，综合性报纸。读者为一般市民，公开发行。

报社设编辑部、广告部、采访部、会计部、印刷部、发行部。现任社长岑才生，总编辑何建章，主笔李志文，采访主任汪石羊。

社址：香港荷里活道110号。

电话：5491181。

信报 1973年7月创刊。对开日报，财经报纸，以金融界、经济界和工商界人士为读者对象。每期发行几万份。

现任发行人兼总经理骆友梅，总编辑兼主笔林山木，执行编辑主任沈鉴治。

社址：香港英皇道499号4楼A座。

电话：5626221。

天天日报 王郎集团主办。1960年11月1日创刊。对开，日报。综合性报纸，以一般市民为读者对象。公开发行，每期20万份左右。

报社现有员工150人左右。现任社长何世桂，总编辑李启焕，采访部主任熊源森，编辑主任张新峰。

社址：香港北角英皇道633号玉郎中心6楼。

电话：5652652。

儿童日报 8开，日报。少年儿童报纸。公开发行，每期约7万份。

现任社长吴仲贤，副社长龙景昌，编辑部主任冯志强。

社址：香港湾仔道101号明德商业大厦9楼。

电话：8343697、

香港时报 1948年8月4日创刊。对开，日报，综合性报纸。读者为亲台人士及国民党人。公开发行。

代社长金达凯，董事长姚朋。

社址：香港高士打道64号。

电话：5279321。

港人日报 建煌集团主办。1947年创刊，原名《红绿日报》，1986年下半年改为现名。对开，日报。地方性小报，读者为一般市民。公开发行。

现任社长兼总编辑周威成。

社址：香港中区德己立街3号10楼。

电话：5264631。

天下日报 创刊于60年代初。对开1张，日报。读者为一般市民。公开发行。

现任负责人卢金。

社址：香港英皇道499号4楼B座。

电话：5635141。

晶报 1955年创办《明星日报》，1957年改为现名。对开日报，综合性报纸，读者为中下阶层市民。公开发行。

现任董事长陈展谟(代)，经理关耀深，编辑主任莫光。

社址：香港鲗鱼涌华兰路70号6楼。

电话：8112599。

香港商报 联合出版(集团)有限公司主办。1952年10月创刊。对开日报，综合性报纸。读者为爱国机构职工、亲中人士及一般市民。公开发行，每期2万份。

报社现有员工180人。代总编辑张初，副总编辑许桑，经理李少雄。

社址：香港英皇皇道499号。

电话：5640768。

大公报 1902年在天津创刊，1948年在香港复刊。对开日报，综合性报纸。读者对象：爱国机构职工，亲中人士、研究中国问题人士等，公开发行。

现任社长杨奇，副社长李侠文，总经理尹任先，总编辑曾德，采访主任万文光。

社址：香港轩尼道342号。

电话：5757181。

新晚报 1950年10月创刊。对开，日报，综合性报纸。读者对象主要是爱国机构职工及一般市民。公开发行。

现任总编辑赵泽隆，总经理尹任先，要闻课主任王津。

社址：香港湾仔轩尼诗道342号。

电话：5757181。

文汇报 1948年9月9日创刊。对开，日报。综合性报纸，读者主要是爱国机构职工、亲中人士，研究中国问题的人士。公开发行。

现任社长陈伯坚，总编辑张云枫，副总编辑张晴云，采访主任陈南。

社址：香港湾子道197号。

电话：5722211。

今天日报 1987年1月17日创刊，对开日报，综合性报纸。以一般市民为读者对象。公开发行。

现任社长韦邦，总编辑邓先杰，副总

编邓翼群，采访主任黎小平。

社址：香港鲗鱼涌华兰路142号益新工业大厦15楼C座。

电话：5640131。

快报 1962年创刊。对开日报，综合性报纸。以一般市民为读者对象。公开发行。

现任董事长胡仙，执行董事长周融，总编辑赵善真，广告总监甘烧。

社址：香港鲗鱼涌华兰路14号益新工业大厦13字楼。

电话：5653535。

成报 1939年5月1日创刊。日报，综合性报纸。一般市民为读者对象。公开发行，每期约25万份。

现任社长、督印人何文法，总编辑韩中旋，行政经理何卓慧，采访主任郑明仁。

社址：香港英皇道101号。

电话：5702201。

香港经济日报 雅式业务促进中心主办。1988年1月创刊。对开日报。财经类报纸。以经济、金融、工商界专业人士为对象。公开发行，每期数万份。

报社现有编采70人。现任社长冯绍波，总经理麦华章，总编辑黄扬烈。

社址：香港英皇道661号长江大厦4楼。

电话：5651833。

新闻夜报 1960年7月29日创刊。对开日报。地方性小报，以一般市民为读者对象。

现任董事长王吴豪华，总编理王治华。

社址：香港七姊妹道198号六楼。

电话：5644428。

新星日报 创刊于60年代末。对开日。娱乐性报纸，以一般市民为读者对象，公开发行。

社址：香港九龙洗衣街70号得宝大厦7楼A座。电话：3969200。

超然报 1949年创刊。对开4版，地方小报。以一般市民为读者对象，公开发行。

督印人罗秀。

社址：香港湾仔洛克道458号。

电话：5768952。

虎报(英文) 星岛报业集团主办，1960年创刊。对开日报。综合性英文报纸，以知识分子、大专学生、中上层人士、香港外籍人士为读者对象，公开发行，每期数万份。

现任董事长胡仙。

社址：香港九龙湾宏光道1号。

电话：7982323。

南华早报(英文) 澳洲报业大王梅铎主办，1903年创刊。对开日报，综合性报纸。以知识分子、大专学生、中上层人士、香港外籍人士为读者对象，公开发行，每期约10万份。

常务董事张正甫。

社址：香港鲗鱼涌糖厂街。

电话：5620161。

电视日报 对开日报，娱乐性报纸。以小市民为读者对象，公开发行。

社址：香港鲗鱼涌华兰路益新工业大厦5楼。

电话：5622258。

东方日报 东方报业集团主办，1969年1月22日创刊。对开日报，综合性报纸。以一般市民为读者对象，公开发行，每期约30余万份。

报社设经理部、广告组、编辑部、采访部，约600余员工，其中编采约200人。

东方报业集团主席马澄坤。

社址：香港九龙湾宏泰道东方报业中心。电话：5733855。

虎报晚报(英文) 1986年9月15日创刊，星岛报业集团主办，系香港虎报的姊妹报。读者以专业人士和中产阶级为主。

社址：香港九龙荔枝角道830号。

中正日报 1985年6月6日创刊，十余日后即停刊，1986年复刊。日报，对开一大张，编重于报道台湾新闻和经济消息。

地址香港湾仔天乐里17号三楼E座。

广播电视

香港电台 香港政府广播署主办，1928年6月30日开播。功率20千瓦，频率：中波567、783千赫，超短波93、101.7兆赫。复盖中国南部地区。全天播音24小时。

电台下设行政部、电台部、电视部、教育电视部、制作事务部、工程，员工合计约700人。

现任负责人：广播署署长张敏仪，中文台台长朱培庆，电视部总监云影畦，中文台新闻总编辑部卢善。

台址：香港九龙广播道。

电话：3372348。

香港商业电台 香港商业广播有限公司主办，于1959年8月26日开播。使用频率：中波864千赫，超短波88、90兆赫。复盖中国南部地区。全天播音24小时。

电台设有中文节目部、英文节目部、营业部、工程部、会计部、总务部，全台员工约300人。

现任负责人：集团主席何佐芝，董事俞[illegible]、梁国杰、谢志雄、邓日桑。

台址：香港九龙广播道3号。

电话：3382842。

电视广播有限公司(无线电视) 于1967年11月19日播出。有效复盖香港、澳门及珠江三角洲邻近区域。全天播放约20小时，其中80%为自办节目。

机构设有行政部、市场及营业部、工程部、国际事务部、节目批广部、制作部、新闻部，约有员工2000人。

现任负责人：董事会主席邵逸天，总经理郑君略，制作部总监刘天赐，新闻部总监叶应士。

地址：香港九龙广播道77号。

电话：3360111。

亚洲电视 亚洲电视有限公司主办。其前身丽的呼声于1957年首播有线电视，1973年进行无线广播。有效复盖香港、澳门、珠江三角洲邻近区域。全天播出约20小时，其中百分之七十为自办节目。

机构设有行政部、营业部、节目部、新闻部。

现任负责人：董事总理周梁淑怡。

地址：香港九龙广播道81号。

电话：3399452。

杂志

广角镜 香港广角镜出版社主办。创刊于1972年10月。月刊，16开本，综合性杂志，以关心中国的人士、香港大专学生及知识界为读者对象，公开发行。

杂志社现有员工7人，其中编采4人。

现任负责人：社长翟暖晖，总编辑李国强。

社址：香港壮士敦道197号8楼。

电话：5753877。

亚洲周刊(中文版) 美国时代集团主办。创刊于1987年12月。周刊，16开本，综合性杂志，以知识分子、行政人员为读者对象，公开发行，每期5万份左右。

杂志社有编采人员约60人。

现任负责人：主编康荣，采访总监何良懋，编辑张结凤。

社址：香港德辅道199号维德广场30楼。

电话：8155667。

新闻天地 周刊，16开本，政论类杂志，以亲台人士为读者对象，公开发行。

现任负责人：社长卜少夫。

社址：香港德辅道44号903号。

电话：524738。

远东经济评论 南华早报及美国道琼斯公司主办。创刊于1946年。周刊，16开本，英文时事及经济周刊，以政经界人士、高级知识分子为读者对象，公开发行。

社址：香港高士打道181号。

现任负责人（不详）。

电话：8936688。

镜报 镜报文化企业有限公司主办，创刊于1977年8月1日。月刊，16开本，政论类杂志，以关心中国的人士为读者对象，公开发行。

该社现有员工6人，其中编采人员4人。

现任负责人：社长徐四民（董事长），主编林文。

社址：香港高士威道2号华都大厦10号楼D座。

电话：5769288。

当代时事周刊 创刊于1989年11月25日创刊。周刊，16开本，综合性杂志，以知识界、关心国事的人士为读者对象，公开发行，每期约4万份。

现任负责人：社长李子诵，顾问金尧如，总编辑程翔，副总编辑简洪昌。

社址：香港湾子耀华街27号二楼。

电话：8389789。

香港政经周刊 创刊于1989年12月9日。周刊，16开本，综合性杂志，以白领和中产阶层为读者对象。

周刊社有编采人员约30余人。

现任负责人：社长吴仲贤，副社长龙景昌，总编辑何文翔，采访主任卢永雄。

地址：香港湾仔道101号明德大厦9楼。

电话：8343697。

壹周刊 佐丹奴时装集团主办。创刊于1990年3月15日。周刊，16开本，综合性杂志，以一般市民为读者对象，公开发行。

杂志社现有110人，其中编采35人。

现任负责人：社长黎知英，副社长香树辉，总编辑梁天伟，副总编陆锦荣。

社址：香港华兰路20号华兰中心10楼。

电话：8119686。

百姓 创刊于1981年6月1日。半月刊，16开本，综合性政论杂志，以知识阶层为读者对象，公开发行。

现任负责人：社长陆铿，主编胡菊人，采访主任许黎华。

社址：香港铜锣湾礼顿道128号希云大厦6楼下座。

电话：5772651。

华人月刊 香港地平线出版社主办。创刊于1984年1月。月刊，16开本，政编类杂志，以海外华侨、华，港澳人士为读者对象，公开发行。

现任负责人：社长陈国华，副社长陈沛然，主编竺承心。

社址：香港皇后大道中222号启煌大厦1102室。

电话：54238811。

明报月刊 明报有限公司主办，于1966年1月创刊。月刊，16开本，综合性政论及学术杂志，以知识界为读者对象，公开发行。

现任负责人：社长查良镛，总编辑古德明。

社址：香港英皇道651号明报大厦8楼。

电话：5641234。

争鸣 创刊于1977年11月。月刊，16开本。政论类杂志，以关注中国政治的人士为读者对象，公开发行，每期超过5万份。

现任负责人：总编辑温辉。

社址：香港轩尼诗道，邮箱20370号。

电话：5740664。

新闻教育

香港中文大学新闻与传播学系 1966年设立。开设的主要课目有社会学、心理学、大众传播概论、新闻写作、电视广播、报刊实务、公共关系等。

现任系主任朱立。

地址：香港九龙新界马科水中文大学。

电话：06952634。

珠海书院新闻系 1968年成立。开设的主要课目有：新闻学、经济原理、英文语文、电子传媒等。

创办以来已培养大专生600人，现有在校学生280人。师资：兼职讲师10多人。

现任系主任黄毓民。

地址：香港九龙亚皆老街115号珠海书院。

电话：7714986。

浸会学院传理系 1968年设立。开设的主要课目有：新闻编采、电视广播、广告与公共关系、电影制作等。

现任系主任林年同。

地址：香港九龙窝打老道224号浸会学院。

电话：3397333。

树仁学院新闻系 1973年设立。

现任系主任黄梦曦。

地址：香港北角宝马山道树仁学院。

电话：5707110。

澳　门

报　纸

星报 1963年10月5日创刊。日报，对开6版。报道世界及地方新闻。读者：澳门各界市民。公开发行，每期5千份。每份1元（澳门币）。

机构包括排字、制版、印刷报及一般报社具有的设备。共有员工45人，其编采18人。现任社长郭舍城。

社址：澳门蓬来新巷9—11号（地下及一楼）。

电话：84023。

市民日报 市民报业公司（民营股份制）主办。1944年8月15日创刊。日报，对开6版。读者：澳门市民。公开发行，每期8千份，每份1元（澳门币）。

报社现有员工30人，其中编采20人。现任副社长龚文。

社址：澳门营地古街45号。

电话：89604。

澳门日报 1958年8月15日。日报，对开8大张，32版。读者：澳门同胞。公开发行，每期8880份。零售每份1.5元（澳门币）。

报社现有165人（本地），其中编采55人。现任社长李成俊，总经理梁桂华，总编辑李鹏　。

社址：澳门伯多禄局长街37号。

电话：371688。

澳门华侨报 1937年11月20日创刊。日报，对开，每天出5—7张，20—28版。读者：澳门各阶层市民。公开发行，每期30000份。

报社有电脑打字、排版、胶印输转机三部。全社现有员工150人,其中编采50人。现任社长赵汝能,总编辑雷渭英,副总编辑邓祖基、黄汉强、佟立章、郑冬寒。

社址:澳门红商门街7—9号。

电话:345888。

正报 1978年1月7日创刊。日报,对开4版。读者:澳门市民。公开发行,每期2500份。

报社现有员工25人。社长龚树根,总编辑郑沛。

社址:澳门古堂街12号地下B。

电话:306721。

澳门大众报 澳门大众报业公司主办。民办报纸,东主蔡克铭。1933年创刊。日报,4开10—12版。综合性报纸。读者:澳门工、商各阶层市民。本澳内报社自行发行,珠海、中山、广州由中国图书公司广州分公司发行。每期8500份。

报社现有员工70—75人,其中编采约35人。现任社长蔡克铭,总编辑苏剑强。

社址:澳门大街126号。

电话:578255。

广播电视

澳门广播电视有限公司 1988年5月1日开播。

电台(粤语):功率21千瓦;波长980千赫、100.7兆赫;有效复盖半径10公里;全天播放24小时;每周自办节目165小时。

电台(葡语):功率10千瓦;波长98兆赫;有效复盖半径18公里;全天播放24小时;其中自办节目9小时。

电视台(中葡语):功率169千瓦;30频道;有效复盖半径70公里;全天播放17小时,其中自办节目10小时。

机构设置:制作、节目、营业、新闻、财务、工程、行政共7部门。

现任董事总经理梁国光,电视台台长邓伟雄,电台台长庐基立。

地址:澳门俾喇街南157—A号。

电话:(953)550129。

解放前我国解放区广播电台简介

〔编者按〕本刊1949年版所载《1949年以前解放区广播电台介绍》是1989年3月整理的历史资料,由于当时历史条件的局限,未能反映解放区广播的全貌。今特刊载北京广播学院《中国解放区广播史》编写组整理的《解放区广播电台序列表》及《解放区广播电台简志》,以使读者对1940年12月——1949年9月解放区广播事业的发展有比较全面的了解。

解放区广播电台序列表

北京广播学院《中国解放区广播史》编写组

1、**中 央 台**

1—1 **延安新华广播电台**(后改称陕北新华广播电台、北平新华广播电台、北京新华广播电台,今中央人民广播电台)

2、**华北解放区**(包括原晋察冀、晋冀鲁豫解放区)

△2—1 **张家口新华广播电台**(后改称晋察冀新华广播电台)

△2—2 **邯郸新华广播电台**

2—3 **张家口人民广播电台**(原名张家口新华广播电,1950年改称察哈尔人民广播电台,1952年停办)

2—4 **唐山新华广播电台**(后改称唐山人民广播电台)

2—5 **天津新华广播电台**(后改称天津人民广播电台)

2—6 **北平新华广播电台**(后改称北平人民广播电台、北平新华广播电台第二台、北京新华广播电台第二台、北京市人民广播电台,今北京人民广播电台)

2—7 **太原新华广播电台**(后改称太原人民广播电台,今山西人民广播电台)

2—8 **保定人民广播电台**(今河北人民广播电台)

2—9 **包头人民广播电台**

3、**东北解放区**(包括原冀热辽、冀察热辽解放区)

3—1 **东北新华广播电台**(后改称沈阳新华广播电台、沈阳人民广播电台,1950年改称东北人民广播电台,1954年停办)

3—2 **哈尔滨新华广播电台**(原名哈尔滨广播电台,后改称哈尔滨人民广播电台)

3—3 **齐齐哈尔新华广播电台**(原名齐齐哈尔广播电台,后改称西满新华广播电台、齐齐哈尔人民广播电台)

3—4 **牡丹江新华广播电台**(原名牡丹江广播电台,后改称牡丹江人民广播电台)

3—5 **长春新华广播电台**(原名长春广播电台,后改称长春人民广播电台)

3—6 **吉林新华广播电台**(原名吉林广播电台,后改称吉林人民广播电台)

3—7 **延吉新华广播电台**(后改称延边人民广播电台)

△3—8 **通化新华广播电台**(原名通化广播电台,后改称临江新华广播电台、海龙新华广播电台)

△3—9 **四平新华广播电台**(后改称四平人民广播电台)

△3—10 **沈阳新华广播电台**(原名沈阳广播电台,后改称沈阳人民广播电台)

3—11 **营口新华广播电台**(原名

营口广播电台，后改称营口人民广播电台）

△3—12 **本溪新华广播电台**（后改称辽东军区新华广播电）

3—13 **鞍山新华广播电台**（原名鞍山广播电台，后改称鞍山人民广播电台）

3—14 **安东新华广播电台**（原名安东市政府广播电台，后改称安东人民广播电台，1951年改称辽东人民广播电台，1954年停办）

3—15 **大连新华广播电台**（原名大连广播电台、关东广播电台，后改称大连人民广播电台）

3—16 **抚顺人民广播电台**（原名抚顺市人民政府广播电台）

3—17 **锦州新华广播电台**（后改称锦州人民广播电台）

3—18 **承德新华广播电台**（后改称冀察热辽新华广播电台、热河人民广播电台，1955年停办）

4、**华东解放区**

4—1 **华东新华广播电台**（后改称上海人民广播电台第一台、1950年重建华东人民广播电台，1955年停办）

4—2 **济南新华广播电台**（原名济南特别市新华广播电台，后改称济南人民广播电台，今山东人民广播电台）

4—3 **徐州新华广播电台**（后改称徐州人民广播电台）

4—4 **青岛人民广播电台**

4—5 **南通新华广播电台**（后改称南通人民广播电台）

4—6 **南京人民广播电台**

4—7 **常州人民广播电台**

4—8 **苏州新华广播电台**

4—9 **无锡人民广播电台**

4—10 **浙江新华广播电台**（后改称杭州人民广播电台，今浙江人民广播电台）

4—11 **上海人民广播电台**

4—12 **福州人民广播电台**（今福建人民广播电台）

5、华中解放区

5—1 **中原新华广播电台**（后改称武汉新华广播电台、武汉人民广播电台，1950年改称中南人民广播电台，1953年停办）

△ 5—2 **汉口人民广播电台**

5—3 **南昌新华广播电台**（后改称南昌人民广播电台，今江西人民广播电台，1954年停办）

6、 **西北解放区**

6—1 **西北新华广播电台**（后改称西安新华广播电台、西安人民广播电台，1950年改称西北人民广播电台，1954年停办）

6—2 **兰州人民广播电台**（今甘肃人民广播电台）

6—3 **西宁人民广播电台**（今青海人民广播电台）

（以上总计46座，1949年9月底仍在继续播音的有39座，带△号者7座已停播）

解放区广播电台简志

北京广播学院《中国解放区广播史》编写组

1—1 **延安新华广播电台**（陕北新华广播电台、北平新华广播电台、北京新华广播电台、中央人民广播电台）

中国共产党创办的第一座广播电台——延安新华广播电台于1940年12月30日开始播音（这一天后来定为中国人民广播事业创建纪念日）。该台呼号XNCR，发射功率约300瓦，用短波广播。领导筹建该台的是以周恩来为主任的广播委员会。中央军委三局九分队（队长傅英豪、政委周浣白）承担具体建台任务。播出稿件由新华社广播科（科长李伍）负责提供。1943年春天因故暂时停播。1945年8月中旬在抗日战争胜利声中恢复播音。不久，新华社编辑部组建口头广播组，先后由杨述、张纪明任组长。1946年6月，该组扩大为语言广播部由温济泽任主编，负责编写广播稿件。解放战争时期，1947年3月中旬，该台迁至瓦窑堡（今子长县）继续播音，并于3月21日改为陕北新华广播电台。此后，随着解放战争形势的发展，于1947年3月底、1948年5月下旬，先后又转移至晋冀鲁豫解放区的涉县、晋察冀解放区的平山县境内播音，但台名始终未改。在组织上，一直为新华社的组成部分，由副总编辑梅益分管口播工作。

1949年3月25日，陕北台迁进北平，改名为北平新华广播电台，成为全国性中央台。6月，中共中央决定将新华社语言广播部扩充为中央广播事业管理处。从此，广播事业成为单独的宣传部门。处长廖承志同时兼任北平新华广播电台台长、英语广播部部长，副处长李强兼副台长、工程部部长，梅益为编辑部第一部长。同年9月1日，该台改称北平新华广播电台第一台，27日起又改称北京新华广播电台第一台；12月5日起定名为中央人民广播电台。

2—1 **张家口新华广播电台**（晋察冀新华广播电台）

中国共产党晋察冀中央局领导建立的广播电台。1945年8月下旬，晋察冀军区所辖部队解放了张家口市。随军记者团接管了原日伪蒙疆放送局及所属宁远发射台，并利用其设备建立起张家口新华广播电台。该台于8月24日开始播音，呼号XGNC（起初为XGCA），开始曲为《开路先锋》，结束曲为《大路歌》，使用10千瓦、500瓦两部发射机广播，是当时解放区最大的广播电台。台长先后为张庆泰、哈士光，副台长李廉士。1946年10月，国民党军队进犯张家口，该台于10月10日晚最后一次播音后开始撤离张家口，并向阜平县转移。10月底到达栗园庄后，开始筹建新的广播电台。1947年元旦，新建的晋察冀新华广播电台开始试播，同年5月1日正式广播。此时由《晋察冀日报》社编委罗清兼任台长，编辑部主任黎韦。1948年5月，根据新华总社和晋察冀中央局的决定，该台撤销并入陕北新华广播电台。

2—2 **邯郸新华广播电台**

中国共产党晋冀鲁豫中央局领导建立的广播电台，1946年初开始筹建。台址在今河北省涉县沙河村。1946年9月1日，该台开始播音，呼号XGHT。台长常振玉，编辑部主任萧风、副主任顾文华。该台使用的两部广播发射机，均系利用缴获的无线电导航台改装而成。改装工作由晋冀鲁豫军区三处副处长王士光主持。1947年3月，根据中共中央指示，该台拨出一部发射机并加以改装后，承担接替陕北新华广播电台的播音任务，为确保党中央的声音不中断作出了贡献。

1948年冬天，邯郸台停止自办节目，改为陕北新华广播电台的转播台。大部分人员北上平山到达华北《人民日报》所在地李庄村，准备进入北平，接受新任务。少数技术人员坚持转播工作，至1949年3月下旬结束。

2—3 **张家口人民广播电台**（张家口新华广播电台、察哈尔人民广播电台）

1948年12月，张家口市第二次解放，利用接管的原国民党察哈尔广播电台设备重建的张家口新华广播电台于12月24日开始播音。起初为有线广播，年底无线广播开通，发射功率为100瓦。此时，电台编委会受中共《察哈尔日报》社党委领导，由报社所属广播部代为管理。1949年3月，广播部撤销，电台改由中共察哈尔省委宣传部领导，台长为吕朗，副台长马清士，谭天铎、林冬分任正副主编。同年5月1日该台改称张家口人民广播电台，同时增设第二台，面向察哈尔全省广播。1950年11月30日，该台第二台改称察哈尔人民广播电台，第一台改称张家口人民广播电台。1951年4月，张家口市台停止播音与察哈尔省台合并。1952年12月6日，察哈尔人民广播电台随察哈尔省建制撤销而终止播音。

2—4 **唐山新华广播电台**（唐山人民广播电台）

1948年12月12日唐山市解放。利用接管的国民党唐山广播电台设备建立的唐山新华广播电台于12月13日开始播音，发射功率200瓦。不久，该台与唐山冀东日报社合并。报社内设有广播部。台长庄华。1949年7月2日该台改名为唐山人民广播电台。

2—5 **天津新华广播电台**（天津人民广播电台）

1949年1月15日天津市解放。当天即利用接管的国民党广播电台设备，以天津新华广播电台名称开始播音。当时，该台由《天津日报》社委会领导，总编朱九思兼广播部主任，鲁获为副主任。4月，该台从报社分出，不久由鲁获任台长。5月18日改称天津人民广播电台。

2—6 **北平新华广播电台**（北平人民广播电台、北平新华广播电台第二台、北京新华广播电台第二台、北京市人民广播电台、北京人民广播电台）

1949年1月31日，北平和平解放。2月2日，利用接收的国民党北平广播电台设备开办的北平新华广播电台面向全市开始播音。该台管委会主任为徐迈进。同年3月25日，陕北新华广播电台迁进北平，改名为北平新华广播电台继续播音，成为全国性中央台。同日，原北平新华广播电台改称为北平人民播电台继续面向全市播音，在内部则为北平新华广播电台的一个组成部分。同年9月1日起，该台改名为北平新华广播电台第二台，27日起又改名为北京新华广播电台第二台。同年12月5日改称北京市人民广播电台。1951年3月11日定名为北京人民广播电台。

2—7 **太原新华广播电台**（太原人民广播电台、山西人民广播电台）

1949年4月24日，太原市解放。以常振玉为首的接管组接收了国民党太原广播电台。4月25日，利用接管设备建立的太原新华广播电台开始播音，发射功率100瓦，后增至600瓦。台长常振玉、副台长何静。该台由中共山西省委宣传部领导。同年6月1日，该台改称太原人民广播电台。1950年12月20日，又改称山西人民广播电台。

2—8 **保定人民广播电台**（河北人民广播电台）

1949年5月，中共冀中区党委决定在保定筹建广播电台。同年8月，保定人民广播电台建成试播，9月1日起正式广播，发射功率500瓦。台长耿耀，副台长余信。1951年4月1日起改名为河北人民广播电台。

2—9 **包头新华广播电台**（包头人民广播电台）

1948年11月初，包头市解放。利用接管的国民党广播电台设备建立起包头新华广播电台。1948年底，人民解放军撤离包头市，该台停播。绥远地区1949年9月19日和平解放后包头人民广播电台重新开始播音。

3—1 **东北新华广播电台**（沈阳新华广播电台、沈阳人民广播电台、东北人民广播电台）

中共中央东北局领导建立的广播电台。1946年5月下旬，东北局决定将哈尔滨广播电台设备拆迁运佳木斯，并以其为基础筹建东北新华广播电台。同年9月23日，该台开始播音，呼号XNMR，台长赵乃禾。1948年2月，该台迁至哈尔滨，经筹建后，于3月19日恢复试验播音，5月28日起正式广播。同年7月，根据东北局的决定，东北新华广播电台成为东北解放区广播电台的总台。台长罗清，副台长朱明、马皓。

1948年11月2日，沈阳市解放。同年12月25日，东北总台迁往沈阳继续播音。台长先后为罗清、高戈、朱明，副台长有朱明、董林、李文涛。1949年5月1日起，该台改称沈阳新华广播电台，9月10日起又改称沈阳人民广播电台。1950年4月15日改名为东北人民广播电台。

3—2 **哈尔滨新华广播电台**（哈尔滨广播电台、哈尔滨人民广播电台）

1949年8月，苏联红军进驻哈尔滨市后接管了日伪哈尔滨放送局并转交东北抗日联军使用。8月20日，哈尔滨广播电台开始播音，负责人为赵乃禾。10月中旬，中共滨江工委成立后领导该台宣传工作。1946年3月，苏军撤离哈市，该台停播。4月28日，民主联军再次进驻哈市，电台恢复播音。5月下旬，根据东北局决定，该台拆迁佳木斯，筹建东北新华广播电台。

1947年初，决定重建哈尔滨广播电台。4月20日起，该台开始播音，5月28日改名为哈尔滨新华广播电台。1948年初，东北新华广播电台从佳木斯迁至哈市后，该台停止播音。1948年冬，东北台迁沈阳后，该台再次恢复播音，改由中共哈尔滨市委领导，台长林青。1949年5月1日起，改名为哈尔滨人民广播电台。

3—3 **齐齐哈尔新华广播电台**（齐齐哈尔广播电台、西满新华广播电台、齐齐哈尔人民广播电台）

1946年4月，东北民主联军第二次解放齐齐哈尔市，嫩江省政府接收了国民党广播电台的设备，筹建起齐齐哈尔广播电台，于1946年5月1日开始播音。台长洪涛。同年6月上旬该台改由新华社西满分社领导，改名为齐齐哈尔新华广播电台，由分社社长于岩兼台长。1946年7月，改称西满新华广播电台，呼号XNTR，台长改由分社社长王阑西兼任。1947年10月，中共西满分局撤销，台名恢复为齐齐哈尔新华广播电台，呼号改为XNWR。1949年5月11日，又改名为齐齐哈尔人民广播电台。台长为马宗援。

3—4 **牡丹江新华广播电台**（牡丹江广播电台、牡丹江人民广播电台）

1947年5月，中共牡丹江市委决定筹建广播电台。同年8月15日，牡丹江广播电台开始播音，呼号CMMR。次年8月15日，该台改名为牡丹江新华广播电台。1949年5月1日起又改名为牡丹人民广播电台。

3—5 **长春新华广播电台**（长春广播电台、长春人民广播电台）

1945年8月，日本投降后，中共东北局委员会派人与苏联红军一起接管伪满新京放送总局，建起长春广播电台，于9月10日开始播音，呼号XNCM。同年12月初，民主联军撤出长春，电台由苏军接管。苏军撤出后，电台由国民党控制。

1946年4月，民主联军第一次解放长春市，中共中央东北局宣传部调东北日报社新闻台台长周叔康兼任长春广播电台台长，接管了国民党长春广播电台。4月24日起，长春新华广嶓播电台开始播音，同年5月22日，国民主联军撤离长春而停播。

1948年10月19日，长春市第二次解放。10月21日，该台恢复播音。1949年5月1日起，改名为长春人民广播电。

3—6 **吉林新华广播电台**（吉林广播电台、吉林人民广播电台）

1945年10月中旬，中共吉林市特别支部派吉林市《人民日报》社社长李之白从苏联红军手中接收了原日伪吉林放送局，并开始筹建吉林广播电台。同年11月21日，该台开始播音，台长由李之白兼任。1946年2月，该台改名为吉林新华广播电台。5月，国民党军队进犯吉林市，该台于27日起停播，并向延吉市转移。电台人员与原延吉广播电台人员一起筹建延吉新华广播电台。

1948年3月，吉林市重获解放。延吉台派人接管了国民党控制的广播电台。3月18日起，吉林新华广播电台恢复播音，呼号XNKR。8月起，改由中共吉林市委领导，市委宣传部长陈南生兼任台长。1949年5月1日起，该台改名为吉林人民广播电台。

3—7 **延吉新华广播电台**（延边人民广播电台）

1946年4月，吉东行政专员公署从苏联红军手中接管了原日伪延吉放送局，拟筹建延吉广播电台，但因经常停电，未能正常广播。6月初，吉林新华广播电台人员撤到延吉后，共同创办起延吉新华广播电台，于6月16日开始试播，7月1日起正式播音，呼号XHYR。该台由中共吉林省委宣传部领导，台长王建颖。

1948年11月初，该台改由中共延边地委领导，改称延边人民广播电台，地委宣传部部长崔采兼任台长。

3—8 **通化新华广播电台**（通化广播电台、临江新华广播电台、海龙新华广播电台）

1945年9月24日，通化民主政府指派张东接管了原日伪通化放送局，并于当天开始播音，台名全称冀热辽行署通化专员公署通化广播电台，简称通化广播电台，呼号XTHR，台长张东。1946年1月，该台改称通化新华广播电台。同年5月，国民党军进犯，中共通化分省委决定将该台撤往临江镇，并在该处筹建分台，7月底，通化新华广播电台临江分台开始播音。10月底，该台改称临江新华广播电台，由中共辽宁省委宣传部领导。不久，国民党军进犯，临江台设备拆迁到朝鲜中江镇保存。

1947年5月，张东等人返回临江镇，重建电台。7月1日，临江新华广播电台恢复播音，呼号XLCR，至10月上旬，再次开始转移。根据省委决定，利用原有设备在海龙镇筹建新台。1948年1月1日（一说1947年11月），海龙新华广播电台开始播音，呼号XHLR，台长张东，后来又在通化市原通化新华广播电台旧址内办起海龙新华广播电台通化分台，并于5月中旬开始转播陕北新华电台和海龙台节目。

1948年11月，海龙台撤销，设备及人员迁往四平。1948年8月，通化分台撤销，设备及人员由安东台接管。

3—9 **四平新华广播电台**（四平人民广播电台）

1948年秋，东北局宣传部决定彻销海龙台建立四平台。10月开始筹建。12月初，四平新华广播电台开始播音，呼号XNHR，受中共辽北省委领导，台长朱受之。

1949年5月，该台改名为四平人民广蟠电台。同年7月，因辽北省与辽西省合并，该台迁往锦州，与锦州台合并。

3—10 **沈阳新华广播电台**（沈阳广播电台、沈阳人民广播电台）

1945年8月15日，日本宣布投降后，在中共地下党员的组织下于17日在伪满奉天放送局内成立了“沈阳广播电台维持会”，并以沈阳广播电台的名义开始播音。21日，苏联红军对电台实行军管，节目停办。9月初，东北抗日联军沈阳地区工作组接收该台，并任命刘铁石为台长。9月6日，冀热辽军区16军分区再次接收该台，任命李复为台长、孙茜为播音科长，仍以沈阳广播电台名义继续播音。同年11月下旬，中共党政军机关彻出沈阳，电台仍由苏军军管。至1946年4月，由国民党中央广播事业管理处派人接收。

1948年11月2日，沈阳市解放。东北新华广播电台（总台）副台长朱明于11月4日接收国民党沈阳广播电台。当晚即以沈阳新华广播电台名义开始播音，同年12月15日，东北总台从哈尔滨迁来沈阳后，该台与东北总台合并，沈阳新华台作为市台暂停播音。1949年3月1日，沈阳新华台再次恢复播音，并于5月1日改名为沈阳人民广播电台，至9月10日再次停止播音。

3—11 **营口新华广播电台**（营口广播电台、营口人民广播电台）

1945年10月20日，中共营口市特派员办事处接管了国民党一度控制的营口广播电台后，仍以营口广播电台名义继续播音。1946年3月，国民党军队进犯营口，该台将设备拆运转移他处。1948年2月，营口市再度解放，同年5月着手恢复广播电台。10月间，国民党军曾盘据营口一个星期，不久，营口市又获解放。在中共营口市委领导下，营口新华广播电台于1949年4月15日恢复播音，台长由营口市副市长马成德兼任。同年9月，该台改名为营口人民广播电台。

3—12 **本溪新华广播电台**（辽东军区新华广播电台）

1945年9月，八路军冀热辽军区16军分区接收了原日伪本溪湖放送局，利用其设备办起本溪新华广播电台，于9月28日开始播音。

1946年元旦，东北民主联军辽东军区成立，该台于同一天改称辽东军区新华广播电台。同年3月，国民党军进犯，该台转移凤城继续播音。5月，该台并入安东台。

3—13 **鞍山新华广播电台**（鞍山广播电台、鞍山人民广播电台）

1945年10月，八路军派人接收原日伪鞍山放送局，办起鞍山广播电台于10月24日开始播音。年底，该台改称鞍山新华广播电台。1946年3月，国民党军进犯，该台撤出鞍山市，播音也即中断。

1948年2月，鞍山市重获解放。3月初，电台恢复广播。一因国民党军进犯，该台转移海城，播音再次中断。同年11月初，又迁回鞍山恢复播音，仍称鞍山新华广播电台，台长王仲奎。1949年2月因机器故障，该台一度停播，至3月间恢复正常播音。当时由中共鞍山市委宣传部副部长邢路兼任台长。同年5月，该台改称鞍山人民广播电台。

3—14 **安东新华广播电台**（安东市政府广播电台、安东人民广播电台）

1945年10月下旬，东北民主联军进驻安东（今丹东）后，安东市长派白刃、冷克接收了原日伪安东放送局，宣布成立安东市政府广播电台（后改称安东新华广播电台），于11月7日开始播音，呼号XTAK（后改为XNAR）。白刃任台长、冷克任政治指导员。1946年10月，由陈自新继任台长。不久，国民党军进犯安东，陈自新率众撤出安东转移至朝鲜新义州，以“新华广播电台”呼号继续播音达7个月。1947年6月9日，安东第二次解放，该台迁回安东并于6月10日起恢复播音。1949年1月，张东接任台长。4月，该台改称安东人民广播电台。5月，安东省和附近一些地区合并为辽东省后，该台改由辽东省委宣传部领导。8月间，通化新华广播电台撤销后并入安东台。

3—15 **大连新华广播电台**（大连广

播电台、关东广播电台、大连人民广播电台)

1945年8月22日,苏联红军进驻大连市,并对大连市实行军管。中国共产党利用这一特殊条件,领导成立了大连市政府,同年12月,以市政府名义接管了原日伪大连放送局。经短期筹备后,大连广播电台于1946年1月16日开始播音,呼号XGIR,台长康敏庄、副台长白全武。1947年5月1日,该台改称关东广播电台,1949年4月1日,中共大连地区党组织公开,同日,该台改称大连新华广播电台。同年7月1日又改名为大连人民广播电台。

3—16 **抚顺人民广播电台**(抚顺市人民政府广播电台)

1945年9月,冀热辽军区16分区进驻抚顺市,接收了原日伪抚顺放送局,办起抚顺市人民政府广播电台,于1946年春开始播音。后因国民党军进犯,该台撤至抚顺县境内。1948年10月31日,该台于抚顺市解放后恢复播音。1949年5月,该台改称抚顺人民广播电台。台长刘铭。

3—17 **锦州新华广播电台**(锦州人民广播电台)

1948年10月,锦州市解放。冀热辽军区接管国民党锦州广播电台。同年12月15日,锦州新华广播电台开始播音,呼号XQCT,台长杨志理。

1945年5月1日起,该台改称锦州人民广播电台。同年7月,辽北、辽西两省合并,原设在辽北的四平人民广播电台撤销,人员和设备并入锦州台。新组建的锦州台由中共辽西省委领导,台长朱受之。

3—18 **承德新华广播电台**(冀察热辽新华广播电台、热河人民广播电台)

1945年8月,日本投降后,冀热辽军区部队接收了原日伪锦州放送局的广播设备,并随军转移到承德。1946年2月,中共冀热辽分局决定利用承德原日伪广播电台旧址和上述设备筹建承德新华广播电台,并于5月1日起开始播音。台长董林。同年夏天,国民党军进犯承德,承德台拆迁转移,于1947年春节前夕辗转到达齐齐哈尔市,与西满新华广播电台暂时合并,一边协助西满台工作,一边维护设备、培训人才。

1947年秋天,根据分局决定,该台返回热河,在赤峰重建新台,台名冀察热辽新华广播电台,台长董林。1948年春天,由于遭到国民党军飞机轰炸而未能开始播音。当时,该台又转移至赤峰待命。后来,电台人员参加接管国民党锦州广播电台的工作。1948年冬,奉命再次返回承德重新建台。1949年8月1日,热河人民广播电台开始试播,8月15日正式广播。台长程广泰。

4—1 **华东新华广播电台**(上海人民广播电台、华东人民广播电台)

中共中央华东局领导建立的华东解放区第一座广播电台。1948年5月,该台在山东省五莲县开始筹建,后迁至临朐县,同年9月12日起试验播音,12月20日起正式播音,呼号XNEC。华东台管委会主任周新武,副主任苗力沉。1949年2月,该台迁至济南市继续播音。5月27日,上海人民广播电台开始播音后,华东台即停止播音。同年9月1日起,该台以上海人民广播第一台名义恢复对华东地区的广播。1950年4月1日,新成立的华东人民广播电台开始在上海播音。1955年1月1日起该台停止播音。

4—2 **济南新华广播电台**(济南特别市新华广播电台、济南人民广播电台、山东人民广播电台)

1948年9月24日,济南市解放。利用接管的国民党山东广播电台设备建立的济南特别市新华广播电台于同年11月8日开始播音。台长黎韦。1949年6月13日起,该台改名为济南新华广播电台,6月20日起又改名为济南人民广播电台。1950年10月27日,该台改称山东人民广播电台。

4—3 **徐州新华广播电台**(徐州人民广播电台)

1948年11月8日,徐州市解放。中共中央山东分局派人接管了国民党徐州广播电台。利用该台设备建立的徐州新华广播电台于1949年2月1日起开始播音。台长张梦达。同年9月1日起,该台改称徐州人民广播电台。

4—4 **青岛人民广播电台**

1949年6月2日,青岛市解放。当天晚上利用接管的国民党广播电台设备建立的青岛人民广播电台即开始播音。

4—5 **南通新华广播电台**(南通人民广播电台)

1949年2月1日,南通市解放。利用接管的原国民党广播电台设备建立的南通新华播电台于3月2日起开始播音。该台由中共南通地委领导。台长张大翔,副台长郑伯年。同年7月8日起改名为南通人民广播电台。

4—6 **南京人民广播电台**(南京广播电台、江苏、人民广播电台)

1949年4月23日,南京市解放。4月24日,原国民党中央广播电台的留守人员奉命改用南京广播电台名称播音,主要转播北平新华广播电台节目。5月6日,以李强、路星源为首的军代表分别接管了国民党的中央台和"军中之声"广播电台,并利用两台设备建立起南京人民广播电台,于5月18日起开始播音。该台由中共南京市委领导,市委宣传部副部长石西民兼任台长、路星源为副台长。新中国成立后,以该台为基础,合并苏南、苏北两台于1953年1月1日组建江苏、南京人民广播电台,并分别以两个台的名义播音。

4—7 **常州人民广播电台**

1949年4月23日,常州市解放。当天,新华社三野总分社派人接管了国民党武进县党部广播电台和常州市三青团常州广播电台,经过改建后办起了常州人民广播电台,并于4月27日开始播音。台长戴良。

4—8 **苏州新华广播电台**(苏州人民广播电台)

1949年4月27日,苏州市解放。在原国立社教学院实验电台基础上建立的苏州新华广播电台于5月15日起开始播音。同年9月1日起改名为苏州人民广播电台。台长丁锋,指导员施芹。

4—9 **无锡人民广播电台**(无锡广播电台、苏南人民广播电台)

1949年4月23日,无锡市解放。在此之前,中共地下党组织与国民党无锡广播电台的一些工作人员已建立起联系。无锡市解放后,该台仍以无锡广播电台的名义继续播音。同年8月6日,无锡市军管会开始接管该台,并于9月1日起,以无锡人民广播电台的名称开始播音。台长田志强。1951年4月,该台改称苏南人民广播电台。

4—10 **浙江新华广播电台**(杭州人民广播电台、浙江人民广播电台)

1949年5月3日,杭州市解放。利用接管的国民党浙江广播电台设备建立的浙江新华广播电台于5月25日开始播音。同年6月9日起,该台改称杭州人民广播电台。1951年5月,该台又改称浙江人民广播电台。

4—11 **上海人民广播电台**

1949年5月27日,上海市解放。当天晚上,利用接管的国民党上海广播电台建立的上海人民广播电台开始播音。周新武任台长,苗力沉为副台长。同年9月1日起,该台同时承担对华东地区广播的任务,分别用上海人民广播电台第一台(对华东地区)和上海人民广播电台第二台(对上海地区)的台名播音。1950年4月1日,华东人民广播电台开始播音后,该台遂停止对华东地区的广播。

4—12　**福州人民广播电台**（福建人民广播电台）

1949年8月17日，福州市解放。利用接管的国民党福建广播电台设备建立的福州人民广播电台于8月24日起开始播音。1951年9月28日起，该台改称福建人民广播电台。

5—1　**中原新华广播电台**（武汉新华广播电台、武汉人民广播电台、中南人民广播电台）

中共中央中原局领导建立的中南解放区第一座广播电台。1948年10月，郑州市解放。中原局决定由新华社中原总分社筹建广播电台。1949年2月13日，中原新华广播电台在郑州开始播音。该台由总分社口播科负责，科长各闫迺一。同年5月，武汉市解放前夕，总分社随中原局南迁，该台停止播音。

5月23日，武汉新华广播电台开始播音。该台是以5月19日开始播音的汉口人民广播电台为基础建立起来的。受中原局（不久改称华中局）领导。同年9月1日，该台改称武汉人民广播电台。1950年5月1日起又改称中南人民广播电台，1953年4月30日停止播音。

5—2　**汉口人民广播电台**

1949年5月16日，武汉市解放。在此之前，国民党汉口市广播无线电台奉命拆机南迁。中共地下党江汉军区城工部组织工作小组并吸收该电台的部分人员开展护台斗争。武汉市解放后，他们根据中共武汉市委的指示，修复了广播发射机，于5月19日以汉口人民广播电台名义开始播音。5月23日，武汉新华广播电台开始播音后，该台即停办。

5—3　**南昌新华广播电台**（南昌人民广播电台、江西人民广播电台）

1949年5月22日，南昌市解放。利用接管的国民党南昌广播电台设备建立的南昌新华广播电台于5月25日开始播音。同年6月3日，该台改称南昌人民广播电台。1951年1月起又改称江西人民广播电台。

6—1　**西北新华广播电台**（西安新华广播电台、西安人民广播电台、西北人民广播电台）

中共中央西北局领导建立的西北解放区第一座广播电台。1948年12月，西北局决定在延安重建广播电台。1949年元旦，西北新华广播电台开始试播，1月5日正式播音，呼号XGYA。该台由新华社西北总分社领导，负责人为金照。编辑部主任武英。同年5月20日，西安市解放。6月1日起，该台迁西安继续播音，6日起改名的西安新华广播电台。7月1日又改名为西安人民广播电台。1950年9月1日改称西北人民广播电台。1954年9月10日停止播音。

6—2　**兰州人民广播电台**（甘肃人民广播电台）

1949年8月26日，兰州市解放。在接收原国民党兰州广播电台的基础上建立的兰州人民广播电台于9月7日开始播音。1951年4月1日起该台改名为甘肃人民广播电台。

6—3　**西宁人民广播电台**（青海人民广播电台）

1949年9月5日，西宁市解放。在接收原国民党西宁广播电台基础上建立的西宁人民广播电台于9月14日开始播音。1951年4月1日起，该台改称青海人民广播电台。

江苏省县（市）报研究会

会长 许周溥
副会长 王 霖
王贵文
理事 王 霖
王长生 王贵文
王守荣 许周溥
李凤翔 李宝根
李肇同 邵开泉
苗新华 卑圣拓
荣国英 陶伯安
黄清江
（按姓氏笔划）

无锡县报

中共江苏省无锡县委机关报

国内刊号 CN32—0007

刊期 周三
发行方式 邮发
发行量 1.8万
总编 荣国英
副总编 程锡荣
蔡照明
张德森

宜兴报

中共江苏省宜兴市委机关报

国内刊号 CN32—0009

刊期 周三
发行方式 邮发
发行量 5.5万
总编 许周溥
副总编 邹高中
张 澍

铜山报

中共江苏省铜山县委机关报

国内刊号 CN32—0018

刊期 周三
发行方式 自办
发行量 3.7万
总编 苗新华
副总编 陈光远
王庆龙
李翠青

兴化报

中共江苏省兴化市委机关报

国内刊号 CN32—0024

刊期 周三
发行方式 邮发
发行量 2.17万
总编 王 霖
副总编 陈 涤
张桃林

南通大众

中共江苏省南通县委机关报

国内刊号 CN32—0026

刊期 周三
发行方式 邮发
发行量 2万
总编 卑圣拓
副总编 瞿汉宾
朱汉祥

常熟市报

中共江苏省常熟市委机关报

国内刊号 CN32—0037

刊期 周三
发行方式 邮发
发行量 1.5万
总编 黄清江
副总编 朱 亮
杨煜生
袁文龙

淮安报

中共江苏省淮安市委机关报

国内刊号 CN32—0044

刊期 周三
发行方式 自办
发行量 2.5万
总编 李凤翔
副总编 张青山
秦耀明

江阴报

中共江苏省江阴市委机关报

国内刊号 CN32—0069

刊期 周三
发行方式 邮发
发行量 2万
总编 王伟成
副总编 李宝根
包林耀
陆念祖

丹阳市报

中共江苏省丹阳市委机关报

国内刊号 CN32—0070

刊期 周三
发行方式 邮发
发行量 1.7万
总编 吴邦本
副总编 孙兆成
陶伯安
裴连汉

宿迁市报

中共江苏省宿迁市委机关报

国内刊号 CN32—0071

刊期 周三
发行方式 自办
发行量 1.5万
总编 李肇同
副总编 吴道淮
唐亚东

东台报

中共江苏省东台市委机关报

国内刊号 CN32—0072

刊期 周三
发行方式 邮发
发行量 1.6万
社长 陈祖德
总编 邵开泉
副总编 顾梦斌
张震鸣

泰州市报

中共江苏省泰州市委机关报

国内刊号 CN32—0021

刊期 周二
发行方式 邮发
发行量 1.5万
总编 王长发
副总编 陈进仁
曹宜顺

江宁报

中共江苏省江宁县委机关报

国内刊号 CN32—0032

刊期 周二
发行方式 自办
发行量 0.6万
总编 王贵文
副总编 孙宗保

邱县经济报

中共江苏省邱县县委机关报

国内刊号

刊期 周一
发行方式 自办
发行量 2万
总编 王守荣
副总编 张亚昌
周伯之

中国报纸出版发行简目

1989年全国报纸出版发行分类总计表

表一

种类	项目	种数	平均期发数（万份）	期发数与1988年相比增减（%）	全年发行总数（万份）
政党机关报：	中共中央机关报	2	299		108850
	省（市、区）委机关报	30	1027.2	－11.4	374954
	计划单列市委机关报	10	209.4		64689
	地（市、州）委机关报	273	956	＋9.5	263227
	县（市）委机关报	95	137	－19.3	13470
	政协及民主党派机关报	19	72.4	－3.5	4721
对象性报纸：	工人报	23	305	－26.5	93222
	农民报	24	415.9	－32.6	47328
	人民武装报	23	147	－5.2	30573
	青年报	21	290.7	－31.1	59876
	妇女报	4	50.8	－34	5145
	学生、少年儿童报	38	1350	＋23	63095
	老年报	16	136.7	＋41	5557
	侨务报	5	12.8	＋6	890
	少数民族文字报	80	66	－10	10577
	外文报	4	22	＋57	3111
	经济报	157	829	－40	117191
	政法报	47	602	－34	21724
专业报：	综合、文摘报	15	1351.9	＋80	176418
	文化报	49	529	－23	14548
	教育报	29	513		37615
	体育报	19	195	－7	19986
	书讯报	14	42	－5	1520
	广播电视报	65	2765	－12	146044
	卫生医药报	39	270	－29	18745
	环境、市容报	10	111	＋12	11080
	人口、社会、生活报	41	324	－38	19790
	行业报	96	950	＋67	51650
晚报		41	646	－22	223578
科技报		83	435.9	－46.3	32429
企业报：	行业性企业报	130	191.6	＋120	20635
总计		1496	15248	－8	2061920
	总计中的日报	263	3906	－18	1465740
	日报按全国人口每千人平均		35.5份	－29.6	13325份
	总计数按全国人口每千人平均		138份	－12.3	18817份

说明

1、统计范围：只统计了由国家新闻出版署颁发的全国统一刊号的报纸。

2、由各省、市、自治区新闻出版局批准的内部刊号报纸（均称内部报纸），由于内部报纸正在整顿，并重新登记中，故资料不全，暂不统计，因此，对与1988年的可比性有影响。

政党机关报 1989 年出版发行统计表

表二

报纸名称	刊期	开张与版数	全年实际出版期数	平均每期发行份数(万份)	全年发行总份数(万份)	平均期发数与1988年相比增减(%)	邮发代号、报纸定价
中共中央机关报							
人民日报	日刊	对开8版	365	290	106008		1—1,单价0.20元
人民日报海外版	周6刊	对开8版	315	9	2835		1—96,单价0.25元
中共地方党委机关报							
省(市、自治区)							
北京日报	日刊	对开4版	365	51	18913	−16.4	1—13,单价0.13元
解放日报	日刊	对开8版	366	60.5	22075	−24	3—1,单价0.25元
天津日报	日刊	对开8版	365	31.6	11534	−1	自办发行,单价0.20元
河北日报	日刊	对开4版	365	30.8	11242	−21	17—1,单价0.15元
山西日报	日刊	对开4版	366	27.3	9992	−19.4	21—1,单价0.15元
内蒙古日报(汉文版)	日刊	对开4版	365	10.1	3687	−21	15—1,单价0.15元
辽宁日报	日刊	对开4版	366	28.7	10504	−30	7—1,单价0.15元
吉林日报	日刊	对开4版	366	20.7	7576	−23	11—1,单价0.20元
黑龙江日报	刊	对开4版	365	23	8395	−23	13—1,单价0.20元
陕西日报	日刊	对开4版	364	25.5	9282	−22	51—1,单价0.20元
甘肃日报	日刊	对开4版	365	20.5	7483	−22	53—1,单价0.15元
宁夏日报	日刊	对开4版	365	5.8	2117	−30	73—1,单价0.13元
青海日报	日刊	对开4版	366	6.5	2373	−20	55—1,单价0.13元
新疆日报(汉文版)	日刊	对开4版	366	10	3660	−16	57—2,单价0.13元
大众日报	日刊	对开4版	365	49.5	18068	−19	23—1,单价0.15元
新华日报	日刊	对开4版	365	66.4	24165		27—1,单价0.15元
浙江日报	日刊	对开4版	365	41.1	15002	−27	31—1,单价0.15元
安徽日报	日刊	对开4版	364	9.9	36036	+94	25—1,单价0.15元
江西日报	日刊	对开4版	365	25.3	9218	−25	43—1,单价0.15元
福建日报	日刊	对开4版	366	26	9615	−18.8	33—1,单价0.15元
河南日报	日刊	对开4版	364	54.8	19947.2	−21	35—1,月价1.50元
湖北日报	日刊	对开4版	365	32.8	11972	−27	37—1,单价0.15元
湖南日报	日刊	对开4版	365	42	15330	−29	41—1,单价0.15元
南方日报	日刊	对开4版	366	65.4	23936	−22	45—1,单价0.15元
海南日报	日刊	对开8版	365	8.7	3242	−45	83—1,单价0.30元
广西日报	日刊	对开4版	365	25	9215	−22	47—1,月价4.30元
四川日报	日刊	对开4版	365	74	27010	0	61—1,单价0.14元
贵州日报	日刊	对开4版	365	17.8	6497	−22.6	65—1,单价0.15元
云南日报	日刊	对开4版	365	19.1	6972	−23.6	63—1,单价0.15元
西藏日报(汉文版)	日刊	对开4版	373	17.8	6606	−1.1	67—1,年价20.05元
计划单列市							
沈阳日报	日刊	对开4版	365	25	9125	−12.4	自办发行,单价0.15元
大连日报	日刊	对开4版	365	13.3	4855	−20.3	7—8,单价0.15元

续表二

报纸名称	刊期	开张与版数	全年实际出版期数	平均每期发行份数（万份）	全年发行总份数（万份）	平均期发数与1988年相比增减（%）	邮发代号、报纸定价
长春日报	日刊	对开4版	365	9.3	3394.5	－15	自办发行，单价0.15元
哈尔滨日报	日刊	对开4版	365	15	5475	－23	自办发行，单价0.20元
长江日报	日刊	对开4版	365	22	8030	－21	自办发行，单价0.15元
广州日报	日刊	对开8版	366	48.2	17641	＋41.8	45－2，单价0.25元
成都晚报	日刊	对开4版	365	23	8395	－28	自办发行，单价0.15元
重庆日报	日刊	对开4版	365	20	7300	－18	自办发行，单价0.13元
青岛日报	日刊	4开4版	365	10.1	3686	－27.4	23－4，单价0.15元
南京日报	日刊	对开4版	365	20	7286	0	27－3，
地（市、州）							
河　北							
廊坊日报	日刊	4开4版	361	2.3	830.3	－3	17－14，单价0.10元
保定日报	日刊	4开4版	360	5.5	1980	－5	17－21，单价0.10元
秦皇岛日报	日刊	4开4版	356	3.8	1352.8	－7	17－23，单价0.10元
唐山劳动日报	日刊	4开4版	358	7	2506	－26	17－24，单价0.11元
石家庄日报	日刊	对开4版	356	8	2848	0	自办发行，单价0.10元
建设日报	周6刊	4开4版	306	6	1838	－54	17－26，单价0.08元
保定市报	日刊	4开4版	365	4.5	1642.5	－11	自办发行，单价0.10元
张家口日报	周6刊	4开4版	307	3.2	982.4	－15	17－28，单价0.10元
邯郸市报	日刊	4开4版	364	5.2	1892.8		自办发行，单价0.10元
邯郸日报	周6刊	4开4版	304	3.8	1155.2	－14	17－30，单价0.09元
沧州日报	周6刊	4开4版	312	6.2	2232		自办发行，年价36元
邢台日报	周6刊	4开4版	304	4	1216		17－32，单价0.09元
承德群众报	日刊	4开4版	364	3	1092		17－33，单价0.10元
衡水日报	周6刊	4开4版	307	4.2	1289.4	－18	17－34，单价0.09元
邢台晨报	周6刊	4开4版	312	2.3	717.6	－14	自办发行，单价0.10元
沧州市日报	周6刊	4开4版	312	1.8	561.6	－40	自办发行，单价0.09元
张家口市报	周6刊	4开4版	308	3.5	1078	－13	17－45，单价0.10元
承德市报	周6刊	4开4版	310	1.6	496		17－53，单价0.10元
山　西							
太原日报	日刊	对开4版	365	9	3285	－27.8	自办发行，单价0.10元
大同日报	周6刊	4开4版	314	3.7	1161	—	自办发行，单价0.10元
雁北日报	周6刊	4开4版	315	1.4	441	－56	21－27，单价0.10元
太行日报	周6刊	4开4版	315	2	630		21－29，单价0.10元
长治日报	日刊	4开4版	360	4.6	1615	＋12.2	21－32，单价0.08元
临汾日报	周6刊	4开4版	314	2.74	860	－31.5	自办发行，单价0.10元
阳泉日报	周6刊	4开4版	313	2.7	845	－25	自办发行，单价0.08元
运城报	周4刊	4开4版	209	6.5	1358.5	0	21－30，单价0.08元
吕梁报	周3刊	4开4版	156	1.5	234	＋20	21－28，单价0.10元
忻州报	周3刊	4开4版	156	1.5	234	－28.6	21－20，单价0.08元
晋中报	周3刊	4开4版	156	1.3	203	－59.4	21－27，单价0.08元
内蒙古							
呼伦贝尔报（汉文版）	周6刊	4开4版	304	2.2	668.8	－21.4	15－7，单价0.08元
包头日报	周6刊	4开4版	310	6.2	1922	＋3.3	15－9，单价0.07元
哲里木报（汉文版）	周6刊	4开4版	307	2.5	767	－3	15－11，单价0.07元
鄂尔多斯报（汉文版）	周6刊	4开4版	315	1	315	0	15－12，单价0.08元
锡林郭勒日报（汉文版）	周6刊	4开4版	304	0.04	12.8	－96	15－18
兴安日报（汉文版）	周6刊	4开4版	307	1.62	500	＋1.8	15－26，月价1.82元

续表二

报纸名称	刊期	开张与版数	全年实际出版期数	平均每期发行份数(万份)	全年发行总份数(万份)	平均期发数与1988年相比增减(%)	邮发代号、报纸定价
赤峰日报(汉文版)	周6刊	4开4版	303	3	909	−9	15—13,单价0.08元
乌兰察布日报(汉文版)	周6刊	4开4版	311	1.7	529	−26	15—33,单价0.08元
巴彦淖尔报(汉文版)	周6刊	4开4版	302	1.8	544	−18	15—47,单价0.08元
乌海报	周3刊	4开4版	154	0.8	123.5		15—14
阿拉善报(汉文版)	周3刊	4开4版	154	0.3	46.2	0	15—21,单价0.06元
辽　宁							
鞍山日报	日刊	对开4版	365	4.9	1788	−35.5	7—10,单价0.15元
丹东日报	日刊	4开4版	365	5.5	2007	−44	7—12,单价0.10元
抚顺日报	日刊	对开4版	365	5.4	1971	−19.4	7—13,单价0.15元
本溪日报	日刊	对开4版	365	6.3	2299	−10.5	7—14,月价1.90元
锦州日报	日刊	4开4版	365	5.3	1934	−47	7—15,单价0.10元
阜新日报	日刊	4开4版	365	4.8	1752	−12.7	7—17,月价3.00元
营口日报	日刊	4开4版	365	3.2	1168	−15.8	7—60,单价0.10元
朝阳日报	周6刊	4开4版	306	3.4	1040	−19	7—72,单价0.10元
辽阳日报	日刊	4开4版	365	3.2	1168	−13.5	7—79,单价0.10元
铁岭日报	日刊	4开4版	362	3.7	1350	−7.5	7—85,单价0.10元
盘锦日报	周6刊	4开4版	313	2	626	0	7—18,单价0.10元
吉　林							
延边日报(汉文版)	周6刊	对开4版	310	2.3	713	−43	11—8
江城日报	日刊	对开4版	360	7.2	2592	−26	自办发行
四平日报	周6刊	4开4版	306	2.1	642.6		自办发行
白城日报	周6刊	4开4版	311	2.8	870.8		自办发行
辽源市报	周3刊	4开4版	156	1.6	249.6		自办发行
黑龙江							
双鸭山日报	周6刊	4开4版	300	1.8	540	−14	13—9,单价0.15元
鸡西日报	周6刊	4开4版	300	1.2	387	−33	13—10,单价0.15元
鹤岗日报	周6刊	4开4版	312	4	1248	+100	13—11,单价0.12元
黑河日报	周6刊	4开4版	307	1.3	399.1	−26	13—12,单价0.15元
牡丹江日报	日刊	4开4版	333	4.7	1565.1	−19	13—14,单价0.15元
佳木斯日报	周6刊	4开4版	312	5.2	1622	+26	13—17,单价0.15元
伊春日报	周6刊	4开4版	312	2.3	733	−6	自办发行,单价0.12元
齐齐哈尔日报	日刊	4开4版	362	6.2	2275	−21	13—28,单价0.15元
大庆日报	周6刊	4开4版	308	4.12	1269	0	13—29,单价0.15元
大兴安岭日报	日刊	4开4版	355	2	710	−20	13—30,单价0.12元
七台河日报	周6刊	4开4版	307	0.58	178	−25	13—57,单价0.12元
绥化地区报	周2刊	4开4版	109	4	436	+700	13—80,单价0.12元
陕　西							
汉中日报	周6刊	4开4版	306	3.2	979.2	−16	51—11,单价0.07元
安康日报	周6刊	4开4版	302	1.5	453	+21	51—12,单价0.07元
榆林报	周3刊	4开4版	156	1.9	296	0	51—13,单价0.08元
延安报	周3刊	4开4版	156	2.2	343.2	+10	51—14,单价0.08元
渭南报	周2刊	4开4版	104	6	624	0	51—15,单价0.07元
宝鸡日报	周6刊	4开4版	312	4.3	1341.6	−4	51—21,单价0.08元
铜川报	周2刊	4开4版	106	1.1	116.6	−15	51—22,单价0.08元
咸阳报	周2刊	4开4版	105	3.2	336		51—37,单价0.07元
甘　肃							
甘南报(汉文版)	周3刊	4开4版	154	0.7	107.8	−15	53—22,单价0.05元
平凉报	周2刊	4开4版	104	1.9	197.6	−14	53—23,单价0.07元

续表二

报纸名称	刊期	开张与版数	全年实际出版期数	平均每期发行份数（万份）	全年发行总份数（万份）	平均期发数与1988年相比增减(%)	邮发代号、报纸定价
民族报	周2刊	4开4版	104	1.6	166.4	+9	53—24,单价0.08元
定西报	周2刊	4开4版	105	1.5	157.5	0	53—37,单价0.08元
天水报	周2刊	4开4版	104	2.4	249.6	—24	53—25,单价0.08元
武威报	周2刊	4开4版	102	1.3	132.6	—24	53—26,单价0.10元
陇东报	周2刊	4开4版	104	1.14	118.6	—13	53—27,单价0.07元
嘉峪关报	周刊	4开4版	53	0.4	21.2	0	自办发行,单价0.06元
白银报	周2刊	4开4版	104	0.7	72.8	—13	53—32,单价0.06元
陇南报	周2刊	4开4版	105	1.5	157.5	—19	53—31,单价0.08元
金昌报	周2刊	4开4版	102	0.63	64.3	+5	53—34,单价0.10元
张掖报	周刊	4开4版	53	1.4	74.2	0	53—33,单价0.06元
青海							
西宁报	周3刊	4开4版	156	1.5	234	0	55—6,单价0.10元
海东报	半月刊	4开4版	36	0.41	14.7	0	55—11,单价0.10元
宁夏							
固原报	周2刊	4开4版	105	0.7	73.5	—42	73—7,单价0.06元
石咀山报	周2刊	4开4版	104	0.7	72.8	0	73—6,单价0.05元
新疆							
喀什日报(汉文版)	周6刊	4开4版	312	2.5	780		57—26,单价0.10元
伊犁日报(汉文版)	周6刊	4开4版	314	1.1	345	—45	57—22,单价0.10元
石河子报	周3刊	4开4版	150	1.3	195	—13.3	57—12,单价0.07元
和田报(汉文版)	周3刊	4开4版	152	0.23	34.5	—49	57—32,单价0.08元
昌吉报	周3刊	4开4版	149	0.7	100	0	57—103,单价0.07元
塔城报(汉文版)	周3刊	4开4版	153	0.7	104	—12.5	57—106,单价0.04元
博尔塔拉报(汉文版)	周3刊	4开4版	153	0.36	55.1	—29.4	57—108,单价0.07元
克孜勒苏报(汉文版)	周2刊	4开4版	154	0.16	24.6	0	57—113,单价0.08元
吐鲁番报(汉文版)	周2刊	4开4版	100	0.21	21	—19	57—133,单价0.07元
阿勒泰报(汉文版)	周3刊	4开4版	157	0.4	62.8	—48.7	57—123,单价0.04元
阿克苏报(汉文版)	周3刊	4开4版	156	0.23	38.9	—49	57—37,单价0.07元
巴音郭楞报(汉文版)	周3刊	4开4版	156	0.72	111.2		57—45,单价0.07元
哈密报(汉文版)	周2刊	4开4版	101	0.52	52	—5	57—18,单价0.07元
山东							
济南日报	日刊	对开4版	366	7.36	2708	—41.7	23—5,单价0.10元
淄博日报	日刊	4开4版	360	8.5	3060	+3.7	自办发行,单价0.10元
烟台日报	日刊	对开4版	365	8	2920		23—130,单价0.10元
枣庄日报	周6刊	4开4版	312	6.5	2028	0	23—132,单价0.10元
泰安日报	周3刊	4开4版	312	5.7	1778	—24	23—152,单价0.10元
济宁日报	周4刊	4开4版	154	3.7	569.8	—12	23—159
潍坊日报	日刊	4开4版	365	3	1095	—40	23—161,单价0.08元
威海日报	周6刊	4开4版	312	3.7	1154	+12	23—162,单价0.08元
聊城日报	周3刊	4开4版	156	1.0	156	—33	23—148,单价0.08元
惠民大众	周2刊	4开4版	104	3.3	343.2	—17.5	23—149,单价0.08元
临沂大众	周3刊	4开4版	156	3.4	530.4	—20	23—153,单价0.08元
东营报	周2刊	4开4版	104	1.1	114.4	0	单价0.08元
德州日报	周3刊	4开4版	156	2.6	405.6	+53	23—173,单价0.08元
江苏							
盐阜大众报	周6刊	4开4版	312	11.6	361.9	—10	自办发行,单价0.08元
淮阴日报	周6刊	4开4版	313	10	3130	0	自办发行,单价0.08元
连云港报	周6刊	4开4版	306	6.5	1989	—7	自办发行,单价0.08元

续表二

报纸名称	刊期	开张与版数	全年实际出版期数	平均每期发行份数（万份）	全年发行总份数（万份）	平均期发数与1988年相比增减(%)	邮发代号、报纸定价
镇江日报	周6刊	4开4版	320	5	1600	+11	自办发行,单价0.08元
扬州日报	周6刊	4开4版	306	5.4	1652.4	−14	27−17,单价0.08元
南通日报	日刊	4开4版	362	8.2	2968.4	−14	27−19,单价0.08元
常州日报	日刊	4开4版	397	6.6	2612.3	−21	27−22,单价0.07元
无锡日报	日刊	对开4版	360	8.5	3060	−30	自办发行,单价0.05元
苏州日报	日刊	4开4版	363	7.02	−23.7		27−25,单价0.07元
徐州日报	日刊	4开4版	360	11	3960	−8	27−52,单价0.08元
浙　江							
杭州日报	日刊	4开4版	365				31−5,单价0.13元
宁波日报	日刊	对开4版	365	9.7	3540.5	−24	自办发行,单价0.13元
温州日报	日刊	对开4版	366	8.7	3184.2	−36	31−15,单价0.13元
金华日报	日刊	4开4版	365	6.5	2372.5	−7	31−17,单价0.10元
湖州日报	周6刊	4开4版	311	3.7	1150.7	−32	31−18,单价0.10元
绍兴日报	周6刊	4开4版	313	3.8	1189.4	−11	31−22,单价0.10元
台州日报	日刊	4开4版	365	4.6	1679	−10	31−26,单价0.10元
舟山日报	周6刊	4开4版	311	1.8	559.8	−10	31−29,单价0.10元
丽水日报	周6刊	4开4版	310	1.7	527	−32	31−23,单价0.10元
嘉兴日报	日刊	4开4版	365	3.2	1168	−20	31−30,单价0.10元
衢州报	周3刊	4开4版					31−36,单价0.10元
安　徽							
芜湖日报	周6刊	4开4版	358	5.8	2076.4	+78	25−8,单价0.10元
蚌埠日报	周6刊	4开4版	314	7.0	2198	+95	25−13,单价0.10元
淮南日报	周6刊	4开4版	314	6	1884	+110	自办发行,单价0.08元
马鞍山日报	周6刊	4开4版	314	6	1884	+50	25−24,单价0.08元
安庆日报	周6刊	4开4版	314	7.2	2261	+230	25−28,单价0.10元
阜阳报	周2刊	4开4版	204	6.2	1264	−0.3	25−10,单价0.10元
滁州报	周3刊	4开4版	160	5.4	864	平0.2	25−14,单价0.10元
铜陵报	周3刊	4开4版	152	2.6	395	+21.4	25−15,单价0.10元
拂晓报	周3刊	4开4版	168	5.4	832	+46	25−21,单价0.10元
黄山日报	周6刊	4开4版	312	1.8	562	0	25−25,单价0.10元
淮北日报	周4刊	4开4版	204	6.2	1265	+210	25−27,单价0.10元
皖西报	周3刊	4开4版	156	6	936	+100	25−29,单价0.10元
皖东南报	周3刊	4开4版	158	4	632		
巢湖报	周2刊	4开4版	98	4	392	+100	25−34,单价0.08元
江　西							
赣南日报	日刊	4开4版	360	5.3	1906	0	43−6,单价0.08元
景德镇日报	周6刊	4开4版	313	2.5	782.5	0	43−7,单价0.08元
九江日报	周6刊	4开4版	312	2.1	640	+5	43−10,单价0.08元
赣东北报	周3刊	4开4版	157	3.2	502	+6.7	43−8,单价0.10元
井冈山报	周3刊	4开4版	153	2.3	3519	−17.9	43−9,单价0.10元
赣东报	周3刊	4开4版	158	2	319	−1	43−11,单价0.10元
赣中报	周3刊	4开4版	156	3.7	580	−36.2	43−12,单价0.08元
萍乡报	周3刊	4开4版	156	1.2	195	−13.8	43−18,单价0.08元
鹰潭报	周3刊	4开4版	156	1	156	−9	43−19,单价0.08元
新余报	周3刊	4开4版	131	1.1	144	−12.5	43−20,单价0.08元
福　建							
厦门日报	日刊	对开4版	372	7.7	2872	−26	33−6,单价0.15元
闽南日报	日刊	4开4版	364	3.0	1061	+10	33−29,单价0.10元

续表二

报纸名称	刊期	开张与版数	全年实际出版期数	平均每期发行份数（万份）	全年发行总份数（万份）	平均期发数与1988年相比增减（%）	邮发代号、报纸定价
三明日报	周6刊	4开4版	320	4	1280	0	33—17,单价0.08元
闽西报	周3刊	4开4版	156	2.4	366	＋34.9	33—30,单价0.10元
湄洲报	周3刊	4开4版	156	3.4	524	－24.4	33—16,单价0.10元
河　南							
洛阳日报	日刊	4开8版	362	10.8	3909.6	－3	自办发行,单价0.15元
焦作日报	日刊	4开4版	363	4.1	1488.3	－18	自办发行,单价0.10元
南阳日报	日刊	4开4版	360	7.3	2628	－19	35—25,单价0.10元
平顶山日报	周6刊	4开4版	308	4.9	1509.2	＋8	35—27,单价0.10元
开封日报	日刊	4开4版	358	6.2	2219.6	－29	自办发行,单价0.10元
安阳日报	周6刊	4开4版	312	3	936	0	35—41,单价0.10元
商丘日报	周4刊	4开4版	206	2.5	515	－21	35—31,单价0.10元
信阳报	周3刊	4开4版	156	3	468	＋20	35—32,单价0.10元
濮阳日报	周3刊	4开4版	156	1.7	265.2	0	35—33,单价0.10元
三门峡报	周3刊	4开4版	156	2.1	327.6	－28	35—34,单价0.12元
鹤壁报	周3刊	4开4版	147	0.64	94.1	－12	单价0.08元
驻马店报	周3刊	4开4版	130	2.5	325	－38	35—45,单价0.10元
漯河报	周2刊	4开4版	105	2	210		自办发行,单价0.10元
许昌报	周2刊	4开4版	106	1.3	137.8	＋8	35—47,单价0.10元
湖　北							
黄石日报	日刊	4开4版	362	3	1086	－10	自办发行,单价0.10元
襄樊日报	周6刊	4开4版	312	7	2184	－5	37—17,单价0.10元
沙市报	周4刊	4开4版	208	2	416	－20	自办发行,单价0.10元
宜昌日报	周6刊	4开4版	313	4.5	1408.5	－15	37—13,单价0.10元
鄂西报	双日刊	4开4版	180	5.5	990	－29	37—14,单价0.10元
宜昌市报	周4刊	4开4版	208	1.8	374.4	－72	自办发行,单价0.10元
黄冈报	双日刊	4开4版	178	4.5	801	0	37—19,单价0.10元
孝感报	周3刊	4开4版	155	2.7	418.5	－40	37—21,单价0.10元
咸宁报	周3刊	4开4版	156	1.4	218.5	－20	37—25,单价0.10元
郧阳报	双日刊	4开4版	180	2.8	504	－18	37—26,单价0.10元
荆州报	双日刊	4开4版	180	5.1	918	＋1	37—27,单价0.10元
十堰报	周4刊	4开4版	204	0.9	183.6	－15	37—30,单价0.10元
荆门报	周3刊	4开4版	157	1.9	298.3	－46	37—44,单价0.10元
鄂州报	周2刊	4开4版	103	1.5	154.5	－19	37—35,单价0.10元
湖　南							
株洲日报	日刊	4开4版	365	5.5	2007.5	－10.1	41—17
衡阳日报	日刊	4开4版	360	5.2	1879	－14.8	41—18,单价0.08元
团结报	周6刊	4开4版	315	2.2	693	－33	41—19,单价0.08元
湘潭日报	日刊	4开4版	360	3.5	1260	－11	41—42,单价0.10元
邵阳日报	周6刊	4开4版	306	4.25	1300	－11	41—45,单价0.10元
怀化报	周2刊	4开4版	104	2.2	229	－21.6	41—44,单价0.08元
益阳报	周刊	4开4版	52	2	104	＋48	41—76,单价0.08元
零陵报	周刊	4开4版	52	1.7	88.4	＋54.5	41—78,单价0.08元
娄底报	周2刊	4开4版	104	3	312		41—79,单价0.12元
常德日报	周2刊	4开4版	90	6	540		41—81,单价0.12元
郴州报	周刊	4开4版	26	2	52		41—84,单价0.12元
广　东							
深圳特区报	日刊	对开4版	365	12.5	4562	－46.1	45—20,单价0.25元
湛江日报	日刊	4开4版	365	8.7	3176	－7.1	自办发行,单价0.08元

续表二

报纸名称	刊期	开张与版数	全年实际出版期数	平均每期发行份数（万份）	全年发行总份数（万份）	平均期发数与1988年相比增减（%）	邮发代号、报纸定价
汕头日报	日刊	对开4版	365	5.9	2154	－31	45—23，月价4.50元
茂名日报	周6刊	4开4版	312	8.3	2590	－19.4	45—29，单价0.08元
韶关日报	周6刊	4开4版	312	3	936	－40	45—30，月价4.00元
嘉应日报	周6刊	4开4版	313	3.7	1158	－12.3	45—31，单价0.10元
佛山报	周3刊	4开4版	159	5	795	－5	45—32，单价0.12元
珠海特区报	周3刊	对开4版	156	2.2	343.2	－17.9	45—55，单价0.12元
东江报	周2刊	4开4版	105	1.7	173.3	－39	45—57，单价0.10元
江门报	周2刊	4开4版	105	2.3	241.5	－36.5	45—59，单价0.10元
汕头特区报	周2刊	对开4版	104	4	416	＋14.3	45—60，单价0.12元
西江报	周2刊	4开4版	105	2.6	273	－33	45—61，单价0.08元
东莞市报	周2刊	4开4版	105	1.6	166	＋3	45—58，单价0.08元
漠阳江报	周刊	4开4版	52	1.9	90.8		自办发行
广西							
梧州日报	周6刊	4开4版	312	3.4	1061	0	自办发行，单价0.10元
柳州日报	日刊	4开4版	362	7.2	2628	－28	自办发行，单价0.10元
桂林日报	日刊	4开4版	365	3.4	1241	－41.4	自办发行，单价0.10元
河池日报	周6刊	4开4版	312	2.7	842.4	－20	47—10，单价0.10元
右江日报	周6刊	4开4版	314	4.5	1413	－10	47—11，单价0.10元
北海日报	周6刊	4开4版	312	0.9	287		自办发行，单价0.10元
漓江日报	周刊	4开4版	52	2.1	109	－30	47—12，单价0.09元
大众报	周2刊	4开4版	104	2.1	218.4	＋5	47—35，单价0.08元
桂东报	周2刊	4开4版	104	2	208		47—38．单价0.10元
桂中日报	周3刊	4开4版	156	1.3	203		自办发行，单价0.10元
北部湾报	周1刊	4开4版	52	1.03	53.6		47—46，单价0.09元
四川							
南充日报	日刊	4开4版	365	15.1	5511.5	0	自办发行，单价0.10元
自贡日报	周6刊	4开4版	351	3.8	1333.8	0	61—55，单价0.10元
通川日报	周6刊	4开4版	288	9.1	2620.8	0	61—59，单价0.10元
涪陵日报	周6刊	4开4版	288	5.5	1584	0	自办发行，单价0.10元
万县日报	周6刊	4开4版	288	9.7	2793.4	0	61—62，单价0.10元
凉山日报(汉文版)	周6刊	4开4版	288	3.2	930.24	＋7	61—68，单价0.10元
攀枝花日报	周6刊	4开4版	352	3.8	1337.6	0	61—69，单价0.10元
乐山报	周3刊	4开4版	144	3.5	504	0	自办发行，单价0.10元
德阳报	周2刊	4开4版	96	2.1	201.6	0	61—56，单价0.10元
泸州报	周2刊	4开4版	96	2.1	201.6	－30	自办发行，单价0.10元
阿坝报(汉文版)	周3刊	4开4版	144	1	144		单价0.10元
甘孜报(汉文版)	周3刊	4开4版	144	0.9	122.4	0	61—66，单价0.10元
绵阳日报	周6刊	4开4版	321	2	642	＋5	单价0.10元
宜宾日报	周6刊	4开4版	144	1.2	172.8	－8	61—109，单价0.10元
内江报	周3刊	4开4版	144	1.4	197.3	0	自办发行，单价0.10元
广元时报	周刊	4开4版	48	3	144	0	61—100，单价0.15元
川东南报	周3刊	4开4版					
贵州							
黔东南报	周2刊	4开4版	104	1.2	124.8	－50	65—31，单价0.08元
六盘水报	周3刊	4开4版	156	0.7	109.2	30	65—32，单价0.06元
黔南报	周2刊	4开4版	100	2.5	250	－16.7	65—33，单价0.08元
黔西南报	周2刊	4开4版	104	1.5	156		65—34
遵义报	周3刊	4开4版	156	1.8	273	－25	65—36，单价0.08元

续表二

报纸名称	刊期	开张与版数	全年实际出版期数	平均每期发行份数(万份)	全年发行总份数(万份)	平均期发数与1988年相比增减(%)	邮发代号、报纸定价
毕节报	周刊	4开4版	52	1.9	98.8		65—38
铜仁报	周2刊	4开4版	104	1.2	124.8	0	65—39,单价0.08元
云南							
思茅报	周2刊	4开4版	105	1.1	115.5		63—10,单价0.06元
德宏团结报(汉文版)	周3刊	4开4版	158	0.7	102.7	+3	63—11,单价0.06元
西双版纳报(汉文版)	周2刊	4开4版	105	0.9	90.3	+8.9	63—33,单价0.06元
红河报	周3刊	4开4版	156	1.3	196.6	—16	63—35,单价0.06元
保山报	周2刊	4开4版	104	1.5	156	+36.3	63—36,单价0.08元
大理报	周3刊	4开4版	158	1.6	252.8	—11	63—37,单价0.06元
楚雄报	周3刊	4开4版	157	1.8	416	+2	63—38,单价0.10元
文山报	周3刊	4开4版	157	1.4	277.8	—19.8	63—39,单价0.06元
昭通报	周刊	4开4版	52	1.4	72.8	0	63—41,单价0.06元
曲靖报	周2刊	4开4版	102	1.2	122.4	0	63—42,单价0.06元
昆明日报	日刊	对开4版	365	0.4	511	—20	63—44,单价0.10元
怒江报(汉文版)	周刊	4开4版	53	0.6	20.7	—38	6—47,单价0.06元
东川报	周刊	4开4版	52	0.3	14.6	0	自办发行,单价0.06元
临沧报	周2刊	4开4版	104	0.8	83.2		
玉溪报	周2刊	4开4版	104	1.5	156		
迪庆报	旬刊	4开4版	36	0.9	32.4		
西藏							
日喀则报(汉文版)	半月刊	4开4版	24	1	24		邮发,单价0.05元
县(市)							
河北							
涿州市报	周刊	4开4版	52	1	52		市内发行,单价0.04元
内蒙古							
宁城报	周刊	4开4版	52	1.3	68		县内发行,单价0.04元
巴林左旗报	周刊	4开4版	48	0.3	14.4		旗内发行,年价2.00元
辽宁							
东沟报	周2刊	4开4版	104	0.7	73	—8	7—103,单价0.06元
海城市报	周3刊	4开4版	156	1.5	234	0	7—102,单价0.08元
阜新县报	周2刊	4开4版	104	0.3	62.4		自办发行
兴城报	周2刊	4开4版	104	0.6	62.4	—40	7—105,单价0.08元
喀左县报	周2刊	4开4版	101	0.3	25	0	7—104,单价0.08元
阜新蒙古族自治县报(汉文版)	周2刊	4开4版	104	0.38	39.5		自办发行,单价0.07元
吉林							
公主岭报	周3刊	4开4版	156	0.6	93.6	—56	自办发行
桦甸报	周2刊	4开4版	104	0.3	33.3	—60	自办发行
黑龙江							
海伦报	周2刊	4开4版	104	1.2	120	0	13—51,单价0.12元
肇东报	周2刊	4开4版	104	2	204	+18	13—60,单价0.12元
青冈报	周2刊	4开4版	104	2	208	+33	13—61,单价0.12元
绥化报	周2刊	4开4版	108	1	108	+100	13—80,单价0.12元
北安报	周3刊	4开4版	156	2.2	343.2		自办发行,单价0.12元
陕西							
合阳报	周刊	4开4版	52	2	104	—23	51—24,单价0.08元
富平报	周刊	4开4版	52	2	104		51—32,单价0.08元

续表二

报纸名称	刊期	开张与版数	全年实际出版期数	平均每期发行份数（万份）	全年发行总份数（万份）	平均期发数与1988年相比增减（%）	邮发代号、报纸定价
长安报	周刊	4开4版	52	1.5	78	－25	自办发行，单价0.07元
山东							
德州市报							
日照报	周刊	4开4版	53	1.1	106	－43	单价0.03元
新泰报	周2刊	4开4版	105	1.1	210	－43	23—171，单价0.08元
平度大众	周2刊	4开4版	104	3.1	322	－44.6	23—151，单价0.08元
兖州报	周刊	4开4版	52	1.8	93.6	－35.7	23—155，单价0.03元
邹县大众	周2刊	4开4版	104	1.8	187.2	－40	23—158，单价0.07元
菏泽市报	周2刊	4开4版	103	2	106	0	23—160，单价0.04元
曲阜报	周刊	4开4版	53	1.5	79	0	33—166，单价0.03元
青州报	周刊	4开4版	52	1.3	65	－30.1	23—167，单价0.04元
江苏							
铜山报	周3刊	4开4版	156	3.6	561.6	－32	自办发行，单价0.07元
淮安报	周3刊	4开4版	155	2.5	381.3		自办发行，单价0.08元
兴化报	周3刊	4开4版	158	3.4	540.4	－3	27—33，单价0.08元
南通大众	周3刊	4开4版	156	1.8	280.8	－10	27—34，单价0.08元
宜兴报	周3刊	4开4版	156	5	780	－23	27—35，单价0.08元
无锡县报	周3刊	4开4版	156	1.8	280.8	－30	27—37，单价0.08元
常熟市报	周3刊	4开4版	155	1.5	232.5	0	27—39，单价0.08元
江宁报	周刊	4开4版	52				27—48，单价0.08元
泰州市报	周2刊	4开4版	104	1.2	119.6	－12	27—73，单价0.08元
江阴报	周3刊	4开4版	132	2	264		27—74，单价0.08元
丹阳市报	周2刊	4开4版	94	1.5	141		单价0.08元
宿迁市报	周3刊	4开4版	80	1.5	120		单价0.08元
东台报	周2刊	4开4版	81	1.5	121.5		27—75，单价0.08元
浙江							
诸暨报	周3刊	4开4版	165	2.5	412.5	－14	31—19，单价0.10元
江山报	周3刊	4开4版	156	1.8	280.8	－12	31—21，单价0.10元
永康报	周3刊	4开4版	165	1.8	297	－35	自办发行，单价0.10元
安徽							
贵池报	周2刊	4开4版	104	1.6	174	＋146	25—31，单价0.08元
江西							
临川报	周2刊	4开4版	104	0.6	62.4	0	43—47，单价0.08元
波阳报	周2刊	4开4版	103	1.1	109	－9	43—413，单价0.08元
修水报	周2刊	4开4版	94	1	94	－54.3	43—210，年价5.76元
福建							
霞浦报	周刊	4开4版	52	1	52	0	33—15，单价0.10元
湖北							
石首报	周刊	4开4版					
丹江口报	周刊	4开4版					37—65
天门报	周刊	4开4版	48	1.2	57.6	＋40	37—69，单价0.10元
汉阳报	周刊	4开4版	53	4	212	0	37—24，单价0.10元
襄阳报	周2刊	4开4版	104	3.8	395.2	＋90	37—18，单价0.10元
大冶报	周2刊	4开4版	102	1	102	－1	37—50，单价0.10元
随州报	周2刊	4开4版	108	3	324	－40	37—52，单价0.10元
武昌报	周2刊	4开4版	104	2.5	264	＋21	自办发行，单价0.10元
洪湖报	周2刊	4开4版	104	2	208	－33	自办发行，单价0.10元
郧县报	5日刊	4开4版	72	1.3	93.6	＋30	自办发行，单价0.10元

续表二

报纸名称	刊期	开张与版数	全年实际出版期数	平均每期发行份数（万份）	全年发行总份数（万份）	平均期发数与1988年相比增减(%)	邮发代号、报纸定价
京山报	周2刊	4开4版	103	1.2	123.6	－8	自办发行,单价0.10元
红安报	周刊	4开4版	52	0.6	31.2	－53	37—54,单价0.10元
谷城报	周刊	4开4版	52	1	52	－17	自办发行,单价0.10元
江陵报	周刊	4开4版	52	1.5	78	＋50	自办发行,单价0.10元
老河口报	周刊	4开4版					自办发行,单价0.10元
仙桃市报	周2刊	4开4版	104	1.2	124.8	－20	自办发行,单价0.10元
湖南							
澧县报	周2刊	4开4版	100	8	800	－1.7	自办发行,单价0.10元
耒阳报	周2刊	4开4版	102	1	102	－16	41—24,单价0.10元
津市报	周刊	4开4版	52	0.5	26		自办发行,单价0.10元
祁阳报	周2刊	4开4版	104	1.9	194.5	＋56	41—61,单价0.08元
冷水江报	周刊	4开4版	52	0.6	31.2	－40	41—65,单价0.10元
广东							
番禺报	周2刊	4开4版	104	1.4	145.6	＋10	邮发,单价0.04元
开平报	周刊	4开4版	52	0.9	48.3	＋54	邮发,年价4.00元
恩平报	周刊	4开4版	52	2.5	127.4		邮发,单价0.05元
台山报	周2刊	4开4版	104	1.6	166.4	＋18	县内邮发,单价0.05元
汕尾报	周刊	4开4版	52	0.8	42.1		自办发行
榕江报	周2刊	4开4版	104	2	208		自办发行
广西							
贵港市报	周2刊	4开4版	105	1.2	128.1	－66	47—30,单价0.06元
灵山报	周2刊	4开4版	108	1.1	114.4	－2	47—31,单价0.07元
横县报	周2刊	4开4版	104	0.8	81.2		47—24,单价0.06元
宾阳报	周2刊	4开4版	104	1.	108	38	47—32,单价0.07元
鹿寨报	周2刊	4开4版	104	0.8	83.2	33	47—33,单价0.07元
玉林市报	周刊	4开4版	53	1.5	79.5	－11.8	47—34,单价0.10元
四川							
合川报	周3刊	4开4版	156	2.7	421.2	－61	自办发行,单价0.10元
酉阳报	周2刊	4开4版	96	1	96	0	61—120,单价0.10元
郫县周报	周刊	4开4版	48	0.4	19.9	－13	单价0.10元
贵州							
兴义报	周1刊	4开4版	52	0.4	21.8		
思南报	周刊	4开4版	52	1	52	＋28	县内邮发,单价0.04元
人大、政协机关报							
人民政协报	周2刊	对开4版	104	15.3	1588	－14.3	1—2,单价0.15元
上海　联合时报	周刊	对开4版	52	2.22	111.2		3—39,单价0.20元
山西政协报	周刊	对开4版	54	3	162	＋3.5	21—9,单价0.15元
山西　人民代表报	周刊	对开4版	52	3.9	202.8	＋30	21—42,单价0.15元
辽宁政协报	周刊	4开4版	52	1.5	78		邮发
吉林　协商新报	周刊	4开4版	54	1.1	59.4		自办发行
黑龙江政协报	旬刊	4开4版	36	2.5	90		自办发行
哈尔滨政协报	旬刊	4开4版	36	1.5	54		自办发行
陕西政协报	周刊	4开4版	53	1.1	58.3		51—38
甘肃　民主协商报	周刊	4开4版	52	1	52	0	53—29,单价0.04元
浙江　联谊报	周刊	4开4版	52	3	156	0	31—47
湖南政协报	周刊	4开4版	52	3	156		41—62,单价0.12元

续表二

报纸名称	刊期	开张与版数	全年实际出版期数	平均每期发行份数（万份）	全年发行总份数（万份）	平均期发数与1988年相比增减（%）	邮发代号、报纸定价
四川政协报	周刊	4开4版	48	2.6	124.8	0	61—17，单价0.10元
重庆政协报	半月刊	4开4版	24	1.0	25		自办发行，单价0.10元
宁夏政协报	半月刊	4开4版	24	0.5	18	−29	自办发行，单价0.10元
民主党派机关报							
北京　团结报	周2刊	对开4版	104	13.8	1435	−30	1—27，单价0.15元
湖南　东方时报	周刊	对开4版	52	1.3	67.6	−78.3	41—50，月价2.04元

对象性报纸1989年出版发行统计表

表三

报纸名称	刊期	开张与版数	全年实际出版期数	平均每期发行份数（万份）	全年发行总份数（万份）	平均期发数与1988年相比增减（%）	邮发代号、报纸定价
工人报							
工人日报	日刊	对开4版	364	164	59904	−23.4	1—5，单价0.13元
上海　劳动报	周4刊	4开4版	208	26.2	5470	−18.1	3—6，单价0.11元
天津工人报	周3刊	对开4版	156	5	780	−47	5—3，单价0.13元
河北工人报	周3刊	4开4版	155	8	1240	−47	17—2，单价0.08元
山西工人报	周2刊	对开4版	104	8.2	852.8		21—10
沈阳工人报	周刊	4开4版	52	7.5	390	−2.6	自办发行，单价0.12元
陕西工人报	周3刊	4开4版	156	7.8	1216.8	−35	51—7，单价0.07元
甘肃工人报	周3刊	4开4版	154	4.5	693	−20	53—9，单价0.08元
工人时报（汉文版）	周2刊	对开4版	103	2.1	216.3	−30	57—19，单价0.14元
山东工人报	周3刊	4开4版	156	12	1872	−7.8	23—18，单价0.08元
江苏工人报	周4刊	4开4版	207	5.1	4590	−51	27—45，单价0.10元
浙江　劳动时报	周3刊	4开4版	160	7.9	1264	−43	31—2，单价0.10元
安徽工人报	周2刊	4开4版	104	7.7	801	+2.6	25—36，单价0.08元
厦门特区工人报	周刊	4开4版	54	3	162	−14.3	自办发行，单价0.08元
广东　汕头工人报	周刊	4开4版	52	1.3	65	−16.7	45—42，单价0.10元
广西工人报	周3刊	4开4版	156	2.1	327.5		47—23，单价0.08元
四川工人日报	周6刊	4开4版	288	25	7200	+4	61—2，单价0.11元
现代工人报	周3刊	对开4版	156	5.7	889.2	−20	77—8，单价0.16元
贵州工人报	周2刊	4开4版	104	2.9	301.6	−17.1	65—9，单价0.08元
内蒙　工人报	周2刊	4开4版	104	0.4	44.7		自办发行
辽宁　职工报	周2刊	4开4版	104	8.2	852.8		邮发
湖南工人报	周2刊	4开4版	104	3.8	395		41—72，月价1.05元
农民报							
农民日报	周6刊	对开4版	312	20.6	2476	−46.7	1—39，单价0.16元
北京日报（郊区版）	周3刊	4开4版	156	29	45714	−42.5	1—42，单价0.08元
上海郊区报	周2刊	4开4版	51	7.3	732.9		3—24，单价0.12元
天津日报（农村版）	周2刊	4开4版	104	20	2080	−21.6	自办发行，单价0.08元

续表三

报纸名称	刊期	开张与版数	全年实际出版期数	平均每期发行份数(万份)	全年发行总份数(万份)	平均期发数与1988年相比增减(%)	邮发代号、报纸定价
山西农民报	周3刊	4开4版	157	11.3	1774	−29.4	21−11
辽宁农民报	周3刊	4开4版	156	9	1404	−73.5	7−2,单价0.05元
吉林农民报	周3刊	4开4版	155	5.6	868	−67	11−2,单价0.10元
黑龙江农村报	周3刊	4开4版	156	11	1716	−65	13−2,单价0.10元
陕西农民报	周2刊	4开4版	179	13.4	1393.6	−32	51−2,单价0.07元
陕西　农家信使	周刊	4开4版	53	5	260	+25	51−27,单价0.10元
甘肃农民报	周2刊	4开4版	105	10.5	1097	−38	53−2,单价0.09元
山东　农村大众	周3刊	4开4版	156	28.7	4477.2	−50.5	23−2,单价0.09元
江苏　致富报	周2刊	4开4版	104	10	1040		27—8,单价0.08元
浙江　农村信息报	周2刊	4开4版	104	12.7	1320.8		
安徽日报农村版	周刊	4开4版	52	56	2912	+600	自办发行,单价0.08元
福建　富民报	周刊	4开4版				+29	33−13,单价0.03元
河南农民报	周3刊	4开4版	354	8.3	440	−48	35−2,单价0.05元
河北　农家乐	周刊	4开4版	52	11	572		17—39,单价0.14元
湖北日报农村版	周2刊	4开4版	103	6.6	679.8	−45	37−38,单价0.10元
湖南农村报	周2刊	4开4版	105	23	2415	−74.7	41−2,单价0.08元
广东农民报	周3刊	4开8版	156	30.6	4742	−43.3	45−7,单价0.10元
四川农村报	周3刊	4开4版	144	34	4896	0	61−3,单价0.10元
重庆农村报	周2刊	4开4版	103	7	721	−7	自办发行,单价0.07元
贵州农民报	周刊	4开4版	52	5.3	275.6	−38.4	65−5,单价0.08元
人民武装报							
解放军报	日刊	对开4版	365	62	22555	−17.3	1−26,月价3.95元
战友报	周3刊	4开4版	156	6.8	816		1—55,单价0.04元
前进报	周3刊	4开4版	156	5.7	889.2		
前卫报	周3刊	4开4版	156	4.1	639.6		
人民前线	周3刊	4开4版	154	5	770		27—11,单价0.10元
战士报	周3刊	4开4版	156	5	780		单价0.10元
战旗报	周3刊	4开4版	144	4	576		
人民军队	周3刊	4开4版	156				
空军报							
人民海军							
人民武警报	周3刊	4开4版	156	7.2	1120		1—71,单价0.06元
人民公安报	周2刊	对开4版	104	15.4	1604		
首都公安报				2	72		自办发行
天津民警报	周刊	4开4版	52	3.4	176	+368	自办发行
黑龙江武警报	周刊	4开4版	52	0.4	20.8	0	13—14,单价0.12元
武汉公安报							
广东公安报	周刊	4开4版					自办发行,单价0.06元
云南公安报	周刊	4开4版	52	2.6	135.2	−13.3	63−43,单价0.08元
重庆公安报	旬刊	4开4版					自办发行,
广州　科学文化报	周2刊	对开4版	104	2.3	239.2	−54	45−16,单价0.10元
成都　两用人才报	周刊	4开4版	48	12	576	0	61—9,单价0.10元
国防时报	周刊	对开4版	48	1.2	57.6	1989年创刊	单价0.15元
贵州公安报	旬刊	4开4版	36	1.63	58.7		邮发
青年报							
中国青年报	日刊	对开4版	364	136.9	49848	−30	1−9,单价0.13元

续表三

报纸名称	刊期	开张与版数	全年实际出版期数	平均每期发行份数（万份）	全年发行总份数（万份）	平均期发数与1988年相比增减（%）	邮发代号、报纸定价
青年参考	周刊	4开4版	52	22	1144	－36.6	1－64,
北京青年报	周2刊	4开8版					1－43,
天津青年报	周刊	对开4版	53	4.5	238.5	＋59.6	自办发行，单价0.05元
上海　青年报	周刊	4开8版	52	15.1	785.2	－52.8	3－6,
生活周刊	周刊	4开8版	52	21	783	0	3－35，月价0.25元
山西青年报	周刊	4开4版	52	3	156	－3	自办发行，单价0.10元
辽宁　青年知识报	周刊	4开4版	52	6.1	317.2	－59.3	7－114，单价0.06元
沈阳青年报	周刊	4开4版	52	5	260	－37.5	，自办发行，单价0.12元
宁夏青年报	周刊	4开4版	52	1.5	78	0	73－4，单价0.07元
青海青年报	周刊	4开4版	52	1	52	0	55－4，单价0.08元
山东青年报	周3刊	4开4版	156	5	780	－58.3	23－114，单价0.09元
安徽青年报	周刊	对开4版	78	8	624		25－2，单价0.10元
江西青年报	周2刊	4开4版	104	4.2	437	－26.3	43－2，单价0.12元
河南　青年导报	周刊	对开4版	52	2.5	130	－69	35－37，单价0.22元
湖北　青年人报	周刊	对开4版	52	1.4	72.8	－30	37－20，单价0.20元
广东　广州青年报	周刊	对开4版	52	10	520	0	45－51，单价0.10元
汕头青年报	周2刊	4开8版	104	4.5	978	－25	自办发行，单价0.10元
四川青年报	周2刊	对开4版	96	3.5	336	＋52	61－12，单价0.15元
四川　希望周报	周刊	对开4版					77－18
西藏青年报	周刊	4开4版	52	0.8	408		67－11，单价0.05元
妇女报							
中国妇女报	周3刊	对开4版	151	25	3800	－17.5	1－7，单价0.13元
山西妇女报	周刊	4开4版	52	4	208		邮发
江西　妇女之声报	周刊	4开4版	53	3.8	201.4	－41.5	43－23，单价0.10元
湖南妇女报	周刊	4开4版	52	18	936	－62.5	41－7，单价0.06元
学生、少年儿童报							
中国少年报	周刊	4开4版	52	144.6	7520	－42.7	1－12，单价0.12元
中国初中生报	周刊	4开4版	52	30	1560		单价0.15元
中国儿童报	周刊	4开4版	52	71.8	3734	－40	1－90，单价0.14元
上海　少年报	周刊	4开4版	49	96	4690	－23	3－20，单价0.14元
小主人报	周刊	4开4版	53	9.4	496	－53.7	3－38，单价0.15元
我们一百万	半月刊	4开4版	24	14.1	336	＋0.1	3－45，单价0.08元.
小学生学习周报	周刊	4开4版	48	51.3	2460		3—56，单价0.18元
幼儿文学报	半月刊	4开4版	24	21.8	522		3—34，单价0.06元
动手做	月刊	4开4版	12	20.5	215		自办发行，单价0.08元
中学生知识报	周刊	4开8版	34	8	272		自办发行，单价0.25元
江苏小学生数学报	旬刊	4开4版	33	102.3	3375.9		自办发行，单价0.12元
江西　摇篮报	半月刊	4开4版	24	12	488		自办发行，单价0.16元
青海　刚坚少年报	半月刊	4开4版	16	1.8	28.8		自办发行，单价0.08元
湖南　中学生化学报（初中版）	旬刊	4开4版	36	16	576		邮发
中学生化学报（高中版）	旬刊	4开4版	36	3.5	126		邮发
安徽　苗苗报	半月刊	4开4版	24	1.6	38.4		邮发

续表三

报纸名称	刊期	开张与版数	全年实际出版期数	平均每期发行份数（万份）	全年发行总份数（万份）	平均期发数与1988年相比增减(%)	邮发代号、报纸定价
湖北 少年文学报	半月刊	4开4版	24	5.5	132		邮发
中学物理报	周刊	4开4版	36	17.3	622.8		35—36,单价0.10元
河南 中学生学习报(高中版)	周刊	4开4版	52	30	1560		35—36,单价0.13元
中学生学习报(初中版)	周刊	4开4版	52	70	3640		35—29,单价0.13元
天津 红领巾报	半月刊	4开4版	24	10	240	0	自办发行
河北少年智力开发报	周刊	4开4版	52	18.2	946.6	+128	17—44,单价0.16元
辽宁 小学生报	周刊	4开4版	52	75	3900	—50	7—92,单价0.12元
少年科普报	半月刊	4开4版	24	6.5	156	—46	7—93,单价0.14元
甘肃 少年文史报	周3刊	4开4版	156	11.5	1794	—58	53—10,单价0.10元
甘肃 中学生导报	周刊	4开4版	52	1.9	98.8	—49	53—12,单价0.10元
山东 中学生报	周刊	4开4版	50	13	650	—74	23—147,单价0.10元
安徽 农村孩子报	周刊	4开4版	52	16	832	90.4	25—40,单价0.10元
福建 小学生周报	周刊	4开4版	52	60	3120	0	33—11,单价0.12元
新疆少年报	周2刊	4开4版					单价0.02元
四川 少年先锋报	周刊	4开4版	48	30	1440	+20	77—3,单价0.10元
少年百科知识	周刊	4开4版	48	32.4	1555.2		61—4,单价0.10元
广东 岭南少年报	周刊	4开4版	52	18	936	—28	45—3,单价0.10元
中学生报	半月刊	4开4版	24	25	600		自办发行,单价0.12元
汕头少年报	周刊	4开4版	52	12	624		自办发行
广西 小博士	周刊	4开4版	52	6	312	—28.6	自办发行,单价0.12元
云南 蜜蜂报	周刊	4开4版	52	2.4	125	—40	63—3,单价0.10元
山西 小学生拼音报	周刊	4开4版	52	25	1300	—32	21—188,单价0.12元
老年报							
中华老年报	周刊	对开4版	52	10	520		1—138
中国老年报	周刊	对开4版	53	18.5	944	+164.3	1—133,单价0.18元
上海老年报	周刊	4开4版	52	4.1	213.2	—40.5	3—61,月价0.26元
辽宁老年报	周刊	4开4版	52	10.14	527.3	0	7—115,单价0.15元
辽宁 晚晴报	周刊	4开4版	52	5.2	270.4	—13.3	自办发行,单价0.12元
黑龙江 老年报	周刊	4开4版	103	16	1648	+58	13—18,单价0.05元
陕西老年报	周刊	4开4版	52	3	156	0	自办发行,单价0.10元
新疆 老年康乐报	旬刊	4开4版	36	2	72	—13	57—6,单价0.10元
江苏 老年周报	周刊	4开4版	52	4.2	218.4	—22	27—58,单价0.12元
安徽 益寿文摘	旬刊	4开8版	36	36	1296	+140	25—38,单价0.15元
江西 幸福导报	周刊	4开4版	48	0.6	28.8	+40	43—27,单价0.10元
福建老年报	旬刊	4开4版	36	3	108	+15.4	33—32,单价0.10元
广东 老人报	半月刊	4开8版	24	5.8	139.2	—3	45—68,单价0.16元
四川 晚霞报	周刊	4开4版	48	17	884		61—18,单价0.14元
广西老年报	半月刊	4开4版	24	0.5	12		自办发行,单价0.10元
河北 老年文汇	周刊	4开4版	52	2	104		37—64,单价0.12元
侨务报							
华声报	周2刊	对开4版	103	2.6	268	—19	1—51,单价0.15元
福建侨报	周刊	对开4版	52	2.3	119.6	+31.4	33—3,单价0.20元
广东侨报	周刊	对开4版	52	4	208	+42.9	45—10,单价0.20元

续表三

报纸名称	刊期	开张与版数	全年实际出版期数	平均每期发行份数（万份）	全年发行总份数（万份）	平均期发数与1988年相比增减（%）	邮发代号、报纸定价
广西侨报	周刊	4开4版	52	1.3	67.6		47—20，单价0.07元
云南侨报	周刊	4开4版	52	1.2	62.4	0	自办发行，单价0.08元
少数民族文字报							
维吾尔文							
新疆日报（维文版）	日刊	对开4版	365	4.3	1569	－36.8	57—1，单价0.13元
喀什日报（维文版）	周6刊	对开4版	304	2.5	760	＋8.7	57—25
乌鲁木齐晚报（维文版）	周6刊	4开4版	304	1.5	454.5	－50	自办发行，单价0.09元
克孜勒苏报（维文版）	周4刊	4开4版	202	0.23	46.4	－60	57—29
参考消息（维文版）	周6刊	4开4版	312	0.9	280.8		57—112，单价0.07元
伊犁日报（维文版）	周3刊	对开4版	155	0.43	68	－57	57—27，单价0.15元
和田报（维文版）	周3刊	对开4版	149	1.1	164	－11	57—28，单价0.06元
阿克苏报（维文版）	周3刊	4开4版	156	0.23	35.9	－77	57—36，单价0.11元
博尔塔拉报（维文版）	周3刊	4开4版	150	0.12	18	－83.8	57—108，单价0.07元
吐鲁番报（维文版）	周2刊	4开4版	100	0.21	21	－22.2	57—134，单价0.07元
巴音郭楞报（维文版）	周3刊	4开4版	154	0.04	6.2		57—46，单价0.07元
莎车报	周2刊	4开4版	99	0.35	34	0	县内发行，单价0.06元
工人时报（维文版）	周2刊	对开4版	103	0.5	51		57—19，单价0.14元
新疆科技报（维文版）	周刊	对开4版	52	1.3	67.6	－48.8	57—11，单价0.07元
新疆民兵报（维文版）	半月刊	对开4版	24	0.5	12		57—16，单价0.05元
新疆少年报	周刊	4开4版	52	5.4	280.8	－40	57—9，单价0.05元
新疆法制报（维文版）	周刊	对开4版	51	3.6	187.2	－28	57—8，单价0.10元
新疆广播电视报（维文版）	周刊	4开4版	52	9	468		57—5，单价0.12元
新疆军垦（维文版）	周刊	4开4版	56	1	56	0	
哈萨克文							
新疆日报（哈文版）	日刊	对开4版	365	0.9	329	－40	57—13，单价0.13元
参考消息（哈文版）	周6刊	4开4版	312	0.26	83		57—132，单价0.07元
阿勒泰报（哈文版）	周6刊	4开4版	299	0.26	79	－21.2	57—123，单价0.04元
伊犁日报（哈文版）	周6刊	对开4版	151	0.36	54.4	－45.5	57—121，单价0.15元
伊犁少年报	周刊	4开4版	51	0.5	26	－70	57—16，单价0.08元
新疆科技报（哈文版）	周刊	4开4版	52	0.14	7.3	－50	57—21，单价0.10元
塔城科技报（哈文版）	半月刊	4开4版					57—43，单价0.04元
伊犁法制报（哈文版）	周刊	2开4版	51	0.16	8.16		自办发行，单价0.06元
塔城报（哈文版）	周3刊	4开4版	149	0.14	20.9		57—105，单价0.07元
蒙古文							
内蒙古日报（蒙文版）	日刊	对开4版	365	1.1	401.5	－8	15—2，月价4.50元
新疆日报（蒙文版）	日刊	对开4版	365	0.2	78	－15	57—3，单价0.10元
呼伦贝尔报（蒙文版）	周6刊	4开4版	304	0.15	46.5	－95	15—28
哲里木报（蒙文版）	周6刊	4开4版	305	0.25	75.2	－1	15—16，单价0.03元
鄂尔多斯报（蒙文版）	周6刊	4开4版	315	0.2	63	0	15—12，单价0.10元
兴安日报（蒙文版）	周4刊	4开4版	204	0.1	20.4		15—10，单价0.10元
锡林郭勒报（蒙文版）	周6刊	4开4版	303	0.02	4.8	－96	15—45，单价0.10元
巴彦淖尔报（蒙文版）	周4刊	4开4版	196	0.06	11.8	－14.3	15—48，单价0.10元
赤峰日报（蒙文版）	周6刊	4开4版	303	0.25	75.8	－14	15—77，单价0.10元
参考消息（蒙文版）	日刊	4开4版	365	0.3	109.5	＋20	15—98

续表三

报纸名称	刊期	开张与版数	全年实际出版期数	平均每期发行份数（万份）	全年发行总份数（万份）	平均期发数与1988年相比增减（%）	邮发代号、报纸定价
乌兰察布日报（蒙文版）	周3刊	4开4版	156	0.76	118.6	+61	15—34，单价0.03元
阿拉善报（蒙文版）	周3刊	4开4版	156	0.2	31.2	+240	15—25
阜新蒙古族自治县报（蒙文版）	周2刊	4开4版	104	0.12	12.5	−85	县内发行，单价0.07元
巴音郭楞报（蒙文版）	周3刊	4开4版	154	0.04元	6.2	0	57—46
博尔塔拉报（蒙文版）	周3刊	4开4版	152	0.06	9.1	−14.3	57—109，单价0.07元
内蒙古科技报（蒙文版）	周1刊	4开4版	52	0.5	26	−37.5	15—6
赤峰科技报（蒙文版）	半月刊	4开4版	24	0.5	12	+520	15—79
伊克昭科技信息报（蒙文版）	半月刊	4开4版	24	0.5	12		
柴达木蒙文报	周刊	4开4版	54	0.1	5.4		自办发行，单价0.08元
朝鲜文							
黑龙江新闻	周6刊	对开4版	305	1.5	457.5	−63	13—26，单价0.13元
延边日报（朝文版）	周6刊	对开4版	310	3	930	−25	自办发行
辽宁朝鲜文报	周3刊	4开4版	156	0.6	93.6	−25	7—3
吉林朝鲜文报	周刊	4开4版	52	1.2	62.4	−40	邮局发行
综合参考	周2刊	对开4版	101	1.2	121.2	−14	11—9
中国朝鲜族少年报	周刊	4开4版	52	5	260		邮局发行
生活之友				2.1			
延边广播电视报（朝文版）	周刊						
藏文							
西藏日报（藏文版）	日刊	对开4版	373	1.31	489.9	−18.8	67—2，年价20.05元
青海藏文报	双日刊	4开4版	174	0.24	42	−31.4	55—1，单价0.13元
甘南报（藏文版）	周3刊	4开4版	154	0.3	46.2	−27	53—21，单价0.05元
甘孜报（藏文版）	周3刊	4开4版	155	0.41	63.6		61—61
阿坝报（藏文版）	周3刊	4开4版	153	0.1	15.3		61—67
拉萨晚报（藏文版）	周2刊	4开4版	96	0.2	192	−56	61—6，单价0.05元
西藏科技报（藏文版）	半月刊	4开4版	24	1.5	360		67—4，单价0.03元
西藏青年报（藏文版）	周刊	4开4版	51	0.8	40.8		67—11，单价0.05元
日喀则报（藏文版）	半月刊	4开4版	24	1	2		67—21，单价0.05元
青海藏文法制报	旬刊	4开4版	36	0.15	5.4	−50	55—8，单价0.04元
青海科技报（藏文版）	半月刊	4开4版	24	0.1	2.4	0	55—10，单价0.04元
西藏法制报（藏文版）	半月刊	4开4版	24	0.26	6.24		67—8，单价0.04元
壮文							
广西民族报	周2刊	4开4版	104	1.6	166.4	+16.8	47—5，单价0.05元
傣文							
西双版纳报（傣文版）	周2刊	4开4版	105	0.4	42	+74	63—34，单价0.06元
德宏团结报（傣文版）	周2刊	4开4版	102	0.089	9.07	0	63—18，单价0.06元
傈僳文							
德宏团结报（傈僳文）	周刊	4开4版	52	0.037	1.9		
怒江报（新傈僳文）	旬刊	4开4版	36	0.069	2.49	0	63—49，单价0.06元
怒江报（老傈僳文）	旬刊	4开4版	36	0.07	2.6	−7	63—48，单价0.06元
丽江报（傈僳文版）	半月刊	4开4版	12	0.165	1.98	0	自办发行，单价0.15元
柯尔克孜文							
克孜勒苏报（柯文版）	周2刊	对开4版	101	0.06	6	−62.5	57—111，单价0.12元

续表三

报纸名称	刊期	开张与版数	全年实际出版期数	平均每期发行份数（万份）	全年发行总份数（万份）	平均期发数与1988年相比增减（%）	邮发代号、报纸定价
锡伯文							
察布查尔报	周2刊	4开4版	100	0.13	13		57—22，单价0.15元
彝文							
凉山日报（彝文版）	周6刊	4开4版	310	1	310		61—70，单价0.03元
景颇文							
德宏团结报（景颇文版）	周2刊	4开4版	102	0.03	3.06	0	63—12，单价0.06元
纳西文							
丽江报（纳西文版）	半月刊	4开4版	12	0.1	1.2	0	自办发行，单价0.15元
外文报							
中国日报（英文）	日刊	对开8版	359	7.5	2695	—30	1—3，单价0.30元
上海学生英文报	周刊	4开4版	52	7.3	482		3—51，单价0.15元
山西　英语周报	周刊	4开4版	52	6.2	322.4		自办发行
中国金报（英文版）	月刊	8开16版	12	2	24		邮发
综合、文摘报							
参考消息	日刊	4开4版	361	333.9	120524	—21	1—38，单价0.07元
中国新闻	周6刊	16开16版	365	0.4	146		自办发行
北京　文摘报	周2刊	8开8版	104	60	6240	—20	1—4，单价0.10元
上海　报刊文摘	周刊	4开4版	52	277	14404		3—15，单价0.12元
上海泽报	周刊	4开8版	52	12.6	655.2	—53.3	3—27，单价0.12元
吉林　文摘旬刊	旬刊	8开8版	36	15	540		邮局发行
天津　采风报	周刊	4开4版	52	36	1872	＋208	自办发行，单价0.10元
安徽　文摘周刊	周刊	4开4版	52	170	8840	＋347	自办发行，单价0.12元
福建　每周文摘	周刊	8开8版	52	134	6968	＋2	33—2，单价0.12元
湖南　文萃周报	周刊	4开8版	52	48	2496	—4	41—13，单价0.12元
广东　现代人报	周2刊	对开4版	104	7	364	—46	45—5
四川　文摘周报	周刊	4开4版	48	202	9696	—5	61—10，单价0.12元
贵州　文摘	周刊	4开4版	52	22.9	1196	—20	65—3，单价0.12元
云南　文摘周刊	周刊	4开4版	52	12	624	—7	63—28，单价0.10元
贵州民族报	周刊	对开4版	52	3.2	166		65—16

专业性报纸1989年出版发行统计表

表四

报纸名称	刊期	开张与版数	全年实际出版期数	平均每期发行份数（万份）	全年发行总份数（万份）	平均期发数与1988年相比增减（%）	邮发代号、报纸定价
经济报							
经济日报	日刊	对开4版	364	92.7	33746	—23.6	1—68，单价0.13元
经济参考	日刊	对开4版	364	58	21112	＋24	1—31，月价1.95元
国际商报	周3刊	对开4版	187	7	1309	—30	1—30，单价0.18元

续表四

报纸名称	刊期	开张与版数	全年实际出版期数	平均每期发行份数（万份）	全年发行总份数（万份）	平均期发数与1988年相比增减（%）	邮发代号、报纸定价
中国商报	周3刊	对开4版	156	18	2808	－30	81—1，单价0.16元
国际经贸消息	周3刊	对开4版	156	7	1092		1－35，单价0.18元
中国经济新闻报	周3刊	对开4版					1－40，
中国贸促报	周刊	对开4版	52	5	260	＋100	1－79，
中国工商报	周刊	对开4版					1—92
首都经济信息报							
中华工商时报	周刊	对开8版	14	4.8	66.5		1—146，单价0.40元
中国城乡开发报	周2刊	对开8版	105	3	315		1—143，单价0.36元
中国村镇百业信息报禽畜刊	周刊	4开4版					81－25，年价1.92元
市场	周2刊	4开8版	104	19	1975	－62	1－6，单价0.20元
中外产品报	周3刊	对开4版					1—111，单价0.08元
中国经营报	周2刊	对开4版	104	11	1144		1—76
经济学周报	周刊	4开8版					81－8，单价0.08元
中国物资报	周2刊	对开4版	104	10	1040		1—33
上海　世界经济导报	周刊	4开16版	18	16.4	295.2		
经济新闻报	周3刊	对开4版					3－42，年价12.48元
中国合作经济报							
上海经济时报	周2刊	对开4版	103	1.2	124		3—71，单价0.20元
商情报	周刊	4开4版	50	3.24	168		3—73，单价0.10元
劳动服务信息报	半月刊	4开4版	36	0.97	34.8		3—76，单价0.10元
消费报	周刊	4开4版	52	2.64	137		3—60，单价0.12元
中国城市导报	周刊	对开4版	52	1.1	57.2	－84.3	3－50，单价0.10元
上海商报	周2刊	对开4版	104	3.1	322.4	－22.5	3－54，单价0.16元
上海经济信息	周刊	4开4版					3－3，单价0.04元
上海经济时报	周2刊	对开4版	104	1.21	126		3—71，单价0.12元
上海　东南行情	周刊	4开4版					3—41，单价0.12元
上海工业经济报	周刊	4开4版	52	1.82	94.4		3—21，单价0.20元
上海副食品信息报	周刊	4开4版	52	0.88	45.9		3—80，单价0.20元
华东物价报	周刊	4开4版	52	2.27	118		3—41，单价0.12元
东南化工信息	半月刊	4开4版	24	0.04	9.6		自办发行，单价0.11元
上海供销信息报	周刊	4开4版	52	6.1	317.2	－37.8	3－43，单价0.10元
天津农工商报	旬刊	4开4版					自办发行，单价0.03元
天津　华北信息报	周刊	4开4版	48	2.5	120	－50	5－19，单价0.10元
河北经济报	周3刊	对开4版	156	3	468	－12	17－4，单价0.20元
河北　工商报	周刊	对开4版	50	7.8	390	－30	自办发行，单价0.17元
经济消息	周2刊	对开8版	104	2.3	239.2	－63	17—11，单价0.20元
中原经济信息报	周刊	4开4版	52	2.5	130	－38	17—49，单价0.12元
北方物价报	周刊	4开4版	52	3.3	171.6		17—47，单价0.10元
企业家报	周2刊	4开4版	104	2	208		
长城经济信息报	周刊	4开4版	52	3	156	0	17—38，单价0.12元
经济周报	周刊	4开4版	52	3.4	176.8		17—19，单价0.11元
河北供销信息							
山西经济报	周2刊	对开4版	114	3.5	399		21—35
山西　市场信息报	周刊	4开4版	102	9.6	988.8		21—13
内蒙古工商报	周刊	4开4版	52	3	156	0	自办发行，单价0.10元
内蒙古信息报	周刊	4开4版	52	1.5	78		15—4
辽宁　勃海商报	周刊	2开4版	52	6.5	338		邮发

续表四

报纸名称	刊期	开张与版数	全年实际出版期数	平均每期发行份数（万份）	全年发行总份数（万份）	平均期发数与1988年相比增减（%）	邮发代号、报纸定价
消费周报	周刊	4开4版	52	1.0	52		自办发行
农牧业信息报	周刊	4开4版	52	4.5	234		邮发
金融信息报	周刊	4开4版	52	6.5	338		邮发
辽宁经济报	周3刊	对开4版	156	5.2	811		7—90，单价0.08元
辽宁信息报	周3刊	4开4版	154	5	770		7—117，年价19.72元
辽宁　新华广告报	周刊	4开4版	52	3.57	186		7—107，单价0.11元
工商信息报	周刊	4开4版	52	10	520		7—113，单价0.04元
吉林　北方信息作报	周刊	4开4版	53	3	159	－50	11—32
黑龙江　价格信息报	周2刊	4开4版	104	9	936	－11	13—34，单价0.15元
致富信息报	周刊	4开4版	52	4	208	－20	自办发行，单价0.15元
信息与决策	周刊	4开4版	52	2	104	－33	自办发行，单价0.10元
黑龙江经济报	周2刊	4开4版	104	5	520		13—16，单价0.15元
城乡经济报	周2刊	4开4版	104	2	208		13—35，单价0.15元
陕西　企业信息报	周刊	4开4版	54	0.7	37.8		自办发行，单价0.10元
区县经济报	周2刊	对开4版	102	3	306	＋20	51—34，单价0.16元
西北信息导报	周刊	对开4版	52	1.7	88.4	－43	51—16，单价0.18元
西北工商报	周刊	对开4版	52	3.5	182		51—26，单价0.20元
甘肃经济报	周2刊	4开4版	104	1.1	114.4	－45	53—11，单价0.08元
甘肃广告报	周刊	对开4版					53—17
甘肃　信息导报	周2刊	4开4版	102	1.23	125.46	－39	53—15，单价0.10元
甘肃工商报	周刊	对开4版	52	4	208		53—28，单价0.18元
青海经济报	周2刊	对开4版	104	1.5	156	－50	55—9，单价0.12元
新疆经济导报	周刊	对开4版					57—34，单价0.13元
新疆　中国西部开发报	周刊	对开4版					57—42，年价3.72元
新疆信息报	周2刊	4开4版					57—35，单价0.08元
山东经济报	周3刊	4开4版	156	7.3	1139	＋5.8	23—134，单价0.04元
山东　市场导报	周刊	4开4版	52	3.1	161.2	－48.2	23—116，单价0.10元
信息情报	周刊	4开4版	52	4	384.8	－63	23—115，单价0.10元
江苏　经济新闻报	周3刊	4开4版	156	2.5	390	0	27—52，单价0.10元
商业文摘	周刊	8开8版	52	3	156	－40	自办发行，单价0.12元
江苏经济信息报	周3刊	4开4版	156	4.2	655.2		27—50，单价0.10元
江苏　华东信息报	周2刊	4开4版	153	4.12	630.36	－25	27—36，单价0.10元
信息之窗	旬刊	4开4版	36	2	72	－2	自办发行，单价0.15元
浙江　经济生活报	周3刊	4开4版	157	10.3	1617.1	－26	31—8
供销合作报	周刊	4开4版	52	2.1	109.2	－5	31—49
安徽经济报	周2刊	对开4版	104	1.1	114.4	－68.6	25—33，单价0.10元
江西　信息日报	日刊	4开4版	360	12.4	4464	－22.5	43—15，单价0.10元
福建经济报	周2刊	4开4版	105	3	315	－40	33—7，单价0.10元
福建商报	周刊	4开4版	52	1.8	93.6	＋20	自办发行，单价0.13元
福建　港台信息报	周刊	对开4版	52	5	260		33—34，单价0.22元
河南　华中信息报	周2刊	对开4版	104	5	520	0	35—16，单价0.10元
河南工商报	周刊	4开4版	103	4.6	473.8		35—42，单价0.10元
国际经贸报	周刊	4开4版	54	4.3	232.2		35—7，单价0.06元
湖北　集体经济报	周2刊	对开4版					37—51，单价0.10元
工商周报	周刊	4开4版					自办发行，单价0.05元
湖北市场报	周刊	4开4版					自办发行，单价0.05元
武汉商报	周刊	4开4版	52	1.0	52	－40	37—62，单价0.05元
经济信息报	周3刊	对开4版	156	12	1872	－11.1	37—28，年价11.60元

续表四

报纸名称	刊期	开张与版数	全年实际出版期数	平均每期发行份数（万份）	全年发行总份数（万份）	平均期发数与1988年相比增减(%)	邮发代号、报纸定价
湖南经济信息报	周3刊	4开4版	103	8	804	－20	41－21,单价0.05元
湖广信息报	周刊	对开4版					41－51,单价0.18元
湖南商业信息	周刊	4开4版	52	1.3	67.6	－77	41－57,单价0.10元
广东 奥港企业家报	周刊	对开4版	52	3.2	166.4	＋6.7	自办发行,单价0.10元
亚太经济时报	周刊	对开4版	51	2.68	139.4	－10.7	45－65,单价0.22元
广州商报	周刊	4开4版	52	1.9	83.2	－84.2	45－50,单价0.15元
湛江经济报	周刊	4开4版					45－38,单价0.12元
信息时报	周6刊	对开4版	312	16.3	5085.6	－1.2	45－43,单价0.12元
粤港信息报	周6刊	对开4版	312	5.8	1810	－35.6	45－44,单价0.12元
南方市场信息	周刊	4开4版	52	1.6	83.2	－18.4	45－67,年价3.12元
广东 深圳商报	周刊	对开4版	52	2	104		邮发
中国金报	周刊	对开8版	52	3	156		邮发
佛山经济报	周刊	4开4版	52	0.06	3.12		邮发
广东价格报	周刊	对开4版	52	7	364		邮发
广东农村信息报	周刊	4开4版	52	3.4	176.8		邮发
海南 特区时报	周刊	对开4版	52	6	312		邮发,单价0.25元
海南开发报	周刊	对开4版	52	1.7	88.4		邮发,单价0.13元
海南经济报	周刊	对开4版	52	0.83	43.2	－4.7	83－5,单价0.25元
广西商报	周刊	4开4版	52	6	312	＋49	47－25,单价0.10元
广西经济信息报	周2刊	4开4版	108	3	324	－3	自办发行,单价0.10元
广西经贸时代报	周刊	对开4版	27	1	27	0	自办发行,单价0.12元
广西 经济时报	周3刊	4开4版	156	4.2	655.2	－25	邮发,47—26
广西工商报	周2刊	4开4版	104	6	624		邮发
流通报	旬刊	4开4版	36	2	72		47—40,单价0.10元
四川 西南物资商业报	周2刊	对开4版	96	3.5	336	0	61—13,单价0.15元
西南工商报	周2刊	对开4版	104	9.4	977.6	＋129	77—17,单价0.15元
四川税务报	周刊	4开4版	48	15.3	734.4		单价0.10元
四川丁商报	周刊	4开4版	48	5.5	264		单价0.10元
天府牧业报	周刊	4开4版	48	1.68	80.6		单价0.10元
四川经济报	周3刊	4开4版	144	15	2160	＋7	61－6,单价0.15元
企业报	周2刊	对开4版	104	2.1	218.4	－62	77－14,单价0.15元
西南信息报	周3刊	对开4版	156	6.1	951.6	－19	77－5,单价0.18元
西南价格报	周刊	对开4版	51	3.3	168.3	－26	77－10,单价0.20元
西南价格报	周2刊	4开4版	96	4.4	422.4		自办发行,单价0.10元
贵州经济报	周刊	对开4版	52	5	260	＋43	65－13,单价0.08元
贵州 经济信息时报	周2刊	4开4版	104	3	312	－25	65－8,单价0.10元
云南经济报	周3刊	4开4版	156	1.3	202	－35	63－5,单价0.08元
云南经济信息报	周2刊	4开4版	104	0.3	31.2	－90	63－31,单价0.08元
云南 农村经济信息	周2刊	4开4版					63－50,单价0.08元
青海经济报	周2刊	对开4版	104	1.5	156		55—9,单价0.12元
金融时报	周4刊	对开4版	207	13.6	2821	＋6.3	1－124,单价0.20元
中国农金报	周2刊	对开4版	100	9	900		5－9,单价0.20元
黑龙江 农村金融报	周刊	4开4版	51	12	624	0	13－68,单价0.05元
黑龙江税务报	旬刊	4开4版	39	4	156	＋208	13－51,单价0.15元
陕西 城市金融报	周刊	4开4版	52	1	52	－66	51－40,单价0.10元
湖北农金报	周刊	4开4版	52	3	156	＋7	自办发行,单价0.11元
湖南 人民保险报	周刊	对开4版	54	6.4	330.8	＋113	41－3,单价0.10元
湖南金融报	周刊	4开4版	52	6.35	330	＋0.8	41－70,单价0.10元

续表四

报纸名称	刊期	开张与版数	全年实际出版期数	平均每期发行份数（万份）	全年发行总份数（万份）	平均期发数与1988年相比增减（%）	邮发代号、报纸定价
西南农村金融报	周刊	对开4版	48	6	288		单价0.10元
四川　厂长经理报	周刊	对开4版		103.35	10539.7		单价0.15元
政法报							
法制日报	周6刊	对开4版	311	147	4574	－29	1－41，单价0.18元
北京法制报	周刊	4开4版					1－93
上海法制报	周刊	4开8版	52	23.1	1202		3－30，单价0.23元
民主与法制画报	半月刊	4开8版	24	41.8	1003		
天津法制报	周刊	4开4版	52	3	156		5－16
河北法制报	周刊	4开4版	52	10	520		17－7，单价0.12元
山西法制报	周刊	4开4版	52	4	208	－42.9	21－7，单价0.10元
内蒙古法制报	周刊	4开4版	52	2	104	－50	15－6，单价0.10元
辽宁法制报	周2刊	4开4版					
辽宁　大连法制报	旬刊	4开4版	36	7	252	－65	自办发行，单价0.12元
本溪法制报	周刊	4开4版	50	3.5	190	－30	7－11，单价0.12元
吉林法制报	周2刊	4开4版	104	9.5	988	－25	11－27，单价0.12元
黑龙江法制报	周刊	4开4版	52	13	676	＋91	13－59，单价0.15元
黑龙江　哈尔滨法制报	周刊	4开4版					
陕西　法制周报	周刊	4开4版	52	30	1560	－46	51－5，单价0.10元
甘肃　法制导报	周刊	4开4版	52	7	364	＋15	53－11，单价0.10元
青海法制报	周刊	4开4版	52	1.5	75.4	－37	55－7，单价0.10元
宁夏法制报	周刊	4开4版	52	2.7	140.4	－27	73－5，单价0.10元
新疆法制报（汉文版）	周刊	4开4版	51	3.5	179	－50	57－7，单价0.10元
山东法制报	周2刊	4开4版	104	10.4	1081.6	－80	23－137，单价0.10元
江苏法制报	周2刊	4开4版	103	5	515	－75	27－20，单价0.10元
浙江法制报	周刊	4开4版	52	6.5	338	－59	31－25，单价0.13元
安徽法制报	周2刊	4开4版	105	26.6	2766	－33	25－7，单价0.10元
江西法制报	周2刊	4开4版	105	6.4	634	－41.8	43－13，单价0.10元
福建法制报	周刊	4开4版	52	7	364	－46.1	33－12，单价0.13元
河南法制报	周2刊	对开4版	104	4.2	436.8	－40	35－40，单价0.20元
湖北法制报	周刊	对开4版	52	16	832	－53	37－7，单价0.20元
武汉法制报	周刊	4开4版	53	11	583	－26.7	自办发行，单价0.12元
湖南　法制建设报	周刊	4开4版	52	5.2	270.4	－58.7	41－53，单价0.10元
广州法制报	周刊	4开4版	52	22	1144	－14.3	自办发行，单价0.10元
汕头法制报							
深圳法制报	周刊	对开4版	52	1.3	67.6		邮发
广东　法制画报	周刊	4开4版	52	49	2548	－57.4	单价0.08元
广西法制报	周刊	4开4版	52	8.8	457.6	－41.3	47－9，单价0.10元
四川法制报	周2刊	4开4版	96	25	2400	0	61－7，单价0.10元
重庆法制报	周刊	4开4版	52	3	156	－57	77－12，单价0.10元
贵州法制生活报	周刊	4开4版	52	5	260		65－12
云南法制报	周刊	4开4版	53	7.4	392.2	－37.6	63－6，单价0.10元
北京新生报	周刊	4开4版					
内蒙古新生报	旬刊	4开4版					
山东劳改报							
浙江新生报	旬刊	4开4版	36	2	72		自办发行，单价0.08元
安徽新岸报							
江西新生报							

续表四

报纸名称	刊期	开张与版数	全年实际出版期数	平均每期发行份数（万份）	全年发行总份数（万份）	平均期发数与1988年相比增减（%）	邮发代号、报纸定价
湖北新生报	周刊	4开4版	52	14	728	0	自办发行，单价0.12元
云南新生报	周刊	4开4版		176.46	10461.6	－336	自办发行
文化报							
光明日报	日刊	对开4版	365	62.12	22674	10.4	1－16，月价3.95元
中国文化报	周2刊	对开4版	101	3.2	320	－23	1－115，单价0.15元
新闻出版报	周2刊	对开4版	104	9.6	998	－2	1－50，单价0.15元
文艺报	周刊	对开8版	52	3	156	－30	1－102，单价0.20元
摄影报	周刊	4开4版	52	8.3	429		1－126，单价0.15元
中国美术报	周刊	4开4版	52	5	260		1－113
中国电影周报	周刊	对开4版	52	2	104		1－139，单价0.20元
戏剧电影报	周刊	4开4版					1－23，单价0.06元
理论信息报	周刊	4开4版					1－109，单价0.06元
讽刺与幽默	半月刊	4开4版	24	43	1035	－48.1	1－70，月价0.20元
北京音乐报	旬刊	4开4版					1－25，单价0.05元
上海　文汇报	日刊	对开4版	365	95.2	34750		3－3，单价0.15元
上海文化艺术报	周刊	对开4版	52	3	153.5		3－17，单价0.20元
上海　文学报	周刊	对开4版	52	8	416		3－22，单价0.22元
文汇电影时报	周刊	对开4版	52	4.2	218		3－59，单价0.24元
漫画世界	半月刊	8开16版	24	6	144	－30.9	3－57，单价0.20元
社会科学报	周刊	4开4版	52	1.32	68		3－62，单价0.12元
汉语拼音小报	半月刊	4开4版	24	12	287		3－13，单价0.13元
童话报	半月刊	对开4版	24	15.6	374		3－49，单价0.14元
天津　中国书画报	周刊	4开4版	52	7	364		
河北　杂文报	周刊	4开4版	52	13	676	－16	17－10，单价0.14元
文论报	旬刊	对开4版	36	5.6	281.6	＋300	17－17，单价0.18元
山西　人民摄影报	周刊	对开4版					21－2，单价0.08元
吉林　影视广播	周刊	4开4版	52	10	520		自办发行
图书周报							
新文化报	周2刊	对开4版	104	6	62.4		邮局发行
黑龙江　文化生活							
陕西　文化艺术报	周刊	4开4版	52	7	364	＋25	51－20，单价0.10元
星期天	周刊	4开4版	52	9.4	488.8	－11	51－30，单价0.10元
江苏　周末	周刊	4开4版	54	25	1350	－29	自办发行，单价0.12元
影剧文摘报	半月刊	4开4版	24	3.2	76.8	－36	27－57，单价0.25元
浙江　大众美术报	周刊	4开4版	52	2	104		31－44，单价0.20元
安徽　文化周报	周刊	对开4版	50	2.2	110	－6	25－4，单价0.10元
河南　文艺百家报	周刊	4开4版					
河南　文物报	周刊	对开4版	52	1.5	78		35－50，单价0.08元
湖北　书法报	周刊	4开4版	52	12.8	665.6	－41	37－9，单价0.15元
文化报	周刊	对开4版	45	3	135	＋140	自办发行，单价0.20元
楚天周末	周刊	对开4版	52	14.6	759.2	－34	自办发行，单价0.20元
湖南文化报	周刊	4开4版	52	2	104		41－64，月价0.54元
广东　南方周末	周刊	对开4版	52	37.3	1596.4	－30.7	45－36，单价0.10元
周末画报	周刊	4开4版	52	30	1560	－34.8	单价0.10元
广西　南国诗报	半月刊	对开4版	24	1.8	43.2		自办发行，单价0.30元
广东　诗词	半月刊	4开4版	24	2	48		自办发行
文化参考	半月刊	对开4版	24	3	72		自办发行

续表四

报纸名称	刊期	开张与版数	全年实际出版期数	平均每期发行份数（万份）	全年发行总份数（万份）	平均期发数与1988年相比增减（%）	邮发代号、报纸定价
沿海大文化报	周刊	对开4版	52				自办发行
华夏诗报	月刊	对开4版	12	1.25	15		自办发行
香山报	半月刊	4开4版	24	1	24		自办发行
山东　作家报	周刊	4开4版	52	1	52		自办发行
泉城周报	周刊	4开4版	52	20	1040		邮发
四川　文化报	周刊	4开4版	48	0.55	26.4	0	自办发行，单价0.10元
教育报							
中国教育报	周3刊	对开4版	156	43.4	66463	－22	1—10，单价0.13元
中央党校通讯	周刊	4开4版	52	1.5	78		自办发行，年价8元
山西教育报	周刊	对开4版	52	2	104	－50	21—8，单价0.08元
山西　学英语	旬刊	4开4版	36	6.2	223.2		自办发行
生物报	旬刊	4开4版	36	32	9187.2		自办发行
作文周刊	周刊	4开4版	52	240.2	12490.4		自办发行
内蒙　作文报	周刊	4开4版	52	30	1560		自办发行
广西　广西教育报	周3刊	4开4版	156	3.1	483.6		自办发行，单价0.024元
湖北　学语文报	双月刊	4开4版	26	11.3	293.8		自办发行
山东电大报	周2刊	4开4版	104	0.6	62.4		自办发行
海南　考试报	周报	对开4版	9	1	9		自办发行，单价0.20元
广东电大报	旬刊	4开4版	36	2.2	79.2		自办发行
广东语文报	旬刊	4开4版	36	11.6	417.2		自办发行
数学的教与学	周刊	4开4版	52	4	208		自办发行
物理的教与学	半月刊	4开4版	24	5	120		自办发行
语文月报	月刊	4开4版	12	16	192		邮发
福建　小学教学与改革	半月刊	4开4版	24	5	120		邮发
辽宁　学前教育报	旬刊	4开4版	36	27	972		单价0.12元
吉林　自学导报	旬刊	对开4版					11—29，单价0.05元
陕西　教师报	周刊	4开4版	53	16	848		51—8，单价0.10元
自学考试报	半月刊	4开4版	24	4	96	＋264	自办发行，单价0.10元
甘肃　教与学报							
浙江教育报	周刊	4开4版	52	3	156	－27	31—27，单价0.10元
河南　教育时报	周刊	4开4版	52	4.7	244.4	＋124	35—44，单价0.18元
四川　教育导报	周刊	对开4版	48	5.2	249.6		61—30，单价0.15元
自学报	周刊	对开4版	52	3.3	171.6	－54	77—7，单价0.15元
教育周报	周刊	4开4版	48	5	240	0	77—15，单价0.10元
阿坝教育报	旬刊	4开4版	24	0.47	11.28	0	自办发行，单价0.10元
江苏教育报	周刊	4开4版	52	1.8	21.6		27—56，单价0.10元
体育报							
中国体育报	日刊	对开4版	363	31.9	11398	－51.8	1—47，单价0.20元
棋牌周报	周刊	4开4版	52	6.6	344	－21.4	1—108
天津　球迷报	周刊	4开4版	52	42	2184	＋230	自办发行，单价0.08元
河北　体育之声	周刊	4开4版	51	3	153	－27	17—41，单价0.11元
辽宁　体育天地	周刊	4开4版	52	15	780		7—96，单价0.14元
吉林体育报	周刊	4开4版	52	0.3	15.6		自办发行
上海　体育导报	周刊	4开4版					3—77，单价0.12元
甘肃体育报	周刊	4开4版	52	0.55	29		53—30，单价0.10元

续表四

报纸名称	刊期	开张与版数	全年实际出版期数	平均每期发行份数（万份）	全年发行总份数（万份）	平均期发数与1988年相比增减(%)	邮发代号、报纸定价
山东体育报	周刊	4开4版	52	2	104		23—113,单价0.08元
江苏　体育时报	周刊	4开4版	51	2.8	142.8	—38	27—46,单价0.12元
浙江　体坛报	周刊	4开4版	52	1.5	78	0	31—46,单价0.10元
安徽体育报	周刊	4开4版	48	3	144	+76	25—18,单价0.10元
江西体育报	半月刊	4开4版	24	0.58	14	—5	
河南体育报	周刊	4开4版	53	1	53	—50	自办发行,单价0.10元
湖南　体坛周报	周刊	4开4版	53	6	320		41—25,单价0.12元
广东　足球报	周刊	4开4版	56	75	4200	—6.2	45—15,单价0.12元
象棋报	半月刊	4开4版	24	5	120	—50	45—35,单价0.12元
珠江体育报	周刊	2开4版	52	6	312		邮发
贵州体育报	旬刊	4开4版	36	0.5	18		自办发行
书讯报							
北京　科技新书目							
社科新书目							
标准新书目							
图书发行	旬刊	4开4版	36	4	144		
高校联合书目	月刊	4开8版	12	1.2	14.4		
上海　书讯报	周刊	4开4版	52	3.3	171.1	+230	3—18,单价0.20元
文汇读书周报	周刊	4开4版	52	3.54	184	—49.2	3—40,单价0.04元
天津书讯	周刊	4开4版	52	3.6	187.2	—25.1	5—14,单价0.13元
河南　中州书林	旬刊	4开4版	36	2	72	—17	36—6,单价0.05元
湖北　书刊导报	周刊	对开4版	52	2	104	+300	自办发行,单价0.24元
黑龙江图书信息	半月刊	4开4版	23	3.5	82		13—25
上海新书目	旬刊	4开8版	37	3.8	140.1		3—69,单价0.10元
广西　桂版新书目	半月刊	4开4版	24	3	72		赠阅　自办发行
上海　全国地方版标准新书目	半月刊		24	3.6	18.1		3—72,单价0.12元
广播电视报							
中国广播报	周刊	对开4版	52	7	364		1—8
中国电视报	周刊	对开4版	52	150	7800		1—21,单价0.20元
北京广播电视	周刊	4开8版					1—15
上海　每周广播电视	周刊	4开8版	52	255	13260	+0.4	自办发行,单价0.12元
天津广播电视	周刊	4开8版	52	80	4160	—	自办发行
河北广播电视报	周刊	4开4版	52	40	2080	—50	17—3,单价0.15元
秦皇岛　视听之友	周刊	4开4版	52	13	676	—7	17—55,单价0.14元
邯郸广播电视							
山西广播电视报	周刊	4开4版	52	33.1	1721.2	—47.6	21—18,单价0.06元
内蒙古广播电视	周刊	4开4版	52	17.3	899.6	—6.5	自办发行,单价0.06元
包头广播电视	周刊	4开4版	52	13.5	702	—10	自办发行,单价0.15元
辽宁广播电视报	周刊	4开8版	53	130	6890	+11	自办发行,单价0.22元
大连广播电视报	周刊	4开8版	52	40	2080	0	自办发行,单价0.18元
鞍山广播电视报	周刊	4开4版					
丹东广播电视报	周刊	4开8版					自办发行,单价0.04元
吉林广播电视报	周刊	4开4版	52	30	1560	—25	自办发行,单价0.15元
延边广播电视报	周刊	4开4版	52	10	520		
江城广播电视报	周刊	4开4版	52	9.3	483.6	—4	自办发行

续表四

报纸名称	刊期	开张与版数	全年实际出版期数	平均每期发行份数（万份）	全年发行总份数（万份）	平均期发数与1988年相比增减(%)	邮发代号、报纸定价
黑龙江广播电视报	周刊	4开4版	52	43	1436	－45	13－4,单价0.15元
大庆广播电视报	周刊	4开4版					13－8,单价0.15元
陕西广播电视报	周刊	4开4版	52	40	2080		自办发行,单价0.13元
西安广播电视报	周刊	4开4版	52	5	260	－58	自办发行,单价0.10元
甘肃广播电视报	周刊	4开8版	52	30	1560	－5	自办发行,单价0.20元
宁夏广播电视报	周刊	4开4版	52	54	2808		自办发行,单价0.12元
新疆广播电视报(汉文版)	周刊	4开4版	52	17.2	910	＋7.9	自办发行,单价0.12元
山东广播电视报	周刊	4开4版	52	45	2340	0	自办发行,单价0.06元
青岛广播电视报	周刊	4开4版	52	45	2340	＋7.1	自办发行,单价0.10元
江苏广播电视报	周刊	4开4版	52	72	3744	－21	27－4,单价0.07元
南京广播电视报	周刊	4开4版	52	40	2080	－25	27－7,单价0.07元
南通广播电视报	周刊	4开4版	52	24	1248	＋9	27－20,单价0.07元
无锡广播电视报	周刊	对开4版	52	45.9	2386.8	＋3	27－24,单价0.15元
苏州广播电视报	周刊	4开4版	52	37	1924		自办发行,单价0.15元
镇江广播电视报	周刊	4开4版	52	17.73	922	0	27－51,月价0.60元
徐州广播电视报	周刊	4开4版	52	14	728	－22	自办发行,单价0.15元
浙江广播电视周报	周刊	4开4版	52	131	6812	－13	自办发行,单价0.06元
杭州广播影视报	周刊	4开4版	52	15	780	＋20	
安徽广播电视报	周刊	4开4版	52	132	6864	＋63	自办发行,单价0.12元
江西广播电视报	周刊	4开4版	52	47	2444	－21.7	自办发行
南昌广播电视周报	周刊	4开4版	52	10	534	－43	自办发行,单价0.12元
萍乡广播电视报	周刊	4开4版					自办发行,单价0.10元
福建广播电视报	周刊	对开4版	53	100	5300	＋15	自办发行,单价0.13元
厦门广播电视	周刊	4开4版	52	18.3	951.6	＋7.6	自办发行,单价0.13元
福州广播电视报	周刊	4开4版					
河南广播电视报	周刊	4开4版	52	90.45	4703	－20	35－3,单价0.10元
湖北广播电视报	周刊	4开4版	52	80	4160	－33	自办发行,单价0.12元
武汉周报	周刊	4开4版	52	13.8	717.6	－31	自办发行,单价0.12元
湖南广播电视报	周刊	4开8版	52	80	4160	－25.9	自办发行,单价0.12元
广东广播	周刊	4开4版	52	15	800		45－9,月价0.50元
广东电视周报	周刊	对开4版	52	190	9880	－5	45－12,单价0.20元
湛江　声屏报	周刊	4开4版					45－37,单价0.06元
汕头广播电视报	周刊	4开4版	52	13	676	＋8	45－50
海南声屏报	周刊	4开4版	52	6	312		83－8,单价0.20元
广西　广播电视信息	周刊	4开4版	52	12	625	－21	自办发行,单价0.24元
梧州广播电视报	周刊	4开4版	52	6.9	358.8	—	自办发行,单价0.12元
青海广播电视报	周刊	4开4版	52	15	780		自办发行,单价0.12元
桂林广播电视报	周刊	4开4版	52	8	416		自办发行,单价0.20元
四川广播电视报	周刊	4开4版	48	195.8	9398	0	自办发行,单价0.10元
重庆广播电视报	周刊	4开4版	52	93.3	4851.6	－4	77－2,单价0.10元
成都　视听生活	周刊	4开4版	52	30	1560		自办发行,单价0.10元
攀枝花广播电视报	周刊	4开4版	48	5.7	273.6		自办发行,单价0.10元
贵州广播电视报	周刊	4开8版	52	25.4	1320.8	－38	自办发行,单价0.12元
云南广播电视报	周刊	4开4版	52	77	4004	－11.3	63－9,单价0.18元
卫生医药报							
健康报	周4刊	对开4版	209	41.1	8587	－29.5	1－20,单价0.20元
中国医药报	周2刊	对开4版	104	12	1248		1－127

续表四

报纸名称	刊期	开张与版数	全年实际出版期数	平均每期发行份数（万份）	全年发行总份数（万份）	平均期发数与1988年相比增减(%)	邮发代号、报纸定价
中国医学论坛报	旬刊	4开8版	36	5	180	-43.7	81-2，单价0.12元
中国中医药报	周2刊	对开4版	104	5	520		1-140
北京　健康咨询报	周刊	4开4版					1-61
上海大众卫生报	周刊	4开4版	52	3.24	168.4		3-23
上海　中医药报	半月刊	4开4版	24	1.5	36		3-68，单价0.10元
江西卫生报	半月刊	4开4版	24	1.5	36		43-25，单价0.12元
广东卫生报	半月刊	4开4版	24	8.3	199.2		自办发行
广州卫生	半月刊	4开4版	24	2	48		自办发行
广西　民族医药报	旬报	4开4版	36	1	36		47-44，单价0.15元
人民保健报	半月刊	4开4版	24	1.8	40.1		47-42，单价0.10元
广东　防癌报	月刊	4开4版	12	2	24		自办发行，单价0.10元
天津卫生科普报	旬刊	4开4版					5-13，单价0.10元
山西卫生报	周刊	4开4版					21-26，单价0.04元
辽宁　卫生与生活	周刊	4开4版	52	31.7	1648	-48	7-89，单价0.12元
中药科技报	旬刊	4开4版	36	3.1	111.6	+72.2	7-91，单价0.06元
吉林卫生报	周刊	4开4版					
黑龙江　中国卫生信息报	周刊	4开4版	100	2.4	240	+20	13-19，单价0.15元
陕西　卫生报	周刊	4开4版	52	1.8	93.6	-49	51-9，单价0.10元
现代保健报	旬刊	4开4版	36	1.5	54	-40	51-35，单价0.10元
江苏健康报	周刊	4开4版	53	4	212		27-60，单价0.10元
山东卫生报	周刊	4开4版	52	3.5	182		23-135，单价0.10元
浙江　生活与健康	旬刊	4开4版	36	15.5	558	+47	31-6
医药动动态	周刊	4开4版	52	1.5	78	+50	自办发行
中医报	旬刊	4开4版	36	3.8	137	-35	31-32，单价0.15元
江西　家庭医生	旬刊	4开4版	36	39.2	1413	-12.9	43-21，单价0.14元
福建卫生报	周刊	4开4版	52	8	416	-20	33-9，单价0.10元
河南卫生报	旬刊	4开4版	36	7.8	280.8	-24	35-49，单价0.10元
河南　医药信息报	周刊	4开4版	52	3.98	207	+47	35-38，单价0.10元
湖北　中国抗癌报	半月刊	4开4版	24	3	72	+50	37-59，单价0.12元
湖南　大众卫生	周刊	4开4版	52	15.1	785.2		41-26，单价0.12元
广东　医药经济报	周刊	4开4版					45-18，单价0.06元
四川　中医药信息报	周刊	4开4版	48	2.3	110.4	0	61-48，单价0.13元
人民卫生报	周刊	对开4版	52	5.2	270.4	-16	77-16，单价0.15元
健康生活报	周刊	4开4版					61-32
贵州　健康之友	旬刊	4开4版	36	8.2	295.2	-39.7	65-4，单价0.05元
云南　昆明卫生报	旬刊	4开4版	36	2.6	93.6	+4	63-27，单价0.04元
人口、社会、生活报							
中国旅游报	周2刊	对开4版	104	9.8	1019		1-40
中国人口报	周刊	对开4版					1-60
中国劳动报	周2刊	对开4版	101	13.2	1584		1-106，单价0.18元
中国社会报	周2刊	对开4版	104	12	1448	-20	1-116，单价0.20元
中国消费者报	周2刊	对开4版	104	12	1448		1-107，单价0.23元
中国经济信息报	周刊	对开4版	52	3.5	182		1-135
中国人才报	周刊	对开4版	52	3	156		1-123，单价0.20元
中国红十字报	半月刊	4开4版	24	7	168		自办发行，单价0.08元
上海　组织人事报	周刊	4开8版	51	7.13	370		3-31，单价0.23元

续表四

报纸名称	刊期	开张与版数	全年实际出版期数	平均每期发行份数（万份）	全年发行总份数（万份）	平均期发数与1988年相比增减（%）	邮发代号、报纸定价
消费报	周刊	4开4版	52	2.64	137		3—60，单价0.06元
天津　家庭报	周刊	4开4版					5—11，单价0.06元
河北人口报	周刊	4开4版	52	4.2	218.4	—33	17—18，单价0.10元
山西人口报	周刊	4开4版	52	3.6	187.2		21—34
辽宁　美报	周刊	4开4版	53	15	795	—53.1	7—87，单价0.06元
新家庭	周刊	4开4版	52	15	780	—47.2	7—101，单价0.12元
吉林　婚育周报	周刊	4开4版	51	6.2	316.2	—23	自办发行
黑龙江　生活报	周3刊	4开4版	156	20	3120		13—37，单价0.13元
黑龙江人口报	周刊	4开4版					13—11
山东人口报	周刊	4开4版	52	25	1300		23—136
山东　健康生活报	周刊	4开4版					自办发行，单价0.12元
江苏　现代家庭报	周刊	4开4版	52	9.3	483.6	—36	27—38，单价0.15元
浙江　江南游报	周刊	4开4版	52	1.6	83.2		31—42
安徽人口报	周刊	4开4版	52	11	572	+10	25—41，单价0.06元
福建　人口与家庭	周刊	4开4版	52	2.5	130	—50	33—28，单价0.07元
河南计划生育报	周刊	4开4版	52	45.2	2350	—10	自办发行，单价0.10元
河南　消费导报	周刊	对开4版	52	0.8	41.6	—83	35—43，单价0.18元
湖北　家长报	周刊	4开4版	52	12	624	—29.4	37—40，单价0.12元
长江旅游报	周刊	4开8版	52	0.7	36.4	—72	自办发行，单价0.25元
湖南人口报	周刊	4开4版	51	7.9	410.8	—53.5	41—41，单价0.05元
广东　消费者报	周刊	4开4版					自办发行，单价0.05元
交通旅游报	半月刊	4开8版	24	3.2	76.8	—20	自办发行，单价0.12元
广西　桂林旅游报	周刊	对开4版	52	2.8	145.6		自办发行，单价0.12元
广西人口报	半月刊	4开4版	24	5.38	129		自办发行，单价0.06元
四川　精神文明报	周2刊	4开4版	104	8	832		61—19，单价0.10元
家庭与生活报	周刊	4开4版	48	22	1056	—33	61—45，单价0.10元
上海家庭报	月刊	4开4版	12	19	299		3—80，单价0.13元
上海旅游报	半月刊	4开8版	26	1	26		3—70，单价0.12元
上海　新闻报	周3刊	对开4版	155	3.5	365		3—42，单价0.20元
云南　自我保健报	半月刊	4开4版	26	1	26		邮发
旅行报	周刊	4开4版	52	3.9	202.8		邮发
环境、市容报							
中国环境报	周3刊	对开4版					1—59
上海环境报	周刊	4开4版	53	2.51	133.1	—34	3—26，单价0.08元
吉林环境报	半月刊	4开4版	24	0.7	16.8		邮局发行
黑龙江　环境报	周刊	4开4版	52	2.5	130	—4	13—74，单价0.15元
甘肃　生活环境报	双周刊	4开4版	27	2	54	—33	53—20，单价0.06元
山东　新环境报	周刊	4开4版	52	25	1300	+380	23—163，单价0.08元
湖南　环境保护报	周刊	4开4版	52	4.6	240		41—2，月价0.52元
四川　中国市容报	周2刊	对开4版	104	4.5	408	—57.1	77—6，单价0.15元
环境保护导报	周刊	对开4版	52	3.23	168	—54	77—4，单价0.15元
山西环境报	周1刊	4开4版	52	3.6	187.2		
行业报							
建设报	周2刊	对开4版	102	6.3	648.9		1—77，单价0.20元
人民铁道	周3刊	对开4版	156	12.8	2001	—25	1—69，单价0.18元
冶金报	周3刊	对开4版	156	6	936		1—32，单价0.20元

续表四

报纸名称	刊期	开张与版数	全年实际出版期数	平均每期发行份数（万份）	全年发行总份数（万份）	平均期发数与1988年相比增减(%)	邮发代号、报纸定价
中国机电报	周4刊	对开4版	208	8	1664		1—34,单价0.18元
中国食品报	周3刊	对开4版					81—3
中国电子报	周3刊	对开4版	156	7	1092		81—10,
人民邮电	周2刊	对开4版	104	13.5	1404	—17	1—11,月价1.58元
中国水利报	周2刊	对开4版	52	3	156		1—37,单价0.18元
中国煤炭报	周3刊	对开4版	156	8.5	1326		1—153
中国交通报	周2刊	对开4版					1—72
中国石油报	周2刊	对开4版	104	10	1040		1—78
中国纺织报	周2刊	对开4版	104	5.5	572	—15	1—112,单价0.02元
中国化工报	周2刊	对开4版	103	8.12	836.3	—18	81—6,单价0.15元
中国轻工业报	周4刊	对开4版					81—9,
中国包装报	周刊	对开4版	52	8	416		1—95,年价9.36元
中国有色金属报	周2刊	对开4版	104	4	416		1—10,单价0.15元
中国电力报	周2刊	对开4版	104	11	1144		单价0.18元
中国技术监督报	周刊	4开4版	10	4	40		1—148,单价0.20元
中国地质报	周2刊	4开4版	102	3.7	444		1—22,单价0.15元
中国土地报	月刊	4开4版	12	7.4	8.9		自办发行,单价0.10元
中国航空航天报	周刊	对开4版	26	3	78		1—44,年价9.36元
中国地震报	周刊	对开4版	52	4.5	234		自办发行
中国汽车报	周刊	对开4版	52	4	208		1—129,单价0.15元
中国石化报	周刊	对开4版	52	5.81	302		1—136
中国专利报	周刊	对开4版		17—8			
中国气象报	周刊	对开4版	32	3	96		1—141,单价0.17元
中国海洋报	周刊	对开4版	13	3	39		1—149,单价0.16元
中国建材报	周2刊	对开4版	104	10	1040		1—121
北京电子报	周刊	4开4版					1—48
国际电子报	周刊	4开8版	52	5	260		1—49,单价0.25元
船舶世界报	周刊	4开4版	52				17—6,单价0.08元
电子市场	周刊	对开4版					17—22
军工技术民用报	周刊	对开4版	52	1.75	90		1—125,单价0.15元
核工业信息报	旬刊	4开4版	36	2	72		自办发行
世界金属导报	周刊	4开4版	52	0.8	42		自办发行
中国职工技术导报	周刊	4开4版	52	5	260		1—86
计算机信息报	周刊	4开32版	52	5	260		1—132
计算机世界	周刊	开32版	52	5	260		1—28,
石油消息	周刊	4开4版	52	1.5	78		自办发行
上海汽车报	周刊	4开4版	52	1.2	62.4	—7.7	3—52,单价0.15元
上海　中国仪器仪器报	周刊	4开4版	50	1.2	60	—60	3—46,单价0.15元
陕西　矿产开发报	周刊	4开4版	52	2	104	—60	51—17,单价0.10元
军工报	周2刊	4开4版	52	1	52	—29	51—39,单价0.04元
甘肃　石化市场	周刊	4开4版					53—36
山东　汽车周报	周刊	4开4版					自办发行
江苏盐业报	周2刊	4开4版	101	0.45	45.45	—36	27—18
江苏　机车车辆工人	半月刊	4开4版					27—21,
福建　建设报	周刊	4开4版	52	1.7	88.4	＋37	33—27,单价0.10元
广东　食报	双周刊	4开4版	26	4.5	117	—25	自办发行,单价0.10元
广西　计量报	周刊	4开4版					47—21
四川　西部电子报信息	周刊	4开4版	48	3			61—75,单价0.10元

续表四

报纸名称	刊期	开张与版数	全年实际出版期数	平均每期发行份数（万份）	全年发行总份数（万份）	平均期发数与1988年相比增减（%）	邮发代号、报纸定价
软件报	周刊	4开4版					61—74，单价0.18元
中国企业报	周2刊	对开4版	104	5	520		1—128，单价0.26元
中国乡镇企业报	周3刊	对开4版	156	20	3120		1—36，单价0.20元
中国农机化报	周2刊	对开4版	104	10	1040		1—37，季价0.20元
中国经营报	周2刊	对开4版	104	11	1144		1—77，单价0.16元
中国农牧渔业报	周刊	对开4版	104	3	312	0	1—131，单价0.16元
辽宁　多种经营报	周2刊	4开4版					7—5
陕西　农家信使	周刊	4开4版	52	5	260	＋43	51—27，单价0.08元
湖北　农民之友	周刊	4开4版	52	7	364		37—6，单价0.12元
湖南　老区建设报	周2刊	对开4版	103	1.63	166.3		自办发行
中国林业报	周刊	对开4版	51	4.26	217.3	＋21.7	1—122，单价0.16元
内蒙古　大兴安岭日报	周6刊	4开4版	303	1.5	450.5	0	15—10
上海农垦报	周刊	4开4版					3—24，单价0.04元
黑龙江　农垦报	周3刊	4开4版	156	3.5	293	＋35	13—27，单价0.15元
新疆军垦报	周3刊	4开4版					57—38
广东　粤西农垦报	周2刊	4开4版	104	2.5	260	0	45—48
海南农垦报	周刊	对开4版	52	1.5	78	－50	83—2，单价0.12元
广西农垦报	周刊	4开4版	51	1	51	＋5	47—3，单价0.04元
四川林业报	周2刊	4开4版	96	1.2	115.2		61—31，单价0.10元
中国花卉报	周刊	4开4版	52	6	312		1—98，单价0.15元
广东　花鸟世界报	周刊	4开4版	52	2	104	－60	45—26，单价0.08元
湖北　城乡经营时报	周刊	4开4版	52	4.5	234		37—57，单价0.12元
长江开发报	周2刊	对开4版	103	1.83	188.49		37—55，单价0.18元
神农架报	周刊	4开4版	51	0.2	10.2		自办发行，单价0.12元
上海交通安全	半月刊	4开4版	24	18.8	451	＋10	3—66，季价0.72元
浙江交通报	周2刊	4开4版	105	4.5	472.5	－40	31—3
安徽交通报	周刊	4开4版	52	6.2	327.4	26.2	25—37，单价0.08元
湖北　中国河运报	周2刊	4开4版					37—45，单价0.10元
湖北交通安全报	旬刊	4开4版	36	7.7	277.2	＋285	37—67，单价0.12元
湖南公安交通报	旬刊	4开4版	24	7.8	280.8	0	41—73，单价0.10元
广东　中国交通安全报	旬刊	4开4版	36	24	864		1—73，单价0.10元
广州红绿灯	半月刊	4开4版	24	13	312		邮发
甘肃交通安全报	周刊	4开4版	51	1.3	15.5	0	53—35，单价0.10元
四川交通报	周刊	4开4版	48	3.61	173.28	0	61—23，单价0.10元
云南交通报	周刊	4开4版	51	1.3	67.2	－27.8	63—29，单价0.14元
黑龙江　人民消防报	周刊	4开4版	52	14.7	764.4	－15	13—36，单价0.15元
四川消防报	旬刊	4开4版	36	7	240	0	61—47，单价0.10元
重庆消防报	周刊	4开4版	52	9.2	478.4	－20	自办发行，单价0.10元
广西交通安全报	旬刊	4开4版	36	10	360	＋50	47—36，单价0.13元

晚报1989年出版发行统计表

表五

报纸名称	刊期	开张与版数	全年实际出版期数	平均每期发行份数（万份）	全年发行总份数（万份）	平均期发数与1988年相比增减（%）	邮发代号、报纸定价
北京晚报	日刊	4开4版	365	52	19070	－41.5	1－14，单价0.08元
新民晚报	日刊	4开8版	365	118	43218	－28.6	3－5，单价0.14元
今晚报	日刊	对开4版	365	30	10950	－33	5－4，单价0.15元
石家庄晚报	周6刊	4开4版	305	5.7	1738.5	＋14	自办发行，单价0.08元
太原晚报	周6刊	4开4版	314	5.9	1852.6	－15.7	自办发行，单价0.04元
呼和浩特晚报	周6刊	4开4版	314	2.7	847.8	－10	15－28，年价9.00元
沈阳晚报	日刊	4开4版	365	10	3650		7－84，单价0.10元
大连晚报	周3刊	4开4版	156	6.7	1045.3	－16.3	7—9，单价0.06元
吉林　城市时报	周6刊	4开4版	310	10	3100		自办发行
长春晚报	周刊	4开4版	52	1.4	72.8		自办发行
哈尔宾　新晚报	日刊	4开4版	365	15	5475	－21	自办发行，单价0.15元
齐齐哈尔　鹤城晚报	周6刊	4开4版	310	3.6	1116	0	13－15，单价0.15元
西安晚报	日刊	对开4版	360	14	5040	－31	51－6，单价0.15元
兰州晚报	日刊	4开4版	360	11.1	3989	－4	53－4，单价0.10元
银川晚报	周2刊	4开4版	111	1.8	199.8	＋39	73－8，单价0.05元
乌鲁木齐晚报（汉文版）	周6刊	4开4版	313	5.3	7658.9	－24.3	自办发行，单价0.09元
山东　齐鲁晚报	日刊	4开4版	365	7.4	2701	＋5.7	自办发行，单价0.04元
江苏　扬子晚报	日刊	4开4版	364	29.6	10774.4	－11	自办发行，单价0.08元
浙江　钱江晚报	日刊	4开4版	365	20	7300	0	31－43
合肥晚报	日刊	4开4版	354	23	8142	＋85	自办发行，单价0.12元
南昌晚报	日刊	4开4版	365	6.1	2226.5	－12.9	43—14，单价0.06元
福州晚报	日刊	4开4版	365	6	2190	－47	[illegible]—8，单价0.10元
泉州晚报	周6刊	4开4版	313	4	1252	－27.7	33－23，单价0.10元
郑州晚报	日刊	对开4版	360	12.5	4500	－17	自办发行，单价0.15元
新乡晚报	日刊	4开4版	355	6.2	2207.2		自办发行，单价0.10元
武汉晚报	日刊	4开4版	365	14	5110	－12.5	自办发行，单价0.10元
长沙晚报	日刊	4开4版	360	9.4	3384		自办发行，月价3.00元
岳阳晚报	周6刊	4开4版	314	4.5	1413		41—56，月价2.60元
羊城晚报	日刊	对开4版	365	99	36135	－94.7	45－6，月价1.80元
羊城晚报·港澳海外版	周刊	对开4版					45－11，单价0.10元
南宁晚报	周6刊	4开4版	314	8.6	2700		自办发行
重庆晚报	日刊	4开4版	362	11	3982	－21	自办发行，单价0.10元
贵阳晚报	日刊	4开4版	365	6.5	2372		65－2
遵义晚报	周3刊	4开4版	156	2	312		65－40
春城晚报	周6刊	4开4版	312	13	4056	－23.5	63—20
拉萨晚报（汉文版）	周2刊	4开4版	96	0.2	19.2		67—6，单价0.10元
海口晚报	周6刊	对开4版	312	0.82	256		邮发，单价0.15元
西宁晚报	周6刊	4开4版	310	1.3	403		55—4，单价0.06元

科技报 1989 年出版发行统计表

表六

报纸名称	刊期	开张与版数	全年实际出版期数	平均每期发行份数（万份）	全年发行总份数（万份）	平均期发数与1988年相比增减（%）	邮发代号、报纸定价
科技日报	日刊	对开4版	364	12	4368	－20	1－97，单价0.15元
中国科学报	周2刊	对开4版	100	3	300	－6	1－82，单价0.13元
最优化报	周刊	对开4版					1－117
国际电子报	周刊	4开16版	50	4.7	235		1—49，单价0.25元
北京科技报	周2刊	对开4版					1－17，单价0.20元
北京科技情报	半月刊						1－114，年价1.20元
上海科技报	周刊	对开4版	52	4.6	237	－6.7	3－29，单价0.19元
上海科技报（农村版）							3－67
世界科技信息报	半月刊	4开4版	25	8.74	218.6		自办发行
上海青少年科技报	半月刊	4开4版	23	9	100		自办发行，单价0.13元
学生计算机	半月刊	4开4版	12	3	36		3—36，单价0.16元
华东技术简讯	月刊	4开4版	12	0.4	4.8		赠阅，自办发行
天津　技术市场报	周2刊	对开4版	105	5	525	－50	5－8，单价0.10元
开发报	周刊	对开4版	52	4	208	－47.3	5－12，单价0.15元
河北科技报（农村版）	周2刊	4开4版	103	12	1236	－60	17－5，单价0.14元
河北科技报（城市版）	周刊	对开4版	52	1	52	－17	17－12，单价0.18元
河北　实用技术信息	旬刊	4开4版	36	6	216	＋9	17－13，单价0.14元
企业家报	周刊	对开4版	52	2	104	－35	17－16，单价0.18元
山西科技报	周2刊	4开4版	104	3.7	385	－47.1	21－17
山西科技信息报	周刊	4开4版	52	10.7	556.4	＋78.7	21－19
内蒙古科技报（汉文版）	周刊	4开4版					15－30
内蒙古　赤峰科技报							
辽宁科技报	周1刊	4开8版	52	1.4	72.8	－60	7－7，单价0.24元
辽宁　沈阳科技报	周刊	4开4版					7－88
山区开发报	半月刊	4开4版	24	0.5	12		
家庭科学报	半月刊	4开4版	24	14	336		
吉林科技报	周刊	4开4版	52	3.2	166.4	－80	11－4
吉林　长春科技报	周刊	4开4版					11－24
黑龙江科技报	周2刊	4开4版	104	8	832	－68	13－5，单价0.15元
黑龙江　哈尔滨科技报	周刊	4开4版					13－7
大庆科技报	周刊	4开4版	51	2	102	－20	13－54，单价0.15元
科技经济导报	周2刊	4开4版	102	1.2	122.4	－40	13－10，单价0.15元
陕西科技报	周2刊	4开4版	104	6.4	665.6	－31	51－3，单价0.10元
甘肃科技报	周刊	4开4版	53	5	265	－19	53－3，单价0.07元
青海科技报	周刊	4开4版	52	2	104	－33	55－3，单价0.08元
新疆科技报（汉文版）	周刊	对开4版	52	0.6	31.2	－46.4	57－10，单价0.10元
宁夏科技报	周刊	4开4版	52	2.3	130	－22	73－3，单价0.10元
山东科技报	周2刊	4开4版	104	32.3	3359		23—112
山东　技术市场信息报	周刊	4开4版	52	12.3	638	＋0.9	23－139，单价0.10元
烟台科技信息报	周刊	4开4版	52	5	260	－67	23－164，单价0.05元
淄博科技报	周刊	4开4版	52	2	104	－33	23－156，单价0.10元
聊城科技报	周刊	4开4版	52	2	104	－20	23－168，单价0.09元
江苏科技报	周2刊	4开4版	104	2.3	239.2	－49	27－2，单价0.08元
江苏农业科技报	周刊	4开4版	52	8	416	－20	27－5，单价0.16元

续表六

报 纸 名 称	刊 期	开张与版 数	全年实际出版期数	平均每期发行份数（万份）	全年发行总份数（万份）	平均期发数与1988年相比增减(%)	邮发代号、报纸定价
江苏 世界科技译报	周刊	4开4版	52	1.23	64	−59	27−55,单价0.10元
连云港科技报	周刊	4开4版	52	2.17	112.8	−38	27−40,单价0.12元
浙江科技报	周2刊	4开4版	105	20	2100	−40	31−7,单价0.12元
浙江 金华科普报	旬刊	4开4版	36	0.6	21.6	−25	自办发行
海宁农技	旬刊	4开4版					
温州科技报	周刊	4开4版	52	3	156	−30	31−40
武义科技报	旬刊	4开4版	30	1.1	33	−70	自办发行
安徽科技报	周2刊	4开4版	102	11.8	1203.6		
安徽科技信息	周刊	4开4版	52	10	520	+42.9	自办发行,单价0.10元
江西科技报	周2刊	4开4版	104	5.6	588	−52.6	43−3,单价0.12元
福建科技报	周刊	4开4版	52	6.8	353.6	−62	33−15,
福建 科技文摘报	周刊	4开4版					33−18,
河南科技报	周2刊	4开4版	104	13.2	1372.8	−18	35−5,单价0.12元
河南 科技经济报	周刊	对开4版	52	0.7	36.4		35−4,单价0.20元
湖北科技报	周2刊	4开4版	103	10.5	1081.5	−57	37−4
武汉科技报	周刊	4开4版	52	3	156	−40	37−15,月价0.12元
鄂西科技报	周刊	8开4版	48	1.4	67.2	−85	37−31,单价0.07元
鄂州科技报	旬刊	4开4版	36	1.2	43.2	0	37−36,单价0.12元
湖北 科技信息快报	周刊	4开4版	52	1.8	93.6	−41	37−58,单价0.12元
湖南科技报	周2刊	4开4版	98	20	1960	−48.7	41−5,月价1.04元
湖南 科技信息报	周刊	4开4版	52	3	156		41−8,定价0.12元
广东科技报	周2刊	4开4版	104	4	416	−50	45−4,
羊城科技报	半月刊	4开4版	24	5	120		邮发
韶关科技报	月刊	4开4版	12	0.32	3.84		邮发
湛江科技报	半月刊	4开4版	24	5	120		自办发行
梅州科技报	月刊	4开4版	12	3.5	40		自办发行
海南科技报	周刊	4开4版					83−3,单价0.10元
广西科技报	周2刊	4开4版	104	10.3	1070	−50	47−19,单价0.12元
广西 桂林科技报	周2刊	4开4版	105	0.6	7		自办发行,单价0.10元
四川科技报	周刊	4开4版	48	1.5	72	−84	61−71,单价0.10元
成都科技报	周刊	4开4版	53	1.5	80	0	61−73,单价0.10元
四川 技术信息报	周刊	4开4版	48	3	158.4	0	61−14,单价0.10元
技术监督报	周刊	4开4版	48	2.3	110.4	0	61−49,单价0.10元
农民之友	旬刊	4开4版	24	31.5	756	0	自办发行,单价0.10元
贵州科技报	周刊	4开4版	52	4.8	249.6	−46.7	65−6,单价0.08元
云南科技报	周刊	4开4版	52	8.8	457.6	−28.5	63−26,单价0.08元
昆明科技报	旬刊	4开4版	36	1.4	50.4		邮发
西藏科技报(汉文版)	半月刊	4开4版	24	1.5	36		67—4,单价0.03元

行业性企业报1989年出版发行统计表

表七

报 纸 名 称	刊 期	开张与版 数	全年实际出版期数	平均每期发行份数（万份）	全年发行总份数（万份）	平均期发数与1988年相比增减(%)	邮发代号、报纸定价
上海邮电报	周刊	4开4版	51	1.5	75.3		3—74,单价0.10元

续表七

报纸名称	刊期	开张与版数	全年实际出版期数	平均每期发行份数（万份）	全年发行总份数（万份）	平均期发数与1988年相比增减(%)	邮发代号、报纸定价
山西邮电报	周刊	4开4版	52	0.95	49.4		邮发
陕西邮电报	周刊	4开4版	54	1.2	65	0	单价0.12元
山东邮电	周刊	4开4版	53	1.6	85	−8	23−8
江苏邮电报	周刊	4开4版	51	1.5	76.5	0	27−53
浙江邮电报	周刊	4开4版	52	1.4	72.8	+33	31−41,单价0.10元
安徽邮电报	周刊	4开4版					自办发行
河南邮电报	周刊	4开4版	52	1.43	74.36	−46	35−11,单价0.08元
福建邮电报	周刊	4开4版	52	1.5	78	+10	33−20,单价0.04元
湖北邮电报	周刊	4开4版	63	1.6	100.8	−33	37−2,单价0.10元
湖南　绿衣使者	周刊	4开4版	52	3.4	176.8	−10.7	41−55,月价0.90元
广东邮电	周刊	4开4版	53	2.4	127.2	−17.9	45−53,单价0.06元
四川通信报	周刊	对开4版	48	2.5	120		61−65,单价0.10元
贵州邮电报	周刊	4开4版	52	0.4	20.8	—	65−14
云南邮电报	周刊	4开4版					63−45,单价0.08元
上海邮电报	周刊	4开4版					3−74,单价0.10元
首钢报	周3刊	4开4版	147	3	445		自办发行
北京铁道	周3刊	4开4版	156	4	624		
上海铁道	周3刊	4开4版	154	3.2	492.8	−5	自办发行,赠阅
沈阳　沈铁日报	日刊	4开4版	360	4.3	1548	−20	自办发行,单价0.025元
哈尔滨铁道报	周4刊	4开4版	205	2.5	512.5	+25	13−8,单价0.06元
内蒙古铁道	周2刊	4开4版	105	0.47	49	−21	
兰州铁道	周2刊	4开4版	104	1.04	108.6	0	自办发行
新疆铁道	周2刊	4开4版	102	0.76	78	−5	自办发行
济南铁道报	周3刊	4开4版	156	1.64	254	+0	自办发行
郑州　中原铁道	周3刊	对开4版	152	3.83	574.5	−15	自办发行,单价0.15元
广州铁道	周3刊	4开4版	154	1.3	200	+21.5	自办发行,单价0.07元
成都　西南铁道报	周3刊	4开4版	144	3	432		自办发行,单价0.10元
北京　铁道工程报	周2刊	4开4版	104	1.5	156		1−57,单价0.03元
北京　中国民航报	周刊	4开4版	52	1.7	88		自办发行,单价0.08元
湖北　长江航运报	周2刊	4开4版	104	2	208	+33	自办发行,单价0.10元
上海　海运报	周刊	4开4版	51	0.6	30	0	自办发行,赠阅
广州　海运报	周刊	4开4版	50	0.9	45	0	45−93
贵州　铁道工地报	周2刊	4开4版	104	0.9	93.6		自办发行
甘肃　水电建设报	旬刊	4开4版	36	0.5	18	0	自办发行,单价0.08元
浙江电力报	周刊	4开4版	50	2.1	105	+2	邮局发行,单价0.04元
河南电力报	周刊	4开4版	52	2	104	+67	35−10
湖北电力报	周刊	4开4版	52	1	52	−33	37—66,单价0.05元
四川　西南电力报	周2刊	4开4版	96	1.89	181.4	0	61−25,单价0.10元
西南机电报	周刊	4开4版	48	2	96	0	自办发行,单价0.10元
重庆电力报							
云南水电报							
内蒙　平庄矿工报	周3刊	4开4版	156	0.82	137.2		自办发行
包钢报	周3刊	4开4版	156	1.2	187.2		自办发行
二机工人	周2刊	4开4版	104	0.4	41.6		自办发行
大雁矿工	周2刊	4开4版	104	0.3	31.2		自办发行
霍林河矿工	周刊	4开4版	52	0.3	15.6		自办发行
扎贵漠尔矿工报	周2刊	4开4版	104	0.3	31.2		自办发行
乌达矿工报	周刊	4开4版	52	0.33	15.6		自办发行

续表七

报纸名称	刊期	开张与版数	全年实际出版期数	平均每期发行份数（万份）	全年发行总份数（万份）	平均期发数与1988年相比增减（%）	邮发代号、报纸定价
华东电力报	周刊	4开4版	52	2.3	118		自办发行，赠阅
上海　三航报	月刊	4开4版	23	0.7	151		自办发行，赠阅
建筑时报	旬刊	4开4版	36	1.8	63		自办发行，单价0.10元
五金市场	月刊	4开4版	12	0.7	8.4		自办发行，年价8.00元
家电市场	月刊	4开4版	12	0.8	9.6		自办发行，年价8.00元
交电市场	月刊	4开4版	12	0.7	8.4		自办发行，年价8.00元
房地产报	周刊	4开4版	52	1.1	57		73—78，单价0.20元
上海海运报	周刊	4开4版	52	0.6	30		自办发行，赠阅
辽宁　辽河石油报	周3刊	4开4版	156	1.2	187.2		自办发行
阜新矿工报	周3刊	4开4版	156	0.9	140.2		自办发行
抚顺矿工报	周3刊	4开4版	156	0.8	124.8		自办发行
北票矿工报	周3刊	4开4版	156	0.4	62.4		自办发行
铁法矿工报	周2刊	4开4版	104	0.5	52		自办发行
辽化报	周2刊	4开4版	104	0.5	52		自办发行
鞍钢日报	日刊	4开4版	365	3.5	1092		自办发行
本钢报	周4刊	4开4版	208	1.3	270.4		自办发行
广西　柳州铁道	周3刊	4开4版	156	8.2	1279		邮发，季价2.40元
广西电力报	半月刊	4开4版	24	1.3	31.2	＋8.3	自办发行，单价0.05元
广东民航	半月刊	4开4版	24	4	96		自办发行
河北　石油管道报	周3刊	4开4版	150	1	150		自办发行，赠阅
华北石油报	周2刊	4开4版	104	1.3	135.2		自办发行
煤田地质报	周刊	4开4版	52	1.7	88.4	－15	自办发行，单价0.06元
陕西建筑报	周刊	4开4版	52	0.7	36.4	－22	51—28，单价0.10元
陕西　冶金机电报							
甘肃建筑报	周刊	4开4版					自办发行
新疆建筑报	周刊	4开4版	54	0.8	43.0		自办发行
甘肃石油工人报	周3刊	4开4版					自办发行，年价7.20元
福建建设报	周刊	4开4版					33—27，单价0.04元
福建机械报	周刊	4开4版					自办发行，单价0.05元
福建地质矿产报	半月刊	4开4版	24	0.35	8.4	0	自办发行，单价0.05元
闽东电机报	旬刊	4开4版					自办发行，单价0.05元
湖北　人民长江报	周刊	4开4版	50	0.27	13.5	＋29	自办发行，单价0.12元
广东　蛇口通讯报	周刊	对开4版					45—63，单价0.10元
广西　煤矿工人报	周刊	对开4版	52	1.5	78		自办发行，单价0.10元
四川建筑报	周刊	4开4版					自办发行
四川机械报	周刊	4开4版					自办发行
四川地质矿产报	周刊	4开4版	48	0.65	31.2	0	自办发行，单价0.10元
安徽　马钢工人报	周4刊	4开4版	208	2	416		邮发
淮南工人报	周3刊	4开4版	156	2	312		邮发
淮北矿工报	周3刊	4开4版	156	1.6	250		邮发
上海　轻工机械报	周刊	4开4版	52	0.7	23.2		邮发，月价0.45元
上海机械报	周刊	4开4版	52	0.65	33.6		3—79，月价0.60元
制药机械报	月刊	4开4版	12	0.28	3.4		自办发行
上海劳动保护报	半月刊	4开4版	25	8.75	218.6		3—44，单价0.13元
市容建设报	旬刊	4开4版	36	1	36		邮发
湖北　江汉石油报	周3刊	4开4版	154	0.8	123.2		自办发行，单价0.10元
大治有色报	周2刊	4开4版	104	0.4	41.6		自办发行，单价0.10元
冶钢报	周2刊	4开4版	110	0.6	66		自办发行，单价0.11元

续表七

报纸名称	刊期	开张与版数	全年实际出版期数	平均每期发行份数（万份）	全年发行总份数（万份）	平均期发数与1988年相比增减(%)	邮发代号、报纸定价
鄂钢报	周刊	4开4版	52	0.3	15.6		自办发行
先锋报	周刊	4开4版	52	0.21	10.92		自办发行
O六六报	周刊	4开4版	46	0.3	13.8		自办发行
武钢工人报	周6刊	4开4版	280	2	560		自办发行
荆炼工人报	周刊	4开4版	52	0.3	15.6		自办发行
蒲纺报	周刊	4开4版	52	0.3	15.6		自办发行，单价0.10元
长江葛洲坝报	周3刊	4开4版	156	1.2	187.2		自办发行，单价0.12元
二汽新闻	周4刊	4开4版	200	0.2	40		自办发行，单价0.08元
一治工人报	周刊	4开4版	51	0.4	20.4		自办发行，单价0.12元
广西电力报	旬刊	4开4版	36	1.3	47		邮发
广西地质矿产报	半月刊	4开4版	22	0.4	0.9		邮发
山东　石化工人报	周2刊	4开4版	104	10.4	180.2		邮发
胜利报	周2刊	4开4版	104	2.5	260		邮发
水产报	半月刊	4开4版	24	1.4	33.6		邮发
莱钢报	周2刊	4开4版	104	0.6	624		邮发
火车头报	周2刊	4开4版	104	0.4	41.6		邮发
烟台海港报	周刊	4开4版	52	0.2	10.4		邮发
宁夏　石炭井矿工报	周2刊	4开4版	103	0.7	72.1		自办发行，单价0.03元
石嘴山矿报	周刊	4开4版	52	0.3	15.6		自办发行，单价0.03元
河北　开滦矿工报	周4刊	4开4版	208	2.4	499.2		自办发行，单价0.08元
峰峰矿工报	周3刊	4开4版	160	1.3	208		自办发行，赠阅
甘肃　甘肃矿区报	周2刊	4开4版	106	0.42	44.52		自办发行
镍都报	周刊	4开4版	52	0.3	15.6		自办发行
长庆石油报	周2刊	4开4版	96	1	96		自办发行
白银有色报	周2刊		105				
酒钢报	周2刊	4开4版	104	0.45	46.8		自办发行，单价0.10元
兰化工人报	周刊	4开4版	61	0.54	32.94		自办发行，单价0.10元
兰炼报	周刊	4开4版	52	0.42	21.84		自办发行
兰州机车	周刊	4开4版	50	0.12	6		自办发行
兰石机械报	周刊	4开4版	48	0.25	48		自办发行
黑龙江　鹤岗矿工报	周3刊	4开4版	156	4	1248		13—11，单价0.12元
双鸭山矿工报	周2刊	4开4版	100	6.8	680		自办发行，单价0.15元
鸡西矿工报	周4刊	4开4版	190	6	1140		13—33，单价0.12元

中国新闻学书目及新书选介

1989年出版的新闻学书目

世界报刊选萃(1—4)
新华出版社 1989年1月
蛇口风波 马立诚 编
中国新闻出版社 1989年1月
冲出涡流 孙为刚 著
人民日报出版社 1989年1月
公共关系学概论 刘建新 编著
学苑出版社 1989年1月
广告心理学
高 佳 矫佩民 编著
中国人民大学出版社
1989年1月
渤海潮 韩光顺 著
山东济南出版社 1989年1月
火中凤凰 李厚义 主编
长江文艺出版社 1989年1月
中国女记者(1)(2)
《中国女记者》编辑委员会 编
新华出版社 1989年2月
新闻工作论说集 胡绩伟 著
工人出版社 1989年2月
范长江传 方 蒙 著
中国新闻出版社 1989年2月
江海潮(当代中国记者丛书江苏分册) 中国新闻出版社
1989年2月
中国现代新闻史简编 许焕龙 著
河南人民出版社 1989年2月
新闻英语阅读课程
香港 吴国燊 编
濮阳翔 审订
中国友谊出版公司
1989年2月
新闻漫谈 汪大波 著
西南师范大学出版社
1989年2月
文艺精英人眼记 余 熙 著
荆楚书社 1989年2日
公共关系学简明教程
岳兴录 编著
东北财经大学出版社
1989年2月
西方新闻事业概述 张允若 著
新华出版社 1989年3月

揭示公共关系的奥秘——舆论学
孟小平 著
中国新闻出版社 1989年3月
新闻写作与哲学
黄长江 杨玉林 著
人民日报出版社 1989年3月
新闻采访原理与技法
张骏德 刘炳文 著
上海社会科学院出版社
1989年3月
编辑应用写作 赵 航 编著
黑龙江教育出版社
1989年3月
实用新闻写作 陈礼章 著
天津人民出版社 1989年3月
电视新闻基础知识 张哲西 著
四川人民出版社 1989年3月
系统理论新闻学 王益民
华中理工大学出版社
1989年3月
全国广播新闻优秀作品选评 中国人民大学广播电视教研室 编
中国人民大学出版社
1989年3月
采访艺术 邝云妙 著
广州文化出版社 1989年3月
世界十国新闻史纲要
陶 涵 主编
文津出版社 1989年3月
笔耕路 张芬之 著
北京日报出版社 1989年3月
环球40天 金 涛 著
华利国际合营印刷有限公司
1989年3月
中国传播效果透视
陈崇山 弭秀玲 主编
沈阳出版社 1989年3月
刘尊棋通讯杂文选 刘尊棋
新华出版社 1989年4月
新闻写作概要 王保民 著
贵州人民出版社 1989年4月
当代名记者与代表作
刘建国 主编
工人出版社 1989年4月

广播新闻写作 程道才
中国广播电视出版社
1989年4月
外国新闻事业史教学参考资料
中国人民大学新闻系 编
中国人民大学出版社
1989年4月
立体化新闻初探 朱宜学 著
山东人民出版社 1989年4月
公关术 胡岳岷 著
延边大学出版社 1989年4月
现代公共关系艺术
刘 洪 郭 东 编著
大连理工大学出版社
1989年4月
广告策划 唐仁承 编著
轻工业出版社 1989年4月
生者与死者 张自录 著
山东大学出版社 1989年4月
我的新闻生涯(第二卷) 全国新闻职称改革工作领导小组办公室编辑组编
中国新闻出版社 1989年5月
新闻界人物(10)
《新闻界人物》编辑委员会 编
新华出版社 1989年5月
新新闻体写作 任稚犀等 著
北京日报出版社 1989年5月
新闻采访学 梁一高
北京广播学院出版社
1989年5月
新闻写作词林 施大鹏 主编
广西人民出版社 1989年5月
中央电视台观众来信选编
(1978——1987)
中央电视台总编室观众联系组
中国广播电视出版社
1989年5月
中介之道公共关系对语录
居延安 肖 亚 编
上海科学技术出版社
1989年5月
中华青年精英丛书·文字记者分卷
张 飙 主编
广西师范大学出版社
1989年5月
中华青年精英丛书·摄影记者分卷
张 飙 主编
广西师范大学出版社
1989年5月

新闻摄影一百四十年 蒋齐生 著
新华出版社 1989年6月
如何为媒 陈瑞苗 著
东南大学出版社 1989年6月
新闻学研究10年(1978——1988)
中国社会科学院新闻研究所 编
人民出版社 1989年6月
电视新闻学十讲 刘远修 著
广西人民出版社 1989年6月
电视剧学通论 壮春雨 著
中国广播电视出版社
1989年6月
杭州报刊史概述 徐运嘉等 编著
浙江大学出版社 1989年6月
公共关系手册
俞松年 张春芳等 编写
上海人民出版社 1989年6月
人生九曲十八弯——时永福通讯特写集 时永福 著
经济日报出版社 1989年6月
实用新闻写作新探
刘善兴 王桂林 著
海潮出版社 1989年6月
新闻的幕后——百名记者的自白
人民出版社 1989年6月
编海风云录 孙继国 编
书海出版社 1989年6月
中国新闻学书目大全(1903——1987)
林德海 主编
新华出版社 1989年7月
公共关系中的人际关系
赵玲华 任英伟 著
中国新闻出版社 1989年7月
现代新闻标题学 彭朝丞 著
长征出版社 1989年7月
通讯员入门 李守仲 著
工人出版社 1989年7月
公共关系辞典 张念宏 主编
中国国际广播出版社
1989年7月
新闻论丛(六)
新华社新闻研究所 编
新华出版社 1989年8月
解力夫通讯特写选 解力夫
新华出版社 1989年8月
好新闻——1988年全国好新闻入选作品
中国新闻学会联合会秘书处编
中国新闻出版社 1989年8月
五年笔耕录 李厚义等 编著
中国新闻出版社 1989年8月
报纸特色简论 梁若洁 著
书海出版社 1989年8月
监狱阴影下的人生(刘尊棋传)
李 辉 著
湖南文艺出版社 1989年8月
中外广播作品选析 程道材 主编
新华出版社 1989年9月
黑色的魅力 管 斌 著
山东济南出版社 1989年9月
电视摄制学 李子先 编著
广东高等教育出版社
1989年9月
马克思报刊活动评传 谭 一 著
陕西人民出版社 1989年9月
报刊小广告应用诀窍
朱贤琴 编著
万里书店出版社 1989年9月
新闻采写实用技法 宋兆宽
河南大学出版社 1989年9月
新闻学三百题
李向国 毛健民 编著
西安交通大学出版社
1989年9月
新闻出版政策规章选编——新闻出版工作者必备(一)
北京市新闻出版局 编
1989年9月
新闻新天地 胡体楠等 主编
中国新闻出版社 1989年9月
情系天山(当代中国记者丛书·新疆分册)
王恩华 主编
新疆摄影艺术出版社
1989年9月
新闻语言分析
蓝鸿文 马向伍 编著
中国物资出版社 1989年9月
彩色摄影与扩印指南
葛长岭 运志忠 李新新
新华出版社 1989年10月
闯浪集 游雁凌 著
中国新闻出版社 1989年10月
十年新闻写作变革 何光先 著
中国新闻出版社 1989年10月
美哉人间 于东河 著
中国新闻出版社 1989年10月
中外记者笔下的山东
于东河 梁同典 主编
中国新闻出版社 1989年10月
十年浪花集——主任记者张锡杰人物通讯选评
吴庚振 杨秀国 编
中国新闻出版社 1989年10月
昆仑长歌(当代中国记者丛书·青海分册)
人民日报出版社 1989年10月
科技编辑学概论 王耀先 主编
中国书籍出版社 1989年10月
盘江千里行 胡宗裕 冯永方
贵州人民出版社 1989年10月
电视观众指南 李德林等 编撰
武汉出版社 1989年10月
批评性报道 杨正文
新华出版社 1989年11月
海外华文报刊的历史与现状
方积根 胡文英
新华出版社 1989年11月
公共关系学纲要 孙殿义 主编
大地出版社 1989年11月
干事(通讯员)新闻学探论
陈尧学 著
《石刻之乡》杂志社
1989年11月
消息写作例话 黄其庄 著
新华出版社 1989年12月
漫谈新闻写作 孙世恺 著
新华出版社 1989年12月
怎样当新闻编辑 陆炳麟 著
新华出版社 1989年12月
当代经济新闻理论与实践 中国地、市报研究会 宜昌日报 编
新华出版社 1989年12月
新闻采编录 田望生 著
中国新闻出版社 1989年12月
大千世界300例 陈 剑 编著
中国新闻出版社 1989年12月
新闻评论写作经验选编 秦 珪
中国人民大学出版社
1989年12月
摄影采访与图片编辑教程
孔繁根
中国人民大学出版社
1989年12月
记者的形象 王新友 著
河北教育出版社 1989年12月
新闻写作百例谈 林永年 著
福建人民出版社 1989年12月

中国新闻年鉴(1989)
中国社会科学出版社
1989 年 12 月
新闻采访艺术 邱沛篁 编著
四川大学出版社 1989年12月
魔鬼市场(《记者·文化·时代》丛书)
张 飙 主编
三联书店 1989 年 12 月
新闻采访艺术 黄智敏 著
学术学刊出版社 1989年12月
视听论文集
《视听月刊》编辑室 编
中国广播电视出版社
1989 年 12 月
海上桂林 杨 木 著
广东高等教育出版社
1989 年 12 月
1988 年全国地市报好新闻 中国地市报研究会、万县日报社 合编
1989 年 12 月
多彩的嫁衣 刘永岗 李国征 著
辽宁大学出版社
1989 年 12 月
走向不惑之路
青年报社读物编辑部 编
1989 年
实践与探索(湖北省第三次广播电视新闻理论研讨会论文集)
刘万铭 主编
1989 年
面纱下的秘密战
[美]鲍勃·伍德沃德 著
李念培 王 青 陈亚来 译
中国新闻出版社 1989 年 2 月
大众传播通论 [美]梅尔文·L·德弗勒 埃弗雷特·E·丹尼斯 著
颜建军等 译
华夏出版社 1989 年 2 月
幽默的中国人
[美]马克·萨尔兹曼 著
刘 末 龙白梅 译
中国新闻出版社 1989年3月
公共关系
[英]弗兰克·杰夫金斯 著
陆 震 译
甘肃人民出版社 1989年3月
普利策传
[美]威·安·斯旺伯格 著
陆志宝 俞再林 译
新华出版社 1989 年 4 月
新闻工作者的社会职责
[苏]捷普柳克
马坤麟 李干生 杭志高 译
新华出版社 1989 年 5 月
我这一代人眼中的斯大林
[苏]康·西蒙诺夫 著
裴家勤 李毓榛 译
中国新闻出版社 1989年5月
出版概论 [英]斯坦利·昂温 著
谢琬若 译
中国书籍出版社 1989 年 5 月
电视新闻的采制方法
[英]罗伯特·蒂勒尔 著
中国广播电视出版社
1989 年 8 月
公共关系与实践 [美]拉·纽萨姆 艾伦·斯各特 著
上海译文出版社 1989年10月
美国名记者约翰·里德
[美]塔马拉·霍伟
赫崇骥 译
新华出版社 1989 年 12 月
全能记者必备
[美]朱利安·哈瑞斯等 著
宋晓男 朱小兵 陆小华 谢国明 译
中国新闻出版社 1989年12月

1989 年以前出版的新闻学书目

科技新闻佳作选 方辉盛等 主编
新华出版社 1985 年 8 月
柬埔寨抗越风云录 杨 木 著
新华出版社 1985 年
视听术语辞典
徐世良 陈惠德 译
江苏科学技术出版社
1987 年 3 月
英汉电视·录象辞典
吴贤纶 张家谋等 编译
人民邮电出版社 1987 年 4 月
浪迹天涯——肖乾传 李 辉 著
中国文联出版公司
1987年7月
出版印制管理 习 力 主编
农业出版社 1987 年 9 月
来自柬埔寨丛林的报告(英文、法文版) 杨 木 著
北京周报社 1987 年
神秘的金三角(内部发行)
杨 木 著
新华出版社 1987 年
实用公共关系 88 例 罗慰年等 著
科学普及出版社 1988 年 4 月
公共关系案例
熊源伟 相丽萍 编译
湖南文艺出版社 1988 年 4 月
全国青年报刊佳作选

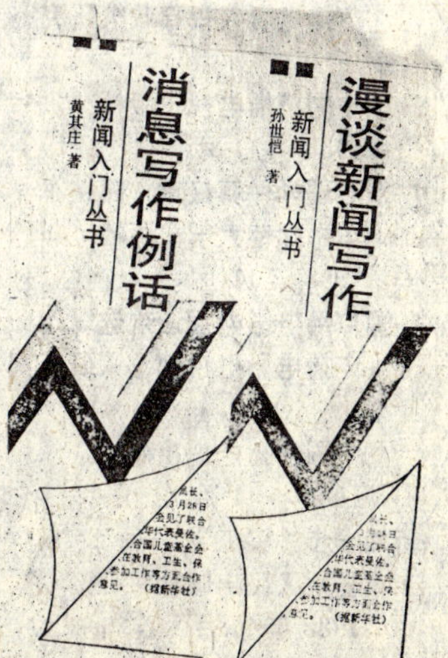

辽宁人民出版社　1988 年 2 月

传播学
戴元光　邵培仁　龚伟等　编写
兰州大学出版社　1988 年 6 月

新闻写作漫谈　王义良　编著
山东友谊书社　1988 年 6 月

典范新闻评论选析　程世寿　主编
华中理工大学出版社
1988 年 7 月

公共关系机构与管理　王海成　著
上海人民出版社　1988 年 7 月

广播电影电视法律讲义　广播电影电视部政策研究室　编
1988 年 8 月

公共关系应用文写作
李功达　金舒年　编著
学苑出版社　1988 年 8 月

文汇报史略(1938・1——1939・5；1945・8——1947・5)
文汇报报史研究室　编写
文汇报出版社
1988 年 9 月

公共关系学简明教程
宋连生　主编
河北科学技术出版社
1988 年 9 月

新闻评论概述　王中义
北京广播学院出版社
1988 年 10 月

逻辑学与新闻　官建文
北京广播学院出版社
1988 年 10 月

广播电影电视法规规章汇编(1949——1987)
广播电影电视部政策研究室　编
中国广播电视出版社
1988 年 11 月

广告心理学　傅汉章　邝铁军
华中师范大学出版社
1988 年 11 月

各国广播电影电视法规选辑
广播电影电视部政策研究室　编
中国广播电视出版社
1988 年 11 月

新闻学步　梁玉飞
甘肃人民出版社
1988 年 11 月

当代名记者　彭正普著
河南大学出版社　1988年11月

纪希晨长篇通讯选　纪希晨　著
新华出版社　1988 年 11 月

版权法概论(编辑教学丛书)
沈仁干　钟颖科　著
黑龙江教育出版社
1988 年 11 月

新闻学论集(第 13 辑)
中国人民大学新闻系《新闻学论集》编辑组　编
中国人民大学出版社
1988 年 11 月

采访心理学　申　凡　著
人民日报出版社
1988 年 12 月

全国好新闻荟萃　米保广等　编
河北人民出版社　1988年12月

编辑理论与实践(编辑教学丛书)
伍杰　许力以　边春光等　著
黑龙江教育出版社
1988年12月

编辑出版学概论(编辑教学丛书)
叶再生　著
黑龙江出版社
1988 年 12 月

编辑实用汉语(编辑教学丛书)
谢文庆　编
黑龙江教育出版社
1988 年 12 月

中文工具书使用法(编辑教学丛书)
邓宗荣　编著
黑龙江教育出版社
1988 年 12 月

怎样办好小型报纸　蔡　雯　著
书海出版社　1988 年 12 月

中国广播电视年鉴(1988)　中国广播电视年鉴编辑委员会　编
北京广播学院出版社
1988 年 12 月

中国印刷年鉴(1987——1988)
中国印刷技术协会　中国印刷及设备器材工业协会　编
印刷工业出版社　1988年12月

日本出版界的操纵者　(日)《创》月刊编辑部　编　徐耀庭　译
书海出版社　1988 年 3 月

世界新闻大观
(美)约翰・C・梅里尔　著
河南人民出版社　1988年11月

提高你的知名度——如何利用宣传媒介　(美)威廉・帕克蒙斯特著
史　历　译
工人出版社　1988 年 12 月

外国出版史　(英)G・昂温　P・S昂温　著　陈生铮　译
中国书籍出版社　1988年12月

美国报纸组版和设计　(美)达里尔・莫思原　著　陆炳麟等　编译
上海外语教育出版社
1988 年

1989 年及 1989 年以前港台出版的新闻学书目

台　湾

新闻辞典(第五辑)　古　凌　辑
台湾　1989 年 3 月

新闻辞典(第六辑)　古　凌　辑
台湾　1989 年 3 月

新闻辞典(第七辑)　古　凌　辑
台湾　1989 年 3 月

传播内容分析法理论与实务
王石番
台湾　1989 年 4 月

现场采访的第一步　竹中劳　著
徐代德　译
台湾　1989 年 7 月

杂志记者入门　朱野健治　著
周再添　译
台湾　1989 年 7 月

新闻记者的风范与信念
牧内节男　著
林书扬　译
台湾　1989 年 7 月

编辑企划——咨讯化时代的编辑构成

金久保通雄 著 余杰超 译
台湾 1989年7月
双行道 祝基滢 著
台湾 1989年8月
新闻与数学 陈世敏 钟蔚文 译
台湾 1989年8月
新闻学综合 褚柏思 著
台湾 1989年9月
第二代媒介——传播革命之后
汪琪 钟蔚文 著
台湾东华书局 1989年9月
思想传播学 孙彦民 张香亭 译
台湾 1989年12月
记者生涯三十年 刘一民 著
台湾 1989年12月
现代化与新闻传播 李鸿 著
台湾 1989年
广告大师奥格威——未公诸于世的选集
奥格威 著 庄淑芬 译
台湾 1989年
新闻耆宿潘公展 肖光邦 编著
台湾 1989年
新闻行政专辑 李宣锋 著
台湾三民书局股份有限公司
1988年
看新闻学法律 尤英夫 著
1988年
新闻学原理 李瞻 著
台湾国立政治大学新闻研究所
1988年2月
传播研究补白 彭家发 著
台湾东大图书股份有限公司
1988年3月
新闻与传播(上下) 郑贞铭 等著
台湾国立空中大学出版
1988年4月
英国广播电视——政策·制度·节目
陈政三 著
台湾三民书局股份有限公司
1988年6月
传播帝国主义 李金铨 著
台湾久大文化股份有限公司
1987年8月
大众传播事业辞典
袁素 匡亚奔
台湾五洲出版 1987年9月
传播问题大辩论 李茂政 译
台湾正中书局
1987年12月
电视广告创作学 高渠 著
台湾华视出版社
1985年11月
我国电视系统与政策之探讨 李瞻
台湾荣民印刷厂 1979年10月
社会责任与新闻自律 戴华山
台湾黎明文化事业公司
新闻社会与社会导正——新闻开放及新闻责任与自律
台湾黎明文化事业公司
传播制度与社会制度 祝基滢
台湾黎明文化事业公司
电视导播的图框世界 赵耀
台湾志文出版
大众传播事业辞典 袁素 编译
台湾嘉年出版
新闻用语辞典 王世华
台湾嘉年出版
现代广播制作学 朱全斌 译
台湾
广告心理学——掌握顾客心理,发挥广告奇效 王丽芬
台湾
当代新闻学 李茂政
台湾正中书局
编辑艺术 柳闽生
台湾天工书局
剧变时代(新新闻丛书)(1)
台湾新新闻周刊杂志社
我要采访人生 萧乾
台湾经济与生活出版
美国纽约时报有关中国新闻报导及言论态度之研究 黄美珠
台湾久大文化股份有限公司
大众传播与中共的政治社会化过程
赵寿星
台湾政大新闻研究所
我国报纸议题设定功能之研究
徐惠玲
台湾政大新闻研究所
目前台北市主要日报新闻内容雷同程度及原因 于洪海
台湾政大新闻研究所
中央通讯社对东南华侨传播技巧之研究
汪锡雄
台湾政大新闻研究所
我国新闻从业人员专业性及其处理新闻之关联性研究——以报纸国会记者为研究对象 陈碧珍
台湾政大新闻研究所
记者的认知形式与报导新闻之关系
张宝芳
台湾政大新闻研究所
红场碎梦——第一位台湾女记者单飞铁幕
江素惠
台湾久大文化股份有限公司
先秦唐宋明清传播事业论集
朱传誉
台湾商务印书馆

香港

昨日、今日、明日之大众传播
香港树仁学院新闻系
1988年
新闻自由(香港记协二十周年纪念)(1968——1988)
香港记者协会
1988年
新闻自由最近报告
中华人民共和国香港特别行政区基本法咨询委员会文教及居民专责小组
1988年
新闻公报
香港政府新闻处
1988年
报刊小广告应用诀窍 朱贤琴 著
香港 1988年
编辑手册 李炜佳 李植悦等 著
香港艺文
1987年
世界中文报业协会年鉴(1986——1987)
世界中文报业协会 编
1987年
新闻资料剪辑目录
香港天主教传播处
1987年
现代传播媒介实例
香港广角镜出版社
1987年
香港中文报纸组织运作内容
张圭阳 著
香港广角镜出版社 1987年
杂志画报编辑与设计 杨治明 著
香港南粤出版社 1986年7月

世界中文报业协会通讯录　世界中文报业协会　编　1986年

香港中文大学新闻与传播关系学术年刊　中文大学新闻与传播关系年刊出版委员会　1984年

《新闻自由与民主政治》学术讨论　香港珠海书院　编　1984年

香港传播纵横八四　香港树仁学院传理系杂志　编　1984年

我是记者　张圭阳　李锦洪　香港广角镜出版社　1984年

新闻学论文　香港大学　编　1984年11月

英汉新闻词汇　李筱兰　主编　香港商务印书馆　1983年

报纸课程　香港中文大学校外进修部　1983年

新闻文学与写作　胡　殷　香港明德文化服务社　1980年

杂志编辑学　余也鲁　香港海天出版社　1980年

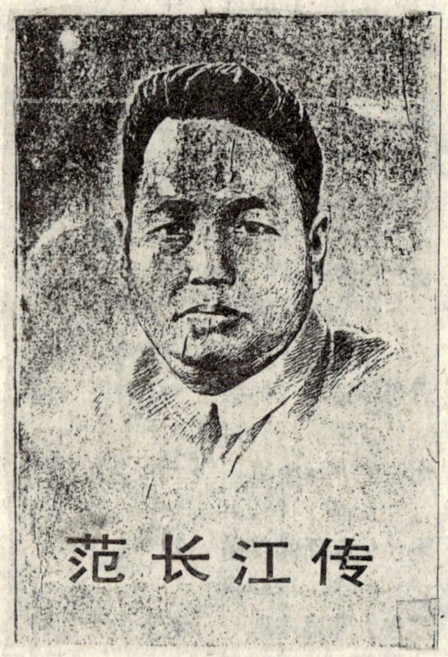

1989年出版的新闻学新书选介

《范长江传》　方蒙著，1989年2月中国新闻出版社出版，24.8万字，定价3.60元。

范长江同志是我国现代新闻史上最杰出的新闻工作者之一。他对于新闻事业的贡献，不仅在于写出了许多优秀的新闻通讯、述评等文章，是我国著名的新闻记者；而且发起和领导了“中国青年新闻记者学会”，创办、领导了“国际新闻社”，参加创办华商报等，是我国新闻事业的一位杰出领导者，为创建和发展我国无产阶级新闻事业，立下了不可磨灭的功勋。

《范长江传》的作者方蒙，搜集了许多珍贵的史料，具体生动地写出了当年长江是怎样在艰苦环境中刻苦学习、增长知识的；是怎样为追求真理和救国道路而奋不顾身、牺牲个人一切的；又是怎样不畏艰险、深入斗争中心，掌握真实材料，写出轰动全国的新闻通讯的。同时，也生动地告诉我们，长江是怎样由一个具有民主主义思想、强烈爱国主义精神的优秀记者，成长为无产阶级革命战士和党的新闻事业的一位杰出领导者的。此外，传记还再现了长江同志热情、乐观、不畏艰险、献身革命的性格特征，为新闻界提供了一个生动具体、可亲可敬的学习榜样。

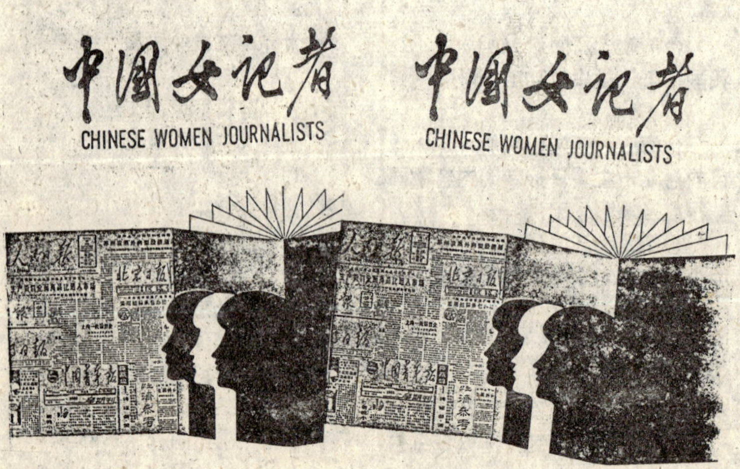

《中国女记者》(一)、(二)　《中国女记者》编辑委员会编，1989年2月，新华出版社出版，43万和40万字，每册均定价5.95元。

新闻战线上有一大批女记者。她们从采访、写作到编辑，从文字报道到新闻摄影，都在大显身手，不少人还干得十分出色。《中国女记者》已出版的两集，共编入了87位女记者们写的在不同岗位上的酸、甜、苦、辣以及她们勇于探索、勤于思考和不断追求的成长道路。每一篇文章之后，还附有每个记者的几篇得意之作。李普同志在序言中说：“谁说女性，特别是东方女性，只是温柔恬静而不尖锐泼辣，或者只能感受而不善于思考，或者虽然敏锐却缺乏深度呢？本书收集的这些作品，尤其是有力的反证。从这些作品中，她们这两者兼而有之。所以我想说，女性是天生的从事新闻这一行的好材料。”“比起她们的男同行来，她们必须付出双倍的辛劳和心血。……我深知她们的艰难和苦楚，坚忍和顽强。因此我对她们满怀着尊敬和钦佩。”

《文艺精英人眼记》　余熙著，1989年2月，荆楚书社出版，17.2万字，定价4.65元。

余熙在1985年考入长江日报，先后担任评论编辑和文化记者。该书收集的38篇人物专访、特写和侧记，是记者以新闻记者的敏锐，撰写的一篇篇生动新颖的"文学报告"。读者可以从中形象地看到王蒙、红线女、马季、黄胄、聂华苓、茹志鹃、许还山等40名海内外文艺界知名人士的言谈举止，并具体地感受到他们的喜、怒、哀、乐。在国内外引起了一定的社会反响。

《世界新闻史纲要》 陶涵等编著，1989年3月，文津出版社出版，20.9万字，定价2.80元。

该书介绍了欧、亚、非和拉美各洲主要国家的报纸、杂志、广播和电视的发展概况，分英国、美国、法国、德国、意大利、日本、印度、埃及、巴西和苏联十章。各章又按时期分为古代、近代、现代和广播电视各节，节下再设专题论述。

这是一项带有开拓性的工作。他们没有在定性问题上多用笔墨，而着重于核定史实，潜心梳理、勾画十个国家新闻事业发展的脉络和轮廓，使人们对世界新闻史有一个大致的了解，以便开阔视野，启发思路，借鉴和吸取外国新闻事业发展中的有益经验。

《揭示公共关系的奥秘——舆论学》（公共关系丛书） 孟小平著，1989年3月，中国新闻出版社出版，17.5万字，定价3.10元。

孟小平为中国社会科学院新闻研究所的研究人员。在该书中，作者力图把舆论、舆论环境，舆论监督作为一种世界性的社会历史现象加以考查，从世界看中国，从历史看今天，说明今天我国出现的种种舆论现象的起因、现状和趋势；区别出个人意见、舆论和舆论环境三个层次；从经济改革入手，分析三个层次舆论的变动。

该书的结构是：首先指出舆论是贯穿公共关系的主线（第一章），因此，认识舆论就成为公共关系工作的出发点（第二章），认识舆论环境，则是深入开展公共关系工作的需要（第三章）。接着，从思想史的角度，回顾了对公共关系基本问题的思索。然后阐述公共关系的一种基本形式——舆论监督（第五章），并探讨了新闻媒介的舆论监督作用（第六章），最后，对舆论的畸变形式——传闻的产生、流布和后果进行了讨论（第七章）。每章后有小结和思考题，可作为读者思考时的提示。正文后还有附录，为读者提供了应用学科的知识分析公共关系实例的材料。

《采访艺术》 邝云妙著，1989年3月，广州文化出版社出版，41万字。

邝云妙为暨南大学新闻系副教授。该书对采访的内容和技巧、采访者的政治理论修养、采访前的准备、提问的艺术、听讲的艺术、观察的艺术、采访时应变的艺术、微服采访的艺术、电话采访和遥控采访的艺术、记录的艺术、交朋友的艺术以及如何调节采访者和采访对象的心理等等，进行了较全面、系统的阐述。作者比较注意吸收当代中外著名记者采访时遇到的大量正、反事例，说明必须掌握各种采访技巧和方法才能得到真实、具体、生动、典型的写作素材。书中有理论、有例证使人感到亲切、实在、好懂。它对于写作爱好者，特别是从事消息、通讯、报告文学、调查报告、经验总结等写作的同志，提高采访艺术和技巧，具有一定的指导作用。

《环球40天》 金涛著，1989年3月，地震出版社出版，11万字，定价2.50元。

金涛为光明日报记者部主任，高级记者。《环球40天》是金涛访问阿根廷、智利、秘鲁以及旅途路经的巴黎、东京等地的见闻录。作者以新闻记者敏锐的观察，朴实清新的文字，从不同侧面展示了南美洲不同国家的悠久历史、传统文化、经济生活、社会风情等多姿多采的画面。此外作者还着力反映了这块大陆正在发生的惊人巨变；它的独具特色的教育制度，在艰难中起步的科研机构，蓬勃兴起的旅游事业，打入市场的先进产品等，对有着相同命运正在前进中的中国读者是会感到特别亲切和饶有趣味的。

《笔耕路》 张芬之著，1989年3月北京日报出版社出版，25万字，定价2.80元。

张芬之为新闻出版报的副总编辑。《笔耕路》一书，是他的新闻作品集，也是他辛勤笔耕的记录。20多年来他既写新闻，又写通讯、专访、调查、报告文学、评论、杂文、随笔。这些文章，有长有短，有大有小，各种新闻样式与文体都有，并且又都在认真的实践与探索。内容涉及政治、军事、经济、新闻、文艺……在一些篇章中，还提出了有见地的分析和意见。书中份量较重的是对新闻工作者的专访和对空军模范人物的描绘。作者笔下的编辑记者，具有鲜明个性，他们那种为党和人民的新闻事业拚搏不息，以及历尽坎坷、矢志不移的情操，在专访中都得到体现。他写的模范人物也比较注意追求以情感人的风格、注意开掘人物丰富而高尚的内心世界。读后是会受到启迪和鼓舞的。

《报纸特色简论》 梁若洁著，1989年3月，书海出版社出版，15万字，定价2.80元。

怎样办出报纸自己的特色，怎样突破"文革"遗留下来的"千报一面"、"众口一词"的禁锢和重围，是新闻改革的重要课题。青年新闻工作者梁若洁同志，在编采之余，把报纸特色作为一门学问来探讨，系统地研究了其

形成和发展的规律，从而写出了这本《报纸特色简论》。该书想要表述的主要内容有：报纸特色的客观存在和鉴别；报纸特色的基本特性和素质；报纸特色的形成条件和转化；报纸特色的主要内容和类型；报纸特色的确定方法和技巧；影响报纸特色的主要障碍；当代报纸特色的主要趋向。

《西方新闻事业概述》（新闻自学高考辅导丛书） 张允若编著，1989年3月，新华出版社出版，19.7万字，定价3.25元。

全国自学考试委员会决定在全国开办新闻自学考试。《新闻自学高考辅导丛书》就是为适应广大应考者的自学需要而编写的。《西方新闻事业概述》是这套丛书中的一本。它共分五章。第一章为西方新闻事业的历史概要。其中谈到古代的新闻传播、近代新闻事业的诞生和演进、现代新闻事业的发展；第二——五章谈的是报纸、杂志、新闻通讯、广播电视。其中除分别谈到它们的一般情况外，还对美国、英国、法国、联邦德国及日本分别作了介绍。

《电视新闻基础知识》 张哲西著，1989年3月，四川人民出版社出版，11万字。

张哲西从事新闻摄影和电视新闻工作32年，以其丰富经验为基础，从电视新闻的基础理论入手，深入浅出地阐述了电视新闻的特点和规律，电视新闻的本源、价值、原则和要求，以及电视新闻美学、受众心理与宣传效果等问题；对于如何将制作电视新闻、改革电视新闻等理论运用到实际中去的问题，也有较为独特的见解。

《普利策传》 [美]威·安·斯旺伯格著，陆志宝、俞亚林译，1989年4月新华出版社出版，30.9万字，定价4.00元。

约瑟夫·普利策是美国著名的资产阶级新闻学家和报业巨匠。他靠自学闯入新闻界。他白手起家，先后购买了西方邮报、圣路易斯快邮报和纽约世界报，并对报纸进行了一系列改革，使他们成为当时美国首屈一指的大报。普利策的成功在于他善于经营管理；善于经常地、不失时机地利用自己的报纸发动全国性的社会运动；善于巧妙地利用新闻的竞争；他精通新闻理论与了解现状。因此普利策的报纸具备趣味性、刺激性和教育性。他还提倡一种简洁、精练、通俗的文风，使报纸可读性强，并一直担负着教育读者的使命。

普利策还是美国新闻理论的开创者，是“揭露社会丑闻”的第一人，也是西方黄色新闻的缔造者。在他一生的新闻生涯中，为使新闻成为社会公认的一门学科，作出了杰出的贡献。他发动的新闻改革运动，对美国的政治和社会生活都产生过重大的进步影响。他还捐赠200万美元创办了美国第一所新闻学院——举世闻名的哥伦比亚新闻学院。他逝世后，以他的名字命名的普利策新闻奖是美国最高新闻奖，驰名世界。普利策的一生标志着美国新闻学的创立和新闻事业的兴盛发展。

《普利策传》的翻译和出版对发展我国的新闻事业和目前的新闻改革有一定的参考价值。

《立体化新闻初探》 朱宜学著，1989年4月，山东人民出版社出版，10.5万字，定价2.20元。

立体化新闻，是一种新兴的新闻表现形式。它的产生，为深化新闻自身的改革，更真实地、全面地、生动地、迅速反映改革开放的现实生活，有着积极的意义。作者对立体化新闻有探索精神和独到见解。该书把立体化新闻作为一个主体，在思维方式、新闻报道、标题制作以及版面编排等方面，从立体领域里提出课题，进行研究探讨，可以说是在新闻学应用基础理论范围内的一种尝试。作者认为“我们所处的时代，就是一个大立体时代。作为时代‘晴雨表’的新闻，无疑是时代的真实生动记录。”因此，“我们的新闻思维、新闻内容、新闻形式的表达，以至新闻的受众效应，都应具有立体的意识。”作者就是通过这些方面的立体表现形态，分析新闻现象，寻找表达方式方法，认识其自身应有的属性和特征，研究和探讨它们内在的规律以及同外界的关联等，从而使读者明确：一篇立体式新闻，应该是一件活的形体。这个形体，通过一个集中的立体点和立体线，看到它的边、缘、棱、角，以至全部，从而使读者（受众）较清晰而深刻地了解它、认识它。

《生者与死者》 张自录著，1989年4月，山东大学出版社出版，22.4万字，定价2.85元。

张自录是刚到山东青年报没几年的年轻记者。他从战士、工人到记者，走的是一条自学发奋之路。他热爱新闻工作，如同热爱自己的生命。他把新闻事业集注到心坎上，把记者的良心集汇在眼睛里，用全部身心去讴歌改革，去鞭苔落后，去解剖社会。这就是他结集出版的《生者与死者》的缩影。它是时代的浪花、改革的心声，也是作者的心血的结晶。其中有的作品在全国青年报刊和省专业报以及中国青年报好新闻评选中，连续获得三个一等奖。发自南疆的一组系列报道，也获全国青年报刊深度报道一等奖。

张自录在短短的几年间，不仅采写了许多连续获奖的有影响的新闻作品，而且超越了近十年来我国新闻写作所经历的呼短、抢新、写活的艰难历程，广泛运用了系列报道、连续报道、组合报道等等深度报道的形

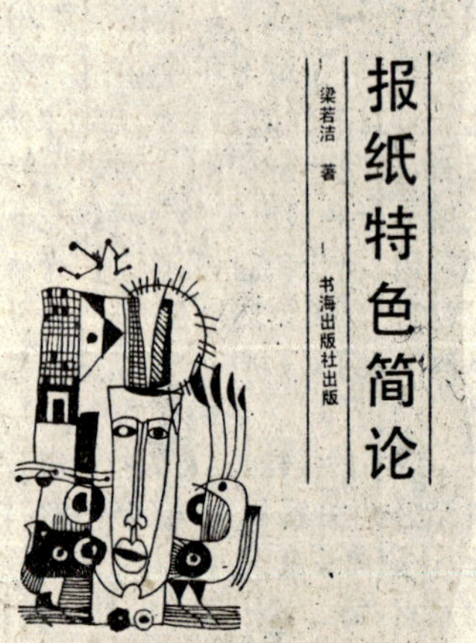

式。在这本集子中，深度报道占了相当的比重，如《济钢采访纪事》《市场见闻》《莱芜布鞋厂采访纪事》等等，都可以看出张自录对新闻的敏感性，对问题的洞察力，对深度报道的准确把握。

《新闻写作概要》 王保民著，1989年4月，贵州人民出版社出版，15万字，定价2.40元。

王保民同志早年毕业于复旦大学新闻系，从事新闻工作几十年，当过记者、编辑和省报负责人。《新闻写作概要》一书，对新闻报道的主要问题以及问题的主要方面都作了条理清晰的阐述。它包括：认识新闻报道特点、掌握新闻报道规律；新闻报道的党性、真实性、群众性原则；新闻、通讯、特写、调查报告、评论等的主要特征和写作的基本要求；如何明确报道思想，如何确定报道题目；采访是新闻写作的前提和基础等内容。较为通俗、系统、实用，是一本介绍新闻写作基础知识的书。

《新闻学研究十年》 中国社会科学院新闻研究所编，1989年6月，人民出版社出版，36.8万字，定价4.50元。

这是一本新闻学术论文集。它是从1988年9月5日至9日，中国社会科学院新闻研究所建所10周年学术讨论会的论文中选辑而成的。文集的50篇论文，其内容略分为四类，即新闻学的宏观研究、微观剖析、各类专题和新闻业务研究。它在一定范围内反映了10年新闻改革的艰难历程和取得的成果；在一定程度上展示了10年新闻学研究的基本状况和最新进展，包括论文作者对此的不同估价和个人见解，他们的思考重心和探索取向。它为全面、系统、科学总结10年来的新闻学研究提供一个可寻的线索，为下一个10年的开拓探索铺路搭桥。但此书中的观点有的是错误的或值得探讨的，是我们正在把握新闻学研究方向、反对资产阶级自由化所应吸收的教训。

《如何为媒》 陈瑞苗著，1989年6月，东南大学出版社出版，14万字，定价2.50元。

陈瑞苗为绍兴日报总编辑。《如何为媒》一书，是作者运用马克思主义的基本原理，对新闻界如何为媒，如何使传播者的传播为接受者所接受，如何把传播者的传播和接受者的接受统一到有利于建设具有中国特色的社会主义实践上来，这个当今新闻界面临的课题，在理论上进行了研究，在实践上进行了探索。全书围绕这个主题，分“理论探讨”“工作研究”“今日小议”三个部分，从理论和实践的结合上作了阐述。

《现代新闻标题学》 彭朝丞著，1989年7月，长征出版社出版，29.3万字，定价5元。

彭朝丞的《标题的艺术》一书，在五年前问世之后，曾在读者中引起较好的反响。《现代新闻标题学》，是作者在《标题的艺术》的基础上，紧密联系新闻工作的实践，继续潜心探索的新成果；是目前我国第一本把标题作为新闻应用学的分支学科来研究的学术专著。该书对新闻标题的内涵、繁衍、种类、功能、特色、制作规律与技巧、辞格艺术、排列装饰、字号字体选配，以及标题与导语的协调等都作了系统的研究与阐述。它有助于丰富新闻学知识，缓解“点睛”之难，提高编写水平。

《新闻编辑的功能》 黄道弘著，1989年7月中国新闻出版社出版，10.6万字，定价2.50元。

黄道弘今年33岁，初中毕业后，当过农民、做过搬运工和新闻通讯员。1980年参加新闻工作，经过10年的奋发学习和艰苦实践，写出了《新闻编辑的功能》一书。该书紧密联系实际，从编辑理论到编辑实践，从编辑技巧到编辑规律，作了较系统而通俗的探讨，有实用价值。

《中国新闻学书目大全》（1903——1987） 林德海主编，1989年7月，新华出版社出版，31.3万字，定价4.30元。

《中国新闻学书目大全》收录自1903年至1987年共85年内我国出版发行的新闻学及相关学科方面的书籍，共1900多种，包括公开出版和内部发行的专著、教材、论文集、资料汇编、参考工具书等。每一条目，除书名，著者、出版者，出版年外，还有丛书说明，提要与附注等。编排方法，按时间及地域三大部分，即解放前、解放后和台港部分。每个部分内，又按书籍内容分类编排。在各个部分内分为新闻理论、新闻事业、新闻业务及世界各国新闻事业历史与现状四大类。通过书目能使人们基本上看到新闻学发展的脉络概貌，并从中认识到我国新闻学研究尚存在一些薄弱环节，从而明确今后努力的目标。

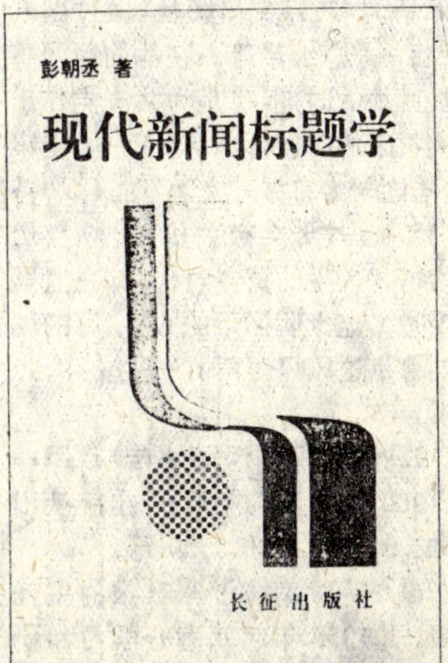

《**通讯员入门**》 李守仲著，1989年7月工人出版社出版，11.8万字，定价1.80元。

李守仲是中国商报常务副总编辑，主任编辑，具有20多年的新闻工作实践，与广大通讯员有深厚的感情。《通讯员入门》一书着重实用性，除对通讯员工作的性质、任务及通讯员本人所应当具备的素质等做了些简述外，重点放在稿件的评析上，一方面告诉大家什么样的稿件应该怎样去采写，一方面结合具体稿件介绍一些新闻基础知识、使大家看得见，摸得着。全书共分六章，概述了通讯员与编辑部、新闻敏感与思想储备、采访、抓题目与交朋友、内参和公开报道的关系等，还用了1/3以上的篇幅评析稿件见报前后的短长，为通讯员介绍了一些写得好的范文等。

《**监狱阴影下的人生**》(刘尊棋传) 李辉著，1989年8月，湖南文艺出版社出版，16.9万字，定价3.10元。

李辉为人民日报文艺部编辑，他1987年写了萧乾传，这是他为新闻界名人写的第二本传记。刘尊棋1931年入党，同年被捕，1933年出狱后回塔斯社、北平晨报，中央通讯社、南洋商报、美国新闻处等作过编辑记者、编辑主任等，1945年在上海创办联合日报、联合晚报，并任社长，长期为革命奔走呼号。解放初在新闻总署国际新闻局、外文出版社，做过副局长、社长兼总编辑等。在他的新闻事业最辉煌的时期，也是为共产党作出最大贡献的时候，因“历史问题”受审查，随之划为右派，“文革”时又以“特务”“叛徒”等罪名被关压，20余年历尽坎坷。人生的黄金时代，却在监狱里度过。《监狱阴影下的人生》写的就是刘尊棋这风风雨雨的一生。

《**马克思报刊活动评传**》 谭一著，1989年9月，陕西人民出版社出版，23.9万字，定价3.90元。

谭一为湖南省湘潭日报的主任编辑，从1958年起就潜心学习和研究马克思新闻理论，迄今已30年。《马克思报刊活动评传》吸收了传记和论著撰写方法的长处，采用历史编年，介绍历史背景、时代特征，和马克思本人思想、革命活动、报刊活动、理论研究、斗争策略等方面内容熔为一体综合评述的方法，比较全面、系统地介绍了马克思从资产阶级民主主义者转变为伟大的革命导师和杰出的无产阶级新闻战士的光辉历程，评述了马克思一生在各种不同复杂社会条件下，主办和参与各种不同性质的报刊活动的情况、新闻理论观点及马克思在处理各种复杂情况下报刊事件中的立场、观点、方法，和无私的崇高职业品德。书中有述有评，观点鲜明，资料丰富，且有详细的注释，为进一步学习和研究马克思新闻思想提供了方便条件。是学习马克思新闻思想的好教材，也是国内对马克思新闻活动进行较系统评述的一部著作。

《**我的新闻生涯**》(第一、二卷) 全国新闻职称改革工作领导小组办公室编辑组编，分别于1988年10月，1989年5月由中国新闻出版社出版。第一卷35万字，第二卷39万字。

全国新闻高级专业职务资格评审委员会经过四次评审会议，共平衡审核了263名高级记者和高级编辑。经过全国新闻职称改革工作领导小组审核、确认了184名具有新闻高级专业职务的资格。《我的新闻生涯》，就是这些知名度较高的高级记者，高级编辑通过他们的文字，向全国新闻界作的一次业务工作汇报。其中既有报纸和通讯社编辑和采访方面的，如赵超构、林里、田流、柏生、卢云、纪希晨、陈勇进、金风、沙英、蒋元椿、艾丰、金涛等；也有新闻电影、新闻广播、新闻电视方面的，如杨兆麟、杨伟光、胡耀亭、王芝芙、张之、牟森等；还有新闻摄影、新闻漫画方面的，如方成、吕相友，郑震孙等等。透过它，可以看出我国新闻工作者是怎样在党的领导下，意气奋发、兢兢业业而又精益求精地为宣传报道我国的社会主义革命和社会主义建设事业作出自己贡献的。透过它，还可以增加对新闻工作的了解，了解新闻工作者在整个社会主义物质文明和精神文明建设事业中的作用，了解新闻工作的自身规律和任务特点，也了解新闻工作者的喜乐和艰辛，从而给予新闻工作以更多的理解、关怀、爱护和支持。

《**电视摄制学**》 李子先编著，1989年9月，广东高等教育出版社出版，共32万字。

李子先为暨南大学新闻系副教授。《电视摄制学》一书，分电视概论、电视语言、电视摄影、电视影片制作、电子录像制作和电视广告制作六个部分；主要概述了电视传播的特性及其规律；系统地论述了电视节目制作的规律、方法和技巧。该书的特点是理论联系实际，较为系统和实用。

《**新闻新天地**》 胡体楠、吉照东、方化民主编，1989年9月，中国新闻出版社出版，11万字，定价2.30元。

这是一本武钢工人报采编人员的论文集，它着意探索了企业报办报规律，也研究和回答了整个新闻界共同关心，在新闻实践中经常碰到的某些带普遍性的问题，提出和论述了一些新的概念、新的观点和新闻操作模式。例如其中的论思想报道、论隐性变动、论企业报典型报道规律、论企业报的沟通功能、论敏感报道的“度”、论企业报由柔至刚式舆论监督、论企业报总编的主动性、论企业

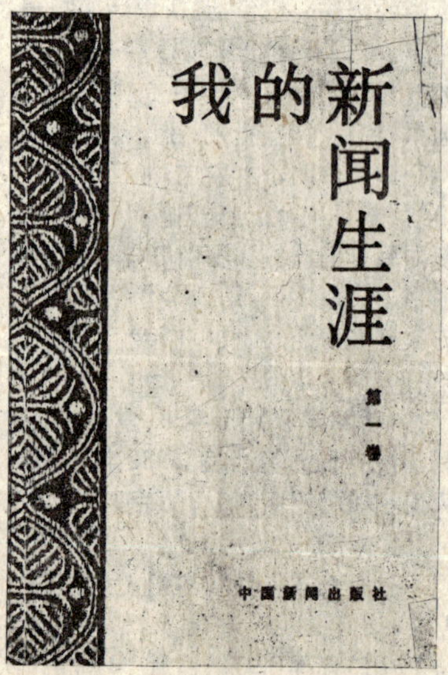

报记者思维模式演进、论采访对象情绪快速调动法等篇，有一定的新意，也有一定的理论深度。

《中外广播作品选析》 程道才主编，1989 年 9 月，新华出版社出版，29.5 万字，定价 5.00 元。

《中外广播作品选析》是《应用广播学》一书的续编。书中选的篇目，既有国内广播界评选出来的优秀作品，也有美国、联邦德国、日本、奥地利等国的获奖佳作；既有包括 40 年代曾获美国普利策新闻奖的历史珍品，也有包括刚获得美国《广播新闻》杂志 1988 年大奖的最新名篇。这些作品从一个侧面反映了我国和世界广播界在各类广播文体写作方面的发展现状及趋向，有比较强的实用价值和史料价值。编者对入选的每篇作品都从新闻写作的理论高度作了评介，力求用简洁的文字，从一个或几个侧面指明作品的写作特色。

《十年新闻写作变革》 何光先著，1989 年 10 月，中国新闻出版社出版，定价 5.60 元。

一年一届的全国好新闻评选活动，已进行了十届。十年入选的好新闻作品，记录了十一届三中全会以来这段时间我国改革开放的重要历程，反映了全国人民在这个时期中的创造才能和变革心声；同时，这一活动，也促进了我国新闻写作变革。它对于我国新闻事业自身厉行改革，摆脱十年“文革”的桎梏，开展新闻学研究，开创了一个新的途径，有着非常重要的意义。并且在国内外，都产生了积极的影响。

《十年新闻写作变革》就是何光先参加十年全国好新闻评选及对好新闻作品的系统评论集。

何光先是全国好新闻评选的创始人之一，并自始至终担任这一活动的具体组织工作，对每届好新闻评选都有比较深入的研究和系统的评论并有独到见解。

全书分五部分：十年好作品综合评论；十年作品专题评论；十年评选札记；十年好作品选析等，具有理论与实践意义，从中还可窥见我国十年新闻写作变革和发展的轨迹。

《编报余墨》 王继兴著，1989 年 10 月，中国新闻出版社出版，21 万字，定价 3.50 元。

王继兴为河南日报编委、总编室主任兼《漫画月刊》杂志副主编，高级编辑。在采访、编辑之余，潜心新闻业务研究。1988 年曾编《记者的多维思考》一书，由人民日报出版社出版。《编辑余墨》一书中，有札记，有随笔，有纪事，有论文，是作者在平时新闻采访和伏案编辑之后，作沉思和遐想、探索和研究的散页式记录。这些点点滴滴、长长短短的“编报余墨”，或谈成功经验，或记失败教训，或讲鉴赏体会，或述笔耕甘苦，都密切联系实际，力争举一反三，并广征博引，议论风生，虽形“散”味“杂”，却正如甘惜分同志所说，“是一个新闻记者长期艰苦采蜜的经验点滴，是甘苦备尝的个中人语。”他还说，这些文章“由小及大，由近及远，谈古论今，旁征博引，把新闻与历史，新闻与艺术熔于一炉。借他山之石，用以攻玉，读起来娓娓动听，又是这些文章的一大优点。”

《盘江千里行》 胡宗裕、冯永方著，1989 年 10 月，贵州人民出版社出版，17 万字，定价 2.80 元。

胡宗裕、冯永方为贵州黔西南报记者。他们从盘江源头到红水河、徒步三千里，穿峡谷，过险滩，走山路、翻峻岭，常常忍饥受饿地深入盘江地区，深入群众，深入生产建设第一线，进行采访，写出了 101 篇系列报道，在州内产生了较大影响。其中有全国两个重点工程的报道：一是天生桥水电站截流一举成功；一是震动全国的鲁布革水电站的建设，它反映了我国生产战线上改革开放的成果。所以有人赞誉《盘江千里行》是一个“窗口”，对南北盘江一览无余；有人评价它是一个“园地”，荟萃了南北盘江的奇葩异卉；也有人比喻它是一部“宣传车”，广泛深入地宣传了南北盘江流域的巨大变化。还有人认为《盘江万里行》，为地方新闻工作者树立了“立足当地，为当地经济建设服务”的榜样。

《十年浪花集——主任记者张锡杰人物通讯选评》 吴庚振、杨秀国编，1989 年 10 月，中国新闻出版社出版，23.7 万字，定价 3.20 元。

张锡杰为河北日报主任记者、总编室副主任。十几年来他写了大量的消息、通讯、调查、评论和杂文。通讯《飞来的闺女》，评为全国好新闻；消息《冀州镇工业公司重奖有功科技人员》获全国好新闻三等奖、省好新闻一等奖；评述性新闻《评说一场争辩》《从西柏坡养鱼说开来》分别获省好新闻一、二等奖。选入这本集子的是他 1979——1989 年十年间的优秀人物通讯。为了给新闻爱好者和研究者提供一点第一手资料，作者还对每一篇作品写了“采写体会”或“采写经过”；编者——河北大学中文系副教授、新闻教研室主任吴庚振和讲师杨秀国，还为每篇作品写了“评介”，这样就更利于年轻记者和从事新闻教育、新闻研究工作者进行学习和研究。

《海外华文报刊的历史与现状》 方积根、胡文英著，1989 年 11 月新华出版社出版，17.2 万字，定价 2.90 元。

海外华文报刊问世已有 170 多年，世界五大州 42 个国家曾先后出版过 1397 种华文报刊，现在还有 28 个国家计 330 种华文报刊在继续发行。我国对海外华文报刊的专题研究不多。

《海外华文报刊的历史与现状》一书的“绪论”部分着重从宏观方面阐明研究海外华文报刊的目的和意义及历史发展变化梗概、特点、趋势和前景。其他则按海外华文报刊的地域分布(亚洲、美洲、欧洲、大洋洲、非洲)及其所属国别依次按报刊史实发生的时间先后进行叙述。书后还将各报刊国别、数量、名称、年代、性质、刊期、类别等分别综合附表说明。

《海上桂林》 杨木著,1989年12月,广东高等教育出版社出版,共15.2万字,定价5.00元。

杨木(杨穆俊)是新华社的高级记者、国际部副主任,从事国际新闻工作30多年,到过近30个国家和地区,处处留下了他敏锐的眼光和辛勤的笔触。其中《奥运会的“新闻大战”》《巴黎的“小金边”》,是散文式的通讯,它带引读者深入到新闻的“幕后”,接触到事物的另一层次。关于柬埔寨、泰国、马来西亚、新加坡的30多篇文字,都是出色的新闻通讯。集子最后《鲜花与荆棘并茂的驻外记者之路》,是杨木对自己悠长记者生涯的一段自白。他在文中谈到“驻外记者除了应具备与国内记者的素质与才能外,还应学会许多特殊的本领:熟练应用外文;掌握照相、打字,使用电脑等多种技能;具有对地区战争,武装政变或其他突发事件的应变能力;在复杂而尖锐的国际斗争中独立判断局势并迅速作出报道——”。以及对新闻工作的事业心,责任感、博与专、苦与乐等等,读来不仅亲切感人,而且从中还能受到不少启迪。

《新闻写作百例谈》 林永年著,1989年12月,福建人民出版社出版,37万字,定价5.00元。

林永年同志是从事新闻工作长达37年之久的老记者、老编辑。他针对当前新闻写作中实际存在的主要问题,采用100个问答的写法、逐步解剖了百余个实例,具体生动、深入浅出地介绍了新闻写作的实用理论与表达技巧。全书还附有多篇80年代影响较大的新闻佳作,具体分析了他们的写作特点与成功经验;还附有若干篇见报前后的原稿和改写稿,以及若干篇不用稿,分别指出其优缺点、以便互相对照借鉴,收到切磋琢磨、触类旁通的功效。主要内容有:怎样写好新闻,提高投稿命中率;新闻写作的内容和表达形式;新闻写作结构的成分;当前新闻写作在强调哪些技巧;编辑对新闻稿件有哪些要求;为新闻写作中的12种常见病开处方;新闻写作改革中值得探索的几个问题。是通讯员、青年记者、编辑以及新闻专业师生和新闻写作爱好者的参考、入门书。

《多彩的嫁衣》 刘永岗、李国征著,1989年12月,辽宁大学出版社出版,40万字,定价8.20元。

刘永岗、李国征为鞍钢日报的正、副总编辑。他们在作领导工作之余,还写了大量的通讯、报告文学、评论、杂文等等。《多彩的嫁衣》即是他们两人多年来发表过的作品的合集,也是一部记述钢铁工人功绩的史册。作者以饱满的激情,酣畅淋漓地歌颂了新中国成立40年来鞍钢和鞍山的工人阶级为社会主义革命和建设事业做出的巨大贡献,浓笔重彩地塑造了几代国家主人翁的丰满群像。如《技术革新的旗手——王崇伦》《钢城老英雄》等都在我国工人运动史和鞍钢史上留下了鲜明的印记,在全国读者中引起过强烈反响。紧扣时代脉搏,坚持四项基本原则,进行正确的舆论导向,是该书作品体现出的一个鲜明特色。作品题材也比较广泛,写作形式多种多样,作品表明,作者在新闻理论上也有一定的根底。

《记者的形象》 王新友著,1989年12月,河北教育出版社出版,16.6万字,定价2.25元。

该书以生动的语言和事例,比较全面系统地阐述了一个合格的新闻记者所应具备的各种素质和基本功。它告诉读者,特别是刚走上岗位的年轻记者:干新闻这种职业需要什么样“特殊的天赋和训练”.要成为一个真正合格的新闻记者和名记者,应该从哪些最基本的东西做起,中外记者,特别是那些享有盛誉的老记者是怎样认识和实践的。书中既有作者的一些独到见解,又有众多中外记者的理论概括和实践体会,它以读书札记的形式,从不同侧面为记者勾勒了20多幅速写像,是一部记者形象的面面观。

《新闻采访艺术》 邱沛篁编著,1989年12月,四川大学出版社出版,共25万字,定价3.80元。

邱沛篁为四川大学新闻系副系主任、副教授。《新闻采访艺术》一书的主要内容有:一、新闻采访基本理论、原则、要求;二、新闻采访基本方法和技巧。如发现新闻的技巧,寻找

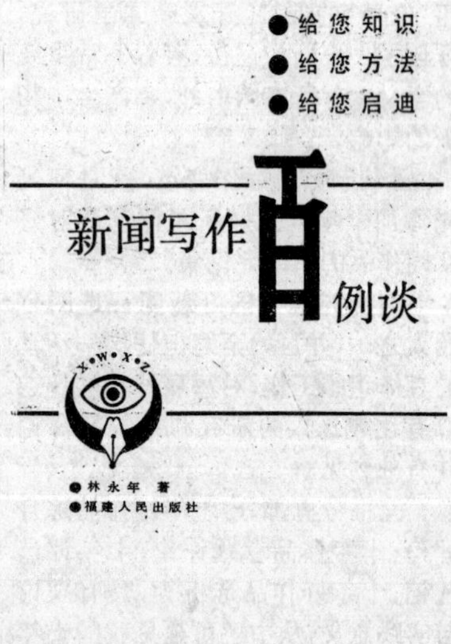

与接近新闻源的技巧，静态采访、谈话采访、观察采访、专题采访、电视新闻采访以及各种领域和体裁的采访技巧；三、当前改革开放形势下，新闻采访工作的新特点、新措施、新要求；四、一些名记者的采访艺术。

全书比较注重理论性、系统性和实用性。是作者多年从事新闻采访工作和新闻采访教学与研究工作的新成果。

《编辑教学丛书》 伍杰主编，1988年、1989年黑龙江教育出版社出版。目前已出版六册。它们是《编辑理论与实践》《编辑出版学概论》《编辑实用汉语》《编辑应用写作》《版权法概论》《中文工具书使用方法》。“编不成家”“编辑无学”的旧说，在我国影响很深，近年来在大专院校先后设立了编辑专业，编辑事业作为一门科学跨进了高等学府。这套丛书是全国第一套从教学的角度出发，急教学之需而编辑的；丛书作者绝大多数是国内大学编辑专业的教授和出版界的专家，反映了国内编辑理论的较高水平；它力图做到“理论基础坚实、实用性强、系统完整”的既可做为大学编辑专业课的教材，也可做为在职编辑自学的辅导。

《新闻入门丛书》 新华出版社编辑部编，1989年12月出版。

《新闻入门丛书》是一种新闻普及读物。它编写的指导思想是理论与实践相结合，侧重新闻实践经验的介绍，强调实用性，同时注意通俗性，文字简洁，论述准确，从而达到易懂、易学、易用，体现出普及读物的特色。1989年出版了《消息写作例话》《漫谈新闻写作》两本。

《漫谈新闻写作》 孙世恺著，1989年12月，新华出版社出版，10.9万字，定价1.80元。新闻写作应包括采访和写作两个方面。该书着重谈写作体裁这一问题。即结合实例，漫谈消息，通讯、特写、调查报告的写作，以及工作研究、记者来信、采访札记、对话报道、新闻评论的写作等等。此外还谈到新闻中的取用背景、取用细节、活用对比、善用引语、巧用成语、妙用比喻等等。

《消息写作例话》 黄其庄著，1989年12月，新华出版社出版，9.2万字，定价1.60元。该书举出许多实例从不同角度谈消息标题的制作、导语的写作、背景的运用、主题的提炼、材料的选择和运用、生活情趣的描述、语言的生动活泼等等。

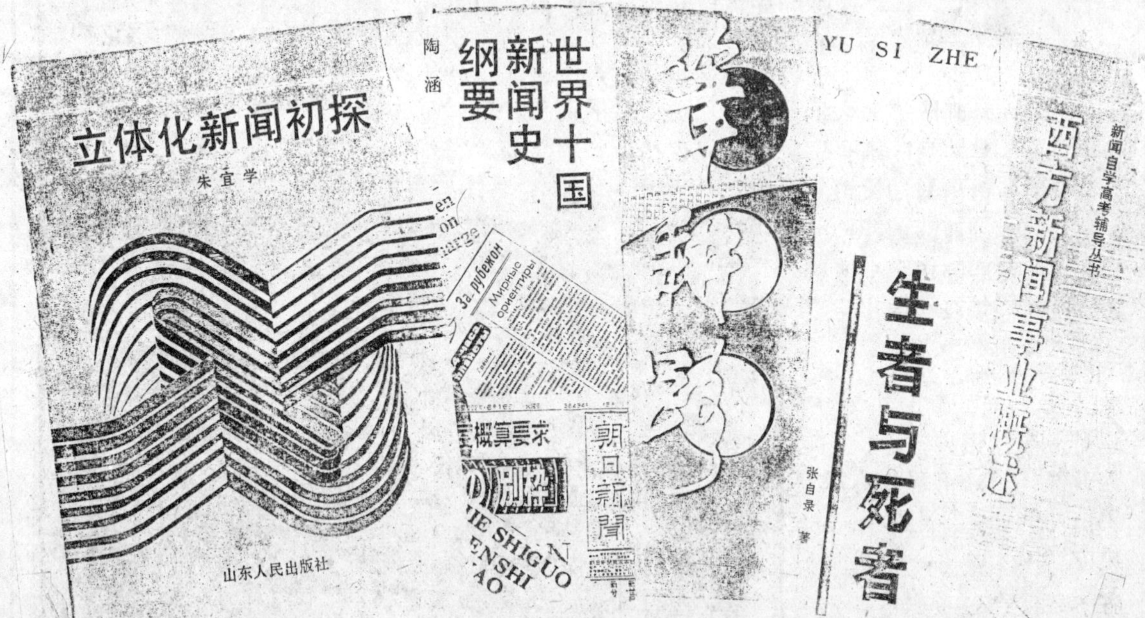

浙江省绍兴平绒总厂

省级先进企业

浙江省绍兴平绒总厂是国家轻纺出口产品生产基地、国家“贸工农”出口商品生产基地、国家“星火”计划项目实施单位、浙江省外贸出口的重点企业之一。经浙江省对外经济贸易厅批准，享有外贸自营进出口权。

浙江省绍兴平绒总厂是一家拥有4．8万平方米厂房、1800多名职工、2万专用棉纺纱锭、150多台平绒无梭织机和从国外引进的先进成套染整生产设备，可年产500万米柔软染色平绒的专业生产企业。全厂实行棉纺、织绒、染整、出口“一条龙”生产，进行绒类织物系列产品开发，使丝光平绒、轧花平绒、印花平绒、阻燃平绒和特利绒等一大批“平绒家族”脱颖而出，现已成为华东地区最大的平绒生产、出口企业。主要产品“幽兰”牌柔软染色平绒1987年获“省优”、1988年获“部优”称号。产品主要供外销出口，畅销苏联、东欧、西欧、美国、东南亚、香港等10多个国家和地区，荣获全国出口创汇“青龙奖”。

厂长：李天荣

厂址：浙江绍兴
经营部：绍兴市解放路70号
电话：30699　31453
电传：31881
电挂：0242

想企业所想　急企业所急　替企业解难　为企业服务

企業導報

《企业导报》创刊于1987年7月1日，是一张面向全国公开发行的专门为企业服务的经济类报纸。《企业导报》由江西省经济委员会主办，与全国经济信息网络联网，指导性强，权威性高，信息面广，实用性大。

《企业导报》的任务是：准确宣传党和国家关于经济工作的路线、方针、政策，及时报道经济建设中出现的新事物、新成就，大力宣传企业改革、搞活的新经验、新典型，迅速传播各类经济信息，真实反映企业的要求、愿望和呼声，努力探讨有中国特色的社会主义企业经营管理的新路子。

《企业导报》为四开八版周报，胶版印刷，全国各地邮局均可订阅。季价：2.43元。国内统一刊号：CN36—0018　邮政代号：43—24

社长、总编：王文勇　副社长、副总编：吴远亮

地址：南昌市省府大院财政厅三楼　邮编：330046

电话：223690　227432

NC WB 南昌晚報

《南昌晚报》是中共南昌市委机关报，创刊于1958年7月1日，报头为书法家舒同题写。

《南昌晚报》立足南昌，面向家庭，宣传党的主张，反映群众呼声，传播知识信息，回答现实问题，丰富文化生活——是各界群众的益友，读者家庭的顾问。

《南昌晚报》具有党报和晚报的特点，集思想性、知识性、科学性，趣味性于一体，生动活泼，丰富多彩，雅俗共赏，老少咸宜——是寻求知识的阶梯，陶冶情操的园地。

《南昌晚报》每日一期，四开四版，零售0.10元，每月订价3.00元。

《南昌晚报》国内公开发行，国内刊号：CN36——0002，欢迎读者订阅。

社长：殷宝生，副社长、总编辑：朱昌勤，副总编辑：刘作棠、汪东赐。

社址：江西省南昌市象山北路252号．邮政编号：330008．

电挂：2519．

欢迎订阅　欢迎来稿　欢迎刊登广告

信息日報

XINXIRIBAO

全国第一张综合性的——信息日报

信息日报在中共江西省委的热情关怀和江西日报编委会的直接领导下于1984年10月1日创办。

6年来，信息日报传播了数万条有关经济、政治、科技、教育、文化、卫生、体育和社会各方面的各类信息；在全国建立了拥有数百名特约记者和通讯员的通讯网络，并在北京、上海、天津、浙江、安徽、苏南设立了记者站（办事处）；它的记者足迹踏遍了除港、澳、台以外的全国各省、市、自治区的城乡，访问了近千名各级领导同志和各个领域、各个阶层的知名人士；它已发行到全国几乎所有的县（旗），日发行量居全国信息类报纸前茅。

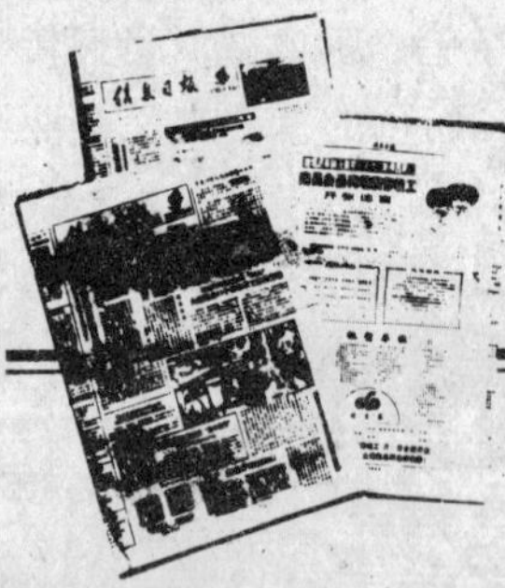

信息日报以自己的业绩赢得了各方赞誉。在上海民间举办的“1988年您最喜爱的十佳报刊”评选活动中，它被选为十佳之一。1989年，在全国广告开展的“重信誉、创优质服务”活动中，它被评为全国26家报纸广告“先进单位”之一。1989年，它还被评为江西省先进新闻单位。

总编辑　周金广　副总编辑　邓伟平、熊焰

邮政编码：330006　国内统一刊号：CN36—22

社　址：南昌市阳明路175号　电　话：771312、771240

江西建築報

JIANGXI JIANZHU BAO

一九九〇年七月五日　星期四

总编辑　汪　波　（第116期）　《江西建筑报》编辑部出版

图片新闻

跨度为88米，矢高为51米的省体育馆的关键部位——大拱钢架。从设计、制作到吊装中采用的高空高精度的拼装方法在我国均属首创。

（本报记者郭胜　摄）

建筑信息之总汇　施工企业之挚友

建设单位之参谋　城乡居民之知音

《江西建筑报》是面向江西建筑行业职工唯一的专业报。

《江西建筑报》本着宣传建筑业、服务建筑业、推动建筑业的宗旨，致力于宣传基建战线的物质文明和精神文明建设，忠诚地为振兴建筑业服务；交流改革经验，反映企业呼声，为建设单位及其主管部门服务；提供经济信息，介绍企业及工程概况，为国民经济各部门服务；传播文化、科技、管理知识，为广大城乡居民服务。

《江西建筑报》为四开四版的旬报。江西省报刊准印证01——037号。

地址：江西省南昌市北京西路144号

邮政编码：330046

电话：68461　电挂：6655

总编辑：汪波　主编：宋国平

中国新闻界名人

中国新闻界名人(八)

编者说明

一、"中国新闻界名人"这一栏目始设于本年鉴的1983年版,到1989年版为止,已连续刊登了七次,介绍了1006人。本版又介绍了138人,连前共介绍了1144人。今后将保留这个栏目,继续编发。

二、本栏所介绍的名人,以生年先后为序。生年相同的,再以姓氏笔划为序。

三、已故的"名人",对其事迹较为突出的方面,酌予评价。健在的"名人",只介绍其新闻经历、职务及简单工作情况,不作评价。

四、参加本版本栏目撰稿工作的有方汉奇、周雨、张林岚、黄勇、陈克信、赵玉明、谭启泰、徐紫、邹仆、谢世廉、曹友等人。本版所刊现在台湾的新闻界名人小传,由台湾新闻史学者直接提供,特向他们致谢。本栏目由本年鉴编委、特约责任编辑方汉奇负责规划和编定。对本栏目有什么建议和意见,请和编辑部联系。

连　横(1878——1936)　字武公,号雅堂、剑花,笔名慕秦,台湾台南人。1878年2月17日出生于台南郑成功的故垒——台南宁南坊马兵营。1897年游学上海。次年回到台湾,出任台澎日报、台南新报汉文部主笔。1903年国民日日报在上海创刊,应邀担任副刊"黑暗世界"的主笔。这个报纸被查禁后离去。1905年在福建加入同盟会,并创办日日新报,鼓吹排满。1908年与赵云石、谢籁轩等在台南创办"南社"分社。1911年辛亥革命成功后,旅游于大陆各地,并先后在新吉林报、边声报等担任主笔。1914年返回台湾从事学术研究。1924年创办并主编《台湾诗荟》月刊。1926年移居杭州西湖。1932年移居上海。1936年6月28日在上海逝世。著有《台湾通史》《台湾语典》《台语考释》《大陆诗荟》等。是台湾历史上资历最深知名度最高的新闻工作者

蔡寄鸥(1889—1954)　原名蔡天宪,号鸟台,湖北红安人。14岁考取秀才,1910年毕业于武昌两湖总师范学堂。在校期间即向中西报、公论报等报投稿。1910年加入同盟会,参加了辛亥革命,随后转为国民党员。武昌起义后,专心办报。1911年任武昌民心报编辑,兼为中华民国公报写小说。1912年大江报被黎元洪查封后,曾在民心报上发表《哀大江报》一文,民心报因此被迫停刊。同年任震旦民报主笔,因所刊小说《新空城计传奇》讽刺黎元洪,该报不久即被查封。1916年,任大汉报编辑。后兼正义报主编。北伐军进驻武汉后,正义报被封,大汉报也随即停刊。1929年起,开始自办报纸,先后创办了光明报、水晶宫报和震旦民报等。其中以震旦民报出版时间最长,从1931年创刊到1938年武汉沦陷前停刊。武汉沦陷后,一度任大楚报编辑主任,因与社长意见不合,辞职回家从事小说创作。写的《荆江血影》《梅花桩》分别在大楚报、武汉报上连载。抗战胜利后,继续为在武汉出版的民风报、正风报、汉口导报等报撰写小说连载。武汉解放后,受到老友董必武、郑位三的关怀和鼓励,先后在湖北省文教厅、省文物管理委员会、省文史研究馆,从事写作及研究工作。1954年12月因脑溢血病逝。著有《武汉新闻史》《鄂州血史》《四十年来闻见录》《瀛台梦传奇》等。其中《武汉新闻史》成书于1943年,是有关武汉地区新闻事业的第一部新闻史力著。

郑逸梅(1895——　)　本姓鞠,江苏苏州人。在江苏省立第二中学学习期间即为上海民权报撰稿,后又为小说丛报、小说新报等撰稿。1920年起,任申报、新闻报、时报等上海大报的副刊特约撰述。1927年在上海影戏公司担任编剧。1932年,任金刚钻报主笔,后因当局干涉,愤而辞职。1933年在中孚书店担任编辑,同时兼新华影业公司的宣传主任。后转至中央书店,标点晚明秘籍,主编"国学珍本丛书"。1940年曾参加编辑《永安月刊》。1950年起,为上海、香港等地报刊撰稿。1965年退休。现年事虽高,仍坚持为报刊撰稿。以善写供补白用的短文闻名新闻界,有"郑补白"之称。著作有《逸梅小品》《人物品藻录》《南社丛谈》《艺坛百影》《书报话旧》《文苑花絮》《艺林散叶》等

何心冷(1897——1933)　江苏苏州人。1920年参加上海国闻通讯社工作,被胡政之引为得力助手。后为该社主办的《国闻周报》编辑,经常为该刊撰写小说与文艺小品。1926年新记大公报创刊后,随胡政之到天津工作,主编该报副刊《小公园》,兼本市新闻编辑与采访主任。曾一度编辑以妇女界新闻为主的社会新闻版,成为当时大公报的有力支柱。他编的综合性副刊《小公园》内容活泼多样,格调清新,经常刊登沈从文、张天翼、巴金、靳以、老舍、李广田、何其芳、曹禺等名家作品,和由他执笔写的杂文。每天他上午编发《小公园》,夜间编发本市副刊,白天还要参加重要新闻的采访活动,从容不迫,应付裕如。擅书魏碑体字,报上刊头多出他手。1932年曾在报上辟一专栏,名为《摩登》,兼任编辑,专门刊登读者来信,解答读者疑难和有关法律问题,开各报社服务版之先河,对当时新闻界有一定的影响。1933年因积劳成疾,殁于天津,年仅36岁。

李万居(1901——1966)　原名李桑,台湾台南人。1924年到上海求学,先后在文治大学、民国大学学习,从师于章太炎。1925年留学法国,在巴黎大学攻读社会

学，并加入中国青年党。1932年回国，在南京中山文化教育馆担任编译。抗日战争爆发后，在军事委员会国际问题研究所工作，并一度出任粤港地区办事处主任。后返回大后方，在重庆成立台湾革命同盟会，并创办了台湾民生报，鼓吹抗日。抗战胜利后，回到台湾。1945年以国民党政府名义接收台湾官办新闻事业，担任台湾新生报社长。1946年出任台湾省参议员及副议长，并选为"国大代表"。1947年新生报改组，被国民党当局免去社长职务，改任董事长。1947年10月25日在台北独力创办民营报纸公论报，标榜言论自由，与国民党当局发生明显磨擦。1949年国民党当局借口公论报刊登人口数字失实，罚令报纸停刊三天。1960年与雷震配合，发表声明，要求组织新党中国民主党与国民党相抗衡，但没有成功。1961年办的公论报在国民党当局压制下被迫停刊。1966年4月9日病逝于台北。译著有《现代英吉利政治》《法国社会运动史》《关着的门》等。

胡健中(1902——　)　学名经明，笔名蘅子，祖籍安徽和县，寄籍南京。1918年考入复旦大学文科。1928年任杭州民国日报总编辑，开始办报生涯。1929年因写的评论抨击国民党浙江省政府主席张静江被捕，释放后名声大噪。1930年继任杭州民国日报社长。1934年杭州民国日报改名为东南日报，继续担任社长。抗日战争爆发后，率报社员工迁金华出版。1942年日军进占金华，辗转至福建创办东南日报南平版。另一部分员工留省内出丽水(后为云和)版。1943年调任重庆中央日报社长，仍遥领东南日报社务。抗战胜利后，辞去中央日报社长职务，专心经营东南日报上海版和杭州版。1948年当选为国民政府立法委员，同时还担任国民党中央委员，国民党浙江省党部委员、杭州市记者分会理事长。1949年去台湾。在台期间，曾任国民党中央委员、中央常务委员、台湾驻联合国代表顾问，并一度接任台北中央日报社长、董事长，中央电影公司、正中书局董事长，现任台湾国民党中央评议委员、立法委员。

骆介子(1902——　)　谱名芳节、宗之，笔名铭宾。湖北蕲春人。青年时代先后求学于九江同文书馆、澳洲雪梨大学、英国剑桥大学，获文学士、哲学博士学位。留学回国后任国民党政府驻澳大利亚大使馆总领事、中央海外部宣传处长、中央侨务委员会委员。后致力于教育工作，担任过武昌中华大学等大学教授、系主任和院长。1922年起开始从事报刊活动。同年与胡风(张光人)在故乡组织革命团体"新蕲春学会"，创办革命刊物《新蕲春》，抨击反动时政。1935年，在澳大利亚悉尼市接任澳洲民报社长兼总编辑，经常在报上发表热爱祖国和支持祖国建设的文章，对宣传、组织、团结当地华侨起了一定作用。1938年至1940年，在重庆同时创办《华侨先锋》(中文)和《先锋》(Vanguard)(英文)两份刊物，向海外华侨宣传国民党的侨务政策，宣传热爱祖国的思想，表彰华侨中支援抗日的先进典型。1949年8月在香港参加爱国起义，回到北京。建国后历任民革中央委员、民革中央宣传部副部长、民革中央对台工作委员会副主任委员和国务院参事。主要著作有《南太平洋岛国史》《清末外交失败史记》《澳洲建国史》(一卷和二卷)等。

于毅夫(1903——1982)　原名于成泽，字毅夫，黑龙江肇东人。青年时代就读于天津南开中学，在校期间，曾参加五四运动。1923年考入燕京大学，曾担任学生会领导，并加入文学研究会，主编京报·文学副刊、晨报副刊等文学副刊。1927年大学毕业后，从事进步文艺活动。1933年参加革命。1936年加入中国共产党，在国民党统治区从事抗日救亡活动，任东北之光杂志主编。1937年任东北抗日救亡总会常委兼宣传部长，主编会刊《反攻》杂志。1941年赴香港参加文化界抗日救国会，从事地下工作，并与韬奋等组织人权运动。1942年进入华中抗日根据地，任华中新华社总编辑，与范长江一道主管华中地区的新闻工作。抗战胜利后返回东北，曾任嫩江省政府主席。建国后，担任党政领导工作，曾任中共中央统战部副部长、吉林省委书记、全国政协常委、吉林省政协副主席等职务。曾当选第一届全国人大代表、中共八大代表。1982年6月11日在长春逝世。

张篷舟(1904——　)　笔名杨纪，四川成都人。自学成才。青年时代即从事新闻工作，担任过《四川省劝业会日刊》、福建国民新闻、新京晚报等报刊的主编。1936年进入上海大公报。抗战爆发后在上海战场采写了许多有关抗击日军入侵的通讯报道。写的《大场必守论》《第一道防线》等新闻和评论被国民党中央广播电台译成英语向世界广播。上海撤退后，先后在大公报汉口馆、香港馆、桂林馆工作。在桂林工作时期，兼编本市新闻、地方通信两栏，同时负责资料工作。桂林沦陷后调大公报成都办事处工作。抗战胜利后，先后在大公报上海馆、天津馆、北京馆任记者、编辑。1965年退休。退休后参加了王芸生主编的《六十年来中国与日本》八卷本的修订工作。已出版的文集有《南边风情记》《沪战实录》等多种。正在编辑中的还有《近五十年来中国与日本1932——1982》一书，预计为九卷，已完成五卷。

刘光炎(1904——　)　字厚安，浙江绍兴人。毕业于复旦大学普通文学系。1929年任国民党立法院特约编纂。1931年任南京中央日报主笔，兼任中央时事周报主编。抗战爆发后，随中央日报内迁重庆，任总编辑兼总主笔，兼复旦大学新闻系教授。1939年5月初重庆各报因日机轰炸遭到破坏，一度合并出联合版，任联合版编委会主任委员。1940年以后，任国民党中央宣传部宣传委员，主编《宣传指导》周刊，兼任国民党党报社论委员会执行秘书、新闻文化训练班教授。抗战胜利后，回到南京任中央周刊社长、建设日报顾问。1949年赴台湾，在政治大学、世界新专等校教授新闻学。已出版的新闻学方面专著有《新闻写作》《新闻学讲话》《新闻学概论》《通讯事业概论》《世界局势面面观》等。

姚苏凤(1905——1974)　原名姚庚夔，江苏苏州人。1926年毕业于苏州工业专门学校建筑科。曾参与创立苏州文学社团——星社。1928年进入上海新闻界，先后任民国日报、民报副刊编辑。1932年至1935年任上海晨报副刊"每日电影"编辑，曾发表左翼电影工作者的大量文章，使该刊成为当时左翼电影的主要思想舆论阵地。1934年至1937年，先后任小晨报副总编辑及辛报总编辑，致力于创办新型的小型报纸，以区别于旧式的小报。开创的有特色的版面设计，以清新美观著称，曾被称为"姚式编排"。抗日战争爆发后，在辛报画刊上首先独家刊出八路军开赴抗日前线及八路军诸将领的照片，曾产生较大政治影响。上海沦陷后，辗转赴香港，自1939年至1941年，任星报总编辑。太平洋战争爆发后，撤退至西南后方。1942年任桂林广西日报总编辑。后转赴重庆，自1943年至1945年任重庆新民报主笔，并主编该报副刊"西方夜谈""万方"等。抗战胜利后返抵上海，创办世界晨报，任总编辑。1946年起，改任东南日报主笔，兼副刊主编。上海解放后，一度任剧影日报副总编辑。1950年重返上海新民晚报，任副刊主编。1973年退休。1974年在上海病逝。除为报刊撰稿外，还从事过影剧编剧及文学创作活动。已出版的剧本有《之子于归》《火中莲》等，已出版的小说有《铸梦》等。

许涤新(1906——1988)　广东揭西人。1925年加入共青团，1933年加入中国共产党。30年代在上海从事革命文化运动，曾任上海社会科学家联盟研究部副部长、宣传部长、中共文化工作委员会委员等职。1935年被捕入狱。抗日战争爆发后获释，受党派遣到后方从事新闻工作，在武汉参与创办《群众》周刊和新华日报，任《群众》周刊副主编。新华日报迁往重庆后，任编委和党总支书记，并任中共中央南方局宣传部秘书、中共中央南方局经济组组长。1946年受党派遣到香港从事宣传、统战工作，任《群众》周刊香港版编委。并在香港创办经济导报。建国后，任中共中央统战部秘书长、副部长、中央工商行政管理局局长、中国社会科学院副院长等职务。曾先后选为中共八大代表，第一、三届全国人大代表，第五、六届全国人大常委。著有《中国经济的道路》《现代中国经济教程》《广义政治经济学》等。

陈学昭(女)(1906——　)　原名淑英、淑章，笔名野渠、式微，浙江宁海人。早年求学于南通女子师范。后转学到上海爱国女学文科。1923年毕业后，先后在安徽、绍兴任教。1925年到北京，在北京大学听课。1927年赴法国留学，由戈公振介绍，担任天津大公报驻欧特派记者。在大公报发表了很多新闻通讯，同时为国闻周报撰稿。1931年起担任上海《生活》周刊特约撰稿人。1934年冬在法国克莱蒙文科大学获文学博士学位。1935年回国。1938年去延安参加革命。1942年在延安解放日报担任四版编辑，1944年在中央党校四部担任文化教员。1945年参加中国共产党。同年秋去东北。1946年在东北日报担任四版主编。1949年到北京参加第一次妇代会，同年到浙江大学担任支部书记，并在中文系任教。建国后，任全国政协委员，浙江省人民政府委员，省人大代表，中国作家协会理事，浙江省文联副主席。著有《倦旅》《寸草心》《南风的梦》《陕北访问记》《工作着是美丽的》等。

吴云心(1906——1989)　笔名甲乙木等。浙江嘉兴人。1926年任天津英文、汉文东方时报英文校对、英文秘书。1927年任天津商报记者。1928年任天津益世报记者、副刊主编。1931年至1934年任天津益世晚报总编辑。抗战时期离开新闻界。1946年参加革命。同年任天津益世报副刊主编。1948年加入中国共产党。天津解放后，1950年任天津市政府新闻出版处秘书主任。1953—1961年任天津工人日报总编辑。曾任河北省新闻工作者协会副秘书长。1983年任天津新闻学会顾问、天津日报特约编辑。1989年5月10日逝世。30年代即知名于天津新闻界。在主编天津益世报副刊《语林》期间，曾以甲乙木等笔名撰写了大量的杂文、散文、诗词、小说、戏曲等。他的杂文诙谐、讽喻、深刻、含蓄，富有时代感。还在办报过程中，团结了津京鲁等地的一批进步青年作家。解放天津后，在从事新闻工作中，培养了一批新闻工作者，不少人成为现在天津新闻界的骨干。晚年，积极撰写天津新闻界回忆录，写有《报海钩沉》等。

唐云旌(1908——1980)　笔名大郎、高唐，上海嘉定人。早年曾在中国银行任低级职员，业余经常为冯梦芸主编的大晶报撰稿。以揭露社会黑暗，抨击权贵，知名于上海新闻界。1932年任上海东方日报编辑，每天同时为五六家小报撰写诗文。40年代，曾在该报开辟旧体诗专栏"唐诗三百首"。解放初，入华北革大学习。结业后，回到上海，筹办新型小报亦报，任总编辑。1952年年底，亦报归并于新民晚报，任新民晚报编委，主编副刊《繁华》，达14年之久。50及60年代为香港大公报写诗歌专栏"唱江南""闲居集"，反映新中国社会主义建设成就，描绘各阶层人民的新生活，及文艺界，特别是京沪江浙戏曲影剧动态，为海外人士传诵。周恩来总理生前曾两次对夏衍提到他写的诗文，并认为"唱江南"诸篇，"是有良心、有才华的爱国主义诗篇"。1980年逝世。遗作旧体诗已辑为《闲居集》一册，1983年由广宇出版社出版。

黎少岑(1908——1979)　原名黎系业，又名黎勤宇，湖北天门人。蒙古族。1924年考取湖北省立第一师范。在老师董必武的影响下，积极参加学生运动。1927年转入武昌中山大学，加入共青团。1928年转为中共党员，任武汉大学第一个共青团支部书记。1929年初被捕，经地下党营救出狱。1931年在上海沪中区委任宣传部干事，参加全国文化界反帝抗日大同盟，任常务委员兼特别委员会主席。1932年在上海被捕，被判18年徒刑。抗日战争开始不久，因越狱逃跑，失掉党的关系，仍继续参加抗日救亡活动。日本投降后，在恩施任新湖北日报主笔。新湖北日报迁武汉出版后，随报社来到武汉，相继任湖北省企业基金管理委员会和应城石膏公司会计主任，兼任大刚报、武汉时报、中华人报、正义报等报主笔及大江中学、蘅青中学、中华大学教员。武汉解放时，任大刚报编撰，以后就任中苏友协中南总分会宣传部副主任兼《益友》杂志主编。建国初期在政府部门工作。1958年后任长江日报、武汉晚报副总编辑、长江日报顾问，直至去世。1962年重新入党。1979年经省委批准，恢复了他1927年11月的党籍，参加革命时期也从1927年算起。黎少岑博学多闻，熟悉武汉的历史和掌故，在新闻界有"武汉通"之称。写文章题材广泛，古今中外，天文地理，文学艺术，三教九流，无不涉及。写的《武汉今昔谈》在《新观察》连载后，1957年由湖北人民出版社出版。

周君谦(1909——)　山东东平人。1937年参加革命，1944年加入中国共产党。1944年7月任冀鲁豫日报记者，后任编委兼采访科副科长，1949年任新华社平原分社农村组长，1951年3月，任新华社华北总分社记者。1954年7月任新华社河南分社编委，1983年10月离休。1944年11月濮阳解放时，为了稳定人心，抓紧采写了濮阳城关认真贯彻党的工商业政策的报道，分别由冀鲁豫日报和延安解放日报刊用。以后，还对劳模大会、军队及民兵英模大会继续作了大量报道，并采写了先进分子钞进学、王明月、韩光第等的长篇通讯。后赴抗战前线采访，采写了八路军攻入东阿县城，解放曹县、强攻菏泽等战斗。大量稿件，分别由冀鲁豫日报、晋冀鲁豫人民日报刊载。日本投降后，蒋介石妄图堵住花园口黄河大堤，引黄河水淹没解放区，分割解放区，这时承担了黄河问题的报道，在采访中，不断受到国民党军队枪炮的袭击，曾五次负伤。黄河报道，当时既涉及敌我之间的尖税斗争，又涉及历史、地理、地质、水文、气象等诸多领域，他边工作边学习，到处搜购关于黄河的书刊，分类积累了大量资料，保证了黄河报道的时效性和准确性。积累和提供的有关黄河的资料，在解放后，国家开始有计划地治理开发黄河的时候，起过有益的参考作用，受到当时中央有关领导同志的称赞。1988年评为新华社高级记者。

鲁西良（1910——1990） 原名张凝，山东馆陶人。1933年至1937年在北平中国大学读书，1937年11月参加革命，先后在党领导下的范筑先部队任团参谋、代团长兼参谋长、抗战日报编辑。1938年加入中国共产党。历任鲁西北专员公署文教科科长、鲁西日报编辑组主任、冀鲁豫文联主任、平原分局宣传科科长、冀鲁豫日报副社长兼新华分社社长、人民日报记者。建国后任天津新闻出版处处长、天津日报副总编辑、新华社天津分社社长、中央人民广播电台对台部主任、中国人民大学新闻系副主任、中国记者协会国内部主任兼新闻业务副主编。1974年调人民日报，任新闻战线副主编。1981年7月离休。1990年5月1日在北京病逝。

曹世瑛（1911——　） 回族，天津人。1928年考入天津大公报工作。1930年经大公报经理胡政之同意，到南开中学高中实行半工半读，一边学习，一边担任大公报副刊《小公园》的主编。在南开学习期间，曾参加学生爱国运动，被选为学生自治会执委，并加入天津"左联"。1937年调大公报上海版任编辑。同年底大公报上海版因拒绝新闻检查停刊，一度离开大公报到重庆国民公报担任编辑。1938年重返大公报，先后在该报香港版、桂林版任编辑、记者。1941年被该报资送到中央军校第六分校学习军事知识。1943年结业后重返报社，被派至云南大理、保山等地采访。日本投降后，参加美军登陆，天津、北京受降，遣送日侨等重大新闻采访活动。1945年大公报天津版复刊后，任外勤课主任。1949年至1953年，大公报天津版改名进步日报期间，任该报摄影部主任、社长室秘书。1956年大公报迁京出版后，先后在国际部、财经部担任编辑、记者，一度去舟山群岛采访。1959年脱离大公报，调解放军外语学院任教。1982年离休。1988年加入中国共产党。离休后从事大公报史的研究工作，已发表的新闻史方面的文章有《大公报和胡政之》《大公报的资金究竟是谁的?》《新记大公报是托拉斯吗?》等。

于　成（1913——　） 原名陈君平，笔名丁戈、郑益群、益群、唐工等，四川中江人。1940年参加革命，1946年入党。1940年2月开始在根据地采访，为新华日报作通讯工作。1943年，调"太行文联"，任丛书编辑及《华北文化》月刊记者。毛泽东发表《组织起来》后，曾与人合编《"组织起来"讲解》一书，在太行新华日报社出版。1945年5月至1949年1月，在华北新华书店新大众月刊（后改为新大众报）任编辑、记者，通联科长。写有《李顺达五年计划》和控诉阎军罪恶的长篇通讯《阎锡山军队怎样对待上党人民!》等。1949年2月至1950年1月，任北京大众日报、北京工人日报驻唐山特派记者，采写了揭发开滦资本家虐待工人的报道，引起华北局的关注。1950年2月，在北京工人日报社任编委、总编室副主任、社委会委员。曾在天津市"全总干校"讲授"报纸编辑部的群众工作"等。1958年3月任陕西工人报总编辑。1961年3月在陕西省广播事业管理局，任党组成员、西安人民广播电台副台长。1979年3月在陕西省广播事业管理局恢复局党组成员职务，任副局长，分管陕西人民广播电台与西安人民广播电台的宣传工作。1982年5月离休。

叶明勋（1913——　） 别号夏风，福建浦城人。1940年毕业于福建协和大学。抗战胜利后到台湾，任中央社驻台特派员。1946年任中央社台北分社主任。同年担任台湾新闻记者公会理事长。1951年任台北中华日报社长。同时一度担任台湾省新闻用纸调配委员会主任委员。1954年至1956年，先后在美国州立科罗拉多大学新闻学院及斯坦福大学从事新闻学研究。1958年至1967年任世界新闻专科学校教授兼副校长，并兼报业行政科主任。1959年至1965年，同时担任自立晚报社长。此外，还担任过国华广告公司、联中股份有限公司、联广公司董事长。现任台湾新生报、台湾新闻报、民生报及自立报系常务董事，台湾电视公司董事，正声广播电台监察人，联太国际股份有限公司董事长，陈博生新闻奖学金管理委员会主任委员，林熊徵学田基金会常驻监察人，萧同兹文化基金会董事长，大同文化基金会董事长。是国际新闻协会及世界广告协会会员。著有《舆论的形成》一书。

张煦本（1913——　） 字健行，笔名郎宁，浙江诸暨人。1938年开始任诸暨国民新闻报编辑、记者。后创办京杭日报。1946年去台湾，任和平日报副社长兼总编辑。1947年任南京中国时报副社长兼总编辑。同年冬，再度去台湾，先后任平言日报、台北晚报等报主笔、总编辑。1949年开始进自立晚报，先后三度出任该报总编辑，一度担任总经理、后任副社长兼总编辑。1982年退休，任顾问兼主笔。现任台北自立晚报主笔。办报之余，还服务于教育界，曾兼任台北世界新闻专科学校、台北淡江大学兼职教授。主要著作有《都市平均地权论》《是是非非二集》《记者生涯四十年》等。

李侠文（1914——　） 广东中山人。1933年考进清华大学。在校期间即为平沪两地刊物写稿。1938年进香港大公报，初任外电翻译，偶写社评，后改任要闻编辑。1941年任大公报桂林版社评委员。1943年调大公报重庆版工作。仍分工撰写社评，并参加编译《大公报小丛书》，一度主编大公晚报。1945年任大公报重庆版编辑主任，负责编辑部工作。1948年参加大公报香港版复刊工作。全国解放后，任大公报香港版总编辑兼副社长。1988年被选为香港大公报社董事长。此外，还担任过第五、六、七届全国政协委员、中国新闻社理事。已出版的书籍有《世界各国概况》《暹罗》《世界在革命中》《台湾经济生活》《如何处置德国纳粹战犯》《伦敦、华盛顿、莫斯科——和平的伙伴?》等。

徐四民（1914——　） 缅甸华侨，祖籍厦门，生于仰光。1936年入厦门大学文科，当选读生。1937年抗日战争爆发后，回到缅甸从事抗日救亡运动，担任过缅甸共产党领导的缅甸独立军的翻译。1945年8月5日参与创办新仰光报，任总经理，曾就争取人民民主和反对内战等问题，和在仰光出版的国民党报纸展开论战。1948年1月4日作为缅甸华侨参加缅甸独立升旗典礼。1949年应邀出席在北京举行的全国政治协商会议第一次会议。1954年出席在北京举行的第一届全国人民代表大会。1964年回国定居，任华侨事务委员会委员、中华全国归国华侨联合会驻会委员。1976年移居香港，创办以归国华侨及海外华侨为主要对象的综合性杂志《镜报》月刊。现任全国政协委员、香港镜报文化企业有限公司董事长。

何若人（1915——　） 安徽全椒人。蚌埠乡村师范毕业。在校期间，参与领导蚌埠学生抗日救亡运动。1940年8月到1941年7月主编全椒斗争报。1938年参加中国共产党。同年去延安抗日军政大学学习。淮南津浦路西抗日民主政权建立后，曾在全椒县政府任宣教科长并主编斗争报。1941年至1946年，任路西地委新民主报编辑、总编辑。解放战争期间，先后任辽南日报副总编辑，胶东日报第一副社长，苏南日报副社长兼总编辑。1949年8月福州解放，任福建日报副社长、总编辑兼新华社福建分社社长，1955年1月任省委宣传部副部长，1975年12月任省委宣传部部长，1977年以后任省委秘书长，省委党校校长。1988年6月离休。现任福建省新闻学会名誉会长。

庄　坤（1917——1984）　福建晋江人。1932年参加19路军61师的华侨义勇军，投入上海"一·二八"抗战。以后在上海德润英文专科学校读书。1934年在泉州国民日报工作；1938年在长沙今天十日刊工作。不久赴延安，在陕北公学初级和高级研究班学习，并参加了四二年整风。1945年底到张家口任内蒙古周报记者。1946年入党。以后到内蒙古日报先后担任过采通科长、编辑部副主任、副总编辑和总编辑。1955年——1957年到西藏创办西藏日报，任总编辑。是内蒙古新闻界最早的领导人之一，为培养少数民族新闻工作者，做出了显著贡献。主要著作有通讯集《林海英雄》《她们走过的道路》《猎区旅行记》和散文集《晚餐》等。参加领导和编写的有《内蒙古自治区概况》等。1983年离休，1984年病故。

吴汉家（1917——　）　四川遂宁人。抗战前夕，毕业于成都救亡新闻专修班，毕业后到成都新民报任记者、编辑。1938年与王达非、杜桴生等地下党员一道发起组织成都青年记者学会。1939年在成都参加川康通讯社工作，先后任编辑、副总编辑。1942年与王达非等接办成都华西日报，任总编辑。在华西日报工作期间利用地方实力派与国民党当局的矛盾，延揽了杨伯恺、黎澍、叶丁易、陈白尘等一批革命进步的文化人参加编辑部工作，使这个报纸成为当时成都较有影响的进步报刊之一。发表的言论和报道有一些为延安解放日报和重庆新华日报转载。1944年加入民盟，负责四川民盟的宣传工作。1945年华西日报在国民党当局的压力下实行停刊改组，被迫退出。1946年与王达非一起发起创办成都工商导报，要求和平民主，反对独裁内战，促进民族工商业者的进步与团结。1947年以后，担任四川民盟的组织工作。建国以后，历任成都市文化局局长，四川省文化局副局长，民盟四川省委副主席兼秘书长，民盟中委、中央执行局副主任兼组织部部长。现任全国政协委员、民盟中央常委。

张　磊（1917——　）　曾用名张嘉埥、加育，浙江奉化人。抗日战争初期，在鄞县从事抗日宣传活动。1938年赴延安，先后在陕北公学、华北联合大学社会科学部学习。1939年随华北联合大学到达华北敌后根据地——晋察冀边区。1940年分配到晋察冀通讯社工作。同年五月，通讯社与抗敌报合并，11月7月，抗敌报改名为晋察冀日报，继续在报社工作，任编辑、记者。1943年加入中国共产党。解放战争开始后参加刚成立的新华社晋察冀前线野战分社（后改名为新华社第十九兵团分社），任编辑、记者、编委。建国初期任新华社新疆分社副社长、代社长、西北总分社采编副主任、青海分社社长。1956年调新华社总社新闻摄影部任副主任。1978年调中国新闻社任副社长。1985年离休。担任编辑记者期间写有《华北敌占区反奴化教育斗争》《攻克房山城》《德胜门外》等通讯。从事摄影工作期间，写有《新闻摄影与政治》《通讯社的图片编辑工作》等论著。

姚天纵（1917——1981）　广东澄海人。出生在华侨工人家庭。抗日战争初期参加救亡运动，1938年赴延安，在抗大学习和工作。1939年入党。1940年起，先后在鲁西日报社、冀鲁豫文联、太行文联、太岳新华日报社，任编辑、记者、编辑部长等。解放战争开始以后，任人民日报记者。北平解放后，在地方政府工作。1953年1月——1958年1月，任广西日报社社长、总编辑。以后，又转入地方工作。1981年11月病逝。在长期的新闻工作中，撰写了大量新闻报道、人物通讯、社论、评论、杂文和诗。在新闻理论和实践方面，创办了内部刊物《广西报人》，著有《编辑作风是党性的反映》《关于采访的一些问题》《让我们的报纸发出更多的群众声音吧》《在批评与自我批评的基础上以总结工作的方法进行业务学习》《谈标题》《笔下有人》等论文。

袁　烙（1917——1988）　笔名元洛、东方红、余友兰等。内蒙古托克托人。抗战后赴延安，参加青年运动及文艺工作。1938年加入中国共产党。抗战胜利后，在宁夏、甘肃等地做党的地下工作。1948年在延安群众日报开始新闻工作。1949年任西安群众日报社务委员、记者部主任。1952年任西安经济快报社委会主任。1953年创办西安日报及以后的西安晚报，任副社长、总编辑。1983年离休。曾任中共西安市委候补委员、宣传部副部长、市人大常委会委员等职。1960年出席省文教群英会，当选为先进工作者。1981年当选陕西省记协副主席。1985年当选陕西省新闻学会副会长。晚年担任陕西老年报社长。从事新闻工作期间，曾写有社论、消息、通讯、诗歌、散文等大量作品。1988年3月21日逝世。

李　嘉（1918——　）　江苏武进人。1934年考入日本帝国大学学习。"七·七"事变爆发后，辍学回国，转入中央政治学校，参加战地服务团，从事抗日救亡活动。抗日战争时期从事新闻工作，参与创办西安阵中日报，主编《春风》和《人世间》月刊，担任新民晚报编辑记者，并为重庆新华日报撰稿。一度担任过印度英军司令部少校参谋。1947年，被中央社派往日本，任该社东京分社主任，采访过朝鲜战争的全过程。1983年退休。退休后仍旅居日本，担任台湾联合报、中国时报特约专栏作者，并经常为其他港台报刊撰稿。1988年4月以报纸专栏作家名义回大陆访问。

孙泽夫（1918——　）　山东烟台人。中共党员。1939年参加革命。1941年到北海时报社任编辑部长，1942年到1943年任胶东大众报社记者，1948年秋任胶东日报社编委、编辑部副部长、总支书记，1950年夏任华东新闻出版局报业管理室主任，1952年至1970年任福建省委副秘书长、省委宣传部副部长、福建日报总编辑。1975年以后作过省广播事业局核心组组长、局长，省文教办公室副主任，1982年以后任省委宣传部副部长、省委宣传部顾问，省新闻学会会长，省政协常委。1988年离休。建国前作记者时期写了不少战地新闻报道。建国后在新闻业领导岗位上对新闻业务和新闻队伍建设都作出了重要贡献。

吴祯祥（1918——　）　浙江吴兴人。1935年在上海量才补习学校学习外文，并参加抗日救亡活动。抗战爆发后，回湖州进行抗日宣传，并参加当地抗敌后援会组织的各项活动。1937年冬到山西民族革命大学学习。1938年参加党领导的山西青年抗日决死队一纵队，担任该纵队三总队办的小战线报的刻印和采写工作。1940年入抗日军政大学六分校学习。1942年加入中国共产党。在部队中任过编辑科长、通讯报导科长等职务，担任过17团路标报、13旅战旗报、晋冀鲁豫军区第四纵队野战军报、第四兵团44军大进军报等部队报纸的主编，和新华社14支社的社长。建国后，历任14军国防前线报主编，云南、昆明军区国防战士报和云贵民兵等报刊的副社长、社长兼总编辑。1964年转业到中共中央西南局，任处长。1973年后，历任云南省出版办公室副主任、主任，党组副书记、书记，省出版局局长、党组书记。写的总结办报经验的文章，被列入《部队新闻报导工作》一书。1979年被选为中共云南省第三次党代会代表。

张高峰(1918——1989)　天津芦台人。1938年，随国民党军赴山东参加著名的台儿庄战役，并采写战地通讯，发表于邹韬奋主编的《抗战三日刊》。后转移桂、浙等地，兼任国际新闻社特约记者、邵阳观察日报特约记者。1939年秋进入晋东南八路军根据地采访，写有《儿童哨》《狂流》新诗二首，发表于1940年重庆新华日报。1940年入武汉大学学习，兼任重庆大公报西川通讯员。1942年被迫离校。1943年起，任大公报战地通讯员，在河南采访时，采写了《豫灾实录》，总编辑王芸生为此撰写了社评《看重庆念中原》，将河南灾情与重庆达官显贵的花天酒地做了对比，因此触怒国民党当局，大公报被罚停刊三天，张高峰被捕，并遭刑讯。1944年，重返武汉大学学习。1945年秋调回重庆大公报任记者。同年底调天津大公报，历任该报驻平、津、沈特派记者，发表了大量新闻报道，其中不少是揭露国民党腐败，为民众疾呼之作。1949年1月，国民党重庆当局以违反"出版法"和"勘乱动员令"罪名对重庆大公报起诉，所列罪状十条中，有他的三篇通讯，罪名是"违反政令，称共匪为共军，夸大东北危机"、"刺激学潮""毁谤政府"，该报因此被罚停刊三天。解放后，继续在天津、北京大公报工作。1963年回天津后，从事文史资料的编辑整理工作。1978年后，重新握笔，为海内外报刊撰写大量文章，曾担任天津市政协第六、七、八届委员。

钟　恕(女)(1918——　)　浙江鄞县人。上海光华大学、复旦大学教育系肄业。1939年加入中国共产党。1940年在上海地下党领导下，参加创办大学生刊物《海沫半月刊》。1941年上海"孤岛"沦陷后，《海沫》停刊，和一些进步青年办过油印刊物。1945年去解放区，在华中局城工部调研室做宣传工作。上海解放前夕，参加地下党领导的油印刊物教师报工作。1950年任新少年报副总编辑，1954年任新少年报副社长兼副总编辑，1960年任新少年报副社长兼总编辑。1964年调任中央人民广播电台少儿部副主任。1972年病休。1982年离休。写过《森林之王》《小乌龟出世记》《我有这样一个童年》等一些小说和童话。其中《森林之王》拍成动画片，并翻译成英文，收入新世界出版社出版的《神笛及其他童话》一书。

耿兆贵(1918——1983)　曾用名耿琦、耿一平，山东淄博人。1938年秋参加革命，同年加入中国共产党。1943年到山东沂蒙导报社从事新闻工作，先后在鲁中日报、辽东日报、东北日报任特派记者、通联科长、文教组长、编委等职。1952年调任在齐齐哈尔出版的黑龙江日报社长。1954年原黑龙江、松江合省后，任黑龙江日报副总编辑。在黑龙江日报工作期间，认真贯彻中共中央《关于在报纸刊物上开展批评与自我批评的决定》，对在报纸上开展批评和农业宣传抓得较有成效。在推广肇源等县丰产经验的报道中，采取群众路线的方法，突破了由记者运用现成材料写稿的老一套作法。为此，东北局宣传部在东北日报上以《学会群众化的办报方法》为题发表文章，给予肯定。1965年调黑龙江大学党委任代理书记。后任省广播事业局党组书记、局长。1983年退居二线，任省广播电视厅顾问、省顾问委员会委员。1960年和1980年曾先后两次当选黑龙江省新闻工作者协会副主席，1983年10月病逝于哈尔滨。

郭治澄(1918——1985)　原名郭治臣，曾名郭昌吉、郭石容，化名郭绍甫。四川资阳人。1936年在成都读高中时，参加中华民族解放先锋队。1937年入四川大学法学院政治经济学系。1938年加入中国共产党，在成都从事抗日救亡工作，并在成都四川日报、金箭月刊、星芒三日刊、星芒周刊等报刊上发表文章，阐述国际反法西斯斗争形势，鼓励群众抗日。1940年调地方作党政工作，以宜宾出版的芜湖晚报经济版编辑为掩护，直接领导报纸工作。1941年"皖南事变"后，两次拒发中央社关于所谓新四军问题的电稿，以共产党嫌疑分子被捕。同年越狱出逃，易地隐蔽。1948年到武汉，任中共地下市委文化工作组组长，组织文化新闻界开展了一系列宣传活动。1949年武汉解放后，调中共中央中南局机关报长江日报任财经组长、经济部副主任。1952年任中共武汉市委机关报长江日报副社长、副总编辑，1962年任武汉晚报党委书记兼总编辑。1972年任长江日报党委副书记兼副社长。1978年坚持"实践是检验真理的唯一标准"的观点，并在报上积极开展讨论；同时领导编辑部在办报思想上拨乱反正，清除"左"的思想影响。1978年调任中共武汉市委宣传部副部长。1982年任武汉市委党史资料征集编研委员会副主任、武汉地方志编纂委员会副主任，还被选为湖北省和武汉市新闻工作者协会、新闻学会副会长、顾问。1985年10月28日因心脏病突发逝世。历年写的社论、评论、论文、新闻报道、时事讲话等各类文章四百多篇。此外还出版过几本关于国际问题的著作。

曾敏之(1918——　)　原籍广东梅县，后落籍广西罗城。30年代后期，即从事创作和文艺理论研究。抗日战争爆发后参加中华全国文艺界抗敌协会，从事救亡活动。1942年任大公报记者，在桂林、重庆等地从事进步文化工作。1946年任重庆大公报采访主任。参加过国共谈判及旧政协的采访活动，写过大量特写和报告文学。解放后在广州参加中国作家协会广州分会，研究鲁迅及古典文学。1960年转到暨南大学中文系任副教授，兼任文艺报特约记者，撰写通讯。1978年调香港工作，历任香港文汇报副总编辑、代总编辑、评论委员会主任委员，同时兼任暨南大学客座教授。此外，还是中国作家协会会员、中国当代文学会台湾文学研究会会长、香港作家联谊会会长。已出版的文集有《拾荒集》《鲁迅在广州的日子》《读红楼梦》《岭南随笔》《望云海》《文史品味录》《观海录》《诗词艺术》《诗的艺术》《文苑春秋》《曾敏之杂文》等。其中《观海录》一书获中国作家协会主办的新时期全国优秀散文集杂文集优秀奖。

丁维栋(1919——　)　江苏昆山人。1941年毕业于中央大学经济系。1946年任上海申报采访组副主任、代主任。1949年到台湾。1951年起任泛亚通讯社台湾分社主任，任职期间一度赴美，在美国西北大学新闻学院从事两年左右的研究工作。1964年起，兼任中国文化大学夜间部新闻系主任。1967年起，到台北英文中国日报(CHINA NEWS)工作。现任英文中国日报社长、台北市报业公会理事长、台湾大众传播学会常务监事、台湾公共关系协会常务理事。著有《美国社会与美国报业》一书。

牟伦扬(1919——1943)　土家族，湖北利川人。1936年考入武昌高中，在校期间即开始为报刊撰稿。抗日战争爆发后奔赴延安。1938年在陕北公学学习结业后，分配到敌后抗日根据地晋察冀边区工作，在抗敌报(晋察冀日报的前身)任编辑、记者。1942年秋，受中共北方局派遣支援冀东，越过几十道封锁线，到热南地区任救国报总编辑，同时兼任综合性刊物《新长城》的主编。1943年初，调冀东15分区，任救国报燕山版主编。同年4月7日在丰润的白屯一带被日寇包围，突围时不幸中弹牺牲。业余从事诗创作，主要作品有《给村长们》《绞刑架下的婚礼》《长河颂》等。

陈　寰(女)(1920——　)　原名陈玉环，曾用名陈雨寰、岑寰，吉林延吉人。1940年考入成都齐鲁大学历史社会系。1944年参加民主同盟、民主青年协会。1945年在齐鲁大学毕业后，在共产党领导的华西晚报任记者，上海《大学月刊》编辑、记者。1947年进入晋冀鲁豫解放区，1948年任陕北新华广播电台编辑。1949年任北平新华广播电台(中央人民广播电台前身)编辑。1950年调到西南、重庆人民广播电台任职工组组长。1952年调回中央人民广播电台，历任工业交通记者、时事政治组副组长、组长。1987年全国新闻高级专业职务评审委员会评为高级记者。同年离休。

雷　行(1920——　)　山东肥城人。1939年12月起任晋察冀日报记者。1943年采写的《血海深仇狼牙山》，在总政宣传部文件《苏联的军事宣传与我们的军事宣传》中受到表扬；1944年采写的《张瑞合作社》在延安解放日报刊登时，曾配发社论，认为记者发现并报道的这一典型是粉碎日寇“蚕食政策”巩固抗日根据地的有效措施，是爱国主义和群众经济利益相结合的典范。1945年任冀察前线记者团团长，随军进张家口后，负责接管日伪“蒙疆放送局”，并负责筹建张家口新华广播电台。1947年任察哈尔日报副社长。1948年8月任新华社鄂豫分社社长兼鄂豫报副社长。1949年任新华社湖北分社社长兼湖北日报社长。1950年任新华社河南分社社长，写的《黄泛区今昔》一稿，受到新华总社表扬。1954年回湖北任新华社湖北分社社长。1959年任武汉市委宣传部副部长兼长江日报社长、总编辑。1961年至1983年任湖北日报社社长，经常深入基层调查研究，写了一些重要社论和文章。1959年和1982年作为中国新闻工作者代表团团长和副团长，分别访问了捷克斯洛伐克、匈牙利、罗马尼亚和日本，并发表了访问随记。1986年底退居二线后任省顾委委员、省老新闻工作者协会会长。1989年任新创办的公共关系导报社长。

楚崧秋(1920——　)　湖南湘潭人。1945年毕业于中央大学研究院。毕业后曾任东京盟总新闻专员等职务。1961年获亚洲基金会及美国国会研究员奖助，在美国约翰霍浦金斯大学华府研究所从事短期研究。1964年任台北中华日报社长。1972年任台北中央日报社长。1978年任国民党中央文化工作委员会主任。1985年推选为台湾“中国新闻学会”理事长。现任中央日报董事长、中国电视公司董事长。从事新闻工作的同时，还先后在台湾行政专校、师范大学、中兴大学、中国文化大学、政治大学等院校兼课，担任副教授、教授、系主任。此外，还是国际新闻学会(IPI)的会员，台北记者公会、报业公会、大众传播教育协会、新闻评议会的会员、理事、名誉理事、常务理事和理事长。著有《舆论与政府》《美国总统选举与民主政治》《如何抢救亚洲危机》《一个电视新生的告白》《新闻理论与实务》等。1966年获嘉新文化基金会新闻评论奖。

文又生(1921——1987)　原名迟丘山，河北南皮人。1938年参加革命。1939年加入中国共产党。在沧州地区、渤海区做群众工作和宣传工作。1940年任沧县曙光报主编。1943年党组织派到天津市做地下工作，领导进步学生运动，积极支持、领导进步学生刊物《烟火》《刊联》的编辑和出版。天津解放后，到天津日报，历任社会服务组编辑、资料组组长、党的生活组组长、来信来访组组长、理论部主任等。1961年，调天津师范学院中文系新闻班担任教学领导。1963年调天津市艺术博物馆。1980年任天津市新闻学会副会长兼秘书长，并担任天津日报新闻研究室副主任，创办并主编《新闻史料》《天津市新闻学会会刊》等两个内部刊物。1984年离休。1987年2月在天津病逝。擅长杂文写作。历年写的杂文，有一部分已收入天津人民出版社出版的《红心集》等杂文集。著有《政论文的写作》一书。

余　信(1921——　)　河北晋县人。1939年加入中国共产党，并参加革命工作。1946年到冀中导报、河北日报任编辑、记者、编辑部副主任。1949年调出，负责筹建河北人民广播电台，历任副台长、台长兼总编辑至1959年。50年代河北人民广播电台成为全国名列前茅的地方电台。1958年12月中央广播事业局局长梅益同志撰文推荐中央广播事业局主办的《广播业务》第12期以河北电台广播工作经验专集出版。1979年任河北省文物事业管理局局长、中共河北省委宣传部顾问。现任中共河北省顾问委员会委员。主要作品有长篇人物通讯《白维鹏》《谢臣》及系列杂文《教子篇》等。

杨永平(1921——　)　原名杨东昌，山东黄县人。1939年参加革命，同年加入中国共产党。1943年开始新闻工作，在中共胶东区党委机关报大众报任编辑、记者。1945年10月调东北日报任编辑，1947年5月调任中共合江省委机关报合江日报副总编辑、副社长，1949年6月调任新华通讯社松江分社副社长。曾参加全国第一次政协会议和开国大典的采访，写有《十面红旗》等访问记，发表于人民日报。1950年调任中共松江省委机关报松江日报社长。1954年松江日报和黑龙江日报合并，任黑龙江日报副总编辑。1956年及1959年两度到中共中央党校学习，获得研究生学历。后调任中共黑龙江省委政治研究室副主任。1972年调黑龙江省出版局，任局长兼党委书记。1982年调任中共黑龙江省委党校副校长、副书记，1986年7月离休。

秋　伟(1921——　)　原名陈传铎，山东临沭人。1938年参加革命。1940年加入中国共产党。1945年调到新华社滨海分社、滨海农村报社，先作通联工作，后当记者，因深入采访，完成任务较好，立过两个小功。1947年随军南下，在桐柏日报、南阳日报当记者、采通科长。1949年调广西日报社，任采通科长、编辑部主任。1952年调百色地区，领导右江日报的复刊工作，改名为右江农民报，任副社长、社长。写了大量社论、评论和典型报道。1954年调回广西日报社，先后任总编室主任、秘书长、副总编辑。分管群众工作、记者工作。50年代后期至60年代初期的一段时期内，主持夜班和报纸的出版工作。1972年离开报社，曾任南宁市人大常委会副主任。1985年离休。

程广泰（1921—— ） 山东招远人。1938年参加党领导的地下抗日活动，1939年参加革命，1940年加入中国共产党。1941年到延安兵工厂工作，积极为解放日报撰写文章，两次被授予“甲等劳动英雄”称号。1946年11月到承德新华广播电台，先后担任干部培训班班长、电台协理员，并为热河群众日报撰写杂文。1948年12月奉命接收承德广播电台。电台试播后，被任命为热河人民广播电台台长。1953年11月到东北人民广播电台任办公室主任。1954年到1957年，先后任辽宁人民广播电台第一副台长、代理台长。1980年任辽宁省广播事业局副局长。深入辽宁的大部分县区和一部分乡村，用很大精力抓辽宁的农村有线广播事业，为恢复、发展有线广播做了大量艰苦细致的工作，使辽宁农村有线广播工作走在全国前列，1983年离休后，继续做调查研究，撰写回忆文章及调查报告。写的回忆解放战争中的承德新华广播电台，收入北京广播学院编著的《中国人民广播回忆录》一书，《农村有线广播之我见》刊登在1988年《辽宁广播电视》杂志上。现任辽宁省老新闻工作者联谊会理事，辽宁省广播电视协会副会长。

叶寒青（1922—— ） 笔名罗谊、晴木，江苏无锡人。1937年肄业于无锡私立匡村中学。1940年加入中国共产党，先后担任中共区委书记、区常备队队长等。1944年起，任团政治处团报编辑，编辑战士读物《连队生活》。解放战争时期，编辑纵队政治部办的工作指导性刊物《奋斗》，一度调任新华支社采通室主任。1949年在华东军区政治部宣传部编审科编辑部队政治工作文献资料，并就部队出版物中存在的问题撰写理论探讨性文章和思想评论。1951年起，在华东军区政治部《人民前线》杂志社（后改为报社）任编辑组长、总编室副主任。1955年调解放军报社，先后任理论宣传处编辑、副主编、主编，编辑《思想战线》副刊和理论文章、学习辅导材料。1978年任副社长。作品多为“思想杂谈”“思想方法和工作方法研究”。1985年离休。

关君放（1922—— ） 辽宁新民人，满族。朝阳大学经济系肄业。抗战时期，在四川任乐山川南工商新闻社记者、重庆西南日报编辑。1946年到延安，在群众日报任编辑。1948年调新华社西北野战军分社任编辑。西北野战军改为第一野战军后任随军记者。写的有关解放军进入河西走廊和解放玉门油矿的报道，受到新华社第一野战军总分社的表扬。建国后，任新华社新疆分社记者、副社长。写的有关吐鲁番的报道，受到总社的表扬。1950年加入中国共产党。1956年任新华总社地方部专稿组组长。1958年到宁夏先后担任新华社宁夏分社副社长、宁夏日报副总编辑、宁夏广播局党组副书记、副局长、宁夏人民广播电台副台长，中华全国新闻工作者协会理事、宁夏新闻工作者协会、宁夏新闻学会及宁夏新闻摄影学会副会长。1985年离休。现任宁夏回族自治区政协文史专员。

李　迢（1922—— ） 山东益都（现青州市）人。1945年在西北农学院上学时开始为国统区进步报刊写稿。1946年去延安后到边区群众报任编辑、记者。边区群众报改为群众日报后，任该报副刊主编。1949年报社迁西安，先后任特派记者，文化部主任、办公室主任、编委委员。1954年群众日报改陕西日报，任副总编辑。1982年任该报顾问。现为陕西省新闻学会常务理事、高级记者。先后写过大量新闻、通讯、评论、杂文，以及各种形式的通俗文艺稿件。反映解放战争中边区人民对敌斗争事迹的故事曾被宣传单位改编为话剧演出。针对农村干部群众在社会主义改造过程中的思想动向写的一系列杂文，有多篇被收入湖南人民出版社出版的《农村工作思想漫谈》一书。报道宝成铁路修筑工程艰巨复杂面貌的长篇连载通讯《跨越秦岭》，为陕西人民出版社出版单行本。业余写作小说，先后发表于延安群众日报副刊，以及人民文学、延河等杂志，有的被选入人民文学出版社出版的小说集。1962年被接收为中国作家协会会员。

林逢源（1922——1989） 原名林原，天津人。1946年参加革命。1949年入党。解放前在天津市南开通讯社工作过很短时间，业余写稿投寄新天津日报等副刊。解放后，到天津日报社，历任记者、财贸部副主任、主任等。主要担任财贸报道。1980年在天津日报编辑部首先提出“抓活鱼”的口号，并连续组织了“柑桔随意涨价”“哄抢农民西瓜”等连续报道，受到读者好评和市领导的赞扬。由于在“抓活鱼”中做出成绩，两次在华北六报会议上介绍经验，受到兄弟报社的重视。1987年天津市评为高级记者，同年离休。离休后仍不断深入第一线采访、写稿。并撰写回忆录在《新闻史料》上发表。1989年6月5日逝世。

周　政（1922—— ） 原名祝英明、祝峰，上海市人。早年就读于上海安徽中学。1938年去延安。1939年到陕北公学学习。陕北公学与鲁艺、青训班合并为华北联合大学后，随该校深入敌后到晋察冀边区。1944年加入中国共产党。一直从事地方工作。1958年以后调任中共郑州市委宣传部副部长兼郑州日报、郑州晚报总编辑。1972年调河南日报社，先后任副总编辑、顾问等职。1986年离休后，仍任河南省新闻工作者协会、河南省新闻学会副会长，主持和参与了全省近几年的好新闻评选、优秀新闻论著评选，以及1987年、1988年全省县、处级新闻干部培训班的工作。

尚力科（1922—— ） 山东莱芜人。山东省莱阳县立第二乡村师范肄业。1938年投奔沂蒙山区八路军抗日军政大学一分校，在青年队受训，毕业后在家乡参加抗日救亡活动。1940年在山东抗日总动员委员会太行山区一分会宣传部编辑动力周报。1943年调山东省文化协会编辑部工作，在综合性文化刊物《山东文化》社任编辑。同年参加中国共产党。在山东文化社任职期间，写过一些报告文学、文艺通讯、诗歌、故事等。日本投降后，一度担任过山东军区前线记者。1947年由省文协转入部队，在华东野战军第三纵队麓水报社任记者（兼新华社三支社记者），进行战斗采访。参加过莱芜战役、孟良崮战役、济南战役、淮海战役、渡江战役等重大战役的报道。发表过一些战斗新闻和通讯。建国前后，历任22军麓水报社长兼新华社三支社社长、浙江军区、七兵团新华分社采编主任、南京军区政治部人民前线报记者组长、文化部华东战士（战士通俗读物）社总编辑、总政文化部解放军战士社军事文艺组组长。1958年调解放军报。1975年任解放军报社副社长。为《当代中国》丛书“民兵卷”编委会委员，1983年出版的《山东解放区文学概观》被列入解放区报告文学作者之一。1985年离休。

刘岳峰（1923—— ） 山东招远人。1938年参加革命，1943年加入中国共产党。参加工作之初，在中共胶东区党委机关报——大众报社当排字工人、校对。1944年春到大众报社编辑部、新华社胶东分社作记者、编辑副组长。先后发表过揭露日伪及国民党反动派罪行的《五百张状纸》《胶济路上的阴云》及与东平合写的反映南海地区群众斗争的《坚决起来》等通讯，和平度、威海等地农村土地改革、民主政权建设等报道；另外还写过歌颂工人劳模于得水的叙事诗及报告文学《玉泉烧锅》。1949年春南下，任苏南日报地方版副主编、副刊主编。同年进入福建。历任福建日报编委、地方版主编、总编室主任。1953年起任副总编辑。负责地方报道，写过一些关于发展互助合作与生产的言论。1955年～1957年到中央党校新闻班学习。1978年任福建日报社党组书记、总编辑、省新闻协会副会长。1982年参加中国新闻代表团到日本访问，写了《靠教育发迹的日本》等介绍日本教育事业的文章。从1964年起，先后被选为第三、五、六、七届福建省人大代表，1978年——1984年被选为中共福建省委委员，1983年——1988年任第六届省人大常委会秘书长，1988年起任第七届省人大常委会委员。

李忠禄(1923——　) 笔名张芒，四川重庆人。1939年在巴县中学参加中国共产党。40年代初曾用笔名在重庆大公报、国民公报副刊上发表诗和散文。1946年至1950年先后在重庆国民公报和成都西方日报任记者。1947年6月1日在国民党对学生和新闻记者进行的大逮捕中被捕。1950年调西南人民广播电台任职工组副组长，政治经济组组长。1954年西南台撤销后，历任重庆人民广播电台政治广播组组长、新闻部副主任、重庆台编委等职。除编辑和采写新闻通讯外，还对录音报道等广播形式进行探索，并参加或主持了不少实况转播、广播大会的编审工作。1949年为追悼重庆11·27死难烈士，揭露特务罪行而采写的报道《中美合作所真面目》，1951年5月为控诉抗战中日机5·3大轰炸重庆而编写的配音广播《重庆大轰炸回忆》，以及1952年7月1日为庆祝成渝铁路通车而组织的重庆、内江、成都三地通车典礼连续实况转播等，在当时都有广泛的社会影响。1985年撰写了《继承光荣传统，办好新时期的人民广播》一文，以重庆台名义发表在中央台编印的文集《改革与探索》上。1985年参加中国新闻代表团访问朝鲜。1986年离休。1987年全国新闻高级专业职务评审委员会评为高级编辑。曾任四川省记协第一届理事。现任重庆市新闻学会副会长、重庆市广播电视学会副会长。

张　黎(女)(1923——　) 浙江嘉善人。上海晏摩氏女中高中毕业。1941年2月参加中国共产党，早年在上海从事党的地下工作。1946年到山东解放区。1947年在华东新闻干部学校毕业。同年任胶东大众报见习记者，报道了胶东东海地区敌后游击战。1947年秋随军南下中原，参加接管郑州日报。1949年初在中原妇代会上被推选为中原地区女新闻工作者的代表，出席了1949年3月在北平召开的第一次全国妇女代表大会。1949年秋起，任新华社中南总分社、新华总社国际部记者、编辑。1954—1957年就读于北京第一外国语学院英语系。1958年—1978年任新华总社国际部拉美组编辑、发稿人，国际部西班牙文组副组长。1979年调中国社会科学院新闻研究所，任世界新闻研究室主任。1981年作为中国方面的正式代表之一，参加在北京召开的中澳新闻研讨会。1983年作为中国社会科学院和美国科学院交换的高级学者访问美国，考察了美国新闻和大众传播学研究的状况，是中国最早的传播学研究者之一。与他人一起主编并参与写作的《传播学(简介)》一书，是国内第一本较全面地、有分析地介绍国外传播学研究的著作。主持并与他人合译了美国著名学者埃德温·埃默里父子合著的《美国新闻史——报业与政治、经济和社会潮流的关系》一书。发表过有关国外新闻理论及传播学的论文、译文多篇，主要有《关于世界新闻新秩序的讨论》《传播学研究小议》等。1986年在中国社会科学院新闻研究所评为副研究员，同时被中国社会科学院研究生院新闻系聘为硕士研究生指导教师。此外，还担任中华全国女记者协会特邀理事、中国三S研究会常务理事、民办行知职业学校常务董事等职务。

所梦九(1923——　) 山东掖县(今莱州市)人。1939年参加革命，1941年加入中国共产党。1948年秋开始从事新闻工作，曾任新华社胶东分社西海支社记者、编辑，胶东日报社驻西海专区记者。1950年到大众日报社，先后任记者、编辑、农业部副主任。较长时间搞农村宣传报道，编写和撰写了一些社论、通讯等，报道了一些在全省甚至全国有较大影响的改造自然、建设新农村的典型单位和英模人物。1964年采写的临沂县东张屯大队涝洼地改种水稻的典型报道发表后，由山东人民出版社出版了《东张屯巨变》一书。1966年调西藏任西藏日报社党委副书记、革委会副主任。1976年调西藏自治区广播事业局，任党委书记、副局长，后任党委书记、局长兼西藏人民广播电台台长。在西藏自治区广播事业局工作期间，组织领导筹建了西藏电视台。1980年调回山东，任大众日报社党委副书记、副总编辑至1983年。1984年任山东省新闻学会副会长。

马汉卿(1924——　) 陕西米脂人。高中毕业。中国共产党党员。从1948年起，先后任陕甘宁边区三边报主编、陕北群众日报主编、陕西日报编委和总编室主任、陕西农民报总编辑、西安晚报总编辑。在各个时期为报纸撰写了许多评论和杂文，其中有些由陕西省出版社选编出版。现为中共西安市顾问委员会委员、西安市新闻工作者协会主席、西安市新闻学会会长、陕西省新闻工作者协会副主席和中国晚报工作者协会副会长。

史继明(1924——　) 笔名季明，浙江宁波人。1942年入伍，1944年加入中国共产党。抗日战争时期，在苏北新四军抗日根据地的联抗报、江潮报和新华社苏中三支社等单位任干事、编辑、记者、记者站长等。解放战争时期，在江海导报、新华社苏中分社、华中日报、新华日报(华中版)、新华社华中分社、蚌埠支社、江淮五支社等单位历任记者组长、报道科长、支社主任等。参加过"苏中七战七捷""坚持敌后斗争""淮海战役""大军渡江"等采访报道，受过新华总任的表扬。当时写的《女民兵高凤英》等三篇通讯，被汇编于《不屈的斗争》一书。解放后，先后任皖北日报、安徽日报总编室副主任、主任等职。1954年起任安徽人民广播电台(省广播局)党组书记、台(局)长兼总编辑。除致力于广播宣传外，积极进行事业建设，1960年以半年时间，建成安徽电视台。1970年调任安徽省出版局(现为新闻出版局)局长、党组书记兼省出版社社长、总编辑。1983年离休。现为编审，安徽省老新闻工作者联谊会常务副会长兼秘书长，安徽省广播电视学会顾问，安徽省出版工作协会名誉主席，新华日报、群众周刊史学会南京分会副会长等。

刘克林(1924——1966) 湖南新化人。抗战时期在成都清华中学学习期间即参加党的组织。考入燕京大学后，一度出任燕京大学学生自治会主席，是成都燕京大学进步团体"蓉社"和"未名团契"的发起人。1946年到重庆大公报。后调到香港大公报工作。建国后，历任上海、北京大公报总编室、评论部、国际部主任。足迹遍及亚非欧20个国家。抗美援朝期间，到朝鲜战场采写战地通讯。1959年以大公报特派记者名义，随陈毅副总理兼外长采访老挝问题的日内瓦会议。1963年调中宣部国际宣传处工作。1964年以新闻专员名义随周恩来总理出访亚非欧14国，参加草拟联合声明等重要文件。在这前后还参加了60年代著名的九评苏共中央公开信的写作。1966年8月被"四人帮"迫害致死，年仅42岁。已出版的通讯文集有《东场里血案》、《看，莱蒙湖这面镜子》两书。

沈　琮（1924——1990）　上海青浦人，1942年参加革命，同年加入中国共产党。抗日战争时期在敌后根据地苏中报社任校对员、编辑。解放战争时期参加了前线记者团，历任大众日报第二研究部时事杂志《新华文综》编辑，新华社中原（华中、华南）总分社军事组编辑，农村组组长和采编部副主任。1953年起任新华社总社地方新闻编辑部时事政治组组长、国际组组长、发稿助理、副主任等职。1971年调山西日报，先后任政治组、理论组编辑、工商组组长、总编室第一副主任等职。1978年调光明日报，历任总编室副主任、机关党委副书记、新闻研究所副所长等职务。1987年全国新闻高级专业职务评审委员会评为高级编辑。1990年初逝世。

陈守芳（1924——　）　黑龙江肇州人。1946年参加革命。1947年加入中国共产党。长期从事文教宣传工作。1978年调任黑龙江人民广播电台副台长。后任省广播事业局党组副书记、副局长、省广播电视厅党组副书记、副厅长。1982年领导并编审黑龙江电视台《历史故事连播》节目60集，在全国16个省40多家电视台播放后，引起强烈反响。一些大专院校复制录像带，作为对青少年进行爱国主义教育的辅导教材。1983年领导并编审了黑龙江电视台与日本映象企画合作摄制的大型电视纪录片《友谊的大地》，该片在日本东京12频道首次播映后，有28家报刊发表消息和评论，后应观众要求重播，观众达5000多万人。1983年当选为黑龙江省第六届人民代表大会代表，同年被选为中共黑龙江省第五次代表大会代表。1988年被选为黑龙江省广播电视学会会长，1989年改任名誉会长。现已离休。

和谷岩（1924——　）　原名和新泉，笔名山石。河北曲阳人。1937年参加八路军，在晋察冀军区第三军分区政治部冲锋剧社任宣传员、舞蹈队长、创作员。1938年加入中国共产党。1942年入华北联合大学文学系学习。1943年开始学习写作，并为军区报纸撰稿。1946年春写了揭露日寇在原热河省南部残酷制造"无人区"暴行的通讯《东线见闻记》，从此走上了新闻工作道路。1947年调华北野战军第四纵队政治部前卫报社工作，先后任记者、编辑、主编。1951年随中国人民志愿军入朝作战，在志愿军19兵团64军政治部，先后任报纸主编，宣传处副处长，文化处长等职。1953年入中央文学研究所学习。1955年调总政治部解放军报社，先后任记者、记者处长、副社长等职。在军报工作期间，曾参加过雷锋、王杰、南京路上好八连、硬骨头六连等重大典型的采访与写作。在从事新闻工作的同时，坚持业余文学创作，主要作品有短篇小说集《枫》，长篇小说《三八线上的凯歌》电影文学剧本《狼牙山五壮士》《儿童团》（与他人合作），中篇小说《茶花艳》、散文《英雄的史诗》《独轮车》及散文集《戎马小集》等。是中华全国新闻工作者协会会员和中国作家协会会员。1985年离休。

梁洪浩（1924——　）　原名梁鸿灏，广东番禺人。1947年毕业于南京国立政治大学外文系。1948年初考入国民政府外交部，担任英文新闻电讯编译工作。1949年入香港大公报任翻译、记者。1950年到北京新闻学校学习。同年冬参加抗美援朝，后调任《志愿军伤病员通讯》编辑。1951年调东北军区前进报任副刊编辑；年底再赴朝鲜，任中国人民志愿军前线后勤报记者、编辑、秘书组长，参加了开城、上甘岭等战役的报道。1956年复员回国，入新华通讯社对外新闻编辑部担任翻译、编辑、记者。1962年调广州暨南大学中文系新闻专业任教。1970年调广州外国语学院任英语教员、联合国文件翻译组副组长、美英问题研究室副主任。1978年秋调回暨南大学新闻系任教。1984年加入中国共产党。现任暨南大学教授、校学术委员会委员、新闻传播研究室主任、硕士研究生指导教师、中国新闻教育学会理事。曾多次立功受奖。编著、译作有《汉英时事用语词汇》（审校人之一）《怎样阅读英文报纸》（与人合作）《国外新闻事业》《海外华文报刊历史概述》《海外华文报纸》《海外新闻事业百题问答》《外国新闻事业史》（主编）等。

黄天才（1924——　）　号天铎，广西阳朔人。国立政治大学毕业。曾任台北经济时报采访主任，台北民族晚报采访主任、副总编辑，台北联合报主笔、编政组主任，台北中华日报编撰、主笔，台北中央日报驻日本特派员，中央日报副社长、社长等职务。现任台湾中央通讯社社长、台北记者公会理事长、台湾新闻通讯事业协会理事长。译著有《杜鲁门回忆录》（译）、《林海峰的人与棋》《新闻人物采访实录》等。

夏　雨（1924——　）　原名季寿鸿，笔名季鸿、宋莘等，江苏盐城人。在北平解放报当过记者、编辑。1949年调到人民日报。同年随军南下，1950年起在云南日报历任编辑组长、编委、副秘书长、总编室主任。1952年加入中国共产党。1960年起任云南日报副总编辑。1978年到1982年任新华社云南分社社长。1980年到1985年任云南日报总编辑。曾担任过人民日报和人民日报·海外版特约记者。1982年到1986年任云南省新闻记者、编辑业务职称评审委员会主任。1988年经云南省新闻职称评审委员会评为高级记者。1985年起退居二线。多年来，在中央和云南省的一些报刊上发表过大量消息、通讯和评论。1984年写的评论《派性与权力结合最危险》，获第六届全国好新闻评选的评论一等奖。写过数百篇杂文，出版过《草箭集》《云岩漫笔》杂文集。1982年和1988年先后访问过日本和泰国，1984年作为中国省报主编代表团团长访问美国。现在是云南省新闻工作者协会主席。

郭国涌（1924——　）　山西沁县人，1939年参加革命，1946年调华北新大众杂志社任通联员。1948年任新大众报通联员。1949年初北平解放后，任大众日报记者。同年调新创刊的工人日报工作，历任记者组长、采通部主任、副总编辑兼社长、社长兼党委书记、顾问等职。参加过1965年关于大庆油田的报道、1982年关于赵春娥事迹的报道、1983年关于张海迪的报道的第一线组织工作。写的孟泰、赵梦桃、廖贻训、张学礼等先进人物的报道，反映较好。1985年离休。

朗　可（1924——　）　原名王充，山西隰县人。1937年开始参加抗日救亡宣传活动。1938年加入中国共产党。1940年到延安，先后在鲁迅艺术学院、部队艺术干部学校学习，并担任党报通讯员，积极为晋绥大众报、抗战日报撰稿。1946年任新华社和晋绥日报记者，在晋绥日报、晋南日报上发表大量新闻、通讯。1949年参与西安日报筹办工作。同年，随军进疆，担任新疆日报社编委会委员、主任和副总编辑。1954年在中共中央高级党校新闻班学习。1956年回到新疆日报，主持日常工作。1960年新疆日报评为自治区文教战线先进集体，以先进集体代表和新疆代表团副团长名义出席全国文教群英会。1965年负责组织和参与新疆维吾尔自治区成立十周年庆祝活动的宣传报道。在这前后，还负责组织了刘少奇、周恩来、朱德、陈毅、贺龙等党和国家领导人视察新疆期间有关活动的报道，并担任大型画册《新疆》的主编。1973年调任新疆维吾尔自治区革委会宣传组副组长、新疆出版局党组书记、新疆自治区人民政府秘书长。1981年任陕西日报代总编辑。现任陕西日报顾问。中华全国新闻工作者协会理事、常务理事，新疆自治区和陕西省记协会长、中国延安鲁迅文学艺术学会学术委员会委员。早年写过《里应外合》《破镜重圆》等五部剧本，主持新疆日报工作期间，曾创作电影文学剧本《他们在战斗》由新疆电影制片厂拍成电影。

沈如钢（1925——　）　原名程志定，江苏无锡人。中学时代就参加进步学生运动，曾遭日寇逮捕。1944年就读于中央大学化工系。1946年在南京秘密参加中国共产党，并从事学运工作。1948年底撤退至苏北中共华中工委。建国后，在中共南京郊区工委工作并主编南京农民报，后改任南京人报农村组组长。1952年起先后在南京任中共市委宣传部组长、市委讲师团中级组理论教员，建邺区委、秦淮区委宣传部长。1957年结业于中共中央高级党校政治经济学专业。1958年调南京日报任文教、政法、党的生活组组长。1959年调新华总社学习外文，1960年结业于外训班英语专业，担任外文干校副校长。1963年到1967年先后担任新华社巴格达分社、科威特分社首席记者。1969年调回总社，任国际部西亚非州组编辑、外训班主任。1978年参加中国社会科学院研究生院新闻系筹建工作，主讲《新闻理论研究》课程，担任硕士研究生导师，系学位评委会委员。1981年到1982年应邀到美国哥伦比亚大学新闻学院和斯丹福大学传播系作访问研究。1988年经北京市高校教师职务评审委员会审定，确认有教授任职资格，中国新闻学院、中国社会科学院研究生院新闻系聘为教授，安徽大学、江南大学中文系聘为兼职教授。《中国大百科全书·新闻卷》新闻理论分支编写组成员。著有《新闻学原理》《新闻学基本理论》。主要论文有《新闻教育改革刍议》《试论我国新闻体制改革的目标模式》等。1987年、1988年北京市评为优秀新闻工作者。

柏　立（女）（1925——　）　蒙古族，曾用名柏致中，北京市人。1942年在北京市立女子职业学校毕业后，参加英语、日语学习班学习。1942年秋，接受地下党交给的任务，到日伪北平广播电台当播音员，直播《妇女节目》和《卫生常识节目》。1944年底开始同美国英语教授合作在北平广播电台播授《英语讲座》，负责汉语播音。1946年参加革命，在冀鲁豫边区邯郸广播电台、陕北新华广播电台担任播音员，播送新闻、通讯和文艺节目，对瓦解敌军，鼓舞人民斗志起过重要作用。1949年，在天津人民广播电台任播音员，后随军南下到广西作地方工作。1956年调广西人民广播电台，历任副台长、副总编辑、编委委员，主管农村有线广播网工作。1963年病休，1983年离休。

章　敬（1925——　）　北京人。1939年参加革命，1940年任挺进报译电员、文书。1944年加入中国共产党。1945年起先后在挺进报、群众报、察哈尔日报任编辑、校对科科长、资料室主任、总编室主任。1952年任察哈尔日报社经理部长兼印刷厂厂长。1953年任华北行政委员会新闻出版处副处长。1954年任北京人民广播电台编辑部副主任。1960年后任中央人民广播电台新闻部副主任、主任。1979年任中央人民广播电台副台长。1980年作为中国广播电视代表团成员访问过朝鲜民主主义人民共和国。1982年以中国记者团副团长的名义访问印度，报道第九届亚洲运动会。曾任北京新闻学会常务理事、《中国新闻年鉴》第一届编委会编委。

戴照普（1925——　）　山东东明人。1941年参加革命。1945年7月入党。1944年起从事新闻工作，先后任冀鲁豫边区五分区烽火报和五地委群众报的缮写员、副股长。1947年初到冀鲁豫边区六地委创办晓报，负责采通工作。1947年下半年任东阿县县报社长。1955年任河南日报编委委员、党的生活组组长。1956年任河南人民广播电台副台长、河南省广播事业局副局长，河南省革命委员会广播事业局党的核心小组组长。1979年调任河南电影制片厂党委书记。1984年离休。1962年组织撰写的署名编委会的文章《万箭齐发，支援农业》在全国性刊物《广播业务》上发表。50年代和60年代初，象焦裕录、南崔庄、应举社、林县红旗渠等典型，均在广播宣传上作了连续报道，有声势、有规模、有深度，取得了较好的社会效果。全国有十多个省来河南台复制关于焦裕录的宣传录音播放。1959年在第六次全国广播工作会议上作的“努力抓好带方向性典型”的发言，在《内蒙古广播业务》上刊发。

刘　山（1926——　）　河北任邱人。1942年参加工作，1946年加入中国共产党。1948年6月任任邱县委通讯干事。1948年12月调冀中导报当记者，参加平津战役采访。1949年河北日报成立后，历任记者、编辑、记者组长、经济部副主任、编委，记者部、总编室主任，副总编辑、顾问。1988年河北省评为高级编辑，1989年离休。离休前整理了32年的《河北日报大事记》，编辑出版了二本《河北报刊史料》，与他人合写了《冀中导报简史》。在从事新闻工作的40多年间，编辑采写了大量的新闻通讯和评论，其中《国营商业和地方工业要密切结合》《热情帮助落后者》《原材料不足的困难是可以解决的》《为政治服务为生产服务为群众服务》等社论受到省委和报社领导的表扬。《发扬持久打算艰苦创业精神》为人民日报转发。自己写和与他人合写的《埋头苦干建设穷儿町》《持久打算艰苦创业南王庄》《脚踏南会胸怀全局》《李玉英——勤俭持家能手》以及学遵化等几篇典型报道在全省引起学赶活动，产生较大影响，受到省委表扬。

乔　青（1926——1988）　河南南阳人。早年在上海复旦大学新闻系读书。1948年参加革命。先后在河北省正定华北大学政治班、河北省平山市政干部训练班学习。新中国成立后，先后在天津工人日报社、天津晚报社、天津人民广播电台等单位历任编辑、组长、主任、副台长、台长等职务，并选为天津广播电视学会副会长、天津市新闻学会理事、天津市新闻工作者协会理事。1952年加入中国共产党，曾获局级和市级优秀共产党员称号。在主持电台工作期间，认真钻研新闻理论，坚持党性原则。80年代初，以丁逊为笔名发表文章，批判以人民性取代党性的错误言论。积极贯彻“让世界人民了解天津，让天津人民了解世界”的方针，陆续与国外几个友好城市电台交换广播节目，沟通了天津人民与国外友好城市人民的相互了解，增进了友谊。1988年8月7日逝世。

李栋春（1926—— ） 山东沂水人。1944年入伍，1946年加入中国共产党。1958年任临沂大众社长兼总编辑。在他主持下，临沂大众报1960年作为文教战线先进单位出席全国文教战线群英会，受到表彰和奖励。1965年调任大众日报农村版副主任、主任，大众日报编委、总编室主任、报社办公室主任。1977年起任大众日报社党委常委、副总编辑，1984年任山东省新闻学会副会长。在从事新闻专业工作的28年间，先后为临沂大众、大众日报、农村大众等撰写消息、通讯、社论、调查报告、文艺作品、报道计划、业务研究等文章200余篇。1961年采写的沂水县崔庄区正确指挥农业生产的五篇调查报告，在临沂大众报发表后，很快被《中国农民》转载。

金靖中（1926—— ） 浙江绍兴人。共产党员。1944年参加革命，担任皖南通讯的编辑。1946年入华中新闻专科学校学习。结业后，历任新华日报（华中版）、新华社华中二支社、人民报的记者、编辑，研究员等职。1952年建立江苏省后，任新华日报党的生活组组长。1954年调江苏省委办公厅工作。1975年重返新华日报任副总编辑、党组副书记。1977年带领记者深入苏南农村调查社队工业的发展情况，撰写了《重大的创举》等八篇调查报告，高度评价了无锡县农副工综合发展的正确道路，得到了省委和中央领导同志的重视和表扬。80年代以来，在他主持下，新华日报进行了一系列新闻改革，开辟的《今日快讯》专栏，和创办的致富报、扬子晚报都受到读者欢迎。1987年全国高级专业职务资格评审委员会评为高级记者。1988年任新华日报社长及江苏省新闻学会会长。

赵德新（1926—— ） 河北临城人。1943年参加革命。1945年参加中国共产党。1946年到1949年在晋冀鲁豫边区的新大众杂志、新大众报社做资料通联工作。1949年3月，担任大众日报编辑，同年到工人日报，1961年任副总编辑兼总编室主任。1980年起任中国农民报负责人、农民日报社务委员。1953年，到抗美援朝前线采访，参加了朝鲜停战协定签字仪式。1954年—1956年在中共中央高级党校新闻班学习。1960年，作为新闻界代表，出席全国首届“文教群英会”。1988年农民日报评为高级编辑并经全国新闻职称改革工作领导小组批准。历年在工人日报、农民日报、人民日报、中国老年报等报刊上发表的评论性文章有300多篇，并出版了《工人阶级和共产党》《镇压反革命讲话》等4本小册子。其中《工人阶级和共产党》一书，先后印刷了13次，并译成两种少数民族文字出版。此外，还在《新闻三昧》等业务刊物上发表过10多篇有关新闻业务的评论文章。

于云先（1927—— ） 山东海阳人。1942年参加革命。1944年加入中国共产党。同年到新华社胶东分社工作。1946年调新华社滨北支社任记者。1948年调新华社豫西分社任记者、记者组长、秘书兼广播编辑科科长。1949年任新华社许昌支社副社长。同年11月任新华社河南分社采编主任。1952年调新华总社，历任编辑组长，发稿助理、编辑部副主任。1953年朝鲜停战前夕，和其他同志率国内各新闻单位记者前往朝鲜参加开城记者团，进行有关朝鲜停战和遣返战俘的报道。1970年至1978年任新华社北京分社领导小组组长、副社长。多次成功地组织了如美国总统尼克松、日本首相田中访华等报道。1978年调北京人民广播电台任党委副书记。1979年成立北京市广播事业局，任党组成员，副局长。1983年至1986年兼北京人民广播电台台长。1988年由北京市评为高级编辑。1989年离休。现任中华全国新闻工作者协会理事、中国广播电视学会理事、北京市广播电视学会会长，首都新闻学会理事。

王继槐（1927年—— ） 湖北宜都人。1949年夏毕业于重庆南泉新闻专科学校，同年加入中共地下组织。重庆解放后，先后在西南局机关报新华日报及重庆日报从事新闻工作，历任记者、编辑、编辑部秘书组、检查组、来信组、文化生活组副组长，工业组组长，编辑部副主任，副总编辑、社级调研员。1983年作为重庆市新闻界党员代表出席中共四川省第四次代表大会。1985年与人民日报记者一道出访南斯拉夫。1987年全国新闻高级专业职务评审委员会评为高级记者。现任重庆市新闻学会副会长。党的十一届三中全会以来，他的新闻作品和论著多以改革为主题，写的新闻评论《回头看不是走回头路》和反映上层建筑领域改革的消息《医治拖拉顽症有方——中共重庆市委常委决定：凡基层向上级机关送出请示报告半月无答复即视为同意》分别获1986年和1984年全国好新闻一等奖和二等奖。写的新闻学论文《揭示改革本质，深化改革宣传》和《试论改革宣传的科学性》，分别选入全国第一次和第二次新闻学术年会的《新闻学论文集》。《我们需要什么样的新闻改革？》一文在《重庆日报》上发表后举荐给重庆市科联。工人出版社出版的《当代名记者与代表作》收录了他代表作品和采写体会及小传。

乔逢元（1927—— ） 山东莱芜人。1941年参加革命，曾在山东公学等校学习。1945年任新华社鲁中分社、鲁中大众报记者，参加前线记者团，随部队向胶济线大进军。同年，加入中国共产党。解放战争期间，随军参加了淄博、莱芜等战役的报道。在国民党军重点进攻山东、报社人员被迫撤向渤海地区时，自愿留在敌后，参加淄川县武工队，并对坚持敌后斗争的英雄人物进行报道。1948年随军南下，任豫西日报采访科长。1949年任开封日报采通科长。同年参加了河南日报和陕州群众报的创建工作，先后任河南日报编委兼采通科长、陕州群众报副社长、副总编兼新华社陕州支社副社长。建国后调新华社中南总分社任工业组长，写的有关湖北农具厂抗美援朝的报道，被总分社评为好稿。1953年任新华社河南分社副社长、社长。1958年任河南日报副总编辑，除参与撰写社论、评论外，不断和编辑记者一道，参加了鹤壁煤矿、嵖岈山、八里畈、南阳酒精厂等重要典型的报道。写的有关发展南阳黄牛商品牛的考察报告，受到当地的关注，人民日报曾全文转载。1973年后任河南省出版局核心组副组长、党组书记、局长兼河南人民出版社社长。1982年退居二线。1985年离休。曾是河南省人大代表、河南省政协常委。现在是河南省出版协会名誉主席。

陈　述（1927—— ） 吉林榆树人。曾就读于东北大学、辽东新闻学校。1946年参加革命。1947年开始从事新闻工作，曾任吉林日报编辑、记者、财经组长、政文部主任、总编室主任、副总编辑、顾问等职。1953年入党。先后发表过不少有影响的作品，如在抗美援朝运动中写过长篇通讯《海兰江畔的怒火》，1954年针对财经工作中的一些重要问题组织过几次重要讨论并撰写了《国营商业的光荣使命》等重要文章和社论，1956年以后写过全国劳动模范纪英林打井队的长篇通讯《石头井》，1978年写了全国劳动模范牛天举、君子兰旋风等有较大影响的文章和通讯，1985年带人沿松花江采访，写了《松花江纪行》系列报道等。1987年全国新闻专业高级职务评审委员会评为高级编辑。1988年任吉林省新闻学会会长。

郭林祥(1927——) 山东海阳人，生于哈尔滨。1947年参加革命，1954年加入中国共产党。1948年毕业于长春大学法学院经济系。同年10月入新闻界。先后在长春新报、吉林日报、长春日报当过记者、编辑、组长、部主任。创办过地区报纸德惠报。1978年起担任长春日报副总编辑。1984年被选为全国优秀新闻工作者。1963年主持长春日报农村版时，致力于研究通俗化编写。从60年代至今，坚持不懈地给编辑、记者、通讯员讲业务课，1985年以后又给吉林大学新闻专业兼职授课。1988年在吉林省新闻改革研讨会上对"深度报道"作的系统分析，得到与会者的好评。1989年在《新闻研究》上发表文章《跳出会议写会议》，就长期困扰新闻界的会议新闻提出了改进意见。此外还撰写了一部简明实用的《新闻采访》讲义。1985年由省人事厅批谁为高级编辑。1990年2月离休。现任长春市新闻学会会长、吉林省新闻学会常务理事，中国新闻学会联合会理事。还被聘为长春市地方志编纂委员会顾问、副主笔。

曹文秀(1927——) 辽宁黑山人。1952年大学毕业后到东北日报任记者、编辑。1956年加入中国共产党。1979年任辽宁省新闻工作者协会辽宁省新闻学会副秘书长，1984年任"两会"秘书长。主任编辑。1988年任中国新闻学会联合会副秘书长、中国新闻学会研究基金会副秘书长兼办公室主任。同年兼任沈阳公共关系协会副主席。1986年至1989年间，任辽宁省报纸单位新闻专业职务评审委员会委员兼评委会办公室主任。"文化大革命"前为辽宁日报社历届的先进工作者，曾出席中共辽宁省委机关先进工作者代表会议。1983年评为辽宁日报社先进工作者，1988年评为辽宁省优秀新闻工作者并出席了1990年省记者协会、省新闻学会优秀新闻工作者、新闻工作先进集体表彰会，受到奖励。多年来潜心研究新闻理论，积极撰写论文，有些发表在中央及新闻业务刊物上。其中《企业报不可忽视的宣传力量》一文，被评为辽宁省优秀论文一等奖和全国企业报、专业报优秀论文二等奖；《略论企业报经济报道》一文，被评为全国企业报、专业报优秀论文一等奖。与人联合主编的《芳草集》一书，已由辽宁人民出版社出版发行；与人合编的《西方新闻作品选》由中国广播出版社出版。还为"两会"举办的万人新闻函授学校编写了教材。

大　策(1928——) 原名卜全谟，笔名李曼等，江苏涟水人。1945年在涟水县暮公中学读书时加入中国共产党。1946年开始从事新闻工作。1948年任淮海报记者，参加过淮海战役的报道。1949年起，先后在新合肥报、江淮日报、皖北日报任记者。从1952年起先后在安徽日报任记者组长，并参加治淮报道，写了大量新闻、通讯。还一度以李曼的笔名，写过一批合作化的新闻、通讯。1956年至1967年，任安徽日报编委、经济部、采通部副主任。在任经济部副主任兼农村组组长时，1958年春组织一整版植树造林报道，在头版刊出，毛泽东在南方视察时看到后，作为编得好的版面之一，写信向当时广西省委书记刘建勋、韦国清推荐。1968年起先后任安徽日报革委会常委，出版部主任，副总编辑，党委委员。连续15年从事报纸夜班编辑出版工作。现为高级编辑，安徽省新闻协会、新闻学会副会长，安徽省老新闻工作者联谊会常务理事。曾主持《中国名人词典》安徽省党政人物释文编写工作，参与编辑《当代中国》安徽卷，主持《当代中国的新闻事业》一书的安徽省资料征集工作。

白天明(1928——) 辽阳市人。1945年参加工作，1946年加入中国共产党。同年开始新闻工作，先后在辽河新报、辽东日报、辽南日报从事采访编辑。1949年起在东北日报任记者、工业组副组长。1953年赴朝鲜采访朝鲜战争停战谈判签字仪式，是参加这项仪式的唯一的地方报纸记者。1954年起先后任辽宁日报工业组、消息组组长、工业部主任、记者部主任、编委。1980年以来，先后任辽宁人民广播电台副总编辑、辽宁电视台台长、辽宁广播电视厅副总编辑。撰写的一些评论，曾获辽宁省好新闻奖、辽宁省电视好新闻奖、辽宁省优秀评论编辑奖。现任辽宁广播电视学会常务理事、副会长兼秘书长，中国广播电视年鉴编委。

何　钧(1928——) 辽宁大连人。1945年入党。同年参加新闻工作。先后在大连人民呼声报、旅大人民日报、大连日报任记者、报道组长、编委委员。1951年调中共中央东北局宣传部报刊处任干事、副科长。1954年调吉林日报任新闻组长、编委委员，1957年调吉林人民广播电台任副总编辑，1984年任吉林省广播电视厅副总编辑、党组成员、吉林人民广播电台台长。50年代就注意新闻改革，为促进新闻的短、新、快、活，做了大量的工作。在电台工作期间，在节目结构和节目设置、编制形式等方面，采取了许多措施，使广播宣传更能贴近听众、贴近生活、贴近时代。有不少报道和节目获得有关方面和领导的好评和奖励。1985年由省人事厅批准为高级编辑。现为吉林省新闻学会、吉林省广播电视学会、吉林省电视艺术家协会副会长。

杨穆俊(1928——) 又名杨木。广东潮安人。幼年随父母侨居泰国。回国后，在广东上小学、中学。1947年至1949年在广州中山大学英文系，参加地下党领导的学生运动。1949年夏，到广东东江游击区参加革命。1954年加入中国共产党。建国后，在中共东江地委、粤东区党委工作，被评为土改工作模范，粤东区直属机关优秀工作者。1954年到北京俄语学院学习。1957年毕业后，到新华社国际部工作，担任过中英文编辑、部主任发稿助理。1965年至1967年任新华社驻华沙分社常驻记者，1980年至1986年任新华社驻曼谷分社首席记者，曾随周恩来总理访问罗马尼亚、围绕柬埔寨问题采访在东盟国家及法国举行的国际会议、随杂技团访问北美及拉美诸国、采访世界大学生运动会、亚运会及奥运会等大型国际比赛，去柬埔寨战场采访20多次。足迹遍及四大洲的近30个国家，采访写作题材多样，涉猎面广。1982年至1983年曾率记者组步行37天到柬埔寨暹粒吴哥地区作艰苦的丛林战争采访。1983年获新华社晋升一级奖励并通报嘉奖。1984年获全国一级优秀新闻工作者称号。1987年全国新闻专业职称评审委员会评为高级记者。1989年获国务院授予的全国先进工作者称号并参加全国劳模和先进工作者表彰大会。现任新华社国际部副主任。已出版的文集有《柬埔寨抗越风云录》《来自柬埔寨丛林的报告》《神秘的金三角》(内部发行的畅销书)《海上桂林——杨木散文通讯选集》等。

曹世钦(1928——) 河北冀县人，

1945年参加工作，同年加入中国共产党。1952年任察哈尔日报察北记者站站长，1953年任长城报农经组长，1959年调河北省委理论刊物《东风》杂志编辑部，1961年任河北日报社编委兼文艺部主任，1966年任北京日报编委，1973年任北京日报党委常委、副总编辑。1980年加入中国作家协会。1988年全国新闻高级专业职务资格评审委员会评为高级编辑。现任北京日报社副总编辑，北京文艺学会副会长。从事新闻工作以来，曾写过消息、通讯及各种评论200多篇；文艺评论及文学作品300多篇。先后在全国40多种报纸和期刊上发表过作品。已出版的著作有诗集《塞上散诗》《诗诗画画集》，散文集《杏花集》《书画家成才之路》，文艺理论《谈散文写作》，文学传记《尹盛喜传》等。

楚　汜（1928——　）　原名孔繁芩，笔名孔凡令、孔黔，辽宁营口人。1945年参加革命。1949年加入中国共产党。1946年开始任东北民主联军四纵队（41军）报社、新华支社记者，参加过鞍（山）海（城）、梅河口、四保临江、辽沈、平津等战役，深入火线采访，写了很多战场见闻和英模人物通讯。1949年随41军进驻北平，参与组织警备北平的报道。同年随大军南下，参加湖南、广西战役报道工作。建国后调四野政治部新闻科、报社任编辑、通联组长。1955年入中共中央高级党校专修哲学，1957年结业后调解放军报社，长期从事理论、新闻研究、评论工作，先后任编辑、副主编、研究员、主编，1985年任副总编辑，组织和起草一定数量的社论、编辑部文章、评论员文章，并用笔名在军内外报刊发表一批思想评论、新闻工作评论，其中有：《评“反对官僚阶级”》《反对家长作风》《荣辱观的革命》《社会主义新闻事业在实践中》《论政治家办报》《谈报刊宣传的片面性》等。解放战争时期曾立大功四次，获东北民主联军总部颁发的“艰苦奋斗”奖章两枚，“工作模范”奖章一枚。1988年评为高级编辑，同年授予少将军衔。1989年任全军新闻高级职称评审委员会主任，是首都新闻学会、中国新闻学会联合会理事。1989年离休。

王　温（1929——　）　笔名萧风，内蒙古呼和浩特人。1946—1948年在绥蒙新闻和绥闻晚报任记者。1949年在民办报纸绥远民报担任社长。1953年毕业于内蒙古师范学院化学科，分配到内蒙古人民广播电台任记者。50年代和60年代初期通过中国新闻社以笔名萧风在港澳和海外华文报刊发表了大量的反映内蒙古的报道，主要有《阴山脚下的古城——呼和浩特》《春天来到了钢城——包头》《中国陆地港口——集宁》《内蒙古草原上牧民家庭生活的变化》《集二铁路通车给草原人民带来的欢乐》等上百篇通讯、特写。1982年调内蒙古新闻研究所从事新闻研究工作。1984年加入中国共产党。同年评为全国优秀新闻工作者。先后担任中华全国新闻工作者协会理事、内蒙古新闻工作者协会、内蒙古新闻学会两会专职秘书长、内蒙古《新闻论坛》编委、中国《桥》杂志内蒙古办事处主任、经济日报特约记者。主要编著有：《记者应是“四有”楷模》《内蒙古好地方》一二两集，《内蒙古师范学院三十年》以及编导的电视片《人民教师的摇篮》等。1985年率中国新闻代表团访问朝鲜民主主义人民共和国（任团长）。回国后，在工人日报、中国青年报、农民日报、内蒙古日报等发表访朝记行15篇，向中国人民介绍了朝鲜的锦锈河山和社会主义建设。

吕　齐（1929——　）　山东章丘人。1949年参加革命。1952年入党。1950年到1954年在西南人民广播电台任助理编辑、记者、综合组副组长。1954年任西康人民广播电台编辑部秘书兼农村组组长。1956年调四川人民广播电台工作，历任工业组长、编辑部副主任、副台长兼分党组副书记。1960年评为全国文教群英会代表。1982年曾脱产在中共中央党校新闻干部培训班学习一年。1985年当选四川省新闻学会常务理事、副秘书长。1986年调省委机关刊物《学习与党建》杂志任总编辑。1988年四川省专业职务评审领导小组评为高级记者。1990年选为省新闻学会副会长。历年写的录音报道、通讯、杂文、报告文学等，多次获全国、全省的优秀新闻奖和报告文学奖。其中《和强者较量》获1981年省优秀报告文学奖；《一个专业户的挑战》获1984年四川省优秀新闻二等奖、全国优秀广播节目三等奖；《凉山与世界》获1985年四川省优秀新闻一等奖、全国优秀广播节目一等奖；论文《全感采访人物》获1986年四川省人民政府优秀社会科学科研成果奖；《美食家与蝗食家》获1988年四川省好新闻二等奖。此外，《关于全感采访的一些问题》《笔墨逢时舞》《脚印、脚印》《一个专业户的挑战》《访张蓉芳》等分别被北京广播学院和四川大学等新闻系作为新闻范文编入教学参考材料。出版了报告文学选集《和强者较量》。应邀在中央党校报刊编辑部、四川省委党校、北京广播学院、四川大学等单位讲授“新闻采访”等新闻学课程。现任四川省新闻学会副会长。

李文珊（1929——　）　笔名杨柳枝、辛继哲、石灵、石亦灵等，河北武安人。初等师范毕业。1945年参加革命，1950年加入中国共产党。先后在太行新华日报、山西日报和西藏日报从事党的新闻工作30年，历任通联干事、记者、编缉、编辑组长、记者站长，编辑部副主任、主任、副总编辑、总编辑和党委书记。写过大量的通讯、报告、散文、特写和评论，许多被评为优秀作品。从1975年起，历任西藏自治区党委宣传部副部长、部长，自治区党委常委、副书记，中共河北省委副书记，副书记兼省政协主席。在脱离新闻工作岗位之后，仍长期分管新闻工作，并坚持调查研究和业余写作。对新闻工作有很深的感情。1984年参加中国文化工作代表团出访日本，1987年率河北省经济文化代表团出访意大利，1988年参加中国共产党代表团出访保加利亚和南斯拉夫。1986年起，任河北省对外文化交流协会会长、海外联谊会会长和中国吴桥国际杂技艺术节组委会主席。已出版的文集有《金梁和玉柱》《高原春秋》《李文珊散文集》《第八级人》等。系中国作家协会会员，中华文学基金会理事。

毕竹荫（1929——　）　原名毕祖荫，笔名著荫、梅河、胡文朝，湖北浠水人。1949年湖北人民革命大学毕业，同年5月参加革命，1952年加入中国共产党。1955年调湖北日报社，历任编辑、记者、记者站负责人、部副主任、部主任、总编辑助理。写过大量的消息、通讯、新闻评论、思想小品和游记、散文。1980年后负责湖北省记协和新闻学会日常工作，先后主编新闻学习、两会通讯、湖北新闻通讯等业务刊物，负责编辑出版了1982年全国《好新闻》、1983年全省《好新闻》，审定出版了《新闻采访写作》等。选编修订了《当代中国记者丛书》（湖北分册），组织企业报合编出版了《新闻业务手册》。撰写过多篇新闻业务论文。1988年由省评为高级编辑。现任湖北省记协和新闻学会副会长兼秘书长，省新闻高级职务评审委员会委员、办公室主任、中国新闻学会副秘书长、湖北省政协文史资料委员会副主任。

郭成方（1929——　）　吉林敦化人。

1948年在长春大学、东北大学上学。1949年在北京新闻学校学习。同年参加工作。1950年到西北人民广播电台先后任编辑、记者、组长。1954年到陕西人民广播电台任政教组长、农业部、新闻部负责人。同年加入中国共产党。1981年起先后任陕西省广播事业局副局长、陕西省广播电视厅厅长、党组书记、总编辑。在担任领导工作的同时，还坚持编采制作活动，写过大量具有特色的新闻、通讯、特写、评论、调查报告、录音报道和口头报道。其中有些节目，选为编辑记者业务学习的资料。如录音报道《渭水插翅上高原》是当时陕西台最受大家推崇的录音报道之一，和《聋哑儿童在歌唱》一起被北京广播学院收为教材。1989年评为高级编辑。现任副厅长、党组副书记、副总编辑、中国广播电视学会常务理事、陕西省广播电视学会会长、陕西省新闻工作者协会副主席。

郭留昌(1929——　) 河南范县人。1942年在冀鲁豫边区第一中学学习。1945年加入中国共产党。同年调中共中央平原分局机关报冀鲁豫日报电台工作，先后任分队长、台长。1945年到1990年，先后在冀鲁豫日报、济宁日报、新黔日报、贵州日报工作。1961年至1963年，在中国人民大学新闻系专修科新闻专业学习。1980年在中共中央高级党校学习哲学、社会主义经济理论。在贵州日报工作期间，先后任编辑、记者，一版、二版主编，记者部、政文部、经济部、总编室副主任、主任、编委、副总编辑。1985年，当选贵州省新闻工作者协会副主席。1988年当选贵州省第七届人民代表大会代表，贵州省人大教科文卫委员会委员。1989年退居二线。同年创办贵州老年报(内部发行)，任总编辑。

徐　震(1929年——　) 笔名公今度、丁艾。江苏昆山人。1947年入上海暨南大学新闻系，1948年加入中国共产党。1949年随暨南大学新闻系并入复旦大学新闻系学习。1952年毕业后留校工作，任《复旦》《复旦大学校刊》总编辑、新闻系、中文系党总支书记，党委宣传部副部长、部长等职。1983年起兼任复旦大学新闻系主任。1984年起兼任《新闻大学》杂志主编。1987年起，任复旦大学新闻学院院长。1988年评为研究员。多次参加国际新闻学术交流活动。经常为中央和各省市报刊撰写杂文，已发表的在300篇以上。出有杂文集《魂兮归来》《有花的蔷薇》两种。编有《中国近代爱国志士诗文选读》等多种。此外，还撰有《人的鲁迅》等论文。

耿维海(1929——　) 山东潍坊人。1945年参加革命。1947年进入华东新闻干部学校学习。结业后，分配到新华社中南总分社、湖北分社工作，后任长江日报编辑。1955年调湖北日报，历任记者、编辑、经济部副主任、工财部主任、总编室主任等职，现为湖北日报总编助理副厅级调研员。1989年评为湖北日报高级记者。在报刊上发表过大量的新闻、通讯、评论、特写及调查报告。参与采写或组织了长江大桥、武钢、汉丹铁路、葛洲坝等重点工程及朱玖、马学礼、黄义臣、龙蓉芳、长虹机械厂、襄樊棉织厂等一大批重大典型的报道。擅于用短新闻来反映重大主题、重大事件和讴歌先进人物的思想与业绩。写的有关葛洲坝大江截流工程的短新闻，受到新闻界同行的好评。著有《记者的职业道德》《新闻角度》《当今世界殊》等新闻专论。

丁家骥(1930——　) 江苏大丰人。1949年进入中国人民解放军二野军政大学学习。1950年加入中国共产党。1971年由四川省委机关调至四川人民广播电台从事新闻工作，先后任记者、编辑、编辑部主任。1978年任省广播局副局(台)长，1983年任省广播电视厅副厅长兼四川省人民广播电台台长。1989年任正厅级巡视员。组织并参与采访报道的老山前线战士生活长篇通讯《南疆行》，资阳县开展万名农村党员带领群众勤劳致富竞赛等系列化报道，以及发挥全国三大良种猪之一的荣昌猪优势系列报道等均获得好评。其中，为发展荣昌猪系列报道撰写的评论，获全省好新闻奖。经手编辑的不少节目和稿件，在全国、全省获好新闻奖。多次主持全省优秀广播节目评选活动。1985年起任四川省新闻学会副会长，1987年起任四川广播电视学会副会长，1988年任四川省经济记者协会主席。

马玫丽(女)(1930——　) 上海人。燕京大学新闻系毕业。1947年加入中国共产党。1949年调入北京青年报社，任采访通讯组组长。1950年赴苏联中央团校学习。1952年调中国青年报社，起初负责学习修养部，后任编委兼思想理论部主任。主持编发了大量对青年进行革命传统教育和理想道德教育以及普及马列、政策的文章，如《雷锋日记》摘录、刘伯坚的《带镣长衔行》等烈士诗草等。自己也撰写了几百篇文章和通讯报道，其中不少被辑入各种专集。1975年以后调国家建委任政研室副主任、国家进出口委研究室副主任、经贸部政研室副主任兼经贸部新闻发言人。曾用集体笔名在人民日报上发表了若干篇首批揭批四人邦经济路线的文章。写的《解放思想，搞好综合平衡》一文，批判了建国后经济上“左”的路线，被人民日报作为社论发表。以后还为人民日报、经济日报、世界经济导报、光明日报、工人日报、美洲华侨日报、香港经济导报等海内外报刊撰写阐述和贯彻改革、开放的社论和论战性文章数十篇。1985年初筹备和创办国际商报，任总编辑。1987年全国新闻高级专业职务资格评审委员会评为高级编辑。1988年调任驻丹麦使馆商务参赞。

叶建丽(1930——　) 浙江丽水人，1950年毕业于台湾政工干部学校新闻系。1953年任台湾海军总司令部新闻官。1959年任台湾新闻报采访主任。1967年转到政府部门工作，任台北市政府新闻处专门委员兼发言人。1969年回到新闻工作岗位，任台湾新闻报副总编辑兼采访主任。1971年任台湾中华电视台副主任。1974年任台湾新闻报副社长。1981年任国民党中央委员会文化工作委员会总干事。1983年任中央通讯社副社长。1984年任台湾新闻报发行人兼社长。1986年任新闻晚报发行人兼社长。是国际新闻协会(IPI)及台湾新闻学会会员。著有《人定胜天的铁证》《环球采访实录》《新闻采访与写作》等。

张常海(1930——　) 河北滦南人。1944年参加革命，1945年入党。1946年至1949年历任新华社察哈尔分社、冀热察导报社见习记者，中共四海县委、怀柔县委宣传通讯干事，新华社南口支社副社长等。新中国成立后，任察哈尔日报编辑、记者、特派记者、记者组长等，1952年察哈尔省撤销，调中央新闻纪录电影制片厂任纪录片编辑，1955年调光明日报，历任文艺部副主任、通采部副主任、文艺部主任、总编室主任、编委等职，1987年由全国新闻专业高级职务评审委员会评为高级编辑。1989年8月任光明日报总编辑。在光明日报长期主编光明日报《东风》副刊，联系大批老中青作家和学者，为报纸副刊的“四性”(思想性、政治性、知识性、趣味性)做出了努力。70年代初中美关系解冻时，于1972年代表光明日报接待首次访华的美国报纸主编代表团，随后曾先后赴美国、加拿大、澳大利亚、日本、匈牙利等国进行访问，为中国新闻工作者与各国同行和朋友之间的交流与友谊铺路架桥，尽心尽力。

钱 林(女)(1930——) 上海市人。1949年参加工作。1952年加入中国共产党。1957年入中国人民大学新闻系学习，主编过系办的新闻学报、公社报、厂报。毕业后分配到安徽日报，先后任编辑、组长、部副主任、副总编辑。十一届三中全会后，围绕安徽农村第一步改革采写过大量新闻报道与评论。1983年进入报社领导班子后，对一张党报如何发挥政治优势并办出特色，通过著文讲课并起草和实施一系列改革方案进行探索。其中如《坚持正确的政治方向和不断增强宣传效果》被收入《新时期的新闻工作》一书。开辟的《我谈党报》专栏受到新闻界和广大读者的关注。建立的舆论信息网络及组织采写的《改革经济报道》《改革会议报道》《提高办报水平的措施》《编辑管理岗位责任制》等由于动议较早，为几家全国性与兄弟省市报纸提供了参考材料。

金希光(1930——) 笔名金秋、齐碧、师牛、石夫、艾朵等，湖南邵东人。1949年参加革命。最初在湖南常德地委机关报滨湖报当编辑、记者。1956年调湖南农民报当编辑。1958年调湖南日报，历任编辑、机动记者、评论组长、记者部主任。1960年加入中国共产党。1978年起任副总编辑。1988年至今任副社长、副总编辑。1987年经全国新闻高级专业职务资格评审委员会评为高级编辑。几十年来除编稿、审稿外，还写了大量消息、通讯、评论、理论文章、调查报告等各种新闻和文艺体裁的作品。长篇通讯《工人革新家刘孝安》《毛主席的好学生张德龙》等，曾引起较大反响。消息《沅江县十万农户有了"家庭法律顾问"》、评论《应大力提倡共产主义劳动态度》《评"失落感"》《以俭养廉与厚禄养廉》，分别获得1981年、1986年、1987年、1988年度湖南全省报纸系统好新闻一等奖。1981年发表的《论坚持四项基本原则和进行两条路线的斗争》、1987年发表的《一场不可避免的斗争——试论反对资产阶级自由化的必然性和必要性》等十余篇理论文章，旗帜鲜明产生了良好的社会效果。近几年潜心新闻理论研究，先后发表了20多篇学术论文。《论新闻工作的职业道德》《论改革开放中新闻的价值取向》等三篇论文，选入1986年的《中国新闻年鉴》和中国新闻学会联合会第一次、第二次学术年会的《新闻学论文集》。

高 炜(1930——) 浙江乐清人。1948年在上海省立中学加入中国共产党。1949年参加中央团校第二期学习。1950年，在共青团新华分社当记者并参加中国青年报的创刊筹备工作。1951年中国青年报创刊后，历任该报助理编辑、编辑、编辑秘书、武汉记者组组长、东北记者组组长等，积极参加鞍钢、长春第一汽车制造厂、武汉长江大桥建设的报道。1956年担任《辣椒》副刊组组长，为报纸如何开展批评积累了经验和教训。1961年任《星期天》副刊编辑，写了一些知识性文章。1962年起在总编室担任夜班编辑。1978年10月中国青年报复刊，继续在总编室做编辑，并先后担任了副主任、主任。1983年任中国青年报副总编辑。1984年任常务副总编辑。1988年当选为中国新闻学会联合会常务理事。现任中国青年报常务副总编辑暨党组副书记。

康 健(1930——) 笔名韦戈，辽宁大连人。关东文法专门学校毕业。1948年参加革命，同年到大连日报工作。1950年加入中国共产党。历任记者、编辑、财经组副组长、编辑部副主任、总编室主任、编委、副总编辑。现任大连日报总编辑，全国新闻学会理事、辽宁省新闻工作者协会和新闻学会常务理事。中共大连市委第六届委员会委员、大连市十届人大常委会委员。写的新金县杨树房服装厂厂长的通讯《女厂长李桂莲治厂风格》，在经济日报一版头条刊载并配发短评，收入《辽宁通讯》一书。1984年评为全国优秀新闻工作者。同年，在全国率先提出办"开放型"报纸的设想，明确提出了办"开放型"报纸的根据、方针、原则及具体措施，并积极付诸实践。1986年夏，邓颖超同志连续看了三个月大连日报后称赞说："大连日报办得不错，重要消息不漏，挺及时，报纸办得比较活，印刷也挺好。"1988年根据几年的实践经验撰写的论文《进一步解放思想，把报纸办得更开放些》被收入《新闻学论集》。

王 锦(1931——) 山西阳高人。1945年参加八路军，1946年加入中国共产党。1947年从事新闻摄影工作。先后在晋察冀野战军九旅、绥远军区政治部任摄影干事、摄影组长。参加过察南、平津战役及绥远和平起义摄影采访。1952年调北京电影制片厂学习新闻摄影，后任北京电影学校洗印专修科辅导员。1954年调光明日报社，历任摄影组长、国内部副主任、摄影美术部主任等职务。几十年来，为报纸提供了大量新闻照片和专题摄影报道。撰写的新闻、通讯、文章、散见光明日报、新闻摄影、中国新闻年鉴等。代表作有《巷战》《齐白石与梅兰芳》《教学手术室》《循循善诱》《勤勉》《印染工人之歌》《今日朝鲜》《日本一瞥》《在零下四十度》《过目难忘——记荷兰世界新闻摄影比赛作品展》《乔治·洛蒂印象记》《时代的风采》等。1987年，应邀作为中国新闻摄影学会代表团长，赴阿姆斯特丹，参加第30届世界新闻摄影比赛授奖仪式及作品展览开幕式，就中国新闻摄影学会与世界新闻摄影比赛荷兰基金会互相交换作品、开展学术交流，进行了洽谈。1989年由光明日报社评为高级记者。现任光明日报记者、中国新闻摄影学会副会长、全国好新闻评选委员会委员。

朱 军(女)(1931——) 原名朱佩莉。江苏无锡人。中共党员。全国解放前夕参加人民解放军，在第四野战军46军新华社军事支社和军报任记者。参加了解放中南关键一战——衡宝战役的报道。1952年参加中国人民志愿军入朝。在硝烟弥漫的三八军事分界线上作战地报道，采写了20余篇"最可爱的人"的英雄人物通讯。撰有《踏进新闻行列最初的年月》一文，收入《中国女记者》一书。1955年回到祖国，在人民铁道报任记者。1958年调光明日报，历任光明日报教育部、科学部及国内政治部副主任、主任职务，主要从事教育与科学技术方面的宣传报道。30多年来，有关科教方面的全国性重大报道，均在一线组织宣传并自写新闻、通讯及评论。如1960年全国文教群英会、1978年的全国科学大会等，每次见报稿件都在20至30块版面左右。撰写的评论累计逾百篇，社论《开发智力资源 为四化建设服务》被评为1980年全国好新闻奖，宣传教育方针的社论《要把道理讲透》获1986年全国教育好新闻一等奖。1989年由光明日报社评为高级记者。社会兼职有全国教育新闻工作者协会副主席、首都女新闻工作者协会常务理事。

伍素心(女)(1931——1989) 湖南长沙人。1949年9月参加新华社分社和新湖南报举办的新闻干部训练班学习。

1950年元月，分配到湖南省邵阳资江农民报任记者、编辑。1952年调任中共邵阳地委宣传部理论教育干事。1954年加入中国共产党。1956年组织保送到中国人民大学新闻系学习，提前留校，从事新闻摄影教学工作。1959年加入中国摄影家学会。1960年4月评为讲师。1962年12月调民族画报社任编辑、记者。1981年到中国社会科学院新闻研究所专门从事新闻摄影的研究工作。1986年中国社会科学院新闻研究所聘任为副研究员。40年来，多次受到表彰奖励。1986年受到中国社会科学院妇女先进分子大会的表彰。编写的《中国摄影史话》(辽宁人民美术出版社出版)，对中国摄影的改革与发展，作了大量的考证，提出了一些有价值的见解，获辽宁美术出版社优秀书画一等奖。此外还出版了《全国获奖新闻照片评介》(湖南美术出版社出版)和《新闻摄影实践百例》(长征出版社1983年出版)，对国内的新闻摄影实践作出了有深度的分析与评价。《国际获奖照片析评》介绍了国际摄影动向。主要摄影作品有：《演唱中的郭兰英》《井岗山下田园好》《苗岭春早》等，均参加1959年全国影展。

何礼荪(1931——) 笔名宗言、孙理、金尼、何苦，广东顺德人。大学肄业。中共党员。1956年开始在北京日报、北京晚报任记者，主要报道体育新闻，采写了大量的新闻、通讯、特写、评论。写的《小老虎——庄则栋》以及关于著名运动员史万春、张宏根、郑凤荣、王维俭等的特写，通讯和大量的评论，受到当时体育界和读者的注目和好评。1959年前后，受到贺龙同志在大会上两次点名表扬。1978年调国家旅游局，1979年创办中国旅游报的前身旅游通讯。1985年任中国旅游报社社长兼总编辑，中国经济记协常务理事，中国消费者协会理事等职务。1988年全国新闻高级专业职务资格评审委员会评为高级编辑。1978年以来除为中国旅游报写了一批新闻、通讯和评论外，还写了一些游记，其中《壮哉乐山大佛》《秦陵兵马俑》分别选入《中国当代游记选》和《现代游记选》。著作有《旅游业漫谈》《旅游(英文本，外文出版社出版)》《你想到此一游吗》《旅游漫笔(三人合集)》等。其中《旅游业漫谈》是我国第一本比较系统地阐述旅游业的性质、发展情况和发展旅游业诸要素的读物。

徐用度(1931——) 贵州贵阳人。1949年进入贵阳师范学院预科。同年到贵州人民广播电台，开始从事新闻工作。1953年加入中国共产党。在贵州人民广播电台先后任记者、编辑、农林组组长、编委。1956年荣获贵州省青年社会主义建设积极分子称号。1962年调贵州省委宣传部《党的生活》杂志任编辑。1973年至1988年历任贵州省委宣传部办公室副主任，研究室主任，副部长，主要分管新闻出版工作，并担任贵州省新闻专业技术职务高级评审委员会副主任委员，贵州省出版系列专业技术职务高级评审委员会主任委员。1983年，1988年当选为贵州省第六届、第七届人民代表大会代表。1988年3月调任贵州省广播电视厅厅长。1989年被选为贵州省广播电视学会第一副会长，贵州省新闻工作者协会副主席。

黄惠群(女)(1931——) 浙江杭州人。1949年参加革命，1950年派到第三野战军俄语专科学校学习俄文，后转至上海俄专继续学习。1952年加入中国共产党。1953年在上海俄专毕业，分配到广播事业局作翻译工作，担任过广播事业局苏联专家组组长斯大利可夫及局长顾问契尔年柯的译员。曾多次被评为局先进工作者。1959年调北京广播学院从事外语教学工作，担任过外语系秘书、教研组长和副系主任，参加了近20个非通用语种专业的筹办工作，为国际台培养了一批高质量的外语干部。1969年参加广播事业局援助阿尔巴尼亚小组，任译员。曾获阿尔巴尼亚授于的一级劳动勋章。1970年回国。1971年任国际台苏东部罗马尼亚语组组长。1983年调广播电视部干部司任教育处处长。1984年任干部司副司长。1985年任中央电视台副台长、党组副书记。1988年任中央电视台台长、台分党组书记、全国妇联执行委员会委员。业余参加外文专业书及工具书的翻译编写工作，曾翻译过三部无线电技术专业书，编写过一部《俄汉水声学词典》。

蓝云夫(1931——) 笔名蓝坪，陕西汉中人。1949年起先后在甘肃日报担任农业、工交、科技、政法、文化、摄影等部门的编辑、记者和各业务组、部、室的负责人。参与创办或主编过多种文艺性和综合性副刊。担任过新闻改革研究小组的负责人，参与报纸改革实践的试验及全国最早的文摘专刊的创办。1959年至1961年，短期任人民日报甘肃记者站和新华社甘肃分社记者。1983年起，任甘肃日报编委、副总编辑。1985年起兼任甘肃新闻刊授学院院长。1988年省评为高级编辑。1989年任甘肃日报总编辑。历年写的消息、评论、通讯、报告文学等各类稿件累计达2000余篇，120余万字，其中一部分在人民日报、光明日报、中国青年报、新观察等报刊发表。出有通讯文集《探宝生活散记》。

王 佳(女)(1932——) 北京人。1950年考入燕京大学新闻系。1952年院系调整后，转入北京大学中文系新闻专业，1954年毕业后到山西人民广播电台，历任农村组、文艺组、政教部编辑，新闻部处级调研员、机动记者。1987年由全国高级新闻专业职务评审委员会评为高级编辑。在山西人民广播电台工作期间，经常深入基层采访。1981年中国女排首次获世界杯冠军后采写的有关女排主力队员周小兰父母的录音访问报道，获山西省首次好新闻奖。与人合作采写的题为《榆次猫儿岭古墓被毁》的一组批评报道获全国优秀广播电视节目奖。1986年采制的反映农村婚姻陋俗的录音报道《农村妇女婚姻的悲欢》，获全国优秀广播电视节目一等奖。1987年采制的反映超计划生育和人口失控问题的录音特写《半是喜来半是忧》，获全国优秀广播电视节目特别奖、全国好新闻一等奖。为山西台在全国三次获奖的一人。

郑兴东(1932——) 浙江建德人。1953年毕业于复旦大学新闻系。1953年至1958年、1973年至1978年，先后两次在北京大学中文系新闻专业任教。1958年至1973年及1978年以后，调中国人民大学新闻系任教。历任助教、讲师、副教授、教研室主任，校学位评定委员会委员和中国新闻教育学会常务理事兼秘书长。1986年加入中国共产党。1989年评为教授。现任中国人民大学新闻系教授、编辑学教研室主任、中国新闻教育学会常务理事。已发表的论文有《试论版面语言》等数十篇，已出版的专著有《报纸编辑学》(与人合作)《新闻标题选评》(与人合作)《不要这样写》(与人合作)等。其中，《试论版面语言》一文，1985年获中国人民大学优秀科研成果奖；《报纸编辑学》，1987年获国家教委评定的高等学校文科优秀教材一等奖。

胡耀亭(1932——) 笔名谷月，河北卢龙人。1947年参加中国人民解放军。1950年加入中国共产党。1958年入北京大学中文系。1963年毕业后分配到中央广播事业局对外部国内新闻部工作,先后任编辑、副组长、副主任。1982年任中国国际广播电台副台长。1985年全国新闻高级专业职务评审委员会评为高级编辑。现任中国国际广播电台副台长、中国广播电视学会理事兼国际台分会会长、《国际广播》杂志主编、全国法制记协副理事长。从事广播工作以来,采写过大量对国外广播稿,曾多次主持和参加国际台的大型宣传报道活动。已发表的论文有《试谈对外广播的特殊性》《国际广播形式的演变》《把握国外听众的心理》等。

张启承(1932——) 又名张玉润。浙江绍兴人。1949年入上海沪江大学银行系求学。1953年上海财经学院财政金融系毕业后留校任教。1954年加入中国共产党。同年入中国人民大学进修两年,后进上海社会科学院任教员、助理研究员。1965年底,先后任文汇报记者、编辑、理论组副组长、业务组副组长、理论部主任、总编辑助理、总编室主任、编委。1986年担任文汇报常务副总编辑。曾荣获上海市人民政府授予1979年度上海市劳动模范称号。撰写有《略论“五四”以后的复古思潮》《不应遗忘的高级人才》等30多篇理论学术文章。在担任文汇报领导工作的同时,与黄霞合著《新时期党员的党性修养》(福建人民出版社出版)、与郭志坤合著《孙中山社会科学思想研究》(安徽人民出版社出版),后者被评为上海市(1979—1985)哲学社会科学著作奖。1987年由全国新闻高级专业职务评审委员会评为高级编辑。1989年任文汇报总编辑、上海市新闻学会理事、上海新闻工作者协会副主席。

蒋少武(1932——) 山东文登人。1947年参加革命。1953年加入中国共产党。先后在辽东日报(吉林省通化市)、安东日报(现丹东市)新华社东北总分社工作。1956年任辽宁日报摄影科科长、辽宁日报编委、摄影美术部主任。1958年加入中国摄影家学会,出席过第三次(1960年)第四次(1979年)全国文代会,并当选为中国摄影家协会理事,中国摄影家协会辽宁分会副主席。40年来,有近百幅摄影作品参加过国际影展、全国影展和辽宁省影展。其中《露天矿的早晨》《动力的源泉》曾参加50年代在苏联举办的国际影展;《小平同志您好》获辽宁省第二届新闻摄影作品展览金牌奖;《朱德委员长视察水产养殖场》《中国女排迎战古巴队》获辽宁省第一届新闻摄影优秀作品奖;《小店》《青山新》参加在我国举办的国际影展。1960年以来,先后发表过有关新闻摄影、摄影艺术创作的论文20多篇,撰写的《新闻摄影要立足新闻》《新闻照片不是美化报纸版面的充填物》分别刊入1983年、1988年全国新闻摄影论文集。主编的《东北三省新闻摄影论文集》于1988年由辽宁美术出版社出版。1986年由全国新闻高级专业职称评审委员会评为高级记者。现为辽宁省政协委员、中国摄影家协会理事、中国摄影家协会辽宁分会副主席、中国新闻摄影学会学术部副主任,辽宁新闻摄影学会会长。

邵华泽(1933——) 笔名华愈、张愈、华必愈,浙江淳安人。1951年参加中国人民解放军。1953年在解放军第二政治干部学校理论教员训练队学习。结业后任第二军医大学政治理论教员。1957年加入中国共产党。1958年入中国人民大学哲学系学习,获研究生毕业学历,继续在第二军医大学任教。1964年起从事新闻工作,历任解放军报理论处编辑、评论处编辑、时事政策宣传处副处长、理论处副处长。1981年任解放军报副社长。1985年任中国人民解放军总政治部宣传部部长。1988年授予少将军衔。1989年6月任人民日报总编辑。此外,还是中国马克思主义哲学史研究会常务理事、中国历史唯物主义学会理事。第四届全国人民代表大会代表和中国共产党第十三次全国代表大会代表。在《新闻与成才》等专业刊物上发表《实事求是是新闻工作者必备的品格》《维护新闻真实性必须消除“文化大革命”遗毒》《谈新闻与成才》《加强和改进新时期的军事宣传》等有关新闻学的论文。已出版的文集有《生活与哲学》《历史转变中的思索》《新闻评论写作漫谈》等。

丁锡满(1934——) 即萧丁,浙江天台人,1958年毕业于复旦大学新闻系,同年参加上海解放日报社工作。先后担任国际版编辑、文艺部副主任。1983年调任中共上海市委宣传部副部长。写过不少国际小品、国际评论和国际讽刺诗,揭露帝国主义本质,宣传了我国和平外交政策。在党的十一届三中全会前后,写了不少报道。如《解放思想,大胆创作,为人民多拍好电影》《敞开思想,大胆探索文艺创作的途径》《荀派弟子宋长荣昨夜在沪演红娘》等。曾在论文《文艺新闻的写作》(刊《新闻大学》)中提出:文艺新闻要为党的十一届三中全会路线摇旗呐喊;文艺新闻要雅俗共赏,喜闻乐见;文艺新闻要写得有特色、有个性。在担任市委宣传部副部长时,写了不少评论、杂文和戏剧评论。如《走向生活反映时代》(为上海创作会议而写)《清除精神污染,繁荣文艺创作》(为上海第二届戏剧节而写)《坚持民族化道路、繁荣音乐舞蹈美术创作》《青年演员要成名成家》《门外文谈》等。写的《我爱昆剧》,获1986年上海文学艺术奖中戏曲评论奖;《戬浜春色》和《戬浜蜜》获1987年《上海文学》散文奖;《痴情一片对秋英》编入《中国新文学大系散文集》;《这一鞭打得好》《开闸放水之后》等多篇编入《上海杂文选》。北京学苑出版社出版的《杂文百家专访》一书收了他的杂文,并介绍了他的杂文观。1988年由上海评为高级编辑。1989年起任解放日报总编辑、党委副书记。此外还是中国戏曲家协会会员,作家协会上海分会会员,中国昆剧研究会理事。

于东河(1934——) 山东文登人。1950年加入中国共产党。1952年入中共中央山东分局党校学习。1954年从事新闻工作,历任临沂大众报记者、山东大众日报编辑、总编室副主任、新闻研究所副所长兼青年记者杂志主编。山东省散文学会理事。1984年任山东省新闻工作者协会、山东省新闻学会秘书长。1988年开始兼任中国新闻学会联合会副秘书长。现任山东省新闻学会副会长仍兼任“两会”秘书长。在36年的新闻生涯中,采写了许多新闻作品、散文和新闻理论文章。著有散文集《美哉人间》《新闻写作技巧谈》;编有通讯集《中外记者笔下的山东》,报告文学集《首阳山的后代》及《新闻学论文集》《新闻改革丛谈》《山东好新闻作品》和《山东旅游手册》等。还有些作品,被选入《山东作家散文集》《漫游神州》《曲阜三日》等书中。1984年,积极倡办了中国人民大学山东函授点,并兼任负责人。函授点用“抗大”精神为全省新闻界培养了大专、本科生300多人,受到中国人民大学函授学院的通报表彰,光明日报还作了介绍。1986年6月,参加中国新闻代表团到联邦德国进行专题采访。回国后,发表了有关城市建设、交通和环境保护方面的报道20余篇和30多幅照片,产生了较好的社会效果。作为省记协、省新闻学会秘书长主持下的“两会”办公室,1989年被评为省先进集体;山东省新闻学会被山东省社联评为先进学会。

王福如(1934——　)　笔名余自牧等,江苏泰州人。1950年2月加入中国共产党。1950年至1956年在江苏省泰州市委、扬州地委等处做党务工作。1960年毕业于中国人民大学国际政治系国际共产主义运动史专业。毕业后留校任教。1970年起从事新闻工作,任北京日报记者、理论部副主任、主任,作报纸理论宣传的编辑、组织工作,曾出版《科学思想方法漫谈》《科学社会主义百题》及党的建设、思想修养等专著、小册子。1982年调中共中央宣传部任新闻局副局长,1986年底任新闻局长,主要进行有关新闻宣传、新闻改革、新闻管理以及新闻理论、队伍建设等方面的宏观调查研究,参与起草部分有关新闻宣传、新闻工作的文献,参与组织党的十三大、六届人大、政协各次大会的新闻报道工作,参与组织《毛泽东新闻工作文选》的选编,主持"七五"重点科研项目《新闻事业与现代化》的研究,在人民日报、新闻战线、中国记者等报刊上发表过多篇有关新闻理论、新闻改革的论文、评论、其中人民日报发表的《坚持新闻舆论的正确政治方向》一文,总结了1989年春夏之交风波中新闻舆论导向的经验教训,批评了新闻领域的资产阶级自由化观点,由新华社转发。与此同时,还从事政治理论方面的研究、著述,著有《邓小平的中国特色社会主义研究》等专著。在红旗、光明日报、北京日报、党史研究等报刊发表过多篇论文。

王璀希(女)(1934——　)　湖南长沙人。1949年参加革命工作。1954年考入北京大学中文系。1958年毕业后到中国新闻社工作。最初从事侨务政策、侨乡建设等方面的报导,写有《姑嫂塔下》《契约华工的血泪》等通讯。1963年因有不满大跃进、总路线的言论,受到处分,中断了记者工作,1979年回中国新闻社专稿部历任记者、组长、部主任、副社长兼副总编辑、总编辑等职务。1984年评为全国优秀新闻工作者。1987年全国新闻高级专业职务评审委员会评为高级记者。现任中国新闻社副社长兼总编辑、全国新闻高级专业职务资格评审委员会委员。已发表的主要作品有《女报人彭子冈》《与王光美一席谈》《地震四周年访唐山》《赵元任教授重游北大校园》及《中国公民赵碧琰在日财产案胜诉》等。写的1983年全国人大开幕新闻一稿,获当年全国好新闻奖。

陈韵昭(女)(1934——　)　笔名陈乔,广东东莞人。1951年考入复旦大学新闻系。1955年毕业后,留校工作,历任新闻系助教、讲师、副教授,曾主讲《新闻采访与写作》《新闻学概论》《西方新闻学说介绍》《传播学》《大众传播学》等课程,并一度主持有关上海农村传播网络的研究。1985年应珠海市邀请,在该市创建应用传播学研究所,并应邀为厦门大学新闻传播系、深圳大学公众传播专业、广州宣传学院公共传播专业培养研究生,讲授传播学方面的课程。1988年被评为研究员。现任珠海市应用传播学研究所所长、厦门大学新闻传播系兼职教授、中国广告协会学术委员会委员、广东省公共关系协会副会长、广东省广播电视学会理事。已发表的新闻学方面的论文有《达纳及其新闻观》《西方新闻界如何解释新闻价值》《美国新闻观念的演变》《关于大众传播学》等。已出版的译著有《传播学的起源、研究与应用》《大众传播学》等。与林珊副教授共同编纂的《英汉传播学辞典》,即将出版。

谢怀基(1934——　)　广东梅县人。1954年参加工作,1960年加入中国共产党。1983年起,任辽宁日报副总编辑兼人民日报海外版特约记者、辽宁省政协常委、辽宁省企业家事业家联谊会副理事长、辽宁省企业家协会常务理事。党的十一届三中全会以来,在辽宁日报发表的作品中,有30多篇被人民日报、新华社、经济日报、工人日报、光明日报、中国青年报和中央人民广播电台转载、转播。通讯《木器五厂得救了》,全国近二十家报刊转载。在1982年全国好新闻评比中获奖。通讯《一个万人大厂搞活致富之路》,获全国1985年度好新闻一等奖。和别人合写的消息《沈阳防爆器械厂破产倒闭》和通讯《是经营商品还是贩卖权力》,分别获1986年度和1988年度全国好新闻一等奖。《天子山奇观》照片,获全国1987年度新闻摄影总编辑奖。和别人编写的来信《党对干部要严格要求严密监督》,获全国好新闻二等奖。此外,还有五篇作品获辽宁省好新闻奖,17篇作品在省内外报刊获奖。新闻论著《时代的色彩》,1988年由辽宁大学出版社出版,主编的《知名企业家的探索与追求》获企业界好评。1984年,命名为全国一级优秀新闻工作者。1987年全国新闻高级专业职务评审委员会评为高级记者。1988年辽宁省人民政府评为"有突出贡献的优秀人才"。1989年评为辽宁省劳动模范。

杨振兴(1935——　)　湖北汉阳人。1951年参加革命,中共党员。1957年至1960年任中共武汉市委机关刊物《支部生活》编辑组负责人。1976年到长江日报任副社长兼总编室主任。1981年任中共武汉市委宣传部宣传处长。1983年任长江日报总编辑。同年到中共中央党校新闻班学习。1984年后任中共武汉市委宣传部副部长兼长江日报总编辑。现任中共武汉市委宣传部副部长、湖北省新闻工作者协会和新闻学会副会长,武汉新闻工作者协会暨武汉新闻学会会长。1989年经武汉市委评为高级记者。从事新闻工作以来写了大量的评论、杂文、消息、通讯。其中,1979年撰写的长篇通讯《一柱擎天话武当》,被中央电台配乐全文播出,香港文汇报详细摘发,并收入广播出版社的专集。1989年经重大修改后发表在武汉晚报上的《一幕"追悼会"的闹剧》被几家外地报刊转载,并评为全国晚报协会好新闻。多次主持武汉地区新闻理论研讨会,发表了《两种对立的新闻观》《报纸要让新闻唱主角》《主攻消息要踢好前三脚》等论文。

张　颂(1936——　)　原名张永昌,播音名李昌。河北易县人。1959年从北京师范大学中文系毕业后,分配到中央人民广播电台工作,先后任播音员、编辑,负责《新闻和报纸摘要》《各地人民广播电台联播》等新闻性节目的播送工作,及《国际时事》《世界各地》等节目的编辑工作。1963年调北京广播学院任教,主讲《播音语言表达》课。1984年加入中国共产党。1986年6月至12月曾应聘赴美,任"美国之音"电台中文部高级顾问。现任北京广播学院教授、播音系主任。同时担任中国广播电视学会播音学研究会常务副会长、中国艺术语言研究会理事、北京市老新闻工作者协会理事、北京市语言学会理事、北京市朗诵研究会副会长、全国汉语口语研究会常务理事,以及《中国广播电视学刊》编委、《播音界》副主编等职务。主要著作有《朗读学》《播音基础》两种。其中《朗读学》一书曾获广播电影电视部高校优秀教材一等奖、北京市哲学社会科学及政策研究成果二等奖、全国高等学校优秀教材奖。主要论文有《论播音的新闻性》《谈谈新闻播音改革》等。

赵玉明(1936——　)　山西汾阳人,1955年考入北京大学中文系新闻专业,后随专业转入中国人民大学新闻系,1959

年毕业。同年到北京广播学院新闻系任教。1978年定为讲师，1979年起担任硕士研究生指导教师。1981年加入中国共产党。1983年评为副教授。除讲课外，还担任过新闻系的教研室主任、副系主任、系主任。1988年评为教授。1989年起任北京广播学院副院长。在北京广播学院任教期间，主要从事广播史方面的教学研究工作，曾参加《中国大百科全书·新闻出版卷》及《当代中国的广播电视》的编写工作，是《中国大百科全书·新闻出版卷》中国新闻事业分支编写组的成员。著有《中国现代广播简史》《中国新闻业史》(与人合作)主编《广播电视简明辞典》等。其中《中国现代广播简史》一书获1990年全国广播电视论著评选二等奖。写的《延安新华广播电台筹建和试播始末》一文(与人合作，由他执笔)提出了中国人民广播事业的历史应以1940年12月延安新华广播电台试播之日为起点的说法，订正了起始于1945年9月5日的旧说，已为有关部门采纳，并获1988年评选的全国广播电视论著二等奖。

梁新春(1936——) 湖南涟源人。1954年加入中国共产党。50年代做过教育、宣传工作。1958年开始从事新闻工作，任湖南资江报编辑、副组长。1963年调湖南日报社，先后任记者、编辑、农村组副组长、理论部副主任、主任、记者部主任、编委、副总编辑。1988年起任湖南日报社社长兼总编辑。曾发表过大量通讯、评论、杂文和理论文章。较有影响的重大典型报道有：反映浏阳县委书记陈再仁密切联系群众的《在群众中最幸福》(1982)，反映株洲市电子研究所进行改革的《刚从土里钻出来》(1984)，反映长岭炼油化工厂开展思想政治工作的《求实精神的胜利》(1985)，采访西藏的连续报道《在那神奇的地方》《藏汉联姻的故事》等。较有影响的评论有《恢复和发扬解放初期的革命精神》《我们需要社会主义的精神文明》(1981)《光荣的岗位，神圣的职责》《把思想政治工作放在领先地位》(1984)《〈立碑风波〉说明了什么?》(1988)等。对新闻采访和写作，作过一些研究，写有《新闻采写十题》，并应邀在大学、党校以及省直一些系统举办的新闻培训班上讲课。1985年在第五届湖南省党代会上当选为省委委员。

诸有钧(1936——) 浙江海宁人。1955年考入上海复旦大学新闻系，1960年毕业后到北京中国新闻社工作。1972年入中国国际广播电台国内部任记者。1974年派赴伊朗采访第七届亚运会。1980年回中国新闻社，历任组长、新闻部副主任等。曾赴日本采访第一届世界杯女排锦标赛和第四届亚洲田径锦标赛，赴匈牙利采访第22届世界体操锦标赛，参加了对"四人帮"审判的采访报道工作。1983年参与创办华声报。1984年任中国新闻社副社长、南海影业公司副董事长、南海声像公司董事长。1986年起赴美任中国新闻社美国分社社长、纽约中新文化企业有限公司董事长。1988年回国任中国新闻社社长。1990年兼任华声报社社长。曾参与编辑《双清诗画集》，并主编《廖公在人间》《锦绣神州》《班禅大师在海南》等书。

姚志能(1937——) 上海崇明人，1959年毕业于中国人民大学新闻系。同年分配到四川日报社，先后担任记者、编辑、主编、总编室副主任等职，1978年加入中国共产党。1983年任四川日报副总编辑，1984年任总编辑。1986年任省记协常务副主席，1985年任省新闻学会常务副会长。1988年由省专业职务评审领导小组评为高级编辑。从事新闻工作以来，撰写了大量的消息、通讯、言论。有些作品编入《当代中国记者丛书——蜀中潮》等书。1983年主编的副刊《知识与生活》，在指导性与可读性的结合上进行了探索。1982年写的九篇《深圳纪行》，较早地向四川读者介绍了特区的建立和发展；1985年，从蔬菜的生产、流通、消费等方面组织的《要重视"菜篮子"问题》的报道和评论，较早地提出了"菜篮子"里面有政治的见解。组织和采写的广汉、新都、邛崃三县农村改革的报道，较好地体现了"一个中心，两个基本点"的基本路线，体现了四川省委贯彻改革、开放方针的坚定性和连续性。两次出国访问归来，写了《东渡话扶桑》《旅美通讯》两组连续报道。近年来针对深化新闻改革的一些探索性问题撰写了《时效性与真实性的辩证关系》《提高批评报道的社会效果》《坚持新闻改革，进一步发挥党报喉舌作用》等十余篇理论文章，并撰写了《报纸编辑工作》等讲稿。

张振华(1939——) 北京市人。1959年高中毕业后考入北京广播学院新闻系学习。1963年毕业后分配到广播电视部国际台工作，任泰语组编辑。1971年调日语部专稿组新闻组，任记者、编辑。1976年加入中国共产党。1982年任新闻组副组长。1984年任总编室副主任。1985年任副台长。1989年评为高级编辑。现任广播电影电视部中国国际广播电台副台长、中国新闻学会理事、首都新闻学会理事、中国对外友好协会理事、中非人民友好协会理事。已发表的论文有《对外广播宣传艺术学习札记》《世界各国对外广播的态势与竞争》等。

周瑞金(1939——) 浙江平阳人。1962年毕业于复旦大学新闻系，同年参加上海解放日报社工作。历任记者、编辑、评论员、评论部副主任、评论部主任、编委、总编辑助理。长期是解放日报言论的主要撰写者和组织者。当邓小平在党的十一大上讲话精神传达后，他连续写了《发扬党的实事求是优良作风》等五篇评论员文章，1986年底到1987年初，针对上海高校部分学生上街游行事件，连续发表了社论、评论员和理论批评文章，坚定地宣传坚持四项基本原则，严肃地批判了王若望、方励之等鼓吹资产阶级自由化的错误。先后主编《大家谈》《解放论坛》《新世说》等言论专栏，把群众关心的有普遍意义的社会问题，及时提出来议论。撰写的《共产党人不能成为"两面人"》《假张瑜的丑剧令人深思》《从傻瓜姑娘到高价姑娘》等文章。早在60年代初，曾以代笔的形式，采写了《我的妻子双目失明以后》，新华社曾全文播发，《人民日报》等二十多家报纸刊载。此外，还写了论文《一次影响大效果好的批评》和《试论报纸批评》《党的报纸要同人民群众心贴心》和《评论工作者的基本修养》等。与人合作编著《编辑学》(安徽人民出版社出版)、《现代科技新成就》(上海人民出版社出版)两书。1986年起任解放日报副总编辑。1987年全国新闻高级专业职务评审委员会评为高级编辑。现任文汇报党委书记兼副总编辑、上海市新闻学会常务理事。

丁法章(1940——) 1966年毕业于复旦大学新闻系。1967年至1968年在江西赣中报任记者、编辑。1969年至1973年任江西日报记者、编辑，并任编辑部党支部副书记、评论部副主任。1973年调复旦大学新闻系，主讲新闻评论课，任教10年。1983年任上海青年报总编辑。1985年6月当选上海新闻工作者协会副主席。1988年调任新民晚报社党组副书记、副总编辑。1989年1月任新民晚报社党组书记、总编辑。著有60余万字的《新闻写作》与《新闻评论学》两书。近年来写的一部分言论，编入《上海杂文选》。1984年和

1986年两次以中国青年新闻工作者代表团成员和副团长的身份出访朝鲜和美国。

徐占焜(1940——) 笔名林雨轩,安徽巢湖人。1961年上海复旦大学新闻系本科毕业,1964年研究生毕业,为新中国成立后第一批新闻学研究生。1965年到新华总社国内新闻编辑部工作,历任记者、编辑、专稿组副组长、副主编。曾一度作为新华社的代表,和人民日报、全国记协合办《新闻战线》,并在人民日报作过短期的记者、编辑工作。1982年评为优秀编辑、先进工作者。1985年评为主任编辑。1985年调新华社办的中国新闻学院担任教务长、新闻教研室主任。1987年经北京市高等学校教师职务评审委员会审定,确认具有教授任职资格,被中国新闻学院聘为教授。写过大量消息、通讯、调查报告、杂文、散文,其中《武大郎小店里的大个子》,选入北京广播电视大学《写作文选》。已出版的新闻学专著有《新闻写作基础与创新》《时代的艺术——采访写作》(与人合作)《新闻采写经验谈》(与人合作)等。后一种曾获新华社好稿(书)奖。写的《报纸上常用文体的写作》在张志公主编的《语言文学自修大学讲座》上连载。此外,还担任了《中国优秀通讯选》主编,《祖国建设新貌》丛书的副主编,《外国优秀新闻作品选》的主编,《新闻工作教程》丛书的副主编,这些书均已出版。已发表的新闻学论文有《新闻文体改革的一个新动向》《斥"事实服从路线需要"论》等。

徐祝庆(1943——) 江苏海安人。1967年毕业于上海复旦大学中文系,同年开始新闻工作,先后在人民日报社国际部、评论部任编辑。1974年调中国青年报社,在青运部、评论部、经济部任编辑、副主任。1979年加入中国共产党。1982年在中共中央党校新闻班学习。1983年任中国青年报副总编辑,1986年任总编辑。主要从事新闻评论工作,写的《正确认识知识青年上山下乡问题》《青年要选择为人民作贡献的正确途径》《论张志新的成长道路》等评论在社会上有一定影响;署名评论《说真话的力量》、评论员文章《污染须清除,生活要美化》分别在全国好新闻评选中受表扬、获奖。现任中国青年报社党组书记、社长兼总编辑,共青团十二届中央常委,第七届全国政协委员。

群 觉(1945——) 藏族,西藏昌都人。1966年拉萨中学毕业后入中央民族学院新闻训练班学习。结业后,到西藏日报任编辑、记者。1972年加入中国共产党。1979年任西藏日报汉文编辑部副主任。曾脱产在北京大学中文系新闻专业新闻进修班及中共中央党校新闻班学习。1981年任西藏日报编委、采通部主任。1983年任西藏日报副总编辑。1984年评为全国优秀新闻工作者。1987年评为主任编辑。现任西藏日报副总编辑,西藏新闻学会、西藏新闻工作者协会常务副主席,主持西藏日报全面工作。曾随全国记协组织的中国新闻代表团及中国西藏友好代表团出访瑞士、阿尔及利亚、尼泊尔等国。在西藏日报上发表《国际民航的佼佼者》《和平的象征——日内瓦》《美丽的山都之国》等通讯。写的人物专访《党给我指明了光明——访西藏和谈代表土登丹达》,收入人民日报出版社出版的《在世界屋脊》一书。

张 飙(1946——) 笔名公孙翅、珊泉,河北滦南人。1970年成都电讯工程学院毕业后当工人。1975年调共青团四川省委宣传部。1978年入党,同年调任中国青年报驻四川记者。1983年初任中国青年报驻四川站站长。同年调回中国青年报社代理学校部副主任。1984年代理经济部主任,1984年底代理副总编辑。1985年正式任命为副总编辑,主管记者、科学、教育、美术、摄影等方面的报道。在六七年的记者生涯中采写和发表消息、通讯300余篇,并发表了一些小说、散文、诗歌和报告文学。其中反映我国农村改革的全方位情况的通讯《1+1+1=?》,引起较大反响,被评为1984年全国好新闻一等奖,最近又被中国青年报评为80年代十大报道之一;报告文学《她心中有个明亮的世界》获全国优秀报告文学奖。曾被授予全国优秀新闻工作者称号。业余时间主编了《新时期记者自选丛书》(中国新闻出版社)、《记者·文化·时代》丛书(三联书店),及《中华青年精英》丛书的"文字记者分卷"和"摄影记者分卷"。自己的通讯报告文学集《中国模拟人及其上帝》已于1989年出版,关于中学生心理探讨的书《出走的少女》于1990年3月出版。第三本通讯报告文学集《武威万里行》即将由三联书店出版。

赣中報

赣中报，一张成年的报纸。她创刊于新中国诞生前夜的1949年4月26日，如今已“年届不惑”。

赣中报，一张年青的报纸。领导班子年青，“三个总编三十三，相加不满一百岁”；队伍年青，中层干部和编采人员平均年龄三十七岁。

因而，赣中报兼具中年的成熟和青年的朝气。

作为中共宜春地委的机关报，赣中报几十年来致力于当好党的喉舌，致力于推动本地两个文明建设，五六十年代曾多次受到中宣部及省地的表彰，1989年度又扛回了全省先进新闻集体的奖旗。

赣中报四开四版、每周二四六出报。她的版面虽小，决心却不小，她要坚持新闻“二为”方向，坚持正面宣传为主的方针，坚定不移当好党的喉舌；她要为宜春的振兴宜春的繁荣擂鼓助威摇旗呐喊；她要立足本地，面向全国，办好报纸，创造特色，提高报纸、报社、报人三个知名度……因而她需要并欢迎全国新闻界同行的关心、支持，她需要并乐意与广大同行扩大交往建立联系，共同推动新闻事业的发展。

赣中报总编辑：姜东南

地址：江西省宜春市中山中路306号

邮政编码：336000

鹰潭報

鹰潭是个新兴的工业、交通、旅游城市。浙赣、鹰厦、皖赣三条铁路干线在此交汇，贵溪铜冶炼厂现代化的设备、技术和生产规模均居全国之首，龙虎山风景区以其可溯道教之[illegible]之胜、探岩墓之奇三绝闻名于世。今天的鹰潭已成为祖国最大的铜业基地、江南重要的铁路枢[illegible]的国家级风景名胜区。

《鹰潭报》是张年轻而富有朝气的中共鹰潭市委机关报。她在宣传党[illegible]进改革开放，推动两个文明建设的同时，注重突出地方特色，熔思想性、知识性、娱乐性为一[illegible]层次读者的需要。

《鹰潭报》四开四版，周三刊，国内统一刊号CN36——0010，邮发代[illegible]

社址：江西省鹰潭市爱民路7号　电话：(07032)、221346、221[illegible]　总编辑：程关森

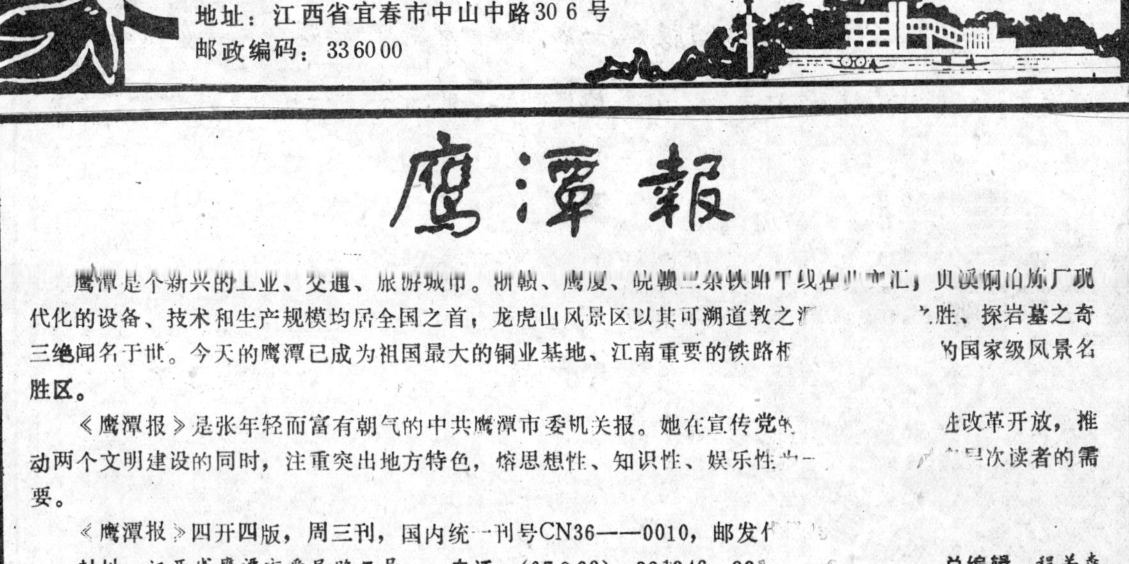

附　　录

世界各国的国际广播

（译自《世界各国的广播电视》(1988)，日本广播协会编）

今天，世界上总共有90个国家，即半数以上，用"国际广播""对外广播""对海外广播"等各种各样的称呼向本国以外的地方播出广播节目。其目的，有的是向国外介绍本国的实际情况，有的是向侨居外国的本国民众传播国内信息，更多的是由两者共同组成。这里介绍的是世界各国对国外广播的基本数据，统一称之为"国际广播"。以侨居国外的本国人为对象的，在备考栏中注明。在编写这份材料时，参考了《世界广播电视手册(1987)》和其他资料。

亚　洲

国家	机构	广播时数(日)	语种	使用语言	对象地区	主要发射设备	注
阿富汗	国营广播电台	14小时25分	9	阿拉伯、达里、英、法、德、俄、普什图、乌尔都、俾路支	亚洲、中东、欧洲	100KW1部 50KW1部	
以色列	国营广播电台	17小时05分	14	英、法、希伯莱、西班牙、葡萄牙、波斯、匈牙利、俄、罗马尼亚、意第绪等	欧洲、中东、伊朗、东南亚、太平洋地区、中南美、北美、非洲	500KW1部 300KW4部 100KW2部 50KW1部 20KW2部	
阿联酋	国营广播电台(迪拜)	98小时10分	2	阿拉伯、英	北美、欧洲、北非、远东、大洋洲	500KW2部 300KW3部	转播国内阿拉伯语、英语节目
伊拉克	国营广播电台	29小时	10	阿拉伯、英、法、德、希伯莱、库尔德、波斯、俄、西班牙、乌尔都	中近东、欧洲、北美、亚洲、南美	500/300KW (也用中波)	
伊　朗	《伊朗伊斯兰共和国之声》	62小时	16	阿拉伯、阿泽利、俾路支、孟加拉、英、法、德、普什图、俄、西班牙、土耳其、乌尔都等	中东、南亚、北非、北美、苏联、欧洲、阿富汗、巴基斯坦	350KW1部 250KW1部 100KW2部	
印　度	国营广播电台	约53小时	24	印地、英、法、俄、华、阿拉伯、波斯、尼泊尔、藏语等	欧洲、非洲、中东、亚洲	250KW4部 100KW8部 50KW2部 20KW2部 (也用中波)	
印　尼	《印度尼西亚之声》(国营)	11小时30分	10	阿拉伯、马来、华、英、法、德、印尼、日、西班牙、泰语	亚洲、太平洋、中东、非洲、欧洲、美国	100KW2部	
南朝鲜	《韩国广播电台》	63小时	11	阿拉伯、英、法、德、印尼、意大利、日、朝、葡萄牙、俄、西班牙	欧洲、南北美洲、中东、北非、南亚和全方位播向	250、100、50、10KW (也用中波)	
柬埔寨	《柬埔寨人民之声》	2小时30分	5	英、法、泰、老挝、越南			
朝　鲜	平壤广播电台	66小时	9	美、法、德、俄、西班牙、朝鲜、阿拉伯、华、日	欧洲、中近东、非洲、亚洲、美国	400/200/100KW (也用中波)	
塞浦路斯	塞浦路斯广播公司	周五至日各30分	1	希腊	英国	使用英国广播公司发射设备	对留居英国的塞侨广播
科威特	科威特广播电台	5小时	1	阿拉伯	欧洲、北非、北美	500KW4部 250KW4部	

沙特阿拉伯	沙特阿拉伯广播电台	22 小时	10	英、法、班巴拉、孟加拉、印尼、波斯、索马里、斯瓦希里、土耳其、乌尔都	亚洲、非洲等	350/100/150KW	
叙利亚	叙利亚广播电台	约 35 小时	10	阿拉伯、保加利亚、英、法、德、希伯莱、葡萄牙、俄、西班牙、土耳其	中东、欧洲、北美	500KW3 部（也用中波）	
斯里兰卡	斯里兰卡广播公司	约 22 小时	8	英、印地、尼泊尔、僧加罗、泰米尔等	亚洲、非洲、中近东	100KW3 部 35KW4 部	境内有国之音、德国之、环球广电台的播台
泰国	泰国广播电台（国营）	12 小时 30 分	10	缅甸、英、法、老挝、华、泰、越南、柬、马来、日	亚洲、北美、欧洲	100/50/10KW 也用中波、调频	
中国	国际广播电台	135 小时	43	华、英、法、德、日、朝、蒙、僧加罗、塔加洛、斯瓦希里、豪萨、俄、罗马尼亚、世界语等	欧洲、非洲、中东、亚洲、美洲、太平洋等	500/240/120KW	台湾以“由中国声”名称10 种语每天广58 小时
土耳其	《土耳其之声》	16 小时	16	阿尔巴尼亚、阿拉伯、阿泽利、华、英、德、法、俄、希腊等	欧洲、中东、非洲、亚洲、太平洋、北美	500KW2 部 250KW3 部	土耳其节目主对在西工作的耳其人
日本	日本广播电台（NHK）	40 小时	21	日、英、法、德、西班牙、葡萄牙、意大利、瑞典、俄、华	北美、中南美、欧洲、亚洲、太平洋、非洲、中近东	300KW4 部 100KW4 部 租用加蓬莫雅比 500KW 发射机，加拿大萨克维尔 250KW 发射机	环球广每天播时数 20时
尼泊尔	尼泊尔广播电台	30 分钟	1	英语		100KW1 部	
巴基斯坦	巴基斯坦广播公司	约 33 小时	15	阿拉伯、缅甸、英、法、印尼、斯瓦希里、土耳其等	欧洲、中近东、非洲、东南亚、远东	250KW2 部 100KW4 部 50KW2 部 也用中波	
孟加拉	国营广播电台	6 小时 45 分	6	阿拉伯、孟加拉、英、印地、尼泊尔、乌尔都	欧洲、亚洲、中近东等	250KW2 部	另有“伊兰之声广播电
菲律宾	PBS/PTV4《菲律宾之声》	5 小时 15 分	1	英	亚洲、北美、欧洲	50KW	
	亚洲真理广播电台	约 18 小时	13	英、印尼、华、日等	亚洲	100KW2 部 50KW1 部	另外 F有对外
	远东广播公司	约 58 小时	22	英、德、法、华、日等	亚洲、苏联等	100KW5 部 50KW17 部 2KW2 部	
越南	《越南之声》	38 小时	11	英、法、印尼、日、老挝、俄、西班牙、华语等	东南亚、远东、欧洲、中南美、非洲		
马来西亚	《马来西亚之声》	24 小时	8	阿拉伯、缅甸、英、塔加洛、印尼、马来、华、泰	亚洲、菲律宾等	500KW1 部 100KW10 部 50KW1 部 也用中波	

蒙　古	乌兰巴托广播电台	120小时(周)	4	华、英、法、蒙	亚洲、中国、非洲、太平洋地区	250KW1部 50KW1部 也用中波	
老　挝	老挝广播电台	7小时30分	5	柬、英、法、泰、越南	短波、中波		

大洋洲

国家	机　构	广播时数(日)	语种	使用语言	对象地区	发射设备	注
澳大利亚	澳大利亚广播电台	48小时	9	英、法、印尼、日、华、泰、越南等	亚洲、太平洋、非洲、欧洲、美洲	300KW1部 250KW6部 100KW7部	英语节目每天24小时
新西兰	新西兰国际广播电台	16小时	8	英、毛利、汤加、萨摩亚等	太平洋地区、澳大利亚	7.5KW2部	主要转播对国内广播节目
密克罗尼西亚	远东广播公司	35小时15分	8	缅甸、印地、印尼、日、马来、华、俄、越南	太平洋地区	100KW3部	

非　洲

国家	机　构	广播时数(日)	语种	使用语言	对象地区	发射设备	注
阿尔及利亚	国营广播电台	2小时30分	4	英、西班牙、阿拉伯、法	欧洲、中近东	100/50KW(也用中波、长波)	阿拉伯语、法语节目用“自由撒哈拉之声”名义播出
乌干达	国营广播电台	10小时55分	5	英、法、阿拉伯、斯瓦希里、绍纳	北美、欧洲、非洲	250KW1部	
埃　及	国营广播电台	47小时	29	英、法、德、印地、阿拉伯、阿姆哈拉、孟加拉、土耳其、斯瓦希里等	非洲、欧洲、亚洲、北美、中南美等	250KW1部 100KW2部	
埃塞俄比亚	国营广播电台	5小时	5	英、法、阿拉伯、阿姆哈拉、索马里	东非	100KW1部(也用中波)	
加　蓬	非洲第一广播电台	33小时	1	法	中非、西非	500KW4部	日本、法国、瑞士和宗教台用以进行国际广播
科特迪瓦	国营广播电台	1小时	1	英	邻近国家	500KW1部(也用中波、调频)	
赞比亚	国营广播电台	约6小时		英语和当地语言	中非、南非	50KW	
斯威士兰	环球广播电台	约25小时	17	阿非利勘斯、英、法、德、葡萄牙、索马里、斯瓦希里、豪萨等	非洲各国	100KW1部 25KW4部	
赤道几内亚	国营广播电台(每周一、三、五播出)	5小时	2	英、西班牙	邻近各国	50KW	
索马里	摩加迪沙广播电台	6小时30分	8	索马里、奥洛摩、阿拉伯、意大利、法、英、阿姆哈拉、斯瓦希里			

坦桑尼亚	国营广播电台	6小时15分(周六、日为11小时15分)	1	英	东非、中非	50/10KW(也用中波)	
突尼斯	国营广播电台	4小时	1	阿拉伯	邻近各国	100KW	
尼日利亚	《尼日利亚之声》	46小时	6	英、法、德、阿拉伯、豪萨、斯瓦希里	非洲和其他地区	500KW5部 100KW3部	
马达加斯加	国营广播电台	2—3小时	2	马尔加什、法	非洲南部	100/30/10KW	境内有荷兰国际广播转播台
马拉维	马拉维广播公司	2小时	2	切瓦、英	邻近各国	100/50KW(也用中波)	
南非	南非广播电台	约31小时	11	阿非利勘斯、切瓦、荷兰、英、法、德、西班牙、葡萄牙、斯瓦希里、通加、罗济	世界各地区	500KW1部 250KW4部	
莫桑比克	国营广播电台	约1小时30分	1	英	南非	120/25KW(也用中波、调频)	
摩洛哥	国营广播电台	31小时	1	阿拉伯	西非、欧洲、中东	100/50KW	转播部分对国内广播。境内有美国之音转播台
利比亚	《伟大祖国之声》	12小时30分	1	阿拉伯		500/100KW(也用中波)	
利比里亚	(ELWA)(宗教广播电台)	8小时15分(周六10小时35分,周日14小时5分)		阿拉伯、英、法、豪萨等	西非、中非、北非	50KW	境内有美国之音转播台

欧　洲

国家	机　构	广播时数(日)	语种	使用语言	对象地区	发射设备	注
冰岛	国营广播电台	3小时25分	1	冰岛	欧洲、斯堪的纳维亚、北美、加拿大	10KW	对侨居国外的冰岛人广播
阿尔巴尼亚	国营广播电台	64小时30分	21	阿尔巴尼亚、保加利亚、英、法、德、华、阿拉伯、土耳其等	欧洲、中东、非洲、亚洲、北美、南美	500/240/120/100/50KW 中波1000KW	
英国	英国广播公司	约103小时(每周721小时15分)	38	英、法、德、俄、希腊、土耳其和东欧、北欧、亚洲、非洲的各种语言	世界各地	500KW2部 250—300KW35部 20—100KW40部 中波、长波11部 转播台:塞浦路斯、阿森松、阿曼、新加坡、安提瓜等	

意大利	意大利广播公司	约 20 小时	27	意大利、保加利亚、波兰、捷克、英、德、法、俄、土耳其、阿拉伯等	欧洲、大洋洲、远东、非洲、中东、地中海、中南美、北美	100/50KW	另有宗教台用 16 种语言对欧洲各国进行短波广播
奥地利	奥地利国际广播电台	约 50 小时	5	德、英、法、西班牙、世界语	欧洲等 13 个对象地区	500KW1 部 100KW3 部	
荷　兰	荷兰国际广播电台	约 50 小时	7	阿拉伯、荷兰、英、西班牙、葡萄牙、印尼、法	世界各地	500KW4 部 300KW4 部 国外转播台：西印度群岛、马达加斯加	
希　腊	《希腊之声》	21 小时 30 分	13	希腊、英、法、德、西班牙、阿拉伯等	北美、欧洲、中东等地区	250KW1 部 100KW2 部	境内有美国之音转播台
瑞　士	瑞士国际广播电台	23 小时 30 分	9	德、法、意大利、拉丁、罗马、英、西班牙、葡萄牙、阿拉伯、世界语	欧洲、北美、中南美、非洲、中东、亚洲	500KW1 部 250KW9 部 100KW2 部	联合国和国际红十字会从日内瓦播出部分节目
瑞　典	瑞典国际广播电台	38 小时 30 分	7	英、法、德、俄、葡萄牙、西班牙、瑞典	世界各地区	500KW3 部 100KW1 部	转播部分对国内广播节目
西班牙	西班牙对外广播电台	68 小时	4	西班牙、阿拉伯、英、法	欧洲、非洲、中近东、南大西洋、北美、南美、澳大利亚、印度洋	350KW6 部 100KW5 部	
苏　联	莫斯科广播电台	约 270 小时	75	俄、英、法、德、以及东欧、北欧、亚洲、非洲各地语言	欧洲、非洲、中近东、亚洲、美洲	500KW32 部 共用发射机 200 部以上	另外还有列宁格勒和加盟共和国共 10 个广播电台对国外广播
	和平与进步电台	21 小时	15			使用莫斯科广播电台发射设备	
捷克斯洛伐克	国营广播电台	约 30 小时	11	捷克、斯洛伐克、阿拉伯、英、法、德、意大利、葡萄牙、西班牙、俄语等	欧洲、非洲、亚洲太平洋地区、南北美洲	250/200/120KW	
丹　麦	丹麦广播电台	12 小时	1	丹麦	世界各地区	500KW1 部 100KW1 部	对侨居外国的丹麦人广播
联邦德国	《德国之声》	67 小时	31	德、英、法等	世界各地区	500KW8 部 250KW9 部 50—100KW10 部 中波　1 部 国外转播台：希尼什、马耳他、基加利、斯里兰卡等	
	德意志广播电台	36 小时 30 分	11	德、英、法、意大利及北欧、东欧语言	德语区和欧洲邻国	中波、长波：800/500/200/100KW	德语节目 24 小时连续广播

挪威	挪威广播公司	16小时30分	3	挪威、英、西班牙	世界各地区	500KW2部 250KW1部 100—120KW3部	
梵蒂冈	梵蒂冈广播电台		35	意大利语等	世界各地区	500/100/50KW	全部为国际广播
匈牙利	国营广播电台	约26小时(每周约180小时)	6	匈牙利、英、德、意大利、西班牙、土耳其	欧洲、中东、亚洲、太平洋地区、远东、南北美	250/100KW	
民主德国	柏林国际广播电台	55小时30分	11	德、英、法、丹麦、意大利、西班牙、阿拉伯、印地、斯瓦希里等	欧洲、中近东、亚洲、非洲、美洲	500/100/50KW	
芬兰	芬兰广播公司	约23小时30分(每周165小时)	4	芬兰、瑞典、德、英	欧洲等7个播向地区	250KW1部 100KW1部 (也用中波、长波)	
法国	法国国际广播电台	约97小时(每周约677小时)	9	法、英、德、西班牙、葡萄牙、波兰、俄、罗马尼亚、克里奥勒	非洲、中近东、欧洲、中南美、东南亚等7个播向地区	500KW11部 100KW12部 国外转播台:加蓬、法属圭亚那	法语节目每天23小时
保加利亚	国营广播电台	约47小时	12	保加利亚语等	西欧、巴尔干、近东、非洲、美洲等9个播向地区	500KW2部 150KW1部 (也用中波)	以“祖国广播电台”名义对侨居国外的保加利亚人广播
比利时	比利时荷兰语广播电台	15小时	3	荷兰、英、西班牙	非洲、欧洲南部、南北美洲	250/100KW (也用中波)	
	比利时法语区广播电台	11小时	1	法	远东、欧洲、非洲	250/100KW	
波兰	波兰广播电台	约45小时	11	波兰、英、德、芬兰、世界语等	欧洲、非洲、中近东、北美	100KW8部	
葡萄牙	国营广播电台	约31小时	6	葡萄牙、英、德、法、意大利、西班牙	欧洲、中东、非洲、北美、南美、亚洲等	100KW7部	另有宗教台对欧洲、巴西播出葡萄牙语节目
马耳他	地中海广播电台	3小时	3	英、法、阿拉伯	地中海各国	中波、短波	有“德国之声”转播台
摩洛哥	环球广播电台	约120小时	34	英、法、德、西班牙、俄语等	欧洲、北非	短波为主,也用中波	
南斯拉夫	南斯拉夫广播电台(贝尔格莱德)	约10小时30分	10	阿尔巴尼亚、阿拉伯、保加利亚、英、法、德、希腊	欧洲各国	100KW4部	每天另向侨居国外的本国人转播对国内广播节目9小时
罗马尼亚	国营广播电台	32小时	13	罗马尼亚、英、德、西班牙、葡萄牙、阿拉伯等	欧洲、非洲、中近东、太平洋、美洲	250/120KW (也用中波)	另有对邻近各国的旅游和音乐的深夜广播节目

美　洲

国家	机　构	广播时数(日)	语种	使用语言	对象地区	发射设备	注
美　国	《美国之音》	约167小时（每周1,166小时）	40	英、俄、西班牙、葡萄牙、东欧语言以及阿拉伯、土耳其、华、朝鲜、印地、缅甸等亚洲语言	世界各地区	功率10—1,000KW 总功率22,470KW 国外转播台13座	
	《自由欧洲》(RFE)	共约146小时（每周1,024小时）	8	保加利亚、捷克、匈牙利、波兰、罗马尼亚、爱沙尼亚、拉脱维亚、立陶宛	东欧	两台合计 250KW20部 100KW24部	总部设在西德慕尼黑
	《自由电台》(RL)		13	俄语以及苏联各加盟共和国语言、达里语	苏联、阿富汗	20KW1部 中波150KW 另在西班牙、葡萄牙有发射台	
阿根廷	阿根廷国际广播电台	16小时	8	阿拉伯、西班牙、意大利、德、法、英、葡萄牙、日语	欧洲、非洲、中东、南北美洲、日本	100/50KW	
厄瓜多尔	《安第斯之声》	约80小时	11	英、法、德、俄、西班牙、葡萄牙、日语等		500KW1部 100KW3部 50KW4部	
加拿大	加拿大国际广播电台	约20小时	12	英、法、西班牙、葡萄牙、德、俄、乌克兰、捷克、斯洛伐克、波兰、匈牙利	欧洲、东欧、非洲、加勒比、美国、墨西哥、中南美、中东、日本	250KW5部 100KW3部	
古　巴	哈瓦那广播电台	约66小时	8	西班牙、英、法、葡萄牙、克里奥勒、克丘亚、瓜拉尼、阿拉伯	欧洲、北美、中南美、地中海	500/100/50KW	
苏里南	苏里南国际广播电台	45分（周日休息）	2	英、荷兰			
多米尼加共和国	克拉林广播电台	8小时	2	英、西班牙		50KW	
巴　西	国营广播电台	6小时40分	5	葡萄牙、英、德、法、西班牙	欧洲、中东、非洲、美洲	250KW	
委内瑞拉	国营广播电台	5小时	3	英、法、葡萄牙	邻近各国	50KW	
墨西哥	墨西哥国际广播电台	42小时	1	西班牙	中南美	50/10KW	

（中国国际广播电台总编室、研究室供稿）

世界电缆电视发展简况

一、开办电缆电视的国家

亚洲：中国、日本、菲律宾

非洲：南非

欧洲：冰岛、爱尔兰、英国、意大利、奥地利、荷兰、希腊、瑞士、瑞典、丹麦、西德、挪威、匈牙利、芬兰、法国、比利时、卢森堡

南北美洲：美国、加拿大、哥斯达黎加

美欧主要国家电缆电视普及情况

国　家	用户数(万)	占全国户数(%)	统计时间
			百分比为占全国电视用户的比例
美　国	4,863.6	53.8	1988.1
加拿大	480.0	60.0	1984
西　德	503.2	19.6	1989.3
英　国	28.4	1.3	1989.4
法　国	14.0	0.72	1989.5

比利时	310.0	83.0	1987
荷　兰	310.0	56.0	1987
瑞　士	140.0	56.0	1987
奥地利	34.2	12.4	1987
卢森堡	6.8	48.2	1987
瑞　典	75.0	21.4	1989.6
挪　威	42.0	27.1	1989.6
丹　麦	115.0	52.2	1987
芬　兰	27.0	15.0	1987

美国十大卫星电缆电视台

顺序	名　称	节目类型	时数(日)	用户数(万)	开办时间
1	娱乐和体育电视网(ESPN)	体育节目和经济新闻	24	5,013.2	1979.9
2	电缆电视新闻广播网(CNN)	新闻	24	4,956.5	1980.6
3	超级电视台(WTBS)	家庭娱乐、体育、节目、纪录片	24	4,794.3	1976.12
4	美国电视广播网(USA Network)	娱乐、体育	24	4,643.3	1980.4
5	音乐电视台(MTV)	音乐、访问、演奏会	24	4,443.3	1981.8
6	基督教电视台(CBN)	家庭娱乐、妇女、儿童、宗教节目	24	4,376.9	1977.4
7	(Nicklodeon)	对儿童、青少年广播	24	4,367.9	1979.4
8	怀旧电视台(The Nostalgia Channel)	30—60 年代电影、喜剧、电视剧	24	4,321.1	1985.5
9	生活时代(Lifetime)	妇女娱乐和信息	24	4,172.8	1984.2
10	公共事务电缆电视网(C—SPAN)	众议院会议实况和新闻报道	24	4,150.0	1979.3

注：①1——3、5——8 用户数为 1989 年 2 月统计，4 为 1989 年 1 月，10 为 1988 年 12 月。

②7 由两部分组成，夜间节目(Nick at Nite)用户数为 3,940 万(1989 年 2 月)。

西欧主要卫星电缆电视台

西欧各国通过卫星播出，经电缆电视网传送或由用户装设卫星接收天线直接接收的电视节目，总数已在 30 套以上，1990 年还将增加 10 套左右。这里选录的主要是从事越境广播和美国对西欧国家通过卫星播出的电视节目。

名称	所在国	经营形态	节目类型	语言	时数(日)	对象地区	开办年月
空中电视台(Sky Television)	英国	商业					
空中电视(Sky Channel)			综合娱乐	英语	24	欧洲各国	1983.12
空中新闻(Sky News)			新闻报道	英语	24	欧洲各国	1989.2
空中影院(Sky Movie)			电影	英语	18	欧洲各国	1989.2
欧洲体育(Euro Sports)			体育节目	英语	18	欧洲各国	1989.2
史密斯电视台(WH. Smith Television Service)	英国	商业					
生活方式(Lifestyle)			对妇女广播	英语	3—5	欧洲各国	1985.10
屏幕体育(Screen Sports)			体育节目	英语	18	欧洲各国	1984.3
儿童电视台(Children's Channel)	英国	商业	对儿童广播	英语	10	欧洲各国	1984.9
超级电视台(Super Channel)	英国	公共	综合娱乐	英语	24	欧洲各国	1987.1
英国广播公司欧洲电视台(BBCTV Europe)	英国	公共	对国内两套节目选辑	英语	18	欧洲各国	1987.6

电影电视网(Filmnet)	荷兰	收费电视	电影	英、荷	24	比利时、荷兰卢森堡和北欧	1989.4
(伴音用英语、荷兰语,另按对象地区附加瑞典、挪威、丹麦、芬兰语字幕)							
三星电视台(3 SAT)	西德	公共	综合节目	德语	9.5	西德、奥地利瑞士	1984.12
卫星电视一台(SAT 1)	西德	商业	综合节目	德语	18	西德、奥地利、瑞士	1985.1
卢森堡电视新台(RTL PIUS)	卢森堡	商业	综合节目	德语	18	西德等国	1985.8
电视俱乐部(Tele-club)	瑞士	收费电视	电影	德语	8	瑞士、西德	1984.5
欧洲文化电视台(La SEPT)	法国、西德	公共	文化教育	法、德	10.5	法国、西德等	1989.5
法国电视五台(La 5)	法国	商业	综合娱乐	法语	24	欧洲各国	1986.2
J 频道电视台(Canal J)	法国	商业	儿童节目	法语	12	欧洲各国	1986.12
意大利第一(RAI 1)	意大利	公共	综合娱乐	意大利语	18	瑞士、比利时等	1984.6
意大利第二(RAI 2)	意大利	公共	综合节目	意大利语	14	瑞士、比利时等	1984.6
世界电视网(World Net)	美国	官办	新闻报道	英语	4	欧洲各国	1985.4
电缆电视新闻广播网(CNN)	美国	商业	新闻报道	英语	24	欧洲各国	1985.9
欧洲音乐电视台(MTV Europe)	美国	商业	音乐节目	英语	24	欧洲各国	1987.8
发现电视台(Discovery Chan-nel)	美国	商业	科学知识	英语	6	英国	1989.4
欧洲欢乐电视台	美国	商业	综合娱乐	西班牙	24	西班牙	

(中国国际广播电台总编室、研究室供稿)

1989年海外华文报刊简况

沈根荣

1989 年,世界五大洲 28 个国家和地区(不包括港、澳、台)的华文报刊,有停刊的,也有创刊的,但总数仍维持在 330 家左右。

从有关海外报刊报道获悉,在 1989 年内,停刊的美国华文报纸有:纽约美洲华侨日报、中报,旧金山东西报,洛杉矶论坛报和华盛顿华府新闻。但同时又有一批新的报纸,主要是周报创刊,其中有纽约华埠商报、东方新闻报,洛杉矶华美时报、美越华声、泛美华侨时报等。据 1989 年底的不完全统计,全美国有华文报纸 53 家(不含纯娱乐性的报纸型出版物,但包括个别每周出版的时事政治性杂志)日报还剩 9 家,其中在全美发行较有影响的有星岛日报、世界日报和国际日报,在当地发行的有旧金山金山时报、少年中国晨报,纽约联合日报,华美日报,休斯顿美南新闻和檀香山中华新报。

美国以外的其他地区中文报刊停刊的有:马来西亚星槟日报(再次停刊)、南美洲华新日报、新加坡《家》杂志等。创刊的有:泰国东方日报、马来西亚《天地》月刊、菲律宾《时报月刊》、新加坡《国大校讯》月刊、毛里求斯《五以上》周刊、法国《华裔之声》特刊、加拿大《满地可导报》(旬刊)等。

在 1989 年的海外华文报刊变化中,呈现一些新的趋势,引起传媒界的关注。

(一)以赠阅为发行方式的周报增多,其中社区报和专业报的发展较快。以美国为例,纽约皇后区的亚美时报和美东时报都是赠阅周报。1989 年分别是这两报的两周年、四周年,它们总结了扎根社区、面向世界的办报特色。以印支裔华人为主要对象的报纸，在加利福尼亚州、得克萨斯州已发展到10家。以商业、地产为主要内容的专业报也日益显示出其生命力。据美东时报报道，至1989年底，仅纽约地区已有11份赠阅性周报，其中近1/3的报纸是1989年创刊的。

(二)根据海外读者情况的变化，创办双语刊物或华报增设双语版(双语栏)的情况有所发展。如1989年创刊的马来西亚《文汇》月刊和新加坡《马赢》杂志分别是巫汉、中英双语刊物。与此同时，澳大利亚《华声报》第3页增辟了中英双对照社论栏，美国《联合日报》增辟了中英文对照的《协助申请绿卡籍应试专刊》。此外，还出现了英文报附设中文专版的情况，为美国纽约菲格斯马报开设了中文专页，招徕华侨、华裔马迷读者。

(三)要求华文报之间加强编务合作的呼声渐高。1989年11月2日至3日在新加坡举行的世界中文报业协会22届年会上，新加坡第二副总理王鼎昌在为年会主持开幕式时倡议：华文报业应进行跨地区的编务合作。他认为世界日趋融和，不同信仰、种族、社会制度国家的人民，都在寻求更密切的交往和文化交流，文字、传统文化相同，散布全球的华人更应如此。出席年会的代表对王鼎昌的倡议作出了热烈的回应。但同时也认为，这种合作，须文化性而非政治性，且是互惠互利的合作；有的则提议先加强各地华文报新闻、副刊与资料等方面的交换。尽管因不同地区不同的社会文化背景对编务工作取舍问题各有侧重，但普遍认为中文报业进一步走向国际性合作势在必行。

同时，香港一些资深报人指出，世界中文报协目前仍由台湾报业人士所把持，但该组织中也有不少是“中间报”代表参加，因此，该组织应是民间报业团体。他们认为，中国乃世界上中文报刊、杂志、读者最多的国家，实不应将其置之于该组织之外，相反，中国大陆报业人士应在该组织内扮演重要角色，否则将会使加强华文报编务合作的计划大为失色。

·优秀企业介绍·

改革中的鞍钢

——记鞍山钢铁公司

郑　虹

鞍山钢铁公司是我国最大的钢铁联合企业，位于富饶的辽东半岛中部。它始建于1916年，是个具有70多年历史的老企业。

从1917年日本帝国主义在鞍山建设第一座高炉起，到1945年8月日本帝国主义宣布无条件投降的近30年间，鞍钢累计生产生铁1,186.7万吨，钢锭548.3万吨、钢材327.8万吨，其中大部分运往日本，用于制造军火，凶残地镇压和屠杀中国人民。

日本帝国主义无条件投降后，鞍山获得了初次解放。可是国民党又挑起内战，于1946年4月占领鞍山，并接收了鞍钢。在国民党统治的22个月期间，炼钢厂只修复1座平炉，只生产了9,500吨钢。“八、一五”光复后，苏联将大批先进设备运走，加之长期战争的破坏，当时的鞍钢已变得七零八落，到处是一片荒凉凄惨的景象。

1948年2月19日，鞍山获得解放。同年11月，辽沈战役胜利结束，东北全境解放。东北行政委员会于12月26日批准，正式成立鞍山钢铁公司。从此，鞍钢真正回到了人民的怀抱，结束了解放前30多年屈辱的历史。

作为我国最大的钢铁联合企业，鞍钢在四十年间，为社会主义建设事业做出了不可磨灭的贡献，截至1989年底，累计产铁一点八亿吨，产钢一点六亿吨，产成品材一亿多吨，上缴利税四百多亿元，同时向全国各地输送了大批生产建设人才。

在整个恢复时期，鞍钢陆续修复建设了4个铁矿山、6座焦炉、3座高炉、8座平炉和6套轧钢机，一个初具规模的钢铁联合企业，以崭新的风貌展现在人们的面前。1949年至1952年累计，共生产生铁211.95万吨、钢191.9万吨、钢材109.93万吨，上缴利税4.22亿元。

第一个五年计划时期，党中央把鞍钢作为全国经济建设的“重中之重”。在“全国支援鞍钢，鞍钢支援全国”的战略决策指导下，鞍钢开创了大规模建设的新局面。

第二个五年计划期间，由于高指标、瞎指挥、浮夸风和共产风等左倾错误的影响，加上当时的自然灾害和苏联政府撕毁合同，撤走专家，使鞍钢的生产遇到了严重困难。由于广大职工在生产建设中发挥了高度的社会主义积极性和创造精神，开展劳动竞赛和大搞技术革新等运动，使生产建设得到了一定发展。

从1961年开始，鞍钢认真贯彻“调整、巩固、充实、提高”的八字方针，胜利地完成了调整时期的艰巨任务。1963年，鞍钢的生产状况已经全面好转。从1964年起，鞍钢在保持高产量的同时，确立“为用户服务，以用户满意为标准”的经营思想。在各项主要技术经济指标上赶超世界先进水平。1966年，鞍钢的产值达到25.4亿元，生产钢505.9万吨、生铁460.54万吨。钢材267.47万吨，分别占全国产量的33.02%，34.52%和25.45%；上缴利税13.07亿元(利润11.5亿元)，成为鞍钢发展史上的“黄金时代”。

十年内乱鞍钢遭到了严重的破坏，各项技术指标普遍下降，经济效益很差，损失浪费惊人。

党的十一届三中全会以后，鞍钢在拨乱反正的基础上，消除“左”的思想影响，迅速实现了工作重点的转移，开始走上了全面振兴的道路。

鞍钢以提高经济效益为中心，坚持改革，加速改造，开发技术，开放经营，抓两个文明建设，出现了生产发展、品种扩大、质量提高、消耗下降、经济效益大幅度增长的新形势。1979至1983年，累计生产生铁3182.2万吨、钢3414.14万吨、钢材2164.33万吨、工业总产值184亿元，共上缴利税78亿元。1983年与粉碎“四人帮”时的1976年比，生铁增长93.04万吨、钢增长127.31万吨、钢材增长142.58万吨，工业总产值增长75,972万元，利润增长24.063万元。其他各项主要技术指标大部分创历史最好水平。

从1984年起，鞍钢围绕经营方针和

生产经营目标实行了多种形式的经济承包责任制，较好地处理了国家、企业和职工个人三者利益关系，实现了责、权、利的有机结合；在领导制度、劳动人事制度和分配制度等方面进行了改革，有力冲击了分配制度上的“大锅饭”、领导制度上的“终身制”、用工制度上的“铁饭碗”，机构体制上的“大仲全”等弊端，调动了广大职工的积极性；推行厂长负责制，理顺了党政工三者关系，企业的各项工作出现了新的局面。

党的十三大，更坚定了鞍钢坚持改革，彻底改变鞍钢技术、设备落后面貌的信心。

1988年，鞍钢的铁产量达到776万吨、钢产量达到801万吨，创历史最好水平，实现利税24.45亿元。1989年，产钢800.25万吨，上缴国家利税总额仍然超过上缴额最高的1988年，达15.3亿元。

鞍钢是我国冶金行业中大型钢铁联合企业，共有职工40万，其中全民216291人，集体企业职工18万人，下设8个二级公司和130个生产厂及38个管理处室。主要产品包括：钢、铁、钢坯、钢材，还有铁矿石、铁精矿、人造富矿、焦炭及耐火材料等。矿山开采的铁矿石经选分别为铁精矿，经烧结为人造富矿、经高炉冶炼出生铁，在转炉和平炉中冶炼成钢，钢锭经初轧开坯和由其他轧钢厂进一步深加工成为板、型、管、线材运往全国各地，鞍钢产品多年来享誉国内外，产品规格几万种，其中50Kg/m重轨，汽车轮网钢、603钢板、深冲冷轧板获国家金牌；船用球扁钢、平式石油管等7种产品获国家银牌；还有56种产品获得部、省级优质产品称号。鞍钢还拥有化工、电力机修、建设、运输等一大批辅助生产单位，为钢铁生产创造条件。

改革把鞍钢推向了一个高效、稳健的发展时期，它的改革是从自我松绑开始的。1984年以后，公司首先对独立性较强的二线企业放权松绑，实行厂长负责制，开展经济承包，允许这些企业在“确保鞍钢”的前提下“八仙过海各显精通”。

1988年7月，辽宁省委、省政府批准鞍钢实行总经理负责制，李华忠同志任公司总经理，张羽同志任公司党委书记，至此，在鞍钢基层厂矿已全面相继实行厂长（经理）负责制的基础上，完成了鞍钢领导体制的重大变革。

近两年，在原燃料、电力和资金严重不足的情况下，鞍钢克服各种不利因素，特别是消化原燃材料涨价的影响，千方百计控制和减少效益滑坡，实现利税和上缴利税均有一定幅度增长。鞍钢技术改造和设备检修维护取得了很大成绩，科研开发有了新的突破，产品质量有一定提高，1989年共实现54项科研成果，全部用于生产实践，有51项达到国内和国际先进水平。综合管理水平有新的提高。从定额管理、成本管理、资金管理、质量管理到经济核算的各项基础管理，得到进一步健全和完善，在国家一级企业升级评定中得到肯定和表扬。

鞍钢利用鞍钢声誉，发挥鞍钢人才、技术管理、设备和产品的优势，发展跨企业、跨地区的联合、承包和兼并，扩大新门路、开辟新行业，建立企业集团和企业团体，促进生产要素的互补和优化、东北风冷轧板集团公司、钢铁产品深加工联合体、鞍化联合体、辽阳分公司、鞍山带钢厂等联合和承包项目有新的进展。经营咨询开发公司、承包公司、进出口公司、金属结构公司的经营业务不断扩展，经济效益不断提高。

鞍钢利用各种合理渠道，发挥公司、厂矿两个积极性，使得职工集体福利事业有新的改善。全公司已办农场135个，预计全年提供鱼、肉、蛋可达4929吨，鞍钢职工几大节日的副食可基本达到自给。职工食堂、独身宿舍、托幼保健等集体福利事业都有新的改善，职工工资、奖金收入比以往有所增加。

鞍钢千方百计筹集资金，解决技术改造和生产资金的不足。对内通过出售股票、债卷、实行工资“信用卡”等引导职工在保证基本费用的情况下，把一部分收入用于帮助公司解决货币资金紧张的困难。到1989年底，全公司沉淀资金7400多万元，人均354元。对外通过集资，使用户得到比较稳定的原材料供应，使鞍钢获得一部分资金来源，求得共同发展。实行干部年度考核制、聘任制、技术职务和资格双轨制，工人聘干部考试考核制等七项人事制度改革办法。坚持住房制度改革，实行了租房、卖房双轨制，多渠道筹集建房资金。职工教育以岗位培训为中心，以技能培训为重点，较好的完成了职工培训任务。

鞍钢这样的特大型联合企业，要保证生产经营正常进行，求得前进和发展，一方面要靠国家宏观调控给予保证，一方面要靠企业自身努力，两者缺一不可。他们坚持把广大职工摆在企业主人的位置，把大力发动群众，紧紧依靠职工，作为克服困难搞好工作的基本保证。当资金短缺，影响购煤的时候，广大职工慷慨解囊，一举筹集煤款2400多万元。当电、铁合金等严重不足，危及生产的时候，各单位落实“双增双节”措施，使公司渡过了一道又一道难关。

鞍钢开工四十年来，以孟泰精神为代表的主人翁意识，已成为职工群众的一面旗帜。这面旗帜在五、六十年代曾高高飘扬在鞍钢上空。1986年，鞍钢党委又高举起孟泰的旗帜，提出了“创新、求实、拚争、奉献”的鞍钢精神。这是鞍钢的主旋律，也是鞍钢工人阶级的战斗风貌。鞍钢就是靠这种精神，为国分忧解难，无私奉献；也就是靠这种精神，“百万雄师过大江”，连续五个月突破了年产800万吨钢水平大关；充分显示出鞍钢人“力拔山兮气盖世”的英雄气概。

1989年，是鞍钢生产史上的最困难时期，广大职工团结一致，顾全大局，顽强拼搏，克难制胜，提前完成了钢铁材国家计划。谱写了一曲新的奉献之歌。

紧紧把握住时代的脉搏

——记河北省邢台市丽华实业公司

韩凤鹏

“工业较发达的国家向工业较不发达的国家所显示的，只是后者未来的景象”（马克思《资本论》第一卷）。这里所记叙的100多名城市菜农告别黄土地后，由创办普通社区经济到发展高技术、高质量、高效益产品规模经济的业绩。它从中国经济底层的一个角落，展示了中国人民迎接世界新技术革命挑战的情景。

小报的预测

1985年1月1日，中共邢台市委机关报邢台晨报消息：上年度马市街二队工商业呈献出空前繁荣的景象，实现了人均收入、人均交公共积累、人均缴利税3个1500元。他们将成为我市首批写在2000

年致富光荣榜上的先进单位。

消息的预测是准确的。到1985年底，实现了人均3个2100元……财富一年一年地增长着。

那么，他们是怎样由此岸向彼岸前进的呢？丽华实业公司总经理、中国新闻学研究基金会理事刘玉合说："把握时代脉搏，是由此岸走向彼岸的关键。"

从毛驴车到红利滚滚

1972年初春。这天，一辆毛驴车由邢台向邯郸飞速地奔跑着。扬鞭驱车的是马市街二队的干部。这是队长刘玉合在困境中作出的一项决策。

"学问是苦根上长出来的甜果"。刘玉合本是一个硬朗的汉子，肩上挎着背带，咬紧牙关，拉着装满土粪的排子车，从街道出来、进去，进去、出来，新车拉成了旧车，旧车拉成了破车，手被车把磨了层层老茧，肩膀上留下道道紫色的印记……16辆人力车是全队最先进的工具。一连干了三年，一个劳力一天才能挣2角钱。

他说："没有技术难富，没有工业就得受穷。"他凑钱派人从邯郸买回一台热合机，从上海买回一台吹塑机，填补了邢台市塑料薄膜生产的空白，成为河北省塑料薄膜技术运用的典型示范队，创造了显著的社会效益。

那时他桀骜不驯，一心带领群众致富，但多次遭到批判。要说那年代时代脉搏难以把握的话，历史的车轮毫不客气地把它甩在了后头。

1979年初，107名菜农的马市街二队，在全市农业战线率先实行了经济承包责任制。到年底收入达12.7万元。到1981年，土地几乎被征用完毕，然而，他们没有要求国家安排，而是把握着时代脉搏向更高的目标迈进。

"党的政策把我们送入了一个崭新的时代，现在就看我们自己了……"刘玉合任党支部书记兼大队长后，第一次主持了党支部会议。经过酝酿形成一致意见：有工可以富，有商就能活，我们来个工贸并举。

广州、兰州、北京、南京、沈阳，一封封信函、一趟趟人员，来去匆匆，穿梭一般。一个月后，四台质量可靠的新型塑料吹塑机在这里"安家落户"。不到一年时间，十几名工人的小厂产值由十几万元猛增到30多万元。

接着，他们从报纸上得到一条信息：兰州研制成功一台双面多色自动印花机。他们立即"为我所用"，塑料厂很快发展成拥有固定资产100多万元、年产值50万元、年利润15万元的企业。

1983年，他们在号称邢台"王府井"的西大街建起丽华商场。1984年营业额达320万元，实现利润30余万元。仅有74名干部职工的集体商场，人均为国家做贡献在全市同行中名列前茅。同时，他们在繁华区建起11个商店，安置了邢台市135名待业人员。此时，马市街已是红利滚滚了。

"别了，古登堡！"

1984年，邢台第一家大型经济实体公司——丽华实业公司宣告成立。刘玉合任总经理。公司的一切工作，一切生产经营项目，都摸着时代的脉搏而体现着时代生活的大趋势。

"别了，古登堡！"这是公司差不多的员工常提到的一句话。古登堡为欧洲活字印刷的发明人，至今已有500多年的历史，然而，比我国毕升发明活字印刷术的时间晚了400多年。本来，世界史书上记载的是各国遥望毕升而瞠乎其后的历史。可是，我们现在落后了。此时，公司的决策人已敢于去摸世界的经济脉搏了。他们决定上一座现代化的彩印厂，请看他们的论证：

"其一，1980年，世界发达国家印刷业的收入已占经济总收入的前4位，而我国印刷业的收入仅占第40位。按照"七五"计划，我国印刷业的收入将从国民经济总收入的40位上升到14位左右。这说明国内印刷业将有一个大发展的趋势；

其二，印刷业发展的总趋势，必然导致我国印刷业在3至5年内实现一次突破性的技术革命。印刷业的方向是朝电子化、胶印发展；

其三，已延续几百年的铅排铅印工艺，劳动强度大且具铅毒危害，将逐步被淘汰；

其四，目前印刷业不景气，其重要的原因是许多印刷厂已不能满足现代出版印刷的要求。"

公司筛选成千上万条信息，在充分论证的基础上，于1986年9月13日厂房破土动工，到设备安装调试、开张营业，总计不过105天。其速度令人叹为观止。

业务办公楼、印刷工房楼、装订工房楼，和谐匹配，构成宏伟的建筑群体。占地面积1.1万平方米，建筑面积2.2万平方米。它用激光、电脑、高分子化学等现代技术武装起来，设备、工艺超前；它被列为省、市重点项目，引进了世界一流的设备。获得世界3项专利的激光排版系统，照排着大千世界的风云变幻；双色双纸路卷筒纸胶版印刷机，吐出大千世界的卷卷图画；世界先进水平的精装、平装双功能联动书刊装订线，汇集着物质文明和精神文明的成果。日排版能力达120万字，日黑白印刷能力达400令纸，日彩印180色令纸，日骑马装订16开期刊32万册，日平胶装订32开成品书19.2万册。

现代化的印刷术，为报刊出版界所青睐。1987年至1989年已连续3年承印了《中国新闻年鉴》，并且一举结束了《年鉴》跨年度出版的时代，实现了当年编辑当年出书。《新闻出版报》为此发表了《一本书印出了名气》的报道。名气的确不小，全国已有25家出版社或期刊编辑部与之建立了业务关系……

经过几年的培训和实践锻炼，一批人才脱颖而出，为实施专业化分厂承包经营责任制创造了良好的基础。

全厂的所有设备、性能，他一清二楚。你看他电子计算机操作的多么熟练，他对电脑管理特有兴趣。更可贵的是他对国家有关印刷出版的政策，就连有关规定的那一段那一条也能说上来。他叫张起生，已具备多项管理才能，是总厂厂长；马卫兵、路风祥，别看他们刚步入而立之年，但他们的触角早已成为灵敏的反馈器，全国的新闻出版机构记得滚瓜烂熟，与新闻出版界交了200多名朋友，后者还能用英语对话。他们分别是书刊印刷分厂的厂长或副厂长；刘双玉、刘建民，从事印刷工作多年，能熟练地操作、维修各种印刷设备。他们既是彩印分厂或报纸印刷分厂的负责人，又是具有权威的印刷师傅。他们分工合作，用全面的业务为社会创造着优等的服务质量。

把握时代脉搏的人，追求起来是无穷无尽的。公司的胃口更大了，大到何等程度？冷饮要到"北冰洋！"决策既定，刘玉友出任厂长。他是一个办事效率极高的人，以迅雷不及掩耳之势，打了省内一个空档，购买了北京"北冰洋"制冷食品生产专利，创办了制冷厂。此项目被列入河北省"星火计划"项目。目前，已成为省内最大规模的现代化制冷厂之一，取得了相当可观的效益。

他们办项目，办一个成功一个，样样产品走在市场的前头。公司的子公司——清风经销公司，前身是个19人的化工产品经营门市。经理郭长生、副经理刘保安，善于研究市场。他们发现涂料、油漆将成为广普材料，于是办起涂料、油漆厂。仅有51人的小公司，年商业营业额达140多万元，上缴利税9万多元；年工业产值达50万元，获利十几万元……

公司创办的事业，引起市委、市政府的高度重视，为其原来的菜农户口全部办理了农转非手续。该公司成为邢台市桥东区属一大支柱企业。

“读书看报第一需要”

刘玉合是有名气的企业家。他被评为省级优秀共产党员，获邢台市“共同致富路上带头人”的殊誉。这与他的一班人领导职工创造的社会财富分不开，更与他的决策分不开。

“读书看报第一需要”。这句话被公司干部职工推崇为至理名言。这是刘玉合1985年对干部和经销人员提出的要求。他说：“除了从读书看报中了解党的政策，把握社会主义经营方向外，还有多层次的意义。读看中出知识，读看中出信息，读看中出思路，读看中出决策，读看中出财富。所以说，读书看报第一需要”。

这种读书看报的强烈意识是长期生产经营实践中形成的。难能可贵的是它又反过来影响和指导了实践。公司之所以能够把握时代的脉搏，一条重要经验是得益于读书看报。

刘玉合是老高中生，曾考上北京大学，因当时客观条件未能进大学之门。但他在七十年代就研读了《政治经济学》《社会发展史》《农业技术》《微积分》《生物学》等书籍。这些年来，他读了大量政治、经济书籍，还阅读国外有影响的著作，例如《大趋势》《第三次浪潮》等。对报纸，天天晚上必看。让我们看他两个决策实例：

其一，为办彩印厂。在他办公室有一大堆国内外有关印刷业的书籍、资料。书中有红色的标记，蓝色的道道，有的还夹着书签、带字的纸条，或在页旁注着大？号。不是看小说，而是啃“酸果”；不是闲读，而是心驰神往。半年多时间翻阅此类书籍、资料达2立方米！

其二，停汇45万元。1988年上半年，市场彩电大战已达白热化。下半年，有人为公司联系了45万元的彩电，就要向外汇款时，被刘玉合制止了。他说，彩电价格一涨再涨，已经到了政策不能允许的地步，市场不能承受的地步。当彩电发来之日，说不定到了国家政策调整之时，那时彩电市场会有暂时的萧条。果然不出所料。人们回忆这件事说，多亏总经理市场学研究得透！

“读书看报第一需要”，成为干部职工的自觉行动。多数职工自学电大、业大、函大等专业，或参加专业培训。除此，公司按照现代化企业的技术要求，在人民大学、北大计算机系、北京印刷学院、北京经济学院、北京电信工程学院等国家高等学府，定向培养了管理、印刷、制版、装订、电子、机械、中文、新闻、摄影、法律等专业技术人才120多人。随着人才的不断增加，公司将创造出更加光辉的业绩。

前进吧！把握时代脉搏的丽华实业公司。

塞 上 明 珠

——记山西柴油机厂

李 粟

在世界著名的“煤都”山西大同西南方10公里处，巍然矗立着一座现代化的大型军工企业。它以具有国际当代先进水平的机械加工能力，和高技术、高质量、高性能的产品引人注目，象一颗璀灿的明珠在塞北高原放射光彩。这就是我国目前最大的特别车辆柴油机生产基地——山西柴油机厂。

新中国成立以后，面对国际反动势力对我国的封锁干扰和侵略扩张野心，党中央果断地作出建立我国自己的国防工业体系，大力发展国防工业建设和决定。山西柴油机厂作为国家“一五”期间156个重点建设项目之一应运而生。1956年，来自全国各地的兵器工业专家和一大批技术工人，从天南地北汇集到当时还是“无风满天沙，有风石头跑”的塞外高原，在一片野草荆棘丛生的荒滩上，开始了建设当时被称为“亚洲最大的柴油发动机工厂”的伟大工程。建设者似以战争年代不怕苦不怕死的拼搏精神，自力更生，艰苦奋斗，仅用了两年的时间就完成了国家制定的工程计划，于1958年7月26日试制成功了我国第一台B_2—54A型特种车辆柴油机，翌年经国家建设工程验收委员会批准正式投产。从此，结束了我国特种车辆柴油机依靠外援的历史，山西柴油机厂在我国国防建设和为国民经济服务的广阔舞台上开始大展雄姿。

30多年过去了，山西柴油机厂这片昔日的沼泽荒滩已变成名符其实的“花园”。夏日到来，万树吐绿，千花争妍，高大的厂房与绿树鲜花相映衬，轰鸣的机声与醉人的花香相交融，美的环境不仅给人带来美的享受，而且催人奋发上进。作为全国知名的环境优美工厂，山西柴油机厂的建设发展成就也是令人称羡的。三十多年来，工厂以诚实勤奋的至上精神，培养出一支思想素质和技术素质过硬的职工队伍，形成自己独特完整的生产技术和经营管理体系。目前，工厂已拥有价值1.7亿元的固定资产，占地总面积104.7万平方米，建筑面积42.8万平方米，其中工业建筑面积16.3万平方米。拥有门类齐全，成龙配套的铸造、锻造、金属切削、热表处理、动力及各种试验测试设备，共28大类2763台(套)。具有国际80年代先进水平的关键设备、仪器占15%。工厂万余职工中，具有各类专业技术职称的技术和管理干部1745名，各专业工种的工人技师105名。30多年来，工厂先后研制和生产了军用、民用柴油机50多种，为国防工业和国民经济各部门提供军民用柴油机数万台，创工业产值数十亿元。外贸出口大功率高速柴油机数千台，为国家创汇数亿美元，为国防建设和国民经济发展做出了重要贡献。由山西柴油机厂生产的柴油机装配的特种车辆，国庆十周年和国庆35周年在天安门广场接受检阅，受到毛泽东主席和中央领导的称赞。

进入本世纪80年代，国际国内形势的变化，给军工企业提出了新时期的新任务。如何在四化建设中为国民经济的发展再做新贡献，把自身建设成军民结合型的企业？山西柴油机厂万余名职工在工厂党委和行政的坚强领导下，围绕中央制定的“保军转民”的战略指导方针，大力开展技术改造和产品结构调整。从1981年开始，国家两次提供投资和贷款，进行了以提高铸造能力、铸造质量，提高柴油机整体性能及测试水平，和以396—03系列柴油机为代表产品的特种车辆技术改造。从1985年开始，工厂研制并投产了492Q汽油机、200KW、250KW、320KW柴油发电机组，和为工程机械、载重车辆、石油机械、铁路机车、发电设备配套的三十多种机型，形成了以150系列柴油机为主的多系列、多品种的军民用相结合的产品结构。工厂在保军转民的道路上迈出了坚实的步伐，企业的经济效益稳步提高。

纵观山西柴油机厂三十多年的建设发展所取得的成就，厂长邓虎元在总结经验时将其概括成一句话：“诚实待人，勤奋治厂。”诚实待人就是以忠诚志实的态度，对党的事业、对国家的建设、对人民的利益负责。勤奋治厂就是以勤"恳",任劳任怨的工作态度对待一切工作以奋发有为,锐意进取的开拓精神搞好企业管理。邓虎元同志所说的一句话八个字的深刻内涵,具体地体现在工厂的生产、经营、销售和思想政治工作等方面。

在生产上,山西柴油机厂职工几十年一贯奉行的信条是"军工产品,质量第一"。严格的军事代表检查制度,使职工们自觉地养成了"把好'三检'关,不让一件废品流入生产总装线"的强烈的质量意识。工厂为了进一步减少生产线上的废品损失,全面推行了质量否决制度,把产品质量与个人工资奖金直接挂钩,奖优罚劣,调动了职工提高产品质量的积极性,使产品质量得到保证。从1980年到现在,工厂先后有五项产品获部优、省优产品称号。

在管理上,山西柴油机厂把企业上等级,作为全面提高企业素质的奋斗目标。今年,在跨入省级先进企业行列之后,又把目标对准了国家二级企业。工厂把不断提高人员素质,作为抓基础工作,提高企业素质的重点。围绕"生产上水平,管理上台阶,企业上等级,增产创效益"的指导方针,大力开展了加强现场管理抓好班组建设,开展班组升级竞赛的活动,认真抓好班组基础业务管理工作,逐步朝着以企业整体效益为中心,以全方位管理为内容,符合厂情,系统优化,能够适应外部环境的管理体系发展。

在销售上,山西柴油机厂坚持"诚实待人,信誉至上"的方针,强化产品质量,竭诚为用户服务。工厂把民品生产视同军品生产,把军工生产的一整套质量管理制度和质保措施,严格地运用到民品生产上来。从原材料、外协件进厂就开始抓复验,不合格的材料不投产。在加工中,严格执行工艺文件,道道工序有检查,不合格的零件不转下工序,不合格的零件不入库。总装和试验,设有工序通程卡,道道工序都有操作者和检查员签字,不合格的产品不准出厂。出厂的产品均有质量档案,保证质量的可追溯性。为了方便用户购买、安装、调试设备和求购配件,维修服务,工厂在北京、天津、沈阳、上海、常州、岳阳、重庆、长沙、洛阳、深圳等地设立办事处,提供各种服务。工厂还与大同、雁北、二汽、广标、北汽等地区政府和企业,签订了长期经济技术合作协议,充分发挥本厂的技术设备优势为地方经济建设服务。

在思想政治工作上,山西柴油机厂以培育"诚实勤奋"的企业精神为先导,以建设一支"四有"职工队伍,增强企业的凝聚力、向心力,最充分地调动广大职工的积极性为主要目标。在工厂的各项工作中,充分发挥党委的政治核心作用,发挥党员的先锋模范作用,坚持企业的社会主义方向,坚持正确的舆论导向,坚持两个文明建设一齐抓,把思想政治工作渗透于工厂的生产经营中,形成了一支以专职政工干部为骨干,以行政业务干部、以及党团员、先进模范、班组长为基础,专兼结合的思想政治工作队伍。通过广泛深入的思想政治工作,使全厂职工树立起"振兴晋柴,人人有责","厂兴我荣,厂衰我耻"的主人翁精神,做到了个人利益服从全厂利益,局部利益服从全局利益。人人顾大局,人人为集体,创一流工作,创一流成绩,当"四有"职工的生动活泼的思想政治工作局面。工厂多次被省、市命名为思想政治工作先进企业。

山西柴油机厂已经走过了自己的34个春秋,它以璀灿绚烂的光彩为自己织就了锦绣般的前程。未来的社会主义建设事业的前景更加辉煌壮丽,山西柴油机厂万余名意气风发,斗志昂扬的建设者,一定会以自己所特有的诚实勤奋的企业精神,为社会主义国防和国民经济建设做出更大的贡献!

轻工一枝花

——记沈阳电冰箱厂

李晓荣

当改革的大潮把电冰箱这个新兴的轻工大件送入家庭时,沈阳还拿不出一台自己生产的家用电冰箱。1985年,沈阳市派出以家电公司副经理谭利剑为首的代表团出国考察,决定建立自己的电冰箱厂。时间,仅仅过去五年,沈阳的电冰箱却已在中国声威大振。

在对外开放中起家

沈阳电冰箱厂是全套引进电冰箱王国——意大利"察努西"家用电器公司电冰箱生产技术和设备改建而成的。占地82900米^2,职工1350人,固定生产原值为420余万元。从它一建立,就被国家定为生产电冰箱的骨干企业之一,并被认定为大二型企业,许多人称它为改革开放一枝花。

翻开沈阳电冰箱厂的历史就会发现,其消化引进的速度是罕见的,投产一年零四个月就还清了全部贷款。1987年,在沈阳市280家大中型企业中产值利润增长位次均名列第一,1988年又成为沈阳市轻工系统的第一创利大户。

短短五年的时间里,沈阳电冰箱厂不仅效益猛增,而且声誉鹊起——先后获国家二级标准化单位、二级计量单位、辽宁省能源先进单位、沈阳市精神文明建设先进单位、辽宁省级先进企业等称号。产品质量稳定,先后获省、市轻工部多次嘉奖,1989年获得轻工部象征着质量与服务最高荣誉的"双龙杯",并连续三年被全国各大百货商场推荐为最受消费者欢迎的名牌电冰箱之一。

产品形成系列

建厂初期,沈阳电冰箱厂仅能生产180升、160升、230升三种型号冰箱,现在已发展到75升、125升、180升、202升、215升、230升、300升等多种规格且功能不一的冰箱。该厂生产的沈努西牌(SNX)冰箱已基本形成系列。

沈努西牌电冰箱属亚热带型,是融汇欧洲冰箱性能的的精华,集聚亚洲冰箱造型之典雅,经严谨设计、严格检验而精工制作的产品。主要优点是造型洁雅、冷冻室超大、制冷速度快,开机60—90分钟即可达到贮藏温度,比国家标准(180分)快2/3～1/2。冷冻室温度在—20℃以下,负载温度回升速度为650—800分,比国家标准(300分)高得多,还有防露及温度补偿装置等。产品都严格执行国际IS07371和国家GB3051,1—87;GB4704,1—84标准,内在质量上乘,深受消费者宠爱。

现在,沈努西牌电冰箱不仅畅销大江南北,长城内外,而且打入国际市场,陆续发往苏联、美国、加拿大、阿联酋、朝鲜、印度等地,为国家赚取了大量外汇,也为沈阳电冰箱厂的发展展示了广阔的前景。

领导与管理

以35岁的厂长吴量和厂党委书记徐长山为首的厂领导班子是团结、实干的坚强集体。在他们的带领下，全厂各级干部分工具体详细，任务、职责、权限明确，形成完整的管理系统。

1989年7月，沈阳电冰箱厂又开始全面推行全员有序管理，这是东北工学院等高校和科研单位的专家到工厂与企业共同开展企业管理研究的结晶。所谓全员有序管理，即是动员和组织企业所有部门和全体职工参加，以提高职工素质为基础，以提高产品质量、开拓市场为导向，培育企业精神，优化生产组织，改善财务机制，保证物流平衡，全面实现企业活动标准化、程序化、高效化的新型系统企业管理模式。重点在强化现场管理；建立厂内银行；完善储备定额，健全质量保证体系；建设企业文化等方面开展工作。经过几个月的努力，现已初见成效。仅以质量管理为例：质量保证体系更充分地发挥了作用，群众性QC小组活动效果明显，检验制度和检验程序得到了强化，对设备故障做到了能预测、早控制，从而在最大程度上保证了产品质量，产品合格率明显提高。

于今，全厂已建立健全了工作标准、规则和制度，优化了工作组织程序，整厂企业管理呈现整体优化趋势，到处是文明生产，认真工作的喜人景象，使企业的长远发展有了稳定的根基。

消化引进自我发展

沈阳电冰箱厂拥有一支以高级工程师、高级经济师为核心的雄厚的经济技术骨干力量，各类工程技术人员齐全，有制冷、电器、机械制造等制造电冰箱所需的各类科技专业人才近200名，为技术改造提供了可靠的前提。

1985年3月以来，沈阳电冰箱厂走过了引进技术和设备、改建扩建厂房、建立能源配套网络、安装调试生产线和试生产、实现国产化开发新产品等重要历程，而且步步顺利，成果斐然，引人注目。进入1988年后，市场需求急剧变化，一些产品不能满足用户要求，一些设备对于日益提高的质量标准也有点捉襟见肘，在这种情况下，厂里一边不惜重金购买设备，建立先进的微机控制系统和计算机房，一边调兵遣将进行冰箱改型和新产品的开发工作，一名副厂长亲自抓研究所，三个正副所长分别立项攻关，在1989年不到两个月的时间里，拿出了三个规格的9种改型冰箱，在全国家电会上盛况空前，会内成交4.4万台，会外成交1.5万台，总成交达6万多台，居到会十几家电冰箱厂之首。今年，他们又研制出BCD—215二门二温超特大冷冻室电冰箱和BCD—202型三门三温带冰温冷却室电冰箱，并以其独特的功能受到了广大消费者的好评。目前，豪华组合式冰箱大型冷藏展示柜等一系列新品种正在研制中，相信在不久的将来，会有更多更好的换代产品投放市场，满足用户千变万化的要求。

与此相配套，二期工程改造也同步上马。为了缩短日程，厂领导决定与意大利察努西家用电器公司再度合作，引进的生产线将能生产285升超豪华分体组合式冰箱等新产品。为了适应这个需要，1988年末，沈阳电冰箱厂合并了毗邻的市文教二厂。现在在厂区内，新的车间正在兴建，其生产面积近1万米^2，总跨度126×762米，车间形成网架结构，为各种新产品的上马打下了良好的基础。

提供周到的服务

以质量取胜，靠服务赢心，让用户得到的不仅仅是优质冰箱，这是沈阳电冰箱厂的服务宗旨。

维修中心占地1500米^2，拥有20余台各种车辆，受过专业训练的维修服务人员近百名，严格的服务制度对服务速度、质量、态度等都有详细的规定，由严明的奖惩制度配合执行，一丝不苟。中心设有专线服务电话，服务人员均挂牌服务。

维修中心在全国建有一百多个“沈努西”特约维修网点，北京、上海、杭州等中心城市增设服务咨询中心，并实行由专人负责、分区管理的网点责任制，维修服务网络遍及全国25个省、市、自治区，78个大中城市。

沈阳电冰箱厂把用户利益和自己的利益等同起来，千方百计为用户谋方便，曾于1989年末获轻工部优秀售后服务单位第三名，现在，一架美好的理解桥梁正在“沈努西”与用户之间搭起。

经过五年的改革建设，沈阳电冰箱厂正逐步走向成熟，并已发展到相当规模，产品实现国产化，并不断得到改进和更新，已经具备了很强的竞争力。面对当前市场冷落的局势，冰箱厂的领导们提醒职工：市场疲软，工作不能疲软；冰箱生产滑坡，精神思想不能滑坡。目前，沈阳电冰箱厂职工情绪稳定，干劲不减，决心在激烈的竞争中走出低谷，战胜困境。相信一个规模更大、结构更加完美、产品更加吸引人的沈阳电冰箱厂将以崭新的面貌出现在新老用户的面前。

从小溪奔向大潮

——记中国铁道建筑总公司北京工程公司

杨仕望

夏夜，沸腾的北京城仍未恢复平静，庄严的人民大会堂江苏厅内，灯火辉煌，大型壁画迎宾松下，人大常委会副委员长王汉斌同客人合影留念。被宴请的是中国铁道建筑总公司总经理翟月卿及该公司下属北京工程公司经理甄玉龙、党委书记李太述。宴会在热烈的气氛中进行着，宾主频频举杯，笑语盈盈。席间王汉斌面带笑容地说：“中国铁道建筑总公司北京工程公司给人大常委会盖的两栋住宅楼，建设速度快，施工质量好。”“来！为你们的辛勤劳动干一杯！”经理甄玉龙站起身，举起杯，心潮起伏，情不自禁地忆起那兵改工后不平凡的六个春秋。1984年1月1日，铁道兵营建团改为铁道部建筑工程处，当时任副团长的甄玉龙脱下军装，心情十分沉重，这支队伍1500多人，从吃军饷到生产经营，这是一个转折点。他们面对建筑业的激烈竞争，能否站稳脚跟，将意味着命运向他们的挑战。

一晃六年过去了，经过一番痛苦的磨练和拼搏，企业有了新的转机，年产值由800多万元上升到5000多万元；年创利由43万元上升到430万元；固定资产由700万元上升到2700万元；自留资金由零上升到2000多万元，人员由1500增加到2600人；人均年收入由800多元增加到3300元。队伍的素质发生了根本的变化，现有技术干部327人，其中高级工程师7人，四级以上工人1200余人，由劳务密集型向技术密集型过渡。他们的机械化程度比较高,设备精良,拥有各种进口设备大中型运输、起重、挖掘、商品混凝土搅拌、泵送设备400多台,实现机械化作业,减轻了人们的劳动强度,大大提高了劳动生产率,给企业增添了后劲,跨进了北京市仅有的五家先进企业之首。他们承建的裕龙大酒家、中技写字楼、华威大厦、华侨大厦有的被评为优质工程和样板工程,令人刮目相看。

这些成绩的取得,饱含着干部、工人们多少艰辛啊!

为“麻面”招魂

“叮当”、“叮当”,尘土在空中飞扬,刚打的房梁被敲掉,街道的行人止住了脚步,围观在中国技术进出口公司的“写字楼”工地。人们猜测着,有人风趣地说:不知是那路和尚的那门子经。

“集合!大家过来!”分公司经理板着脸训斥道:“大家好好看看,这麻面多好瞧,要是你的媳妇脸上有几颗麻子,你也会觉得脸上无光。今天,公司在此召开现场会,帮助我们总结经验教训。丑话说在先,混凝土捣固要严,往后谁捣固不好,就扣他二斗‘红高粮’”。

党委书记李太述接过话茬说:“质量是企业之灵,我们要以质量求信誉,以质量求生存。甄经理说得好,竞争中的饭碗不是好端的,建筑业的竞争靠技术和质量,你的工程搞不上去,随时都有人打破你的饭碗”。

书记话音刚落,经理甄玉龙从人群中站了出来,诚恳地说:“质量事故出在下头,根子在上头,我是企业法人的代表,处于中心地位,平时我对工程质量抓得不力,具体检查督促得不够,我郑重宣布给我甄玉龙罚款五十元”。

他们对这起质量事故毫不姑息,除返工外,对负责施工的有关人员分别给予罚款和行政处分。他们抓住这个火候,广泛地开展质量意识教育,举办各种专业培训班,建立质量保证体系,明确各部门、各环节的质量管理职能,层层建立包保责任制,使质量管理逐步走向制度化、标准化、程序化,把质量的好坏与单位、个人利益挂上钩,强化了质量管理意识,确保了工程质量。出人意料,昔日出现过麻面的“写字楼”,今日中国进出口公司经理竖起大拇指说:“你们的工程质量我们信得过。”并慷概地分两次拿出了六万元作为质量奖。其它各个工点的优质工程如雨后春笋不断涌现。

汽车走“地毯”

一条“长龙”,从西单商场往南延伸,地面铺上了帆布,机械车辆夜幕里来回穿梭,这就是机运分公司在华威挑灯夜战的动人场景。

从西单闹市崛起的“华威大厦”,是中外合资的项目。由中铁建北京工程公司和香港瑞安集团中国有限公司联合承建的华威大厦,是一座多功能、豪华型的现代化建筑。大厦结构复杂,工期短、场地狭窄,施工难度大。职工们把兴建这一工程当作向首都人民奉献的一具“雕塑”品,一块立体广告。为了确保工期只好昼夜兼程奋斗在工地上。

年初,京城连降几场小雪,给施工带来不便,飞转的车轮将便道上的积雪碾化,道路泥泞。职工们见状,买来草垫铺在出场口,以防车轮将烂泥带上街影响市容。可草垫承受不了十来辆载重汽车的压力,往返几趟便碾得稀烂。后来,队里相继改铺竹排、钢筋泥刷子和胶皮板都不济事。于是采用结实耐用、除泥效果好的帆布。当汽车行使在街道时,居民们感叹地说:“咳!看人家考虑多周到,给汽车铺上地毯啦!”

工程奠基时,周围居民犯愁了,紧锁眉头叹道:“乖乖,不知啥时候才能折腾完,这白天黑夜地干哪能受得了。”妇孺老幼、尤其是那高血压心脏病患者更是惶恐不安,有的已联系好准备寄居到亲戚家。

开挖基础的第一个夜晚,月晕星稀,西单华威大厦工地灯火通明,数十台机械车辆同时开动,同步作业,天桥的行人和周围的居民探头观望。但见一台台机械车辆紧张作业,却听不到一声喇叭的鸣叫声,居民们不理解。原来他们在这方面动了一番脑子,想出了一些点子,制定了文明施工的“十不准”,拆除了装载机上的倒车警报器,改用灯光指示,其余机械车辆,由队领导及安全员,冒严寒挥旗指挥。职工们说得好,宁愿自己吃苦受累,也要让居民们晚上安宁。居民们高兴地说:“咱们用不着担惊受怕了”。

“裕龙”的胸怀

“OK! OK!”芬兰资方代表埃瑟尔面对着“裕龙”大酒店,竖起大拇指连连赞道,脸上露出满意的微笑。

7月20日晚,位于玉渊潭的“裕龙”大酒店,霓虹灯闪烁,优美的音乐伴随着宾主步入多功能厅——华威大厦筹建委员会在这里召开。

“裕龙”大酒店!多功能厅分上下两层,中间悬空,四周玉栏环绕,大型七彩灯悬挂其中,灯穗往下飘拂;下层一池湖水,清澈见底,一座石拱桥横穿湖面,湖中假山突出,湖面波光粼粼,湖光山色,交相辉映。好一派江南园林风光。踏上楼梯登上二层,好似来到异国他乡,这里均是一色西式豪华装饰,通对大理石的环道,宾客可以随意地进入多功能厅、舞厅、酒吧间、咖啡厅和音乐茶座,每个厅内风格各异,造型别致,真可谓别具匠心,巧夺天工,有人风趣地说:此乃鲁班先师下凡也。

其实不然,这座由中国化工进出口总公司和玉渊潭农工商总公司合资兴建的18层“裕龙大酒店”,担负施工的是一支不起眼的施工队伍。负责这项工程的项目长是副经理范德。他有句口头禅,“质量来自人的素质,要不拘一格降人才。”施工伊始,他把同乡郑洪良从铁三局“挖”了进来任队长,又提拔一名职工赵文权任质检员。有现成的技术干部他不启用,旁人很纳闷,不知他葫芦里蒙的什么药。

不管怎么说,范德启用的那几个人硬是给他争了气。说起那赵文权,施工队长见了他也怕他三分。小伙子铁面无私,对质量一丝不苟,可人们对他敬而远之,因为他扮演了甲方,专挑刺。出人意料,在他把关下,以“磁砖装修工艺”竟出席了铁道部全面质量成果发布会。

主体完工后,甲方独出心裁地搞了个内装修表演。共有三家参加。市内两家“闭门造车”,先行一步,而他们却毫无动静,甲方急眼了,说你们怎么按兵不动。范德淡然一笑,在张树老工人指导下,第五天装饰好的一套客房出现在人们面前,壁纸天衣无缝,人们赞不绝口。甲方满意地说这工程你们全包了。华侨大厦筹建会结束时,全国侨联党组书记庄炎林、北京建委副主任王宗礼兴致勃勃地领着芬兰代表埃瑟尔围着酒店转了一圈。王宗礼当着客人的面说:“中铁建北京工程公司甄玉龙在北京建筑行列中是最优秀的经理,你们把‘华威大厦’交给他们是可以放心的!”

特别通行证

隆冬,北风呼啸,瑞雪纷飞。一辆辆印有铁指建工处标志的水泥罐车在东西长安街风驰电掣地来回奔跑,畅通无阻。路过的行人以惊奇的目光注视着它们:大卡车怎能在东西长安街行驶?交通警不管不问,这真是稀罕。

是稀罕,要不,李鹏总理还亲自过问,北京市市长陈希同、副市长张百发还多次到北京地铁折返线工地视察。地铁环线是市内交通的一条主要干线,环线的建成,对缓和市内交通拥挤,改善市内交通条件至关重要。市政府给承建地铁环线施工的铁道部隧道局下了一道死命令,要克服冬季施工的重重困难，高速、优质、确保地铁环线1987年年底前正式通车。

隧道局钱局长作难了，最大的困难是混凝土搅拌供应不上。

“叮铃！”凌晨四时，一串电话铃声，打破了黎明前的寂静。公司综合加工厂厂长万中朝从甜睡中惊醒。

“老万，我是地铁老冯。我是山穷水尽了，求求你，地铁施工混凝土供不上，希望你能伸出手来拉我们一把。”

“好！我们一定设法把搅拌机转起来。”万中朝中肯地说。

一锤定音。第二天一早，厂长万中朝，书记胡森林来到搅拌站。

搅拌站沸腾起来了，厂部、科室人员倾巢出动。厂长、书记二话没说，拿着钢钎铁锤，率领大家在料场干了起来，把冻成冰的砂石料敲碎。在搅拌机房周围生起了地火龙，又添置一台锅炉供热火搅拌，各道工序分兵把守，井然有序，发动机隆隆地响了，搅拌站又复活了，它象头巨兽，张开大口吞吐着料，搅拌好的混凝土源源不断地流出，水泥罐车循环地往工地输送，呈现出一派繁忙的景象。

地铁冯经理，隧道局钱局长闻讯赶到了搅拌站，连声赞道：“这支队伍就是过得硬！”钱局长拍着万中朝的肩膀说：“希望今后咱们长期合作”。

为了加快地铁施工，陈希同市长指示北京市交通管理局，给地铁折返线输送混凝土的罐车，发给特别通行证。市交通管理局接到指示后，即派副局长亲自到搅拌站坐阵指挥。

1987年12月20日，地铁折返线正式通车了，复兴门彩旗飘扬，鼓乐喧天，在一片欢乐声中李鹏、陈希同等党和国家领导人来了，人们欢呼雀跃。在这喜庆的日子里，他们没有忘记为地铁环线出过力、流过汗的北京工程公司的职工，他们中有五名代表应邀出席了通车典礼：他们兴致勃勃，伴随着党和国家领导人，踏上时代的列车，乘风破浪，奔向改革的大潮。

波涛牌水泵誉满华夏大地

——记山西省黎城水泵厂

李剑力

在党和国家首脑工作生活的中南海，在国内外客人集散的首都机场，在中国最大的中外合资企业平朔露天煤矿……“沙沙沙”机轮悄悄飞转，“哗哗哗”声的水流如注喷洒，一台台“波涛牌”清水离心泵在戏水弄珠，造福人类。有谁想到，这些高效节能泵是出自山西省黎城水泵厂。

黎城水泵厂的前身是黎城县联合加工厂。始建于1956年，那时仅有20余名职工，厂房简陋设备落后，工艺粗糙，主产品农机具在本县都没有市场，就是这样一个一无精良设备，二无雄厚技术力量的小企业，在1965年改为黎城县农业机械厂后，虽没有多大起色，但他们发扬初建厂时那种“白手起家、艰苦创业、一把铁锤、一把钳”的精神，以坚强的毅力和顽强的斗志，披荆斩棘，艰苦创业，终于结束了20多年的艰苦、曲折、坎坷、徘徊的历程。度过了低谷，为社会创造了可观的效益。

1980年，国民经济调整前夕，他们根据市场变化情况，调整产品结构，生产出了单、多级清水离心泵。从此，黎城县农业机械厂也正式更名为黎城水泵厂。但1980年的国民经济调整，给刚刚跃出低谷的黎城水泵厂罩上了一层阴影，由于企业由“三靠”（产品靠包销、材料靠上供、投资靠上拨）转为原材料靠自购、销售靠自销、资金靠自筹后，使该厂的指令性计划只占年总产值的10%，仅仅够该厂一个月的生产。职工情绪受到影响，人心浮动。就在企业面临停产关闭之际，一直担任黎城水泵厂副厂长的常来拴正式接任了厂长。他走马上任后，以企业家的魄力和才智，带领黎城水泵厂全体职工调整经营战略，组织技术经营人员进行市场调查，结合企业的特点，把开发高效节能水泵提高产品质量和改进服务态度作为企业今后的发展方向。

1988年，黎城水泵厂又在常来拴的带领下，把科技兴厂作为振兴企业的必由之路，在企业内部建立了经济决策委员会，吸收了10多名科技术人员参加。让他们根据各自的才智，为企业献计献策。1988年3月，常来拴根据科技人员提供的建议，进行了四项改革。即改革企业内部经营机制，先后成立了咨询决策委员会、新产品技术开发部等，使企业从单一的生产型迅速向生产经营型转变；改革企业工资分配制度，实行工资总额与上交利税挂钩以及职务工资、岗位工资、计件工资加工龄补助、技术补助等结构工资制，铲除了平均主义“大锅饭”，极大地调动了全厂职工的积极性；改革企业人事劳动制度，率先在长治市进行了干部优化劳动组合和工人劳动优化组合，全厂干部从原有80人的基础上精简40%，其中中层干部从50人减到31人，重新聘任的中层干部平均年龄由过去的48.5岁降低到36.8岁，中专文化水平的由26%上升到61.8%，一般干部也初步实现了年轻化、知识化、专业化、革命化，全厂工人从原有的范围人数中优化出56人，全部内部消化，增加了职工的竞争意识；实行全员风险抵押承包，增强了全厂干部职工的紧迫感、责任感和危机感。

十年改革十年变化，十年开放十年发展。到1989年，全厂10年的经济效益全直线上升，现已拥有固定资产330万元；职工580名，其中工程技术人员32人；厂区面积53000平方米，建筑面积12000平方米；流动资金130万元，设备100余台；拥有7个科室、4个车间、2个分厂。荣获部优产品称号2种，省优产品称号6种。在全省水泵行业中率先于1989年跨入省级先进企业行列。

黎城水泵厂在常来拴厂长的领导下，以市场需求为目的，在经营上创造和积累了一套宝贵的经验。他的作法是：

一、“度”的运用与产销协商。1989年下半年以来，资金紧张与买方市场的形成，给机电企业造成了新矛盾，批量订货锐减。大厂怕积压只能以销定产；小厂现要现产，满足不了急需。从这里他发现市场出现了一块夹缝。而这种现象，实质上是计划经济与市场调节结合得不很好。面对新矛盾，黎城水泵厂有一套新思路：小厂跟大厂走，势必陷入泥沼而被“疲软”吞没；“夹缝”是一块充满希望的特殊的市场，谁最先认识它、占有它，谁就会赢得胜利。出路在于寻求计划经济与市场调节相结合的“度”。这个“度”要靠全新的创造性思维和大胆的探索才能发掘到。经过摸索，他们把投产数量控制在两个月的产量，其中装成整机的只占一部分，其余随售随装，并大量经销零部件，成立维修服务队。这“两月产量”就是一个“度”。同时他们又和配套厂家达成协议，随时确保200台份的配套件。超过2000件需现金购买，200件内双方共担风险。这“200件”又是一个“度”，把握住这个“度”，就能既保证指令性计划的完成，又具有一定的市场适应能力，既不至于过多地占用资金，又能完成各项经济指标。今年头四个月，他们库存正常，百元产值成本没有增加。

二、服务至上，财富源源而来。在现实中，社会主义企业的服务宗旨往往与不择手段的赚钱搅在一起，正当的经济效益也往往与不正当的经营行为发生碰撞。产品质量低劣，优质服务只挂在口头上。用户呼喊"诚"的质量，"诚"的服务，追求"一个行动胜似一打纲领"的企业行为。可是黎城水泵厂厂长常来拴却提出"一切为了方便用户"，"你既然来了就不让你空手走"。他们认为社会主义的国营企业绝不能搞一锤子买卖。追求效益就要播下赚钱的种子。这个种子不是别的，就是优良的服务。服务第一和服务至上就会产生巨大效益。一定牢牢记住用户是"上帝"，"上帝"不容许亵渎。要得是虔诚。他们本着"宁可自己麻烦千遍，不给用户造成一时不便"的精神忠实地为用户服务。

疲软、逆境，企业家的困境；创新的思维，是打开心灵枷锁的钥匙。"地球上最美的花朵——思维着的精神"。恩格斯的这句名言，是黎城水泵厂的座右铭，也是他们不断前进的基本动因。

1989年全国攻读硕士学位新闻研究生入学试题

中国人民大学新闻学院

新闻学专业

新闻理论试题

注：《新闻理论》科目分A、B试卷，A卷，新闻理论、新闻业务、报刊史三个研究方向必做；B卷，广播电视研究方向必做。

A卷：(新闻理论、新闻业务、报刊史研究方向做)

一、阐述你对下列观点的看法：(每题30分，共60分)

1、"报纸是商品"

2、"新闻改革应当于政治改革同步"

二、什么是报刊的自由主义理论和社会责任理论？分析提出这些理论的社会历史背景并对它们作出评价。(40分)

B卷：(广播电视研究方向)

一、试论新闻传播在广播电视中的地位。(25分)

二、论广播电视在新闻传播中的优势。(25分)

三、什么是新闻自由？广播电视工作者在新闻传播中如何运用新闻自由？(25分)

四、什么是深度报道？电视新闻怎样进行深度报道？(25分)

报刊史试题

一、填空(每空1分，共60分)(填空题就在纸上填答)

1、世界上现存的最早的报纸是1900年在____被发现的我国唐朝____抄发的"进奏院状"，现藏于____图书馆。

2、北宋末年出版的小报，当时被隐称为____。

3、我国第一个以政论为主的报纸是__________，主持笔政的____是我国第一个报刊政论家。

4、"竖三民"是________、________、______三个报纸的简称。

5、我国第一份近代化中文报刊是英国传教士______在马六甲创办的__________________。

6、《论报馆有益于国事》一文的作者是______。

7、辛亥革命前不久，文学社机关报______发表著名文章《大乱者救中国之妙药也》。

8、《共产党》月刊的主编是______。

9、1920年，瞿秋白等人任北京______和上海______两报的特派员去苏维埃俄国采访。

10、"子任"是______的笔名之一。

11、二十年代，刘少奇曾任北京______的特约通讯员。

12、《向导》的创办人和前期主编是______。

13、新华社的前身红中社诞生于______年。

14、《红星》报在遵义会议由______主编，以后由______主编。

15、新纪《大公报》的三个创办人是______、______、______。

16、延安新华广播电台诞生于______年。

17、延安《解放日报》的第一任社长是______。

18、周恩来曾兼任《新华日报》的______。

19、现中共中央机关报《人民日报》创刊于______年。

20、1949年创刊的《光明日报》，当时是__________的机关报。

21、__________是日本实力最强的广播电视台。它声称是公共广播机关，实际上是半官方性质的机构。

22、_________报团目前不仅是联邦德国，而且也是欧洲大陆上最大的报业垄断资本集团。

23、现在英国的广播电视事业分为两大系统，一是英国广播公司，另一是__________。

24、美国的三大广播公司成立最早的是__________。

25、特稿辛迪加是一种__________的组织。

26、日本的第一家日报是1870年创刊的__________。

27、第一次世界大战后，德国建立共和国并于1919年制订__________。第118条规定：人民在法律范围内，有以语言、文字、印刷、图画自由发表意见的权利。

28、法国议会于1891年通过_________法，废除了特评制与保证金。

29、本杰明·富兰克林(1706—1790)在1754年出席北美各殖民地的代表大会之前，发表了题为_________的政治漫画，以呼吁各殖民地的联合。

30、早期报纸是__________的产物，是在资本主义萌芽时期，为适应发展资本主义的需要而产生的。

31、"高质量报纸"与"______"报纸的两级分化，是英国报业的特征之一。

32、北岩爵士在1896年创办的______是英国现代资产阶级报纸的开端。

33、______是目前联邦德国的最大新闻周刊。

34、英国于1665年出版官报______。

35、英国宪章派左翼领袖______创办的北极星报，是最有威信的宪章派报纸，它创办于英国北部工业发达城市______。

36、美国早期工人周报中最出色的是______。

37、《新莱茵报》的全称是______________。

38、____是科学社会主义在美国最初的传播者。他在纽约建立了第一个宣传马克思主义的秘密团体，创办了《革命》周刊。

39、______________是巴黎公社期间最重要的报纸，是工人新政权的机关报。

40、__________是德国社会民主工党最初的中央机关报。

41、俄国布尔什维克失去《火星报》后，经过紧张筹备，出版了________。该报的主要任务是为召开第三次党代表大会而斗争。

42、俄国布尔什维克出版的第一个合法日报是__________，列宁在该报第12期上发表了一篇论述新闻出版物党性原则的著名论文________________。

43、列宁称广播是__________的报纸。

44、1924年2月12日意大利共产党机关报______创刊。

45、南斯拉夫没有面向全国的中央广播电台，只有呼号为"____"的对外广播的国家电台。

46、苏联电视开始于本世纪____年代，1951年成立中央电视台。

47、古巴共产党中央机关报是__________。

48、英国政治家、议员布尔法—李顿于1832年6月14日在议会提出__________议案。

二、问答(每题10分，共40分)

1、根据中国古近代的新闻事业史，简要说明新闻事业和政治有什么关系？

2、我国新民主主义革命时期无产阶级新闻事业主要有那些优良传统？今天应如何对待这些传统？试简述之。

3、简述现代通讯社的产生原因及其形成和发展梗概。

4、简述苏联广播电台对外广播的历史和现状。

新闻业务试题

一、名词解释(20分，每小题5分)

1、立论　2、伟大的道路

3、专栏　4、奥里亚娜·法拉奇

二、问答题：(20分)

简论科技新闻的写作特色。

三、把下面这篇通讯改编成消息(字数限在520～550字)，并做标题。(30分，其中消息25分，标题5分)

天津的个体户，真是个色彩斑烂、内涵丰富的群体。前些日子刚表彰过一些个体户丢下自己的货摊，奋勇为民救火的事迹，最近又传来他们中的"马路歌手"成为舞台主人的喜讯。更有意思的是，这些热爱音乐的个体户最近还专门为此与记者交谈。这在天津可算是破天荒头一回。

这些"马路歌手"提起进入音乐艺术殿堂的事情，异口同声地感谢群众艺术馆所起的"伯乐"作用。

1985年1月，市群众艺术馆举办全市吉他弹唱比赛。一天，几个小伙子手提乐器推门进来，怯生生地问："我们能报名参加比赛吗？""当然可以。你们是哪个单位的？""我们是个体户！我们常在马路边弹唱，你想听听吗？"说着，几个人边弹边唱表演起来。一曲又一曲，果然出手不凡。

就这样，他们，一群"马路歌手"，通过市群众艺术馆这个"阶梯"，闯进了音乐演出这块高雅的土地，并且在吉他弹唱比赛中夺冠。

就这样，他们，一群"马路歌手"，开始得到群众艺术馆音乐老师正规的辅导，向歌唱艺术的高峰奋力攀登。

三年多悉心钻研，又得行家指教。如今，他们已成为天津音乐界崛起的一支新秀。无论是全市歌手大奖赛，还是天津文艺新人选拔赛，他们都堂堂正正地登台演唱，并且次次榜上有名。

他们都热爱自己的本行，也痴情于音乐这门艺术。当一些专业团体邀请他们参加演出时，业务再忙，他们也要挤时间助兴。全市办民歌手大奖赛获奖者郭宗立，在郊区经营一家小工厂。上月22日那天，他已经在厂里干了10多个小时，听说市里有演出任务，立即从郊区赶来。演出后，当晚又赶回厂里参加业务谈判。由于一次次演出技惊四座，他们很快就成为名闻遐迩的票友了。曾两次在全市性比赛中得奖的个体户李建青、李建春李生兄弟，同台演出，又弹、又歌、又舞，感情奔放，歌声动听，别具风格，很受观众欢迎。在全市大赛中连中三元的个体户马常宝，知名度早已飞出津门。他到西安献技，容纳9000人的体育馆座无虚席；他去成都演出，热情的观众追着要和他交谈……中国旅游声像出版社为他录制了18盘独唱、对唱的录音带，每盘发行量都数以万计。

"喝水不忘掘井人"。这些个体户深深懂得，是党的改革开放政策，使他们有了今天。他们说："社会上对个体户有种种偏见，以为我们只懂得赚钱，心里是空虚的。其实，我们和大家一样，也有自己的崇高理想和追求。我们唱歌，就是要唱出个体户欢乐的心声！党的好政策引导我们走上富裕之路。我们要向社会'亮相'，不仅要作物质文明的富有者，更要作精神文明的富有者！"

党的十三大胜利召开的第二天，他们为表达自己欢乐的心情，专门搞了场慰问天津铁路枢纽工程建设者的演出。那天，抒情的歌声使观众如醉如痴，马常宝一连唱10首歌才下台，衣衫都被汗水湿透了。

交谈中，这些个体户还向记者透露：他们要在音乐艺术上大展鸿图，一个自己集资、拥有25名成员、名为"歌醍醐"的轻音乐团即将诞生。"为什么叫这个名字？"他们笑着回答："醍醐"是酥酪上凝聚的油，味道甘美，有很高的营养价值。起这个名字，既比喻向人们提供精神"营养品"，又取其"个体户"的谐音，表明特色。

多么好的想法！记者愿把这些个体户身上体现时代精神的闪光点，如实传递给社会。

四、试析新闻评论《"对策"也可当镜子》的写作特点，要求分析本身也要写成一篇文章，并作标题。(30分)字数在800～1000

附评论：

"对策"也可当镜子

"你有政策，我有对策"，这是一种新的不正之风。有的单位，一事当前，只为小团体的利益打算，全不顾国家和人民的利益。他们的心计不是用在提高本单位的经济效益上，而是钻改革的空子，想方设法"算计"国家，损公以自肥。不刹住这股歪风，改革就无法顺利进行。这道理是显而易见的。

然而，事情还有另一方面。在一定条件下坏事也可以引出好的结果来。搞"对策"固然不对，但作为一个地方、一个部门的领导者却不能因为某项"对策"是错误的，就不屑一顾，或者是简单的呵斥一顿了事，而应怀着兴趣去研究它，把它当作一面镜子，照出我们工作中的某些薄弱环节，然后再去寻求新的解决的办法。因此，对于"对策"，一是要反对，二是要研究。

"对策"往往是在政策比较粗疏的情况下发生的，好比水从墙壁的缝隙中渗出，这是一个信号、一种提示，顺着这个线索，我们可以发现政策上的弱点，及时加以补救。党中央关于开放、搞活的一系列重大决策，无疑都是正确的，这已为多年的实践所证明，必须坚决贯彻；但某些具体政策以及政策的某些环节上，未必没有一点缺陷。比如，有的政策、条例在制定时不够缜密，或缺少实施的细则，或不注重实行结果的反面论证；有的政策弹性很大，缺乏明确的规定性，可以这样解释，又可以那样解释，以致留有许多可钻的空子。因此，遇到有人搞"对策"，不妨冷静地检查一下政策本身的问题，看看在什么环节上有什么不当、不足、不周之处，进而加以弥补和完善。这样，政策——"对策"——再政策，我们的政策就会日臻完善，有人想搞"对策"也就越来越困难。

"对策"，也是对管理水平和控制能力的一种检验。一项政策要想得到顺利贯彻，除政策本身要对头，还必须有保证其实现的必要的监督手段。包括经济的、行政的、立法的手段。谁个违反政策搞"对策"，就得视其性质进行严肃处理，对于明显错误、影响恶劣者，就要给予党纪、政纪处分；该追究法律责任的，就要追究法律责任。现在有一个比较突出的问题是管理工作水平不高，经济法规不够健全。经济是搞活了，但缺乏有力的管理；企业的自主权扩大了，但对企业的经营活动缺乏有效的监督，而且赏罚不明，对下面的种种"对策"往往束手无策。结果是：有的地方，老老实实按政策办事的得不到好处，而搞歪门邪道、搞"对策"的却捞到了"实惠"。这也是下面"对策"不断的一个重要因素。由此可见，管理上漏洞百出，"对策"就会花样百出；要防止"对策"，必须严管理、明赏罚。以乱发钱物为例，无论"对策"多么巧妙，也不能不在财务上反映出来。如果我们的银行、税务部门的监督是有力的、严密的，财务制度是健全的，那么"一夫当关，万夫莫开"，下面的"对策"便很难得逞。

当然，任何政策都不可能是完美无缺的，任何管理都不可能是天衣无缝的。但是通过借鉴"对策"，引出教训，尽可能地把我们的政策制订得更完善一些，把我们的管理搞得更严密一些，却是可以办到的，而且是应当办到的。这就是对策给予我们的启发。

（载 1985 年 6 月 4 日《新华日报》）

复旦大学新闻学院

新闻学专业

新闻学基础试题

一、填充题（每格 1 分，共 20 分）

1、我国国人自著的第一部新闻学著作，是著名新闻学家、新闻教育家______所著的《______》。

2、从目前社会看，新闻事业的社会功能有______，______，______，______。

3、在抗日战争期间，中国共产党的机关报为《______》，它的前身为《______》；中共中央机关刊物为《______》；中国共产党在国民党统治区公开出版的机关报为《______》。

4、新闻评论中常用的论证方法有______、______、______、______、______、______。

5、写出下列新闻通讯的作者：《华美窗帷的后面》______，《棋盘陀上五壮士》______，《谁是最可爱的人》______，《英雄登上地球之巅》______。

二、简释题（每题 4 分，共 20 分）

1、《马克思和〈新莱茵报〉》2、《对华北记者团的谈话》3、非事件性新闻 4、"传播五要素"5、邵飘萍

三、论述题（35 分）

1、请简述新闻采访的主要过程包括哪些工作环节与内容。（15 分）

2、我党十三大以后，我国新闻改革出现了哪些新气象、新趋向？（20 分）

四、写作题（25 分）

1、请为下列新闻制作标题。（5 分）

2、再为新闻配写一篇 400 字以内的短评。（20 分）

《文汇报》本报讯：如今，镇江市的专业技术人员可以较为自由地选择调动、辞职、停薪留职、聘用、借用等形式，到急需人才单位发挥特长，而且只要拿到接收单位证明，就可以让人才市场服务机构代办手续。这是镇江市最近推出的人才市场配套政策的内容。

这一配套政策包括专业技术人员流动的若干规定和关于兼职、辞职、停薪留职等暂行办法，共有九个文件，以市政府名义下发。

镇江市委、市政府为解决多年来悬而未决的在职专业技术人员流动难的问题，组织了由市人事局牵头的精干的工作班子，从调查研究入手，精心制订人才市场配套政策。文件草就后，又广泛征求意见，反复修改。经过一年多的调查研究方才出台的这套文件，较好地回答了实际工作中的问题，在不少"难"点上有所突破，为创造专业人员与用人单位双向选择的小气候，提供了政策依据。不少专业技术人员高兴地说：有了这套红头文件，我们辞职、兼职不再有后顾之忧了。

关于兼职问题，镇江市明确规定：鼓励企事业单位组织专业技术人员在单位或到外单位兼职，鼓励专业技术人员业余兼职，允许党政机关的专业技术人员从事技术性业余兼职；专业技术人员兼职通过合同进行管理，企事业单位凭兼职合同将其费用计入成本或在事业包干经费中支出；兼职报酬的分配，单位组织的，由单位主持分配，从兼职净收入中提取 30%—70%给专业技术人员，个人业余兼职，报酬全部归己。这些规定，给专业技术人员吃了定心丸，不少人的兼职活动，由"地下"转为公开。

为了鼓励专业技术人员到乡镇、街道企业工作，镇江市的配套政策为他们提供了重要保障：调动、分配、辞职到乡镇、街道企业工作的专业技术人员，原所有制性质、身份和户口不变，行政工资关系和档案由县（市）区人才交流服务机构或企业主管部门代管；经济报酬由本人与用人单位协商在合同中确定。档案工资自到乡镇街道企业工作之日起上浮一级，满五年固定并继续上浮一级。看到这个规定后，已有一批专业技术人员报名要到乡镇和街道企业工作。

为了加快专业技术人员的正常流动，镇江市最近正式建立了人才市场，把市场竞争机制引入专业技术人员的管理。人才市场分常设市场和人才集市两种。常设市场设在人才交流服务公司，负责储存、交流、开发、管理人才和政策咨询。首届人才集市将于本月下旬举办。人才市场还配有人才流动争议仲裁委员会，由市政府分管领导和组织、人事、劳动、科技部门的代表组成，其最后裁决具有权威性，争议双方须无条件服从。

语文与写作试题

一、作文（40%）

就“读书无用”说加以评析，写成演讲稿。

要求：900——1000字；观点鲜明；论证有力；语言顺畅。

二、解释(20%)

小学，象声词，词牌和正剧，知人论世，白描，文风，三一律，现代派，桐城派，中国左翼作家联盟。

三、写出唐诗五绝和七律各一首，并说明绝句和律诗的区别。(10%)

四、阅读《上人书》一文。①把黑线的句子译成白话文。②简述该文的主旨。(15%)

尝谓文者，礼教治政云尔。其书诸策而传之人，大体归然而已。而曰“言之不文，行之不远”云者，徒谓辞之不可以已也，非圣人作文之本意也。

自孔子之死久，韩子(指韩愈)作，望圣人於百千年中，卓然也。独子厚名与韩并，子厚非韩比也，然其文卒配韩以传，亦豪杰可畏者也。韩子尝语人以文矣，曰云云；子厚亦曰云云；疑二子者，徒语人以其辞耳，作文之本意，不如是其已也。

孟子曰：“君子欲其自得之也，自得之则居之安，居之安则资之深，资之深则取诸左右逢其原。”孟子之云尔，非直施於文而已，然亦可托以为作文之本意。

且所谓文者，务为有补於世而已矣；所谓辞者，犹器之有刻镂绘画也。诚使巧且华，不必适用；诚使适用，亦不必巧且华。要之以适用为本，以刻镂绘画为之容而已。不适用，非所以为器也，不为之容，其亦若是乎？否也？然容亦未可已也，勿先之其可也。

某学文久，数挟此说以自治，始欲书之策而传之人，其试愿事者，则有待矣。其为是非邪？未能自定也。执事，正人也，不阿其所好者。书杂文十篇献左右，愿赐之教，使之是非有定焉。

(宋·王安石《上人书》)

五、填空(15%)

1、《尔雅》是我国第一部系统________，也是最早的训诂专著。

2、我国第一部系统的语法书是清代马建忠的《________》。

3、我国第一部系统性很强的修辞专著《修辞学发凡》，它的作者是______。

4、《十日谈》是14世纪意大利作家______的短篇小说集。

5、南朝齐、梁时唯物主义哲学家范缜在《______》中提出“形者神之质，神者形之用”的学说。

6、汤显祖的临川四梦是《______》、《______》、《______》、《______》。

7、写出俄国批判现实主义作家屠格涅夫的四部代表作《______》、《______》、《______》、《______》。

8、高尔基自传体三部曲是《______》、《______》、《______》。

9、倡导“诗界革命”、“小说界革命”，对晚清文学有多方面贡献的文人是______。

10、茅盾的农村三部曲是《______》、《______》、《______》。

社会科学知识试题

一、名词解释(每题3分，共15分)

1、自诉案件 2、公证制度 3、再社会化 4、社会整合 5、文饰作用。

二、判断题(对的打“√”错的打“×”，每题1分，共5分)

1、“事后诸葛亮”从社会心理学原理来说，这是一种“归因理论”。……( )

2、在人民中国，由于社会制度的优越性，至今尚未发生有“代沟”现象。……………………………………………( )

3、恐惧会增加人的合群行为，忧虑则降低合群倾向 ……………………( )

4、偏见是一个人对其他人或某一团体缺乏充分事实根据的态度。 …( )

5、继承权纠纷提起诉讼的期限为二年，自继承人知道或者应当知道其权利被侵犯之日计算。但是，自继承开始之日起超过二十年的，不得再提起诉讼。……………………………………………( )

三、填空题(每题1分，共5分)

1、“近亲结婚，其株不繁”。故我国婚姻法禁止有________关系的人结婚。

2、“端起碗来吃肉，放下筷子骂娘”从社会心理角度来说，这是________的缘故。

3、挫折是人的需要不能满足时产生的________情绪。

4、渎职罪的主体是________。

5、我国律师是________法律工作者。

四、简述题(每题7分，共35分)

1、构成侵权行为的民事责任的条件有哪些？

2、国家为什么要允许个体经济的发展？

3、什么是诽谤？构成诽谤罪的因素有哪些？

4、什么是时髦？为什么很多人对赶时髦特别有兴趣？

5、什么是“小道消息”？人们为什么爱打听“小道消息”？

五、分析题：(每题20分，共40分)

1、被告人张平，男，在嘉定邮件转运处工作，利用负责包裹包装之便，自1981年3月至6月1日案发止，先后私拆国内邮递包裹十多件，从中盗得多种财物，共计价2150元，得款900元，均挥霍用掉，邮电工作人员私拆邮件，盗取财物，应判何罪？

2、某铁路公安分处看守所民警于恒，在他休假期间，在火车站遇到其弟之友赵广。他明知赵是被通缉的逃犯，仍把赵犯带上火车藏匿起来。后被某市公安局的同志查出，令赵犯下车。于恒不仅不知错悔改，反而公开出面阻止，并以欺骗手段让办案人员去找车长交涉。趁办案人员找车长之机，于恒将赵犯放跑。于恒犯的是私放罪犯罪，还是窝藏、包庇罪？试述其理由？

北 京 广 播 学 院

新闻学专业

语文试题

一、古代汉语(20分)

1.翻译：(10分)

庄子送葬，过惠子之墓，顾谓从者曰：“郢人垩慢其鼻端，若蝇翼，使匠石斫之。匠石运斤成风，听而斫之，尽垩而鼻不伤，郢人立不失容。宋元君闻之，召匠石曰：‘尝试为寡人为之’。匠石曰：‘臣则尝能斫之。虽然，臣之质死久矣’。自夫子之死也，吾无以为质矣，吾无与言之矣。”

2.解释下列句子中带“△”号词的意义，并说明其词类：(6分)

海女(△)知之乎？

诏书特下，拜臣郎中；寻(△)蒙国恩，除臣洗马。

惟仁者为能以大(△)事小，……惟智者为能以小事大。

3.简要解释(4分)

(1)古音通假

(2)干支、六十甲子

二、现代汉语(20分)

1. 汉语方言可以分为七区，它们是：(1)______，以______为中心；(2)______，以______为代表；(3)______，以______为代表；(4)______，以______为代表；(5)______，以______为代表；(6)______，分布在______一带；(7)______，以______为代表。(5分)

2. 韵母可以按"四呼"进行分类，"四呼"是______、______、______、______。(2分)

3. 我国第一部系统的汉语语法著作是《______》。(1分)

4. 汉字的字体演变，主要经历了______、______、______、______、______、______、______等几个发展阶段。(2分)

5、解释下列词语，并用汉语拼音字母给打"△"的字注音。(10分)

刚愎自用

暴戾恣睢

叱咤风云

怙恶不悛

纵横捭阖

三、文学知识(20分)

1. 简释(每小题2分，共10分)

(1)建安七子

(2)荷马史诗

(3)浪漫主义创作方法

(4)《激流三部曲》

(5)荒诞派戏剧

2、填空(每空1分，共10分)

(1)东汉末年的诗歌作品中，有数量不少的无名氏"古诗"，其中一部分代表了当时文人五言诗的最高艺术成就，可以______为代表。

(2)"朱门酒肉臭，路有冻死骨"、"黑云压城城欲摧，甲光向日金鳞开"分别为唐代诗人杜甫、李贺的名篇______、______中的名句。

(3)《______》是赫尔岑的一部回忆录，共七卷，内容极为丰富，对了解当时俄国和西欧的历史、社会思想、文学艺术等方面很有价值。

(4)刘勰的《______》是我国古代文学批评著作中系统的理论巨著。

(5)元代著名杂剧作家关汉卿、马致远的代表作是______、______。

(6)《喧哗与骚动》的作者是______。

(7)继《女神》后，郭沫若1923年出版了诗文集《______》，其中的《天上的街市》一诗命意清新，意境优美，富于独创性。

(8)______在长篇小说《活动变形人》中，塑造了倪吾诚这个现代孔乙己的典型形象。

四、作文(40分)

题目：改革中的观察与思考

要求：1. 写成论说文，不得用诗歌、小说等体裁来写，也不得写成随感。

2. 字数限在2000字之内。

新闻广播理论试题

一、解释题(每小题5分，共25分)

1. 新闻法

2. 信息量

3. 透明度

4. 双向性

5. 追惩制

二、论述题(每题25分，共75分)

1. 目前，在新闻学术讨论中，对报纸广播的性质持有不同看法，有的认为社会主义报纸广播是"党和政府的耳目喉舌"，有的认为它是"人民的耳目喉舌"，有人认为它是"大众传播工具"或"新闻媒介"。你对以上几种观点有何看法？

2. 简述舆论监督的范围、意义及应该掌握的原则。

3. 近年来的新闻改革，在哪些方面取得了明显的进展？

综合考试(新闻)试题

(新闻业务研究方向考生答)

一、谈谈"五四"时期中国报刊改革的成绩及其对目前新闻改革的启示。(20分)

二、略述新闻记者的主观能动性在新闻报道中的作用。(20分)

三、简答下列问题：(每题5分，共20分)

(1)述评性新闻和综合新闻的区别？

(2)报道面和深度报道

(3)连续报道

(4)跟综采访

四、请简要分析某报评论员文章《溺爱不是爱　纵子易害子》的优点和不足之处。(15分)

并据《钟家父子的下场》另写一篇700—1000字的短评论。(25分)

(材料略)

综合考试(新闻)试题

(广播业务研究方向考生答)

一、谈谈"五四"时期中国报刊改革的成绩及其对目前新闻改革的启示。(20分)

二、略述新闻记者的主观能动性在新闻报道中的作用。(20分)

三、a，b两题任选一题(20分)

a. 指出《中国首届莎士比亚戏剧节》这个文艺题材录音报道的立意并分析它和一般录音报道的相同特征和不同特征。

b. 指出《广州的街边仔》这个录音报道的立意并分析节目中音响的种类和作用。

四、分析特写《一次政策交底座谈会》的写作特点。(20分)

五、阅读消息《陈阿寿养猪430头全部卖给国家》，回答这则消息表现的是超现实的道德标准呢，还是社会主义精神文明？并说明理由。(20分)

附：《中国首届莎士比亚戏剧节》

《广州的街边仔》

《一次政策交底座谈会》

《陈阿寿养猪430头全部卖给国家》

综合考试(新闻)试题

(电视新闻传播研究方向考生答)

一、谈谈"五四"时期中国报刊改革的成绩及其对目前新闻改革的启示。(20分)

二、略述新闻记者的主观能动性在新闻报道中的作用。(20分)

三、辨析题：(每题12分，两题共24分)

1. 电视现场直播与录像播出长短相较。

2. 电视连续报道与系列报道异同。

四、回答下列各题：(36分)

1. 简述近几年我国城市观众的主要收视心理及其表现。(10分)

2. 简述人际交流活动在电视新闻性节目中的地位与功能。(10分)

3. 从大众传播媒介的角度简论电视的主要长处与局限。(16分)

综合考试(新闻)试题

(电视新闻摄影与电视新闻编辑采访研究方向考生答)

一、谈谈"五四"时期中国报刊改革的成绩及其对目前新闻改革的启示。(20分)

二、略述新闻记者的主观能动性在新闻报道中的作用。(20分)

三、试论电视新闻的现场性在传播过程中的作用。(15分)

四、试论"长镜头"(Long Take)拍摄技巧与电视新闻真实性关系。(15分)

五、试分析电视画面与声音的关系。(10分)

六、纪录片的特性及它的基本创作手段是什么？(10分)

七、影视画面的镜头长度有几种？请对各类长度略作解释。(5分)

八、形成蒙太奇句型的因素是什么？有几种句型？(5分)

综合考试(新闻)试题

(英语新闻采访编辑研究方向考生答)

一、谈谈"五四"时期中国报刊改革的成绩

及其对目前新闻改革的启示。(20分)

二、略述新闻记者的主观能动性在新闻报道中的作用。(20分)

三、英译汉:(24分)

(略)

四、汉译英:(24分)

戈壁滩(The Gobi Desert)

秋天,戈壁滩上太阳似火,闷热的天气使人透不过气来,我们的汽车从沙漠边缘驶过。

忽然,一个大人工湖出现在眼前,湖水碧蓝,鸟儿在湖面上飞翔,鱼儿在湖水里游动。沙漠里闷热的空气顿时消失了。我们凝视着这清澈的湖水,回忆起沙漠的过去。

千百年来,由于缺水,人们遭受了多少苦难!记得四十年前反动政府搜刮了各族人民大量钱财,只修了一条不到二十公里的小水渠,引来山上的水。可是水渠刚修成,就被大水冲毁了。

新中国成立后,一支解放军部队来到这里。战士们不怕炎热,克服种种困难,用石头砌起了一条条水渠,把山上的雪水引到沙漠里来。接着,他们又修建了一座座小水库,干旱的沙漠发生了巨大的变化。如今这戈壁滩上粮食、棉花年年丰收,绿树参天,果园里苹果和葡萄散发出诱人的香味。这里是人们用自己的劳动,改造大自然的一幅壮丽图画。

五、请将下列我外交部声明改写成一条英语新闻稿,别忘加导语。(12分)

(略)

暨南大学新闻系

新闻学专业

汉语写作试题

(一) 语法修辞部分(20分)

一、填空题:(每小题2分,共6分)

1. 在中国修辞学史上,第一次全面论述修辞的,影响最大的专著______的出版,标志着中国修辞学的成立,它的作者是______。

2. "我们送他到大门口,门外不见轿车,唯有一辆自行车。原来,新市长是骑自行车来的,怪不得'不声不响'。……他挥挥手,跨上'不声不响'走了。"

前边的"不声不响"是______辞格,后边的"不声不响"是______辞格。

3. "大家问他录音机能不能用。"这句话的主语是______,谓语是______,宾语是______。

二、选择题:(在所选的一项上写上"✓",每小题1分,共2分)

1. "今天下雨,他不会来了。"这句话是(①复句 ②单句)

2. 润土说着,又叫水生上来打拱,那孩子却害羞,紧紧的只(①贴,②靠,③立)在他背后。

三、比较分析下列标题,说明其修辞手法及修辞效果(共12分)

1. (1) 电影"金鸡奖""百花奖"发奖大会将在福州举行。
   (2) "金鸡"即将报晓,"百花"含苞待放。
   ——发奖大会将在福州举行 (4分)

2. (1) 人工膝关节置换成功
   (2) 孙膑若在世,两周健步行
   ——本市研制成功膝关节 (5分)

3. (1) 赌徒回头记
   (2) 他总算输醒了…… (3分)

(二) 古代文学部分(30分)

一、填空题(每题1分,共5分)

1. 《春秋》是______根据各国史料编纂的一部编年史。

2. 建安文学以"______"、"______"和蔡琰为代表。

3. 唐代山水诗派的代表作家是______和______。

4. "身无彩凤双飞翼,__________"是唐代诗人______写的佳句。

5. 清代成就最高的讽刺文学著作《______》,作者是______。

二、单项选择题(每题1分,共5分)

1. 我国古代第一部诗歌总集是
A.《楚辞》B.《诗经》C.《乐府诗集》D.《古诗十九首》(　　)

2. 《左传》记录了以下历史时期的史实:
A. 西周 B. 东周 C. 春秋 D. 战国(　　)

3. 秦代唯一著名的散文作家是
A. 王充 B. 桓宽 C. 贾谊 D. 李斯(　　)

4. "今宵酒醒何处?杨柳岸,晓风残月"是以下哪位词人的名句
A. 李煜 B. 柳永 C. 李清照 D. 晏殊
(　　)

5. 岳飞《满江红》(怒发冲冠)的主题是:
A. 抒发作者饱经忧患以后的悲愁和哀伤。
B. 描写西北边塞的战地生活,表达戍边将士以身许国的英雄气慨和有家难归的矛盾心情。
C. 抒发杀敌立功,收复中原的雄心壮志。
D. 痛惜山河残破,国事日非。(　　)

三、名句解释题(要求①指出下列名句的意义;②谈谈这些名句现在可用来说明什么问题。每题4分,共12分)

1. 不以规矩,不能成方圆
2. 谘诹善道,察纳雅言
3. 事修而谤兴,德高而毁来

四、翻译题:(把下面这段古文译成现代汉语,8分)

苏子曰:"客亦知夫水与月乎?逝者如斯,而未尝往也;盈虚者如彼,而卒莫消长也。盖将自其变者而观之,则天地曾不能以一瞬;自其不变者而观之,则物与我皆无尽也,而又何羡乎?且夫天地之间,物各有主,苟非吾之所有,虽一毫而莫取。惟江上之清风,与山间之明月,耳得之而为声,目遇之而成色,取之无禁,用之不竭,是造物者之无尽藏也,而吾与子之所共适。"

(三) 作文(50分。要求写出自己的见解、体会,观点明确,说理清楚,文字畅达,字数不超过两千。)

题目:商品意识与人生价值取向之我见

新闻学试题

(一)、新闻学基础知识部分:

一、填空题(每空栏1分,共10分)

1. 写出下列作者论述报刊工作的主要文章的题目:
马克思____________、
列　宁____________、
毛泽东____________。

2. 世界上最早的通讯社是1835年创办的______;近代世界上最早印刷出版的

周报是1609年德国的______。

3. 新闻价值的要素有：______、______、______、______、______。

二、名词解释(每题5分,共15分)

1. 广告

2. 视听率

3. "社会责任"论

三、问答题(10分)

舆论引导和舆论监督之间有什么关系?

(二)、新闻业务部分

一、运用采访所得的材料,用倒金字塔结构,写出一条具有新鲜感的新闻。内容不许增删,字数不得增减过多。要有"电头"和今天导语。不用拟标题。(15分)

1. 1987年11月1日,记者采访在北京召开的党的十三大,上午选举新的中央委员会时获悉:

这一次党的领导机构——中央委员会和中央纪律检查委员会候选人预选中实行的是差额选举,这在党的代表大会上还是第一次。有关方面负责人认为,从促进领导机构年轻化和发扬党内民主两方面来说,这次代表大会将以其卓越的成绩而载入党的史册。

另外还了解到:党的十二届中央委员会的348名委员和候补委员中,有150人没有进入这一届中央委员会。他们之间有一批在党内外有威信的老一辈革命家。现在的中央委员会的成员中有大专以上学历的209人,占73.3%,比上届提高17.9%;有高级技术职称的专家57人,占20%,比上届提高6%。又据有关方面统计,285名新选出的中央委员和中央候补委员,平均年龄55.2岁,比5年前上届中央委员会刚选出时的平均年龄小3.9岁。其中,55岁以下的132人,占46.3%,比上届提高19.5%,61岁以上的57人,占20%,比上届减少29.1%。与会者普遍反映是,这次选出的新的中央委员,在年轻化和知识化方面又向前迈进了一步。

二、把通讯《巴黎中餐业发展方兴未艾》改写成一条新闻,字数不得超过450字。(15分)

英语新闻试题

(EXAMINATION IN NEWSPAPER ENGLISH)

I. Read the following passage and answer carefully and thoughtfully the questions with it. Tick(　　)your choice in the brackets on the left. (15%)

It is easy to think of the world's oceans as indestructible, bodies so deep and wide they can absorb anything. And enormous they are ——300 million cubic miles of water spread over 70 per cent of the earth's surface. The only trouble is that we can never resist the challenge of conquering such wonders or exploiting every advantage granted by nature. Thus we have managed to clog all the seas of the world with something like 20 billion tons of garbage, including everything from soda cans to radioactive waste, exotic chemicals and heavy metals to human excrement. And now perhaps the oceans are finally telling us that enough is enough.

The warning may not come a moment too soon. While the deepwater high seas still seem to be in fairly good shape, nobody would take much comfort from that fact. For one thing, it's not entirely clear that we understand the complexities of the deep ocean; it may only be a "function of time" before those areas begin to show signs of severe stress. And in any case, it is the coastal seas that play the most important role in the chain of life. The waters over the continental shelves are where the majority of marine species spend at least part of their lives. They are also where millions of people earn their livelihood, and where far more spend their recreation time. And it is just those waters that have suffered the worst effects of pollution.

1. The oceans are telling us:

(　)a. oceans can absorb anything.

(　)b. oceans are indestructible.

(　)c. men have done enough damages to them.

(　)d. men have obtained enough resources from oceans.

2. According to the text, men are:

(　)a. conquering the oceans.

(　)b. filling up parts of the oceans for land reclamation.

(　)c. recycling lots of material from oceans.

(　)d. suffocating oceans with harmful waste.

3. Which of the following arguments fully justifies the saying that "the warning may not come a moment too soon"?

(　)a. The deepwater high seas still seem to be in fairly good shape.

(　)b. Coastal seas still play an important role in the chain of life.

(　)c. Deep oceans have not shown signs of severe stress.

(　)d. Coastal seas have been seriously polluted, and sooner or later deep oceans will become stressed.

II. Translate the following into Chinese: (50%)

(1)

Words of welcome (25%)

General — Secretary and Mrs. Gorbachev, I've welcomed a good number of foreign leaders to the White House in these last seven years. And today marks a visit that is perhaps more momentous than many which have preceded it, because it represents a coming together not of allies but of adversaries.

And yet, I think you'll find during your stay that the American people believe that a stranger is a friend they have yet to meet and that there is still a wellspring of goodwill here.

I have often felt that our people should have been better friends long ago. But let us have the courage to recognize that there are weighty differences between our governments and systems — — differences that will not go away by wishful thinking or expressions of goodwill, no matter how sincerely delivered.

This uncomfortable reality need not be reason for pessimism, however, it should provide us with a challenge — — an opportunity to move from confrontation toward cooperation.

Mr. Gorbachev, the world is watching. And we've got something to show them. And over the next few days, it is my hope that progress will be made toward achieving another agreement that will lead to the cutting in half of our strategic nuclear arsenals.

Our peoples for too long have been both the masters and the captives of a deadly arms race. This situation is not preordained, and not part of some inevitable course of history.

We make history; changing its direction is within our power. However, such change is not easy and can be accomplished only when leaders of both sides have no illusions, talk with candor, and meet differences head—on.

Americans believe people should be able to disagree and still respect one another, still live in peace with one another — — that is the spirit, the democratic spirit, that I will bring to our meetings.

So, on behalf of myself and Mrs. Reagan, and on behalf of all the citizens of the united States, General—Secretary Gorbachev, Mrs. Gorbachev, welcome.

(From the New York Times)

(2) (25%)

The Foreign Correspondent

In the great picture of news, world news comes into a special category and not the least because it is very much on the understanding of people and events abroad that international relations, eventually world peace, depend. Although it is true that many asppects of what we think of as domestic news may themselves be world news the collection of world news is on the whole more difficult and complicated (and expensive) than that of domestic news. This is mainly because the collector of news in a foreign land, if he is doing his job properly, must always remember that he is dealing with people and the lives of people whose thinking and background is different from that of his eventual readers and listeners. It is obviously more simple for an Englishman to collect news about his own people whom he understands and whose upbringing he has shared, in his own country, which he understands, than to do so about, for example, Eastern country such as Vietnam whose people have a philosophy, religion, and way of life quite different from his own.

Moreover, world news falls into a special category because of the technical complication and expense of transmitting it: a news story of 500 words about something that happens in the United Kingdom can be telephoned to London for the cost of a few shillings; an overseas cable of the same length from Buenos Aires would cost over £23 and there are many other costs involved.

Before we can discuss the foreign correspondent, the manner in which he works, and the qualities demanded of him, we must consider the different types of news organizations represented by correspondents abroad. Broadly speaking they can be divided into three categories: the news agencies, newspapers, and radio organizations. But even these can be subdivided. The correspondent of the news agency is expected to "file" his news with the minimum of delay for he knows that his organization does not sell its services direct to the general public but to highly competitive newspaper and radio organizations, which do go directly to the consumer. Generally, his dispatches are swiftly editedfirst by his own editors, then by the editors of the newspaper and radio organizations who buy his particular agency's service. His material, therefore, is frequently amalgamated with that from rival agencies and other sources. In general, therefore, literary style is a secondary consideration and is not usually the hallmark of agency reporting. The concentration is on speed and, of course, accuracy.

III. Translate the following into English (35%)

三年前，李鹏随国家主席李先念访问美、加期间，曾参观一个水电站。当时，他边看边问，所提问题以其专业深度令人大为赞叹。

这是很自然的，因为李鹏与"电"有不解之缘。

1948年，他留学莫斯科动力学院。

1955年，他任当时中国最大的水力发电厂的总工程师。

60年代，他担任当时中国最大的火力发电厂厂长。

1979年后，他任电力工业部副部长和部长。

李鹏是四川成都人。三岁时，他的父亲被国民党反动派杀害。

1935年，李鹏由周恩来带到重庆，后又随周赴延安。其后，李在延安读完中学。

中共老一辈人一直在注视着李鹏。直到他成为国务院总理，搬进中南海，邓颖超还特地到办公室去嘱咐他："不要骄傲，不要脱离群众。"

李鹏通晓俄语，自学了英语。为了掌握有关核电站的知识，他自学了计算机语言和编制程序的方法。他还前往浙江秦山和广东大亚湾考察核电站厂址，自己动手为中国第一座核电站的造价、利润、回收和使用等编制了计算机程序。这充分展现了一位专家、学者的本色。

李鹏平易近人，好友善交。同他来往的人既有政界要人、专家、学者、社会名流，也有工人和平民百姓。在家里，他有空时还做点家务，洒扫庭院、倒垃圾，什么活都干。

华中理工大学新闻系

新闻社会学专业

新闻业务试题

一、新闻采写的事实既要新颖、典型，又要合理可信，就这个问题谈谈你的看法。(20分)

二、简述实题与虚题的异同，并为下面这篇新闻稿制作两条标题，一条标题的主题是虚题，另一条的主题是实题。(简述6分，标题各7分)

本报贵阳电　记者潘帝都报道：贵阳市将压缩楼堂馆所的1500多万元资金全部用于农业和发展教育事业上。此举受到了全市广大干部群众的好评。

近年来，贵阳市在"穷阔气、互攀比"思想的影响下，兴建了一批楼堂馆所，致使有限财力难以承受。贵阳市委、市政府领导认识到，要使贵阳的经济稳步健康发展，必须把有限的财力用在刀刃上，用在生产性建设上。为此，决定将全市在建和拟建的楼堂馆所从10月份起一律停工，并决定在3年内不建楼堂馆所，将节省的1500多万元资金全部投入开发性农业和发展教育事业上。云岩区原决定在今明两年内用100万元修建一幢机关办公大楼，现决定把这笔资金用于修建该区默灵乡一个综合饲养场，发展养鱼、养猪、养鸡等项目。地处著名风景区的花溪区委、区政府，将停建办公楼的资金用于全区水利设施更新和兴办农业教育事业上。市政府原准备在风景优美的河滨公园旁为老干部修建一座活动中心，土地已征拨，资金已落实，但从大局出发，坚决停了下来。老干部们说，我们在简易房子里活动就可以了，还是把这笔钱首先用在发展农业和教育上为好。

三、根据下列材料编写一条600字的消息，并配一篇400字的评论。(消息35分，评论25分)

(略)

新闻史论试题

新闻理论部分(共60分)

一、填空(每空0.5分，共4分)

1. 新闻信息具有______、______、______的特性。

2. 新闻事业具有______、______、______、______、______的功能。

二、简要回答下列问题(每小题8分,共16分)

1. 试述受众的基本心理特征对新闻传播提出的要求。

2. 社会主义新闻工作党性原则的基本内容有哪些?

三、论述下列问题(每小题20分,共40分):

1. 试论新闻与舆论的关系(20分)。

2. 试论社会主义新闻自由与新闻控制的关系(20分)。

中国新闻史部分(共40分)

一、填空(每空0.5分,共7分):

1. 中国最早把报纸形象地比喻为“耳目喉舌”的人是______;这个观点最先见于他的文章《______》。

2. 中国近代报刊上每篇文章都采用标题的做法始于《______》。

3. 中国最早的报纸副刊是《______》于1897年11月24日创办的附张《______》。

4. 严复翻译的宣传进化论观点的《天演论》(片断)最初发表在《______》上。

5. 瞿秋白作为北京《______》和上海《______》共同特派员于1920年10月6日起程前往莫斯科,是中国最早采访十月革命后苏俄实情的新闻记者之一。

6. 抗日救亡时期,创全国报纸销数最高纪录的报纸是______创办的《______》。

7. 新闻就是“新近发生的事实的报道”这个定义是______在《__________》一文中提出来的。

8. 邹韬奋写的重要文章《抗战以来》最初连载于香港出版的革命报纸《______》上,该报当时由______任主编。

二、判断、改错(在认为对的后面打“√”,在认为错的后面打“×”,并改正。每小题2分,共6分)

1. 鸦片战争之后,外文报刊在中国迅速发展起来,并取代教会报刊成为在华外报的主要势力。( )

2. 相继担任《每周评论》主编的是陈独秀与李大钊。( )

3. 1928年秋,谢英伯在上海创办中国新闻学院,后改名为中国新闻学校。这是中国最早的一所专业新闻院校。( )

三、解释(每小题2分,共6分)

1. “暂行报律”事件______

2. “新生事件”______

3. 反“客里空”运动______

四、简答(每小题3分,共6分)

1. 宋代“小报”出现的原因是什么?

2. 简介邵飘萍新闻采访工作的主要特色。

五、论述(15分,600—800字)

谈谈新记《大公报》成功给我们的启示。

文史知识试题

文学部分

一、填空(24分)

1. 杜甫诗歌人民性的第一个特征是______,如《赴奉先咏怀》中的______;第二个特征是______,如《岁暮》中的______;第三个特征是______,如《送韦讽上阆州录事参军》______。

2. 《十五贯》又名______,是从宋元话本______演化而来的,作者______朝______。

3. “临川四梦”是指______、______、______、______,作者是______,他曾说“一生四梦,______”。

4. ______是继《金瓶梅》之后的又一部__________的长篇白话小说。

5. 《镜花缘》的作者是______,是继______后一部比较优秀的小说,它突出的主题是__________。

6. 早期白话诗创作中______是很有影响的诗人之一。

7. 郭沫若原名______,他的______是我国新诗运动的一部光辉的创作,它杰出的历史意义是__________。

8. “农村三部曲”包括______________作者是______。

9. 《卓文君》、《王昭君》、《聂嫈》三个剧合称为______,是______二十年代创作的。

10. ______被美国传记中心授予1987年度世界名人荣誉纪念章。

11. 最后,联帮德国第二电视台将德国著名戏剧家席勒脍炙人口的剧本______改编成电视剧搬上荧屏。

12. 《战争与和平》的作者是______,这部小说是以______为中心,以______及四大贵族家庭在战争与和平年代里的生活为情节线索。

二、将下列作品与作家用线联起来(8分)

李尔王	刘心武
飘走的蒲公英	何冀平
可笑的女才子	陈祖芬
青年近卫军	田　汉
丽人行	泰戈尔
飞鸟集	莎士比亚
白　牙	莫里哀
天下第一楼	法捷耶夫

三、分析下列句子成分(5分)

(略)

四、补充(4分)

1. 劝君莫惜金缕衣,______________。

2. ______________,恨不得倩疏林挂住斜晖。

3. 形成则神存,__________。

4. 枝上柳绵吹又少,__________。

5. 男儿何不带吴钩,__________。

五、分析下列复句(1分)

事情很明显,在十月革命以后,各国无产阶级的革命家如果忽视或者不认真研究俄国革命经验,不认真研究苏联无产阶级专政和社会主义建设的经验,并且按照本国的具体条件,有分析地、创造性地利用这些经验,那么,他就不能通晓作为马克思主义发展新阶段的列宁主义,就不能正确地解决本国的革命和建设的问题。

六、将下列古文译成现代汉语,并加标点(18分)

古之作者寄身于翰墨见意于篇籍不假良史之辞不托飞驰之势而声名自传于后故西伯幽而演易周旦显而制礼不以隐约而弗务不以康乐而加思夫然则古人贱尺璧而重寸阴惧乎时之过已而人多不强力贫贱则慑于饥寒富贵则流于逸乐遂营目前之务而遗千载之功日月逝于上体貌衰于下忽然与万物迁化斯志士之大痛也

历史部分(40个空格,每1空格1分,共40分)

1. 甲骨文最早发现于河南安阳西北的____。

2. 秦始皇时期,为了保障边境的安全,把战国时秦、赵、燕三国长城连接起来,西起临洮(今____)东至____,这就是著名于世的万里长城。

3. 在南北朝之后,五代十国之前的两个朝代是____、____。

4. 唐朝____年间,爆发了安禄山、____等为首的武装叛乱,史称“____”。它使唐代由兴盛转向衰落。

5. 明代三保太监____曾先后____次航海出使西洋,它是世界航海史上的壮举。

6. 明代爱国学者徐光启首先把西方科学技术系统地引入我国,也写了好几本农学著作,其中以____为最大最全的一部。

7. 1895年4月,洪仁玕从香港来到天京。他写了____,主张革新政治,仿效西方,兴办铁路、工厂等。洪秀全对此深为赞赏。

8. 戊戌六君子是____、刘光第、林旭、杨锐、杨深秀和康广仁。

9. 严复翻译了赫胥黎的《____》,并附加了自己的许多见解，特别强调“物竞天择”、“____”的生物进化论观点。

10. 解放战争时期的三大战役是____、____和____。

11. 恩格斯肯定摩尔根的《古代社会》一书中对人类历史时代的划分为____、____和____时期。

12. 东罗马的首都是____。欧州中世纪是以公元____西罗马帝国的崩溃作为开始的标志。

13.《____》是英国资产阶级和新贵族在革命初期的政治纲领。英国资产阶级革命中，新模范军是由____创建和领导的。

14. 1862年5月20日，林肯颁布了《____》。它是按“美国式的道路”来解决土地问题，使美国农业资本主义迅速发展起来。

15. 1789年7月14日，巴黎人民武装起义，攻占了象征专制统治的堡垒____，标志着法国资产阶级革命的开始。

16. 日本明治维新，以“____”、“殖产兴业”、“____”为各项改革的方向和任务的总政策。

17. 第一次世界大战是以英法为首的____和以德国为首的____之间爆发的一场非正义战争。

18. 1933年希特勒、戈林制造了火烧国会案，借此大肆逮捕共产党人，当时被捕入狱的有德共领导人____和保加利亚的共产党领导人____。

19. 1939年9月1日，法西斯德国突然袭击____。1941年12月7日，日本突然袭击美国空军基地____，促使第二次世界大战进一步扩大。1945年____月____，日本签署无条件投降书。第二次世界大战结束。

20.《乌托邦》的作者是____，《法意》的作者是____，《社会契约论》的作者是____。

1989年部分新闻研究生毕业论文篇目

中国社会科学院研究生院新闻系

(1989届)

戈培尔和他的民族社会主义宣传　马艾丁
新闻改革目标模式探讨　吕平波
论新闻诽谤　余清楚
评西方大众传播媒介与国家发展理论　何小聪
新闻传播使用价值初论　王川
论敏感性新闻及其报道　李富永
试论新闻传播中的受众逆反心理　方兴业
试论十年来新闻写作的变革　张明新
试析新华社关于德国问题的报道　姚峥
大众传播与农民观念现代化　刘燕南
试论经济新闻的“三可性”　陈榕三
试论报纸新闻图片的传播功能及其实现　徐悦
论我国电视与报纸新闻的竞争与互补　李喜根
试论经济报纸在公共关系中的作用和地位　曹建华
论深度报道的崛起与深层信息的开掘　夏珺
新闻评论员素质研究　曾宪斌
试析《大公报》在立宪运动中的政治倾向与办报思想　曹自强
试论报纸读者来信的舆论监督功能　曹宇
试论国际新闻报道与外交利益　刘鋆
普利策新闻奖研究　王霞光
试论党报新闻评论的轰动效应　郑根岑
经济新闻的非经济角度　祝晓虎
新闻媒介社会协调功能初探　顾兆农
论记者的理论素质　任维东
论华君武的新闻漫画　栾峰
论灾害报道的社会功能　唐维红
论公共关系与新闻传播的相关性　赵小兵
试论我国新时期深度报道的特点和作用　李国威
试析《朝日新闻》报的舆论引导　盛蕾
试论穆青人物通讯的特色　李莹
试论《中国日报、商业周刊》的报道特色　王向伟
试论对外开放政策与中国日报　邹汉儒
试论美国专栏作家李普曼冷战时期评论的特色　阎小冰
试析新华社外事报道与中国对外交往活动之关系　常勇
试论苏联的公开性和新闻改革　曾令同
文化交流对外报道初探　刘少林
美国公共关系和新闻媒介关系借鉴研究　卞曙
试论新闻栏目中商业宣传效果的报道　周方
从美苏首脑会谈报道看新闻心理学的应用　贾甦
《中国日报》新闻选择研究　陈启德
试论经济报道中人的因素　常为民
新时期新华社对外报道与中国形象塑造　彭树杰
试论散文笔法在新闻文体中的运用　李江虹
新时期中国妇女问题对外报道初探　胡晓红
试论人代会的对外报道　刘莹
论阎吾的战地情景报道　王可羽
突发性国际经济新闻初探　丁利国
试论新华社外交新闻的改进　许忆纯
新华社国际新闻对内报道的可读性分析　张小泉

中国人民大学新闻学院

(1989届)

试论报纸的开放性　李铁铮
论系列报道　王木林
论媒介文化　钟梦白

新闻报道与研究社会　韩南征

新闻评论的社会功能与角色塑造　刘琦玮

俞颂华和他的早期采访活动　莽萍

中美报纸版面的发展与比较　赵鼎生

美国报纸批评政府权利的法律规定及其实质　余方

博士研究生毕业论文篇目

中国新闻改革的现实动因与未来走向　喻国明

北京广播学院

(1989 届)

论新闻舆论监督的规范化　李江林

电视观众分析与电视传播效能　蒲建平

论新闻价值接近性要素及其对传播的制约规律　李乃光

论如何满足电视新闻观众的需求　吴南缨

电视兴盛时期日本广播的调整与发展　张采

论电视体育报道的优势及发挥　田永明

广播电视节目系统分析　孙向辉

论电视深度报道　赵微

试论作为影视符号系统部件中的影像符号之特征及其艺术表现　沙颖

论编剧的视觉思维特性　刘书亮

电视新闻的观念更新　章水生

就画面造型谈我国电视专题节目发展的趋势　陈晓卿

论对外报道的针对性　乔继杨

观众心理与电视经济传播　余子清

论电视播音中非语言的反向性及其控制　赵树清

1989 年我国部分新闻单位驻香港地区及国外记者名单

人民日报

姓名	驻在国(地区)及城市	
徐宝康	朝鲜	平壤
孙东民	日本	东京
于　青	日本	东京
刘爱成	泰国	曼谷
任毓骏	巴基斯坦	伊斯兰堡
吕志星	叙利亚	大马士革
吴文斌	叙利亚	大马士革
林皎明	埃及	开罗
李景卫	津巴布韦	
杨汝生	科特迪瓦	阿比让
严　正	南斯拉夫	贝尔格莱德
许宏治	民主德国	柏林
江建国	西德	波恩
张启华	法国	巴黎
吕网大	法国	巴黎
陈特安	英国	伦敦
魏　崴	比利时	布鲁塞尔
顾耀铭	瑞典	斯德哥尔摩
罗晋标	意大利	罗马
史克栋	意大利	罗马
郭伟成	墨西哥	墨西哥城
李满庭	委内瑞拉	加拉加斯
李志明	阿根廷	布宜诺斯艾利斯
兰才基	巴西	巴西利亚
张启昕	美国	华盛顿
仓立德	美国	华盛顿
张　亮	美国	华盛顿
张允文	美国	华盛顿
景宪法	美国	华盛顿
郭文福	加拿大	渥太华
刘开宸	联合国	纽约
黄际昌		香港
黄幸群		香港
连锦添		香港
陈禹山		香港

新华通讯社

姓　名	分社名称	职　务
许家屯	香港分社	分社社长
周　鼎	澳门分社	分社社长
郑保勤(前任)	平壤分社	首席记者
朱克川(现任)	平壤分社	首席记者
朱荣根	东京分社	分社社长
谭仁侠	新德里分社	首席记者
朱士骧	加德满都分社	首席记者
李家声	伊斯兰堡分社	首席记者
胡光耀	达卡分社	首席记者
马胜荣(前任)	曼谷分社	首席记者
黄　勇(现任)	曼谷分社	首席记者
翟树跃	马尼拉分社	首席记者
赵新考(前任)	科伦坡分社	首席记者
李　政(现任)	科伦坡分社	首席记者
张云飞(前任)	仰光分社	记者
陈炳其(现任)	仰光分社	首席记者
孙承平	乌兰巴托分社	记者
李永明	新加坡分社	记者
凌德权	河内分社	首席记者

姓名	分社	职务
李贤德(前任)	安卡拉分社	首席记者
郑金发(现任)	安卡拉分社	首席记者
许博渊(前任)	德黑兰分社	首席记者
李红旗(现任)	德黑兰分社	首席记者
朱少华	巴格达分社	首席记者
王根宝(前任)	大马士革分社	首席记者
顾正龙(现任)	大马士革分社	记者
邢传汀(前任)	贝鲁特分社	首席记者
封哲如(现任)	贝鲁特分社	记者
符卫健	安曼分社	首席记者
杨树林(前任)	萨那分社	记者
王茂田(现任)	萨那分社	记者
许　昌	科威特分社	首席记者
孙小科(前任)	喀土穆分社	首席记者
姜玉明(现任)	喀土穆分社	记者
阎世缘	突尼斯分社	首席记者
白国瑞(前任)	阿尔及尔分社	记者
陆大生(现任)	阿尔及尔分社	首席记者
刘作文	拉巴特分社	首席记者
王天瑞(前任)	努瓦克肖特分社	记者
胡中铁(现任)	努瓦克肖特分社	记者
张胜平	尼科西亚分社	记者
丁　文	开罗分社	首席记者
王振华	摩加迪沙分社	记者
刘也刚	达累斯萨拉姆分社	首席记者
郝章印	卢萨卡分社	首席记者
王尚志	蒙罗维亚分社	记者
陈启民	哈博罗内分社	首席记者
张颖生	坎帕拉分社	首席记者
欧玉成	达喀尔分社	首席记者
徐振强(前任)	布拉柴维尔分社	首席记者
戴汉武(现任)	布拉柴维尔分社	记者
袁雅章	科纳克里分社	记者
武海云	塔那那利佛分社	首席记者
刘上阳	金沙萨分社	首席记者
潘永明	洛美分社	首席记者
孙星文	雅温得分社	首席记者
毛雪良(前任)	阿比让分社	记者
张荣典(现任)	阿比让分社	记者
张鼎直(前任)	巴马科分社	首席记者
肖福庭(现任)	巴马科分社	记者
段吉勇	拉各斯分社	首席记者
张敬雷	哈拉雷分社	首席记者
杨志刚	马普托分社	记者
陈进军	亚的斯亚贝巴分社	记者
赵晓钟(前任)	罗安达分社	记者
李福祥(现任)	罗安达分社	记者
陈财林	阿克拉分社	记者
徐耀林(前任)	堪培拉分社	首席记者
陶志彭(现任)	堪培拉分社	首席记者
李　垚	惠灵顿分社	记者
茅瑞清	巴黎分社	分社社长
向奎观	日内瓦分社	首席记者
刘云峰	维也纳分社	首席记者
薛永兴	伦敦分社	分社社长
杨元华	布鲁塞尔分社	首席记者
胡永震	波恩分社	首席记者
周锡生(前任)	雅典分社	记者
李成贵(现任)	雅典分社	首席记者
肖自权	里斯本分社	首席记者
徐发兴	马德里分社	首席记者
王彦林	罗马分社	首席记者
郑焕清(前任)	赫尔辛基分社	首席记者
陈金岚(现任)	赫尔辛基分社	首席记者
许福瑞	斯德哥尔摩分社	首席记者
钱文荣	联合国分社	分社社长
吴　晋	华盛顿分社	分社社长
袁荣生	渥太华分社	首席记者
胡泰然	巴拿马分社	首席记者
薛　鸿	墨西哥分社	首席记者
高永华(前任)	哈瓦那分社	首席记者
倪润浩(现任)	哈瓦那分社	首席记者
孙国维	圣地亚哥分社	首席记者
侯耀其	波哥大分社	首席记者
胡积康	加拉加斯分社	首席记者
金沈俭	利马分社	首席记者
鞠庆东	布宜诺斯艾利斯分社	首席记者
王志根	里约热内卢分社	首席记者
程志平	圣约瑟分社	首席记者
王洪勋	基多分社	首席记者
王　葵	布里奇敦分社	首席记者
颜为民	蒙得维的亚分社	首席记者
宋心德	马那瓜分社	首席记者
唐修哲	莫斯科分社	首席记者
刘福平	索非亚分社	首席记者
张汉文	布加勒斯特分社	首席记者
侯凤菁	布达佩斯分社	首席记者
徐坤明	贝尔格莱德分社	首席记者
汤德乔	华沙分社	首席记者
王德峰	柏林分社	首席记者
刘天白	布拉格分社	首席记者
李季玉	地拉那分社	记者
孟　帆	香港分社	亚太地区(香港)总经理
穆广仁(前任)	中东总分社(开罗)	总分社社长
高秋福(现任)	中东总分社(开罗)	总分社社长
沈家松	拉美总分社(墨西哥城)	总分社社长
叶志雄(前任)	非洲总分社(内罗毕)	总分社社长
陈鹤高(现任)	非洲总分社(内罗毕)	总分社副社长

中国新闻社

姓名	分社名称	职务
王士谷	美国分社	社长
谢一宁	美国分社	记者
杨国光	东京分社	首席记者
李林林	东京分社	记者
王海曦	法国分社	首席记者
方远生	澳大利亚分社	首席记者
符国柱	香港分社	社长
何耕新	香港分社	副社长兼总编辑
杨建能	香港分社	摄影部主任
陈　刚	香港分社	采访部主任
吴　奕	香港公社	记者
钟征祥	驻澳门	首席记者

光明日报

姓名	驻在国及城市	
王德铭	美国	华盛顿
彭锡强	英国	伦敦
李昌芳	西德	波恩
万事美	意大利	罗马
薛福康	澳大利亚	堪培拉
方祥生	奥地利	维也纳
展　舒	瑞士	日内瓦
陈庆煜	葡萄牙	里斯本
高凤仪	苏联	莫斯科
严建卫	民主德国	柏林
王敖和	波兰	华沙
李肇东	比利时	布鲁塞尔
赵广俊	芬兰	赫尔辛基
刘文才	捷克	布拉格
蒋道鼎	日本	东京
何洪泽	巴基斯坦	伊斯兰堡
陈克勤	埃及	开罗

张川杜　菲律宾　马尼拉　　李国庆　法国　巴黎　　吴建友　土耳其　安卡拉
杜展鹏　泰国　曼谷

经济日报

姓名	驻在国及城市
和　铭	驻联合国记者
严恒元	驻伦敦记者
李治良	驻日内瓦记者
李海燕	驻布鲁塞尔记者
魏丽军	
孙奎贞	驻波恩记者
李　雷	驻莫斯科记者
许　强	驻布达佩斯记者
邓克堂	驻索非亚记者
阎海防	驻东京记者
黄建纲	驻开罗记者
马海亮	驻伊斯兰堡记者

中国青年报

姓名	驻在国及城市	
艾　智	日本	东京
朱国才	美国	华盛顿

广播电视驻国外及香港地区记者

姓名	记者站名称
陈俊才　陈德浓	驻美国记者
饯雨润	驻联合国记者
张富生　陈　风	驻日本记者
汪作舟　莫振常	驻法国记者
董振邦	驻巴基斯坦记者
赵成鸿	驻南斯拉夫记者
朱兴河　胡　敏	驻墨西哥记者
董连明　杨培英	驻联邦德国记者
方志诚　马为公	驻埃及记者
臧乐安　许恒生	驻苏联记者
周　生	驻泰国记者
陈家宇	驻津巴布韦记者
张叔雄　何小叶	驻澳大利亚记者
杨林常　马博辉	驻阿根廷记者
高发明　杜　平	驻比利时记者
李首道　万玉珍	驻肯尼亚记者
陈观享　韩同熙	驻香港地区记者
罗建辉　王庚年	
拉　白　高　军	
王健生	

1989年外国驻华记者名单
NAME LIST OF ACCREDITED FOREIGN CORRESPONDENTS IN CHINA

北　京
BEIJING

澳大利亚
（Australia）

悉尼先驱晨报、世纪报
The Age Sydney Morning Herald
彼特·埃林森
Mr. Peter Ellingsen
办公室：建国门外外交人员公寓 7—2—123
电　话：5322778
住　宅：齐家园外交人员公寓 10—72
电　话：5323209

澳大利亚广播公司
Australian Broad-Casting Corporation
特雷弗·沃森
办公室：齐家园外交人员公寓 8—121
电　话：5322410
中秘电话：5322514
住　宅：齐家园外交人员公寓

8—122

Mr. Trevor Watson　电　话:5322410

保加利亚
(Bulgaria)

保加利亚通讯社　办公室:建国门外外交人员公寓
BTA　1—4—13
电　话:5321226
顿切夫　住　宅:建国门外外交人员公寓
3—5—2
Mr. Evgueni Dontchev　电　话:5322522

加　拿　大
(Canada)

环球邮报　办公室:塔园外交人员公寓
The Globe and Mail　2—2—21
电　话:5321661,5322497
黄明珍　住宅:同上
Mrs. Jan Wong

加拿大广播公司　办公室:建国门外外交人员公寓
CBC　7—1—53
电　话:5321510
崔卓哲　住宅:建国门外外交人员公寓
7—1—51
Mr. Georges Tremel　住宅电话:5323754
陆　德　住　宅:塔园外交人员办公楼
6—2—82
Mr. Louis de Guise　电话:5324529

加拿大电视网有限公司　办公室:建国门外外交人员公寓
CTV　7—2—61
电　话:5322605
金梦深　住　宅:建国门外外交人员公寓
7—2—61
Mr. Jim Munson　电　话:5322582
方碧松　住　宅:建国门外外交人员公寓
11—122
Mr. Francois Bisson　电　话:5323672

古　　巴
(Cuba)

拉丁美洲通讯社　办公室:齐家园外交人员公寓
Prensa Latina　6—2—12
电　话:5321831—539
玛丽亚·利亚纳　住　宅:建国门外外交人员公寓
4—1—23
Mrs. Maria Elena Llana Castro　电　话:5321914

捷克斯洛伐克
(Czechoslovakia)

捷克通讯社　办公室:齐家园外交人员公寓
CTK　3—1—4
电　话:5321831—348
巴维尔·乌尔班　住　宅:齐家园外交人员公寓
10—43
Mr · Pavel Urban　电　话:5322704

红色权利报　办公室:捷克斯洛伐克驻华大使馆
Rudé Právo
电　话:5321531
伏拉基米尔·迪维什　住　宅:塔园外交人员公寓
3—1—32
Mr. Vladimir Divis　电　话:5325281

捷克斯洛伐克电视台　办公室:捷克斯洛伐克驻华使馆
CST
电　话:5321531
魏立达　住　宅:同上
Mr. Ota Vyborny　电　话:同上

芬　　兰
(Finland)

芬兰广播公司　办公室:建国门外外交人员公寓
OY. Yleisradio Ab.　7—1—42/41
兰西浦　电　话:5323370,5323586
MR. YRJO LANSIPURO

法　　国
(France)

法国新闻社　办公室:建国门外外交人员公寓 11—11
AFP
电　话:532.1992 532.1409
532.2371
德尼·伊欧(尤得理)　住　宅:建国门外外交人员公寓 4—141
Mr Denis Hiault　电　话:532.3446
莱斯科　住　宅:齐家园外交人员公寓
10—22
Mr. Patrick Lescot　电　话:532.1870
西尔维·莫尼埃　住　宅:齐家园外交人员公寓
7—1—63
Mrs. Sylvie monier　电　话:532.3354
麦法诚　住　宅:齐家园外交人员公寓
7—4—21
Mr. Robert Macpherson　电　话:532.1831—338
凯瑟琳(摄影记者)　住　宅:建国门外外交人员公寓
7—2—103
Miss Catherine Henriette　电　话:532.4515

法国《世界报》　办公室:建国门外外交人员公寓 7—1—22
Lc Monde
电话:532.1467,532.4803
德　龙　住　宅:建国门外外交人员公

寓 5—63
Mr. Francis Deron　电　话：532.1760

人道报　办公室：建国门外外交人员公寓 8—1—13
L'Humanite　电　话：532.3162
多米尼克·巴丽　住　宅：建国门外外交人员公寓 8—1—13
Mrs. Dominique Bari　电　话：532.3162

阿尔萨斯最新消息报　办公室：建国门外外交人员公寓 7—1—72
Les Dernieres Nouvelles d'Alsace　电　话：532.4857
住　宅：三里屯外交人员公寓 9—23
梅　业　电　话：5324857
Mr. Eric Meyer

德意志民主共和国
(German Democratic Republic)

德意志通讯社　办公室：齐家园外交人员公寓 7—2—61
ADN　电　话：5321805
马振东　住　宅：同上
Mr. Otto Mann

民主德国电台和电视台　办公室：塔园外交人员办公楼 7—1—21
GDR Radio &TV
Lutz Pohle　电　话：5321115
鲁茨·波勒　住　宅：同上

阿勒克莎·兰贝茨　办公室：塔园外交人员办公楼 7—1—21
Mrs Alexa Lamberz　电　话：532.1115

民主德国电视台　办公室：塔园外交人员办公楼 7—1—22
GDR TV　电　话：5321587
曼弗雷德·克瓦德　住　宅：同上
Mr. Manfred Quade

德意志联邦共和国
(Germany, Federal Republic of)

德意志新闻社　办公室：三里屯外交人员办公楼 1—31
DPA　电　话：5321473
鲍德佳　中秘电话：5321615
Mr. Edgar Bauer　住　宅：同上

德意志星期日汇报　办公室：三里屯外交人员办公楼 2—32
DASB　电　话：5323714

黑尔加·贝尔特拉姆　中秘电话：5322984
Mrs. Helga Bertram　住　宅：塔园外交人员公寓 1—1—51

法兰克福汇报　办公室：齐家园外交人员公寓 9—64
Frankfurter Allgemeine　电　话：5321146
佩特拉·科隆科　住　宅：齐家园外交人员公寓 7—5—31
Ms Petra Kolonko　电　话：5321831—322

法兰克福评论报　办公室：建国门外外交人员公寓 7—1—133
Frankfurter Rundschau　电话：5323443
约尼·埃林　住　宅：建国门外外交人员公寓 7—1—104
Mr. Johnny Erling　电　话：5321156

南德意志报　办公室：塔园外交人员公寓 6—2—22
Sueddeutsche Zeitung　电　话：5324616
康友耿　住　宅：塔园外交人员公寓 4—1—71
Mr. Juergen Kahl　电　话：5324271

外贸新闻　办公室：塔园外交人员公寓 6—2—22
Foreign Trade News　电　话：5324359
诺伯特·芬克尔
Mr. Norbert Finkel

施瓦本报　办公室：塔园外交人员办公楼 6—2—12
Schwaebische Zeitung　电　话：5321151
伯恩哈德·赫尔曼　住　宅：塔园外交人员办公楼 1—11—2
Mr. Bernhard Hermann　电　话：5323950

明镜周刊　办公室：齐家园外交人员公寓 7—2—31
Der Spiegel　电　话：5323541
安德烈亚斯·罗伦茨　住　宅：同上
Mr. Andreas Lorenz

德国广播协会　办公室：三里屯外交人员办公楼 2—32
ARD　电　话：5323696
谈有为　中秘电话：5324831
Mr. Ludwig Thamm

德国电视一台　办公室：三里屯外交人员办公楼 2—32
ARD—GTS　电　话：5323714

中秘电话:5322984

于尔根·贝尔特拉姆 住 宅:塔园外交人员公寓 1—1—51

Mr. Juergen Bertram 电 话:

瓦尔特·格林斯基 住 宅:齐家园外交人员公寓 7—5—41

Mr. walter Gelinski 电 话:5321831—326

罗尔夫·彼得 住 宅:塔园外交人员公寓 4—1—72

Mr. Rolf Peter 电 话:5324258

德国电视二台 办公室:塔园外交人员公寓 6—2—12

ZDF 电 话:5321151

中秘电话:5323575

吉·玛尔曼—赫尔曼 住 宅:塔园外交人员办公楼 1—11—2

Mr. Gisela Mahlmann-Hermann 电 话:5323950

约亨·魏希曼 办公室:三里屯外交人员办公楼 2—11

Mr. Jochen Wichmann 电 话:5323147

住 宅:齐家园外交人员公寓 7—5—51

电 话:5321831—330

安德烈亚斯·布罗夫 办公室:三里屯外交人员办公楼 2—11

Mr. Andreas Buhrow 电 话:5323147

住 宅:建国门外外交人员公寓 7—1—83

电 话:5322919

匈 牙 利
(Hungary)

匈牙利通讯社 办公室:三里屯外交人员办公楼 1—42

MTI 电 话:5321755

贝拉·艾利雅什 住 宅:同上

Mr. Bela Elias

人民自由报 办公室:塔园外交人员公寓 5—1—101

NE'PSZABADSA'G 电 话:5324309

伯茨·山多尔 住 宅:同上

Mr. Bocz Sa'ndor

印 度
(India)

印度报业托拉斯 办公室:建国门外外交人员公寓 5—131

PTI 电 话:5322221

纽吉哈利·贾亚拉姆 住 宅:同上

Mr. Nuggehally Jayaram

意 大 利
(Italy)

安莎通讯社 办公室:三里屯外交人员办公楼 2—81

ANSA 电 话:5321954,5323651

朱利奥·佩科拉 住 宅:同上

Mr. Giulio Pecora

巴尔巴拉·安妮玛莉 住 宅:三里屯外交人员公寓 5—2—31

Ms. Barbara Animali 电 话:5321452

团结报 办公室:三里屯外交人员公寓 2—3—61

L' Unita 电 话:5322485

丽娜·坦布里诺

Ms. Lina Tamburrino

意大利广播电视公司 办公室:齐家园外交人员公寓 9—62

Radio Televisione Italiana 电 话:5322150 5321974

伊拉里奥·菲奥雷 住 宅:建国门外外交人员公寓 6—1—141

Mr. Ilario Fiore 电 话:5322027

日 本
(Japan)

时事通讯社 办公室:建国门外外交人员公寓 9—1—13

Jiji Press 电 话:5322924,5323413

斋藤良和 住 宅:塔园外交人员公寓 3—1—102

Mr. Yoshikazu Saito 电 话:5325285

信太谦三 住 宅:建国门外外交人员公寓 7—1—131

Mr. Kenzo Shida 电 话:5321449

共同通讯社 办公室:建国门外外交人员公寓 3—91

Kyodo' News 电 话:5322680,5322278

伊藤正 住 宅:齐家园外交人员公寓 7—254

Mr. Tadashi Ito 电 话:5321913

伊藤信一 住 宅:建国门外外交人员公寓 1—5—42

Mr. Shinichi Ito 电 话:5322807

松尾康宪 住 宅:塔园外交人员公寓 4—2—21

Mr. Yasunori Matsuo 电 话:5324225

菅谷洋司 住 宅:建国门外外交人员公寓 7—1—74

Mr. Yoji Sugaya　电　话:5322975

朝日新闻
Asahi Shimbun　办公室:齐家园外交人员公寓 8—61
电　话:5322096,5321998

斧泰彦　住　宅:齐家园外交人员公寓 8—62
Mr. Yasuhiko Ono　电　话:5323512

田村宏嗣　住　宅:建国门外外交人员公寓 1—4—31
Mr. Hirotsugu Tamura　电　话:5322897

中日新闻
Chunichi Shimbun　办公室:塔园外交人员公寓 2—1—11
电　话:5323317,5324864

迫田胜敏　住　宅:塔园外交人员公寓 2—1—21
Mr. Katsutoshi Sakoda　电　话:5323261

今原孝　住　宅:塔园外交人员公寓 2—2—71
Mr. Takashi Imahara　电　话:5324962

北海道新闻
Hokkaido Shimbun　办公室:塔园外交人员公寓 2—1—11
电　话:5321780

岛影均　住　宅:三里屯外交人员公寓 8—22
Mr. Hitoshi Shimakage　电　话:5321674

每日新闻
Mainichi Shimbun　办公室:建国门外外交人员公寓 10—1—13
电　话:5322856,5322728

今田好彦　住　宅:建国门外外交人员公寓 10—1—13
Mr. Yoshihiko Imada　电　话:5322856

金子秀敏　住　宅:建国门外外交人员公寓 10—2—43
Mr. Hidetoshi Kaneko　电　话:5322873

日本经济新闻
Nihon Keizai Shimbun　办公室:塔园外交人员公寓 7—2—111
电　话:5321664,5325302

三森和彦　住　宅:建国门外外交人员公寓 6—1—101
Mr. Kazuhiko Mitsumori　电　话:5322001

北原基彦　住　宅:建国门外外交人员公寓 3—92
Mr. Motohiko Kitahara　电　话:5323176

西日本新闻
Nishinihon Shimbun　办公室:塔园外交人员公寓 2—1—11
电　话:5321780

坂田完治　住　宅:三里屯外交人员公寓 6—2—31
Mr. Kanji Sakata　电　话:5323973

东京时报
Tokyo Times　办公室:齐家园外交人员公寓 11—1—64
电　话:5321190

日下部悦子　住　宅:齐家园外交人员公寓 11—1—64
Miss Etsuko Kusakabe　电　话:5321190

读卖新闻
Yomiuri Shimbun　办公室:建国门外外交人员公寓 7—2—52
电　话:5322053,5322209

高井洁司　住　宅:建国门外外交人员公寓 6—1—31
Mr. Kiyoshi Takai　电　话:5322068

山田道明　住　宅:塔园外交人员公寓 3—2—101
Mr. Michiaki Yamada　电　话:5324280

浜本良一　住　宅:建国门外外交人员公寓 7—1—34
Mr. Ryoichi Hamamoto　电　话:5323190

朝日新闻
TV-Asahi　办公室:建国门外外交人员公寓 7—2—31
电　话:5323301

新井弘志　住　宅:建国门外外交人员公寓 7—2—32
Mr. Hiroshi Arai　电　话:5323501

毛藤光正　住　宅:塔园外交人员公寓 3—2—21
Mr. Mitsumasa Moto　电　话:5324259

富士电视
Fuji TV　办公室:塔园外交人员公寓 2—2—51
电　话:5324843,9005102

上野邦治　住　宅:塔园外交人员公寓 4—2—62
Mr. Kuniharu Ueno　电　话:5324695

关口保幸　住　宅:塔园外交人员公寓 6—1—142
Mr. Yasuyuki Sekiguchi　电　话:5324553

日本广播协会
NHK　办公室:建国门外外交人员公寓 7—2—53
电　话:5321251,5321654

井上孝利　住　宅:建国门外外交人员公寓 2—2—72
Mr. TaKatoshi Inoue　电　话:5323766

加藤青延　住　宅:建国门外外交人员公寓 2—1—82
Mr. Harunobu Kato　电　话:5323591

下垣内真　办公室:塔园外交人员公寓 1—2—71
Mr. Shin Shimogaito　电　话:5324908

日本电视网
NTV　住　宅:三里屯外交人员办公楼 1—62
电　话:5323781
高桥茂男　住　宅:三里屯外交人员办公楼 1—62
Mr. Sigeo Takahasui　电　话:5323525
柏正利　住　宅:塔园外交人员公寓 4—2—71
Mr. Masatoshi kashiwa　电　话:5323051

东京广播公司
TBS　办公室:建国门外外交人员公寓 7—1—112
电　话:5322720,5322524
冈田之夫　住　宅:建国门外外交人员公寓 4—1—111
Mr. Yukio Okada　电　话:5322319
国分干雄　住　宅:建国门外外交人员公寓 7—1—82
Mr. Mikio Kokubu　电　话:5323923

朝　　鲜
(Korea, D. P. R. of)

朝鲜中央通讯社
Korean Central News Agency　办公室:朝鲜驻华使馆
电　话:5321186
宋永成　住　宅:同上
Mr. Song Yong Song

劳动新闻
Rodong Sinmun　办公室:朝鲜驻华大使馆
电　话:5321186
金昌贤　住　宅:同上
Mr. Kim Chang Hyen

蒙　　古
(Mongolia)

蒙古通讯社
Montsame　办公室:蒙古驻华大使馆
电　话:5321952
铁木尔　住　宅:同上
Mr. Tomor

荷　　兰
(The Nethe rlands)

新鹿特丹商业报
NRC-Handlesblad　办公室:塔园外交人员公寓 4—2—81
电　话:5324832
柯伟亮　住　宅:塔园外交人员公寓 2—1—101
Mr. Willem van Kemenaje　电　话:5325113

荷兰世界广播电台
Badio Nederland Wereldomroep　办公室:塔园外交人员公寓 6—2—122
电　话:5324509

人民报
De Volksrant
园　琳　住　宅:同上
Mrs. Caroline Straathof

挪　　威
(Norway)

晚邮报
Affenposten　办公室:建国门外外交人员公寓 7—1—41
电话:5323370
住宅:建国门外外交人员公寓 7—1—41
电　话:5323370

挪威国家广播电台
NRK　办公室:建国门外外交人员公寓 7—1—42
电　话:5323370
史芙·娜顿玛　住　宅:建国门外外交人员公寓 7—1—42
MS. Siv Nordrum　电　话:5323370

巴基斯坦
(Pakistan)

巴基斯坦联合通讯社
APP　办公室:齐家园外交人员公寓 7—3—41
电　话:5323984
住　宅:同上

波　　兰
(Poland)

波兰通讯社
PAP　办公室:波兰驻华使馆中楼 32 号
耶日·白烨日　电　话:5321235—33 5321918
Mr. Jerzy Bajer　住　宅:同上

人民论坛报
Trybuna Ludu　办公室:波兰驻华使馆中楼 32 号
电　话:5321235—68
科·舍莱斯托夫斯卡　住　宅:同上
Mrs. Krystyna Szelestowska

葡　萄　牙
(Portugal)

卢萨社(葡萄牙新闻社)
LUSA　办公室:塔园外交人员公寓 2—2—12

电　话:5324863

柯烈伟　住　宅:同上

Mr. Fernando Oliveira

西　班　牙
(Spain)

埃菲通讯社　办公室:建国门外外交人员公寓
Agencia EFE S. A.　2—2—132
电　话:5323449,5323688

伊瓦涅斯·佩雷斯　住　宅:同上
Mr. Ibanez Perez

瑞　　士
(Switzerland)

每日导报　办公室:建国门外外交人员公寓
Tages Anzeiger　12—161
电　话:5323941

瑞士国家广播—电视公司
SRG

阿鹤腾　住　宅:同上
Mr. Peter Georg Achten

英　　国
(United Kingdom)

路透社　办公室:三里屯外交人员办公楼
Reuters　1—14
三里屯外交人员办公楼
1—11
电　话:5321921,5323517,5324640
中秘电话:5323674

白尔杰　住　宅:塔园外交人员公寓
3—1—42
Mr. Vergil Berger　电　话:5325295

丁　凯　住　宅:三里屯外交人员办公楼
2—21
Mr. Guy Dinmore　电　话:5321896

耿必儒　住　宅:建国门外外交人员公寓
3—103
Mr. William Kazer　电　话:5322974

金　奇　住　宅:建国门外外交人员公寓
7—2—94
Mr. James Kynge　电　话:5322298

珍妮特·斯奈德　住　宅:三里屯外交人员公寓
1—4—53
MS. Janet Snyder　电　话:5323083

理查德·埃利斯　住　宅:建国门外外交人员公寓
11—113
Mr. Richard Ellis　电　话:5323508

泰晤士报　办公室:塔园外交人员公寓
Tht Times　1—2—21
电　话:5326494

孙凯琳　住　宅:同上
Ms. Catherine Sampson

卫　报
The Guardian

独立报　办公室:建国门外外交人员公寓
The Independent　7—2—121
电　话:5322797

贺安雷
Mr. Andrew Higgins　住　宅:同上

每日邮报　办公室:齐家园外交人员公寓
The Daily Mail　8—121
电　话:5322410
中秘电话:532514

梅丽萨·沃森　住　宅:同上
Mrs Melissa Watson

南华早报　办公室:塔园外交人员公寓
South China Morning Post　1—1—61
电　话:5324812,5324771

柯汉彬　住　宅:塔园外交人员公寓
7—1—142
Mr. John Kohut　电　话:5324981

斐觉世　住　宅:塔园外交人员公寓
1—1—61
Mr. Seth Faison　电　话:5324812,5324971

星期日泰晤士报　办公室:齐家园外交人员公寓
The Sunday Times　8—21
电　话:5323573

路易丝·布兰森　住　宅:建国门外外交人员公寓
6—1—43
Ms. Louise Branson　电　话:5323165

远东经济评论　办公室:建国门外外交人员公寓
Far Eastern Economic Review　7—1—93
电　话:5321550

戴夫之　住　宅:建国门外外交人员公寓
7—1—73
Mr. Robert Delfs　电　话:5321397

英国广播公司　办公室:三里屯外交人员办公楼
BBC　2—31
电　话:5323777
中秘电话:5323694

麦杰思　住　宅:同上
Mr. James Miles

西蒙·朗　住　宅:同上

Mr. Simon Long

独立电视新闻公司 办公室:建国门外外交人员公寓 7—2—62 转
ITV 电　话:c/o5322605

吉拉米·汤普森
Mr. Jeremy Thompson

美　　国
(U. S. A.)

美联社 办公室:齐家园外交人员公寓 7—2—52
AP 电　话:5323419,5321831—492 5323743
中秘电话:5323559

艾博伦 住　宅:齐家园外交人员公寓 7—1—41
Mr. James R. Abrams 电　话:5322263

魏梦欣 住　宅:齐家园外交人员公寓 7—1—61
Miss Katherine Wilhelm 电　话:5323797

付夏霖 住　宅:齐家园外交人员公寓 7—2—52
Miss CHARLENE FU 电　话:5321831—492

马克·艾弗里 住　宅:建国门外外交人员公寓 8—1—11
Mark Avery 电　话:5323118

合众国际社 办公室:齐家园外交人员公寓 7—1—11
UPI 电　话:5323271 5323456

岑伟伯 住　宅:建国门外外交人员公寓 1—2—151
Mr. David R. Schweisberg 电　话:5322721

桑　万 住　宅:齐家园外交人员公寓 7—1—11
Mr. Scott D. Savitt 电　话:5323896

陆敏诗 同上
Ms. Savah E. Lubman

巴尔的摩太阳报 办公室:齐家园外交人员公寓 8—11
Baltimore Sun 电　话:5323120

薛约翰 住　宅:建国门外外交人员公寓 7—2—21
Mr. John Schidlovsky 电　话:5322991

芝加哥论坛报 办公室:建国门外外交人员公寓 6—1—21
Chicago Tribune 电　话:5321172

施梅策 住　宅:建国门外外交人员公寓 6—1—21
Mr. Ulli Schmetzer 电　话:5322983

基督教科学箴言报 办公室:建国门外外交人员公寓 7—2—133
Christian Science Monitor 电　话:5323125

史砚华 住　宅:建国门外外交人员公寓 7—2—111
Mrs. Ann S. Tyson 电　话:5322157

谭声杰 同　上
Mr. James L. Tyson

商业日报 办公室:建国门外外交人员公寓 7—2—63
Journal of Commerce 电　话:5323673

白海伦 住　宅:建国门外外交人员公寓 9—1—102
Ms. Helen Bung

洛杉矶时报 办公室:建国门外外交人员公寓 7—1—102
Los Angeles Times 电　话:5321982

何大卫 住　宅:建国门外外交人员公寓 4—1—11
Mr. David Holley 电　话:5322840

迈阿密先驱报 办公室:齐家园外交人员公寓 8—143
Miami Herald 电　话:5323154
中秘电话:5321275

西蒙斯 住　宅:齐家园外交人员公寓 7—4—61
Mr. Lewis M. Simons 电　话:5321814

新闻日报 办公室:建国门外外交人员公寓 7—1—133
Newsday 电　话:5323443

马尔瓦尼 住　宅:建国门外外交人员公寓 7—2—71
Mr. James Mulvaney 电　话:5323361

纽约时报 办公室:建国门外外交人员公寓 7—2—113
New York Times 电　话:5323115

纪思道 住　宅:建国门外外交人员公寓 7—2—114
Mr. Nicholas D. Kristof 电　话:5322658

纽约时报新闻社 办公室:建国门外外交人员公寓 7—2—133
New York Times News Service 电　话:5323115

伍洁芳 住　宅:建国门外外交人员公寓

7—2—11

Ms. Sheryl WuDunn 电　话:5322658

华尔街日报 办公室:建国门外外交人员公寓

Wall Street Journal 7—2—63

电　话:5323673

殷阿笛 住　宅:建国门外外交人员公寓

7—2—121

Mr. Alan Ignatius 电　话:5322797

华盛顿邮报 办公室:建国门外外交人员公寓

Washington Post 7—2—152

电　话:5323464

邵德廉 住　宅:建国门外外交人员公寓

7—2—24

Mr. Daniel Southerland 电　话:5322944

旧金山考察家报 住　宅:建国门外外交人员公寓

7—2—21

San francisco Examiner 电　话:5322991

Newsweek

马兰妮 住　宅:建国门外外交人员公寓

7—2—21

Mrs. Lenore R. Magida 电　话:5322991

新闻周刊 办公室:建国门外外交人员公寓

Newsweek 7—2—23

电　话:5322666

中秘电话:5322167

艾鼎德 住　宅:建国门外外交人员公寓

2—1—143

Ms. Dorinda Elliott 电　话:5322702

《时代》杂志 办公室:齐家园外交人员公寓

Time 8—51

电　话:5322669

中秘电话:5321293

博珊迪 住　宅:建国门外外交人员公寓

Miss Sandra Burton 6—1—91

电　话:5323364

吉　米 住　宅:建国门外外交人员公寓

Mr. Jaime A. Florcruz 6—1—103

电　话:5322727

美国新闻与世界报道 办公室:齐家园外交人员公寓

U. S. News and World Report 8—21

电　话:5323573

杜　德 住　宅:建国门外外交人员公寓

Mr. Dusko Doder 6—1—43

电　话:5323165

美国广播公司新闻公司 办公室:建国门外外交人员公寓

ABC News 4—1—71

电　话:5322671

中秘电话:5323180

柯达德 住　宅:建国门外外交人员公寓

Mr. Todd Carrel 11—81号

电　话:5323415

詹姆斯·劳里

Mr. James Laurie

大串雅昭

Mr. Masaaki Serita — O-gushi

哥伦比亚广播公司新闻公司 办公室:建国门外外交人员公寓

CBS News 2—1—22

电　话:5322301　5322472

约翰·谢汉 住　宅:建国门外外交人员公寓

Mr. John Sheahan 4—1—53

电　话:5322186

刘登立 住　宅:建国门外外交人员公寓

Mr. John D. Liu 4—1—61

电　话:5323347

布雷德利·辛普森 住　宅:建国门外外交人员公寓

Mr. Bradley H. Simpson 7—2—143

电　话:5323914

全国广播公司新闻公司 办公室:建国门外外交人员公寓

NBC News 3—42

电　话:5323153

中秘电话:5323961

白　伦 住　宅:建国门外外交人员公寓

Mr. Leonad Pratt 4—1—113

电　话:5322220,5323461

基思·米勒

Mr. Keith Miller

格里·费尔曼

Mr. Gary Fairman

有线电视公司 办公室:王府井大街20号

CNN 电　话:5128635

5127744—401,—402

齐迈可 住　宅:塔园外交人员公寓

5—2—72

Mr. Mike Chinoy 电　话:5324521

米切尔·法卡斯 住　宅:永安公寓2号楼

7楼2703号

Mr. Mitchell Farkas 电　话:5001188—2703

沈　林 住　宅:永安公寓2号楼

7楼2706号

Ms. Cynthia J. Strand 电　话:5001188—2706

美国之音 办公室:建国门外外交人员公寓

VOA 7—2—144

电　话:5323857

中秘电话:5323290

潘海迪 住　宅:建国门外外交人员公寓

Ms. Heidi Chay 2—1—23
电　话:5322025

嘎玛—联络图片社
Gamma-Liaison
办公室:塔园外交人员公寓 3—2—41
电　话:5324251

端木壮
Mr. Forrest M. Anderson
住　宅:同上

视野图片社
Visions Photo Agency
办公室:三里屯外交人员办公楼 10—2—23
电　话:5325112

艾德里安·布雷德肖
Mr. Adrian Bradshaw
住　宅:同上

苏　联
(U. S. S. R)

塔斯社
Tass
办公室:塔园外交人员公寓 6—41
电　话:5324821

伏拉基米尔·卡西洛夫
V. Kashirov
住　宅:三里屯办公楼 1—30
电　话:5321595

盖纳地·柯利夫舍叶夫
Mr. Gennady Krivosheyev
住　宅:建国门外外交人员公寓 4—1—102
电　话:5323965

索罗金
Mr. Sorokin Sergei
住　宅:建国门外外交人员公寓 8—32
电　话:5322466

马·阿布尔哈金
Mr. Marat S. Abulkhatin
住　宅:齐家园外交人员公寓 11—1—14
电　话:5321924

托米林·维阿切斯拉夫
Mr. Tomiline Viatcheslav
住　宅:齐家园外交人员公寓 10—81
电　话:5321895

消息报
Lzvestia
办公室:建国门外外交人员公寓 2—1—11
电　话:5323094

尤里·萨温柯夫
Mr. Iouri Savenkov
住　宅:同上

劳动报
Trud
办公室:齐家园外交人员公寓 8—124
电　话:5322260

苏火金
MR. Sukhotin Alexander
住　宅:同上

国家广播电视委员会
The State Committee for Television and Radio Broadcasting
办公室:塔园外交人员公寓 1—2—62
电　话:5324904
中秘电话:408117—306

库利科夫
Mr. Koulikov V. Semyonovitch

雅克夫列夫
Yakovlev. E. A
住　宅:塔园外交人员公寓 2—2—121

帕波扬
Mr. Papoyan A. S
住　宅:友谊宾馆东南区 8 号楼 9 门 42 号
电　话:890621—4386

越　南
(Viet Nam)

越南通讯社
VNTTX
办公室:越南驻华使馆
电　话:5321863

乔省
Mr. kieu Tinh

华世旦
Mr. Hoa The Dan

南斯拉夫
(Yugoslavia)

南通社
Tanjug
办公室:齐家园外交人员公寓 9—24
电　话:5323928

佐澜
Mr. Zoran Djordjevic
住　宅:齐家园外交人员公寓 9—23
电　话:5322406

政治报
Politika
办公室:齐家园外交人员公寓 1—1—6
电　话:5322887

博尔科·格沃兹德诺维奇
Mr. Borko Gvozdenovic
住　宅:齐家园外交人员公寓 8—54
电　话:5322874

信使报
Vjesnik
办公室:建国门外外交人员公寓 7—1—134
电　话:5322286

斯拉维娅·斯塔诺伊洛维奇
Ms. Slavija Stanojlovic
住　宅:同上

劳动报
Delo
办公室:塔园外交人员公寓 5—2—122
电　话:5324528

左兰娜
MrsZorana Bakovic
住　宅:同上

上　　海

SHANGHAI

日　　本
(Japan)

共同通讯社
Kyodo News
冢越敏彦
Mr. Toshihiko Tsukagoshi
办公室:上海瑞金大厦 1403
电　话:379481;376455

朝日新闻
Asahi Shimbun
堀江义人
Mr. Yoshito Horie
办公室:上海雁荡大厦 4A
电　话:284980;284690

中日新闻
Chunichi Shimbun
中川阳
Mr. Akira Nakagawa
办公室:上海瑞金大厦 2005
电　话:332570;332490
住　宅:上海瑞金大厦 606
电　话:332633

日本经济新闻
Nihon keizai Shimbun
室井秀太郎
Mr. Hidelaro Muroi
办公室:上海瑞金大厦 1102
电　话:336511;330365

读卖新闻
Yomiuti Shimbun
藤野彰
Mr. Akira Fujino
办公室:上海瑞金大厦 2006
电　话:336463

日本广播协会
NHK
小泽干雄
Mr. Mikio Ozawa
办公室:上海瑞金大厦 1409
电　话:334692;330906

附:香港驻京记者名单

Appendix:Name List of Hong Kong Correspondents in Beijing

大公报
Ta Kung Pao
巩双印
Mr. Gong Shuangyin
张少威
Mr. Zhang Shaowei
办公室:前门东大街 3 号首都宾馆写字楼 304 室
电　话:5120326

文汇报
Wen Wei Po
姚欣保
Mr. Yao Xinbao
办公室:北京饭店 4092 室
电　话:5137766—4092

经济导报
Economic information & Agency
梁忠林
Mr. Liang Zhonglin
何亦文
Mr. He Yi Wen
姚赣南
Mr. Yao Gannan
办公室:东城区大佛寺东街 8 号
电　话:4011784;4011785

闽北報

本报宗旨是：宣传党的方针政策，反映人民群众心声，传播科学文化，弘扬闽北精神，服务改革开放，促进闽北两个文明建设的发展。

中共南平地委机关报

《闽北报》立足闽北，面向全国。它使您了解闽北的茫茫林海，莽莽粮仓，闻名世界的武夷山自然风景区和纯朴敦厚的闽北风土民情。

《闽北报》报头系郭沫若同志1962年题写。

欢迎您 订阅《闽北报》！

本报社址：福建省南平市八一路136 号

电话：25200　25301

国内统一刊号：CN 35—0034

邮发代号：33—35

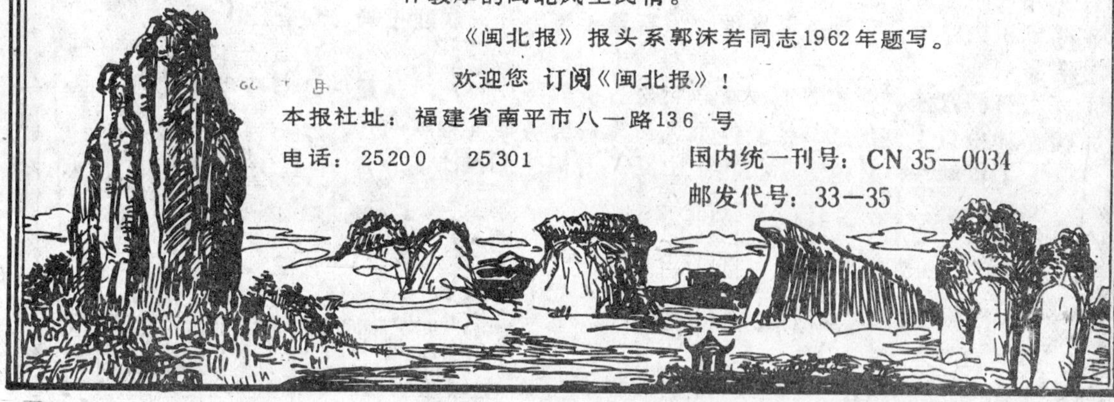

闽東報

MIN DONG BAO

欢 迎 订 阅 闽 东 报

中共福建省宁德地委机关报、每周二、四、六出版、四开四版、其宗旨是：

着力宣传党的声音　积极探索改革路子　及时沟通各方信息　勇于拓宽致富门路

大力弘扬社会正气　热情讴歌先进人物　忠实反映群众呼声　努力满足各界需求

《闽东报》为促进经济繁荣，沟通产品渠道，拓展市场竭诚服务。乐意承办国内外各类广告业务，每版收费3200元，报眼广告1000元，愿与兄弟报社、各新闻单位、广告公司建立业务联系，欢迎为本报承办广告业务。

国内统一刊号：CN 35—0176　邮发代号33—90

广告经营许可证号：宁工商广字第012号

开户银行：福建省宁德市工商行　帐号：890667

社址：福建省宁德军分区大院内　电话：23097　23365

电挂：0001　邮政编码 352100

向您介绍

焦作供销信息

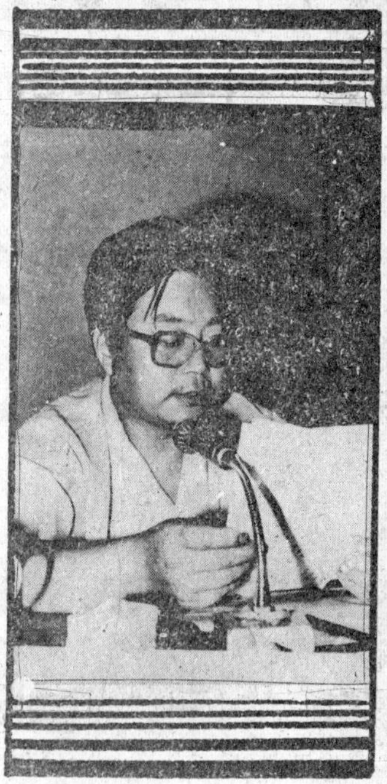

总编辑陈华山近照

《焦作供销信息》报是经河南省新闻出版局批准出版发行的一张经济专业报。

这张报纸由焦作市经委和焦作市供销社联合主办。创刊于1984年。目前每期发行量为四万五仟份。现在是微机排版，激光照排，胶版印刷。

这张报坚持以宣传党和政府的经济政策、传递各种经济信息、报道市场动态、沟通供销渠道、广开致富门路、指导生产、疏导流通、引导消费为己任。热诚为供销、商业、金融、中小企业、乡镇企业、专业户、个体户和广大消费者服务。

这张报有经济要闻版、市场动态版、物价与商情版及副刊版。设有政策吹风、市场予测、新产品、价格信息、港澳市场、致富之路、他山石、经营之道、为你服务、五色石、诗歌、散文、文艺天地、法律咨询等四十多个栏目。本报还拥有焦作电视台一周电视节目专版权。这张报信息量大，内容翔实，可读性强，溶实用、知识、趣味为一体。这张报创刊六年来，深受读者喜爱。

本报为四开四版，周六出版。本报实行试阅，凡要求试阅者，可给报社来信，均可收到一期报样。

刊号：HN3—097　代号：35—89

成本费每份：0.13元

电话：74506　电挂：8007　邮政编码：454151

总编辑：陈华山

报社地址：河南省焦作市环城东路中段

仙桃市報

地处江汉平原腹地的湖北省仙桃市，是一个拥有130多万人口的新兴城市。这里土地肥沃，物产丰富，素有"渔米之乡"的美称，地下有丰富的石油、天然气和食盐待开发。近十年来，这里的农业有长足的发展，工业也随之崛起。1989年，全市工农业总产值已突破25亿大关，在全省县（市）级中名列榜首，是我国重要的商品粮、商品棉基地。

仙桃市的前身为沔阳县，经国务院批准，1986年5月27日正式撤县建市。在宣告仙桃市成立的锣鼓声中，作为市委、市政府"喉舌"的《仙桃市报》也应运而生。该报创办初期为周一刊，时隔不到一年改为周二刊（四开四版）并于1988年底获得全国统一刊号，在国内公开发行。

《仙桃市报》在编辑思想上追求"新、强、活、实、美"，其格调高雅，版面活泼，内容丰富，可读性强，已初步形成自己的特色，赢得了众多的读者。

《仙桃市报》一版为要闻版，二版为经济宣传版，三版为政治宣传版，四版为科技文艺版。该报设置的主要栏目有："仙桃掠影"、"汉江漫话"、"晨露曲"、"经济一席话"、"大市场"、"青春园地"、"法制天地"、"排湖岸边"、"农事通"、和"桃苑副刊"等。

仙桃市报社设置编辑部、办公室、经宣科、政宣科、采通科，全社现有采编人员和工作人员共23人，现有记者4人，助理记者5人。平均年龄为30岁。

国内统一刊号：CN 42—0093

总编辑：吴晓帆

副总编辑：张忠华、李建鹏、

社址：湖北省仙桃市建设一街13号　电话：23620　23138　邮政编码：433000

武汉公交报

武汉公交报是武汉市公用事业管理局党委领导下的，由市公共汽车公司、电车公司、轮渡公司、出租汽车公司、公用客车厂、汽车轮渡管理所联合主办的一张行业报。它创刊于一九八六年元月一日，四开四版，目前为周刊。一九九〇年春节，中共武汉市委副书记李宕同志为本报题写了报头。

武汉公交报坚持党的四项基本原则和实事求是的思想路线，坚持“两为一主”的方针，坚持为运营生产服务，立足行业、面向社会、贴近生活、沟通信息。

公共交通是城市的窗口，武汉公交报是窗口之声。它针对公交行业点多、线长、面广、流动分散的特点，围绕运营生产这个中心，广泛深入地宣传党的路线、方针和政策，宣传改革，宣传社会主义精神文明，宣传窗口新风。它是行业内部领导与群众相互联系的纽带，是公交职工与乘客相互沟通的渠道。

武汉公交报讲求思想性、新闻性、知识性、趣味性、艺术性的高度统一。新闻报道力求短、平、快；讴歌新事新风尚，力求角度新、立意深、境界高；栏目设置力求开放、创新、活泼。

地址：武汉市硚口路160号

电话：553368 邮政编码：440033

主编：林立亚

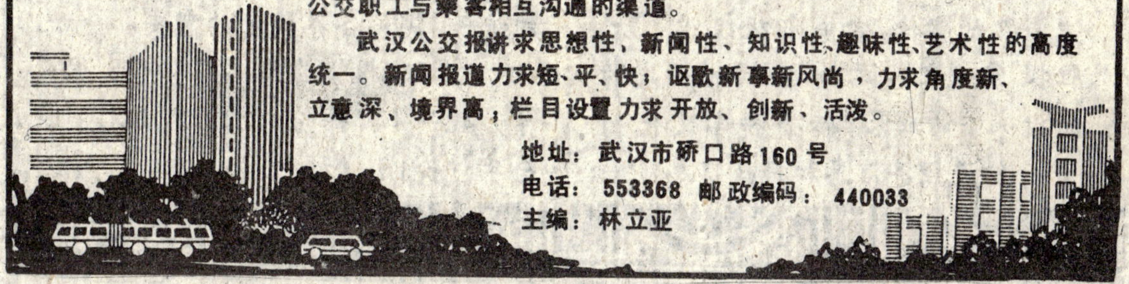

少年文学报

《少年文学报》的宗旨是：为祖国培育文学新苗，为少年儿童提供丰富多采、健康有益的精神食粮，促进少年儿童健康成长。是广大少年儿童的良师益友，是大队辅导员和语文老师的得力助手，是文学社团的信息窗口，是文学少年的练笔园地。

《少年文学报》发表短小精悍的小说、童话、寓言、诗歌、散文、科幻故事、民间传说、翻译作品等。内容丰富，图文并茂，生动活泼。

《少年文学报》的栏目有：“教师作品专版”、“文学少年之友”专版、“文学信箱”、“儿童诗百家”、“我和《少年文学报》”、“读者与主编、”“作家谈创作”、“文学家少年时”、“和少年朋友谈写作”、“作家寄语”、“文学万花筒”、“文学社团介绍”、“读者来鸿”等。

《少年文学报》的读者对象为小学高年级和初中学生，由武汉市文联主办。武汉邮局发行。胶版印刷。每份定价0.20元。本报地址：武汉市解放公园路44号。邮政编码：430010。电话：512823。国内统一刊号CN42—0073。主编：江全章。发行及广告负责人：副主编谢智良。

《怀化报》是中共怀化地委机关报。她努力宣传党的路线、方针、政策；及时发布地委、行署的工作部署；报道两个文明建设的新成就、新经验；搞好“一个中心”、“两个基本点”的宣传，宣传积极组织、大胆探索、大胆试验山区开放开发的新措施、新成果；传播科学文化知识，传递经济信息和科技信息。

怀化报

《怀化报》致力于富民振怀，报道迅速准确，内容丰富多彩，形式生动活泼，富有怀化地方特色，是您瞭望时代的窗口。

《怀化报》注重思想性、知识性、趣味性的统一，满足各界读者的需要。

《怀化报》为周二报，邮政代号为41—44，每份订价0.10元。全年订价10.4元

常德日報

桃花源故里 湘西北名城

《常德日报》是中共常德市委的机关报。它坚持四项基本原则，发挥党的喉舌作用。以发布地方消息为主，展现本市改革、开放的新成就、新经验，传播文化科学知识，反映人民的愿望和呼声，同时报道国内外大事和地方风土人情。注重思想性、知识性、趣味性的统一，力求报道迅速准确、内容丰富多彩，形式生动活泼，富有浓郁的地方特色和时代精神。

《常德日报》四开四版，面向全国公开发行，邮政代号41——81。

社址:中國·湖南·常德市武陵北路

電話24837 27503 電掛7807 郵碼415000

CHANGDE RIBAO

廣西日報

《广西日报》简介

《广西日报》于1949年12月3日在桂林市创刊。同年12月下旬，报社随广西省党政机关迁往南宁。《广西日报》于1950年1月22日在南宁市共和路90号出版。1954年9月迁到南宁市民主路。

《广西日报》创刊后，就是中国共产党广西省委员会的机关报。1958年3月5日，广西壮族自治区正式成立，《广西日报》便成为中国共产党广西壮族自治区委员会的机关报。

《广西日报》创刊四十年来，（“文化大革命”这一特殊的历史时期除外）在宣传党的路线、方针、政策，反映人民群众的呼声要求，密切党和群众的联系，推动全区社会主义建设事业，促进精神文明，普及科学知识和丰富人民的文化生活方面都起了重要作用。《广西日报》在坚持党性原则的基础上，不断进行新闻改革，强调新闻必须新、快、真、短、活更好地为社会主义、为人民服务。受到全区人民的欢迎。

《广西日报》的读者对象是全区广大党员、干部和各族人民，为了适应各行各业群众和各级干部的需要，全面照顾读者的兴趣，《广西日报》的四个版，都变成综合版。一版为区内外和国内外要闻版，强调宣传党的路线、方针、政策，指导工作、引导生活。并辟有“四面八方”、“百字新闻”、“人物新闻”和“今日话题”等专栏和栏目。二版为经济、政文新闻综合版，着重引导生活，服务生活，设有“今日市场”、“农科知识”、“旅游之窗”、“纵横谈”、“市场随笔”、“农村短讯”、“企业短波”等专栏和栏目。三版以综合性副刊为主，在坚持思想性的同时加强知识性、趣味性、文娱性，强调启发引导，丰富精神生活，促进精神文明。三版还有理论专页和读者来信专页，并开设“体育天地”、“道德与法制”、“列县志”、“民族团结”等专栏。四版是以国际新闻为主的时事版，辟有“国际走廊”、“世界拾零”专栏和“国际简讯”、“国内短讯”等栏目。

《广西日报》每天用一定的篇幅刊登国内外广告，为对外开放，对内搞活经济，沟通产销，指导消费做了一定工作，起到了良好的作用。

在印刷技术上不断进行技术更新改造，1990年已实现全部胶印，部分采用激光照排。

《广西日报》是广西最有权威的报纸，现在日发行量近三十万份。

《广西日报》从1979年起恢复刊登工商产品广告。对促进生产，扩大流通，指导消费起到了很大作用。本报设有工商产品广告、文教书刊广告、公告启事广告、专版广告、中缝分类广告、报眼广告等。欢迎垂询，欢迎在本报刊登广告，并免费代办全国各地兄弟报纸广告。

社长：杨志庆　　副社长：陈镇崇

总编辑：杨志庆

副总编辑：陈镇崇　饶韬　黄奇去

本报地址：广西南宁市民主路21号

邮政编码：530026

电　　话：24208

广告发行部电话：22600

柳州日報

LIUZHOU RIBAO

《柳州日报》是中共柳州市委机关报，四开四版，周七刊，出星期天版。日最高发行量为11万份。今年日均发行量为8万份。自办发行，零售占发行量的一半以上。采用胶印，配有电讯地面卫星接收系统。经营广告，稿件处理开始配备电脑打字复印储存系统。

《柳州日报》坚持党报格调，坚持地方特色，坚持以经济报道为主线，坚持软硬结合，逐步形成了自己严谨、健康、清新、活泼、可读的特色。坚持格调，提高档次，拓展视野，增加信息，丰富可读，是我们的方针和方向，因此深受广大读者的喜爱。“早上三件事：跑步、早点、买报纸”，已成为柳州群众的一句口头禅。

经过四十年的风雨，和各代报人的不懈努力，《柳州日报》在风格、质量、自办发行、经营管理等方面，都形成自己一定的特色，并且具有了一定的基础和规模。《柳州日报》现在是全国报纸自办发行联合会常务理事，全国报协成员，全国中等城市党报研究会联络组成员。

《柳州日报》坚持四项基本原则，坚持改革开放，为柳州市两个文明建设作出了积极的贡献。1987年、1988年、1989年被评为柳州市先进单位；1988年被评为柳州市文明单位；1989年被评为广西新闻先进集体。沿着“党的喉舌，人民的心声”的宗旨和目标，《柳州日报》继续奋进！

总编辑：陈明贵　副总编辑：杨奔、于辉星、黄志诚、苏俊元

报　址：柳州市中山西路67号

电　话：24894

邮政编码：545001

右江日报

这是右江日报社去年九月新建成的办公大楼。

《右江日报》是邓小平、张云逸、李明瑞、韦拔群等同志1929年12月11日领导百色起义前夕创刊的，百色起义后是中国工农红军第七军机关报，它是我党在发动武装起义时创办的第一家铅印报纸。邓小平、张云逸等同志为创办《右江日报》付出过心血。1989年12月，伴随着百色起义枪声诞生的《右江日报》，与举世瞩目的百色起义一起，迎来了60岁生日！

《右江日报》经历了60年的光辉历程。《右江日报》在百色起义前，为积极筹划武装起义，建立工农红军做好舆论工作。百色起义后，《右江日报》为巩固革命胜利成果，发展苏维埃根据地，扩充工农赤卫队，保卫苏维埃政权，深入土地革命，扩大工农群众组织等，继续做好舆论工作。张云逸同志用毛笔亲自为《右江日报》题报头，报纸为八开两版，不定期出版，现存于世的仅有1929年12月18日出版的第44期报纸。1930年2月，红七军撤离百色，由于遭到敌人的围剿和封锁，《右江日报》被迫停刊。当时报社负责人是余惠，编辑工作由赵秉寿等同志负责。

1949年10月底，中共右江地委在极其困难的条件下，又出版《右江报》，由中国人民解放军黔、桂、滇边纵队桂西区指挥部政治部出版，报纸为八开两版，单面油印，不定期出版，共出版十多期，于1949年12月停刊。

解放后，在中共广西省委的关怀下，中共百色地委机关报《右江日报》（当时叫《右江农民》报），于1952年1月1日复刊，原红七军军长、当时任广西省人民政府主席的张云逸同志为《右江农民》报写了报头和题词。报纸为四开四版，五日刊，公开发行。1958年8月1日，中共百色地委决定《右江农民》报改为《右江日报》，恢复了《右江日报》原名。仍为四开四版，周六刊。1970年6月1日，根据上级指示，《右江日报》停刊。1981年1月1日，《右江日报》重新复刊到至今，仍用张云逸同志的手笔作报头。四开四版，周六刊，国内统一刊号为CN45—0007，区内公开发行，邮发代号47—11。

《右江日报》自创刊以来，得到各级党委、政府、各级领导、红七军老战士的关怀爱护和支持。先后有张云逸、韦国清、宋任穷等同志题词。在《右江日报》创刊六十周年之际，新华社发了该报创刊60周年的纪念文章，《人民日报》作了登载。新华社为一家地区级的报纸创刊发纪念文章，在全国来说是绝无仅有的。

1989年底，全社职工人数265人，其中印刷厂214人，编辑部51人。编辑部设要闻部、政文部、副刊部、时事部、采通部、美术摄影部、资料室。报社还设有报社办公室、经理部、印刷厂。现任领导有：党委书记兼社长潘国轩、党委副书记何国墀、副总编辑马元威、周承雅。报社地址在广西百色市，电话号码2939，邮政编码533000。

廣西对外廣播電台

RADIO GUANGXI

广西对外广播电台原名广西广播电台，创办于1984年12月1日。目前使用越南语和广州话两种语言广播。每天早、晚播音两次，共8小时。

台長李建萃（右二）副台長王成德（左二）、袁日欽（右一）、台長助理顧勝榮（左一）在研究工作。

广西对外广播电台的越南语广播向越南各阶层民众介绍中国，介绍广西，增进中越两国人民的相互了解，热情为越南听众服务，致力于恢复中越两国人民的传统友谊，促进东南亚地区的和平与稳定。广州话广播面向越南和东南亚地区华侨、华人，其宗旨是热情为华侨、华人听众服务，介绍广西情况，传递侨乡和亲人的音讯，提供信息，密切联系，增进了解和友谊，促进和平与进步。

广西对外广播电台在中央对外宣传方针指导下，力求发挥地方优势，突出地方特点，办出地方特色。

广西对外广播电台广播的节目是以新闻为主体的综合性节目。节目构成包括国内外要闻和广西要闻、专题节目、文艺节目等。越南语广播的专题节目有《今日广西》、《广西经济信息》、《中国各地》、《友谊之桥》、《寄语越南》、《七色花》、《生活之友》、《体坛内外》和《国际时事综述》等。对华侨广播开设的专题节目有《话说广西》、《华夏风采》、《国际瞭望》、《嘉宁服务台》和《家庭百事通》等。

广西对外广播电台的文艺节目力求体现壮乡的韵味，富有民族风格。目前越南语广播开设的文艺节目有《壮乡歌声》、《周末音乐》、《音乐天地》和《小说连播》等。对华侨广播开设的文艺节目有：为喜爱戏曲的听众设置的《戏迷乐园》，专门介绍广西音乐的《乡音》，以及播放中外优秀音乐作品的《音乐厅》等。

播音員在録制節目。

地址：中国广西南宁市民族大道12号

廣西科技報

《广西科技报》的前身为《广西科学报》，1958年9月创刊，三年经济困难初期精简机构，于1960年10月停刊。1963年复刊，改名为《广西科学小报》，因受“文化大革命”的冲击，于1966年停刊。“文革”后期，应自治区广大群众要求，于1974年复刊，並改名为《广西科普》。1979年1月，改称现名《广西科技报》。1979年前，均为旬刊，每期四开四版。1980年1日起，改为周刊；1983年改为周双刊，仍为每期四开一张。

《广西科技报》由广西壮族自治区科学技术协会主办。报社历届负责人为杭祖闸、陈乃麟、邱友岑、高国威、覃启仁、梁良、苏阳。现任总编辑张建华，副总编陈振杰、刘泽善。

《广西科技报》是面向农村，面向生产，面向生活，以农业为主的综合性科学技术普及刊物。其主要任务是，围绕自治区党委各个时期的中心工作，结合生产实际，宣传党的科技方针、政策，普及科学知识，介绍先进技术，传播科技信息，以提高各族人民的科学文化素质，促进社会主义物质文明和精神文明建设。

四川供銷合作報

SICHUAN GONGXIAO HEZUOBAO

《四川供销合作报》是四川省供销社指导全省系统工作的一张综合性报纸。它立足基层，面向全省，立足四川，面向全国，是四川省商业、粮食、供销社系统唯一发行全国的专业报；《四川供销合作报》在全国商业、粮食、供销社系统的54家报纸中，发行量名列第五位。在近年报纸发行量普遍下降的情况下，其发行量仍大幅度增加。

《四川供销合作报》在省联社的直接领导下，坚持党的四项基本原则，着力宣传党的改革、开放的方针政策；宣传“以农为本，为农服务”的办社宗旨和合作社原则；介绍发展农村商品生产，开展供销、加工、技术、储运等产前产后服务，促进专业合作的经验；报道供销社坚持勤俭办社、加强科学管理，提高两个效益的经验；报道供销社各条战线、各种岗位的先进人物；及时反映经济动态，传递商品信息，预测市场变化，为各地供销社和厂家牵线搭桥；同时还为爱好文学艺术的作者提供创作园地，因此它是一张具有指导性、新闻性、可读性、知识性的专业报纸。

《四川供销合作报》为周报，每周星期四出版，四开四版，全年五十四期。《四川供销合作报》内容丰富，图文并茂，欢迎省内外各级供销社、“双代店”、合作商店、农村专业合作社、专业户以及各级党政领导订阅，也欢迎个人订阅。

报社地址：成都市锣锅巷122号

电话：27951转290、301、302。

四川省经济新闻工作者协会

四川经济记者与企业家联谊会

四川省经济新闻工作者协会，是在四川省新闻工作者协会领导下，由四川省经济新闻工作者自愿结合的群众性组织。其宗旨和任务是：团结全省广大经济新闻工作者，坚持四项基本原则，反对资产阶级自由化，在发展经济新闻事业，服务四川经济建设，实现国家“四化”中发挥积极作用；推动会员学习马列主义理论和党的路线、方针和政策；采取座谈、讲学、参观、评选经济好新闻、出版书刊等多种形式，总结经济新闻工作经验；组织经济新闻工作者进修、培训，进行经济新闻学术交流；传播经济新闻信息，促进新闻经济改革，发展社会主义经济新闻事业。

为了促进经济新闻工作者与经济界、企业界的联系，在四川经济新闻工作者协会领导下成立了《四川经济记者与企业家联谊会》。这是由企业家、经济工作者和经济记者自愿结合的群众性组织。《联谊会》的基本任务是：加强新闻界与经济界、企业界的交往；通过新闻媒介，宣传企业的新成就、新经验、新思想、新经营作风和先进人物；组织企业界、经济界人士研究新情况、新问题；反映企业界的呼声和要求；组织经济记者到企业成员、单位调查研究或采访报道；并采取为企业举办新闻发布会、新产品介绍会等形式，为《联谊会》成员企业、单位提高其知名度服务。

现代工人报

《现代工人报》是由重庆市总工会主办，由全国十四个经济计划单列城市总工会出版的一张面向职工群众的综合性报纸。

《现代工人报》原名《重庆工人报》，1951年创刊，后并入西南工人报，1957年因故停刊。1983年由中华全国总工会主席倪志福同志提议，1984年经重庆市委宣传部、四川省委宣传部批准复刊。1987年9月，经报刊整顿，重新登记，为对开、周三刊，全国公开发行。1988年5月，更名为《现代工人报》。

该报的宗旨和任务：宣传党的路线、方针、政策，宣传新时期工人运动的方针、任务，传播科学文化和信息，反映工人阶级在两个文明建设中的主力军作用和战斗风貌，反映职工群众的愿望，呼声和要求，维护职工群众的合法权益，真正成为党的喉舌，工会及职工群众的喉舌，职工群众的良师益友。其特点是：把握时代，紧跟中心，反映生活，当好喉舌，服务工运，代表职工，促进改革，服务四化，把党性与群众性、指导性与服务性、知识性与趣味性结合起来，做到“职工写、写职工”，群众化、通俗化，立足重庆、面向西南。

主要栏目：一版要闻版有《直言快语》、《凡人新事》、《当代风流》、《现场速描》、《职工的话》等；二版综合新闻版有《企业天地》、《班组生活》、《法制战线》、《教育园地》等；

三版为专刊版有《工会工作》、《政工瞭望》、《青春年华》、《文摘文萃》等；四版副刊版有《大世界》，《五月风》、《家庭生活社会》等。

《现代工人报》现有职工90多人，设有办公室、总编室、新闻部、工会工作部、副刊部、经宣部、专题部、活动部、读者服务部和电子排版中心。市总工会党组书记、主席苏鸿发兼社长。编委：蒋旭中、张川耀、舒文云、王长富、芦生、张红、刘勉元。

总编辑：蒋旭中　副总编辑：张川耀、王长富、芦生　地址：重庆市市中区健康路36号　国内统一刊号：CN51——0063　邮发代号：77——8　价格：每份0.16元，月价2.08元，季价6.24元，半年价12.48元，　电话电传：350962

家庭医生报

《家庭医生》报是一张医学新闻、医学科普专业报，它的办报宗旨是：宣传党的卫生工作方针政策，以预防为主，以群众需要为主，面向社会，面向家庭，提供最新诊疗信息，传播医学科学知识，为提高全民族的健康水平，为两个文明建设服务。

《家庭医生》报创刊于1985年，由江西省南昌市人民政府主管，南昌市卫生局主办，全国公开发行。

《家庭医生》报自创刊以来，发行量不断上升。1985年4万份，1986年14万份，1987年24万份，1988年45万份，1989年41万份，1990年53万份（含10万本合订本）。

发行面遍及国内三十个省市自治区的两千多个县，深受广大读者的喜爱。

自1991年开始改为周报，仍为四开四版。

《家庭医生》报始终坚持正确的办报方向，以其科学性、实用性、可读性赢得了广大读者的欢迎和各级领导部门的好评。

《家庭医生》报社1988年评为南昌市先进新闻集体，1989年评为江西省先进新闻集体，并被省推荐为全国先进新闻集体，1990年被全国爱卫会、卫生部评为全国优秀卫生报刊，受到中央、省、市的表彰。

总编辑：曹连甲（中共南昌市卫生局党委书记　南昌市卫生局局长）
副总编辑：瞿祖一（南昌市卫生局副局长）
常务副总编辑：刘五云（副主任医师）
报社地址：南昌市民德路247号
电话号码：51147　773243
邮政编码：330008
国内统一刊号：CN36—0024
国内邮政代号：43—21

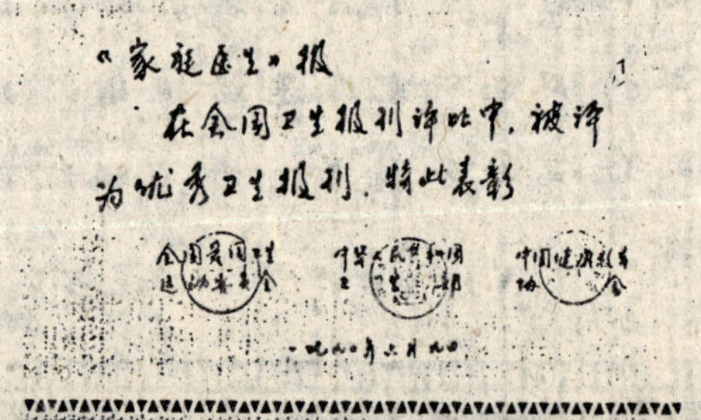
《家庭医生》报
在全国卫生报刊评比中，被评为优秀卫生报刊，特此表彰
全国爱国卫生运动委员会　中华人民共和国卫生部　中国健康教育协会
一九九〇年六月九日

贵棉报

图片：前左起罗华孝（一版编辑）黄亚玲（三版编辑）潘阿宾（二版编辑）敖之伦（社长）后右起熊大刚（四版编辑）屈正朝（主编）叶世昌（厂长）高松华（美工编辑）

《贵棉报》是贵州省贵阳棉纺织厂厂报，1986年12月创刊，刊号：黔02—B 024，四开四版，半月刊。

贵阳棉纺织厂是贵州省目前最大的纺织印染、服装一条龙企业，拥有5万纱锭，1136台织机和一条年生产能力为800万米印花布的园网印花生产线。其主要产品有纯棉纱、纯棉布、涤棉纱、涤棉布、精梳纱、气流纺纱、麻棉纱和各类色、花布。厂长叶世昌是受纺织部表彰的52个企业家之一，贵州省劳动模范。

厂长：叶世昌　　社长：敖之伦　　主编：屈正朝
编辑：罗华孝、潘阿宾、黄亚玲、熊大刚、高松华
厂址：贵阳市遵义路95号　　邮政编码：550002

玉溪报 向您献言

《玉溪报》是生长在玉溪这块神奇、美丽、富饶土地上的一朵奇葩。它是中共玉溪地委的机关报，现为周二报，四开四版，激光照排，胶版印刷，采、编、排、印、发行等机构齐全，是一张国内公开发行的综合性报纸。

玉溪历史悠久、文物奇特，有5.7亿年前的无脊椎动物化石和1.5亿年的恐龙化石群，以及1亿多年前的活化石蒴树，有三四千年前的贝丘遗址、它克岩画，有战国时期的牛虎铜案。玉溪有“高原水乡”之称，她山水旖旎，人杰地灵，民族众多。重岩叠障的哀牢山，呈现其雄浑、博大、深沉、古朴的风貌；清澈秀媚的抚仙湖，水色山光，堪为一绝，是全国第二深水湖，透明度达七八米，正待开发成云南的“北戴河”；“秀甲南滇”的云南四大名山之一的秀山，嵌亭阁台榭于古木之中，缀匾联墨迹于游人之目，颇具雅士风韵。玉溪也是名人荟萃之地。明清前的文武才士不说，近代追随孙中山革命的就有鲁梓材、金汉鼎、范石生、唐怀源等。被称为“药圣”的“云南白药”创始人曲焕章，饱吸故乡灵气，让白药名扬天下；著名翻译家纳训，译出世界名著《天方夜谭》，也是这块土地上的骄子；我国第一颗氢弹的投试者——彝家英雄杨国强，为振国威军威作出重大贡献；人民音乐家聂耳更是一座丰碑，他把自己的名字与《国歌》的名字和家乡玉溪的名字永远连在一起。玉溪还是一个多民族杂居的地区，有彝、傣、回、白、哈尼、拉祜、蒙古等20多个少数民族，独特而奇妙的民族风光和民间艺术，把玉溪蒙上了一层神秘的面纱，令人神往。

立足商界　面向社会

廣西商報

▲ 广西商报社社长、总编辑、高级经济师周洪恩

“商报就是给商业职工看的报纸”吗？，其实并不尽然。《广西商报》把“生产者的窗口、经商者的桥梁、消费者的参谋”奉为自己的服务宗旨，竭尽全力要办成一张人人都喜爱的报纸——尽管这不容易做到。

正因为如此，她得到了新闻界、经济界的权威人士以及广大读者的承认，认为她“范围广、内容新；信息准确，版面活泼；通俗而不失深度，可读而不流于平庸”。

正因为如此，在全国数十家商报中，她被全国商报联合会喻为“一枝花”，并被河南豫西广大读者评为“全国十佳商报”之一。

正因为如此，她在全国30个省、市、自治区拥有自己的订户，并在全国报纸发行量普遍下降时“脱颖而出”，保持着自己的增长率。

正因为如此，她公开申明：读者是她的主人，并特地设立了“读者评报奖”。

——这就是《广西商报》。

《广西商报》四开四版，周三、六出版，全国发行，统一刊号CN45—42，邮发代号47—25，广告经营许可证南工商广字45—0113号。

社址：广西南宁市桃源路59号，
邮政编码：530021
电话：编辑部：28959
经理部：28902
总编室：28633 转247

欢迎订阅、赐稿、评报、刊登广告

▲《广西商报》内容多、信息广、知识富、版面活、传递快，日益受到区内外读者欢迎。图为八九年十月初在南宁朝阳广场报展时的盛况。

▼《广西商报》潜心创新、精益求精。图为总编辑与编辑、记者在研究版面。

《中国新闻年鉴》各省（市、自治区）资料中心负责人一览表

省（市、区）	资料中心	负责人	省（市、区）	资料中心	负责人
北　京	市新闻学会	刘　艺	浙　江	浙江日报社	林永年
上　海	市委宣传部新闻出版处	柴之豪	安　徽	安徽日报社	曹润华
天　津	天津日报新闻研究室	邹　仆	江　西	省新闻学会	周国才
河　北	省委宣传部新闻出版处	夏凤祥	福　建	福建日报新闻研究室	李行钦
山　西	省委宣传部新闻出版处	贾玉瑞	河　南	河南日报新闻研究所	李盛朝
内蒙古	自治区新闻学会	王　温	湖　北	省新闻学会	毕竹荫
辽　宁	省新闻学会	曹文秀			王焱华
吉　林	省新闻研究所	曹树华	湖　南	湖南日报新闻研究室	徐　紫
黑龙江	省新闻研究所	罗玉琳	广　东	省新闻学会	梁　枫
陕　西	陕西日报社	陈布南	广　西	自治区新闻学会	高佑辰
甘　肃	省新闻学会	张　路	四　川	省新闻学会	谢世廉
宁　夏	宁夏日报新闻研究所	鲁保柱	贵　州	省新闻学会	方必宏
青　海	青海日报	陈秉智	云　南	省委宣传部新闻出版处	管万英
新　疆	自治区新闻学会	胡锦秀	西　藏	自治区新闻学会	李晓庚
山　东	省新闻学会	于东河	重　庆	市新闻学会	戴永福
江　苏	省新闻学会	谢礼贤	武　汉	市新闻学会	胡文新

《中国新闻年鉴》中央各新闻单位资料负责人一览表

单　位	负责人	单　位	负责人
中国记协	汪小伟	法制日报	石太有
新华通讯社	周秀兰	人民公安报	李长群
新华社摄影部	胡　颖	新闻出版报	张芬之
中国新闻社	沈根荣	人民铁道报	康兆强
广播电影电视部	高春燕	冶金报	戴仁杰
人民日报	毕传永	中国地质报	李　敢
解放军报	杨玉辰	人民邮电报	郑德海
光明日报	谢超美	中国农牧渔业报	陈小均
经济日报	雷　凡	中国电力报	蒲秀兰
科技日报	周敢普	中国煤炭报	陈　敏
中国日报	詹维克	中国乡镇企业报	李志勇
中央人民广播电台	陈文普	科学报	魏金生
中国国际广播电台	曾　平	金融时报	宋辅良
中央电视台	马超增	中国商报	曾伯生
人民政协报	邹士方	中国农机化报	汪　中
工人日报	杨景钊	社会保障报	张小伦
农民日报	徐明华	中国纺织报	薛庆时
中国青年报	桑　叶	中国航空航天报	王钟强
中国少年报	卢　勤	中国石化报	张　玲
中国妇女报	刘永祥	中国开发报	高兴烈
华声报	蔡绍文	中国社会科学院新闻研究所	金耀云
团结报	马桂芳	中国社会科学院研究生院新闻系	杨永生
中国体育报	张　儒	中国科技报研究会	杨　旭
健康报	刘俊琪	中国人民大学新闻学院	刘保全
中国文化报	吴鸿业	北京广播学院	黄　勇
中国教育报	王子英	中央新闻纪录电影制片厂	肖宏道

《中国新闻年鉴》第二届编辑委员会

《中国新闻年鉴》编辑部人员

中国新闻年鉴编辑部

地址：北京朝阳门外金台西路 2 号北巷 9 号楼

(北京 8811 信箱)

电话：502.5694　502.6231—3314

邮政编码：100026